김건호
헌법

찐합격노트

PREFACE

첫째.
들어가면서

안녕하세요. 대한민국 헌법 대표강사 김건호입니다.

많은 수험생분들이 기다리신 〈2025 헌법 찐합격노트〉를 드디어 출간합니다.

고된 작업이었지만 세상에 없는 교재를 만든다는 자부심으로 즐거운 시간이기도 했습니다.

편집만 그럴 듯하게 포장된 교재가 아니라 수험생분들이 헌법을 **단기간에 이해 · 정리 · 암기하고 고득점 하는 데 진짜 필요한 내용**을 담아 내기 위해 저와 우리 연구진이 가진 모든 재능과 노하우를 갈아 넣었습니다.

"단기 합격은 교재빨"

객관식 헌법 시험을 준비하면서 많은 교재들을 보게 될 텐데 시험 당일날 마지막으로 수험생분들 손에 들려 있는 건 **결국 이 찐합격노트 한 권**이 될 것입니다.

둘째.
헌법 찐합격노트의 특징과 활용방법

첫째, 기본서를 보지 않아도 '찐합노'로 충분합니다.

최근 10년간의 공무원 시험, 경찰 시험, 각종 자격증 시험 기출문제를 모두 빠짐없이 찐합격노트에 반영하였습니다.

추가로 가필해서 넣을 내용이 없을 정도의 내용을 담아 냈습니다.

둘째, 기출지문도 빈출된 지문에 우선순위를 두고 보세요.

법령과 각 지문 끝에 작은 위첨자로 **기출횟수**를 표시하였습니다. 다른 교재들에서 찾아 볼 수 없는 김건호 찐합격노트 시리즈만의 엄청난 특징입니다.

기출지문이라고 모두 같은 비중으로 숙지를 해야 하는 것이 아니라 **우선순위를 두고 접근**할 필요가 있습니다. 그래야 **단기간에 합격권 점수로 올라갈 수 있습니다.**

1번 출제된 지문도 많지만 20회 넘게 출제된 지문도 있습니다.

예를 들어 "헌법개정안은 국회가 의결한 후 30일 이내에 국민투표에 붙여 국회의원선거 권자 과반수의 투표와 투표자 과반수의 찬성을 얻어야 한다."는 지문은 역대 기출에서 **27번** 출제되었습니다. 절대 틀려서는 안되는 지문이라는 뜻입니다.

이러한 빈출 지문은 이해가 되든 안되든 통암기를 통해서 정오판단을 정확하고 빠르게 해야 합니다.

2 헌법개정절차

(1) 헌법개정절차

단계	내용
제안 (의원과반수 or 대통령)	• 헌법개정안 제안권자: **국회의원**[19], **대통령**[17] • 국회의원: **재적과반수** (재적 3분의 1 이상 ×, 재적 3분의 2 이상 ×)[19] • 대통령: **국무회의 심의**를 거쳐 제안 (대통령은 헌법개정에 대한 발의권이 없음 ×)[3] • 국민이 직접 헌법개정안을 발의할 수는 없음 (국회의원선거권자 50만 ×, 국민발안 ×)[1]
대통령공고 (20일 이상)	• 제안된 헌법개정안의 내용을 국민에게 알리는 절차 • **대통령**(국회의장 ×)이 **20일 이상**(30일 이상 ×) 공고 [20]
국회의결 (공고된 날부터 60일, 재적2/3)	• 공고된 날로부터(공고기간 경과 후 ×, 공고기간이 만료된 날부터 ×, 헌법개정안이 제안된 날부터 ×) **60일**(70일 ×, 30일 ×) **이내 의결** [15] • 재적의원 **3분의 2 이상 찬성** (출석 3분의 2 이상 ×)[17] • 표결은 **기명투표** (무기명투표 ×)[7]
국민투표 (의결 후 30일, 과반투표·과반찬성 → 확정)	• **국회가 의결한 후**(대통령이 공고한 후 ×) **30일**(20일 ×) **이내 국민투표 회부** [27] • **국회의원선거권자 과반수의 투표와 투표자 과반수의 찬성**(국회의원선거권자 과반수의 찬성 ×)으로 확정 (대통령의 공포로 확정 ×) [27]
대통령공포 (즉시)	• 대통령이 **즉시 공포** (15일 이내 공포 ×, 대통령이 15일 이내에 공포하여야 확정 ×)[10] • 공포로 확정되는 것 아니며, 대통령은 **거부권 행사 不可** [6]

셋째, 새로운 시도, '시각적으로 헌법을 이해'하는 교재입니다.

최고의 요약교재의 명성에 걸맞게, 시각적으로 가장 직관적으로 헌법이 머리에 들어오도록 위헌 / 합헌 판례에 배경색을 입혔습니다.

(3) 관련판례

1	① 【18세 3개월내 국적이탈: 목적·수단 인정, 피해·법익 부정 (헌불)】 복수국적자는 **병역준비역에 편입**된 날부터 **3개월 이내**에 대한민국 국적을 이탈하지 않으면 **병역의무**를 해소한 후에야 **국적이탈이 가능**하도록 한 것은 과잉금지원칙에 위반하여 복수국적자의 **국적이탈의 자유 침해**(2020.9.24. 2016헌마889)[10] → **국적이탈의 자유 제한**[1] ② 【명확성원칙 위배 아님 (기각)】 국적이탈 신고서에 '**가족관계기록사항에 관한 증명서**'를 첨부하도록 하는 것은 국적이탈 신고와 관련하여 구체적으로 어떠한 서류를 제출하도록 하는 것인지 알 수 있으므로 **명확성원칙 위배 아님** (2020.9.24. 2016헌마889)[2]
2	【외국에 주소 있는 경우 국적이탈 허용 (합헌)】 복수국적자로서 외국 국적을 선택하려는 자는 외국에 주소가 있는 경우에만 국적이탈을 신고할 수 있도록 정한 「국적법」 조항은 **국적이탈의 자유 침해 아님**(2023.2.23. 2020헌바603)[3] → **명확성원칙 위반 아님**[2]
3	【영주목적없이 체류 중 출생시 병역의무 해소해야 국적이탈신고 可 (합헌)】 직계존속이 외국에서 영주할 목적 없이 체류한 상태에서 출생한 자는 **병역의무**를 해소한 경우에만 **국적이탈**을 신고할 수 있도록 하는 국적법 조항은 **국적이탈의 자유 침해 아님**(2023.2.23. 2019헌바462)[1] → ① 출입국 등 거주이전의 자유 제한 아닌 국적이탈의 자유 제한[1] ② 연좌제금지원칙 규율대상 아님[1]

PREFACE

기존 교재에서 수험생들은 판례를 끝까지 다 읽어야만 비로소 위/합헌의 판단이 가능했습니다. 많은 판례를 읽다보면 헷갈리기도 했을 것입니다.

이번 찐합격노트는 수험생이 내가 위헌/합헌판례를 읽고 있는 것인지 아닌지를 바로바로 판단할 수 있도록 판례에 배경색을 입혔습니다.

이는 시험장 시험지의 지문만 보고도 바로 배경 색상이 생각날 수 있도록 각인될 것입니다.

넷째, 지문별 [키워드]를 적극 활용하세요.

지문에서 출제포인트가 되는 내용을 핵심 【Keyword】로 붙였고, 이해를 돕기 위해 "→, ↛, ≠, +"등의 기호를 사용하였습니다.

판례·법령의 지문을 전부 이해할 필요도 암기할 필요도 없습니다. 머릿속에 각인될 수 있는 키워드면 충분합니다.

시험 직전에는 【Keyword】만 연결해서 정리해도 충분히 **막판정리**가 될 것입니다.

두리뭉실한 이해로는 시간의 제약이 있는 객관식 시험에서 지문의 정오를 정확하게 판단할 수 없습니다.

1 긴급재정경제명령

(1) 발동요건과 효력

발동요건	① 【사전적·예방적 발령 불가】 긴급재정경제명령은 정상적인 재정운용·경제운용이 불가능한 **중대한 재정·경제상의 위기가 현실적으로 발생**(잠재적으로 발생 ×, 발생할 우려 ×)하여 **긴급한 조치가 필요한** 경우를 전제로 함 (위기가 발생할 염려가 있다는 이유로 **사전적·예방적**으로 발할 수는 없음)¹³
	② 【적극목적 발령 불가】 긴급재정경제명령은 중대한 재정·경제상의 위기가 발생한 경우에 이를 사후적으로 수습함으로써 **기존질서를 유지·회복**하기 위한 것이므로 **공공복지의 증진과 같은 적극적인 목적을 위하여는 발동할 수 없음** (공공복지의 증진과 같은 적극적 목적을 위해서도 발할 수 있음 ×)⁴
	③ 【국회집회 기다릴 여유 無】 긴급재정경제명령의 경우 국회의 집회가 불가능하지 않더라도 **국회의 집회를 기다릴 여유가 없을 때**에(국회의 집회가 불가능할 때 ×) 발할 수 있음 ⁹
법률의 효력	① 【법률의 효력】 헌법상 긴급재정경제명령은 **법률의 효력**(대통령령의 효력 ×)을 가짐 ¹

다섯째, 어떻게 오답지문이 만들어지는지를 숙지하세요.

지문마다 역대 기출 중에 오답으로 출제된 포인트를 "(~X)"형식으로 넣었습니다.

객관식 시험에서 중요한 건 지문의 이해도 암기도 아니라 결국 **오답포인트가 어디인지를 빠르게 찾아낼 수 있는 능력**입니다.

오답포인트를 통해 지문에서 어떤 부분이 중요한 포인트인지, 그 부분이 어떻게 틀리게 출제되는지를 더욱 명확하게 이해할 수 있습니다. 즉, 틀린 이유와 함께 올바른 지식을 습득하는 데에 큰 도움이 됩니다.

오답포인트가 숙지되어야 시험장에서 빠른 속도로 답을 찾아 낼 수가 있습니다.

(2) 국민투표무효 소송

제소	① 【10만 중선위원장 20일 대법원】 국민투표의 효력에 관하여 이의가 있는 투표인은 **투표인 10만인 이상의 찬성을 얻어 중앙선거관리위원회 위원장**(대통령 ×, 국회의장 ×)을 피고로 하여 **투표일로부터 20일 이내**(30일 이내 ×)에 **대법원**(헌법재판소 ×, 중앙선관위 ×)에 제소 가능 (중앙선거관리위원회에 이의제기 ×)[14]
무효판결	① 【투표결과 영향시만 전부·일부 무효 판결】 대법원은 국민투표에 관하여 위법한 사실이 있더라도 **국민투표의 결과에 영향을 미쳤다고 인정하는 때에 한하여 국민투표의 전부 또는 일부의 무효를 판결**함 (국민투표의 결과에 영향을 미치지 않았더라도 ×, 국민투표의 일부의 무효를 판결할 수는 없음×)[5]

셋째.
당부말씀

저도 수험생활을 해보았기에 지금 여러분이 겪는 이 시기가 얼마나 어려운 시기인지 잘 알고 있습니다. 수험생분들 모두 짧고 굵게 수험생활을 마치길 바라고, 저도 여러분들의 합격을 위해 제가 가진 모든 역량과 재능을 쏟아 붓겠습니다.

늘 성실한 자세로 최선을 다해 준 문지연 연구실장, 합격생 김동명, 송의준, 최혜지, 김정수에게 감사드립니다. 그리고 계속되는 요구에도 묵묵히 지원을 아끼지 않으신 넥스트 공무원 출판사업부 관계자 여러분, 편집자님 등 모두에게 감사드립니다.

2025년 5월
대방동 연구실에서
저자 **김건호**

CONTENTS

Part I 헌법 일반이론

CHAPTER 01 헌법과 헌법학

POINT		
001	헌법의 개념과 발전과정 C	014
002	성문헌법과 관습헌법 B	015
003	경성헌법과 연성헌법 C	017
004	헌법의 특성과 해석 C	018
005	합헌적 법률해석 B	019

CHAPTER 02 헌법의 변동과 보호

POINT		
006	헌법개정 S	022
007	대한민국 헌법의 제정과 개정 S	026
008	국가긴급권 C	031
009	긴급명령권 A	032
010	긴급재정경제처분·명령권 S	033
011	계엄선포권 S	035
012	저항권 A	037

CHAPTER 03 대한민국

POINT		
013	국민 C	039
014	선천적 국적취득 A	040
015	후천적 국적취득과 외국국적포기 S	041
016	복수국적자의 국적선택의무 S	043
017	우리 국적의 상실 B	045
018	재외국민 보호의무 A	047
019	영토 B	049

CHAPTER 04 헌법의 기본원리

POINT		
020	헌법전문과 기본원리 S	051

CHAPTER 05 국민주권주의와 민주주의

POINT		
021	국민주권주의와 민주주의 C	055

CHAPTER 06 법치주의

POINT		
022	법치주의 C	057
023	행정입법 C	058
024	법률유보원칙 B	061
025	포괄위임입법금지 S	063
026	포괄위임입법금지 관련판례 S	066
027	법률우위원칙과 재위임 B	069
028	행정입법에 대한 통제 C	070
029	신뢰보호원칙 S	072
030	신뢰보호원칙 관련판례 S	074
031	소급입법금지 S	077
032	시혜적 소급입법 B	081
033	체계정당성원리 B	082

CHAPTER 07 사회·경제·문화적 기본원리

POINT		
034	사회국가원리 C	083
035	사회적 시장경제질서 S	085
036	사회적 시장경제질서 구체화 A	088
037	문화국가원리 B	092

CHAPTER 08 국제질서의 기본원리

POINT 038	국제법 존중주의 B	…………	094
POINT 039	외국인 지위보장 C	…………	097
POINT 040	평화통일주의 B	…………	098

CHAPTER 09 헌법상 제도

| POINT 041 | 제도적 보장 C | ………… | 100 |

CHAPTER 10 정당설립의 자유와 정당제도

POINT 042	정당제도 B	…………	101
POINT 043	정당설립의 자유와 제한 S	…………	102
POINT 044	정당등록·취소 A	…………	104
POINT 045	정당의 특권과 정치자금 C	…………	107
POINT 046	위헌정당강제해산제도 S	…………	110
POINT 047	위헌정당강제해산의 요건과 효과 S	…………	111

CHAPTER 11 선거제도와 선거권

POINT 048	선거권과 선거의 원칙 A	…………	116
POINT 049	보통선거의 원칙 A	…………	119
POINT 050	재외선거제도 B	…………	122
POINT 051	피선거권 B	…………	124
POINT 052	후보자 C	…………	125
POINT 053	평등선거의 원칙과 선거구획정 B	…………	129
POINT 054	직접선거·비밀선거의 원칙 C	…………	131
POINT 055	자유선거의 원칙 C	…………	132
POINT 056	공무원의 선거중립의무 C	…………	134
POINT 057	선거운동의 제한 C	…………	135
POINT 058	선거구제와 대표제 S	…………	139
POINT 059	투표 C	…………	143
POINT 060	선거공영제와 선거범죄 C	…………	144
POINT 061	선거쟁송 B	…………	145

CHAPTER 12 직업공무원제와 공무담임권

| POINT 062 | 직업공무원제도 A | ………… | 147 |
| POINT 063 | 공무담임권 S | ………… | 150 |

CHAPTER 13 지방자치제도

POINT 064	지방자치제도 B	…………	157
POINT 065	지방자치단체 A	…………	158
POINT 066	지방자치단체의 사무와 지방자치권 B	…	160
POINT 067	지방의회와 지방자치단체의 장 B	…………	164
POINT 068	주민자치 C	…………	166
POINT 069	국가의 지도·감독 B	…………	169

CONTENTS

Part II 국민의 권리와 의무

CHAPTER 01 기본권 총론

- POINT 070 기본권주체 (국민) S ············ 174
- POINT 071 기본권주체 (외국인) S ············ 175
- POINT 072 기본권주체 (사법인) S ············ 177
- POINT 073 기본권주체 (공법인) S ············ 179
- POINT 074 기본권제한의 일반적 법률유보 C ············ 181
- POINT 075 기본권제한의 명확성원칙 A ············ 183
- POINT 076 과잉금지원칙과 본질적 내용 침해금지 B ············ 185
- POINT 077 기본권 경합 B ············ 187
- POINT 078 기본권 충돌 S ············ 189
- POINT 079 기본권보호의무 S ············ 192
- POINT 080 기본권의 성격과 효력 C ············ 197
- POINT 081 국가인권위원회 C ············ 199
- POINT 082 헌법에 열거되지 않은 기본권 C ············ 200

CHAPTER 02 인간의 존엄과 가치 및 행복추구권

- POINT 083 인간의 존엄과 가치 C ············ 202
- POINT 084 일반적 인격권 S ············ 203
- POINT 085 행복추구권 B ············ 207
- POINT 086 일반적 행동자유권 S ············ 208
- POINT 087 인격의 자유로운 발현권 C ············ 213
- POINT 088 자기결정권 A ············ 214
- POINT 089 계약의 자유 C ············ 217

CHAPTER 03 평등원칙 및 평등권

- POINT 090 평등원칙 및 평등권 A ············ 218
- POINT 091 평등여부위반 심사기준 B ············ 220
- POINT 092 비례원칙 적용영역 A ············ 221
- POINT 093 자의금지원칙 적용영역 A ············ 223
- POINT 094 평등권 침해 판례 S ············ 227
- POINT 095 평등권 침해 아닌 판례 A ············ 230

CHAPTER 04 인신의 보호

- POINT 096 생명권 A ············ 238
- POINT 097 신체의 자유 C ············ 240
- POINT 098 죄형법정주의 C ············ 241
- POINT 099 형벌불소급원칙 B ············ 243
- POINT 100 죄형법정주의의 명확성원칙 C ············ 245
- POINT 101 명확성원칙 관련판례 S ············ 247
- POINT 102 책임과 형벌간 비례원칙 A ············ 252
- POINT 103 이중처벌금지 B ············ 256
- POINT 104 연좌제금지 B ············ 259
- POINT 105 신체의 자유 관련 판례 A ············ 262
- POINT 106 적법절차원칙 A ············ 264
- POINT 107 영장주의 S ············ 268
- POINT 108 진술거부권 C ············ 273
- POINT 109 변호인의 조력을 받을 권리 A ············ 275
- POINT 110 변호인의 조력을 받을 권리 내용 S ············ 277
- POINT 111 변호인의 변호권 A ············ 279
- POINT 112 기타 형사절차상 적법절차 C ············ 281
- POINT 113 무죄추정원칙 A ············ 282

CHAPTER 05 사생활영역의 보호

- POINT 114 주거의 자유 C ············ 285
- POINT 115 사생활의 비밀과 자유 S ············ 287
- POINT 116 개인정보자기결정권 S ············ 293
- POINT 117 개인정보 보호법 C ············ 300
- POINT 118 통신의 비밀 S ············ 302
- POINT 119 통신비밀보호법 A ············ 305

CHAPTER 06 정신적 자유권

POINT		
POINT 120	양심의 자유 S	307
POINT 121	양심의 자유 관련판례 A	310
POINT 122	종교의 자유 A	313
POINT 123	학문과 예술의 자유 C	317
POINT 124	언론·출판의 자유 B	319
POINT 125	사전검열금지 S	322
POINT 126	표현의 자유의 제한 C	325
POINT 127	표현의 자유 관련판례 A	326
POINT 128	언론기관의 자유와 정보도청구제도 B	330
POINT 129	알 권리 A	333
POINT 130	집회의 자유 S	336
POINT 131	집회의 허가금지와 집회의 제한 B	339
POINT 132	집회신고제 B	342
POINT 133	옥외집회·시위의 제한 A	344
POINT 134	결사의 자유 B	347

CHAPTER 07 경제적 기본권

POINT		
POINT 135	거주·이전의 자유 B	350
POINT 136	직업선택의 자유 S	353
POINT 137	직업의 자유의 제한 S	357
POINT 138	직업선택의 자유 관련판례 A	362
POINT 139	직업수행의 자유 관련판례 S	367
POINT 140	재산권 S	371
POINT 141	재산권의 내용 형성과 제한 C	377
POINT 142	토지재산권 C	379
POINT 143	부담금 C	382
POINT 144	재산권 관련판례 A	384
POINT 145	공용침해와 손실보상 B	389

CHAPTER 08 참정권

POINT		
POINT 146	국민투표권 A	393

CHAPTER 09 사회적 기본권

POINT		
POINT 147	사회적 기본권 C	396
POINT 148	인간다운 생활을 할 권리 A	397
POINT 149	사회보장수급권 A	401
POINT 150	교육을 받을 권리 A	405
POINT 151	부모의 자녀교육권 B	408
POINT 152	의무교육제도 B	411
POINT 153	교육의 자주성·전문성·정치적 중립성 및 대학의 자율성 B	414
POINT 154	교육제도·교원지위 법정주의 C	418
POINT 155	근로의 권리 C	420
POINT 156	근로3권 A	424
POINT 157	공무원 등의 근로3권 B	427
POINT 158	근로3권의 제한 C	429
POINT 159	환경권 B	431
POINT 160	혼인과 가족에 관한 권리 S	433
POINT 161	보건에 관한 권리 C	437

CHAPTER 10 청구권적 기본권

POINT		
POINT 162	청원권 S	438
POINT 163	재판청구권 S	442
POINT 164	'재판'을 받을 권리 C	444
POINT 165	신속·공개재판을 받을 권리 C	447
POINT 166	재판청구권 관련판례 A	448
POINT 167	공정한 재판을 받을 권리 B	451
POINT 168	기타 형사재판 관련제도 C	453
POINT 169	행정심판 C	456
POINT 170	형사보상청구권 A	457
POINT 171	국가배상청구권 B	461
POINT 172	범죄피해자구조청구권 B	464

CHAPTER 11 국민의 기본의무

POINT		
POINT 173	국민의 기본의무 C	466

CONTENTS

Part III 정치제도

CHAPTER 01 대의제도와 권력분립
- POINT 174 대의제도와 권력분립원칙 B ············ 470
- POINT 175 정부형태론 C ············ 473

CHAPTER 02 국회의 구성
- POINT 176 국회의장·부의장 A ············ 474
- POINT 177 위원회제도 C ············ 477
- POINT 178 상임위원회 A ············ 478
- POINT 179 특별위원회 A ············ 481
- POINT 180 국회위원회 운영 A ············ 483
- POINT 181 국회 교섭단체 C ············ 485

CHAPTER 03 국회의 운영과 의사원칙
- POINT 182 국회의 회기 S ············ 486
- POINT 183 의사공개원칙과 예외 S ············ 488
- POINT 184 회기계속원칙 B ············ 491
- POINT 185 다수결원칙 S ············ 492
- POINT 186 일사부재의 B ············ 495

CHAPTER 04 국회의 입법권
- POINT 187 법률안 제출 B ············ 496
- POINT 188 위원회 심사 A ············ 498
- POINT 189 본회의 심의·의결 A ············ 502
- POINT 190 정부이송 S ············ 505

CHAPTER 05 국회의 재정권
- POINT 191 조세법률주의 B ············ 507
- POINT 192 조세평등주의 C ············ 511
- POINT 193 예산과 법률 B ············ 512
- POINT 194 예산심의·확정권 S ············ 513
- POINT 195 기타 예산·결산 등 A ············ 515

CHAPTER 06 국회의 국정통제권
- POINT 196 국정감사·조사권 S ············ 517
- POINT 197 헌법기관 구성권 (인사권) B ············ 520
- POINT 198 국회의 탄핵소추 S ············ 522
- POINT 199 헌법재판소의 탄핵심판 S ············ 526
- POINT 200 해임건의 B ············ 530
- POINT 201 기타 국정통제권 C ············ 531

CHAPTER 07 국회의원의 지위와 권한
- POINT 202 국회의원의 지위 A ············ 533
- POINT 203 국회의원의 권한 A ············ 535
- POINT 204 국회의원의 특권 S ············ 541
- POINT 205 국회의원의 의무 C ············ 544

CHAPTER 08 국회의 자율권
- POINT 206 국회자율권 C ············ 546

CHAPTER 09 대통령의 지위
- POINT 207 대통령의 지위 B ············ 548
- POINT 208 대통령의 특권과 의무 A ············ 550
- POINT 209 사면권 A ············ 552
- POINT 210 사면, 감형 및 복권 A ············ 554
- POINT 211 기타 대통령의 권한 및 통제 C ············ 556
- POINT 212 자문회의 B ············ 558

CHAPTER 10 국무총리와 국무위원
- POINT 213 국무총리 A ············ 560
- POINT 214 국무위원과 국무회의 B ············ 562
- POINT 215 행정각부 C ············ 565

CHAPTER 11	감사원과 선거관리위원회	
POINT 216	감사원 S	567
POINT 217	감사원의 권한 A	569
POINT 218	선거관리위원회 A	571

CHAPTER 12	법원과 사법권	
POINT 219	사법권과 사법권의 한계 S	574
POINT 220	대법원장·대법관 및 일반법관 S	576
POINT 221	대법원의 심판권과 사법행정권 B	579

CHAPTER 13	사법권의 독립	
POINT 222	법원의 독립 C	581
POINT 223	법관의 재판상 독립 (물적독립) B	582
POINT 224	법관의 신분보장 (인적독립) S	584

CHAPTER 14	각급법원과 재판제도	
POINT 225	각급법원과 군사법원 B	586
POINT 226	법원의 권한과 기타 재판제도 C	588

Part IV 헌법재판소

CHAPTER 01	헌법재판소	
POINT 227	헌법재판 C	592
POINT 228	헌법재판소의 구성과 운영 A	593
POINT 229	일반심판절차 A	595
POINT 230	가처분 B	598
POINT 231	종국결정과 결정의 효력 B	600
POINT 232	헌법재판의 재심 C	602

CHAPTER 02	위헌법률심판	
POINT 233	위헌법률심판 S	603
POINT 234	위헌제청의 대상 S	605
POINT 235	재판의 전제성 A	609
POINT 236	위헌법률심판의 종국결정 B	613
POINT 237	위헌결정의 효력 발생시기 S	614
POINT 238	변형결정 B	616

CHAPTER 03	위헌심사형 헌법소원	
POINT 239	위헌심사형 헌법소원 S	618

CHAPTER 04	권리구제형 헌법소원	
POINT 240	권리구제형 헌법소원 A	621
POINT 241	헌법소원심판의 대상 B	623
POINT 242	헌법소원심판의 대상 (국회) A	625
POINT 243	헌법소원심판의 대상 (행정부) A	627
POINT 244	헌법소원심판의 대상 (행정기관의 행위) A	632
POINT 245	헌법소원심판의 대상 (사법작용과 원행정처분) B	635
POINT 246	헌법소원심판의 청구권자 B	637
POINT 247	자기관련성 A	638
POINT 248	헌법소원의 현재성과 청구기간 A	642
POINT 249	직접성 B	645
POINT 250	헌법소원심판의 보충성 S	648
POINT 251	보충성의 예외 A	650
POINT 252	헌법소원심판의 권리보호이익 C	653
POINT 253	종국결정 C	655

CHAPTER 05	권한쟁의심판	
POINT 254	권한쟁의심판 B	656
POINT 255	권한쟁의심판의 당사자 A	657
POINT 256	처분 또는 부작위 B	660
POINT 257	헌법 또는 법률상 부여받은 권한 A	662
POINT 258	권한쟁의심판의 청구·결정 등 B	664

CHAPTER 06	국가기관 정리	
POINT 259	국가기관 정리 S	666

PART 1

헌법 일반이론

CHAPTER 01	헌법과 헌법학
CHAPTER 02	헌법의 변동과 보호
CHAPTER 03	대한민국
CHAPTER 04	헌법의 기본원리
CHAPTER 05	국민주권주의와 민주주의
CHAPTER 06	법치주의
CHAPTER 07	사회·경제·문화적 기본원리
CHAPTER 08	국제질서의 기본원리
CHAPTER 09	헌법상 제도
CHAPTER 10	정당설립의 자유와 정당제도
CHAPTER 11	선거제도와 선거권
CHAPTER 12	직업공무원제와 공무담임권
CHAPTER 13	지방자치제도

CHAPTER 01 | 헌법과 헌법학

POINT 001 헌법의 개념과 발전과정

1 헌법 : 국가의 통치조직과 국민의 기본권을 규정한 최고의 기본법

헌법	① 국가의 통치조직과 국민의 기본권을 규정한 최고의 기본법
대한민국 헌법	① 전문, 10장, 130조, 부칙 6조

2 실질적 의미의 헌법과 형식적 의미의 헌법

개념	①【실질적 헌법】 실질적 내용이 헌법적 가치를 가진 규범 ②【형식적 헌법】 성문헌법전에 포함된 규범
불일치	①【불일치】 실질적 의미의 헌법과 형식적 의미의 헌법은 입법기술적으로나 헌법정책적 이유로 인하여 일치할 수 없음

3 헌법의 역사적 발전과정

(1) 고유한 의미의 헌법

고유한 헌법	①【조직법】 근대 이전의 국가최고기관의 조직과 구성이라는 조직법적 개념

(2) 근대입헌주의헌법과 현대사회복지국가헌법

구분	근대입헌주의헌법	현대사회복지국가헌법
개념	①【조직 + 기본권】 국가의 조직규범이면서 기본권 보장의 권리장전으로서 헌법	①【근대헌법의 실질화】 근대입헌주의 헌법의 내용과 형식을 유지하면서 실질화한 헌법
헌법원리	① 국민주권주의 ② 형식적 법치주의 ③ 자본주의	① 실질적 국민주권주의 ② 실질적 법치주의 ③【사회적 시장경제질서】 사회적 정의의 실현을 위한 국민경제의 규제·조정 ④ 국제평화주의
기본권	①【기본권 보장】 기본권 보장 규범으로서의 헌법개념은 근대에 비로소 성립 ② 형식적 평등	①【사회권】 생존권적 기본권의 보장 ②【국가작용 확대·강화】 실질적 평등의 보장을 위한 국가작용의 강화·확대
통치구조	① 고전적 권력분립 ② 대의제도	① 기능적 권력분립 (행정부 기능강화) ②【정당제도】 정당제도의 헌법상 수용과 정당기능의 확대 ③ 헌법재판제도 도입 (위헌법률심사제)
기타	①【권력분립 + 법치주의】 입헌주의적 헌법은 국민의 기본권 보장을 그 이념으로 하고 그것을 위한 권력분립과 법치주의를 그 수단으로 함	①【국가정체성 지표】 현대에는 수도 이외에 국기, 국가 같은 내용 포함

POINT 002 성문헌법과 관습헌법

1 성문헌법

성문헌법	① 【성문헌법】 문서화된 헌법 (오늘날 대부분의 국가) ② 【헌법전 : 헌법의 법원】 우리나라는 성문헌법을 가진 나라로서 기본적으로 우리 **헌법전**이 **헌법의 법원(法源)**임
헌법개정절차	① 【입법절차로 개정 불가】 성문헌법의 개정은 헌법의 조문이나 문구의 명시적이고 직접적인 변경을 내용으로 하는 헌법개정안의 제출에 의하여야 하고, **하위규범인 법률의 형식으로 일반적인 입법절차에 의하여 개정될 수는 없음**

2 관습헌법

(1) 관습헌법의 성립

인정여부	① 【관습헌법 인정】 성문헌법이도 **모든 헌법사항을 빠짐없이 완전히 규율**하는 것은 **불가능**하고 헌법은 국가의 기본법으로서 **간결성과 함축성을 추구**하기 때문에 **형식적 헌법전에는 기재되지 아니한 사항도 불문헌법 내지 관습헌법을 인정할 소지가 있음** ② 【국민에 의한 관습헌법 형성】 **국민이 대한민국의 주권자**이며, **국민은 최고의 헌법제정권력**이기 때문에 **성문헌법의 제·개정에 참여**할 뿐만 아니라 헌법전에 포함되지 아니한 헌법사항을 **필요에 따라 관습의 형태로 직접 형성할 수 있음** (형성할 수 없음 ×)
효력·한계	① 【성문헌법과 동등한 효력】 관습헌법도 성문헌법과 마찬가지로 **주권자인 국민의 헌법적 결단의 의사의 표현**이며 **성문헌법과 동등한 효력을 가짐** (동등한 효력 가진다고 볼 수 없음 ×) ② 【입법권 구속】 국민주권주의는 성문이든 관습이든 실정법 전체의 정립에 **국민의 참여를 요구**하므로, 국민에 의하여 정립된 관습헌법은 **입법권자를 구속**하며 **헌법으로서 효력을 가짐**
관습헌법사항	① 【헌법적 중요 기본사항】 관습헌법이 성립하기 위하여서는 관습이 성립하는 사항이 **단지 법률로 정할 사항**이 아니라 반드시 헌법에 의하여 규율되어 **법률에 대하여 효력상 우위를 가져야 할 만큼 헌법적으로 중요한 기본적 사항**이어야 함 ② 【법률 규율 부적합 사항】 관습헌법은 **일반적인 헌법사항**에 해당하는 내용 중에서도 특히 **국가의 기본적이고 핵심적인 사항**으로서 **법률에 의하여 규율하는 것이 적합하지 아니한 사항**을 대상으로 함 ③ 【개별·구체적 판단】 일반적인 헌법사항 중 어디까지가 **기본적이고 핵심적인 헌법사항**에 해당하는지 여부는 **일반추상적인 기준**을 설정하여 재단할 수는 없고, **개별적 문제사항**에서 헌법적 원칙성과 중요성 및 헌법원리를 통하여 평가하는 **구체적 판단**에 의하여 확정하여야 함 ④ 【대통령·의회 소재지】 헌법기관의 소재지, 특히 국가를 대표하는 **대통령**과 민주주의적 통치원리에 핵심적 역할을 하는 **의회의 소재지**를 정하는 문제는 **국가의 정체성(正體性)을 표현**하는 **실질적 헌법사항**임 (대법원의 소재지 ×)

CHAPTER 01 | 헌법과 헌법학

(2) 관습헌법의 개정·폐지

성문헌법 개정절차	① 【성문헌법 개정절차】 관습헌법도 헌법의 일부로서 **성문헌법의 경우와 동일한 효력**을 가지기 때문에 최소한 **헌법 제130조에 의거한 헌법개정의 방법**에 의하여 개정될 수 있음³ ② 【헌법전에 상반규범 첨가】 관습헌법은 헌법전에 그에 **상반하는 법규범을 첨가**하여 폐지¹
국민적 합의성	① 【국민의 합의성 상실】 관습헌법은 **국민적 합의성을 상실**하면 법적효력 상실 (합의성 상실 시 법적효력 상실 아님 ×)² ② 【성립 요건 + 효력 유지 요건】 관습헌법은 **주권자인 국민**에 의하여 **유효한 헌법규범으로 인정되는 동안에만 존속**하는 것이며, 관습법의 존속요건의 하나인 **국민적 합의성**이 **소멸되면 관습헌법으로서의 법적 효력도 상실**하게 되므로 관습헌법의 요건들은 그 **성립의 요건**일 뿐만 아니라 **효력 유지의 요건**임 (관습헌법의 요건들은 성립의 요건이 아니라 효력 유지의 요건임 ×)³
수도서울 관습헌법	① 【법률로 개정 불가】 성문의 경성헌법 체제에서 인정되는 **관습헌법 사항**은 하위규범형식인 **법률에 의하여 개정될 수 없음**¹ ② 【관습헌법사항도 헌법개정 대상】 우리 헌법은 헌법개정절차의 대상을 단지 '헌법'이라고만 하고 있으므로, **관습헌법도 헌법에 해당하는 이상 헌법개정의 대상인 헌법에 포함**² ③ 【수도서울 폐지 시 헌법개정 필요】 우리나라의 **수도가 서울이라는 점에 대한 관습헌법을 폐지**하기 위해서는 **헌법이 정한 절차에 따른 헌법개정**이 이루어져야 함²

POINT 003 경성헌법과 연성헌법

1 경성헌법과 연성헌법

구분기준	① 【개정절차 난이】 헌법 개정 절차의 난이에 따라 **경성헌법과 연성헌법**으로 나눌 수 있음
경성헌법	① 【법률보다 엄격】 헌법의 개정절차가 **일반법률의 개정절차보다 엄격**하게 되어 있는 헌법 (경성헌법은 헌법생활에서 발생하는 현실적 요구에 신축적으로 대응 ×) ② 【최고규범성 보장】 헌법의 **최고규범성**과 경성헌법성은 서로 밀접히 관련
종류	① 【강한경성헌법(필수적 국민투표)】 개정절차에서 **필수적 국민투표** 요구 ② 【약한경성헌법(임의적 국민투표)】 선택적 국민투표를 거치거나 **국민투표를 거치지 않고도 개정 可** → 경성헌법이 반드시 국민투표를 거쳐야 하는 것 아님 (국민투표를 필수적으로 요구 ×)
연성헌법	① 【법률과 동일】 헌법의 개정절차가 **일반법률의 개정절차와 동일**하여 쉽게 개정될 수 있는 헌법

2 우리나라 헌법 : 강한경성헌법

① 【강한경성헌법】 헌법의 **안정성**과 헌법에 대한 **존중**이라는 요청 때문에 우리 헌법의 개정은 **제한적으로** 인정되며, 일반법률과는 **다른 엄격한 요건과 절차**가 요구됨 (연성헌법 ×)

 **헌법의 특성과 해석**

1 헌법의 특성 : 최고규범

최고규범	① 【최고규범】 헌법은 국민적 합의에 의해 제정된 **국민생활의 최고 도덕규범**이며 정치생활의 가치규범으로서 정치와 사회질서의 지침을 제공하고 있기 때문에 민주사회에서는 **헌법의 규범을 준수**하고 그 **권위를 보존**하는 것을 기본으로 함²
위헌심사기준	① 【헌법재판 당시 헌법】 헌법재판소의 **구체적 규범통제의 심사기준**은 원칙적으로 **헌법재판을 할 당시에 규범적 효력을 가지는 헌법**임 (법률제정 당시에 규범적 효력을 가지는 헌법 ×)³ ② 【현행헌법】 유신헌법하 긴급조치 위헌 여부의 심사기준은 **유신헌법이 아니라 현행헌법** (유신헌법 ×)⁵

2 헌법해석

헌법해석	① 【헌법해석】 헌법의 내용과 정신을 규명하고 분석하여 **헌법규범의 객관적 의미내용을 확정하는 것**
정치성 반영	① 【실질적 국민주권의 실현 보장】 헌법해석은 헌법이 담고 추구하는 이상과 이념에 따른 역사적·사회적 요구를 올바르게 수용하여 **헌법적 방향을 제시하는 헌법의 창조적 기능**을 수행하여 국민적 욕구와 의식에 알맞은 **실질적 국민주권의 실현을 보장**하는 것이어야 함⁵ ② 【정치적 불안, 사회적 혼란 억제】 헌법의 해석·적용이 우리 헌법이 지향하고 추구하는 방향에 부합하는 것이 아닐 때에는 **헌법적용의 방향제시**와 **헌법적 지도**로써 **정치적 불안과 사회적 혼란**을 막는 **가치관을 설정**하여야 함¹

POINT 005 합헌적 법률해석

1 합헌적 법률해석

합헌적 '법률'해석	① 【헌법에 합치】 어떤 법률의 개념이 **다의적**이고 그 어의의 테두리 안에서 **여러 가지 해석**이 가능할 때, 헌법을 최고법규로 하는 통일적인 법질서의 형성을 위하여 **헌법에 합치되는 해석**, 즉 **합헌적인 해석**을 택하여야 하며, 위헌적인 결과가 될 해석은 배제하면서 **합헌적이고 긍정적인 면은 살려야 한다는 헌법의 일반법리** (입법자의 입법취지대로 해석 ×)⁹ ② 【법률 해석 지침】 어떤 법률이 한 가지 해석방법에 의하면 헌법에 위배되는 것처럼 보이더라도 다른 해석방법에 의하면 헌법에 합치되는 것으로 볼 수 있다면 **합헌으로 해석하여야 한다는 사법소극주의적인 법률 해석기술** (헌법 해석 지침 ×)²
미국 연방대법원	① 【미국 연방대법원】 미국 연방대법원의 Ogden v. Saunder 사건(1827년)에서 유래 → 독일 연방헌법재판소에서 수용 (합헌적 법률해석은 독일연방헌법재판소 판례를 통하여 처음으로 행해짐 ×)²
이론적 근거	① 【법질서의 통일성과 법적 안정성】 헌법의 **최고규범성**에서 나오는 **법질서의 통일성과 법적 안정성**³ ② 【규범 유지의 필요성】 법적 안정성의 요청에 의한 **규범 유지의 필요성** 및 **법률의 추정적 효력**² ③ 【권력분립】 권력분립원리, 민주주의 원리의 관점에서 **입법자의 존중**³

2 합헌적 법률해석 기관 및 대상

(1) 합헌적 법률해석의 기관

합헌적 법률해석 : 모든 기관	① 【대법원 + 헌재 등 모든 기관】 대법원을 정점으로 하는 **일반법원**, 법률의 위헌심사를 맡은 **헌법재판소** 등의 임무임 (일반법원이 하여야 하는 임무이고, 법률의 위헌심사를 맡는 헌법재판소의 임무 아님 ×)¹
위헌선언 : 헌재의 독점권	① 【일부위헌결정은 헌재에 유보】 합헌적 법률해석은 법률에 대한 특정한 해석방법을 위헌적인 것으로 배제함으로써 실질적으로 '해석에 의한 법률의 부분적 폐지'를 의미하므로, 법률에 대하여 실질적인 **일부위헌선언**을 함으로써 법률을 수정하는 권한은 규범통제에 관한 독점적인 권한을 부여받은 **헌법재판소에 유보되어야 함**¹ ② 【한정합헌결정 = 한정위헌결정】 헌법재판소의 **합헌적인 한정축소해석**은 위헌적인 해석 가능성과 그에 따른 법적용을 **소극적으로 배제**한 것이고, 적용범위의 축소에 의한 **한정위헌결정**은 위헌적인 법적용 영역과 그에 상응하는 해석 가능성을 **적극적으로 배제**한다는 뜻에서 차이가 있을 뿐, **본질적으로는 같은 방법**임 (양자는 특별한 관계가 없음 ×)²

(2) 합헌적 법률해석 불가 대상

실효된 법률 불가	① **【실효된 법률조항 불가】** 과세관청이 해석을 통하여 **전혀 새로운 법률상의 근거를 만들어 내거나**, 기존에는 존재하였으나 **실효되어 더 이상 존재한다고 볼 수 없는** 법률조항을 여전히 '**유효한**' 것으로 **해석**한다면, 이는 **법률해석을 통하여 창설해 내는 일종의 '입법행위'**로서 권력분립원칙에 반함 (권력분립원칙 위반 아님 x)[1] ② **【실효된 법률조항 불가】** 헌법정신에 맞도록 법률의 내용을 해석·보충하거나 정정하는 '헌법합치적 법률해석'은 '**유효한**' 법률조항의 의미나 문구를 대상으로 하는 것이지, **이미 실효된 법률조항을 대상**으로 헌법합치적인 법률해석을 할 수는 없는 것이어서, **유효하지 않은 법률조항을 유효한 것으로 해석**하는 것은 '헌법합치적 법률해석'을 이유로도 **정당화될 수 없음**[5] ③ **【입법 공백 방지·시정: 입법자의 권한】** 조세법률주의가 지배하는 조세법의 영역에서는 **경과규정의 미비**라는 명백한 입법의 공백을 방지하고 형평성의 왜곡을 시정하는 것은 원칙적으로 **입법자의 권한이고 책임**이지 법문의 한계 안에서 법률을 해석·적용하는 **법원이나 과세관청의 몫은 아님** (법원이나 과세관청의 의무에 해당 x)[2] ④ **【권력분립·조세법률주의 위반】** 조세에 관하여 입법의 공백이 있는 경우 이로 인하여 당사자가 공평에 반하는 이익을 얻을 가능성이 있다 하여 **이미 실효된 법률조항을 유효한 것으로 해석하여 과세의 근거로 삼는 것**은 과세근거의 창설을 국회가 제정하는 법률에 맡기고 있는 **권력분립과 조세법률주의에 반함** (권력분립원칙과 조세법률주의의 원칙에 반하지 않음 x)[4]
위헌성 분명한 법률 불가	① **【위헌성 분명시 반드시 위헌선언】** 법률의 합헌적 해석은 법률이 위헌으로도 해석되고 합헌으로도 해석되는 경우에 가능한 것이지, **법률의 위헌성이 분명**한 경우 **반드시 위헌선언**을 하여야 함[1]

3 한계

문의적·목적적 한계	① **【문의적 한계】** 법률 조항의 문구가 간직하고 있는 **말의 뜻**을 넘어서 말의 뜻이 **완전히 다른 의미로 변질**되지 아니하는 범위 내에서 이루어져야 함[4] ② **【목적적 한계】** 당해 법 조항의 제정을 통해 추구하려는 **입법자의 명백한 의지와 입법목적**과 완전히 다른 해석을 할 수 없음 ('법 목적에 따른 한계'는 인정될 수 없음 x)[6]
한계 벗어난 해석	① **【입법권 침해】** 합헌적 법률해석의 한계를 벗어난 해석은 그것이 바로 **실질적 의미에서의 입법작용**을 뜻하게 되어 결과적으로 **입법권자의 입법권을 침해함**[3]

4 관련판례

(1) 합헌적 법률해석

1	【형식상 무죄판결에 공소기각 포함 해석】「군인사법」상 '**무죄의 선고를 받은 때**'의 의미와 관련하여, 형식상 무죄판결뿐 아니라 **공소기각재판**을 받았다 하더라도 그와 같은 공소기각의 사유가 없었더라면 무죄가 선고될 현저한 사유가 있는 이른바 내용상 무죄재판의 경우도 이에 포함된다고 확대 해석함이 **법률의 문의적(文義的) 한계 내의 합헌적 법률해석에 부합**(대판 2004.8.20. 2004다22377)
2	【책임 없는 자에 대한 상호신용금고 채무에 대한 연대변제책임 부과 (한정위헌)】 부실경영에 **책임이 없는 임원**이나 금고경영에 영향력을 행사하지 않은 **과점주주**에 대해서도 **상호신용금고의 채무에 대하여 연대변제책임을 부과**하도록 한 구 「상호신용금고법」 조항은 입법목적을 달성하기 위하여 필요한 범위를 넘는 과도한 제한임(2002.8.29. 2000헌가5 등) → **사법상의 단체를 자유롭게 결성하고 운영하는 자유를 제한 & 침해!**

(2) 합헌적 법률해석의 한계

1	【필요적 감호선고를 임의적으로 해석 불가 (위헌)】 (구)「사회보호법」의 요건에 해당되는 경우에는 법원으로 하여금 감호청구의 이유 유무 즉, **재범의 위험성의 유무를 불문하고 반드시 감호의 선고를 하도록 강제한 것**임이 위 법률의 조항의 **문의임**은 물론 **입법권자의 의지임**을 알 수 있으므로 위 조항에 대한 **합헌적 해석은 문의의 한계를 벗어난 것**임(1989.7.14. 88헌가5 등)

POINT 006 헌법개정

CHAPTER 02 | 헌법의 변동과 보호

제128조 ① 【국회과반수 + 대통령 발의】 헌법개정은 국회재적의원 과반수[19] 또는 대통령[17]의 발의로 제안된다.
② 【헌법개정효력의 한계】 대통령의 임기연장 또는 중임변경을 위한 헌법개정은 그 헌법개정 제안 당시의 대통령에 대하여는 효력이 없다.[19]

제129조 【20일 공고】 제안된 헌법개정안은 대통령이 20일 이상의 기간 이를 공고하여야 한다.[20]

제130조 ① 【60일 이내 국회 의결】 국회는 헌법개정안이 공고된 날로부터 60일 이내에 의결하여야 하며[25],
【재적 3분의 2 찬성】 국회의 의결은 재적의원 3분의 2 이상의 찬성을 얻어야 한다.[27]
② 【30일 이내 국민투표】 헌법개정안은 국회가 의결한 후 30일 이내[27]에 국민투표에 붙여
【과반수 투표 + 투표자 과반수 찬성】 국회의원선거권자 과반수의 투표와 투표자 과반수의 찬성[27]을 얻어야 한다.
③ 【헌법개정안 확정】 헌법개정안이 제2항의 찬성을 얻은 때에는 헌법개정은 확정되며,
【대통령 즉시 공포】 대통령은 즉시 이를 공포하여야 한다.[10]

1 국민의 권리

① 【국민의 권리】 헌법을 개정하거나 폐지하고 다른 내용의 헌법을 모색하는 것은 주권자인 국민이 보유하는 가장 기본적인 권리로서, 가장 강력하게 보호되어야 할 권리 중의 권리에 해당 (국민에게 허용되지 않는 권리 ×)[1]

2 헌법개정절차

(1) 헌법개정절차

단계	내 용
제안 (의원과반수 or 대통령)	• 헌법개정안 제안권자 : **국회의원**[19], **대통령**[17] • 국회의원 : **재적과반수** (재적 3분의 1 이상 ×, 재적 3분의 2 이상 ×)[19] • 대통령 : **국무회의 심의**를 거쳐 제안 (대통령은 헌법개정에 대한 발의권이 없음 ×)[3] • **국민**이 직접 헌법개정안을 발의할 수는 없음 (국회의원선거권자 50만 ×, 국민발안 ×)[1]
대통령공고 (20일 이상)	• 제안된 헌법개정안의 내용을 국민에게 알리는 절차 • **대통령**(국회의장 ×)이 **20일 이상**(30일 이상 ×) 공고[20]
국회의결 (공고된 날부터 60일, 재적2/3)	• **공고된 날로부터**(공고기간 경과 후 ×, 공고기간이 만료된 날부터 ×, 헌법개정안이 제안된 날부터 ×) **60일**(70일 ×, 30일 ×) **이내 의결**[5] • 재적의원 **3분의 2 이상 찬성** (출석 3분의 2 이상 ×)[27] • 표결은 **기명투표** (무기명투표 ×)[7]
국민투표 (의결 후 30일, 과반투표·과반찬성 → 확정)	• **국회가 의결한 후**(대통령이 공고한 후 ×) **30일**(20일 ×) **이내 국민투표 회부**[27] • 국회의원선거권자 **과반수의 투표와 투표자 과반수의 찬성**(국회의원선거권자 과반수의 찬성 ×)으로 **확정** (대통령의 공포로 확정 ×)[27]
대통령공포 (즉시)	• 대통령이 **즉시 공포** (15일 이내 공포 ×, 대통령이 15일 이내에 공포하여야 확정 ×)[10] • 공포로 확정되는 것 아니며, 대통령은 **거부권 행사 不可**[6]

(2) 국민투표무효 소송

제소	① 【10만 중선위원장 20일 대법원】 국민투표의 효력에 관하여 이의가 있는 투표인은 **투표인 10만인 이상의 찬성**을 얻어 **중앙선거관리위원회 위원장**(대통령 ×, 국회의장 ×)을 피고로 하여 **투표일로부터 20일 이내**(30일 이내 ×)에 **대법원**(헌법재판소 ×, 중앙선관위 ×)에 제소 가능 (중앙선거관리위원회에 이의제기 ×)[14]
무효판결	① 【투표결과 영향시만 전부·일부 무효 판결】 대법원은 국민투표에 관하여 위법한 사실이 있더라도 **국민투표의 결과에 영향을 미쳤다고 인정하는 때**에 한하여 **국민투표의 전부 또는 일부의 무효**를 판결함 (국민투표의 결과에 영향을 미치지 않았더라도 ×, 국민투표의 일부의 무효를 판결할 수는 없음 ×)[5]

3 헌법개정의 한계

(1) 절차적 한계 : 헌법상 개정절차

§128~§130	① 【성문헌법 규정사항 : 헌법개정절차】 실질적 의미의 헌법이 아니더라도 **성문헌법**에 규정되어 있는 사항을 개정하려면 **헌법개정절차**에 따라야 함
§72	① 【중요정책 국민투표로 개정 불가】 국회의 의결절차를 거치지 아니한 채, 헌법 제72조의 중요 정책에 관한 **국민투표**만으로 헌법을 개정하는 것은 위헌임 (대통령은 헌법 제72조의 국민투표부의권을 행사하여 국회의 의결을 거치지 않고 헌법을 개정할 수 있음 ×)

(2) 실정법상 한계

헌정사	① 【2~4차 개정헌법 有】 1954년 헌법, 1960년 6월 헌법 및 1960년 11월 헌법에서는 **민주공화국, 국민주권, 주권의 제약 또는 영토의 변경을 가져올 국가안위에 관한 중대사항에 대한 국민투표** 규정은 **개폐할 수 없다고 명시**한 적 있음 (현행 헌법과 마찬가지로 역대 헌법은 헌법개정의 실정법적 한계를 인정하지 않음 ×) ② 【현행헌법 無】 우리나라는 1954년 제2차 개정헌법에서 일부 조항의 개폐를 명시적으로 금지한 바 있지만, **현행 헌법**에서는 그러한 규정을 두고 있지 **않음**
임기연장·중임변경조항	① 【헌법개정 한계 아님】 현행 헌법상 대통령의 **임기연장 또는 중임변경**을 위한 **헌법개정은 허용**되지만, 제안 당시의 대통령에게는 그 **효력이 미치지 아니함** (대통령의 임기연장 또는 중임변경을 위한 헌법개정을 할 수 없음 ×) ② 【헌법개정효력 한계】 헌법 제128조 제2항은 **헌법개정의 한계**를 규정한 조항이 아니라 헌법개정의 허용을 전제로 한 헌법개정의 효력을 제한하는 '**헌법개정효력의 한계**' 규정

(3) 이론상 한계 : 헌법재판소 무한계론

상위규범, 하위규범 구별불가	① 【이념적·논리적 우열관계 인정】 헌법의 제규정 가운데는 헌법의 근본가치를 보다 **추상적으로 선언**한 것도 있고, 이를 보다 **구체적으로 표현**한 것도 있으므로 **이념적·논리적으로는 규범상호 간의 우열을 인정**할 수 있음 (이념적·논리적 가치의 우열은 인정 안 됨 ×) ② 【제정규범·개정규범 구별 불가】 헌법개정의 한계에 관한 규정을 직접 두고 있지 않는 우리 헌법체계에서는 어떤 규정이 **헌법핵 내지는 헌법제정규범**으로서 **상위규범**이고 어떤 규정이 단순한 헌법개정규범으로서 **하위규범**인지를 **구별하는 것이 가능하지 아니하며**, 헌법의 각 개별규정 사이에 그 **효력상의 차이**를 인정하여야 할 아무런 근거도 찾을 수 **없음** (우리 헌법은 헌법개정의 한계에 관한 규정을 두고 있음 ×) ③ 【효력상 차등 부정】 헌법의 어느 특정규정이 다른 규정의 효력을 전면적으로 부인할 수 있을 정도의 **개별적 헌법규정 상호간에 효력상의 차등**을 의미하는 것이라고는 **볼 수 없음** ④ 【효력상 차등 부정】 우리 헌법의 각 개별규정 가운데 **무엇이 헌법제정규정이고 무엇이 헌법개정규정인지를 구분하는 것이 가능하지도 아니할** 뿐 아니라, 각 개별규정에 그 **효력상의 차이**를 인정하여야 할 형식적인 이유를 찾을 수 **없음** (제정규정 개정규정 구별 가능 ×, 효력상 차이 인정 ×)
헌법개정 무한계론	① 【헌법개정한계론 원용 부인】 헌법제정권과 헌법개정권의 **구별론**이나 **헌법개정한계론**은 그 자체로서의 이론적 타당성 여부와 상관없이 헌법재판소가 **헌법의 개별규정**에 대하여 **위헌심사를 할 수 있다는 논거**로 원용될 수 있는 것이 **아님** (원용할 수 있다는 입장 ×)

4 헌법개정절차의 헌정사

구분	제안	공고	국회의결	국민투표	주요 특징
제헌헌법 (1948년)	• 대통령 • **국회재적의원 1/3**	30일	재적 2/3	×	
제1차 개정헌법 (1952년)	• 대통령 • 민의원 1/3, 참의원 2/3	〃	양원 각각 재적 2/3	×	
제2차 개정헌법 (1954년) 제3·4차 개정헌법 (1960년)	• 대통령 • 민의원 또는 참의원 1/3 • **민의원선거권자 50만 이상**	〃	양원 각각 재적 2/3	×	• 헌법개정안에 대한 국민발의권 인정 (2~6차)
제5·6차 개정헌법 (1962·69년)	• **대통령 불가** • 국회재적의원 1/3 • **국회의원선거권자 50만 이상**	〃	재적 2/3	○	• 제5차 개정헌법부터 헌법개정 국민투표 도입 • 대통령에게 헌법개정제안권이 없었던 시기(5~6차)
제7차 개정헌법 (1972년)	• 대통령 • **국회재적과반수**	20일	대통령 제안 시 **국민투표** 국회의원 제안 시 **국회재적 2/3의결 후 통일주체국민회의 의결로 확정**		• 헌법개정이원화 • 공고기간을 20일로 단축 • 국회의원 발의정족수 가중
제8차 개정헌법 (1980년)	• 대통령 • 국회재적과반수	〃	재적 2/3	○	• **대통령 임기연장·중임 변경 시 효력 제한**
현행헌법 (1987년)	• 제8차 개정헌법과 동일				

POINT 007 대한민국 헌법의 제정과 개정

1 정치제도 헌정사

구분	제1공화국			제2공화국	
	제헌헌법 (1948년)	제1차 개정헌법 (1952년 발췌개헌)	제2차 개정헌법 (1954년 사사오입)	제3차 개정헌법 (1960년 6월, 의원내각제)	제4차 개정헌법 (1960년 11월)
경과	• 제헌의회 • 국민투표 ×³	• **야당안과 정부안 발췌 · 절충**² • 공고절차 결여³ • 국회의원의 자유로운 토론 봉쇄, 독회 · 토 론 없이 기립투표로 통과 (국민투표 ×)²	• 재적 203명 중 135명 찬성 → 의결정족수 2/3 미달¹ → **사사오입**으로 부결 선포를 번복하고 가 결선포¹	• 3.15 부정선거 → 4.19 혁명 • 여야합의에 의한 헌 법개정¹	• 부칙개정
대통령	• **국회간선제 : 대통령 · 부통령**을 **국회에서 무 기명투표**로 선거⁸ • **4년 1차 중임**³ • 대통령 사고 → 부통 령¹ → 총리 권한대행 • 대통령 · 부통령 궐위 → 후임자 선거¹	• 대통령 · 부통령 **직선 제 최초 채택**⁴	• **초대대통령 중임제한** (3선제한) **폐지**³ • 대통령 사고 → 부통 령 → 국무위원 (총리 ×) 권한대행¹ • 대통령 궐위 → 부통 령 (총리 ×) 지위승계¹	• **의원내각제**⁵ • **대통령 양원합동회의 간선제** (윤보선 대통 령)³ • **5년 1차 중임**¹	
국무 회의	• **국무총리**(대통령이 임명하고 국회 승인)⁸ • **국무원**은 합의제 **의결 기관** (심의기관 ×)⁶ • 대통령이 국무원 의 장²	• 국무위원 임명 시 **국무총리제청권**⁴	• **국무총리제 폐지**⁷	• 의결기관인 국무원¹ • 국무총리가 의장¹ • 국무총리는 대통령 지 명하여 민의원 동의¹ • 국무원(정부)의 민의 원 해산권¹	부칙에 반민주 행위자 들을 처벌할 소급입법 의 헌법적 근거마련⁵ →「반민주행위자공민 권제한법」등 제정
국회	• **단원제**⁶ • 국회의원 임기 4년¹ • **국정감사제도**⁵ • 정부의 법률안 제출 권 인정¹	• **양원제 최초 규정** (1~4) but 미실시¹² • **국무원 불신임제**⁷	• 국무위원에 대한 **개 별적 불신임제 채택**³ • 일반국무 연대책임, 각자행위 개별책임¹	• **양원제 구성** (최초 규정 ×)⁴	
법원				• **대법원장 · 대법관 선거제**⁸(법관자격 자가 선거인단²) → 대통령 확인³ • 그 외 법관 대법원 장이 임명¹	
헌법 기관등	• **헌법위원회** (위헌법률심사)² • **탄핵재판소** (탄핵심판)⁴			• **헌법재판소 설치 최초규정** (설치×)¹⁴ • **중선위 설치**(각급 선 관위 규정 ×)⁹	

구분	제3공화국		제4공화국	제5공화국	제6공화국(현행)
	제5차 개정헌법 (1962년)	제6차 개정헌법 (1969년)	제7차 개정헌법 (1972년, 유신헌법)	제8차 개정헌법 (1980년)	제9차 개정헌법 (1987년, 여야합의)
경과	• 5.16 쿠데타 • 국가재건최고회의 의결 후 최초로 **국민투표로 확정** (국회의결 ×)³ → 2공화국의 헌법 개정절차에 따른 것 아님² • **의원내각제에서 대통령제로 환원**²	• 3선개헌	• 국가보위에 관한 특별조치법('71)¹	• 10.26, 12.12 • 국가보위비상대책위	• 6월 항쟁 • 여야합의에 의해 제안된 헌법개정안을 국회가 의결한 후 국민투표로 확정¹ • 전문, 본문 10개장 130개조, 부칙 6개조로 구성¹
대통령	• **직선제**² • 4년 중임¹ • 잔임기간 2년 미만의 궐위 시에는 국회에서 후임대통령을 선출하고 잔임기간만 재임² • 총리는 대통령 임명 (국회 동의 ×)¹	• 4년¹ • 계속 재임 3기²	• **통일주체국민회의에서 토론 없이 무기명투표로서 대통령을 선거**(재적의원 과반수)⁴ • **6년 연임제한규정 無**³ • 긴급조치권¹ • 국회해산권¹ • 국회의원 1/3 추천권 (선출권 ×)² → 통일주체국민회의 선거¹	• 대통령선거인단에서 무기명투표로 간선제⁸ • **7년 단임**⁴ • 비상조치권¹ • 국회해산권¹ • 통일주체국민회의 폐지¹	• 직선제³ • 5년 단임¹ • 국회해산권 폐지¹
국무회의	• 국무회의 (심의기관)				
국회	• **단원제 복귀**¹ • 국회의원 정수의 하한뿐 아니라 상한도 설정(150인 이상 200인 이하)¹ • **국무총리·국무위원 해임건의제도**³ (대통령은 특별한 사유가 없는 한 이에 응하도록 규정²)	• 대통령 탄핵 소추발의(30인 → 50인)·의결정족수(재과 → 재2/3) 가중¹	• 지역구 직선의원(2/3)과 **통일주체국민회의 선출 간선의원(1/3)**으로 구성⁶ • 대통령이 국회의원 1/3 추천하면 통일주체국민회의 선출³ • 국무총리와 국무위원에 대한 **개별적인 해임의결권**(7·8차)² • **국정감사권 폐지**² • 국회의 회기 단축²	• 국정조사권 규정²	• **국정감사권 부활**⁵ (국정감사와 국정조사 모두 규정³)
법원	• **법관추천회의**에서 대법원장인 법관 제청 → 대통령 임명 (모든법관 제청 ×)² • **대법원의 위헌법률심사권**⁹		• 대통령이 모든 법관 임명¹	• 대법원장이 일반법관 임명	• 대법관 임명에 국회 동의¹
헌법기관등	• **헌법재판소 삭제**¹ • 감사원 설치¹ • 각급 선관위 규정³		• 헌법위원회⁵	• 헌법위원회³	• **헌법재판소 부활** (헌법소원)²

2 기본권 등 헌정사

구분	제1공화국			제2공화국	
	제헌헌법 (1948년)	제1차 개정헌법 (1952년 발췌개헌)	제2차 개정헌법 (1954년 사사오입)	제3차 개정헌법 (1960.6월, 의원내각제)	제4차 개정헌법 (1960.11월)
기본권	• 평등권, 신체의 자유를 비롯한 고전적 기본권 • 양심의 자유 • 구속적부심사제 • 공무원 파면청원권 • **이익분배균점권** (제헌~4) • 근로3권, 생활무능력자의 보호, 가족 보호 등 **다양한 사회적 기본권 규정**			• 언론·출판·집회·결사에 대한 허가·검열 금지 • **본질적 내용 침해금지** • 선거권 연령 20세 (3~8)	부칙에 반민주 행위자를 처벌할 소급입법의 헌법적 근거마련
정당				• 정당보호조항 최초 신설 • 위헌정당해산제도 (헌재 담당)	
헌법 개정등	• 헌법개정시 국회의결 (2/3)		• **최초로 국민투표제를 명시**(주권의 제약이나 영토변경의 경우에 국회가결을 거친 후 국민투표를 통해 결정) • 헌법개정 한계 규정 (2~4) • 헌법개정 국민발안제 (50만이상, 2~6)		
경제/통일	• **통제경제** • 중요한 운수, 통신, 금융, 보험, 전기, 수리, 수도, 가스 및 공공성을 가진 기업의 국영 혹은 공영 • '경제'의 장과 '재정'의 장을 별도 규정		• 통제경제에서 **자유경제체제로의 전환** (국민경제우선)	• 공무원의 신분 및 정치적 중립성을 보장 (직업공무원제)	
지방자치	• 지방자치제도 규정			• 지자체장 직선제 채택	

구분	제3공화국		제4공화국	제5공화국	제6공화국(현행)
	제5차 개정헌법 (1962년)	제6차 개정헌법 (1969년)	제7차 개정헌법 (1972년, 유신헌법)	제8차 개정헌법 (1980년)	제9차 개정헌법 (1987년, 여야합의)
기본권	• 인간의 존엄과 가치 • 인간다운 생활을 할 권리 • 직업선택의 자유		• 구속적부심사제 폐지 • 언론·출판·집회·결사에 대한 허가·검열 금지 삭제 • 이중배상금지 • 기본권 제한 사유로 국가안전보장 추가 • 본질적 내용 침해금지 삭제	• 재외국민보호 • 행복추구권 • 사생활의 비밀과 자유 • 환경권 • 연좌제 금지 • 형사피고인의 무죄추정원칙 • 국가의 사회보장·사회복지 증진 노력의무 • 평생교육에 관한 권리 • 적정임금 보장 노력 • 본질적 내용 침해금지 부활	• 재외국민보호의무 • 적법절차 • 체포·구속 시 이유고지 및 가족통지제도 • 재판절차진술권 • 형사보상청구권을 피의자까지 확대(피고인은 제헌헌법부터 규정) • 범죄피해자구조청구권 • 최저임금제 시행의무 • 언론·출판·집회·결사 허가·검열 금지 부활
정당	• 대통령·국회의원 입후보시 소속정당 추천 • 국회의원의 당적이탈·변경·정당해산 시 의원직 상실		• 정당국가적 경향 약화(무소속후보 허용, 당적을 보유하지 않더라도 국회의원직 유지)	• 정당운영자금에 대한 국고보조	
헌법 개정등	• 헌법개정시 필수적 국민투표 최초 명시 • 대통령의 헌법개정제안권 삭제(5~6)		• 헌법개정 이원화 (대통령, 국회의원) • 헌법개정공고기간 단축(30일 → 20일)	• 현행 개정절차 • 대통령의 임기연장이나 중임변경을 위한 헌법개정은 개정당시 대통령에는 적용될 수 없도록 규정	
경제/ 통일	• 사회적 시장경제질서 조항(~현행)		• 평화통일원칙(전문) • 대통령에게 평화적 통일을 위한 성실한 의무를 규정	• 중소기업의 사업활동 보호·육성 • 소비자보호 운동의 보장	• 전문에 '대한민국 임시정부의 법통계승', '불의에 항거한 4·19 민주이념' 규정 • 자유민주적 기본질서에 입각한 평화통일정책 • 국군의 정치적 중립성
지방 자치			• 지방의회 구성을 조국통일 시까지 유예(부칙)	• 재정자립도를 고려하여 지방의회 구성(부칙)	

1	헌법전문					
		제헌	5차(최초 개정)	7차	8차	9차
	기미 삼일운동	3·1운동	3·1운동	3·1운동	3·1운동	
			4·19의거	4·19의거	X	4·19민주이념
			5·16혁명	5·16혁명	X	대한민국 **임시정부**의 법통
				평화적 **통일**	평화적 통일	평화적 통일

2	**재외국민** : 보호(8차) → 보호의무(9차)
3	**정치적 중립성** : 공무원(3차) → 국군(9차)
4	**정당제도** : 위헌정당해산제도(3차) → 극단적 정당국가(5차) → 정당운영에 대한 국고보조(8차)
5	**헌법 제10조** : 인간의 존엄과 가치(5차) → 행복추구권(8차)
6	**사전검열금지** : 신설(3차) → 삭제(7차) → 부활(9차)
7	**기본권의 본질적 내용침해금지** : 신설(3차) → 삭제(7차) → 부활(8차)
8	**임금** : 적정임금(8차) → 최저임금(9차)
9	**국회양원제** : 규정(1차) → 운영(3차) → 단원제(5차)
10	**국정감사제도** : 규정(제헌) → 삭제(7차) → 부활(9차) cf) 국정조사제도(8차)
11	**해임건의** : 국무원불신임제(1차) → 개별적 불신임제(2차) → 해임건의제(구속력 有)(5차) → 해임의결제(구속력 有)(7차) → 해임건의(구속력 無)(9차)
12	**대통령 간선제** : 국회(제헌) → 국회 양원합동회의(3~4차) → 통일주체국민회의(7차) → 선거인단(8차)
13	**대통령 임기** : 4년(1공) → 5년(2공) → 4년(3공) → 6년(4공) → 7년(5공) → 5년(6공)
14	**국민투표** : 중요정책(2차) → 헌법개정(5차)
15	**선관위** : 중앙선관위(3차) → 각급선관위(5차)
16	**지방자치** : 규정(제헌) → 조국통일시까지 유예(7차) → 재정자립도 고려 순차 구성(8차)
17	**경제제도** : 통제경제(제헌) → 시장경제(2차) → 직업선택의 자유(5차) → 소비자보호운동(8차)

18	헌법재판기관						
		제1공	제2공	제3공	제4공	제5공	제6공
	위헌심사	헌법위원회	헌법**재판소** (미설치)	대법원	헌법위원회	헌법위원회	헌법**재판소** (부활·설치)
	탄핵	탄핵**재판소**		탄핵**심판위원회**			

19	헌법개정절차		
	제안	대통령	대통령 제안권 삭제(5~6차)
		국회의원	재적1/3(제헌) → 재적과반(7차)
		국민발안제	2~6차
	공고		30일(제헌) → 20일(7차)
	국민투표		5차 신설
	헌법개정절차 이원화		7차
	헌법개정한계		2~4차

POINT 008 국가긴급권

제89조 【국무회의 심의】 다음 사항은 국무회의의 심의를 거쳐야 한다.
5. 【국가긴급권】 대통령의 긴급명령·긴급재정경제처분 및 명령 또는 계엄과 그 해제

1 국가긴급권의 발동요건과 한계

국가긴급권	① 【헌법보장수단 but 입헌주의 파괴우려】 국가긴급권은 **헌법보장의 한 수단**이지만 **입헌주의 그 자체를 파괴하는 위험**을 초래 ② 【헌법에 발동요건 상세규정】 현대 민주국가의 헌법은 일반적으로 국가긴급권의 발동의 조건, 내용, 그 한계 등에 관하여 상세히 규정함으로써, 그 **오용과 남용의 소지**를 줄이고 있음
목적적· 시간적 한계	① 【목적상 한계 : 직접적 원인제거에 필요·최소한 행사】 국가긴급권의 행사는 헌법질서에 대한 중대한 위기상황의 극복을 위한 것이기 때문에, 본질적으로 위기상황의 **직접적인 원인을 제거**하는데 **필수불가결한 최소한도 내에서만 행사되어야 한다**는 목적상 한계가 있음 ② 【시간상 한계 : 일시적·잠정적 행사】 국가긴급권은 비상적인 위기상황을 극복하고 헌법질서를 수호하기 위해 헌법질서에 대한 예외를 허용하는 것이기 때문에 그 **본질상 일시적·잠정적으로만 행사되어야 한다**는 시간적 한계가 있음 (일시적·잠정적 한계 적용될 수 없음 ×)
절차	① 【국무회의 심의】 긴급명령, 긴급재정경제처분 및 명령, 계엄과 그 해제는 **국무회의의 심의를 거쳐야 함** (국무회의의 심의를 거칠 것을 요구할 수 없음 ×)
사법심사의 한계	① 【고도의 정치성】 헌법재판소·법원은 국가긴급권 발동의 위헌·위법 여부를 **사후적으로 심사**할 수는 있으나, 국가긴급권이 가지는 **고도의 정치적 성격**이 그 **심사의 한계**로서 작용

2 국가긴급권 종합

구분	긴급명령권	긴급재정경제명령권	계엄선포권
상황요건	• 국가의 안위에 관계되는 중대한 **교전상태**	• 내우·외환·천재·지변 또는 중대한 **재정·경제상의 위기**	• 전시·사변 또는 이에 준하는 **국가비상사태**
국회요건	• 국회의 집회가 **불가능**한 때	• 국회의 집회를 기다릴 **여유가 없을** 때	—
내용	• 긴급입법으로 기본권 제한 가능	• 긴급재정경제입법으로 경제적 기본권 제한 가능	• 비상계엄시 **영장제도, 언론·출판·집회·결사의 자유, 정부나 법원**(국회 ×)의 권한에 관하여 특별한 조치 가능
국회통제	• **지체없이 국회에 보고하여 그 승인**		• **지체없이 국회에 통고** (승인 ×) • 국회가 **재적의원 과반수의 찬성**으로 계엄해제 요구시 해제 의무
공권력동원	• **경찰력**	—	• **병력**

POINT 009 긴급명령권

제76조 ② 【국가교전사태 + 국회 집회 불가능】 대통령은 국가의 안위에 관계되는 중대한 교전상태에 있어서 **국가를 보위**하기 위하여 **긴급한 조치가 필요**하고 **국회의 집회가 불가능한 때**에 한하여 **법률의 효력을 가지는 명령**을 발할 수 있다."
③ 【지체없이 국회보고·승인】 대통령은 제1항과 제2항의 처분 또는 명령을 한 때에는 **지체없이 국회에 보고하여 그 승인**을 얻어야 한다.⁶
④ 【국회보고·승인 → 불승인 시부터 효력 상실】 제3항의 **승인을 얻지 못한 때**에는 그 처분 또는 명령은 **그때부터 효력을 상실**한다.⁷ 【개정·폐지법률 불승인 시부터 당연 효력 회복】 이 경우 그 명령에 의하여 개정 또는 폐지되었던 법률은 그 명령이 **승인을 얻지 못한 때부터 당연히 효력을 회복**한다.³
⑤ 【대통령이 지체없이 공포】 대통령은 제3항과 제4항의 사유를 **지체없이 공포**하여야 한다.

1 긴급명령권

발동요건	① 【교전상태 + 국회집회불가능】 대통령은 **국가의 안위에 관계되는 중대한 교전상태**에 있어서 국가를 보위하기 위하여 긴급한 조치가 필요하고 **국회의 집회가 불가능한 때**(국회의 집회를 기다릴 여유가 없을 때 ×)에 한하여 **법률의 효력을 가지는 명령**을 발할 수 있음 (계엄을 선포할 수 있음 ×)¹³ ② 【국무회의 심의】 대통령이 긴급명령을 발하기 위해서는 **국무회의의 심의를 거쳐야 함**¹
법률의 효력	① 【법률의 효력】 긴급명령은 **법률의 효력을 가짐**² → 국회가 의결한 **법률을 통하여 개정·폐지될 수 있음**¹ ② 【국회해산 불가】 긴급명령으로 **국회를 해산할 수 없음**¹ (법률로 헌법기관 해산 ×)
공권력	① 【경찰력 동원 可】 긴급명령의 경우 동원되는 공권력은 **경찰력**임 (병력 ×)¹

2 긴급명령에 대한 통제

국회 보고·승인	① 【국회보고·승인 → 불승인시 그때부터 효력상실】 국가긴급권을 행사한 때에는 **지체없이 국회에 보고**하여 그 **승인을 얻어야 하며**(국회의 사전동의를 얻어야 함 ×), 승인을 얻지 못한 때에는 **그때부터 효력을 상실함** (소급하여 상실 ×, 애초에 효력을 가질 수 없음 ×)⁹ ② 【불승인시 기존 법률 효력 회복】 긴급명령은 국회의 승인을 얻지 못한 때에는 그 때부터 효력을 상실하고, 그 명령에 의해 개정 또는 폐지되었던 법률은 **그 명령이 승인을 얻지 못한 때부터 당연히 효력을 회복함** (소급하여 효력 회복 ×)⁴
헌재의 위헌심사	① 【헌재의 위헌심사】 헌법이 법률과 동일한 효력을 가진다고 규정한 **긴급재정경제명령 및 긴급명령**의 위헌 여부의 심사권한은 **헌법재판소에 전속함** (대법원이 최종적으로 심사할 권한을 가짐 ×)¹

POINT 010 긴급재정경제처분 · 명령권

제76조 ① 【중대한 재정·경제상의 위기 + 국회 집회 기다릴 여유 없을 때】 대통령은 내우·외환·천재·지변 또는 중대한 재정·경제상의 위기에 있어서 국가의 안전보장 또는 공공의 안녕질서를 유지하기 위하여 긴급한 조치가 필요하고 국회의 집회를 기다릴 여유가 없을 때에 한하여 최소한으로 필요한 재정·경제상의 처분을 하거나 이에 관하여 법률의 효력을 가지는 명령을 발할 수 있다.[13]
③ 【지체없이 국회보고·승인】 대통령은 제1항과 제2항의 처분 또는 명령을 한 때에는 지체없이 국회에 보고하여 그 승인을 얻어야 한다.[6]
④ 【국회보고·승인 → 불승인 시부터 효력 상실】 제3항의 승인을 얻지 못한 때에는 그 처분 또는 명령은 그때부터 효력을 상실한다. 【개정·폐지법률 불승인 시부터 당연 효력 회복】 이 경우 그 명령에 의하여 개정 또는 폐지되었던 법률은 그 명령이 승인을 얻지 못한 때부터 당연히 효력을 회복한다.[4]

1 긴급재정경제명령

(1) 발동요건과 효력

발동요건	① 【사전적·예방적 발령 불가】 긴급재정경제명령은 정상적인 재정운용·경제운용이 불가능한 **중대한 재정·경제상의 위기가 현실적으로 발생**(잠재적으로 발생 ×, 발생할 우려 ×)하여 **긴급한 조치가 필요한** 경우를 전제로 함 (위기가 발생할 염려가 있다는 이유로 **사전적·예방적으로 발할 수는 없음**)[13] ② 【적극목적 발령 불가】 긴급재정경제명령은 중대한 재정·경제상의 위기가 발생한 경우에 이를 사후적으로 수습함으로써 **기존질서를 유지·회복하기 위한 것**이므로 **공공복지의 증진과 같은 적극적인 목적**을 위하여는 발동할 수 없음 (공공복지의 증진과 같은 적극적 목적을 위해서도 발할 수 있음 ×)[4] ③ 【국회집회 기다릴 여유 無】 긴급재정경제명령의 경우 국회의 집회가 불가능하지 않더라도 **국회의 집회를 기다릴 여유가 없을 때**에(국회의 집회가 불가능할 때 ×) 발할 수 있음[9]
법률의 효력	① 【법률의 효력】 헌법상 긴급재정경제명령은 **법률의 효력**(대통령령의 효력 ×)을 가짐[1]

(2) 긴급재정경제명령에 대한 통제

국회의 통제	① 【폐회 중 집회요구 불필요】 국회가 폐회 중일 때에 대통령은 **국회의 집회를 요구**해야 하는 것 **아님** (국회에 집회를 요구하여야 함 ×)[1] ② 【불승인시 그때부터 효력상실】 대통령은 긴급재정경제명령을 한 때에는 **지체 없이 국회에 보고하여 승인**을 얻어야 하며, 승인을 얻지 못한 때에는 명령은 **그때부터 효력을 상실** (소급 효력 상실 ×)[4]
헌법소원	① 【통치행위 but 기본권 관련시 헌소대상】 대통령의 긴급재정경제명령은 국가긴급권의 일종으로서 **고도의 정치적 결단에 의하여 발동되는 행위**이고, 그 결단을 존중하여야 할 필요성이 있는 행위라는 의미에서 **통치행위**에 속하지만, 그것이 **국민의 기본권 침해와 직접 관련**되는 경우에는 **헌법재판소의 심판대상**이 됨 (사법심사가 불가능함 ×, 헌법소원의 대상이 될 수 없음 ×)[10] ② 【발동요건·한계 부합 = 과잉금지원칙 준수】 긴급재정경제명령이 **헌법 제76조 소정의 요건과 한계에 부합**하는 것이라면 그 자체로 목적의 정당성, 수단의 적정성, 피해의 최소성, 법익의 균형성이라는 기본권제한의 한계로서의 **과잉금지원칙을 준수하는 것**임 (과잉금지원칙의 준수가 요구되지 않음 ×)[4]

2 긴급재정경제처분

① **[발령 후 국회 승인 필요 → 법원 심사]** 대통령의 긴급재정경제처분은 **처분으로서의 효력**을 갖지만 **국회의 승인**을 얻어야 하며 법원의 심사대상임 (국회의 승인을 요하지 않음 ×)

POINT 011 계엄선포권

제77조 ① 【국가비상사태】 대통령은 **전시·사변 또는 이에 준하는 국가비상사태**에 있어서 **병력으로써 군사상의 필요**에 응하거나 **공공의 안녕질서를 유지**할 필요가 있을 때에는 **법률이 정하는 바에 의하여 계엄**을 선포할 수 있다.
② 【비상 + 경비계엄】 계엄은 비상계엄과 경비계엄으로 한다.
③ 【영장·표현 + 정부·법원】 비상계엄이 선포된 때에는 법률이 정하는 바에 의하여 **영장제도, 언론·출판·집회·결사의 자유, 정부나 법원의 권한**에 관하여 **특별한 조치**를 할 수 있다.
④ 【지체없이 국회에 통고】 계엄을 선포한 때에는 대통령은 **지체없이 국회에 통고**하여야 한다.
⑤ 【재적과반수 해제요구 → 해제의무】 국회가 재적의원 과반수의 찬성으로 계엄의 해제를 요구한 때에는 대통령은 이를 해제하여야 한다.

1 계엄선포권

(1) 요건과 절차

발동요건	국가비상사태	① 【국가비상사태】 대통령은 **전시·사변 또는 이에 준하는 국가비상사태**(중대한 교전상태 ×)에 있어서 **병력으로써** 군사상의 필요에 응하거나 공공의 안녕질서를 유지할 필요가 있을 때에 한하여 계엄을 선포할 수 있음 (국회의 집회가 불가능 ×) ② 【비상계엄·경비계엄】 헌법 제77조 제1항이 규정한 계엄의 **발동요건은 비상계엄은 물론 경비계엄에도 적용**
	비상·경비계엄	① 【비상계엄 : 극도 교란 & 현저 곤란】 적과 교전(交戰) 상태에 있거나 사회질서가 극도로 교란(攪亂)되어 행정 및 사법(司法) 기능의 수행이 현저히 곤란한 경우 ② 【경비계엄 : 교란 & 치안확보 불가】 사회질서가 교란되어 일반 행정기관만으로는 **치안을 확보할 수 없는 경우**
국무회의 심의		① 【계엄의 선포와 해제】 계엄의 선포와 해제에 관하여 모두 필수적으로 **국무회의 심의**를 거쳐야 함 (해제는 국무회의의 심의를 별도로 거칠 필요 없음 ×) ② 【계엄의 변경】 대통령이 **계엄을 변경**하고자 할 때에는 **국무회의 심의**를 거쳐야 함 (계엄을 변경하고자 할 때에는 국무회의의 심의를 거칠 필요가 없음 ×)
계엄사령관 지휘·감독		① 【국방부장관 원칙】 계엄사령관은 계엄의 시행에 관하여 **국방부장관의 지휘·감독**을 받음 (대통령이 직접 지휘·감독 ×) ② 【대통령 예외】 **전국을 계엄지역**으로 하는 경우와 **대통령이 직접 지휘·감독**을 할 필요가 있는 경우에는 **대통령의 지휘·감독**을 받음

(2) 비상계엄시 특별한 조치

비상계엄시 특별한 조치	① 【영장·표현 / 정부·법원의 권한】 **비상계엄**(경비계엄 ×)이 선포된 때에는 법률이 정하는 바에 의하여 **영장제도, 언론·출판·집회·결사의 자유**(계엄법은 헌법에 규정되지 않은 거주·이전의 자유를 규정), **정부나 법원**(국회 ×)**의 권한**에 관하여 **특별한 조치**를 할 수 있음 ② 【경비계엄시 특별한 조치 불가】 **경비계엄**이 선포된 때에는 **특별한 조치를 할 수 없음** (경비계엄시 특별한 조치를 할 수 있음 ×)
계엄사령관 관장·특별조치	① 【모든 행정·사법사무 관장】 **비상계엄**의 선포와 동시에 **계엄사령관**(대통령 관장 ×)은 계엄지역 안의 **모든 행정사무와 사법사무를 관장**

2 국회의 통제 : 통고

국회에 통고	① **[지체없이 국회에 통고]** 계엄을 선포한 경우 대통령은 지체없이 **국회에 통고**하여야 함 (국회의 승인을 얻어야 함 ×)[1,2] ② **[국회폐회 중 집회요구]** 대통령이 계엄 선포를 통고하는 경우 **국회가 폐회 중**일 때에는 대통령은 지체 없이 **국회에 집회를 요구**하여야 함 (국회가 폐회 중인 경우에는 대통령이 국회에 집회를 요구하지 않아도 됨 ×)[2]
해제요구와 해제의무	① **[재적과반수 해제요구 → 해제의무]** **국회재적의원 과반수의 찬성**(재적의원 과반수의 출석과 출석의원 과반수의 찬성 ×)으로 계엄의 해제를 요구한 때에는 **대통령은 해제하여야 함**[14] ② **[계엄시행 시 불체포특권 폐회 중까지 확대]** 계엄시행 중 국회의원은 현행범인인 경우를 제외하고는 (회기 중 ×) **체포 또는 구금되지 아니함** (회기무관)[3]
국무회의 심의	① **[국무회의 심의]** 대통령은 **계엄의 해제**에 관하여 **국무회의 심의**를 거쳐야 함 (국무회의 심의를 별도로 거칠 필요가 없음 ×)[4]

3 사법심사

사법심사 불가 (통치행위)	① **[계엄선포 요건구비나 당·부당]** 대통령의 **비상계엄의 선포나 확대 행위**는 **고도의 정치적·군사적 성격**을 지니고 있는 행위라 할 것이므로, 그것이 누구에게도 일견하여 헌법이나 법률에 위반되는 것으로서 명백하게 인정될 수 있는 경우라면 몰라도, 그러하지 아니한 이상 그 **계엄선포의 요건 구비 여부나 선포의 당·부당**을 판단할 권한이 **사법부에는 없음**[2]
사법심사 가 (부수행위)	① **[국헌문란 목적]** 대통령의 비상계엄의 선포나 확대행위는 고도의 정치적, 군사적 성격을 지니고 있는 행위지만, **비상계엄의 선포나 확대가 국헌문란의 목적**을 달성하기 위하여 행하여진 경우에는 법원은 그 자체가 **범죄행위에 해당하는지의 여부에 관하여 심사할 수 있음**[2] ② **[군사반란·내란행위]** 군사반란 및 내란행위에 의하여 정권을 장악한 후 국민투표로 헌법개정을 하였다면 그 군사반란 및 내란행위는 **처벌의 대상** (법원이 사법심사하기에 부적합 ×)[1] ③ **[계엄포고령, 구체적 집행행위]** 계엄선포 이후 내려진 **계엄당국의 개별적 포고령**이나 **구체적 집행행위**는 사법심사의 대상이 될 수 있음 (사법심사의 대상이 될 수 없음 ×)[1]

POINT 012 저항권

1 저항권

저항권	① 【실력으로 저항하는 권리】 국가권력에 의하여 헌법의 기본원리에 대한 **중대한 침해**가 행하여지고 그 침해가 **헌법의 존재 자체를 부인**하는 경우 다른 합법적인 구제수단으로는 목적을 달성할 수 없을 때에 **국민이 자기의 권리 또는 자유를 지키기 위하여 실력으로 저항**하는 권리 ② 【헌법수호제도】 공권력의 행사자가 **민주적 기본질서를 침해하거나 파괴**하려는 경우 이를 회복하기 위하여 국민이 공권력에 대하여 **폭력·비폭력, 적극적·소극적**으로 저항할 수 있는 **국민의 권리이자 헌법수호제도**
자연권	① 【명문규정 無】 저항권은 **자연권**으로 발전되었고, 영국의 대헌장, 미국의 독립선언서, 프랑스의 1789년 인권선언에서 실정화되었으나, **대한민국의 헌법에는 저항권이 명문으로 규정되어 있지는 않음** ② 【재판규범 원용 부정】 저항권이 실정법에 근거를 두지 못하고 자연법에만 근거하고 있는 한 **법관은 이를 재판규범으로 원용할 수 없음** (재판규범으로서의 기능을 배제할 근거가 없다는 입장 ×)

2 요건·행사

주체 (국민만)	① 【국민】 국민 ② 【공법인 不可】 **국가기관이나 지방자치단체**와 같은 **공법인**은 주체가 될 수 **없음** (있음 ×)
요건	① 【중대·명백 침해】 국가권력 행사가 민주적 기본질서를 중대하게 침해하고 헌법의 존재 자체를 부인하여야 함 → 공권력의 행사에 대한 실력적 저항이어서 그 본질상 질서교란의 위험이 수반되므로, **개별 헌법조항에 대한 단순한 위반이 아닌 민주적 기본질서라는 전체적 질서에 대한 중대한 침해**가 있거나 이를 파괴하려는 시도가 있어야 함 ② 【보충성(최후의 수단)】 헌법이나 법률에 규정된 **일체 법적 구제수단이 이미 유효한 수단이 될 수 없는 경우** 행사 가능
목적·방법	① 【소극적 목적(적극적 목적 不可)】 헌법상 민주적 기본질서를 유지·수호하기 위한 **소극적인 목적** (사회·경제적 체제개혁이라는 적극적 목적을 위한 행사 ×) ② 【폭력 可】 불가피한 경우 **폭력적인 방법 동원 가능** (평화적 방법으로만 행사 ×)

3 저항권 부정 관련판례

1	【입법과정의 하자】 「국회법」 소정의 협의 없는 개의시간 변경과 회의 일시를 통지하지 아니한 **입법과정의 하자**는 **저항권 행사의 대상이 아님** (1997.9.25. 97헌가4)
2	【낙선운동】 시민단체의 특정 후보자에 대한 **낙선운동**이 시민불복종운동으로서 **정당행위 또는 긴급피난에 해당한다고 볼 수 없음** (대판 2001.11.12. 2003다52227) → 저항권의 한 형태 아님

4 구별개념

① **【혁명】** 저항권은 **국민적 정당성에 기초**에 있다는 점에서 혁명과 동일하지만, 혁명의 목적이 **새로운 헌법질서의 창출**에 있다면, 저항권의 목적은 **기존 헌법질서의 수호**에 있음.

② **【쿠데타】** 소수의 특수집단을 중심으로 헌정체제의 변화유발 → 저항권은 **국민적 정당성**이 있으나 쿠데타는 없음.

③ **【시민불복종】** 저항권은 실정법 질서를 부정하는 **폭력적 방법으로도 정당화**될 수 있지만, **시민불복종**(정부정책에 대한 비폭력적 정치적 항의 행위)은 비폭력적 방법으로 행사되어야 함.

POINT 013 국민

CHAPTER 03 | 대한민국

> 제2조 ① 【국민요건 법률주의】 대한민국의 **국민**이 되는 요건은 **법률로 정한다.**[6]

1 국민이 되는 요건 (국적)

법률유보	① 【법률유보】 헌법은 대한민국의 국민이 되는 요건을 직접 정하지 않고 **법률에 위임**[4] ② 【입법사항】 헌법은 **국적취득 요건**을 정하는 것을 **입법자**에게 위임하고 있으므로 **입법자**는 누가, 어떠한 요건 하에서 **대한민국 국민**이 될 수 있는지 **정할 수 있음**[1] ③ 【전반적 법률관계 : 취득 + 유지·상실】 헌법 제2조 제1항은 대한민국 국적의 '**취득**'뿐만 아니라 **국적의 유지, 상실**을 둘러싼 **전반적인 법률관계**를 법률에 규정하도록 위임하고 있는 것으로 풀이할 수 있음 (국적의 유지나 상실을 둘러싼 전반적인 법률관계 위임 아님 ×)[2]
국적	① 【국가의 생성·소멸 → 국적의 발생·상실】 국적은 **국가의 생성**과 더불어 발생하고 **국가의 소멸**은 바로 **국적의 상실사유임**[1] ② 【헌법사항 규율】 국적은 **성문의 법령**을 통해서가 아니라 **국가의 생성과 더불어 존재**하는 것이므로, 헌법의 위임에 따라 **국적법**이 제정되나 그 내용은 **국가의 구성요소**인 국민의 범위를 구체화, 현실화하는 **헌법사항을 규율**하고 있는 것 (국적은 성문 법령을 통해 비로소 존재 ×)[4]
국민의 의무	① 【통치권에 복종 의무】 국민은 **국가의 항구적 소속원**이므로 어느 곳에 있든지 그가 속하는 **국가의 통치권에 복종할 의무**를 부담하고, 국외에 있을 때는 예외적으로 **거주국의 통치권에 복종**하여야 함[1]

2 외국인의 국적선택권 : 부정

① 【자연권성·기본권성 부정】 일반적으로 **외국인**인 개인이 특정한 국가의 **국적을 선택할 권리**가 자연권으로서 또는 우리 헌법상 당연한 **기본권으로 인정된다고 할 수 없음** (자연권으로서 또는 우리 헌법상 당연히 인정되는 권리 ×)[7]

POINT 014 선천적 국적취득

1 출생에 의한 국적취득

(1) 속인주의 원칙 : 부모양계혈통주의

국적법상 원칙	① 【속인주의 원칙 + 속지주의 보충】 헌법의 인적 적용범위는 **부모양계혈통주의**(부계혈통주의 원칙 ×)에 기초한 **속인주의**를 원칙으로 하면서 **속지주의**를 보충적으로 채택² ② 【부계 → 부모양계】 국적법은 선천적 국적취득에 관하여 종래 **부계혈통주의**를 취하고 있었으나 **부모양계혈통주의**로 개정하였고, 이는 가족생활에 있어서 **양성의 평등원칙**에 부합함²
속인주의 원칙 (부모양계 혈통주의)	① 【부모양계혈통주의】 출생 당시에 부 또는 모가 대한민국의 국민인 자는 **출생과 동시에 대한민국 국적을 취득**³ → 출생당시 부가 외국인이더라도 **모가 대한민국 국민**인 경우에는 대한민국의 국적을 취득 (출생당시에 부(父)가 국민인 자만 출생과 동시에 대한민국 국적을 취득 ×)³ ② 【출생전 국민인 부(父)사망시】 출생하기 전에 부가 사망한 경우에는 그 **사망 당시에 부가 대한민국의 국민이었던 자**는 출생과 동시에 대한민국 국적을 취득¹

(2) 속지주의 보충

대한민국 출생	① 【부모 모두 불분명시】 부모가 모두 분명하지 아니한 경우 대한민국에서 출생한 자는 출생과 동시에 대한민국 국적을 취득⁴ ② 【부모 모두 무국적시】 부모가 모두 국적이 없는 경우(부모 중 어느 한쪽이 국적이 없는 경우 ×) **대한민국에서 출생한 자**는 출생과 동시에 대한민국 국적을 취득⁴
대한민국 출생추정	① 【기아】 대한민국에서 발견된 기아는 대한민국 출생으로 **추정**(간주 ×)하여 국적 부여⁵

2 부모양계혈통주의 관련판례

1	【부계혈통주의 (헌불)】 부계혈통주의 원칙은 출생한 당시 자녀의 국적을 부의 국적에만 맞추고 모의 국적은 단지 보충적인 의미만을 부여하는 차별을 의미하므로 **평등원칙 위반**(2000.8.31. 97헌가12)³ → **비례원칙 적용**
2	【모계출생자 국적취득 특례 신고기간제한 (합헌)】 1978. 6. 14.부터 1998. 6. 13.사이에 태어난 **모계출생자**가 대한민국 국적을 취득할 수 있는 특례를 두면서 2004. 12. 31.까지 국적 취득신고를 한 경우에만 대한민국 국적을 취득하도록 한 것은 특례의 적용을 받는 모계출생자가 그 권리를 조속히 행사하도록 하여 위 모계출생자가 **권리를 남용할 가능성을 억제**하기 위한 것으로 **합리적 이유있는 차별**이므로 **평등원칙 위배 아님**(2015.11.26. 2014헌바211)⁴

POINT 015 후천적 국적취득과 외국국적포기

1 귀화허가

(1) 귀화와 일반귀화

귀화허가	① 【순수 외국인 : 귀화허가】 대한민국 국적을 취득한 사실이 없는 외국인은 **법무부장관의 귀화허가**를 받아 대한민국 국적을 취득할 수 있음 [3] ② 【국민선서 + 귀화증서 수여시 국적취득】 귀화허가를 받은 사람은 법무부장관 앞에서 **국민선서**를 하고 **귀화증서를 수여받은 때**에 대한민국 국적을 취득하며, 연령, 신체적·정신적 장애 등으로 국민선서의 의미를 이해할 수 없거나 이해한 것을 표현할 수 없다고 인정되는 사람에게 **국민선서 면제** 가능 [2] ③ 【귀화허가 재량】 법무부장관은 귀화신청인이 귀화 요건을 갖추었다 하더라도 **귀화를 허가할 것인지 여부에 관한 재량권**을 가짐 [6]
일반귀화	① 【5년 주소】 **5년 이상**(3년 이상 ×) 계속하여 **대한민국에 주소** [2] ② 【영주체류자격】 대한민국에서 **영주할 수 있는 체류자격** [1] ③ 【성년】 대한민국 「민법」상 **성년** [1] ④ 【품행단정】 **품행이 단정** [1] ⑤ 【생계능력】 **생계유지능력** [1] ⑥ 【기본소양】 대한민국 국민으로서 **기본소양** [1] 등

(2) 간이귀화

간이귀화	① 【3년 주소】 **3년 이상**(1년 이상 ×) 계속하여 **대한민국에 주소** (일정기간 거주하지 않아도 귀화허가 ×) [5] ② 【성년】 대한민국 「민법」상 **성년**
요건	① 【부 or 모가 과거 국민】 부 또는 모가 대한민국 국민이었던 자 [3] ② 【본인, 부 or 모 대한민국 출생】 대한민국에서 출생한 자로서 부 또는 모가 대한민국 출생 [2] ③ 【성년양자】 대한민국 국민의 **양자**로서 입양 당시 대한민국의 「민법」상 **성년**이었던 사람 [1]
혼인간이귀화	① 【혼인시 당연국적취득 아님】 혼인과 동시에 대한민국 국적을 당연히 취득하는 것은 아니며 **귀화로 국적취득** (혼인하면 자동으로 대한민국 국적 취득 ×) [2] ② 【이혼시 당연국적상실 아님】 대한민국 국적을 취득한 후 **이혼**하였다고 하더라도 **대한민국 국적을 상실하는 것은 아님** [3]
요건	① 【혼인상태 2년 주소】 혼인한 상태로 대한민국에 **2년 이상 주소** ② 【혼인 후 3년 & 혼인상태 1년 주소】 혼인한 후 **3년**(2년 ×)이 지나고 혼인한 상태로 대한민국에 **1년 이상 주소** [5] ③ 【미성년자 양육】 귀화에 필요한 기간을 채우고 법무부장관이 상당하다고 인정하는 경우 **미성년의 자**를 양육하고 있거나 양육하여야 할 자 [2]

(3) 특별귀화

특별귀화	① 【주소】 대한민국에 **주소** (주소없는 경우 귀화 안됨) [3]
요건	① 【미성년 양자】 부 또는 모가 대한민국 국민인 미성년 양자 ② 【특별한 공로】 대한민국에 **특별한 공로** [2] ③ 【우수한 능력 → 국익 기여】 과학·경제·문화·체육 등 **특정 분야에서 매우 우수한 능력**을 보유한 자로서 대한민국의 **국익에 기여**할 것으로 인정 [1]

(4) 관련판례

1	**【품행단정 : 명확성 위반 아님 (합헌)】** '품행이 단정할 것'이라는 외국인의 귀화허가 요건은 귀화신청자를 대한민국의 새로운 구성원으로 받아들이는 데 지장이 없을 만한 품성과 행실을 갖춘 것을 의미하므로 **명확성원칙 위배 아님** (2016.7.28. 2014헌바421) [10]

2 국적회복허가 : 국민이었던 외국인

국적회복	① **【과거 국민이었던 외국인】** 대한민국 국적을 취득한 사실이 없는 외국인은 법무부장관의 **귀화허가**를 받아 대한민국 국적을 취득할 수 있는 반면, **대한민국의 국민이었던 외국인**은 법무부장관의 **국적회복허가**를 받아 대한민국 국적을 취득할 수 있음 [3] ② **【귀화 vs 국적회복】** 귀화는 일정한 요건을 갖춘 사람에게만 허가할 수 있는 반면, **국적회복허가**는 일정한 사유에 해당하는 사람에 대해서만 **국적회복을 허가하지 아니한다**는 점에서 차이 [1]
국적회복불허	① **【병역기피자 국적회복금지】** 법무부장관은 **병역**을 기피할 목적으로 대한민국 국적을 상실하였거나 이탈하였던 사람에게는 **국적회복을 허가하지 아니함** (재량사항 ×) [2]

3 인지와 수반취득 : 미성년자

인지 (신고)	① **【미성년 + 출생시 부 or 모 국민 + 국민인 부 or 모가 인지 → 신고(허가 ×)】** 외국인으로서 대한민국의 **국민인 부 또는 모에 의하여 인지**된 자는 대한민국의 **민법상 미성년**이고 출생 당시에 그 부 또는 모가 대한민국의 국민이었던 경우에는 **법무부장관에게 신고**(허가 ×)함으로써 국적 취득 [7]
수반취득	① **【미성년 + 부 또는 모 귀화신청시 함께 신청】** 외국인의 자(子)로서 대한민국의 「**민법**」**상 미성년**(성년 ×)인 사람은 부 또는 모가 귀화허가를 신청할 때 함께 국적 취득을 신청할 수 있음 [6] ② **【부 또는 모 국적취득시 국적취득】** 부 또는 모가 대한민국 국적을 취득한 때에 함께 국적을 취득함 [1]

4 대한민국 국적취득자의 외국국적 포기의무

1년 내 외국국적 포기 (or 서약)	① **【1년 내 외국국적 포기의무】** 대한민국 국적을 취득한 외국인으로서 **외국 국적을 가지고 있는 자**는 대한민국 국적을 취득한 **날부터 1년 내**(2년 내 ×)에 그 외국 국적을 **포기**하여야 함 (대한민국 국적을 취득한 날부터 그 외국 국적을 상실함 ×) [8] ② **【일정한 경우 외국국적 불행사서약 가능】** 국적법에서 정하는 일정한 경우 **대한민국 국적을 취득한 날부터 1년 내**에 외국 국적을 포기하거나 법무부장관이 정하는 바에 따라 대한민국에서 외국 국적을 행사하지 아니하겠다는 뜻을 법무부장관에게 서약하여야 함 ③ **사례** 성년이 되기 전에 **외국인에게 입양**된 후 외국 국적을 취득하고 외국에서 계속 거주하다가 **국적회복허가**를 받은 자는 대한민국 국적을 취득한 날부터 1년 내에 외국 국적을 포기하거나 법무부장관이 정하는 바에 따라 **대한민국에서 외국 국적을 행사하지 아니하겠다**는 뜻을 법무부장관에게 서약하여야 함 [4]
국적상실후 국적재취득 신고	① **【1년 내 미포기시 우리국적 상실】** 대한민국의 국적을 취득한 외국인으로서 외국 국적을 가지고 있는 자는 대한민국의 국적을 취득한 날부터 1년 내에 그 외국 국적을 포기하여야 하며, **이를 이행하지 아니한 자**는 그 기간이 지난 때에 대한민국의 국적을 상실함 [1] ② **【우리국적 상실후 1년 내 외국국적 포기하고 재취득신고로 재취득 가능】** 외국 국적 포기의무를 이행하지 아니하여 대한민국 국적을 상실한 자가 **1년 내**(2년 내 ×)에 그 외국국적을 포기한 때는 **법무부장관에게 신고**(허가 ×)함으로써 **대한민국 국적을 재취득**할 수 있음 [9]
복수국적을 누릴 자유	① **【기본권성 부정】** 외국인이 **복수국적을 누릴 자유**는 우리 헌법상 행복추구권에 의하여 보호되는 **기본권이라고 보기 어려움** [3]

POINT 016 복수국적자의 국적선택의무 Ⓢ

1 복수국적자의 처우

원칙 : 국민 처우	①【대한민국 국민으로만 처우】출생이나 그 밖에 「국적법」에 따라 대한민국 국적과 외국국적을 함께 가지게 된 자는 대한민국의 법령적용에서 **대한민국 국민으로만 처우함** (외국국민으로 처우 ×, 대한민국 국민과 외국국민으로 처우 ×)[5]
예외 : 외국인 처우	①【법무부장관과 협의 후 법령으로 외국인으로 처우 可】중앙행정기관의 장이 복수국적자를 외국인과 동일하게 처우하는 내용으로 법령을 제정 또는 개정하려는 경우에는 미리 **법무부장관과 협의**(통보 ×)하여야 함 (미리 법무부장관과 협의할 필요는 없음 ×)[3]

2 국적선택기간과 국적선택의무

(1) 국적선택기간

국적선택기간	①【만 20세 전 : 만 22세까지】서약한 복수국적자 제외 **만 20세**(성년 ×)가 되기 전에 복수국적자가 된 자는 **만 22세**가 되기 전까지 (서약복수국적자 제외)[5] ②【만 20세 후 : 2년 내】만 20세가 된 후에 복수국적자가 된 자는 그 때부터 **2년 내**[4]
병역의무	①【3개월 내 국적이탈】병역준비역 편입시 3개월 내 (국적이탈 병역미필자)[1] → 헌법불합치 결정 이후 정당한 사유 있을시 3개월 경과해도 국적이탈 허용하는 내용으로 법개정

(2) 국적선택의무

우리국적선택 (포기 or 서약)	①【외국국적포기 or 외국국적불행사서약】복수국적자가 대한민국 국적을 선택하기 위해서는 **외국 국적을 포기**하거나, **외국 국적을 행사하지 아니하겠다는 서약**을 하는 방식으로 대한민국 국적 선택할 수 있음[1] ②【원정출산자는 서약 不可】출생당시 모가 자녀에게 **외국국적을 취득하게 할 목적**으로 외국에 체류한 사실이 인정되는 자는 **외국국적을 포기**한 경우에만 **대한민국 국적 선택 가능** (서약을 한 후 대한민국 국적을 선택한다는 뜻을 신고할 수 있음 ×)[9]
외국국적선택 → 국적이탈신고	①【외국에 주소 → 관할 재외공관장 → 법무부장관에 이탈신고】복수국적자로서 외국 국적을 선택하려는 자는 **외국에 주소가 있는 경우에만** 주소지 관할 재외공관의 장을 거쳐 **법무부장관**에게 대한민국 **국적을 이탈** 뜻을 신고할 수 있음 (외국에 주소가 없어도 국적 이탈 ×)[4] ②【영주목적없이 체류 중 출생시 병역의무 해소해야 국적이탈신고 可】직계존속이 **외국에 영주할 목적 없이 체류한 상태에서 출생**한 경우, **병역의무 이행, 전시근로역 편입, 병역면제처분** 시에만 **국적이탈 신고가능**[1]

(3) 관련판례

1	① 【18세 3개월내 국적이탈 : 목적·수단 인정, 피해·법익 부정 (헌불)】 복수국적자는 **병역준비역에 편입**된 날부터 **3개월 이내**에 대한민국 국적을 이탈하지 않으면 **병역의무를 해소**한 후에야 **국적이탈이 가능**하도록 한 것은 과잉금지원칙에 위반하여 복수국적자의 **국적이탈의 자유 침해**(2020.9.24. 2016헌마889)¹⁰ → **국적이탈의 자유 제한**¹ ② 【명확성원칙 위배 아님 (기각)】 국적이탈 신고서에 '**가족관계기록사항에 관한 증명서**'를 첨부하도록 하는 것은 국적이탈 신고와 관련하여 구체적으로 어떠한 서류를 제출하도록 하는 것인지 알 수 있으므로 **명확성원칙 위배 아님**(2020.9.24. 2016헌마889)²
2	【외국에 주소 있는 경우 국적이탈 허용 (합헌)】 복수국적자로서 외국 국적을 선택하려는 자는 **외국에 주소가 있는 경우에만** 국적이탈을 신고할 수 있도록 정한 「국적법」 조항은 **국적이탈의 자유 침해 아님**(2023.2.23. 2020헌바603)³ → **명확성원칙 위반 아님**²
3	【영주목적없이 체류 중 출생시 병역의무 해소해야 국적이탈신고 可 (합헌)】 직계존속이 외국에서 영주할 목적 없이 체류한 상태에서 출생한 자는 **병역의무를 해소한 경우에만 국적이탈**을 신고할 수 있도록 하는 국적법 조항은 **국적이탈의 자유 침해 아님**(2023.2.23. 2019헌바462)¹ → ① **출입국 등 거주이전의 자유 제한 아닌 국적이탈의 자유 제한**¹ ② **연좌제금지원칙 규율대상 아님**¹

3 국적선택명령

국적선택명령	① 【1년 내 국적선택명령】 복수국적자가 국적선택기간 내 국적을 선택하지 않을 경우 **법무부장관이 1년 내에 국적 선택을 명하여야 함**²
우리국적상실	① 【외국국적 포기후 우리국적 선택, if not 우리국적상실】 국적선택명령을 받은 자가 대한민국 국적을 선택하려면 **외국국적 포기 필요** → 국적선택명령 불이행시 **그 기간이 지난 때에 대한민국 국적 상실**¹

POINT 017 우리 국적의 상실

1 우리 국적의 상실

(1) 복수국적자의 국적상실

국적선택명령	① 【서약 복수국적자 → 6개월 내 국적선택명령】 외국 국적을 행사하지 아니하겠다는 뜻을 **서약한 복수국적자**가 그 뜻에 현저히 반하는 행위를 한 경우에 법무부장관은 **6개월** 내에 국적을 선택할 것을 명할 수 있음 (청문을 거쳐 우리국적 상실결정 ×)
국적상실결정	① 【후천적 국적취득자 → 청문거쳐 상실결정】 법무부장관은 복수국적자(**출생에 의해 대한민국 국적취득자 제외**)가 대한민국의 국익에 반하는 행위를 하여 대한민국의 국적을 보유함이 현저히 부적합하다고 인정하는 경우에는 **청문을 거쳐 대한민국 국적의 상실을 결정**할 수 있음

(2) 외국국적 취득에 따른 국적상실

자진	① 【자진취득 → 취득한 때 상실】 대한민국 국민으로서 **자진하여 외국국적을 취득**한 자는 그 외국 국적을 **취득한 때**(외국 국적 취득 신고를 한 때 ×, 외국 국적을 취득한 날로부터 6개월이 지난 때 ×)에 **대한민국 국적 상실**
비자진 (국적보유제도)	① 【비자진취득 → 6개월 내 국적보유신고 안하면 취득한 때로 소급상실】 혼인·입양·인지 등으로 외국 국적을 취득하게 된 자는 외국 국적을 취득한 때부터 **6개월 내**에 법무부장관에게 **대한민국 국적을 보유할 의사가 있다는 뜻을 신고** 안하면 외국 국적을 취득한 때로 **소급하여 대한민국 국적을 상실** ② 사례 대한민국의 국민으로서 **외국인에게 입양**되어 그 양부의 국적을 취득하게 된 자는 그 외국 국적을 취득한 때부터 **6개월 내**(1년 내 ×)에 법무부장관에게 **대한민국 국적을 보유할 의사가 있다는 뜻을 신고**하지 아니하면 그 외국 국적을 취득한 때로 **소급하여 대한민국 국적을 상실**한 것으로 봄

(3) 국적상실자의 처리와 권리 변동

권리변동	① 【국민의 권리 불인정】 대한민국 국적을 상실한 자는 국적을 상실한 때부터 대한민국의 **국민만이 누릴 수 있는 권리를 누릴 수 없음**
양도	① 【양도가능 시 3년 내 양도】 대한민국의 국민이었을 때 취득한 것으로서 **양도할 수 있는 것**은 그 권리와 관련된 법령에서 따로 정한 바가 없으면 **3년 내**(2년 내 ×)에 **대한민국의 국민에게 양도**하여야 함

(4) 관련판례

1	【자진취득시 즉시 국적상실 (기각)】 대한민국 국민이 **자진하여 외국 국적을 취득**한 경우 대한민국 국적을 상실하도록 하는 것은 **거주·이전의 자유 및 행복추구권 침해 아님** (2014.6.26. 2011헌마502)

2 신청·신고와 취소

(1) 신청·신고와 취소

허가등의 취소	① 【거짓 or 부정한 방법】 법무부장관은 거짓이나 그 밖의 부정한 방법으로 귀화허가나 국적회복허가 또는 국적보유판정을 받은 자에 대하여 그 허가 또는 판정을 취소할 수 있음
행사기간 無	① 【취소권 행사기간 제한 無】 취소권 행사기간을 따로 정하고 있지 않으므로 **기간 제한 없음** (법무부장관의 취소권 행사기간은 귀화허가를 한 날로부터 6개월 이내임 ×)

(2) 관련판례

1	【거짓·부정한 방법 국적회복허가 취소 (기각)】 거짓이나 그 밖의 부정한 방법으로 **국적회복허가**를 받은 사람에 대하여 그 **허가를 취소**할 수 있도록 규정한 「국적법」 조항은 과잉금지원칙에 위배하여 **거주·이전의 자유 및 행복추구권 침해 아님**(2020.2.27. 2017헌바434) → 국적회복허가에 애초 허가가 불가능한 불법적 요소가 개입되어 있었다면 **어느 순간에 불법적 요소가 발견**되었든 상관없이 그 **허가를 취소**함으로써 국법질서를 회복할 필요성 있음
2	【취소권 행사기간 제한 無 (합헌)】 법무부장관으로 하여금 거짓이나 그 밖의 부정한 방법으로 귀화허가를 받은 자에 대하여 그 허가를 취소할 수 있도록 규정하면서도 그 **취소권의 행사기간**을 따로 정하고 있지 아니한 「국적법」 조항은 **거주·이전의 자유 및 행복추구권 침해 아님**(2015.9.24. 2015헌바26)

POINT 018 재외국민 보호의무

> 제2조 ② 【재외국민 보호의무】 국가는 법률이 정하는 바에 의하여 재외국민을 보호할 의무를 진다.

1 국가의 보호의무와 재외국민의 권리

(1) 재외국민

일반적 보호의무	① 【외교적 보호 + 제반영역 지원】 국가의 재외국민 보호의무는 재외국민이 조약 기타 일반적으로 승인된 국제법규와 거류국의 법령에 의하여 누릴 수 있는 모든 분야에서 정당한 대우를 받도록 거류국과의 관계에서 국가가 외교적 보호를 행하는 것과 국외 거주 국민에 대하여 정치적인 고려에서 특별히 법률로써 정하여 베푸는 법률·문화·교육 기타 제반영역에서의 지원 의미
재외국민의 권리	① 【일정한 선거권·투표권 인정】 법률이 정하는 일정한 재외국민에게는 대통령선거권, 국회의원선거권, 지방의원 및 단체의 장 선거권, 국민투표권, 주민투표권을 부여하고 있음 ② 【이민자(재외국민)】 "이민"은 우리 국민이 생업에 종사하기 위하여 외국에 이주하거나 외국인과 혼인 및 연고관계로 인하여 이주하는 자를 의미하는데, 「국적법」 제12조 소정의 사유에 의하여 국적을 상실하지 않는 한 대한민국 재외국민으로서 기본권을 향유 (외국의 영주권을 취득한 재외국민은 대한민국 국민만이 향유할 수 있는 권리를 행사할 수 없음 ×)

(2) 재외국민의 정치적 권리

구분	선거권				투표권	
	대통령	비례대표 국회의원	지역구 국회의원	지방의원, 지자체 장	국민투표권	주민투표권
재외국민	O	O	×	×	O	×
국내거주 재외국민	O	O	O	O	O	O

2 국내거주 재외국민 관련판례

1	① 【국내거주 재외국민의 주민투표권 불인정 (헌불)】 주민투표권 행사를 위한 요건으로 그 지방자치단체의 관할 구역에 주민등록이 되어 있을 것을 요구함으로써 국내거소신고만 할 수 있고 주민등록을 할 수 없는 국내거주 재외국민에 대하여 주민투표권을 인정하지 않은 「주민투표법」 조항은 국내거주 재외국민의 평등권 침해(2007.6.28. 2004헌마643) ② 【평등심사 可】 주민투표권은 법률상 권리에 불과하나, 당해 지방자치단체의 관할구역에 주민등록 되어 있는 자에 한해 주민투표권을 인정함으로써 주민등록을 할 수 없는 재외국민인 주민을 다르게 취급한 경우 평등권 심사의 대상이 됨(2007.6.28. 2004헌마643)
2	【국내거주 재외국민의 보육료·양육수당 미지급 (헌불)】 대한민국 국적을 가지고 있는 영유아 중에서 재외국민인 영유아를 보육료·양육수당의 지원대상에서 제외함으로써, 국내에 거주하면서 재외국민인 영유아를 양육하는 부모를 차별하는 보건복지부지침은 평등권 침해(2018.1.25. 2015헌마1047)

3 외국국적동포 관련판례

(1) 위헌판례

1	【정부수립이전 이주동포의 재외동포법 적용제외 (헌불)】 정부수립이전이주동포를 재외동포법의 적용대상에서 제외한 것은 합리적 이유없이 정부수립이전이주동포를 차별하는 자의적인 입법이어서 **평등원칙 위배**(2001.11.29. 99헌마494)

(2) 합헌판례

1	【국외강제동원 희생자 지원에 외국인인 유족 배제 (합헌)】 「강제동원조사법」은 국민이 부담하는 세금을 재원으로 하여 국외 강제동원 희생자와 그 유족에게 **위로금** 등을 지급함으로써 그들의 고통과 희생을 위로해 주기 위한 법으로서 **국가가 유족에게 일방적인 시혜**를 베푸는 것이므로 **수혜 범위에서 외국인인 유족을 배제하고 대한민국 국민인 유족만을 대상으로** 한 것은 **평등원칙 위배 아님**(2015.12.23. 2011헌바139)

POINT 019 영토

제3조 【한반도】 대한민국의 영토는 **한반도와 그 부속도서로** 한다.³

1 영토

(1) 영토

영토조항	① 【제헌헌법】 대한민국의 영토에 관한 조항은 **1948년 헌법 당시부터 존재** ② 【영해는 12해리】 **대한민국의 영해**는 기선으로부터 측정하여 그 바깥쪽 **12해리**의 선까지 이르는 수역으로 하되, 대통령령으로 정하는 바에 따라 일정수역의 경우에는 12해리 이내에서 영해의 범위를 따로 정할 수 있음
기본권성	① 【영토조항 근거 헌소청구 불가】 **영토조항**만을 근거로 독자적으로 헌법소원을 청구할 수 **없음** (영토조항만을 근거로 하여 국민의 개별적 기본권 인정 ×) ② 【영토권은 기본권 간주 可】 국민의 기본권 침해에 대한 권리구제를 위하여 전제조건으로서 **영토에 관한 권리를 영토권**이라 구성하여 헌법소원의 대상인 기본권의 하나로 간주 가능
국가의 의무 부정	① 【간도지역 회복 의무 無】 헌법 해석상 대한민국 정부가 현재 중국의 영토인 **간도 지역**을 회복하여야 할 작위의무가 도출된다고 보기 **어려움**

(2) 관련판례

1	【한일어업협정 (합헌)】 독도 등을 중간수역으로 정한 「**한일어업협정**」은 배타적 경제수역을 직접 규정한 것이 아니고, 독도의 영유권 문제나 영해문제와는 직접적인 관련성을 가지지 않기 때문에 헌법상 **영토조항 위배 아님** (2009.2.26. 2007헌바35)

2 북한지역과 북한주민

(1) 북한지역

대한민국 영토	① 【북한 포함】 우리 헌법이 영토조항을 두고 있는 이상 **대한민국의 헌법은 북한지역을 포함한 한반도 전체에 그 효력이 미치고** 따라서 **북한지역은 당연히 대한민국의 영토**가 됨³ ② 【북한에 주권 미침】 현행 헌법 제3조(영토조항)에 의하면 **북한지역도 대한민국의 영토**이기 때문에 당연히 **대한민국의 주권이 미침** ③ 【저작권법의 효력 미침】 「**저작권법**」의 효력은 헌법 제3조에 의하여 **대한민국의 주권범위 내에 있는 북한지역에도 미침** (미치지 않음 ×)
북한은 반국가단체	① 【반국가단체】 북한이 국제사회에서 하나의 주권국가로 존속하고 있고, 우리 정부가 북한 당국자의 명칭을 쓰면서 정상회담 등을 제의하였다 하여 **북한이 대한민국의 영토고권을 침해하는 반국가단체**가 아니라고 단정할 수 **없음**

(2) 북한주민 : 당연히 대한민국 국민

대한민국 국민	① **【북한주민 : 대한민국 국민】** 헌법상 영토조항에 따라 **북한지역도 대한민국의 영토**에 속하는 한반도의 일부를 이루는 것이어서 **대한민국의 주권**이 미치고, **북한주민도 대한민국 국적을 취득·유지**하는 데 아무런 영향이 없음 ② **【국적취득절차 불요】** 남·북한이 유엔에 동시가입하였더라도 북한주민은 **별도의 국적취득절차를 거쳐야 대한민국 국민이 되는 것 아님** (별도의 국적취득절차를 거쳐야 대한민국 국민 ×)
북한주민	① **【조선인을 부친으로 출생한 북한국적자】** 조선인을 부친으로 하여 출생한 자는 설사 그가 북한국적을 취득하였다고 하더라도 **대한민국의 국적을 취득**한 것으로 인정 ② **【북한의 해외공민증을 발급받은 북한국적자】** 북한법 규정에 따라 북한국적을 취득하여 중국 주재 북한대사관으로부터 **북한의 해외공민증을 발급받은 자**도 대한민국 국적 취득·유지에 아무런 영향 없음 (국적회복절차 거쳐야 함 ×)
개별법	① **【강제동원조사법상 위로금 지급대상】** 북한주민은 「강제동원조사법」상 위로금 지급 제외대상인 '**대한민국국적을 갖지 아니한 사람**'에 해당하지 않음 (대한민국 국적을 가지지 않은 사람에 해당 ×) ② **【정착지원법상 북한이탈주민】** 「정착지원법」상 **북한이탈주민**이란 군사분계선 이북지역에 주소, 직계가족, 배우자, 직장 등을 두고 있는 사람으로서 북한을 벗어난 후 **외국 국적을 취득하지 않은 사람** (북한을 벗어난 후 외국국적취득자는 포함 ×)

(3) 관련판례

1	**【탈북의료인에 대한 국내 의료면허 부여 입법의무 無 (각하)】** 북한의 의과대학을 졸업한 탈북의료인에게 국내 의료면허를 부여할 것인지 여부는 영토조항에 의해 바로 의료면허를 부여할 **입법의무가 발생하는 것이 아니라**, 의료인으로서의 능력을 갖추었는지 여부 등을 고려하여 결정할 **입법형성권**이 있음(2006.11.30. 2006헌마679)
2	**【마약거래범죄자인 북한이탈주민 보호대상 제외 (합헌)】** 마약거래범죄자인 북한이탈주민을 보호대상자로 결정하지 않을 수 있도록 규정한 「정착지원법」 제9조 제1항은 마약거래범죄자인 북한이탈주민의 **인간다운 생활을 할 권리** 및 **행복추구권** 침해 아님(2014.3.27. 2012헌바192)

POINT 020 | 헌법전문과 기본원리

헌법 전문 【제정·개정주체 : 대한국민】 유구한 역사와 전통에 빛나는 **우리 대한국민**(대한민국 ×)¹은

【3·1 운동 + 대한민국임시정부의 법통 + 4·19 민주이념】
3·1운동으로 건립된 **대한민국임시정부의 법통**⁶과
불의에 항거한 **4·19민주이념**³(5.18민주화 운동의 이념 ×)¹을 계승하고,

【조국의 민주개혁 + 평화적 통일의 사명 + 민족의 단결 + 모든 사회적 폐습과 불의를 타파】
조국의 민주개혁⁶과 **평화적 통일의 사명**²에 입각하여
정의·인도와 동포애로써 **민족의 단결**¹을 공고히 하고,
모든 사회적 폐습과 불의를 타파¹하며,

【자유민주적 기본질서(전문 & 본문) + 각인의 기회균등(평등원칙)】
자율과 조화를 바탕으로 **자유민주적 기본질서**⁴를 더욱 확고히(민주주의제도를 수립 ×)¹하여
정치·경제·사회·문화의 모든 영역에 있어서 **각인의 기회를 균등**히¹ 하고,
능력을 최고도로 발휘하게 하며,

【자유와 권리에 따르는 책임 + 국민생활의 균등한 향상 + 세계평화와 인류공영(국제평화주의)】
자유와 권리에 따르는 책임과 의무(국가에 대한 의무 ×)³를 완수하게 하여,
안으로는 **국민생활의 균등한 향상**⁸을 기하고
밖으로는 항구적인 **세계평화와 인류공영에 이바지함**⁴으로써

우리들과 우리들의 자손의 안전과 자유와 행복을 영원히 확보할 것을 다짐하면서

【1948년 7월 12일에 제정 + 8차 개정 + 국회의결·국민투표】
1948년 7월 12일에 제정되고 **8차에 걸쳐 개정**(9차에 걸쳐 개정 ×)⁶된 헌법을
이제 **국회의 의결**⁵을 거쳐 **국민투표에 의하여 개정**⁵한다.

1 전문에 없는 것

순번	내용	근거	순번	내용	근거
1	민주공화국¹	§1①	9	개인의 존엄과 양성의 평등¹	§36①
2	모든 권력은 국민으로부터 나온다¹	§1②	10	개인의 자유와 창의 존중	§119①
3	대한민국의 영토	§3	11	경제의 민주화²	§119②
4	자유민주적 기본질서에 입각한 평화통일¹	§4	12	5.16 혁명이념의 계승¹	제3·4공헌법
5	복수정당제의 보장¹	§8	13	5.18 민주화이념	–
6	전통문화의 계승과 발전²	§9	14	헌법의 최고규범성	–
7	민족문화의 창달³	§9, §69	15	권력분립¹	–
8	인간의 존엄과 가치 및 행복추구권	§10	16	법치주의	–

2 헌법전문

(1) 헌법전문

서문	① **【헌법전의 일부, 필수요소 아님】** 헌법전문이란 헌법의 본문 앞에 위치한 문장으로서 **헌법전의 일부를 구성하는 헌법서문**을 말하지만, 성문헌법의 **필수적 구성요소는 아님** ② **【제헌헌법 有 → 제5차에서 최초개정】** 제헌헌법부터 존재하던 헌법전문은 **1962년 제5차 헌법개정**에서 **최초로 개정** (1972년 제7차 헌법개정에서 최초로 개정 ×)
내용	① **【제·개정 경과 + 기본이념·원리】** 헌법의 제정과 개정과정에 관한 **역사적 서술** 외에도 대한민국의 **국가적 이념**과 국가질서를 지배하는 **지도이념과 지도원리** 등이 구체적으로 규정 ② **【제·개정 주체 + 기본원리】** 헌법제정 및 개정의 **주체**, **건국이념**과 대한민국의 **정통성**, **자유민주주의**적 기본질서의 확립, **평화통일**과 **국제평화주의**의 지향도 헌법전문에 선언
최고규범성	① **【최고의 가치규범】** 헌법 전문은 헌법의 이념 내지 가치를 제시하고 있는 **헌법규범의 일부**로서 헌법으로서의 **규범적 효력**을 나타내기 때문에 구체적으로는 **헌법소송에서의 재판규범**인 동시에 **헌법이나 법률해석에서의 해석기준**이 되고, **입법형성권 행사의 한계와 정책결정의 방향**을 제시하며, 나아가 모든 국가기관과 국민이 존중하고 지켜가야 하는 **최고의 가치규범**

(2) 전문의 헌정사

제헌헌법	제5차 개정헌법	제7차 개정헌법	제8차 개정헌법	현행헌법
• 기미 삼일운동	• 3·1운동	• 3·1운동	• 3·1운동	• 3·1운동
	• **4·19의거** 및 5·16혁명	• 4·19의거 및 5·16혁명	(삭제)	• **대한민국임시정부의 법통** • **불의에 항거한 4·19민주이념**
		• **조국의 평화적 통일**	• 조국의 평화적 통일	• 조국의 **민주개혁과 평화적 통일**

3 전문내용

(1) 주요내용

3·1 정신	① 【**기본권성 부정(헌법·법률의 해석기준)**】 헌법전문에 기재된 **3.1정신**은 우리나라 헌법의 연혁적, 이념적 기초로서 **헌법이나 법률해석에서의 해석기준**으로 작용한다고 할 수 있지만, 그에 기하여 곧바로 국민의 **개별적 기본권성을 도출해낼 수는 없다**고 할 것이므로, 헌법소원의 대상인 헌법상 보장된 **기본권에 해당하지 않음** (개별적 기본권성을 도출해낼 수 있음 ×) [18]	
대한민국임시정부의 법통을 계승	독립유공자 예우 의무	① 【**독립유공자·유족 예우의무**】 대한민국이 일제에 항거한 독립운동가의 공헌과 희생을 바탕으로 이룩된 것임을 선언한 것으로, 국가는 자주독립을 위하여 공헌한 **독립유공자와 그 유족에 대해 응분의 예우를 해야 할 헌법적 의무를 지님** (추상적 프로그램적 규정 ×) [14]
	일제강점기 피해자 보호의무 (지금 정부의 의무)	① 【**위안부 피해자 존엄·가치 회복의무**】 **지금의 정부**는 일제강점기에 **일본군위안부로 강제 동원**되어 인간의 존엄과 가치가 말살된 상태에서 장기간 비극적인 삶을 영위하였던 피해자들의 훼손된 **인간의 존엄과 가치를 회복시켜야 할 의무 부담** [?] ② 【**위안부 배상청구권 실현 작위의무**】 '3·1운동으로 건립된 대한민국임시정부의 법통'의 계승을 천명하고 있는 헌법전문에 비추어 **외교부장관**은 **일본군 위안부 피해자들의 일본에 대한 배상청구권 실현**을 위해 **적극적으로 노력할 구체적 작위의무**가 있음 [1] ③ 【**원폭피해자 존엄·가치 회복의무**】 우리 헌법이 제정되기 전이라도 **일제강점기에 징병과 징용으로 일제에 의해 강제이주 당하여 원폭피해**를 당한 상태에서 장기간 방치됨으로써 심각하게 훼손된 피해자들의 인간의 존엄과 가치를 회복시켜야 할 의무는 **대한민국임시정부의 법통을 계승한 지금의 정부가 국민에 대하여 부담** [1]
	특정의무 부정	① 【**특정인에 대한 예우 의무아님**】 독립유공자와 그 유가족에 대한 예우의무는 독립유공자 **인정절차를 마련**하고 독립유공자에 대한 **기본적 예우**를 해야한다는 것을 뜻할 뿐, **특정인을 반드시 독립유공자로 인정해야 하는 것은 아님** (특정인을 독립유공자로 인정해야 할 헌법적 의무를 부담 ×) [3] ② 【**특정 토지보상의무 부정**】 헌법 전문에서 '대한민국은 3·1운동으로 건립된 대한민국임시정부의 법통을 계승하(였다)'라고 규정되어 있지만, **특정 토지에 대한 보상이라는 작위의무**가 헌법에서 유래하는 작위의무로 특별히 구체적으로 **규정**되어 있다거나 **해석상 도출**된다고 볼 수 **없음** [2]
	일제강점	① 【**일본의 한반도 지배는 불법적인 강점**】 헌법은 전문에서 유구한 역사와 전통에 빛나는 우리 대한국민은 3·1운동으로 건립된 대한민국 임시정부의 법통을 계승한다고 규정하고 있으므로 **일제강점기 일본의 한반도 지배**는 규범적인 관점에서 **불법적인 강점에 지나지 않음** (불법적인 강점에 지나지 않는다고 할 수 없음 ×) [1]

(2) 관련판례

1	【**국외강제동원 희생자 지원에 외국인인 유족 배제 (합헌)**】 태평양전쟁 전후 일제에 의한 강제동원으로 피해를 입은 자에 대한 **위로금** 지급에 있어 **대한민국 국적을 갖고 있지 않은 유족을 위로금 지급대상에서 제외**하는 것은 **정의·인도와 동포애로써 민족의 단결을 공고히 할 것을 규정한 헌법 전문 위반 아님** (2015.12.23. 2013헌바11) [2]

4 헌법기본원리

(1) 헌법의 기본원리

입헌민주헌법	① 【입헌민주헌법의 기본원리】 현행 헌법전문에 담겨있는 최고이념은 **국민주권주의와 자유민주주의**에 입각한 **입헌민주헌법의 본질적 기본원리에 기초**하고 있음
최고가치규범	① 【최고의 가치규범】 **헌법의 지도원리**는 국가기관 및 국민이 준수하여야 할 **최고의 가치규범**이고, 헌법의 각 조항을 비롯한 **모든 법령의 해석기준**이며, **입법권의 범위와 한계** 그리고 **국가정책결정의 방향**을 제시함 ② 【입법·정책의 방향제시】 헌법의 기본원리는 헌법의 이념적 기초인 동시에 헌법을 지배하는 지도원리로서 **입법이나 정책결정의 방향**을 제시하고 공무원을 비롯한 **모든 국민, 국가기관이 헌법을 존중**하고 수호하도록 하는 지침이 됨

(2) 기본권 도출 불가

기본권 해석기준	① 【기본권 도출 불가】 헌법의 기본원리는 **구체적 기본권**을 도출하는 근거로 될 수는 **없으나**(구체적 기본권을 도출하는 근거가 될 수 있음 ×) **기본권의 해석** 및 **기본권 제한입법의 합헌심사**에 있어 **해석기준**의 하나로 작용
기본권 도출 불가	① 【기본권 도출 불가】 **통일정신, 국민주권원리** 등은 우리나라 헌법의 **연혁적·이념적 기초**로서 헌법이나 법률해석에서의 해석기준으로 작용한다고 할 수 있으나, 그에 기하여 곧바로 **국민의 개별적 기본권성을 도출해내기는 어려움** (국민의 개별적 기본권성을 도출해 낼 수 있음 ×)

POINT 021 국민주권주의와 민주주의

CHAPTER 05 | 국민주권주의와 민주주의

제1조 ① 【국가형태 : 민주공화국】 대한민국은 **민주공화국**이다.
② 【주권 소재 : 국민】 대한민국의 **주권**은 **국민**에게 있고, 모든 권력은 국민으로부터 나온다.

1 국민주권주의

(1) 민주적 정당성

선거와 투표	① 【선거 + 투표】 민주국가에서의 국민주권의 원리는 **대의기관의 선출을 의미하는 선거**와 일정사항에 대한 **국민의 직접적 결단을 의미하는 국민투표**에 의하여 실현² ② 【대의제 + 선거제도·선거권·피선거권 + 국민투표제】 국민주권주의를 구현하기 위하여 헌법은 국가의 의사결정 방식으로 **대의제를 채택**하고, 이를 가능하게 하는 **선거제도**를 규정함과 아울러 **선거권, 피선거권을 기본권으로 보장**하며, 대의제를 보완하기 위한 방법으로 **직접민주제 방식의 하나인 국민투표제도**를 두고 있음³
민주적 정당성	① 【국민이 직접 통치권 행사 아님】 국민주권주의는 국가권력의 **민주적 정당성**을 의미하는 것이나, 그렇다고 **국민전체가 직접 국가기관으로서 통치권을 행사**하여야 한다는 것은 아님¹ ② 【주권의 소재와 통치권의 담당자 상이】 주권의 소재와 통치권의 담당자가 언제나 같을 것을 요구하는 것이 아님² ③ 【국민적 정당성 기반】 국민주권의 원리는 공권력의 구성·행사·통제를 지배하는 **통치질서의 기본원리**이므로, 공권력의 일종인 **지방자치권과 국가교육권도 국민주권 원리에 따른 국민적 정당성기반**을 갖추어야만 함³
참정권 보장	① 【참정권 필수적 권리】 국회의원과 대통령에 대한 선거권을 비롯한 **국민의 참정권**은 국민주권의 원칙을 실현하기 위한 **가장 기본적이고 필수적인 권리**¹ ② 【국민의 선거참여 필수】 대의민주주의를 원칙으로 하는 오늘날의 민주정치 아래에서의 **선거는 국민의 참여가 필수적**이고, 주권자인 국민이 자신의 정치적 의사를 자유로이 결정하고 표명하여 **선거에 참여함으로써 민주사회를 구성하고 움직이게 하는 것임**¹ ③ 【모든 정보 제공받고 직접 참여 의미 아님】 민주주의 원리의 한 내용인 **국민주권주의는 모든 국가권력이 국민의 의사에 기초해야 한다는 의미일 뿐 국민이 정치적 의사결정에 관한 모든 정보를 제공받고 직접 참여하여야 한다는 의미는 아님** (정보제공받고 직접 참여 의미 ×)³

(2) 관련판례

1	【원자력이용시설 '중대사고' 평가 제외 (기각)】 '중대사고'에 대한 평가를 **제외**하는 '원자력이용시설 방사선환경영향평가서 작성 등에 관한 규정' 조항은 **민주주의 원리 위반 아님**(2016.10.27. 2012헌마121)¹

(3) 대의제 (자유위임)

자유위임	① 【**자유위임(무기속위임)**】 우리 헌법상 **자유위임**은 국민대표가 자신을 선출한 국민의 의사에 종속되지 않고, **국민전체의 이익**을 위하여 직무상 양심에 기속됨 (기속위임 ×)³ ② 【**대리요구권 아님**】 대의제 민주주의하에서 국회의원 선거권은 **국민의 대표자인 국회의원을 선출하는 권리**에 그치고, 개별 유권자 혹은 집단으로서의 국민의 의사를 **선출된 국회의원**이 그대로 대리하여 줄 것을 요구할 수 있는 권리까지 포함하는 것은 **아님**¹
국회구성권 부정	① 【**국회의석분포에 기속 부정**】 국민의 국회의원 선거권은 국회의원을 보통·평등·직접·비밀선거에 의하여 **국민의 대표자로 선출하는 권리**에 그치는 것이기 때문에 유권자가 설정한 **국회의석분포에 국회의원들을 기속시키는 것**은 대의제도의 본질에 반함¹ ② 【**국회구성권 부정**】 국회구성권은 유권자가 설정한 **국회의석분포에 국회의원들을 기속**시키고자 하는 것으로 대의제도의 본질에 반하는 것으로 **기본권으로 인정 여지 없음**⁵ ③ 【**국회의원 상임위 사·보임 허용**】 당론과 다른 견해를 가진 소속 국회의원을 당해 교섭단체의 필요에 따라 **다른 상임위원회로 전임(사임·보임)**하는 조치는 특별한 사정이 없는 한 **헌법상 용인될 수 있는 정당 내부의 사실상 강제**의 범위 내에 해당 (헌법상 용인 안됨 ×)³

2 민주주의

민주주의	① 【**신뢰 전제**】 민주주의 원리는 **사회의 자율적인 의사결정**이 궁극적으로 **올바른 방향으로 전개**될 것이라는 **신뢰를 바탕으로 함**³ ② 【**국회 의사결정과정의 민주적 정당성**】 의회민주주의원리는 **국가의 정책결정**에 참여할 권한을 국민의 **대표기관인 의회 유보**에 그치지 않고 **의사결정과정의 민주적 정당성**까지 요구¹ ③ 【**집회·시위·서명운동**】 자신의 정치적 생각을 **합법적인 집회와 시위**를 통해 설파하거나 **서명운동** 등을 통해 자신과 의견이 같은 세력을 규합해 나가는 것은 국가의 안전에 대한 위협이 아니라 우리 헌법의 근본이념인 **자유민주적 기본질서의 핵심적인 보장 영역**에 속함¹
자유민주적 기본질서	① 【**반국가단체 배제**】 자유민주적 기본질서는 모든 폭력적 지배와 자의적인 지배, 즉 **반국가단체의 일인독재 내지 일당독재를 배제**하고 **다수의 의사에 의한 국민의 자치, 자유·평등의 기본원칙에 의한 법치주의적 통치질서**를 의미⁹ ② 【**자유민주적 기본질서 구체화**】 자유민주적 기본질서의 내용은 **기본적 인권의 존중, 권력분립, 의회제도, 복수정당제도, 선거제도, 사유재산과 시장경제를 골간으로 한 경제질서 및 사법권의 독립** 등을 의미⁵ ③ 【**자유민주적 기본질서에 위해**】 자유민주적 기본질서에 위해를 준다 함은 모든 폭력적 지배와 자의적 지배, 즉 **반국가단체의 일인독재 내지 일당독재를 배제**하고 다수의 의사에 의한 국민의 자치, 자유·평등의 기본원칙에 의한 **법치주의적 통치질서의 유지를 어렵게 만드는 것**³

POINT 022 법치주의

CHAPTER 06 | 법치주의

1 법치주의

법치주의	① 【법에 의한 통치】 법치국가 원리는 **국가작용이 법에 의해** 이루어져야 한다는 것을 의미
명문규정 無	① 【명문규정 無】 현행 헌법상 법치주의를 선언하고 있는 **명문의 규정은 없으나**, 헌법의 기본원리로 인정 ② 【자유주의 요청】 기본적 인권, 국가권력의 **법률기속**, **권력분립** 등의 관념들은 **자유주의의 요청에 해당**하며, 우리 헌법상에는 '**법치주의 원리**'로 반영

2 자유민주적 법치국가

근대입헌주의	① 【민주주의 + 법치주의】 근대 입헌적 민주주의 체제는 **사회의 공적 자율성에 기한 정치적 의사결정**을 추구하는 **민주주의 원리**와, 국가권력이나 다수의 정치적 의사로부터 **개인의 권리를 보호**해 줄 수 있는 **법치주의 원리**라는 두 가지 주요한 원리에 따라 구성되고 운영
자유민주적 법치국가	① 【헌법·법률 개정장치 + 국민의 자발적 참여·복종】 자유민주적 법치국가는 모든 국민에게 **사상의 자유와 법질서에 대하여 비판할 수 있는 자유**를 보장하고 정당한 절차에 의하여 **헌법과 법률을 개정할 수 있는 장치**를 마련하고 있는 만큼 그에 상응하여 다른 한편으로 **국민의 국법질서에 대한 자발적인 참여와 복종**을 그 존립의 전제로 함

POINT 023 행정입법

> 제75조 【위임명령 + 집행명령】 대통령은 **법률에서 구체적으로 범위를 정하여 위임**받은 사항과 **법률을 집행**하기 위하여 필요한 사항에 관하여 **대통령령**을 발할 수 있다.[5]
>
> 제95조 【총리령 + 부령】 국무총리 또는 행정각부의 장은 소관사무에 관하여 **법률이나 대통령령의 위임** 또는 **직권**으로 **총리령 또는 부령**을 발할 수 있다.[15]

1 행정입법

① 【입법수요 급증, 기능적 권력분립】 오늘날 의회의 입법독점주의에서 **입법중심주의로 전환**하여 일정한 범위 안에서 **행정입법을 허용**하게 된 동기는 사회적 변화에 대응한 **입법수요의 급증**과 종래의 형식적 권력분립주의로는 현대사회에 대응할 수 없다는 **기능적 권력분립론**에 있음[1]

2 대통령령과 총리령·부령

대통령령	① 【위임명령 + 집행명령】 **대통령**은 법률에서 구체적으로 범위를 정하여 **위임**받은 사항과 법률을 **집행**하기 위하여 필요한 사항에 관하여 **대통령령**을 발할 수 있음[5] ② 【국무회의 심의】 법규명령 중 **대통령령의 개정안**은 반드시 **국무회의의 심의**를 거쳐야 함[4]
총리령·부령	① 【위임명령 + 직권명령】 **국무총리 또는 행정각부의 장**은 소관사무에 관하여 법률이나 대통령령의 **위임** 또는 **직권**으로 **총리령 또는 부령**을 발할 수 있음 (직권으로 총리령 또는 부령을 발할 수 없음 ×)[15] ② 【대통령령·부령에 위임가능】 입법자는 법률에서 구체적으로 범위를 정하기만 한다면, **대통령령뿐 아니라 부령에도 입법사항을 위임**할 수 있음 (부령에 직접 입법사항을 위임할 수는 없음 ×)[3]
시행일	① 【20일 원칙】 대통령령, 총리령 및 부령은 특별한 규정이 없으면 **공포한 날부터 20일**(30일 ×)이 경과함으로써 효력을 발생함[2] ② 【권리제한·의무부과시 30일】 국민의 **권리제한 또는 의무부과**와 직접 관련되는 법률은 특별한 사유가 없는 한 그 법률을 공포한 후 적어도 **30일이 경과한 날부터 시행**되도록 하여야 함[1]

3 법규명령

(1) 위임명령과 집행명령

위임명령		① **【법률의 위임 & 권리·의무사항 규율 可】** 대통령은 **법률에서 구체적으로 범위를 정하여 위임받은 사항**에 관하여 **위임명령**을 발할 수 있으며, 이 경우 법률에서 위임받은 사항에 관하여는 **국민의 권리·의무에 관해서도 규율**할 수 있음 [1] ② **【법률의 위임없이 권리·의무사항 규율 不可】** 시행령은 **법률에 의한 위임이 없는 한** 법률이 규정한 **개인의 권리·의무에 관한 내용을 변경·보충**하거나 법률에 규정되지 아니한 **새로운 내용을 규정**할 수는 **없음** (법률의 위임이 없어도 국민의 권리·의무에 관한 사항 규율 ×) [2] ③ **【위임 근거 부여시 그때부터 유효】** 일반적으로 **법률의 위임에 따라 효력을 갖는 법규명령**의 경우에 **위임의 근거가 없어 무효**였더라도 나중에 법 개정으로 **위임의 근거가 부여되면 그때부터는 유효한 법규명령**으로 볼 수 있음 [1]
집행명령	특징	① **【구체적 절차 + 방법 규정】** 집행명령은 특정한 법률이나 상위 법령을 시행하기 위하여 **필요한 구체적 절차와 방법** 등을 규정하는 법규명령임 ② **【새로운 사항 규율 不可】** 집행명령은 법률을 집행하기 위하여 필요한 사항만 정할 수 있을 뿐이고 **법률에서 규정하지 않은 새로운 사항을 규정할 수 없음** (새로운 입법사항도 규정할 수 있음 ×) [3]
	모법과의 관계	① **【모법 폐지시 : 실효】** 집행명령은 **모법이 폐지되면** 특별한 규정이 없는 한 **실효**됨 (모법이 폐지되어도 실효되지 않음 ×) [2] ② **【모법 개정시 : 효력유지】** 상위법령이 개정됨에 그친 경우에는 개정법령과 성질상 모순, 저촉되지 아니하고 **개정된 상위법령의 시행에 필요한 사항을 규정**하고 있는 이상 그 집행명령은 상위법령의 개정에도 불구하고 당연히 실효되지 아니하고 개정법령의 시행을 위한 집행명령이 제정, 발효될 때까지는 **여전히 그 효력을 유지함** [1]

(2) 관련판례

1	**위임명령【법무사법 시행규칙 (위헌)】**「법무사법」이 대법원규칙으로 정하도록 위임한 이른바 '**법무사시험의 실시에 관하여 필요한 사항**'이란 시험과목·합격기준·시험실시시기·실시횟수 등 **시험실시에 관한 구체적인 방법과 절차**를 말하는 것이지 시험의 실시 여부까지도 대법원 규칙으로 정하라는 말은 **아님**(1990.10.15. 89헌마178) [1]
2	**집행명령【과락제도를 정한 사법시행령】** 사법시험 제2차 시험의 합격결정에 관하여 과락 제도를 정하는 구「사법시험령」의 규정은 사법시험의 실시를 **집행하기 위한 시행과 절차**에 관한 것이지, 새로운 법률사항을 정한 것이라고 보기 어려우므로, **모법의 수권 없이 규정하였다거나 집행명령의 한계를 일탈하였다고 볼 수 없음**(대판 2007.1.11. 2004두10432) [2]

4 행정규칙 (행정명령)

(1) 행정규칙

행정규칙	① **【법규사항과 무관】** 행정규칙은 행정기관 고유권한에 의해 법규사항과 관련이 없는 **행정부 내부의 조직·활동** 등에 관하여 발하는 명령
위임여부와 대외효	① **【위임에 따른 부령 : 법규명령】** 법령에서 행정처분의 요건 중 일부 사항을 부령으로 정할 것을 **위임한 데 따라** 시행규칙 등 부령에서 이를 정한 경우에 그 부령의 규정은 국민에 대해서도 **구속력이 있는 법규명령**에 해당함 / ② **【위임 없는 부령 : 행정규칙】** 법령에 위임이 없음에도 **법령에 규정된 처분 요건에 해당하는 사항을 부령에서 변경하여 규정한 경우**에는 그 부령의 규정은 행정청 내부의 사무처리 기준 등을 정한 것으로서 행정조직 내에서 적용되는 **행정명령의 성격**을 지닐 뿐 국민에 대한 **대외적 구속력 없음** /

(2) 법령보충규칙

위임형식 : 예시적		① **【위임입법의 형식 예시적】** 국회가 행정기관에 입법권을 위임하는 경우에는 **규율의 형식도 선택**할 수 있으므로 **헌법이 규정하고 있는 위임입법의 형식은 예시적**인 것으로 보아야 함 ²
위임	행정 규칙	① **【행정규칙에 위임 가능】** 헌법이 인정하고 있는 **위임입법의 형식은 예시적**인(한정적 열거적 ×) 것으로 보아야 하고, 법률이 일정한 사항을 **행정규칙에 위임**하더라도 그 행정규칙은 위임된 사항만을 규율할 수 있으므로 **국회입법의 원칙과 상치된다고 할 수 없음** (행정규칙의 형식으로 위임하는 것은 법률유보원칙에 위배 ×, 행정규칙에 입법사항을 위임할 수는 없음 ×) // ② **【전문·기술·경미한 사항에 한정】** 기본권을 제한하는 입법위임은 **법규명령에 하는 것이 원칙**이고, 고시와 같은 형식에 할 때에는 **전문적·기술적 사항**이나 **경미한 사항**으로서 불가피한 사항에 한정 ⁵
	형식 미특정	① **【형식 미특정시 행정규칙으로 규정 가능】** 법령의 규정이 행정기관에게 법령내용을 정할 수 있는 권한을 부여하면서 **권한행사의 절차나 방법을 특정하지 아니한 경우**, 수임행정기관은 **행정규칙으로 법령내용이 될 사항을 정할 수 있음** (행정규칙에 위임할 수 없음 ×) ²
대외적 구속력		① **【행정규칙 형식인 법규명령】** 법령의 직접적인 위임에 따라 위임행정기관이 그 법령을 시행하는데 필요한 구체적인 사항을 정한 것이면, 그 제정형식이 비록 법규명령의 형식이 아닌 **고시, 훈령, 예규** 등과 같은 행정규칙이더라도 그것이 상위법령의 위임한계를 벗어나지 아니하는 한 **상위법령과 결합하여 대외적인 구속을 갖는 법규명령으로서 기능**하게 됨 ² ② **【상위법령과 결합하여 대외적 효력】** 법령보충적 행정규칙은 그 자체로서 대외적인 구속력을 갖는 것은 아니며, **상위법령과 결합하여 일체가 되는 한도** 내에서 상위법령의 일부가 됨으로써 **대외적 구속력이 발생** / ③ **【상위법령의 효력으로 대외적 효력】** 행정규칙 등은 당해 **법령의 위임한계를 벗어나지 않는 한 대외적 구속력이 있는 법규명령으로서 효력**을 가질 수 있는데, 이는 행정규칙이 갖는 일반적 효력이 아니라 행정기관에 법령의 구체적 내용을 보충할 권한을 부여한 **법령 규정의 효력에 근거하여 예외적으로 인정** /
한계 일탈		① **【내용 or 절차·방식 위배 : 대외적 효력 부정】** 행정규칙이나 규정의 '**내용**'이 상위법령의 위임범위를 벗어난 경우뿐만 아니라 상위법령의 위임규정에서 특정하여 정한 권한 행사의 '**절차**'나 '**방식**'에 **위배**되는 경우에는 대외적 구속력을 가지는 **법규명령으로서 효력 부정** /

(3) 재량준칙

재량준칙 (대외적 효력 有)	① **【평등·신뢰보호원칙에 의해 자기구속 : 대외적 효력】** 재량권 행사의 준칙인 **행정규칙**이 그 정한 바에 따라 되풀이 시행되어 **행정관행**이 이루어지면 **평등원칙**이나 **신뢰보호원칙**에 따라 행정기관은 그 상대방에 대한 관계에서 그 규칙에 따라야 할 **자기구속**을 당하게 됨 /

POINT 024 법률유보원칙 Ⓑ

1 의회유보

의회유보	① **【의회유보원칙】** 법률유보원칙은 단순히 **행정작용이 법률에 근거를 두기만하면** 충분한 것이 아니라, 국가공동체와 그 구성원에게 기본적이고도 중요한 의미를 갖는 영역, 특히 **국민의 기본권 실현과 관련된 영역**에 있어서는 **국민의 대표자인 입법자가 그 본질적 사항에 대해서 스스로 결정**하여야 한다는 요구까지 내포 (법률유보원칙이 의회유보원칙을 포함하는 것은 아님 ×)⁷ ② **【권리·의무 + 통치조직】** 국민의 **권리와 의무의 형성**에 관한 사항을 비롯하여 국가의 **통치조직과 작용**에 관한 **기본적이고 본질적인 사항**은 반드시 국회가 정하여야 함¹ ③ **【본질사항 의회유보】** 사회적 변화에 따른 입법수요 급증과 형식적 권력분립주의는 현대사회에 대응할 수 없다는 기능적 권력분립론에 따라 **행정입법을 허용**하였더라도 **입법의 본질사항은 의회에 유보**되어야 함³
입법사항 위임 금지	① **【입법부, 법률의 형식】** 국민의 헌법상 **기본권 및 기본의무**와 관련한 중요한 사항이나 본질적인 내용에 대한 정책형성기능은 원칙적으로 주권자인 국민에 의하여 선출된 대표자들로 구성되는 **입법부가 담당**하여 **법률의 형식**으로써 이를 수행하여야 하고, 입법화된 정책을 집행하거나 적용함을 임무로 하는 행정부나 사법부에 그 기능이 넘겨져서는 안됨¹ ② **【중요사항 위임금지】** 국민의 권리와 의무에 관한 중요한 사항은 법률의 형식으로 결정되어야 한다는 **의회주의 원리**는 입법부가 **입법권한의 행정부 내지 사법부에 위임의 금지**를 내포¹
입법사항의 판단	① **【입법사항 여부 : 개별 결정】** 입법자가 **형식적 법률로 스스로 규율하여야 하는 사항**이 어떤 것인가는 **일률적으로 획정할 수 없고**, 구체적 사례에서 관련된 이익 내지 가치의 중요성, 규제 내지 침해의 정도와 방법 등을 고려하여 **개별적으로 결정**할 수 있을 뿐이나, 적어도 헌법상 보장된 **국민의 자유나 권리를 제한**할 때에는 그 제한의 본질적인 사항에 관한 한 **입법자가 법률로써 스스로 규율**하여야 할 것 (일률적으로 획정되어야 함 ×)³ ② **【기본권, 공개적 토론, 상충하는 이익조정】** 규율대상이 **기본권적 중요성**을 가질수록, **공개적 토론과 상충하는 이익조정의 필요성**이 클수록, **국회의 법률에 의해 직접 규율**될 필요성과 **규율 밀도**의 요구 정도는 증대됨²

2 관련판례

(1) 본질적인 사항 (입법사항)

1	① 【텔레비전방송수신료 금액결정】 텔레비전방송수신료는 대다수 국민의 재산권 보장의 측면이나 한국방송공사에게 보장된 방송자유 측면에서 **국민의 기본권 실현에 관련된 영역**에 속함(1999.5.27. 98헌바70) ② 【수신료금액결정】 수신료금액의 결정은 납부의무자의 범위, 징수절차 등과 함께 수신료에 관한 본질적이고도 중요한 사항이므로, **수신료금액의 결정**은 **입법자인 국회 스스로 해야 함**(1999.5.27. 98헌바70) ③ 【한국방송공사에 위임 (헌불)】 텔레비전방송수신료의 금액에 대하여 국회가 스스로 결정하거나 결정에 관여함이 없이 **한국방송공사로 하여금 결정**하도록 한 「한국방송공사법」에서 **수신료 금액의 결정**은 납부의무자의 범위, 징수절차 등과 함께 수신료에 관한 본질적이고 중요한 사항이므로 입법자인 국회 스스로 해야 하므로 **법률유보원칙에 위반**(1999.5.27. 98헌바70) [비교] ① 【한국방송공사 수신료 분리징수 (기각)】 수신료 징수업무를 지정받은 자가 수신료를 징수하는 때, 그 **고유업무와 관련된 고지행위와 결합하여 이를 행해서는 안 된다고 규정**한 「방송법 시행령」 조항은 수신료의 구체적인 고지방법에 관한 규정인바, 이를 법률에서 직접 정하지 않았다고 하여 **의회유보원칙 위반 아님**(2024.5.30. 2023헌마820 등) → **신뢰보호원칙 위배 아님** ② 【공영방송의 존립가치·책무】 공영방송은 사회·문화·경제적 약자나 소외계층이 마땅히 누려야 할 문화에 대한 접근기회를 보장하여 **인간다운 생활을 할 권리를 실현하는 기능**을 수행하므로 우리 헌법상 그 **존립가치와 책무가 큼**(2024.5.30. 2023헌마820 등)
2	【위임없이 시행령에 제척기간 규정 불가】 일정한 권리에 관하여 **법률이 규정한 존속기간을 뜻하는 제척기간**은 권리관계를 조속히 확정시키기 위하여 권리의 행사에 중대한 제한을 가하는 것이므로 **모법인 법률에 의한 위임이 없는 한 시행령이 함부로 제척기간을 규정할 수는 없음**(대판 1990.9.28. 89누2493)

(2) 위임이 가능한 경우

1	【안마사 자격인정요건 위임 (합헌)】 「의료법」이 **시각장애인에 한해 안마사의 자격을 인정**하는 근거를 직접 법률에 규정하지 않고 안마사업은 누구나 종사할 수 있는 업종이 아니라 **행정청에 의해 자격인정**을 받아야만 종사할 수 있는 직역이라고 규정하고 **자격인정요건을 정할 수 있는 권한을 행정부에 위임**하는 것은 **의회유보 원칙 위반 아님**(2003.6.26. 2002헌가16)
2	【수의계약상대자 선정 관련사항 위임 (기각)】 「지방계약법」상 수의계약의 체결에 있어서 **수의계약상대자의 선정과 관련한 사항**을 규율함에 있어서는 국회의 법률로써 이를 직접 규율하여야 할 **필요성 또는 그 규율밀도의 요구 정도가 상대적으로 약함**(2018.5.31. 2015헌마853)
3	【의료사고시 분담금 납부의무자 범위와 보상재원 분담비율 위임 (합헌)】 「의료분쟁조정법」 규정상 보상의 전제가 되는 **의료사고에 관한 사항**들은 의학의 발전 수준 등에 따라 변할 수 있으므로, **분담금 납부의무자의 범위와 보상재원의 분담비율**을 반드시 법률에서 정해야 한다고 보기는 어려움(2018.4.26. 2015헌가13)
4	【노인장기요양보험 비용 산정방법 항목 부령에 위임 (기각)】 「노인장기요양보험법」은 요양급여의 실시와 급여비용 지급에 관한 기본적이고도 핵심적인 사항을 이미 법률로 규정하고 있으므로, '**시설 급여비용의 구체적인 산정방법 및 항목 등에 관하여 필요한 사항**'을 보건복지부령에 위임하였다고 하여 그 자체로 **법률유보원칙 위반 아님**(2021.8.31. 2019헌바73)
5	【입주자대표회의 구성에 필요한 사항 위임 (합헌)】 입주자들이 국가나 사업주체의 관여없이 자치활동의 일환으로 구성한 **입주자대표회의**는 사법상의 단체로서, **그 구성에 필요한 사항을 대통령령에 위임**하도록 한 것은 **법률유보원칙에 위반되지 않음**(2016.7.28. 2014헌바158 등)

POINT 025 포괄위임입법금지

1 포괄위임입법금지

포괄위임금지	① **【구체적·개별적·한정적 위임】** 현대국가의 사회적 기능증대와 사회현상의 복잡화에 따라 국민의 권리·의무에 관한 사항이라 하여 모두 **입법부에서 제정한 법률만으로 다 정할 수는 없는 것**이기 때문에 **예외적으로 행정부에서 제정한 명령에 위임하는 것을 허용**하지 않을 수 없으나 법률의 위임은 **반드시 구체적이고 개별적으로 한정된 사항**에 대하여 행해져야 함¹ ② **【구체적·명확한 위임】** 위임입법이란 형식적 의미의 법률(국회입법)에는 속하지 않지만 **실질적으로는 행정에 의한 입법**으로서 법률과 같은 성질을 갖는 법규의 정립이기 때문에 권력분립주의 내지 법치주의 원리에 비추어 **반드시 구체적이며 명확한 법률의 위임**을 요함 (일반적·포괄적 위임 허용 ×)²
판단기준 (예측가능성)	① **【구체적 규정 → 누구라도 대강 예측 可】** 헌법 제75조는 **위임입법의 근거조문임과 동시에 그 범위와 한계를 제시**하고 있는바, 여기서 "법률에서 구체적인 범위를 정하여 위임받은 사항"이란 법률에 이미 대통령령으로 규정될 내용 및 범위의 기본사항이 **구체적으로 규정**되어 있어서 **누구라도**(관련 분야의 평균인 ×) 당해 **법률로부터 대통령령에 규정될 내용의 대강을 예측**(상세한 사항을 예측 ×)할 수 있어야 함을 의미함⁴ ② **【관련 법조항 전체 유기적·체계적 판단】** 위임의 구체성·명확성 내지 예측가능성의 유무는 **당해 특정 조항 하나만**으로 판단이 아니라 관련 **법조항 전체를 유기적·체계적으로 종합하여 판단**하여야 하고, 그것도 위임된 사항의 성질에 따라 **구체적·개별적으로 검토**하여야 함 (다른 조항까지 함께 고려하는 것은 허용될 수 없음 ×)⁶ ③ **【당해 법률의 전반적 체계와 관련 규정으로 판단】** 위임조항에서 **위임의 구체적 범위**를 명확히 규정하고 있지 않다고 하더라도 **당해 법률의 전반적 체계와 관련 규정**에 비추어 위임조항의 내재적인 위임의 범위나 한계를 객관적으로 분명히 확정할 수 있다면 **포괄적인 백지위임에 해당하는 것으로 볼 수 없음** (포괄적인 백지위임에 해당 ×)⁷ ④ **【법규명령 아닌 수권법률의 예견가능성】** 헌법 제75조가 요청하는 **위임입법의 예측가능성**은 법규명령에 의하여서가 아니라 먼저 그 **수권법률의 내용으로부터 예견 가능**하여야 하는 것을 의미하므로, **시행령에 그 내용이 명확히 규정**되어 있다는 점만으로 **위임입법의 포괄성 문제가 해소되는 것은 아님** (위임입법의 포괄성 문제 해소 ×)¹
명확성원칙과 포괄위임금지	① **【포괄위임금지 : 법률의 명확성의 특별규정】** 헌법 제75조는 위임입법의 근거를 마련함과 동시에, 위임은 구체적으로 범위를 정하여 하도록 하여 그 한계를 제시하며 행정부에 입법을 위임하는 **수권법률의 명확성 원칙**에 관한 것으로서, **법률의 명확성 원칙이 행정입법에 관하여 구체화된 특별규정**임² ② **【포괄위임금지 위반여부 심사로 충족】** 포괄위임금지원칙은 법률의 명확성원칙이 위임입법에 관하여 구체화된 특별규정이므로, **수권법률조항의 명확성 원칙 위반 여부**는 헌법 제75조의 **포괄위임금지원칙 위반여부에 대한 심사로써 충족**됨¹ ③ **【법률의 추상적 용어가 하위법령 내용 구체화시 포괄위임 적용】** 법률에서 사용된 추상적 용어가 **하위법령에 규정될 내용과는 별도로 독자적인 규율 내용**을 정하기 위한 것이라면 **별도로 명확성 원칙**이 문제될 수 있으나, 그 추상적 용어가 **하위법령에 규정될 내용의 범위를 구체적으로 정해주기 위한 역할**을 하는 경우라면 명확성의 문제는 결국 **포괄위임입법금지원칙 위반의 문제로 포섭**될 것임³

CHAPTER 06 | 법치주의

2 위임의 구체성·명확성의 요구정도

요구정도의 상이	① 【규율대상의 종류·성격에 따라 상이】 위임의 구체성·명확성의 요구 정도는 그 **규율대상의 종류와 성격**에 따라 달라짐² ② 【심사기준 상이】 행정부에 입법권을 위임하는 **수권법률의 명확성 판단의 심사기준**은 **규율의 효과 및 규율 대상의 특성**에 따라 달라져야 함¹
규율의 효과 (엄격)	① 【침해적 행정입법 〉 급부적 행정입법】 행정기관에 입법권을 위임하는 **수권법률 자체도 명확성원칙을 준수해야** 하며 급부적 행정입법보다 **침해적 행정입법에 대한 수권은 명확성원칙이 엄격하게 요구됨**⁴ ② 【처벌법규·조세법규 〉 급부행정】 처벌법규나 조세법규와 같이 기본권을 직접적으로 제한하거나 침해할 소지가 있는 법규에서는 **구체성·명확성의 요구가 강화**되어 그 위임의 요건과 범위가 **급부행정의 경우보다 엄격하게 제한적으로 규정되어야** 함 (위임의 구체성, 명확성의 정도는 동일함 ×)⁶
규율대상 특성 (완화)	① 【다양 or 수시변화 : 완화】 다양한 사실관계를 규율하거나 **사실관계가 수시로 변화**할 것이 예상될 때에는 **위임의 명확성 요건이 완화**²

3 적용대상

(1) 법규명령 (적용)

명령 (총리령·부령)	① 【법규적 효력을 가지는 행정입법】 헌법 제75조, 제95조의 문리해석상 및 법리해석상 포괄적인 위임입법의 금지는 **법규적 효력을 가지는 행정입법**의 제정을 그 주된 대상으로 함¹ ② 【부령】 헌법 제95조는 부령에의 위임근거를 마련하면서 '**구체적으로 범위를 정하여**'라는 문구를 사용하고 있지는 않지만, 법률의 위임에 의한 대통령령에 가해지는 헌법상의 제한은 **당연히 법률의 위임에 의한 부령의 경우에도 적용됨** (부령에 위임하는 경우 적용되지 않음 ×)⁵
규칙	① 【대법원 규칙】 헌법 제75조에 근거한 포괄위임금지원칙은 법률에서 위임하는 하위규범의 형식이 대통령령이 아니라 **대법원규칙인 경우에도 준수되어야** 함 (준수 아님 ×)¹⁰ ② 【대법원 규칙 : 전문·기술적 사안】 위임입법이 대법원 규칙인 경우에도 수권법률에서 헌법 제75조에 근거한 포괄위임금지원칙을 준수하여야 하나, **대법원 규칙으로 규율될 내용들은 법원의 전문적이고 기술적인 사무에 관한 것이 대부분**일 것이므로 수권법률에서의 위임의 구체성·명확성의 정도는 **다른 규율 영역에 비해 완화**될 수 있음²
행정규칙	① 【행정규칙】 행정규칙에 위임이 불가피하게 인정되는 경우 법률의 위임은 **반드시 구체적·개별적으로 한정된 사항**에 대하여 행해져야 함 (법률의 위임은 반드시 구체적·개별적으로 한정된 사항에 대해 행하여져야 하는 것은 아님 ×)²

(2) 조례·정관 (미적용)

자치조례	① **【자치조례】** 조례의 제정권자인 지방의회는 선거를 통해서 그 지역적인 **민주적 정당성**을 지니고 있는 주민의 대표기관이고 헌법이 지방자치단체에 **포괄적인 자치권을 보장**하고 있는 취지로 볼 때, **조례에 대한 법률의 위임**은 법규명령에 대한 위임과 같이 반드시 구체적으로 범위를 정하여 할 필요는 없으며 **포괄적인 것으로 족함** (포괄위임금지 ×, 반드시 구체적으로 범위를 정하여야 함 ×)[1,3] ② **【행정입법보다 포괄위임 可】** 지방자치단체는 **헌법상 자치입법권**이 인정되고, 법령의 범위 안에서 그 권한에 속하는 모든 사무에 관하여 조례를 제정할 수 있다는 점과 조례는 선거를 통하여 선출된 그 지역의 지방의원으로 구성된 주민의 대표기관인 지방의회에서 제정되므로 **지역적인 민주적 정당성**까지 갖고 있다는 점을 고려하면, 조례에 위임할 사항은 **헌법 제75조 소정의 행정입법**에 위임할 사항보다 **더 포괄적이어도 헌법에 반하지 않음** (더 포괄적이라면 헌법에 위반 ×)[2]
정관	① **【공법적 단체 정관】** 포괄적인 위임입법의 금지는 법규적 효력을 가지는 행정입법에는 적용되나, 법률이 **행정부가 아니거나 행정부에 속하지 않는 공법적 기관의 정관에 자치적인 사항을 위임**한 경우에는 원칙적으로 **적용되지 않음** (포괄적인 위임입법의 금지 적용 ×)[1,3] ② **【포괄위임금지 미적용】** 헌법 제75조, 제95조가 정하는 포괄적인 위임입법의 금지는, 그 문리해석상 **정관에 위임한 경우**까지 그 적용 대상으로 하고 있지 않고, 또 **권력분립의 원칙**을 침해할 우려가 없다는 점 등을 볼 때, 법률이 정관에 자치법적 사항을 위임한 경우에는 **원칙적으로 적용되지 않음** (법률이 정관에 자치법적 사항을 위임한 경우에도 적용 ×)[3]

(3) 공법적 단체의 정관 관련판례

1	**【국가유공자단체의 정관에 위임 (합헌)】** 「국가유공자단체법」이 **상이군경회를 비롯한 각 국가유공자단체의 대의원 선출에 관한 사항을 정관에 위임**하는 형식을 갖추었다 하더라도, 이는 본래 정관에서 자치적으로 규율하여야 할 사항을 정관규정사항으로 남겨둔 것에 불과하고, 헌법 또는 다른 법률에서 이를 법률규율사항으로 정한 바도 없기 때문에 그 **위헌심사에는 헌법상 포괄위임입법금지원칙이 적용되지 않음**(2006.3.30. 2005헌바31)[1]

POINT 026 포괄위임입법금지 관련판례

1 관련 위헌판례

(1) 불이익 조치 요건 관련

1	【수범자·준수사항을 하위법령에 위임 (위헌)】 구「식품위생법」상 '**식품접객영업자 등 대통령령으로 정하는 영업자와 그 종업원**은 영업의 위생관리와 질서유지, 국민의 보건위생 증진을 위하여 **총리령으로 정하는 사항을 지켜야 한다**'는 부분은 **수범자와 준수사항을 모두 하위법령에 위임**하면서도 위임될 내용에 대해 구체화하고 있지 아니하여 그 내용들을 전혀 예측할 수 없게 하고 있으므로, **포괄위임금지원칙에 위반**(2016.11.24. 2014헌가6 등)³
2	【지정취소 사유를 부령에 위임 (위헌)】 의료보험요양기관의 **지정취소 사유** 등을 법률에서 직접 규정하지 아니하고 보건복지부령에 위임하고 있는 구「공무원 및 사립학교교직원 의료보험법」은 **위임입법한계 일탈**(2002.6.27. 2001헌가30)³
3	【취소사유를 대통령령에 백지위임 (위헌)】 법률 자체에서 **공익법인 이사의 취임승인 취소사유**의 대강을 정한 후 나머지 세부적인 취소사유나 절차에 대한 아무런 기준을 제시하지 않고 **대통령령에 취소사유를 규정하도록 백지위임**한 것은 **포괄위임금지 원칙 위반**(2004.7.15. 2003헌가2)¹

(2) 불이익 조치 효과 관련

1	【업무정지기간을 부령에 위임 (헌불)】 의료기기 판매업자의「의료기기법」위반행위 등에 대하여 **보건복지가족부령이 정하는 기간 이내의 범위에서 업무정지**를 명할 수 있도록 규정한「의료기기법」에서 업무정지기간은 업무정지처분의 핵심적·본질적 요소라 할 것이므로 **포괄위임금지원칙에 위배**(2011.9.29. 2010헌가93)³
2	【입찰참가자격 제한기간을 대통령령에 위임 (헌불)】 입찰참가자격 **제한기간의 상한을 정하지 않고** 단지 '**입찰참가자격의 제한기간을 대통령령이 정하는 일정기간**'으로 규정하고 있는「국가계약법」은 **명확성 원칙에 위반**(2005.6.30. 2005헌가1)¹
3	【지원을 제한하는 경우를 대통령령에 위임 (위헌)】 노동부장관은 거짓이나 그 밖의 부정한 방법으로 **고용안정·직업능력개발 사업**의 지원을 받은 자 또는 받으려는 자에게 "**대통령령으로 정하는 바에 따라 그 지원을 제한**하거나 이미 지원된 것의 반환을 명할 수 있다."라고 규정한 구「고용보험법」은 '**그 지원을 제한**'의 경우 기본적인 사항도 법률로 규정하지 않고 **대통령령에 위임**하고 있으므로 **포괄위임입법금지원칙 위반**(2013.8.29. 2011헌바390)¹

(3) 조세 관련

1	【소득처분 과세요건 대통령령에 위임 (위헌)】 구「법인세법」은 위임입법의 주제에 관하여 '**익금(益金)에 산입한 금액의 처분**'이라는 점만을 제시하고 있을 뿐 수임자가 따라야 할 기준인 소득의 성격과 내용 및 그 귀속자에 관하여 아무런 규정을 두고 있지 아니하여, 납세의무의 성부 및 범위와 직접 관계있는 소득처분에 관련된 과세 요건을 정함에 있어서 아무런 기준을 제시함이 없이 하위법규인 **대통령령에 포괄적으로 위임**하여 위임입법의 한계 위반(1995.11.30. 93헌바32)¹
2	【토초세 기준시가를 대통령령에 위임 (헌불)】 과세표준인 토지초과이득을 산출하는 데 근거로 삼을 **기준시가의 산정방법을 대통령령에 위임**한 것은 **포괄적 위임에 해당**(1994.7.29. 92헌바49 등)¹

2 관련 합헌판례

(1) 처벌법규 관련

1	【제1종 특수면허 차의 종류를 부령에 위임 (합헌)】 제1종 특수면허 없이 자동차를 운전한 경우 무면허운전죄로 처벌하면서 **제1종 특수면허로 운전할 수 있는 차의 종류를 부령에 위임**한 「도로교통법」은 **포괄위임금지원칙 위배 아님** (2015.1.29. 2013헌바173)
2	【뇌물죄 공무원의제 직원을 대통령령에 위임 (합헌)】 뇌물죄의 적용에 있어 공무원으로 의제되는 정부출연연구기관의 직원을 직접 법률에 열거하여 규정하지 않고 **대통령령에 위임**한 「정부출연기관법」은 **포괄위임 아님** (2006.11.30. 2004헌바86 등)
3	【종합문화재수리업 기술능력을 대통령령에 위임 (합헌)】 종합문화재수리업을 하려는 자에게 요구되는 **기술능력의 등록 요건을 대통령령에 위임**하고 있는 「문화재수리 등에 관한 법률」 조항은 **죄형법정주의 및 포괄위임금지원칙 위배 아님** (2023.6.29. 2020헌바109)
4	【새마을금고 대출한도를 대통령령에 위임 (합헌)】 새마을금고의 임원이 동일인에게 대출한도를 초과하여 대출하는 것을 처벌하는 규정을 두면서, **대출한도를 대통령령으로 정하도록 위임**하고 있는 구 「새마을금고법」은 **포괄위임입법금지원칙 위배 아님** (2004.8.26. 2004헌바14)
5	【리베이트 처벌 예외사유 부령에 위임 (합헌)】 의료인이 의약품 제조자 등으로부터 판매촉진을 목적으로 제공되는 **금전 등 경제적 이익을 받는 행위를 처벌**하는 「의료법」 조항이 **예외적 허용사유**의 구체적 범위를 하위법령에 위임한 것은 **포괄위임금지원칙에 위배되지 않음** (2015.2.26. 2013헌바374)

(2) 조세 · 부담금 · 보험료 등 관련

1	【취득 · 양도시기를 대통령령에 위임 (합헌)】 자산의 양도차익을 계산함에 있어서 그 **취득시기 및 양도시기에 관하여 대통령령으로 정하도록 규정**한 구 「소득세법」은 **조세법률주의나 포괄위임입법금지원칙 위배 아님** (2015.7.30. 2013헌바204)
2	【비과세대상을 대통령령에 위임 (합헌)】 양도소득세가 면제되는 '1세대 1주택'의 양도 중 비과세대상이 되는 구체적인 경우를 **대통령령으로 정하도록 위임**한 「소득세법」은 **포괄적 위임 아님** (1997.2.20. 95헌바27)
3	【과세표준 대통령령에 위임 (합헌)】 **취득세의 과세표준**이 되는 가액, 가격 또는 연부 금액의 범위와 취득시기에 관하여 **대통령령으로 정하도록** 한 구 「지방세법」은 **조세법률주의나 포괄위임입법금지원칙 위배 아님** (2002.3.28. 2001헌바32)
4	【중과세 대상 지역범위를 대통령령에 위임 (합헌)】 등록세 중과세의 대상이 되는 부동산등기의 지역적 범위에 관하여 **'대통령령으로 정하는 대도시'**라고 규정한 구 「지방세법」은 **조세법률주의나 포괄위임입법금지원칙 위배 아님** (2002.3.28. 2001헌바24 등)
5	【개발비용으로 계상되는 세액의 범위를 대통령령으로 위임 (합헌)】 개발비용으로 계상되는 세액의 범위를 대통령령에 위임한 구 「개발이익환수에 관한 법률」은 **조세법률주의에 준하는 원칙과 포괄위임입법금지의 원칙 위반 아님** (2009.12.29. 2008헌바171)
6	【보험료 부과점수의 산정방법 · 기준을 대통령령에 위임 (합헌)】 보험재정에 관한 사실관계는 매우 다양하고 수시로 변화될 것이 예상되기 때문에, **보험료 산정기준이 되는 보험료부과점수나 보험료율을 탄력적으로 규율할 필요가 있**으므로, **'보험료부과점수의 산정방법 · 기준 그 밖에 필요한 사항'**을 대통령령에 위임한 구 「국민건강보험법」은 **포괄위임금지원칙 위반 아님** (2013.7.25. 2010헌바51)

(3) 전문적·기술적 사항

1	**【개발토지의 처분관련사항을 대통령령에 위임 (합헌)】** 사업시행자에 의하여 개발된 토지 등의 처분계획의 내용·처분방법·절차·가격기준등에 관하여 필요한 사항을 **대통령령**으로 정할 수 있도록 위임한 「산업입지법」은 **위임입법의 한계 내에 있음**(2002.12.18. 2001헌바52)
2	**【건설업 등록기준을 대통령령에 위임 (합헌)】** 일반건설업 또는 전문건설업의 **등록기준**이 되는 기술능력·자본금·시설 및 장비와 기타 필요한 사항을 **대통령령으로 정하도록** 규정한 구 「건설산업기본법」은 **포괄위임금지원칙 위배 아님**(2008.4.24. 2004헌바48)
3	**【전문자격시험 시험과목·실시사항 대통령령에 위임 (기각)】** 국가전문자격시험을 운영함에 있어 시험과목 및 시험실시에 관한 구체적인 사항을 어떻게 정할 것인가는 법률에서 반드시 직접 정하여야 하는 사항이라고 보기 어렵고, 전문자격시험에서 요구되는 기량을 갖추었는지 여부를 어떠한 방법으로 평가할 것인지 정하는 것뿐만 아니라 평가 그 자체도 **전문적·기술적인 영역**에 해당하므로, **시험과목 및 시험실시 등에 관한 사항을 대통령령에 위임할 필요성 인정**(2019.5.30. 2018헌마1208 등)
4	**【가해학생 조치별 적용기준을 대통령령에 위임 (합헌)】** 가해학생에 대한 조치별 적용 기준의 기본적인 내용을 법률에서 직접 규정하고 있으며, 사건 조치별 적용기준 위임규정에 따라 **대통령령에 규정될 내용**은 세부적인 기준에 관한 내용이 될 것임을 충분히 예측할 수 있으므로, 사건 조치별 적용기준 위임규정은 **포괄위임금지원칙 위배 아님**(2023.2.23. 2019헌바93 등)
5	**【사립학교 교비회계 대통령령에 위임 (합헌)】** 「사립학교법」상 교비회계의 세입·세출에 관한 사항을 대통령령으로 정하도록 한 규정은 **포괄위임금지원칙 위반 아님**(2023.8.31. 2021헌바180)
6	**【4인 이하 사업장에 적용되는 근로기준법 조항을 대통령령에 위임 (합헌)】** 상시 4명 이하의 근로자를 사용하는 사업 또는 사업장에 대하여 **대통령령으로 정하는 바에 따라** 「근로기준법」의 일부 규정을 적용할 수 있도록 위임한 「근로기준법」 조항은 사용자의 부담이 그다지 문제되지 않으면서 동시에 근로자의 보호필요성의 측면에서 우선적으로 적용될 수 있는 「근로기준법」의 범위를 선별하여 적용할 것을 대통령령에 위임한 것으로 볼 수 있고, 그러한 「근로기준법」 조항들이 4인 이하 사업장에 적용되리라 예측할 수 있음(2019.4.11. 2013헌바112)
7	**【군인복무사항을 대통령령에 위임 (기각)】** 군인사법은 헌법이 대통령에게 부여한 군통수권을 실질적으로 존중한다는 차원에서 **군인의 복무에 관한 사항을 규율할 권한을 대통령령에 위임**한 것이라 할 수 있고, 대통령령으로 규정될 내용 및 범위에 관한 기본적인 사항을 다소 광범위하게 위임하였다 하더라도 **포괄위임금지원칙 위배 아님**(2010.10.28. 2008헌마638)
8	**【마약류사범 계호방법을 법무부령에 위임 (합헌)】** 교정시설의 장이 **마약류사범**에 대하여는 '시설의 안전과 질서유지를 위하여 필요한 범위'에서 '다른 수용자와의 접촉을 차단하거나 계호를 엄중히 하는 등' 법무부령으로 정하는 바에 따라 다른 수용자와 달리 관리할 수 있도록 한 「형집행법」은 **포괄위임금지원칙 위배 아님**(2013.7.25. 2012헌바63)

(4) 대법원규칙과 중선위규칙

1	**【판사의 근무성적평정사항을 대법원규칙에 위임 (합헌)】** 사법부 스스로 판사의 근무성적평정에 관한 사항을 정하도록 **대법원규칙에 위임할 필요성이 인정**되고, 근무성적평정에 관한 사항이 직무능력, 자질 등과 같은 평가사항 등에 관한 사항임을 **충분히 예측할 수 있으므로** 판사의 근무성적평정에 관한 사항을 대법원규칙으로 정하도록 위임한 구 「법원조직법」 조항은 **포괄위임금지원칙 위배 아님**(2016.9.29. 2015헌바331)
2	**【허용되는 수당·실비를 중선위규칙에 위임 (합헌)】** 구 「공직선거법」이 관련 조항에서 허용하는 수당·실비 기타 이익을 제공하는 행위 이외의 금품 제공행위를 처벌하면서, **선거사무관계자에게 지급이 허용되는 수당과 실비의 종류와 금액을 중앙선거관리위원회가 정하도록 규정**하는 것은 **포괄위임금지원칙 위배 아님**(2015.4.30. 2013헌바55)

(5) 행정규칙

1	**【불공정거래행위를 고시에 위임 (기각)】** 신문판매업자가 독자에게 1년 동안 제공하는 무가지와 경품류를 합한 가액이 같은 기간에 당해 독자로부터 받는 **유료신문대금의 20%를 초과**하는 경우 동 무가지와 경품류의 제공행위가 「공정거래법」 소정의 **불공정거래행위에 해당**하는 것으로 규정한 「공정거래위원회 신문고시」는 위임입법의 한계 초과 아님(2002.7.18. 2001헌마605) → 자유시장경제질서와 과잉금지원칙에 반하지 않음

POINT 027 법률우위원칙과 재위임

1 법률우위원칙

위임명령 내용문제 아님	① **【위임명령 내용의 정당성과 무관】** 위임입법의 한계의 법리는 권력분립주의와 의회주의 내지 법치주의에 바탕을 두는 것이기 때문에 행정부에서 제정된 **대통령령의 내용이 정당한지 여부와 직접적 관계 없음** (대통령령 내용의 정당성 여부와 위임의 적법성은 직접 관련 x)[6]
하위규범과 수권법률의 관계	① **【하위법규 합헌 ↛ 수권법률 합헌】** 대통령령에서 규정한 내용이 헌법에 위반될 경우 그 대통령령의 규정이 위헌인 것은 물론이지만, 반대로 **하위법규인 대통령령의 내용이 합헌**적이라고 하여 **수권법률의 합헌성까지를 의미하는 것은 아님** (하위법규인 대통령령의 내용이 합헌인 경우 그 수권법률도 합헌임 x)[4] ② **【하위법규 위헌 ↛ 수권법률 위헌】** 대통령령으로 규정한 내용이 헌법에 위반될 경우라도 그 대통령령의 규정이 위헌으로 되는 것은 별론으로 하고, 그로 인하여 정당하고 적법하게 입법권을 위임한 **수권법률 조항까지도 위헌 아님** (행정입법의 내용이 헌법에 위반되어 헌재가 위헌선언하는 경우에는 입법권을 위임한 수권법률의 조항도 동시에 위헌으로 선언됨 x)[7]
법률우위원칙	① **【수임자에 대한 한계】** 위임입법의 내용에 관한 헌법적 한계는 그 수범자가 누구냐에 따라 **입법권자에 대한 한계**와 수권법률에 의해 법규명령을 제정하는 **수임자에 대한 한계**로 구별할 수 있으며, **법률의 우위원칙**에 따른 위임입법의 내용적 한계는 **후자**에 속함[1] ② **【위임한계 일탈】** 법률의 위임규정 자체가 그 의미 내용을 정확하게 알 수 있는 용어를 사용하여 **위임 한계를 분명히 밝히는데도 하위법령이 그 문언적 의미의 한계를 벗어**나거나, 위임규정에서 사용하는 용어의 의미를 넘어 **그 범위를 확장 혹은 축소함으로써 위임내용을 구체화하는 단계를 벗어나 새로운 입법**으로 평가할 수 있다면 이는 **위임한계를 일탈**한 것으로 허용되지 않음[1]

2 재위임의 한계

백지 재위임 불가	① **【부령에 백지 재위임 불가】** 부령의 제정·개정절차가 대통령령에 비하여 보다 용이한 점을 고려할 때, **대통령령이 법률에서 위임받은 사항을 전혀 규정하지 아니하고 그대로 부령에 재위임하는 것은** 허용되지 않음 (긴급한 필요가 있거나 미리 법률로써 자세히 정할 수 없는 부득이 한 사정이 있는 경우에는 법률에서 위임받은 사항을 전혀 규정하지 않고 그대로 재위임하는 것도 허용됨 x)[10]
구체적 재위임 가능	① **【구체적 재위임 가능】** 법률에서 위임받은 사항을 **전혀 규정하지 아니하고 그대로 재위임하는 것은** 허용되지 않으며 위임받은 사항에 관하여 **대강을 정하면서 특정사항을 범위를 정하여 하위법령에 다시 위임**하는 경우에만 재위임이 허용됨 (위임받은 사항에 관하여 대강을 정하고 그 중 특정사항을 범위를 정하여 하위법령에 다시 위임하는 것도 허용되지 않음 x)[7]

POINT 028 행정입법에 대한 통제

> 제89조 【국무회의 심의】 다음 사항은 **국무회의의 심의**를 거쳐야 한다.
> 3. 【대통령령안】 헌법개정안・국민투표안・조약안・법률안 및 **대통령령안**⁴
>
> 제107조 ② 【명령・규칙 심사】 명령・규칙 또는 처분이 헌법이나 **법률에 위반되는 여부**가 재판의 전제가 된 경우에는 **대법원**은 이를 최종적으로 심사할 권한을 가진다.⁶

1 행정부 내부 통제 (국무회의 심의)

대통령령 필수 심의	① 【국무회의 심의 → 문서주의】 대통령이 **대통령령**을 발하기 위해서는 **국무회의의 심의**를 거쳐서 국무총리와 관계 국무위원이 부서한 **문서로써** 함¹
총리령・부령 심의사항 아님	① 【필수 국무회의 심의사항 아님】 대통령령안은 필수적인 국무회의의 심의사항이지만 **총리령안・부령안**은 필수적인 국무회의 심의사항이 아님³

2 국회의 통제

(1) 행정입법의 상임위 제출

입법예고 (대통령령)	① 【대통령령만】 대통령령을 입법예고를 하는 때(입법예고를 생략하는 경우에는 법제처장에게 심사를 요청하는 때를 말함)에는 그 **입법예고안**을 **10일 이내**에 **국회 소관상임위원회**에 제출하여야 함³
제정・개정・폐지	① 【모든 행정입법】 중앙행정기관의 장은 **법률에서 위임**한 사항이나 **법률을 집행**하기 위하여 필요한 사항을 규정한 **대통령령・총리령・부령・훈령・예규・고시** 등이 **제정・개정 또는 폐지**된 때(입법예고 ×)에는 **10일 이내**에 이를 국회 소관상임위원회에 제출하여야 함⁵ ② 【위임명령 + 집행명령】 중앙행정기관의 장은 **위임명령**이나 **집행명령**을 제정 또는 개정한 때에는 이를 **국회 소관상임위원회**에 제출하여야 함¹

(2) 국회의 검토 및 정부조치

상임위 검토		①【법령위반 여부 등 검토】**상임위원회**는 위원회 또는 상설소위원회를 정기적으로 개회하여 그 소관 중앙행정기관이 제출한 **대통령령·총리령 및 부령의 법률 위반 여부 등을 검토**하여야 함
국회의 내용통보 및 정부조치	대통령령 · 총리령	①【상임위 검토결과보고서 의장제출】**상임위원회**는 검토 결과 대통령령 또는 총리령이 **법률의 취지 또는 내용에 합치되지 아니한다**고 판단되는 경우에는 검토의 경과와 처리 의견 등을 기재한 **검토결과보고서를 의장에게 제출**하여야 함 (소관 중앙행정기관의 장에게 그 내용을 통보할 수 있음 ×)¹ ②【본회의 보고 → 본회의 의결 → 정부 송부】**의장**은 검토결과보고서를 **본회의에 보고**하고, 국회는 **본회의 의결**로 이를 처리하고 **정부에 송부**함 ③【정부는 처리결과 국회제출】**정부**는 송부받은 검토결과에 대한 **처리 여부**를 검토하고 그 **처리결과를 국회에 제출**하여야 함
	부령	①【상임위는 중앙행정기관장에 내용통보】**상임위원회**는 검토 결과 부령이 법률의 취지 또는 내용에 합치되지 아니한다고 판단되는 경우에는 **소관 중앙행정기관의 장에게 그 내용을 통보**할 수 있음 (수정·변경을 요구할 수 있음 ×)² ②【처리계획·결과 상임위 보고】검토내용을 통보받은 **중앙행정기관의 장**은 통보받은 내용에 대한 **처리 계획과 그 결과**를 지체 없이 **소관 상임위원회에 보고**하여야 함

POINT 029 신뢰보호원칙

1 신뢰보호원칙

법치주의	① 【법치주의에 근거】 신뢰보호원칙은 **법치국가원리에 근거**를 두고 있는 헌법상 원칙으로서, 특정한 법률에 의하여 발생한 법률관계는 그 법에 따라 파악되고 판단되어야 하고 **과거의 사실관계가 그 뒤에 생긴 새로운 법률의 기준에 따라 판단되지 않는다**는 국민의 신뢰를 보호하기 위한 것임
법적 안정성	① 【객관적 : 법질서의 신뢰성·항구성】 법적 안정성은 **객관적 요소로서 법질서의 신뢰성·항구성·법적 투명성과 법적 평화**를 의미 ② 【주관적 : 신뢰보호원칙】 법적 안정성의 **주관적 측면**(객관적 측면 ×)은 한번 제정된 법규범은 원칙적으로 존속력을 갖고 자신의 행위기준으로 작용하리라는 **개인의 신뢰보호원칙**
적용영역	① 【법률의 제·개정】 법률의 제정이나 개정 시 구법질서에 대한 당사자의 신뢰가 합리적이고도 정당하며 법률의 제정이나 개정으로 야기되는 **당사자의 손해가 극심**하여 새로운 입법으로 달성하고자 하는 **공익적 목적**이 그러한 **당사자의 신뢰의 파괴를 정당화**할 수 없다면, 그러한 **새로운 입법은 허용될 수 없음** ② 【법률·하위법규 + 제도운영지침 개폐】 신뢰보호원칙은 **법률이나 하위법규의 개폐**뿐만 아니라, **국가관리의 입시제도와 같은 제도운영지침**의 개폐에도 적용 (제도운영지침의 개폐에는 적용되지 않음 ×)

2 신뢰보호원칙 위반여부 판단

(1) 모든 신뢰이익 보호 아님

법규 제도 : 신뢰 부정	① 【국민의 법적 상태 지속 신뢰 부정】 입법자는 새로운 인식을 수용하고 변화한 현실에 적절하게 대처해야 하기 때문에, 국민은 **현재의 법적 상태가 항상 지속되리라는 것을 원칙적으로 신뢰할 수 없음** ② 【조세법률 신뢰 부정】 조세에 관한 법규·제도는 신축적으로 변할 수밖에 없다는 점에서 납세의무자로서는 **구법 질서에 의거한 신뢰를 바탕으로 적극적으로 새로운 법률관계를 형성하였다든지 하는 특별한 사정이 없는 한 원칙적으로 현재의 세법이 변함없이 유지되리라고 기대하거나 신뢰할 수는 없음**
모든 기대· 신뢰 보호 아님	① 【절대적 권리로 보호 아님】 국민들의 **국가의 공권력행사**에 관하여 가지는 **모든 기대 내지 신뢰가 절대적인 권리로서 보호되는 것은 아님** (절대적인 권리로서 보호되어야 함 ×) ② 【모든 기대·신뢰 보호 아님】 사회환경이나 경제여건의 변화에 따른 필요성에 의하여 법률이 신축적으로 변할 수 있고, 변경된 새로운 법질서와 기존의 법질서 사이에 **이해관계의 상충이 불가피**하므로 **국민이 가지는 모든 기대 내지 신뢰는 헌법상 권리로서 보호될 것은 아님** (모든 기대 내지 신뢰는 헌법상 권리로서 보호되어야 함 ×)
보호필요성과 이익형량	① 【합리적 신뢰 + 보호필요성】 개정된 법규·제도의 존속에 대한 개인의 **신뢰가 합리적**이어서 **권리로서 보호할 필요성**이 인정되어야 그 신뢰가 헌법상 권리로서 보호될 것임 ② 【신뢰와 공익의 비교·형량】 신뢰보호원칙 위반 여부는 **침해받은 이익의 보호가치**, 침해의 중한 정도, 신뢰가 손상된 정도, 신뢰침해의 방법 등과 새로운 입법을 통해 실현하고자 하는 **공익적 목적**을 종합적으로 **비교·형량**하여 결정되어야 함 ③ 【구법질서 유지 의무 無】 헌법적 신뢰보호는 개개의 국민이 **어떠한 경우에도 '실망'을 하지 않도록 하여 주는데까지 미칠 수는 없는** 것이며, 입법자는 **구법질서**가 더 이상 그 법률관계에 적절하지 못하며 합목적적이지도 아니함에도 불구하고 그 **수혜자군을 위하여 이를 계속 유지하여 줄 의무는 없음**

(2) 신뢰이익 보호가치 판단

유인된 신뢰 여부 (보호가치↑)	① **【유인된 신뢰↑ vs 기회활용↓】** 신뢰이익의 보호가치는 개인의 행위가 **국가에 의하여 일정방향으로 유인된 신뢰의 행사**인지, 단지 **법률이 부여한 기회를 활용**한 것으로 사적 위험부담의 범위에 속하는 것인지 여부에 따라 **달라짐** (달라지는 것이 아님 ×) ② **【유인된 신뢰는 보호가치 있는 신뢰】** 법률에 따른 개인의 행위가 단지 법률이 반사적으로 부여하는 기회의 활용을 넘어서 **국가에 의하여 일정 방향으로 유인**된 것이라면 특별히 **보호가치가 있는 신뢰이익**이 인정될 수 있고, 이러한 경우 원칙적으로 **개인의 신뢰보호가 국가의 법률개정이익에 우선된다고 볼 여지**가 있음 (여지는 없음 ×)
예측가능성 유무 (有 : 보호가치↓)	① **【예측가능성 있는 경우 신뢰이익 부정】** 법령에 따른 개인의 행위가 국가에 의해서 일정방향으로 유인된 신뢰의 행사라고 볼 수 있어 특별히 보호가치가 있는 신뢰이익이 인정되더라도 **법적 상태의 변화에 대한 개인의 예측가능성**이 있는 경우 그 개인의 **신뢰가 보호되어야 하는 것은 아님** (아무리 법적 상태의 변화에 대한 개인의 예측가능성이 있더라도 그 개인의 신뢰는 언제나 보호되어야 함 ×)

(3) 보호가치 있는 신뢰 아닌 판례

1	**【반복 음주운전자 총포소지허가 결격사유 (합헌)】** 입법자가 반복하여 음주운전을 하는 자를 **총포소지허가의 결격사유**로 규제하지 않을 것이라는 데 대한 신뢰가 **보호가치 있는 신뢰라고 보기 어려움**(2018.4.26. 2017헌바341)
2	**【종전 법령상 봉안시설을 신법상 봉안시설로 간주 (기각)】** 구 「매장 및 묘지 등에 관한 법률」이 「장사 등에 관한 법률」로 전부개정되면서 부칙에서 **종전의 법령에 따라 설치된 봉안시설을 신법에 의하여 설치된 봉안시설로 보도록** 함으로써 구법에 따라 설치허가를 받은 봉안시설 설치·관리인의 기존의 법상태에 대한 신뢰는 이미 보호되었다고 할 것이므로, 신법시행 후 **추가로 설치되는 부분**에 대해서까지 기존의 법상태에 대한 **보호가치 있는 신뢰가 있다고 보기 어려움**(2021.8.31. 2019헌바453)

POINT 030 신뢰보호원칙 관련판례

1 신뢰보호원칙 위배판례

1	① 【기존 국세관련 공무원 중 일부만 세무사자격 부여제도 폐지 적용 (헌불)】 기존 국세관련 경력공무원 중 일부에게만 구 「세무사법」을 적용하여 세무사자격이 부여되도록 규정한 구 「세무사법」 부칙은 **신뢰보호원칙 위배, 평등원칙 위반**(2001.9.27. 2000헌마152) ② 【직업의 자유 침해 아님 (기각)】 국세관련 경력공무원에 대한 세무사자격 부여제도를 폐지한 것은 경력공무원에 대한 특혜시비를 완화하면서 아울러 일반응시자들과의 형평을 도모하려는 공익적인 목적을 갖는 것으로서 그 **목적의 정당성이 인정**되고 **직업선택의 자유 침해 아님**(2001.9.27. 2000헌마152) 유사 【기존 특허청 공무원 중 일부만 변리사자격 부여제도 폐지 적용 (헌불)】 특허청 경력공무원에 대하여 변리사자격을 부여해왔던 「변리사법」을 개정하여, 기존 특허청 공무원 중 일부에게만 구법을 적용하여 변리사자격을 부여하도록 한 「변리사법」은 **신뢰보호원칙 위배**(2001.9.27. 2000헌마208)
2	【사법연수생에게 즉시법관임용제 폐지 적용 (한정위헌)】 즉시법관임용제 폐지에 따라 **판사임용요건으로서 10년 이상의 법조경력을 요구**하는 개정된 「법원조직법」 부칙이 당시 **사법연수생의 신분을 가지고 있던 자**가 사법연수원을 수료하는 해의 판사 임용에 지원하는 경우에 적용되는 한 **신뢰보호원칙에 반하여 공무담임권 침해**(2012.11.29. 2011헌마786) 비교 【사법연수원 입소하지 않은 자 경력법관제 적용 (기각)】 사법연수원의 소정 과정을 마치더라도 바로 판사임용 자격을 취득할 수 없고 일정 기간 이상의 법조경력을 갖추어야 판사로 임용될 수 있도록 한 「법원조직법」을 사법시험에 합격하였으나 아직 **사법연수원에 입소하지 않은 자**에게 적용하는 것은 **신뢰보호원칙 위반 아님**(2014.5.29. 2013헌마127 등)
3	【예년과 달리 지방고시 최종시험일을 연도말로 정한 것 (인용)】 지방고시 최종시험일을 예년과 달리 연도말로 정함으로써 전년도 공무원 채용을 위한 제1차 시험에 합격한 청구인의 연령이 응시상한연령을 5일 초과하게 하여 2차 시험에 응시할 수 있는 자격을 박탈한 **「공무원채용시험시행계획」은 정당한 신뢰 침해**(2000.1.27. 99헌마123)
4	【시험 2개월 전 절대평가에서 상대평가로 환원 (무효)】 변리사 제1, 2차 시험을 종전의 '절대평가제'에서 '상대평가제'로 전환하는 내용의 변리사법 시행령 조항을 즉시 시행함으로 인한 수험생들의 신뢰이익 침해는 공익적 목적을 고려하더라도 정당화될 수 없을 정도로 과도하므로, 위 조항을 즉시 2002년의 변리사 제1차 시험에 대하여 시행하도록 그 시행시기를 정한 개정 **시행령 부칙 부분은 헌법에 위반되어 무효**(대판 2006.11.16. 2003두12899)
5	【기존 택지소유자에게 택지소유상한제 적용 (위헌)】 「택지소유상한에 관한 법률」 시행 이전부터 택지를 소유하고 있는 개인에 대하여 택지를 소유하게 된 경우나 그 목적 여하에 관계없이 **일률적으로 택지의 소유상한을 200평으로 정한 것**은 비례성원칙에 위반되는 과도한 침해이자 **신뢰보호의 원칙 및 평등원칙 위반**(1999.4.29. 94헌바37 등)
6	【법개정 이전 양수자를 오염원인자로 간주 (헌불)】 토양오염관리대상시설을 양수한 자를 그 양수 시기의 제한없이 **모두 오염원인자로 간주하여 정화조치명령을 부과할 수 있도록 한 (구)「토양환경보전법」은 신뢰보호원칙 위배**(2012.8.23. 2010헌바28)
7	【기존 수급권자에게 최고보상제도를 2년 6개월 유예기간후 적용 (위헌)】 수급권자 자신이 종전에 지급받던 **평균임금**을 기초로 산정된 **장해보상연금을 수령하고 있던 수급권자**에게, 실제의 평균임금이 노동부장관이 고시한 한도금액 이상일 경우 그 한도금액을 실제임금으로 의제하는 내용으로 신설된 **최고보상제도를, 2년 6개월의 유예기간 후 적용**하는 「산업재해보상보험법」 부칙 조항은 **신뢰보호원칙 위배**(2009.5.28. 2005헌바20 등)

2 신뢰보호원칙 위배 아닌 판례

(1) 유예기간이 있는 경우

1	【인터넷컴퓨터게임시설제공업 등록제 1년 유예 (합헌)】 기존에 자유업종이었던 **인터넷컴퓨터게임시설제공업에 대하여 등록제를 도입**하면서 **1년 이상의 유예기간**을 둔 「게임산업법」 조항은 **신뢰보호원칙 위배 아님**(2009.9.24. 2009헌바28)
2	【폐기물재생처리업 신고영업자 1년 내 허가 (기각)】 폐기물재생처리업을 허가제로 하도록 법률을 개정하면서 종전 규정에 의하여 **폐기물 재생처리 신고**를 한 자는 이 법 시행일로부터 **1년 이내에 허가**를 받도록 한 「폐기물관리법」은 **신뢰보호위반 아님**(2000.7.20. 99헌마452) / → **재산권이 아니므로 재산권 침해 아님** /
3	【PC방 금연구역지정 2년 유예 (기각)】 **PC방 전체를 금연구역으로 지정**하고 부칙조항을 통해 공포 후 **2년이 경과한 날부터 시행**하도록 유예한 「국민건강증진법」은 **신뢰보호원칙 위배 아님**(2013.6.27. 2011헌마315 등)
4	【폐자동차재활용업 등록자 3년 내 폐기물처리시설 설치승인·신고 (기각)】 구 법령에 따라 **폐자동차재활용업 등록**을 한 자에게도 **3년 이내에 등록기준을 갖추도록** 한 「전자제품등자원순환법 시행령」 부칙은 **신뢰보호원칙**에 위배되어 **직업의 자유 침해 아님**(2022.9.29. 2019헌마1352)
5	【복수전공 가산점 폐지 3년 유예 (합헌)】 대학에서 **복수전공이나 부전공**과 같이 2 이상의 전공을 한 사람에게 **교육공무원의 채용에서 가산점**을 주던 제도를 폐지하면서 차후 **적용시한을 3년**으로 정한 「교육공무원법」은 **신뢰보호원칙 위반 아님**(2009.10.29. 2008헌바77 등) /
6	【학교환경위생정화구역 안 노래연습장 금지 5년 유예 (기각)】 학교환경위생정화구역 안에서의 **노래연습장의 시설·영업을 금지**하고 이미 설치된 노래연습장시설을 폐쇄 또는 이전하도록 하면서 **약 5년간의 유예기간**을 준 「학교보건법 시행령」은 **신뢰보호원칙 위반 아님**(1999.7.22. 98헌마480 등)

(2) 공무원등 연금 관련

1	【퇴직연금 지급개시연령 제한 (합헌)】 공무원의 **퇴직연금 지급개시연령을 제한**한 구 「공무원연금법」은 현재 공무원으로 재직 중인 자가 퇴직하는 경우 장차 받게 될 퇴직연금의 지급시기를 변경한 것으로서 입법목적으로 달성하고자 하는 연금재정 안정 등의 공익이 손상되는 신뢰에 비해 우월하다고 할 것이므로 **신뢰보호원칙 위배 아님**(2015.12.23. 2013헌바259) /
2	【퇴직 당시 월보수액 → 평균보수월액 기준 급여액 산정 (기각)】 「군인연금법」상 퇴역연금 등의 급여액 산정의 기초를 종전의 **'퇴직 당시의 보수월액'**에서 **'평균보수월액'**으로 변경한 것은 **신뢰보호의 원칙 위배 아님**(2003.9.25. 2001헌마94) /
3	【학교기관에서 보수지급받을시 퇴역연금지급정지 (합헌)】 「군인연금법」상 퇴역연금 수급권자가 「사립학교교직원연금법」의 학교기관으로부터 **보수 기타 급여를 지급받는 경우**에는 **퇴역연금의 전부 또는 일부의 지급을 정지**할 수 있도록 하는 것은 **신뢰보호원칙 위반 아님**(2007.10.25. 2005헌바68)

(3) 기타

1	【10년 → 20년으로 가석방 요건 상향 (기각)】	무기징역의 집행 중에 있는 자의 **가석방 요건**을 종전의 '10년 이상'에서 '20년 이상' 형 집행경과로 강화한 개정「형법」조항을「형법」개정 당시 **이미 수용 중인 사람에게도 적용**하는「형법」부칙 조항은 **신뢰보호원칙 위배 아니며 신체의 자유 침해 아님**(2013.8.29. 2011헌마408) [8]
2	【시행 전 범죄에 공소시효 정지·배제 적용 (합헌)】	전부개정된「성폭력처벌법」시행 전에 행하여졌으나 아직 공소시효가 완성되지 아니한 성폭력범죄에 대해서도 **공소시효의 정지·배제조항을 적용**하는 것은 **신뢰보호원칙 위반 아님**(2021.6.24. 2018헌바457) [1]
3	【개정법 시행 전 성범죄 확정자 기간 차등 취업 제한 (합헌)】	헌법재판소가 성인대상 성범죄자에 대하여 10년 동안 일률적으로 의료기관에의 취업제한 등을 하는 규정에 대하여 위헌결정을 한 뒤, 개정법 시행일 전까지 성인대상 성범죄로 형을 선고받아 그 형이 확정된 사람에 대해서 형의 종류 또는 형량에 따라 기간에 차등을 두어 의료기관에의 취업 등을 제한하는「청소년성보호법」은 **신뢰보호원칙 위배 아님**(2023.5.25. 2020헌바45) [1]
4	【자동차운전전문학원 등록제 실시 (기각)】	세무당국에 사업자등록을 하고 운전교습업을 영위해오던 운전교습업자의 운전교육행위를 일률적으로 금지하고 **자동차운전학원으로 등록한 경우에만 자동차 운전교습**을 영위할 수 있도록 한「도로교통법」은 **신뢰보호원칙 위배 아님**(2003.9.25. 2001헌마447 등) [3]
5	【국내 치과면허 예비시험 (기각)】	외국에서 치과대학을 졸업한 대한민국 국민이 **국내 치과의사 면허시험에 응시**하기 위해서는 기존의 응시요건에 추가하여 새로이 예비시험에 합격할 것을 요건으로 규정한「의료법」은 **신뢰보호원칙 위배 아님**(2006.4.27. 2005헌마406) [1]
6	【이행강제금 제도 도입 전 위법건축물에 이행강제금 적용 (합헌)】	위법건축물에 대하여 이행강제금을 부과하도록 하면서 **이행강제금제도 도입 전의 위법건축물에 대하여도 이행강제금제도 적용**의 예외를 두지 아니한「건축법」은 **신뢰보호원칙 위배 아님**(2015.10.21. 2013헌바248) [4]
7	【보유기준 초과 보유 주식에 가산세 부과 (합헌)】	공익법인이 유예기한이 지난 후에도 **보유기준을 초과하여 주식을 보유**하는 경우 10년을 초과하지 않는 범위에서 **매년 가산세를 부과**하도록 정한 구「상속세 및 증여세법」은 **신뢰보호원칙 위반 아님**(2023.7.20. 2019헌바223) [1]
8	【개정 민법 시행 이후 실종선고시 상속에 관해 개정 민법 적용 (합헌)】	실종기간이 구법 시행기간 중에 만료되는 때에도 그 실종이 개정「민법」시행일 후에 선고된 때에는 **상속에 관하여 개정「민법」의 규정을 적용**하도록 한「민법」부칙의 조항은 **신뢰보호원칙 위배 아님**(2016.10.27. 2015헌바203 등) [1]
9	【광명시를 고등학교 평준화지역에 포함 (기각)】	광명시가 고등학교 비평준화 지역으로 남아 있을 것이라는 신뢰는 헌법상 보호하여야 할 가치나 필요성이 있다고 보기 어려우며, **교육감이 추첨에 의하여 고등학교를 배정하는 지역에 광명시를 포함**시킨 경기도 조례는 **신뢰보호원칙 위반 아님**(2012.11.29. 2011헌마827) [1]
10	【절대평가 → 절대평가·상대평가 병행 내신성적산출 (기각)】	종합생활기록부에 의하여 절대평가와 상대평가를 병행, 활용하도록 한 교육부장관 지침은 교육개혁위원회의 교육개혁방안에 따라 **절대평가가 이루어 질 것으로 믿고 특수목적고등학교에 입학한 학생들의 신뢰이익 침해 아님**(1997.7.16. 97헌마38) [2]
11	【31세 → 36세 징집면제연령 상향 (합헌)】	의무사관후보생의 병적에서 제외된 사람의 **징집면제연령을 31세에서 36세로 상향 조정**한「병역법」규정은 **신뢰보호원칙 위배 아님**(2002.11.28. 2002헌바45) [1]

POINT 031 소급입법금지

제13조 ② 【참·제·재·박】 모든 국민은 **소급입법**에 의하여 **참정권의 제한**(박탈 ×)을 받거나 **재산권을 박탈**(제한 ×)당하지 아니한다.⁶

1 소급입법의 종류

소급입법의 종류	① 【진정소급입법 + 부진정소급입법】 과거의 사실관계 또는 법률관계를 규율하기 위한 소급입법에는 이미 **과거에 완성**된 사실·법률관계를 규율의 대상으로 하는 이른바 **진정소급효의 입법**과 이미 과거에 시작하였으나 아직 완성되지 아니하고 **진행과정에 있는** 사실·법률관계를 규율의 대상으로 하는 **부진정소급효의 입법**이 있음³
진정소급	① 【진정소급입법만 금지】 헌법 제13조 제2항이 금지하고 있는 소급입법은 **진정소급효를 가지는 법률만을 의미** (진정소급효의 입법과 부진정소급효의 입법을 모두 의미 ×)³ ② 【진정소급입법만 금지】 헌법 제13조 제2항에 의하여 **소급입법에 의한 재산권의 박탈이 금지되는 것은 진정소급입법**⁵

2 소급입법금지 : 진정소급입법

(1) 진정소급의 원칙 금지, 예외 허용

원칙 금지	① 【진정소급입법금지】 새로운 입법으로 이미 종료된 사실관계 또는 법률관계에 작용하도록 하는 **진정소급입법**은 개인의 **신뢰보호와 법적 안정성**을 내용으로 하는 법치국가원리에 의하여 특단의 사정이 없는 한 **헌법상 허용되지 않는 것이 원칙**⁵
예외 허용	① 【소급입법예상】 진정소급입법이라 할지라도 예외적으로 **국민이 소급입법을 예상할 수 있었던 경우**와 같이 **소급입법이 정당화되는 경우**에는 허용될 수 있음¹¹ ② 【중대한 공익 〉 신뢰】 법적 상태가 불확실하고 혼란스러워 **보호할 만한 신뢰이익이 적은 경우**와 소급입법에 의한 **당사자의 손실이 없거나 아주 경미한 경우** 그리고 **신뢰보호의 요청에 우선하는 심히 중대한 공익상의 사유**가 소급입법을 정당화하는 경우에는 **예외적으로 진정소급입법이 허용**⁹

(2) 진정소급입법인 경우

1	【최초 환급세액 징수 시부터 개정 부당환급세액 징수조항 적용 (위헌)】 부당환급받은 세액을 징수하는 근거규정인 개정조항을 **개정된 법 시행 후 최초로 환급세액을 징수하는 분부터 적용하도록 규정**한 법인세법 부칙 조항은 이미 완성된 사실·법률관계를 규율하는 **진정소급입법**에 해당하며, 신뢰보호의 요청에 우선하여 진정소급입법을 하여야 할 매우 중대한 공익상의 이유가 있다고 볼 수 없음(2014.7.24. 2012헌바105)
2	【퇴직연금 감액조항의 소급적용 (위헌)】 헌법불합치결정으로 구법 조항이 실효되어 개정법에서 이미 **전액 지급된 공무원 퇴직연금의 일부를 다시 환수**할 수 있도록 하면서, 2009.12.31. 개정된 감액조항을 2009.1.1.까지 소급하여 **적용**하도록 규정한 「공무원연금법」 부칙 조항은 **진정소급입법**으로서 국회가 개선입법을 하지 않은 것에 기인함에도 불구하고, 법집행의 책임을 퇴직공무원들에게 전가하는 것으로 **소급입법금지원칙에 위반**(2013.8.29. 2010헌바354 등)
	비교 【퇴직급여 감액조항을 다음 해부터 적용 (합헌)】 공무원이 '직무와 관련 없는 과실로 인한 경우' 및 '소속상관의 정당한 직무상의 명령에 따르다가 과실로 인한 경우'를 제외하고 **재직 중 사유로 금고 이상의 형을 받은 경우, 퇴직급여 등을 감액**하도록 한 구 「공무원연금법」 조항을 **다음 해부터 적용**하도록 규정한 것은 **진정소급입법에 해당하지 않음**(2016.6.30. 2014헌바365)

(3) 진정소급입법의 예외적 허용

1	【친일재산국고귀속 → 진정소급입법 but 위헌 아님 (합헌)】 친일재산은 취득·증여 등 원인행위 시에 국가의 소유로 한다고 규정하고 있는 「친일재산국고귀속법」은 **진정소급입법에 해당**하지만, 친일반민족행위자의 재산권을 일률적·소급적으로 박탈하는 것을 정당화할 수 있는 **특단의 사정이 존재**하므로 헌법 제13조 제2항 위반 아님(2011.3.31. 2008헌바141 등)
	유사 【친일반민족행위자의 범위 확대 → 신뢰보호위반 아님 (합헌)】 재산이 국가에 귀속되는 대상이 되는 **친일반민족행위자** 가운데 '한일합병의 공으로 작위를 받거나 계승한 자'를 '일제로부터 작위를 받거나 계승한 자'로 개정한 「친일재산귀속법」은 **신뢰보호원칙 위배 아님**(2013.7.25. 2012헌가1)
2	【재조선미국육군사령부군정청 법령 (합헌)】 1945. 9. 25. 및 1945. 12. 6. 각각 공포된 **재조선미국육군사령부군정청 법령** 중, 1945. 8. 9. 이후 일본인 소유의 재산에 대하여 성립된 **거래를 전부 무효**로 한 조항과 그 대상이 되는 재산을 1945. 9. 25.로 소급하여 **전부 미군정청의 소유**가 되도록 한 조항은 모두 **소급입법금지원칙에 대한 예외**에 해당하므로 **헌법 위반 아님**(2021.1.28. 2018헌바88)

3 부진정소급입법과 신뢰보호원칙

(1) 부진정소급입법의 원칙적 허용

진정소급 vs 부진정소급	① **【진정소급 : 신뢰보호 〉 입법형성권】** **진정소급입법**은 입법권자의 **입법형성권**보다 당사자가 구법질서에 기대했던 **신뢰보호**의 견지에서 **법적 안정성**을 도모하기 위해 특단의 사정이 없는 한 **구법에 의하여 이미 얻은 자격 또는 권리**를 새 입법을 하면서 **존중할 의무 있음** ② **【부진정소급 : 신뢰보호 〈 입법형성권】** **부진정소급입법**의 경우에는 구법질서에 대하여 기대했던 당사자의 **신뢰보호**보다는 광범위한 입법권자의 **입법형성권**을 경시해서는 안될 일이므로 새 입법을 하면서 **구법관계 내지 구법상의 기대이익**을 존중하여야 할 **의무 발생 안함**
소급입법과 신뢰보호	① **【원칙 허용, 신뢰보호로 제한】** 진정소급입법은 허용되지 않는 것이 원칙이며 특단의 사정이 있는 경우에만 예외적으로 허용될 수 있는 반면, **부진정소급입법**은 원칙적으로 허용되지만 소급효를 요구하는 공익과 신뢰보호의 요청 사이의 교량과정에서 **신뢰보호의 관점이 입법자의 형성권에 제한을 가하게 됨**[16] ② **【진정·부진정 신뢰보호 적용】** 새로운 법령에 의한 신뢰이익 침해는 새로운 법령이 **과거의 사실 또는 법률관계에 소급적용**되는 경우에 한하여 문제되는 것은 아니고, 과거에 발생하였지만 완성되지 않고 **진행 중인 사실 또는 법률관계** 등을 새로운 법령이 규율함으로써 종전에 시행되던 법령의 존속에 대한 신뢰이익을 침해하게 되는 경우에도 **신뢰보호의 원칙** 적용 ③ **【신뢰보호의 문제】** 부진정소급입법은 종래의 법적상태에서 새로운 법적상태로 이행하는 과정에서 불가피하게 발생하는 법치국가적 문제, 신뢰보호의 문제이므로 **신뢰보호원칙 위반여부의 판단에 포섭**
위헌심사	① **【이익형량】** 부진정소급입법의 경우 **신뢰보호의 필요성과 개정법률로 달성하려는 공익을 비교형량**하여 종합적으로 판단하여야 함 ② **【장래효 입법 대비 엄격심사】** 부진정소급입법의 경우 일반적으로 과거에 시작된 구성요건사항에 대한 신뢰는 더 보호될 가치가 있는 것이므로, **신뢰보호의 원칙에 대한 심사는 장래 입법의 경우보다 일반적으로 더 강화**되어야 함

(2) 부진정소급입법 관련판례

1	【진행 중 사업에 개발부담금 부과 (합헌)】 법률 시행 당시 개발이 진행 중인 사업에 대하여 **장차 개발이 완료되면 개발부담금을 부과**하려는 것은 이른바 **부진정소급입법에 해당**하는 것이어서 헌법상 허용되며 **소급입법금지의 원칙과 신뢰보호원칙에 위반 아님**(2001.2.22. 98헌바19)
2	【보수인상율 → 소비자물가 변동율 기준 연금액조정 (합헌)】 **공무원보수 인상률** 방식에 의하여 공무원연금액을 조정하던 것을 **전국 소비자물가 변동률을 기준**으로 하여 연금액을 조정한 「공무원연금법」은 **진정소급효를 가지는 법률**아니며 **신뢰보호원칙 위배 아님**(2005.6.30. 2004헌바42)
3	① 【장래 이행기 도래 퇴직연금 수급권의 내용변경 (기각)】 이미 발생하여 이행기에 도달한 퇴직연금 수급권의 내용을 변경하지 않고 부칙조항 시행이후에 **장래 이행기가 도래하는 퇴직연금 수급권의 내용을 변경**하는 것은 **부진정소급입법**(2008.2.28. 2005헌마872 등) ② 【초과 소득 액수에 따라 퇴직연금 지급정지 (기각)】 기존의 퇴직연금 수급자에게 **전년도 평균임금월액을 초과한 소득월액**이 있는 경우에 그 초과 액수에 따라 퇴직연금 중 일부의 지급을 정지하는 것은 **신뢰보호원칙 위반 아님**(2008.2.28. 2005헌마872 등)
4	【의료기관내 약국운영금지 1년 유예 (기각)】 의료기관의 시설 또는 부지의 일부를 분할·변경 또는 개수하여 **약국을 개설한 자**가「약사법」개정으로 시행일 후 **1년** 뒤에는 기존 약국을 더 이상 운영할 수 없도록 한 부칙규정은 이미 개설 등록된 기존 약국의 효력이나 이제까지의 약국 영업과 관련한 사법상의 법률효과를 소급하여 부인하는 것이 아니므로, **소급입법 아님**(2003.10.30. 2001헌마700 등) → ① **신뢰보호원칙 위반아님** ② **직업행사의 자유를 침해하지 않음**
5	【개정법 시행 후 계약갱신요구권 행사기간 적용 (기각)】 임차인의 계약갱신요구권 행사 기간을 10년으로 규정한 「상가임대차법」의 개정법 조항을 개정법 시행 후 갱신되는 임대차에 대하여도 적용하도록 규정한 것은 **소급입법금지원칙 위배 아님**(2021.10.28. 2019헌마106 등) → **신뢰보호원칙 위배로 임대인의 재산권 침해 아님**
6	【소멸한 저작인접권 회복 2년 유예 (기각)】 저작인접권이 소멸한 음원의 **저작인접권을 회복**시키고 2년의 유예기간을 둔 저작권법 조항은 과거의 음원 사용 행위에 대한 것이 아니라 **개정된 법률 시행 이후에 음원을 사용하는 행위를 규율**하고 있으므로, **소급입법에 의한 재산권 박탈 아님**(2013.11.28. 2012헌마770) → **신뢰보호원칙 위배 아님**
7	【법률 시행 전 선불식 할부계약에 보험계약 체결조항 적용 (합헌)】 선불식 할부거래업자에게 개정 법률이 시행되기 전에 체결된 선불식 할부계약에 대하여도 소비자피해보상보험계약 등을 체결할 의무를 부과한 할부거래에 관한 법률 조항은 **소급입법금지원칙 위반 아님**(2017.7.27. 2015헌바240)

POINT 032 시혜적 소급입법

1 시혜적 소급입법

입법형성권	① **【입법의무 아님】** 신법이 피적용자에게 유리한 경우 이른바 시혜적인 소급입법이 가능하지만 이를 **입법자의 의무라고는 할 수 없음** (입법자의 의무 ×)⁴ ② **【입법재량】** 시혜적 소급입법을 할 것인지 여부는 **입법재량의 문제**로서 그 판단은 **일차적으로 입법기관**에 맡겨져 있는 것이므로 **광범위한 입법형성의 자유**가 인정 (시혜적 소급입법은 금지됨 ×, 시혜적 소급입법을 할 것인가를 결정함에 있어서 입법자의 입법재량범위는 국민의 권리를 제한하거나 새로운 의무를 부과하는 경우와 달리 판단할 것은 아님 ×)⁹
위헌심사 (합리성 심사)	① **【현저히 불합리·불공정 아닌 한 합헌】** 입법자는 시혜적 소급입법을 할 것인가 여부를 결정할 수 있고, 그 결정이 **합리적 재량의 범위**를 벗어나 **현저하게 불합리하고 불공정한 것이 아닌 한** 헌법에 위반된다고 할 수는 없음⁵ ② **【현저히 불합리·불공정시 평등권 침해 가능성】** 입법자에게 허용되는 재량의 범위를 벗어나 **현저하게 불합리하고 불공정**한 입법인 경우 **평등권을 침해** (시혜적 소급입법은 기본권 침해 여지 없음 ×)²

2 관련판례

1	**【순직공무원 적용범위를 확대한 법률을 소급적용하지 않은 것 (합헌)】** 소방공무원이 **재난·재해현장에서 입은 위해**뿐만 아니라 그 업무수행을 위한 **긴급한 출동·복귀 및 부수활동 중 위해**에 의하여 사망한 경우까지 그 유족에게 순직공무원보상을 하여 주는 제도를 도입하면서 **신법을 소급하는 경과규정을 두지 않았다**고 하더라도 입법재량의 범위를 벗어나 **불합리한 차별 아님**(2012.8.23. 2011헌바169)³

POINT 033 체계정당성원리 B

1 체계정당성원리

체계정당성 원리	① **[규범 상호 간 배치·모순금지]** 체계정당성의 원리는 동일 규범 내에서 또는 상이한 규범 간에 그 **규범의 구조나 내용 또는 규범의 근거가 되는 원칙** 면에서 **상호 배치되거나 모순되어서는 안된다**는 하나의 헌법적 요청임 [6]
법치주의	① **[법치주의에서 도출]** 규범 상호 간의 구조와 내용 등이 모순됨이 없이 체계와 균형을 유지하도록 **입법자를 기속**하는(입법자를 기속하는 것으로 볼 수 없음 ×) 체계정당성의 원리는 **입법자의 자의를 금지**하여 규범의 명확성, 예측가능성 및 규범에 대한 신뢰와 법적 안정성을 확보하기 위한 것으로 **법치주의원리로부터 도출** [7]

2 체계정당성원리 위반

위헌 아님	① **[바로 위헌 아님]** 체계정당성에 위반되는 법률이라는 이유 때문에 **바로 위헌이라고 할 수는 없음** [3] ② **[위헌성 시사 징후]** 법치주의원리로부터 도출되는 **체계정당성의 원리에 대한 위반** 자체가 바로 위헌이 되는 것은 아니고 이는 **비례의 원칙**이나 **평등원칙위반** 내지 **입법의 자의금지위반** 등의 **위헌성을 시사하는 하나의 징후일 뿐임** (체계정당성의 원리에 위반한 경우에는 위헌이 됨 ×) [4] ③ **[헌법규정 or 원칙 위반 시 위헌]** 체계정당성원리는 비례의 원칙이나 평등의 원칙 등 **일정한 헌법의 규정이나 원칙을 위반하여야만 비로소 그 위반**이 인정됨 [9]
위반 정당화 가능	① **[공익적 사유 존재 시 정당화]** 입법의 체계정당성위반과 관련하여 그러한 위반을 허용할 **공익적인 사유가 존재**한다면 그 위반은 **정당화**될 수 있고 따라서 **입법상의 자의금지원칙**을 위반한 것이라고 볼 수 없음 [1] ② **[합리적 사유 존재에 대한 입법재량 인정]** 다양한 입법의 수단 가운데서 어느 것을 선택할 것인가 하는 것은 원래 입법의 재량에 속하기 때문에 체계정당성의 위반을 정당화할 **합리적인 사유의 존재**에 대하여는 **입법의 재량이 인정**되어야 함 [1]

POINT 034 사회국가원리

CHAPTER 07 | 사회·경제·문화적 기본원리

1 사회국가원리

사회국가	①【관여·간섭·분배·조정 + 실질적 조건 마련 의무】 사회국가란 사회정의의 이념을 헌법에 수용한 국가, 사회현상에 대하여 방관적인 국가가 아니라 경제·사회·문화의 모든 영역에서 **정의로운 사회질서의 형성**을 위하여 **사회현상에 관여하고 간섭하고 분배하고 조정**하는 국가이며, 궁극적으로는 국민 각자가 실제로 자유를 행사할 수 있는 **실질적 조건을 마련해 줄 의무**가 있는 국가 (실질적 조건을 마련해 줄 의무까지 부여하는 것은 아님 ×)
사회국가원리	①【명문규정 無】 우리 헌법은 **사회국가원리를 명문으로 규정하고 있지는 않지만**, 헌법의 **전문**, **사회적 기본권**의 보장, 경제 영역에서 적극적으로 계획하고 유도하고 재분배하여야 할 국가의 의무를 규정하는 **경제에 관한 조항** 등과 같이 **사회국가원리의 구체화된 여러 표현**을 통하여 **사회국가원리를 수용** (우리 헌법은 명문으로 사회국가원리를 천명 ×, 헌법전문과 경제질서 부분에서 명문으로 직접 규정 ×)

2 사회국가원리의 보충성

입법재량	①【복지국가 실현수단 선택 : 재량】 국가는 복지국가를 실현하기 위하여 **가능한 수단을 동원할 책무**를 진다고 할 것이나 가능한 여러 가지 수단들 가운데 **구체적으로 어느 것을 선택할 것인가**는 기본적으로 **입법자의 재량**에 속함
보충성	①【사적자치의 원칙】 자유민주주의국가에서 **국가는 예외적으로 꼭 필요한 경우에 보충하는 정도로만 개입**할 수 있고, **보충의 원리**가 국민경제의 생활영역에도 적용되므로 **사적자치의 존중이 대원칙임을 부인**할 수 없음 ②【자유민주적 기본질서 범위 / 자유·창의 보완 범위】 헌법에서 채택하고 있는 사회국가의 원리는 **자유민주적 기본질서의 범위내**에서 이루어져야 하고, **국민 개인의 자유와 창의를 보완하는 범위내**에서 이루어지는 **내재적 한계**를 지니고 있음 ③【자유·권리 본질적 내용 침해 금지】 사회국가원리를 구현하기 위해서는 **국민의 자유와 권리를 일정 부분 제한**할 수밖에 없다고 하더라도, **국민의 자유와 권리의 본질적 내용까지도 침해하는 제한은 불허**

3 사회국가원리의 구현

(1) 구현사례

조세·보험료	① 【조세·보험료 등 공과금의 차등부과 정당화 근거】 사회국가원리는 **조세나 보험료와 같은 공과금의 부과**에 있어서 입법자의 결정이 자의적인가를 판단하는 하나의 중요한 기준을 제공하며 **입법자의 결정을 정당화하는 헌법적 근거**로서 작용
구현사례	① 【최저생계비 초과소득에만 과세 可】 국가는 납세자가 자신과 가족의 기본적인 생계유지를 위하여 꼭 필요로 하는 소득을 제외한 **잉여소득 부분에 대해서만 납세의무를 부과**할 수 있으므로 **소득에 대한 과세**는 원칙적으로 **최저생계비를 초과하는 소득**에 대해서만 가능 ② 【사회보험 강제가입, 보험료 차등부과 정당화 근거】 사회국가원리에서 도출되는 **사회연대의 원칙**은 사회보험체계 내에서의 **소득의 재분배를 정당화하는 근거**이며, **사회보험에의 강제가입의무를 정당화**하고 재정구조가 취약한 보험자와 재정구조가 건전한 보험자 사이의 **재정조정을 가능**하게 함

(2) 관련판례

1	【휴직자에 건강보험료 부과 (기각)】 휴직자에게 직장가입자의 자격을 유지시켜 **휴직전월의 표준보수월액을 기준으로 보험료를 부과**하는 것은 **사회국가원리 위배 아님**(2003.6.26. 2001헌마699)

POINT 035 사회적 시장경제질서

제119조 ① 【자유시장경제 원칙】 대한민국의 경제질서는 **개인과 기업의 경제상의 자유와 창의를 존중함을 기본으로 한다.**[1]
② 【사회국가원리 보충】 국가는 **균형있는 국민경제의 성장 및 안정**(지속가능한 국민경제의 성장 ×)과 **적정한 소득의 분배**를 유지하고, **시장의 지배와 경제력의 남용을 방지**(독과점의 규제와 조정 및 공정거래의 보장에 관하여 노력할 의무 ×)하며, **경제주체간의 조화를 통한 경제의 민주화를 위하여 경제에 관한 규제와 조정을 할 수 있다.**[8]

1 사회적 시장경제질서

경제질서	① 【자유시장경제질서 + 사회국가원리】 헌법 제119조는 **자유시장 경제질서를 기본으로 하면서 사회국가원리를 수용**하여 **실질적인 자유와 평등을 아울러 달성**하려는 것을 근본이념으로 함[1] ② 【사회적 시장경제질서】 우리 헌법의 경제질서는 **사유재산제를 바탕으로 하고 자유경쟁을 존중하는 자유시장경제질서를 기본**으로 하면서도 이에 수반되는 갖가지 모순을 제거하고 **사회복지·사회정의를 실현**하기 위하여 **국가적 규제와 조정을 용인**하는 **사회적 시장경제질서**로서의 성격[3]
§119의 법적 성격	① 【헌법의 기본원리】 **자유민주적 기본질서 및 시장경제원리**는 헌법의 지배원리로서 모든 법령의 해석기준이 됨[4] ② 【기본권성 부정, 독자적 위헌심사기준 아님】 헌법 제119조는 헌법상 경제질서에 관한 일반조항으로서 **국가의 경제정책에 대한 하나의 헌법적 지침일 뿐 그 자체가 기본권의 성질을 가진다거나 독자적인 위헌심사의 기준이 된다고 할 수 없음** (기본권의 성질을 가짐 ×, 독자적 위헌심사 기준이 됨 ×)[8]

2 개인과 기업의 자유와 창의 (§119①)

(1) 자유시장경제

자유시장 경제	① 【자유시장경제 원칙】 헌법 제119조 제1항은 **사유재산제도와 사적자치의 원칙을 기초**로 하는 **자유시장경제질서를 기본**으로 하고 있음[1] ② 【기업자유의 표현 → 국가 불개입】 헌법 제119조 제1항은 기업의 생성·발전·소멸은 어디까지나 기업의 자율에 맡긴다는 **기업자유의 표현**이며 국가의 공권력은 특단의 사정이 없는 한 이에 대한 **불개입을 원칙**으로 한다는 뜻임[2]
구체화	① 【경제적 기본권에 의해 구체화】 헌법 제119조의 '**경제상의 자유와 창의**'는 직업의 자유, 재산권의 보장, 근로3권과 같은 **경제에 관한 기본권** 및 비례의 원칙과 같은 **법치국가원리에 의하여 비로소 헌법적으로 구체화**[5]
책임원칙	① 【과실책임 vs 위험(무과실) 책임】 「민법」상 일반불법행위에 관한 기본원리인 **과실책임의 원칙**이 헌법 제119조 제1항의 **자유시장 경제질서에서 파생**된 것이라면, 위험원을 지배하는 자에게 책임을 지우는 **위험책임의 원리**는 헌법상 **사회국가원리의 실현**을 위한 것임[3] ② 【지배법상 무과실책임】 「자동차손해배상보장법」이 위험책임의 원리에 기하여 **무과실책임**을 지운 것은 **사회국가원리를 수용한 헌법이념**에 따른 것임[2]

(2) 관련판례

1	【**자배법상 위험책임원리 수용은 입법재량 (합헌)**】 특수한 불법행위책임에 관하여 **위험책임의 원리를 수용**하는 것은 입법정책에 관한 사항으로서 **입법자의 재량**이므로 자동차손해배상보장법이 운행자의 재산권을 본질적으로 제한하거나 평등의 원칙에 위반되지 아니하는 이상 위험책임의 원리에 기하여 무과실책임을 지운 것만으로 헌법 제119조 제1항의 **자유시장 경제질서 위반 아님**(1998.5.28. 96헌가4) ²

3 국가의 규제와 조정 (§119②)

(1) 기본권 제한의 정당화 헌법규범

경제적 기본권 제한 정당화	① 【**기본권 제한의 정당화**】 헌법 제119조 제2항에 규정된 '**경제주체 간의 조화를 통한 경제민주화**'의 이념은 경제영역에서 정의로운 사회질서를 형성하기 위하여 추구할 수 있는 **국가목표로서 개인의 기본권을 제한하는 국가행위를 정당화하는 헌법규범** (기본권을 제한하는 국가행위를 정당화하는 헌법규범은 아님 ×) ¹⁸
국가의 의무 아님	① 【**누진세제 도입의무 부정**】 헌법 제119조 제2항의 '**적정한 소득의 분배를 유지**'하기 위해서 소득에 대한 **누진세율에 따른 종합과세**를 시행하여야 할 구체적인 **헌법적 의무가 조세입법자에게 부과되지 않음** (구체적인 입법의무를 부담 ×) ⁸ ② 【**최우선적 배려요구 부정**】 헌법 제119조 제2항은 국가가 경제영역에서 실현하여야 할 목표의 하나로서 "**적정한 소득의 분배**"를 들고 있지만, **무조건적으로 실현할 것을 요구**한다거나 정책적으로 항상 **최우선 배려하도록 요구하는 것은 아님** (정책적으로 항상 최우선적인 배려를 해야 함 ×) ¹

(2) 국가의 규제·조정권과 헌재의 위헌심사

존중과 한계	① 【**정책 판단·선택 존중**】 입법자가 경제영역에서의 국가목표를 이루기 위하여 가능한 여러 정책 중 필요하다고 판단되는 **경제정책을 선택**하였다면 **입법자의 정책판단과 선택은 현저히 합리성을 결여한 것이라고 볼 수 없는 한 존중**되어야 함 ² ② 【**규제·통제의 보충성**】 우리 헌법에서 추구하고 있는 경제질서는 개인과 기업의 경제상의 자유와 창의를 최대한도로 존중·보장하는 **자본주의에 바탕을 둔 시장경제질서이므로**, 국가적인 규제와 통제를 가하는 것도 **보충의 원칙**에 입각하여 자본주의·시장경제질서의 기초라고 할 수 있는 **사유재산제도와 사적자치의 원칙이 존중되는 범위내에서만 허용** ¹
국가 개입의 방식	① 【**사후적·구체적 규제**】 헌법 제119조 제1항에 비추어 보더라도, 개인의 사적 거래에 대한 공법적 규제는 되도록 **사전적·일반적 규제**보다는 **사후적·구체적 규제방식**을 택하여 **국민의 거래자유를 최대한 보장**하여야 함 (사후적·구체적 규제보다는 사전적·일반적 규제방식 ×) ³ ② 【**자유롭고 공정한 경쟁 가능하게 하는 방법**】 헌법 제119조 제2항은 독과점규제라는 경제정책적 목표를 개인의 경제적 자유를 제한할 수 있는 정당한 공익의 하나로 명문화하고 있는데, 독과점규제의 목적이 경쟁의 회복에 있다면 이 목적을 실현하는 **수단도 자유롭고 공정한 경쟁을 가능하게 하는 방법**이어야 함 ⁴
합헌성 여부심사	① 【**공익 및 공공복리 구체화**】 헌법은 제119조 이하의 경제에 관한 장에서 **경제영역에서의 국가목표**를 명시적으로 규정함으로써, 국가가 경제정책을 통하여 달성하여야 할 '**공익**'을 구체화하고 동시에 헌법 제37조 제2항의 '**공공복리**'를 구체화하고 있음 ⁶ ② 【**모든 공익을 아울러 고려**】 경제적 기본권의 제한을 정당화하는 공익이 헌법에 명시적으로 규정된 목표에만 제한되는 것은 아니고, (헌법에 명시적으로 규정된 목표에 제한 ×) 헌법상의 경제에 관한 장에서 규정하고 있는 공익들은 경제적 기본권 제한을 정당화하는 **공익들의 예시에 불과하므로**, 경제적 기본권 침해를 정당화할 수 있는 **모든 공익을 고려**하여 **법률의 합헌성 여부를 심사**하여야 함 ⁴

4 관련 위헌판례

1	【의료광고 금지 (위헌)】 특정의료기관이나 특정의료인의 **기능·진료방법에 관한 광고를 금지**하는 것은 새로운 의료인들에게 자신의 기능이나 기술 혹은 진단 및 치료방법에 관한 **광고와 선전을 할 기회를 배제**함으로써 기존의 의료인과의 경쟁에서 불리한 결과를 초래하므로, 자유롭고 공정한 경쟁을 추구하는 **시장경제질서에 부합되지 않음** (2005.10.27. 2003헌가3) → **표현의 자유와 직업의 자유 침해**
2	① 【자도소주 구입명령제도 (위헌)】 소주판매업자에게 **자도소주의 구입의무를 부과**하는 자도소주구입명령제도를 규정한 「주세법」은 소주판매업자의 직업의 자유는 물론 소주제조업자의 경쟁·기업의 자유와 소비자의 행복추구권에서 파생된 **자기결정권 침해** (1996.12.26. 96헌가18) ② 【기존 소주제조업자의 종래법적상태 지속요구 不可 (위헌)】 자도소주구입명령제도에 대한 소주제조업자의 강한 **신뢰보호이익**이 인정되지만, 신뢰보호도 "능력경쟁의 실현"이라는 보다 우월한 공익에 직면하여 **종래의 법적 상태의 존속을 요구할 수는 없음** (1996.12.26. 96헌가18) **비교** 【탁주의 공급구역제한제도 (합헌)】 탁주(막걸리)의 공급구역제한제도는 탁주제조업자나 판매업자의 **직업의 자유나 영업의 자유 침해 아님** (1999.7.22. 98헌가5)

5 관련 합헌판례

1	【허가지역 밖 응급이송업 영업금지 (합헌)】 허가받은 지역 밖에서의 이송업의 영업을 금지하고 처벌하는 「응급의료법」 규정은 **직업수행의 자유 침해 아님** (2018.2.22. 2016헌바100) → ① 직업수행의 자유 침해여부 판단하는 이상 **경제질서 위배 여부 판단 안함** ② **죄형법정주의 명확성 원칙 위반 아님**
2	【투자손실보전약정 금전수입행위금지 (합헌)】 법령에 의한 인·허가 없이 장래의 경제적 손실을 금전 또는 유가증권으로 보전해 줄 것을 약정하고 회비 등의 명목으로 금전을 수입하는 행위를 금지하고 이에 위반 시 형사처벌하는 「유사수신행위법」은 **경제질서 위반 아님** (2003.2.27. 2002헌바4)
3	【토지거래허가제 (합헌)】 토지거래허가제는 헌법이 정하고 있는 경제질서와도 충돌이 없다고 할 것이므로 사적자치의 원칙이나 헌법상의 보충의 원리에 **위배 아님** (1989.12.22. 88헌가13)
4	【보유세인 종합부동산세 부과 (합헌)】 헌법 제119조 제2항이 보유세 부과 그 자체를 금지하는 취지는 아니므로 **주택 등에 보유세인 종합부동산세 부과는 헌법 제119조 위반 아님** (2008.11.13. 2006헌바112 등)
5	【국민연금 강제가입 (기각)】 국민연금제도는 상호부조의 원리에 입각한 사회연대성에 기초하여 소득재분배의 기능을 함으로써 오히려 **사회적 시장경제질서에 부합**하는 제도이므로, **국민연금에 가입을 강제**하는 「국민연금법」 조항은 **시장경제질서 위배 아님** (2001.2.22. 99헌마365)

POINT 036 사회적 시장경제질서 구체화

1 국토와 자원

제120조 ① 【자원의 사회화】 광물 기타 중요한 지하자원·수산자원·수력과 경제상 이용할 수 있는 자연력은 **법률이 정하는 바**에 의하여 일정한 기간 그 채취·개발 또는 이용을 **특허**할 수 있다.
② 【국토】 국토와 자원은 국가의 보호를 받으며, 국가는 그 균형있는 개발과 이용을 위하여 **필요한 계획**을 수립한다.

2 농지제도

제121조 ① 【소작제 절대금지】 국가는 농지에 관하여 **경자유전의 원칙**이 달성될 수 있도록 노력하여야 하며, **농지의 소작제도**(임대차나 위탁경영 ×)는 **금지된다**.
② 【임대차·위탁경영 허용】 농업생산성의 제고와 농지의 합리적인 이용을 위하거나 불가피한 사정으로 발생하는 농지의 임대차와 위탁경영(소작 ×)은 **법률**(조례 ×)이 정하는 바에 의하여 인정된다.

1	【농지소재지 거주자 자경농지 양도세 면제 (합헌)】 농지소재지에 거주하는 거주자만 자경농지의 양도소득세 면제대상으로 한 것은 외지인의 농지투기를 방지하고 농업과 농촌을 활성화하기 위한 것으로 **경자유전 원칙 위배 아님** (2003.11.27. 2003헌바2) → 거주·이전의 자유 침해 아님
2	【농지처분명령 불이행시 이행강제금부과 (합헌)】 농지소유자가 농지를 농업경영에 이용하지 아니하여 **농지처분명령**을 받았음에도 불구하고 정당한 사유 없이 이를 **이행하지 아니하는 경우**, 당해 농지가액의 100분의 20에 상당하는 **이행강제금**을 그 처분명령이 이행될 때까지 매년 1회 부과할 수 있도록 한 것은 **재산권 침해 아님** (2010.2.25. 2010헌바39 등)

3 국토의 이용·개발·보전

제122조 【국토의 이용·개발·보전】 국가는 국민 모두의 생산 및 생활의 기반이 되는 **국토의 효율적이고 균형있는 이용·개발과 보전**을 위하여 법률이 정하는 바에 의하여 그에 관한 **필요한 제한과 의무**를 과할 수 있다.

4 농어민과 중소기업의 보호·육성

> 제123조 ① 【농·어업 보호·육성】 국가는 **농업 및 어업을 보호·육성**하기 위하여 농·어촌종합개발과 그 지원등 필요한 계획을 수립·시행하여야 한다.
> ② 【지역경제 육성】 국가는 지역간의 균형있는 발전을 위하여 **지역경제를 육성할 의무**를 진다.²
> ③ 【중소기업 보호·육성】 국가는 **중소기업을 보호·육성**하여야 한다.²
> ④ 【농·어민 이익 보호】 국가는 농수산물의 수급균형과 유통구조의 개선에 노력하여 **가격안정을 도모함으로써 농·어민의 이익을 보호**(소비자의 이익을 보호 ×)한다.³
> ⑤ 【자조조직 육성】 국가는 농·어민과 중소기업의 **자조조직을 육성**하여야 하며, 그 **자율적 활동과 발전을 보장**한다.³

(1) 자조조직 육성, 보장의무

자율성 보장	① 【**소극적 자율성 보장**】 국가는 헌법 제123조 제5항에 따라 자조조직이 **제대로 활동하고 기능하는 시기**에는 그 조직의 **자율성**을 침해하지 않도록 하는 **소극적 의무**를 다하면 됨
육성의무	① 【**적극적 육성의무**】 국가는 농·어민과 중소기업의 자조조직이 **제대로 기능하지 못하고 향후의 전망도 불확실한 경우**라면 단순히 그 조직의 자유성을 보장하는 것에 그쳐서는 아니 되고, **적극적으로 육성하여야 할 의무**까지도 수행하여야 함 (적극적 육성의무 없음 ×)³

(2) 관련판례

1	【**의약품 도매상 허가시 창고면적 최소기준 규정 (기각)**】 의약품 도매상 허가를 받기 위해 필요한 **창고면적의 최소기준**을 규정하고 있는 「약사법」 조항들은 국가의 **중소기업 보호·육성의무 위반 아님**(2014.4.24. 2012헌마811)¹

5 소비자보호운동의 보장 (제도보장)

> 제124조 【소비자보호운동】 국가는 건전한 소비행위를 계도하고 생산품의 품질향상을 촉구하기 위한 **소비자보호운동**을 **법률**(조례 ×)**이 정하는 바**에 의하여 보장한다.⁵

(1) 소비자보호운동

소비자의 권리	① 【**헌법에 규정 無 : 헌법 제10조에서 도출**】 현행 헌법은 소비자권리의 문제를 **소비자보호운동의 차원에서 규정**하고 있을 뿐 소비자권리의 보장에 관하여는 **직접 규정하고 있지 아니함**¹
소비자보호운동 (제도적 보장)	① 【**소비자 권익증진 활동**】 헌법이 보장하는 **소비자보호운동**은 공정한 가격으로 양질의 상품 또는 용역을 적절한 유통구조를 통해 적절한 시기에 안전하게 구입하거나 사용할 **소비자의 제반 권익을 증진할 목적으로 이루어지는 구체적 활동**을 의미² ② 【**단체조직 + 개별 소비자의 의사합치**】 단체를 조직하고 이를 통하여 활동하는 형태, 즉 근로자의 단결권이나 단체행동권에 유사한 활동뿐만 아니라, **하나 또는 그 이상의 소비자가 동일한 목표로 함께 의사를 합치하여 벌이는 운동**이면 모두 소비자보호운동에 포함 (소비자 권익의 증진을 위한 단체를 조직하고 이를 통하여 활동하는 형태에 이르지 않으면 소비자보호운동에 포함되지 않음 ×)³

(2) 소비자 불매운동

소비자 불매운동	① 【특정 상품 구매억지 행위】 소비자불매운동이란 하나 또는 그 이상의 운동주도세력이 **소비자의 권익**을 향상시킬 목적으로 개별 소비자들로 하여금 시장에서 **특정 상품의 구매를 억지**하거나 제3자로 하여금 그렇게 하도록 설득하는 **조직화된 행위**¹ ② 【소비자의 권익 : 시장이익에 국한】 불매운동의 목표로서 '**소비자의 권익**'이란 원칙적으로 사업자가 제공하는 물품이나 용역의 소비생활과 관련된 것으로서 상품의 질이나 가격, 유통구조, 안전성 등 **시장적 이익에 국한**³ ③ 【헌법상 제도적 보장】 소비자 불매운동은 '공정한 가격으로 양질의 상품 또는 용역을 적절한 유통구조를 통해 적절한 시기에 안전하게 구입하거나 사용할 소비자의 제반 권익을 증진할 목적'에서 행해지는 **소비자보호운동의 일환**으로서 헌법 제124조를 통하여 **제도로서 보장**¹
책임면제	① 【정당한 소비자불매운동의 민·형사책임 면제】 소비자불매운동은 모든 경우에 정당성이 인정될 수는 없고, 정당하다고 평가되는 경우에만 **민·형사상 책임 면제**³ ② 【제3자 상대 불매운동】 물품 등의 공급자나 사업자 이외의 제3자를 상대로 불매운동을 벌일 경우 그 경위나 과정에서 **제3자의 영업의 자유 등 권리를 부당하게 침해하지 않을 경우** 형사책임이나 민사책임이 **면제됨** (면제되지 않음 ×)¹
대의·가치 주장·옹호 불매운동	① 【헌법 제21조, 제10조에서 보장】 특정한 **사회, 경제적 또는 정치적 대의나 가치를 주장·옹호**하거나 이를 진작시키기 위한 수단으로서 소비자불매운동은 **헌법 제21조, 제10조에서 보장** (헌법상 보호받을 수 없음 ×)²

6 대외무역

제125조 【대외무역】 국가는 **대외무역**을 육성하며, 이를 규제·조정할 수 있다.

7 사영기업의 국·공유화

제126조 【국·공유화 + 경영 통제·관리】 **국방상 또는 국민경제상 긴절한 필요**로 인하여 **법률이 정하는 경우**를 제외하고는, 사영기업을 국유 또는 공유로 이전하거나 그 경영을 통제 또는 관리할 수 없다.¹⁵

(1) 긴절한 필요시 국·공유화 가능

국·공유화 가능	① 【국·공유화 가능】 국방상 또는 국민경제상 긴절한 필요로 인하여 법률이 정하는 경우에는 사영기업을 **국유 또는 공유로 이전할 수 있음** (어떤 경우에도 허용되지 아니함 ×)¹⁵
내용	① 【국·공유화 : 소유권 이전】 '**사영기업의 국유 또는 공유로의 이전**'은 일반적으로 공법적 수단에 의하여 사기업에 대한 **소유권을 국가나 기타 공법인에 귀속**시키고 사회정책적·국민경제적 목표를 실현할 수 있도록 그 **재산권의 내용을 변형**하는 것¹ ② 【경영 통제·관리 : 소유권 이전 아님】 기업의 '**경영에 대한 통제 또는 관리**'라 함은 비록 기업에 대한 소유권의 보유주체에 대한 변경은 이루어지지 않지만 **사기업 경영에 대한 국가의 광범위하고 강력한 감독과 통제 또는 관리의 체계**를 의미¹

(2) 관련판례

1	【운송수입금 전액관리제 (기각)】 「자동차운수사업법」상의 **운송수입금 전액관리제**로 인하여 사기업은 그 본연의 목적을 포기할 것을 강요받거나 기업경영과 관련하여 **국가의 광범위한 감독과 통제 및 관리를 받게 되는 것도 아니므로**, 전액관리제는 헌법 제126조의 '**사영 기업을 국유 또는 공유로 이전**'하는 것에 **해당하지 않음** (1998.10.29. 97헌마345)²

8 과학기술

제127조 ① 【과학기술】 국가는 과학기술의 혁신과 정보 및 인력의 개발을 통하여 국민경제의 발전에 노력하여야 한다.
② 【국가표준제도】 국가는 **국가표준제도**를 확립한다.
③ 【자문기구】 대통령은 제1항의 목적을 달성하기 위하여 필요한 **자문기구**를 둘 수 있다.

POINT 037 문화국가원리 Ⓑ

전문 【문화영역에서 각인의 기회균등】 정치·경제·사회·문화의 모든 영역에 있어서 **각인의 기회를 균등**히 하고,
제9조 【문화국가원리】 국가는 **전통문화의 계승·발전과 민족문화의 창달**에 노력하여야 한다.

1 문화국가원리와 문화정책

(1) 문화국가원리와 국가의 과제·책임

문화국가원리	① 【제헌헌법】 우리나라는 **제헌헌법**(9차 개정헌법 ×) 이래 문화국가원리를 **헌법의 기본원리**로 채택³ ② 【현행헌법 전문 + 제9조】 우리 현행 헌법은 **전문**에서 "문화의 … 영역에 있어서 **각인의 기회를 균등히**" 할 것을 선언하고 있을 뿐 아니라, 국가에게 **전통문화의 계승 발전과 민족문화의 창달**을 위하여 **노력할 의무**를 지우고 있음(제9조) ③ 【정신적 기본권】 헌법은 문화국가를 실현하기 위하여 보장되어야 할 **정신적 기본권**으로 양심과 사상의 자유, 종교의 자유, 언론·출판의 자유, 학문과 예술의 자유 등을 규정하고 있는바, 이들 기본권은 **견해와 사상의 다양성을 그 본질로 하는 문화국가원리의 불가결의 조건**임²
문화정책	① 【국가의 과제·책임】 문화국가원리는 **국가의 문화국가실현에 관한 과제·책임**을 통해 실현 ② 【불편부당의 원칙】 문화국가원리는 **견해와 사상의 다양성**을 본질로 하며, 이를 실현하는 국가의 문화정책은 **불편부당의 원칙**에 따라야 하는바, 모든 국민은 정치적 견해 등에 관계없이 **문화 표현과 활동에서 차별을 받지 않아야** 함 (불편부당의 원칙을 따라야 하는 것 아님 ×)⁴ ③ 【중립성】 정부는 문화국가실현에 관한 과제를 수행함에 있어 문화의 다양성, 자율성, 창조성이 조화롭게 실현될 수 있도록 **중립성**을 지키면서 **문화에 대한 지원·육성** 하도록 유의해야 함
문화정책의 대상	① 【문화풍토조성】 오늘날 문화정책의 초점은 **문화 그 자체**에 있는 것이 **아니라 문화가 생겨날 수 있는 문화 풍토를 조성**하는데 두어야 함 (문화 자체의 산출에 초점 ×)⁶ ② 【모든 문화】 국가의 문화육성의 대상에는 원칙적으로 모든 사람에게 문화 창조의 기회를 부여한다는 의미에서 **모든 문화**가 포함되므로 **엘리트문화**뿐만 아니라 **서민문화, 대중문화**도 그 가치를 인정하고 정책적인 배려의 대상 (엘리트문화 제외 ×)¹³

(2) 관련 위헌판례

1	① 【문화예술계 정부지원사업 배제지시 (인용)】 개인의 정치적 견해를 기준으로 **문화예술계 정부지원사업에서 배제**되도록 차별취급한 것은 헌법상 **문화국가원리에 반하는 자의적인 것**으로 정당화될 수 없음(2020.12.23. 2017헌마416) ② 【목적의 정당성 부정】 정부에 대한 반대 견해나 비판에 대하여 합리적인 홍보와 설득으로 대처하는 것이 아니라 **비판적 견해**를 가졌다는 이유만으로 **국가의 지원에서 일방적으로 배제**함으로써 **정치적 표현의 자유를 제재**하는 공권력의 행사는 **국민주권주의와 자유민주적 기본질서에 반하는** 것으로 그 **목적의 정당성을 인정할 수 없음**(2020.12.23. 2017헌마416)²
2	【과외교습금지(헌불)】 원칙적으로 모든 과외교습행위를 금지하고 위반된 경우 형사처벌하도록 한 법률은 자기결정과 자기책임을 생활의 기본원칙으로 하는 헌법의 인간상이나 개성과 창의성, 다양성을 지향하는 **문화국가원리에도 위반**(2000.4.27. 98헌가16 등)⁴
3	【문예진흥기금 납입금 (위헌)】 공연관람자 등이 예술감상에 의한 정신적 풍요를 일정한 집단에 의한 수익으로 인정하여 그들에게 경제적 부담을 지우고 **문화예술진흥기금을 납입**하게 하는 것은 **문화국가이념에 역행**하는 것임 (2003.12.18. 2002헌가2)

2 전통문화의 계승·발전

(1) 혼인과 가족

필수전제	① 【혼인과 가족의 보호】 개별성·고유성·다양성으로 표현되는 **문화는 사회의 자율영역**을 바탕으로 하고, 사회의 자율영역은 무엇보다도 바로 **가정으로부터 출발**하기 때문에 **혼인과 가족의 보호**는 헌법이 지향하는 **자유민주적 문화국가의 필수적인 전제조건** ¹
혼인과 가족	① 【보편타당한 전통윤리·도덕관념】 헌법 제9조에 따라 진정으로 계승·발전시켜야 할 **전통문화**는 이 시대의 제반 사회·경제적 환경에 맞고 **오늘날에도 보편타당한 전통윤리 내지 도덕관념**임 ² ② 【헌법의 우위】 헌법은 국가사회의 **최고규범**이므로 가족제도가 역사적·사회적 산물이라는 특성을 지니고 있어도 **헌법의 우위**로부터 벗어날 수 없으며, 가족법이 헌법이념의 실현에 장애를 초래하고, 헌**법규범과 현실과의 괴리를 고착시키는데 일조하면 가족법은 수정되어야 함** ¹
헌법적 혼인질서	① 【혼인의 남녀동권】 헌법은 제정 당시부터 **평등원칙과 남녀평등**을 일반적으로 천명하는 것에 덧붙여 **특별히 혼인의 남녀동권(男女同權)을 헌법적 혼인질서의 기초로 선언**함으로써 우리 사회 전래의 가부장적인 봉건적 혼인질서를 더 이상 용인하지 않겠다는 **헌법적 결단**을 표현 ² ② 【역사적 존재사실이 모두 전통인 것 아님】 과거의 어느 일정 시점에 역사적으로 존재하였다는 사실만으로 **헌법의 보호를 받는 전통이 되는 것 아님** (역사적 존재사실만으로 전통 ×) ¹
가족제도에 관한 전통·전통문화	① 【오늘날의 의미로 포착】 헌법 전문과 헌법 제9조에서 말하는 "**전통**", "**전통문화**"란 역사성과 시대성을 띤 개념으로서 **오늘날의 의미로 포착**하여야 함 ² ② 【개인의 존엄과 양성평등에 부합】 헌법 제9조에서 말하는 **전통**이란 역사성과 시대성을 띤 개념으로서 가족제도에 관한 전통·전통문화란 적어도 그것이 가족제도에 관한 헌법이념인 **개인의 존엄과 양성의 평등에 반하는 것이어서는 안 된다는 한계**가 있음 ⁶ ③ 【오늘날 헌법가치에 부합】 '**전통**', '**전통문화**'란 오늘날의 의미로 재해석되어야 하므로, 전래의 어떤 가족제도가 헌법 제36조 제1항의 개인의 존엄과 양성평등에 반한다면 **헌법 제9조를 근거로 정당성을 주장할 수 없음** (헌법 제9조를 근거로 헌법적 정당성이 인정될 수도 있음 ×) ⁵

(2) 관련 위헌판례

1	【호주제 (헌불)】 **호주제**는 남계혈통을 중심으로 인위적 가족집단인 가를 구성하고 이를 승계한다는 것이 그 본질로서, 성에 따라 아버지와 어머니를, 남편과 아내를, 아들과 딸을, 즉 남녀를 차별하는 것인데, 이러한 **차별을 정당화할 만한 사유 없음** (2005.2.3. 2001헌가9 등) ¹ → 혼인·가족생활을 어떻게 꾸려나갈 것인지에 관한 개인과 가족의 자율적 결정권을 존중하라는 **헌법 제36조 제1항에 부합하지 않음** ¹

3 민족문화유산

① 【존속보장】 국가가 **민족문화유산을 보호**하고자 하는 경우 이에 관한 **헌법적 보호법익**은 '**민족문화유산의 존속**' 그 자체를 **보장**하는 것이고, 원칙적으로 민족문화유산의 훼손등에 관한 **가치보상이 있는지 여부**는 이러한 헌법적 보호법익과 **직접적인 관련이 없음** (민족문화유산의 훼손 등에 관한 가치보상이 있는지 여부와 관련있음 ×) ⁵

POINT 038 국제법 존중주의

CHAPTER 08 | 국제질서의 기본원리

제5조 ① 【국제평화주의】 대한민국은 **국제평화**의 유지에 노력하고 **침략적 전쟁**을 부인한다.
제6조 ① 【국제법존중주의】 헌법에 의하여 체결·공포된 조약과 일반적으로 승인된 국제법규는 국내법과 같은 효력을 가진다.
제60조 【주요조약 국회 동의권】 ① 국회는 **상호원조** 또는 **안전보장**에 관한 조약, **중요한 국제조직**에 관한 조약, **우호통상항해조약**, (어업조약 ×) **주권의 제약**에 관한 조약, **강화조약**, **국가나 국민에게 중대한 재정적 부담**을 지우는 조약 또는 **입법사항**에 관한 조약의 체결·비준에 대한 동의권을 가진다.
제73조 【대통령 체결·비준권】 대통령은 조약을 체결·비준하고, 외교사절을 신임·접수 또는 파견하며, 선전포고와 강화를 한다.
제89조 【국무회의 심의】 다음 사항은 **국무회의의 심의**를 거쳐야 한다.
3. 【조약안】 헌법개정안·국민투표안·**조약안**·법률안 및 대통령령안

1 헌법에 의하여 체결·공포된 조약

조약	① 【서면형식 원칙】 조약은 '**국가·국제기구** 등 국제법 주체 사이에 **권리의무관계를 창출**하기 위하여 **서면형식**으로 체결되고 국제법에 의하여 규율되는 합의' ② 【구두합의 예외】 국제법적으로, 조약은 국제법 주체들이 일정한 **법률효과를 발생**시키기 위하여 체결한 국제법의 규율을 받는 **국제적 합의**를 말하며 **서면에 의한 경우가 대부분**이지만 **예외적으로 구두합의**도 조약의 성격을 가질 수 있음
조약과 비구속적 합의 구분	① 【형식 + 실체】 조약과 비구속적 합의를 구분함에 있어 합의의 명칭, 합의가 서면으로 이루어졌는지 여부 등과 같은 **형식적 측면** 외에도 합의의 과정과 내용·표현에 비추어 **법적 구속력을 부여하려는 당사자의 의도**가 인정되는지 여부 등 **실체적 측면을 종합적으로 고려**

2 조약체결절차 및 효력

대통령 체결·비준	① 【**대통령의 조약 체결·비준권**】 헌법에 의하여 체결·공포된 조약이란 헌법상의 규정과 절차에 따른 조약을 말하며, **헌법상 조약 체결·비준권은 대통령**에게 있음 (비준권은 국회에 속함 ×) ② 【**국무회의 심의 필수**】 모든 조약안은 **국무회의 심의**를 거쳐야 함 (국회의 동의를 요하는 조약안에 대해서만 국무회의 심의를 거치면 됨 ×)
국회동의	① 【**중요조약 국회동의**】 조약의 체결권은 대통령에게 있으나 체결·비준에 앞서 **국무회의의 심의**를 거쳐야 하며, **중요한 사항은 국회의 동의**를 얻어야 함 ② 【**기본권 도출 불가**】 중요 조약의 국회동의를 규정한 헌법 제60조 제1항 **자체로부터 개별적인 국민들의 특정한 주관적 권리의 보장**을 이끌어낼 수는 **없음**
헌정사	① 【**어업조약(5~7차)**】 어업조약은 제5차 개정헌법(1962년)에서 **제7차 개정헌법(1972년)**까지 규정하고 있었지만 현행헌법에는 미규정 ② 【**통상조약(제헌) → 우호통상항해조약(8차)**】 제헌헌법(1948년)에서부터 규정된 **통상조약**은 제8차 개정헌법(1980년)에서 **우호통상항해조약**으로 개정됨
법률의 효력	① 【**헌법 하위 효력**】 헌법은 어떠한 조약에 대해서도 **헌법과 동일한 효력**을 인정하지 않음 ② 【**국내법적 효력**】 헌법 제6조 제1항의 **국제법 존중주의**는 우리나라가 가입한 조약과 일반적으로 승인된 국제법규가 **국내법과 같은 효력**을 가진다는 것으로서 **조약이나 국제법규가 국내법에 우선한다는 것은 아님** (국내법에 우선 ×)

3 조약에 해당하는 경우

(1) 법률의 효력

1	① 【**마라케쉬협정**】 마라케쉬협정도 적법하게 체결되어 공포된 **조약**이므로 **국내법과 같은 효력**을 갖는 것이어서 그로 인하여 **새로운 범죄를 구성**하거나 **범죄자에 대한 처벌이 가중**된다고 하더라도 **국내법에 의하여 형사처벌을 가중**한 것과 같은 효력을 가짐(1998.11.26. 97헌바65) ② 【**죄형법정주의 위반 아님**】 마라케쉬협정에 의하여 **관세법위반자의 처벌이 가중**된다고 하더라도 **법률에 의하지 아니한 형사처벌**이라거나 **행위시의 법률에 의하지 아니한 형사처벌**이라고 할 수 **없음**(1998.11.26. 97헌바65) → **죄형법정주의 위배 아님**
2	【**한미주둔군지위협정(SOFA)**】 대한민국과아메리카합중국간의상호방위조약제4조에의한시설과구역및대한민국에서의합중국군대의지위에관한협정은, 그 명칭이 '협정'일지라도 국가에 재정적 부담을 지우는 내용과 입법사항을 포함하고 있으므로 **국회의 동의를 요하는 조약**(1999.4.29. 97헌가14)
3	【**한일어업협정**】 「대한민국과일본국간의어업에관한협정」은 우리나라 정부가 일본 정부와 어업에 관해 체결·공포한 조약으로서 헌법 제6조 제1항에 의하여 **국내법과 같은 효력**(2001.3.21. 99헌마139 등)
4	【**국제통화기금협정**】 「국제통화기금협정」은 국회의 동의를 얻어 체결된 것으로서, 헌법 제6조 제1항에 따라 **국내법적, 법률적 효력**을 가지는 바, 가입국의 재판권 면제에 관한 것이므로 성질상 국내에 바로 적용될 수 있는 법규범으로서 **위헌법률심판의 대상**(2001.9.27. 2000헌바20)
5	【**수표발행인 처벌 국제인권규약 배치 아님**】 지급거절될 것을 예견하고 수표를 발행한 사람이 그 수표의 지급제시기일에 수표금이 지급되지 아니하게 한 경우 **수표의 발행인을 처벌**하는 것은, 계약상 의무의 이행불능만을 이유로 구금하는 것을 금지한 「시민적 및 정치적 권리에 관한 국제규약」에 정면으로 배치되지 않아 국제법 존중주의 위배 아님(2001.4.26. 99헌가13)

(2) 헌법의 효력 부정 (법률의 효력)

1	【**개정 교토협약**】 우리나라가 가입한 **개정 교토협약**이 국내법과 같은 효력을 가진다고 하더라도, 곧 **헌법적 효력**을 갖는 것이라고 볼 만한 근거는 **없는바**, 동 협약이 법률조항의 **위헌성 심사척도 될 수 없음**(2015.6.25. 2013헌바193)

4 조약에 해당하지 않는 경우

1	【한미동맹 동반자 관계를 위한 전략대화 출범에 관한 공동성명】 외교통상부장관이 2006. 1. 19. 미합중국 국무장관과 발표한 한미동맹 동반자관계를 위한 전략대화 출범에 관한 **공동성명**은 **구체적인 법적 권리·의무를 창설하는 내용을 포함**하고 있지 **아니하므로, 조약에 해당되지 않음**(2008.3.27. 2006헌라4)
2	【한중마늘합의서】 특정의 외국 농산물의 긴급수입제한조치를 더 이상 연장하지 않겠다는 취지의 대한민국정부와 외국과의 **합의**는 헌법적으로 정부가 반드시 공포하여 **국내법과 같은 효력**을 부여해야 한다고 **단정할 수 없음**(2004.12.16. 2002헌마579)

5 일반적으로 승인된 국제법규

(1) 국제법규

① 【**국내법 효력**】 일반적으로 승인된 국제법규는 조약이 아니나 원칙적으로 **국내법과 같은 효력**을 가짐 (국내법에 우선 ×, 국내 법적 효력을 갖지 않음 ×)

(2) 국제법규 부정 사례 (인정 사례 없음)

1	【국제노동기구(ILO)의 제105호 조약】 강제노동의 폐지에 관한 국제노동기구(ILO)의 제105호 조약은 우리나라가 비준한 바가 없고, 헌법 제6조 제1항에서 말하는 **일반적으로 승인된 국제법규로서 헌법적 효력을 갖는다고 볼 수도 없기 때문에 위헌성 심사 척도가 될 수 없음**(1998.7.16. 97헌바23)
2	【결사의 자유위원회 권고】 국제노동기구 산하 '**결사의 자유위원회**'의 권고는 국내법과 같은 효력이 있거나 **일반적으로 승인된 국제법규**라고 볼 수 **없음**(2005.10.27. 2003헌바50 등)
3	① 【자유권규약위원회의 견해(views)】 '시민적 및 정치적 권리에 관한 국제규약'의 조약상 기구인 **자유권규약위원회의 견해**(Views)를 규약 당사국은 존중하여야 하나 자유권규약위원회의 견해에 **사법적인 판결이나 결정과 같은 법적 구속력이 인정되지 않음**(2018.7.26. 2011헌마306) ② 【의무 부담 아님】 우리 입법자가 자유권규약위원회의 견해(Views)의 구체적인 내용에 구속되어 모든 내용을 그대로 따라야만 하는 **의무를 부담한다고 볼 수는 없음**(2018.7.26. 2011헌마306) ③ 【양심적 병역거부자 구제조치 입법의무 無】 기존에 유죄판결을 받은 **양심적 병역거부자에 대해 전과기록 말소 등의 구제조치**를 할 것인지에 대하여는 **입법자에게 광범위한 입법재량**이 부여되어 있으므로 우리나라가 자유권규약위원회의 견해에 언급된 구제조치를 그대로 이행하는 **법률을 제정할 구체적인 입법의무가 발생하였다고 보기는 어려움**(2018.7.26. 2011헌마306)
4	【양심적 병역거부권 보장】 전 세계적으로 양심적 병역거부권의 보장에 관한 국제관습법이 형성되었다고 할 수 없어 양심적 병역거부가 **일반적으로 승인된 국제법규로서 수용될 수는 없음**(2011.8.30. 2007헌가12 등)
5	【유엔자유권위원회의 국가보안법 폐지·개정 권고】 국제법존중주의는 **국제법과 국내법의 동등한 효력**을 인정한다는 취지일 뿐이므로 유엔 자유권위원회가 국가보안법의 폐지나 개정을 권고하였다는 이유만으로 이적행위조항과 이적표현물 소지조항이 **국제법존중주의 위배 아님**(2024.2.28. 2023헌바381)
6	【국제연합(UN)의 세계인권선언】 세계인권선언의 각 조항은 보편적인 **법적 구속력**을 가지거나 **국제법적 효력**을 갖지 **않음**(2005.10.27. 2003헌바50 등)
7	【교원의 지위에 관한 권고】 국제연합의 '인권에 관한 세계선언' 및 국제연합교육과학문화기구와 국제노동기구가 채택한 '교원의 지위에 관한 권고'는 일반적으로 승인된 **국제법규성 인정 안됨**(1991.7.22. 89헌가106)

POINT 039 외국인 지위보장

제6조 ② 【상호주의】 외국인은 **국제법과 조약**이 정하는 바에 의하여 **그 지위가 보장**된다.

1 상호주의와 지위 보장

지위보장	① 【헌법에 명문규정】 헌법은 **국제법과 조약에 따른 외국인의 지위 보장**에 대하여 밝히고 있음
상호주의	① 【상호주의】 헌법이 외국인의 지위를 국제법과 조약이 정하는 바에 의하여 보장하는 것은 **상호주의를 존중 의미**

2 관련판례

1	【소송비용담보제공명령 외국인 적용 (합헌)】 소송비용담보제공명령에 관한 법률규정은, 우리나라에 효력이 있는 국제법과 조약 중 **국내에 주소 등을 두고 있지 아니한 외국인**이 소를 제기한 경우에 소송비용담보제공명령을 금지하는 것을 찾아 볼 수 없으므로, **헌법 제6조 제2항 위배 아님**(2011.12.29. 2011헌바57)

POINT 040 평화통일주의 Ⓑ

> **전문【평화적 통일의 사명】** 유구한 역사와 전통에 빛나는 … **평화적 통일의 사명**에 입각하여 …
> **제4조【평화적 통일 정책】** 대한민국은 통일을 지향하며, **자유민주적 기본질서에 입각한 평화적 통일 정책**을 수립하고 이를 추진한다.
> **제66조【대통령의 의무】** ③ 대통령은 조국의 **평화적 통일**을 위한 성실한 의무를 진다.

1 평화통일주의

통일의 의미 (정치 + 경제)	①【자유민주적 기본질서 + 시장경제】 우리 헌법에서 지향하는 통일은 대한민국의 존립과 안전을 부정하는 것이 아니고, **자유민주적 기본질서에 바탕을 둔 정치체제적** 의미뿐만 아니라 **사유재산과 시장경제를 골간으로 한 경제질서**까지 포함
기본권 도출 불가	①【기본권 도출 불가】 헌법상의 **통일조항**으로부터 **국민 개개인의 통일에 대한 기본권**, 특히 국가기관에 대하여 통일과 관련된 구체적인 행위를 요구하거나 일정한 행동을 할 수 있는 권리가 **도출된다고 볼 수는 없음** (기본권이 도출됨 ×)

2 북한과 남북관계

(1) 북한과 남북관계

북한	①【이중적 지위】 북한은 조국의 평화적 통일을 위한 **대화와 협력의 동반자**임과 동시에, 우리의 자유민주체제 전복을 획책하는 **반국가단체라는 이중적 성격** (반국가단체라는 성격만 가짐 ×)
남북관계	①【국가간 관계 아님】 남북관계는 나라와 나라 사이 관계가 아닌 통일을 지향하는 과정에서 **잠정적으로 형성되는 특수관계** ②【남북기본합의서 : 조약 아님】 「남북기본합의서」('92.2.19.)는 **공동성명·신사협정에 불과**하여 법률이 아니며, **조약이나 조약에 준하는 것으로 볼 수 없음** (조약 ×, 국내법적 효력 ×) ③【북한의 국가성 부정】 남북합의서는 한민족공동체 내부의 특수관계를 기초로 하여 합의된 **공동성명이나 신사협정에 준하는 것**이므로, **남북합의서의 채택·발효가 북한을 하나의 국가로 인정**한 것으로 볼 수 없음

(2) 남북한의 교류·협력

교류협력법 우선적용	① **【교류협력법 우선 적용】** '**남한과 북한의 주민**'이라는 행위 주체 사이에 '**투자 기타 경제에 관한 협력사업**'이라는 행위를 할 경우에는 **남북교류협력법이 다른 법률보다 우선적으로 적용**되고, 필요한 범위 내에서 **외국환거래법 등이 준용**됨 (교류협력법 우선적 적용 아님 ×)¹ ② **【민족내부의 거래】** 통상조약의 체결 절차 및 이행과정에서 남한과 북한 간의 거래는 「**남북교류협력법**」에 따라 국가 간의 거래가 아닌 **민족내부의 거래로 봄**²
외국환거래법 의 준용	① **【외국에 준하는 지역, 외국인에 준하는 지위】** 북한을 법 소정의 "**외국**"으로, 북한의 주민 또는 법인 등을 "**비거주자**"로 바로 인정하기는 **어렵지만**, 개별법률의 적용·준용에 있어서는 남북한의 특수관계적 성격을 고려하여 **북한지역을 외국에 준하는 지역**으로, **북한주민 등을 외국인에 준하는 지위**에 있는 자로 **규정 가능** (북한은 「외국환거래법」 소정의 '대한민국'으로 북한주민은 '거주자'로 인정 ×)⁶ ② **【영토조항과 무관】** 북한의 **조선아시아태평양위원회**가 「**외국환거래법**」에서 말하는 '**거주자**'나 '**비거주자**'에 **해당하는지** 또는 **교류협력법상 '북한의 주민'에 해당하는지** 여부는 **법률해석의 문제에 불과**한 것이고, 헌법 제3조의 **영토조항과는 관련이 없음**²
교류협력법과 국가보안법	① **【다른 법체계】** 「**남북교류협력법률**」과 「**국가보안법**」은 상호 그 **입법취지와 규제대상을 달리하고 있을** 뿐 아니라 **구성요건을 달리함** (규제대상이 동일한 일반법과 특별법 관계 ×)³

3 관련판례

1	**【통일부장관의 북한주민 접촉 승인권 (기각)】** 국가의 안전과 자유민주적 기본질서를 보장하고 국민의 안전을 확보하는 가운데 평화적 통일을 이루기 위한 기반을 조성하기 위하여 **북한주민 등과의 접촉**에 관하여 남북관계의 전문기관인 **통일부장관에게 그 승인권**을 준 남북교류협력법 조항은 헌법상의 **통일관련조항에 위반된다고 볼 수 없음** (2000.7.20. 98헌바63)²

CHAPTER 09 | 헌법상 제도

POINT 041 제도적 보장

1 제도적 보장

제도적 보장	①【제도의 본질 유지】제도적 보장은 **객관적 제도를 헌법에 규정**하여 당해 **제도의 본질을 유지**하려는 것으로서 헌법제정권자가 특히 중요하고도 가치가 있다고 인정되고 헌법적으로도 보장할 필요가 있다고 생각하는 국가제도를 헌법에 규정함으로써 **장래의 법 발전, 법 형성의 방침과 범주를 미리 규율**하려는 데 있음
주요사례	①【헌법상 제도】**직업공무원제도**(§7②), **복수정당제도**(§8①), **혼인과 가족제도**(§36①), **지방자치제도**(§117~118) 등이 제도적 보장에 해당함

2 법적성격 : 객관적 법규범

입법의무 & 재판규범	①【입법의무 有】제도적 보장은 **주관적 권리가 아닌 객관적 법규범**이라는 점에서 기본권과 구별되기는 하지만 헌법에 의하여 일정한 제도가 보장되면 **입법자는 그 제도를 설정하고 유지할 입법의무**를 지게 됨 (입법의무를 지는 것은 아님 ×) ②【입법에 의한 폐지 불가, 본질적 내용 침해 금지】헌법에 의하여 일정한 제도가 보장되면 입법자는 **법률로써 이를 폐지할 수 없고**, 제한하더라도 그 **본질적 내용은 침해할 수 없음** ③【재판규범】제도적 보장도 기본권과 마찬가지로 입법권·집행권·사법권을 직접적으로 구속하는 **객관적 법규범**인 동시에 **재판규범** (프로그램적 규정으로 재판규범으로서 기능 못함 ×)
최소한 보장	①【기본권 보장은 최대한 보장 vs 제도적 보장은 최소한 보장】기본권 보장은 "**최대한 보장의 원칙**"이 적용됨에 반하여, 제도적 보장은 그 본질적 내용을 침해하지 않는 범위 안에서 입법자에게 제도의 구체적 내용과 형태의 형성권을 폭넓게 인정한다는 의미에서 "**최소한 보장의 원칙**"이 적용 (기본권보장과 같이 최대보장의 원칙에 의하여 보장 ×)

POINT 042 정당제도

CHAPTER 10 | 정당설립의 자유와 정당제도

1 정당

정당의 기능	① 【중간매체】 정당은 개인과 국가를 잇는 **중간매체**로서, 정당의 중개인적 **역할**로 말미암아 **국민의 정치적 의사**는 선거를 통하지 아니하고도 **국가기관 의사결정에 영향력**을 미칠 수 있음 / ② 【중요한 공적 기능】 정당은 국민 일반이 정치나 국가작용에 영향력을 행사하는 **매개체의 구실**과 같은 **중요한 공적 기능**을 수행 / ③ 【민주주의 실현 전제】 정당은 오늘날 대중민주주의에 있어서 **국민의 정치의사형성의 담당자**이며 매개자이자 민주주의에 있어서 필수불가결한 요소이기 때문에, **정당의 자유로운 설립과 활동은 민주주의 실현의 전제조건** ²
정당의 개념징표	① 【선거 참여 + 정치적 의사형성에 참여】 정당의 개념적 징표로서는 ㉠ 국가와 자유민주주의 또는 헌법질서를 긍정할 것 ㉡ 공익의 실현에 노력할 것 ㉢ **선거에 참여**할 것 ㉣ 정강이나 정책을 가질 것 ㉤ **국민의 정치적 의사형성**에 참여할 것 ㉥ 구성원들이 당원이 될 수 있는 자격을 구비할 것임 / ② 【상당한 기간, 상당한 지역】 "상당한 기간 또는 계속해서", "상당한 지역에서" 국민의 정치적 의사형성에 참여해야 한다는 개념표지가 요청 ("상당한 기간 또는 계속해서", "상당한 지역에서"라는 개념표지는 요구되지 않음 ×) /

2 법적 성격 : 법인격 없는 사단

법인격 없는 사단	① 【법인격 없는 사단】 정당은 소유재산의 귀속관계에 있어서 **법인격 없는 사단** ⁵ ② 【정당의 지구당 : 법인격 없는 사단】 정당의 **지구당**은 단순한 중앙당의 하부조직이 아니라 어느 정도 독자성을 가진 단체로서 **법인격 없는 사단**에 해당 (법인격 없는 사단에 해당하지 않음 ×) ³
국가기관 아님	① 【공권력행사 주체 아님】 정당은 법적 성격이 사적·정치적 결사 내지는 **법인격 없는 사단**이므로 **공권력 행사의 주체가 될 수 없음** (정당은 헌법기관임 ×) ³ ② 【사법(私法) 규정 적용】 정당의 법적 성격은 일반적으로 **사적·정치적 결사 내지는 법인격 없는 사단**으로 파악되고, 정당의 법률관계에는 「정당법」의 관계 조문 이외에 **일반 사법(私法) 규정이 적용** /

POINT 043 정당설립의 자유와 제한

> 제8조 ① 【정당설립의 자유 + 복수정당제】 정당의 설립은 자유이며, 복수정당제는 보장된다.³
> ② 【정당설립 자유의 제한】 정당은 그 목적·조직과 활동(강령 ×)이 민주적이어야 하며⁹, 국민의 정치적 의사형성에 참여하는데 필요한 조직을 가져야 한다.¹⁰
> ④ 【위헌정당강제해산제도】 정당의 목적이나 활동이 민주적 기본질서에 위배될 때에는 정부는 헌법재판소에 그 해산을 제소할 수 있고, 정당은 헌법재판소의 심판에 의하여 해산된다.¹⁵

1 정당설립의 자유와 복수정당제

기본권 + 복수정당제	① 【헌법이 직접 보장】 오늘날 대의민주주의에서 정당의 기능을 고려하여 헌법 제8조 제1항은 국가의 간섭을 받지 아니하고 **정당을 설립할 권리를 기본권으로 보장**함과 동시에 **복수정당제를 제도적으로 보장** (헌법상 바로 보장 아니고, 구체적인 법률의 규정이 존재하여야 보장 ×)⁵
특별한 결사로서 정당	① 【정당의 특별지위 강조】 우리 헌법은 정당을 **일반적인 결사의 자유**로부터 분리하여 **제8조에 독자적으로 규율**함으로써, 정당의 특별한 지위를 강조¹ ② 【결사의 자유의 특별규정】 헌법 제8조는 일반결사에 관한 **헌법 제21조에 대한 특별규정**이므로, 정당의 자유에 관하여는 **헌법 제8조 제1항이 우선적 적용**²

2 정당설립의 자유

(1) **주체** : 개인 + 등록정당 + 등록정당에 준하는 결사

개인 + 등록정당	① 【개인 + 단체로서 정당】 정정당의 자유는 **국민이 개인적으로 갖는 기본권**일 뿐만 아니라, **단체로서의 정당이 가지는 기본권**임 (국민이 개인적으로 가지는 기본권이 될 수는 없음 ×)¹¹ ② 【헌소청구 可】 정당설립의 자유는 헌법 제8조 제1항 전단에 규정되어 있지만, **국민 개인과 정당의 기본권**이라고 할 수 있으며, **헌법소원심판을 청구할 수 있음**¹
등록정당에 준하는 결사	① 【등록취소된 정당】 정당설립의 자유는 국민 개인과 정당 그리고 **권리능력 없는 사단의 실체를 가지고 있는 등록취소된 정당에게 인정**되는 기본권¹⁰ ② 【등록정당에 준하는 사단】 정당설립의 자유는 정당으로서의 명칭을 사용하고 정치활동을 하며 당헌에 따라 계속인 조직을 두고 있는 등 **등록정당에 준하는 권리능력 없는 사단의 실질**을 가지고 있는 **정치적 결사에게도 인정**되는 기본권 (등록이 취소된 정당이 주장할 수 없음 ×)⁹ ③ 【헌소청구가능】 정당이 **등록이 취소**된 이후에도 '등록정당'에 준하는 '**권리능력 없는 사단**'으로서의 실질을 유지하고 있다고 볼 수 있으면 **헌법소원의 청구인능력을 인정할 수 있음** (헌법소원 청구인 능력이 없음 ×)⁵

(2) 내용 : 포괄적 정당의 자유

포괄적 정당의 자유	① 【설립·존속·활동】 헌법 제8조 제1항은 **정당설립의 자유**만 규정하고 있지만, **정당존속의 자유**와 **정당활동의 자유를 포함** (정당활동의 자유는 헌법상 기본권으로 보호되지 않음 ×)⁵ ② 【설립·조직·활동】 헌법 제8조 제1항은 **정당설립의 자유, 정당조직의 자유, 정당활동의 자유** 등을 포괄하는 **정당의 자유를 보장함**⁵ ③ 【해산·합당·분당】 헌법 제8조 제1항의 정당설립의 자유는 설립에 대응하는 **정당해산의 자유, 합당의 자유, 분당의 자유**도 포함²
명칭사용·조직의 자유	① 【원하는 명칭 사용 설립·활동의 자유】 **정당의 명칭**은 그 정당의 정책과 정치적 신념을 나타내는 대표적인 표지에 해당하므로, 정당설립의 자유는 **자신들이 원하는 명칭을 사용하여 정당을 설립하거나 정당활동을 할 자유도 포함**⁸ ② 【조직선택·결성의 자유】 헌법 제8조 제1항이 명시하는 정당설립의 자유는 설립할 정당의 조직형태를 어떠한 내용으로 할 것인가에 관한 **정당조직 선택의 자유** 및 그와 같이 선택된 조직을 **결성할 자유**를 포괄하는 **'정당조직의 자유'를 포함**³
소극적 자유	① 【가입하지 않을 자유, 탈퇴할 자유】 정당설립의 자유는 개인이 정당 일반 또는 특정 **정당에 가입하지 아니할 자유**, 가입했던 정당으로부터 **탈퇴할 자유** 등 **소극적 자유도 포함**⁶

3 정당설립의 자유의 제한

(1) 헌법규범구조

자유의 근거 (§8①)	① 【자유의 근거】 헌법 제8조 제1항은 정당활동의 자유도 보장하고 있기 때문에 위 조항은 결국 정당설립의 자유, 정당조직의 자유, 정당활동의 자유 등을 포괄하는 **정당의 자유를 보장**하고 있다.⁵
자유제한의 근거(§8②)	① 【자유의 한계 + 구체적 내용 / 정당 자유 근거 아님】 헌법 제8조 제2항은 정당의 자유에 대한 한계로 작용하는 한도에서 정당의 자유의 **구체적 내용**을 제시한다고 할 수 있으나, **정당의 자유의 헌법적 근거규범 아님** (정당의 자유의 헌법적 근거를 제공하는 근거규범 ×)⁵ ② 【입법자는 최대한 보장입법, 헌재는 엄격한 비례심사】 입법자는 정당설립의 자유를 **최대한 보장**하도록 입법하여야 하고, **헌법재판소**는 정당설립의 자유 제한 법률의 합헌성을 심사할 때 헌법 제37조 제2항에 따라 **엄격한 비례심사**를 해야 함 (제도보장의 법리에 따라 합리성 심사 ×)⁸

(2) 정당허가제 금지와 정당설립·가입금지의 금지

허가제	① 【절차·형식적 요건 이외 정당설립에 대한 국가의 간섭·침해 원칙 불허】 입법자가 정당으로 하여금 헌법상 부여된 기능 이행을 위해 **절차적·형식적 요건**을 규정함으로써 정당설립의 자유를 구체적으로 형성하고 제한하는 **경우를 제외**하며 정당설립에 대한 국가의 간섭이나 침해는 원칙적으로 허용되지 않음 (정당설립에 대한 형식적 요건을 설정하는 것은 금지 ×)¹ ② 【허가제 절대금지】 법률로써 **정당설립을 허가제로 하는 것은 절대 허용되지 아니함**²
설립·가입 금지	① 【민주적 기본질서 위반에 버금가는 사유로만 정당의 설립·가입 금지 허용】 정당설립의 자유를 최대한으로 보호하려는 헌법 제8조의 정신에 비추어, **정당의 설립 및 가입을 금지하는 법률**은 이를 정당화하는 **사유의 중대성**에 있어서 적어도 **'민주적 기본질서에 대한 위반'에 버금가는 것이어야 함**³ ② 【정당설립금지조항은 원칙적 위헌】 '위헌적인 정당을 금지해야 할 공익'도 정당설립의 자유에 대한 입법적 제한을 정당화하지 못하도록 규정한 것이 헌법의 객관적인 의사라면, 입법자가 그 외의 공익적 고려에 의하여 **정당설립금지조항을 도입하는 것은 원칙적으로 헌법에 위반**¹
제한목적	① 【헌법상 허용되고 중대한 목적】 국민의 자유로운 정당설립 및 가입을 제한하는 **법률**은 그 목적이 **헌법상 허용**된 것이어야 할 뿐만 아니라 **중대한** 것이어야 하고, 그를 넘어서 제한을 정당화하는 공익이나 대처해야 할 위험이 어느 정도 **명백하게 현실적으로 존재**해야만 비로소 헌법에 위반되지 아니함¹

POINT 044 정당등록·취소

제8조 ② 【**정당설립 자유의 제한**】 정당은 그 **목적·조직과 활동이 민주적**이어야 하며, **국민의 정치적 의사형성에 참여하는데 필요한 조직을 가져야 한다**.¹⁰

1 정당등록제

(1) 정당등록제

등록요건	① 【**중앙당 + 시·도당**】 정당은 수도에 소재하는 **중앙당**과 특별시·광역시·도에 각각 소재하는 **시·도당**으로 구성¹ ② 【**창당준비위원회**】 정당의 창당준비위원회는 **중앙당의 경우에는 200명** 이상의, **시·도당의 경우에는 100명 이상**의 발기인으로 구성² ③ 【**5 이상 시·도당**】 정당은 **5 이상의 시·도당**을 가져야 함³ ④ 【**각 시·도당 1천인 이상 당원**】 시·도당은 **1천인 이상의 당원**(2천인 ×)을 가져야 함³
형식심사	① 【**형식요건 구비시 등록거부 불가**】 등록신청을 받은 관할 선거관리위원회는 **형식적 요건을 구비**하는 한 이를 **거부 못함**³ ② 【**보완요구 미이행시 각하 가**】 형식적 요건을 구비하지 못한 때에는 **상당한 기간을 정하여 보완**을 명하고, 2회 이상 보완을 명하여도 **응하지 않는 경우**에는 **신청을 각하**할 수 있음² ③ 【**형식요건 충족시 수리의무**】 정당을 창당하고자 하는 창당준비위원회가 「**정당법**」상의 요건을 갖추어 **등록을 신청**하면 중선위는 「정당법」상 외의 요건으로 **거부할 수 없고 반드시 수리해야 함**¹
합당	① 【**합동회의 결의로 합당**】 정당이 **새로운 당명으로 합당**하거나 **다른 정당에 합당**될 때에는 합당을 하는 정당들의 대의기관이나 그 수임기관의 **합동회의의 결의로써 합당**할 수 있음¹ ② 【**권리·의무 승계(강행)**】 합당으로 신설 또는 존속하는 정당은 **정당의 권리·의무 승계** → 신설정당이 합당 전 정당들의 **권리·의무를 승계하지 않기로 결정**하였다면 **결의는 효력 없음**¹

(2) 조직요건 관련판례

1	【**5 이상 시·도당 & 1천인 이상 당원 등록요건 (기각)**】「정당법」은 5개 이상의 시·도당 및 각 시·도당마다 1,000명 이상의 당원을 갖출 것을 요구하고 있기 때문에 국민의 **정당설립의 자유에 어느 정도 제한**을 가하는 것은 사실이나, 이러한 제한은 "상당한 기간 또는 계속해서", "상당한 지역에서" 국민의 정치적 의사형성 과정에 참여해야 한다는 헌법상 정당의 개념표지를 구현하기 위한 **합리적인 제한**이므로 **헌법적으로 정당화**(2006.3.30. 2004헌마246)⁹
2	【**지구당·당연락소 폐지 (기각)**】 정당의 조직 중 기존 **지구당과 당연락소를 강제 폐지**하고 지구당을 설립하거나 당연락소를 설치하는 것을 금지하는 「정당법」은 정당의 **자유 침해 아님**(2004.12.16. 2004헌마456)¹
3	【**당원협의회 등의 사무소 설치 금지 (합헌)**】 정당의 시·도당 하부조직의 운영을 위하여 **당원협의회 등의 사무소를 두는 것을 금지**한 「정당법」은 **정당활동의 자유 침해 아님**(2016.3.31. 2013헌가22)²

2 정당의 등록취소와 자진해산

(1) 등록취소와 자진해산

등록취소 (형식요건)	① 【등록요건미달】 등록요건미달 시 당해 선거관리위원회는 그 **등록을 취소** ② 【선거불참】 정당이 최근 **4년간** 임기만료에 의한 **국회의원선거** 또는 **지방자치단체의 장선거나 시·도의회의원선거**에 참여하지 아니한 때에는 **당해 선관위는 등록 취소** (공직선거 참여 여부는 정당의 등록취소와는 상관없음 ×)
자진해산	① 【자진해산 → 관할 선관위에 신고】 정당은 **대의기관의 결의로써 해산**할 수 있으며, 정당이 해산한 때에는 대표자는 지체 없이 그 뜻을 **관할 선관위**(국회 ×)**에 신고하여야 함**
법적효과	① 【같은 명칭 사용 : 다음 총선까지 금지】 등록취소된 정당의 명칭과 같은 명칭은 등록취소된 날부터 최초로 실시하는 임기만료에 의한 **국회의원선거의 선거일까지** 정당명칭으로 **사용할 수 없음** (정당의 명칭으로 다시 사용하지 못함 ×, 곧바로 다시 사용할 수 있음 ×) ② 【잔여재산 : 당헌 → 국고귀속】 정당이 등록이 취소되거나 **자진해산한** 때에는 그 잔여재산은 **당헌이 정하는 바에 따라 처분**하고, 처분되지 아니한 정당의 잔여재산은 **국고에 귀속** (국고에 귀속함이 원칙 ×)

(2) 등록취소 관련판례

1	【총선참여 의석 미획득, 2% 이상 미득표시 등록취소 (위헌)】 임기만료에 의한 국회의원선거에 참여하여 **의석을 얻지 못하고** 유효투표총수의 100분의 2 이상을 득표하지 못한 때 정당의 등록을 취소하도록 규정한 것은 과잉금지원칙에 위반되어 **정당설립의 자유 침해**(2014.1.28. 2012헌마431 등) → 헌법 제8조 제1항의 정당설립의 자유와 헌법 제8조 제4항의 입법취지를 고려하여 볼 때, 단지 일정 수준의 정치적 지지를 얻지 못한 군소정당이라는 이유만으로 정당을 국민의 정치적 의사형성과정에서 배제하기 위한 입법은 헌법상 허용될 수 없음

3 정당의 당원

(1) 정당의 당원 (발기인과 자격 동일)

정당의 당원이 될 수 있는 자	정당의 당원이 될 수 없는 자
① **16세**(18세 ×) **이상의 국민** (선거권 정지·상실자 ×)	① 대한민국 국민이 아닌 자 (외국인)
② 대통령, 국무총리, 국무위원, 국회의원, 지방의원, 지자체장	② 공무원 등 (주미한국대사, 판사, 교육감 등)
③ 국립대학 교수	③ 국·공립학교 초·중등교원
④ 사립대학 교수	④ 사립학교 초·중등교사
	⑤ 선거권이 없는 자

(2) 복수당적 보유금지와 정당소속 국회의원의 제명

복수당적 보유금지	① 【복수당적 보유금지】 누구든지 2 이상의 정당의 당원이 되지 **못함**
정당소속 의원의 제명	① 【의원 1/2 찬성】 정당이 그 소속 국회의원을 제명하기 위해서는 **당헌이 정하는 절차**를 거치는 외에 그 소속 국회의원 전원의 **2분의 1 이상의 찬성**(3분의 1 ×, 3분의 2 ×) 필요

(3) 정당가입 금지 관련 위헌판례

1	**【경찰청장 퇴직 2년내 발기인·당원 금지 (위헌)】** 경찰청장은 퇴직일로부터 2년 이내에 정당의 **발기인이나 당원이 될 수 없게** 하는 것은 정당설립·가입의 자유 침해(1999.12.23. 99헌마135) → 피선거권 및 직업의 자유 제한 아님 **[유사]【검찰총장 퇴직후 정당가입금지 (위헌)】** 검찰총장 퇴직후 일정기간 동안 **모든 공직에 임명**을 금지하고 정당의 **발기인이나 당원이 될 수 없도록** 하는 검찰청법은 공무담임권, 정치적 결사의 자유와 참정권(선거권과 피선거권) 등 침해(1997.7.16. 97헌마26) → 퇴직한 검찰총장은 현행법상 정당원이 될 수 있음

(4) 정당가입 금지 관련 합헌판례

1	**【공무원의 정당가입 금지 (합헌)】** 공무원의 정당가입의 자유를 원천적으로 금지하는 것은 직무와 관련 없이 정당과 관련한 정치적 표현행위를 한다 하더라도 **공무원의 정치적 중립성**에 대한 국민의 기대와 신뢰는 유지되기 어려우므로 **정당가입의 자유 침해 아님**(2014.3.27. 2011헌바42)
2	① **【초·중등학교 교원의 정당가입 금지 (기각)】** 교원의 정치활동은 교육수혜자인 학생의 입장에서는 수업권의 침해로 받아들여질 수 있다는 점에서 **초·중등학교 교육공무원의 정당가입 및 선거운동을 제한**하는 것은 **헌법적으로 정당화**(2004.3.25. 2001헌마710) ② **【평등권 침해 아님 (기각)】** 대학교원의 정당가입 및 선거운동의 자유를 허용하면서도 **초·중등학교의 교육공무원의 정당가입 및 선거운동을 금지**하고 있는 「정당법」 및 「공직선거법」은 **평등권 침해 아님**(2004.3.25. 2001헌마710)
3	**【복수당적 보유금지 (기각)】** "누구든지 2 이상의 정당의 당원이 되지 못한다."라고 규정하고 있는 「정당법」은 정당의 정체성을 보존하고 정당 간의 위법·부당 간섭을 방지함으로써 정당정치를 보호·육성하기 위한 것으로서, **정당 당원의 정당 가입·활동의 자유 침해 아님**(2022.3.31. 2020헌마1729)

POINT 045 정당의 특권과 정치자금 ⓒ

제8조 ③ 【정당의 특권 + 국고보조금】 정당은 법률이 정하는 바에 의하여 **국가의 보호**를 받으며⁴, 국가는 법률이 정하는 바에 의하여 **정당운영에 필요한 자금**을 보조할 수 있다.⁷

제116조 ② 【선거공영제】 선거에 관한 경비는 법률이 정하는 경우를 제외하고는 정당 또는 후보자에게 부담시킬 수 없다.⁵

1 당비

당비	① 【당원이 부담하는 금전·유가증권 등】 당비란 정당의 당헌·당규 등에 의하여 **정당의 당원이 부담**하는 **금전**이나 **유가증권** 그 밖의 물건을 말함 (유가증권이나 그 밖의 물건을 제외 ×)¹
본인 납부	① 【타인명의·가명납부 당비 국고귀속】 정당의 회계책임자는 타인의 명의나 가명으로 납부된 당비는 국고에 귀속시켜야 하며, 국고에 귀속되는 당비는 **관할 선관위**(중선위 ×)가 이를 납부받아 **국가에 납입**함¹ ② 【타인의 당비부담 금지 → 위반시 1년간 당원자격 정지】 정당의 당원은 같은 정당의 **타인의 당비를 부담할 수 없으며**, 타인의 당비를 부담한 자와 타인으로 하여금 자신의 당비를 부담하게 한 자는 당비를 낸 것이 확인된 날부터 **1년간 당해 정당의 당원자격이 정지**¹

2 후원금

(1) 후원회 지정권자와 후원금

후원회 지정권자	정당·의원	① **중앙당** (국회의원은 후원회를 둘 수 있지만 정당은 후원회를 둘 수 없음 ×)¹ ② (현역) **국회의원**¹ ③ (현역) **지방의원**
	선거	① **대통령선거 당내경선후보자**, 예비후보자·후보자 ② **지역구국회의원선거** 예비후보자·후보자 (비례대표 후보자 ×) ③ **지자체장선거** 예비후보자·후보자 ④ **지역구지방의원선거** 예비후보자·후보자
후원금		① 【정치자금모금은 정당활동의 자유】 정당이 **당원 내지 후원자**로부터 정당의 목적에 따른 활동에 필요한 **정치자금을 모금**하는 것은 **정당활동의 자유**에 포함¹ ② 【모금활동은 본질적 부분】 정당 스스로 재정충당을 위하여 **국민들로부터 모금 활동**을 하는 것은 단지 '돈을 모으는 것'에 불과한 것이 아니라 궁극적으로 자신의 정강과 정책을 토대로 **국민의 동의와 지지를 얻기 위한 활동의 일환**이며 정당의 헌법적 과제 수행에 있어 **본질적 부분** (본질적인 부분이 아님 ×)¹ ③ 【공개 원칙】 정당의 정치적 의사결정은 **정당에게 정치자금을 제공**하는 개인이나 단체에 의하여 현저하게 영향을 받을 수 있으므로 사인이 정당에 정치자금을 기부하는 것 그 자체를 막을 필요는 없으나, 누가 정당에 대하여 영향력을 행사하려고 하는지, 즉 **정치적 이익과 경제적 이익의 연계는 원칙적으로 공개**되어야 함¹

(2) 후원회 지정권자 관련판례

1	【정당후원회 금지 (헌불)】 정당으로 하여금 후원회를 지정하여 둘 수 없도록 하여 정당에 대한 재정적 후원을 금지하고 위반 시 처벌하는 「정치자금법」은 정당의 정당활동의 자유와 국민의 정치적 표현의 자유 침해(2015.12.23. 2013헌바168)
2	【지방의원 후원회지정권자 제외 (헌불)】 후원회를 설치·운영할 수 있는 자를 국회의원으로 한정하고 지방의회의원을 제외한 것은 지방의회의원의 평등권 침해(2022.11.24. 2019헌마528 등)
3	【광역지자체장 예비후보자 후원회지정권자 제외 (헌불)】 대통령선거 및 지역구국회의원선거의 예비후보자들과 달리 광역자치단체장 선거의 예비후보자를 후원회지정권자에서 제외하고 있는 정치자금법은 평등권 침해(2019.12.27. 2018헌마301 등)
4	【대통령 당내경선후보자 경선탈퇴시 후원금 국고귀속 (위헌)】 대통령선거경선후보자가 당내경선 후보자로 등록을 하고 당내경선 과정에서 탈퇴함으로써 후원회를 둘 수 있는 자격을 상실한 때에는 후원회로부터 후원받은 후원금 전액을 국고에 귀속하도록 하는 것은 경선에 참여하여 낙선한 대통령선거경선후보자와의 관계에서 합리적인 이유가 있는 차별이라고 하기 어려우므로 평등권 침해(2009.12.29. 2007헌마412)

3 기탁금

기탁	①【선관위에 기탁】 정당에 정치자금을 기부하고자 하는 자는 선관위에 기탁금을 기탁 가능 ②【기명기탁】 타인의 명의나 가명 또는 그 성명 등 인적 사항을 밝히지 아니하고 기탁금을 기탁할 수 없음 (타인의 명의나 가명으로 정치자금 기부 허용 ×, 무기명으로 기탁할 수 있음 ×)
배분	①【보조금 배분비율】 국고보조금 배분비율에 따라 배분

4 정치자금 기부의 제한

(1) 정치자금 기부제한

법인·단체	①【법인·단체】 국내·외의 법인 또는 단체는 정치자금 기부 불가 (기부할 수 있음 ×) ②【관련자금 금지】 국내·외의 법인 또는 단체와 관련된 자금으로 정치자금 기부할 수 없음
외국인	①【외국인】 외국인은 정치자금을 기부할 수 없음

(2) 정치자금 기부 관련판례

1	①【단체 관련 자금 기부금지 (합헌)】 특정한 정당이나 정치인에 대한 정치자금의 기부는 일종의 정치활동 내지 정치적인 의사표현이라 할 것인바, 누구든지 단체와 관련된 자금으로 정치자금을 기부할 수 없도록 한 기부금지 조항은 정치활동의 자유 내지 정치적 의사표현의 자유에 대한 제한(2010.12.28. 2008헌바89) → 단체의 정치활동의 자유 침해 아님 ②【명확성원칙 위반 아님】 누구든지 단체와 관련된 자금으로 정치자금을 기부할 수 없다는 법률조항에서 '단체와 관련된 자금'은 단체가 자신의 이름을 사용하여 주도적으로 모집·조성한 자금도 포함된다고 할 것인바, 그 의미가 불명확하여 죄형법정주의의 명확성원칙 위반 아님(2010.12.28. 2008헌바89)

5 국고보조금

(1) 국고보조금

보조금	①【국가지급】"보조금"이라 함은 정당의 보호·육성을 위하여 **국가가 정당에 지급하는 금전이나 유가증권**
운영비(경상) +선거경비	①【국가보조의무 아님】국가는 법률이 정하는 바에 의하여 **정당운영에 필요한 자금을 보조할 수 있음** (헌법은 국가보조 의무원칙을 명시하고 있음 ×) ②【정당운영 + 선거경비】국가는 헌법상 **정당운영**에 필요한 자금과 선거공영제에 따라 **선거경비**를 보조 (국가가 정당의 운영에 필요한 자금을 보조하는 것은 헌법상 허용되기 어려움 ×)
국고보조의 한계	①【자유로운 경쟁 저해 우려】정당운영에 필요한 자금에 대한 국가보조는 정당의 공적 기능의 중요성을 감안하여 **정당의 정치자금 조달을 보완**에 의의가 있으므로, 국민의 자발적 정치조직인 **정당에 대한 과도한 국가보조**는 국민의 지지를 얻고자 하는 노력이 실패한 정당이 스스로 책임져야 할 위험부담을 국가가 상쇄하는 것으로 **정당 간 자유로운 경쟁을 저해**할 수 있음

(2) 배분기준 (경상보조금 + 선거보조금)

기준이 되는 선거	①【국회의원선거】보조금 계상의 기준이 되는 선거는 최근 실시한 임기만료에 의한 **국회의원선거** (대통령선거 ×)
교섭단체와 비교섭단체 차등	①【교섭단체(20석 이상) : 50/100을 균분】**경상보조금과 선거보조금**은 지급 당시 동일 정당의 소속의원으로 **교섭단체를 구성한 정당**에 대하여 그 100분의 50을 정당별로 **균등하게 분할**하여 배분·지급 (정당별로 의석 비율에 따라 분할하여 배분·지급 ×) ②【5~19석 : 5/100씩】동일 정당의 소속의원으로 교섭단체를 구성하지 못하는 정당으로서 **5석 이상의 의석**을 가진 정당에 대하여는 **100분의 5씩** 배분·지급
차등 허용	①【차별 허용】정당의 기회균등원칙은 각 정당에 **보조금을 균등하게 배분**할 것을 요구하는 것이 **아니라** (보조금 균등배분 요구 ×) 보조금제도의 취지에 비추어 각 정당의 규모나 정치적 영향력, 정당이 선거에서 거둔 실적 등에 따라 **어느 정도 차별**을 할 수 있고, 그 내용이 현재의 각 정당들 사이의 경쟁상태를 현저하게 변경시킬 정도가 아니면 **합리성을 인정**

(3) 관련판례

1	【교섭단체 구성여부에 따른 국고보조금 차등배분 (기각)】정당보조금을 지급함에 있어 정당의 의석수비율과 득표수 비율을 함께 고려하는 이상, 정당에 보조금을 배분함에 있어 **교섭단체의 구성 여부에 따라 차등**을 두는 정치자금법은 정당 간의 경쟁상태를 현저하게 변경시킬 정도로 **합리성을 결여한 차별 아님** (2006.7.27. 2004헌마655)

POINT 046 위헌정당강제해산제도 Ⓢ

> 제8조 ④ 【위헌정당강제해산제도】 정당의 목적이나 활동(조직 ×)이 민주적 기본질서에 위배될 때에는 정부는 헌법재판소에 그 해산을 제소할 수 있고, 정당은 헌법재판소의 심판에 의하여 해산된다.¹⁵

1 위헌정당강제해산제도 : 방어적 민주주의의 실현수단

방어적 민주주의	① 【기본권실효(미채택)】 방어적 민주주의를 위한 장치로 위헌정당해산제도와 기본권실효제도를 들 수 있는데 우리는 독일과 달리 위헌정당해산제도만을 도입³ ② 【방어적 민주주의 수단】 정당해산심판제도는 방어적 민주주의 이념이 구체화된 제도⁴
이중적 성격	① 【정당존립의 특권 + 정당활동 자유의 한계】 정당해산제도는 정당 존립의 특권을 보장함과 동시에, 정당 활동의 자유에 관한 한계를 설정한다는 이중적 성격을 가짐¹

2 정당존립의 특권

3차 개정헌법	① 【위헌정당강제해산(제3차 개정헌법)】 방어적 민주주의의 실현수단으로 위헌정당해산제도는 1960년 제3차 개정헌법(제5차 개정헌법 ×)에 최초로 규정¹¹ ② 【발생사적으로 정당보호절차】 정당해산심판제도는 정부의 일방적인 행정처분에 의해 진보적 야당이 등록취소되어 사라지고 말았던 우리 현대사에 대한 반성의 산물로서 도입된 것으로서, 발생사적 측면에서 정당을 보호하기 위한 절차로서의 성격이 부각⁴
정당존립의 특권	① 【야당의 존립·활동 특별히 보장】 정당해산심판제도는 정당 존립의 특권, 특히 정부의 비판자로서 야당의 존립과 활동을 특별히 보장하고자 하는 헌법제정자의 규범적 의지의 산물¹ ② 【다양한 이념적 지향 추구】 민주적 기본질서를 부정하지 않는 한 정당은 다양한 스펙트럼의 이념적 지향을 자유롭게 추구¹
헌재의 해산결정	① 【정당의 존립·활동 최대한 보장】 국민의 정치적 의사형성에 참여하는 한 정당의 목적이나 활동이 자유민주적 기본질서를 부정하고 이를 적극적으로 제거하려는 정당도 헌법재판소의 해산결정(중선위 등록취소 ×)이 있기까지는 두터운 정당설립의 자유의 보호를 받는 정당임³ ② 【헌재의 해산결정시까지 존속】 정당은 단순히 행정부의 통상적인 처분에 의해서는 해산될 수 없고, 오직 헌법재판소가 그 정당의 위헌성을 확인하고 해산의 필요성을 인정한 경우에만 정당정치의 영역에서 배제 (행정부의 통상적인 처분에 의해서도 해산될 수 있음 ×)⁵
제한적 운영	① 【민주주의에 대한 제약·위협】 정당해산심판제도가 정당을 보호하기 위한 취지에서 도입된 것이고 다른 한편으로는 정당의 강제적 해산가능성을 헌법상 인정하는 것이므로, 그 자체가 민주주의에 대한 제약이자 위협이 될 수 있음 (제약·위협이 될 수 없음 ×)¹ ② 【엄격하고 제한적 운용】 정당해산심판제도는 정치적 비판자들을 탄압하기 위한 용도로 남용되는 일이 생기지 않도록 엄격하고 제한적으로 운용되어야 함¹

POINT 047 위헌정당강제해산의 요건과 효과

제8조 ④ 【위헌정당강제해산제도】 정당의 **목적이나 활동**(조직 ×)이 **민주적 기본질서**에 위배될 때에는 정부는 헌법재판소에 그 해산을 제소할 수 있고, 정당은 **헌법재판소의 심판에 의하여 해산**된다.[15]

1 위헌정당강제해산의 실체적 요건

(1) 목적이나 활동

정당해산의 사유	① 【목적 or 활동】 정당의 **목적이나 활동** 중 어느 하나라도 민주적 기본질서에 위배된다면 **정당해산의 사유**가 될 수 있음[1]
정당의 활동	① 【정당 귀속가능 활동 일반】 **정당의 활동**이란 **정당 기관**의 행위나 **주요 정당관계자, 당원** 등의 행위로서 그 **정당에게 귀속시킬 수 있는 활동 일반**을 의미 (일반 당원의 활동 제외 ×)[5] ② 【개인차원의 행위는 제외】 정당대표나 주요 관계자의 행위라 하더라도 **개인적 차원의 행위에 불과**한 것은 이에 포함된다고 보기는 **어려움**[2]
국회의원	① 【국회의원의 행위 자체가 곧바로 정당의 활동은 아님】 정당 소속의 **국회의원** 등은 비록 정당과 밀접한 관련성을 가지지만 헌법상으로는 **정당의 대표자가 아닌 국민 전체의 대표자**이므로 그들의 행위를 곧바로 **정당의 활동으로 귀속시킬 수는 없음**[1] ② 【정당과 밀접 관련 행위】 정당 소속 국회의원의 활동 중에서도 국민의 대표자의 지위가 아니라 **정당에 속한 유력한 정치인의 지위**에서 행한 활동으로서 **정당과 밀접하게 관련**되어 있는 행위들은 **정당의 활동**이 될 수 있음[1]

(2) 민주적 기본질서 위배

민주적 기본질서	① 【입헌민주주의 체제의 최소한 핵심적 내용】 헌법 제8조 제4항에서 규정하는 **민주적 기본질서**란 이것이 보장되지 않으면 우리의 **입헌적 민주주의 체제가 유지**될 수 없다고 평가되는 **최소한의 핵심적인 내용**을 뜻함[1] ② 【자유민주적 기본질서】 헌법 제8조 제4항이 의미하는 '**민주적 기본질서**'는, 개인의 자율적 이성을 신뢰하고 모든 '정치적 견해들이 각각 상대적 진리성과 합리성을 지닌다고 전제하는 **다원적 세계관에 입각**한 것으로서, **모든 폭력적·자의적 지배를 배제**하고, 다수를 존중하면서도 소수를 배려하는 **민주적 의사결정**과 **자유·평등**을 기본원리로 하여 구성되고 운영되는 **정치적 질서**를 말하며, 구체적으로는 **국민주권**의 원리, **기본적 인권의 존중, 권력분립제도, 복수정당제도** 등이 현행 헌법상 주요한 요소라고 볼 수 있음[3] ③ 【헌법상 민주주의보다 협소】 정당해산심판의 사유로서 헌법 제8조 제4항의 **민주적 기본질서**는 그 외연이 확장될수록 정당해산결정의 가능성은 확대되고 정당활동의 자유는 축소될 것이므로, **최대한 엄격하고 협소한 의미**로 이해해야 하고, 현행 헌법이 채택하고 있는 **민주주의의 구체적인 모습과 동일하게 보아서는 안됨** (동일하게 보아야 함 ×)[6]
위배 정도	① 【단순한 위반·저촉 아니라 실질적 해악, 구체적 위험성】 민주적 기본질서 위배는 민주적 기본질서에 대한 **단순한 위반·저촉**이 아니라 정당의 목적이나 활동이 민주적 기본질서에 대한 **실질적 해악**을 끼칠 수 있는 **구체적**(추상적 ×) 위험성을 초래하는 경우 (단순한 위반이나 저촉 ×)[10] ② 【사소한 위반성 아님】 정당의 목적이나 활동이 헌법에 위반된 경우, 그 위반이 **사소한 위반**인 경우에는 그 정당을 해산하는 것이 **적절하지 않음** (헌법 정신에 부합 ×)[1]

(3) 비례원칙의 준수

비례원칙 적용	① 【기본권 제한 → 비례원칙 준수】 강제적 정당해산은 헌법상 핵심적인 정치적 기본권인 **정당활동의 자유**에 대한 **근본적 제한**이므로, 이에 관한 결정을 할 때 **헌법 제37조 제2항의 비례원칙을 준수**해야 함 (비례원칙에 부합하는지 별도로 검토할 필요 없음 ×)[6] ② 【최소침해성(보충성)】 헌법 제8조 제4항의 명문규정상 요건이 구비된 경우에도 해당 정당의 위헌적 문제성을 해결할 수 있는 **다른 대안적 수단이 없어야 함** (대안적 수단이 있는 경우라도 해산결정할 수 있음 ×)[4] ③ 【법익 균형성】 정당해산결정을 통하여 얻을 수 있는 **사회적 이익**이 정당해산결정으로 인해 초래되는 **정당활동자유 제한으로 인한 불이익**과 민주주의 사회에 대한 중대한 제약이라는 **사회적 불이익**을 초과할 수 있을 정도로 큰 경우에 한하여 **정당해산결정이 헌법적으로 정당화**[1]
위헌심사척도 아님	① 【헌법적 요건 or 정당화 사유】 비례원칙 준수 여부는 그것이 통상적으로 기능하는 **위헌심사의 척도가 아니라** 헌법재판소의 정당해산결정이 충족해야 할 일종의 **헌법적 요건 혹은 헌법적 정당화 사유**에 해당 (통상적으로 기능하는 위헌심사의 척도 ×)[2]

2 위헌정당강제해산의 절차적 요건

정부의 제소	① 【독점 제소권】 정당해산심판은 심판청구의 주체가 헌법상 **정부에 한정 → 정부의 독점적 제소** (국회의 제소 ×, 법원의 제소 ×, 중선위의 제소 ×)[13]
국무회의	① 【국무회의 심의(국무총리의 권한대행 가능)】 **국무회의 필수적 심의**, 대통령의 해외순방으로 국무회의에 참석하지 못하여 **국무총리가 주재한 국무회의에서 이루어진 정당해산심판청구서 제출안**에 대한 의결은 **위법하지 않음**[10]

3 헌법재판소의 심판 · 결정

(1) 헌재의 심판 · 결정

가처분	① 【가처분 可】 헌법재판소는 **청구인의 신청 또는 직권으로**(신청에 의해서만 ×) 위헌정당으로 제소된 정당의 활동을 종국판결시까지 정지시키는 **가처분결정 가능** (피청구인 정당의 활동을 정지하는 결정을 할 수 없음 ×)[11]
민소법 준용	① 【민사소송법 준용】 「헌법재판소법」에 특별한 규정이 없는 경우 정당해산심판의 성질에 반하지 않는 한 **민사소송에 관한 법률을 준용** (형사소송 ×, 행정소송 ×)[10] ② 【헌재가 절차 창설 可】 민사소송에 관한 법령이 준용되지 않아 **법률의 공백**이 생기는 부분에 대하여는 **헌재가 정당해산심판의 성질에 맞는 절차 창설 가능**[2]
해산결정 (창설효)	① 【6인 이상 찬성】 정당해산의 결정을 하기 위해서는 **종국심리**(평의 ×)에 관여한 **재판관 6명 이상의 찬성** (과반수의 찬성 ×, 3분의 2 이상의 찬성 ×)이 필요함[10] ② 【결정선고시 해산(창설적 효력)】 정당해산을 명하는 헌법재판소의 **결정이 선고된 때**에 그 **정당은 해산됨** (중선위가 정당법의 규정에 의하여 해당 정당의 등록말소절차를 한 때에 그 효력이 발생 ×)[1]

(2) 중선위의 해산결정 집행

청구 등의 통지	① 【국회·중선위 통지】 헌법재판소장은 정당해산**심판청구**가 있는 때, **가처분결정**을 한 때, 심판이 **종료**된 때에 그 사실을 **국회와 중선위에 통지하여야 함** [1] ② 【피청구인·국회·정부·중선위】 정당해산을 명하는 결정서는 피청구인 외에 **국회, 정부 및 중선위**에도 송달 [2]
중선위 집행 (확인효)	① 【중선위 집행】 정당해산은 「정당법」의 규정에 의하여 **중선위가 집행** (헌법재판소가 집행 ×, 국회가 집행 ×) [3] ② 【등록말소·공고(확인적 효력)】 **중선위**는 위헌정당의 **등록말소와 공고**를 함 (헌법재판소는 정당에 대한 해산결정을 한 경우 지체 없이 그 뜻을 공고 ×) [4]

(3) 관련판례

1	【정당해산심판에 민소법 준용 (기각)】 정당해산심판절차에 관하여 **민사소송에 관한 법령을 준용**하도록 한 「헌법재판소법」 제40조 제1항은 헌법상 **재판을 받을 권리 침해 아님** (2014.2.7. 2014헌마7) [3]

4 위헌정당강제해산의 효과

(1) 법률상 효과

대체정당	① 【동일·유사강령 정당 창당금지】 정당이 헌법재판소의 결정으로 해산된 때에는 **해산된 정당의 강령** (또는 기본정책)과 **동일하거나 유사한** 것으로 정당을 **창당하지 못함** [5] ② 【대체·유사정당 창당금지】 정당해산심판은 원칙적으로 해당 정당에게만 그 효력이 미치며, 정당해산결정은 **대체정당이나 유사정당의 설립까지 금지**하는 효력을 가짐 [3] ③ 【해산정당 목적달성 집회·시위 금지】 헌법재판소의 결정에 따라 해산된 정당의 목적을 달성하기 위한 **집회 또는 시위는 금지** [2]
같은 명칭과 잔여재산	① 【같은 명칭 사용 금지】 헌법재판소의 결정에 의하여 **해산된 정당의 명칭과 같은 명칭**은 정당의 명칭으로 다시 **사용 못함** (유사한 명칭은 사용할 수 없음 ×, 동일한 당명 사용 가능 ×) [7] ② 【잔여재산 국고귀속】 헌법재판소의 해산결정에 의하여 해산된 정당의 **잔여재산은 국고에 귀속**함 (정당은 당헌이 정하는 바에 따라 잔여 재산을 처분 ×) [5]

(2) 의원직 : 국회의원 상실 but 지방의원 유지

국회의원직 상실	① **【명문규정 無】** 헌법재판소의 해산결정으로 정당이 해산되는 경우에 그 정당 소속 국회의원이 의원직을 상실하는지에 대하여 **명문의 규정은 없음** (현행법은 의원직 상실 규정을 두고 있음 ×, 공직선거법이 정한 바에 따라 의원직을 상실 ×)⁷ ② **【국회의원직 상실】** 위헌정당의 해산을 명하는 비상상황에서는 국회의원의 국민 대표성은 부득이 희생될 수밖에 없으므로 **해산 결정된 정당 소속 국회의원의 의원직 상실은 위헌정당해산심판제도의 본질로부터 인정되는 효력** (헌재는 지방의회의원은 그 자격을 상실한다고 결정 ×)⁵ ③ **【지역구·비례 당선방식 불문 상실】** 정당해산제도의 취지 등에 비추어 볼 때 헌법재판소의 정당해산결정이 있는 경우 정당 소속 **국회의원의 의원직은 당선 방식을 불문하고 모두 상실되어야 함** (국민이 직접 선출한 지역구국회의원은 의원직을 상실하지 않음 ×, 지역구국회의원은 별도의 심사를 거쳐서 그 의원직을 상실함 ×)¹²
지방의원직 유지	① **【지방의원 : 입장 無】** 헌법재판소는 지방의원 자격은 **명시적 입장을 밝히지 않음**² ② **【비례 지방의원직 상실 아님】**「**공직선거법**」제192조 제4항은 소속 정당이 헌법재판소의 정당해산결정에 따라 해산된 경우 **비례대표 지방의회의원의 퇴직을 규정하는 조항이라고 할 수 없어** 헌법재판소의 위헌정당 해산결정에 따라 해산된 정당 소속 비례대표 지방의회의원은 **비례대표 지방의회의원의 지위를 상실하지 않음** (지방의원은 자격 상실 ×)³ ③ **【비례 지방의원직 유지】** 정당이 헌법재판소 정당해산결정에 따라 해산된 경우 그 결정취지에서 그 소속 **비례대표지방의회의원의 의원직 상실이 곧바로 도출된다고 할 수 없음**¹

5 정당해산심판의 재심

재심 허용	① **【재심 허용 원칙】** 정당해산심판에서는 재심을 허용하지 아니함으로써 얻을 수 있는 **법적 안정성의 이익**보다 재심을 허용함으로써 얻을 수 있는 **구체적 타당성의 이익**이 더 크므로 **재심을 허용하여야 함** (정당해산결정은 그 성질상 재심에 의한 불복이 허용될 수 없음 ×, 제한적으로 인정 ×)¹⁰ ② **【민사소송법 준용】** 재심절차에서는 원칙적으로 **민사소송법의 재심에 관한 규정**이 적용¹
재심 대상	① **【민주적 기본질서 위배, 해산결정, 국회의원직 상실 선고 여부】** 정당해산결정에 관한 재심대상결정의 심판대상은 재심청구인의 **목적이나 활동이 민주적 기본질서에 위배되는지**, 재심청구인에 대한 **해산결정을 선고할 것인지**, 해산결정을 할 경우 그 소속 국회의원에 대하여 **의원직 상실을 선고할 것인지 여부임**¹

6 참고 : 강제해산과 등록취소

구분	강제해산	등록취소
근거	헌법 제8조 제4항	헌법 제8조 제2항
주체	정부제소 → 헌재결정 → 선관위집행	선관위
요건	• 정당의 목적이나 활동이 민주적 기본질서에 위배	• 법정 시·도당 수(5) 및 당원 수(1천명) 등 형식적 요건 흠결 • 국회의원 선거 등 주요 선거에 참여하지 않을 때
명칭사용	• **같은 명칭 사용 불가** (유사명칭 ×)	• 같은 명칭은 **등록취소일부터 다음 총선시까지 사용이 불가능** → 총선후 사용가능 (곧바로 다시 사용 ×)
대체정당	• **창당 불가** (동일하거나 유사한 강령 불가)	• 동일·유사정당 창당 가능
잔여재산	• **국고귀속** (당헌이 정하는 바 ×) • 종국결정전 자진해산시 바로 국고귀속 아님 (당헌 → 국고귀속)	• 당헌에 따라 처분 (바로 국고귀속 ×) → 처분되지 않은 잔여분은 국고귀속
소속의원자격	• 명문규정은 없으나 **지역구·비례국회의원 모두 자격상실** (제도의 본질에서 나오는 당연한 효력) • **지방의원**의 자격상실에 대한 헌재결정은 없으며, **의원직 유지** (헌재는 지방의원의 자격을 상실한다고 결정 ×)	• 무소속으로 자격유지
법원에 제소	불가능	가능

POINT 048 선거권과 선거의 원칙

CHAPTER 11 | 선거제도와 선거권

> 제24조 【선거권】 모든 **국민**은 **법률이 정하는 바에** 의하여 **선거권**을 가진다.
> 제41조 ① 【보·평·직·비】 국회는 국민의 **보통·평등·직접·비밀선거**에 의하여 선출된 국회의원으로 구성한다.
> 제67조 ① 【보·평·직·비】 대통령은 국민의 **보통·평등·직접·비밀선거**에 의하여 선출한다.
> 제118조 ② 【지방선거】 **지방의회의 조직·권한·의원선거**와 **지방자치단체의 장의 선임방법** 기타 지방자치단체의 조직과 운영에 관한 사항은 법률로 정한다.

1 선거와 선거권

선거	① 【주권행사의 통로】 대의민주주의를 원칙으로 하는 오늘날 민주정치에서 **국민의 참여는 기본적으로 선거를 통하여** 이루어지므로 **선거는 주권자인 국민이 그 주권을 행사하는 통로** ② 【의사반영·선택권 보장 + 후보자 결정과정 민주적】 선거는 주권자인 국민이 **주권을 행사하는 통로**이므로 **국민의 의사를 제대로 반영**하고, **국민의 자유로운 선택권을 보장**하여야 하며, **정당의 공직선거 후보자의 결정과정이 민주적**이어야 함
법률유보	① 【선거권: 법률에 의한 인정 아님】 헌법 제24조는 모든 국민은 '법률이 정하는 바에 의하여' 선거권을 가진다고 규정함으로써 **법률유보의 형식**을 취하고 있지만, 국민의 선거권이 '법률이 정하는 바에 따라서만 인정될 수 있다'는 **포괄적인 입법권의 유보하에 있음을 의미하는 것이 아님** (포괄적인 입법권의 유보하에 있음 ×) ② 【헌법상 선거권을 법률로 구체화】 헌법 제24조는 **국민의 기본권을 법률에 의하여 구체화**하라는 뜻이며 **선거권을 법률을 통해 구체적으로 실현**하라는 의미 ③ 【본질제외 입법재량】 선거권도 법률이 정하는 바에 의하여 보장되는 것이므로 입법형성권을 갖고 있는 입법자가 구체적으로 어떠한 입법목적의 달성을 위하여 **어떠한 방법을 선택**할 것인가는 그것이 **현저하게 불합리하고 불공정한 것이 아닌 한 입법자의 재량영역에 속함**
선거권 제한의 정당화	① 【과잉금지원칙】 선거권을 제한하는 입법은 헌법 제24조에 의해서 곧바로 정당화될 수는 없고, **헌법 제37조 제2항**의 규정에 따라 국가안전보장·질서유지·공공복리를 위하여 **필요하고 불가피한 예외적인 경우만 그 제한이 정당화**될 수 있으며, **선거권의 본질적 내용을 침해할 수 없음** ② 【개별·구체 사유시만 제한 정당화】 선거권의 제한은 불가피하게 요청되는 **개별적·구체적 사유가 존재함이 명백**할 경우 정당화될 수 있고, **막연하고 추상적인 위험**이나 **국가의 노력에 의해 극복될 수 있는 기술상의 어려움이나 장애** 등을 사유로 제한이 **정당화될 수 없음** (정당화될 수 있음 ×)
엄격심사	① 【엄격심사】 민주주의 국가에서 국민주권과 대의제 민주주의의 실현수단으로서 선거권이 갖는 중요성 때문에 **입법자는 선거권을 최대한 보장하는 방향으로 입법**을 하여야 하며, **선거권을 제한하는 법률의 합헌성을 심사**하는 경우 **심사 강도도 엄격**하여야 함 (심사강도는 완화 ×)

2 헌법상 선거권

(1) 대통령·국회의원·지방의원 + 지자체장

헌법상 4대 선거권	① **【대통령·국회의원·지자체장·지방의원 선거권】** 주권자로서 국민이 가지는 기본권으로 대통령 선거권, 국회의원 선거권, 지방의회의원 선거권, **지방자치단체의 장 선거권**이 있음 / ② **【헌법상 규정 상이】** 국민대표기관의 선출을 위한 대통령, 국회의원 선거와 지방의회의원 및 지방자치단체의 장 선출을 위한 지방선거는 **대의제 민주주의의 구현방법이라는 점에서는 동일한 의미**의 선거라고 할 수 있으나, 헌법은 **선거제도를 규정하는 방식에 차이**를 두고 있음 /
지자체장 선거권	① **【지자체장 선거는 지방자치제도의 본질】** 헌법은 '지방자치단체의 장의 선임방법에 관한 사항은 법률로 정한다'고 규정하고 있으나, **지방자치단체의 대표인 단체장이 주민의 자발적 지지에 기초를 둔 선거를 통해 선출**되어야 한다는 것은 **지방자치제도의 본질**에서 당연히 도출 / ② **【이원화 불허】** 주민자치제를 본질로 하는 **민주적 지방자치제도**가 안정적으로 뿌리내린 현 시점에서 **지방자치단체의 장 선거권**을 지방의회의원 선거권, 국회의원 선거권 및 대통령 선거권과 구별하여 하나는 법률상의 권리로, 나머지는 헌법상의 권리로 **이원화는 허용될 수 없음** ③ **【헌법상 기본권】** 지자체의 장 선거권 역시 다른 선거권과 마찬가지로 **헌법 제24조에 의해 보호되는 기본권**으로 인정 (기본권으로 인정할 수 없음 ✗, 법률상 권리임 ✗)18

(2) 조합선거 : 선거권 아님

조합선거	① **【지역농협의 조합장선거】** 농협의 조합장선거에서 조합장을 선출하거나 조합장으로 선출될 권리, 조합장선거에서 선거운동을 하는 것은 **헌법에 의하여 보호되는 선거권에 포함되지 않음** (선거권의 범위에 포함 ✗)10 ② **【농협중앙회 회장선거】** 농협중앙회의 중앙회장선거에서 회장을 선출하거나 선거운동을 하는 것은 헌법에 의하여 보호되는 **선거권의 범위에 포함되지 아니함** (포함됨 ✗) / ③ **【새마을금고 임원 선거】** 새마을금고 임원 선거에서 선거운동을 하는 것은 헌법에 의하여 보호되는 **선거권의 범위에 포함되지 않음** (포함됨 ✗) /
폭넓은 규제 가능	① **【지역농협 임원 선거 → 폭넓은 법률상 규제 가능】** 지역농협 임원 선거는 국민주권 내지 대의민주주의 **원리와 관계없는** 단체 내부의 조직구성에 관한 것으로서 공익을 위하여 **상대적으로 폭넓은 법률상 규제가 가능** (상대적으로 폭넓은 규제가 불가능 ✗) 2

(3) 선거권 부정 관련판례

1	**【지역농협 조합장선거에서 금전제공금지 (합헌)】** **지역농협**은 기본적으로 사법인의 성격을 지니므로 조합장 선거에서 선거운동을 하는 것은 선거권의 범위에 포함되지 않고, **선거운동의 방법에서 금전제공을 금지**하는 것은 조합장 후보자의 **일반적 행동의 자유 침해 아님**(2012.2.23. 2011헌바154) /

3 선거와 선거의 원칙

헌법 명문의 4대 원칙 + 자유선거	① **【보통·평등·직접·비밀선거】** **대통령·국회의원선거**에 대해 **보통·평등·직접·비밀선거**라는 민주선거의 원칙을 **헌법에 직접 규정** (국회의원 선거에 선거의 원칙에 규정이 없음 ×) [6] ② **【자유선거】** **자유선거**는 헌법에 명시적으로 **규정되어 있지 않지만** 민주국가 선거제도에 내재하는 **당연한 원리** (자유선거의 원칙은 헌법에서 명문으로 규정하고 있음 ×) [5]
선거원칙의 적용	① **【보통·평등선거】** 모든 국민이 균등하게 선거에 참여할 것을 요청하는 **보통·평등선거원칙**은 국민의 자기지배를 의미하는 **국민주권의 원리**에 입각한 민주국가 실현 위한 필수 요건 [2] ② **【선거인·후보자·정당 + 선거절차·관리 + 입법자】** 선거제도의 기본원칙은 **선거인, 후보자와 정당**은 물론 **선거절차와 선거관리에도 적용**되며 선거법을 제정하고 개정하는 입법자의 **입법형성권** 행사에도 당연히 준수되어야 함 [1]

POINT 049 보통선거의 원칙

1 보통선거의 원칙

보통선거	① **【反제한선거】** 보통선거란 개인의 **납세액**이나 소유하는 **재산**을 선거권의 요건으로 하는 **제한선거에 대응**하는 제도 ② **【일정한 연령 이상 국민에 선거권 부여】** 보통선거(평등선거 ×)는 사회적 신분·재산·교양 등에 의한 차별 없이 **일정한 연령에 달한 모든 자에게 선거권을 인정**하여야 한다는 원칙 ③ **【모든 국민에게 선거권 부여】** 헌법은 법률이 정하는 바에 따라 **모든 국민이 선거권**을 가지도록 하고 있는데, 이는 **보통선거의 원칙**을 의미 ④ **【연령제한 인정】** 보통선거의 원칙에 따라 **연령에 의하여 선거권을 제한**하는 것은, 국정 참여 수단으로써의 선거권 행사는 **일정한 수준의 정치적인 판단능력이 전제**되어야 하기 때문임
과잉금지 엄격적용	① **【과잉금지 적용】** 선거권자의 국적이나 선거인의 의사능력 등 선거권 및 선거제도의 본질상 요청되는 사유에 의한 **내재적 제약을 제외**하고 보통선거의 원칙에 위배되는 선거권제한입법을 하기 위해서는 기본권제한입법에 관한 **헌법 제37조 제2항의 규정에 따라야 함** ② **【엄격 적용】** 보통선거는 선거권자의 능력, 재산, 사회적 지위 등의 **실질적인 요소를 배제**하고 성년자이면 **당연히 선거권을 갖는 것**을 요구하므로 보통선거의 원칙에 반하는 선거권 제한의 입법을 위해서는 헌법 제37조 제2항에 따른 한계가 **한층 엄격히 지켜져야 함**

2 선거권의 적극적 요건

(1) 선거인

선거인	① **【선거권 + 명부등재】** 「공직선거법」상 '선거인'이란 **선거권**이 있는 사람으로서 **선거인명부 또는 재외선거인명부에 올라 있는 사람**

(2) 연령·국적요건

연령 (18세)	공선법	① **【법률유보】** 헌법은 **선거권연령을 입법자에게 위임** (헌법에 18세 이상으로 명문화 ×) ② **【만 18세 이상】** 공직선거법상 선거일 현재 **만 18세 이상** (20세 이상 ×)
	형성·심사	① **【입법재량】** 입법자가 **선거권 행사연령**을 정하는 것은 **현저하게 불합리하고 불공정하지 않는 한 재량범위** (연령을 헌법으로 정하지 않은 것 위헌소지 ×) ② **【합리성 심사】** 국회의원 선거 연령의 하한을 규정한 법률조항에 대한 위헌심사는 입법자가 입법목적 달성을 위해 선택한 수단이 **현저하게 불합리하고 불공정하며 자의적인 입법인지의 여부**로 판단
국적 (국민)		① **【국민】** 대한민국 국민 ② **【외국인의 지방선거권(법률상 권리)】** 공직선거법상 **영주의 체류자격 취득일 후 3년**이 경과한 **18세 이상의 외국인**(국내에 3년 이상 체류하고 있는 외국인은 모두 ×)으로서 해당 지방자치단체의 **외국인등록대장에 올라 있는 사람**은 **지방자치단체의 의회의원 및 장의 선거권**(지역구 국회의원 선거권 ×)이 있으나 **법률상 권리임** (지방선거권이 조례에 의해서 인정 ×)

(3) 거주요건 (주민등록요건)

구분	대통령	국회의원		지방선거
		비례	지역구 (재·보궐 포함)	
주민등록자	○	○	○	○
국내거주 재외국민	○	○	○ (주민등록표에 3개월 이상 등록시)	
재외국민	○	○	×	×

(4) 적극요건 관련판례

1	【국내거주 재외국민의 지방선거권 배제 (헌불)】 국내거주 재외국민은 주민등록을 할 수 없을 뿐이지 '국민인 주민'이라는 점에서는 '주민등록이 되어 있는 국민인 주민'과 실질적으로 동일하므로, **지방선거 선거권 부여**에 있어 양자에 대한 **차별을 정당화할 어떠한 사유도 존재하지 않음**(2007.6.28. 2004헌마644 등) → **선거권·평등권 침해**
2	① 【선거연령 20세 (기각)】 선거권연령을 공무담임권의 연령인 18세와 달리 **20세로 규정**한 것은 입법부에 주어진 **합리적인 재량의 범위를 벗어난 것으로 볼 수 없음**(1997.6.26. 96헌마89) ② 【공선법 개정으로 19세로 인하 (기각)】 선거연령을 20세에서 19세로 낮춘 것은 헌법재판소의 **위헌결정에 따른 것 아님** 유사 【선거연령 19세 (기각)】 선거권 행사 연령을 19세 이상으로 정하고 있는 공직선거법은 입법자의 **합리적인 재량의 범위를 벗어난 것으로 볼 수 없**으므로 **선거권·평등권 침해 아님**(2013.7.25. 2012헌마174)

3 선거권의 소극적 요건

(1) 선거권이 제한되는 자

피성년후견인	① 【피성년후견인】 금치산선고를 받은 자 (선거권 인정 ×)
일반 범죄자	① 【1년 이상 징역·금고 : 선거권 박탈】 1년 이상(3년 이상 ×) 징역 또는 금고의 형의 선고를 받고 그 집행이 종료되지 아니하거나 그 집행을 받지 아니하기로 확정되지 아니한 사람 ② 【집행유예자 : 선거권 부여】 집행유예를 선고받고 유예기간 중에 있는 사람 선거권 부여
선거범죄자	① 【100만원 이상 벌금형 확정후 5년】 선거범으로서 100만원 이상의 벌금형을 선고를 받고 그 형이 확정된 후 5년을 경과하지 아니한 자 ② 【집행유예·징역 확정후 10년】 선거범으로서 형의 집행유예·징역형의 선고를 받고 그 형이 확정된 후 10년을 경과하지 아니한 자

(2) 일반범죄자 선거권 제한 관련판례

1	① 【수형자·집행유예자 선거권 모두 제한 : 엄격비례심사】 범죄자에게 형벌의 내용으로 선거권을 제한하는 경우에는 선거권 제한 여부 및 적용범위의 타당성에 대하여 보통선거원칙에 입각한 선거권 보장과 그 제한의 관점에서 **엄격한 비례심사**를 하여야 함(2014.1.28. 2012헌마409 등) [1] ② 【보통선거원칙에 기초 필요 최소한】 집행유예자와 수형자의 선거권 제한은 범죄자가 범죄의 대가로 선고받은 자유형의 본질에서 당연히 도출되는 것이 아니므로, 범죄자의 선거권 제한 역시 **보통선거원칙에 기초하여 필요 최소한의 정도에 그쳐야 함**(2014.1.28. 2012헌마409 등) [1] ① 【침해최소성 위반】 보통선거의 원칙과 선거권 보장의 중요성을 감안할 때, 범죄자의 선거권을 제한할 필요가 있다 하더라도 그가 저지른 범죄의 경중을 전혀 고려하지 않고 **수형자와 집행유예자 모두의 선거권을 제한**하는 「공직선거법」은 **침해의 최소성원칙 위반**(2014.1.28. 2012헌마409 등) [3] ② 【집행유예자 : 단순위헌】 집행유예기간 중인 사람의 선거권을 제한하는 것은 그의 **선거권을 침해**하고, 보통선거원칙에 위반하여 **평등원칙 위반**(2014.1.28. 2012헌마409 등) [4] ③ 【수형자 : 헌법불합치】 금고 이상의 형의 선고를 받고 집행이 종료되지 아니한 자(수형자)에 대해서 선거권을 인정하지 않는 것은 **수형자의 선거권 침해**(2014.1.28. 2012헌마409 등) [1]
2	① 【1년 이상 수형자 선거권 제한 (기각)】 1년 이상의 징역형을 선고받고 그 집행이 종료되지 아니한 사람의 선거권을 제한하는 「공직선거법」 규정은 형사적·사회적 제재를 부과하고 준법의식을 강화한다는 공익이 형 집행기간 동안 선거권을 행사하지 못하는 수형자 개인의 불이익보다 작다고 할 수 없어 **수형자의 선거권 침해 아님**(2017.5.25. 2016헌마292 등) [6] ② 【가석방 중인 자 선거권 제한 (기각)】 형 집행 중 **가석방 처분**을 받았다는 후발적 사유를 고려하지 아니하고 1년 이상의 징역형 선고를 받은 사람의 **선거권을 일률적으로 제한**하였다고 하여 **불필요한 제한이라고 보기는 어려우므로 선거권 침해 아님**(2017.5.25. 2016헌마292 등) [2]

(3) 선거범죄자 선거권 제한 관련판례

1	【선거범죄자 선거권 제한 (기각)】 선거범으로서 **100만원 이상의 벌금형**을 선고를 받고 그 형이 확정된 후 5년을 경과하지 아니한 자 또는 형의 집행유예의 선고를 받고 그 형이 확정된 후 10년을 경과하지 아니한 자의 **선거권을 제한하는 규정**은 선거범의 **선거권 침해 아님**(2018.1.25. 2015헌마821 등) [3]

POINT 050 재외선거제도

1 재외선거제도

보통선거	① **【재외국민 선거권보장】** 재외국민에게 **대통령선거**와 임기만료에 따른 국회의원선거(**비례대표 국회의원**에 한정)에 대해 투표권을 부여하는 선거제도 ② **【대통령 + 비례대표 국회의원】** 선거권을 가지고 선거일 전 30일 현재 확정된 **재외선거인명부**에 올라 있는 재외국민은 ㉠ **대통령선거권**과 ㉡ **임기만료**에 따른 **비례대표 국회의원선거권**을 행사
재외국민 선거권 사례	① **【대통령선거】** 재외선거인명부에 올라 있는 재외국민은 외국에 거주하면서 **대통령선거권**을 행사할 수 있음 ② **【비례대표 국회의원선거】** 재외선거인명부에 올라 있는 재외국민은 외국에 거주하면서 **비례대표 국회의원선거권** 행사할 수 있음 ③ **【국회의원 재·보궐, 지방선거 불가】** 재외선거인명부에 올라 있는 재외국민은 **국회의원 재·보궐선거권** 또는 **지방선거권** 행사할 수 **없음**

2 관련판례

(1) 재외국민 선거권 관련판례

1	① **【주민등록이 불가능한 재외국민의 선거권 행사 부정 (헌불)】** 단지 주민등록이 되어 있는지 여부에 따라 선거인명부에 오를 자격을 결정하여 그에 따라 선거권 행사 여부가 결정되도록 함으로써 엄연히 대한민국의 국민임에도 불구하고 **주민등록법상 주민등록을 할 수 없는 재외국민의 선거권 행사를 전면적으로 부정**하고 있는 공직선거법은 어떠한 **정당한 목적도 찾기 어려우므로** 헌법 제37조 제2항에 위반하여 **재외국민의 선거권과 평등권을 침해**하고 **보통선거원칙에도 위반**(2007.6.28. 2004헌마644 등) ② **【선거권 행사 위해 귀국 강요】** 대통령선거에 있어서 직업이나 학문 등의 사유로 자진 출국한 자들이 선거권을 행사하려고 하면 반드시 귀국해야 하고 **귀국하지 않으면 선거권 행사를 못하도록** 하는 것은 헌법이 보장하는 **해외체류자의 국외 거주·이전의 자유, 직업의 자유, 공무담임권, 학문의 자유 등의 기본권을 희생하도록 강요**한다는 점에서 부적절(2007.6.28. 2004헌마644 등) ③ **【국외부재자투표 불인정】** 부재자투표는 선거인명부에 오를 자격이 있는 국내거주자에게만 인정되고, **재외국민이나 단기해외체류자 등 국외거주자 전부의 국정선거권을 부인**하는 것은 국외거주자의 선거권과 평등권을 침해하고 **보통선거원칙에도 위배**(2007.6.28. 2004헌마644 등)
2	**【지역구 국회의원 선거권 부정 (기각)】** 주민등록과 국내거소신고를 기준으로 지역구 국회의원 선거권을 인정하는 것은 해당 국민의 **지역적 관련성을 확인하는 합리적인 방법**으로, 주민등록이 되어 있지 않고 국내거소신고도 하지 않은 재외국민의 임기만료 지역구 국회의원 선거권을 인정하지 않은 것은 **선거권 침해 아님**(2014.7.24. 2009헌마256 등)
3	**【국회의원 재·보궐 선거권 부정 (기각)】** 주민등록이 되어 있지 않고 국내거소신고도 하지 않은 재외국민에게 **국회의원 재·보궐선거의 선거권**을 인정하지 않은 「공직선거법」은 **재외선거인의 선거권을 침해하거나 보통선거원칙에 위배 아님**(2014.7.24. 2009헌마256 등)

(2) 재외선거제도 관련판례

1	【**재외투표기간 개시일 이후 귀국한 재외선거인등 선거제한 (헌불)**】 재외투표기간 개시일에 임박하여 또는 재외투표기간 중에 **재외선거사무 중지결정**이 있었고 재개결정이 없었던 **예외적인 상황**에서 재외투표기간 개시일 이후에 귀국한 재외선거인 및 국외부재자신고인이 **국내에서 선거일에 투표할 수 있도록 하는 절차를 마련하지 아니한 것은 선거권 침해**(2022.1.27. 2020헌마895)
2	【**선거 실시마다 재외선거인 등록신청 (기각)**】 재외선거인에게 선거를 실시할 때마다 재외선거인 등록신청을 하도록 한 재외선거인 등록신청조항은 **재외선거인의 선거권 침해 아님**(2014.7.24. 2009헌마256 등)
3	【**재외투표소 직접 방문투표 (기각)**】 입법자가 재외선거인을 위하여 인터넷투표방법이나 우편투표방법을 채택하지 아니하고 원칙적으로 **공관에 설치된 재외투표소에 직접 방문하여 투표하는 방법을 채택**하는 것은 현저히 불합리하거나 불공정하다고 할 수 없어 **선거권 침해 아님**(2014.7.24. 2009헌마256 등)

POINT 051 피선거권

제25조 【공무담임권】 모든 국민은 법률이 정하는 바에 의하여 **공무담임권**을 가진다.³

제67조 ④ 【대통령 40세】 대통령으로 선거될 수 있는 자는 **국회의원의 피선거권**이 있고 **선거일**(선거기간 개시일 ×) **현재 40세**(45세 ×)에 달하여야 한다.⁸

1 피선거권 (공무담임권)

구분	대통령	국회의원	지방의회의원 지방자치단체장
연령	① 【헌법상 40세】 대통령 피선거권자의 연령은 **헌법상 40세**로 제한되어 있음¹⁶ ② 【헌법개정사항】 대통령의 피선거연령을 만 35세 또는 30세로 인하하는 것은 헌법개정을 하지 않고는 채택할 수 없음³	• 【공직선거법상 18세】 18세(20세 ×, 25세 ×) 이상⁴	
거주요건	① 【공직선거법】 대통령선거에 입후보하기 위해서는 **선거일 현재 5년 이상 국내에 거주**해야 함 (40세 이상의 국민은 누구든지 대통령의 피선거권이 있음 ×)⁸ ② 【외국파견, 국내주소 외국체류기간】 공무로 **외국에 파견**된 기간과 국내에 주소를 두고 일정기간 **외국에 체류**한 기간은 **국내거주 기간**으로 봄 (보지 아니함 ×)³	×	• 60일 이상 주민등록
소극요건	① 【선거권 無】 선거권이 없는 자 ② 【금고 이상 형 선고】 선거일 현재 금고 이상의 형의 선고를 받고 **그 형이 실효되지 아니한 자**는 피선거권이 없음¹		

2 관련판례

1	【재외국민인 주민의 지방선거 피선거권 부인 (헌불)】 법령의 규정상 주민등록이 불가능한 **재외국민인 주민의 지방선거 피선거권을 부인**하도록 한 「공직선거법」은 **국내거주 재외국민의 공무담임권 침해**(2007.6.28. 2004헌마644 등)³

POINT 052 후보자

1 후보자 추천

(1) 정당추천 : 여성할당제

비례대표	①【비례대표 50% 여성 추천 의무(강행사항)】비례대표국회의원·지방의원선거는 후보자 중 100분의 50 이상(100분의 30 ×)을 여성으로 추천하여야 하며, 매 홀수에는 여성으로 추천하여야 함
지역구	①【지역구 30% 여성 추천 노력(권장사항)】정당이 임기만료에 따른 **지역구국회의원선거·지방의원선거**에 후보자를 추천하는 때에는 각각 전국지역구총수의 **100분의 30을 여성**으로 추천하도록 **노력하여야 함**

(2) 당내경선

지역구	①【당내경선 탈락시 무소속 후보자등록 불가】정당이 당내경선을 실시하는 경우 경선후보자로서 **당해 정당의 후보자로 선출되지 아니한 자**는 당해 선거의 같은 선거구에서는 **후보자로 등록될 수 없음** ②【예외적 후보자등록 可】후보자로 선출된 자가 사퇴·사망·피선거권 상실 또는 당적의 이탈·변경 등으로 그 자격을 상실한 때에는 당해 선거의 같은 선거구에서 **후보자로 등록 가능**
경선운동	①【선거운동 아님 but 엄격심사】당내경선에서 이루어지는 **경선운동**은 원칙적으로 공직선거에서의 당선 또는 낙선을 위한 행위인 **선거운동에 해당하지 않으나**, 경선운동을 금지하는 조항이 과잉금지원칙에 반하는지 여부를 판단할 때에는 **엄격한 심사기준이 적용**

(3) 관련판례

1	【서울교통공사 상근직원 경선운동 금지 (위헌)】서울교통공사의 **상근직원**은 서울교통공사의 경영에 관여하거나 실질적인 영향력을 미칠 수 있는 권한이 있다고 인정하기 어려우므로, 당원이 아닌 자에게도 투표권을 부여하여 실시하는 **당내경선에서 서울교통공사의 상근직원이 경선운동을 할 수 없도록 일률적으로 금지·처벌**하는 것은 **정치적 표현의 자유 침해**(2022.6.30. 2021헌가24) **유사**【광주 광산구 시설관리공단 상근직원 경선운동금지 (위헌)】광주광역시 광산구 시설관리공단의 상극직원이 당원이 아닌 자에게도 투표권을 부여하는 당내경선에서 지방공기업법에 규정된 **시설관리공단의 상근직원이 경선운동을 할 수 없도록 금지**하는 조항은 **정치적 표현의 자유 침해**(2021.4.29. 2019헌가11) **유사**【안성시 시설관리공단 상근직원 경선운동금지 (위헌)】안성시 시설관리공단의 상근직원이, 당원이 아닌 자에게도 투표권을 부여하는 **당내경선에서 경선운동을 할 수 없도록 금지·처벌**하는 「공직선거법」은 공단 상근직원의 **정치적 표현의 자유 침해**(2022.12.22. 2021헌가36)
2	①【무소속후보자와 정당추천후보자 차별 허용 (기각)】정당이 그 목적을 달성하기 위하여 행하는 고유한 기능과 통상적인 활동은 **선거에 있어서도 보장**되어야 하며, 따라서 그로 인하여 **무소속후보자와 정당후보자 간에 차별**이 생긴다 하더라도 **불합리한 차별 아님**(1996.8.29. 96헌마99) ②【무소속후보자 입후보시 선거권자 추천요건 (기각)】정당추천후보자와 달리 **무소속후보자에게 선거권자의 추천을 요건**으로 입후보를 허용한 것은 정당후보자와 불합리한 차별을 하는 것이라 할 수 없어 **불합리한 차별 아님**(1996.8.29. 96헌마99)

2 공무원 등의 입후보

(1) 선거일전 사직의무

구분	대통령선거	국회의원선거	지자체장선거
원 칙	① **선거일 전 90일** / 비례대표의원선거는 선거일 전 30일 ② 보궐선거는 선거일 전 30일		
국회의원	• **국회의원은 그 직을 가지고 입후보** (90일 전까지 사직 ×, 60일 전까지 사직 ×)할 수 있음	• 그 직을 가지고 입후보 • 비례대표의원이 보궐선거입후보시 후보자등록신청 전	• **선거일 전 30일**
지자체장	• 선거일 전 90일	• 선거일 전 90일 • **관할구역이 같거나 겹치는 경우 선거일 전 120일**	• 당해 지자체는 그 직을 가지고 입후보 • 다른 지자체는 선거일 전 90일

(2) 관련판례

1	【**지자체장 임기중 선거출마 금지 (위헌)**】 **지자체장**이 그 임기 중에 그 직을 사퇴하여 대통령선거, 국회의원선거, 지방의회의원선거 및 다른 지방자치단체의 장 **선거에 입후보할 수 없도록 하는**「공직선거법」은 **보통선거원칙에 위반되어 피선거권 침해**(1999.5.27. 98헌마214) 【유사】【**지자체장의 국회의원선거 출마시 180일전 사퇴 (위헌)**】 **지자체장**으로 하여금 당해 지방자치단체의 관할구역과 같거나 겹치는 선거구역에서 실시되는 지역구 국회의원선거에 입후보하고자 하는 경우 당해 선거의 **선거일 전 180일까지 그 직을 사퇴**하도록 하는「공직선거법」은 **공무담임권 침해**(2003.9.25. 2003헌마106) 【비교】【**지자체장의 국회의원선거 출마시 120일전 사퇴 (기각)**】 **지자체장**으로 하여금 당해 지방자치단체의 관할구역과 겹치는 선거구역에서 실시되는 지역구 국회의원선거에 입후보하고자 하는 경우 **당해 선거의 선거일 전 120일까지 그 직을 사퇴**하도록 한 공직선거법은 **평등권 침해 아님**(2006.7.27. 2003헌마758 등)
2	【**농협조합장의 지방의원 선거 출마시 90일전 해임 (위헌)**】 농업협동조합장이 지방의회의원 선거후보자가 되려면 지방의회의원의 임기만료일 전 90일까지 그 직에서 해임되도록 규정한 구「지방의회의원선거법」조항은 **농업협동조합장의 공무담임권 침해**(1991.3.11. 90헌마28)
3	【**교원의 선거 출마시 90일전 사직 (기각)**】 공직선거 및 교육감선거 입후보 시 **선거일 전 90일까지 교원직을 그만두도록 하는 것은** 교원이 그 신분을 지니는 한 계속적으로 직무에 전념할 수 있도록 하기 위한 것으로 **교원의 공무담임권 침해 아님**(2019.11.28. 2018헌마222) → **평등권 침해 아님**

3 기탁금 납부 및 반환·국고귀속

(1) 기탁금 납부

후보자의 성실성 담보	① 【후보자 1명마다 등록신청시 납부】 후보자등록을 신청하는 자는 등록신청시에 **후보자 1명마다** 일정금액의 **관할선관위에 납부** (대통령선거 3억원) ② 【예비후보자는 본선거 20% 기탁금 납부】 예비후보자 기탁금조항은 예비후보자의 **무분별한 난립**을 막고 책임성과 성실성을 **담보**하기 위한 것임
헌법상 허용한계	① 【제도자체 위헌 아님】 헌법은 기본적으로 선거공영제를 채택하고 있지만 **기탁금제도자체가 위헌 아님** (기탁금제도 자체가 위헌임 ×)³ ② 【과도한 기탁금·국고귀속비율 : 보통선거원칙 위배】 입후보시 **과도한 기탁금 요구**나 지나치게 높은 기탁금 국고귀속비율 규정시 **보통선거원칙 위배**¹

(2) 기탁금 반환·국고귀속

전액 반환	50% 반환	전액 국고 귀속
① 유효투표총수 15/100 이상 득표¹ ② 당선 ③ 사망	① 유효투표총수 10/100 이상 15/100 미만 득표¹	① 유효투표총수의 10/100 미만 득표 ② 사퇴 ③ 등록무효
④ 비례대표의원선거에서 당선인이 있을 때		④ 비례대표의원선거에서 당선인이 없을 때
⑤ 예비후보자의 사망 ⑥ 해당 정당의 추천을 받지 못하여 등록 불가		

(3) 관련판례

1	【대통령 5억원(헌불) → 현행 3억원】 대통령선거 기탁금을 5억원으로 규정한 「공직선거법」은 **위헌**(2008.11.27. 2007헌마1024) ²
2	【비례대표국회의원 1,500만원(헌불) → 현행 500만원】 비례대표국회의원선거의 경우 후보자 1명마다 1,500만 원이라는 **기탁금액**은 비례대표제의 취지를 실현하기 위해 필요한 최소한의 액수보다 **지나치게 과다한 액수임**(2016.12.29. 2015헌마1160 등) ²
3	【중선거구와 소선거구 기탁금반환기준 동일 (기각)】 중선거구제에서는 소선거구제에서보다 당선에 필요한 유효득표율이 낮아지더라도 양자의 **기탁금반환기준을 동일하게 설정**하는 것은 **평등권 침해 아님**(2011.6.30. 2010헌마542)¹

4 예비후보자제도

(1) 예비후보자제도 : 현역 정치인과 정치 신인 간의 공정한 경쟁을 보장하기 위해 **선거운동기간 전에도 선거운동을 할 수 있도록 한** 제도

(2) 예비후보자의 기탁금

1	【공천심사 탈락 예비후보자 기탁금 미반환 (헌불)】 지역구국회의원선거 예비후보자가 정당의 공천심사에서 탈락하여 후보자등록을 하지 않은 경우를 지역구국회의원선거 예비후보자의 **기탁금 반환 사유로 규정하지 않은 것은 예비후보자의 재산권 침해**(2018.1.25. 2016헌마541) 유사 【공천심사 탈락 예비후보자 기탁금 미반환 (헌불)】 구 「공직선거법」에서 **지방자치단체의 장 선거 예비후보자**가 정당의 공천심사에서 탈락한 후 후보자등록을 하지 않은 경우를 기탁금 반환 사유로 규정하지 않은 것은 **과잉금지원칙 위배**(2020.9.24. 2018헌가15 등)
2	【예비후보자 등록시 본선거 20% 기탁금 납부 (기각)】 대통령선거 예비후보자등록을 신청하는 사람에게 **대통령선거 기탁금의 100분의 20에 해당하는 금액인 6,000만 원**을 기탁금으로 납부하도록 한 「공직선거법」은 **공무담임권 침해 아님**(2015.7.30. 2012헌마402) 유사 【예비후보자 등록시 본선거 20% 기탁금 납부 (기각)】 지역구국회의원선거에서 **예비후보자의 기탁금 액수를 해당 선거의 후보자등록 시 납부해야 하는 기탁금의 100분의 20으로 설정**한 「공직선거법」은 입법재량의 범위를 벗어나 **공무담임권 침해 아님**(2017.10.26. 2016헌마623)

(3) 예비후보자의 선거운동

1	【배우자가 지정한 자의 명함교부 (위헌)】 예비후보자의 **배우자가 함께 다니는 사람 중에서 지정한 자도 선거운동을 위하여 명함교부 및 지지호소를 할 수 있도록 한** 「공직선거법」은 배우자가 없는 예비후보자의 **평등권 침해**(2013.11.28. 2011헌마267) 비교 【배우자·직계존비속의 명함교부 (기각)】 예비후보자의 선거운동을 위해 명함을 돌릴 수 있는 자격을 예비후보자의 배우자와 직계존비속에 부여한 것 자체는 **배우자가 없는 후보자의 평등권 침해 아님**(2011.8.30. 2010헌마259 등)
2	① 【예비후보자 선거운동 기간제한 (기각)】 예비후보자로서 선거운동을 할 수 있는 기간을 제한하는 것 자체가 선거운동의 자유를 과도하게 제한하는 것이라고 할 수는 없고, 제한되는 기간을 어느 정도로 할 것인지 여부는 **입법정책**에 맡겨져 있다고 볼 수 있으며, 그 구체적인 기간이 선거운동의 자유를 형해화할 정도에 이르지 않았다면 **기본권 침해 아님**(2020.11.26. 2018헌마260) ② 【구·시장 90일, 군수 60일 기간 차등 (기각)】 공직선거법이 **자치구·시의 장의 선거**에서 예비후보자의 선거운동기간보다 **군의 장의 선거**에서 예비후보자의 선거운동기간을 단기간으로 정한 것은 **합리적 이유 있는 차별로서 평등권 침해 아님**(2020.11.26. 2018헌마260)
3	【예비후보자의 선거비용 미보전 (기각)】 지역구국회의원선거 **예비후보자의 선거비용을 보전 대상에서 제외**하는 것은 **예비후보자의 선거운동의 자유 침해 아님**(2018.7.26. 2016헌마524 등) → **공무담임권 제한 아님**

POINT 053 평등선거의 원칙과 선거구획정 Ⓑ

제41조 ③ 【선거구획정】 국회의원의 **선거구**와 비례대표제 기타 선거에 관한 사항은 **법률로 정한다.**

1 평등선거의 원칙 : one man, one vote, one value

수적 & 성과가치	① 【**수적평등 + 성과가치평등**】 평등선거원칙은 투표의 **수적 평등**(1인 1표)뿐만 아니라, 투표의 **성과가치의 평등**(1표 1가), 즉 1표의 투표가치가 대표자선정이라는 **선거의 결과**에 대하여 기여한 정도에 있어서도 **평등**해야 함을 의미 (투표의 성과가치의 평등까지 의미하는 것은 아님 x)
선거구획정	① 【**게리맨더링의 부정**】 일정한 집단의 의사가 정치과정에서 반영될 수 없도록 **차별적으로 선거구**를 획정하는 이른바 '**게리맨더링'의 부정을 의미**

2 성과가치의 평등

(1) 인구비례 기준

국회의원	① 【**인구편차 33⅓%(인구비례 2:1)**】 국회의원선거에서 **인구편차 상하 33⅓%, 인구비례 2:1의 기준**을 넘어 인구편차를 완화하는 것은 지나친 투표가치의 불평등을 야기하는 것으로, **대의민주주의의 관점**에서 바람직하지 아니하고, 국회를 구성함에 있어 **국회의원의 지역대표성이 고려**되어야 한다고 할지라도 **국민주권주의의 출발점인 투표가치의 평등보다 우선시 될 수는 없음** ② 【**인구비례기준 엄격화**】 헌재는 1995년 4:1, 2001년 3:1, 2014년 **2:1로 점차 엄격**하게 판시
지방의원	① 【**광역의원 인구편차 50%(인구비례 3:1)**】 광역의회의원선거는 시·도 선거구의 평균 인구수를 기준으로 **상하 50%의 인구편차(인구비례 3 : 1)**가 허용 한계 ② 【**기초의원 인구편차 50%(인구비례 3:1)**】 자치구·시·군의회의원선거구획정에서 헌법상 허용되는 인구편차의 기준을 **상하 50 %(인구비례 3 : 1)**임

(2) 관련판례

1	① 【**50%에서 33⅓% 판례변경 (헌불)**】 인구편차 상하 50%의 기준을 적용하게 되면 1인의 투표가치가 다른 1인의 투표가치에 비하여 세 배의 가치를 가지는 경우도 발생하는데, 이는 **지나친 투표가치의 불평등**이므로 헌법이 허용하는 인구편차의 기준을 **인구편차 상하 33⅓%, 인구비례 2 : 1을 넘어서지 않는 것**으로 변경하는 것이 타당(2014.10.30. 2012헌마192 등) ② 【**국회의원 인구편차 33⅓% 초과 (헌불)**】 국회의원 지역선거구 구역표 중 인구편차 상하 33⅓%의 기준을 넘어서는 선거구에 관한 부분은 지나친 투표가치의 불평등을 야기하여 위 선거구가 속한 지역에 주민등록을 마친 청구인들의 **선거권과 평등권 침해**(2014.10.30. 2012헌마192 등)
2	【**시·도의원 행정구역별 2명 선출 (헌불)**】 기초자치단체의원은 주민의 대표로서 인구수에 비례하여 선출하면서, **시·도의회의원을 인구비례가 아니라 행정구역별로 2인씩 선출**하도록 한 「공직선거법」은 **선거권과 평등권 침해** (2007.3.29. 2005헌마985 등)

3 선거구획정

(1) 선거구 획정기준

선거구 입법의무	①【입법의무】입법자는 국회의원선거에 관한 법률을 규정함에 있어 폭넓은 입법형성의 자유를 가진다고 하여도, **선거구에 관한 입법을 할 것인지 여부에 대해서는 형성의 자유가 존재한다고 할 수 없음** (선거구에 관한 입법을 할 것인지 여부에 대해서도 입법형성의 자유 존재 ×)²
선거구획정의 준수기준	①【1차적 기준 : 인구비례】선거구 획정에 있어서 **인구비례 원칙에 의한 투표가치의 평등**은 헌법적 요청으로서 다른 요소에 비해 **기본적이고 일차적인 기준**³ ②【2차적 요소 : 행정구역·지역대표성】선거구 획정에 있어서 **자치구·시·군의원 선거구 획정**에 있어서는 **행정구역 내지 지역대표성 등 2차적 요소**도 인구비례의 원칙에 못지않게 함께 고려 (2차적 요소들을 반영하는 것은 인구비례에 의한 투표가치 평등원칙에 위배 ×)⁴ ③【인접지역 1개 선거구】선거구획정은 특단의 불가피한 사정이 없는 한 **인접지역이 1개의 선거구를 구성하도록** 함이 상당하며, 이는 선거구획정에 관한 국회의 **입법재량권의 한계임**²
선거구구역표의 위헌성	①【일부위헌 → 전부위헌】선거구구역표는 **전체가 불가분의 일체를 이루는 것으로서 어느 한 부분에 위헌적 요소가 있다면 선거구구역표 전체가 위헌적 하자**가 있는 것으로 봄⁴

(2) 선거구획정위원회

국회의원	설치·운영	①【국회의원 : 중선위】국회의원지역선거구의 공정한 획정을 위하여 **국회의원선거구획정위원회는 중선위**(국회 ×)에 두되, **직무에 관하여 독립의 지위를 가짐**³ ②【위원 9명, 위원장 호선】국회의원선거구획정위원회는 중선위원장이 위촉하는 **9명의 위원**으로 구성하되, **위원장은 위원 중에서 호선**¹ ③【정치적 중립】**국회의원·지방의회의원 및 정당원**은 각각 국회의원선거구획정위원회 및 자치구·시·군의원선거구획정위원회의 **위원이 될 수 없음**¹
	확정	①【선거일 전 1년】국회는 국회의원지역구를 **선거일 전 1년**(180일 ×)**까지 확정**하여야 함¹
자치구·시·군의원		①【기초지방의원 : 시·도】자치구·시·군의원지역선거구의 공정한 획정을 위하여 **시·도에 자치구·시·군의원선거구획정위원회를 둠**

POINT 054 직접선거·비밀선거의 원칙

1 직접선거의 원칙

(1) 선거구 획정기준

간선제의 부정	①【선거권자가 선거결과 직접 결정】선거는 일반유권자에 의하여 **직접 행하여져야 한다는 원칙**, 일반유권자가 중간선거인을 선정하고 중간선거인이 대표자를 선거하는 **간접선거와 반대**되는 개념
구체적 내용	①【의원 선출 + 정당의 비례적 의석확보】비례대표제를 채택하는 경우 직접선거의 원칙은 **개별의원의 선출**뿐만 아니라 **정당의 비례적인 의석확보도** 선거권자의 투표에 의하여 **직접 결정**될 것을 요구 (정당의 비례적 의석확보는 포함하지 않음 ×) ②【비례대표 채택시 정당명부에 별도 투표 필요】비례대표의원의 선거는 지역구의원의 선거와는 별도의 선거이므로 이에 관한 **유권자의 별도의 의사표시**, 즉 **정당명부에 대한 별도의 투표**가 있어야 함

(2) 관련판례

1	【정당명부에 대한 별도 투표가 없는 1인 1표제 (한정위헌)】정당명부에 의한 별도의 투표가 없는 1인 1표제하에서의 **비례대표제**는 선거권자의 투표행위가 아니라 정당의 명부작성행위가 최종적·결정적인 의미를 가지게 되므로 **민주주의의 원리, 직접선거원칙, 평등선거원칙 위배**(2001.7.19. 2000헌마91 등)
2	【고정명부식 채택 (기각)】비례대표 후보자를 유권자들이 직접 선택할 수 있는 이른바 자유명부식이나 가변명부식과 달리 **고정명부식을 채택한 것 자체가 직접선거원칙 위반 아님**(2001.7.19. 2000헌마91 등)

2 비밀선거의 원칙

(1) 선거구 획정기준

공개선거 부정	①【反공개선거】선거인의 **의사결정 또는 투표내용**이 알려지지 않아야 한다는 원칙
엄격심사	①【엄격심사】비밀선거는 **자유선거를 실질적으로 보장하기 위한 수단**으로서 비밀선거의 원칙에 대한 **예외를 두는 법률조항**이 선거권을 침해하는지 여부를 판단할 때에는 헌법 제37조제2항에 따른 **엄격한 심사가 필요함** (엄격한 심사가 적용되지 아니함 ×)

(2) 관련판례

1	【투표보조인 2인 동반 (기각)】신체의 장애로 인하여 자신이 기표할 수 없는 선거인에 대해 **투표보조인**이 가족이 아닌 경우 반드시 **본인이 지명한 2인을 동반**하여서만 투표를 보조하게 할 수 있도록 하는 것은 **선거권침해 아님**(2020.5.27. 2017헌마867)

POINT 055 자유선거의 원칙

제116조 ① 【균등한 기회보장】 선거운동은 각급 선거관리위원회의 관리하에 법률이 정하는 범위안에서 하되, **균등한 기회가 보장**되어야 한다.³

1 자유선거의 원칙

(1) 자유선거의 원칙과 선거운동

자유선거의 원칙	① 【의사형성·실현 / 투표·입후보 + 선거운동의 자유】 선거의 전과정에서 요구되는 선거권자의 **의사형성 및 의사실현의 자유**를 말하며, 구체적으로 **투표의 자유, 입후보의 자유** 나아가 **선거운동의 자유**를 의미 (선거운동의 자유까지 의미하는 것은 아님 ×)³
선거운동	① 【당선운동 or 낙선운동】 선거운동은 **당선되거나 되게** 하거나 **되지 못하게** 하기 위한 행위 ② 【단순의견개진 : 선거운동 아님】 정당의 후보자 추천에 관한 단순한 지지·반대의 의견개진 및 의사표시는 「공직선거법」상 **선거운동 아님** (선거운동에 해당 ×)²

(2) 관련판례

1	【낙선운동을 선거운동에 포함 (기각)】 특정후보자를 당선시킬 목적의 유무에 관계없이 **당선되지 못하게 하기 위한 행위 일체를 선거운동으로 규정**하여 이를 규제하는 것은 **국민의 정치적 의사표현의 자유나 참정권을 침해아님** (2001.8.30. 2000헌마121 등)¹

2 선거운동의 기회균등 보장

(1) 기회균등

균등한 기회보장	① **【상대적 평등】** 선거운동에서의 기회균등보장도 일반적 평등원칙과 마찬가지로 절대적·획일적인 평등·기회균등이 아니라 **합리적 근거가 없는 자의적 차별·차등만을 금지**
특권 아님	① **【정당의 특권 아님】** 정당의 설립과 활동의 자유를 보장하는 것은 선거제도의 민주화와 국민주권을 실질적으로 현실화하고 정치적으로 자유민주주의 구현에 기여하는 데 목적이 있는 것이지 **정치의 독점**이나 **무소속후보자의 진출을 봉쇄**하는 **정당의 특권**을 설정 **의미 아님**

(2) 관련판례

1	**【정당후보자에 별도의 정당연설회 허용 (한정위헌)】** 정당제도의 헌법적 기능을 고려하면 무소속 후보자와 정당소속 후보자 간 합리적이고 상대적인 차별은 가능하나 **정당후보자에게 별도로 정당연설회를 할 수 있도록 하는 것은 선거운동의 기회균등 보장원칙 위반**(1992.3.13. 92헌마37 등)
2	**【배우자가 지정한 자의 명함교부 (위헌)】** 후보자의 배우자가 그와 함께 다니는 사람 중에서 지정한 1명도 명함교부를 할 수 있도록 한 「공직선거법」은 배우자의 유무라는 우연한 사정에 근거하여 **합리적 이유 없이 배우자 없는 후보자와 배우자 있는 후보자를 차별 취급**하므로 **평등권 침해**(2016.9.29. 2016헌마287) **비교** **【배우자·직계존비속의 명함교부 (기각)】** 후보자의 선거운동에서 독자적으로 후보자의 명함을 교부할 수 있는 주체를 후보자의 배우자와 직계존비속으로 제한한 「공직선거법」 규정은 **평등권 침해 아님**(2016.9.29. 2016헌마287)
3	**【언론기관의 지지율 기반 후보자 초청 대담토론회 (기각)】** 선거기간 동안 언론기관이 지지율을 기반으로 **초청대상 후보자의 수를 제한하여 대담토론회를 개최하고 보도**하는 것은 **평등권이나 선거운동의 기회균등 침해 아님**(2009.3.26. 2007헌마327 등) **유사** **【대담·토론회 초청자격 제한 (기각)】** 지자체장선거에서 각급선거방송토론위원회가 필수적으로 개최하는 **대담·토론회 등의 초청 자격을 제한**하고 있는 공직선거법은 **선거운동의 기회균등원칙과 관련한 평등권 침해 아님**(2019.9.26. 2018헌마128 등)
4	**【비례의원 후보자 연설·대담 금지 (기각)】** 선거운동기간 중 공개장소에서 비례대표국회의원후보자의 연설·대담을 금지한 「공직선거법」은 **비례대표국회의원후보자의 선거운동의 자유 및 정당활동의 자유 침해 아님**(2013.10.24. 2012헌마311)

POINT 056 공무원의 선거중립의무

1 공무원의 선거중립의무 (공직선거법 제9조)

선거중립의무	① 【§7① → 공선법 제9조】 선거에서의 공무원의 정치적 중립의무는 **헌법 제7조 제1항**(헌법 제7조 제2항 직업공무원제 ×) 등에서 나오는 헌법적 요청 ② 【원칙 모든 공무원】 선거에서의 중립의무가 있는 「공직선거법」 제9조의 '공무원'이란 원칙적으로 **모든 공무원** 즉, 구체적으로 '**자유선거원칙**'과 '**선거에서의 정당의 기회균등**'을 위협할 수 있는 **모든 공무원**을 의미
모든 공무원 (국회·지방의원 제외)	① 【직업공무원 + 정치적 공무원】 공무원이란 원칙적으로 국가와 지방자치단체의 **모든 공무원** 즉, 좁은 의미의 **직업공무원**은 물론이고, 적극적인 정치활동을 통하여 국가에 봉사하는 **정치적 공무원**(대통령, 국무총리, 국무위원, 도지사, 시장, 군수, 구청장 등 **지자체장**)을 포함 (국회의원과 지방의원 ×) ② 【국회의원·지방의원은 제외】 국회의원과 지방의원은 정당의 대표자이자 선거운동의 주체이므로 **선거에서의 중립성을 요구할 수 없음**
대통령·지자체장	① 【공선법 제9조의 공무원】 대통령은 행정부의 수반으로서 **공정한 선거**가 실시될 수 있도록 **총괄·감독**해야 할 의무가 있으므로, **선거에서의 중립의무를 지는 공직자**에 해당하고, 「공직선거법」 제9조의 **공무원에 포함** ② 【정치적 중립의무 구속】 대통령은 정당원으로서 **정치적 의견**을 표시할 수 있지만, **국가기관의 신분에서 선거관련 발언을 하는 경우 선거에서의 정치적 중립의무의 구속**을 받음 ③ 【정치활동의 자유 < 선거중립의무】 선거활동에 관하여 **대통령의 정치활동의 자유**와 **선거중립의무**가 충돌하는 경우에는 **후자가 강조되고 우선** ④ 【대통령 + 지자체장】 직무의 기능이나 영향력을 이용하여 선거에서 국민의 자유로운 의사형성과정에 영향을 미치고 정당간의 경쟁관계를 왜곡할 가능성은 **정부나 지방자치단체의 집행기관**에 있어서 더욱 크므로 **대통령, 지자체장** 등에게는 다른 공무원보다도 **선거에서의 정치적 중립성이 특히 요구**

2 관련판례

1	【공무원의 지위를 이용하지 아니한 선거기획행위 금지 (한정위헌)】 공무원이 선거운동의 기획에 참여하거나 기획의 실시에 관여하는 행위를 금지하는 「공직선거법」 조항은 **공무원이 그 지위를 이용하지 않고 사적인 지위에서 하는 선거운동의 기획행위에까지 적용하는 한 헌법에 위반**(2008.5.29. 2006헌마1096) → ① 정치적 표현의 자유 침해 / ② 평등권 침해 / but ③ 죄형법정주의 명확성 원칙 위배 아님
2	【대통령에 선거 중립성 요구 (기각)】 국정의 책임자이자 행정부의 수반으로서 공명선거에 대한 궁극적 책무를 지고 있는 **대통령과는 달리 국회의원에게 선거에서의 중립성을 요구하지 않는 것은 합리적인 차별이므로 평등원칙 위반 아님**(2008.1.17. 2007헌마700) 유사 【지자체장에 선거 중립성 요구 (합헌)】 **국회의원과 지방의회의원**을 선거에 영향을 미치는 행위가 금지되는 주체에서 제외하면서 **지자체장을 제외하지 않은 것은 선거에서 정치적 중립의무가 요구되는 정도에 따른 것이므로 합리적인 근거 없는 차별로서 평등원칙 위배 아님**(2005.6.30. 2004헌바33)

POINT 057 선거운동의 제한

1 선거운동의 기간제한

(1) 선거운동기간

선거기간	① 【대통령 선거】 23일 ② 【그외 선거】 14일	
선거운동기간	① 【선거기간 개시일 ~ 선거일 전일】 선거운동은 **선거기간 개시일 ~ 선거일 전일까지** 가능	
선거운동기간 외의 선거운동	주체	① 【예비후보자】 예비후보자로 **등록**한 사람은 **선거운동기간 이전**이라도 가능
	방법 (누구든지 가능)	① 【문자메시지】 **문자메시지를 전송**하는 방법으로 선거운동을 하는 경우 ② 【인터넷 or 전자우편】 인터넷 홈페이지 또는 그 게시판·대화방 등에 글이나 동영상 등을 게시하거나 **전자우편을 전송**하는 방법으로 선거운동을 하는 경우
엄격심사	① 【엄격심사】 입법자가 선거의 공정성을 보장하기 위해서 부득이하게 **선거 국면에서의 정치적 표현의 자유를 제한**하는 경우에는 선거운동 등에 대한 제한이 정치적 표현의 자유를 침해하는지 여부를 판단함에 있어서 **엄격된 심사기준을 적용** (완화심사 ×)	

(2) 관련판례

1	【화환설치금지 (헌불)】 누구든지 선거일 전 180일부터 선거일까지 선거에 영향을 미치게 하기 위하여 **화환을 설치하는 것을 금지**하는 「공직선거법」규정은 **정치적 표현의 자유 침해**(2023.6.29. 2023헌가12)
2	【인터넷 or 전자우편 선거방법 금지 : 수단부정(한정위헌)】 선거일 전 180일부터 선거일까지 정보통신망을 이용하여 **인터넷 홈페이지** 또는 게시판·대화방 등에 **글이나 동영상 등 정보를 게시**하거나 **전자우편을 전송**하는 방법을 금지하는 것은 **입법목적 달성을 위해 적합한 수단이 아니므로** 과잉금지원칙에 위배하여 **정치적 표현의 자유 내지 선거운동의 자유 침해**(2011.12.29. 2007헌마1001 등)
3	【광고물 배부·게시 금지 (헌불)】 선거일 전 180일부터 선거일까지 장기간 **광고물을 설치·게시**하는 행위를 금지·처벌하는 것은 후보자 및 일반 유권자의 **정치적 표현의 자유 침해**(2022.7.21. 2017헌가1 등)
4	【벽보 게시, 인쇄물 배부·게시 금지 (헌불)】 선거일 전 180일부터 선거일까지 선거에 영향을 미치게 하기 위한 **벽보의 게시, 인쇄물의 배부·게시행위**를 금지한 공직선거법은 과잉금지원칙에 반하여 **정치적 표현의 자유 침해**(2022.7.21. 2017헌바100 등)
5	【인터넷 언론사 후보자 명의의 칼럼 등 게재 보도 제한 : 표현의 자유 침해 (위헌)】 인터넷언론사에 대하여 선거일 전 90일부터 선거일까지 **후보자 명의의 칼럼이나 저술을 게재하는 보도를 제한**하는 것은 칼럼을 게재한 자의 **표현의 자유 침해**(2019.11.28. 2016헌마90)
6	【말로 하는 선거운동금지 (위헌)】 선거운동기간 전에 개별적으로 대면하여 **말로 하는 선거운동**을 형사처벌하도록 한 「공직선거법」은 **정치적 표현의 자유 침해**(2022.2.24. 2018헌바146)
7	【국회의원 선거기간 14일 (기각)】 국회의원 선거기간을 14일로 정한 것은 **선거운동의 자유를 형해화할 정도로 과도하게 제한하는 것으로 볼 수 없어 위헌 아님**(2005.2.3. 2004헌마216)
8	【선거일 선거운동금지 (합헌)】 선거일에 선거운동을 한 자를 처벌하는 「공직선거법」 조항은 **정치적 표현의 자유를 침해하지 않음**(2021.12.23. 2018헌바152)

2 선거운동의 인적제한

(1) 자연인

외국인	① **【외국인 원칙금지】** 대한민국 국민이 아닌 사람은 원칙적으로 선거운동을 할 수 없음 ② **【예비·후보자의 배우자인 외국인 허용】** 외국인이 **예비후보자·후보자의 배우자**인 경우 선거운동을 할 수 있음 ③ **【지방선거권 가진 외국인 : 지방선거 선거운동 허용】** 18세 이상의 외국인은 **영주권을 취득한 후 3년이 경과**하고 해당 지방자치단체에 **외국인등록대장**에 올라있는 경우 지방선거에서 선거운동을 할 수 있음 (선거운동을 할 수 없음 ×)
공무원	① **【공무원 원칙금지】** 공무원은 원칙적으로 선거운동을 할 수 없음 ② **【예비·후보자의 배우자 or 후보자 직계존비속인 공무원 허용】** 공무원이 **예비후보자·후보자의 배우자**이거나 **후보자의 직계존비속**인 경우 선거운동을 할 수 있음
미성년자· 선거권이 없는 자	① **【예외없이 금지】** 예비후보자·후보자의 배우자이거나 직계비속인 경우에도 **선거운동을 할 수 없음** (미성년자가 예비후보자·후보자의 직계비속인 경우 선거운동을 할 수 있음 ×)

(2) 단체

원칙허용	① **【원칙허용】** 노동조합은 그 명의로 선거운동을 할 수 있음
법정금지단체	① **【국가·지자체】** 국가·지방자치단체는 선거운동을 할 수 없음 ② **【국민운동단체】** 바르게살기운동협의회·새마을운동협의회·한국자유총연맹 등 특별법에 의하여 설립된 **국민운동단체**로서 국가·지자체의 출연·보조를 받는 단체 ③ **【사적모임】** 향우회·종친회·동창회 등 동호인회, 계모임 등 **개인간의 사적모임**은 그 명의 또는 그 대표의 명의로 선거운동을 할 수 없음

(3) 선거운동의 제한 : 엄격심사

엄격심사	① **【엄격심사】** 선거운동의 자유도 무제한일 수는 없는 것이고, **선거의 공정성**이라는 또 다른 **가치를 위하여 선거운동의 주체, 기간, 방법 등에 대한 규제**가 행하여지지 않을 수 없으나, 선거운동은 국민주권 행사의 일환일 뿐 아니라 정치적 표현의 자유의 한 형태로서 민주사회를 구성하고 움직이게 하는 요소이므로 그 제한입법의 위헌여부에 대하여는 **엄격한 심사기준이 적용** (완화심사 ×)
선거권 제한	① **【선거운동의 제한 = 선거권의 제한】** 선거운동의 자유는 선거권 행사의 전제 내지 선거권의 중요한 내용을 이루므로, **선거운동의 제한**은 후보자에 관한 정보에 자유롭게 접근할 수 있는 권리를 제한하는 것으로서 **선거권**, 곧 참정권의 제한으로 파악될 수도 있음 ② **【선거권 행사 제한 : 헌법적 한계 준수 필요】** 선거권 자체의 제한이 아니라 **선거권의 행사를 제한**하는 법률의 경우에는 입법자에게 **일정한 형성의 자유**가 인정되지만, 입법자는 **선거제도의 원칙을 존중**하고 국민의 **선거권이 부당하게 제한되지 않도록** 하여야 한다는 **헌법적 한계를 준수**해야 함

(4) 관련 위헌판례

1	**공무원 유사자** 【한국철도공사 상근직원 선거운동 금지 (위헌)】 한국철도공사의 **상근직원**은 상근임원과 달리 그 직을 유지한 채 공직선거에 입후보하여 자신을 위한 선거운동을 할 수 있음에도, **상근직원이 타인을 위한 선거운동을 할 수 없도록 전면적으로 금지**하는「공직선거법」은 상근직원의 **선거운동의 자유 침해**(2018.2.22. 2015헌바124)
	유사【지방공사 상근직원 선거운동 금지 (위헌)】「공직선거법」상 **지방공사 상근직원에 대하여 일체의 선거운동을 금지**하는 것은 선거운동의 자유를 중대하게 제한하는 정도에 비하여 선거의 공정성 및 형평성의 확보라는 공익에 기여하는 바가 크지 않으므로 **선거운동의 자유 침해**(2024.1.25. 2021헌가14)
2	**언론인**【대통령령으로 정하는 언론인의 선거운동 금지 (위헌)】(구)「공직선거법」에서 '**대통령령으로 정하는 언론인**'에 대하여 선거운동을 금지하는 것은 **포괄위임금지원칙에 위배**되고 언론인의 **선거운동의 자유 침해**(2016.6.30. 2013헌가1)

(5) 관련 합헌판례

1	**공무원**【공무원의 선거운동 금지 (합헌)】공무원의 직급이나 직렬 등에 상관없이 **공무원의 특정정당 또는 후보자를 위한 선거운동을 모두 금지**하는 것은 부득이하고 불가피하므로 공무원의 **선거운동의 자유 및 정치적 의사표현의 자유 침해 아님**(2012.7.26. 2009헌바298)
	유사【공무원의 기부금 모집 금지 (합헌)】공무원의 기부금 모집을 금지하고 있는「국가공무원법」은 **선거운동의 자유 및 정치적 의사표현의 자유 침해 아님**(2012.7.26. 2009헌바298)
	유사【공무원의 정당가입 권유운동 금지 (합헌)】공무원이 선거에서 특정정당 또는 특정인을 지지하기 위하여 **타인에게 정당에 가입하도록 권유 운동을 한 경우 형사처벌**하는 것은 **정치적 표현의 자유 침해 아님**(2021.8.31. 2018헌바149)
2	**공무원 유사자**【국민건강보험공단 직원 선거운동 금지 (기각)】국민건강보험공단 **직원**의 신분상의 특수성과 조직의 규모, 개인정보 지득의 정도, 선거개입시 예상되는 부작용 등이 사보험업체 직원이나 다른 공단의 직원의 경우와 현저히 차이가 나므로 **국민건강보험공단 직원의 선거운동의 금지**는 정당한 차별목적을 위한 합리적인 수단을 강구한 것으로서 **평등권 침해 아님**(2004.4.29. 2002헌마467)
	유사【협동조합 상근직원 선거운동 금지 (기각)】「농협법」·「수협법」에 의하여 설립된 **조합의 상근직원에 대하여 선거운동을 금지**하는 구「공직선거법」은 정치적 의사표현 중 당선 또는 낙선을 위한 직접적인 활동만을 금지할 뿐이므로 **협동조합 상근직원의 선거운동의 자유 침해 아님**(2022.11.24. 2020헌마417)
3	**단체**【정당 이외 단체의 선거운동 금지 (기각)】정당을 제외한 모든 단체의 선거운동을 금지한「공직선거법」은 **평등권이나 정치적 의사표현의 자유의 자유 침해 아님**(1995.5.25. 95헌마105)

3 선거운동의 방법제한

(1) 관련 위헌판례

1	**【후보자비방죄 (위헌)】** 당선되거나 되게 하거나 되지 못하게 할 목적으로 **공연히 사실을 적시**하여 **후보자가 되고자 하는 자를 비방한 자를 처벌**하는 「공직선거법」은 과잉금지원칙에 위배되어 **정치적 표현의 자유 침해**(2024.6.27. 2023헌바78) → **죄형법정주의 명확성원칙 위배 아님**
2	**【집회나 모임 개최 금지 (위헌)】** 누구든지 선거기간 중 선거에 영향을 미치게 하기 위하여 '그 밖의 집회나 모임'을 개최할 수 없고, 이를 위반하는 자를 처벌하는 「공직선거법」은 일반 유권자의 **집회의 자유, 정치적 표현의 자유 침해**(2022.7.21. 2018헌바164)
3	**【기부가액의 50배 과태료 획일적 부과 (헌불)】** 「공직선거법」을 위반하여 기부 물품 등을 받은 사람에 대하여 그 기부행위가 이루어진 경위와 방식, 기부행위자와 위반자와의 관계 등을 고려하지 않고 그 **기부 물품 등 가액의 50배에 상당하는 과태료**를 부과하는 구 「공직선거법」 조항은 구체적 위반행위의 책임 정도에 상응한 제재라고 할 수 없어 **과잉금지원칙에 위반**(2009.3.26. 2007헌가22)

(2) 관련 합헌판례

1	**【기부행위 상시제한 (합헌)】** 기부행위 제한의 적용을 받는 자에 '**후보자가 되고자 하는 자**'까지 포함하면서 **기부행위의 제한기간을 폐지하여 기부행위를 상시 제한**하도록 한 「공직선거법」은 인격권, 행복추구권, 평등권, 공무담임권을 **침해하는 것으로 보기 어려움**(2009.4.30. 2007헌바29 등)
2	**【다수인 왕래 공개장소에서 지지 호소 허용 (합헌)】** 호별방문금지 규정에도 불구하고 '혼인상제의 의식이 거행되는 장소와 도로·시장·점포·다방·대합실 기타 다수인이 왕래하는 공개된 장소'에서의 지지 호소를 허용하는 「공직선거법」은 **죄형법정주의 명확성 원칙에 위반 아님**(2019.5.30. 2017헌바458)
3	**【확성장치 사용 제한 (합헌)】** 공개장소에서의 연설·대담장소 또는 대담·토론회장에서 연설·대담·토론용으로 사용하는 경우를 제외하고는 **선거운동을 위하여 확성장치를 사용할 수 없도록** 한 공직선거법은 **정치적 표현의 자유 침해 아님**(2022.7.21. 2017헌바100 등)
4	**【질서문란행위 금지 (합헌)】** 누구든지 「공직선거법」에 의한 공개장소에서의 연설·대담장소에서 '기타 어떠한 방법으로도' 연설·대담장소 등의 **질서를 문란하게 하는 행위를 금지**하는 「공직선거법」은 **정치적 표현의 자유 침해 아님**(2023.5.25. 2019헌가13) → **죄형법정주의 명확성원칙 위배 아님**

(3) 장애인 관련 판례

1	**【점자형 선거공보 임의 작성 (합헌)】** 후보자가 시각장애선거인을 위한 **점자형 선거공보 1종을 책자형 선거공보 면수 이내에서 임의로 작성**할 수 있도록 한 「공직선거법」은 **시각장애선거인의 선거권과 평등권 침해 아님**(2014.5.29. 2012헌마913)
2	**【수화언어 또는 자막 방영 재량 (기각)】** 선거방송토론위원회 주관 대담·토론회의 방송에서 **한국수화언어 또는 자막의 방영을 재량사항**으로 규정한 것은 **청각장애인의 선거권 침해 아님**(2020.8.28. 2017헌마813) **유사 【수화언어 또는 자막 방영 재량 (기각)】** 방송광고, 후보자 등의 방송연설, 방송시설주관 후보자연설의 방송, 선거방송토론위원회 주관 대담·토론회의 방송에서 **한국수화언어 또는 자막의 방영을 재량사항**으로 규정한 「공직선거법」은 비청각장애인과 청각장애인인 청구인을 달리 취급하여 **평등권 침해 아님**(2009.5.28. 2006헌마285)

POINT 058 선거구제와 대표제

제67조 ① 【보·평·직·비】 대통령은 국민의 **보통·평등·직접·비밀선거**에 의하여 선출한다.
② 【최고득표자 2인 이상 → 국회간선제】 제1항의 선거에 있어서 **최고득표자가 2인 이상**인 때에는 국회의 **재적의원 과반수**(재적 3분의 2가 출석 ×)가 출석한 공개회의에서 **다수표**(출석과반수 득표 ×)를 얻은 자를 당선자로 한다.
③ 【대통령후보자 1인】 대통령후보자가 1인일 때에는 그 득표수가 **선거권자 총수**(유효투표 총수 ×)**의 3분의 1 이상**(과반수 ×, 2분의 1 이상 ×)이 아니면 대통령으로 당선될 수 없다.
⑤ 【법정주의】 대통령의 선거에 관한 사항은 **법률**로 정한다.

제68조 ① 【임기 만료 : 70일 내지 40일전】 대통령의 임기가 만료되는 때에는 **임기만료 70일**(60일 ×) **내지 40일전**에 후임자를 선거한다.
② 【궐위 : 60일 이내】 대통령이 궐위된 때 또는 대통령 당선자가 사망하거나 판결 기타의 사유로 그 **자격을 상실**한 때에는 **60일 이내**에 후임자를 선거한다.

제41조 ① 【보·평·직·비】 국회는 국민의 **보통·평등·직접·비밀선거**에 의하여 선출된 **국회의원**으로 구성한다.
② 【200인 이상】 국회의원의 수는 법률로 정하되, **200인 이상**으로 한다.
③ 【선거구·비례대표제】 국회의원의 **선거구**와 **비례대표제** 기타 선거에 관한 사항은 **법률**로 **정한다**.

1 대통령선거

(1) 선거구제와 대표제

상대다수대표제	① 【상대다수대표제】 전국단위 상대다수대표제 → 헌법에 대통령당선에 필요 **득표수 미규정** ② 【중선위 결정 → 국회의장 통지】 중선위가 유효투표의 다수를 얻은 자를 **당선인으로 결정**하고 **국회의장**(당선인 ×)**에게 통지**
최고득표자 2인 이상	① 【국회간접선거 : 국회 재적과반수 출석다수표 → 국회 결정】 중선위의 통지에 의하여 **국회재적의원 과반수 출석**한 공개회의에서 **다수표 얻은 자를 당선인으로 결정** ② 【국회 결정 → 의장 공고】 국회가 당선인을 결정한 경우 **국회의장이 당선을 공고** (국회의장은 중선위에 통고하고 중선위원장이 당선을 공고 ×)
후보자 1인	① 【선거권자 1/3】 선거권자 총수의 1/3 이상 득표 ② 【중선위 결정·공고】 중선위가 당선인을 결정하고 공고

(2) 선거일과 임기개시

임기만료	① 【헌법】 임기만료 전 **70일**(60일 ×, 80일 ×) **~ 40일** ② 【공선법】 임기만료 전 **70일**(60일 ×) 이후 첫 번째 **수요일**(목요일 ×) ③ 【임기 개시 : 전임자 임기만료일 다음날 0시】 대통령의 임기는 전임대통령의 **임기만료일의 다음날 0시**부터 개시
재·보궐	① 【헌법】 실시사유가 확정된 때부터 **60일**(90일 ×) **이내 후임자 선거** ② 【임기 개시 : 당선이 결정된 때】 전임자의 **임기가 만료된 후에 실시하는 선거**와 **궐위로 인한 선거**에 의한 대통령의 임기는 **당선 결정된 때**부터 개시 (전임대통령 임기만료일 다음날 0시부터 개시 ×) ③ 【5년 임기】 대통령의 궐위시 선출된 **후임자 임기는 새로 시작** (전임자의 잔여임기 ×)

2 국회의원 및 지방선거

(1) 선거구제와 대표제

선거구제와 대표제	① **【선거구제】** 선거구당 선출되는 의원정수에 따라 **소선거구제**(1명), **중선거구제**(2~4명), **대선거구제**(5명 이상)로 구분 / ② **【대표제】** 대표의 결정방식에 따라 **다수대표제**(상대다수 or 절대다수), **소수대표제**, **비례대표제**로 구분 /
현행 선거제도	① **【국회의원선거】** 국회의원선거는 **소선거구제**, **상대다수대표제**(절대다수대표제 ×) 및 **비례대표제**를 함께 채택 / ② **【비례대표제】** 국회의원·지방의회의원선거에서는 **비례대표제**를 채택 /

(2) 국회의원

구분	지역구	비례대표
의원정수	① **【헌법상 하한 규정 : 200인 이상】** 헌법은 **국회의원의 하한을 200명**으로 명시 → 국회의원의 수는 입법형성의 범위에 속하나 법률로 그 수를 200인 미만으로 정하는 경우 이유를 불문하고 **위헌** → 국회의원의 수를 200인 미만으로 정하는 법률 제정할 수 없음 // ② **【공선법 300인(지역구 254, 비례 46)】** 국회의 의원정수는 **지역구국회의원 254명**과 **비례대표국회의원 46명**을 합하여 **300명** ³	
선거일	① **【공선법】** 임기만료 전 **50일**(60일 ×) 이후 첫 번째 **수요일** /	
선거구제와 대표제 (대표선출방식)	① **【소선거구】** 상대다수대표제 ② **【최고득표자 1인】** 하나의 국회의원지역선거구에서 선출할 **국회의원의 정수는 1인** `	① **【고정명부식】** 전국단위 **정당고정명부식** ② **【봉쇄조항】 지역구 5석** 이상(3석 ×) or **비례대표선거 유효투표총수 3/100** 이상(5/100 이상 ×) 득표 정당에 대해 비례대표의석 배분 ` → 연동배분 ③ **【배분수 〉 추천수 → 공석】** 정당에 **배분**된 비례대표국회의원 의석수가 그 정당이 **추천**한 비례대표국회의원 후보자수를 **넘는 때**에는 그 넘는 의석은 **공석**으로 함 `
최고득표자 2인 이상	① **【연장자】** 연장자가 당선인으로 결정	—
후보자 1인	① **【무투표당선】** 투표를 실시하지 아니하고 그 후보자가 당선인으로 결정	—

(3) 지방선거

구분	지자체장	지역구		비례대표
		시·도	자치구·시·군	
선거구제와 대표제 (대표선출방식)	• 상대다수대표제	① **【소선거구】** 상대다수대표제	① **【중선거구】** 상대다수대표제 ② **【2~4인】** 선거구별 시·도 조례로 정하는 2~4인 선출	① **【고정명부식】** 지역단위 정당고정명부식 ② **【봉쇄조항】** 유효투표총수 **5/100** 이상(3/100 이상 ×) 득표정당에 대해 의석배분 /
최고득표자 2인 이상	• **【연장자】** 연장자가 당선인으로 결정			—
후보자 1인	• **【무투표당선】** 투표를 실시하지 아니하고 그 후보자가 당선인으로 결정			

(4) 임기개시

임기만료	① 【전임자의 임기만료일 다음날】 전임자의 **임기만료일의 다음 날**부터 개시
재·보궐	① 【당선이 결정된 때, 전임자 잔임기간】 임기는 **당선이 결정된 때**부터 개시되며 **전임자의 잔임기간**으로 함

(5) 관련판례

1	**【소선거구제 다수대표제 (기각)】** 소선거구 다수대표제는 다수의 사표가 발생한다 하더라도 그 이유만으로 헌법상 요구된 **선거의 대표성의 본질**을 침해한다거나 **국민주권원리**를 침해하고 있다고 할 수 없고, **평등권과 선거권 침해 아님**(2016.5.26. 2012헌마374)
2	**【후보자 1인시 무투표당선 (기각)】** 지자체장 선거에서 후보자 1인만이 등록한 경우 투표를 실시하지 않고 그 후보자를 **당선인으로 결정**하도록 하는 「공직선거법」은 **주민의 선거권 침해 아님**(2016.10.27. 2014헌마797)

3 재·보궐선거

(1) 보궐선거와 재선거 사유

보궐선거	① 【궐위】 대통령의 궐위 ② 【궐원·궐위】 지역구국회의원·지방의회의원 및 지자체장에 **궐원** 또는 **궐위**가 생긴 때에는 **보궐선거**를 실시
비례대표	① 【비례대표 차순위자 승계】 비례대표국회의원·지방의회의원에 **궐원이 생긴 때**에는 정당의 **비례대표 후보자명부**에 기재된 순위에 따라 궐원된 의원의 **의석을 승계할 자**를 결정 ② 【임기 120일 이내 승계제한】 임기만료일 전 120일 이내에 궐원이 생긴 때에는 의석을 승계할 사람을 결정하지 아니함
재선거	① 【대통령 당선자 사망·자격상실】 대통령 당선자가 **사망**하거나 판결 기타의 사유로 그 **자격을 상실**한 때 ② 【임기전 사퇴·사망】 당선인이 **임기개시 전**에 **사퇴**하거나 **사망**한 때 ③ 【임기전 당선무효】 당선인이 **임기개시 전**에 **당선의 효력이 상실**되거나 **당선이 무효**로 된 때

(2) 보궐선거·재선거·선거연기

구분	대통령선거	국회의원·지방의원	지자체장
선거일	• 60일 이내	• 매년 4월 중 첫 번째 수요일	• 전년도 9.1.부터 2월 말일까지 실시사유 확정시 **4월 첫 번째 수요일** • 3.1.부터 8.31.까지 실시사유 확정시 **10월 첫 번째 수요일**
미실시 가능		• **임기 1년 미만시 실시 안 할 수 있음 (대통령·비례대표 제외)** • 지역구지방의원 : 의원정수 1/4 미만 결원시 실시 안 할 수 있음	
선거연기	① 【대통령·국회의원선거 : 대통령】 천재·지변 기타 부득이한 사유로 인하여 선거를 실시할 수 없거나 실시하지 못한 때에는 대통령선거와 국회의원선거에서는 **대통령이 선거를 연기** ② 【지방선거 : 관할 선관위원장】 **관할선거구선관위원장**이(중선위원장 ×) 당해 **지자체장과 협의**하여 선거를 **연기**		

(3) 관련판례

1	【임기만료 180일전 비례국회의원 승계 제한 (헌불)】 임기만료일 전 180일 이내에 비례대표국회의원에 궐원이 생긴 때를 비례대표국회의원 **의석승계 제한사유로** 규정한 「공직선거법」은 정당에 비례대표국회의원 의석을 할당받도록 한 선거권자들의 정치적 의사표현을 무시하고 왜곡하는 결과를 낳을 수 있고 **대의민주주의 원리에 부합하지 않음** (2009.6.25. 2008헌마413)
2	【선거범죄로 당선무효시 비례국회의원 승계 제한 (위헌)】 선거범죄로 인하여 당선이 무효로 된 경우에 비례대표국회의원후보자명부에 의한 승계원칙의 예외를 규정한 「공직선거법」은 대의제민주주의 원리 및 자기책임의 원리에 부합하지 않고 **차순위 후보자의 공무담임권 침해**(2009.10.29. 2009헌마350 등) 〔유사〕【선거범죄로 당선무효시 비례지방의원 승계 제한 (위헌)】 선거범죄로 인하여 당선이 무효로 된 때를 비례대표지방의회의원의 의석 승계 제한사유로 규정한 「공직선거법」은 궐원된 비례대표지방의회의원 의석을 승계 받을 **차순위 후보자의 공무담임권 침해**(2009.6.25. 2007헌마40)

POINT 059 투표

1 선거방법

(1) 기표

선거방법	① 【투표】 선거는 **기표방법**에 의한 투표로 함 ② 【지역구·비례대표 각 1인 1표】 투표는 **1인 1표**로 하되, 국회의원선거, 시·도의원선거 및 자치구·시·군의원선거에 있어서는 **지역구**의원선거 및 **비례대표**의원선거마다 **1인 1표**로 함
투표시간	① 【투표일 6시 ~ 6시】 투표소는 선거일 **오전 6시**에 열고 **오후 6시**에 닫음 ② 【사전투표 6시 ~ 6시】 사전투표소는 사전투표기간 중 **오전 6시**에 열고 **오후 6시**에 닫음

(2) 관련판례

1	【부재자투표 오전 10시 개시 : 선거권, 평등권 침해 (헌불)】 부재자투표 개시시간을 일과시간 이내인 오전 10시로 정하는 것은 일과시간에 학업이나 직장업무를 하여야 하는 부재자투표자의 경우 사실상 선거권을 행사할 수 없게 하는 것으로 **부재자투표자의 선거권과 평등권 침해**(2012.2.23. 2010헌마601) [8] 비교 【부재자투표 오후 4시 종료 (기각)】 투표종료시간을 오후 4시까지로 한정하는 것은 투표관리의 효율성을 제고하기 위한 것으로서 **부재자투표자의 선거권이나 평등권 침해 아님**(2012.2.23. 2010헌마601) [5]
2	【오전 6시 투표개시 오후 6시 투표종료 (기각)】 임기만료에 의한 공직선거에서 **투표소를 오후 6시에 닫도록 한 것**이 투표권의 자유로운 행사를 침해하는 것인가는 **투표제도 전반을 종합적으로 살펴야 할 것**이므로 **선거권 침해 아님** (2013.7.25. 2012헌마815 등) [1]
3	【투표용지 일련번호 떼지 않고 교부 (기각)】 사전투표관리관이 투표용지의 일련번호를 떼지 아니하고 선거인에게 **교부**하도록 정한 「공직선거법」은 사전투표자들의 **선거권 침해 아님**(2023.10.26. 2022헌마231 등) [1]
4	【사전투표 인쇄날인 (기각)】 사전투표관리관이 투표용지에 자신의 도장을 찍는 경우 도장의 날인을 인쇄날인으로 **갈음**할 수 있도록 한 「공직선거관리규칙」은 현저히 불합리하거나 불공정하여 사전투표자의 **선거권 침해 아님** (2023.10.26. 2022헌마232 등) [1]

2 선상투표제도

1	① 【부재자·거소투표 대상에 선원 제외 (헌불)】 부재자투표 내지 거소투표 대상에 **국외 구역을 항해하는 선박에 장기 기거하는 선원들을 포함시키지 않고**, **거소투표방법으로 등기우편만을 인정**하고 있어 선거권을 행사할 수 있는 방법을 마련하지 않은 「공직선거법」은 **선거권 침해**(2007.6.28. 2005헌마772) [2] ② 【모사전송시스템 활용 투표 인정 필요】 선원들이 **모사전송 시스템을 활용하여 투표**하는 경우, 선원들로서는 자신의 투표결과에 대한 비밀이 노출될 위험성을 스스로 용인하고 투표에 임할 수도 있을 것이므로, **선거권 내지 보통선거원칙과 비밀선거원칙을 조화적으로 해석**할 때 **위헌 아님**(2007.6.28. 2005헌마772) [4]

POINT 060 선거공영제와 선거범죄

제116조 ② 【선거공영제】 선거에 관한 경비는 법률이 정하는 경우를 제외하고는 정당 또는 후보자에게 부담시킬 수 없다.⁶

1 선거공영제

입법재량	① 【넓은 입법형성권】 선거공영제의 내용은 우리의 선거문화와 풍토, 정치문화 및 국가의 재정상황과 국민의 법감정 등 여러 가지 요소를 종합적으로 고려하여 **입법자가 정책적으로 결정할 사항으로서 넓은 입법형성권**이 인정³
선거비용	① 【선지출, 후보전】 15% 이상 득표 전액반환, 10~15% 득표 50% 반환 등 (기탁금과 동일)

2 선거범죄

(1) 당선무효와 제재조치

당선무효	① 【당선인 : 징역형 or 벌금 100만원 이상】 당선인이 선거범죄로 **징역형 또는 100만원 이상의 벌금형**을 선고받은 경우 **당선을 무효로 함** ② 【관계자 벌금 300만원 이상】 후보자의 직계존비속등이 「공직선거법」을 위반하여 300만원 이상의 벌금형을 선고받은 때에는 그 후보자의 **당선을 무효로 함**¹
제재조치	① 【선거권·피선거권 박탈】 선거범으로서 100만원 이상 벌금형 확정후 5년, 집행유예·징역 확정후 10년 동안 선거권·피선거권 박탈⁷ ② 【기탁금·선거비용 반환】 선거범죄로 당선이 무효로 된 자는 이미 반환받은 **기탁금과 보전받은 선거비용을 다시 반환**

(2) 관련판례

1	【100만원 이상 벌금형 시 지방의원직 퇴직·출마금지 (기각)】 선거에 관한 여론조사의 결과에 영향을 미치게 하기 위하여 둘 이상의 전화번호를 착신전환 등의 조치를 하여 같은 사람이 두 차례 이상 응답하는 등의 행위로 **100만 원 이상의 벌금형의 선고**를 받고 그 형이 확정된 후 **5년을 경과하지 아니한 자**는 선거권이 없다고 규정한 「공직선거법」은 **선거권 침해 아님**(2022.3.31. 2019헌마986)¹ → 지방의회의원의 직에서 퇴직되도록 한 것은 **공무담임권 침해 아님**¹
2	【당선무효시 기탁금·선거비용 반환 (합헌)】 선거범죄를 저지른 낙선자를 제외하고 **선거범죄로 당선이 무효로 된 자에게만** 이미 반환받은 기탁금과 보전받은 선거비용을 다시 반환하도록 한 (구)「공직선거법」은 과잉금지원칙을 위반한 **재산권 침해 아님**(2011.4.28. 2010헌바232)³ → ① **평등권 침해 아님**¹ ② **공무담임권 제한 아님**¹

POINT 061 선거쟁송

1 선거소송과 당선소송

선거소송	① 【선거자체 하자 → 선거효력】 선거소송은 선거자체의 흠을 이유로 **선거의 효력을 다투는 소송**으로 정당·후보자·선거인이 선거관리위원장을 피고로 제기하는 소송임
당선소송	① 【선거유효 → 당선인 결정 위법】 당선소송은 선거가 유효임을 전제로 당선인 결정에 위법이 있음을 이유로 정당·후보자가 당선인·선거관리위원장 등을 피고로 제기하는 소송임

2 대통령·국회의원 선거

구분	선거소송	당선소송		
청구이유	• 선거의 효력에 이의 [7]	• 당선의 효력에 이의 [5]		
제소권자	• 선거인 [5] • 정당 또는 후보자 [6]	• 정당 또는 후보자 [3]		
제소기한	• 선거일부터 30일 이내 [5]	• 당선인 결정일부터 30일 이내		
피고	• 당해 선거구 선관위원장 [5] • 위원장이 궐위시 해당 선관위원 전원 [1]	구분	대통령선거	국회의원선거
		당선인	• 당선인 [4]	
		당선인 無 (사퇴·사망 등)	• 법무부장관	• 관할 고등검찰청 검사장
		당선인 결정자	• 중선위원장 [4] • 국회의장(국무총리 ×) [2]	• 당해 선거구선관위원장
제소법원	• 대법원 [13]			

3 지방선거 : 선거소청 → 선거소송

(1) 선거·당선소청

지방선거	① **【지방선거에서만 인정】** 지방선거에서는 **선거소청을 인정**하지만, **대통령·국회의원선거**에서는 선거소청을 인정하지 않음
필요적 전치	① **【필수적 전치절차】** 지방선거에 대한 효력에 이의가 있는 경우 정당은 **소청절차를 경유하지 않고**, 법원에 **소송을 제기할 수 없음**

(2) 선거·당선소청 구체 내용

구분	선거소청	당선소청
대상선거	• **지방의원·지자체장선거** (대통령 ×, 국회의원 ×)	
소청인	• 선거인 • 정당 또는 후보자	• 정당 또는 후보자
청구기간	• 선거일부터 **14일 이내**	• 당선인 결정일부터 **14일 이내**
피소청인	• 당해 선거구선관위원장	• **당선인** • 당해 선거구선관위원장
청구기관	• 시·도지사, 비례대표 시·도의원선거 → 중앙선관위 → 대법원 선거·당선소송 • 지역구 시·도의원, 자치구·시·군의원 및 장 → **시·도 선관위** → **고등법원 선거·당선소송**	

(3) 선거·당선소송

구분	선거소송	당선소송
제소권자	• 소청결정에 불복이 있는 **소청인·당선인**	• 소청결정에 불복이 있는 **소청인·당선인인 피소청인**
제소기한	• 소청결정서 받은 날부터 **10일 이내**	
피고	• **기각·각하결정** 해당 선거구 선관위 위원장 • **인용결정** 인용결정을 한 선관위 위원장	• **기각·각하결정** 당선인 • **인용결정** 인용결정을 한 선관위 위원장
제소법원	• **시·도지사, 비례대표 시·도의원선거** → 중앙선관위 → 대법원 선거·당선소송 • 지역구 시·도의원, 자치구·시·군의원 및 장 → **시·도 선관위** → **고등법원 선거·당선소송**	

4 결정 또는 판결

무효판결	① **【선거결과 영향시만 전부·일부무효판결】** 소청이나 소장을 접수한 선거관리위원회 또는 대법원이나 고등법원은 선거쟁송에 있어서 선거에 관한 규정에 위반된 사실이 있는 때라도 **선거의 결과에 영향을 미쳤다고 인정**하는 때에 한하여 **선거의 전부나 일부의 무효 또는 당선의 무효를 결정하거나 판결함**
처리기간	① **【소송 180일 이내】** 선거에 관한 소청이나 소송은 다른 쟁송에 우선하여 **신속히 결정 또는 재판**하여야 하며, 소송에 있어서는 수소법원은 **소가 제기된 날부터 180일 이내에 처리하여야 함**

POINT 062 직업공무원제도

CHAPTER 12 | 직업공무원제와 공무담임권

제7조 ① 【봉사자·책임】 공무원은 국민전체에 대한 봉사자이며, 국민에 대하여 책임을 진다.
② 【직업공무원제】 공무원의 신분과 정치적 중립성은 법률이 정하는 바에 의하여 보장된다.
제5조 ② 【국군 : 정치적 중립】 국군은 국가의 안전보장과 국토방위의 신성한 의무를 수행함을 사명으로 하며, 그 정치적 중립성은 준수된다.

1 국민 전체에 대한 봉사자로서 공무원 (§7①)

모든 공무원	① 【§7①의 공무원과 §7②의 공무원 불일치】 헌법 제7조 제1항에 의하여 **국민전체에 대한 봉사자**로서 국민에 대하여 책임을 지는 공무원과 제2항에 의하여 **신분과 정치적 중립성이 보장**되는 공무원이 **일치하지는 않음** ② 【대통령 포함】 **대통령**은 국민 전체에 대한 봉사자로 **헌법상 공무원**에 해당
의무와 기본권 제한	① 【객관·공정 직무 수행 의무】 공무원은 국민 전체에 대한 봉사자로서 국민에 대하여 책임을 지므로 특정인이나 특정 집단을 위해서가 아니라 **주권자인 국민 전체**를 위해 항상 **객관적이고 공정하게 직무를 수행**하여야 함 ② 【넓고 강한 기본권 제한】 공무원은 **공인**으로서의 지위와 **사인**으로서의 지위, 국민 전체에 대한 **봉사자**로서의 지위와 기본권을 향유하는 **기본권 주체**로서의 지위라는 **이중적 지위**를 가지므로 공무원이라고 하여 기본권이 무시되거나 경시되어서는 안 되지만, 공무원의 신분과 지위의 특수성상 **공무원**에 대해서는 **일반 국민에 비해 보다 넓고 강한 기본권 제한**이 가능

2 직업공무원제와 직업공무원 (§7②)

(1) 제도적 보장으로서 직업공무원제도

직업공무원 제도	① **【공직구조제도 (反 엽관제)】** 헌법 제7조가 정하고 있는 직업공무원제도는 공무원이 집권세력의 논공행상의 제물이 되는 **엽관제도를 지양**하며 정권교체에 따른 **국가작용의 중단과 혼란을 예방**하고 일관성 있는 **공무수행의 독자성을 유지**하기 위하여 헌법과 법률에 의하여 **공무원의 신분이 보장**되도록 하는 공직구조에 관한 제도 ② **【신분보장 + 정치적 중립】** 직업공무원제도하에서는 과학적 직위분류제(職位分類制), 성적주의 등에 따른 **인사의 공정성**을 유지하는 장치가 중요하지만 특히, **공무원의 정치적 중립과 신분보장**은 중추적 요소
행정·정치적 안정	① **【행정의 계속성·안정성 확보】** 직업공무원제도는 공무원의 정치적 중립과 신분보장을 통해 **행정의 계속성과 안정성을 확보**하고자 하는 것임 ② **【정치적 안정에 기여】** 직업공무원제도는 공무원으로 하여금 특정 정당이나 특정 상급자를 위하여 충성하는 것이 아니라 **국민전체의 봉사자로서 법에 따라 그 소임을 다할 수 있게 함**으로써 국가기능의 측면에서 **정치적 안정의 유지에 기여**하는 제도
제도적 보장 (최소한 보장)	① **【최소한 보장】** 직업공무원제도는 **헌법이 보장하는 제도적 보장**이므로 입법자는 직업공무원제도에 관하여 **최소한 보장의 원칙**(최대한 보장 ×)의 한계 안에서 **폭넓은 입법형성의 자유**를 가짐 ② **【기본권의 최소한 제한과 대조】** 직업공무원제도는 지방자치제도, 복수정당제도, 혼인제도 등과 함께 '**제도보장**'의 하나로서 이는 **일반적인 법에 의한 폐지나 제도본질의 침해를 금지**한다는 의미의 '**최소보장**'의 원칙이 적용되는바, 이는 **기본권**의 경우 헌법 제37조 제2항의 과잉금지의 원칙에 따라 필요한 경우에 한하여 '**최소한으로 제한**'되는 것과 **대조됨**
협의의 공무원	① **【협의의 공무원】** 직업공무원제에서 공무원은 국가 또는 공공단체와 근로관계를 맺고 이른바 공법상 특별권력관계 내지 특별행정법관계 아래 공무를 담당하는 것을 직업으로 하는 **협의의 공무원을 의미**하고 **정치적 공무원이나 임시적 공무원은 포함되지 않음** (선거직 공직자를 포함한 광의의 공무원 ×) ② **【지자체장 아님】** 지방자치단체장은 특정 정당을 정치적 기반으로 하여 선거에 입후보할 수 있고 선거에 의하여 선출되는 공무원이라는 점에서 **헌법 제7조 제2항**(직업공무원제)**에 따라 신분보장이 필요**하고 정치적 중립성이 요구되는 공무원에 해당한다고 보기 어려움

(2) 신분보장

신분보장	① **【신분보장 → 법률로 내용 구체화】** 헌법 제7조 제2항은 **공무원이 정당한 이유 없이 해임되지 아니하도록 신분을 보장**하여 국민 전체에 대한 봉사자로서 성실히 근무할 수 있도록 하기 위한 것임과 동시에, **공무원의 신분은 무제한 보장되는 것이 아니라** (공무원의 신분은 무제한 보장 ×) 공무의 특수성을 고려하여 헌법이 정한 신분보장의 원칙 아래 **법률로 그 내용을 정할 수 있도록** 한 것임
정년제도	① **【정년까지 근무할 권리는 기득권으로 보호】** 공무원의 **정년까지 근무할 수 있는 권리**는 헌법의 공무원 신분보장규정에 의하여 보호되는 기득권으로서 **신뢰보호원칙에 위배되지 않는 범위 내에서만 제한이 가능** ② **【합리적인 범위내 조정 가능】** 입법자는 **공무원의 정년**을 행정조직, 직제의 변경 또는 예산의 감소 등 제반사정을 고려하여 **합리적인 범위내에서 조정할 수 있음**
보호영역 불포함	① **【검사에 대한 소청절차 마련의무 無】** 헌법 제7조 제2항에서 공무원의 신분은 법률이 정하는 바에 의하여 보장된다고 규정함으로써 직업공무원제도에 따른 **공무원 신분 법정주의**를 천명하고 있을 뿐 **징계처분 등을 받은 검사에 대하여 행정소송제도 외 추가적으로 소청절차를 마련해야 한다는 입법의무를 도출하기 어려움**

(3) 정치적 중립

공무원·국군	① 【공무원, 국군의 정치적 중립성】 헌법은 **국군과 공무원의 정치적 중립성**에 대하여 서술
제한	① 【공무원의 정치적 표현의 자유 전면부정 불가】 오늘날 **정치적 표현의 자유**는 자유민주적 기본질서의 구성요소로서 다른 기본권에 비하여 우월한 효력을 가지므로, **공무원이라는 지위**에 있다는 이유만으로 **정치적 표현의 자유를 전면적으로 부정할 수는 없음** ② 【군무원의 정치적 표현의 자유 엄격 제한】 **군무원**은 국민의 구성원으로서 **정치적 표현의 자유를 보장**받지만, **국가공무원**으로서 헌법 제7조에 따라 그 정치적 중립성을 준수하여야 할 뿐만 아니라, **국군의 구성원**으로서 헌법 제5조 제2항에 따라 그 정치적 중립성을 준수할 필요성이 더욱 강조되므로, 정치적 표현의 자유에 대해 **일반 국민보다 엄격한 제한을 받을 수밖에 없음** (엄격히 제한할 필요 없음 ×)

(4) 관련판례

1	【군무원이 정치적 의견을 공표하는 행위 금지 (합헌)】 군무원이 연설, 문서 등의 방법으로 **정치적 의견을 공표**하는 경우 2년 이하의 금고에 처하도록 한 조항은 군무원의 **정치적 표현의 자유 침해 아님**(2018.7.26. 2016헌바139) → **죄형법정주의 명확성원칙 위반 아님**

3 관련판례

(1) 위헌판례

1	【임명권자의 후임자 임명으로 공무원직 상실 (위헌)】 조직의 변경과 관련이 없음은 물론 소속공무원의 귀책사유의 유무라든가 다른 공무원과의 관계에서 형평성이나 합리적 근거 등을 제시하지 아니한 채 **임명권자의 후임자 임명처분으로 공무원직을 상실**하도록 한 (구)「국가보위입법회의법」은 **직업공무원제도의 본질적 내용 침해**(1989.12.18. 89헌마32 등)

(2) 합헌판례

1	① 【해당 공무원 동의전제 지자체장 동의로 공무원 전출입 허용 (합헌)】 「지방공무원법」의 지방공무원의 전입에 관한 규정은 해당 **지방공무원의 동의**가 있을 것을 당연한 전제로 하여 그 공무원이 소속된 **지방자치단체의 장의 동의**를 얻어서만 그 공무원을 전입할 수 있음을 규정하고 있는 것으로 해석할 때 **헌법에 합치**(2002.11.28. 98헌바101 등) ② 【해당 공무원 의사에 반하는 전·출입명령 불허】 해당 지방공무원의 동의 없이도 지방자치단체의 장 사이의 동의만으로 지방공무원에 대한 전출 및 전입명령이 가능하다고 풀이하는 것은 **헌법적으로 용인되지 아니함**(2002.11.28. 98헌바101 등)
2	【직제폐지시 공무원 면직 (합헌)】 지방자치단체의 **직제가 폐지**된 경우에 해당 **공무원을 직권면직**할 수 있도록 규정하고 있는 「지방공무원법」은 **직업공무원제도 위반 아님**(2004.11.25. 2002헌바8)
3	【연령정년제도 (합헌)】 공무원 정년제도에 대해서는 연령구성의 고령화를 방지하고 조직을 활성화하여 공무 능률을 유지·향상시킨다고 하는 목적이 있으므로 **헌법 제7조 위반 아님**(1997.3.27. 96헌바86)
4	【사후 계급정년제 신설 (합헌)】 공무원 임용 당시에는 연령정년에 관한 규정만 있었는데 **사후에 계급정년제도를 신설**하여 정년이 단축되도록 하는 (구)「국가안전기획부직원법」을 **소급적용**하였더라도 **신뢰보호 내지 신분관계의 안정 침해 아님**(1994.4.28. 91헌바15 등)

POINT 063 공무담임권

> **제25조 【공무담임권】** 모든 국민은 법률이 정하는 바에 의하여 **공무담임권**을 가진다.³

1 공무담임권

직무를 담당할 권리	① 【직무를 담당할 수 있는 권리】 공무담임권이란 입법부, 집행부, 사법부는 물론 지방자치단체 등 **국가, 공공단체의 구성원으로서 그 직무를 담당할 수 있는 권리**³ ② 【참정권적 기본권】 공무담임권은 **국민주권의 실현방법**으로 국가의 **공적업무에 참여**하고 수행하는 권리로서 **헌법상 권리**¹
공직취임권	① 【피선거권 + 공직취임권】 공무담임권은 각종 선거에서 입후보하여 당선될 수 있는 **피선거권**과 공직에 임명될 수 있는 **공직취임권**을 포괄³ ② 【피선거권 포함】 공무담임권은 선거직공무원을 비롯한 모든 국가기관의 **공직에 취임할 수 있는 권리**이므로, 여러 가지 **선거에 입후보해서 당선될 수 있는 피선거권을 포함**하는 개념¹

2 공무담임권의 내용(보호영역)과 제한

(1) 공직취임

직업공무원의 기회보장	① 【직업공무원의 능력주의】 선출직 공무원과 달리 직업공무원에게는 정치적 중립성과 더불어 효율적으로 업무를 수행할 수 있는 능력이 요구되므로, **직업공무원의 공직진출**에 관한 규율은 임용희망자의 능력·전문성 등 **능력주의를 바탕**으로 이루어져야 함¹ ② 【능력·적성에 따른 균등기회보장】 헌법은 이를 명시적으로 밝히고 있지 않지만 헌법 제7조에서 보장하는 **직업공무원제도의 기본적 요소에 능력주의가 포함**되므로 공무담임권은 모든 국민이 그 능력과 적성에 따라 **공직에 취임할 수 있는 균등한 기회**를 보장³ ③ 【공무담임의 평등한 기회보장】 모든 국민이 현실적으로 국가나 공공단체의 직무를 담당할 수 있다는 의미가 아니라, **공무담임에 관한 자의적이지 않고 평등한 기회**를 보장⁵
능력주의	① 【능력주의 선발 아닌 경우 공직취임권 침해】 공직자선발에 관하여 능력주의에 바탕한 선발기준을 마련하지 아니하고 직무수행능력과 무관하게 예컨대 **성별·종교·사회적 신분·출신지역 등을 기준으로 선발**하는 것은 자의적 차별로서 국민의 **공직취임권 침해**¹ ② 【사회국가원리에 의한 능력주의 제한 가능】 헌법의 기본원리인 **사회국가원리**와 여자·연소자근로의 보호, 국가유공자·상이군경 및 전몰군경의 유가족에 대한 우선적 근로기회의 보장을 규정하고 있는 **헌법 제32조 제4항 내지 제6항**, 여자·노인·신체장애자 등에 대한 사회보장의무를 규정하고 있는 **헌법 제34조 제2항 내지 제5항** 등 **헌법적 요청이 있는 경우 능력주의 제한 가능** (능력주의에 대한 예외는 인정되지 않음 ×)³

(2) 현직 공무원의 공무담임권

신분박탈	① **【신분의 부당한 박탈 금지】** 공무담임권의 보장은 **공직취임의 기회를 자의적으로 배제당하지 않음**을 의미하며, 공무담임권의 보호영역에는 **공직취임 기회의 자의적인 배제와 공무원 신분의 부당한 박탈** 등이 포함 (공무원 신분의 부당한 박탈은 포함되지 않음 ×)[10] ② **【신분박탈이 기회배제 보다 국민에 영향 큼】** 공무원 신분의 부당한 박탈은 공직취임의 기회의 자의적인 배제보다 당해 국민의 법적 지위에 미치는 **영향이 더욱 큼** (기회배제가 국민의 법적 지위에 미치는 영향이 큼 ×)[1] ③ **【사회국가 실현수단 & 사회국가의 대상·과제】** 현대민주주의 국가는 **사회국가원리에 입각한 공직제도의 중요성**이 특히 강조되고 있는바, 사회적 법치국가이념을 추구하는 자유민주국가에서 공직제도란 **사회국가의 실현수단**일 뿐 아니라, 그 자체가 **사회국가의 대상이며 과제임**[1]
권한정지	① **【권한정지】** 공무담임권의 보호영역에는 **공직취임 기회의 자의적인 배제**뿐 아니라, **공무원 신분의 부당한 박탈**이나 **권한(직무)의 부당한 정지**도 포함[5] ② **【공무배제】** 현재 공무를 담임하고 있는 자를 **공무로부터 배제**하는 것은 **공무담임권 제한**[1]
승진시 균등한 기회제공 요구	① **【승진시 균등한 기회제공 요구권】** 공무담임권은 공직취임의 기회균등 뿐만 아니라 취임한 뒤 **승진할 때에도 균등한 기회제공**을 요구 (취임한 뒤 승진할 때 균등기회제공 요구 아님 ×)[4]

(3) 공무담임권의 제한

공무담임권 제한	① **【기탁금제도, 시험응시연령제한】** 국회의원선거의 **기탁금제도**, 공무원시험의 **응시연령 제한** 등은 공무담임권 제한과 관련[1] ② **【기탁금 → 과잉금지심사】** 지역구국회의원선거에 입후보하기 위한 요건으로서 **기탁금 및 그 반환**에 관한 규정은 입후보에 영향을 주므로 **공무담임권을 제한**하는 것이고, 이러한 공무담임권에 대한 제한은 **과잉금지원칙을 기준으로 하여 판단**[1] ③ **【대의제 위반 → 공무담임권 침해】** 선출직 공무원의 공무담임권은 선거를 전제로 하는 대의제의 원리에 의하여 발생하는 것이므로 **공직의 취임이나 상실**에 관련된 어떠한 법률조항이 **대의제의 본질에 반한다면 이는 공무담임권도 침해**하는 것이라고 볼 수 있음[4]
공무담임권과 직업공무원제	① **【공무담임권 제한】** 선출직 공무원이 될 피선거권과 직업공무원이 될 권리를 포함하는 헌법 제25조의 공무담임권이 헌법 제7조의 규정 내용과 유기적 연관을 맺고 있다면, 헌법 제7조 제2항의 보장 내용이 **직업공무원제도를 보장하는 성격**을 띤다는 사실만으로 헌법소원심판으로 구제될 수 있는 '**공무담임권의 보호영역**'에 포함되지 않을 이유는 없음[1]

3 공무담임권의 내용이 아닌 경우

(1) 보호영역이 아닌 경우

공무수행의 자유	① 【특정장소, 특정보직 근무요구】 공무원이 **특정의 장소에서 근무**하는 것 또는 **특정의 보직을 받아 근무**하는 것을 포함하는 '**공무수행의 자유**'는 보호영역에 포함되지 않음 (공무수행의 자유는 보호영역에 포함 ×)[8]
승진가능성	① 【승진시험 응시제한, 승진기회보장】 승진시험의 응시제한이나 이를 통한 승진기회의 보장 등 공직신분의 유지나 업무수행에 영향을 주지 않는 **단순한 내부 승진인사에 관한 문제**는 공무담임권의 보호영역에 포함 안됨 (승진기회의 보장 등 내부 승진인사에 관한 문제 포함 ×)[9] ② 【승진가능성】 승진가능성이라는 것은 공직신분의 유지나 업무수행과 같은 법적 지위에 직접 영향을 미치는 것이 아니고 **간접적, 사실적 또는 경제적 이해관계**에 영향을 미치는 것에 불과하여 공무담임권의 보호영역에 포함 안됨 [2]
퇴직급여 · 재해보상	① 【퇴직급여, 공무상 재해보상】 공무원의 재임 기간 동안 충실한 공무 수행을 담보하기 위하여 **공무원의 퇴직급여 및 공무상 재해보상을 보장할 것**까지 공무담임권의 보호영역에 포함 안됨 (보호영역에 포함 ×)[5]

(2) 공무담임권 제한이 아닌 판례

1	**공무수행의 자유** 【군무원에 국방부 근무기회 제한 (기각)】 국방부 등의 보조기관에 근무할 수 있는 기회를 현역군인에게만 부여하고 군무원에게는 부여하지 않는 법률조항은 군무원의 **공무담임권을 제한하지 아니하므로 공무담임권 침해 아님** (2008.6.26. 2005헌마1275) [2]
2	**승진가능성** 【승진시험응시 제한 (기각)】 시험요구일 현재를 기준으로 승진임용이 제한된 자에 대하여 **승진시험응시를 제한**하도록 한 공무원임용시험령이 **공무담임권 침해 아님** (2007.6.28. 2005헌마1179) [1]
3	**승진가능성** 【일반직 공무원 정원 증가로 승진경쟁 치열 (각하)】 경찰청 내에 일반직 공무원의 정원이 증가하여 승진경쟁이 치열해졌다 하더라도 그러한 불이익은 **승진기회 내지 승진 확률이 축소**되는 사실상의 불이익에 불과할 뿐이므로 **공무담임권 침해 문제 생길 여지 없음** (2010.3.25. 2009헌마538) [1]
4	【기능직공무원의 일반직 우선 임용 제외 (기각)】 기능직공무원이 일반직공무원으로 우선 임용될 기회를 주지 않는 것은 **공무담임권 침해 문제 생길 여지 없음** (2013.11.28. 2011헌마565) [1]
5	【연수휴직기간 2년 (각하)】 지방자치단체 공무원이 연구기관이나 교육기관 등에서 **연수하기 위한 휴직기간은 2년 이내**로 한다고 규정한 「지방공무원법」은 연수휴직 기간의 상한을 제한하는 내용으로, 공직취임의 기회를 배제하거나 공무원 신분을 박탈하는 것과 관련이 없으므로, 휴직조항으로 인하여 법학전문대학원에 진학하려는 9급 지방공무원의 **공무담임권 침해될 가능성 불인정** (2024.2.28. 2020헌마1377) [1]
6	【기부행위 처벌 (합헌)】 후보자가 되고자 하는 자가 당해 선거구 안에 있는 단체 등에 **기부행위를 하는 경우 처벌**하도록 규정한 공직선거법 조항에 의하여 **공무담임권 제한 아님** (2021.2.25. 2018헌바223) [1]
7	【서울교통공사 직원 직위 공무 아님 (각하)】 서울교통공사는 공익적인 업무를 수행하기 위한 지방공사이나 서울특별시와 독립적인 공법인으로서 경영의 자율성이 보장되고, **서울교통공사의 직원의 신분도** 「지방공무원법」이 아닌 「지방공기업법」과 정관에서 정한 바에 따르는 등, 서울교통공사의 직원이라는 직위가 헌법 제25조가 보장하는 **공무담임권의 보호영역인 '공무'의 범위에는 해당하지 않음** (2021.2.25. 2018헌마174) [1]
8	【정당 내부경선에 참여할 권리 (각하)】 정당의 내부경선에 참여할 권리는 공무담임권의 내용에 포함되지 아니하므로, 정당이 당내경선을 실시하지 않는 것이 **공무담임권 침해 아님** (2014.11.27. 2013헌마814) [3]

4 관련 위헌판례

(1) 피선거권

| 1 | 【인권위원 퇴직후 2년간 공무원임명·선거출마금지 (위헌)】 인권위원이 퇴직 후 2년간 교육공무원이 아닌 공무원으로 임명되거나 선거에 출마할 수 없도록 규정한 국가인권위원회법은 인권위원의 참정권 등 기본권을 제한함에 있어서 준수하여야 할 과잉금지원칙에 위배되고 평등원칙 위반(2004.1.29. 2002헌마788) |

(2) 공직취임권

1	① 【간선제 국립대 총장후보자 지원시 1,000만원 기탁금 (위헌)】 간선제의 경우 국립대학교 총장후보자로 지원하려는 사람에게 1,000만 원의 기탁금 납부를 요구하고, 납입하지 않을 경우 총장후보자에 지원하는 기회를 주지 않는 것은 공무담임권 침해(2018.4.26. 2014헌마274) ② 【국립대 총장 후보자 선출 참여권】 국립대학교수가 대학총장 후보자 선출에 참여할 권리는 기본권으로 인정할 수 있음(2018.4.26. 2014헌마274)
2	【5급 공채 응시연령 상한 32세 (헌불)】 5급 공개경쟁채용시험의 응시연령 상한을 32세까지로 한 「공무원임용시험령」은 헌법 제37조 제2항에 부합 안됨(2012.5.31. 2010헌마278) 유사 【순경·소방사 응시연령 상한 30세 (헌불)】 순경 공채시험의 응시연령 상한을 '30세 이하'로 규정한 부분, 소방사 등 채용시험의 응시연령 상한을 '30세 이하'로 규정한 부분 및 소방간부 선발시험의 응시연령 상한을 '30세 이하'로 규정한 부분은 공무담임권 침해(2012.5.31. 2010헌마278)
3	① 【아동 성적 학대행위자 일반직 공무원 결격 (헌불)】 아동에게 성적 수치심을 주는 성희롱 등의 성적 학대행위로 형을 선고받아 확정된 사람은 일반직 공무원으로 임용될 수 없도록 한 「국가공무원법」은 공무담임권 침해(2022.11.24. 2020헌마1181) ② 【부사관 임용 결격 (헌불)】 아동에게 성적 수치심을 주는 성희롱 등의 성적 학대행위로 형을 선고받아 그 형이 확정된 사람은 부사관으로 임용될 수 없도록 한 「군인사법」은 공무담임권 침해(2022.11.24. 2020헌마1181) 유사 【아동·청소년이용음란물소지죄 일반직 공무원 결격 (헌불)】 아동·청소년이용음란물임을 알면서 이를 소지한 죄로 형을 선고받아 그 형이 확정된 사람은 일반직공무원으로 임용될 수 없도록 규정한 「국가공무원법」 및 「지방공무원법」은 그 형이 확정된 사람의 공무담임권 침해(2023.6.29. 2020헌마1605 등) 비교 【성범죄자 교원임용 결격 (기각)】 미성년자에 대한 성범죄로 형을 선고받아 확정된 자와 성인에 대한 성폭력범죄를 범하여 벌금 100만 원 이상의 형을 선고받아 확정된 자는 「초·중등교육법」상의 교원에 임용될 수 없도록 한 것은 공무담임권 침해 아님(2019.7.25. 2016헌마754) 비교 【성폭력 범죄자 교원임용 제한 (기각)】 성인에 대한 성폭력범죄 행위로 벌금 100만 원 이상의 형을 선고받고 확정된 자에 한하여 「고등교육법」상의 교원으로 임용할 수 없도록 한 것은 공무담임권 침해 아님(2020.12.23. 2019헌마502)
4	【과거 3년 이내 당원경력 법관임용결격 (위헌)】 과거 3년 이내의 당원 경력을 법관임용 결격사유로 정한 「법원조직법」은 과잉금지원칙에 반하여 공무담임권 침해(2024.7.18. 2021헌마460)

(3) 직무정지

1	【금고이상의 형확정 전 부단체장 권한대행 (헌불)】 지자체의 장이 금고 이상의 형을 선고받고 그 형이 확정되지 아니한 경우 부단체장이 그 권한을 대행하도록 하는 「지방자치법」은 **공무담임권 침해**(2010.9.2. 2010헌마418) [6] → ① 평등권 침해 / ② 무죄추정원칙 위배 /	
	〈비교〉【공소제기 후 구금상태 부단체장 권한대행 (기각)】 지자체의 장이 공소 제기된 후 구금상태에 있는 경우 일시적으로 부단체장이 그 권한을 대행하도록 규정한 법률조항은 해당 지자체장의 **공무담임권 침해 아님**(2011.4.28. 2010헌마474) [3] → 무죄추정원칙 위배 아님 [6]	
2	【주민소환투표 발의·공고시 권한행사 정지 (기각)】 주민소환투표가 발의되어 공고되었다는 이유만으로 곧바로 주민소환투표대상자의 권한행사가 정지되도록 한 「주민소환법」은 **공무담임권 침해 아님**(2009.3.26. 2007헌마843) [1]	

(4) 신분박탈

1	【피성년후견인 공무원 당연퇴직 (위헌)】 피성년후견인 국가공무원은 당연퇴직한다고 규정한 「국가공무원법」 조항은 **공무담임권 침해**(2022.12.22. 2020헌가8) [3] → 당연퇴직제도는 공무원의 직무수행에 대한 국민의 신뢰, 공무원직에 대한 신용 등을 유지하고, 그 직무의 정상적인 운영을 확보하는 데 기여 /	
2	① 【선고유예 경찰공무원 당연퇴직 (위헌)】 경찰공무원이 자격정지 이상의 형의 선고유예를 받은 경우 당연퇴직하도록 규정한 조항은 자격정지 이상의 선고유예 판결을 받은 모든 범죄를 포괄하여 규정하고 있을 뿐만 아니라 과실범의 경우마저 당연퇴직의 사유에서 제외하지 않고 있으므로 **최소침해성의 원칙**에 반하여 **공무담임권 침해**(2004.9.23. 2004헌가12) [5]	
	② 【당연퇴직사유와 임용결격사유 동일 취급 불허】 일단 공무원으로 채용된 공무원을 퇴직시키는 것은 공무원이 장기간 쌓은 지위를 박탈해 버리는 것이므로 **당연퇴직사유를 임용결격사유와 동일하게 취급하는 것은 타당하지 않음**(2004.9.23. 2004헌가12) /	
	③ 【재판청구권·적법절차원칙 위배 아님】 재판청구권을 침해하거나 적법절차의 원리를 위배 아님(1998.4.30. 96헌마7) /	
	〈유사〉【선고유예 공무원 당연퇴직 (위헌)】 금고 이상 형의 선고유예를 받은 경우 공무원직에서 당연히 퇴직하는 것으로 규정한 「국가공무원법」은 최소침해성의 원칙에 반하므로 **공무담임권을 침해**(2003.10.30. 2002헌마684 등) [5] → 헌법 제7조 제2항 직업공무원제도에 반하는 것은 아니라 공무담임권 침해 /	
	〈유사〉【선고유예 공무원 당연퇴직 (위헌)】 금고 이상 형의 선고유예를 받은 경우 공무원직에서 당연히 퇴직하는 것으로 정한 「지방공무원법」은 **공무담임권 침해**(2002.8.29. 2001헌마788 등) [2]	
	〈유사〉【선고유예 군무원 당연퇴직 (위헌)】 금고 이상 형의 선고유예를 받은 경우에 군무원직에서 당연히 퇴직하도록 하는 것은 해당 군무원의 **공무담임권 침해**(2007.6.28. 2007헌가3) [2]	
	〈유사〉【선고유예 예비군 지휘관 당연해임 (위헌)】 향토예비군 지휘관이 금고 이상 형의 선고유예를 받은 경우에는 그 직에서 당연해임되도록 규정하고 있는 법률조항은, 범죄의 종류와 내용을 가리지 않고 모두 당연퇴직사유로 정함으로써 **공무담임권 침해**(2005.12.22. 2004헌마947) [2]	
	〈비교〉【수뢰죄 선고유예 국가공무원 당연퇴직 (합헌)】 수뢰죄를 범하여 금고이상의 형의 선고유예를 받은 국가공무원을 당연퇴직하도록 한 「국가공무원법」은 **공무담임권 침해 아님**(2013.7.25. 2012헌바409) [5] → 적법절차원리 위반 아님 [2]	

5 관련 합헌판례

(1) 공직취임권

1	【부사관 임용 최고연령 27세 (기각)】 부사관으로 최초로 임용되는 사람의 최고연령을 27세로 정한 「군인사법」은 부사관이라는 공직 취임의 기회를 제한하고 있으나, 군 조직의 특수성, 군 조직 내에서 부사관의 상대적 지위 및 역할 등을 고려할 때 **공무담임권 침해 아님**(2014.9.25. 2011헌마414) 【유사】【경찰대 입학연령 21세 (기각)】 경찰대학의 입학 연령을 21세 미만으로 제한하고 있는 「경찰대학의 학사운영에 관한 규정」은 **공무담임권 침해 아님**(2009.7.30. 2007헌마991) → **학문의 자유 침해 아님**
2	【직업상담사 가산점 (기각)】 고용노동 및 직업상담 직류를 채용하는 경우 **직업상담사 자격증 보유자에게 만점의 3% 또는 5%의 가산점을 부여**한다고 명시한 인사혁신처 18년도 국가공무원 공개경쟁채용시험 등 계획 공고는 **공무담임권과 평등권 침해 아님**(2018.8.30. 2018헌마46) 【유사】【세무직 가산점 (기각)】 관련 자격증 소지자에게 **세무직 국가공무원 공개경쟁채용시험에서 일정한 가산점을 부여**하는 「공무원임용시험령」 조항은 가산 대상 자격증을 소지하지 아니한 자의 **공무담임권 침해 아님**(2020.6.25. 2017헌마1178) → **공무담임권을 제한하는 측면**이 있지만, 전문적 업무 능력을 갖춘 사람을 우대하여 **직업공무원제도의 능력주의를 구현**하는 측면이 있으므로 **과잉금지원칙 위반 여부**를 심사할 때 이를 고려할 필요가 있음 【유사】【관세직 가산점 (기각)】 관련 자격증 소지자에게 **관세직 국가공무원 공개경쟁채용시험에서 일정한 가산점을 부여**하는 구 「공무원임용시험령」 중 6·7급의 변호사, 공인회계사, 관세사에 대한 가산비율 5% 부분은 **공무담임권 침해 아님**(2023.2.23. 2019헌마401)
3	【동점처리시 국가유공자 등에 우선권 부여 (기각)】 국·공립학교 채용시험의 동점자처리에서 국가유공자 등 및 그 유족·가족에게 우선권을 주도록 하고 있는 「국가유공자법」은 일반 응시자들의 **평등권 또는 공무담임권 침해 아님**(2006.6.29. 2005헌마44)
4	【전역 군인의 군무원 특별채용 (기각)】 채용 예정 분야의 해당 직급에 근무한 실적이 있는 **군인을 전역한 날부터 3년 이내에 군무원으로 채용**하는 경우 특별채용시험으로 채용할 수 있도록 하는 것은 현역 군인으로 근무했던 전문성과 경험을 활용하기 위한 것으로 **공무담임권 침해 아님**(2016.10.27. 2015헌마734)
5	【보국수훈자 자녀 가점 폐지 (기각)】 취업지원 실시기관 채용시험의 가점 적용대상에서 보국수훈자의 자녀를 제외하는 법 개정을 하면서, 가까운 장래에 보국수훈자의 자녀가 되어 채용시험의 가점을 받게 될 것이라는 신뢰를 장기간 형성해 온 사람에 대하여 경과조치를 두지 않은 「국가유공자법」 부칙 규정은 **신뢰보호원칙에 위배되어 공무담임권 침해 아님**(2015.2.26. 2012헌마400)
6	【임기제 공무원 채용시 변호사 자격 등록요건 (기각)】 행정5급 일반임기제공무원에 관한 경력경쟁채용시험에서 '**변호사 자격 등록**'을 응시자격요건으로 하는 방위사업청장의 공고는 변호사 자격을 가졌으나 변호사 자격 등록을 하지 아니한 청구인들의 **공무담임권 침해 아님**(2019.8.29. 2019헌마616)
7	【교육의원 후보자 5년 교육경력 요구 (기각)】 교육의원후보자가 되려는 사람은 **5년 이상의 교육경력 또는 교육행정경력**을 갖추도록 규정한 구 「제주특별법」은 이러한 경력을 갖추지 못한 청구인들의 **공무담임권 침해아님**(2020.9.24. 2018헌마444)
8	【수석교사의 교육연구사 선발 응시 제한 (기각)】 교육부 및 그 소속기관에서 근무하는 **교육연구사 선발에 수석교사가 응시할 수 없도록 응시자격 제한**한 교육부장관의 '2017년도 교육전문직 선발 계획 공고'와 '2017년도 교육부 및 소속기관 근무 교육전문직 선발 계획'은 **공무담임권 침해 아님**(2023.2.23. 2017헌마604)
9	【판검사 임용 시험·교육과정 미도입 (기각)】 판사·검사의 임용자격을 변호사 자격이 있는 자로 제한하는 「법원조직법」과 「검찰청법」은 변호사시험과 별도로 판·검사 교육후보자로 선발하는 시험 및 국가가 실시하는 교육과정을 거쳐 **판·검사로 임용되는 별개의 제도를 도입하지 않았다 하여 공무담임권 침해 아님**(2020.10.29. 2017헌마1128)
10	【변시 불합격자 검사임용대상 제외 (기각)】 법전원 졸업연도에 실시된 **변호사시험에 불합격**하여 사회복무요원으로 **병역의무를 이행하던 중 변호사자격을 취득**하고 2021년 소집해제 예정인 사람을 **검사임용대상에서 제외**한 법무부장관의 '2021년도 검사 임용 지원 안내'는 **공무담임권 침해 아님**(2021.4.29. 2020헌마999)
11	【금고형 선고유예시 결격사유 (기각)】 벌금형의 선고유예판결을 공무원결격사유로 하지 않으면서 **금고형의 선고유예판결을 공무원결격사유**로 한 「지방공무원법」은 **합리성과 형평에 위반 아님**(1990.6.25. 89헌마220)

(2) 승진시 균등한 기회보장

1	【공무원 징계시 승진임용 제한 (기각)】 비위공무원에 대한 징계를 통해 불이익을 줌으로써 공직기강을 바로 잡고 공무수행에 대한 국민의 신뢰를 유지하고자 하는 공익은 제한되는 사익 이상으로 중요하므로, **공무원이 감봉 처분을 받은 경우 12월간 승진임용을 제한**하는 「국가공무원법」은 **공무담임권 침해 아님**(2022.3.31. 2020헌마211)

(3) 신분박탈

1	【임용결격자 임용시 당연무효 (합헌)】 금고 이상의 형의 선고유예를 받고 그 기간 중에 있는 자를 임용결격사유로 삼고, 위 사유에 해당하는 자가 **임용되더라도 이를 당연무효**로 하는 「국가공무원법」은 **공무담임권 침해 아님**(2016.7.28. 2014헌바437)
2	【집행유예 국가공무원 당연퇴직 (합헌)】 공무원이 금고 이상의 형의 집행유예 판결을 받은 경우 **당연퇴직**하도록 규정한 「국가공무원법」은 **공무담임권 침해 아님**(1997.11.27. 95헌바14 등)
	[유사] 【집행유예 지방공무원 당연퇴직 (기각)】 공무원이 금고 이상의 형의 집행유예 판결을 받은 경우 **당연퇴직**하도록 규정한 구 「지방공무원법」은 **공무담임권 침해 아님**(2015.10.21. 2015헌바215)
3	【검사에 대한 징계면직 (기각)】 구 검사징계법상 **검사에 대한 징계로서 '면직' 처분**을 인정하는 것은 과잉금지원칙에 반하여 **공무담임권 침해 아님**(2011.12.29. 2009헌바282)
4	①【주민소환 청구사유 미규정 (기각)】 대의민주주의 아래에서 대표자에 대한 선출과 선임은 선거의 형태로 이루어지는 것이 바람직하고, 주민소환은 대표자에 대한 신임을 묻는 것으로서 그 속성은 **재선거**와 다를 바 없으므로, 선거와 마찬가지로 **사유를 묻지 않는 것이 제도의 취지에 부합**(2011.3.31. 2008헌마355) ②【공무담임권 침해 아님】 주민소환투표의 청구시 **주민소환의 청구사유를 명시하지 아니하고** 주민소환 청구사유의 진위 여부에 대한 확인을 규정하지 아니하고 있는 「주민소환법」은 **지자체장의 공무담임권 침해 아님**(2011.3.31. 2008헌마355)

POINT 064 지방자치제도

> 제117조 ① 【사무·지방자치권】 지방자치단체는 주민의 복리에 관한 사무를 처리하고 재산을 관리하며, **법령의 범위안에서 자치에 관한 규정**을 제정할 수 있다.[6]
> ② 【지방자치단체】 지방자치단체의 종류는 **법률로 정한다**.[1]
> 제118조 ① 【지방의회】 지방자치단체에 **의회를 둔다**.[3]
> ② 【법정주의】 지방의회의 조직·권한·**의원선거**와 **지방자치단체의 장의 선임방법** 기타 지방자치단체의 조직과 운영에 관한 사항은 **법률로 정한다**.[4]

1 지방자치제도의 제도보장

헌법적 보장	① 【주민에 의한 자기통치】 지방자치제도의 헌법적 보장은 **국민주권의 기본원리**에서 출발하여 **주권의 지역적 주체로서 주민에 의한 자기통치**의 실현으로 요약할 수 있음[2] ② 【국가의 침해로부터 본질영역 보호】 지방자치의 **본질적 내용인 핵심영역**은 어떠한 경우라도 **국가의 침해로부터 보호**되어야 한다는 것을 의미함[3] ③ 【지방자치의 본질훼손금지】 중앙정부와 지자체 간에 **권력을 수직적으로 분배하는 문제**는 서로 조화가 이루어져야 하고, 조화를 도모하는 과정에서 입법 또는 중앙정부에 의한 **지방자치의 본질의 훼손은 어떠한 경우라도 허용되어서는 안 됨**[1]
제도적 보장	① 【폭넓은 입법형성의 자유】 지방자치제도는 **제도적 보장**의 하나로서, **제도의 본질적 내용**을 침해하지 않는 범위 안에서 입법자에게 **입법형성의 자유**가 폭 넓게 인정[1] ② 【최소한 보장】 지방자치제도는 제도적 보장이기 때문에 기본권보장과는 달리, **최소보장의 원칙이 적용**됨 (최대한 보장의 원칙이 적용 ×)[2] ③ 【자치단체·자치기능·자치사무의 보장】 헌법은 제117조와 제118조에서 '지자체의 자치'를 제도적으로 보장하고 있는 바, 그 보장의 본질적 내용은 **자치단체의 보장, 자치기능의 보장 및 자치사무의 보장**임[3]

2 지방자치제도(지방의회)의 헌정사

최초구성과 해산	① 【제헌헌법 : 지방자치제도 규정】 최초로 지방의회가 구성된 것은 **제1공화국 기간인 1952년**(1950년 ×)임[1] ② 【5.16으로 지방의회 해산】 1961년 박정희 정부에 의해 해산
구성유예	① 【제7차 개정헌법 : 조국통일시까지 지방의회 구성유예】 지방의회를 **조국통일**이 이루어질 때까지 구성하지 아니한다는 것을 헌법 부칙에 규정한 것은 **제7차 개정헌법**(1972년)임 (제8차 개정헌법 ×)[1] ② 【제8차 개정헌법 : 재정자립도 감안 지방의회 순차구성】 지방의회는 지자체의 **재정자립도를 감안**하여 순차적으로 구성하도록 규정

POINT 065 지방자치단체

> 제117조 ② 【지방자치단체의 종류】 지방자치단체의 종류는 법률로 정한다.

1 지방자치단체의 종류와 법인격

(1) 종류와 법인격

종류	① 【일반지자체】 지자체는 '특별시·광역시·특별자치시·도·특별자치도'와 '시·군·구' 두 가지 종류로 구분 (특별시·광역시·특별자치시·특별자치도는 특별지방자치단체 ×) ② 【특별지자체】 「지방자치법」상 지자체 외에 **특정한 목적을 수행**하기 위하여 필요하면 따로 **특별지자체를 설치**할 수 있음
법인격	① 【법인】 지자체는 **법인**으로 함 (법인격 없는 사단 ×)

(2) 명칭과 구역

종전	① 【종전】 지자체의 **명칭과 구역은 종전과 같이 함**
변경	① 【법률로 폐치·분합】 명칭과 구역을 바꾸거나 지자체를 폐지하거나 설치하거나 나누거나 합칠 때는 **법률**(대통령령 ×)로 정함 (기초자치단체의 명칭 변경은 기초 조례나 주민투표 ×) ② 【대통령령으로 경계·한자명칭 변경】 지자체의 관할 구역 **경계변경**과 **한자명칭**의 변경은 **대통령령**(법률 ×)으로 정함

2 관할구역의 범위

(1) 공유수면 경계

관할구역	① 【육지·바다 + 공유수면】 지자체의 구역은 주민·자치권과 함께 **자치단체의 구성요소**이며 자치권이 미치는 관할 구역의 범위에는 육지는 물론 바다도 포함되므로 **공유수면에 대해서도 지자체의 자치권한이 존재** (공유수면에 대한 지자체의 관할권한은 존재하지 않음 ×)
공유수면 해상경계	① 【명시적 법령 → 불문법 → 헌재가 형평의 원칙(등거리 중간선)에 따라 획정】 관할구역 경계를 결정하는데 **명시적 법령**이 없으면 경계에 관한 **불문법**을 따라야 하며, 불문법도 없으면 **헌법재판소가 형평의 원칙**에 따라 합리적이고 공평하게 관할구역의 경계를 획정함
국가기본도상 해상경계선	① 【자체 불문법성 부정】 국가기본도에 표시된 해상경계선은 그 **자체로 불문법상 해상경계선으로 인정 안됨** (불문법상 해상구역의 경계로 보는 것이 헌법재판소의 일관된 판례임 ×) ② 【관행 형성시 불문법성 인정】 관할 행정청이 **국가기본도에 표시된 해상경계선을 기준**으로 하여 과거부터 현재에 이르기까지 **반복적으로 처분**을 내리고, 지자체가 허가, 면허 및 단속 등의 **업무를 지속적으로 수행**하여 왔다면 **국가기본도상의 해상경계선**은 지자체 관할 경계에 관하여 **불문법으로서 그 기준이 될 수 있음** (불문법으로서 그 기준이 될 수 없음 ×)

(2) 매립지 경계

행안부장관 결정·불복	① 【**행안부장관 결정**】 매립지가 속할 지자체는 **행안부장관이 결정**[1] ② 【**대법원에 소제기**】 관계 지자체장은 행안부장관의 결정에 이의가 있으면 그 결과를 통보받은 날부터 15일 이내에 **대법원에 소송 제기 가능**[1]
공유수면 경계와 무관	① 【**공유수면 관할 지자체의 매립지 관할권 인정 아님**】 매립 전 공유수면을 청구인이 관할하였다 하여 **매립지에 대한 관할권한을 인정하여야 한다고 볼 수 없음** (공유수면 관할 지자체에 귀속 ×)[1] ② 【**공유수면 관할권과 매립지 관할권은 관련 無**】 공유수면의 관할 귀속과 매립지의 관할 귀속은 그 성질상 달리 보아야 하므로 매립공사를 거쳐 종전에 존재하지 않았던 토지가 새로이 생겨난 경우, **공유수면의 관할권을 가지고 있던 지자체이든 그 외의 경쟁 지자체이든 새로 생긴 매립지에 대하여는 중립적이고 동등한 지위에 있음**[1] ③ 【**행안부장관 결정전 지자체 관할권 無**】 신생 매립지는 종전의 관할구역과의 연관성이 단절되고, 행정자치부장관의 결정이 확정됨으로써 비로소 관할 지방자치단체가 정해지며, **그 전까지 해당 매립지는 어느 지자체에도 속하지 않음**[1]

3 지방자치단체의 폐치·분합

폐치·분합	① 【**자치행정의 일반적 보장 / 특정 지자체 존속보장 아님**】 헌법이 지방자치제도를 보장한다는 의미는 **자치행정을 일반적으로 보장한다는 의미일 뿐 특정 자치단체의 존속 보장 아님**[8] ② 【**법률로 폐치·분합 可**】 법률로써 특정 지자체를 폐지하여 다른 지자체에 병합하더라도 헌법이 보장하는 지방자치제도의 **본질적 내용 침해 아님** (폐치분합은 허용되지 않음 ×)[2]
입법재량	① 【**중층구조 계속 존속 : 입법재량**】 현행법에 따른 지자체의 **중층구조** 또는 지자체로서 특별시·광역시 도와 함께 시·군 및 구를 **계속하여 존속하도록 할지 여부는 입법자의 입법형성권의 범위** (입법형성권의 범위에 포함되지 않음 ×)[8] ② 【**중층구조의 단층화 : 입법재량**】 일정구역에 한하여 모든 자치단체를 전면적으로 폐지하거나 지방자치단체인 시·군이 수행해 온 **자치사무를 국가의 사무로 이관**하는 것이 아니라 당해 지역 내의 지방자치단체인 시·군을 모두 폐지하여 **중층구조를 단층화하는 것은 입법자의 선택범위**[2] ③ 【**법률로 중층구조의 단층화 가능**】 일정 지역 내의 시·군을 모두 폐지하여 지자체의 **중층구조를 단층화**하는 것은 **입법자의 입법형성권의 범위 → 제도보장에 위배되지 않음** (입법자의 형성권에 속하지 않음 ×, 헌법개정이 필수적임 ×)[3]
헌법소원	① 【**폐치·분합 법률 → 헌소대상**】 지자체의 **폐치·분합에 관한 것은 대상지역 주민들의 인간다운 생활공간에서 살 권리** 등을 침해할 수 있으므로 **헌법소원 대상** (지자체의 자치행정권 중 지역고권의 보장문제이므로 헌법소원 대상 아님 ×)[6]

POINT 066 지방자치단체의 사무와 지방자치권

제117조 ① 【사무·지방자치권】 지방자치단체는 주민의 복리에 관한 사무를 처리하고 재산을 관리하며, 법령의 범위안에서 자치에 관한 규정을 제정할 수 있다.?

1 지방자치단체의 사무

(1) 자치사무와 위임사무

사무의 판단		① 【법령 + 사무성질·경비부담·최종책임귀속 등 고려】 지자체장의 사무가 자치사무인지, 기관위임 사무인지 판단은 **법령의 규정 형식과 취지를 우선 고려**하여야 하고, **사무의 성질**이 전국적으로 통일적 처리가 요구되는 것인지, **경비부담과 최종적 책임귀속 주체** 등도 고려/
자치 사무	지도· 지원관계	① 【지도·지원관계】 자치사무에 관한 한 중앙행정기관과 지자체의 관계는 **상하 감독관계가 아닌 상호보완적 지도·지원관계** (자치사무에 관한 한 하급행정기관 ×, 상하감독관계 ×)/
	사례	① 【지방선거사무】 지방의회의원과 지자체장을 선출하는 **지방선거사무**는 지자체의 존립을 위한 **자치사무**에 해당³ → **지자체가 처리**하고 그에 따른 비용도 **지자체가 부담**하여야 하므로 국회가 **지방선거의 선거비용을 지자체가 부담**하도록 「공직선거법」을 개정한 것은 지자체의 **자치권한을 침해 아님**² ② 【인권교육의 편성·실시 사무】 학기당 2시간 정도의 **인권교육의 편성·실시**는 「지방자치법」이 지자체의 사무로 예시한 교육에 관한 사무로서 **초등학교·중학교·고등학교 등의 운영·지도에 관한 사무**에 속함/ ③ 【의무교육 관련 경비 지자체 부담】 「교육자치법」 등을 개정하여 **의무교육 관련 경비를 국가뿐만 아니라 지방자치단체에도 부담**케 하는 것은 **지방자치단체의 자치재정권 침해 아님** (자치재정권 침해 ×)/
위임사무		① 【교육장등 징계사무】 교육감 소속 교육장 등에 대한 징계의결요구 내지 신청 사무는 징계사무의 일부로서 대통령, 교육부장관으로부터 교육감에게 위임된 **국가위임사무임**/

(2) 지방자치단체의 사무 정리

구분	자치사무	위임사무	
		단체위임사무	기관위임사무
개념	• 지자체 존립목적이 되는 **고유사무**	• 법령에 의한 **지자체의 사무**	• 국가 또는 상위지자체의 하위기관으로서 **지자체장의 사무**
조례제정대상	○	○	× (법령에 위임 시 예외적으로 가능)
권한쟁의심판	○	○	×

2 지방자치권

(1) 지방자치권

지방자치권	① 【자치입법·행정·재정권】 지자체의 자치권은 **자치입법권·자치행정권·자치재정권**으로 나눌 수 있으며 **자치사법권은 해당하지 않음** (자치사법권이 포함 ×)¹ ② 【입법형성권】 지방자치제도는 제도보장이므로 **지자체의 자치권의 범위나 내용**은 지방자치제도의 본질을 침해하지 않는 범위에서 **입법권자가 광범위한 입법형성권**을 가짐¹
법령으로 형성·제한	① 【법령에 의해 형성·제한】 지자체의 자치권의 범위는 **법령에 의하여 형성되고 제한됨**¹ ② 【본질사항 법률 직접 규정】 헌법상 **지자체의 지방자치권**은 국가 통치조직의 분배와 작용에 관한 것으로서 **국가권력의 일부분을 담당하는 권한**인 이상, 지자체의 조직과 자치기능 및 자치사무의 자율성에 관한 **기본적이고 본질적인 사항은 법률에서 직접 규정하여야 함**¹ ③ 【자치권의 본질훼손 금지】 지자체의 자치권은 헌법상 보장을 받고 있으므로 **법령에 의하여 제한**이 가능하더라도 **자치권의 본질을 훼손하는 정도에 이르면 헌법에 위반** (자치권의 본질을 다소 훼손하는 점이 있다 하더라도 헌법에 반하는 것은 아님 ×)²

(2) 지방자치권의 구체적 내용

자치사무 자율권	① 【소속 공무원 인사·처우 결정 및 예산편성·집행권】 지자체의 자치권은 자치에 관한 규정을 제정할 수 있는 **자치입법권**은 물론이고 **소속 공무원에 대한 인사와 처우를 스스로 결정**하고 이에 관련된 **예산을 스스로 편성하여 집행하는 권한** 포함 (예산편성·집행권 불포함 ×)² ② 【자치사무에 대한 합목적성 명령·지시 받지 않을 권한】 자치권에는 **소속 공무원에 대한 인사와 처우를 스스로 결정**하고 **자치사무의 수행**에 있어 **다른 행정주체(특히 국가)**로부터 **합목적성**(합법성 ×)**에 관하여 명령·지시를 받지 않는 권한** 포함³
지방교육자치	① 【영역 + 지역】 **지방교육자치**는 교육자치라는 **영역적 자치**와 지방자치라는 **지역적 자치**가 결합한 형태로서, 교육자치를 지방교육의 특수성을 살리기 위해 **지자체 수준**에서 행하는 것¹ ② 【지방자치 + 문화자치】 지방교육자치는 **지방자치권행사의 일환**으로서 보장되는 것이므로, 중앙권력에 대한 **지방적 자치**로서의 속성과 동시에 헌법이 보장하고 있는 교육의 자주성·전문성·정치적 중립성을 구현하기 위한 것이므로, **정치권력에 대한 문화적 자치로서의 속성**도 지니고 있음¹ ③ 【지자체 기관은 중앙정치기관과 상이】 국회·대통령과 같은 정치적 권력기관은 헌법 규정에 따라 **국민으로부터 직선**되나, **지방자치기관**은 지방자치제의 권력 분립적 속성상 **중앙정치기관의 구성과는 다소 상이한 방법**으로 국민주권·민주주의원리가 구현될 수 있음¹
불포함	① 【영토고권 불인정】 국가가 영토고권을 가지는 것과 마찬가지로 지자체에게 관할구역 내에 속하는 **영토·영해·영공을 자유로이 관리**하고 **관할구역 내의 사람과 물건을 독점적·배타적으로 지배**할 수 있는 **영토고권은 인정되지 않음** (영토고권 인정 ×)⁸ ② 【행정동 명칭 독점·배타적 사용권 불인정】 어느 지자체가 특정한 **행정동 명칭을 독점·배타적으로 사용할 권한**이 있다고 볼 수 **없음**²

3 조례제정권

(1) 조례제정권

헌법에 근거	① 【허용근거 有 but 범위·기준 규정 無】 헌법은 **자치입법권의 허용 근거만을 마련**해 두고 있을 뿐, 조례에의 위임입법은 **어떤 범위** 내에서 **어떤 기준**에 의하여 위임할 수 있는지에 관하여 **명시적 규정을 두고 있지 않음** [1]
조례제정권	① 【자치조례】 지자체는 **법령의 범위**에서 그 사무에 관하여 **조례를 제정**할 수 있음 [1] ② 【하위법령 규정 불가】 법령에서 조례로 정하도록 위임한 사항은 **그 법령의 하위 법령**에서 그 위임의 내용과 범위를 **제한하거나 직접 규정할 수 없음** [5] ③ 【20일】 조례는 특별한 규정이 없으면 **공포한 날부터 20일**이 지나면 **효력을 발생함** [2]
자치조례 (자치 + 단체)	① 【자치 + 단체위임】 지자체가 **조례를 제정**할 수 있는 사항은 지자체의 고유사무인 **자치사무**와 개별 법령에서 지자체에 위임된 **단체위임사무**에 한함 (단체위임사무는 해당하지 않음 x) [5] ② 【기관위임사무 원칙 불가】 국가사무가 지자체장에게 위임되거나 상위 지자체의 사무가 하위 지자체장에게 위임된 **기관위임사무**는 원칙적으로 **조례 제정범위에 속하지 않음** [10]
위임조례 (기관위임)	① 【법령위임시 기관위임사무 可】 개별 법령에서 특별히 위임하고 있을 경우 **기관위임사무**에 관하여도 위임의 범위 내에서 **위임조례를 제정**할 수 있음 (법령의 위임이 없더라도 기관위임사무에 관해 조례로 정할 수 있음 x) [5] ② 【자치조례 아닌 위임조례】 기관위임사무도 개별 법령에서 일정한 사항을 **조례로 정하도록 위임**하고 있는 경우 **위임조례**를 제정할 수 있으나, 이는 **지자체의 자치조례 제정권과 무관한 것** [1]

(2) 법률우위원칙 : 법령의 범위

법령의 범위	① 【헌법·법률·법규명령(대통령령·총리령·부령) + 법규명령기능 행정규칙】 헌법 제117조는 '**법령**'의 범위 안에서 자치권을 보장하고 있으며, '법령'에는 **법규명령**은 물론이고, **법규명령으로서 기능하는 행정규칙도 포함** (법규명령으로서 기능하는 행정규칙이 포함되지 않음 x) [6] ② 【법령 위반시 무효】 '법령의 범위 안에서'는 **법령에 위반되지 않는 범위** 내에서를 말하고, 지자체가 제정한 **조례가 법령에 위반되는 경우 효력 없음** [2]
국가법령 선점시	① 【조례가 국가법령과 별도목적】 조례가 규율하는 사항에 관하여 **국가의 법령이 이미 존재**하더라도 조례가 법령과 별도의 목적으로 규율함을 의도하는 것으로서, 조례의 적용으로 법령의 규정이 의도하는 목적과 효과를 전혀 저해하지 않으면 **조례가 국가의 법령 위반 아님** [3] ② 【동일목적이라도 지방실정에 맞게 별도규율취지】 양자가 **동일한 목적**이더라도 국가의 법령이 **전국에 일률적으로 동일한 내용을 규율**하려는 것이 아니고 각 지자체가 **지방의 실정에 맞게 별도로 규율**하는 것을 용인하는 취지라면 **조례가 국가의 법령 위반 아님** [2]

(3) 법률유보원칙 : 주민의 권리제한 또는 의무부과 조례

법률의 위임		① 【권리제한·의무부과·벌칙규정시 위임 필요】 조례는 자치사무와 법령에 따라 지자체에 속하는 사무에 관하여 제정할 수 있는데, **주민의 권리제한** 또는 **의무부과**에 관한 사항이나 **벌칙**을 정할 때에는 **법률의 위임이 있어야 함** [6]
		② 【위임 있을 시 입법사항 규정 可】 헌법은 **지자체의 조례제정권**을 보장하고 있고 「지방자치법」은 **개별 법률의 위임이 있는 경우**에는 조례로써 주민의 권리를 제한하거나 의무를 부과하는 것이 가능함을 밝히고 있으므로, **조례도 법률의 위임이 있으면 입법사항을 정할 수 있음** [1]
		③ 【위임없는 조례 무효】 지방자치단체가 고유사무인 자치사무에 관하여 자치조례를 제정하는 경우에도 **주민의 권리제한 또는 의무부과에 관한 사항**에 해당하는 조례를 제정할 경우에는 **법률의 위임**이 있어야 하고 그러한 **위임 없이 제정된 조례는 효력이 없음** [1]
포괄 위임	자치 조례	① 【위임입법의 한계법리 미적용】 조례가 규정하고 있는 사항이 **자치사무나 단체위임사무**에 관한 것이라면 이는 자치조례로서 '**법령의 범위 안**'이라는 **사항적 한계**가 **적용될 뿐**, 위임조례와 같이 국가법에 적용되는 **일반적인 위임입법의 한계**가 적용될 여지는 **없음** [1]
	위임 조례	① 【위임조례 위임시 포괄위임금지】 조례에 대한 법률의 위임은 **기관위임사무**를 대상으로 하는 경우 **구체적으로 범위**를 정하여 함 (포괄적인 것으로 족함 ×) [1]

(4) 관련판례

1	【양육비 지원 조례 : 위임불요】 지자체의 세자녀 이상 세대 양육비 등 지원에 관한 조례안은 지자체 고유의 자치사무 중 주민의 복지증진에 관한 사무에 해당하므로 **법률의 개별적 위임이 따로 필요한 것은 아님** (대판 2006.10.12. 2006추38) [1]

(5) 조례에 대한 통제

지자체 장	재의 요구	① 【재의요구】 지자체장은 이송받은 조례안에 대하여 **이의**가 있으면 이유를 붙여 **지방의회로 환부**하고, **재의를 요구할 수 있음** [1]
	기관 소송	① 【재의결의 법령위반시 대법원에 제소】 조례안 **재의결**이 **법령에 위반**된다고 판단되는 경우 **대법원에 소를 제기할 수 있음** [1]
		② 【조례안 일부 법령위반시 전부무효】 조례안의 **일부 규정이 법령에 위반**된 이상 그 나머지 규정이 법령에 위반되지 않는다 하더라도 **조례안에 대한 재의결은 전체의 효력 부인** [3]
주민의 헌소		① 【직접성·현재성 충족시 헌소 可】 **조례 자체**로 인하여 **직접 그리고 현재 자기의 기본권**을 침해받은 자는 권리구제의 수단으로서 **조례에 대한 헌법소원**을 제기할 수 있음 [2]
		② 【다른 지역주민과 차별시 평등권 침해 아님】 조례에 의한 규제가 지역여건이나 환경 등에 따라 다른 것은 당연하므로, 조례로 인하여 **해당 지역주민이 다른 지역의 주민들에 비하여 더한 규제**를 받게 되더라도 **평등권 침해 아님** (평등권이 침해되었다고 볼 수 있음 ×) [3]

POINT 067 지방의회와 지방자치단체의 장

제118조 ① 【지방의회】 지방자치단체에 의회를 둔다.³
② 【법정주의】 지방의회의 조직·권한·의원선거와 지방자치단체의 장의 선임방법 기타 지방자치단체의 조직과 운영에 관한 사항은 **법률**(조례 ×)로 정한다.⁵

1 지방의회 (대의기관)

(1) 지방의회

헌법기관 → 법률유보	① 【헌법상 필수기관】 지방자치단체에는 **반드시 지방의회를 두어야 함**¹ → 지방의회를 **법률로써 폐지할 수는 없음** (지방의회의 폐지는 헌법개정을 하지 않고서도 채택할 수 있음 ×)³ ② 【법률에 위임】 헌법은 지자체에 **지방의회를 두고**, 조직·권한·의원선거를 **법률**(조례 ×)로 정하도록 **명시**하고 있음⁵
지방의회의 권한	① 【조례】 조례(규칙 ×)의 제정·개정·폐지¹ ② 【예산】 예산의 심의·확정¹ ③ 【결산】 결산의 승인¹ ④ 【감사·조사】 행정사무감사·조사권¹
의장단 불신임	① 【의장단 불신임】 의장 또는 부의장이 법령을 위반하거나 정당한 이유 없이 직무를 수행하지 아니하는 때에는 **지방의회는 불신임을 의결할 수 있음**³ ② 【재적 1/4 발의 → 재과 찬성】 불신임의결은 **재적의원 4분의 1 이상의 발의와 재적의원 과반수의 찬성**으로 함 (재적과반수의 출석과 출석과반수의 찬성 ×)¹

(2) 지방의원의 겸직금지 관련판례

1	① 【지방의원의 지방공사직원 겸직금지 (기각)】 지방의회의원으로 하여금 지방공사 직원을 겸직하지 못하도록 한 것은 지방공사 직원과 지방의회의원으로서의 지위가 충돌하여 직무의 공정성이 훼손될 가능성이 존재하며, 지방의회의 활성화라는 취지에 비추어 볼 때 **지방의회의원의 직업선택의 자유 침해 아님**(2012.4.24. 2010헌마605)¹ → **근로의 권리 제한 아님**¹ ② 【평등권 침해 아님 (기각)】 국회의원은 지방공사직원의 직을 겸할 수 있지만 지방의회의원은 겸할 수 없게 하는 것은 **국회의원과 지방의회의원이 본질적으로 동일한 비교집단**이 아니므로 **평등권 침해 아님**(2012.4.24. 2010헌마605)¹
2	【겸직허용은 권력분립·정치적중립 위반 (기각)】 지자체의 영향력 하에 있는 **지방공사의 직원이 지방의회에 진출할 수 있도록 하는 것은 권력분립 내지는 정치적 중립성 보장의 원칙에 위배**되고, 주민의 이익과 지역의 균형된 발전을 목적으로 하는 **지방자치의 제도적 취지에도 어긋남**(2004.12.16. 2002헌마333 등)¹

2 지방자치단체장 (집행기관)

(1) 지자체장과 부단체장

임기·연임	① 【임기 4년, 계속재임 3기】 지자체장의 **임기는 4년**이며 **계속 재임은 3기**에 한함
부단체장	① 【광역 : 대통령 임명】 정무직 또는 일반직 국가공무원으로 보하는 부시장·부지사는 시·도지사의 제청으로 행정안전부장관을 거쳐 **대통령이 임명** ② 【기초 : 지자체장 임명, 일반직 공무원】 시의 부시장, 군의 부군수, 자치구의 부구청장은 **일반직 지방공무원**으로 보하되, **직급은 대통령령**으로 정하며 **시장·군수·구청장이 임명**
부단체장의 권한대행	① 【궐위, 공소제기 후 구금상태, 입원】 지자체장이 ㉠ **궐위**된 경우 ㉡ **공소 제기된 후 구금상태**에 있는 경우 ㉢ 「의료법」에 따른 의료기관에 60일 이상 계속하여 **입원**한 경우 **부단체장이 권한을 대행** (금고 이상의 형을 선고받고 그 형이 확정되지 아니한 경우 ×) ② 【선거에 입후보】 지자체장이 그 직을 가지고 **지자체장 선거에 입후보**하면 예비후보자·후보자로 등록한 날부터 선거일까지 **부단체장이 권한을 대행** (지자체장이 권한을 그대로 행사 ×)

(2) 관련판례

1	① 【지자체장 계속 재임 3기 제한 (기각)】 제도적 보장으로서 주민의 자치권은 원칙적으로 개별 주민들에게 인정된 권리라 볼 수 없으므로 현직 자치단체장에 대하여 3기 초과 연임을 제한하였다는 이유만으로 **주민의 자치권 침해 아님**(2006.2.23. 2005헌마403) ② 【공무담임권 침해 아님】 지자체장의 계속 재임을 3기로 제한하는 것은 **지자체장의 공무담임권 침해 아님**(2006.2.23. 2005헌마403)
2	【폐지·통합 지자체장 재임기간 포함 3기 제한여부 입법부작위 (각하)】 지자체장의 계속 재임을 3기로 제한함에 있어 폐지나 통합되는 지자체장으로 재임한 기간을 포함하여 계속 재임이 3기에 한하도록 하는 명시적인 규정을 두지 아니한 입법부작위에 대한 **헌법소원은 부적법**(2010.6.24. 2010헌마67)

3 지자체장과 지방의회 관계 관련판례

1	【주민투표 강제 조례안 (무효)】 지방자치법이 지방자치단체의 장의 재량으로 투표실시 여부를 결정할 수 있도록 규정하고 있음에도 일정한 기간 내에 반드시 투표를 실시하도록 규정한 조례안은 **지방자치단체의 장의 고유권한 침해**(대판 2002.4.26. 2002추23)
2	① 【지방의회 사무직원 임용권 : 본질 아님 (기각)】 지방의회는 지방의회의원 개인을 중심으로 한 구조이며 사무직원은 지방의회의원을 보조하는 지위를 가지는데, **지방의회 사무직원의 임용권의 귀속 및 운영 문제는 지방자치제도 본질적인 내용 아님**(2014.1.28. 2012헌바216) ② 【견제·균형원리 침해 아님 (기각)】 지방의회 의장의 추천권이 적극적이고 실질적으로 발휘된다면 **지방의회 사무직원의 임용권**이 지자체장에게 있다고 하더라도 지방의회와 집행기관 사이의 상호견제와 균형의 원리 침해 아님(2014.1.28. 2012헌바216)

POINT 068 주민자치

1 주민자치

(1) 주민자치

주민자치권	① 【제도보장에 불포함】 헌법 제117조·제118조가 보장하고 있는 본질적 내용은 **자치단체의 존재, 자치기능 및 자치사무의 보장**으로 어디까지나 **지자체의 자치권** (주민의 자치권 보장 ×)¹
선거권·피선거권	① 【대의제·대표제는 지방자치의 본질】 헌법은 주민들이 선출한 지자체장과 지방의회를 통하여 자치사무를 처리할 수 있는 **대의제·대표제 지방자치 보장** (보장하고 있지 않음 ×)¹ ② 【지방의원 선거권과 피선거권】 헌법은 지방의회의 설치와 지방의회의원선거를 규정하여 주민들이 **지방회의원을 선출할 수 있는 선거권** 및 주민들이 **지방의회의원에 취임할 수 있는 공무담임권**을 기본권으로 보호¹
기본권 아님	① 【헌법상 참정권 아님】 제도적 보장으로서 **주민의 자치권**은 개별 주민들에게 인정된 권리라 볼 수 없으며, 주민들의 지역에 관한 의사결정에 참여 내지 주민투표에 관한 권리침해로 이해하더라도 이러한 권리를 **헌법이 보장하는 기본권인 참정권 아님**¹ ② 【법률에 의해 형성·제한】 헌법상 **주민자치의 범위는 법률에 의하여 형성**되고, 핵심영역이 아닌 한 **법률에 의하여 제한**될 수 있음²
주민참여제 (기본권 아님)	① 【주민투표권, 조례제정·개폐청구권 : 기본권 아님】 **주민투표권**이나 **조례제정·개폐청구권**은 **법률에 의하여 보장되는 권리**에 해당하고 헌법상 **기본권 아님** (주민투표, 주민발안제도는 헌법에서 도출되는 기본권임 ×)⁶ ② 【주민투표제도, 주민소환제도 : 본질 아님】 **주민투표권** 및 **주민소환권**은 헌법이 보장하는 **참정권 아님** (헌법상 보장된 지방자치제도의 본질적 내용을 이룸 ×)²

(2) 관련판례

1	【고속철도 역명결정 취소 헌소 불가 (각하)】 지자체 주민으로서의 **자치권 또는 주민권**은 헌법에 의하여 직접 보장된 **개인의 주관적 공권이 아니어서**, 그 침해만을 이유로 하여 **국가사무인 고속철도의 역의 명칭 결정**의 취소를 구하는 **헌법소원심판 청구할 수 없음** (2006.3.30. 2003헌마837)³

2 주민투표제도

(1) 주민투표권과 주민투표제도

주민투표권	① **【법률상 권리】** 주민투표권은 **법률이 보장하는 권리**일 뿐이지 헌법이 보장하는 **기본권** 또는 헌법상 제도적으로 보장되는 주관적 공권으로 **볼 수 없음** (헌소 청구할 수 있음 ×)[3] ② **【헌법상 참정권 아님】** 주민투표권은 선거권·공무담임권·국민투표권과 전혀 다른 것이어서 **법률이 보장하는 참정권**이라고 할 수 있을지언정 **헌법이 보장하는 참정권 아님** (국민주권에서 도출되는 헌법상 기본권임 ×, 참정권임 ×)[5]
주요결정사항 주민투표	① **【지자체장의 주민투표 부의 재량】** 지자체장은 주민에게 과도한 부담을 주거나 **중대한 영향**을 미치는 지자체의 **주요 결정사항** 등에 대하여 **주민투표에 부칠 수 있음** (부쳐야 함 ×)[4] ② **【주민투표 불가 사항】** 법령에 위반되거나 재판중인 사항은 주민투표에 부칠 수 없음 [1]
국가정책등 주민투표	① **【중앙행정기관장의 국가정책에 관한 주민투표 요구】** 중앙행정기관의 장은 지자체를 폐지하거나 설치하거나 나누거나 합치는 경우 또는 지자체의 구역을 변경하거나 주요시설을 설치하는 등 **국가정책의 수립**에 관하여 주민의 의견을 듣기 위하여 필요하다고 인정하는 때에는 주민투표의 실시구역을 정하여 **관계 지자체의 장에게 주민투표의 실시를 요구할 수 있음** ② **【지자체 폐치·분합시 주민투표 재량】** 법률에 의한 지자체의 폐치와 분합은 헌법소원의 대상이 되지만, 반드시 주민투표에 의한 주민의사 확인절차를 거쳐야 하는 것은 아님 [1] ③ **【법률상 참정권】** 국가정책에 대한 주민투표는 주민의 의견을 묻는 의견수렴으로서의 성격을 갖는 것이고, **법률이 보장하는 참정권**이라고 할 수 있을지언정 **헌법이 보장하는 참정권 아님** [1]

(2) 관련판례

1	**【국가정책에 대한 주민투표를 주민투표소송에서 배제 (기각)】** 「주민투표법」이 **국가정책에 관한 주민투표**를 주민투표소송에서 배제함으로써 지방자치단체의 **주요결정사항에 관한 주민투표**의 경우와 달리 취급하는 것은 **평등권 침해 아님** (2009.3.26. 2006헌마99) [1]
2	**【주민투표법을 제정하지 않은 입법부작위 (각하)】** 주민투표에 관한 「지방자치법」이 그 구체적 절차와 사항에 관하여는 따로 **법률로 정하도록** 하였더라도 국회에 이를 입법하여야 할 **헌법상 의무가 발생하였다고 할 수 없고**, 주민투표에 대한 입법부작위를 다투는 헌법소원심판 **허용 안됨**(2001.6.28. 2000헌마735)

3 주민소환제도

(1) 주민소환제도

지방행정 통제수단	① **【주민의 해직청구제도】** 주민소환제란 지자체의 특정한 공직에 있는 자가 **주민의 신뢰에 반하는 행위**를 하고 있다고 생각될 때 **임기종료 전에 주민이 직접 해직을 청구하는** 제도로서, 주민에 의한 지방행정 통제의 가장 강력한 수단임
장·단점	① **【주민의 참정기회 확대 + 책임성 확보】** 주민소환제는 **주민의 참정기회를 확대**하고 주민대표나 행정기관의 정책이나 행정처리가 **주민의사에 반하지 않도록** 통제하고 **주민에 대한 책임성을 확보**하는 데 의의 ② **【악용·남용 or 지방행정의 효율성 저해 우려】** 주민소환제는 선거패배자나 이익단체 등에 의하여 **정치적으로 악용·남용**되거나, 민주적 정당성에 기반한 선출직 공직자의 활동이 위축되는 등 **지방행정의 효율성이 저해**되는 결과가 발생될 소지도 없지 않음

(2) 주민소환권과 주민소환제도

제도적 보장 (본질 아님)	① **【본질 아님】** 주민소환제 자체는 **지방자치의 본질적 내용이라고 할 수 없으므로** 이를 보장하지 않는 것이 위헌이라거나 어떤 특정한 내용의 주민소환제를 반드시 보장해야 한다는 **헌법적 요구가 있다고 볼 수는 없음**(지방자치의 본질적 내용 ×, 주민소환제를 보장하지 않은 것 위헌 ×) ② **【입법재량】** 주민소환제는 주민참여를 적극 보장하고 주민자치를 실현하여 지방자치에 부합하므로 위헌 문제가 발생할 소지가 없고, **제도형성에서 입법자에게 광범위한 입법재량 인정**
주민소환권	① **【헌법적인 보장이 요구되는 제도 아님】** 주민소환제 자체는 지방자치의 본질적 내용이라고 할 수 없으므로, 주민소환제 및 그에 부수하여 **법률상 창설되는 주민소환권**이 지방자치의 본질적 내용에 해당하여 **반드시 헌법적인 보장이 요구되는 제도라고 할 수 없음** ② **【기본권성 부정】** 주민소환권은 주민소환제에 부수하여 법률상 창설된 권리일 뿐, **헌법에서 열거되지 아니한 기본권으로 볼 수는 없음**
소환 대상	① **【지자체장 및 지역구지방의원(비례제외)】** 주민은 그 **지자체의 장 및 지방의회의원**(비례대표회의의원은 제외)을 소환할 권리를 가짐(비례 포함 ×)

POINT 069 국가의 지도·감독　Ⓑ

1 국가의 지도·감독

배제 바람직	①【국가의 관여 배제 바람직】지방자치의 본질상 자치행정에 대한 **국가의 관여는 가능한 한 배제**하는 것이 바람직함
감독·통제 불가피	①【어느 정도의 국가적 감독·통제 불가피】지방자치도 국가적 법질서의 테두리 안에서만 인정되는 것이고 지방행정도 중앙행정과 마찬가지로 **국가행정의 일부**이므로, **지자체가 어느 정도 국가적 감독·통제 불가피** (고유사무에 관해서는 국가적 감독과 통제를 받지 않음 ×)

2 감사원 감사와 중앙행정기관의 감사

(1) 감사원 감사 (사전적·포괄적·합목적성 감사)

대상	①【위임·자치사무에 합법·합목적성 감사 可】감사원은 지자체의 **위임사무나 자치사무의 구별 없이 합법성 감사뿐만 아니라 합목적성 감사**도 할 수 있음 ②【자치사무에 대한 합목적성 감사 可】감사원이 지방자치단체에 대하여 **자치사무의 합법성뿐만 아니라 합목적성**까지도 감사한 행위는 **법률상 권한 없이 이루어진 것이 아니며**, 지방자치제도의 **본질적 내용 침해 아님**
성격	①【사전적·포괄적 합목적성 감사】국가감독권 행사로서 지자체의 **자치사무에 대한 감사원의 사전적·포괄적 합목적성 감사가 인정** (특정한 위법행위가 확인되었거나 위법행위가 있었으리라는 합리적 의심이 가능한 경우에는 사전적·포괄적 감사가 예외적으로 허용 ×)

(2) 중앙행정기관(or 상급 지자체)의 자치사무 감사 (사후적·제한적·합법성 감사)

보고·감사	① 【보고 + 위법성 감사】 행안부장관이나 시·도지사는 지자체의 **자치사무**에 관하여 **보고**를 받거나 서류·장부 또는 회계를 **감사**할 수 있으며, 감사는 **법령 위반사항**(합목적성 ×)**만 실시**
위법성·제한 감사	① 【제한된 감사】 중앙행정기관의 지자체의 **자치사무**에 대한 「지방자치법」에 따른 감사권은 **사전적·일반적인 포괄감사권이 아니라 대상과 범위가 한정적인 제한된 감사권** [3] ② 【위법성 감사 한정】 중앙행정기관의 **자치사무**에 관한 감사범위는 **위법성 감사에 한정**(합목적성 감사 ×)되며, **포괄적 감사는 지방자치권의 본질을 침해**하는 것으로 **허용되지 않음** [2]
사전·포괄 감사 불허	① 【법령위반행위 확인 or 합리적 의심 + 감사대상 특정】 중앙행정기관이 지자체의 **자치사무**에 관하여 감사에 착수하기 위해서는 자치사무에 관하여 특정한 **법령위반행위가 확인**되었거나 **위법행위가 있었으리라는 합리적 의심**이 가능한 경우이어야 하고, **감사대상을 특정**해야 함 [1] ② 【포괄적·사전적 감사 or 법령위반사항 적발 감사 불허】 중앙행정기관이 지방자치단체의 **자치사무**에 대하여 **포괄적·사전적 일반감사나 법령위반사항을 적발하기 위한 감사**를 하는 것은 **허용될 수 없음** [3]
감사개시요건	① 【외부통제】 지방자치단체의 자치사무에 관한 한 **기초지방자치단체는 광역지방자치단체와 대등하고 상이한 권리주체**에 해당하고, **광역지방자치단체의 기초지방자치단체에 대한 감사**는 상이한 법인격 주체 사이의 감독권의 행사로서 **외부적 효과를 가지는 통제**에 해당 [1] ② 【법령위반행위 확인 or 합리적 의심 + 감사대상 특정】 광역지방자치단체가 기초지방자치단체의 **자치사무**에 대한 감사에 착수하기 위해서는 자치사무에 관하여 특정한 **법령위반행위가 확인**되었거나 **위법행위가 있었으리라는 합리적 의심**이 가능한 경우이어야 하고 그 **감사대상을 특정**하여야 함 [1] ③ 【감사대상특정 필요 but 사전통보 불요】 연간 감사계획에 포함되지 아니하고 사전조사가 수행되지 아니한 감사의 경우 「지방자치법」에 따른 감사의 절차와 방법 등에 관한 관련 법령에서 감사대상이나 내용을 통보할 것을 요구하는 명시적인 규정이 없어, 광역지방자치단체가 기초지방자치단체의 **자치사무**에 대한 감사에 착수하기 위해서는 **감사대상을 특정하여야 하나, 특정된 감사대상을 사전에 통보할 것까지 요구된다고 볼 수는 없음** (사전통보 요구 ×) [4]
감사대상 확장·추가	① 【원칙 불허】 지방자치단체의 자치사무에 대한 무분별한 감사권의 행사는 헌법상 보장된 지방자치권을 침해할 가능성이 크므로, 원칙적으로 감사 과정에서 **사전에 감사대상으로 특정되지 아니한 사항**에 관하여 **위법사실이 발견되었다고 하더라도 감사대상을 확장하거나 추가하는 것은 허용되지 않음** [1] ② 【예외 허용】 당초 특정된 감사대상과 관련성이 인정되는 것으로서 당해 절차에서 함께 감사를 진행하더라도 감사대상 지방자치단체가 **절차적인 불이익을 받을 우려가 없고**, 해당 감사대상을 **적발하기 위한 목적으로 감사가 진행된 것으로 볼 수 없는 사항**에 대하여는 **감사대상의 확장 내지 추가가 허용** (허용되지 않음 ×) [3]

(3) 관련판례

1	【서울시에 대한 포괄감사 (인용)】 서울시의 거의 **모든 자치사무**를 감사대상으로 하고 구체적으로 **어떠한 자치사무가 어떤 법령에 위반되는지 여부를 밝히지 아니한 채** 개시한 **행정안전부장관 등의 합동감사**는 **지방자치권 침해** (2009.5.28. 2006헌라6) [2]

3 지방자치법상 기타 국가의 지도·감독

(1) 지방자치단체의 사무에 대한 시정명령 및 취소·정지처분 (위임 + 자치)

위임사무 (위법·부당)	① 【위법 or 부당 → 시정명령 → 취소·정지처분】 지자체사무(위임사무)에 관한 **지자체장의 명령이나 처분**이 **법령에 위반**되거나 **현저히 부당**하여 공익을 해친다고 인정되면 주무부장관, 시·도지사는 **시정명령**을 할 수 있고, 이행하지 않으면 **취소·정지**할 수 있음 (명령이나 처분이 위법한 경우에 한함 ×)
자치사무 (위법)	① 【위법 → 시정명령 → 취소·정지처분】 주무부장관이 **지자체의 자치사무**에 관한 시·도지사의 명령이나 처분에 대하여 **시정명령**을 할 수 있는 것은 **명령이나 처분이 위법한 경우에 한함** ② 【15일내 대법원에 소제기】 지자체장이 자치사무에 관한 **명령이나 처분의 취소 또는 정지**에 대하여 이의가 있으면 **취소 또는 정지처분**을 통보받은 날부터 **15일 이내에 대법원에 제소 가능**

(2) 지방자치단체의 장에 대한 직무이행명령 (기관위임)

직무이행명령 (기관위임사무)	① 【기관위임사무 관리·집행 해태시】 지자체장이 법령의 규정에 따라 그 의무에 속하는 **국가위임사무**나 시·도위임사무의 관리와 집행을 **명백히 게을리**하고 있다고 인정되면 시·도에 대하여는 주무부장관이, 시·군 및 자치구에 대하여는 시·도지사가 기간을 정하여 서면으로 **이행할 사항을 명령**할 수 있음
지자체장의 불복	① 【15일내 대법원에 소제기】 지자체의 장은 **이행명령에 이의**가 있으면 이행명령서를 접수한 날부터 15일 이내에 **대법원에 소를 제기**할 수 있음

(3) 지방자치단체의 사무에 대한 지도와 지원 (자치 + 단체)

① 【조언·권고·지도】 중앙행정기관장 또는 시·도지사는 지자체의 사무에 관하여 **조언·권고·지도**를 할 수 있음

4 국가의 지도·감독 종합

| 구분 | 자치사무 | 위임사무 ||
		단체위임사무	기관위임사무
감사원	• **감사원**은 지자체의 **위임사무나 자치사무**의 구별 없이 **합법성 감사뿐만 아니라 합목적성 감사**를 할 수 있음		
자치사무감사	• 자치사무 보고 • **법령위반사항만 감사** (합법성 통제)	–	
시정명령 → 취소·정지처분	• 합법성 통제 • 대법원에 제소 가능	• 합법성 + 합목적성 통제	
직무이행명령	–		• 기관위임사무 관리·집행 해태 • 대법원에 제소가능
조언·권고·지도	• 자치단체사무에 관하여 **조언·권고·지도**를 할 수 있음	–	

PART II

국민의 권리와 의무

- CHAPTER **01** 기본권 총론
- CHAPTER **02** 인간의 존엄과 가치 및 행복추구권
- CHAPTER **03** 평등원칙 및 평등권
- CHAPTER **04** 인신의 보호
- CHAPTER **05** 사생활영역의 보호
- CHAPTER **06** 정신적 자유권
- CHAPTER **07** 경제적 기본권
- CHAPTER **08** 참정권
- CHAPTER **09** 사회적 기본권
- CHAPTER **10** 청구권적 기본권
- CHAPTER **11** 국민의 기본의무

CHAPTER 01 | 기본권 총론

POINT 070 기본권주체 (국민)

1 기본권주체

보유능력 ≥ 행사능력	① 【기본권주체 = 보유능력 ≥ 행사능력】 기본권능력(보유능력)을 가진 사람은 모두 **기본권 주체**가 되지만, 기본권 주체가 모두 **기본권의 행사능력**을 가지는 것은 아님 ²
헌소 청구인 적격	① 【헌소 청구인적격】 기본권 주체로서의 법적 지위는 **헌법소원**에 의해 권리를 구제받을 수 있는지를 판단하는 기준 ² ② 【기본권주체 아닌 자는 헌소청구 不可】 기본권의 주체가 아닌 자는 「헌법재판소법」 제68조 제1항에 따른 **헌법소원심판을 청구할 수 없음** ¹

2 국민

(1) 출생 전 : 민법상 권리능력 부정

태아 (주체성 ○, 보호의무 ○)	① 【생명권】 모든 인간은 생명권의 주체가 되며, **형성 중 생명인 태아**에게도 **생명에 대한 권리** 인정 ¹⁵ ② 【생명권 주체 → 국가의 생명보호의무 有】 태아도 **생명권의 주체**가 되며, **국가**는 헌법 제10조에 따라 **태아의 생명을 보호할 의무**가 있음 (생명권의 주체로 인정되지 않음 ×, 국가가 태아의 생명을 보호할 의무를 부담한다고 볼 수는 없음 ×) ⁹
초기배아 (주체성 ×, 보호의무 ○)	① 【초기배아 기본권 주체성 부정】 모체에 착상되거나 원시선이 나타나기 전까지의 **초기배아**는 **기본권 주체성 부정** (기본권 주체성 인정 ×) ²·⁵ ② 【국가의 보호의무 인정】 초기배아라는 원시생명체에 대하여도 헌법적 가치가 소홀히 취급되지 않도록 노력해야 할 **국가의 보호의무가 있음을 인정하지 않을 수 없음** (국가의 보호필요성을 인정할 수 없음 ×) ⁶

(2) 민법상 권리능력 인정자

미성년자	① 【기본권 주체성 인정 but 친권에 의해 행사 제한】 **미성년자**도 국민이기 때문에 당연히 **기본권 주체성이 인정**되나 기본권 행사가 본인에게 불이익이 될 수 있는 경우에는 **친권에 의하여 기본권 행사가 제한** (재산관리권, 거소지정권 등) ²

POINT 071 기본권주체 (외국인)

1 외국인 : 기본권 주체

주체성 인정	① 【주체성 인정】 국민과 유사한 지위의 **외국인**도 원칙적으로 **기본권의 주체**될 수 있음³
권리구제	① 【헌소청구 가능】 대한민국 국적을 보유하고 있지 않은 **외국인**도 우리나라의 헌법재판소에 자신의 기본권 침해를 이유로 **헌법소원심판을 청구할 수 있음** (헌소청구할 수 없음 ×)¹

2 외국인 주체성 인정 여부 : 제한적 인정

(1) 인간의 권리 : 인정

§10~11	① 【인간의 존엄·가치, 행복추구권】 인간의 존엄과 가치 및 행복추구권 등과 같이 단순히 국민의 권리가 아닌 **인간의 권리**로 볼 수 있는 기본권은 **외국인**도 **기본권 주체**⁴ ② 【평등권】 평등권도 **인간의 권리**로서 참정권 등에 대한 **성질상의 제한** 및 **상호주의에 따른 제한**이 있을 수 있을 뿐임¹
기타 인간의 권리	① 【신체의 자유, 주거의 자유, 변호인의 조력을 받을 권리, 재판청구권】 신체의 자유, 주거의 자유, 변호인의 조력을 받을 권리, 재판청구권 등은 성질상 **인간의 권리**에 해당한다고 볼 수 있으므로, **외국인들의 기본권 주체성 인정**¹ ② 【변호인의 조력을 받을 권리】 변호인의 조력을 받을 권리는 성질상 **인간의 권리**에 해당하므로 **외국인도 그 주체** (국민의 권리로 기본권 주체성을 인정할 수 없음 ×)³
불법체류 무관	① 【불법체류 무관】 인간의 권리로서 외국인에게 주체성이 인정되는 기본권은 **불법체류 여부**에 따라 인정 여부가 **달라지는 것 아님** (불법체류 여부에 따라 그 인정 여부가 달라짐 ×)⁸

(2) 국민의 권리 : 부정

참정권	① 【정치적 기본권 : 부정】 선거권·피선거권·공무담임권·국민투표권 등 정치적 기본권은 국민의 권리이므로 **외국인 부정** (선거권 인정 ×, 공무담임권 인정 ×)⁶ ② 【외국인의 지방선거권·주민투표권 : 법률상 권리】 일정요건의 외국인에 대해 「공직선거법」상 **지방선거권**, 「주민투표법」상 **주민투표권**이 인정되나 **법률상 권리**에 불과 (「공직선거법」은 외국인의 선거권을 인정하지 않고 있음 ×)⁴
거주·이전의 자유	① 【입국의 자유 : 부정】 특별한 조약이 없는 한 외국인에게 입국을 허가할 의무가 없으므로 외국인은 원칙적으로 **입국의 자유가 없음** (입국의 자유 인정 ×)⁵ ② 【출국의 자유 : 인정】 적법하게 입국한 외국인에게 **출국의 자유**와 국내에서의 거주·이전의 자유에 대한 **기본권 주체성은 인정**¹ ③ 【복수국적을 누릴 자유 : 부정】 외국인이 복수국적을 누릴 자유는 헌법상 보호되는 **기본권 아님**³

(3) 사회권 : 부정

사회적 기본권	① 【인간다운 생활을 할 권리】 인간다운 생활을 할 권리는 **국민의 권리**이므로 **외국인 부정**¹ ② 【사회보장수급권】 사회보장수급권은 국민의 인간다운 생활을 보장하기 위한 기본권으로서 **외국인은 부정**¹

3 직업선택의 자유와 근로의 권리

(1) 직업선택의 자유

직업의 자유 (부정)	① **【직업의 자유】** 국가정책에 따라 정부의 허가를 받은 외국인은 허가한 범위 내에서 소득활동을 할 수 있는 것이므로 **외국인이 국내에서 누리는 직업의 자유**는 법률 이전에 헌법에 의해서 부여된 기본권이라 할 수는 없고, **법률에 따른 정부의 허가에 의해 비로소 발생하는 권리** ② **【의료면허 : 기본권 주체성 부정】** 의료인에게 면허된 의료행위 이외 의료행위를 금지하고 처벌하는 「의료법」 조항이 제한하고 있는 **직업의 자유**는 국가자격제도정책과 국가의 경제상황에 따라 법률에 의하여 제한할 수 있고 인류보편적인 성격을 지니고 있지 아니하는 **국민의 권리**이므로 원칙적으로 **외국인에게 인정되는 기본권은 아님** ③ **【자격제도 관련 평등권】** 외국인은 **자격제도 자체**를 다툴 수 있는 기본권 주체성이 인정되지 않으므로 **자격제도와 관련된 평등권의 주체성 부정** (자격제도와 관련된 평등권의 기본권 주체성은 인정될 수 있음 ×)
직장 선택의 자유 (인정)	① **【직장선택의 자유】** 직장선택의 자유는 인간의 존엄과 가치 및 행복추구권과도 밀접한 관련을 가지는 만큼 단순히 국민의 권리가 아닌 **인간의 권리**로 보아야 할 것이므로 외국인도 **제한적으로** 직장선택의 **자유를 향유** (직장선택의 자유가 인정되지 않음 ×) ② **【적법한 고용허가, 정당한 노동인력 → 인정】** 외국인이 **적법하게 고용허가를 받아 입국**하여 우리나라에서 일정한 생활관계를 형성·유지하는 등 **정당한 노동인력으로서의 지위를 부여** 받은 경우 **직장선택의 자유를 인정** (기본권 주체성을 인정할 수 없음 ×)

(2) 근로의 권리

사회권 (부정)	① **【사회·경제적 정책요구권】** 근로의 권리가 국가에 대하여 고용증진을 위한 **사회적·경제적 정책을 요구할 수 있는 권리**로서 의미를 가지는 경우 사회적 기본권으로서 **국민만 인정** ② **【일할 자리에 관한 권리】** 일할 자리에 관한 권리는 **국민만 인정** (외국인도 인정 ×)
자유권 (인정)	① **【근로의 권리 중 일할 환경에 관한 권리】** 근로의 권리는 '일할 자리에 관한 권리'만이 아니라 '**일할 환경에 관한 권리**'도 의미하는데, '**일할 환경에 관한 권리**'는 인간의 존엄성에 대한 침해를 방어하기 위한 **자유권적 기본권의 성격**도 갖고 있어 **외국인에게도 인정** ② **【건강한 작업환경, 정당한 보수, 합리적인 근로조건 요구】** 근로의 권리가 **일할 환경에 관한 권리**도 내포하고 있으므로 **건강한 작업환경, 일에 대한 정당한 보수, 합리적인 근로조건의 보장** 등을 요구할 수 있는 권리에 관하여 **외국인 근로자의 기본권 주체성이 인정** ③ **【최소한의 근로조건을 요구할 수 있는 권리】** 자본주의 경제질서하에서 근로자가 기본적 생활수단을 확보하고 인간의 존엄성을 보장받기 위하여 **최소한의 근로조건을 요구할 수 있는 권리**는 자유권적 기본권의 성격도 가지므로 **외국인 근로자에게도 기본권 주체성을 인정**

POINT 072 기본권주체 (사법인)

1 법인·비법인단체

기본권 주체성 인정		① 【성질상 법인이 누릴 수 있는 기본권】 헌법은 법인 내지 단체의 기본권 향유능력에 대하여 **명문의 규정을 두고 있지는 않지만**, 자연인에게 적용되는 기본권이라도 **성질상 법인이 누릴 수 있는 기본권**은 **법인에게도 적용** (법인의 기본권 주체성 명문규정 있음 ×)³ ② 【법인】 법인은 사단법인·재단법인 또는 영리법인·비영리법인을 가리지 아니하고 헌법상 보장된 기본권이 침해되었음을 이유로 **헌법소원심판을 청구할 수 있음** ¹ ③ 【법인 아닌 사단·재단】 법인 아닌 사단·재단은 대표자를 정함이 있고 **독립된 사회적 조직체**로서 활동하는 때에는 **성질상 법인이 누릴 수 있는 기본권**을 침해당하게 되면 그의 이름으로 헌법소원심판을 청구할 수 있음 (청구할 수 없음 ×)³
인정 사례	법인	① 【상공회의소】 상공회의소는 사업범위, 조직, 회계 등에 있어서 「상공회의소법」에 따른 규율을 받고 있는 특수성을 가지고 있으나, 기본적으로는 관할구역의 상공업계를 대표하여 그 권익을 대변하고 회원에게 기술 및 정보 등을 제공하여 회원의 경제적·사회적 지위를 높임으로써 상공업의 발전을 꾀함을 목적으로 하는 조직으로 목적이나 설립, 관리 면에서 **자주적인 단체로 사법인**이므로 **결사의 자유** 보장 ² ② 【한국영화인협회】 한국영화인협회는 민법상 **비영리사단법인**으로서 성질상 법인이 누릴 수 있는 기본권에 관한한 그 이름으로 헌법소원을 청구할 수 있음 ¹ ③ 【학교법인】 학교법인 이화학당은 헌법 제31조 제4항의 **대학의 자율성의 주체** ¹
	비법인	① 【한국신문편집인협회】 한국신문편집인협회는 언론인들의 협동단체로서 법인격은 없으나 사단으로서 실체를 가지고 있으므로 **권리능력 없는 사단**이고 기본권의 주체가 될 수 있음 (법인격이 없어 기본권 주체가 될 수 없음 ×)² ② 【헌소 청구 可】 한국신문편집인협회가 침해받았다고 주장하는 **언론·출판의 자유**는 그 성질상 법인이나 권리능력 없는 사단도 누릴 수 있는 권리이므로 동 협회가 언론·출판의 자유를 직접 구체적으로 침해 받은 경우에는 **헌법소원**을 청구할 수 있음 ¹
부정 사례		① 【한국영화인협회 내부 감독위원회 : 부정】 한국영화인협회 감독위원회는 영화인협회 내부에 설치된 **분과위원회의 하나**에 지나지 아니하며, 달리 단체로서 실체를 갖춘 법인 아닌 사단으로 볼 수 없어 **헌법소원심판에서 청구인능력이 없음** ³

2 인정되는 기본권

주체성 인정	인격권	① 【인격권(신용·명예)】 법인도 법인의 목적과 사회적 기능에 비추어 볼 때 **인격권의 한 내용인 사회적 신용이나 명예** 등의 주체가 될 수 있고 법인이 **사회적 신용이나 명예 유지** 내지 **법인격의 자유로운 발현**을 위하여 **의사결정이나 행동을 어떻게 할 것인지를 자율적으로 결정**하는 것도 **법인의 인격권의 한 내용을 이룸** (인간의 존엄과 가치에서 유래하는 인격권은 성질상 법인에게 적용될 수 없음 ×)[20]
	그 외	① 【언론·출판의 자유, 재산권】 **언론·출판의 자유, 재산권의 보장** 등과 같이 성질상 법인이 누릴 수 있는 기본권은 당연히 법인에게도 적용[4] ② 【집회의 자유】 자연인뿐만 아니라 법인도 일정한 범위 내에서 **집회의 자유**의 주체[1] ③ 【거주·이전의 자유, 결사의 자유】 헌법 제14조의 **거주·이전의 자유**, 헌법 제21조의 **결사의 자유**는 그 성질상 법인에게도 인정[5] ④ 【결사의 자유】 **법인 등 결사체**도 그 조직과 의사형성 그리고 업무수행에 관한 **자기결정권**을 가지므로 **결사의 자유의 주체**[3] ⑤ 【직업의 자유】 직업의 자유는 법인의 경우에는 **사법인은 주체**가 되나, **공법인은 주체로 인정되지 아니함**[4]
주체성 부정 (인간의 권리)		① 【인간의 존엄·가치, 행복추구권】 인간의 존엄과 가치, 행복추구권은 성질상 자연인에게 인정되는 기본권이므로 **법인에게는 적용되지 않음** (공법인도 행복추구권의 주체 ×)[4] ② 【인간다운 생활을 할 권리】 인간다운 생활을 할 권리는 자연인의 권리이므로 **법인에게는 인정되지 아니함**[1]

3 정당 (법인격 없는 사단)

(1) 주체성 인정여부

주체성 인정	① 【기본권 주체성 인정】 정당은 구성원과 독립하여 **기본권의 주체**가 될 수 있고, 조직 자체의 기본권이 직접 침해당한 경우 자신의 이름으로 **헌법소원심판을 청구 가능** (정당은 권리능력 없는 단체에 속하므로 그 자체로서 기본권의 주체가 될 수 없음 ×)[5] ② 【평등권】 평등권에서 도출되는 선거에서의 기회균등의 원칙은 **후보자뿐만 아니라 정당에 대해서도 보장됨** (평등권의 주체가 될 수 없음 ×)[8] → 정당은 선거에서 차별대우를 받은 경우 **평등권의 주체로서 헌법소원심판을 청구할 수 있음**[1]
주체성 부정	① 【생명·신체·안전에 관한 기본권 주체성 부정】 정당과 같은 권리능력 없는 단체는 **생명·신체의 안전에 관한 기본권의 행사에 있어서는 기본권 주체가 될 수 없음** (기본권의 주체가 될 수 있음 ×)[3]

(2) 관련판례

1	① 【교섭단체 정책연구위원 : 정당의 평등권 주체성 인정】 법률이 교섭단체를 구성한 정당에 정책연구위원을 두도록 하여 그렇지 못한 **정당을 차별**하는 경우 교섭단체를 구성하지 못한 정당은 **기본권을 침해받을 가능성 있음** (2008.3.27. 2004헌마654)[2] ② 【평등권 침해 아님 (기각)】 교섭단체 소속의원의 입법활동을 보좌하기 위하여 **교섭단체에 한하여 정책연구위원을 두도록 하는** 「국회법」은 비교섭단체인 정당을 불합리하게 **차별한다고 볼 수 없음** (2008.3.27. 2004헌마654)[2]
2	【검역고시 (각하)】 「미국산 쇠고기수입의 위생조건에 관한 고시」와 관련하여 권리능력없는 단체인 정당은 **생명·신체의 안전에 관한 기본권 주체가 될 수 없고, 청구인능력이 인정되지 않음** (2008.12.26. 2008헌마419 등)[4]

POINT 073 기본권주체 (공법인)

1 원칙 : 공법인 기본권주체성 부정

(1) 원칙 : 부정

원칙 : 주체성 부정	①【기본권 주체성 부정 원칙】헌법상 기본권의 주체가 될 수 있는 법인은 **원칙적으로 사법인**에 한하는 것이고 **공법인**은 헌법의 수범자이지 **기본권의 주체가 될 수 없음** (기본권의 수범자이자 동시에 기본권의 주체가 되는 이중적 지위 ×)⁴
헌소 불가	①【기본권의 수범자】국가나 국가기관 또는 국가조직의 일부나 공법인은 기본권의 수범자이지 기본권의 주체로서 그 소지자가 아니고 오히려 국민의 기본권을 보호 내지 실현해야 할 책임과 의무를 지니고 있는 지위에 있을 뿐이므로, **원칙적으로 헌법소원심판 청구인적격이 인정되지 아니함**⁵

(2) 부정 사례

국가·지자체	①【주체성 인정 경우 無】국가, 지방자치단체는 **기본권 주체가 될 수 없음** (기본권 주체가 될 수 있음 ×)⁹	
	국가기관	①【국회 노동위원회】국회 노동위원회가 출석요구에 불응한 증인을 검찰에 고발하였으나 검찰이 불기소처분을 내리자 재판절차진술권의 침해를 이유로 헌법소원심판을 청구한 경우 국가기관인 국회의 일부조직인 **국회의 노동위원회는 기본권의 주체가 될 수 없음** (헌법소원을 제기할 수 있는 적격이 있음 ×)⁵ ②【검사의 업무지휘를 받는 경찰공무원】검사가 발부한 형집행장에 의하여 검거된 벌금미납자의 신병에 관한 업무와 관련하여 **경찰공무원**은 공법상의 권한을 행사하는 **공권력행사의 주체**이지, **기본권의 주체라고 할 수 없으므로** 헌법소원심판 청구인 적격 인정되지 않음³
	지자체	①【혁신도시 입지선정에서 제외된 지자체】「국가균형발전특별법」에 의한 도지사의 혁신도시 입지선정과 관련하여 그 **입지선정에서 제외된 지방자치단체**는 자의적인 선정기준을 다투는 **평등권의 주체가 될 수 없음** (지방자치단체도 기본권 주체 ×)⁹ ②【서울특별시의회】서울특별시의회는 기본권의 주체가 될 수 없으므로 헌법소원을 제기할 수 있는 **청구인 적격이 없음**²
	공법인	①【주택재개발정비사업조합】「도시 및 주거환경정비법」상 **주택재개발정비사업조합**이 공법인의 지위에서 **기본권의 수범자로 기능**하면서 행정심판의 피청구인이 된 경우 **기본권의 주체가 될 수 없음**¹ ②【농지개량조합】농지개량조합은 존립목적, 조직과 재산의 형성 및 그 활동 전반에 나타나는 매우 짙은 공적인 성격에 비추어 공법인으로 볼 수 있으므로 **기본권의 주체가 될 수 없음** (재산권의 주체가 됨 ×)⁵ ③【직장의료보험조합】직장의료보험조합은 공법인으로서 **기본권의 주체가 될 수 없음**²

2 예외 : 공법인 기본권주체성 인정

예외 : 주체성 인정	① 【사경제 주체, 독립한 고유업무, 지배복종관계】 공법인이나 이에 준하는 지위를 가진 자라 하더라도 공무를 수행하거나 고권적 행위를 하는 경우가 아닌 **사경제 주체로서 활동하는 경우**나 조직법상 **국가로부터 독립한 고유업무**를 수행하는 경우, 다른 공권력 주체와의 관계에서 **지배복종관계가 성립**되어 일반 사인처럼 그 지배하에 있는 경우 등에는 **기본권주체가 될 수 있음** (기본권의 주체가 될 여지가 없음 ×) [6]
개인의 지위를 겸하는 국가기관	① 【직무상 권한행사 부정 / 사적 영역 인정】 공직자가 국가기관의 지위에서 **순수한 직무상의 권한행사**와 관련하여 **기본권 침해를 주장**하는 경우에는 **기본권의 주체성을 인정하기 어려우나**, 그 외의 **사적인 영역**에 있어서는 **기본권의 주체가 될 수 있음** [1] ② 【정당활동을 할 수 있는 사인의 지위 대통령】 대통령은 소속 정당을 위하여 **정당활동을 할 수 있는 사인으로서의 지위**와 국민 모두에 대한 봉사자로서 공익실현의 의무가 있는 **헌법기관으로서의 지위**를 동시에 갖는데 **최소한 전자의 지위와 관련하여는 기본권 주체성을 가짐** (기본권 주체성은 언제나 부정됨 ×) [21] ③ 【공무담임권과 관련한 지자체장】 지방자치단체장이 「주민소환에 관한 법률」의 관련 조항으로 인해 **공직의 상실이라는 개인적인 불이익과 연관된 공무담임권이 침해**되었다는 이유로 헌법소원심판을 제기한 경우, **지방자치단체장은 기본권의 주체** (주민의 복리를 증진하기 위하여 활동하는 범위 내에서 기본권을 향유 ×, 공무담임권 다툴 수 없음 ×) [5]
사법인성 겸유 공법인	① 【축협중앙회】 축협중앙회는 공법인성이 상대적으로 크지만 **공법인성과 사법인성을 겸유**한 특수한 법인으로서 **기본권의 주체가 될 수 있음** [5] ② 【학교안전공제회】 「학교안전법」에 의하여 설립된 학교안전공제회는 **공법인적 성격과 사법인적 성격을 겸유**하고 있는데, **기본권 주체가 될 수 있음** (공법인에 해당할 뿐, 사법인적 성격을 갖는 것은 아니므로 기본권의 주체가 될 수 없음 ×) [1] ③ 【공법인적 특성으로 가중적 기본권 제한 可】 공법인으로서의 성격과 사법인으로서의 성격을 겸유한 특수한 법인의 경우 기본권의 주체가 될 수 있다고 할 것이지만, **공법인적 특성이 기본권의 제약요소로 작용할 수 있음** [2]
국립대	① 【대학의 자율권의 주체인 국립대학】 헌법 제31조 제4항이 규정하는 **교육의 자주성 및 대학의 자율성**은 대학에 부여된 헌법상 기본권인 대학의 자유권이므로, **국립대학도 대학의 자율권의 주체로서 헌법소원심판 청구인능력이 인정** (영조물에 불과하여 기본권 주체 아님 ×) [7] ② 【국립대학 서울대】 국립대학인 서울대학교는 다른 국가기관 내지 행정기관과는 달리 **공권력의 행사자**의 지위와 함께 **기본권의 주체**라는 지위도 가짐 [2] ③ 【서울대 : 기본권 수범자】 학교가 보유·관리하는 정보는 국가기관이나 지방자치단체 등이 보유·관리하는 정보와 마찬가지로 국민의 알 권리의 대상이 되는 공적 정보에 해당하므로, **국립대학법인 서울대학교가 정보공개의무를 부담**하는 경우에 있어서는 국민의 알 권리를 보호해야 할 의무를 부담하는 **기본권 수범자**의 지위 [3]
방송사업자	① 【언론의 자유 주체인 MBC】 공법상 재단법인인 방송문화진흥회가 최다출자자인 **방송사업자**는 「상법」에 의하여 설립된 주식회사로서 설립목적은 **언론의 자유의 핵심 영역인 방송사업**이므로 이러한 업무 수행과 관련하여 당연히 **기본권 주체**가 될 수 있음 (기본권 주체 될 수 없음 ×, 헌법소원 청구할 수 없음 ×) [11]

POINT 074 기본권제한의 일반적 법률유보

제37조 ② 【법률에 근거한 기본권 제한】 국민의 **모든 자유와 권리**는 국가안전보장·질서유지 또는 공공복리를 위하여 **필요한 경우에 한하여 법률로써** 제한할 수 있으며, 제한하는 경우에도 자유와 권리의 **본질적인 내용**을 침해할 수 없다.

1 법률유보원칙

(1) 법률에 근거한 제한

법률유보	① 【법치주의 → 법률유보】 헌법은 **법치주의**를 기본원리로 하고 있으며, 법치주의는 **행정작용에 국회가 제정한 형식적 법률의 근거가 요청**된다는 **법률유보**를 핵심적 내용의 하나로 함 ② 【법률에 근거한 기본권 제한】 기본권의 제한은 원칙적으로 **국회에서 제정한 형식적 의미의 법률**에 의해서만 가능하다는 것과, 직접 법률에 의하지 아니하는 예외적 경우라도 **엄격히 법률에 근거**하여야 함
위임입법	① 【반드시 법률의 형식 아님】 기본권 제한에 관한 법률유보의 원칙은 **법률에 의한 규율**만을 뜻하는 것이 아니라 **법률에 근거한 규율**을 요구하는 것이므로 기본권 제한의 형식이 반드시 **법률의 형식일 필요는 없음** (형식도 반드시 법률의 형식일 것을 요구 ×) ② 【위임입법】 법률에 근거를 두면서 헌법 제75조가 요구하는 **위임의 구체성과 명확성**을 구비하면 위임입법에 의해서도 기본권을 제한할 수 있음
비상계엄	【비상계엄 헌법상 기본권 제한 可】 비상계엄이 선포된 경우 영장제도와 언론·출판·집회·결사의 자유에 대한 **특별한 조치**를 통하여 **기본권을 제한할 수 있는 명시적인 헌법상 근거**가 존재

(2) 관련판례

1	【조직규범에 근거한 문책경고 불가 (위법)】 금융기관의 임원이 문책경고를 받은 경우에는 법령에서 정한 바에 따라 일정기간 동안 임원선임의 자격제한을 받으므로 **문책경고**는 적어도 그 제한의 본질적 사항에 관한 한 법률에 근거가 있어야 하는데, **금융감독원의 직무범위를 규정한 조직규범**은 법률유보원칙에서 말하는 **법률의 근거가 될 수는 없음** (대판 2005.2.17. 2003두14765)
2	【MBC에 대한 경고 (인용)】 법률에서 명시적으로 규정된 제재보다 더 가벼운 것을 하위 규칙에서 규정하더라도 만일 그것이 **기본권 제한적 효과**를 지니게 된다면, 이는 행정법적 법률유보원칙에 어긋나는지와 상관없이 헌법 제37조 제2항에 따라 **엄격한 법률적 근거**를 지녀야 함 (2007.11.29. 2004헌마290)
3	【일제단속식 음주단속 (기각)】 도로를 차단하고 불특정 다수인을 상대로 실시하는 **일제단속식 음주단속**은 그 자체로는 **도로교통법에 근거를 둔 적법한 경찰 작용**이며, 인간다운 생활을 할 권리 등의 **기본권 침해 아님** (2004.1.29. 2002헌마293)

2 특별권력관계

(1) 특별권력관계

특별권력관계	①【법률에 근거】 특별권력관계에서도 기본권의 제한은 **법률에 근거**해야 함
수형자	①【개별적 법률의 근거없이 수형자의 기본권 제한 불가】 **자유형**은 수형자를 일정한 장소에 구금하여 사회로부터 격리시켜 자유를 박탈함과 동시에 교화·갱생을 도모하고자 함에 본질이 있으며, 수형자의 기본권은 **특별권력관계 내에서 인정되는 포괄적 명령권과 징계권**에 의하여 **개별적 법률의 근거 없이는 제한이 불가능** (개별적 법률의 근거 없이도 제한이 가능 ×)

(2) 관련판례

1	【육군3사관학교 사관생도 (취소)】 육군3사관학교 사관생도는 군 장교를 배출하기 위하여 국가가 모든 재정을 부담하는 특수교육기관인 **육군3사관학교의 구성원**이므로 필요한 한도 내에서 **일반 국민보다 상대적으로 기본권이 더 제한될 수 있으나** (더 제한될 수 없다 ×), 그러한 경우에도 **법률유보원칙, 과잉금지원칙 등 기본권 제한의 헌법상 원칙들을 지켜야 함**(대판 2018.8.30. 2016두60591)

POINT 075 기본권제한의 명확성원칙 A

1 명확성원칙

모든 입법	①【법치주의 + 기본권 보장】**명확성원칙**은 헌법상 내재하는 **법치국가원리로부터 파생**될 뿐만 아니라, 국민의 자유와 권리를 보호하는 **기본권 보장으로부터도 나옴** [1] ②【모든 기본권 제한입법에 적용】법치국가원리의 한 표현인 명확성의 원칙은 **모든 기본권 제한 입법에 대하여 요구** (모든 기본권 제한 입법에 대하여 요구되는 것은 아님 ×) [4]
법치주의	①【법적 안정성, 예측가능성 확보】규범의 의미내용으로부터 무엇이 금지되는 행위이고 무엇이 허용되는 행위인지를 수범자가 알 수 없다면 **법적 안정성과 예측가능성은 확보**될 수 없게 될 것이고, **법집행 당국에 의한 자의적 집행**을 가능하게 할 수 있음 [2]

2 최소한의 명확성과 판단기준

(1) 최소한의 명확성

최소한의 명확성		①【최소한의 명확성 → 일반적·규범적 개념 可】모든 법규범의 문언을 순수하게 기술적 개념만으로 구성하는 것은 입법기술적으로 불가능하고 바람직하지도 않기 때문에 어느 정도 가치개념을 포함한 **일반적·규범적 개념을 사용**하지 않을 수 없으므로, 명확성의 원칙은 **최대한이 아닌 최소한의 명확성 요구** (최대한의 명확성 ×) [3]
명확성 위반 여부	법관의 보충 해석	①【법관의 보충적 가치판단】법문언이 **법관의 보충적인 가치판단**을 통해서 의미내용을 확인할 수 있고, 보충적 해석이 해석자의 **개인적인 취향**에 따라 좌우될 가능성이 없다면 **명확성원칙 위반 아님** (명확성 원칙 위반 ×) [5] ②【다의적 해석 우려 無】다소 광범위하고 어느 정도 범위에서 **법관의 보충적인 해석을 필요로 하는 개념**을 사용하였더라도 **적용단계에서 다의적으로 해석될 우려가 없는 이상** 헌법이 요구하는 **명확성의 요구에 위배되는 것은 아님** [1]
	판례	①【장기간의 법원의 판례】법률조항의 불명확성이 인정되더라도 **장기간 걸쳐 형성된 법원의 판례에 의해 치유** 가능 (치유될 수 없음 ×) [1]
개괄조항·불확정개념		①【개괄조항·불확정개념 사용금지 아님】기본권 제한과 관련한 법률의 명확성원칙은 법률을 제정함에 있어서 **개괄조항이나 불확정 법개념의 사용을 금지**하는 것은 **아님** (개괄조항이나 불확정 법개념의 사용을 금지 ×) [2]

(2) 명확성·구체성 요구정도

요구정도 상이	① **【성격에 따라 요구정도 차이】** 명확성의 원칙은 모든 법률에 있어서 동일한 정도로 요구되는 것은 아니고 **개개의 법률이나 법조항의 성격**에 따라 **요구되는 정도에 차이**가 있을 수 있으며 각각의 **구성요건의 특수성**과 법률이 제정되게 된 **배경이나 상황**에 따라 **달라질 수 있음** (규율영역과 상관없이 동일하게 엄격한 기준이 적용 ×)[5]
침익(강화) 〉 수익(완화)	① **【부담적 성격 〉 수익적 성격】** 어떠한 규정이 **부담적 성격**을 가지는 경우에는 **수익적 성격**을 가지는 경우에 비하여 **명확성의 원칙이 더욱 엄격**하게 요구[1] ② **【형사법률 〉 일반법률】** 죄형법정주의가 지배되는 **형사 관련 법률**에서는 **명확성의 정도가 강화**되어 더 엄격한 기준이 적용되나, **일반적인 법률**에서는 명확성의 정도가 그리 강하게 요구되지 않기 때문에 **상대적으로 완화**된 기준이 적용[2] ③ **【형벌법규 〉 민사법규】** 민사법규는 행위규범 측면이 강조되는 **형벌법규**와는 달리 **재판법규**의 측면이 훨씬 강조되므로, 사회현실에 나타나는 여러 가지 현상에 관하여 흠결 없이 적용될 수 있도록 **보다 추상적인 표현을 사용하는 것이 상대적으로 더 가능**[3] ④ **【처벌법규·조세법규 〉 급부법규】** 처벌법규나 조세법규와 같이 국민의 **기본권을 직접적으로 제한**하거나 침해할 소지가 있는 법규는 **구체성·명확성의 요구가 강화**되고, **급부행정 법규**는 요구가 완화됨 (명확성 원칙이 적용되지 않음 ×)[1]
다양성, 변동성 (완화)	① **【다양 or 수시변화】** 규율대상이 지극히 다양하거나 수시로 변화하는 성질의 것이어서 입법기술상 일의적으로 규정할 수 없는 경우 **명확성 요건이 완화**됨 (명확성의 요건이 강화 ×)[3]

POINT 076 과잉금지원칙과 본질적 내용 침해금지 Ⓑ

> 제37조 ② 【과잉금지원칙】 국민의 모든 자유와 권리는 **국가안전보장·질서유지 또는 공공복리**를 위하여 필요한 경우에 한하여 **법률로써 제한**할 수 있으며, 제한하는 경우에도 자유와 권리의 **본질적인 내용**을 침해할 수 없다.

1 과잉금지원칙 (비례원칙)

기본권 제한의 한계	① 【과잉금지 + 본질적 내용침해 금지】 국민의 기본권을 **법률로써 제한**하는 것이 가능하다고 하더라도 그 **본질적인 내용**을 침해할 수 없고 **과잉금지원칙**에도 위배되어서는 안됨
과잉금지원칙	① 【법치주의, §37②】 과잉금지원칙은 **기본권제한의 한계원리**로서 **법치주의와 헌법 제37조 제2항**이 근거 ② 【§37② 필요한 경우에 한하여】 과잉금지원칙은 **기본권 제한의 방법상 한계**로서 헌법 제37조 제2항의 '**필요한 경우에 한하여**' 부분이 근거임
요건	① 【기본권 제한의 과잉금지원칙】 기본권 제한입법은 ㉠ **목적이 헌법 및 법률의 체제상 정당성**이 인정되어야 하고, ㉡ 목적의 달성을 위하여 **방법이 효과적이고 적절**하여야 하며, ㉢ 입법권자가 선택한 방법이 설사 적절하다고 하더라도 보다 완화된 형태나 방법을 모색함으로써 기본권의 제한은 **필요한 최소한도**에 그치도록 하여야 하며, ㉣ 입법에 의하여 보호하려는 **공익**과 침해되는 **사익을 비교형량**할 때 보호되는 **공익이 더 커야 함** ② 【목 + 수 + 피 + 법】 기본권 제한입법은 ㉠ **목적**의 정당성 ㉡ **수단**의 적합성 ㉢ **피해**의 최소성(침해의 현재성 ×) ㉣ **법익**의 균형성을 갖추어야 하며, **어느 한 요건이라도** 준수하지 못하는 국가행위는 위헌

2 과잉금지원칙의 요건

(1) 목적, 수단, 피해, 법익

목적의 정당성	① 【정당한 목적】 법률에 의해 일반적으로 기본권을 제한하는 경우에는 **국가안전보장·질서유지 또는 공공복리**라는 목적이 있어야 함
수단의 적합성 (적합성의 원칙)	① 【목적달성에 적합한 수단】 적합성의 원칙은 **기본권 제한의 목적**과 **기본권 제한이라는 수단** 사이의 관계가 **적합**하여야 함을 의미 ② 【현저하게 불합리한 수단 회피】 입법목적을 달성하기 위한 수단으로서 반드시 **가장 합리적이며 효율적인 수단을 선택**하여야 하는 것은 **아니라도** 적어도 **현저하게 불합리하고 불공정한 수단의 선택은 피하여야 함** ③ 【가장 합리적·효율적 수단 아님】 입법목적을 달성하기 위하여 가능한 여러 수단들 가운데 **구체적으로 어느 것을 선택할 것인가의 문제는 기본적으로 입법재량에 속하므로 가장 합리적이며 효율적인 수단이 아니라는 이유로 위헌이라고 할 수 없음** (반드시 가장 합리적이며 효율적인 수단 선택 ×) ④ 【유일무이한 수단 아님】 국가작용에 있어서 취해진 조치나 선택된 수단이 그것이 달성하려는 **목적달성에 유일무이한 것일 필요 없음** (목적달성을 위하여 유일무이한 것이어야 함 ×)
피해의 최소성 — 최소침해수단	① 【최소한의 기본권 침해 수단】 최소침해의 원칙은 기본권의 제한에 관하여 그 목적을 달성하는 데 **적합한 수단이 여러 개가 있을 경우 최소한의 기본권 침해를 가져오는 방법을 선택해야 한다는 것** ② 【명백 아닐 시 위반 아님】 입법자가 선택한 수단보다 국민의 **기본권을 덜 침해하는 수단이 존재**하더라도 그 다른 수단이 **효과 측면에서 입법자가 선택한 수단과 동등하거나 유사하다고 단정할 만한 명백한 근거가 없는 이상 과잉금지원칙에 위반**된다고는 할 수 **없음** ③ 【최소한의 피해 수단】 국가작용에서 선택하는 수단은 목적 달성에 **필요하고 효과적**이며 **상대방에게 최소한의 피해를 줄 때에 한해서 정당성**을 가지고 상대방은 침해를 감수하게 됨
피해의 최소성 — 구체 사례	① 【방법 → 여부 順 수단 선택】 침해의 최소성(방법의 적절성 ×)의 관점에서, 입법자는 공익을 달성하기 위하여 우선 기본권을 보다 적게 제한하는 단계인 **기본권행사의 '방법'에 관한 규제로써 공익을 실현할 수 있는가를 시도하고 이러한 방법으로 공익달성이 어렵다고 판단되는 경우 기본권행사의 '여부'에 관한 규제를 선택해야 함** ② 【임의규정 → 필요규정 順 수단선택】 **임의적 규정**으로도 법의 목적을 실현할 수 있는 경우에 구체적 사안의 개별성과 특수성의 고려 가능성을 배제하는 **필요적 규정을 둔다면 최소침해성의 원칙**(수단의 적합성 ×)**에 위배** (최소침해성의 원칙에 위배될 여지는 없음 ×)
법익의 균형성	① 【공익 ≥ 사익】 법익의 균형성은 기본권 제한으로 **보호하려는 공익**과 **침해되는 사익**을 비교·형량할 때 보호되는 **공익이 더 크거나** 적어도 **양자간에 균형**이 유지되어야 한다는 원칙

(2) 관련판례

1	**피해의 최소성** 【명의이용금지 위반시 필요적 사업면허취소 (위헌)】 「여객자동차운수사업법」상 **명의이용금지조항**을 위반한 운송사업자에 대한 불이익 처분을 규정함에 있어, 입법자가 **임의적 규정**으로도 법의 목적을 실현할 수 있는 경우에 구체적 사안의 개별성과 특수성을 고려할 수 있는 가능성을 일체 배제하는 **필요적 규정**을 둔다면 **최소침해성의 원칙에 위반**(2000.6.1. 99헌가11 등)

3 본질적 내용침해 금지

본질내용 침해금지	① 【개별 기본권마다 상이】 기본권의 본질적 내용은 만약 이를 제한하는 경우에는 기본권 그 자체가 무의미하여지는 경우에 그 **본질적인 요소**를 말하는 것으로서, 이는 **개별 기본권마다 다를 수 있음**

POINT 077 기본권 경합 Ⓑ

1 기본권 경합

① 【단수의 주체 → 복수의 기본권 주장】 기본권의 경합은 **동일한 기본권 주체**(복수의 기본권 주체 ×)가 동시에 **여러 기본권의 적용을 주장**하는 경우에 발생하는 문제

2 부진정 경합 (보호영역이 아닌 경우)

| 1 | 【공무원 보수규정 (기각)】 경찰공무원인 경장의 1호봉 봉급월액을 청구인의 계급에 상당하는 군인 계급인 중사의 1호봉 봉급월액에 비해 낮게 규정하고 있는 「**공무원보수규정**」의 해당 부분이 **평등권, 재산권, 직업선택의 자유** 및 **행복추구권** 등을 침해한다고 주장하는 경우 **기본권 경합**(기본권 충돌 ×)에 해당(2008.12.26. 2007헌마444) |

3 일반기본권과 특별기본권의 경합 : 특별기본권

1	【행복추구권 ⊃ 직업의 자유 : 직업의 자유】 어떤 법령이 **직업의 자유와 행복추구권** 양자를 제한하는 외관을 띠는 경우 기본권 경합문제가 발생하는데, 보호영역으로서 '직업'이 문제될 때 **직업의 자유는 행복추구권과의 관계에서 특별기본권**의 지위를 가지므로, **행복추구권의 침해 여부 심사 배제**(2007.5.31. 2007헌바3) 유사 【행복추구권 ⊃ 선거운동의 자유(표현의 자유, 선거권) : 표현의 자유, 선거권】 보호영역으로 '선거운동'의 자유가 문제되는 경우 **표현의 자유 및 선거권**과 **일반적 행동자유권으로서의 행복추구권**은 서로 특별관계에 있어 기본권의 내용상 특별성을 갖는 **표현의 자유 및 선거권이 우선 적용**(2004.4.29. 2002헌마467)
2	① 【행복추구권 ⊃ 공무담임권 : 공무담임권】 **공무담임권**이라는 우선적으로 적용되는 기본권이 존재하여 침해 여부 판단하는 이상, **행복추구권 침해 여부를 독자적 판단 필요 없음**(2000.12.14. 99헌마112 등) ② 【직업선택의 자유 ⊃ 공무담임권 : 공무담임권】 **공무담임권**은 직업선택의 자유에 대하여 **특별 기본권**이어서 후자의 적용을 배제하므로, 대학교원을 제외하고 **교육공무원의 정년을 65세에서 62세로 단축**한 「교육공무원법」 조항의 위헌 여부와 관련하여 **직업선택의 자유는 문제되지 아니함**(2000.12.14. 99헌마112 등)
3	【직업의 자유 ⊃ 공무담임권 : 공무담임권】 공직의 경우 **공무담임권**은 **직업선택의 자유**에 대하여 **특별기본권**이어서 **직업의 자유의 적용을 배제**(2004.11.25. 2002헌바8) 유사 ① 【직업의 자유 ⊃ 공무담임권 : 공무담임권】 **공무담임권**은 직업선택의 자유보다 기본권의 효과가 현실적·구체적이므로, **공직을 직업으로 선택**하는 경우 **직업선택의 자유는 공무담임권을 통해서 기본권보호**를 받게 됨 (2006.3.30. 2005헌마598) ② 【가산점제도 : 공무담임권 심사】 가산점제도가 **공무담임권을 침해**하는지 여부를 심사한 이상 **직업선택의 자유의 침해 여부를 심사할 필요 없음**(2001.2.22. 2000헌마25) 비교 ① 【사립대학교원 국회의원 당선 시 교원직 사직 강제 : 직업의 자유 ○, 공무담임권 ○】 사립대학 교원이 국회의원으로 당선된 경우 임기개시일 전까지 그 직을 사직하도록 강제하는 것은, 사립대학 교원의 **공무담임권과 직업선택의 자유 두 가지 모두 제한**(2015.4.30. 2014헌마621) ② 【공무담임권 침해 아님】 사립대학 교원이 국회의원으로 당선된 경우 임기개시일 전까지 그 직을 사직하도록 규정한 「국회법」은 **공무담임권 침해 아님**(2015.4.30. 2014헌마621)
4	【사생활의 비밀 ⊃ 통신의 비밀 : 통신의 비밀】 사생활의 비밀과 통신의 비밀이 **경합**하는 경우 특별한 기본권인 **통신의 비밀의 침해 여부를 심사**(2010.12.28. 2009헌가30)

4 복수 기본권의 경합 : 주된 기본권

(1) 주된 기본권
① **【밀접 관련, 침해정도 큰 기본권】** 하나의 규제로 인해 여러 기본권이 동시에 제약을 받는 경우 기본권 **침해를 주장하는 사람**의 의도 및 기본권을 제한하는 **입법자의 객관적 동기** 등을 참작하여 먼저 **사안과 가장 밀접한 관계에 있고, 침해의 정도가 큰 주된 기본권**을 중심으로 제한의 한계를 따져야 함

(2) 관련판례

1	① **【공무원의 지위를 이용하지 아니한 선거기획행위 금지 : 정치적 표현의 자유 vs 공무담임권】** '공무원이 선거운동의 기획에 참여하거나 그 기획의 실시에 관여하는 행위'를 금지하는 「공직선거법」은 하나의 규제로 **정치적 표현의 자유와 공무담임권이 동시에 제약**을 받을 수 있는 **기본권경합**(2008.5.29. 2006헌마1096) ② **【정치적 표현의 자유 (위헌)】** 선거운동의 기획행위는 **공무담임권보다 정치적 표현의 자유와 더 밀접한 관계**가 있으므로 **정치적 표현의 자유를 침해 여부** 중심으로 해결(2008.5.29. 2006헌마1096)
2	**【선거기간중 모임 처벌 : 집회의 자유 vs 결사의 자유 : 집회의 자유 (위헌)】** 선거기간 중 모임을 처벌하는 「공직선거법」에 대한 입법자의 1차적 의도는 **선거기간 중 집회를 금지**하는 데 있으며, 헌법상 **결사의 자유보다 집회의 자유가 두텁게** 보호되고, 직접 제약되는 자유 역시 집회의 자유이므로 **집회의 자유**를 침해하는지를 살핌(2013.12.26. 2010헌가90)
3	① **【의료인이 아닌 자의 문신시술업 금지 : 직업선택의 자유 vs 예술의 자유 : 직업선택의 자유】** 의료인이 아닌 자의 **문신시술업을 금지하고 처벌**하는 것은 **직업선택의 자유를 중심으로** 위헌 여부를 살피는 이상 **예술의 자유 침해 여부는 판단 아니함**(2022.3.31. 2017헌마1343 등) ② **【직업선택의 자유 침해 아님 (기각)】** 의료인이 아닌 자의 문신시술업을 금지하고 처벌하는 것은 **비의료인의 직업선택의 자유 침해 아님**(2022.3.31. 2017헌마1343 등) → **죄형법정주의 명확성원칙 위배 아님**

POINT 078 기본권 충돌

1 기본권충돌

상충하는 기본권의 충돌	① 【복수의 주체 → 상충하는 기본권 주장】 기본권의 충돌이란 **상이한 복수의 기본권주체**(하나의 기본권주체 ×)가 서로의 권익을 실현하기 위해 하나의 동일한 사건에서 국가에 대하여 **서로 대립되는 기본권의 적용**을 주장하는 경우 [6] ② 【다른 기본권을 제한·희생】 한 기본권 주체의 기본권행사가 **다른 기본권주체의 기본권행사를 제한 또는 희생**시킨다는 데 그 특징 [1] ③ 【상이한 기본권일 필요 無】 기본권의 충돌에서 대립되는 기본권이 반드시 상이한 기본권이어야 하는 것은 **아님** [3]
해결방법	① 【상위기본권우선, 규범조화 등】 두 기본권이 충돌하는 경우 해법으로는 **기본권의 서열이론, 법익형량의 원리, 실제적 조화의 원리(= 규범조화적 해석)** 등이 있음 [2] ② 【헌재는 다양한 접근방법으로 해결】 헌법재판소는 **충돌하는 기본권의 성격과 태양에 따라 그때그때마다 적절한 해결방법을 선택, 종합**하여 해결 (서열이론을 선택하여 해결하여 옴 ×) [1]

2 기본권서열이론 (상위기본권 우선의 원칙)

(1) 상위기본권 우선의 원칙

① **【상위기본권이 하위기본권을 제한】** 상하의 위계질서가 있는 기본권끼리 충돌하는 경우 **상위기본권 우선의 원칙**에 따라 하위기본권이 제한될 수 있음³

(2) 관련판례

1	① **【혐연권 vs 흡연권】** 흡연자와 비흡연자가 함께 생활하는 공간에서의 흡연행위는 **필연적으로 흡연자의 기본권과 비흡연자의 기본권이 충돌**하는 상황 초래(2004.8.26. 2003헌마457)¹ ② **【혐연권(§10 or 17 + 생명권) 〉 흡연권(§10 or 17)】** 흡연권은 사생활의 자유를 실질적 핵으로 하는 것이고 **혐연권**은 사생활의 자유뿐만 아니라 **생명권에까지 연결**되는 것이므로 **혐연권이 흡연권보다 상위의 기본권**(2004.8.26. 2003헌마457)⁶ ③ **【금연구역 지정 : 흡연권은 혐연권 침해하지 않는 한 인정 (기각)】** 상하의 위계질서가 있는 기본권끼리 충돌하는 경우 상위기본권 우선의 원칙에 따라 **하위기본권이 제한될 수 있으므로, 흡연권은 혐연권을 침해하지 않는 한에서 인정**(2004.8.26. 2003헌마457)⁹
2	① **【근로자의 단결하지 않을 자유(일반적 행동자유 or 결사의 자유) vs 노조의 적극적 단결권】** 근로자의 단결하지 아니할 자유와 노동조합의 적극적 단결권이 충돌하는 경우 단결권 상호간의 충돌은 아니라고 하더라도 여전히 헌법상 보장된 **일반적 행동의 자유 또는 결사의 자유와 적극적 단결권 사이의 기본권 충돌의 문제** 제기(2005.11.24. 2002헌바95 등)¹ ② **【유니온샵 협정 : 노조의 적극적 단결권(§33, 조직강제권) 〉 소극적 단결권(§10 or 21) (합헌)】** 노동조합의 조직유지·강화를 위하여 당해 사업장에 종사하는 근로자의 3분의 2 이상을 대표하는 노동조합의 경우 **단체협약을 매개로 한 조직강제를 용인**하는 노동조합법은 **노조의 적극적 단결권은 사회적 보호기능을 담당하는 자유권 또는 사회적 성격을 띤 자유권**으로서 **근로자 개인의 단결하지 않을 자유보다 중시**되므로 근로자의 단결하지 아니할 자유의 본질적인 내용 침해 아님(2005.11.24. 2002헌바95 등)¹⁴ <비교> ① **【개인적 단결권(단결선택권) ≠ 집단적 단결권(조직강제권)】**「노동조합법」상 유니온 샵(Union Shop) 조항은 특정한 노조의 가입을 강제하는 단체협약의 체결을 용인하고 있으므로 **근로자의 개인적 단결권과 노동조합의 집단적 단결권**이 서로 충돌하는 경우에 해당하며 기본권의 서열이론이나 법익형량의 원리에 입각하여 **어느 기본권이 더 상위기본권이라고 단정할 수는 없음**(2005.11.24. 2002헌바95 등)⁴ ② **【규범조화적 해석】** 근로자의 개인적 단결권(단결선택권)과 노동조합의 집단적 단결권(조직강제권)이 **충돌**하는 경우 헌법의 통일성을 유지하기 위하여 상충하는 기본권 모두가 **최대한으로 기능과 효력을 발휘할 수 있도록 조화로운 방법을 모색**하되 법익형량의 원리, 입법에 의한 선택적 재량 등을 종합적 참작 심사(2005.11.24. 2002헌바95 등)² ③ **【단결권 침해 아님 (합헌)】** 당해 사업장에 종사하는 근로자의 3분의 2 이상을 대표하는 노조의 경우 **단체협약을 매개로 한 조직강제를 용인**하는 것은 **근로자의 단결권 침해 아님**(2005.11.24. 2002헌바95 등)¹
3	① **【국민의 수학권 〉 교사의 수업의 자유】** 국민의 수학권과 교사의 수업의 자유는 다 같이 보호되어야 하겠지만, **국민의 수학권이 더 우선적으로 보호**(1992.11.12. 89헌마88)⁴ ② **【수학권 침해 금지 → 수업권 제약 불가피 (기각)】** 헌법상 보장되고 있는 학문의 자유 또는 교육을 받을 권리의 규정에서 **교사의 수업권이 파생**되는 것으로 해석하여 **기본권에 준하는 것으로 간주**하더라도 **수업권을 내세워 수학권을 침해할 수는 없으며** 국민의 수학권의 보장을 위하여 **교사의 수업권은 일정범위 내에서 제약을 받을 수밖에 없음**(1992.11.12. 89헌마88)⁷ <유사> **【학생의 학습권 〉 교사의 수업권】** 학교교육에 있어서 **교원의 가르치는 권리를 수업권**이라고 한다면 교원의 지위에서 생기는 것으로서 학생에 대한 일차적인 **교육상의 직무권한**이지만 **학생의 학습권 실현을 위하여 인정**되는 것이므로, **학생의 학습권은 교원의 수업권에 대하여 우월한 지위에 있음**⁶ → 교원이 고의로 **수업을 거부할 자유는 인정되지 아니함**(대판 2007.9.20. 2005다25298)²

3 규범조화적 해석 (실제적 조화의 원리)

1	① **【반론보도청구제도 : 피해자의 반론권과 언론의 자유 충돌】** 반론권은 보도기관이 사실에 대한 보도과정에서 **타인의 인격권 및 사생활의 비밀과 자유에 대한 중대한 침해가 될 직접적 위험을 초래**하게 되는 경우 이러한 법익을 보호하기 위한 적극적 요청에 의하여 마련된 제도인 것이지 **언론의 자유를 제한**하기 위한 소극적 필요에서 마련된 것은 아니기 때문에 이에 따른 **보도기관이 누리는 언론의 자유에 대한 제약**의 문제는 결국 **피해자의 반론권과 서로 충돌**하는 관계(1991.9.16. 89헌마165) / ② **【피해자의 반론권 ≠ 보도기관의 언론의 자유】** 피해자의 **정정보도청구권(반론권)과 보도기관의 언론의 자유가 충돌하는 경우**에는 헌법의 통일성을 유지하기 위하여 기본권 모두가 최대한으로 그 기능과 효력을 발휘할 수 있도록 하는 **조화로운 방법**을 모색(1991.9.16. 89헌마165) ³ ③ **【합리적인 조화 (합헌)】** 정정보도청구권제도는 언론의 자유와 충돌되는 면이 없지 아니하나 전체적으로 **상충되는 기본권 사이에 합리적 조화**를 이루고 있음(1991.9.16. 89헌마165) ²
2	**【정보공개청구제도 : 정보공개청구권 ≠ 정보주체의 사생활의 비밀과 자유 (합헌)】** 공공기관이 보유·관리하는 개인정보의 공개와 관련하여 **국민의 알 권리와 개인정보 주체의 사생활의 비밀과 자유가 충돌**하는 경우 알 권리가 사생활의 비밀과 자유보다 우선하는 것 아니므로 **조화로운 방법** 모색(2010.12.28. 2009헌바258) /
3	**【사실적시명예훼손죄 : 표현의 자유 ≠ 명예권 (합헌)】** 명예의 보호는 인격의 자유로운 발전과 인간의 존엄성 보호뿐만 아니라 민주주의의 실현에 기여하므로 **표현의 자유와 인격권의 우열은 쉽게 단정할 성질 아님**(2021.2.25. 2017헌마1113 등) /
4	① **【위법 취득 타인간 대화내용 공개 처벌 : 통신의 비밀과 표현의 자유 충돌】** 위법하게 취득한 타인 간의 대화내용을 공개하는 자를 처벌하는 「통신비밀보호법」 조항은 대화자의 통신의 비밀을 보호하기 위한 것이나 대화내용을 공개하는 자의 **표현의 자유를 제한**하게 되므로 **두 기본권 충돌**(2011.8.30. 2009헌바42) / ② **【조화로운 방법 모색】** 대화 공개자의 표현의 자유와 대화자의 통신의 비밀의 충돌은 헌법의 통일성을 유지하기 위하여 상충하는 기본권 모두 최대한으로 그 기능과 효력을 발휘할 수 있도록 **조화로운 방법 모색**(2011.8.30. 2009헌바42) / ③ **【과잉금지위반 아님 (합헌)】** 불법 감청·녹음 등에 의하여 취득한 타인 간의 대화내용을 어떠한 경로로 알게 되었는지 그 **지득경위를 묻지 않고 그 대화내용을 공개한 자를 처벌**하는 「통신비밀보호법」은 **과잉금지원칙 위반 아님**(2011.8.30. 2009헌바42) ² ④ **【과중한 형벌 아님 (합헌)】** 타인 간의 대화내용을 **위법하게 취득한 자**와 위법하게 취득된 타인 간의 대화내용을 **공개·누설한 자를 동일한 법정형으로 규정**하였더라도 **지나치게 과중한 형벌 아님**(2011.8.30. 2009헌바42) /
5	① **【채권자취소권 : 채권자의 재산권 ≠ 채무자·수익자의 일반적 행동의 자유】** 채권자에게 채권의 실효성 확보를 위한 수단으로서 **채권자취소권을 인정함으로써, 채권자의 재산권과 채무자와 수익자의 일반적 행동의 자유 내지 계약의 자유 및 수익자의 재산권**이 서로 충돌(2007.10.25. 2005헌바96) ² ② **【규범조화적 해석 (합헌)】** 채권자의 재산권과 채무자 및 수익자의 일반적 행동의 자유권 중 **어느 하나를 상위기본권이라고 할 수는 없으므로** 상충하는 기본권 모두가 최대한으로 그 기능과 효력을 발휘할 수 있도록 이른바 **규범조화적 해석방법**에 따라 심사(2007.10.25. 2005헌바96) /
6	① **【친양자입양제도 : 친생부모의 친족관계 유지 관련 기본권 ≠ 친양자가 될 자의 기본권 (합헌)】** 친양자 입양을 성립시키기 위해 **친생부모의 동의**를 요하도록 하는 경우 **가족생활에 관한 친생부모의 기본권과 친양자가 될 자의 기본권이 충돌**(2007.10.25. 2005헌바96) ³ ② **【규범조화적 해석 (합헌)】** 친양자 입양은 **친생부모의 기본권과 친양자가 될 자의 기본권**이 서로 대립·충돌하는 관계라고 할 수 있고, 이들 기본권은 공히 **가족생활에 관한 기본권**으로서 어느 한쪽의 기본권을 일방적으로 우선시키고 다른 쪽을 후퇴시키는 것은 부적절(2012.5.31. 2010헌바87) ²

POINT 079 기본권보호의무

제10조 모든 국민은 인간으로서의 존엄과 가치를 가지며, 행복을 추구할 권리를 가진다. 【기본권보호의무】 국가는 개인이 가지는 **불가침의 기본적 인권을 확인하고 이를 보장할 의무를 진다.**

1 기본권보호의무

(1) 기본권보호의무

헌법 제10조 제2문	①【§10 제2문에 명문규정】 헌법 제10조 제2문은 소극적으로 국가권력이 국민의 기본권을 침해하는 것을 금지하는데 그치지 아니하고 적극적으로 국민의 기본권을 타인의 침해로부터 보호할 의무 부과
사인의 중요법익 침해	①【사인의 기본권 침해에 대한 국가의 보호】 기본권 보호의무란 국민의 기본권적 법익을 기본권 주체인 사인에 의한 위법한 침해 또는 침해의 위험으로부터 보호하여야 하는 국가의 의무를 말하며, 주로 사인인 제3자에 의한 개인의 생명이나 신체의 훼손에서 문제 ②【생명·신체 법익 무력화 상황】 기본권 보호의무는 국가의 보호의무 없이는 타인에 의하여 개인의 신체나 생명 등 법익이 무력화될 정도의 상황에서만 적용
국가의 의무	①【사인의 침해】 국가는 개인이 가지는 불가침의 기본적 인권을 확인하고 이를 보장할 의무를 지기에, 적어도 생명·신체의 보호와 같은 중요한 기본권적 법익 침해에 대해서는 그것이 국가가 아닌 제3자로서의 사인에 의해서 유발된 것이라고 하더라도 국가가 적극적 보호의 의무를 짐 ②【국가 자체의 불법적 기본권 침해 → 손해배상 작위의무 有】 국가의 기본권 보호의무로부터 국가 자체가 불법적으로 국민의 생명권, 신체의 자유 등 기본권을 침해하는 경우 손해배상을 해 주어야 할 국가의 작위의무가 도출된다고 볼 수 있음

(2) 관련판례

1	【가축사육시설 (기각)】 가축사육시설의 환경이 지나치게 열악할 경우 그러한 시설에서 사육되고 생산된 축산물을 섭취하는 인간의 건강도 악화될 우려가 있으므로, 국가는 건강하고 위생적이며 쾌적한 시설에서 가축을 사육할 수 있도록 필요한 적절하고도 효율적인 조치를 취함으로써 소비자인 국민의 생명·신체의 안전에 관한 기본권을 보호할 구체적 헌법적 의무 있음(2015.9.24. 2013헌마384) → 기본권보호의무 위반 아님
2	①【세월호 참사에 대한 대통령의 대응조치 (인용)】 대통령은 행정부의 수반으로서 국가가 국민의 생명과 신체의 안전 보호의무를 충실하게 이행할 수 있도록 권한을 행사하고 직책을 수행하여야 하는 의무를 부담하지만, 국민의 생명이 위협받는 재난상황이 발생하였다고 하여 대통령이 직접 구조 활동에 참여하여야 하는 등 구체적이고 특정한 행위의무까지 바로 발생한다고 보기는 어려움(2017.3.10. 2016헌나1) ②【생명권 보호의무 위반 아님】 세월호 참사에 대한 대통령의 대응조치에 미흡하고 부적절한 면이 있었다고 하여 대통령이 생명권 보호의무 위반 아님(2017.3.10. 2016헌나1)

2 기본권보호의무의 실현과 심사기준

(1) 기본권보호의무의 실현

입법재량	① **【입법재량】** 국가의 기본권보호의무의 이행은 **입법자의 입법을 통하여 구체화**되는 것이고, 국가가 그 보호의무를 **어떻게 어느 정도로 이행**할 것인지는 정치·경제·사회·문화적인 **제반 여건과 재정 사정 등을 감안**하여 **입법정책적으로 판단**하여야 하는 **입법재량의 범위** ② **【입법자 책임범위】** 국가의 기본권 보호의무를 **입법자 또는 그로부터 위임받은 집행자**가 어떻게 실현하여야 할 것인가 하는 문제는 권력분립과 민주주의의 원칙에 따라 국민에 의하여 직접 민주적 정당성을 부여받고 자신의 결정에 대하여 정치적 책임을 지는 **입법자의 책임범위**
형식재량	① **【행위형식의 자유 → 반드시 법령 아님】** 국가가 기본권 보호의무를 어떻게 실현할 것인지는 **입법자의 책임범위**에 속하는 것으로서 보호의무 이행을 위한 **행위의 형식에 관하여도 폭넓은 형성의 자유**가 인정되고, **반드시 법령에 의하여야 하는 것은 아님**

(2) 기본권보호의무의 위반 심사기준 : 과소보호금지원칙

과소보호 금지원칙	① **【헌재의 제한적 심사】** 국가의 보호의무를 입법자가 어떻게 실현하여야 할 것인가 하는 문제는 **입법자의 책임 범위**에 속하므로, 헌재는 **제한적으로만 입법자에 의한 보호의무 이행을 심사** ② **【과소보호금지원칙】** 헌재는 국가가 기본권보호의무를 다하지 않았는지를 심사할 때 권력분립의 관점에서 **적어도 적절하고 효율적인 최소한의 보호조치를 취하였는가** 하는 '**과소보호금지원칙**'의 위반 여부 기준 심사 (기본권보호의무 최대한 실현 ×, 엄밀하게 심사 ×, 과잉금지원칙 ×)
의무위반인 경우	① **【명백한 위반시만 기본권 침해 인정】** **입법부작위**나 **불완전한 입법**에 의한 기본권 침해는 **입법자의 보호의무에 대한 명백한 위반**이 있는 경우에만 인정 ② **【보호조치 無 or 명백히 부적합·불충분】** 국가가 국민의 법익을 보호하기 위하여 **아무런 보호조치를 취하지 않았든지** 아니면 취한 조치가 법익을 보호하기에 **명백하게 부적합하거나 불충분**한 경우에 한하여 **국가의 보호의무의 위반 확인**
관련 사례	① **【생명·안전 : 보호조치 無 or 명백히 부적합·불충분】** 국민의 생명·신체의 안전 보호를 위한 조치가 필요한 상황인데도 국가가 **아무런 보호조치를 취하지 않았든지**, 아니면 취한 조치가 법익을 보호하기에 **전적으로 부적합하거나 매우 불충분한 것임이 명백한 경우에 한하여 국가의 보호의무 위반을 확인** ② **【사인의 환경권 침해】** 일정한 경우 국가는 **사인인 제3자에 의한 국민의 환경권 침해**에 대해서도 **기본권 보호조치를 취할 의무**를 지나 헌법재판소가 심사할 때에는 국가가 국민의 기본권적 법익 보호를 위하여 **적어도 효율적인 최소한의 보호조치를 취했는가** 하는 이른바 '**과소보호금지원칙**'의 위반 여부를 기준으로 삼아야 함 (과잉금지원칙을 심사기준으로 삼아야 함 ×)

3 방어적 기본권과 기본권보호의무

(1) 양자의 비교

근본적 차이	① 【소극적 기본권 vs 기본권보호의무】 기본권에 대한 국가의 적극적 보호의무는 궁극적으로 **입법자의 입법행위를 통하여 비로소 실현**될 수 있기 때문에, **입법자의 입법행위를 매개**로 하지 아니하고 단순히 기본권이 존재한다는 것만으로 헌법상 광범위한 방어적 기능을 갖게 되는 **기본권의 소극적 방어권으로서의 측면과 근본적인 차이**가 있음
상이한 심사기준	① 【방어적 기본권 과잉금지 vs 기본권 보호의무 과소보호금지】 국가가 국민의 기본권을 보호하기 위한 충분한 입법조치를 취하지 아니함으로써 **기본권보호의무를 다하지 못하였다는** 이유로 입법부작위 내지 불완전한 입법이 헌법에 위반된다고 판단하기 위하여는, **국가권력에 의해 국민의 기본권이 침해당하는 경우와는 다른 판단기준 적용** (다른 판단기준이 적용되어서는 안됨 ×) ② 【과소보호위반 아닌 경우에도 과잉금지위반 可】 개인의 생명·신체의 안전에 관한 기본권보호의무 위배 여부를 **과소보호금지원칙**을 기준으로 심사한 결과 **동 원칙 위반이 아닌 경우에도** 다른 기본권에 대한 **과잉금지원칙 위반**을 이유로 **기본권 침해를 인정**하는 것은 가능

(2) 관련판례

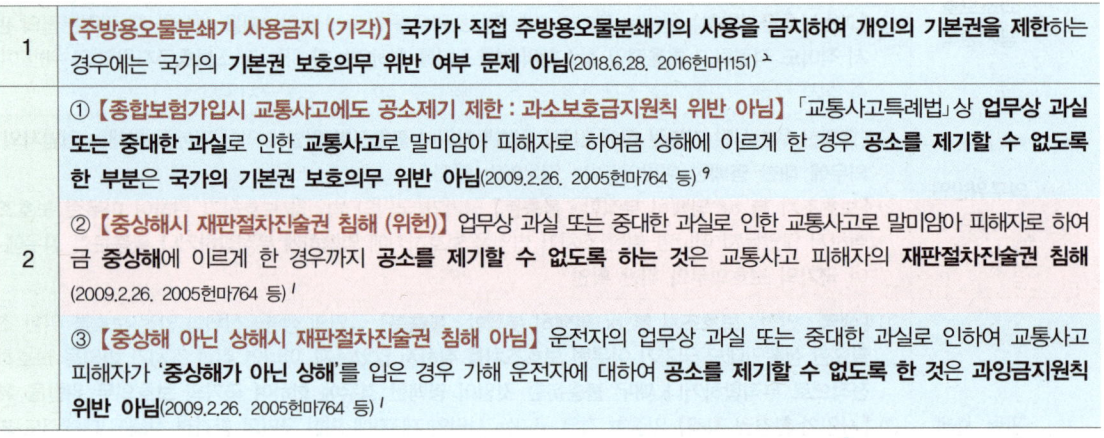

1	【주방용오물분쇄기 사용금지 (기각)】 국가가 직접 주방용오물분쇄기의 사용을 금지하여 개인의 기본권을 제한하는 경우에는 국가의 **기본권 보호의무 위반 여부 문제 아님**(2018.6.28. 2016헌마1151)
2	① 【종합보험가입시 교통사고에도 공소제기 제한 : 과소보호금지원칙 위반 아님】 「교통사고특례법」상 **업무상 과실 또는 중대한 과실**로 인한 **교통사고**로 말미암아 피해자로 하여금 상해에 이르게 한 경우 **공소를 제기할 수 없도록 한 부분은 국가의 기본권 보호의무 위반 아님**(2009.2.26. 2005헌마764 등) ② 【중상해시 재판절차진술권 침해 (위헌)】 업무상 과실 또는 중대한 과실로 인한 교통사고로 말미암아 피해자로 하여금 **중상해**에 이르게 한 경우까지 **공소를 제기할 수 없도록 하는 것**은 교통사고 피해자의 **재판절차진술권 침해** (2009.2.26. 2005헌마764 등) ③ 【중상해 아닌 상해시 재판절차진술권 침해 아님】 운전자의 업무상 과실 또는 중대한 과실로 인하여 교통사고 피해자가 '**중상해가 아닌 상해**'를 입은 경우 가해 운전자에 대하여 **공소를 제기할 수 없도록 한 것은 과잉금지원칙 위반 아님**(2009.2.26. 2005헌마764 등)

4 관련판례

(1) 환경권 보호의무

1	① 【사인인 제3자에 의한 환경침해 보호의무】 환경침해는 사인에 의해서도 빈번하게 유발되고 있으며 **생명·신체와 같은 중요한 기본권의 법익 침해**로 이어질 수 있다는 점에서 **국가는 사인인 제3자에 의한 환경권 침해에 대해서도 기본권 보호조치를 취할 의무를 짐**(2019.12.27. 2018헌마730) [6] ② 【공직선거법상 소음규제기준 미규정 : 환경권 침해 (헌불)】 「공직선거법」에서 확성장치의 최고출력 내지 소음 규제기준에 관한 규정을 두지 아니한 것은, 국민이 건강하고 쾌적하게 생활할 수 있는 양호한 주거환경을 위하여 노력하여야 할 국가의 의무를 부과한 헌법 제35조 제3항에 비추어 보면, 적절하고 효율적인 최소한의 보호조치를 취하지 아니하여 **국가의 기본권 보호의무를 과소하게 이행**한 것으로 **건강하고 쾌적한 환경에서 생활할 권리 침해**(2019.12.27. 2018헌마730) [5]
2	① 【국가의 기후위기 대응의무】 국가와 국민이 '환경보전'을 위하여 노력할 의무에는 기후변화로 인하여 생활의 기반이 되는 제반 환경이 훼손되고 생명·신체의 안전 등을 위협할 수 있는 위험에 대하여, 기후변화의 원인을 줄여 이를 완화하거나 그 결과에 적응하는 조치를 하는 **국가의 기후위기에 대한 대응의 의무도 포함**(2024.8.29. 2020헌마389 등) [1] ② 【위험상황 상응 보호조치로서 필요·최소한 여부】 개별 사례에서 **과소보호금지원칙 위반 여부**는 기본권침해가 예상되어 보호가 필요한 '**위험상황**'에 대응하는 '**보호조치**'의 내용이, 문제 되는 **위험상황의 성격에 상응하는 보호조치로서 필요한 최소한의 성격**을 갖고 있는지에 따라 판단(2024.8.29. 2020헌마389 등) [1] ③ 【과학적 사실과 국제기준 고려 객관적 검토】 어떠한 경우에 '**과소보호금지원칙**'에 미달하게 되는지에 대해서는 일반적·일률적으로 확정할 수 없고 이에 대한 판단이 **전문적이고 기술적인 영역**에 있거나 **국제적 성격**을 갖는 경우, 그러한 위험상황의 성격 등은 '**과학적 사실**'과 '**국제기준**'에 근거하여 **객관적으로 검토**(2024.8.29. 2020헌마389 등) [1] ④ 【2031~2049 감축목표 미제시 : 과소보호금지원칙 위반 (헌불)】 「탄소중립기본법」이 **2031년부터 2049년까지의 국가 온실가스 배출량 감축목표**에 관하여 어떤 형태의 **정량적 기준을 제시하지 않은 것**은 '과소보호금지원칙'에 반하여 **환경권 침해**(2024.8.29. 2020헌마389 등) [1] ⑤ 【2030년까지 감축목표】 탄소중립기본법 시행령은 같은 법의 위임을 받아 **2030년 중장기 감축목표의 구체적인 비율의 수치**를 정한 것일 뿐이므로, 과소보호금지원칙에 반하여 기본권 보호의무를 위반하였다고 볼 수 없어 **환경권 등 기본권 침해 아님**(2024.8.29. 2020헌마389 등) [1]
3	【지역적 제한사유 없는 동물장묘업 등록제 (기각)】 동물장묘업 등록에 관하여 「장사 등에 관한 법률」 외에 **다른 지역적 제한사유**를 규정하지 않은 것은 환경권을 보호하기 위한 **국가의 보호의무 과소 이행 아님**(2020.3.26. 2017헌마1281) [5]
4	【산업단지계획안에 대한 주민의견청취와 환경영향평가서 초안에 대한 주민의견청취 동시진행 (합헌)】 「산단절차간소화법」상 산업단지의 지정권자로 하여금 **산업단지계획안에 대한 주민의견청취와 동시에 환경영향평가서 초안에 대한 주민의견청취를 진행하도록 한 것**은 국가의 기본권 보호의무 위배 아님(2016.12.29. 2015헌바280) [3]

(2) 생명·신체 안전 보호의무

1	【산업부장관에게 원전 개발사업 실시계획 승인권한 부여 (합헌)】 원전 건설을 내용으로 하는 전원개발사업 실시계획에 대한 승인권한을 다른 전원개발과 마찬가지로 **산업통상자원부장관에게 부여**하고 있는 「전원개발촉진법」은 국가가 국민의 생명·신체의 안전을 보호하기 위하여 **필요한 최소한의 보호조치를 취하지 아니한 것은 아님**(2016.10.27. 2015헌바358) → **적법절차원칙 위배 아님**
2	① 【미국산 쇠고기수입의 위생조건 고시 (기각)】 「미국산 쇠고기수입의 위생조건에 관한 고시」가 국민의 생명·신체의 안전을 보호하기에 전적으로 부적합하거나 매우 부족하여 그 **보호의무를 명백히 위반 것 아님**(2008.12.26. 2008헌마419 등) ② 【조약 아니므로 국회 동의 불요】 「미국산 쇠고기 및 쇠고기 제품 수입위생조건」(구 농림수산식품부 고시)은 **국회의 동의를 받아야 하는 조약 아님**(2008.12.26. 2008헌마419 등) ③ 【적법절차원칙 위반 아님】 농림부장관 등 관련 국가기관이 **국민의 생명·신체의 안전에 영향을 미치는 고시 등의 내용을 결정함에 있어서 이해관계인의 의견을 사전에 충분히 수렴하는 것이 바람직하기는 하지만, 그것이 헌법의 적법절차 원칙상 필수적 요구 아님**(2008.12.26. 2008헌마419 등)
3	【담배사업법 (기각)】 「담배사업법」은 담배성분의 표시나 경고문구의 표시, 담배광고의 제한 등 **여러 규제들을 통하여** 직접흡연으로부터 **국민의 생명·신체의 안전을 보호하려고 노력**하고 있으므로 「담배사업법」이 국가의 보호의무에 관한 **과소보호금지 원칙**을 위반하여 **생명·신체의 안전에 관한 권리 침해 아님**(2015.4.30. 2012헌마38)
4	【국내 강제동원자 의료지원금 지원 제외 (기각)】 태평양전쟁 전후 강제동원된 자 중 **국외 강제동원자에 대해서만 의료지원금을 지급**하도록 하고 **국내 강제동원자를 제외**하는 것이 국민에 대한 국가의 **기본권 보호의무 위배 아님**(2011.2.24. 2009헌마94)

POINT 080 기본권의 성격과 효력

1 기본권의 이중성

이중성	①【**주관적 공권 + 객관적 가치질서**】기본권은 **주관적 공권**으로서의 성격과 **객관적 가치질서 내지 객관적 가치규범**으로서의 성격을 가짐 ¹

2 기본권의 효력

(1) 대국가적 효력과 대사인적 효력

대국가적 효력		①【**주관적 공권**】기본권의 **대국가적 효력**은 국가권력에 대한 **개인의 방어적 권리**라는 기본권의 성격에서 비롯 ¹
대사인적 효력	객관적 질서	①【**객관적 가치질서**】기본권의 **제3자적 효력**(대사인적 효력)은 기본권의 **객관적 가치질서**로서의 성격과 밀접한 관련 ¹
	간접 적용	①【**간접적용**】기본권의 **간접적인 제3자적 효력**을 주장하는 입장에서는 **사법상의 일반규정**을 매개물로 하여 **사적 자치**를 존중 ¹ ②【**사법관계도 기본권에 적합하게 규율**】헌법상 기본권은 제1차적으로 개인의 자유로운 영역을 공권력의 침해로부터 보호하기 위한 **방어적 권리**이지만 헌법의 기본적인 결단인 **객관적인 가치질서를 구체화**한 것으로서, **사법을 포함한 모든 법 영역에 그 영향을 미치는 것이므로 사인간의 사적인 법률관계**도 헌법상의 **기본권 규정에 적합하게 규율**되어야 함 ³ ③【**민법의 내용형성·해석기준 → 간접적용**】기본권 규정은 그 성질상 사법관계에 직접 적용될 수 있는 예외적인 것을 제외하고는 **사법상의 일반원칙**을 규정한 「**민법**」 제2조(신의성실), 제103조(반사회질서의 법률행위), 제750조(불법행위의 내용), 제751조(재산 이외의 손해의 배상) 등의 **내용을 형성하고 그 해석 기준**이 되어 **간접적으로 사법관계에 효력**을 미침 ⁴
	기본권 충돌	①【**이익형량 + 실제적 조화**】하나의 **법률관계**를 둘러싸고 **두 기본권이 충돌**하는 경우에는 구체적인 사안에서의 사정을 종합적으로 고려한 **이익형량**과 함께 양 기본권 사이의 **실제적인 조화를 꾀하는 해석 등**을 통하여 이를 해결 ¹

(2) 대사인적 효력 관련판례

1	① **【종교교육의 자유 vs 소극적 종교행위의 자유】** 종립학교의 종교교육의 자유와 학생의 소극적 종교행위의 자유가 충돌하는 경우 종립학교는 원칙적으로 학생의 종교의 자유를 고려한 대책을 마련하는 등의 조치를 취하는 속에서 **종교교육의 자유를 누림**(대판 2010.4.22. 2008다38288) [1] ② **【학생의 종교의 자유 고려 대책 마련 속 종교교육의 자유】** 종립학교의 학교법인이 국·공립학교의 경우와는 달리 종교교육을 할 자유와 운영의 자유를 가진다고 하더라도, 그 종립학교가 공교육체계에 편입되어 있는 이상 원칙적으로 학생의 종교의 자유, 교육을 받을 권리를 고려한 대책을 마련하는 등의 조치를 취하는 속에서 그러한 **자유를 누림**(대판 2010.4.22. 2008다38288) [3] ③ **【기본권 미고려 시 위법】** 종교단체가 설립한 사립학교에서 특정종교의 교리를 전파하는 종교행사와 종교과목 수업을 실시하면서 참가 거부가 사실상 불가능한 분위기를 조성하고 대체과목을 개설하지 않는 등 **다른 신앙을 가진 학생의 기본권을 고려하지 않는 것**은 학생의 종교에 관한 인격적 법익을 침해하는 **위법행위**(대판 2010.4.22. 2008다38288) [2]
2	① **【기업의 영업의 자유 vs 근로자의 일반적 행동자유권】** 기업의 경영에 관한 의사결정의 자유 등 **영업의 자유**와 근로자들이 누리는 **일반적 행동자유권** 등이 '근로조건' 설정을 둘러싸고 충돌하는 경우 구체적인 사안에서의 사정을 종합적으로 고려한 **이익형량과 함께 기본권들 사이의 실제적인 조화를 꾀하는 해석 등을 통하여 해결하여야 함**(대판 2018.9.13. 2017두38560) [2] ② **【수염을 기르지 못하도록 강제하는 취업규칙 (무효)】** 항공운송업을 영위하는 회사가 **취업규칙에서 소속 직원들이 수염을 기르지 못하도록 일률적·전면적으로 강제**하는 것은 항공기의 조종을 책임지는 기장의 **일반적 행동자유권 침해**(대판 2018.9.13. 2017두38560) [1]
3	① **【사인에 의한 평등권 침해의 불법행위 구성 → 민법 규정으로 가능, 별개 입법 불요】** 사적 단체를 포함하여 사회공동체 내에서 개인이 성별에 따른 불합리한 차별을 받지 아니하고 자신의 희망과 소양에 따라 다양한 사회적·경제적 활동을 영위하는 것은 그 인격권 실현의 본질적 부분에 해당하므로 평등권이라는 기본권의 침해도 민법 제750조(불법행위의 내용)의 일반규정을 통하여 **사법상 보호되는 인격적 법익침해의 형태로 구체화되어 논하여질 수 있고**, 그 위법성 인정을 위하여 반드시 **사인간의 평등권 보호에 관한 별개의 입법이 있어야만 하는 것은 아님**(대판 2011.1.27. 2009다19864) [3] ② **【사적자치·결사의 자유 vs 평등권】** 사적 단체는 **사적 자치의 원칙 내지 결사의 자유**에 따라 그 단체의 형성과 조직, 운영을 자유롭게 할 수 있으므로, 사적 단체가 그 성격이나 목적에 비추어 그 구성원을 성별에 따라 달리 취급하는 것이 **일반적으로 금지된다고 할 수는 없음**(대판 2011.1.27. 2009다19864) [1]

POINT 081 국가인권위원회

1 국가인권위원회

법률상 기관	① 【법률상 독립기관】 인권의 보호와 향상을 위한 업무를 수행하기 위한 **법률상 독립기구**
위원회의 구성·의사	① 【국회선출 4명, 대통령 지명 4명, 대법원장 지명 3명 → 대통령 임명】 국가인권위는 위원장 1명과 상임위원 3명(4명 ×)을 포함한 11명의 인권위원으로 구성되며, **국회가 선출하는 4명, 대통령이 지명하는 4명, 대법원장이 지명하는 3명을 대통령이 임명**[3] ② 【재과찬성 + 의사공개】 국가인권위는 **재적위원 과반수 찬성으로 의결**하고, **의사는 공개**[3]

2 조사·구제

(1) 조사

조사대상	① 【국가기관등 인권침해·차별행위】 국가기관, 지방자치단체 또는 구금 보호시설의 업무수행과 관련하여 **헌법 제10조부터 제22조까지의 인권을 침해**당하거나 **차별행위**를 당한 경우 ② 【민간의 차별행위】 법인, 단체 또는 **사인(私人)**으로부터 **차별행위**를 당한 경우[1] ③ 【국회·법원·헌재 제외】 **국회의 입법 또는 법원·헌법재판소의 재판**은 진정대상에서 **제외**
조사개시 (진정 or 직권)	① 【피해자 + 알고 있는 사람·단체】 인권침해·차별행위를 당한 사람 외에도 그 사실을 **알고 있는 사람이나 단체**는 진정할 수 있음[1] ② 【직권 조사 가】 국가인권위는 **진정이 없는 경우**에도 인권침해·차별행위가 있다고 믿을 만한 **상당한 근거**가 있고 내용이 중대하다고 인정할 때 **직권 조사할 수 있음** (직권 조사할 수 없음 ×)

(2) 구제

수사등 의뢰	① 【수사기관과 위원회의 협조】 진정의 원인이 된 사실이 범죄행위에 해당된다고 믿을 만한 **상당한 이유**가 있고 그 **혐의자의 도주 또는 증거의 인멸 등을 방지**하기 위하여 필요하다고 인정할 경우에, 국가인권위는 **검찰총장 또는 관할 수사기관의 장에게 수사의 개시와 필요한 조치를 의뢰할 수 있음**[1]
구제조치	① 【구체조치등 권고】 위원회는 인권침해·차별행위가 있었다고 판단하면 **구제조치 이행 권고** or 법령·제도·정책·관행의 **시정 또는 개선 권고할 수 있음** (이행명령 ×, 시정명령 ×)[1] ② 【피해자를 위한 법률구조요청】 진정에 관한 위원회의 조사, 증거의 확보 또는 피해자의 권리 구제를 위하여 필요하다고 인정하면 피해자를 위하여 **대한법률구조공단 또는 그 밖의 기관에 법률구조를 요청할 수 있으나 피해자의 명시한 의사에 반하여 할 수 없음** (피해자의 명시한 의사에 반하여 할 수 있음 ×)[3]
조사·조정 비공개	① 【비공개 원칙(의결로 공개)】 국가인권위의 **진정에 대한 조사·조정 및 심의는 비공개**로 하지만 국가인권위의 **의결이 있을 때는 이를 공개**할 수 있음[3]

POINT 082 헌법에 열거되지 않은 기본권

제37조 ① 【헌법에 열거되지 않은 기본권】 국민의 자유와 권리는 **헌법에 열거되지 아니한 이유로** 경시되지 아니한다.

1 인정요건

① 【필요성 + 구체적 권리로서 실체】 헌법에 열거되지 아니한 기본권을 새롭게 인정하려면, **그 필요성이 특별히 인정**되고, 그 권리내용이 비교적 **명확**하여 **구체적 기본권으로서의 실체** 즉, 권리내용을 규범 상대방에게 요구할 힘이 있고 그 실현이 방해되는 경우 재판에 의하여 그 실현을 보장받을 수 있는 **구체적 권리로서의 실질에 부합**하여야 함 [3]

2 기본권 인정 여부

기본권으로 인정된 것	기본권으로 인정되지 않는 것
① 영토에 관한 권리 **【헌법 제10조 관련】** ② 일반적 인격권 ③ 명예권 ④ 성명권 ⑤ 초상권 ⑥ 일반적 행동자유권 ⑦ 접견교통권 ⑧ 성적 자기결정권 ⑨ 소비자의 자기결정권 ⑩ 인격의 자유로운 발현권 ⑪ 아동이 교육환경에 대해 스스로 결정할 권리 ⑫ 휴식권 ⑬ 문화향유권 **【신체의 자유 관련】** ⑭ 생명권 **【정보 관련】** ⑮ 알 권리 ⑯ 개인정보자기결정권 **【혼인과 가족생활】** ⑰ 부모의 양육권 및 교육권 ⑱ 이름을 지을 자유 ⑲ 출생등록될 권리	① 통일에 관한 권리 ② 주민투표권 ③ 외국인의 지방선거권 ④ 국회구성권 ⑤ 국회의원의 심의·표결권 ⑥ 육아휴직신청권 ⑦ 평화적 생존권 ⑧ 국가인권위원회의 공정한 조사를 받을 권리

3 관련판례

1	**【평화적 생존권 (각하)】** 평화적 생존권은 이를 헌법에 열거되지 아니한 기본권으로서 **특별히 새롭게 인정할 필요성**이 있다거나 그 권리내용이 비교적 명확하여 **구체적 권리로서의 실질에 부합**한다고 보기 **어려워 헌법상 보장된 기본권이라고 할 수 없음**(2009.5.28. 2007헌마369)
2	**【국가인권위의 공정한 조사를 받을 권리 (각하)】** 장기간 불법체류를 해 온 외국인의 진정에 의한 국가인권위원회의 조사가 완료되기도 전에 강제퇴거시켰더라도 **국가인권위의 공정한 조사를 받을 권리**는 헌법상 **기본권이라 볼 수 없음**(2012.8.23. 2008헌마430)

POINT 083 인간의 존엄과 가치

CHAPTER 02 | 인간의 존엄과 가치 및 행복추구권

제10조【인간의 존엄과 가치】 모든 국민은 **인간으로서의 존엄과 가치**를 가지며, 행복을 추구할 권리를 가진다. 국가는 개인이 가지는 불가침의 기본적 인권을 확인하고 이를 보장할 의무를 진다.

1 인간의 존엄과 가치

근본규범	① **【근본규범】** 인간의 존엄과 가치는 **모든 기본권의 이념적 출발점**이며, 헌법의 **근본규범**이므로 헌법개정의 한계 ② **【제5차 → 제8차】** 인간의 존엄과 가치는 제5차 개정헌법(1962년)에 규정된 이래 **제8차 개정헌법(1980년)** 에 행복추구권이 추가되어 현행헌법에 이름 (현행헌법 처음 규정 ×)
주체	① **【자연인만 주체】** 인간의 존엄과 가치는 **국민**뿐 아니라 **외국인**과 **무국적자**에게도 인정

2 관련 판례

(1) 인간의 존엄과 가치 침해 판례

1	**【교정시설 수용면적 지나치게 협소 (인용)】** 교정시설의 1인당 **수용면적**이 수형자의 인간으로서의 기본 욕구에 따른 생활조차 어렵게 할 만큼 **지나치게 협소**하다면, 국가형벌권 행사의 한계를 넘어 **수형자의 인간의 존엄과 가치 침해**(2016.12.29. 2013헌마142)
2	**【성전환자 호적정정 불허】** 성전환자임이 명백한 사람에 대하여 호적정정을 허용하지 않는 것은 **인간의 존엄과 가치를 향유할 권리**를 온전히 구현할 수 없게 만드는 것임(대결 2006.6.22. 2004스42)

(2) 인간의 존엄과 가치 침해 아닌 판례

1	**【취침시간 최소한의 조명 유지 (기각)】** 법무부훈령인 「법무시설 기준규칙」은 수용동의 조도 기준을 취침 전 200룩스 이상, **취침 후 60룩스 이하**로 규정하고 있는데, 수용자의 도주나 자해 등을 막기 위해서 **취침시간에도 최소한의 조명을 유지**하는 것은 **인간의 존엄과 가치 침해 아님**(2018.8.30. 2017헌마440)
2	**【무면허 의료행위시 벌금형 병과 (합헌)】** 의사의 면허없이 영리를 목적으로 의료행위를 업으로 행하는 자에게 무기 또는 2년 이상의 **징역형**과 100만원 이상 1천만원 이하의 **벌금형**을 **병과**하는 것은 법정형이 가혹하여 **인간으로서의 존엄과 가치를 규정한 헌법 위반 아님**(2001.11.29. 2000헌바37)

POINT 084 일반적 인격권

1 일반적 인격권
① **【인간의 존엄·가치에서 도출】** 인격권은 헌법 제10조의 **인간의 존엄과 가치로부터 유래**

2 보호영역
(1) 보호영역인 것

1	**태아의 성별 정보 접근권** 【태아의 성별고지 금지 (헌불)】 헌법 제10조로부터 도출되는 **일반적 인격권**에는 각 개인이 그 삶을 사적으로 형성할 수 있는 자율영역에 대한 보장이 포함되어 있음을 감안할 때, 장래 가족의 구성원이 될 태아의 성별 정보에 대한 접근을 국가로부터 방해받지 않을 부모의 권리는 일반적 인격권에 의하여 보호(2008.7.31. 2004헌마1010) → 부모의 행복추구권이 아닌 **일반적 인격권 침해** 유사 【임신 32주 이전 태아의 성별고지 금지 : 수단부적 (위헌)】 임신 32주 이전에 태아의 성별 고지를 금지하는 「의료법」 조항은 낙태로 나아갈 의도가 없는 부모까지 규제하여 기본권을 제한하는 과도한 입법으로 **부모가 태아의 성별 정보에 대한 접근을 방해받지 않을 권리 침해**(2024.2.28. 2022헌마356 등)
2	**배아에 대한 결정권** ① 【배아 생성자의 배아의 관리·처분 결정권】 배아생성자는 배아에 대해 자신의 유전자정보가 담긴 신체의 일부를 제공하고, 또 배아가 모체에 성공적으로 착상하여 인간으로 출생할 경우 생물학적 부모로서의 지위를 갖게 되므로 **배아의 관리·처분에 대한 결정권을 가짐**(2010.5.27. 2005헌마346) ② 【인격권의 한 유형】 배아생성자의 배아에 대한 결정권은 헌법상 명문으로 규정되어 있지는 않지만 **일반적 인격권의 한 유형**으로서 헌법상 권리(2010.5.27. 2005헌마346)
3	**성명권** ① 【자유로운 성의 사용】 성명은 개인의 정체성과 개별성을 나타내는 인격의 상징으로서 개인이 사회 속에서 자신의 생활영역을 형성하고 발현하는 기초가 되는 것이라 할 것이므로 **자유로운 성의 사용은 인격권으로부터 보호**(2005.12.22. 2003헌가5 등) ② 【예외없는 부성주의 (헌불)】 출생 직후의 자(子)에게 성을 부여할 당시 부(父)가 이미 사망하였거나 부모가 이혼하여 모(母)가 단독으로 친권을 행사하고 양육할 것이 예상되는 경우에도 부의 성을 사용할 것이 강제되도록 한 민법은 **개인의 존엄과 양성의 평등 침해**(2005.12.22. 2003헌가5 등) → **인격권 침해**
4	**명예권** 【명예에 대한 권리】 일반적 인격권에는 개인의 명예에 관한 권리도 포함되며, 여기서 말하는 '명예'는 사람이나 그 인격에 대한 '**사회적 평가**', 즉 객관적·외부적 가치평가를 말하는 것이지 단순히 **주관적·내면적 명예감정 아님** (2010.11.25. 2009헌마147) 유사 【명예권】 명예권은 기본권 주체가 가지고 있는 **인격과 명예가 부당하게 훼손되는 것의 배제를 청구할 권리**이지, 국가가 기본권 주체에게 **최대한의 사회적 평가를 부여하도록 국가에게 요청할 권리 아님**(2014.6.26. 2012헌마757)
5	**명예권** ① 【사자의 명예훼손은 후손의 인격권 제한】 일반적 인격권에는 개인의 명예에 관한 권리도 포함되며, **사자(死者)에 대한 사회적 명예와 평가의 훼손**은 사자와의 관계를 통하여 스스로의 인격상을 형성하고 명예를 지켜온 그 **후손의 인격권 제한**(2010.10.28. 2007헌가23) ② 【조선총독부 중추원 참의활동을 친일행위로 규정 (합헌)】 「반민족규정법」에서 **조선총독부 중추원 참의활동을 친일반민족행위의 하나로 규정**한 것은 **과잉금지원칙 위배 아님**(2010.10.28. 2007헌가23)
6	① 【아동·청소년의 인격권 (헌불)】 아동과 청소년은 인격의 발전을 위하여 어느 정도 부모와 학교의 교사 등 타인에 의한 결정을 필요로 하는 **아직 성숙하지 못한 인격체**이지만, 부모와 국가에 의한 단순한 보호의 대상이 아닌 **독자적인 인격체**이며, 그의 **인격권은 성인과 마찬가지로 인간의 존엄성 및 행복추구권을 보장하는 헌법 제10조에 의하여 보호**(2004.5.27. 2003헌가1 등) ② 【아동의 교육환경결정권】 헌법이 보장하는 인간의 존엄성 및 행복추구권은 국가의 교육권한과 부모의 교육권의 범주 내에서 **아동에게도 자신의 교육환경에 관하여 스스로 결정할 권리** 부여(2004.5.27. 2003헌가1 등)

(2) 법인의 인격권

1	① **[방송사업자에 사과행위 강제 → 방송사업자의 인격권 제한]** 법인인 방송사업자의 **의사에 반한 사과행위를 강제**하는 것은 **방송사업자의 인격권 제한**(2012.8.23. 2009헌가27) → **양심의 자유 제한 아님** ② **[인격권 침해 (위헌)]** 방송사업자가 심의규정 등을 위반한 경우 **방송통신위원회**가 방송사업자에게 **사과방송**을 할 것을 명령하는 「방송법」은 '주의 또는 경고'만으로도 반성을 촉구하고 언론사로서의 공적 책무에 대한 인식을 제고할 수 있다는 점에서 보다 덜 제한적인 다른 수단이 존재하므로 **침해의 최소성 원칙에 위배, 법인인 방송사업자의 인격권 침해**(2012.8.23. 2009헌가27)
2	**[사과문 게재 명령 (위헌)]** 선거기사심의위원회가 불공정한 선거기사를 보도하였다고 인정한 언론사에 대하여 **언론중재위원회**를 통하여 사과문을 게재할 것을 명하도록 하고 해당 언론사가 **사과문 게재 명령**을 지체 없이 이행하지 않을 경우 형사처벌하는 「공직선거법」은 **법인인 언론사의 인격권 침해**(2015.7.30. 2013헌가8) → **소극적 표현의 자유나 일반적 행동의 자유를 제한**하는 것 **아님**

(3) 보호영역 아닌 것

1	**[이동전화 식별번호 통합추진 (기각)]** 한시적 번호이동을 허용하도록 한 방송통신위원회의 이행명령은 **010번호 이외의 식별번호**를 사용하는 청구인들의 **인격권, 개인정보자기결정권, 재산권**을 제한한다고 볼 수 없으며, 이동전화번호를 구성하는 숫자가 개인의 인격 내지 인간의 존엄과 관련성 없음(2013.7.25. 2011헌마63 등) → **행복추구권 침해 아님**

3 관련 위헌판례

(1) 경찰서 유치장 관련

1	**[수사장면 공개 및 촬영허용행위 : 목적 부정 (인용)]** 사법경찰관이 보도자료 배포 직후 기자들의 취재요청에 응하여 피의자가 경찰서 조사실에서 양손에 수갑을 차고 얼굴을 드러낸 상태에서 조사받는 모습을 촬영할 수 있도록 허용한 행위는 과잉금지원칙에 위반되어 **피의자의 인격권 침해**(2014.3.27. 2012헌마652)
2	**[속옷을 내리게 하는 신체수색행위 (인용)]** 경찰서 유치장에 수용되는 과정에서 **속옷을 내리게 하는 방법**으로 한 **신체수색행위**는 **인격권 및 신체의 자유 침해**(2002.7.18. 2000헌마327)
3	**[유치실내 차폐시설이 불충분한 화장실 사용강제 (인용)]** 유치인들이 경찰서 유치장에 수용되어 있는 동안 **차폐시설이 불충분**하여 사용과정에서 신체부위가 다른 유치인들이나 경찰관들에게 관찰될 수 있고, 냄새가 유출되는 유치실 내 **화장실을 사용하도록 강제**되었다면 **인격권 침해**(2001.7.19. 2000헌마546)

(2) 교정시설 수용자 관련

1	**[미결수 수용시설 밖 수사·재판시 재소자용 의류 강제 (인용)]** 미결수용자에게 시설 밖에서 수사 또는 재판을 받을 때에도 **재소자용 의류**를 입게 하는 것은 **무죄추정원칙에 반하고 인격권과 행복추구권, 공정한 재판을 받을 권리 침해**(1999.5.27. 97헌마137 등) **비교 [미결수 수용시설 안 재소자용 의류 강제 (기각)]** 미결수용자가 수감되어 있는 동안 **구치소 등 수용시설 안**에서 사복을 입지 못하게 하고 **재소자용 의류**를 입게 한 행위는 정당성·합리성을 갖춘 재량의 범위 내의 조치(1999.5.27. 97헌마137 등)
2	**[형사재판 출석시 사복착용 불허 : 목적·수단 인정, 피해·법익 부정 (헌불)]** 형사재판에 피고인으로 출석하는 수형자에 대하여 **사복착용을 불허**하는 것은 무죄추정의 원칙에 위배될 소지가 클 뿐만 아니라 **공정한 재판을 받을 권리, 인격권, 행복추구권 침해**(2015.12.23. 2013헌마712) **비교 [민사재판 출석시 사복착용 불허 (기각)]** 민사재판에 당사자로 출석하는 **수형자**에 대하여 **사복착용을 허용**하지 아니한 행위는 수형자의 **공정한 재판을 받을 권리, 인격권, 행복추구권 침해 아님**(2015.12.23. 2013헌마712) **비교 [민사법정 출석시 운동화착용 불허 (기각)]** 민사법정에 출석하는 수형자에게 운동화착용을 불허하고 고무신을 신게 한 행위는 **인격권과 행복추구권 침해 아님**(2011.2.24. 2009헌마209)

(3) 가족생활과 신분관계 관련

1	【혼인 종료 300일내 출생자 전남편 친생자 추정 (헌불)】 혼인 종료 후 300일 이내에 출생한 자를 전남편의 친생자로 추정하는 「민법」은 모가 가정생활과 신분관계에서 누려야 할 **인격권, 혼인과 가족생활에 관한 기본권 침해**(2015.4.30. 2013헌마623)

(4) 기타

1	【국군포로 등에 대한 예우 대통령령 미제정 행정입법부작위 (인용)】「국군포로송환법」에 따라 등록포로 등에 대한 예우의 신청, 기준, 방법 등에 필요한 사항을 **대통령령으로 제·개정할 의무**가 있음에도 상당한 기간 동안 정당한 사유 없이 대통령령에 규정하지 않은 **행정입법부작위는 등록포로 등의 가족의 명예권 침해**(2018.5.31. 2016헌마626)
2	【변호사 인맥지수】 변호사 정보 제공 웹사이트 운영자가 변호사들의 개인신상정보를 기반으로 한 **인맥지수를 공개**하는 서비스를 제공하는 행위는 **변호사들의 개인정보에 관한 인격권 침해**(대판 2011.9.2. 2008다42430)

4 관련 합헌판례

(1) 교정시설 수용자 관련

1	【수용자 항문검사 (기각)】 수용자를 교정시설에 수용할 때마다 **전자영상 검사기**를 이용하여 **수용자의 항문 부위에 대한 신체검사**를 하는 것은 **수용자의 인격권 내지 신체의 자유 침해 아님**(2011.5.26. 2010헌마775)
2	【번호를 외치도록 한 행위 (기각)】 교도소 사동에서 인원점검을 하면서 수형자들을 정렬시킨 후 **차례로 번호를 외치도록 한 행위는 인격권 및 일반적 행동의 자유 침해 아님**(2012.7.26. 2011헌마332)
3	【다른 수용자와 연승하는 행위 (기각)】 상체승의 포승과 수갑을 채우고 별도의 포승으로 다른 수용자와 연승하는 행위는 **인격권 내지 신체의 자유 침해 아님**(2014.5.29. 2013헌마280)
4	【출정 시 동행 및 보호장비착용 (기각)】 출정 시 교도관과 동행하면서 교도관이 재판시작 전까지 행정법정 방청석에서 **보호장비를 착용**하도록 한 것은 **신체의 자유와 인격권 침해 아님**(2018.7.26. 2017헌마1238)
	유사 【민사법정 내 보호장비 사용행위 (기각)】 민사법정 내 보호장비 사용행위는 「형집행법」 조항 등에 근거를 두고 있으므로 법률유보원칙에 위배되어 **수형자의 인격권 침해 아님**(2018.6.28. 2017헌마181)

(2) 가족생활과 신분관계 관련

1	① 【중혼취소권의 제척기간 또는 소멸사유 미규정 (합헌)】 중혼을 혼인취소사유로 정하면서 그 **취소청구권의 제척기간 또는 소멸사유를 규정하지 않은 「민법」**은 후혼배우자의 인격권 및 행복추구권 **침해 아님**(2014.7.24. 2011헌바275) → 평등원칙 위반 아님
	② 【혼인과 가족생활 관련 無】 헌법 제36조 제1항의 규정에 의하여 국가에 부과된 개인의 존엄과 양성의 평등을 기초로 한 혼인과 가족생활의 유지·보장의무 이행에 부합하므로 **헌법 제36조 제1항 위반여부는 직접 문제 안됨**(2014.7.24. 2011헌바275)
2	【인지청구의 소 제소기간 사망 안 날 1년 (합헌)】 부 또는 모가 사망한 경우 **인지청구의 소의 제소기간**을 부 또는 모의 사망을 안 날로부터 1년내로 규정한 것은 인지청구를 하고자 하는 국민의 **인간으로서의 존엄과 가치, 행복추구권 침해 아님**(2001.5.31. 98헌바9)

(3) 기타

1	【변호사 징계정보 인터넷 공개 (합헌)】 변호사에 대한 징계결정정보를 인터넷 홈페이지에 공개하도록 한 「변호사법」과 징계결정정보의 공개범위와 시행방법을 정한 「변호사법 시행령」은 청구인의 **인격권 침해아님**(2018.7.26. 2016헌마1029)³
2	【피의자 실명보도】 범죄사실에 관한 보도 과정에서 **대상자의 실명 공개**에 대한 공공의 이익이 대상자의 명예나 사생활의 비밀에 관한 이익보다 우월하다고 인정되어 실명에 의한 보도가 허용되는 경우, 비록 **대상자의 의사에 반하여 그의 실명이 공개**되었다고 하더라도 그의 **성명권 침해 아님**(대판 2009.9.10. 2007다71)²
3	【항공기 탑승시 추가적인 촉수검사 (기각)】 이미 출국 수속 과정에서 일반적인 보안검색을 마친 승객을 상대로, **촉수검색(patdown)과 같은 추가적인 보안 검색 실시**를 예정하고 있는 국가항공보안계획은 과잉금지원칙에 위반되지 않아 **인격권 침해 아님**(2018.2.22. 2016헌마780)⁵
4	【지역아동센터 이용아동 구성 제한 (기각)】 **지역아동센터**의 시설별 신고정원의 **80% 이상을 돌봄취약아동으로 구성**하도록 한 보건복지부 '2019년 지역아동센터 지원사업안내' 관련 부분은 **인격권 침해 아님**(2022.1.27. 2019헌마583)²
5	【과거사정리법에 따른 적절한 조치 이행 의무 (각하)】 「과거사정리법」에 따라 행정안전부장관, 법무부장관 등은 **진실규명 사건 피해자의 명예회복을 위해 적절한 조치를 취할 의무는 헌법에서 유래하는 작위의무**(2021.9.30. 2016헌마1034)¹ → 명예를 회복시키기 위한 적절한 조치를 이행하였으므로 헌소 부적법

POINT 085 행복추구권

> 제10조 【행복추구권】 모든 국민은 인간으로서의 존엄과 가치를 가지며, **행복을 추구할 권리**를 가진다. 국가는 개인이 가지는 불가침의 기본적 인권을 확인하고 이를 보장할 의무를 진다.

1 행복추구권

포괄적 자유권	① 【포괄적·일반적 자유권】 행복추구권은 국민이 행복을 추구하기 위한 활동을 **국가권력의 간섭 없이** 자유롭게 할 수 있는 **포괄적 의미의 자유권** [5] ② 【적극적 급부청구권 아님】 행복추구권은 국민이 행복을 추구하기 위하여 필요한 **급부를 국가에게 적극적으로 요구**할 수 있는 것을 내용으로 하지 **않음** [9]
보충적 기본권	① 【보충적 기본권】 행복추구권은 **다른 개별적 기본권**이 적용되지 않는 경우에 한하여 **보충적으로 적용**되는 기본권 [4]
상대적 기본권	① 【최대한 존중 필요】 행복추구권에 함축된 일반적인 행동자유권과 개성의 자유로운 발현권은 국가안전보장, 질서유지 또는 공공복리에 반하지 않는 한 입법 기타 국정상 **최대 존중 필요** [1] ② 【상대적 기본권】 국가안전보장, 질서유지 또는 공공복리를 위하여 **제한될 수 있으며**, 무제한의 경제적 이익의 도모 보장 아님 [2]

2 보호영역

1	【일반적 행동자유권, 개성의 자유로운 발현권, 자기결정권, 계약의 자유】 일반적 행동자유권, 개성의 자유로운 발현권, 자기결정권, 계약의 자유 등이 **행복추구권의 보호영역**에 포함(2003.6.26. 2002헌마677) [3]
2	① 【흡연권】 흡연권은 인간의 존엄과 행복추구권을 규정한 **헌법 제10조**와 사생활의 자유를 규정한 **헌법 제17조**에 의하여 뒷받침(2004.8.26. 2003헌마457) [10] ② 【혐연권】 혐연권은 흡연권과 마찬가지로 **헌법 제17조, 헌법 제10조**에서 헌법적 근거를 찾을 수 있으며 헌법이 보장하는 **건강권과 생명권**에 기하여서도 인정(2004.8.26. 2003헌마457) [2]
3	【부모의 분묘를 가꾸고 봉제사를 하고자 하는 권리】 부모의 분묘를 가꾸고 봉제사를 하고자 하는 권리는 행복추구권의 한 내용(2009.9.24. 2007헌마872) [1]

3 관련판례

1	【18세 미만자 노래방 출입금지 (기각)】 18세 미만자의 노래연습장 출입을 금지하는 「풍속영업규제법」은 18세 미만자의 노래방출입제한을 통해 얻을 수 있는 공익이 이로 인해 제한되는 **18세 미만 청소년들의 행복추구권의 법익보다 크므로 행복추구권 침해 아님**(1996.2.29. 94헌마13) [2]

POINT 086 일반적 행동자유권

1 일반적 행동자유권

포괄적 자유권	① 【적극 + 소극】 헌법 제10조 전문의 행복추구권에는 **일반적 행동자유권**이 포함되는바, 이는 **적극적으로 자유롭게 행동**을 하는 것은 물론 **소극적으로 행동을 하지 않을 자유**도 포함하는 권리로 **포괄적 의미의 자유권**
작위 + 부작위	① 【부작위 포함】 일반적 행동자유권에서 자유란 적극적으로 자유롭게 **행동**하는 것은 물론 소극적으로 **행동하지 않을 자유**, 즉 **부작위의 자유**도 포함되는 포괄적인 자유

2 보호영역

(1) 가치 없는 행동 (보호영역에 포함)

1	① 【생활방식・취미, 위험한 생활방식】 일반적 행동자유권은 **가치있는 행동만 보호영역으로 하는 것은 아니고**, 개인의 생활방식과 취미에 관한 사항도 포함되며, **위험한 스포츠를 즐길 권리**와 같은 위험한 생활방식으로 살아갈 권리도 포함(2003.10.30. 2002헌마518) ② 【좌석안전띠를 매지 않을 자유】 좌석안전띠를 매지 않을 자유도 헌법 제10조의 행복추구권에서 나오는 **일반적 행동자유권의 보호영역에 속함**(2003.10.30. 2002헌마518) → ① 좌석안전띠 착용은 **사생활영역의 문제 아님** ② **양심의 자유 보호영역 아님** ③ 【좌석안전띠 착용의무 (기각)】 운전자의 좌석 안전띠 착용을 의무화하고 이를 어겼을 때 범칙금을 부과하는 「도로교통법」은 **일반적 행동자유권 침해 아님**(2003.10.30. 2002헌마518) 유사 ① 【운전 중 휴대용 전화를 사용할 자유】 운전 중 휴대용 전화를 사용할 자유는 행복추구권에서 나오는 **일반적 행동자유권의 보호영역에 속함**(2021.6.24. 2019헌바5) ② 【운전 중 휴대용 전화 사용금지 (합헌)】 자동차 운전 중 휴대용 전화를 사용하는 것을 금지하고, 위반 시 **처벌**하는 것은 **일반적 행동자유권 침해 아님**(2021.6.24. 2019헌바5) 유사 【술에 취한 상태로 운전할 자유 (합헌)】 술에 취한 상태로 도로 외의 곳에서 운전하는 것을 금지하고 처벌하는 「도로교통법」은 **일반적 행동의 자유 제한이지만 침해 아님**(2016.2.25. 2015헌가11) → **죄형법정주의 명확성원칙 위반 아님**
2	【대마 수수・흡연 (합헌)】 개인이 **대마를 자유롭게 수수하고 흡연할 자유**도 행복추구권에서 나오는 **일반적 행동자유권의 보호영역**에 속함(2005.11.24. 2005헌바46)
3	【직업활동 외의 무면허의료행위 (기각)】 **무면허의료행위**도 지속적 소득활동이 아니라 **취미, 일시적 활동 또는 무상의 봉사활동**으로 삼는 경우 **일반적 행동자유권에 포함**(2002.12.18. 2001헌마370)
4	【음주측정요구 (합헌)】 경찰공무원이 운전자가 술에 취하였는지를 **호흡조사로 측정**할 수 있도록 하고 **운전자는 경찰공무원의 측정에 응하여야 하도록 규정**한 「도로교통법」은 운전자의 **일반적 행동의 자유 제한**(2023.10.26. 2019헌바91)
5	【반송신고의무 (기각)】 국내에 도착한 외국물품을 수입통관절차를 거치지 않고 다시 외국으로 반출하려면, 해당 물품의 품명・규격・수량 및 가격 등을 세관장에게 신고하도록 하는 「관세법」은 **환승 여행객의 일반적 행동자유권 제한**(2023.6.29. 2020헌바177 등)

(2) 적극적으로 자유롭게 행동할 자유

1	【하객접대행위 (인용)】 결혼식 등의 당사자가 자신을 축하하러 온 **하객들에게 주류와 음식물을 접대하는 행위**는 **일반적 행동의 자유** 영역에 속함(1998.10.15. 98헌마168) → 하객접대 행위를 금지한 「가정의례에 관한 법률」은 **일반적 행동의 자유권을 침해**
2	① 【구속된 피의자·피고인의 접견교통권】 구속된 피의자 또는 피고인이 갖는 **변호인 아닌 자와의 접견교통권**은 **일반적 행동자유권** 또는 **무죄추정의 원칙**에서 도출되는 **기본권**(2003.11.27. 2002헌마193) ② 【시행령의 면회횟수 제한 (위헌)】 시행령규정이 법률의 위임 없이 미결수용자의 면회횟수를 매주 2회로 제한하고 있는 것은 **접견교통권 침해**(2003.11.27. 2002헌마193) 유사 【수형자의 접견교통권 (기각)】 가족에 대한 수형자의 접견교통권은 행복추구권에 포함되는 **일반적 행동자유권**으로부터 나옴(2009.9.24. 2007헌마738)
3	① 【지역방언의 사용】 지역 방언을 자신의 언어로 선택하여 공적 또는 사적인 **의사소통과 교육의 수단으로서 사용**하는 것은 **일반적 행동자유 내지 개성의 자유로운 발현권**의 내용(2009.5.28. 2006헌마618) ② 【공문서·교과용도서에 표준어 사용 (기각)】 공문서 및 교과용 도서에 표준어만을 사용하는 것은 **행복추구권 침해 아님**(2009.5.28. 2006헌마618)
4	① 【한자를 의사소통 수단으로 사용】 언어와 언어를 표기하는 방식인 글자는 정신생활의 필수적인 도구이며 타인과의 소통을 위한 가장 기본적인 수단인바, 한자를 **의사소통의 수단으로 사용**하는 것은 행복추구권에서 파생되는 **일반적 행동의 자유 내지 개성의 자유로운 발현의 내용**(2016.11.24. 2012헌마854) ② 【공문서의 한글전용 (기각)】 공문서의 한글전용을 규정한 「국어기본법」은 공문서를 한글로 작성하여 공적 영역에서 원활한 의사소통을 확보하고 효율적·경제적으로 공적 업무를 수행하기 위한 것이므로 **공무원들의 행복추구권 침해 아님**(2016.11.24. 2012헌마854)
5	【가르치는 행위 (위헌)】 무상 또는 일회적·일시적으로 가르치는 행위는 **일반적 행동자유권**에 속함(2000.4.27. 98헌가16 등)
6	【사회복지법인 운영의 자유 (합헌)】 사회복지법인의 법인운영의 자유는 **일반적 행동자유권 내지 사적자치권**으로 보장(2005.2.3. 2004헌바10)
7	【동대표선출 (기각)】 자신이 속한 부분사회의 자치적 운영에 **참여**하는 것은 사회공동체의 유지, 발전을 위하여 필요한 행위로서 **일반적 행동자유권의 보호대상**(2015.7.30. 2012헌마957)
8	① 【주방용오물분쇄기 판매·사용 금지 (기각)】 주방용오물분쇄기의 판매와 사용을 금지하는 것은 주방용오물분쇄기를 사용하려는 자의 **일반적 행동자유권 제한**(2018.6.28. 2016헌마1151) ② 【일반적 행동자유권, 직업의 자유 침해 아님】 주방에서 발생하는 음식물 찌꺼기 등을 분쇄하여 오수와 함께 배출하는 주방용오물분쇄기의 판매와 사용을 금지하는 환경부고시 「주방용오물분쇄기의 판매·사용금지」의 규정은 **일반적 행동자유권, 직업의 자유 침해 아님**(2018.6.28. 2016헌마1151)

(3) 소극적으로 행동하지 않을 자유

1	【보호관찰 (기각)】 치료감호 가종료 시 3년의 **보호관찰**이 시작되도록 한 「치료감호법」 조항은 피보호관찰자의 **일반적 행동자유권 제한**(2012.12.27. 2011헌마285)

(4) 보호영역에 해당하지 않는 경우

1	【응급진료 방해 행위 금지·처벌 (합헌)】 응급의료종사자의 응급환자에 대한 진료를 폭행, 협박, 위계, 위력, 그 밖의 방법으로 방해하는 것을 금지하고 형사처벌하는 「응급의료에 관한 법률」 조항은 해당 **응급환자의 일반적 행동의 자유 제한 아님**(2019.6.28. 2018헌바128) → '그 밖의 방법' 부분은 죄형법정주의의 **명확성 원칙 위반 아님**
2	【현역병으로 복무할 권리 (기각)】 병역의무의 이행으로서의 현역병 복무는 국가가 간섭하지 않으면 자유롭게 할 수 있는 행위에 속하지 않으므로, **현역병으로 복무할 권리가 일반적 행동자유권에 포함 안됨**(2010.12.28. 2008헌마527)

3 기본권경합 (부진정 경합)

1	① 【서울광장 통행제지 행위 : 일반적 행동자유권 ○, 거주·이전의 자유 ×】 광장에서 **여가활동이나 문화활동을 하는 것**, 광장 주변을 **출입하고 통행**하는 행위는 **거주·이전의 자유 보호영역 아닌 일반적 행동자유권의 내용으로 보장**(2011.6.30. 2009헌마406) ② 【일반적 행동자유권 침해 (인용)】 집회의 조건부 허용이나 개별적 집회의 금지나 해산으로는 방지할 수 없는 급박하고 명백하며 중대한 위험이 있는 경우가 아님에도 일반 공중에게 개방된 장소인 **서울광장의 통행을 금지**한 것은 과잉금지원칙에 위배되어 **일반적 행동자유권 침해**(2011.6.30. 2009헌마406)
2	① 【이륜차 자동차전용도로 통행금지 : 일반적 행동자유권 ○, 거주·이전의 자유 ×】 이륜자동차와 원동기장치자전거에 대해서 **고속도로 또는 자동차전용도로의 통행을 금지**하는 것은 행복추구권에서 우러나오는 **일반적 행동의 자유를 제한**하는 것이지 **거주이전의 자유 제한 아님**(2007.1.17. 2005헌마1111 등) ② 【일반적 행동자유권 침해 아님 (기각)】 이륜자동차와 원동기장치자전거에 대한 고속도로 또는 자동차전용도로의 통행금지를 규정한 「도로교통법」은 **통행의 자유(일반적 행동의 자유) 침해 아님**(2007.1.17. 2005헌마1111 등) → **평등권 침해 아님**
3	【육군장교의 약식명령 자진신고의무 (기각)】 육군 장교가 민간법원 약식명령을 받아 확정된 사실에 대해 **자진신고의무**를 부과한 육군지시 자진신고조항은 **일반적 행동의 자유 침해 아님**(2021.8.31. 2020헌마12 등) → ① 범죄의 성립과 양형에서의 불리한 진술 강요가 아니므로 **진술거부권 제한 아님** ② 단순한 사실관계에 확인에 불과하므로 **양심에 포함되지 않음**
4	【선불폰 개통에 필요한 증서 등의 타인제공 금지】 이동통신사사업자가 제공하는 **전기통신역무를 타인의 통신용으로 제공하는 것을 원칙적으로 금지**하고 위반 시에는 형사처벌하는 「전기통신사업법」은 이동통신서비스 이용자의 **일반적 행동자유권 침해 아님**(2022.6.30. 2019헌가14) → 통신수단을 자유로이 이용하여 타인과 의사소통하려는 이동통신서비스 이용자의 권리나 통신수단에 의하여 이루어지는 **이용자와 타인 간의 의사소통과정의 비밀**을 제한한다거나 이용자의 **발언내용을 제한 아님**
5	① 【기부금품 모집행위 (위헌)】 **기부금품의 모집행위**는 **행복추구권**이 보호(1998.5.28. 96헌가5) ② 【기부행위 기회보장 : 일반적 행동의 자유 ○, 재산권 ×】 국가의 간섭을 받지 아니하고 자유로이 **기부행위를 할 수 있는 기회의 보장**은 **재산권의 보호범위 아님**(1998.5.28. 96헌가5) 유사 【기부행위 (합헌)】 기부행위자는 자신의 재산을 사회적 약자나 소외 계층을 위하여 출연함으로써 자기가 속한 사회에 공헌하였다는 행복감과 만족감을 실현할 수 있으므로, **기부행위는 행복추구권과 그로부터 파생되는 일반적 행동자유권에 의해 보호**(2014.2.27. 2013헌바106)

4 관련 위헌판례

1	【부정취득하지 않은 운전면허까지 필요적 취소 (위헌)】 거짓이나 그 밖의 부정한 수단으로 운전면허를 받은 경우 **모든 범위의 운전면허를 필요적으로 취소**하도록 규정하여 부정 취득하지 않은 운전면허까지 필요적으로 취소하도록 한 것은 운전면허 소유자의 **일반적 행동의 자유 또는 직업의 자유 침해**(2020.6.25. 2019헌가9 등)
2	【금융회사 종사자에게 거래정보등 제공 요구 금지·처벌 (위헌)】 누구든지 **금융회사 등에 종사하는 자에게 타인의 금융거래의 내용에 관한 정보 또는 자료를 요구하는 것을 금지**하고 **형사처벌**하는 「금융실명법」은 **일반적 행동자유권 침해**(2022.2.24. 2020헌가5)
3	【시행령상 세월호 이의제기 금지 서약 (위헌)】 「세월호피해지원법 시행령」에 따른 세월호 참사와 관련된 **일체의 이의제기를 금지하는 서약**은 세월호 승선 사망자들 부모의 **일반적 행동의 자유 침해**(2017.6.29. 2015헌마654)
4	【법위반사실공표명령 (위헌)】 형사재판이 개시되기도 전에 「공정거래법」 위반자에 대해서 공정거래위원회로 하여금 그 법위반 사실의 공표를 명할 수 있도록 한 「공정거래법」상 **법위반사실공표명령**은 행위자가 자신의 행복추구를 위하여 내키지 아니하는 일을 하지 아니할 **일반적 행동자유권 침해**(2002.1.31. 2001헌바43) → ① **명예권 침해** ② **무죄추정의 원칙 침해** ③ **진술거부권 침해** ④ **양심의 자유 제한 아님**

5 관련 합헌판례

(1) 운전·통행

1	【운전면허 취득시 시력 0.5 이상 요건 (기각)】 제1종 운전면허의 취득요건으로 양쪽 눈의 시력이 각각 0.5 이상일 것을 요구하는 「도로교통법 시행령」은 **일반적 행동자유권 침해 아님**(2003.6.26. 2002헌마677) → **직업선택의 자유 침해 아님**
2	① 【버스전용차로 통행금지 (합헌)】 버스전용차로로 통행할 수 있는 차가 아닌 차의 **버스전용차로 통행을 원칙적으로 금지**하고 **대통령령으로 정하는 예외적인 경우에만 이를 허용**하도록 규정한 것은 일반승용차 소유자의 **일반적 행동자유권의 일환인 통의 자유 침해 아님**(2018.11.29. 2017헌마465) ② 【포괄위임금지원칙 위반 아님】 '긴급자동차가 그 본래의 긴급한 용도로 운행되고 있는 경우 등' 전용차로의 통행이 예외적으로 허용되는 경우를 대통령령으로 정하도록 위임하는 「도로교통법」은 **포괄위임금지원칙 위반 아님**(2018.11.29. 2017헌바465)

(2) 적극적으로 자유롭게 행동할 자유 (금지·제한)

1	① 【부정청탁·금품수수금지 (기각)】 「청탁금지법」의 **부정청탁금지** 조항 및 **금품수수금지** 조항은 과잉금지원칙을 위반하여 **언론인 및 사립학교 관계자의 일반적 행동자유권 침해 아님**(2016.7.28. 2015헌마236 등) ② 【평등권 침해 아님】 공직자등을 수범자로 하고 부정청탁 및 금품 등 수수를 금지하는 법률규정은 민간부문 중에서는 **사립학교 관계자와 언론인만 '공직자등'에 포함**시켜 공직자와 같은 의무를 부담시키고 있는데 **자의적 차별 아니므로 평등권 침해 아님**(2016.7.28. 2015헌마236 등)
2	【카메라등이용촬영죄 형사처벌 (합헌)】 「성폭력처벌법」에 규정된 카메라등이용촬영죄는 **인격권에 포함**된다고 볼 수 있는 '**자신의 신체를 함부로 촬영당하지 않을 자유**'를 보호하기 위한 것으로 **일반적 행동자유권 침해 아님**(2017.6.29. 2015헌바243) → **죄형법정주의 명확성원칙 위반 아님**
3	【비어업인 스쿠버 장비이용 수산자원 포획·채취 금지 (기각)】 비어업인이 잠수용 스쿠버 장비를 사용하여 **수산자원을 포획·채취하는 것을 금지**하는 「수산자원관리법 시행규칙」은 **일반적 행동자유권 침해 아님**(2016.10.27. 2013헌마450)
4	【금치기간 중 자비구매물품 사용 제한 (기각)】 금치기간 중 신문·도서·잡지 외 **자비구매물품의 사용을 제한**하는 「형집행법」은 **일반적 행동의 자유 침해 아님**(2016.5.26. 2014헌마45)
5	【공무원의 기부금품 모집 금지 (기각)】 공무원의 기부금품 모집을 금지하는 「기부금품법」은 과잉금지원칙에 부합하여 **일반적 행동자유권 침해 아님**(2019.11.28. 2018헌마579)
6	① 【가해학생의 접촉·협박·보복 금지 (기각)】 가해학생에 대한 조치로 피해학생 및 신고·고발한 학생에 대한 **접촉·협박·보복행위 금지**는 가해학생의 **일반적 행동자유권 침해 아님**(2023.2.23. 2019헌바93 등) ② 【가해학생 학급교체 (기각)】 가해학생에 대한 조치로 **학급교체를 규정한 조항**은 가해학생의 **일반적 행동자유권 침해 아님**(2023.2.23. 2019헌바93 등)
7	【LPG 연료 자동차·사용자 범위 제한 (기각)】 LPG를 연료로 사용할 수 있는 자동차 또는 사용자의 범위를 제한하고 있는 「액화석유가스법 시행규칙」은 LPG승용자동차를 소유하고 있거나 운행하려는 자의 **일반적 행동자유권 침해 아님**(2017.12.28. 2015헌마997) → **환경권 제한 아님**
8	【금융회사등 임직원의 직무에 관한 알선수재 (합헌)】 「특정경제범죄법」에서 **금융회사 등 임직원**의 직무에 속하는 사항의 **알선에 관하여 금품 등 수수행위 금지** 조항은 과잉금지원칙에 위배되어 **일반적 행동자유권 또는 직업수행의 자유 침해 아님**(2016.3.31. 2015헌바197 등)

(3) 소극적으로 행동하지 않을 자유 (의무부과)

1	**【교통사고 발생시 정차·구호 의무 (합헌)】** 교통사고 발생에 고의나 과실이 있는 운전자는 물론, 책임이 없는 무과실 운전자도 자신이 운전하는 차로 인하여 교통사고가 발생하면 즉시 정차하여 사상자를 구호하는 등 필요한 조치를 할 의무를 규정하고, 필요한 조치를 하지 않은 자를 형사처벌하는 「도로교통법」은 **일반적 행동자유권 침해 아님**(2019.4.11. 2017헌가28)
2	**【명의신탁 증여의제시 증여세 신고의무 (합헌)】** 명의신탁이 증여로 의제되는 경우 명의신탁의 당사자에게 증여세의 과세가액 및 과세표준을 관할 세무서장에게 신고할 의무를 부과하는 「상속세 및 증여세법」은 **일반적 행동자유권 침해 아님**(2022.2.24. 2019헌바225 등)
3	**【성범죄자 1년마다 새로 촬영한 사진제출의무 (합헌)】** 아동·청소년 대상 성범죄자에게 1년마다 정기적으로 새로 촬영한 사진을 제출하도록 하고 정당한 사유 없이 사진제출의무 위반한 경우 형사처벌을 하는 「청소년성보호법」은 **일반적 행동의 자유권 침해 아님**(2015.7.30. 2014헌바257)
4	**【예비군 훈련 불참 처벌 (기각)】** 정당한 사유 없는 예비군 훈련 불참을 형사처벌하는 「예비군법」은 **일반적 행동의 자유권 침해 아님**(2021.2.25. 2016헌마757)
5	**【어린이보호구역 제한속도준수·안전운전의무 위반 상해 가중처벌 (기각)】** 어린이보호구역에서 제한속도 준수의무 또는 안전운전 의무를 위반하여 어린이를 상해에 이르게 한 경우 가중처벌하는 「특정범죄가중법」은 **일반적 행동자유권 침해 아님**(2023.2.23. 2020헌마460 등)
6	**【학교폭력 가해학생 보호자 특별교육 (기각)】** 학교폭력 가해학생이 특별교육을 이수할 경우 해당 학생의 보호자도 함께 **특별교육**을 받도록 한 「학교폭력예방법」은 가해학생 보호자의 **일반적 행동자유권 침해 아님**(2013.10.24. 2012헌마832)
7	**【사망사고시 의료분쟁 조정절차 개시 (기각)】** 의료분쟁 조정신청의 대상인 **의료사고가 사망**에 해당하는 경우 한국의료분쟁조정중재원의 원장은 **지체 없이 조정절차를 개시**해야 한다고 규정한 「의료분쟁조정법」은 **일반적 행동의 자유 침해 아님**(2021.5.27. 2019헌마321)
8	**【협의이혼의사확인신청서 제출시 부부 출석 (기각)】** 협의상 이혼을 하고자 하는 경우 **부부가 함께** 관할 가정법원에 출석하여 협의이혼의사확인신청서를 제출하도록 하는 「가족관계의 등록 등에 관한 규칙」은 **일반적 행동자유권 침해 아님**(2016.6.30. 2015헌마894)
9	**【가사소송에서 본인출석주의 (기각)】** 가사소송에서 본인출석주의를 규정한 「가사소송법」은 소송 당사자의 **일반적 행동의 자유 침해 아님**(2012.10.25. 2011헌마598)

POINT 087 인격의 자유로운 발현권

1 인격의 자유로운 발현권

① 국가의 방해를 받지 아니하고 자신의 **인격**, 특히 성향이나 능력을 **자유롭게 발현**할 수 있는 권리
② 개성의 자유로운 발현권은 헌법재판소에서 **기본권으로 인정**

2 관련판례

1	① 【대학수학능력시험 70% EBS 교재 연계 출제 (기각) → 인격의 자유로운 발현권 제한】 대학수학능력시험의 문항 수 기준 70%를 EBS 교재와 연계하여 출제한다는 대학수학능력시험 시행기본계획은 대학수학능력시험을 준비하는 자의 **자유로운 인격발현권 제한**(2018.2.22. 2017헌마691) ② 【교육을 받을 권리 제한 아님】 대학수학능력시험 시행기본계획은 교육을 통한 **자유로운 인격발현권을 제한**하는 것으로 헌법 제31조 제1항의 능력에 따라 균등하게 **교육을 받을 권리를 직접 제한 아님**(2018.2.22. 2017헌마691) ③ 【국가의 교육권한 감안 심사】 대학수학능력시험 시행기본계획이 헌법 제37조 제2항을 준수하였는지 심사하되, **국가**가 학교에서의 학습방법 등 **교육제도를 정하는데 포괄적인 규율권한**을 갖는다는 점을 감안하여야 함(2018.2.22. 2017헌마691) → **자유로운 인격발현권 침해 아님**
2	① 【초·중등학교 재량적 한자교육 실시 (기각)】 한자를 국어과목에서 분리하여 초·중등학교 재량에 따라 선택적 으로 가르치도록 하는 것은 학생들의 **자유로운 인격발현권과 학부모의 자녀교육권 제한**(2016.11.24. 2012헌마854) ② 【자유로운 인격발현권 침해 아님】 초·중등학교에서 한자교육을 선택적으로 받도록 한 것은 **학생의 자유로운 인격발현권과 학부모의 자녀교육권 침해 아님**(2016.11.24. 2012헌마854)
3	【초등학교 정규교과에서 영어배제·시수제한 (기각)】 초등학교 정규교과에서 영어를 배제하거나 영어교육 시수를 제한하는 것은 학생들의 **인격의 자유로운 발현권을 제한**하나 **인격발현권과 자녀교육권 침해 아님**(2016.2.25. 2013헌마838)

POINT 088 자기결정권

1 자기결정권

자기결정권	① 【일반적 인격권에서 파생】 일반적 인격권은 인간의 존엄성과 밀접한 연관관계를 보이는 자유로운 인격 발현의 기본조건을 포괄적으로 보호하는데, **자기결정권은 일반적 인격권에서 파생** ② 【근본적 결정권】 자기결정권은 **인간의 존엄성을 실현**하기 위한 수단으로서 인간이 자신의 생활영역에서 **인격의 발현과 삶의 방식**에 관한 **근본적인 결정**을 자율적으로 내릴 수 있는 권리
자유 + 책임	① 【결정·선택 존중 → 책임부담】 행복추구권에서 파생하는 **자기결정권 내지 일반적 행동자유권**은 이성적이고 책임감 있는 사람의 자기 운명에 대한 **결정·선택을 존중**하되 그에 대한 **책임은 스스로 부담**함을 전제로 함 ② 【자기책임원리】 자기책임원리는 **자기결정권의 한계논리**로서 **책임부담의 근거**로 기능하는 동시에, 자기가 결정하지 않은 것이나 결정할 수 없는 것에 대하여는 책임을 지지 않고 **책임부담의 범위**도 스스로 결정한 결과 내지 그와 상관관계가 있는 부분에 국한됨을 의미하는 **책임의 한정원리**로 기능

2 보호영역

(1) 성적 자기결정권

1	① 【자기운명결정권 ⊃ 성적자기결정권】 헌법 제10조는 개인의 인격권과 행복추구권을 보장하고 있고, 인격권과 행복추구권은 개인의 **자기운명결정권**을 전제로 하는데 자기운명결정권에는 **성행위 여부 및 상대방을 결정할 수 있는 성적자기결정권 포함**(2009.11.26. 2008헌바58 등) ② 【경제적 대가 매개 성행위 여부 결정】 **경제적 대가를 매개**로 하여 **성행위 여부를 결정**할 수 있는 것도 **성적 자기결정권과 관련**되어 있음(2016.3.31. 2013헌가2) ③ 【성매매한 자 형사처벌 (합헌)】 **성매매를 한 자를 형사처벌**하도록 규정한 「성매매처벌법」은 개인의 **성적자기결정권 침해 아님**(2016.3.31. 2013헌가2)
2	【혼인빙자간음죄 : 목적 부정 (위헌)】 혼인을 빙자하여 부녀를 간음한 남자를 처벌하는 「형법」은 **남자의 성적자기결정권과 사생활의 비밀과 자유를 제한** → **목적의 정당성**은 물론, **수단의 적절성과 피해의 최소성** 요건도 갖추지 못해 남성의 **성적자기결정권 및 사생활의 비밀과 자유 침해**(2009.11.26. 2008헌바58 등)
3	【간통죄 : 목적 인정, 수단 or 피해 부정 (위헌)】 배우자 있는 자의 간통행위 및 그와의 상간행위를 2년 이하의 징역에 처하도록 규정한 「형법」상 간통죄는 성적자기결정권과 사생활의 비밀과 자유를 제한 → **입법목적의 정당성은 인정**되나 **수단의 적합성** or **피해의 최소성 위반**으로 **성적자기결정권과 사생활의 비밀과 자유 침해**(2015.2.26. 2009헌바17 등)

(2) 시체처분에 관한 자기결정권

1	【인수자 없는 시체 해부용 제공 (인용)】 본인의 생전 의사에 관계없이 인수자가 없는 시체를 해부용으로 제공하도록 규정하고 있는 법률조항은 자신의 사후에 시체가 본인의 의사와는 무관하게 처리될 수 있게 한다는 점에서 **시체의 처분에 대한 자기결정권을 제한** → 본인이 해부용 시체로 제공되는 것에 대해 반대하는 의사표시를 명시적으로 표시할 수 있는 절차를 마련하지 않고 있다는 점에서 **시체처분에 대한 자기결정권 침해**(2015.11.26. 2012헌마940)

(3) 소비자의 자기결정권

1	【**소비자의 자기결정권 (위헌)**】 소비자가 자신의 의사에 따라 자유롭게 상품을 선택할 수 있는 **소비자의 자기결정권**은 **행복추구권**에서 **보호**(1996.12.26. 96헌가18)
2	① 【**전동킥보드 최고속도 제한 : 소비자의 자기결정권 or 일반적 행동자유권 O / 신체의 자유 X**】 전동킥보드의 최고속도는 25km/h를 넘지 않아야 한다고 규정한 조항은 **소비자의 자기결정권 및 일반적 행동자유권 제한**(2016.11.24. 2012헌마854) → **신체의 자유 제한 아님** ② 【**소비자의 자기결정권 or 일반적 행동자유권 침해 아님 (기각)**】 전동킥보드의 최고속도를 25km/h 이내로 제한하는 것은 **소비자의 자기결정권 및 일반적 행동자유권 침해 아님**(2020.2.27. 2017헌마1339)
3	【**만성신부전증환자에 대한 외래 혈액투석을 정액수가로 규정 (기각)**】 만성신부전증환자에 대한 **외래 혈액투석 의료급여수가의 기준을 정액수가로 규정**한 '의료급여수가의 기준 및 일반기준'은 과잉금지원칙에 반하여 **수급권자의 의료행위선택권 침해 아님**(2020.4.23. 2017헌마103) → 정액범위조항에 사용된 '**등**'은 **명확성원칙 위배 아님**

(4) 보호영역이 아닌 경우

1	【**미군기지이전협정과 이행합의서 (각하)**】 전국의 주한 미군기지를 통폐합하여 평택지역으로 집중 재배치하는 내용의 **미군기지이전협정과 이행합의서는 지역주민의 자기결정권 직접 제한 아님**(2006.2.23. 2005헌마268)

3 존엄사 : 연명치료중단에 관한 자기결정권 (2009.11.26. 2008헌마385)

법익충돌 (자기결정권 vs 생명권 보호)	① 【**생명권 보호 가치와 충돌**】 연명치료 중단, 즉 **생명단축에 관한 자기결정**은 '**생명권 보호**'의 헌법적 가치와 **충돌** ② 【**죽음에 임박한 환자**】 '연명치료 중단에 관한 자기결정권'의 인정 여부가 문제되는 '**죽음에 임박한 환자**'란 '의학적으로 환자가 의식의 회복가능성이 없고 생명과 관련된 중요한 생체기능의 상실을 **회복할 수 없으며** 환자의 신체상태에 비추어 **짧은 시간 내에 사망**에 이를 수 있음이 **명백한 경우**'를 의미
자기결정권	① 【**연명치료중단에 관한 자기결정권**】 환자가 **장차 죽음에 임박한** 상태에 이를 경우에 대비하여 미리 의료인 등에게 **연명치료거부 또는 중단에 관한 의사를 밝히는 등의 방법**으로 죽음에 임박한 상태에서 인간으로서의 존엄과 가치를 지키기 위하여 **연명치료의 거부 또는 중단을 결정**할 수 있고, 이러한 결정은 **헌법상 기본권인 자기결정권으로 보장** (생명권의 내용으로 보장 ×) ② 【**입법의무 無**】 '연명치료중단에 관한 자기결정권'을 보장하기 위한 **입법의무가 국가에게 명백하게 부여된 것은 아님** (헌법해석상 '연명치료 중단 등에 관한 법률'을 제정할 국가의 입법의무가 명백하다고 볼 수 있음 ×)

4 낙태죄 : 임신한 여성의 자기결정권 (2019.4.11. 2017헌바127)

(1) 임신·출산에 관한 자기결정권 제한

낙태의 자유 제한	① **[임신·출산에 관한 결정권]** 자기운명결정권에는 **임신과 출산에 관한 결정**, 즉 임신과 출산의 과정에 내재하는 **특별한 희생을 강요당하지 않을 자유**가 포함 ② **[임신한 여성의 자기결정권 제한]** 「형법」상 자기낙태죄 조항은 「모자보건법」이 정한 예외를 제외하고 임신기간 전체를 통틀어 모든 낙태를 전면적·일률적으로 금지하고, 위반할 경우 형벌을 부과함으로써 임신의 유지·출산을 강제하므로, **임신한 여성의 자기결정권 제한**
과잉금지원칙 심사	① **[과잉금지원칙 심사]** 국가가 태아의 생명 보호를 위해 만들어 놓은 **자기낙태죄 조항**이 임신한 여성의 **자기결정권을 제한**하고 있는 것이 **과잉금지원칙에 위배되는지 여부로 위헌 판단** ② **[태아의 생명권과 직접적 충돌 아님]** 자기낙태죄 조항의 존재와 역할을 간과한 채 임신한 여성의 자기결정권과 태아의 생명권의 **직접적인 충돌**을 해결해야 하는 사안으로 보는 것은 **적절하지 않음** (임신한 여성의 자기결정권과 태아의 생명권의 직접적인 충돌이 문제 ×)

(2) 과잉금지원칙 심사

목적·수단 : 인정	① **[목적 정당, 수단 적합]** 태아의 생명을 보호하기 위한 것으로서 그 **입법목적이 정당**하고, 낙태를 방지하기 위하여 임신한 여성의 낙태를 형사처벌하는 것은 이러한 **입법목적을 달성하는 데 적합한 수단** (입법목적을 달성하는 데 적절하고 실효성 있는 수단이라고 할 수 없음 ×)
침해·법익 : 부정	① **[생명발달단계에 따른 보호정도·수단 차등 가능]** 국가가 생명을 보호하는 입법조치를 취함에 있어 **인간의 생명의 발달단계에 따라 보호정도나 수단을 달리하는 것은 불가능하지 않음** (인간생명의 발달단계에 따라 그 보호정도나 보호수단을 달리하여서는 아니됨 ×) ② **[임신 22주 내외 도달전 임부의 자기결정권 보장]** 태아가 모체를 떠난 상태에서 **독자적으로 생존할 수 있는 시점인 임신 22주** 내외에 도달하기 전이면서 동시에 임신 유지와 출산 여부에 관한 자기결정권을 행사하기에 충분한 시간이 보장되는 시기까지의 낙태에 대해서는 **국가가 생명보호의 수단 및 정도를 달리 정할 수 있다고 봄**이 타당 (14주 무렵까지는 어떠한 사유를 요구함이 없이 임신한 여성이 자신의 숙고와 판단 아래 낙태할 수 있도록 하여야 함 ×) ③ **[최소침해성·법익균형성 위반]** 「형법」상 자기낙태죄 조항은 입법목적을 달성하기 위하여 필요 최소한 정도를 넘어 임신한 여성의 자기결정권을 제한하고 있어 **침해의 최소성을 갖추지 못하였고**, 태아의 생명 보호라는 공익에 대하여만 일방적이고 절대적인 우위를 부여함으로써 **법익균형성의 원칙도 위반**하였으므로 **과잉금지원칙을 위반하여 임신한 여성의 자기결정권을 침해**
자기결정권 침해 → 헌법불합치	① **[과잉금지원칙 위반 → 자기결정권 침해]** 임신한 여성의 자기낙태를 처벌하는 「형법」 조항은 「모자보건법」이 정한 일정한 예외를 제외하고는 임신기간 전체를 통틀어 모든 낙태를 전면적·일률적으로 금지하고, 이를 위반할 경우 형벌을 부과하도록 정함으로써 **임신한 여성에게 임신의 유지·출산을 강제**하고 있으므로, **과잉금지원칙을 위반하여 임신한 여성의 자기결정권 침해** ② **[의사낙태죄도 위헌]** 업무상동의낙태죄와 자기낙태죄는 **대향범**이므로, 임신한 여성의 자기낙태를 처벌하는 것이 위헌이라고 판단되는 경우 동일한 목표를 실현하기 위해 부녀의 촉탁 또는 승낙을 받아 낙태하게 한 의사를 형사처벌하는 **의사낙태죄 조항도 당연히 위헌**

POINT 089 계약의 자유

1 계약의 자유

일반적 행동자유권	① 【일반적 행동자유권】 사적자치의 원칙이란 자신의 일을 자신의 의사로 결정하고 행하는 자유뿐만 아니라 원치 않으면 하지 않을 자유로, 헌법 제10조의 **행복추구권에서 파생되는 일반적 행동자유권**의 하나 ② 【계약자유의 원칙】 사적자치의 원칙은 일반적 행동자유권의 하나이며, 법률행위의 영역에서는 **계약자유의 원칙**으로 나타남 ③ 【경제상의 자유】 계약자유의 원칙은 **일반적 행동자유권으로부터 파생**되는 것이고 헌법 제119조 제1항의 개인의 경제상의 자유의 일종이기도 함
계약자유의 원칙	① 【적극 + 소극】 계약자유의 원칙은 계약을 체결할 것인가의 여부, 체결한다면 어떠한 내용의, 어떠한 상대방과의 관계에서, 어떠한 방식으로 계약을 체결하느냐 하는 것도 당사자 자신이 자기의사로 결정하는 자유뿐만 아니라, 원치 않으면 계약을 체결하지 않을 자유를 말하며, 행복추구권 속에 함축된 **일반적 행동자유권으로부터 파생** (일반적 행동자유권으로부터 파생 아님 ×) ② 【제한 可】 계약자유의 원칙 내지 경제상의 자유는 절대적인 것이 아니라 약자·보호·독점방지·실질적 평등·경제 정의 등의 관점에서 **법률상 제한**될 수 있음은 물론이고, **국가의 과세작용**과 관련하여서도 적지 않은 제약을 받음

2 관련판례

(1) 위헌판례

1	【임대차 존속기간 20년 상한 (위헌)】 석조, 석회조, 연와조 또는 이와 유사한 견고한 건물 기타 공작물의 소유를 목적으로 하는 토지임대차나 식목, 채염을 목적으로 하는 토지임대차를 제외한 **임대차의 존속기간을 예외 없이 20년으로 제한**한 조항은 사적 자치에 의한 자율적 거래관계 형성을 왜곡하므로 **계약의 자유 침해** (2013.12.26. 2011헌바234)

(2) 합헌판례

1	【이동통신단말장치 구매 지원금 상한제 (기각)】 이동통신사업자 등으로부터 이동통신단말장치를 구입하는 경우 **이동통신단말장치 구매 지원금 상한제**를 규정한 「단말기유통법」은 이동통신단말장치를 구입하여 이동통신서비스를 이용하고자 하는 사람들의 **계약의 자유**를 제한하지만 **침해 아님** (2017.5.25. 2014헌마844)
2	【학습자의 사유로 인한 교습비 반환의무 (합헌)】 단순변심을 포함하여 학습자가 수강을 계속할 수 없는 사유가 발생한 경우 학원설립·운영자로 하여금 학습자로부터 받은 **교습비 등을 반환**하도록 한 「학원법」은 학원설립·운영자의 **계약의 자유 침해 아님** (2024.8.29. 2021헌바74)
3	【증여계약 합의해제 시 금전 제외 (합헌)】 증여계약의 합의해제에 따라 신고기한 이내에 증여받은 재산을 반환하는 경우 처음부터 증여가 없었던 것으로 보는 대상에서 '**금전**'을 제외한 규정은 수증자의 **계약의 자유 침해 아님** (2015.12.23. 2013헌바117)
4	【사용자의 성실교섭의무 (합헌)】 사용자의 성실교섭의무 위반에 대해 형사처벌하는 것은 비례의 원칙에 위배하여 **계약의 자유, 기업활동의 자유 침해 아님** (2002.12.18. 2002헌바12)

POINT 090 | 평등원칙 및 평등권

CHAPTER 03 | 평등원칙 및 평등권

> **전문 [각인의 기회균등]** 정치·경제·사회·문화의 모든 영역에 있어서 **각인의 기회를 균등**히 하고,
> **제11조 ①[평등권]** 모든 국민은 **법 앞에 평등**하다. **[성별·종교·사회적 신분]** 누구든지 **성별·종교** 또는 **사회적 신분**(인종 ×)에 의하여 정치적·경제적·사회적·문화적 생활의 **모든 영역**에 있어서 차별을 받지 아니한다.
> ② **[사회적 특수계급 부정]** 사회적 특수계급의 제도는 인정되지 아니하며, 어떠한 형태로도 이를 창설할 수 없다.
> ③ **[영전일대의 원칙]** 훈장등의 영전은 이를 받은 **자에게만 효력**이 있고, 어떠한 특권도 이에 따르지 아니한다.

1 평등원칙 및 평등권

평등원칙	① **[평등원칙]** 헌법은 **전문에서 기회균등을 선언**하고 있는바, 그것은 **우리 헌법의 최고의 원리로서 국가가 입법을 함에 있어 따라야 할 기준**
평등권	① **[평등원칙 or 평등권]** 평등원칙은 국민의 기본권 보장에 관한 **우리 헌법의 최고원리**로서 국가가 **입법**을 하거나 **법을 해석 및 집행**함에 있어 따라야 할 기준인 동시에, 국가에 대하여 **합리적 이유 없이 불평등한 대우를 하지 말 것과 평등한 대우를 할 것을 요구할 수 있는 근거**

2 법 앞에 평등의 의미 (§11① 제1문)

법 앞에	① **[법 적용상 평등 + 법 내용상 평등]** '법 앞에 평등'이란 **행정부·사법부에 의한 법 적용상의 평등** 외에도 **입법권자**에게 정의와 형평의 원칙에 합당하게 합헌적으로 법률을 제정하도록 하는 **법 내용상의 평등**을 의미 (평등원칙이 입법권까지 구속하는 것은 아님 ×) ② **[법 적용상 평등 + 법 제정상 평등]** 헌법 제11조 제1항의 규범적 의미는 '**법 적용의 평등**'에서 끝나지 않고, **입법자**에도 입법을 통해서 권리·의무를 분배함에 있어서 적용할 가치평가의 기준을 정당화할 것을 요구하는 '**법 제정의 평등**' 포함 ('법 제정의 평등' 포함 아님 ×)
상대적·실질적 평등	① **[같은 것은 같게 다른 것은 다르게 취급]** 평등원칙은 **행위규범**으로서 입법자에게 **같은 것은 같게 다른 것은 다르게**, 규범의 대상을 **실질적으로 평등**하게 규율할 것을 요구 ② **[상대적 평등 → 합리적 차별 可]** 평등은 일체의 차별적 대우를 부정하는 절대적 평등을 의미하는 것이 아니라 **합리적인 근거가 없는 차별을 배제하는 상대적 평등**을 의미하므로 **합리적 근거 있는 차별 내지 불평등은 평등원칙에 반하는 것이 아님**
제도 개선과 평등권	① **[개선 시작 선택]** 평등의 원칙은 국가가 **언제 어디에서 어떤 계층을 대상으로** 하여 **기본권에 관한 상황이나 제도의 개선을 시작**할 것인지를 선택하는 것을 **방해하지는 않음** ② **[제도의 단계적 개선]** 국가가 합리적인 기준에 따라 능력이 허용하는 범위 내에서 **법적 가치의 상향적 구현**을 위한 제도의 단계적인 개선을 추진하는 것은 **평등권 침해 아님** ③ **[상황개선]** 국가가 종전의 상황을 개선함에 있어서 그 개선의 효과가 일부의 사람에게만 미치고 동일한 상황하에 있는 **다른 사람에게는 미치지 않아** 일견 차별이 생기더라도 **평등원칙 위반 아님**
유사 입법 or 우대 불가	① **[입법 의무 無]** 유사한 성격의 규율대상에 대하여 **이미 입법**이 있어도, **평등원칙을 근거로** 입법자에게 청구인들에게도 적용될 **입법을 하여야 할 헌법상 의무 발생 아님** ② **[민사관계 국가 우대 不可]** 국가라도 **국고작용**으로 인한 민사관계에서는 **일반인과 같이 원칙적으로 대등하게 다루어져야** 하며 **국가라고 하여 우대하여야 할 헌법상 근거 없음**

3 차별금지사유 (§11① 제2문)

| 1 | ① 【사회적 신분 : 전과자】 사회적 신분이란 **사회에서 장기간 점하는 지위**로서 일정한 사회적 평가를 수반하는 것을 의미하므로 **전과자도 사회적 신분**에 해당(1995.2.23. 93헌바43)³
② 【누범 가중처벌 (합헌)】 누범을 가중처벌하는 것은 전범에 대한 형벌의 경고적 기능을 무시하고 다시 범죄를 저질렀다는 점에서 비난가능성이 많으므로 **합리적 근거가 있는 차별**이어서 **평등원칙 위배 아님**(1995.2.23. 93헌바43)⁵ → **일사부재리의 원칙에 위배되지 않음**³ |

4 잠정적 우대조치

(1) 적극적 평등실현 조치

잠정적 우대조치	① 【기존 불이익 보상조치】 종래 사회로부터 차별을 받아 온 일정집단에 대해 **그동안의 불이익을 보상**하여 주기 위하여 **집단의 구성원이라는 이유**로 취업이나 입학 등의 영역에서 **직·간접적으로 이익을 부여하는 조치**³
특징	① 【집단의 일원】 개인의 자격이나 실적보다는 **집단의 일원**이라는 것을 근거로 우대 조치² ② 【결과의 평등】 기회의 평등보다는 **결과의 평등을 추구** (기회의 평등 추구 X)² ③ 【임시적 조치】 항구적 정책이 아니라 구제목적이 실현되면 종료하는 **임시적 조치**²

(2) 관련판례

| 1 | 【청년고용할당제 (기각)】 대통령령으로 정하는 공공기관 및 공기업으로 하여금 **매년 정원의 100분의 3 이상씩 34세 이하의 청년 미취업자를 채용**하도록 한 「청년고용촉진 특별법」은 35세 이상 미취업자들의 **평등권과 직업선택의 자유 침해 아님**(2014.8.28. 2013헌마553)⁸ |

POINT 091 평등여부위반 심사기준

1 평등원칙 심사기준

입법형성권	① 【규율대상 + 차별기준의 특성】 입법자가 **평등원칙**에 어느 정도로 구속되는가는 그 **규율대상**과 **차별기준의 특성**을 고려하여 **구체적으로 결정**[1] ② 【입법형성권에 따라 상이】 평등위반 여부를 심사함에 있어 **엄격한 심사척도**에 의할 것인지, **완화된 심사척도**에 의할 것인지는 **입법자에게 인정되는 입법형성권**에 따라 달라짐[6]

2 자의금지원칙과 비례원칙

자의금지심사	① 【자의금지원칙 + 비례원칙】 평등권의 침해 여부에 대한 심사는 **자의금지원칙**에 의한 심사와 **비례의 원칙**에 의한 심사로 나누어 볼 수 있음[1] ② 【자의금지심사 원칙】 헌법재판소의 심사기준이 되는 **통제규범으로서 평등원칙**은 단지 자의적인 입법의 금지 기준만을 의미하게 되므로 헌법재판소는 입법자의 결정에서 차별을 정당화할 수 있는 **합리적인 이유**를 찾아볼 수 없는 경우에만 **평등원칙 위반**을 선언 (엄격심사 ×)[2]
비례심사	① 【입법형성권 축소시 엄격한 비례원칙】 일반적으로 차별이 정당한지 여부는 **자의성 여부를 심사**하지만, **헌법에서 특별히 평등을 요구**하고 있는 경우나 차별 취급으로 **관련 기본권에 대한 중대한 제한**을 초래하게 된다면 **입법형성권은 축소**되어 보다 엄격한 심사척도 적용[8] → 자의금지원칙에 따른 심사에 그치지 아니하고 **비례성원칙에 따른 심사** (비례원칙은 광범위한 입법형성권을 인정하는 심사방식 ×)[6] ② 【차별이유와 차별 간 비례관계 심사】 비례심사는 단순히 합리적 이유의 존부문제가 아니라 **차별을 정당화하는 이유와 차별 간의 상관관계에 대한 심사**, 즉 비교대상 간의 사실상의 차이와 성질과 비중 또는 입법목적(차별목적)의 비중과 차별의 정도에 **적정한 균형관계** 여부 심사[1]

POINT 092 비례원칙 적용영역

> 제31조 ① 【균등하게 교육을 받을 권리】 모든 국민은 능력에 따라 균등하게 교육을 받을 권리를 가진다.
> 제32조 ④ 【여자의 근로】 여자의 근로는 특별한 보호를 받으며, 고용·임금 및 근로조건에 있어서 부당한 차별을 받지 아니한다.
> 제36조 ① 【혼인과 가족생활】 혼인과 가족생활은 개인의 존엄과 양성의 평등을 기초로 성립되고 유지되어야 하며, 국가는 이를 보장한다.

1 헌법에서 특별히 평등을 요구하는 경우

(1) 남녀차별 (§11)

1	【부계혈통주의 (헌불)】 출생에 의한 국적취득에 있어서 출생한 당시의 자녀의 국적을 부의 국적에만 맞추고 모의 국적은 단지 보충적인 의미만 부여하는 경우 평등원칙 위반 여부 심사에 있어 엄격한 척도 적용(2000.8.31. 97헌가12) → 평등원칙 위반
2	【여성 등록의무자 재산등록 : 목적 부정 (위헌)】 혼인한 등록의무자는 배우자가 아닌 본인의 직계존·비속의 재산을 등록하도록 법이 개정되었으나, 개정 전 이미 배우자의 직계존·비속의 재산을 등록한 혼인한 여성 등록의무자는 종전과 동일하게 배우자의 직계존·비속의 재산을 등록하도록 한 규정은 엄격한 심사척도를 적용하여 비례성 원칙에 따른 심사(2021.9.30. 2019헌가3) → 목적의 정당성 부정으로 평등원칙 위배

(2) 취학·진학 기회 차별 (§31①)

1	① 【자사고 지원자에게 평준화지역 후기학교 중복지원 금지 : 비례원칙 적용】 자사고를 지원한 학생에게 평준화지역 후기학교에 중복 지원하는 것을 금지한 것이 자사고에 진학하고자 하는 학생의 평등권을 침해하는지 여부는 비례원칙을 준수하였는지 살펴봄(2019.4.11. 2018헌마221) ② 【학생·학부모의 평등권 침해 (위헌)】 중복지원금지는 고등학교 진학 기회에 있어서 자사고 지원자들에 대한 차별을 정당화할 수 있을 정도로 차별 목적과 차별 정도 간에 비례성을 갖춘 것이라고 볼 수 없어 평등권 침해(2019.4.11. 2018헌마221) 비교 【자사고를 후기학교로 규정 (기각)】 학생 선발시기 구분에 있어 「초·중등교육법 시행령」이 자사고를 후기학교로 규정함으로써 과학고와 달리 취급하고, 일반고와 같이 취급하는 데에는 합리적인 이유가 있으므로 자사고 학교법인의 평등권 침해 아님(2019.4.11. 2018헌마221) → 사학운영의 자유 침해 아님

(3) 혼인과 가족생활 차별 (§36①)

1	① 【세대별 합산 종합부동산세 : 비례심사 (헌불)】 특정한 조세 법률조항이 혼인이나 가족생활을 근거로 부부 등 가족이 있는 자를 혼인하지 아니한 자 등에 비하여 차별 취급하는 것은 비례원칙에 의한 심사에 의하여 정당화되지 않는 한 헌법 제36조 제1항 위반(2008.11.13. 2006헌바112 등) ② 【비례원칙 위반 (헌불)】 평등원칙과 결합하여 혼인과 가족을 부당한 차별로부터 보호하고자 하는 목적을 지니고 있는 헌법 제36조 제1항에 비추어, 종합부동산세의 과세방법을 '인별 합산'이 아니라 '세대별 합산'으로 규정한 「종합부동산세법」은 비례원칙에 의한 심사에 의하여 정당화되지 않으므로 헌법 제36조 제1항 위반(2008.11.13. 2006헌바112 등)

2 기본권에 중대한 제한을 초래하는 경우

(1) 가산점 : 공무담임권

1	① **【제대군인 가산점제도 : 비례심사 (위헌)】** 제대군인이 공무원채용시험 등에 응시할 때에 과목별 득점에 과목별 만점의 5% 또는 3%를 가산하는 **제대군인 가산점제도는 헌법 제32조 제4항이** 특별히 남녀평등을 요구하고 있는 '근로' 내지 '고용'의 영역에서 **남성과 여성을 달리 취급하는 제도이고, 공무담임권이라는 기본권의 행사에 중대한 제약을 초래**하는 것이기 때문에 **엄격한 심사척도** 적용(1999.12.23. 98헌마363) ② **【입법목적 정당성 : 인정】** 가산점제도의 주된 목적은 군복무 중에는 취업할 기회와 취업을 준비하는 기회를 상실하게 되므로 이러한 **불이익을 보전**해 줌으로써 제대군인이 군복무를 마친 후 빠른 기간내에 **일반사회로 복귀**할 수 있도록 해 주는 데에 있으므로 **입법목적은 정당**(1999.12.23. 98헌마363) ③ **【차별취급의 적합성 : 부정】** 가산점제도는 공직수행능력과는 아무런 합리적 관련성을 인정할 수 없는 **성별 등을 기준**으로 여성과 장애인 등의 사회진출기회를 박탈하는 것이므로 **정책수단으로서의 적합성과 합리성 상실**(1999.12.23. 98헌마363) → 평등권 침해
2	**종전 판례** 【국가유공자 본인 : 완화 비례심사 (기각)】 **국가유공자 본인**이 국가기관이 실시하는 채용시험에 응시하는 경우 **10%의 가점**을 주도록 한「국가유공자예우법」은 헌법 제32조 제6항이 근로의 기회에 있어서 국가유공자 등을 우대할 것을 명령하고 있는 점을 고려하여 **보다 완화된 기준 적용**(2001.2.22. 2000헌마25) **변경 판례** ① **【국가유공자 가족에 대한 가산점 : 완화 비례심사 부적절 (헌불)】** 국가유공자와 그 가족에 대한 가산점제도에 있어서 **국가유공자 가족의 경우는 헌법 제32조 제6항이 가산점제도의 근거**라고 볼 수 없으므로 평등권 침해 여부에 관하여 **보다 완화된 기준을 적용한 비례심사 부적절**(2006.2.23. 2004헌마675 등) → 관련 공익과 일반응시자의 공무담임권의 차별 사이에 **엄밀한 법익형량** ② **【가족 가산점 : 평등권 침해 (헌불)】** 국가유공자의 가족이 공무원채용시험에 응시하는 경우 **만점의 10%를 가산**하도록 한 것은 일반 응시자들의 공직취임의 기회를 차별하는 것이고, 이러한 차별로 인한 불평등 효과는 **입법목적과 그 달성수단 간의 비례성을 현저히 초과**하는 것으로서 **일반 공직시험 응시자들의 평등권 침해**(2006.2.23. 2004헌마675 등) ③ **【본인 · 가족 가산점 : 평등권 침해 (헌불)】** 국가유공자와 그 가족이 응시하는 경우 **만점의 10%를 가산**하도록 하는 것은 **평등권 침해**(2006.2.23. 2004헌마675 등)
3	① **【산업기사 자격증 가산점 : 비례원칙 적용 (기각)】** 국가공무원 7급 시험에서 정보관리기술사, 정보처리기사 자격 소지자에 대해서는 **가산점을 부여**하고 정보처리기능사 자격 소지자에게는 가산점을 부여하지 않은 경우 **평등권 위반에 대한 심사기준으로 비례원칙 적용**(2003.9.25. 2003헌마30) ② **【공무담임권 · 평등권 침해 아님 (기각)】** 국가공무원 7급 시험에서 **기능사 자격증에는 가산점을 주지 않고 기사 등급 이상의 자격증에는 가산점을 주도록 한「공무원임용시험령」은 공무담임권 · 평등권 침해 아님**(2003.9.25. 2003헌마30)
4	**【복수전공 · 부전공 교원자격증소지자 임용시험 가산점 (합헌)】** 중등교사 임용시험에서 **복수전공 및 부전공 교원자격증소지자에게 가산점을 부여**하고 있는「교육공무원법」은 복수 · 부전공 가산점을 받지 못하는 자가 입을 수 있는 불이익은 공직에 진입하는 것 자체에 대한 제약이라는 점에서 **기본권에 대한 중대한 제한**이므로 **엄격한 심사척도 적용**(2006.6.29. 2005헌가13) → **공무담임권 · 평등권 침해 아님**

(2) 재판절차진술권

1	**【종합보험가입시 중상해 교통사고에도 공소제기 제한 : 비례원칙 적용 (위헌)】**「교통사고처리특례법」조항 중 **업무상 과실 또는 중대한 과실로 인한 교통사고로 말미암아 피해자로 하여금 중상해에 이르게 한 경우에 공소를 제기할 수 없도록** 규정한 부분은 **엄격한 심사기준**에 의하여 판단(2009.2.26. 2005헌마764 등)

POINT 093 자의금지원칙 적용영역

1 자의금지원칙

(1) 자의금지원칙

비교집단 구분	① 【두 개의 비교집단 구분】 평등원칙 위반의 특수성은 대상 법률이 정하는 '**법률효과**' 자체가 위헌이 아니라 **법률효과가 수범자의 한 집단에만 귀속**되어 '**다른 집단과 사이에 차별**'이 발생한다는 점에 있기 때문에, 평등원칙의 위반을 인정하기 위해서는 우선 법적용과 관련하여 상호 배타적인 '**두 개의 비교집단**'을 일정한 기준에 따라 **구분**할 수 있어야 함 ② 【법률의 의미·목적으로 판단】 비교집단이 본질적으로 동일한지의 여부는 **일반적으로 당해 법률규정의 의미와 목적**으로 판단
완화된 심사기준	① 【합리적 차별사유 유무 확인】 자의심사는 **차별을 정당화하는 합리적인 사유** 있는지만 심사 → 비교집단간의 **사실상의 차이**나 **입법목적(차별목적)의 발견·확인**에 그침 ② 【객관적·합리적 이유】 자의금지원칙에 따른 심사의 경우 차별취급이 존재하는 경우 이를 자의적인 것으로 볼 수 있는지 여부를 심사하는데, **차별취급의 자의성**은 **합리적 이유가 결여**된 것을 의미하므로 **차별대우를 정당화하는 객관적이고 합리적인 이유가 존재**한다면 차별대우는 **자의적인 것이 아님** ③ 【차별취급 정당화 사유 無 → 평등권 침해】 당해 법률조항의 의미와 목적에 비추어 **차별취급을 정당화할 수 있을 정도의 차이가 없음에도 차별한다면, 입법자는 이로써 평등권 침해**

(2) 관련판례

1	【군인에 비해 경찰이 적은 보수 (기각)】 공무원보수규정의 봉급액 책정에 있어서 **경찰공무원과 군인**은 「공무원보수규정」상의 봉급표에 있어서 **본질적으로 동일·유사한 집단**임 → **합리적 이유 없는 차별 아님**(2008.12.26, 2007헌마444)
2	【입양기관을 운영하는 사회복지법인의 미혼모자가족 복지시설 설치·운영 금지 (기각)】 입양기관을 운영하고 있지 않은 사회복지법인과 달리 **입양기관을 운영하는 사회복지법인**으로 하여금 '기본생활지원을 위한 미혼모자가족복지시설'을 설치·운영할 수 없도록 한 「한부모가족지원법」은 **평등권 제한**(2014.5.29, 2011헌마363) → 평등권을 제한하나 **침해는 아님**
3	【협의수용시 양도소득세 부과 (합헌)】 협의수용을 '양도'로 보고 **양도소득세를 과세**하는 것과 환지처분을 '양도'로 보지 않아 양도소득세를 비과세하는 것은 본질적으로 다른 것을 다르게 취급하는 것으로서 **차별이 존재한다고 볼 수 없음**(2007.4.26, 2006헌바71)

2 수혜적 법률

(1) 광범위한 입법형성권

입법형성권	① 【광범위한 입법형성의 자유】 시혜적 법률은 입법자에게 보다 **광범위한 입법형성의 자유**가 인정되므로 내용이 현저하게 합리성이 결여된 것이 아닌 한 헌법에 위반된다고 할 수 없음
자의심사	① 【자의심사】 수혜적 성격의 **법률**에는 입법자에게 **광범위한 입법형성의 자유**가 인정되므로 내용이 합리적인 근거를 가지지 못하여 **현저히 자의적일 경우에만** 헌법에 위반

(2) 관련판례

1	【산업기능요원 군복무기간 공무원재직기간 불산입 (기각)】「제대군인법」에 의하여 **공익근무요원**의 경우와 달리 **산업기능요원**의 **군복무기간**을 **공무원재직기간**으로 산입하지 않은 것은 **자의적 입법**인지 여부 심사(2012.8.23. 2010헌마328) → **평등권 침해 아님**
2	【상이연금 수급권자 공무원 재직기간 미합산 (합헌)】 상이연금 수급자에 대한 공무원 재직기간 합산방법을 규정하지 않은 구「공무원연금법」은 엄격한 심사가 아닌 완화된 심사척도 즉, **입법재량의 일탈 혹은 남용** 여부의 판단에 따름(2019.12.27. 2017헌바169) → **평등권 침해 아님**
3	【건강보험제도·노인장기요양보험제도 (합헌)】 평등원칙은 사회보험인 건강보험의 보험료부과에 있어서 경제적 능력에 따른 부담이 이루어질 것을 요구하나, **건강보험제도나 노인장기요양보험제도**는 의료서비스 및 요양서비스를 제공하기 위한 사회보장제도의 일종으로, 입법자는 **광범위한 입법형성권**을 보유하므로, **보험료 부담의 평등원칙 위반 여부**는 **완화된 심사기준**에 따라 판단(2013.7.25. 2010헌바51)
4	① 【장애로 인한 추가지출비용 미반영 최저생계비고시 (기각)】 보건복지부장관이 **최저생계비**를 고시함에 있어 장애로 인한 추가지출비용을 반영한 별도의 최저생계비를 결정하지 않은 채 **가구별 인원수만을 기준**으로 최저생계비를 결정한 고시는 **완화된 심사기준인 자의금지원칙 적용**(2004.10.28. 2002헌마328) ② **평등권 침해 아님** 보건복지부장관이 최저생계비를 고시함에 있어서 장애인가구와 비장애인가구를 구분하지 않고 일률적으로 동일한 최저생계비를 적용한 것은 평등권 침해 아님(2004.10.28. 2002헌마328) → **인간다운 생활을 할 권리 침해 아님**
5	【독립유공자 유족보상금 (기각)】 독립유공자의 사망시기에 따라 손자녀의 보상금 지급 요건을 달리하거나 보상금 수급대상을 독립유공자의 손자녀 1명으로 한정한「독립유공자법」은 헌법에서 특히 평등을 요구하는 영역에서 차별 아니고 **기본권에 중대한 제한 초래 아님**(2022.1.27. 2020헌마594) → **평등권 침해 아님**
6	【유족연금 자녀 불포함 (기각)】 사망한 가입자 등에 의하여 생계를 유지하고 있지 않은 자녀 또는 25세 이상인 자녀를 유족연금을 받을 수 있는 자녀의 범위에 포함시키지 않은「국민연금법」은 완화된 심사기준에 따라 **입법자의 결정에 합리적인 이유가 있는지**를 심사(2019.2.28. 2017헌마432) → **평등권 침해 아님**
7	【10년 임대주택 분양전환가격 차등 (기각)】 임대의무기간이 10년인 공공건설임대주택의 분양전환가격을 임대의무기간이 5년인 공공건설임대주택의 분양전환가격과 다른 기준에 따라 산정하도록 하는 구「임대주택법 시행규칙」은 완화된 심사기준인 **자의금지원칙 적용**(2021.4.29. 2019헌마202) → **평등권 침해 아님**
8	【미결수 배우자에 대한 인터넷화상접견 등 불허 (기각)】 수형자의 배우자에 대해 인터넷화상접견과 스마트접견을 할 수 있도록 하고 **미결수용자의 배우자**에 대해서는 허용하지 않는 것이 미결수용자의 배우자의 평등권 침해 여부는 **차별에 합리적 이유가 있는지** 심사(2021.11.25. 2018헌마598) → **평등권 침해 아님**

3 절차법 및 형사처벌

(1) 절차법

1	① 【중혼의 취소청구권자로 직계비속 제외 (헌불)】 중혼의 취소청구권자로 직계존속과 4촌 이내의 방계혈족을 규정하면서도 **직계비속을 제외**한 「민법」에 대해, 평등원칙을 위반했는지 여부를 판단함에 있어서 중혼의 취소청구권자를 어느 범위까지 포함할 것인지 여부에 관하여는 **입법자의 입법재량의 폭이 넓은 영역**이라 할 것이므로 **자의금지원칙 위반 여부** 심사(2010.7.29. 2009헌가8) ② 【평등원칙 위반】 중혼의 취소권자를 민법이 규정하면서 **직계비속을 제외**한 것은 합리적인 이유 없이 직계비속을 차별하고 있어 **평등원칙 위반**(2010.7.29. 2009헌가8)
2	【국가에 대한 가집행 제한(당사자소송) (위헌)】 국가를 상대로 하는 당사자소송의 경우에는 가집행선고를 할 수 없다고 규정한 행정소송법은 **평등원칙 위반**(2022.2.24. 2020헌가12) → 자의금지원칙에 따라 판단 〔유사〕 【국가에 대한 가집행 제한(민사소송) (위헌)】 국가를 상대로 하는 재산권의 청구의 경우에는 가집행선고를 할 수 없도록 한 「소송촉진법」은 소송당사자를 차별하여 국가를 우대하고 있는 것으로 **합리적 이유 없음**(1989.1.25. 88헌가7)
3	【직계존속 고소 금지 (합헌)】 자기 또는 배우자의 직계존속을 고소하지 못하도록 규정한 「형사소송법」은 합리적 근거가 있는 차별이므로 **평등원칙 위반 아님**(2011.2.24. 2008헌바56) → **완화된 자의심사**

(2) 형사처벌

1	【적성검사 미이행시 행정형벌 부과 (합헌)】 제1종 운전면허를 받은 사람이 정기적성검사 기간 내에 **적성검사를 받지 아니한 경우**에 행정형벌을 과하도록 규정한 구 「도로교통법」은 제종 운전면허를 받은 사람이 정기적성검사를 받지 아니한 경우를 제2종 운전면허를 받은 사람과 달리 취급하는 것에는 합리적인 이유가 있다고 할 수 있으므로 **평등원칙 위반 아님**(2015.2.26. 2012헌바268) → **자의금지원칙 위배 여부 판단**

4 처분적 법률

(1) 처분적 법률

제정 가능	① 【헌법상 명문규정 無】 헌법은 처분적 법률로서의 **개인대상법률 또는 개별사건법률의 정의**를 따로 두고 있지 **않음**은 물론, **처분적 법률의 제정을 금하는 명문의 규정 없음** ② 【개별법률금지원칙】 개별사건법률금지의 원칙은 "법률은 일반적으로 적용되어야지 어떤 개별사건에만 적용되어서는 아니된다"는 법원칙으로서 **헌법상 평등원칙에 근거** ③ 【개별사건법률 위헌 아님】 개별법률금지의 원칙은 법률제정에 있어서 **입법자가 평등원칙을 준수**할 것을 요구하는 것이기 때문에 특정규범이 **개별사건법률**에 해당한다 하여 **곧바로 위헌 아님** ④ 【정당화시 합헌】 비록 특정법률 또는 법률조항이 **단지 하나의 사건만** 규율하려고 한다 하더라도 이러한 **차별적 규율이 합리적인 이유로 정당화**될 수 있는 경우 **합헌적일 수 있음** ⑤ 【절대적 금지 아님】 특정한 법률이 이른바 **처분적 법률**에 해당한다고 하더라도 **곧바로 헌법에 위배 아님**
내용의 평등심사	① 【실질적 내용의 정당성】 개별사건법률은 개별사건에만 적용되는 것이므로 원칙적으로 **평등원칙에 위배되는 자의적인 규정**이라는 강한 의심을 불러일으키지만, 위헌 여부는 그 **형식만**으로 가려지는 것이 **아니라**, 평등의 원칙이 추구하는 **실질적 내용이 정당한지 아닌지를 따져야** 비로소 가려짐 (그 자체로 헌법상 평등원칙에 위배되므로 내용 불문하고 절대적 금지 ×) ② 【합리적 이유로 정당화시 허용】 처분적 법률은 그 자체로 바로 헌법에 위반되는 것이 아니며, 특정 개인 또는 사건만을 대상으로 함으로써 발생하는 **차별적 규율이 합리적인 이유로 정당화되는 경우 헌법상 허용** (국민의 기본권을 제한하는 경우에는 일반적 법률에 의하여야 하므로 처분적 법률은 어떠한 경우에도 허용되지 않음 ×)

(2) 처분적 법률로 인정된 사례

1	【연합뉴스사를 법률로써 국가기간뉴스통신사 지정 (기각)】 연합뉴스사를 국가기간뉴스통신사로 지정하고, 정부가 위탁하는 공익업무와 관련하여 정부의 예산으로 재정지원을 할 수 있는 법적 근거를 두고 있는 「뉴스통신법」은 **특정인에 대해서만 적용되는 개인대상법률**로서 **처분적 법률에 해당**(2005.6.30. 2003헌마841) → **차별취급을 정당화할 정도의 합리적 이유** 여부 심사 → 평등권 침해 아님
2	【특별검사법 (기각)】 특별검사에 의한 수사대상을 특정인에 대한 특정 사건으로 한정하고 있는 「한나라당 대통령후보 이명박 특검법」은 **처분적 법률의 성격**(2008.1.10. 2007헌마1468)
3	【세무대학 폐지 법률 (기각)】 폐지대상인 「세무대학설치법」 자체가 이미 처분법률에 해당하는 것이므로, 이를 폐지하는 법률도 당연히 그에 상응하여 **처분법률**의 형식(2001.2.22. 99헌마613)

(3) 처분적 법률이 아닌 사례

1	【행복도시법 (합헌)】 이른바 행복도시 예정지역을 충청남도 연기군·공주시의 지역 중에서 지정한다고 규정한 「행복도시법」은 처분을 매개로 하여 집행되므로 **처분적 법률 아님**(2009.2.26. 2007헌바41)

5 기타 판례

1	① 【남성에 한하여 병역의무 부과 (기각)】 대한민국 국민인 남성에 한하여 병역의무를 부과한 「병역법」은 헌법이 특별히 양성평등을 요구하는 경우나 관련 기본권에 중대한 제한을 초래하는 경우라고 보기 어렵다는 점에서 **합리적 이유의 유무를 심사하는 것에 그치는 자의금지원칙**에 따른 심사(2011.6.30. 2010헌마460) ② 【평등권 침해 아님】 대한민국 국민인 **남자에 한하여 병역의무를 부과**한 구 병역법이 성별을 기준으로 병역의무자의 범위를 정한 것은 **평등권 침해 아님**(2011.6.30. 2010헌마460)
2	【국적에 따른 사증 발급신청시 첨부서류 차등 (기각)】 출입국관리에 관한 사항 중 **외국인의 입국에 관한 사항**은 주권국가로서의 기능을 수행하는 데 필요한 것으로서 **광범위한 정책재량의 영역**이므로, 국적에 따라 사증 발급 신청시 첨부서류에 관해 다르게 정하고 있는 조항이 평등권을 침해하는지 여부는 **자의금지원칙 위반 여부** 판단(2014.4.24. 2011헌마474 등)
3	【선거비용 보전(선거공영제) (기각)】 국회의원선거에서 유효투표총수의 100분의 15 이상인 때에는 **선거비용의 전액**을, 100분의 10 이상 100분의 15 미만인 때에는 **선거비용의 반액을 보전하도록 규정**하고 있는 「공직선거법」은 **합리성 심사면 족함**(2010.5.27. 2008헌마491)
4	① 【부담금】 평등원칙의 적용에서 **부담금** 문제는 차별취급의 합리성 문제로서 **자의금지원칙에 의한 심사**대상이고, 부담금의 선별적 부과라는 차별에 합리성이 있는지 여부는 그것이 행위 형식의 남용으로서 **부담금의 헌법적 정당화 요건**을 갖추었는지 여부와 관련(2019.12.27. 2017헌가21) ② 【골프장 부가금 → 국민체육진흥기금 적립 (위헌)】 회원제로 운영하는 골프장 시설의 입장료에 대한 부가금을 규정한 「국민체육진흥법」은 **평등권 침해**(2019.12.27. 2017헌가21)
5	① 【절대적 차별 금지 아님】 사회적 신분에 대한 차별금지는 헌법 제11조 제1항 후문에서 예시된 것인데, 예시한 사유가 있는 경우 **절대적으로 차별을 금지할 것을 요구**함으로써 입법자에게 인정되는 **입법형성권을 제한하는 것은 아님**(2011.3.31. 2008헌바141) ② 【친일재산국고귀속법 : 완화된 기준 적용(합헌)】 **친일반민족행위자의 후손**이라는 점이 헌법 제11조 제1항 후문의 사회적 신분에 해당한다 할지라도 이것만으로는 헌법에서 특별히 평등을 요구하고 있는 경우라고 할 수 없고, **친일반민족행위자의 후손에 대한 차별**은 평등권 침해 여부의 심사에서 **엄격한 기준을 적용해야 하는 경우 아님**(2011.3.31. 2008헌바141) ③ 【친일재산귀속법은 처분적 법률 아님】 친일반민족행위자의 친일재산에 일반적으로 적용되는 것이므로 「친일재산귀속법」은 **처분적 법률로 보기 어려움**(2011.3.31. 2008헌바141)

POINT 094 평등권 침해 판례

1 헌법총론

1	【기초지방의원 후보자 정당표방금지 (위헌)】 다른 지방선거 후보와는 달리 **기초의회의원선거 후보자로 하여금 특정 정당으로부터의 지지 또는 추천 받음을 표방할 수 없도록** 한 「공직선거법」은 **정치적 표현의 자유 침해**(2003.1.30. 2001헌가4) → 평등원칙 위배
2	【집행유예 소년범에 대한 자격완화특례 미규정 (헌불)】 구 「소년법」이 소년으로 범한 죄에 의하여 형의 선고를 받은 자가 **집행을 종료하거나 면제받은 때와 달리 집행유예를 선고받은 소년범에 대한 자격완화 특례규정을 두지 아니**하여 자격제한을 함에 있어 「군인사법」 등 해당 법률의 적용을 받도록 한 것은 **평등원칙 위반**(2018.1.25. 2017헌가7 등)
3	【국공립대 졸업자 우선적 교사 신규채용 (위헌)】 교사의 **신규채용**에 있어 **국·공립대학교졸업생을 우선**시키는 교육공무원법은 사립사범대학 졸업자가 교육공무원으로 채용될 수 있는 기회를 제한 또는 박탈하게 되므로 **평등의 원칙 위반**(1990.10.8. 89헌마89) 비교 ①【국·공립교대 우선채용제 위헌결정 후 공개전형실시 (기각)】 1953년부터 시행된 "**교사의 신규채용에 있어서는 국립 또는 공립 교육대학·사범대학의 졸업자를 우선하여 채용하여야 한다.**"라는 「교육공무원법」 조항에 대한 **헌법재판소의 위헌결정에도 불구하고 헌법재판소의 위헌결정 당시의 국·공립사범대학 등의 미임용자**들이, 위헌적 법률에 기초한 신뢰이익이 보호되지 않는다는 이유를 들어 교육공무원의 공개전형을 통한 선발을 규정한 현행 교육공무원법을 위헌이라고 하거나, **위헌적 법률에 기초한 신뢰이익을 보장하기 위한 법률을 제정하지 않은 부작위를 위헌이라고 주장할 수는 없음**(2006.3.30. 2005헌마598) ②【위헌법률 : 신뢰의 근거 可 but 보호의무 無】 위헌법률이 당연히 무효인 것이 아니라 위헌결정으로 장래 효력을 상실하도록 되어 있어 **헌법재판소에 의한 위헌확인 시까지는 유효한 신뢰의 근거로 작용**할 수 있으나, 합헌적인 법률에 기초한 신뢰이익과 동일한 정도의 보호, 즉 "**헌법에서 유래하는 국가의 보호의무**"까지는 요청할 수는 없음 (2006.3.30. 2005헌마598)

2 경제적 기본권

1	【재심으로 무죄판결을 받은 사람에게 퇴직급여 이자 미가산 (헌불)】 '**수사가 진행 중이거나 형사재판이 계속 중이었다가 사유가 소멸한 경우**'에는 잔여 퇴직급여 등에 대해 **이자를 가산하는 규정을 두면서**, '**형이 확정되었다가 사유가 소멸한 경우**'에는 이자 가산 규정을 두지 않은 「군인연금법」은 **평등원칙 위반**(2016.7.28. 2015헌바20)

3 사회적 기본권

(1) 연금·보험·급여 관련

1	**【독립유공자 손자녀중 연장자 1명 한정 보상금 지급 (헌불)】** 독립유공자의 손자녀 중 1명에게만 보상금을 지급하면서 독립유공자의 선순위 자녀에 해당하는 손자녀가 2명 이상인 경우 나이가 많은 손자녀에게 유족보상금을 지급하도록 규정한 「독립유공자법」은 단순히 연장자만 우대하는 차별로 **평등권 침해**(2013.10.24. 2011헌마724) [6] **비교 【생활수준 고려 독립유공자 손자녀 1명에 보상금 지급 (합헌)】** 생활수준 등을 고려하여 독립유공자의 손자녀 1명에게 보상금을 지급하도록 하면서 같은 순위의 손자녀가 2명 이상이면 나이가 많은 손자녀를 우선하도록 한 것은 **평등권 침해 아님**(2018.6.28. 2015헌마304) [1] **유사 【6·25전몰군경자녀 수당 지급 나이 많은 1명 한정 (헌불)】** 6·25전몰군경자녀에게 수당 지급에 있어 수급권자 수를 확대할 수 있는 어떤 예외도 없고 나이가 많은 1명을 한정하여 우선하도록 한 것은 합리성을 인정하기 어려우므로 **평등권 침해**(2021.3.25. 2018헌가6) [2] **유사 【보훈보상대상자 유족보상금 수급권자 연장자 1인 한정 지급 (헌불)】** 보훈보상대상자의 부모에 대한 유족보상금 지급 시, 부모 중 수급권자 1인에 한정한 「보훈보상자법」은 보상금을 지급받지 못하는 부모 일방의 **평등권 침해**(2018.6.28. 2016헌가14) [6]
2	**【법시행 전 장애 상태확정 퇴직군인 상이연금 미지급 (헌불)】** 공무상 질병 또는 부상으로 인하여 퇴직 후 장애 상태가 확정된 군인에게 상이연금을 지급하도록 한 개정된 군인연금법을 개정법 시행일 이후부터 적용하도록 한 것은 **평등원칙 위반**(2016.12.29. 2015헌바208 등) [1]
3	**【난민인정자 긴급재난지원금 지급대상 제외 (인용)】** 외국인만으로 구성된 가구 중 영주권자 및 결혼이민자만을 긴급재난지원금 지급대상에 포함시키고 난민인정자를 제외한 것은 합리적 이유 없는 차별이라 할 것이므로 **난민인정자의 평등권 침해**(2024.3.28. 2020헌마1079) [3] → 인간다운 생활을 할 권리 판단 안함 [1]
4	**【외국인 국민건강보험 지역가입자 보험급여 제한 (헌불)】** 내국인 등과 달리 외국인 지역가입자에 대해서는 보험료를 체납한 경우 다음 달부터 곧바로 보험급여를 제한하는 것은, 보험료 체납 시 보험급여를 실시할 수 있는 예외를 전혀 인정하지 않아 합리적인 이유 없이 외국인을 내국인 등과 달리 취급한 것으로 **외국인 지역가입자의 평등권 침해**(2023.9.26. 2019헌마1165) [3] **비교 【외국인 지역가입자의 국민건강보험료 하한 산정 기준 (기각)】** 내국인 및 영주(F-5)·결혼이민(F-6)의 체류자격을 가진 외국인과 달리 외국인 지역가입자에 대하여 납부할 월별 보험료의 하한을 전년도 전체 가입자의 평균을 고려하여 정하는 것은 **평등권 침해 아님**(2023.9.26. 2019헌마1165) [1]
5	**【사업주 지배관리 출퇴근 사고만 업무상 재해로 인정 (헌불)】** 「산업재해보상보험법」이 근로자가 사업주의 지배관리 아래 출퇴근하던 중 발생한 사고로 부상 등이 발생한 경우에만 업무상 재해로 인정하고, 도보나 자기 소유 교통수단 또는 대중교통수단 등을 이용하여 출퇴근하는 경우를 업무상 재해로 인정하지 아니하는 것은 **평등권 침해**(2016.9.29. 2014헌바254) [9]
6	**【출퇴근 재해 불소급 (헌불)】** 「산업재해보상보험법」에서 업무상 재해에 통상의 출퇴근 재해를 포함시키는 개정 법률조항을 개정법 시행 후 최초로 발생하는 재해부터 적용하도록 한 것은 헌법불합치 결정의 취지에 어긋나므로 **평등원칙 위반**(2019.9.26. 2018헌바218 등) [2]
7	**【외국거주 외국인유족의 퇴직공제금 불인정 (위헌)】** 구 「건설근로자법」이 근로자가 사망할 당시 대한민국 국민이 아닌 자로서 외국에서 거주하고 있던 유족은 제외하는 것 합리적 이유없이 외국거주 외국인 유족을 대한민국 국민인 유족 및 국내거주 외국인 유족과 차별하는 것으로 **평등원칙 위반**(2023.3.23. 2020헌바471) [1]
8	**【1983. 1. 1. 이후 혈우병 환자만 요양급여 인정 (위헌)】** 1983. 1. 1. 이후 출생한 A형 혈우병 환자에 한하여 유전자재조합제제에 대한 요양급여를 인정하는 「보건복지부고시」는 1983. 1. 1. 이전에 출생한 A형 혈우병 환자들의 **평등권 침해**(2023.3.23. 2020헌바471) [3]
9	**【65세 미만 노인성 질병 장애인 활동지원급여 신청자격 제한 (헌불)】** 65세 미만의 일정한 노인성 질병이 있는 사람의 장애인 활동지원급여 신청자격을 제한하는 것은 **평등원칙 위반**(2020.12.23. 2017헌가22 등) [1]

(2) 사회복지제도

| 1 | 【**표준휠체어만 안전기준 (헌불)**】 특별교통수단에 있어 **표준휠체어만을 기준으로** 휠체어 고정설비의 안전기준을 정하고 있는 「교통약자의 이동편의 증진법 시행규칙」은 표준휠체어를 이용할 수 없는 장애인의 **평등권 침해**(2023.5.25. 2019헌마1234)² |

(3) 교육 관련

| 1 | 【**가구수가 증가하지 않은 개발사업분에 대한 학교용지부담금 부과 (헌불)**】 주택재개발사업의 경우 학교용지부담금 부과 대상에서 '기존 거주자와 토지 및 건축물의 소유자에게 분양하는 경우'에 해당하는 개발사업분만 제외하고, **현금청산의 대상이 되어 제3자에게 분양**됨으로써 기존에 비하여 가구 수가 증가하지 아니하는 개발사업분을 제외하지 아니한 「학교용지법」은 **평등원칙 위반**(2013.7.25. 2011헌가32)³ |

(4) 노동 관련

| 1 | 【**외국인 산업연수생에 대해 주요 근로기준 미적용 (위헌)**】 산업연수생이 연수라는 명목 아래 사업주의 지시, 감독을 받으면서 사실상 노무를 제공하고 수당 명목의 금품을 수령하는 등 실질적인 근로관계에 있는 경우에도 예규가 「근로기준법」이 보장한 **근로기준 중 주요사항을 외국인 산업연수생에 대하여만** 적용되지 않도록 한 것은 **평등권 침해**(2007.8.30. 2004헌마670)¹ |

4 재판 관련

1	【**우체국보험금·환급금 청구채권 전액 압류금지 (헌불)**】 우체국보험금 및 환급금 청구채권 전액에 대하여 무조건 **압류를 금지**함으로써 **우체국보험 가입자의 채권자를 일반 인보험 가입자**의 채권자에 비하여 불합리하게 **차별취급**하는 것은 **평등원칙 위배**(2008.5.29. 2006헌바5)²
2	【**공매절차에서 계약보증금 국고귀속 (헌불)**】 「국세징수법」상 공매절차에서 매각결정을 받은 매수인이 기한 내에 대금납부의무를 이행하지 아니하여 매각결정이 취소되는 경우 그가 납부한 **계약보증금을 국고에 귀속**하도록 규정한 「국세징수법」은 「민사집행법」상 경매절차에서의 매수신청보증금을 국고에 귀속하지 않고 **배당재원에 포함**시키는 것과 비교하여 **국세징수절차상 체납자 및 담보권자**를 민사집행절차상 집행채무자 및 담보권자에 대하여 **합리적 이유 없는 차별**로 **평등원칙 위반**(2009.4.30. 2007헌가8)²
3	【**변호사 징계에 대해 대법원 즉시항고 (위헌)**】 변호사 징계사건에 대하여 법원에 의한 사실심리의 기회를 배제함으로써, 징계처분을 다투는 의사·공인회계사 등 다른 전문자격 종사자에 비교하여 **차별을 합리화할 정당한 목적 없음** (2000.6.29. 99헌가9)¹

5 국방의 의무

1	【**공중보건의사 재직기간 불산입 (위헌)**】 1991년 개정 「농어촌의료법」이 적용되기 전에 **공중보건의사로 복무**한 사람이 **사립학교 교직원으로 임용된 경우** 공중보건의사로 복무한 기간을 사립학교 교직원 재직기간에 산입하도록 규정하지 않은 「사학연금법」은 **평등원칙 위배**(2016.2.25. 2015헌가15)¹
2	【**공중보건의사 편입취소후 의무복무시 기복무기간 미반영 (헌불)**】 국가공무원 임용 결격사유에 해당하여 **공중보건의사 편입이 취소된 사람을 현역병으로 입영**하게 하거나 공익근무요원으로 소집함에 있어 **의무복무기간에 기왕의 복무기간을 반영하지 않은** 「병역법」은 **평등원칙 위배**(2010.7.29. 2008헌가28)¹
3	【**산업기능요원 편입취소시 1년 이상 종사 시에만 복무기간 단축 (위헌)**】 산업기능요원으로 편입되어 1년 이상 종사하다가 편입이 취소되어 입영하는 사람의 경우 **복무기간을 단축**할 수 있다고 규정한 구 병역법은 **1년 미만을 종사**하다가 편입취소된 산업기능요원만 **차별**하여 **평등권 침해**(2011.11.24. 2010헌마746)¹

POINT 095 평등권 침해 아닌 판례

1 헌법총론

(1) 선거 관련

1	【세종시 신설시 지방의원선거 미실시 (기각)】 세종시의회를 신설하면서 지방의원선거를 실시하지 아니하고 연기군 의회의원 등에게 세종시의회의원의 자격을 취득하도록 한 「세종시법」은 **평등권 침해 아님**(2013.2.28. 2012헌마131)
2	【고등학교 중퇴 학력 기재시 수학기간 기재 (합헌)】 구 「공직선거법」이 고등학교를 졸업한 후보자에 대해서는 수학 기간의 기재를 요구하지 않으면서도 고등학교 졸업학력 검정고시에 합격한 후보자에게는 **고등학교를 중퇴한 경력**에 대해서 **수학기간 기재 요구**는 **평등원칙 위배 아님**(2017.12.28. 2015헌바232)
3	【정치자금부정수수죄 처벌 (기각)】 「정치자금법」 규정이 **단일 지역단위 선거구**의 **지역구국회의원**인지 **다수 지역단위 선거구**의 **지역구국회의원**인지 여부에 차이를 두지 않고 「정치자금법」에서 정하지 아니한 방법으로 정치자금을 기부받은 경우 **정치자금부정수수죄**로 처벌하는 것은 **평등원칙 위반 아님**(2022.10.27. 2019헌바19)

(2) 공직 관련

1	【동일지역 사범대학 졸업자 가산점 (합헌)】 중등학교 임용시험에서 **동일지역 사범대학을 졸업**한 교원경력이 없는 자에게 **가산점을 부여**하는 「교육공무원법」은 **공무담임권·평등권 침해 아님**(2007.12.27. 2005헌가1) 〔유사〕【동일지역 교육대학 출신자 가산점 (기각)】 초등교사 임용시험에서 동일지역 교육대학 출신 응시자에게 제1차 시험 만점의 6% 내지 8%의 **지역가산점**을 부여하는 것은 다른 지역 교육대학 출신 응시자들의 **평등권 침해 아님** (2014.4.24. 2010헌마747)
2	【선발예정인원 3명 이하시 국가유공자 가점 제한 (기각)】 선발예정인원 3명 이하인 채용시험에서 취업지원 대상자가 「국가유공자법」상 가점을 받지 못하게 한 「국가유공자법」은 **평등권 침해 아님**(2016.9.29. 2014헌마541)

2 신체의 자유

(1) 공무원에 준하는 처벌

1	【기금관리운용업무 민간전문가 공무원 의제 뇌물죄 처벌 (합헌)】 관광진흥개발기금 관리·운용업무에 종사토록 하기 위해 문체부장관이 채용한 민간 전문가에 대해 「**형법**」상 뇌물죄의 적용에 있어서 **공무원으로 의제**하는 「관광진흥개발기금법」은 **신체의 자유 침해 아님**(2014.7.24. 2012헌바188) → **평등원칙 위배 아님**
	유사 【정부관리기업체 간부직원 공무원 의제 뇌물죄 처벌 (합헌)】 **정부관리기업체 간부직원**은 공무원이 아님에도 직무와 관련한 **수재행위**에 관하여 **공무원으로 의제**하여 형법상 공무에 해당하는 뇌물죄로 처벌하는 「특정범죄법」은 **평등원칙 위반 아님**(2002.11.28. 2000헌바75)
	유사 【금융기관 임·직원 공무원 수뢰죄와 동일처벌 (합헌)】 일반사인에 해당하는 **금융기관 임·직원**이 직무와 관련하여 **수재행위**를 한 경우, 공무원의 뇌물죄와 마찬가지로 **별도의 배임행위가 없더라도 처벌**하도록 한 「특정경제범죄법」은 **평등원칙 위반 아님**(2005.6.30. 2004헌바4 등)

(2) 기타 처벌·보안처분 및 제재처분

1	【행정재산 사용·수익자 처벌 (합헌)】 「공유재산 및 물품 관리법」을 위반하여 **행정재산을 사용하거나 수익한 자**를 **형사처벌**하는 「공유재산 및 물품 관리법」은 **사유재산을 점유한 자의 경우와 달리** 형사적 제재를 가하는 것으로서 합리적 이유가 있으므로 **평등원칙 위배 아님**(2024.8.29. 2022헌바170)
2	【불특정인 상대 성매매 처벌 (합헌)】 불특정인을 상대로 한 성매매와 특정인을 상대로 한 성매매를 달리 취급하여, **불특정인에 대한 성매매만을 금지대상**으로 하는 「성매매처벌법」은 **평등권 침해 아님**(2016.3.31. 2013헌가2)
3	【부도수표 발행인 형사처벌 (합헌)】 어음 발행인과 달리 **부도수표 발행인에 대해서만 형사처벌**하는 「부정수표단속법」은 수표는 어음과는 본래적 성질을 달리 하므로 수표 발행인과 어음 발행인을 달리 취급하는 것은 **평등원칙 위배 아님**(2011.7.28. 2009헌바267)
4	【자격정지 이상 전과자 선고유예 금지 (기각)】 **자격정지 이상의 형을 받은 전과가 있는 자**에 대하여 **선고유예를 할 수 없도록** 규정한 「형법」은 **평등권 침해 아님**(2020.6.25. 2018헌바278)
5	【성범죄자 신상정보 등록 (기각)】 「형법」상 **강제추행죄로 유죄판결이 확정된 자**는 신상정보 등록대상자가 되도록 규정한 「성폭력처벌법」은 **평등권 침해 아님**(2014.7.24. 2013헌마423 등)
6	【음주측정거부자 필요적 면허취소 (합헌)】 음주운전자와 도주차량운전자에 대하여는 임의적 면허취소를 규정하고 있으면서 **음주측정거부자에 대하여는 필요적 면허취소**를 규정한 도로교통법은 **평등권 침해 아님**(2007.12.27. 2005헌바95)
7	【금품수수 공무원 직무관련성 무관 징계시효 일률적 3년 (합헌)】 공무원이 **금품수수**를 한 경우 직무관련성 유무 등과 상관없이 **징계시효 기간을 일률적으로 3년**으로 정한 구 「국가공무원법」 규정은 **합리적 이유 있음**(2012.6.27. 2011헌바226)

3 경제적 기본권

(1) 직업 선택 관련 : 자격제도, 시험제도

1	【경력공무원에 대한 행정사 시험 면제제도 (기각)】 일반 응시자와 달리 공무원의 근무연수 및 계급에 따라 **행정사 자격시험의 제1차시험을 면제하거나 제1차시험의 전 과목과 제2차시험의 일부과목을 면제**하는 「행정사법」은 **평등권 침해 아님**(2016.2.25. 2013헌마626 등)
2	【공인회계사 응시자격 제한 (기각)】 공인회계사 시험의 응시자격을 대학 등에서 일정과목에 대하여 일정학점 이상을 이수하거나 학점인정을 받은 자로 제한하는 「공인회계사법」은 공인회계사 시험을 준비하는 사람의 **평등권 침해 아님** (2012.11.29. 2011헌마801)
3	【성폭력범죄 체육지도자 자격 취소 (합헌)】 성폭력범죄를 저질러 벌금형이 확정된 체육지도자의 자격을 필요적으로 **취소**하도록 개정된 「국민체육진흥법」을 개정법 시행 후 발생하는 **자격취소사유부터 적용**하도록 하여 개정법 시행일을 기준으로 하여 성폭력범죄로 이미 벌금형이 확정된 체육지도자와 그렇지 않은 체육지도자를 달리 취급하는 것은 **평등원칙 위반 아님**(2024.8.29. 2023헌바73)

(2) 직업 수행 관련

1	【변호사시험 합격자의 실무수습 (기각)】 사법시험에 합격하여 사법연수원의 과정을 마친 자와 달리 **변호사시험 합격자들에게 6개월의 실무수습**을 거치도록 하는 변호사법은 **평등권 침해 아님**(2014.9.25. 2013헌마424)
2	【한의사 지도하 물리치료사 업무금지 (기각)】 의사 또는 치과의사의 지도하에서만 의료기사가 업무를 할 수 있도록 규정하고 **한의사의 지도하에서는 의료기사인 물리치료사가 물리치료는 물론 한방물리치료를 할 수 없도록** 하는 「의료기사법」은 **평등권 침해 아님**(2014.5.29. 2011헌마552)
3	【학원 교습시간 제한 조례 (기각)】 학원의 교습시간을 05:00부터 22:00로 제한한 조례는 학원 운영자들의 **평등권 침해 아님**(2009.10.29. 2008헌마635)
4	【심야시간대 청소년의 인터넷게임 이용금지 (기각)】 '강제적 셧다운제'를 규정한 구 청소년 보호법은 각종 게임 중 **인터넷게임만을 적용 대상**으로 하고 있는바, 인터넷을 이용하지 않는 다른 게임 및 모바일기기를 이용한 인터넷게임과 비교하여 차별에 합리적 이유가 있으므로 **인터넷게임 제공자들의 평등권 침해 아님**(2014.4.24. 2011헌마659 등)
5	【택시 운송비용 전가 금지 (기각)】 버스운송사업에 있어서는 운송비용 전가 문제를 규제할 필요성이 없으므로 **택시운송사업에 한하여** 「택시발전법」에 **운송비용전가의 금지조항**을 둔 것은 **평등원칙 위반 아님**(2018.6.28. 2016헌마153)
6	【일정 규모 이상 사업주 직장보육시설 설치의무부과 (합헌)】 일정 규모 이상의 사업주에게 **직장보육시설 설치의무를 부과**하는 「영유아보호법」은 아동 보육에 대한 수요가 어느 정도 클 것으로 예상되는 사업주에게만 의무를 부담시키므로 **평등원칙 위반 아님**(2011.11.24. 2010헌바373)
7	【장애인 고용 의무제도 (합헌)】 '대통령령이 정하는 **일정수 이상의 근로자를 고용하는 사업주**는 기준고용률 이상에 해당하는 **장애인을 고용해야 한다**'고 규정한 「장애인고용촉진법」의 **국가·지방자치단체와 민간사업주와의 차별취급**은 합리적 근거가 있는 차별(2003.7.24. 2001헌바96)
8	【전기판매사업자 약관 명시·교부의무 면제 (합헌)】 전기판매사업자에게 약관의 명시·교부의무를 면제한 「약관법」은 일반 사업자와 달리 전기판매사업자에 대하여 약관의 명시·교부의무를 면제하고 있더라도 **평등원칙 위반 아님**(2024.4.25. 2022헌바65)

(3) 재산 관련

1	【국내로 귀환하지 못한 국군포로의 보수 미지급 (합헌)】 국군포로로서 억류기간 동안의 보수를 지급받을 권리를 **국내로 귀환하여 등록절차를 거친 자**에게만 인정하는 「국군포로송환법」은 **귀환하지 않은 국군포로**를 합리적 이유없이 차별한 것이라 볼 수 없어 **평등원칙 위배 아님**(2022.12.22. 2020헌바39)
2	① 【수질개선부담금 (합헌)】 수질개선부담금은 조세와는 구별되지만 **부담금을 부과할 때에도 평등원칙이나 비례성 원칙과 같은 기본권제한 입법의 한계를 준수**하여야 함(1998.12.24. 98헌가1) ② 【평등원칙 위반 아님】 주류·청량음료 제조업자 등 지하수를 다용(多用)하는 다른 경우와는 달리, **먹는 샘물 제조업자**에 대해서만 수질개선부담금을 부과하는 것은 **평등원칙 위반 아님**(1998.12.24. 98헌가1) ③ 【행복추구권 침해 아님 (합헌)】 먹는샘물 제조업자에게 부과되는 수질개선부담금은 먹는샘물에 대한 선택권을 박탈하거나 봉쇄하는 것이 아니고 국민에게 먹는샘물에 대한 원칙적 선택권을 인정하는 가운데 가격 전가를 통하여 **먹는샘물의 소비자에게 경제적 부담**을 가하는 것에 그치고 있으므로 **국민의 행복추구권 침해 아님**(1998.12.24. 98헌가1) 〔유사〕【먹는샘물 수입판매업자에 수질개선부담금 부과 (합헌)】 먹는 샘물 수입판매업자에게 수질개선부담금을 부과하는 것은 수돗물 우선정책에 반하는 수입 먹는 샘물의 보급 및 소비를 억제하도록 간접적으로 유도하기 위한 합리적인 이유가 있으므로 **평등원칙 위배 아님**(2004.7.15. 2002헌바42)
3	【학교법인에 개발부담금 부과 (기각)】 '국가, 지방자치단체, 공공기관의 운영에 관한 법률에 따른 **공공기관**'이 시행하는 개발사업과 달리, **학교법인이 시행하는 개발사업**은 그 일체를 개발부담금의 제외 또는 경감 대상으로 규정하지 않은 「개발이익환수법」은 **평등원칙 위반 아님**(2024.5.30. 2020헌바179)
4	【임대주택공급제도 (기각)】 **주택재개발사업에서 부과하는 임대주택공급의무**는 재개발로 발생하는 세입자들의 주거문제를 해결하기 위한 제도이고, **재건축사업에서 임대주택공급제도**는 개발이익의 환수차원에서 부과되는 의무라 할 것이므로, 두 사업 모두에 임대주택공급의무를 부과하는 것은 **재건축조합의 조합원 등의 평등권 침해 아님**(2008.10.30. 2005헌마222)
5	【도시계획시설결정 실효 기산일 (기각)】 2000년 7월 1일 이전에 결정·고시된 도시계획시설결정의 실효에 관한 기산일을 2000년 7월 1일로 정한 「국토계획법」은 2000년 7월 1일 이후에 고시된 도시계획시설결정의 실효기간은 고시일로부터 20년인 데 비하여, 그 전에 고시된 도시계획시설결정의 실효기간은 고시일로부터 20년이 초과되는 결과를 가져오더라도 **평등원칙 위반 아님**(2024.8.29. 2020헌바602 등)

4 사회적 기본권

(1) 연금·보험·급여 관련

1	【국가유공자 범위에 사립교원 제외 (기각)】 국가유공자인 공상공무원의 범위에 사립학교교원을 포함시키지 아니한 「국가유공자법」은 사립학교교원의 **평등권 침해 아님**(1994.6.30. 91헌마161) *l*
2	【국가유공자 유족 범위에 사후양자 제외 (합헌)】 「국가유공자법」에서 유족의 범위에 **사후양자를 제외**한 것은 일반양자와 사후양자에 상당한 차이가 있어 **불합리하고 자의적인 것 아님**(2007.4.26. 2004헌바60) *l*
3	【소방공무원에게 순직군경 혜택 미부여 (합헌)】 직무 중 사망한 소방공무원에 대해서 경찰공무원과 달리 **순직군경 보훈혜택을 부여하지 않은** 「소방공무원법」은 **합리적 이유 없는 차별 아님**(2005.9.29. 2004헌바53) *2*
4	【독립유공자 서훈등급에 따른 부가연금 차등지급 (기각)】 독립유공자와 유족에게 **서훈의 등급에 따라 부가연금을 차등지급**하는 「국가유공자법 시행령」은 **평등권 침해 아님**(1997.6.26. 94헌마52) *2*
5	【같은 서훈등급의 애국지사 본인과 순국선열 유족의 보상금 지급액 차등 (기각)】 애국지사 본인과 순국선열의 유족은 **본질적으로 다른 집단**이므로, 구 「독립유공자법 시행령」 조항이 같은 서훈 등급임에도 **순국선열의 유족보다 애국지사 본인에게 높은 보상금 지급액 기준**을 두고 있다 하여 곧 순국선열의 유족의 **평등권 침해 아님**(2018.1.25. 2016헌마319) *3*
6	【4·19혁명공로자의 보훈급여를 애국지사보다 적게 규정 (기각)】 입법자가 4·19혁명공로자의 희생과 공헌의 정도를 건국포장을 받은 애국지사와 달리 평가하여 4·19혁명공로자에 대한 보훈급여의 종류를 수당으로 정하고, 보훈급여의 지급금액을 **애국지사보다 적게 규정**한 것이 **합리적인 이유 없는 차별 아님**(2022.2.24. 2019헌마883) *l*
7	【부마민주항쟁 보상금 등 지급대상 제외 (합헌)】 「부마항쟁보상법」은 부마민주항쟁이 단기간 사이에 집중적으로 발생한 민주화운동이라는 상황적 특수성을 감안하여 **부마민주항쟁을 이유로 30일 미만 구금된 자**를 보상금 또는 생활지원금의 **지급대상에서 제외**한 것은 **평등권 침해 아님**(2019.4.11. 2016헌마418) *2*
8	【국내 강제동원자 위로금 지급 제외 (합헌)】 태평양전쟁 전후 강제동원된 자들 중 **국내 강제동원자를 제외**하고 국외 강제동원자에게만 위로금을 지급한 「국외강제동원자지원법」은 **자의적 차별 아님**(2012.7.26. 2011헌바352) *3*
9	【보훈급여금과 참전명예수당 선택 지급 (기각)】 전상유공자가 보훈급여금을 받는 경우 보훈급여금과 참전명예수당 중 **어느 하나만 선택**하여 받도록 한 「참전유공자법」은 **평등권 침해 아님**(2010.10.28. 2009헌마272) *l*
10	【법관의 명예퇴직수당 임기 잔여기간 반영 (기각)】 법관의 명예퇴직수당액에 대하여 **정년 잔여기간만을 기준으로 하지 아니하고 임기 잔여기간을 함께 반영**하여 산정하도록 한 것은 **자의적 차별 아님**(2020.4.23. 2017헌마321) *l*
11	【지방자치단체장 퇴직급여제 입법부작위 (기각)】 선출직 **지방자치단체의 장을 위한 별도의 퇴직급여제도를 마련하지 않은** 「공무원연금법」은 **평등권 침해 아님**(2014.6.26. 2012헌마459) *l* → ① 헌법 제25조의 공무담임권은 공무원의 재임 기간 동안 충실한 공직 수행을 담보하기 위하여 공무원의 퇴직급여 및 공무상 재해보상 보장까지 그 보호영역으로 한다고 볼 수 없으므로 **헌법해석상 입법의무 도출 안 됨** *l* ② **인간다운 생활을 할 권리 침해 아님** *l*

(2) 사회복지제도 관련

1	【지역·직장조합의 조합원에서 유주택자 배제 (합헌)】 「주택건설촉진법」이 **지역조합과 직장조합의 조합원 자격에서 유주택자를 배제**하는 것은 **평등의 이념에 반하지 않음**(1997.5.29. 94헌바5) *l*
2	① 【재혼 배우자 국립묘지 합장 배제 (합헌)】 국립묘지 안장 대상자의 사망 당시의 배우자가 **재혼한 경우에는 국립묘지에 안장된 안장대상자와 합장할 수 없도록** 규정한 「국립묘지법」은 **평등원칙 위배 아님**(2022.11.24. 2020헌바463) *2* ② 【혼인과 가족생활 문제 아님】 배우자가 재혼하는 것을 법적으로 금지하고 있지 않으므로 혼인과 가족생활 보장에 관한 **헌법 제36조 제1항 문제 아님**(2022.11.24. 2020헌바463) *3*

(3) 교육 관련

1	【학교급식 필요 경비 학교설립경영자 부담 (합헌)】 학교급식의 실시에 필요한 **시설·설비에 요하는 경비**를 학교의 **설립경영자에게 부담**하도록 하는 것은 **평등원칙 위반 아님**(2010.7.29. 2009헌바40) → **사립학교 운영의 자유 침해 아님**
2	【사립학교법인에 대한 개방이사제도 (기각)】 학교법인은 일반 사법인과 달리 공공성이 요구되고, 공익법인이나 사회복지법인 등과는 그 용역의 성격이나 수요층의 범위, 대체수단에 대한 접근용이성의 정도 등에서 차이가 있으므로 **개방이사 선임에 차이**를 둔 것은 **평등권 침해 아님**(2013.11.28. 2007헌마1189 등)
3	【충남삼성고등학교 입학전형 차등 (기각)】 종업원의 복리를 위하여 기업체가 출연하여 설립한 **자율형 사립고**가 **2014년 신입생 모집요강**을 작성하면서 임직원 자녀 전형 70%, 사회배려자 전형 20%, 일반전형 10%를 각각 배정한 것은 기업 임직원이 아닌 일반인의 2015년 졸업예정자인 중학생의 **평등권 침해 아님**(2015.11.26. 2014헌마145)
4	【수석교사 성과상여금 지급 등 차별 (기각)】 교수·연구 분야에 전문성이 뛰어난 교사들로서 교사의 교수·연구활동을 지원하는 임무를 부여받고 있는 **수석교사를 성과상여금 등의 지급**과 관련하여 **교장이나 장학관 등과 달리 취급**하고 있지만 **평등권 침해 아님**(2019.4.11. 2017헌마602 등)
5	【사립학교 사무직원 명예퇴직수당 미지급 (기각)】 사립학교 교·직원 가운데 **교원에 대하여만 명예퇴직수당의 지급**에 관한 근거를 법률에 두고 **사무직원에 대하여는 법률에 근거를 두지 아니한**「사립학교법」은 **평등원칙 위배 아님**(2007.4.26. 2003헌마533)
6	【민간어린이집 인건비 미지급 (기각)】 국공립어린이집, 사회복지법인어린이집, 법인·단체등어린이집 등과 달리 **민간어린이집에는 보육교직원 인건비를 지원하지 않는** '2020년도 보육사업안내'는 **평등권 침해 아님**(2022.2.24. 2020헌마177)

(4) 노동 관련

1	【근로자의 날을 공무원의 법정유급휴일 미지정 (기각)】 근로자의 날을 공무원의 법정유급휴일로 정하지 않은 것은 공무원과 일반근로자를 자의적으로 차별하는 것이 아니므로 **평등권 침해 아님**(2015.11.26. 2015헌마756) → **단결권 및 집회의 자유 제한 아님**
2	【공무원 초과근무수당 산정 규정 (기각)】 **공무원의 시간외·야간·휴일근무수당의 산정방법**을 정하고 있는 구 '공무원수당 등에 관한 규정'은 **공무원에 대한 수당 지급을 근로기준법보다 불리**하게 규정하고 있더라도 **평등권 침해 아님**(2017.8.31. 2016헌마404)
3	【가사사용인 퇴직급여 부정 (합헌)】「근로자퇴직급여 보장법」이 **가사사용인**을 일반 근로자와 달리 **적용범위에서 배제**하고 있다 하더라도 **평등원칙 위배 아님**(2022.10.27. 2019헌바454)
4	【제3자 쟁의행위 개입금지 (합헌)】 노동관계 당사자가 아닌 **제3자가 쟁의행위를 조종·선동·방해하지 못하도록** 한「노동쟁의조정법」은 근로자와 사용자를 실질적으로 차별하는 **불합리한 규정 아님**(1990.1.15. 89헌가103)

5 재판청구권

1	【친족 간에 권리행사방해죄 친고죄 (합헌)】 '직계혈족, 배우자, 동거친족, 동거가족 또는 그 배우자' 이외의 **친족 사이의 재산범죄를 친고죄로 규정**한 「형법」은 일정한 친족 사이에서 발생한 재산범죄의 경우 피해자의 고소를 소추조건으로 정하여 피해자의 의사에 따라 국가형벌권 행사가 가능하도록 한 것으로서 **합리적 이유가 있어 평등원칙 위배 아님**(2024.6.27. 2023헌바449)	
2	【친고죄의 고소취소를 제1심 판결선고 전으로 제한 (합헌)】 친고죄의 고소를 제1심 판결선고 전까지만 취소할 수 있도록 한 것은 **항소심에서 고소취소 받은 피고인을 자의적 차별 아님**(2011.2.24. 2008헌바40)	
3	【반의사불벌죄 이외 죄 자복 감면 혜택 미부여 (합헌)】 「형법」이 반의사불벌죄 이외의 죄를 범하고 피해자에게 **자복**한 사람에 대하여 반의사불벌죄를 범하고 피해자에게 자복한 사람과 달리 **임의적 감면의 혜택을 부여하지 않고** 있다 하더라도 **자의적 차별 아님**(2018.3.29. 2016헌바270)	
4	【기소유예 피의자 항고권 배제 (기각)】 고소인·고발인만을 항고권자로 규정한 「검찰청법」은 항고를 통하여 불복할 수 없게 된 **기소유예처분을 받은 피의자의 평등권 침해 아님**(2012.7.26. 2010헌마642)	
5	【공무원 지위 이용 선거범 10년 공소시효 (합헌)】 공무원이 지위를 이용하여 범한 **공직선거법위반죄**에 대하여 일반인이 범한 공직선거법위반죄와 달리 해당 선거일 후 **10년으로 공소시효**를 정한 공직선거법은 **평등원칙 위반 아님**(2022.8.31. 2018헌바440)	
6	【소년심판절차에서 검사의 상소권 제한 (기각)】 형사소송절차와 달리 **소년심판절차에서 검사에게 상소권이 인정되지 않도록 한** 「소년법」은 피해자의 **평등권 침해 아님**(2012.7.26. 2011헌마232)	
7	【국가에 대한 금전채권의 소멸시효를 5년으로 제한 (합헌)】 「민법」상 손해배상청구권 등 금전채권은 10년의 소멸시효기간이 적용되는 데 반해, 사인이 **국가에 대하여 가지는 손해배상청구권 등 금전채권**은 「국가재정법」상 5년의 **소멸시효기간이 적용**되는 것은 **평등원칙 위배 아님**(2018.2.22. 2016헌바470) 유사 【국채 소멸시효 5년 (합헌)】 **국채에 대한 소멸시효를 5년 단기로 규정**하여 민사 일반채권자나 회사채 채권자에 비하여 국채 채권자를 차별 취급한 것은 **평등원칙 위배 아님**(2010.4.29. 2009헌바120 등)	
8	【행정소송 재심제기기간 30일 (합헌)】 확정판결의 기초가 된 민사나 형사의 판결, 그 밖의 재판 또는 행정처분이 다른 재판이나 행정처분에 따라 바뀌어 당사자가 **행정소송의 확정판결에 대하여 재심을 제기**하는 경우 재심제기기간을 **30일**로 정한 「민사소송법」을 준용하는 「행정소송법」은 행정소송 당사자의 **평등권 침해 아님**(2023.9.26. 2020헌바258)	
9	【학교폭력 가해학생에 대한 재심 제한 (기각)】 학교폭력과 관련하여 가해학생에 대한 자치위원회의 모든 조치에 대해 **피해학생 측에서 재심을 허용**하면서, **가해학생 측에는 퇴학과 전학의 경우에만 재심을 허용**하는 「학교폭력예방법」은 가해학생은 자신에 대한 모든 조치에 대해 당사자로서 소송을 제기 할 수 있으므로 **평등권 침해 아님**(2013.10.24. 2012헌마832)	
10	【중재신청인의 중재기일 불출석시 중재신청 철회 간주 (합헌)】 중재신청인이 중재기일에 1회 불출석하는 경우 중재신청을 철회한 것으로 간주하는 「정기간행물법」은 **평등원칙 위반 아님**(1999.7.22. 96헌바9)	

6 국방의 의무

1	【병역의무자 해외여행 27세로 제한 (기각)】 제1국민역의 경우 특별한 사정이 없는 한 **27세까지만 단기 국외여행을 허용**하는 「병무청 훈령」은 **평등권 침해 아님**(2013.6.27. 2011헌마475)	
2	【공중보건의사 군사교육기간 복무기간 미산입 (기각)】 전문연구요원과는 달리 **공중보건의사가 군사교육에 소집된 기간을 복무기간에 산입하지 않도록 규정**한 「병역법」조항은 **평등권 침해 아님**(2020.9.24. 2019헌마472 등)	
3	【공중보건의사 군사교육기간 보수 미지급 (기각)】 공중보건의사에 편입되어 군사교육에 소집된 사람에게 사회복무요원과 달리 **군사교육 소집기간 동안의 보수를 지급하지 않도록 규정**한 「군인보수법」 조항은 공중보건의사의 **평등권 침해 아님**(2020.9.24. 2017헌마643)	
4	【사회복무요원에 현역병과 동일 보수 지급 (기각)】 **사회복무요원에게 현역병의 봉급에 해당하는 보수를 지급**하도록 정한 것은 사회복무요원을 현역병에 비하여 합리적 이유없이 자의적으로 차별한 것이라 볼 수 없어 **평등권 침해 아님**(2019.2.28. 2017헌마374 등)	
5	【국제협력요원으로 근무한 공익요원의 국가유공자 대상 제외 (합헌)】 행정관서요원으로 근무한 공익요원과는 달리, **국제협력요원으로 근무한 공익요원을「국가유공자법」에 의한 대상에서 제외**한 「병역법」은 **평등권 침해 아님**(2010.7.29. 2009헌가13) → 국가의 재외국민보호의무 위반 아님	
6	【1993. 12. 31. 이전 출생한 재외국민 2세의 지위 상실 (기각)】 1993년 12월 31일 이전에 출생한 사람들에 대한 예외를 두지 않고 **재외국민 2세의 지위를 상실할 수 있도록 규정**한「병역법 시행령」은 출생년도를 기준으로 한 특례가 앞으로도 지속될 것이라는 **신뢰에 대하여 보호가치가 인정된다고 볼 수 없고** 병역의무의 평등한 이행을 확보하기 위하여 출생년도와 상관없이 모든 재외국민 2세를 동일하게 취급하는 것은 합리적인 이유가 있으므로, **평등권 침해 아님**(2021.5.27. 2019헌마177 등)	
7	【여성을 예비역 복무의무자에서 제외 (기각)】 예비역 복무의무자의 범위에서 일반적으로 여성을 제외하는 구「병역법」 및 **지원에 의하여 현역복무를 마친 여성을 일반적인 여성의 경우와 동일하게 예비역 복무의무자의 범위에서 제외**하는 「군인사법」은 **평등권 침해 아님**(2023.10.26. 2018헌마357)	
8	【자원하여 장교로 복무한 자 예비역 장교로 취급 (합헌)】 병으로 의무복무를 마친 후 자원하여 장교로 임관하여 복무한 자가 **예비역 병이 아니라 예비역 장교로 취급되어 예비군 훈련기간이 길어진 것은 평등원칙 위배 아님**(2003.3.27. 2002헌바350)	
9	【산업기능요원 경력 공무원 초임호봉 불인정 (기각)】 현역병 및 사회복무요원과 달리 공무원의 초임호봉 획정에 인정되는 경력에 **산업기능요원의 경력을 제외하도록** 한「공무원보수규정」은 **평등권 침해 아님**(2016.6.30. 2014헌마192)	
10	【사관생도의 사관학교 교육기간 연금산정 제외 (합헌)】 **사관생도의 사관학교 교육기간을 현역병 등의 복무기간과 달리 연금 산정의 기초가 되는 군 복무기간으로 산입할 수 있도록 규정하지 아니한** 구「군인연금법」 조항은 **현저히 자의적인 차별 아님**(2022.6.30. 2019헌마150)	

7 기타

1	【내부 공익신고자 보상금 지급 (합헌)】「공익신고자 보호법」상 보상금의 의의와 목적을 고려하면 공익신고 유도 필요성에 있어 차이가 있는 **내부 공익신고자와 외부 공익신고자를 달리 취급**하는 것은 **평등원칙 위배 아님**(2021.5.27. 2018헌바127)	

POINT 096 생명권

CHAPTER 04 | 인신의 보호

1 생명권

(1) 자연법적 권리

자연법적 권리	① **【명문규정 無】** 생명권은 비록 **헌법에 명문의 규정이 없다** 하더라도 인간의 생존본능과 존재목적에 바탕을 둔 **선험적이고 자연법적인 권리**로서 헌법에 규정된 모든 기본권의 전제로서 기능을 하는 **기본권 중의 기본권** (헌법상 권리로 인정하지 않음 ×)
주체	① **【모든 인간】** 모든 인간은 헌법상 **생명권의 주체** ② **【자연인만 주체】** 생명권의 향유자는 **내국인 및 외국인을 불문**하나 생명권의 본질에 비추어 **법인이 아닌 자연인만 주체** ③ **【주체성 인정】** 형성 중의 생명인 **태아도 생명에 대한 권리 인정**
태아의 권리능력 부정	① **【국가의 태아의 권리능력 인정 의무 無】** 태아에 대한 국가의 기본권보호의무로부터 **태아의 출생 전**에, 또한 태아가 살아서 출생할 것인가와는 무관하게, 태아를 위하여「민법」상 일반적 권리능력까지 인정하여야 한다는 헌법적 요청이 도출되지 않음 ② **【사람의 시기를 출생시점으로 간주 허용】** 인간이라는 생명체의 형성이 출생 이전 어느 시점에서 시작됨을 인정하더라도, 법적으로 사람의 시기를 출생의 시점에서 시작되는 것으로 보는 것이 **헌법적으로 금지된다고 할 수 없음**

(2) 관련판례

1	① **【태아 사산 시 손해배상청구권 부정 (합헌)】** 태아가 사산한 경우 태아 자신에게 불법적인 생명침해로 인한 **손해배상청구권을 인정하지 않고 있다**는 이유만으로 입법자가 태아의 생명보호를 위해 국가에서 요구되는 **최소한의 보호조치마저 취하지 않는 것이라고 할 수 없음**(2008.7.31. 2004헌바81) ② **【입법적 불비 or 불완전한 입법상태 아님】**「민법」이 '살아서 출생한 태아'와는 달리 '**살아서 출생하지 못한 태아**'에 대해서는 **손해배상청구권을 부정**하더라도 국가가 기본권 보호를 위해 필요한 최소한의 입법적 조치를 다하지 않아 **위헌적인 입법적 불비나 불완전한 입법상태가 초래 아님**(2008.7.31. 2004헌바81) ③ **【국가의 생명권 보호의무 위반 아님】**「민법」이 권리능력의 존재 여부를 출생 시를 기준으로 확정하고 **태아에 대해서는 살아서 출생할 것을 조건으로 손해배상청구권을 인정**한다 할지라도, 이는 **국가의 생명권 보호의무를 위반한 것이라 볼 수 없음**(2008.7.31. 2004헌바81)

2 생명권의 제한 가능성 : 사형제도

(1) 법률에 의한 제한 가능 : 상대적 기본권

헌법상 규정 無	① 【헌법상 직접 규정 無】 우리 헌법은 **사형제도의 금지나 허용을 직접적으로 규정하고 있지 않음** (헌법은 사형제도의 허용을 직접 규정 ×)
법률유보의 대상	① 【생명에 대한 법적 평가 가능】 헌법은 절대적 기본권을 명문으로 인정하고 있지 아니하며, 헌법 제37조 제2항에서는 국민의 모든 자유와 권리는 국가안전보장·질서유지 또는 공공복리를 위하여 필요한 경우에 한하여 **법률로써 제한할 수 있도록 규정**하고 있어, 비록 생명이 이념적으로 절대적 가치를 지닌 것이라 하더라도 **생명에 대한 법적 평가가 예외적으로 허용** ② 【법률에 의한 제한 가능】 생명권 역시 헌법 제37조 제2항에 의한 **일반적 법률유보의 대상** (법률유보 대상이 될 수 없음 ×)
본질적 내용 침해 아님	① 【생명권 제한 정당화 → 곧바로 본질적 내용 침해 아님】 생명권의 경우 다른 일반적인 기본권 제한의 구조와는 달리, 생명의 일부 박탈이라는 것을 상정할 수 없기 때문에 생명권에 대한 제한은 필연적으로 **생명권의 완전한 박탈**을 의미하게 되는바, **생명권의 제한에 관하여 그 제한이 정당화될 수 있는 예외적인 경우**에는 **생명권의 박탈**이 초래된다고 하더라도 곧바로 **기본권의 본질적 내용 침해 아님** ② 【절대적 기본권 아님】 생명권의 제한은 어떠한 상황에서든 곧바로 개인의 생명권의 본질적인 내용을 침해하는 것으로서 기본권 제한의 한계를 넘는 것으로 본다면, 이는 생명권을 제한이 불가능한 **절대적 기본권으로 인정하는 것과 동일한 결과를 가져 옴**
생명권 제한	① 【생명 충돌 or 중대 공익 침해 시 규준 제시 可】 모든 인간의 생명은 자연적 존재로서 동등한 가치를 갖는다고 할 것이나 그 **동등한 가치가 서로 충돌**하게 되거나 **생명의 침해에 못지 아니한 중대한 공익**을 침해하는 등의 경우에는 국민의 생명·재산 등을 보호할 책임이 있는 **국가는 어떠한 생명 또는 법익이 보호되어야 할 것인지 그 규준을 제시할 수 있음**

(2) 사형제도

1	① 【생명권 침해 아님 (합헌)】 **사형제도**는 입법목적의 정당성, 수단의 적합성, 피해의 최소성, 법익균형성 등을 갖추었으므로 **생명권 제한**에 있어서 **비례원칙 위배 아님**(2010.2.25. 2008헌가23) ② 【인간의 존엄과 가치 침해 아님 (합헌)】 사형제도는 인간의 존엄과 가치를 규정한 **헌법 제10조에 위배 아님** (2010.2.25. 2008헌가23)

POINT 097 신체의 자유

> **제12조** ① 【신체의 자유】 모든 국민은 **신체의 자유**를 가진다. 누구든지 **법률에 의하지 아니하고는 체포·구속·압수·수색 또는 심문**을 받지 아니하며, **법률과 적법한 절차에 의하지 아니하고는 처벌·보안처분 또는 강제노역**을 받지 아니한다.⁸

1 신체의 자유

① 【신체를 침해당하지 않을 자유 + 임의적·자율적 신체활동의 자유】 신체의 안전성이 **외부로부터 물리적인 힘이나 정신적인 위협으로부터** 침해당하지 않을 자유와 신체활동을 임의적이고 자율적으로 할 수 있는 자유⁴

2 보호영역

1	① 【디엔에이감식시료 채취 (기각)】 디엔에이감식시료의 **채취**는 구강점막 또는 모근을 포함한 모발을 채취하는 방법 또는 분비물, 체액을 채취하는 방법으로 이루어지는데, 신체의 안정성을 해하므로 **신체의 자유 제한**(2014.8.28. 2011헌마28 등)³ ② 【신체의 자유 침해 아님 (기각)】 특정범죄에 대하여 형의 선고를 받아 확정된 사람으로부터 **디엔에이감식시료를 채취**할 수 있도록 한 것은 **신체의 자유 침해 아님**(2014.8.28. 2011헌마28 등)³
2	【집행유예시 사회봉사명령 : 일반적 행동자유권 ○, 신체의 자유 × (합헌)】 징역형의 집행유예를 선고하면서 부과된 **사회봉사명령**은 근로의무를 부과함에 그치고 공권력이 신체를 구금하는 등의 방법으로 근로를 강제하는 것이 아니므로 **신체의 자유 제한 아님**(2012.3.29. 2010헌바100)³ → **일반적 행동의 자유 제한**

POINT 098 죄형법정주의

> **제12조** ① 모든 국민은 신체의 자유를 가진다. 【죄형법정주의, 적법절차】 누구든지 법률(대통령령 ×, 적법절차 ×)에 의하지 아니하고는 체포·구속·압수·수색 또는 심문을 받지 아니하며, 법률과(또는 ×) 적법한 절차에 의하지 아니하고는 처벌·보안처분 또는 강제노역(심문 ×)을 받지 아니한다.

1 죄형법정주의

죄형법정주의	① 【법치국가 형법의 기본원칙】 죄형법정주의는 **무엇이 처벌될 행위인가를 국민이 예측가능한 형식**으로 정하도록 하여 개인의 **법적 안정성**을 보호하고 **성문의 형벌법규**에 의한 **실정법질서를 확립**하여 국가형벌권의 자의적 행사로부터 **개인의 자유·권리를 보장**하려는 **법치국가 형법의 기본원칙**
적용 대상	① 【과태료 미적용】 과태료는 행정상의 질서유지를 위한 행정질서벌에 해당할 뿐 **형벌이라고 할 수 없어 죄형법정주의의 규율대상 아님** (과태료는 죄형법정주의의 규율대상 ×)

2 성문법률주의 (관습형법금지)

(1) 성문법률주의

원칙: 법률	① 【범죄와 형벌은 법률로 규정】 죄형법정주의는 법치주의, 국민주권 및 권력분립의 원리에 입각한 것으로서 일차적으로 **무엇이 범죄**이며 그에 대한 **형벌이 어떠한 것인가**는 반드시 **국민의 대표로 구성된 입법부가 제정한 성문의 법률**로써 정하여야 한다는 원칙인바, 여기서 말하는 '**법률**'이란 **입법부에서 제정한 형식적 의미의 법률**을 의미 ② 【형식적 법률 + 실질적 법률】 법률주의에서 말하는 '**법률**'이라 함은 **국회에서 제정하는 형식적 의미의 법률**과 이와 동등한 효력을 가지는 **긴급명령·긴급재정경제명령** 등을 의미
위임입법	① 【행정입법 가】 모든 형사처벌요건을 **입법부가 제정한 법률만으로 다 정할 수는 없기 때문에 합리적인 이유가 있으면 예외적으로 행정부에서 제정한 명령이나 규칙에 위임 허용** (처벌법규를 하위법규에 위임하는 것은 허용되지 않음 ×) ② 【제한적 적용】 법률에 의한 처벌법규의 위임은 헌법이 특별히 인권을 최대한으로 보장하기 위하여 죄형법정주의와 적법절차를 규정하고 법률에 의한 처벌을 특별히 강조하고 있는 기본권보장 우위사상에 비추어 바람직스럽지 못한 일이므로, 그 요건과 범위가 보다 엄격하게 제한적으로 적용되어야 하므로 **특히 긴급한 필요**가 있거나 **미리 법률로써 자세히 정할 수 없는 부득이한 사정**이 있는 경우로 한정되어야 함 ③ 【구성요건 구체적 + 형벌의 종류·상한·폭】 처벌법규의 위임은 법률에서 **범죄의 구성요건**은 처벌대상인 행위가 어떠한 것일지를 예측할 수 있을 정도로 **구체적**으로 정하고 **형벌의 종류 및 상한과 폭**을 명백히 규정해야 함
위임조례	① 【위임조례】 법률의 구체적 위임에 의한 **조례의 벌칙규정은 죄형법정주의에 반하지 않음**
불가능	① 【관습법 불가】 범죄와 형벌은 법률로 사전에 정해져야 법적 예측이 가능하며 법적안정성이 확보되므로 **관습법에 의해 처벌할 수 없음** (특별한 경우에는 관습법에 의해 처벌 ×) ② 【명령·규칙 불가】 법률의 위임이 없는 한 **명령·규칙에 의하여 범죄와 형벌을 규정할 수 없음** (명령·규칙에 의하여도 범죄와 형벌을 규정 ×)

(2) 조례에 위임 : 허용

1	【노동운동이 허용되는 공무원의 범위를 '조례'에 위임 (합헌)】 「지방공무원법」이 노동운동을 하더라도 형사처벌에서 제외되는 '**사실상 노무에 종사하는 공무원**'의 범위를 당해 **지방자치단체의 조례**로 정하도록 한 것은 **헌법 위반 아님** (2005.10.27. 2003헌바50 등)

(3) 정관 · 단체협약에 위임 : 불허

1	【'정관'이 정하는 행위 외 선거운동시 형사처벌 (위헌)】 농협 임원선거에서 **정관이 정하는 행위 외의 선거운동**을 한 경우 형사처벌하도록 한 「농업협동조합법」은 **죄형법정주의 위배**(2010.7.29. 2008헌바106) 유사 【새마을금고 '정관'에 형벌구성요건 위임 (위헌)】 형벌구성요건의 실질적 내용을 법률이 아닌 **새마을금고의 정관**에 위임한 것은 **죄형법정주의 위반**(2001.1.18. 99헌바112) 유사 【중소기업중앙회 '정관'에 범죄구성요건 위임 (위헌)】 호별방문 등이 금지되는 기간과, 금지되는 선거운동 방법을 중소기업중앙회 정관에서 정하도록 위임하고 있는 「중소기업협동조합법」은 **죄형법정주의 위배**(2016.11.24. 2015헌가29)
2	【'단체협약'에 범죄구성요건 위임 (위헌)】 「노동조합법」에서 **범죄의 구성요건을 '단체협약에 … 위반한 자'라고만 규정** 것은 범죄구성요건의 외피(外皮)만 설정하였을 뿐 구성요건의 실질적 내용을 직접 규정하지 아니하고 모두 **단체협약에 위임**하고 있는 것으로, **죄형법정주의의 기본적 요청인 법률주의에 위배**되고, 구성요건도 지나치게 애매하고 광범위하여 **죄형법정주의의 명확성의 원칙에 위배**(1998.3.26. 96헌가20)

3 유추 · 확장해석의 금지

(1) 유추 · 확장해석의 금지

유추 · 확장해석 금지	① 【엄격하게 해석 · 적용】 형벌법규는 문언에 따라 **엄격하게 해석 · 적용**하여야 하고 피고인에게 불리한 방향으로 지나치게 **확장해석**하거나 **유추해석**하여서는 **아니됨**
목적론적 해석 가	① 【목적론적 해석 가】 형벌법규의 해석에서도 법률문언의 통상적인 의미를 벗어나지 않는 한 그 법률의 입법취지와 목적, 입법연혁 등을 고려한 **목적론적 해석**이 배제 아님

(2) 관련판례

1	【법정소동죄에 헌법재판 포함】 법정소동죄 등을 규정한 형법 제138조에서의 '**법원의 재판**'에 헌법의 규정에 따라 헌법재판소가 담당하게 된 '**헌법재판**'도 포함(대판 2021.8.26. 2020도12017)

POINT 099 형벌불소급원칙

제13조 ① 【형벌불소급원칙】 모든 국민은 행위시의 법률에 의하여 범죄를 구성하지 아니하는 행위로 소추되지 아니하며, 동일한 범죄에 대하여 거듭 처벌받지 아니한다.¹

1 형벌불소급원칙

(1) 적용여부

형사처벌	① 【형사처벌 : 소급적용금지】 형벌불소급원칙이란 형벌법규는 시행된 이후의 행위에 대해서만 적용되고 시행 이전의 행위에 대해서는 소급하여 불리하게 적용되어서는 안 된다는 원칙¹ ② 【구법상 처벌 : 미적용】 개정된 법률 이전의 행위를 소급하여 형사처벌하도록 규정하고 있는 것이 아니라 형사처벌을 규정하고 있던 행위시법이 사후 폐지되었음에도 신법이 아닌 행위시법에 의하여 형사처벌하도록 규정한 것은 형벌불소급원칙 보호영역에 포섭 안 됨 (포섭 ×)²
보안처분	① 【원칙 : 재판시 현행법 소급적용 가능】 보안처분은 형벌과는 달리 행위자의 장래 재범위험성에 근거하는 것으로서, 행위시가 아닌 재판시의 재범위험성 여부에 대한 판단에 따라 보안처분 선고를 결정하므로 재판 당시 현행법을 소급적용할 수 있음¹ ② 【형벌적 보안처분 : 소급적용금지】 보안처분이라도 형벌적 성격이 강하여 신체의 자유를 박탈하거나 박탈에 준하는 정도로 신체의 자유를 제한하는 경우 소급입법금지원칙 적용 (형벌불소급 적용 안됨 ×)⁶
강제노역	① 【형벌적 성격의 신체의 자유 박탈·제한 시 적용】 형벌불소급원칙에서 '처벌'은 형법에 규정되어 있는 형식적 의미의 형벌 유형에 국한되지 않으며, 범죄행위에 따른 제재의 내용이나 실제적 효과가 형벌적 성격이 강하여 신체의 자유를 박탈하거나 이에 준하는 정도로 신체의 자유를 제한하는 경우 형벌불소급원칙 적용² ② 【노역장 유치 : 소급적용금지】 노역장유치는 실질이 신체의 자유를 박탈하는 것으로 징역형과 유사한 형벌적 성격을 가지고 있으므로 형벌불소급원칙 적용 (형벌불소급 적용 안됨 ×)⁵

(2) 관련판례

1	형벌적 보안처분 【가정폭력범죄자에 대한 사회봉사명령 : 행위시법 적용】 가정폭력범죄의 처벌 등에 관한 특례법이 정한 보호처분 중의 하나인 사회봉사명령은 보안처분의 성격을 가지나, 가정폭력범죄행위에 대하여 형사처벌 대신 부과되는 것으로서 의무적 노동을 부과하고 여가시간을 박탈하여 실질적으로는 신체적 자유를 제한하게 되므로, 형벌불소급의 원칙에 따라 행위시법 적용 (대결 2008.7.24. 2008어4)²
2	강제노역 【노역장유치기간 하한을 개정 전 범죄행위에 소급적용 (위헌)】 1억 원 이상의 벌금형을 선고받는 자에 대하여 노역장유치기간의 하한을 중하게 변경한 「형법」을 시행일 이후 최초로 공소제기되는 경우부터 적용하여 범죄행위 당시보다 불이익하게 소급 적용한 부칙은 형벌불소급원칙 위반 (2017.10.26. 2015헌바239 등)³ 【과잉금지원칙 위반 아님 (합헌)】 「형법」상 노역장유치 조항은 재력 있는 자가 단기간의 노역장유치로 고액의 벌금을 면제받는 황제노역을 방지하기 위해 벌금액수에 따라 유치기간의 하한을 정한 것으로 신체의 자유 침해 아님 (2017.10.26. 2015헌바239 등)¹

2 형법불소급원칙의 미적용

(1) 비형벌적 보안처분

1	① 【전자발찌 소급적용 (합헌)】 전자장치 부착명령은 전통적 의미의 형벌이 아닐 뿐 아니라, 전자장치의 부착을 통해서 피부착자의 행동 자체를 통제하는 것도 아니라는 점에서 처벌적인 효과를 나타낸다고 보기 어려우므로 **형벌과 구별되는 비형벌적 보안처분**으로서 **소급효금지원칙 적용 안됨**(2012.12.27. 2010헌가82 등) ② 【출소예정자에 위치추적 전자장치 부착명령 (합헌)】 범죄행위 당시에 없었던 위치추적 전자장치 부착명령을 출소예정자에게 소급 적용할 수 있도록 한 「전자장치부착법」은 **피부착자의 인격권 침해 아님**(2012.12.27. 2010헌가82 등)
2	① 【DNA 채취 및 DNA 확인정보의 수집·이용】 디엔에이감식시료의 채취 행위 및 디엔에이신원확인정보의 수집, 수록, 검색, 회보라는 일련의 행위는 **보안처분**의 성격(2014.8.28. 2011헌마28 등) ② 【비형벌적 보안처분 : 소급입법금지원칙 미적용 (기각)】 디엔에이신원확인정보의 수집·이용은 수형인 등에게 심리적 압박으로 인한 범죄예방효과를 가진다는 점에서 보안처분의 성격을 지니지만, 처벌적인 효과가 없는 **비형벌적 보안처분**으로서 **소급입법금지원칙 적용 안 됨**(2014.8.28. 2011헌마28 등) ③ 【개인정보자기결정권 침해 아님 (기각)】 법률 시행 당시 디엔에이감식시료 채취 대상범죄로 **이미 징역이나 금고 이상의 실형을 선고받아 그 형이 확정되어 수용 중인 사람**에게 디엔에이감식시료 채취 및 디엔에이확인정보의 수집·이용할 수 있도록 한 것은 **개인정보자기결정권 침해 아님**(2014.8.28. 2011헌마28 등)

(2) 형벌이 아닌 경우

1	① 공소시효 【형벌불소급은 가벌성의 문제】 형벌불소급의 원칙은 **행위의 가벌성**에 관한 것이지 **형사소추가 얼마 동안 가능한가의 문제에 관한 것이 아님**(1996.2.16. 96헌가2 등) ② 【공소시효 정지규정 : 형벌불소급 미적용】 헌법의 규정은 "행위의 가벌성"에 관한 것이기 때문에 소추가능성에만 연관될 뿐, 가벌성에는 영향을 미치지 않는 **공소시효에 관한 규정은 원칙적으로 효력범위에 포함 안됨**(1996.2.16. 96헌가2 등) ③ 【5·18특별법상 공소시효 정지규정 (합헌)】 공소시효의 정지규정을 과거에 이미 행한 범죄에 대하여 적용하도록 하는 법률이라 하더라도 **형벌불소급의 원칙 위배로 단정할 수는 없음**(1996.2.16. 96헌가2 등) ④ 【법치주의 기준 판단】 공소시효제도가 죄형법정주의의 보호범위에 바로 속하지 않는다면, 소급입법의 헌법적 한계는 법적 안정성과 신뢰보호원칙을 포함하는 **법치주의의 원칙에 따른 기준으로 판단**(1996.2.16. 96헌가2 등) ⑤ 【신뢰보호원칙 위반 아님】 공소시효가 아직 완성되지 않을 경우 진행 중인 **공소시효를 연장**하는 법률은 **부진정 소급효**를 되나 공소시효제도에 근거한 **개인의 신뢰**와 공소시효의 연장을 통하여 달성하려는 **공익을 비교형량**하여 공익이 신뢰보호이익에 우선하는 경우 **소급효 법률도 정당화**(1996.2.16. 96헌가2 등)
2	【판례변경에 따른 처벌 (합헌)】 행위 당시의 판례에 의하면 처벌대상이 되지 아니하는 것으로 해석되었던 행위를 판례의 변경에 따라 확인된 내용의 형법 조항에 근거하여 처벌한다고 하여 **형벌불소급원칙 위반 아님**(2014.5.29. 2012헌바390 등)
3	【성인대상 성범죄 의료인 취업제한 (기각)】 「청소년성보호법」이 정하고 있는 아동·청소년 대상 성범죄자의 **아동·청소년 관련 교육기관 등에의 취업제한 제도는 「형법」이 규정하고 있는 형벌에 해당되지 않으므로 형벌불소급원칙 적용 안됨**(2016.3.31. 2013헌마585 등)

POINT 100 죄형법정주의 명확성원칙 Ⓒ

1 죄형법정주의 명확성원칙

(1) 죄형법정주의 명확성원칙

적용범위	① **【구성요건·형벌의 예측가능성】** 죄형법정주의는 **처벌하고자 하는 행위**가 무엇이며 그에 대한 **형벌이 어떠한 것인지**를 누구나 예견할 수 있고 그에 따라 자신의 행위를 결정할 수 있게끔 **구성요건을 명확하게 규정**할 것을 요구 (구성요건의 명확성까지 요구하는 것은 아님 ×)³ ② **【구성요건(범죄성립) + 위법성 조각사유(범죄성립부정)】** 명확성원칙은 적극적으로 **범죄성립을 정하는 구성요건** 및 **정당방위와 같은 위법성 조각사유 규정**에도 **죄형법정주의의 명확성원칙은 적용** (적용되지 않음 ×)⁵
명확성 정도 강화	① **【애매·광범위시 위헌】** 법규의 내용이 애매하거나 적용범위가 지나치게 광범위한 경우 **헌법에 위반**될 수 있음¹ ② **【포괄위임금지원칙】** 죄형에 관한 법률조항이 그 내용을 **시행령에 포괄적으로 위임**하고 있는지 여부는 **죄형법정주의의 명확성 원칙의 위반 여부**의 문제인 동시에 **포괄위임입법금지 여부**의 문제¹

(2) 위법성 조각사유 명확성 관련판례

1	**【가정의례의 참뜻에 비추어 합리적 범위 내 하객접대행위 (위헌)】** '가정의례의 참뜻에 비추어 합리적인 범위 내'라는 소극적 범죄구성요건은 **죄형법정주의 명확성원칙 위배**(1998.10.15. 98헌마168)¹
2	① **【고속도로 갓길 통행금지 (합헌)】** 「도로교통법」 조항 중 '자동차의 운전자는 고속도로 등에서 자동차의 고장 등 **부득이한 사정**이 있는 경우를 제외하고는 **갓길로 통행하여서는 아니된다.**' 부분 중 '**부득이한 사정**' 부분은 **죄형법정주의 명확성원칙 위반 아님**(2021.8.31. 2020헌바100)³ ② **【처벌규정 책임과 형벌의 비례원칙 위배 아님 (합헌)】** 「도로교통법」상 갓길 통행 금지 규정 위반한 사람은 **20만원 이하의 벌금이나 구류 또는 과료**에 처한다고 규정한 것은 **책임과 형벌 사이의 비례원칙에 위배 아님**(2021.8.31. 2020헌바100)¹

(3) 명확성원칙과 포괄위임금지원칙 관련판례

1	**명확성원칙 【산업기술유출방지법 (위헌)】** 다른 법령에 근거한 '**특정한 기술**'에 대한 행정처분으로서의 성격을 갖는 데 불과한 '**지정 또는 고시·공고**'를 범죄구성요건의 일부로 **차용**하고 있는 법률조항은 **이미 존재하는 다른 법령을 전제**하고 그 법령에 기한 지정 또는 고시·공고를 구성요건으로 '**차용**'하고 있는 데 불과한 것이고, **하위법령에 구성요건의 형성**을 '**위임**'하고 있는 위임입법 아님(2013.7.25. 2011헌바39)¹ → **죄형법정주의의 명확성원칙에 위배**
2	**포괄위임금지원칙 【대통령령으로 정하는 기준 위반 소음 발생금지 (합헌)】** 집회 또는 시위의 주최자가 **대통령령으로 정하는 기준**을 위반한 소음을 발생시키는 것을 금지한 '집시법' 제14조 제1항은 **죄형법정주의 및 포괄위임금지원칙 위배 아님**(2024.3.28. 2020헌바586) → **죄형법정주의의 명확성원칙 위반 여부**는 **포괄위임금지원칙 위반 여부**에 대한 심사로써 충족되므로 **죄형법정주의의 명확성원칙 위반 여부**는 **별도 판단 안함**¹

2 명확성의 판단

명확성원칙	① **【불명확한 법률용어 허용 불가】** 형사법에서는 **불명확한 내용의 법률용어**가 허용될 수 없으며, 만일 불명확한 용어의 사용이 불가피한 경우라면 **용어의 개념 정의, 한정적 수식어의 사용, 적용한계조항의 설정** 등 제반방법을 강구하여 자의적으로 해석될 수 있는 소지를 **봉쇄**해야 함[1] ② **【예시적 입법】** 형벌조항에도 법규범의 흠결을 보완하고 변화하는 사회에 대한 법규범의 적응력을 확보하기 위하여 **예시적 입법형식**은 가능하고, 예시적 입법형식이 법률명확성의 원칙에 위배되지 않으려면 **예시한 구체적인 사례(개개 구성요건)**들이 그 자체로 **일반조항의 해석을 위한 판단지침을 내포**하고 있어야 하고 (예시 구체사례가 일반조항 해석 위한 판단지침 내포 아님 ×), 그 **일반조항 자체가 그러한 구체적인 예시들을 포괄**할 수 있는 의미를 담고 있는 개념이어야 함 (일반조항이 예시 구체사례 포괄 아님 ×)[3]
최소한의 명확성	① **【순수 기술적 개념 구성 불가능】** 죄형법정주의 명확성 원칙을 인정한다고 하더라도 오늘날 복잡한 현대 사회에서 법규범의 문언을 **순수하게 기술적 개념만으로 구성하는 것은 불가능**[1] ② **【입법기술상 불가능 or 현저 곤란】** 처벌법규의 **구성요건을 일일이 세분**하여 명확성의 요건을 모든 경우에 요구하는 것은 **입법기술상 불가능하거나 현저히 곤란**[1] ③ **【명확성의 정도 종합적 판단】** 처벌법규의 구성요건이 **어느 정도 명확**하여야 하는가는 일률적으로 정할 수 없고, 각 **구성요건의 특수성**과 그러한 **법적 규제의 원인**이 된 여건이나 **처벌의 정도** 등을 고려하여 종합적으로 판단[2]
명확성 위반이 아닌 경우	① **【법관의 보충적 해석】** 처벌법규의 구성요건이 **다소 광범위**하여 **법관의 보충적인 해석**을 필요로 하더라도 헌법이 요구하는 처벌법규의 **명확성에 반드시 배치되는 것 아님**[4] ② **【적용대상·금지행위 알 수 있게 규정】** 건전한 상식과 통상적인 법감정을 가진 사람으로 하여금 **적용대상자가 누구이며 구체적으로 어떠한 행위가 금지**되고 있는지를 **충분히 알 수 있도록 규정**되어 있다면 죄형법정주의 **명확성원칙 위배 아님**[2] ③ **【법률 전문가의 조언, 전문서적 참고】** 형벌법규의 내용은 일반인에게 명확한 고지가 이루어져야 하나, 수범자가 자신만의 판단에 의해서가 아니라 **법률 전문가의 조언이나 전문서적 등을 참고**하여 당해 법규에 맞게 자신의 행동방향을 잡을 수 있다면 **명확성의 원칙 위반 아님**[1] ④ **【다른 법률조항 내용 원용, 일부 괄호 안에 규정 可】** 법률조항이 구성요건이 되는 행위를 같은 법률조항에서 직접 규정하지 않고 **다른 법률조항에서 이미 규정한 내용을 원용**하였다거나 그 내용 중 일부를 **괄호 안에 규정**한 것이 **명확성원칙 위반 아님**[4]

POINT 101 명확성원칙 관련판례

1 죄형법정주의 명확성 관련

(1) 명확성원칙 위반 판례

1	**【과다노출 금지 (위헌)】** '여러 사람의 눈에 뜨이는 곳에서 공공연하게 **알몸을 지나치게 내놓거나 가려야 할 곳을 내놓아** 다른 사람에게 부끄러운 느낌이나 불쾌감을 준 사람'을 처벌하는 「경범죄 처벌법」은 **죄형법정주의 명확성원칙 위배**(2016.11.24. 2016헌가3)
2	**【다량의 토사, 현저히 오염 (위헌)】** 공공수역에 '**다량**'의 '**토사**'를 유출하거나 버려 상수원 또는 하천·호소를 '**현저히 오염**'되게 한 자를 처벌하는 「수질수생태계법」은 **죄형법정주의 명확성원칙 위배**(2013.7.25. 2011헌가26 등)
3	**【공중도덕상 유해한 업무에 직업소개·근로자모집·공급 처벌 (위헌)】** '**공중도덕**'상 유해한 업무에 취직하게 할 목적으로 직업소개·근로자 모집 또는 근로자공급을 한 자를 처벌하는 「직업안정법」은 **죄형법정주의 명확성원칙 위배**(2005.3.31. 2004헌바29)
4	**【기재하여야 할 사항 미기재 : 명확성원칙 위반 (위헌)】** 상법에 규정된 자, 회사의 회계업무를 담당하는 자, 감사인 등으로 하여금 **감사보고서에 기재하여야 할 사항을 기재**하지 아니한 때를 처벌하는 조항은 **명확성원칙 위배**(2004.1.29. 2002헌가20 등) **비교 【허위기재 : 명확성원칙 위반 아님 (합헌)】** 상법에 규정된 자, 회사의 회계업무를 담당하는 자, 감사인 등으로 하여금 **감사보고서에 허위의 기재**를 한 때를 처벌하는 조항은 **명확성원칙 위배 아님**(2004.1.29. 2002헌가20 등)

(2) 명확성원칙 위반 아닌 판례

1	**【다중의 위력으로써 주거침입 형사처벌 (합헌)】** '**다중의 위력으로써**' 주거침입의 범죄를 범한 자를 형사처벌하고 있는 「폭력행위처벌법」에서 다중은 다수인이 모여 집합을 이루고 있는 것을 말하는 것으로 **죄형법정주의 명확성원칙 위반 아님**(2008.11.27. 2007헌가24)
2	**【범죄에 공용(供用)될 우려가 있는 흉기등을 휴대시 처벌 (합헌)】** 정당한 이유 없이 **범죄에 공용(供用)될 우려가 있는 흉기**나 그 밖의 **위험한 물건을 휴대**한 사람을 처벌하도록 규정한 「폭력행위처벌법」에서 '**공용(供用)될 우려가 있는**'은 흉기나 그 밖의 위험한 물건이 '**사용될 위험성이 있는**'으로 해석할 수 있으므로 **죄형법정주의 명확성원칙 위배 아님**(2018.5.31. 2016헌바250)
3	**【특가법상 운전자 폭행죄 (합헌)】** '운행 중인 자동차의 운전자를 폭행하거나 협박한 사람'을 처벌하는 「특정범죄가중법」 조항 가운데 '**운행 중**' 부분은 **죄형법정주의 명확성원칙 위반 아님**(2017.11.30. 2015헌바336)
4	**【공중밀집장소추행죄의 추행 (합헌)】** 「성폭력처벌법」상 공중밀집장소추행죄 조항에 규정된 '**추행**'은 **죄형법정주의 명확성원칙 위배 아님**(2021.3.25. 2019헌바413)
5	**【상습절도죄의 상습 (합헌)】** **상습으로 절도죄를 범한 자**를 가중처벌하는 「형법」상 '**상습**' 부분은 **죄형법정주의 명확성원칙 위배 아님**(2016.10.27. 2016헌바31)
6	**【야간주거침입절도죄의 건조물 (합헌)】** 「형법」상 야간주거침입절도죄 조항에 규정된 '**건조물**'은 **죄형법정주의 명확성원칙 위배 아님**(2020.9.24. 2018헌바383)
7	**【기타 방법의 일반교통방해죄 (합헌)】** 육로, 수로 또는 교량을 손괴 또는 불통하게 하거나 **기타 방법으로 교통을 방해**한 자를 처벌하는 「형법」상 일반교통방해죄의 '**기타 방법으로**' 부분은 **죄형법정주의 명확성원칙 위배 아님**(2010.3.25. 2009헌가2)

8	**【위계공무집행방해 처벌 (합헌)】** 위계공무집행방해를 처벌하는 「형법」 조항의 '위계', '직무집행', '방해'는 충분히 예측할 수 있으므로 **죄형법정주의 명확성원칙 위반 아님**(2024.4.25. 2020헌바600)
9	**【함부로 광고물 등을 붙이거나 거는 행위 처벌 (합헌)】** 다른 사람 또는 단체의 집이나 그 밖의 공작물에 함부로 광고물 등을 붙이거나 거는 행위를 처벌하는 「경범죄처벌법」은 **죄형법정주의 명확성원칙 위배 아님**(2015.5.28. 2013헌바385)
10	**【최소한의 범위 질서유지선 설정 (합헌)】** 옥외집회 및 시위의 경우 관할경찰관서장으로 하여금 '최소한의 범위'에서 질서유지선을 설정할 수 있도록 하고, 질서유지선의 효용을 해친 경우 형사처벌하도록 하는 「집시법」은 **명확성원칙 위배 아님**(2016.11.24. 2015헌바218)
11	**【미등록 학원 설립·운영자 처벌 (합헌)】** 「학원법」에 따른 등록을 하지 아니하고 학원을 설립·운영한 자 처벌하도록 한 「학원법」은 **죄형법정주의 명확성원칙 위반 아님**(2014.1.28. 2011헌바252)
12	**【직접 진찰한 의료인 외 진단서 교부·발송 금지 (합헌)】** 직접 진찰한 의료인이 아니면 진단서 등을 교부 또는 발송하지 못하도록 규정한 의료법 조항에서 '직접 진찰한'은 의료인이 '대면하여 진료를 한'으로 해석되므로 **죄형법정주의 명확성원칙 위배 아님**(2012.3.29. 2010헌바83)
13	**【의사 아닌 자의 영리목적의 업으로 문신시술 금지 (합헌)】** 의사 아닌 자가 영리목적의 업으로 문신시술하는 것을 '의료행위'로 보아 금지하는 「의료법」은 **죄형법정주의 명확성원칙 위배 아님**(2007.4.26. 2003헌바71)
14	**【의약외품 아닌 것의 의학적 효능·효과 등 표시·판매 금지(합헌)】** 의약외품이 아닌 것을 용기·포장 또는 첨부문서에 **의학적 효능·효과** 등이 있는 것으로 **오인될 우려가 있는 표시**를 하거나, 의약외품과 유사하게 **표시된 것을 판매**하는 것을 금지하는 구 「약사법」은 **명확성원칙 위배 아님**(2024.4.25. 2022헌바204)
15	① **【법률사건 알선대가 제공 변호사 처벌 (합헌)】** 법률사건의 수임에 관하여 알선의 대가로 금품을 제공하거나 약속한 변호사를 처벌하는 변호사법은 **죄형법정주의 명확성원칙 위배 아님**(2013.2.28. 2012헌바62) ② **【직업수행의 자유 제한 (합헌)】** 변호사가 법률사건 수임에 관하여 알선의 대가로 금품을 제공하는 행위를 금지하고 처벌하는 것은 변호사의 **직업수행의 자유 제한**(2013.2.28. 2012헌바62) → 직업수행의 자유 침해 아님
16	**【학교정화구역내 미풍양속을 해하는 행위·시설금지 (합헌)】** 학교환경위생정화구역안에서 '미풍양속을 해하는 행위 및 시설'을 금지한 「학교보건법」은 **죄형법정주의 또는 명확성원칙 위반 아님**(2008.4.24. 2004헌바92)
17	**【회계관계직원의 국고손실 가중처벌 (합헌)】** 「회계직원책임법」의 '그밖에 국가의 회계사무를 처리하는 사람'은 **죄형법정주의 명확성원칙 위배 아님**(2024.4.25. 2021헌바21 등)
18	**【시세조종행위 시 위반행위로 얻은 이익의 3배 상당액 이하 벌금 (합헌)】** 「증권거래법」이 금지하는 시세조종행위 등을 처벌하는 조항에서 '위반행위로 얻은 이익'의 3배에 상당하는 금액 이하의 벌금에 처하도록 규정하고 있는 것은 총수입에서 총비용을 공제한 액수(시세차익)로 파악하는 데 어려움이 없으므로 **죄형법정주의 명확성원칙 위배 아님**(2003.9.25. 2002헌바69)
19	**【금융투자업자의 투자자에 대한 단정적 판단 제공행위 처벌 (합헌)】** 금융투자업자가 '투자권유'를 함에 있어서 '불확실한 사항'에 대하여 '단정적 판단을 제공'하거나 '확실하다고 오인하게 할 소지가 있는 내용을 알리는 행위'를 한 경우 형사처벌하는 「자본시장법」은 **죄형법정주의 명확성원칙 위배 아님**(2017.5.25. 2014헌바459)
20	**【자산유동화계획에 의하지 않고 여유자금 투자자 처벌 (합헌)】** 자산유동화계획에 의하지 아니하고 여유자금을 투자한 자를 처벌하는 「자산유동화법」은 **죄형법정주의의 명확성원칙 위반 아님**(2023.10.26. 2023헌가1)
21	**【체납처분 집행 면탈 목적 재산 은닉·탈루 형사처벌 (합헌)】** 납세의무자가 체납처분의 집행을 면탈할 목적으로 그 재산을 은닉·탈루하거나 거짓 계약을 하였을 때 형사처벌하는 「조세범 처벌법」은 **죄형법정주의 명확성원칙 위배 아님**(2023.8.31. 2020헌바498)
22	**【범죄에 악용될 소지가 현저한 모의총포 (기각)】** 모의총포의 기준을 구체적으로 정한 「총포화약법 시행령」 조항에서 '범죄에 악용될 소지가 현저한 것'은 진정한 총포로 오인·혼동되어 위협 수단으로 사용될 정도로 **총포와 모양이 유사한 것**을 의미하므로 **죄형법정주의 명확성원칙 위반 아님**(2018.5.31. 2017헌마167)

23	【게임물 통한 경품제공행위 규제 (기각)】 게임물 관련사업자에 대하여 '경품 등의 제공을 통한 **사행성 조장**'을 원칙적으로 금지시키는 「게임산업법」은 **죄형법정주의 명확성원칙 위배 아님**(2020.12.23. 2017헌바463 등)
24	【선박의 감항성 결함 신고 의무 (합헌)】 누구든지 **선박의 감항성의 결함**을 발견한 때에는 그 내용을 해양수산부장관에게 신고하여야 한다고 규정한 구 「선박안전법」은 **죄형법정주의 명확성원칙 위배 아님**(2024.5.30. 2020헌바234)
25	【소방시설공사업법 위반 행위자 처벌 (합헌)】 「소방시설공사업법」상 '위반행위를 하면 **행위자를 벌한다**'에 관한 부분이 '**처벌대상으로 규정하고 있는 행위자**'에는 감리업자 이외에 실제 감리업무를 수행한 감리원도 포함되므로 **죄형법정주의 명확성원칙 위배 아님**(2023.2.23. 2020헌바314)
26	【정당한 이유 없는 해고시 사용자 형사처벌 (합헌)】 형사처벌의 대상이 되는 **해고의 기준**을 일반추상적 개념인 "**정당한 이유**"의 유무에 두고 있는 「근로기준법」은 **명확성원칙 위반 아님**(2005.3.31. 2003헌바12)
27	【무허가 토지형질변경 처벌 (합헌)】 「개발제한구역법」 조항 중 허가를 받지 아니한 '**토지의 형질변경**' 부분은 개발제한구역 지정 당시의 토지의 형상을 사실상 변형시키고 또 그 원상회복을 어렵게 하는 행위를 의미하므로 **죄형법정주의 명확성원칙 위배 아님**(2011.3.31. 2010헌바86)
28	【외국인을 위하여 군사기밀 누설시 가중처벌 (합헌)】「군사기밀 보호법」 조항 중 "**외국인을 위하여** 제12조제1항에 규정된 죄를 범한 경우에는 그 죄에 해당하는 형의 2분의 1까지 가중처벌한다."는 부분은 **죄형법정주의 명확성원칙 위반 아님**(2018.1.25. 2015헌바367)

2 표현의 자유 관련

(1) 명확성원칙 위반 판례

1	① 【잔인성 + 범죄의 충동 (위헌)】 구「미성년자보호법」의 해당 조항 중 "**잔인성**"과 "**범죄의 충동을 일으킬 수 있게**"라는 부분은 **죄형법정주의 명확성원칙 위배**(2002.2.28. 99헌가8) ② 【음란성·잔인성 조장 우려 + 범죄의 충동 (위헌)】 미성년자에게 **음란성 또는 잔인성을 조장할 우려**가 있거나 미성년자로 하여금 **범죄의 충동을 일으킬 수 있게 하는** 만화의 반포 등 행위를 금지하고 처벌하는 「미성년자보호법」은 **죄형법정주의 명확성원칙 위배**(2002.2.28. 99헌가8)
2	① 【제한상영가 등급의 영화 (헌불)】 '**제한상영가**' 등급의 영화를 '**상영 및 광고·선전에 있어서 일정한 제한이 필요한 영화**'라고 정의한 「영화진흥법」은 **명확성원칙 위배**(2008.7.31. 2007헌가4) ② 【포괄위임금지원칙 위반 (헌불)】「영화진흥법」이 **제한상영가 상영등급분류의 구체적 기준**을 영상물등급위원회의 규정에 위임하고 있는 것은 **포괄위임금지원칙 위배**(2008.7.31. 2007헌가4)
3	【공익을 해할 목적의 허위통신 처벌 (위헌)】 **공익을 해할 목적**으로 전기통신설비에 의하여 공연히 허위의 통신을 한 자를 처벌하는 「전기통신사업법」은 **죄형법정주의 명확성원칙 위배**(2010.12.28. 2008헌바157 등)
4	① 【공공의 안녕질서 또는 미풍양속을 해하는 통신 금지 (인용)】 **공공의 안녕질서 또는 미풍양속을 해하는 통신**을 금지하는 구 전기통신사업법은 규제되는 표현의 내용이 명확하지 아니하여 **명확성원칙 위배**(2002.6.27. 99헌마480) ② 【통신의 대상을 대통령령에 위임 (인용)】「전기통신사업법」 규정 중 '**공공의 안녕질서**'나 '**미풍양속**'의 개념은 추상적이고 불명확하여, 수범자인 국민으로 하여금 어떤 내용들이 **대통령령**에 정하여질지 그 기준과 대강을 예측할 수도 없게 되어 있고, 행정입법자에게도 적정한 지침을 제공하지 못하므로 **포괄위임입법금지원칙 위배**(2002.6.27. 99헌마480)
5	【타인의 통신을 매개하거나 타인의 통신용에 제공시 처벌 (위헌)】「전기통신사업법」상 '**타인의 통신을 매개하거나 타인의 통신용에 제공**'한다는 규정은 **죄형법정주의 명확성원칙 위배**(2002.5.30. 2001헌바5)

(2) 명확성원칙 위반 아닌 판례

1	【청소년이용음란물 (합헌)】 '**청소년이용음란물**'에는 실제인물인 청소년이 등장하여야 한다고 보아야 함이 명백하므로 **죄형법정주의 명확성의 원칙 위반 아님**(2002.4.25. 2001헌가27)
2	【아동·청소년이용음란물 제작 처벌 (합헌)】 아동·청소년이용음란물을 제작한 자를 형사처벌하는 「청소년성보호법」 조항 중 '**제작**' 부분은, 객관적으로 아동·청소년이용음란물을 촬영하여 재생이 가능한 형태로 저장할 것을 전체적으로 기획하고 구체적인 지시를 하는 등으로 책임을 지는 것으로 해석되므로 **죄형법정주의 명확성원칙 위배 아님** (2019.12.27. 2018헌바46)
3	【범죄를 목적으로 하는 내용의 정보 유통 금지 (기각)】 누구든지 정보통신망을 통하여 '그 밖에 **범죄를 목적으로 하거나 교사 또는 방조하는 내용의 정보**'를 유통하여서는 아니된다는 「정보통신망법」은 **명확성원칙 위반 아님** (2012.2.23. 2008헌마500)
4	【건전한 통신윤리 (합헌)】 방송통신심의위원회의 직무의 하나로 '**건전한 통신윤리의 함양**을 위하여 필요한 사항으로서 대통령령이 정하는 정보의 심의 및 시정요구'를 규정하고 있는 「방통위법」 중 '**건전한 통신윤리**'는 명확성원칙 위반 아님(2012.2.23. 2011헌가13)
5	【공공질서·선량한 풍속 문란 염려 상표 (합헌)】 **공공의 질서 및 선량한 풍속을 문란하게 할 염려가 있는 상표**는 등록받을 수 없다고 규정한 「상표법」은 **명확성원칙 위반 아님**(2014.3.27. 2012헌바55)
6	【대부조건 등 대부광고 규제 (합헌)】 대부업자가 '**대부조건 등**'에 관하여 광고하는 경우 명칭, 대부이자율 등의 사항을 포함하지 않으면 과태료를 부과하도록 규정한 「대부업법」은 대부업자의 모든 광고가 아니라 대부계약에 대한 청약의 유인으로서의 광고를 금지하는 것으로 **명확성원칙 위배 아님**(2013.7.25. 2012헌바67)

3 기타

1	【독립운동에 적극 참여한 자를 친일반민족행위자에서 제외 (합헌)】 친일재산귀속법 조항 중 '**독립운동에 적극 참여한 자**' 부분은 '일제 강점하에서 우리 민족의 독립을 쟁취하려는 운동에 의욕적이고 능동적으로 관여한 자'라는 뜻이므로 **명확성원칙 위배 아님**(2011.3.31. 2008헌바141 등)
2	【어린이집 필요경비 초과수납시 환불명령 (합헌)】 어린이집이 시·도지사가 정한 **수납한도액을 초과하여 보호자로부터 필요경비를 수납**한 경우, 해당 시·도지사는 「영유아보육법」에 근거하여 **시정 또는 변경 명령**을 발할 수 있는데, 이 시정 또는 변경 명령 조항의 내용으로 환불명령을 명시적으로 규정하지 않았더라도 **명확성원칙 위배 아님** (2017.12.28. 2016헌바249)
3	【부정한 방법 건설업 등록시 필요적 말소 (합헌)】 건설업자가 **부정한 방법**으로 건설업의 등록을 한 경우, **건설업 등록을 필요적으로 말소**하도록 규정한 「건설산업기본법」은 **명확성원칙 위배 아님**(2004.7.15. 2003헌바35 등)
4	【시정명령 상당한 이행기간 불이행시 이행강제금 부과 (합헌)】 「개발제한구역법」 위반으로 인해 **시정명령**을 받고도 이행하지 아니한 위반행위자 등에 대해 **상당한 기간까지 이행하지 않으면 이행강제금을 부과·징수**한다는 뜻을 토지소유자에게 미리 문서로 계고하도록 하는 규정에서 '**상당한 기간**' 부분은 **명확성원칙 위배 아님**(2023.2.23. 2019헌바550)
5	【집행정지 요건으로서 회복하기 어려운 손해 (합헌)】 취소소송 등의 제기 시 '**회복하기 어려운 손해**'를 집행정지의 요건으로 규정한 「행정소송법」은 **명확성원칙 위배 아님**(2018.1.25. 2016헌바208)
6	【재심사유로 판단유탈 (합헌)】 '**판결에 영향을 미칠 중요한 사항에 관하여 판단을 누락한 때**'를 재심사유로 규정한 「민사소송법」은 **명확성원칙 위배 아님**(2006.11.30. 2004헌바86 등)

4 공무원 관련

1	【공무원의 품위유지의무 (합헌)】 공무원에게 직무의 내외를 불문하고 품위유지의무를 부과하고 품위손상행위를 공무원에 대한 징계사유로 규정한 「국가공무원법」은 **명확성원칙 위배 아님**(2016.2.25. 2013헌바435) → 공무원의 **일반적 행동의 자유의 과도한 제한**이 아니므로 **과잉금지원칙 위배 아님** **유사** 【청원경찰의 품위손상행위 (합헌)】 「청원경찰법」상 **품위손상행위**란 '청원경찰이 경찰관에 준하여 경비 및 공안업무를 하는 주체로서 직책을 맡아 수행해 나가기에 손색이 없는 인품에 어울리지 않는 행위를 함으로써 국민이 가지는 청원경찰에 대한 정직성, 공정성, 도덕성에 대한 믿음을 떨어뜨릴 우려가 있는 행위'라고 해석할 수 있으므로 **명확성원칙 위배 아님**(2022.5.26. 2019헌바530)
2	【검사로서 체면·위신손상행위 징계 (합헌)】 검사에 대한 징계사유 중 하나인 "**검사로서의 체면이나 위신을 손상하는 행위를 하였을 때**"를 규정한 「검사징계법」은 **명확성원칙 위배 아님**(2011.12.29. 2009헌바282)
3	【법관 품위손상, 법원 위신실추시 법관징계 (합헌)】 법관에 대한 징계사유로 '**법관이 그 품위를 손상하거나 법원의 위신을 실추시킨 경우**'를 규정한 (구)「법관징계법」은 **명확성원칙 위배 아님**(2012.2.23. 2009헌바34) → 법관의 **표현의 자유**를 과도하게 제한한다고 볼 수 없어 **과잉금지원칙 위배 아님**
4	【정당한 명령·규칙 미준수 군인 형사처벌 (합헌)】 정당한 명령 또는 규칙을 준수할 의무가 있는 자가 이를 준수하지 아니한 때에 형사처벌을 하도록 규정한 「군형법」은 **죄형법정주의 명확성원칙 위배 아님**(2011.3.31. 2009헌가12)

POINT 102 책임과 형벌간 비례원칙

1 범죄와 형벌에 대한 입법형성권

(1) 입법재량

광범위한 입법형성권	① 【법정형의 종류·범위 → 광범위한 입법재량】 **법정형의 종류와 범위의 선택**은 범죄의 죄질과 보호법익에 대한 고려뿐만 아니라 우리의 역사와 문화, 입법 당시의 시대적 상황, 국민 일반의 가치관 내지 법 감정 그리고 범죄예방을 위한 형사 정책적 측면 등 **여러 가지 요소를 종합적으로 고려하여 입법자가 결정할 사항**으로서 **광범위한 재량**이 인정되어야 할 분야 (광범위한 입법재량 내지 형성의 자유 인정 아님 ×)
완화심사	① 【완화심사】 어느 범죄에 대한 법정형이 범죄의 죄질 및 행위자의 책임에 비하여 **지나치게 가혹**한 것이어서 **현저히 형벌체계상의 균형을 잃고** 있다거나 범죄에 대한 형벌 본래의 목적과 기능을 달성함에 있어 필요한 정도를 일탈하였다는 등 **평등의 원칙 및 비례의 원칙** 등에 명백히 위배되는 경우가 아닌 한 **쉽사리 헌법에 위반된다고 단정해서는 안됨** (엄격한 심사척도 ×)

(2) 책임과 형벌의 비례원칙

비례원칙	① 【죄형법정주의·소급효금지 + 비례원칙】 국회의 **입법재량 내지 입법정책적 고려**에 있어서도 국민의 **자유와 권리의 제한은 필요 최소한에 그쳐야** 하며, **기본권의 본질적인 내용을 침해**하는 입법은 할 수 없으므로, 헌법이나 법률에 의하여 명시된 **죄형법정주의와 소급효의 금지** 및 이에 유래하는 **유추해석금지**의 원칙 외에 **지켜져야 할 입법원칙이 있음** ② 【책임과 형벌의 비례성】 일정한 범죄에 대하여 어떠한 형벌을 과할 것인가를 정하는 것은 **입법재량**이나, 형벌은 **범행의 경중과 행위자 책임, 즉 형벌 사이에 비례성을 갖추어야 함** ③ 【법치국가원리】 범죄행위의 무게 및 범행자의 책임에 상응하는 비례성을 감안하여, **기본권의 제한은 필요한 최소한에 그쳐야** 한다는 것은 **법치국가원리**에서 나옴
비례원칙의 적용	① 【가중시에도 적용】 형사상 책임원칙은 **형벌은 범행의 경중과 행위자의 책임 사이에 비례성**을 갖추어야 하고 형의 가중에도 **형벌의 양은 행위자의 책임의 정도를 초과해서는 안 됨** ② 【법정형 폭의 지나친 광범위 금지】 법정형의 폭이 지나치게 넓게 되면 자의적인 형벌권의 행사가 가능하게 되어 **형벌체계상의 불균형을 초래**할 수 있을 뿐만 아니라, 피고인이 구체적인 형의 예측이 현저하게 곤란해지고 **죄질에 비하여 무거운 형에 처해질 위험에 직면하게 되므로 법정형의 폭이 지나치게 넓어서는 아니된다**는 것은 죄형법정주의의 한 내포임

(3) 형벌체계상의 정당성과 균형 (평등원칙)

평등원칙	① 【형벌체계상의 정당성과 균형】 특정한 범죄에 대한 형벌이 그 자체로 책임과 형벌의 비례원칙에 위반되지 않더라도 **보호법익과 죄질이 유사한 범죄**에 대한 **형벌과 비교할 때 현저히 불합리·자의적**이어서 **형벌체계상의 균형을 상실한 것이 명백**한 경우 **평등원칙에 반하여 위헌** (형벌체계상의 균형을 상실할 우려가 있는 경우 평등원칙 위반 ×)
평등원칙 적용	① 【보호법익·죄질에 따라 상이】 법정형의 종류와 범위를 정함에 있어서 고려해야 할 사항 중 가장 중요한 것은 당해 범죄의 보호법익과 죄질로서, **보호법익이 다르면 법정형의 내용이 다를 수 있고, 보호법익이 같아도 죄질이 다르면 법정형의 내용이 달라질 수밖에 없음** ② 【보호법익·죄질이 다른 범죄 단순 비교 불가】 보호법익과 죄질이 서로 다른 범죄를 동일선상에 놓고 어느 한 범죄의 법정형을 기준으로 **단순한 평면적인 비교로써 다른 범죄의 법정형의 과중 여부를 판정해서는 아니 됨** (단순·평면적으로 판정할 수밖에 없음 ×)

2 위헌판례

(1) 책임과 형벌의 비례원칙

1	【사형만을 유일한 법정형으로 규정한 상관살해죄 (위헌)】 상관을 살해한 경우 **사형만을 유일한 법정형**으로 규정한 「군형법」은 죄질과 그에 따른 **행위자의 책임** 사이에 비례관계가 준수되지 않고, **형벌체계상 정당성 상실**(2007.11.29. 2006헌가13)
2	① 【음주운전 2회 위반시 중히 처벌 (위헌)】 음주운전 금지규정을 2회 이상 위반한 사람을 **2년 이상 5년 이하의 징역**이나 **1천만원 이상 2천만원 이하의 벌금**에 처하도록 한 도로교통법은 보호법익에 미치는 위험 정도가 비교적 낮은 유형의 재범 음주운전행위도 **일률적으로** 처벌하도록 하고 있어 **책임과 형벌 간의 비례원칙 위반**(2021.11.25. 2019헌바446 등) ② 【명확성원칙 위반 아님】 술에 취한 상태에서의 운전을 금지하는 **도로교통법 조항을 2회 이상 위반**한 음주운전자를 가중처벌하는 조항은 **죄형법정주의 명확성원칙 위반 아님**(2021.11.25. 2019헌바446 등) 유사 【음주운전 또는 음주측정거부 전력자 가중처벌 (위헌)】 음주운전 금지규정 위반 또는 음주측정거부 전력을 **가중요건**으로 삼으면서 해당 전력과 관련하여 **아무런 시간적 제한도 두지 않은 채** 뒤에 행해진 음주운전행위를 **가중처벌**하는 것은 **책임과 형벌 간의 비례원칙 위반**(2022.5.26. 2021헌가30)
3	【음주운항 재범에 대한 가중처벌 (위헌)】 음주운항 전력이 있는 사람이 다시 음주운항을 한 경우 **2년 이상 5년 이하의 징역**이나 **2천만 원 이상 3천만 원 이하의 벌금**에 처하도록 규정한 「해사안전법」은 **책임과 형벌 간의 비례원칙 위반**(2022.8.31. 2022헌가10)
4	【주거침입강제추행죄·주거침입준강제추행죄 7년 이상 징역 (위헌)】 주거침입강제추행죄 및 주거침입준강제추행죄에 대하여 **무기징역 또는 7년 이상의 징역**에 처하도록 한 「성폭력처벌법」은 **책임과 형벌의 비례원칙 위반**(2023.2.23. 2021헌가9 등) 비교 【주거침입강제추행죄·주거침입강간죄 동일한 법정형 (합헌)】 주거침입강제추행죄의 법정형을 주거침입강간죄와 동일하게 규정한 것은 **책임과 형벌간의 비례원칙에 위반 아님**(2013.7.25. 2012헌바320) → 형벌체계상의 정당성이나 균형성을 상실하여 **평등원칙 위반 아님**
5	【마약의 단순매수를 영리매수와 동일한 법정형 (위헌)】 마약의 단순매수를 영리매수와 동일한 법정형으로 처벌하는 「특정범죄가중법」은 **책임과 형벌간 비례성 원칙 위반**(2003.11.27. 2002헌바24)
6	① 【밀수입 예비행위 본죄에 준하여 처벌 (위헌)】 밀수입 예비행위를 본죄에 준하여 처벌하도록 규정한 「특정범죄가중법」은 가혹한 형벌로서 **책임과 형벌 사이의 비례의 원칙 위배**(2019.2.28. 2016헌가13) ② 【평등원칙 위반 (위헌)】 동일한 밀수입 예비행위에 대하여 수입하려던 **물품의 원가가 2억 원 미만**인 때에는 관세법이 적용되어 본죄의 2분의 1을 감경한 범위에서 처벌하는 반면, **물품원가가 2억 원 이상**인 경우에는 특정범죄가중법이 적용되어 가중처벌 하는 것은 합리적인 이유 없어 형벌체계의 균형성에 반하여 **헌법상 평등원칙 위반**(2019.2.28. 2016헌가13) 비교 【관세포탈 예비범을 본죄에 준하여 가중처벌 (합헌)】 특정범죄가중법에서 **관세포탈 등의 예비범**에 대하여 **본죄에 준하여 가중처벌**하도록 한 규정의 입법 목적은 헌법 제119조 제2항(경제의 규제·조정), 제125조(무역의 규제 조정)의 정신에 부합하므로 **과잉형벌 내지 자의적 입법 아님**(2010.7.29. 2008헌바88)
7	【문화재 은닉시 필요적 몰수 (위헌)】 구체적 행위태양이나 적법한 보유권한의 유무에 관계없이 **은닉, 보유·보관**된 당해 문화재의 **필요적 몰수** 규정은 **책임과 형벌 간의 비례원칙 위배**(2007.7.26. 2003헌마377)
8	① 【배수벌금형】 허위재무제표작성 및 허위감사보고서작성을 처벌하는 「외부감사법」 조항 중 '그 위반행위로 얻은 이익 또는 회피한 손실액의 2배 이상 5배 이하의 벌금'은 **죄형법정주의 명확성원칙에 위배 아님**(2024.7.18. 2022헌가6) ② 【책임과 형벌의 비례원칙 위배 (헌불)】 허위재무제표작성죄와 허위감사보고서작성죄에 대하여 **배수벌금을 규정**하면서도, '그 위반행위로 얻은 이익 또는 회피한 손실액이 없거나 산정하기 곤란한 경우'에 관한 **벌금 상한액을 규정하지 아니한** 「외부감사법」은 **책임과 형벌 간의 비례원칙 위배**(2024.7.18. 2022헌가6)
9	【예비군훈련 소집통지서 미전달시 형사처벌 (위헌)】 예비군대원 본인의 부재시 예비군훈련 소집통지서를 수령한 같은 세대 내의 가족 중 성년자가 **정당한 사유없이 소집통지서를 본인에게 전달하지 아니한 경우 형사처벌**을 하는 「예비군법」은 **책임과 형벌 사이의 비례원칙 위배**(2022.5.26. 2019헌가12)

(2) 형벌체계상의 정당성과 균형 (평등원칙)

1	**【똑같은 구성요건에 법정형만 상향 (위헌)】** 「형법」 조항과 똑같은 구성요건을 규정하면서 **법정형만 상향 조정**한 「특정범죄가중법」은 인간의 존엄성과 가치를 보장하는 **헌법의 기본원리에 위배**될 뿐만 아니라 내용에 있어서도 **평등원칙 위반**(2015.2.26. 2014헌가16 등)⁵ **[유사] 【특수폭행죄 법정형 상향 (위헌)】** 흉기 기타 위험한 물건을 휴대하여 「형법」상 **폭행죄**를 범한 사람에 대하여 징역형의 하한을 기준으로 **최대 6배에 이르는 엄한 형을 규정**한 「폭력행위처벌법」은 **평등원칙 위배**(2015.9.24. 2015헌가17)¹ **[유사] 【통화위변조죄 법정형 상향 (위헌)】** 국내통화를 위조 또는 변조하거나 이를 행사하는 등의 행위를 가중처벌하는 「특정범죄가중법」은 「형법」상 통화의 위조 등 죄와의 관계에서 **형벌체계상의 균형을 잃어 평등원칙 위반**(2014.11.27. 2014헌바224 등)¹
2	**【살인죄보다 법정형이 무거운 뺑소니운전자 처벌 (위헌)】** 과실로 사람을 치상하게 한 자가 구호행위를 하지 아니하고 도주하거나 고의로 유기함으로써 치사의 결과에 이르게 한 경우 살인죄와 비교하여 그 법정형을 더 무겁게 한 「특정범죄가중법」은 뺑소니운전자에 대한 **형벌체계상의 정당성과 균형 상실, 평등원칙 위반**(1992.4.28. 90헌바24)²

3 합헌판례

(1) 책임과 형벌의 비례원칙

1	**【특수상해죄 가중처벌 (합헌)】** 위험한 물건을 휴대한 경우를 가중적 구성요건으로 하여 **상해죄보다 가중처벌**하고 있는 「형법」상 특수상해죄는 **책임과 형벌간의 비례원칙 위배 아님**(2015.9.24. 2015헌가17)¹
2	**【단체나 다중의 위력으로써 상해죄 가중처벌 (합헌)】** 단체나 다중의 위력으로써 형법상 상해죄를 범한 사람을 가중처벌하는 폭력행위처벌법은 **책임과 형벌의 비례원칙 위반 아님**(2017.7.27. 2015헌바450)²
3	**【보호아동 학대시 가중처벌 (합헌)】** 초·중등학교 교원이 자신이 보호하는 아동에 대하여 아동학대 범죄를 범한 때에는 그 죄에 정한 **형의 2분의 1까지 가중**하여 처벌하도록 한 「아동학대처벌법」은 **책임과 형벌 간의 비례원칙 위배 아님**(2021.3.25. 2018헌바388)²
4	**【공갈죄의 이득액에 따른 가중처벌 (합헌)】** 사람을 공갈하여 재물의 교부를 받거나 재산상의 이익을 취득하여 그 이득액이 5억 원 이상인 경우 **이득액을 기준으로 가중처벌**하는 「특정경제범죄법」은 **책임과 형벌 간 비례원칙 위배 아님**(2021.2.25. 2019헌바128 등)²
5	**【수뢰죄에 대한 벌금형 필요적 병과 (합헌)】** 형법상 수뢰죄를 범한 사람에게 수뢰액의 2배 이상 5배 이하의 벌금을 **병과**하도록 한 특정범죄가중법은 **책임과 형벌 간의 비례원칙 위배 아님**(2017.7.27. 2016헌바42)² **[유사] 【수뢰액 기준 뇌물죄 가중처벌 (합헌)】** 뇌물죄가 국가와 사회에 미치는 병폐는 수뢰액이 많으면 많을수록 가중된다는 점에서 볼 때, **수뢰액을 기준으로 한 단계적 가중처벌은 일응수긍할만 한 합리적 이유있음**(1995.4.20. 93헌바40)¹
6	① **【장애인준강간죄 (합헌)】** 「성폭력처벌법」상 **정신적인 장애로 항거불능·항거곤란 상태**에 있음을 이용하여 사람을 간음한 사람을 무기징역 또는 7년 이상 징역에 처하도록 규정한 것은 **정신적 장애인의 성적 자기결정권 침해 아님**(2016.11.24. 2015헌바36)¹ ② **【법정형 유기징역 하한 7년 (합헌)】** 정신적인 장애로 항거불능·항거곤란 상태에 있음을 이용하여 사람을 간음한 자를 처벌하는 「성폭력처벌법」은 유기징역형의 **하한을 7년으로 정하였으나 책임과 형벌의 비례원칙 위배 아님**(2016.11.24. 2015헌바36)³
7	**【금융회사 등 임직원의 수재행위 처벌 (합헌)】** 금융회사 등 임직원이 직무에 관하여 금품이나 그 밖의 이익을 수수, 요구 또는 약속한 경우 5년 이하의 징역 또는 10년 이하의 자격정지에 처하도록 규정한 「특정경제범죄법」은 **책임과 형벌의 비례원칙 위반 아님**(2020.3.26. 2017헌바129 등)¹
8	**【비안마사들의 안마시술소 개설 금지·처벌 (합헌)】** 비안마사들의 안마시술소 개설행위금지 규정을 위반한 자를 처벌하는 「의료법」 조항이 5년 이하의 징역형 또는 2천만 원 이하의 벌금형으로 제한하는 것은 **책임과 형벌 사이의 비례원칙 위배 아님**(2017.12.28. 2017헌가15)²

9	① 【무신고 수출입행위에 관한 필요적 몰수·추징 (합헌)】 무신고 수출입의 경우 법인을 범인으로 보고 필요적으로 몰수·추징하도록 규정한 「관세법」은 법인이 그 위반 행위를 방지하기 위하여 주의와 감독을 게을리 하지 아니한 경우에는 몰수·추징 대상에서 제외되므로, 책임과 형벌 간의 비례원칙 위반 아님(2021.7.15. 2020헌바201) ② 【주형의 양형과정에서 부가형 참작 可】 「관세법」상의 몰수·추징은 재산상 이익을 환수하는 데 그치는 것이 아니라 징벌적인 성격도 가지고 있고 행위자의 책임과 형벌의 비례관계는 주형과 부가형을 통산하여 인정되는 것이므로 주형의 구체적 양형과정에서 필요적 몰수·추징의 부가형을 참작하여 구체적 형평성을 기할 수 있음(2010.5.27. 2009헌가28)
10	【벌금형이 없는 상관모욕죄 (합헌)】 공연한 방법으로 상관을 모욕한 사람을 처벌하는 「군형법」은 법관이 징역형이나 금고형 외에 벌금형을 선택할 수 없도록 하였으나 형벌과 책임 간의 비례원칙 위배 아님(2024.8.29. 2022헌가7 등)

(2) 형벌체계상의 정당성과 균형 (평등원칙)

1	【존속살해죄 가중처벌 (합헌)】 「형법」상 존속살해죄가 형벌체계상 균형을 잃은 자의적 입법으로서 평등원칙 위반 아님(2013.7.25. 2011헌바267) [유사] 【존속상해치사죄 가중처벌 (합헌)】 존속상해치사죄에 대한 가중처벌을 규정한 형법 규정은 평등원칙 위반 아님(2002.3.28. 2000헌바53)
2	【강도상해·강도치상죄 법정형 유기징역 하한 7년 (합헌)】 강도상해죄 또는 강도치상죄를 무기 또는 7년 이상의 징역에 처하도록 규정한 형법은 형벌체계상 균형을 상실하여 평등원칙 위반 아님(2016.9.29. 2014헌바183 등)
3	【상습절도 가중처벌 (합헌)】 반복적으로 범행을 저지르는 절도 사범에 관한 가중처벌 규정인 특정범죄가중법은 평등원칙 위반 아님(2023.2.23. 2022헌바273 등)
4	【폭행죄·공무집행방해죄보다 법정형이 높은 독직폭행죄 (합헌)】 경찰에 관한 직무를 행하는 자 등이 그 직무를 행함에 당하여 형사피의자 또는 기타 사람에 대하여 폭행을 가하는 경우 5년 이하의 징역과 10년 이하의 자격정지에 처하도록 한 「형법」은 법정형이 폭행죄나 공무집행방해죄의 법정형보다 무겁다고 하더라도 형벌체계의 정당성과 균형을 잃어 평등원칙 위반 아님(2015.3.26. 2013헌바140)
5	【형법상 위증죄보다 법정형이 높은 국회에서의 위증죄 (합헌)】 「형법」상 위증죄보다 국회에서의 위증을 무거운 법정형으로 정한 「국회증언감정법」은 형벌체계상의 정당성과 균형성을 상실한 것이 아니므로 평등원칙 위반 아님(2015.9.24. 2012헌바410)
6	【군인등 강제추행죄·준강제추행죄 벌금형 미규정 (합헌)】 군형법이 형법상 강제추행죄나 준강제추행죄 등과 달리 강제추행죄 및 준강제추행죄에 대하여 벌금형을 선택형으로 규정하지 아니하였다 하더라도 형벌체계의 균형성을 상실하여 평등원칙 위배 아님(2018.12.27. 2017헌바195 등)
7	【분묘발굴죄 벌금형 미규정 (합헌)】 형법상 '시체 등의 오욕죄'의 법정형에 벌금형이 있는데 반하여, 형법상 '분묘의 발굴죄'의 법정형에 벌금형을 선택적으로 규정함이 없이 5년 이하의 징역으로 규정하고 있더라도 평등의 원칙 위배 아님(2019.2.28. 2017헌가33)
8	【정보통신망법상 반의사불벌죄인 명예훼손죄 (합헌)】 「형법」상 친고죄인 모욕죄·사자명예훼손죄와 달리 정보통신망법상 명예훼손죄를 반의사불벌죄로 정하고 있는 것은 형벌체계상 균형을 상실하여 평등원칙 위반 아님(2021.4.29. 2018헌바113)
9	【상대적 종신형제 (합헌)】 현행 무기징역형제도가 상대적 종신형 외에 절대적 종신형을 따로 두고 있지 않은 것이 형벌체계상 정당성과 균형을 상실하여 평등원칙에 반한다거나 형벌이 죄질과 책임에 상응하도록 비례성을 갖추어야 한다는 책임원칙 위반 아님(2010.2.25. 2008헌가23)

POINT 103 이중처벌금지

제13조 ① 모든 국민은 행위시의 법률에 의하여 범죄를 구성하지 아니하는 행위로 소추되지 아니하며,【이중처벌금지】 동일한 범죄에 대하여 **거듭 처벌받지 아니**한다.

1 이중처벌금지

(1) 신체의 자유 보장원리

일사부재리	①【일사부재리의 원칙】일사부재리의 원칙은 실체 판결이 확정되어 기판력이 발생하면 그 후 동일한 사건에 대해서는 **다시 심판할 수 없다**는 원칙 ②【헌법에 명문 규정】일사부재리 원칙은 **현행 헌법에 규정**되어 있음
이중처벌금지	①【신체의 자유 보장】이중처벌금지의 원칙은 "일사부재리의 원칙"이 **국가형벌권의 기속원리**로 헌법상 선언된 것으로서, **동일한 범죄행위에 대하여 국가가 형벌권을 거듭 행사할 수 없도록 함**으로써 국민의 기본권 특히 **신체의 자유를 보장**하기 위한 것임

(2) 이중처벌금지의 내용

처벌	①【국가의 형벌권 실행으로서 과벌】이중처벌금지원칙에서 '처벌'은 **범죄에 대한 국가의 형벌권 실행으로서의 과벌**을 의미하고, **국가가 행하는 일체의 제재나 불이익처분 모두 포함 아님** (국가가 행하는 일체의 제재나 불이익처분 포함 ×) ②【행정제재는 이중벌 아님】**행정법**은 의무를 명하거나 금지를 설정함으로써 일정한 행정목적을 달성하려고 하는데, **실효성을 확보**하기 위하여 행정형벌, 과태료, 영업허가의 취소·정지, 과징금 등을 가함으로써 의무위반 당사자로 하여금 더 이상 위반을 하지 않도록 유도하는 것이 필요하고, 이와 같이 '**제재를 통한 억지**'는 행정규제의 본원적 기능이라 볼 수 있으므로, 어떤 **행정제재**의 기능이 오로지 제재에 있다고 하여 '**이중처벌**'에 해당한다고 할 수 없음 ③【처벌 이외 제재·불이익처분 可】이중처벌금지는 **징계절차**나 **민사상 손해배상절차** 또는 형법에 근거하지 않는 다른 절차가 개시되는 것을 금지하지 않음
동일한 행위	①【동일한 행위】이중처벌금지의 원칙은 처벌 또는 제재가 '**동일한 행위**'를 대상으로 행해질 때에 **적용**될 수 있는 것이므로, **행위가 서로 다를 경우에는 적용되지 않음** ②【기본적 사실관계의 동일성】이중처벌금지원칙이 적용되는 대상이 동일한 행위인지 여부는 **기본적 사실관계가 동일한지 여부**에 의하여 판단

2 이중처벌이 아닌 경우

(1) 동일한 행위가 아닌 경우

1	**【누범의 가중처벌 (합헌)】**「형법」이 **누범을 가중처벌**하는 것은 전범에 대하여 형벌을 받았음에도 다시 범행을 하였다는 데 있는 것이지, 전범에 대하여 처벌을 받았음에도 다시 범행을 하는 경우 **전범도 후범과 일괄하여 다시 처벌한다는 것은 아니므로**, 누범에 대하여 형을 가중하는 것이 **일사부재리원칙 위배 아님**(1995.2.23. 93헌바43) ³ 유사 **【상습범의 가중처벌 (합헌)】** 상습범의 가중처벌은 이미 처벌받은 전범이 아니라 후범이며 상습성의 위험성 때문에 가중처벌하고 있는 것이므로 **일사부재리의 원칙 위배 아님**(1995.3.23. 93헌바59) ²
2	**【양심적 예비군 훈련 거부시 처벌 (합헌)】** 양심적 예비군 훈련거부자에 대하여 유죄의 판결이 확정되었더라도, 동일인이 **새로이 부과된 예비군 훈련을 또 다시 거부**하는 경우 **형사처벌**을 가하는 것은 **이중처벌금지원칙 위반 아님**(2011.8.30. 2007헌가12) ¹
3	**【무허가 건축행위 처벌 + 시정명령 불이행시 과태료 부과 (합헌)】** 무허가 건축행위에 대해서 **형사처벌**을 가하고 위법건축물에 대한 **시정명령에 응하지 않은 경우 다시 과태료**를 부과하는 것은 **이중처벌 아님**(1994.6.30. 92헌바38) ³ 유사 **【무허가 건축행위 처벌 + 시정명령 불이행시 이행강제금 부과 (합헌)】** 무허가 건축행위에 대한 **형사처벌** 외에 위법건축물에 대한 **시정명령의 이행을 강제하기 위하여 이행강제금을 부과**하는 것은 **이중처벌 아님**(2004.2.26. 2001헌바80 등) ²
4	**【유사석유제품 제조행위 처벌 + 조세포탈행위 처벌 (합헌)】** 동일인을「석유사업법」에 따라 **유사석유제품 제조행위로 처벌**하고,「조세범 처벌법」에 근거하여 유사석유제품을 제조하여 **조세를 포탈한 행위로도 처벌**하는 것은 양자는 처벌의 대상을 달리하므로 **이중처벌금지원칙 위배 아님**(2017.7.27. 2012헌바323) ¹

(2) 거듭 처벌이 아닌 경우

1	**【징역형과 자격정지형 병과 (합헌)】** 하나의 형사재판절차에서 다루어진 사건을 대상으로 동시에 **징역형과 자격정지형을 병과**하는 것은 **이중처벌금지원칙 위반 아님**(2018.3.29. 2016헌바361) ¹
2	① **【집행유예 취소시 부활되는 본형 (합헌)】** 집행유예의 취소 시 부활되는 본형은 집행유예의 선고와 함께 선고되었던 것으로 판결이 확정된 동일한 사건에 대하여 다시 심판한 결과 부과되는 것이 아니므로 **일사부재리의 원칙과 무관**(2013.6.27. 2012헌바345 등) ² ② **【이중처벌 아님 (합헌)】** 보호관찰이나 사회봉사 또는 수강을 조건으로 집행유예를 선고받은 자의 **집행유예가 취소되는 경우 사회봉사 등 의무를 이행하였는지 여부와 관계없이 유예되었던 본형 전부를 집행**하는 것은 **이중처벌금지원칙 위반 아님**(2013.6.27. 2012헌바345 등) ²
3	**【벌금 미납시 노역장 유치 (합헌)】** 벌금형을 선고받는 자가 그 벌금을 납입하지 않은 때에 그 집행방법의 변경으로 하게 되는 **노역장 유치**는 이미 형벌을 받은 사건에 대해 또다시 형을 부과하는 것이 아니라, **단순한 형벌 집행 방법의 변경**에 불과하므로 **이중처벌금지원칙 위반 아님**(2009.3.26. 2008헌바52 등) ²

(3) 형벌권 실행으로서 과벌이 아닌 경우

1	【성폭력 치료프로그램 이수명령 병과 (합헌)】 일정한 성폭력범죄를 범한 사람에 대하여 유죄판결을 선고하는 경우 **성폭력 치료프로그램의 이수명령을 병과**하도록 한 성폭력처벌법은 **보안처분에 해당**하므로, 동일한 범죄행위에 대하여 **형벌과 병과되더라도 이중처벌금지원칙 위반 아님**(2016.12.29. 2016헌바153)	
2	【신상정보 공개·고지명령 병과 (합헌)】 신상정보 공개·고지명령은 형벌과는 목적이나 심사대상 등을 달리하는 **보안처분에 해당**하므로 동일한 범죄행위에 대하여 **형벌이 부과**된 이후 다시 신상정보 공개·고지명령이 선고·집행되더라도 **이중처벌금지원칙 위반 아님**(2016.5.26. 2015헌바212)	
3	【위치추적 전자장치 부착 (합헌)】 특정 범죄자에 대하여 **위치추적 전자장치를 부착**할 수 있도록 한 「전자장치부착법」에 의한 전자장치 부착은 **보안처분**이므로 **이중처벌금지원칙 위반 아님**(2015.9.24. 2015헌바35)	
4	【DNA 감식시료의 채취 및 DNA 신원확인정보 수집·이용 (기각)】 디엔에이감식시료 채취 및 디엔에이신원확인정보의 수집, 수록, 검색, 회보 행위는 장래에 대한 위험을 방지하여 사회를 보호하기 위한 것으로서 형벌과는 다른 목적과 기능을 가지고 있으므로 **헌법 제13조 제1항의 처벌 아님**(2014.8.28. 2011헌마28 등)	
5	【보호감호처분 병과 (합헌)】 보호감호와 형벌은 다같이 신체의 자유를 박탈하는 수용처분이라는 점에서 집행상 뚜렷한 구분이 되지 않더라도 별개의 제도이므로 **보호감호처분과 형벌의 부과는 이중처벌금지의 원칙 위반 아님**(1989.7.14. 88헌가5 등)	
6	【부당내부거래 사업자 과징금 병과 (합헌)】 공정위가 부당내부거래를 한 사업자에 대하여 **형사처벌과 매출액의 2% 범위 내에서 과징금을 부과**할 수 있도록 한 것은 **이중처벌 아님**(2003.7.24. 2001헌가25) → **무죄추정원칙 위반 아님**	
7	【양도담보 채권자에 대한 과징금 부과 (합헌)】 양도담보 채권자가 이전등기시 **채권관계를 기재한 서면을 제출하지 않은 경우**, 형사처벌 이외에 과징금을 부과하는 것은 범죄에 대하여 국가가 형벌권을 실행하는 '**과벌**'에 해당하지 않으므로 **이중처벌금지 원칙 위배 아님**(2012.4.24. 2011헌바62)	
8	【근로기준법상 이행강제금 (합헌)】 **확정된 구제명령**을 따르지 않은 사용자에게 **형벌을 부과**하고 있음에도, 구제명령을 받은 후 이행기한까지 **구제명령을 이행하지 아니한 사용자에게 별도의 이행강제금을 부과**하는 것은 **이중처벌금지원칙 위배 아님**(2014.5.29. 2013헌바171)	
9	【음주운전 3회시 필요적 면허취소 (합헌)】 음주운전 금지규정을 **2회 이상 위반한 사람**이 다시 이를 위반한 때에는 **운전면허를 필요적으로 취소**하도록 하였더라도 운전면허 취소처분은 이중처벌금지원칙에서 말하는 '**처벌**'로 보기 힘드므로 **이중처벌금지원칙에 위배 아님**(2010.3.25. 2009헌바83)	
10	【공선법 위반시 당선무효 (기각)】 공직선거법위반죄를 범하여 형사처벌을 받은 공무원에 대하여 **당선무효라는 불이익**을 가하는 것은 공직선거법위반 행위 자체에 대한 국가의 형벌권 실행으로서의 과벌에 해당하지 아니하므로 **이중처벌금지원칙 위배 아님**(2015.2.26. 2012헌마581)	
11	【형사범죄 공무원에 대한 공무원연금급여 제한 (합헌)】 형사범죄를 일으킨 공무원에 대하여 **공무원연금법상 급여를 제한**하더라도 **이중적 처벌 아님**(2002.7.18. 2000헌바57)	
12	【징계 이외 징계부가금 부과 (합헌)】 공무원의 징계 사유가 **공금 횡령**인 경우에 해당 **징계 외에 공금 횡령액의 5배 내의 징계부가금을 부가**하도록 하는 것은 징계부가금이 제재적 성격을 지니고 있더라도 이를 헌법 제13조 제1항에서 말하는 '**처벌**'에 해당한다고 볼 수 없으므로 **이중처벌금지원칙 위배 아님**(2015.2.26. 2012헌바435) → 법원의 유죄판결 확정 전 징계부가금 집행은 **무죄추정원칙에 위배 아님**	

POINT 104 연좌제금지

> 제13조 ③ 【연좌제금지】 모든 국민은 자기의 행위가 아닌 **친족의 행위**로 인하여 **불이익한 처우**를 받지 아니한다.

1 연좌제금지

(1) 연좌제금지

명문 규정	① 【헌법에 명문 규정】 연좌제 금지는 **현행 헌법에 규정**되어 있음
친족행위	① 【친족행위 → 불이익 처우】 헌법 제13조 제3항의 **연좌제금지**는 친족의 행위와 본인 간에 실질적으로 의미 있는 아무런 관련성을 인정할 수 없음에도 불구하고 **오로지 친족이라는 사유 그 자체만으로 불이익한 처우**를 가하는 경우에만 적용

(2) 합헌판례

1	【배우자 300만원 이상 벌금시 후보자 당선무효 (합헌)】 공직선거 **후보자의 배우자**가 「공직선거법」 소정의 범죄를 범함으로 인하여 **징역형 또는 300만원 이상의 벌금형**의 선고를 받을 때에는 **후보자의 당선을 무효**로 하는 것은 **연좌제에 해당하지 않음**(2005.12.22. 2005헌마19) **유사** 【회계책임자 300만원 이상 벌금시 후보자 당선무효 (기각)】 **회계책임자**가 「공직선거법」이나 「정치자금법」을 위반하여 300만 원 이상의 벌금형을 선고받아 확정된 경우, 후보자의 당선이 무효로 되도록 규정한 「공직선거법」은 **자기책임의 원칙 위반 아니고 공무담임권 침해 아님**(2010.3.25. 2009헌마170)
2	【국회의원 & 친족의 주식 매각·백지신탁 (합헌)】 공직자윤리법상 매각 또는 백지신탁의 대상이 되는 주식의 보유한도액을 결정함에 있어 **국회의원 본인뿐만 아니라 본인과 일정한 친족관계가 있는 자**들의 보유주식 역시 포함하도록 하고 있는 것은 본인과 친족 사이의 실질적·경제적 관련성에 근거한 것이지, 실질적으로 의미 있는 관련성이 없음에도 친족관계 그 자체만으로 불이익한 처우를 가하는 것이 아니므로 **헌법 제13조 제3항 위배 아님**(2012.8.23. 2010헌가65)
3	【특정관계자 사립학교 학교장 임명 제한 (기각)】 학교법인의 이사장과 특정관계에 있는 사람의 학교장 임명을 제한하는 「사립학교법」은 배우자나 직계가족이라는 인적 관계의 특성상 당연히 예상할 수 있는 **일체성 내지 유착가능성을 근거로 일정한 제약**을 가하는 것이므로 **연좌제 위배 아님**(2013.11.28. 2007헌마1189 등)
4	【고위공직자 가족 공수처 수사대상 (기각)】 「공수처법」에 따라 **고위공직자의 가족**은 고위공직자의 직무와 관련하여 죄를 범한 경우 수사처의 수사대상이 되는데 **연좌제금지 원칙이나 자기책임의 원리 위반 여부는 문제 안됨**(2021.1.28. 2020헌마264 등)
5	【법무법인 구성원 변호사에게 「상법」상 무한연대책임 준용 (합헌)】 「변호사법」 중 **법무법인에 관하여 합명회사 사원의 무한연대책임, 신입사원에게 동일한 책임을 부과, 퇴사한 사원에게 퇴사등기 후 2년 내에 동일한 책임을 부과**하는 「상법」을 준용하는 부분은 **연좌제금지원칙 적용 여지 없음**(2016.11.24. 2014헌바203 등)

2 자기책임원리

(1) 근대법의 기본이념

자기책임원리	① **【법치주의 내재 원리】** 자기책임의 원리는 인간의 자유와 유책성, 그리고 인간의 존엄성을 진지하게 반영한 원리로서 비단 민사법이나 형사법에 국한된 원리가 아니라 **근대법의 기본이념으로서 법치주의에 당연히 내재하는 원리** (법치주의에 내재하는 원리는 아님 ×) ② **【위반시 위헌】** 자기책임의 원리에 반하는 제재는 그 자체로서 **헌법위반**을 구성
책임주의	① **【법치주의 + 헌법 제10조】** '책임 없는 자에게 형벌을 부과할 수 없다'는 형벌에 관한 **책임주의**는 형사법의 기본원리로서, 헌법상 **법치국가의 원리에 내재하는 원리**인 동시에, 국민 누구나 인간으로서의 존엄과 가치를 가지고 스스로의 책임에 따라 자신의 행동을 결정할 것을 보장하고 있는 **헌법 제10조의 취지로부터 도출되는 원리** (법치주의에 내재하는 원리는 아님 ×) ② **【법인에도 적용】** 법인도 자연인과 마찬가지로 **책임주의원칙 적용** (법인은 적용되지 않음 ×)

(2) 위헌판례

1	① **【운전전문학원 졸업생 교통사고 시 운전전문학원 등록취소·운영정지 (위헌)】** 자동차운전전문학원을 졸업하고 운전면허를 받은 사람 중 **교통사고를 일으킨 비율이 대통령령이 정하는 비율을 초과하는 경우에 운전전문학원의 등록을 취소하거나 운영정지**를 명할 수 있도록 한 「도로교통법」은 **자기책임의 범위를 벗어나 운전전문학원의 직업의 자유 침해**(2005.7.21. 2004헌가30) ② **【포괄위임 (위헌)】** 대통령령에 규정된 '교통사고'가 어떤 종류나 범위의 것이 될 것인지에 관한 대강의 기준을 제시하지 않고 있으며 「도로교통법」의 전반적 체계와 관련규정을 보아도 이를 예측할만한 단서가 없어 '교통사고' 부분의 위임은 **지나치게 포괄적인 것으로서 예측가능성을 주지 못함**(2005.7.21. 2004헌가30)
2	**【도매업자·소매인의 위반행위 → but 제조자에 담배소비세·가산세 부과 (위헌)】** 특수용도에 제공된 담배를 당해 용도에 사용하지 아니한 경우 면세된 산출세액에 해당하는 **담배소비세와 가산세**를 납부하도록 하면서, 도매업자 또는 소매인이 아닌 원래의 납세의무자였던 **제조자에게 무조건 담배소비세와 가산세를 부과**하는 「지방세법」은 **자기책임원리 위반**(2004.6.24. 2002헌가27)

(3) 합헌판례

1	**【직상 수급인의 임금 지급의무 불이행 처벌 (합헌)】** 건설업 등록을 하지 않은 건설공사 하수급인이 근로자에게 임금을 지급하지 못한 경우에, **하수급인의 직상 수급인에 대하여 하수급인과 연대하여 임금을 지급할 의무**를 부과하고 **직상 수급인이 의무를 이행하지 않으면 처벌**하도록 한 「근로기준법」은 **자기책임원칙 위배 아님**(2014.4.24. 2013헌가12)
2	**【부당한 요양급여비용 징수 (합헌)】** 국민건강보험공단이 사위 기타 부당한 방법으로 보험급여비용을 받은 요양기관에 대하여 **급여비용에 상당하는 금액의 전부 또는 일부를 징수**할 수 있도록 한 「국민건강보험법」은 **책임주의원칙 위반 아님**(2011.6.30. 2010헌바375)
3	**【부정당업자 입찰참가자격제한 (합헌)】** 각 중앙관서의 장이 경쟁의 공정한 집행 또는 계약의 적정한 이행을 해칠 염려가 있는 자 등에 대하여 **입찰참가자격을 제한**하도록 한 「국가계약법」은, 부정당업자가 **제재처분의 사유가 되는 행위의 책임을 자신에게 돌릴 수 없다는 점 등을 증명하여 제재처분에서 벗어날 수 있게 하므로 자기책임원칙 위배 아님**(2016.6.30. 2015헌바125 등)
4	**【상해죄 동시범 공동정범으로 처벌 (합헌)】** 독립행위가 경합하여 상해의 결과를 발생하게 한 경우 원인된 행위가 판명되지 아니한 때에는 **공동정범의 예에 의하도록 규정**한 「형법」은 **책임주의원칙 위반 아님**(2018.3.29. 2017헌가10)

3 법인의 양벌규정

(1) 법인의 책임주의

법인 적용	① 【법인도 적용】 '책임 없는 자에게 형벌을 부과할 수 없다'는 **형벌에 관한 책임주의**는 형사법의 기본원리로서, 헌법상 **법치국가의 원리에 내재**하는 원리인 동시에, **헌법 제10조의 취지로부터 도출**되는 원리이고, **법인도 자연인과 마찬가지로 책임주의원칙 적용** (법인 미적용 ×)
책임주의	① 【**법인의 독자적 책임규정 없는 양벌규정 위헌**】 종업원 등이 저지른 행위의 결과에 대한 **법인의 독자적인 책임**에 관하여 전혀 규정하지 않은 채, **단순히 법인이 고용한 종업원 등이 업무에 관하여 범죄행위를 하였다는 이유만으로 법인에 대하여 형사처벌** → **법치국가의 원리 및 죄형법정주의**로부터 도출되는 **책임주의원칙에 위반**

(2) 종업원의 범죄행위 : 법인의 독자적인 책임 없을 시 책임주의 위반

1	① 【**종업원의 위반행위시 영업주도 동일한 처벌 (위헌)**】 종업원의 위반행위에 대하여 양벌조항으로서 개인인 영업주에게도 동일하게 무기 또는 2년 이상의 징역형의 **법정형으로 처벌**하도록 규정하고 있는 보건범죄단속법은 **책임주의 위반**(2007.11.29. 2005헌가10) ② 【**문의적 한계 초과 해석 불허**】 종업원의 위반행위에 대하여 양벌조항으로서 개인인 영업주에게도 동일하게 처벌하도록 규정하고 있는 「보건범죄단속법」 규정에 그 문언상 명백한 의미와 달리 "종업원의 범죄행위에 대해 영업주의 선임감독상의 과실이 인정되는 경우"라는 요건을 추가하여 해석하는 것은 문언상 가능한 범위를 넘어서는 해석으로서 **허용되지 않음**(2007.11.29. 2005헌가10) 유사 【**선장의 범죄행위시 선박소유자도 동일한 벌금형 (위헌)**】 선박소유자가 고용한 선장이 선박소유자의 업무에 관하여 범죄행위를 하였다는 이유만으로 **선박소유자에게도 동일한 벌금형을 과하도록 한 규정**은 다른 사람의 범죄에 대하여 그 책임 유무를 묻지 않고 형벌을 부과하는 것으로서 **책임주의원칙 위반**(2013.9.26. 2013헌가15) 유사 【**종업원의 고정조치의무 위반시 법인 처벌 (위헌)**】 종업원이 고정조치의무를 위반하여 화물을 적재하고 운전한 경우 그를 고용한 **법인을 면책사유 없이 형사처벌**하도록 규정한 도로교통법은 **책임주의원칙 위배**(2016.10.27. 2016헌가10) 유사 【**종업원의 범죄행위시 법인 처벌 (위헌)**】 법인의 종업원 등이 법인의 업무에 관하여 범죄행위를 하면 법인에게도 동일한 벌금형을 과하도록 규정한 「증권거래법」은 종업원 등이 저지른 행위의 결과에 대한 **법인의 독자적 책임**에 관하여 전혀 규정하지 않은 채 단순히 법인이 고용한 종업원 등이 업무에 관하여 범죄행위를 하였다는 이유만으로 법인에 형사처벌을 과하고 있어 **책임주의원칙 위반**(2013.6.27. 2013헌가10) 유사 【**종업원의 범죄행위시 법인 처벌 (위헌)**】 법인이 고용한 종업원 등의 일정한 범죄행위에 대하여 **법인을 종업원 등과 같이 처벌**하도록 하는 「산지관리법」은 **책임주의원칙 위반**(2010.9.30. 2010헌가19 등)
2	【**종업원의 노조 지배·개입시 법인 처벌 (위헌)**】 법인의 **대리인·사용인 기타의 종업원**이 그 법인의 업무에 관하여 근로자가 노동조합을 조직 또는 운영하는 것을 **지배하거나 이에 개입하는 행위**를 한 때에는 그 **법인에 대하여도 벌금형을 과하도록** 한 「노동조합법」은 **책임주의원칙 위배**(2019.4.11. 2017헌가30)

(3) 법인 대표자의 범죄행위

1	【**노동조합법상 양벌규정 (합헌)**】 부당노동행위 시 양벌규정 관련 '**법인의 대리인·사용인 기타의 종업원**' 관련 부분은 **책임주의 원칙에 위배**되지만, '**법인의 대표자**' 관련 부분은 **책임주의 원칙에 위배되지 않음**(2020.4.23. 2019헌가25)
2	【**법인 대표자 재산국외도피시 법인에도 벌금형 (합헌)**】 **법인의 대표자** 등이 법인의 재산을 국외로 도피한 경우 행위자를 벌하는 외에 그 **법인에도 도피액의 2배 이상 10배 이하에 상당하는 벌금형을 과하는** 「특정경제범죄법」은 **책임주의 위반 아님**(2019.4.11. 2015헌바443) 유사 【**법인 대표자 범죄시 법인도 처벌 (합헌)**】 법인의 대표자가 법인의 업무에 관하여 일정한 범죄행위를 할 경우 **법인도 함께 처벌**하는 「외국환거래법」상 양벌규정은 **책임주의원칙 위배 아님**(2011.12.29. 2010헌바11)

POINT 105 신체의 자유 관련 판례

1 수용자의 기본권 제한

(1) 수용자의 기본권 제한

가중제한 可	①【징벌 > 미결구금·형집행 불이익】「형집행법」상 **징벌**은 수사 및 재판 등의 절차확보를 위해 **미결구금 및 형벌의 집행**이라는 **불이익을 받고 있는 자들**에 대하여 **부과**되므로, 규율 위반에 대한 제재로서의 불이익은 형벌에 포함된 통상의 구금 및 수용생활이라는 불이익보다 **더욱 자유와 권리를 제한**
한계	①【과잉금지원칙, 본질적 내용 침해 금지】수형자의 기본권 제한에 대한 구체적인 한계는 **헌법 제37조 제2항**에 따라 **법률**에 의하여 구체적인 자유·권리의 내용과 성질, 제한의 태양과 정도 등을 교량하여 설정하게 되며, **수용 시설 내의 안전과 질서를 유지**하기 위하여 이들 기본권의 일부 제한이 불가피하다 하더라도 **본질적인 내용을 침해**하거나, 목적의 정당성, 방법의 적정성, 피해의 최소성 및 법익의 균형성 등을 의미하는 **과잉금지의 원칙에 위배되어서는 안 됨** ②【예외적 허용】교도소의 안전 및 질서유지를 위하여 행해지는 **규율과 징계로 인한 수용자의 기본권의 제한**도 다른 방법으로는 그 목적을 달성할 수 없는 경우에만 **예외적으로 허용**

(2) 위헌판례

1	【금치기간 중 실외운동 절대금지 (위헌)】금치처분을 받은 수형자에 대하여 금치기간 중 운동을 절대적으로 금지는 인간의 존엄과 가치 및 신체의 자유 등 침해(2004.12.16. 2002헌마478) 〖유사〗【금치기간 중 실외운동 원칙금지, 예외허용 (위헌)】금치처분을 받은 수용자에 대해 금치기간 중 실외운동을 원칙적으로 제한하고 예외적으로 실외운동을 허용하는 경우에도 **실외운동의 기회가 부여되어야 하는 최저기준을 명시하지 않고 있는 것**은 수용자의 신체적·정신적 건강에 필요 이상의 불이익을 가하고 있어 **신체의 자유 침해**(2016.5.26. 2014헌마45)

(3) 합헌판례

1	【엄중격리대상자 처우 (기각)】교도소 내 **엄중격리대상자**에 대하여 **이동시 계구를 사용하고 교도관이 동행계호하는 행위 및 1인 운동장을 사용**하게 하는 처우는 신체의 자유 침해 아님(2008.5.29. 2005헌마137 등)
2	【수형자 이송시 보호장비 사용 (기각)】흉기를 휴대하여 피해자에게 강간상해를 가하였다는 범죄사실 등으로 징역 13년을 선고받아 형집행 중인 수형자를 교도소장이 **다른 교도소로 이송**함에 있어 4시간 정도에 걸쳐 **상체승의 포승과 앞으로 수갑 2개를 채운 보호장비의 사용행위**는 신체의 자유 침해 아님(2012.7.26. 2011헌마426)
3	【민사재판 출정시 수갑사용행위 (기각)】수형자가 민사재판에 출정하여 법정 대기실 내 쇠창살 격리시설 안에 유치되어 있는 동안 교도소장이 출정계호 교도관을 통해 **수형자에게 양손수갑 1개를 앞으로 사용한 행위**는 신체의 자유 침해 아님(2023.6.29. 2018헌마1215)

2 처벌·보안처분·강제노역 관련

(1) 위헌판례

1	【외국에서 형의 집행을 받은 자에 대한 임의적 감면 (헌불)】 외국에서 형의 전부 또는 일부의 집행을 받은 자에 대하여 **형을 감경 또는 면제할 수 있도록** 규정하여 우리 형법에 의한 처벌 시 외국에서 받은 형의 집행을 전혀 반영하지 아니할 수도 있도록 한 「형법」은 **과잉금지원칙에 위반**되어 **신체의 자유 침해**(2015.5.28. 2013헌바129) → **이중처벌금지원칙 위배 아님**
2	【선고시점과 집행시점에 상당한 간극이 있는 성충동 약물치료명령 (헌불)】 성폭력범죄를 저지른 성도착증 환자로서 재범의 위험성이 인정되는 19세 이상의 사람에 대해 **법원이 15년의 범위에서 치료명령을 선고할 수 있도록** 한 「성충동약물치료법」은 장기형이 선고되는 경우 **치료명령의 선고시점과 집행시점 사이에 상당한 시간적 간극**이 있어 집행시점에서 발생할 수 있는 불필요한 치료를 받게 되므로 **신체의 자유 침해**(2015.12.23. 2013헌가9)

(2) 합헌판례

1	【정신성적 장애인 치료감호기간 (합헌)】 정신성적 장애인을 **치료감호시설에 수용하는 기간은 15년을 초과할 수 없다**고 규정한 「치료감호법」은 **신체의 자유 침해 아님**(2017.4.27. 2016헌바452)
2	【피보호감호자에 징벌처분 (합헌)】 형사 법률에 저촉되는 행위 또는 규율 위반 행위를 한 **피보호감호자에 대하여 징벌처분을 내릴 수 있도록** 한 「사회보호법」은 **신체의 자유 침해 아님**(2016.5.26. 2015헌바378)
3	【확정된 보호감호 집행 (합헌)】 법률이 이미 폐지되었다고 하더라도 보호감호는 형벌과는 성격을 달리하는 보호처분이므로 **이미 판결이 확정된 보호감호 대상자에 대하여 보호감호 집행을 하도록** 규정한 「사회보호법폐지법률」은 **헌법에 위반되지 않음**(2009.3.26. 2007헌바50)
4	【치료감호기간 상한 미정 (합헌)】 **치료감호기간의 상한을 정하지 아니한** 「사회보호법」은 **신체의 자유 침해 아님**(2005.2.3. 2003헌바1)
5	【약식명령의 임의적 집행정지 (기각)】 약식명령에 대한 정식재판청구권 회복청구 시 필요적 집행정지가 아닌 **임의적 집행정지**로 규정한 「형사소송법」은 약식명령에 의한 벌금형을 납부하지 않아 **노역장에 유치된 자의 신체의 자유 침해 아님**(2014.5.29. 2012헌마104)
6	【징역형 수형자에 정역의무 부과 (기각)】 **징역형 수형자에게 정역의무를 부과하는** 「형법」은 **신체의 자유 침해 아님**(2012.11.29. 2011헌마318)

3 기타 위헌판례

1	【정신질환자 보호입원 (헌불)】 보호의무자 2인의 동의와 정신건강의학과 전문의 1인의 진단으로 **정신질환자에 대한 보호입원**이 가능하도록 한 「정신보건법」은 **신체의 자유 침해**(2016.9.29. 2014헌가9)
2	【검사조사실 신문시 수갑·포승사용행위 (인용)】 구속된 피의자가 **검사조사실**에 소환되어 피의자신문을 받을 때 계호교도관이 **포승으로 팔과 상반신을 묶고 양손에 수갑을 채운 상태에서** 피의자조사를 받도록 한 **계구사용행위**는 **신체의 자유 침해**(2005.5.26. 2001헌마728)

POINT 106 적법절차원칙

제12조 ① 모든 국민은 신체의 자유를 가진다. 【적법절차】 누구든지 법률에 의하지 아니하고는 체포·구속·압수·수색 또는 심문을 받지 아니하며, **법률과 적법한 절차**에 의하지 아니하고는 **처벌·보안처분** 또는 **강제노역**을 받지 아니한다.
③ 【영장주의】 체포·구속·압수 또는 수색을 할 때에는 **적법한 절차**에 따라 검사의 신청에 의하여 법관이 발부한 영장을 제시하여야 한다. 다만, **현행범인**인 경우와 **장기 3년 이상**의 형에 해당하는 죄를 범하고 **도피** 또는 **증거인멸**의 염려가 있을 때에는 **사후에 영장**을 청구할 수 있다.

1 적법절차원칙

영미법계 → 현행헌법	① 【영미법계 → 제9차】 적법절차의 원칙은 **영미법계 국가**에서 인권보장을 위한 원리로 발전되어 온 것으로서, 우리나라는 **제9차**(제8차 ×) **개정헌법**에서 비로소 헌법전에 규정 ② 【신체의 자유 조항】 현행 헌법은 적법절차원리를 **신체의 자유**를 보장하는 조항에서 규정 ③ 【§12① 일반조항, §12③ 영장주의 중복규정】 헌법 제12조 제1항은 적법절차원칙의 **일반조항**이고 제12조 제3항의 적법절차원칙은 기본권 제한 정도가 가장 심한 **형사상 강제처분**에서 기본권을 더욱 강하게 보장하려는 의지를 담아 **중복규정**
내용	① 【형식적 절차 + 실체적 법률내용】 적법절차원칙은 **형식적인 절차**뿐만 아니라 **실체적 법률내용**이 합리성과 정당성을 갖춘 것이어야 한다는 **실질적 의미로 확대해석** ② 【모든 국가작용의 판단기준】 적법절차의 원칙은 **법률의 위헌여부에 관한 심사기준**으로서 그 적용대상을 **형사소송절차**에 국한하지 않고 **모든 국가작용** 특히 입법작용 전반에 대하여 문제된 **법률의 실체적 내용**이 합리성과 정당성을 갖추고 있는지 여부를 판단하는 기준 ③ 【당사자에게 고지, 의견·자료제출기회 부여】 적법절차원칙에서 도출할 수 있는 중요한 절차적 요청으로 당사자에게 적절한 고지를 할 것, 당사자에게 의견 및 자료 제출의 기회를 부여할 것을 들 수 있음
위헌심사기준	① 【과잉금지원칙과 구별】 적법절차원칙은 단순히 입법권의 유보제한이라는 한정적 의미가 아니라 **모든 국가작용을 지배하는 독자적인 헌법의 기본원리**로서 해석되어야 할 원칙이라는 점에서 **입법권의 유보적 한계**를 선언하는 과잉입법금지원칙과 구별

2 적법절차원칙의 적용범위

(1) 모든 국가작용

모든 국가작용		① 【적용대상 예시】 헌법 제12조 제1항의 **처벌, 보안처분, 강제노역** 등 및 제12조 제3항의 **영장주의**와 관련하여 각각 적법절차의 원칙을 규정하고 있지만 **대상을 한정적으로 열거하고 있는 것이 아니라 적용대상을 예시**한 것에 불과 (한정적 열거 ×) ② 【기본권 제한여부 불문 모든 국가작용】 적법절차원칙는 **형사절차**상의 제한된 범위 내에서만 적용되는 것이 아니라 **국가작용으로서 기본권 제한과 관련되든 아니든 모든 입법작용 및 행정작용**에도 광범위하게 적용 (기본권 제한이 있음을 전제로 하여 적용 ×)
적용	형사 절차	① 【형사소송 전반】 형사소송절차에서 적법절차원칙은 형벌권의 실행 절차인 **형사소송의 전반을 규율하는 기본원리** ② 【기본권 침해 가능성 최소화】 적법절차원칙은 형사피고인의 기본권이 **공권력에 의하여 침해당할 수 있는 가능성을 최소화하도록 절차를 형성·유지할 것을 요구**
	보안 처분	① 【보안처분 but 범위·한계는 상이】 보안처분에도 적법절차의 원칙이 적용되어야 하지만 보안처분에는 **다양한 형태와 내용이 존재**하므로 각 보안처분에 적용되어야 할 적법절차의 범위·한계는 각 보안처분의 **구체적 자유박탈·제한의 정도**를 고려하여 차이를 둠 ② 【보안관찰처분은 완화 적용】 처벌·강제노역에 버금가는 **심대한 기본권제한 수반 보안처분**에는 엄격한 적법절차를 적용, 보안관찰처분 같이 피보안관찰자에게 **신고의무를 부과**하는 자유제한적인 조치에는 **완화된 적법절차**를 적용
	행정 절차	① 【행정상 불이익처분】 적법절차원리는 절차적 차원에서 볼 때에 국민의 기본권을 제한하는 경우에는 반드시 당사자인 **국민에게 자기의 입장과 의견을 자유로이 개진할 수 있는 기회**를 보장하여야 한다는 것을 핵심적인 내용으로 하고, 형사처벌이 아닌 **행정상의 불이익처분**에도 적용 ② 【과징금 부과절차】 적법절차원칙은 형사소송절차에 국한되지 않고 **모든 국가작용전반**에 적용되는 것이므로 국민에게 부담을 주는 행정작용인 **과징금 부과절차에도 준수되어야 함**

(2) 미적용

탄핵소추	① 【국회의 탄핵소추절차】 탄핵소추절차는 국회와 대통령이라는 **헌법기관 사이의 문제**이고, 국회의 탄핵소추의결에 따라 사인으로서 대통령 개인의 기본권이 침해되는 것이 아니며 **국가기관으로서 대통령의 권한행사가 정지**될 뿐이어서, 국가기관이 국민에 대하여 공권력을 행사할 때 준수하여야 하는 법원칙으로 형성된 적법절차원칙을 **탄핵소추절차**(탄핵심판절차 ×)에 **직접 적용할 수 없음** (직접 적용 ×)
입법절차에서 청문	① 【국회입법절차에서 일반 국민의 청문권 부정】 국회의 입법절차에서 일반 국민의 **적법절차에서 파생되는 청문권**은 인정되지 않음

(3) 관련판례

1	① 【세무대 폐지법률 (기각)】 국회가 법률 제정 과정에서 헌법과 법률이 정하는 절차와 방법을 준수하였다면, **별도 청문절차를 거치지 않았다고 해서 적법절차 위반 아님**(2001.2.22. 99헌마613) ② 【적법절차 위반 아님】 세무대학의 폐지를 목적으로 하는 **법률안을 의결**하는 경우 별도의 **청문절차를 거치지 않은 것만으로 헌법 제12조 적법절차위반 아님**(2001.2.22. 99헌마613)

3 관련 위헌판례

1	① **【보호기간 상한없는 보호명령 : 목적·수단 인정, 피해·법익 부정 (헌불)】** 강제퇴거명령을 받은 사람을 즉시 대한민국 밖으로 송환할 수 없는 경우에 송환할 수 있을 때까지 보호시설에 보호할 수 있도록 하여 **보호기간 상한을 마련하지 아니한** 「출입국관리법」은 과잉금지원칙을 위배되어 **신체의 자유 침해**(2023.3.23. 2020헌가 등) → ① 목적의 정당성 및 수단의 적합성 인정 / ② 침해의 최소성과 법익의 균형성 부정 ② **【집행기관으로부터 독립된 중립기관의 통제 필요】** 행정절차상 강제처분에 의해 **신체의 자유가 제한**되는 경우 강제처분의 **집행기관으로부터 독립된 중립적인 기관이 이를 통제**하도록 하는 것은 **적법절차원칙의 중요한 내용**(2023.3.23. 2020헌가 등) ③ **【보호기간 상한없는 보호명령 (헌불)】** 강제퇴거명령을 받은 사람을 보호할 수 있도록 하면서 **보호기간의 상한을 마련하지 아니한** 「출입국관리법」에 의한 보호는 형사절차상 '체포 또는 구속'에 준하는 것으로 볼 수 있는 점을 고려하면, **보호의 개시 또는 연장 단계에서 그 집행기관인 출입국관리공무원으로부터 독립되고 중립적인 지위에 있는 기관이 보호의 타당성을 심사하여 통제**할 수 있어야 함(2023.3.23. 2020헌가 등) ④ **【적법절차원칙 위배 (헌불)】** 공정하고 중립적인 기관에 의한 통제절차가 없고 당사자에게 의견을 제출할 기회도 보장하고 있지 아니하므로 **적법절차원칙 위배**(2023.3.23. 2020헌가 등) ⑤ **【영장주의 입장 없음】** 검사의 신청, 판사의 발부라는 **엄격한 영장주의는 아니더라도**, 적어도 출입국관리공무원이 아닌 객관적·중립적 지위에 있는 자가 그 **인신구속의 타당성을 심사할 수 있는 장치** 필요함(2023.3.23. 2020헌가 등) **비교 【출입국관리법에 따라 보호된 자의 인신구제청구 배제 (기각)】** 「인신보호법」상 **구제청구**를 할 수 있는 피수용자의 범위에서 「출입국관리법」에 따라 보호된 외국인을 제외하는 것은 **신체의 자유 침해 아님**(2014.8.28. 2012헌마686)
2	**【사건종결 전 압수물 임의폐기 (인용)】** 사법경찰관이 위험발생의 염려가 없음에도 불구하고 **압수물에 대한 소유권 포기**가 있다는 이유로 **사건종결 전에 임의로 압수물을 폐기**한 행위는 **적법절차원칙 위반**(2012.12.27. 2011헌마351) → 공정한 재판을 받을 권리 침해
3	**【별도 절차없이 압수물품 국고귀속 (위헌)】** 일정기간 수사관서에 출석하지 않았다는 사유로 「관세법」 위반 **압수물품을 별도 재판이나 처분 없이 국고에 귀속시키는 것은 적법절차원칙 위배**(1997.5.29. 96헌가17)

4 관련 합헌판례

(1) 사전통지, 의견제출기회 미부여

1	**【징계절차 진행하지 않음 미통보해도 징계시효연장 (합헌)】** 징계시효 연장을 규정하면서 **징계절차를 진행하지 아니함을 통보하지 아니한 경우에는 징계시효가 연장되지 않는다는 예외규정을 두지 않았다고 하더라도 적법절차원칙 위배 아님**(2017.6.29. 2015헌바29)
2	**【급속을 요하는 때 전자우편 압수수색 사전통지 생략 (합헌)】** 전자우편에 대한 압수수색 집행의 경우 **급속을 요하는 때에는 사전통지를 생략**할 수 있도록 한 것은 **적법절차원칙 위배 아님**(2012.12.27. 2011헌바225)
3	① **【선관위 의결 행정절차법 미적용 (기각)】** 각급 선관위의 의결을 거쳐 행하는 사항은 **원칙적으로 행정절차에 관한 규정이 적용되지 않는바**, 이는 권력분립의 원리와 선관위 의결절차의 합리성을 고려한 것임(2008.1.17. 2007헌마700) ② **【중선위 요청조치 전 의견진술기회 미부여 (기각)】** 중선위가 대통령의 선거중립의무 준수 요청조치를 취하기 전에 **대통령에게 의견진술의 기회를 부여하지 않은 것은 적법절차원칙에 어긋나서 기본권 침해 아님**(2008.1.17. 2007헌마700)

(2) 중립적 기관(법원 등)에 의한 통제가 가능한 경우

1	**【공정위의 과징금 부과 (합헌)】** 공정위로 하여금 부당내부거래를 한 사업자에 대하여 **매출액의 2% 범위 내에서 과징금을 부과**할 수 있도록 한 「공정거래법」은 공정위는 합의제 행정기관으로서 그 구성에 있어 일정한 정도의 독립성이 보장되어 있고, 과징금 부과절차에서는 **통지, 의견진술의 기회 부여** 등을 통하여 당사자의 절차적 참여권을 인정하고 있으며, **행정소송을 통한 사법적 사후심사가 보장**되어 있으므로 **적법절차원칙 위반 아님**(2003.7.24. 2001헌가25)
2	**【범칙금 미납시 즉결심판 청구 (합헌)】** **범칙금 통고처분**을 받고도 납부기간 이내에 범칙금을 납부하지 아니한 사람에 대하여 행정청에 대한 이의제기나 의견진술의 기회를 주지 않고 **경찰서장이 곧바로 즉결심판을 청구**하도록 한 「도로교통법」은 범칙금을 납부하지 아니한 자에게는 **재판절차라는 완비된 절차적 보장**이 주어지므로 **적법절차원칙 위배 아님**(2014.8.28. 2012헌바433)
3	**【범죄인인도심사 서울고등법원 단심제 (합헌)】** 법원에 의한 **범죄인인도심사**는 형사절차와 같은 전형적인 사법절차의 대상에 해당되지 않으며 법률에 의하여 인정된 특별한 절차이므로, 「범죄인인도법」이 범죄인인도심사를 **서울고등법원의 전속관할인 단심제**로 정하고 있더라도, **적법절차원칙에서 요구되는 합리성과 정당성 결여 아님**(2003.1.30. 2001헌바95) → ① 재판청구권 침해 아님 ② 신체의 자유 침해 아님
4	**【연락운송 운임수입 분쟁을 국토부장관이 결정 (합헌)】** 연락운송 운임수입의 배분에 관한 협의가 성립하지 아니한 때에는 당사자의 신청을 받아 **국토교통부장관이 결정**하도록 한 「도시철도법」은 **적법절차원칙 위배 아님**(2019.6.28. 2017헌바135) → 직업수행의 자유 침해 아님
5	**【치료감호심의위의 보호감호 심사·결정 (합헌)】** 법관이 아닌 행정부 소속기관으로 **치료감호심의위원회**를 두고 보호감호의 관리 및 집행에 관한 사항을 심사·결정하도록 한 것은 **적법절차원칙 위배 아님**(2009.3.26. 2007헌바50) **유사** **【사회보호위원회의 치료감호 종료 결정 (합헌)】** 법관 아닌 **사회보호위원회**가 치료감호의 종료 여부를 결정할 권한을 부여한 「사회보호법」은 **적법절차원칙 위반 아님**(2005.2.3. 2003헌바1)
6	**【치료감호 가종료시 보호관찰 (기각)】** 치료감호 가종료 시 3년의 보호관찰이 시작되도록 한 「치료감호법」은 3년의 보호관찰기간 종료 전이라도 6개월마다 치료감호의 종료 여부 심사를 **치료감호심의위원회에 신청**할 수 있고, 그 신청에 관한 **치료감호심의위원회의 기각결정에 불복하는 경우 행정소송을 제기**하여 법관에 의한 재판을 받을 수 있다는 점 등을 고려하면 **적법절차원칙 위반 아님**(2023.10.26. 2021헌마839)

(3) 기타 적법절차원칙

1	**【징벌혐의 조사를 위한 분리수용·처우제한 (기각)】** **징벌혐의 조사**를 위하여 14일간 **조사실에 분리수용하고 공동행사참가 등 처우를 제한**한 교도소장의 행위에 대하여 법원에 의한 개별적인 통제절차를 두고 있지 않은 것만으로 **적법절차원칙 위반 아님**(2014.9.25. 2012헌마523)
2	**【수용자가 교정시설 외부로 나갈 경우 전자발찌 부착행위 (기각)】** 교도소·구치소의 **수용자가 교정시설 외부로 나갈 경우** 도주방지를 위하여 해당 **수용자의 발목에 전자장치를 부착**하도록 한 규정에 따른 전자장치 부착행위는 **적법절차원칙 위반 아님**(2018.5.31. 2016헌마191 등)
3	**【구법상 친일반민족행위자 결정을 신법상 결정으로 간주 (합헌)】** 구 「친일재산국가귀속법」에 따라 **친일반민족행위자로 결정**한 경우에는 현행 「친일재산귀속법」에 따라 결정한 것으로 보는 것은 친일재산귀속법의 입법목적을 관철하기 위하여 불가피한 입법적 결단을 한 것으로 보이므로 **적법절차원칙 위반 아님**(2018.4.26. 2016헌바454)
4	**【토지소유자 30% 해제요청으로 해제절차 개시 (합헌)】** 「도시정비법」이 정비예정구역 내 **토지 등 소유자의 100분의 30 이상의 해제 요청**이라는 비교적 완화된 요건만으로 정비예정구역 해제 절차에 나아갈 수 있도록 하였다고 하여 **적법절차원칙 위반 아님**(2023.6.29. 2020헌바63)

POINT 107 영장주의

제12조 ③ 【영장주의】 체포·구속·압수 또는 수색을 할 때에는 **적법한 절차**에 따라 **검사의 신청**에 의하여 **법관이 발부한 영장**을 제시하여야 한다. 다만, **현행범인**인 경우와 **장기 3년**(5년 ×, 2년 ×, 1년 ×) 이상의 형에 해당하는 죄를 범하고 **도피 또는 증거인멸의 염려가 있을 때**(도피 또는 증거인멸의 염려가 없더라도 ×)에는 **사후에 영장을 청구**할 수 있다.

1 영장주의

(1) 영장주의

법관 발부	① 【강제처분시 법관 발부 영장】 영장주의란 **적법절차원칙에서 도출**되는 원리로서, **형사절차**와 관련하여 **체포·구속·압수·수색의 강제처분**을 함에 있어서는 사법권 독립에 의하여 신분이 보장되는 **법관이 발부한 영장**에 의하지 않으면 아니 된다는 원칙 ② 【강제처분시 법관의 판단 필요】 영장주의의 본질은 **체포·구속·압수·수색 등 기본권을 제한하는 강제처분**을 함에 있어서는 **중립적인 법관의 구체적 판단**을 거쳐야 한다는 데에 있음
구속개시+ 효력유지+ 정지·실효	① 【구속의 개시 + 효력유지 + 정지·실효】 영장주의는 구속개시 시점에서 신체의 자유에 대한 박탈의 허용만이 아니라 **구속영장의 효력을 계속 유지**할 것인지 아니면 **정지 또는 실효**시킬 것인지 여부의 결정도 오직 법관의 판단에 의하여만 결정되어야 한다는 것을 의미 (영장주의는 구속영장의 효력을 계속 유지할 것인지 여부와는 관련 없음 ×) ② 【다른 기관에 좌우 시 영장주의 위반】 법원이 피고인의 구속 또는 그 유지 여부의 필요성에 관하여 한 재판의 효력이 **검사나 다른 기관의 이견이나 불복이 있다** 하여 좌우되거나 제한받는다면 이는 **영장주의 위반**
압수·수색	① 【압수·수색의 사전통지 & 집행 당시 참여권 : 기본권 아님】 압수·수색의 사전통지나 집행 당시의 참여권 보장은, 압수·수색에 있어 국민의 기본권을 보장하고 헌법상의 **적법절차원칙을 실현하는 구체적인 방법**의 하나일 뿐 **헌법상 명문으로 규정된 권리 아님**

(2) 관련판례

1	【영장 없는 구속·압수·수색 (위헌)】 「국가보안법」 위반죄 등 일부 범죄혐의자를 **법관의 영장 없이 구속, 압수, 수색할 수 있도록 규정**하고 법관에 의한 사후영장제도도 마련하지 않은 「인신구속 등에 관한 임시 특례법」은 **영장주의 위배**(2012.12.27. 2011헌가5)
2	【법원의 구속집행정지결정에 대한 검사의 즉시항고 (위헌)】 법원의 **구속집행정지결정에 대하여 검사가 즉시항고**할 수 있도록 한 「형사소송법」은 법원의 구속집행정지결정을 무의미하게 할 수 있는 권한을 검사에게 부여한 것이라는 점에서 **영장주의 위배**(2012.6.27. 2011헌가36) → ① **적법절차원칙 위배** ② 과잉금지원칙 위반으로 **신체의 자유 침해**
3	【검사의 10년 이상 징역형 의견진술시 구속영장 효력상실 부정 (위헌)】 무죄 등 판결이 선고된 때에는 **구속영장의 효력을 잃도록** 하면서 검사로부터 사형, 무기 또는 10년 이상의 징역이나 금고의 형에 해당한다는 취지의 **의견진술이 있는 사건에 대하여는 예외**로 하는 「형사소송법」은 **적법절차원칙에 위배**(1992.12.24. 92헌가8) → 권력분립원칙에 위배

2 피의자 구속과 피고인 구속

(1) 피의자 구속과 피고인 구속

피의자	① **【필수적 피의자심문절차】** 구속영장을 청구받은 지방법원판사는 **지체없이 피의자를 심문**하여야 함(피의자 또는 변호인 등의 신청이 있을 때만 피의자 심문할 수 있음 ×)¹ ② **【검찰청법상 검사만 아님】** 헌법에 규정된 **영장신청권자로서의 검사**는 검찰권을 행사하는 국가기관인 검사로서 **공익의 대표자**이자 **수사단계에서의 인권옹호기관**으로서의 지위에서 그에 부합하는 **직무를 수행하는 자**를 의미하는 것이지,「검찰청법」상 **검사만 지칭 아님**(「검찰청법」상 검사만을 지칭 ×)³
피고인	① **【법관 직권 발부】** 공판단계에서는 검사의 신청이 없어도 **법관 직권으로 영장 발부**¹ ② **【검사의 신청 불요】** 수사단계가 아닌 공판단계에서 **법관이 직권으로 영장을 발부**하여 구속하는 경우 **검사의 영장신청이 불필요**¹ ③ **【모든 영장에 검사의 신청 필요한 것 아님】** 헌법이 영장의 발부에 "검사의 신청"을 규정한 취지는 **모든 영장의 발부에 검사의 신청이 필요하다는 데에 있는 것이 아니라**(모든 영장발부에 검사신청 필요 ×) **수사단계에서 영장의 발부를 신청할 수 있는 자를 검사로 한정**함으로써 검사 아닌 다른 수사기관의 영장신청에서 오는 **인권유린의 폐해를 방지**하고자 함²
성격 상이	① **【직권 발부 명령장 vs 청구 발부 허가장】** 법원 직권으로 발부하는 영장은 **명령장**(허가장 ×)의 성질을 갖지만, 수사기관의 청구에 의하여 발부하는 **구속영장은 허가장**(명령장 ×)의 성질²

(2) 관련판례

1	**【공판단계 법관 직권 영장발부 (합헌)】** 공판단계에서 법원이 직권에 의하여 구속영장을 발부할 수 있도록 하는 형사소송법은 **영장주의 내지 적법절차 위반 아님**(1997.3.27. 96헌바28 등)²

3 영장주의를 적용하지 않는 처분

(1) 수사기관의 강제처분이 아니라서 영장주의가 적용되지 않는 경우

1	**【선거범죄 조사 시 자료제출요구(행정조사) (합헌)】** 각급선관위 위원·직원의 선거범죄 조사에 있어서 피조사자에게 자료제출의무를 부과한 「공직선거법」에 따른 자료제출요구는 **행정조사의 성격**으로 수사기관의 수사와 근본적으로 성격을 달리하며, 상대방에 대하여 **직접적으로 어떠한 물리적 강제력을 행사하는 강제처분이 아니므로 영장주의 적용대상 아님**(2019.9.26. 2016헌바381)
2	① **【행정상 즉시강제】** 행정상 즉시강제는 본질상 급박성을 요건으로 하고 있어 법관의 영장을 기다려서는 목적을 달성할 수 없으므로 **원칙적 영장주의 적용 안됨**(2002.10.31. 2000헌가12) ② **【등급분류 받지 않은 게임물 수거·폐기 (합헌)】** 관계행정청이 등급분류를 받지 아니하거나 등급분류를 받은 게임물과 다른 내용의 게임물을 발견한 경우 **관계공무원으로 하여금 수거·폐기**하도록 한 것은 영장 없는 수거를 인정하더라도 **영장주의 위배 아님**(2002.10.31. 2000헌가12) ③ **【적법절차원칙 위배 아님】** 소유자 또는 점유자에게 **수거증을 교부**하도록 하는 등 절차적 요건을 규정하고 있어 **적법절차원칙 위배 아님**(2002.10.31. 2000헌가12)
3	① **【형사재판 계속 중 출국금지 (합헌)】** 형사재판에 계속 중인 사람에 대하여 **법무부장관의 출국금지결정**은 행정처분일 뿐이고 **신체에 대하여 직접적으로 물리적 강제력을 수반하는 강제처분이 아니므로 영장주의 적용 안됨**(2015.9.24. 2012헌바302) ② **【적법절차원칙 위배 아님】** 「출입국관리법」은 출국금지 후 **즉시 서면으로 통지**하도록 하고 **이의신청이나 행정소송**을 통하여 출국금지결정에 대해 사후적으로 다툴 수 있는 기회를 제공하여 **절차적 참여를 보장**해 주고 있으므로 **적법절차원칙 위배 아님**(2015.9.24. 2012헌바302)
4	① **【소변강제채취(합헌)】** 교도소장이 마약류 관련 **수형자에게 소변을 받아 제출**하게 한 것은 교도소의 안전과 질서 유지 위한 것으로 **수사에 필요한 처분이 아닐 뿐만 아니라 검사대상자들의 협력이 필수적**이어서 강제처분이라고 할 수도 없어 **영장주의 적용 안됨**(2006.7.27. 2005헌마277) ② **【과잉금지원칙 위배 아님】** 마약류사범인 수용자에게 마약류반응검사를 위하여 소변을 받아 제출하게 한 것은 **과잉금지원칙 위반 아님**(2006.7.27. 2005헌마277)

(2) 직접강제가 아니라서 영장주의가 적용되지 않는 경우

1	① **【지문채취 불응 시 형사처벌 (합헌)】** 범죄의 피의자로 입건된 사람들에게 경찰공무원이나 검사의 신문을 받으면서 자신의 신원을 밝히지 않고 **지문채취에 불응하는 경우 형사처벌**을 통하여 지문채취를 강제하는 것은 영장주의에 의하여야 할 **강제처분 아니므로 영장주의 적용 안됨**(2004.9.23. 2002헌가17 등) ② **【적법절차원칙 위배 아님】** 범죄의 피의자로 입건된 사람이 경찰공무원이나 검사의 신문을 받으면서 자신의 신원을 밝히지 않고 **지문채취에 불응하는 경우 벌금, 과료, 구류의 형사처벌**을 받도록 하는 「경범죄처벌법」은 **적법절차원칙 위배 아님**(2004.9.23. 2002헌가17 등)
2	① **【음주측정 불응 시 형사처벌 (합헌)】** 음주측정은 성질상 강제될 수 있는 것이 아니고 당사자의 **자발적 협조가 필수적**인 것이므로 영장을 필요로 하는 **강제처분 아니므로 영장주의 적용 안됨**(1997.3.27. 96헌가11) ② **【적법절차원칙 위배 아님】** 주취운전의 혐의자에게 주취여부의 측정에 응할 의무를 지우고 불응한 사람을 처벌하는 「도로교통법」은 **적법절차원칙 위배 아님**(1997.3.27. 96헌가11)

4 신체의 자유와 영장주의

(1) 동행명령

1	① **【참고인에 대한 동행명령】** 참고인에 대한 동행명령제도는 신체의 자유를 사실상 억압하여 일정 장소로 **인치**하는 것과 실질적으로 같으므로 **영장주의 적용**(2008.1.10. 2007헌마468) ② **【특별검사의 동행명령 거부 시 형사처벌 (위헌)】** 특별검사가 참고인에게 지정된 장소까지 동행할 것을 명령할 수 있게 하고 참고인이 정당한 이유 없이 위 동행명령을 거부한 경우 천만 원 이하의 벌금형에 처하도록 규정한 동행명령조항은 **영장주의 또는 과잉금지원칙에 위배하여 신체의 자유 침해**(2008.1.10. 2007헌마468) → **일반적 행동자유권**은 신체의 자유의 한 내용인 불법적인 심문을 받지 아니할 권리에 포함되므로 **판단 안함**
2	① **【증인의 동행명령은 법관의 영장주의 적용】** 지방의회에서의 사무감사·조사를 위한 **증인의 동행명령장제도**는 증인의 **신체의 자유를 억압하여 일정 장소로 인치**하는 것으로서 헌법 제12조 제3항의 **체포 또는 구속에 준하는 사태**로 보아야 하므로, **법관이 발부한 영장의 제시** 필요(대판 1995.6.30. 93추83) ② **【지방의회 의장의 동행명령장 발부 (무효확인)】** 「지방자치법」에 근거한 **조례**에 의하여 지방의회에서의 사무감사·조사를 위한 **증인의 동행명령장을 지방의회 의장이 발부**하는 것은 **영장주의 원칙 위배**(대판 1995.6.30. 93추83)

(2) 인신구금을 내용으로 하는 영창처분

1	① **【병에 대한 영창처분 : 신체의 자유 제한】** 병(兵)에 대한 징계처분으로 병을 부대나 함정 내의 영창, 그 밖의 구금장소에 감금하는 것을 규정한 「군인사법」에 의한 영창처분은 **신체의 자유를 제한하는 구금**에 해당하고, **신체의 자유 제한**(2020.9.24. 2017헌바157 등) ② **【신체의 자유 침해 (위헌)】** 병(兵)에 대한 징계처분으로 영창처분은, 인신의 자유를 덜 제한하면서도 병의 비위행위를 효율적으로 억지할 수 있는 징계수단을 강구하는 것이 얼마든지 가능함에도, **병의 신체의 자유를 필요 이상으로 과도하게 제한**하므로 침해의 최소성 원칙에 어긋나 **과잉금지원칙 위배**(2020.9.24. 2017헌바157 등) ③ **【영장주의 : 법정의견 없음】** 재판관 4인의 법정의견에 대한 보충의견은 징계절차로서의 인신구금에 대해서도 **영장주의가 적용**된다고 보았으나, 재판관 2인의 반대의견은 영장주의가 적용되지 않는다고 봄 → 영장주의 적용여부 자체에 대한 판단은 **법정의견이 되지 않았음**
2	① **【전경에 대한 영창처분】** 전투경찰순경의 **인신구금**을 내용으로 하는 **영창처분**에 있어서도 **적법절차원칙 준수 필요**(2020.9.24. 2017헌바157 등) ② **【적법절차원칙 위배 아님 (합헌)】** 전투경찰순경에 대한 징계처분을 규정하고 있는 「전투경찰대 설치법」은 그 사유의 제한, 징계대상자의 출석권과 진술권의 보장 및 법률에 의한 별도의 불복절차가 마련되어 있어 **적법절차원칙 위배 아님**(2020.9.24. 2017헌바157 등) ③ **【영장주의 미적용】** 영장주의가 형사절차가 아닌 징계절차에도 **그대로 적용된다고 볼 수 없음**(2020.9.24. 2017헌바157 등)

5 사후구속영장

(1) 사후구속영장

영장없는 체포	① 【체포 후 48시간 내 구속영장청구】 긴급체포와 현행범체포의 경우 **체포영장 없이 체포**를 한 후 피의자를 구속하고자 할 때에는 체포한 때로부터 **48시간 이내**에 **구속영장**을 청구하여야 함

(2) 관련판례

1	① 【사후구속영장 (합헌)】 피의자를 **긴급체포**한 경우에 **사후 체포영장을 청구하도록 규정하지 아니**하고 수사기관으로 하여금 **피의자를 구속하고자 할 때에 한하여 구속영장을 청구**하도록 규정한 「형사소송법」은 **영장주의 위반 아님** (2021.3.25. 2018헌바212) ② 【사후 체포영장 불요】 피의자를 긴급체포하여 조사한 결과 구금을 계속할 필요가 없다고 판단하여 **48시간 이내에 석방**하는 경우까지도 수사기관으로 하여금 반드시 체포영장발부절차를 밟게 한다면, 이는 **비효율을 초래할 가능성**이 있고, 오히려 **인권침해적인 상황**을 발생시킬 우려 있음 (2021.3.25. 2018헌바212)
2	【체포 후 48시간 내 구속영장 청구 (합헌)】 현행범인을 체포한 때부터 **48시간 이내**를 사후영장의 청구기간으로 정한 것은 **영장주의 위반 아님** (2012.5.31. 2010헌마672)

POINT 108 진술거부권

제12조 ② 【고문금지】 모든 국민은 고문을 받지 아니하며, 【진술거부권】 형사상 자기에게 불리한 진술을 강요당하지 아니한다.

1 진술거부권

(1) 사후구속영장

진술거부권	① 【진술거부권】 진술거부권은 **피고인 또는 피의자가 공판절차나 수사절차**에서 법원 또는 수사기관의 신문에 대하여 **형사상 자신에게 불리한 진술을 거부**할 수 있는 권리 ② 【형사·행정·국회절차 포함】 진술거부권은 **형사절차**뿐만 아니라 **행정절차**나 **국회에서의 조사절차** 등에서도 보장되고, 현재 피의자나 피고인으로서 **수사 또는 공판절차에 계속 중인 사람**뿐만 아니라 **장차 피의자나 피고인이 될 사람**에게도 보장되며, 고문 등 폭행에 의한 강요는 물론 **법률로써도 진술을 강요당하지 아니함**을 의미
보호영역	① 【자기의 형사책임을 전제로 한 진술】 진술거부권의 보호대상이 되는 진술이란 **형사상 자신에게 불이익이 될 수 있는 진술**이므로 범죄의 성립과 양형에서의 불리한 사실 등을 말하는 것이며, 그 진술내용이 **자기의 형사책임에 관련될 것을 전제**로 함

(2) 관련판례

1	【법위반사실 공표명령 (위헌)】 **법위반사실 공표명령**은 "특정의 행위를 함으로써「공정거래법」을 위반하였다"는 취지의 행위자의 진술을 공표하게 하는 것으로서 형사절차에 들어가기 전에 **법위반행위를 일단 자백**하게 하는 것이 되어 **진술거부권 침해**(2002.1.31. 2001헌바43)
2	① 【보고의무는 진술강요】 선관위에 허위보고한 정당의 회계책임자를 형사처벌함으로써 '**보고**'의무를 부과하는 것은 **진술거부권이 금지하는 진술강요**에 해당(2005.12.22. 2004헌바25) ② 【기재행위 진술에 포함】 진술거부권의 보호대상이 되는 '**진술**'이란 개인의 생각이나 지식, 경험사실을 **정신작용의 일환인 언어를 통하여 표출**하는 것을 의미하고, **정당의 회계책임자가 불법 정치자금의 수수 내역을 회계장부에 기재한 행위**는 당사자가 자신의 경험을 말로 표출한 것의 등가물로 평가될 수 있으므로 진술거부권의 보호대상이 되는 **진술의 범위 포함**(2005.12.22. 2004헌바25) → **진술거부권 제한** but 진술거부권 침해 아님

2 보호영역이 아닌 경우

1	**【음주측정 불응 시 형사처벌 (합헌)】** 주취운전의 혐의자에게 **호흡측정기에 의한 주취여부의 측정에 응할 것을 요구**하고 이에 불응할 경우 처벌한다고 하여도 **형사상 불리한 '진술' 강요 아님**(1997.3.27. 96헌가11)
2	**【유사석유제품 제조 조세포탈 처벌 (합헌)】** '**대체유류**'를 제조하였다고 **신고**하는 것이 석유사업법위반죄를 시인하는 것이나 마찬가지라고 할 수 없고, 신고의무 이행 시 과세절차가 곧바로 석유사업법위반죄의 처벌을 위한 자료의 수집·획득 절차로 이행되는 것도 아니므로 **유사석유제품을 제조하여 조세를 포탈한 자를 처벌**하는「조세범 처벌법」은 **형사상 불리한 진술 강요 아님**(2017.7.27. 2012헌바323)
3	**【성매매피해자의 성매매사실 진술 (합헌)】 성매매를 한 자를 형사처벌** 하도록 규정한「성매매처벌법」상 자발적 성매매와 성매매피해자를 구분하는 차별적 범죄화는 성판매자로 하여금 성매매피해자로 구제받기 위하여 성매매 사실을 스스로 진술하게 하더라도 **형사상 불리한 진술 강요 아님**이므로 성판매자의 **진술거부권 제한 아님**(2016.3.31. 2013헌가2)

POINT 109 변호인의 조력을 받을 권리

> 제12조 ④【변호인의 조력을 받을 권리】누구든지 체포 또는 구속을 당한 때에는 **즉시**(48시간 이내에 ×) **변호인의 조력을 받을 권리**를 가진다. 다만, **형사피고인**(형사피의자 ×)이 스스로 변호인을 구할 수 없을 때에는 법률이 정하는 바에 의하여 **국가가 변호인을 붙인다.**"

1 변호인의 조력을 받을 권리

기본권	①【형벌권 행사에 대항】변호인의 조력을 받을 권리란 **국가권력의 일방적인 형벌권 행사에 대항**하여 자신에게 부여된 헌법상·소송법상 권리를 효율적이고 독립적으로 행사하기 위하여 **변호인의 도움을 얻을 피의자 및 피고인의 권리**¹
충분한 조력	①【변호인의 충분한 조력】변호인의 조력을 받을 권리는 **무죄추정**을 받고 있는 피의자·피고인의 신체구속에서 생기는 폐해를 제거하고 구속이 목적의 한도를 초과하지 않도록 보장하는 것으로 '**변호인의 조력**'은 '**변호인의 충분한 조력**'을 의미¹

2 주체 및 적용영역

(1) 주체

피의자·피고인	①【피의자·피고인】일반적으로 형사사건에 있어 변호인의 조력을 받을 권리는 **피의자나 피고인을 불문하고 보장** (피고인에게만 인정 ×)¹ ②【불구속 피의자·피고인】헌법상 명문의 규정은 없지만, **피의자 또는 피고인에게는 체포 또는 구속 여부에 불구**하고 변호인의 조력을 받을 권리가 인정⁵ ③【임의동행한 피내사자】**임의동행한 피내사자**도 **변호인과의 접견교통권**이 보장²
수형자	①【형사절차 종료된 수형자 : 부정】형사절차가 종료되어 교정시설에 수용중인 **수형자**는 원칙적으로 변호인의 조력을 받을 권리의 **주체가 될 수 없음**⁶ ②【재심절차의 수형자 : 인정】수형자도 재심절차 등에는 **변호인 선임을 위한 일반적인 교통·통신**이 보장¹

(2) 적용영역

형사사건	①【형사사건 인정】변호인의 조력을 받을 권리는 '**형사사건에서 변호인의 조력을 받을 권리**'를 의미¹
그 외 사건 : 부정	①【수용자의 민사·행정·헌법재판 등에서 변호사 접견】형사절차가 종료되어 교정시설에 수용 중인 **수형자나 미결수용자**가 형사사건의 변호인이 아닌 민사재판, 행정재판, 헌법재판 등에서 변호사와 접견할 경우에는 원칙적으로 변호인의 조력을 받을 권리의 **주체가 될 수 없음**⁹ ②【가사소송에서 변호사의 조력】변호인의 조력을 받을 권리는 **신체의 자유**에 관한 영역으로서 **가사소송에서 당사자가 변호사를 대리인으로 선임**하여 조력을 받는 것은 **보호영역 아님**⁴

(3) 관련판례

1	【수형자와 변호인간 서신검열 (각하)】 유죄판결이 확정되어 교정시설에 수용중인 **수형자**가 변호인과 주고받은 **서신을 검열한 행위**는 변호인의 조력을 받을 권리를 보장받을 수 있는 경우 아님(1998.8.27. 96헌마398)
2	【수형자의 민사·행정·헌법재판에서 변호사 접견불허 : 변호인 조력받을 권리 제한 아님 (각하)】 형사절차가 종료되어 교정시설에 수용 중인 수형자가 형사사건의 변호인이 아닌 **민사재판, 행정재판, 헌법재판** 등에서 변호사와 접견할 경우에는 원칙적으로 **변호인의 조력을 받을 권리의 주체가 될 수 없으므로**, 교도소장의 접견불허처분에 의하여 **수형자의 변호인의 조력을 받을 권리 제한 아님**(2013.8.29. 2011헌마122)

3 출입국관리법상 보호·강제퇴거절차

(1) 인정되는 경우 : 누구든지 체포 또는 구속을 당한 때

헌정사	① 【**구금(제헌) → 구속(현행)**】 제헌헌법 이래 신체의 자유 보장규정에서 "**구금**"이라는 용어를 사용해 오다가 **현행헌법 개정 시에 이를 "구속"으로 바꾸었는데**, "구금"을 "구속"으로 바꾼 것은 헌법에 규정된 신체의 자유의 보장 범위를 **구금된 사람**뿐 아니라 **구인된 사람**에게까지 **넓히기 위한 것**으로 해석 (행정절차상 구속까지 의미하는 것으로 해석하는 것은 문언해석의 한계를 넘음 ×)
출관법상 보호·강제 퇴거 절차 (행정절차)	① 【**행정절차에서 구속을 당한 사람**】 헌법 제12조 제4항 본문에 규정된 '구속'은 사법절차에서 이루어진 구속뿐 아니라, **행정절차에서 이루어진 구속까지 포함**하는 개념이므로 변호인의 조력을 받을 권리는 **행정절차에서 구속을 당한 사람**에게도 즉시 **보장** (행정절차에서 구속을 당한 사람에게는 보장되지 않음 ×) ② 【**보호·강제퇴거 절차**】 변호인의 조력을 받을 권리는 「출입국관리법」상 보호 또는 강제퇴거 절차에도 **적용** (적용되지 않음 ×)

(2) 관련판례

1	① 【**인천공항 송환대기실에 수용된 외국인**】 난민인정신청을 하였으나 **난민인정심사불회부 결정**을 받고 **인천공항 송환대기실에 계속 수용된 외국인**은 변호인의 조력을 받을 권리 인정(2018.5.31. 2014헌마346) ② 【**변호인 접견거부 : 변호인의 조력을 받을 권리 침해 (인용)**】 인천공항출입국·외국인청장이 입국불허되어 **송환대기실 내에 수용되고 난민인정심사불회부결정을 받은 외국인**을 인천국제공항 송환대기실에 수개월째 수용하고 환승구역으로 출입을 막으면서 **변호인접견신청을 거부한 것**은 **변호인의 조력을 받을 권리 침해**(2018.5.31. 2014헌마346)

POINT 110 변호인의 조력을 받을 권리 내용 Ⓢ

1 변호인의 조력을 받을 권리

주요 내용	① 【선임·접견 + 조언·상담 + 방어권 준비·행사】 변호인의 조력을 받을 권리에는 **변호인을 선임**하고, **변호인과 접견**하며, **변호인의 조언과 상담**을 받고, 변호인을 통해 **방어권 행사**에 필요한 사항들을 **준비**하고 **행사**하는 것 등이 모두 포함 [1]
상대적 기본권	① 【제한 可】 변호인의 조력을 받을 권리는 국가안전보장, 질서유지 또는 공공복리를 위하여 필요한 경우 **법률로써 제한할 수 있음** (제한할 수 없음 ×) [1]

2 변호인 선임권

변호인 선임권	① 【절대적 기본권】 변호인의 조력을 받을 권리의 출발점은 **변호인선임권**에 있고, 변호인의 조력을 받을 권리의 가장 기초적인 구성부분으로서 **법률로써도 제한할 수 없음** (제한할 수 있음 ×) [1]
국선변호인 조력권	① 【피고인에게만 인정】 일반적으로 형사사건에 있어 변호인의 조력을 받을 권리는 피의자나 피고인을 불문하고 보장되나, 그 중 특히 **국선변호인의 조력을 받을 권리는 피고인에게만 인정**되는 것으로 해석 (피의자에게 인정 ×) [3]

3 접견교통권

(1) 접견교통권

접견교통권	① 【제한 可】 변호인의 조력을 받을 권리 중 하나인 **변호인과의 접견교통권** 역시 국가안전보장·질서유지 또는 공공복리를 위해 **필요한 경우에는 법률로써 제한될 수 있음** [1] ② 【최대한 보장 but 제한 可】 구속피고인의 변호인 면접·교섭권은 최대한 보장되어야 하지만, 국가형벌권의 적정한 행사와 피고인의 인권보호라는 형사소송절차의 목적을 구현하기 위하여 **제한될 수 있으며**, 이 경우에도 그 제한은 엄격한 비례의 원칙에 따라야 하고, **시간·장소·방법 등 일반적 기준**에 따라 중립적이어야 함 [1] ③ 【특정시점 접견불허 → 변호인 조력권 침해 아님】 미결수용자 또는 변호인이 원하는 **특정한 시점에 접견**이 이루어지지 못하였더라도 곧바로 변호인의 조력을 받을 권리 **침해 아님** (변호인의 조력을 받을 권리 침해 ×) [5]
자유로운 접견권	① 【접견교통 + 내용비밀보장 + 부당간섭금지】 신체구속을 당한 사람에게 변호인과 사이의 **충분한 접견교통**을 허용함은 물론 **교통내용에 대하여 비밀이 보장**되고 **부당한 간섭이 없어야 함** [2] ② 【절대적 기본권】 **변호인과의 자유로운 접견**은 신체구속을 당한 사람에게 보장된 **변호인의 조력을 받을 권리**의 중요한 내용이어서 국가안전보장, 질서유지, 공공복리 등 **어떠한 명분으로도 제한될 수 없음** [2] ③ 【자유로운 접견 제한 不可 but 접견 자체 제한 可】 구속된 자와 변호인 간의 접견이 실제로 이루어지는 경우의 '**자유로운 접견**', 즉 '대화내용에 대하여 비밀이 완전히 보장되고 어떠한 제한, 영향, 압력 또는 부당한 간섭 없이 자유롭게 대화할 수 있는 접견'을 제한할 수 없다는 것이지, **변호인과의 접견 자체**에 대해 **아무런 제한도 가할 수 없다는 의미 아님** (구속된 자와 변호인 간의 접견 자체에 대해 아무런 제한도 가할 수 없다는 것을 의미 ×) [4]

(2) 관련판례

1	【미결수용자 공휴일 변호인 접견 불허 (기각)】 국선변호인이 6월 5일 접견신청을 하였으나, 접견을 희망한 6월 6일이 현충일(공휴일)이라는 이유로 거부되고 6월 8일 피고인을 접견한 것은 피고인의 변호인의 조력을 받을 권리 침해 아님(2011.5.26. 2009헌마341)	
2	【재판대기 중 피고인 변호인 접견 불허 (기각)】 법정 옆 피고인 대기실에서 대기 중인 14인 중 11인이 강력범들이고 교도관이 2인인 상황에서, 재판대기 중인 피고인이 재판 시작 20분 전에 교도관에게 변호인 접견을 신청하였으나 변호인 접견신청이 거부된 것은 변호인의 조력을 받을 권리 침해 아님(2009.10.29. 2007헌마992)	
3	【변호인접견실에 CCTV 설치·관찰 (기각)】 구치소장이 변호인접견실에 CCTV를 설치하여 미결수용자와 변호인 간의 접견을 관찰한 행위는 금지물품의 수수나 교정사고를 방지하기 위한 것으로 미결수용자의 변호인의 조력을 받을 권리 침해 아님(2016.4.28. 2015헌마243)	

4 서신 비밀보장

(1) 서신비밀보장

서신비밀보장	① 【서신비밀보장】 변호인의 조력을 받을 권리는 접견 뿐만 아니라 변호인과 미결수용자 사이의 서신에도 적용되어 비밀이 보장되어야 함 (변호인과 미결수용자간 서신에 적용되지 않음 ×)
보장요건	① 【변호인 여부 확인 + 금지물품·도주 내용 없어야 보장】 미결수용자와 변호인 사이의 서신으로서 비밀을 보장받기 위하여는 ㉠ 교도소측에서 상대방이 변호인이라는 사실을 확인할 수 있어야 하고, ㉡ 서신을 통하여 마약 등 소지금지품의 반입을 도모한다든가 그 내용에 도주·증거인멸 등에 관한 내용이 기재되어 있다고 의심할 만한 합리적인 이유가 있는 경우가 아니어야 함

(2) 관련판례

1	【서류확인·장부등재행위 (기각)】 미결수용자와 변호인 간에 주고받는 서류를 확인하고 소송관계서류처리부에 등재하는 행위는 미결수용자의 변호인 접견교통권 제한(2016.4.28. 2015헌마243) → 변호인의 조력을 받을 권리 침해 아님
2	【변호인이 수용자에게 보낸 서신을 개봉 후 교부 (기각)】 교도소장이 금지물품 동봉 여부를 확인하기 위하여 미결수용자와 같은 지위에 있는 수형자의 변호인이 수형자에게 보낸 서신을 개봉한 후 교부한 행위는 변호인의 조력을 받을 권리 침해 아님(2021.10.28. 2019헌마973)

5 조언·상담 및 방어권 준비·행사

(1) 조언·상담을 구할 권리

기본권	① 【변호인과 상담·조언을 구할 권리】 피의자·피고인의 구속 여부를 불문하고 변호인과 상담하고 조언을 구할 권리는 변호인의 조력을 받을 권리의 내용 중 구체적인 입법형성이 필요한 다른 절차적 권리의 필수적인 전제요건으로서 변호인의 조력을 받을 권리 자체에서 막바로 도출
언제나 가능	① 【수사 ~ 재판】 불구속 피의자나 피고인의 경우 형사소송법상 특별한 명문의 규정이 없더라도 스스로 선임한 변호인의 조력을 받기 위하여 변호인을 옆에 두고 조언과 상담을 구하는 것은 수사절차의 개시에서부터 재판절차의 종료에 이르기까지 언제나 가능

(2) 관련판례

1	【증인에 대한 차폐시설 설치 (합헌)】 '피고인 등'에 대하여 변호인과 증인 사이에 차폐시설을 설치하여 증인신문을 진행할 수 있도록 규정한 「형사소송법」 조항은 공정한 재판을 받을 권리 및 변호인의 조력을 받을 권리 침해 아님(2016.12.29. 2015헌바221)

POINT 111 변호인의 변호권 Ⓐ

1 피의자 및 피고인을 조력할 변호인의 권리

헌법상 기본권	① 【핵심적인 부분은 기본권】 피의자·피고인을 조력할 변호인의 권리 중 그것이 보장되지 않으면 그들이 변호인의 조력을 받는다는 것이 유명무실하게 되는 핵심적인 부분은 피의자·피고인의 변호인의 조력을 받을 권리와 표리의 관계이므로 **기본권으로 보호** [3]
변호인 등의 접견교통권	① 【변호인이 '되려는 자'의 접견교통권】 '**변호인이 되려는 자**'의 접견교통권은 피의자 등을 조력하기 위한 핵심적인 부분으로서, 피의자 등의 기본권인 '변호인이 되려는 자'와의 접견교통권과 표리의 관계에 있으므로 **피의자 등의 '변호인이 되려는 자'의 조력을 받을 권리가 실질적으로 확보되기 위해서는 '변호인이 되려는 자'의 접견교통권 역시 헌법상 기본권으로서 보장** (법률상 권리에 불과 ×)[9] → '변호인이 되려는 자'의 접견교통권 침해 이유 헌소 적법 [1] ② 【'변호인'의 접견교통권】 '**변호인으로 선임된 자**'의 접견교통권도 **헌법상 기본권** [2]
변호인의 수사서류 열람·등사권	① 【신속·공정한 재판을 받을 권리 + 변호인의 조력을 받을 권리】 피고인의 **신속·공정한 재판을 받을 권리** 및 **변호인의 조력을 받을 권리**는 헌법이 보장하고 있는 **기본권** [1] ② 【변호인의 수사기록 열람·등사권】 변호인의 수사서류 열람·등사권은 피고인의 신속·공정한 재판을 받을 권리 및 변호인의 조력을 받을 권리라는 헌법상 기본권의 **중요한 내용**이자 **구성요소**이며 이를 **실현하는 구체적인 수단** [3] ③ 【서류 열람·등사 → 공격·방어준비】 피고인에게 보장된 변호인의 조력을 받을 권리는 **변호인과의 자유로운 접견교통권에 그치지 아니하고 변호인을 통하여 수사서류를 포함한 소송관계 서류를 열람·등사**하고 이에 대한 검토결과를 토대로 **공격과 방어의 준비**를 할 수 있는 권리도 포함 [3] ④ 【수사기록 열람·등사 거부행위】 변호인의 수사기록 열람·등사에 대한 **지나친 제한**은 피고인에게 보장된 **변호인의 조력을 받을 권리 침해** (변호인의 조력을 받을 권리와 무관 ×) [2]
변호인의 신문참여권	① 【변호인이 피의자신문에 자유롭게 참여할 수 있는 권리】 변호인이 피의자신문에 자유롭게 참여할 수 있는 권리는 피의자가 가지는 변호인의 조력을 받을 권리를 실현하는 수단이므로 **헌법상 기본권인 변호인의 변호권으로서 보호** [5]
보호영역 불포함	① 【피고인의 형사공탁에 관한 변호인의 조력】 피고인의 피해자에 대한 공탁은 형사재판에서 피고인에게 유리한 양형사유로 기능할 수는 있으나, **소송절차 밖에서 이루어지는 공탁 과정에서 변호인의 역할이 필수적으로 요구되는 것은 아니므로 피고인의 형사공탁에 관한 변호인의 조력**은 피고인을 조력할 변호인의 권리 중 그것이 보장되지 않으면 피고인이 변호인의 조력을 받는다는 것이 유명무실하게 되는 **핵심적 부분 아님** [1]

2 관련 위헌 판례

(1) 변호인의 수사서류 열람·등사권

1	【법원의 수사기록 열람·등사결정에도 검사의 신속한 이행 부작위 (인용)】 법원의 수사서류 열람·등사 허용 결정에도 불구하고 검사가 **신속하게 이행하지 아니하는** 것은 피고인의 **신속·공정한 재판을 받을 권리 및 변호인의 조력을 받을 권리 침해**(2010.6.24. 2009헌마257) **유사** 【법원의 열람·등사 결정에도 검사의 등사거부행위 (인용)】 법원의 수사서류 열람·등사 허용 결정에도 불구하고 해당 수사서류의 **등사를 거부**한 검사의 행위는 **신속·공정한 재판을 받을 권리 및 변호인의 조력을 받을 권리 침해**(2017.12.28. 2015헌마632) **유사** 【법원의 열람·등사 결정에도 열람만 허용하고 등사 거부 (인용)】 수사서류에 대한 법원의 열람·등사 허용 결정이 있음에도 **검사가 열람·등사를 거부**하는 경우 수사서류 각각에 대하여 검사가 열람·등사를 거부할 정당한 사유가 있는지를 심사할 필요 없이 그 거부행위 자체로써 **변호인의 조력을 받을 권리 침해**하는 것이 되고, 법원의 수사서류에 대한 열람·등사 허용 결정이 있음에도 **검사가 해당 서류에 대한 열람만을 허용하고 등사를 거부**하는 경우에도 **변호인의 조력을 받을 권리 침해**(2017.12.28. 2015헌마632)
2	【별건사건 서류 열람·등사 거부 (인용)】 별건으로 공소제기 후 확정되어 검사가 보관하고 있는 서류에 대하여 **법원의 열람·등사 허용 결정**이 있었음에도 검사가 피고인에 대한 형사사건과의 관련성을 부정하면서 **해당 서류의 열람·등사를 허용하지 아니한 행위**는 **신속·공정한 재판을 받을 권리 및 변호인의 조력을 받을 권리 침해**(2022.6.30. 2019헌마356)
3	【피의자 신문조서 열람·등사 거부 (인용)】 경찰서장이 구속적부심사 중에 있는 피구속자의 변호인에게 **고소장과 피의자신문조서에 대한 열람 및 등사를 거부**한 것은 **변호인의 피구속자를 조력할 권리 및 알 권리 침해**(2003.3.27. 2000헌마474)

(2) 변호인이 피의자신문에 자유롭게 참여할 수 있는 권리

1	【후방착석요구행위 : 목적부정 (인용)】 검찰수사관이 피의자신문에 참여한 변호인에게 피의자 후방에 앉으라고 요구한 행위는 **변호인의 변호권 침해**(2017.11.30. 2016헌마503) → 후방착석요구행위의 **목적의 정당성과 수단의 적절성 부정**

POINT 112 기타 형사절차상 적법절차

1 고지·통지제도

제12조 ⑤【고지·통지제도】누구든지 체포 또는 구속의 이유와 변호인의 조력을 받을 권리가 있음을 **고지**받지 아니하고는 체포 또는 구속을 당하지 아니한다. 체포 또는 구속을 당한 자의 **가족등 법률이 정하는 자**에게는 그 이유와 일시·장소가 지체없이 **통지**되어야 한다.³

2 체포·구속적부심사

제12조 ⑥【체포·구속적부심사】누구든지 체포 또는 구속을 당한 때에는 적부의 심사를 **법원**(검찰 ×)에 **청구할 권리**를 가진다.³

(1) 적부심사제

① 【**제7차 개정헌법에서 삭제**】제헌헌법에 구속적부심사제도 규정 → 제7차 개정헌법(1972년)에서 삭제 → 제8차 개정헌법(1980년)에서 체포·구속적부심사제도 **부활**
② 【**전격기소 시 적부심사 가능**】구속된 피의자가 적부심사청구권을 행사한 다음 **검사가 전격기소**를 한 경우, **법원은 적부심사**를 통하여 석방 또는 기각결정을 할 수 있음¹

(2) 관련판례

1	【**전격기소 시 적부심사청구 부정 (헌불)**】구속된 피의자가 적부심사청구권을 행사한 다음 검사가 **전격기소**를 한 경우, 법원으로부터 구속의 헌법적 정당성에 대하여 실질적 심사를 받고자 하는 청구인의 절차적 기회를 제한하는 결과를 가져오는 「형사소송법」은 **적부심사청구권의 본질적 내용을 제대로 구현하지 아니하였음**(2004.3.25. 2002헌바104)¹

3 자백의 증거능력 및 증명력 제한

제12조 ⑦【자백의 증거능력·증명력 제한】피고인의 자백이 고문·폭행·협박·구속의 부당한 장기화 또는 기망 기타의 방법에 의하여 **자의로 진술된 것이 아니라고 인정될 때** 또는 정식재판에 있어서 피고인의 자백이 그에게 불리한 유일한 증거일 때에는 이를 유죄의 증거로 삼거나 이를 이유로 처벌할 수 없다.⁴

POINT 113 무죄추정원칙

제27조 ④ 【무죄추정원칙】 형사피고인은 유죄의 판결이 확정(선고 ×)될 때까지는 **무죄로 추정된다.**

1 무죄추정원칙

무죄추정	① 【유죄 확정판결 전까지 죄가 없는 자로 취급】 무죄추정원칙은 아직 공소제기가 없는 **피의자**는 물론 공소가 제기된 **피고인**이라도 유죄의 확정판결이 있기까지는 원칙적으로 **죄가 없는 자에 준하여 취급**하여야 하고 **불이익을 입혀서는 안 되며** 가사 그 **불이익을 입힌다** 하여도 필요한 **최소한도**에 그쳐야 한다는 원칙 ② 【제8차 개정헌법】 무죄추정원칙은 **제8차 개정헌법(1980년)**에 신설
주체·내용	① 【피고인 + 피의자】 헌법은 **형사피고인**에 대하여서만 규정하였으나 공소가 제기된 형사피고인에게 무죄추정이 적용되는 이상 아직 공소제기조차 되지 아니한 **형사피의자에게도 무죄추정이 적용** (형사피의자는 무죄추정의 원칙이 적용되지 않음 ×) ② 【유죄 인정 효과로서 불이익 금지】 무죄추정원칙상 금지되는 불이익은 유죄를 근거로 사회적 비난 내지 기타 응보적 의미의 차별 취급을 가하는 **유죄 인정의 효과로서의 불이익**을 의미

2 내용·효과

입증책임 (증거법)	① 【검사 : 유죄의 입증책임】 무죄추정원칙에 따라 **유죄의 입증책임**은 공소 제기한 **국가 부담** ② 【법관 : 유죄의 입증이 없으면 무죄선고】 유죄에 관한 입증이 없으면 '**의심스러울 때에는 피고인의 이익**'의 원칙에 따라 **무죄가 선고**되어야 함 → **수사기관** 이외에 **법관까지도** 기속
형사절차	① 【형사절차 전 과정】 무죄추정원칙은 **증거법**에 국한된 원칙이 아니라 **수사절차**에서 **공판절차**에 이르기까지 형사절차의 전 과정을 지배하는 **지도원리**로서 인신의 **구속 자체를 제한하는 원리** (수사절차에만 적용 ×) ② 【불구속수사·재판 원칙】 신체의 자유를 최대한으로 보장하려는 헌법정신, **무죄추정원칙**(영장주의 원칙 ×)으로 인하여 **불구속수사·불구속재판을 원칙**으로 하고 **예외적**으로 도피할 우려가 있거나 증거를 인멸할 우려가 있는 때에 한하여 **구속수사 또는 구속재판이 인정** ③ 【미결구금은 형기에 전부 산입】 미결구금은 자유형의 집행과 다르지 않으므로 인권보호와 공평의 원칙상 **형기에 전부 산입**되어야 함
일반 법생활 영역	① 【유죄 인정 효과로서 불이익 금지】 피고인이나 피의자를 유죄의 판결이 확정되기 전에 **죄 있는 자에 준하여 취급**함으로써 **법률적·사실적** 측면에서 유형·무형의 **차별취급**을 가하는 **유죄 인정의 효과로서의 불이익을 주어서는 안됨** ② 【형사절차 + 일반 법생활 영역】 무죄추정원칙은 **형사절차** 내에서의 불이익뿐만 아니라 기타 **일반 법생활 영역**에서 기본권 제한과 같은 경우에도 적용 (형벌권으로서 과벌에만 적용 ×)

3 관련 위헌판례

(1) 형사절차

1	【군사법경찰관의 구속기간 연장 허용 (위헌)】 군사법원법의 적용대상이 되는 **모든 범죄**에 대하여 **군사법경찰관에게 10일의 범위 내에서 구속기간 연장**을 허용한 것은 **무죄추정의 원칙 위반**(2003.11.27. 2002헌마193) / → **신체의 자유 및 신속한 재판을 받을 권리 침해** /
2	【판결 선고전 구금일수 일부만 본형에 산입 (위헌)】 법관으로 하여금 미결구금일수를 형기에 산입하되, 그 **산입범위는 재량**에 의하여 결정하도록 하여 판결 선고 전 구금일수의 일부만을 본형에 산입할 수 있도록 한 「형법」은 무죄추정의 원칙 및 적법절차의 원칙을 위배하여 **신체의 자유 침해**(2009.6.25. 2007헌바25) 6
	유사 【상소제기 후 상소취하 시까지 미결구금일수를 본형 산입대상에 제외 (헌불)】 상소제기 후 미결구금일수 산입을 규정하면서 상소제기 후 상소취하 시까지의 구금일수 통산에 관하여 규정하지 아니함으로써 **본형의 산입의 대상에서 제외**되도록 한 「형사소송법」 규정은 **무죄추정의 원칙 및 적법절차원칙** 등을 위배하여 **신체의 자유 침해**(2009.12.29. 2008헌가13 등) 5
	비교 【1심 결정에 의한 소년원 수용기간을 항고심 결정에 의한 보호기간에 미산입 (기각)】 **소년보호사건**에서 제1심 결정에 의한 소년원수용기간을 항고심결정의 보호기간에 산입하지 아니하도록 한 것은 **무죄추정원칙 위배 아님**(2015.12.23. 2014헌마768) 2

(2) 일반 법생활 영역

1	【법위반사실 공표명령 (위헌)】 사업자단체의 「공정거래법」 위반행위가 있을 때 공정위가 당해 사업자단체에 대하여 **법위반사실의 공표**를 명할 수 있도록 한 것은 **유죄로 추정하는 불이익한 처분**으로 **무죄추정원칙 위반**(2002.1.31. 2001헌바43) 7
2	【형사사건 기소된 공무원 필요적 직위해제 (위헌)】 형사사건으로 기소되면 필요적으로 직위해제처분을 하도록 한 「국가공무원법」은 **무죄추정원칙 위반**(1998.5.28. 96헌가12) 3
	유사 【형사사건 기소된 교원 필요적 직위해제 (위헌)】 사립학교 교원은 형사사건으로 공소 제기되면 반드시 직위해제하도록 규정하고 있는 「사립학교법」은 **무죄추정원칙 위반**(1994.7.29. 93헌가3 등) / → **직업의 자유 침해** /
	비교 【형사사건 기소된 공무원 '임의적' 직위해제 (합헌)】 형사사건으로 기소된 국가공무원을 직위해제할 수 있도록 규정한 「국가공무원법」은 **공무담임권 침해 아님**(2006.5.25. 2004헌바12) 3 → **무죄추정원칙 위반 아님** 2
3	【공소제기된 변호사 필요적 업무정지 (위헌)】 법무부장관이 형사사건으로 공소가 제기된 변호사에 대하여 판결이 확정될 때까지 업무정지를 명하도록 한 「변호사법」은 **직업선택의 자유와 무죄추정의 원칙 위반**(1990.11.19. 90헌가48) 2 → 청문기회 미보장으로 **적법절차원칙 위반** /
	비교 【공소제기된 변호사 징계위 의결을 통한 업무정지 (합헌)】 변호사에 대한 징계 절차가 개시되어 그 재판이나 징계 결정의 결과 등록취소, 영구제명 또는 제명에 이르게 될 가능성이 매우 크고, 그대로 두면 장차 의뢰인이나 공공의 이익을 해칠 구체적인 위험성이 있는 경우 **법무부징계위원회의 의결**을 거쳐 **법무부장관이 업무정지**를 명하는 것은 **무죄추정원칙 위배 아님**(2014.4.24. 2012헌바45) /

4 관련 합헌판례

1	【형사재판 계속 중인 자 출국금지 (합헌)】 형사재판에 계속 중인 사람에 대하여 출국을 금지할 수 있다고 규정한 「출입국관리법」은 **무죄추정원칙 위배 아님**(2015.9.24. 2012헌바302)
2	【미결수용자 국민건강보험료 납입 및 급여 정지 (기각)】 교도시설에 수용 중인 경우에는 기결수 뿐 아니라 **미결수용자**에 대하여도 **교도소에 수용된 때에는 국민건강보험료 납입 및 급여를 정지**하도록 한 「국민건강보험법」은 **무죄추정원칙 위반 아님**(2005.2.24. 2003헌마31 등)
3	【성폭력범죄 피해아동 영상녹화물 증거능력인정 (합헌)】 「청소년성보호법」상 **성폭력범죄 피해아동의 진술이 수록된 영상녹화물**에 대하여 피해아동의 법정 진술 없이도 조사과정에 동석하였던 신뢰관계에 있는 자의 진술에 의하여 그 성립의 진정함이 인정된 때 그 증거능력을 인정하는 조항은 **무죄추정원칙 위배 아님**(2013.12.26. 2011헌바108)

POINT 114 주거의 자유

> **제16조 【주거의 자유】** 모든 국민은 **주거의 자유**를 침해받지 아니한다. **【영장주의】** 주거에 대한 압수나 수색을 할 때에는 검사의 신청에 의하여 **법관이 발부한 영장**을 제시하여야 한다.

1 주거의 자유

(1) 주거의 불가침

사생활 보호	① **【사생활 영역인 주거의 보호】** 주거의 자유는 개방되지 않은 사적 공간인 주거를 공권력이나 제3자에 의해 침해당하지 않도록 함으로써 **국민의 사생활영역을 보호하기 위한 권리**
주거의 보호	① **【보호필요성 큼】** 주거는 생활의 기초단위로서 **구성원 전체의 인격이 형성되고 발현되는 사적 공간**이므로 그 **보호의 필요성 매우 큼**

(2) 관련판례

1	① **【절차를 위반한 불법체류 외국인 긴급보호】** 불법체류 외국인에 대한 긴급보호의 경우에도 「**출입국관리법**」이 정한 요건에 해당하지 않거나 **법률이 정한 절차를 위반**하는 때에는 **적법절차원칙에 반하여 신체의 자유 등 기본권을 침해**하게 됨(2012.8.23. 2008헌마430) ② **【불법체류 외국인 긴급보호 위해 주거침입 (기각)】** 「출입국관리법」에 의한 보호에 있어서 **용의자에 대한 긴급보호를 위해 그의 주거에 들어간 것**이라면 **긴급보호가 적법**한 이상 **주거의 자유 침해 아님**(2012.8.23. 2008헌마430)

(3) 보호영역이 아닌 경우

1	**【주택재개발사업의 세입자 주거이전비 등 보상 (기각)】** 주거용 건축물의 사용·수익관계를 정하고 있는 「도시정비법」은 **주거의 자유 제한 아님**(2014.7.24. 2012헌마662)

2 영장주의

(1) 압수·수색의 영장주의

헌정사	①【제5차 개정헌법】 주거의 자유와 관련 영장주의는 **1962년 제5차 헌법개정**에서 처음 명시 [1]
영장주의 예외	①【영장주의의 예외 인정】 헌법 제16조에서는 제12조 제3항과는 달리 **영장주의에 대한 예외를 마련하지 아니하였으나** 주거에 대한 압수나 수색에 있어 **영장주의가 예외 없이 반드시 관철되어야 함을 의미하는 것은 아니고**, 헌법 제16조의 영장주의도 **일정한 요건 하에서 예외를 인정할 필요가 있음** (영장주의가 예외없이 반드시 관철되어야 함을 의미 ×) [8] ②【개연성 + 긴급성】 헌법 제16조의 영장주의에 대해서도 그 예외를 인정하되 이는 ㉠ 그 장소에서 범죄혐의 등을 입증할 자료나 피의자가 존재할 **개연성이 소명**되고, ㉡ 사전에 영장을 발부받기 어려운 **긴급한 사정**이 있는 경우에만 **제한적으로 허용** [1]

(2) 관련판례

1	【**개연성만 소명되면 영장없이 타인의 주거 수색 허용 (헌불)**】 체포영장을 발부받아 피의자를 체포하는 경우에 필요한 때에는 **영장 없이 타인의 주거 등 내에서 피의자 수사**를 할 수 있도록 한 「형사소송법」은 별도로 영장을 발부받기 어려운 **긴급한 사정**이 있는지 여부를 **구별하지 아니하고** 피의자가 소재할 **개연성만 소명**되면 **영장 없이 타인의 주거 등을 수색할 수 있도록 허용**하고 있으므로 **헌법 제16조 영장주의 위반**(2018.4.26. 2015헌바370 등) [10]

POINT 115 사생활의 비밀과 자유

> 제17조 【사생활의 비밀과 자유】 모든 국민은 **사생활의 비밀과 자유**를 침해받지 아니한다.

1 사생활의 비밀과 자유

사생활	① 【**사생활의 비밀과 자유**】 사생활의 비밀은 국가가 **사생활영역을 들여다보는 것**에 대한 **보호**를 제공하는 기본권이며, **사생활의 자유**는 국가가 **사생활의 자유로운 형성을 방해·금지**하는 것에 대한 **보호**를 의미 ② 【**내밀영역**】 개인의 내밀한 내용의 **비밀을 유지할 권리**, 개인이 자신의 **사생활의 불가침**을 보장받을 수 있는 권리, 개인의 **양심영역이나 성적영역**과 같은 내밀한 영역에 대한 보호, **인격적인 감정세계의 존중의 권리**와 **정신적인 내면생활**을 침해받지 아니할 권리 등이 보호대상
사생활의 비밀과 자유	① 【**비밀 : 비공개 + 공개 불원**】 **사생활의 비밀**이란 사생활에 관한 사항으로 일반인에게 **아직 알려지지 않고** 일반인의 감수성을 기준으로 할 때 **공개를 원치 않을 사항** ② 【**자유 : 자유 형성 + 간섭 배제**】 **사생활의 자유**란 사회공동체의 일반적인 생활규범의 범위 내에서 **사생활을 자유롭게 형성**해 나가고 그 설계·내용에 대해 **외부로부터 간섭받지 아니할 권리** ③ 【**사생활 비공개(소극) + 개인정보자기결정권(적극)**】 사생활의 비밀과 자유에 관한 헌법규정은 **개인의 사생활이 함부로 공개되지 아니할 소극적인 권리**는 물론, 오늘날 고도로 정보화된 현대사회에서 **자신에 대한 정보를 자율적으로 통제할 수 있는 적극적인 권리**까지 보장 (적극적 권리까지 보장하는 것은 아님 ×)
보호영역 불포함	① 【**공적인 영역 활동**】 헌법 제17조가 보호하고자 하는 기본권은 '**사생활영역**'의 자유로운 형성과 비밀유지라고 할 것이며, **공적인 영역의 활동**은 다른 기본권에 의한 보호는 별론으로 하고 **사생활의 비밀과 자유가 보호하는 것은 아님** (공적인 영역 활동 포함 ×)

2 사생활의 영역

(1) 보호영역에 포함 : 내밀

1	① **【흡연권 : 헌법 제17조】** 흡연을 하는 행위는 사생활의 영역에 포함되며, **흡연권은 헌법 제17조**에서 헌법적 근거를 찾을 수 있음(2004.8.26. 2003헌마457) ② **【헌법 제10조】** 자유로운 흡연에의 결정 및 흡연행위를 포함하는 **흡연권은 헌법 제10조**도 근거(2004.8.26. 2003헌마457) **유사 【혐연권】 혐연권은 흡연권과 마찬가지로 헌법 제17조, 제10조가 헌법 근거**(2004.8.26. 2003헌마457)
2	① **【수용자 없는 상태에서 거실·작업장 검사】** 교도소 내 거실·작업장은 수용자의 사생활 영역이거나 사생활에 연결될 수 있는 영역이므로 **수용자가 없는 상태**에서 교도소장이 비밀리에 거실·작업장에서 개인물품 등을 검사하는 행위는 수용자의 **사생활의 비밀과 자유 제한**(2011.10.25. 2009헌마691) ② **【사생활의 비밀과 자유 침해 아님 (기각)】** 교도소장이 수용자가 없는 상태에서 실시한 거실·작업장의 검사행위는 **사생활의 비밀과 자유 침해 아님**(2011.10.25. 2009헌마691) → **적법절차원칙 위배 아님**
3	① **【위치추적 전자장치 부착명령】** '전자발찌'로 불리는 '위치추적 전자장치'의 부착명령은 피부착자의 **개인정보자기결정권**을 제한할 뿐만 아니라 피부착자의 위치와 이동경로를 실시간으로 파악하여 **24시간 감시**할 수 있으므로 피부착자의 **사생활의 비밀과 자유 제한**(2012.12.27. 2010헌가82 등) ② **【사생활의 비밀과 자유 및 개인정보자기결정권 침해 아님 (합헌)】** 성폭력범죄를 2회 이상 범하여 습벽이 인정되고 재범의 위험성이 있는 자에게 검사의 청구에 따라 **법원이 10년의 범위 내에서 위치추적 전자장치를 부착**할 수 있도록 한 「전자장치부착법」은 **사생활의 비밀과 자유 및 개인정보자기결정권 침해 아님**(2012.12.27. 2011헌바89)
4	① **【어린이집 CCTV 설치의무 (기각)】** 어린이집에 폐쇄회로 텔레비전(CCTV : Closed Circuit Television)을 원칙적으로 설치하도록 정한 「영유아보육법」은 보육교사 및 영유아의 **사생활의 비밀과 자유 제한**(2017.12.28. 2015헌마994) ② **【사생활의 비밀과 자유 침해 아님 (기각)】** 어린이집에 폐쇄회로 텔레비전을 원칙적으로 설치하도록 한 것은 어린이집 보육교사의 **사생활의 비밀과 자유 침해 아님**(2017.12.28. 2015헌마994) **유사 【어린이집 CCTV 열람 (기각)】** 「영유아보육법」은 CCTV 열람의 활용 목적을 제한하고 있고, 어린이집 원장은 열람시간 지정 등을 통해 보호자의 열람 요청에 적절히 대응할 수 있으므로 **CCTV 열람조항은 보육교사의 개인정보자기결정권 침해 아님**(2017.12.28. 2015헌마994)
5	**【16세 미만 미성년자 의제강간죄 (합헌)】** 13세 이상 16세 미만의 사람에 대하여 간음·추행을 한 19세 이상의 자를 강간죄, 유사강간죄, 강제추행죄의 예에 따라 처벌하도록 한 「형법」은 개인의 성생활이라는 내밀한 사적 생활영역에서의 행위를 제한하므로 **사생활의 비밀과 자유 제한**(2024.6.27. 2022헌바106 등)
6	**【성기구 관련 음란물건판매죄 (합헌)】** 성기구의 판매 행위를 제한할 경우 성기구를 사용하려는 소비자는 성기구를 구하는 것이 불가능하거나 매우 어려워 결국 **성기구를 이용하여 성적 만족을 얻으려는 사람의 은밀한 내적 영역에 대한 기본권인 사생활의 비밀과 자유를 제한**(2013.8.29. 2011헌바176)
7	**【경찰공무원 경사 이상 재산등록의무 (기각)】** 국가가 경찰공무원에 대해 **사유재산에 관한 정보를 등록**하게 하는 것은 사유재산에 관한 사적 영역의 자유로운 형성과 설계를 제한하는 것이므로, **사생활의 비밀과 자유 제한**(2010.10.28. 2009헌마544)

(2) 보호영역에 미포함

1	① **【도로 위에서 자동차 운전 : 내밀한 영역 아님】** 일반교통에 사용되고 있는 도로 위에서 **자동차를 운전하는 행위**는 더 이상 개인적인 **내밀한 영역의 행위 아님**(2003.10.30. 2002헌마518) ② **【좌석안전띠 착용 문제 : 사생활 X, 일반적 행동 자유 O】** 자동차를 도로에서 운전하는 중에 좌석안전띠를 착용할 것인가의 여부의 생활관계가 사생활의 기본조건이라거나 자기결정의 핵심적 영역 또는 인격적 핵심과 관련된다고 보기 어려우므로, **운전할 때 운전자가 좌석안전띠를 착용하는 문제는 사생활영역의 문제가 아니어서 사생활의 비밀과 자유에 의하여 보호되는 범주 벗어난 행위**(2003.10.30. 2002헌마518) ③ **【사생활의 비밀과 자유 침해 아님 (기각)】** 운전할 때 운전자가 **좌석안전띠를 착용할 의무**는 운전자의 **사생활의 비밀과 자유 침해 아님**(2003.10.30. 2002헌마518)
2	① **【대외적으로 해명하는 행위 : 사생활 X, 양심의 자유 X, 표현의 자유 O】** 선거운동 과정에서 자신의 인격권이나 명예권을 보호하기 위하여 **대외적으로 해명을 하는 행위는 표현의 자유에 속하는 것이지 사생활의 자유에 의하여 보호되는 범주를 벗어난 행위**(2001.8.30. 99헌바92 등) → **사생활의 자유 보호영역 아님** ② **【양심의 자유 제한 아님】** 자신의 인격권이나 명예권을 보호하기 위하여 **자신의 태도나 입장을 외부에 설명하거나 해명하는 행위**는 단순한 생각이나 의견, 사상이나 확신 등의 **표현행위**라고 볼 수 있어, 그 행위가 선거에 영향을 미치게 하기 위한 것이라는 이유로 이를 하지 못하게 된다 하더라도 **양심의 자유의 보호영역에 포함 안됨**(2001.8.30. 99헌바92 등)
3	**【공개된 게시판에 글을 게시하는 행위 : 사생활 X, 양심의 자유 X, 표현의 자유 O】** 인터넷언론사의 공개된 게시판·대화방에서 스스로의 의사에 의하여 **정당·후보자에 대한 지지·반대의 글을 게시하는 행위가 양심의 자유나 사생활 비밀의 자유에 의하여 보호되는 영역 아님**(2010.2.25. 2008헌마324 등)
4	① **【변호사 수임사건 건수·수임액 보고의무 : 사생활 X, 직업수행의 자유 O】** 변호사의 업무와 관련된 수임사건의 **건수 및 수임액**은 변호사의 **내밀한 개인적 영역**에 속하는 것이라고 보기 **어려우므로** 이를 소속 지방변호사회에 보고하도록 한 것은 **사생활의 비밀과 자유 제한 아님**(2009.10.29. 2007헌마667) → **직업수행의 자유 제한** but 침해 아님 ② **【사생활의 비밀과 자유 침해 아님 (기각)】** 변호사에게 전년도에 처리한 **수임사건의 건수 및 수임액을 소속 지방변호사회에 보고**하도록 규정하고 있는 「변호사법」은 **사생활의 비밀과 자유 침해 아님**(2009.10.29. 2007헌마667)
5	① **【특정인의 사생활 조사업 금지 (기각) : 사생활 X, 직업선택의 자유 O】** 특정인의 사생활 등을 조사하는 일을 업으로 하는 행위를 금지한 것은 이를 업으로 하려는 자의 **사생활의 자유를 보호하기 위한 것이지 사생활의 자유 제한 아님**(2018.6.28. 2016헌마473) ② **【탐정 유사 명칭 사용금지 (기각)】** 탐정 유사 명칭 사용을 금지한 「신용정보법」이 탐정업 유사직역에 종사하면서 탐정 명칭을 사용하지 못하게 하는 것은 **직업수행의 자유 침해 아님**(2018.6.28. 2016헌마473)
6	**【존속상해치사죄 가중처벌 (합헌)】** 존속상해치사죄와 같은 **범죄행위는 사생활의 영역에 속한다고 볼 수 없을** 뿐만 아니라, 가중처벌하는 것이 **사생활의 자유 침해 아님**(2002.3.28. 2000헌바53)

3 법익충돌 : 사생활의 비밀 vs 인격 등

1	**【공적인물 vs 사인 / 공적 관심 사안 vs 사적 영역】** 신문보도의 **명예훼손** 관련 실정법을 해석·적용할 때에는 **공적 인물과 사인, 공적 관심 사안과 사적인 영역**에 속하는 사안 간에는 **심사기준에 차이**를 두어야 하고, **공적 인물의 공적 활동**에 대한 **명예훼손적 표현은 그 제한이 더 완화**(2013.12.26. 2009헌마747) [3]
2	① **【공직자의 사생활도 공적 관심사안】** 공직자의 공무집행과 직접적인 관련이 없는 **개인적인 사생활에 관한 사실**이라도 일정한 경우 **공적인 관심 사안**에 해당할 수 있음(2009.10.29. 2007헌마667) [3] ② **【공직자의 자질·도덕성·청렴성에 관한 사실은 순수 사생활 아님】** 공직자의 자질·도덕성·청렴성에 관한 사실은 그 내용이 개인적인 사생활에 관한 것이라 할지라도 **순수한 사생활의 영역에 있다고 보기 어려움**(2009.10.29. 2007헌마667) [6] ③ **【문제제기·비판 허용】** 공직자의 자질·도덕성·청렴성에 관한 사실은 공직자 등의 사회적 활동에 대한 **비판 내지 평가의 한 자료**가 될 수 있고, 업무집행의 내용에 따라서는 **업무와 관련**이 있을 수도 있으므로, 이에 대한 **문제제기 내지 비판은 허용**되어야 함(2009.10.29. 2007헌마667) [3]
3	① **【청소년 성매수자 신상공개제도】** 청소년 성매수 범죄자들은 일반인에 비해 **인격권과 사생활의 비밀의 자유도** 본질적 부분 아닌 한 **넓게 제한받을 여지** 있음(2003.6.26. 2002헌가14) [2] ② **【인격권 내지 사생활의 비밀 침해 아님 (합헌)】** 청소년 성매수 범죄자들의 '성명, 연령, 직업 등의 신상과 범죄사실의 요지'를 공개하도록 하는 「청소년성보호법」에 따라 범죄인들의 신상과 전과를 일반인이 알게 된다고 하여 **인격권 내지 사생활의 비밀 침해 아님**(2003.6.26. 2002헌가14) [1]
4	① **【피고인·증인의 사적사항 공개이용 당하지 않을 권리】** 공판정에서 진술을 하는 피고인·증인 등도 인간으로서의 존엄과 가치를 가지며, 사생활의 비밀과 자유를 침해받지 아니할 권리를 가지고 있으므로, **본인이 비밀로 하고자 하는 사적인 사항**이 일반에 공개되지 아니하고 자신의 인격적 징표가 타인에 의하여 **일방적으로 이용당하지 아니할 권리 있음**(1995.12.28. 91헌마114) [1] ② **【공판정 녹취 금지·제한 (기각)】** 피고인이나 변호인에 의한 공판정에서의 녹취는 진술인의 인격권 또는 사생활의 비밀과 자유에 대한 침해를 수반하고, 실체적 진실발견 등 다른 법익과 충돌할 개연성이 있으므로, 녹취를 금지해야 할 필요성이 녹취를 허용함으로써 달성하고자 하는 이익보다 큰 경우에는 **녹취를 금지 또는 제한함이 타당**(1995.12.28. 91헌마114) [2]
5	**【언론보도로 인한 초상권 침해】** 초상권, 사생활의 비밀과 자유에 대한 부당한 침해는 불법행위를 구성하고 위 침해는 그것이 **공개된 장소**에서 이루어졌다거나 **민사소송의 증거를 수집할 목적**으로 이루어졌다는 사유만으로는 **정당화 안됨**(대판 2021.4.29. 2020다227455) [1]

4 관련 위헌판례

1	① **【4급 이상 공무원 병역 면제사유인 질병명 공개 (헌불)】** 공적 관심의 정도가 약한 **4급 이상의 공무원**들까지 대상으로 삼아 **병역 면제사유인 모든 질병명**을 아무런 예외없이 관보와 인터넷을 통해 **공개토록 한 「병역공개법」**은 **사생활의 비밀과 자유 침해**(2007.5.31. 2005헌마1139) [13] ② **【개인의 내밀한 인격과 자기정체성 유지 불가 (헌불)】** 사람의 **육체적·정신적 상태**나 건강에 대한 정보, **성생활**에 대한 정보와 같은 것은 **인간의 존엄성**이나 인격의 내적 핵심을 이루는 요소이므로 외부세계의 어떤 이해관계에 따라 그에 대한 **정보를 수집하고 공표**하는 것이 쉽게 허용되어서는 **개인의 내밀한 인격과 자기정체성이 유지될 수 없음**(2007.5.31. 2005헌마1139) [1]
2	**【사관생도 금주의무】** 사관생도의 **모든 사적 생활**에서까지 예외 없이 금주의무를 이행할 것을 요구하는 것은 **일반적 행동자유권**은 물론 **사생활의 비밀과 자유를 지나치게 제한**(대판 2018.8.30. 2016두60591) [1]

5 관련 합헌판례

(1) 수용자 관련

1	① 【대화내용 녹음·녹화 (합헌)】 미결수용자와 변호인 아닌 자와의 접견 시 그 대화내용을 녹음·녹화할 수 있도록 한 것은 **사생활의 비밀과 자유 침해 아님**(2016.11.24. 2014헌바401) ② 【접견내용 청취·기록·녹음·녹화 (합헌)】 교정시설의 장이 수용자가 범죄의 증거를 인멸하거나 형사 법령에 저촉되는 행위를 할 우려가 있는 때에 **교도관으로 하여금 수용자의 접견내용을 청취·기록·녹음 또는 녹화**하게 하는 「형집행법」은 **미결수용자의 사생활의 비밀과 자유 및 통신의 비밀을 침해하지 않음**(2016.11.24. 2014헌바401) ③ 【영장주의 미적용】 「형집행법」에 따라 미결수용자의 접견 내용을 녹음·녹화하는 것은 직접적으로 물리적 강제력을 수반하는 강제처분이 아니므로 **영장주의가 적용되지 않으므로 영장주의 위배 아님**(2016.11.24. 2014헌바401)
2	【배우자와 접견내용 녹음 (기각)】 구치소장이 미결수용자와 배우자 사이의 접견내용을 녹음한 행위는 미결수용자의 **사생활의 비밀과 자유 침해 아님**(2012.12.27. 2010헌마153)
3	【변호인 아닌 자와 접견 대화내용 기록 (기각)】 징벌혐의의 조사를 받고 있는 **수형자가 변호인 아닌 자와 접견할 당시 교도관이 참여하여 대화내용을 기록하게 한 행위**는 **사생활의 비밀과 자유 침해 아님**(2014.9.25. 2012헌마523)
4	【간호직 교도관 동행계호행위 (기각)】 교도소장이 수형자의 정신과진료 현장과 정신과 화상진료 현장에 각각 **간호직교도관을 입회시킨 것**은 **사생활의 비밀과 자유 침해 아님**(2024.1.25. 2020헌마1725)
5	① 【수용자 거실에 CCTV 설치 계호 (기각)】 구치소장이 수용자의 거실에 **폐쇄회로 텔레비전을 설치**하여 계호한 행위는 수용자의 **사생활의 비밀 및 자유 침해 아님**(2011.9.29. 2010헌마413) ② 【인격권 내지 사생활의 비밀 침해 아님 (기각)】 독거실 내 CCTV를 설치하여 수형자를 상시적으로 관찰한 것은 **사생활의 비밀과 자유 침해 아님**(2011.9.29. 2010헌마413) 유사 【엄중격리대상자 수용거실에 CCTV 설치 계호 (기각)】 특별한 법적 근거 없이 엄중격리대상자의 수용거실에 CCTV를 설치하여 24시간 감시하는 행위는 **법률유보의 원칙에 위배되지 않고, 사생활의 비밀과 자유 침해 아님**(2008.5.29. 2005헌마137 등)
6	【대체복무요원 CCTV 촬영행위 (기각)】 대체복무요원 생활관 내부의 공용공간에 CCTV를 설치하여 촬영하는 행위는 대체복무요원들의 **사생활의 비밀과 자유 침해 아님**(2024.5.30. 2022헌마707 등)

(2) 처벌·보안처분 관련

1	【구금기간 동안 전자장치 부착명령 집행정지 (기각)】 「전자장치부착법」에 의한 전자장치 부착기간 동안 다른 범죄를 저질러 구금된 경우, 그 구금기간이 부착기간에 포함되지 않는 것으로 규정한 것은 **사생활의 비밀과 자유, 개인정보자기결정권 침해 아님**(2013.7.25. 2011헌마781)

(3) 기타 판례

1	①【선거후보자 등록시 실효된 형이 포함된 범죄경력 제출 (기각)】공직선거에 후보자로 등록하고자 하는 자가 제출하여야 하는 금고 이상의 형의 범죄경력에 실효된 형을 포함시키고 있는 「공직선거법」은 **사생활의 비밀과 자유 침해 아님**(2008.4.24. 2006헌마402 등) ②【공무담임권 제한 아님 (기각)】후보자선택을 제한하거나 실효된 금고 이상의 형의 범죄경력을 가진 후보자의 당선기회를 봉쇄하는 것이 아니므로 **공무담임권과는 직접 관련이 없어 공무담임권 침해 아님**(2008.4.24. 2006헌마402 등)
2	【금감원 4급 이상 직원 재산등록의무 (기각)】금융감독원의 4급 이상 직원에 대하여 「공직자윤리법」상 **재산등록의무**를 부과하는 것은 **사생활의 비밀과 자유 침해 아님**(2014.6.26. 2012헌마331)
3	【요철식 특수콘돔 청소년에 판매 금지 (기각)】청소년유해물건 중 청소년의 심신을 심각하게 손상시킬 우려가 있는 **성 관련 물건**을 대통령령으로 정하는 기준에 따라 청소년보호위원회가 결정하고 여성가족부장관이 고시하도록 하여, **요철식 특수콘돔(GAT-101) 등을 청소년에게 판매하지 못하도록** 한 「청소년보호법」은 청소년의 **사생활의 비밀과 자유 침해 아님**(2021.6.24. 2017헌마408)
4	【인체면역결핍바이러스 전파매개행위죄 (합헌)】인체면역결핍 바이러스(HIV)에 감염된 사람이 혈액 또는 체액을 통하여 다른 사람에게 전파매개행위를 하는 것을 처벌하는 「후천성면역결핍증예방법」은 감염인의 **사생활의 자유 및 일반적 행동자유권 침해 아님**(2023.10.26. 2019헌가30)

POINT 116 개인정보자기결정권

1 개인정보자기결정권

개인정보 자기결정권	① **【정보의 공개·이용 결정권】** 개인정보자기결정권은 **자신에 관한 정보**가 언제 누구에게 어느 범위까지 알려지고 이용되도록 할 것인지를 정보주체가 스스로 결정할 수 있는 권리로서, 헌법 제10조에서 도출되는 **일반적 인격권** 및 헌법 제17조의 **사생활의 비밀과 자유**에 의하여 보장 [8] ② **【헌법에 명시되지 않은 독자적 기본권】** 개인정보자기결정권은 **사생활의 비밀과 자유, 일반적 인격권, 자유민주적 기본질서규정** 또는 **국민주권원리와 민주주의원리** 등에 근거하고 있지만, 개인정보자기결정권의 헌법상 근거를 헌법의 한두 개 조항에 국한시키는 것은 바람직하지 않으며, 이들을 이념적 기초로 하는 **독자적 기본권으로서 헌법에 명시되지 않은 기본권** (헌법에 명시된 기본권 ×) [6]
개인정보 (모든 정보)	① **【개인식별정보】** 개인정보자기결정권의 보호대상이 되는 개인정보는 개인의 신체, 신념, 사회적 지위, 신분 등과 같이 **개인의 인격주체성을 특징짓는 사항으로서 개인의 동일성을 식별**할 수 있게 하는 **일체의 정보** [6] ② **【사생활정보 + 공적정보·공개정보】** 개인정보는 반드시 **개인의 내밀한 영역**이나 사사의 영역에 속하는 정보에 국한되지 않고 **공적생활에서 형성**되었거나 **이미 공개된 개인정보**까지 포함 (내밀한 영역 정보에 국한 ×, 공적생활에서 형성되었거나 이미 공개된 개인정보 불포함 ×) [13]
제한	① **【모든 개인정보 처리 → 개인정보자기결정권 제한】** 개인정보를 대상으로 한 **조사, 수집, 보관, 처리, 이용 등의 행위**는 모두 **개인정보자기결정권의 제한**에 해당 [3] ② **【민감정보일수록 명확성 강화】** 개인정보의 종류와 성격, 정보처리의 방식과 내용 등에 따라 **수권법률의 명확성 요구의 정도**는 달라지고, 일반적으로 볼 때 **개인의 인격에 밀접히 연관된 민감한 정보**일수록 규범명확성의 요청은 더 강해짐 [1]

2 개인정보의 조사·수집 관련판례

(1) 위헌판례

1	① **【정치적 견해는 개인정보】** 야당 소속 후보자 지지 혹은 정부 비판은 정치적 견해로서 개인의 인격주체성을 특징짓는 **개인정보에 해당**하고 **지지 선언 등의 형식으로 공개적으로 이루어진 것이라도 개인정보자기결정권의 보호범위**에 속함(2020.12.23. 2017헌마416) [3] ② **【문화예술계 정부지원사업 배제지시 (인용)】** 대통령 지시로 문체부장관이 야당 소속 후보를 지지하였거나 정부에 비판적 활동을 한 문화예술인·단체를 정부의 문화예술 지원사업에서 배제할 목적으로 개인의 정치적 견해에 관한 정보를 수집·보유·이용한 행위는 **개인정보자기결정권 침해**(2020.12.23. 2017헌마416) [1]
2	**【보안관찰처분대상자 정보변동신고의무 (헌불)】** 보안관찰처분대상자가 교도소 등에서 출소한 후 기존에 신고한 거주예정지 등 **정보에 변동이 생길 때마다 7일 이내에 이를 신고**하도록 정한 「보안관찰법」은 과잉금지원칙을 위반하여 **사생활의 비밀과 자유 및 개인정보자기결정권 침해**(2021.6.24. 2017헌바479) [2] **비교** **【보안관찰처분대상자 출소신고의무 (합헌)】** 보안관찰처분대상자가 교도소 등에서 출소한 후 **7일 이내에 출소사실을 신고**하도록 정한 「보안관찰법」은 **사생활의 비밀과 자유 및 개인정보자기결정권 침해 아님**(2021.6.24. 2017헌바479) [5]

(2) 합헌판례

1	① 【지문은 개인정보】 지문은 정보주체를 타인으로부터 식별가능하게 하는 **개인정보**이므로, 시장·군수 또는 구청장이 개인의 **지문정보를 수집**하고, 경찰청장이 **보관·전산화**하여 범죄수사목적에 이용하는 것은 **개인정보자기결정권 제한**(2005.5.26. 99헌마513 등) ② 【기본권 경합 (주된 기본권 : 개인정보자기결정권)】 인간의 존엄과 가치, 행복추구권, 인격권, 사생활의 비밀과 자유는 보호영역이 개인정보자기결정권의 보호영역과 중첩되고 개인정보자기결정권에 대한 침해 여부를 판단함으로써 이에 대한 판단이 함께 이루어짐(2005.5.26. 99헌마513 등) → **신체의 자유 침해 가능성 없음** ③ 【개인정보자기결정권 침해 아님 (기각)】 시장·군수 또는 구청장이 개인의 지문정보를 수집하고, 경찰청장이 보관·전산화하여 범죄수사목적에 이용하는 **지문날인제도**는 **개인정보자기결정권 침해 아님**(2005.5.26. 99헌마513 등) **유사** 【열 손가락 지문날인 (기각)】 지문은 개인의 고유성과 동일성을 나타내는 생체정보로서 개인이 임의로 변경할 수 없는 정보이고, 행정상 목적으로 신원확인이 필요한 경우 **주민등록증 발급신청서에 열 손가락 지문을 찍도록** 하는 것은 **개인정보자기결정권 침해 아님**(2015.5.28. 2011헌마731) **유사** ① 【주민등록증에 열손가락 지문 수록 (기각)】 **주민등록증에 지문을 수록**하도록 한 구 「주민등록법」은 주민등록증의 수록사항의 하나로 **지문**을 규정하고 있을 뿐 "오른손 엄지손가락 지문"이라고 **특정한 바가 없으므로**, 과잉금지원칙을 위반하여 **개인정보자기결정권 침해 아님**(2024.4.25. 2020헌마542) ② 【주민등록 발급신청서 지구대장에 송부 (기각)】 시장·군수·구청장으로 하여금 **주민등록증 발급신청서를 관할 경찰서 지구대장** 등에게 보내도록 한 구 주민등록법 시행규칙은 **법률유보원칙 위반 아님**(2024.4.25. 2020헌마542)
2	① 【인구주택총조사 표본조사대상 가구에 대한 방문면접조사 (기각)】 통계청장이 인구주택총조사의 방문 면접조사를 실시하면서, 담당 조사원을 통해 조사대상자에게 통계청장이 작성한 인구주택총조사 조사표의 조사항목들에 응답할 것을 요구한 행위는 **개인정보자기결정권 침해 아님**(2017.7.27. 2015헌마1094) ② 【종교의 자유 판단 안함】 '종교가 있는지 여부'와 '있다면 구체적인 종교명이 무엇인지'를 묻는 조사 항목들에 응답할 것을 요구한 행위는, 통계의 기초자료로 활용하기 위한 조사 사항 중 하나로서 특정 종교를 믿는다는 이유로 **불이익을 주거나 종교적 확신에 반하는 행위 강요 아님**(2017.7.27. 2015헌마1094)
3	① 【인터넷게임 본인인증제 (기각)】 게임물 관련사업자에게 **게임물 이용자의 회원가입 시 본인인증**을 할 수 있는 절차를 마련하도록 하고, **청소년의 회원가입 시 법정대리인의 동의**를 확보하도록 하고 있는 게임산업법은 **개인정보자기결정권 제한**(2015.3.26. 2013헌마517) → **개인정보자기결정권 침해 아님** ② 【일반적 행동자유권 침해 아님 (기각)】 게임물 사업자에게 게임물 이용자의 본인인증 수단을 마련하도록 강제하는 것은 게임을 이용하려는 사람들의 일반적 행동자유권을 제한하나 **일반적 행동자유권 침해 아님**(2015.3.26. 2013헌마517)
4	【인터넷상 청소년유해매체물 이용자 본인확인제 (기각)】 정보통신망을 통해 **청소년유해매체물을 제공하는 자에게 이용자의 본인확인의무**를 부과하고 있는 「청소년보호법」은 **개인정보자기결정권 침해 아님**(2015.3.26. 2013헌마354)
5	【기초급여신청자에 금융거래정보 제출요구 (기각)】 기초생활보장법상 급여신청자에게 금융거래정보의 제출을 요구할 수 있도록 한 것은 급여신청자의 **개인정보자기결정권 침해 아님**(2005.11.24. 2005헌마112)
6	【코로나19 관련 이태원 기지국 접속자 정보수집 (기각)】 감염병 전파 차단을 위한 **개인정보 수집**의 수권조항인 구 「감염병예방법」은 정보수집의 목적 및 대상이 제한되어 있고, 관련 규정에서 절차적 통제장치를 마련하여 정보의 남용 가능성을 통제하고 있어 **개인정보자기결정권 침해 아님**(2024.4.25. 2020헌마1028)
7	【축산관계시설 출입차량에 무선인식장치 장착의무 (기각)】 가축전염병의 발생 예방 및 확산 방지를 위해 **축산관계시설 출입 차량**에 차량무선인식장치를 설치하여 이동경로를 파악할 수 있도록 한 「가축전염병예방법」은 **개인정보자기결정권 침해 아님**(2015.4.30. 2013헌마81)

3 개인정보의 보관·처리·이용 관련판례

(1) 위헌판례

1	① **【주민등록번호는 개인정보】** 주민등록번호는 모든 국민에게 일련의 숫자 형태로 부여되는 고유한 번호로서 **당해 개인을 식별할 수 있는 정보**인 **개인정보**(2015.12.23. 2013헌바68 등) ② **【주민등록변경규정 부진정입법부작위 → 개인정보자기결정권 제한】** 주민등록법은 **주민등록번호 변경에 관한 규정을 두지 않아** 주민등록번호 불법 유출 등을 원인으로 자신의 주민등록번호를 변경하고자 하는 **청구인들의 개인정보자기결정권 제한**(2015.12.23. 2013헌바68 등) ③ **【주민등록번호 변경 일체 불허 → 개인정보자기결정권 침해 (헌불)】** 주민등록번호 유출 또는 오·남용으로 인하여 발생할 수 있는 피해 등에 대한 아무런 고려 없이 **주민등록번호 변경을 일체 허용하지 않는「주민등록법」은 개인정보자기결정권 침해**(2015.12.23. 2013헌바68 등)
2	**【소년범에 대한 수사경력자료 삭제·보존기간 미규정 (헌불)】**「형실효법」이 법원에서 불처분결정된 소년부송치 사건에 대한 **수사경력자료의 삭제 및 보존기간**에 대하여 규정하지 아니하여 수사경력자료에 기록된 개인정보가 **당사자의 사망 시까지 보존되면서 이용되는 것은 개인정보자기결정권 제한**(2021.6.24. 2018헌가2) → 소년부송치 후 불처분결정을 받은 자의 **개인정보자기결정권 침해**

(2) 합헌판례

1	① **【디엔에이신원확인정보 : 개인정보 (기각)】** 디엔에이신원확인정보는 개인 식별을 목적으로 디엔에이감식을 통하여 취득한 정보로서 당해 정보만으로는 특정 개인을 식별할 수 없더라도 **다른 정보와 쉽게 결합하여 당해 개인을 식별할 수 있는 정보**에 해당하는 **개인정보**(2014.8.28. 2011헌마28 등) ② **【사망시까지 DNA 감식자료 DB에 수록·관리 (기각)】** 디엔에이감식자료의 채취대상자가 수형인인 경우 **사망할 때까지 디엔에이신원확인정보를 데이터베이스에 수록, 관리**할 수 있도록 규정한「디엔에이법」은 **개인정보자기결정권 침해 아님**(2014.8.28. 2011헌마28 등)
2	① **【범죄경력자료 미삭제 (기각)】** 수사경력자료의 보존 및 보존기간을 정하면서 **범죄경력자료의 삭제에 대해 규정하지 않은「형실효법」은 개인정보자기결정권 침해 아님**(2012.7.26. 2010헌마446) ② **【평등권 침해 아님 (기각)】** 수사경력자료는 보존기간이 지나면 **삭제하도록 하면서도 범죄경력자료의 삭제에 대해 규정하지 않은「형실효법」은 평등권 침해 아님**(2012.7.26. 2010헌마446)
3	**【혐의없음처분 수사경력자료 5년 보존 (기각)】** 검사의 '혐의없음'의 처분을 받은 피의자에 관하여 **수사경력 자료를 5년간 보존**하도록 한「형실효법」은 **개인정보자기결정권 침해 아님**(2009.10.29. 2008헌마257) [유사] **【기소유예처분 수사경력자료 최장 5년 보존 (기각)】** 기소유예처분에 관한 수사경력자료를 **최장 5년까지 보존**하도록 규정한「형실효법」은 **개인정보자기결정권 침해 아님**(2016.6.30. 2015헌마828)
4	**【학교폭력 관련 학교생활기록 (기각)】** 학교폭력 가해학생에 대한 조치사항을 **학교생활기록부에 기재**하고 **졸업할 때까지 보존**하는「학교생활기록 작성 및 관리지침」은 **법률유보원칙에 위배되거나 과잉금지원칙에 위배되어 개인정보자기결정권 침해 아님**(2016.4.28. 2012헌마630)
5	**【교육정보시스템 (기각)】** 교육감이 졸업생 관련 증명업무를 위해 졸업생의 성명, 생년월일 및 졸업일자 정보를 **교육정보시스템에 보유하는 행위**는 **개인정보자기결정권 침해 아님**(2005.7.21. 2003헌마282 등)

6	① 【혼인무효판결로 정정된 가족관계등록부 보존 (기각)】 무효인 혼인의 기록사항 전체에 하나의 선을 긋고, 말소 내용과 사유를 각 해당 사항란에 기재하는 방식의 정정 표시는 청구인의 인격주체성을 식별할 수 있게 하는 **개인정보에 해당**하고, 이와 같은 **정보를 보존**하는 「가족관계등록부의 재작성에 관한 사무처리지침」은 **개인정보자기결정권 제한**(2024.1.25. 2020헌마65) [1] → 개인정보자기결정권 침해 아님 ② 【혼인·가족생활 자유 제한 아님】 혼인의사의 합의가 없음을 원인으로 혼인무효판결을 받았으나 혼인 무효사유가 한쪽 당사자나 제3자의 **범죄행위로 인한 경우에 해당하지 않는 사람**은 가족관계등록부 재작성 신청권이 인정되지 않고, **정정된 가족관계등록부가 보존되도록 한 것**은 혼인과 가족생활을 스스로 결정하고 형성할 수 있는 자유 **제한 아님**(2024.1.25. 2020헌마65) [2]
7	【주민등록표 열람 및 등·초본 교부 수수료 (기각)】 **주민등록표를 열람**하거나 **등·초본을 교부**받는 경우 **소정의 수수료를 부과**하는 「주민등록법」은 **개인정보자기결정권 침해 아님**(2013.7.25. 2011헌마364) [3]

4 개인정보의 제공 관련판례

(1) 위헌판례

1	① 【형제자매에게 증명서 교부청구권 부여 (위헌)】 **형제자매**에게 가족관계등록부 등의 기록사항에 관한 **증명서 교부청구권을 부여**하는 「가족관계등록법」은 **개인정보자기결정권 침해**(2016.6.30. 2015헌마924) [10] ② 【기본권 경합 : 주된 기본권 개인정보자기결정권】 형제·자매에게 가족관계등록부 등의 기록사항에 관한 증명서 교부청구권을 부여하는 것은 **본인의 개인정보자기결정권을 제한**하는 것으로 **개인정보자기결정권 침해 여부를 판단한 이상 인간의 존엄과 가치 및 행복추구권, 사생활의 비밀과 자유는 판단 안함**(2016.6.30. 2015헌마924) [2]
2	① 【가정폭력 가해자인 직계혈족에 증명서 교부청구권 부여 (헌불)】 **직계혈족**이기만 하면 아무런 제한 없이 **자녀의 가족관계증명서 및 기본증명서의 교부**를 청구하여 발급받을 수 있도록 규정한 「가족관계등록법」은 **가정폭력 피해자의 개인정보자기결정권 침해**(2020.8.28. 2018헌마927) [6] ② 【부진정입법부작위】 「가족관계등록법」이 **불완전·불충분하게 규정**되어, **직계혈족이 가정폭력의 가해자**로 판명된 경우 **가정폭력 피해자의 개인정보를 보호하기 위한 구체적 방안**을 마련하지 아니한 **부진정입법부작위가 개인정보자기결정권 침해**(2016.6.30. 2015헌마924) [2] 🔵비교 【배우자나 직계혈족에 증명서 교부청구권 부여 (합헌)】 정보주체의 **배우자나 직계혈족**이 정보주체의 위임 없이도 정보주체의 **가족관계 상세증명서의 교부 청구**를 할 수 있도록 하는 「가족관계등록법」은 **개인정보자기결정권 침해 아님**(2022.11.24. 2021헌마130) [2]

(2) 합헌판례

1	① 【배우자와의 접견녹음파일 : 개인정보 (기각)】 구치소 수용자와 배우자의 접견녹음파일은 개인정보에 해당하며, 이를 관계기관에 제공하는 것은 **개인정보자기결정권 제한**(2012.12.27. 2010헌마153)¹ ② 【배우자와의 접견녹음파일 제공 (기각)】 구치소장이 검사의 요청에 따라 **미결수용자와 그 배우자의 접견녹음파일을 미결수용자의 동의 없이 제공**하더라도 형사사법의 실체적 진실을 발견하고 이를 통해 형사사법의 적정한 수행을 도모하기 위한 것으로 **미결수용자의 개인정보자기결정권 침해 아님**(2012.12.27. 2010헌마153)³
2	【양형자료통보 (기각)】 교정시설의 장이 미결수용자에게 교정시설 내 규율위반에 대해 **징벌을 부과**한 뒤 그 규율위반 내용 및 징벌처분 결과 등을 관할 법원에 양형 참고자료로 통보한 행위는 **개인정보자기결정권 침해 아님**(2023.9.26. 2022헌마926)¹ → 공정한 재판을 받을 권리 제한 아님¹
3	【수급권자의 진료정보 국민건강보험공단에 제공 (기각)】 개별 의료급여기관으로 하여금 **수급권자의 진료정보를 국민건강보험공단에 알려줄 의무** 등 의료급여 자격관리 시스템에 관하여 규정한 보건복지부 고시조항은 해당 수급권자의 **개인정보자기결정권 침해 아님**(2009.9.24. 2007헌마1092)²
4	① 【어린이집에 대한 위반사실 공표명령 (합헌)】 거짓이나 그 밖의 부정한 방법으로 **보조금을 교부받거나 보조금을 유용한 어린이집**에 대하여 어린이집 대표자 또는 원장의 의사와 관계없이 어린이집의 명칭, 종류, 주소, 대표자 또는 어린이집 원장의 성명 등을 **불특정 다수인이 알 수 있도록 공표**하는 것은 **공표대상자의 개인정보자기결정권 제한**(2022.3.31. 2019헌바520)² ② 【개인정보자기결정권 침해 아님 (합헌)】 거짓이나 그 밖의 부정한 방법으로 보조금을 교부받거나 보조금을 유용하여 어린이집 운영정지, 폐쇄명령 또는 과징금 처분을 받은 **어린이집에 대하여 그 위반사실을 공표**하도록 한 「영유아보육법」은 **개인정보자기결정권 침해 아님**(2022.3.31. 2019헌바520)⁴
5	【변호사시험 합격자 명단공고 (기각)】 법무부장관은 **변호사시험 합격자가 결정되면 즉시 명단을 공고**하여야 한다고 규정한 「변호사시험법」은 변호사시험 응시자들의 **개인정보자기결정권 침해 아님**(2020.3.26. 2018헌마77 등)⁶

5 수사기관의 사실조회행위 관련판례

(1) 위헌판례

1	① 【국민건강보험공단의 요양급여내역 제공 (인용)】 서울용산경찰서장이 전기통신사업자로부터 위치추적자료를 제공받아 청구인들의 위치를 확인하였거나 확인할 수 있었음에도 불구하고 청구인들의 검거를 위하여 **국민건강보험공단**으로부터 2년 내지 3년 동안의 민감정보인 요양급여정보를 제공받은 것은 **개인정보자기결정권 침해**(2018.8.30. 2014헌마368)
	② 【**영장주의 미적용**】 수사기관이 공사단체 등에 **범죄수사에 관련된 사실을 조회하는 행위**는 강제력이 개입되지 아니한 **임의수사에 해당**하므로, 국민건강보험공단의 개인정보제공행위에는 **영장주의 적용 안됨**(2018.8.30. 2014헌마368)
2	① 【**통신자료 제공요청은 개인정보자기결정권 제한**】 전기통신사업자가 수사기관 등의 **통신자료 제공요청**에 따라 수사기관 등에 제공하는 **이용자의 성명, 주민등록번호, 주소, 전화번호, 아이디, 가입일 또는 해지일**은 청구인들의 동일성을 식별할 수 있게 해주는 **개인정보**에 해당하므로, 「전기통신사업법」은 **개인정보자기결정권 제한**(2022.7.21. 2016헌마388 등)
	② 【**통신자료 취득에 대한 사후통지절차 없는 것 : 적법절차 원칙 위배 (헌불)**】 수사기관 등이 전기통신사업자에게 이용자의 성명 등 통신자료의 열람이나 제출을 요청할 수 있도록 한 「전기통신사업법」 해당 조항은 **통신자료 취득에 대한 사후통지절차를 두지 않아 적법절차원칙에 위배**되어 **개인정보자기결정권 침해**(2022.7.21. 2016헌마388 등)
	③ 【**수사기관의 통신자료 취득 : 영장주의 미적용**】 「전기통신사업법」은 **수사기관 등이 전기통신사업자에 대하여 통신자료의 제공을 요청할 수 있는 권한**을 부여하면서 전기통신사업자에게 수사기관 등의 통신자료 제공요청에 응하거나 협조하여야 할 **의무를 부과하지 않으므로**, 통신자료 제공요청은 강제력이 개입되지 아니한 **임의수사에 해당**하고 **수사기관 등의 통신자료 취득에는 영장주의 적용 안됨**(2022.7.21. 2016헌마388 등)
	④ 【**명확성원칙 위배 아님**】 「전기통신사업법」상 '**국가안전보장에 대한 위해를 방지하기 위한 정보수집**'은 국가의 존립이나 헌법의 기본질서에 대한 위험을 방지하기 위한 목적을 달성함에 있어 요구되는 최소한의 범위 내에서의 정보수집을 의미하는 것으로 해석되므로 **명확성원칙 위배 아님**(2022.7.21. 2016헌마388 등)
	⑤ 【**과잉금지원칙 위반 아님**】 수사기관 등이 전기통신사업자에게 **이용자의 성명 등 통신자료의 열람이나 제출을 요청**할 수 있도록 한 전기통신사업법은 과잉금지원칙을 위반하여 **개인정보자기결정권 침해 아님**(2022.7.21. 2016헌마388 등)

(2) 합헌판례

1	【**시장의 개인정보 제공행위 (기각)**】 김포시장이 김포경찰서장의 사실조회 요청에 따라 김포경찰서장에게 청구인들의 **이름, 생년월일, 전화번호, 주소를 제공**한 행위는 **개인정보자기결정권 침해 아님**(2018.8.30. 2016헌마483) → **영장주의 적용 안됨**

6 신상정보 등록·공개·고지제도 관련판례

(1) 위헌판례

1	【통신매체이용음란죄 신상정보등록 (위헌)】 통신매체이용음란죄로 유죄판결이 확정된 사람을 일률적으로 **신상정보 등록대상자**가 되도록 하는 「성폭력특례법」은 **개인정보자기결정권 침해**(2016.3.31. 2015헌마688)
2	【모든 등록정보 20년 보존·관리 (헌불)】 범죄의 경중·재범의 위험성 여부를 불문하고 모든 신상정보 등록대상자의 등록정보를 20년 동안 보존·관리하도록 한 「성폭력처벌법」은 신상정보 등록대상자의 **개인정보자기결정권 침해** (2015.7.30. 2014헌마340 등)

(2) 합헌판례

1	**등록** 【카메라등이용촬영죄 (기각)】 「성폭력처벌법」 위반(카메라등이용촬영, 카메라등이용촬영미수죄)으로 유죄판결이 확정된 자는 **신상정보 등록대상자**가 되도록 규정한 「성폭력처벌법」은 **개인정보자기결정권 침해 아님**(2015.7.30. 2014헌마340 등) 유사 【성적목적공공장소침입죄 (기각)】 '성적목적공공장소침입죄'로 형을 선고받아 확정된 자는 **신상정보 등록대상자**가 된다고 규정한 「성폭력처벌법」은 **개인정보자기결정권 침해 아님**(2016.10.27. 2014헌마709) 유사 【공중밀집장소추행죄 (기각)】 「성폭력처벌법」상 **공중밀집장소에서의 추행죄**로 유죄판결이 확정된 자를 **신상정보 등록대상자**로 규정한 것은 신상정보 등록대상자의 **개인정보자기결정권 침해 아님**(2020.6.25. 2019헌마699) 유사 【강제추행죄 (기각)】 형법상 **강제추행죄**로 유죄판결이 확정된 자는 **신상정보 등록대상자**가 되도록 규정한 것은 **개인정보자기결정권 침해 아님**(2015.10.21. 2014헌마637 등) 유사 【아동·청소년 성매수죄 (기각)】 아동·청소년 성매수죄로 유죄가 확정된 자는 **신상정보 등록대상자**가 되도록 규정한 것은 **개인정보자기결정권 침해 아님**(2016.2.25. 2013헌마830) 유사 【아동·청소년이용음란물배포죄 (기각)】 가상의 **아동·청소년이용음란물배포죄**로 유죄판결이 확정된 자는 **신상정보 등록대상자**가 되도록 규정한 것은 **개인정보자기결정권 침해 아님**(2016.3.31. 2014헌마785)
2	**신상·변경정보 제출** 【강제추행죄 신상정보·변경정보 제출의무 (기각)】 강제추행죄로 유죄판결이 확정된 신상정보 등록대상자로 하여금 관할 경찰관서의 장에게 **신상정보 및 변경정보를 제출**하게 하는 것은 **개인정보자기결정권 침해 아님**(2016.3.31. 2014헌마457) 유사 【아동·청소년 대상 강제추행죄 신상정보·변경정보 제출의무 (기각)】 아동·청소년에 대한 강제추행죄로 유죄판결이 확정된 자를 신상정보 등록대상자로 정하여 신상정보 관할 경찰관서의 장에게 **신상정보를 제출**하도록 하고 신상정보가 변경될 경우 그 **사유와 변경내용을 제출**하도록 하는 규정은 **개인정보자기결정권 침해 아님**(2019.11.28. 2017헌마399)
3	【아동·청소년 대상 성폭력범죄자 신상정보 공개 (합헌)】 아동·청소년 대상 **성폭력범죄**를 저지른 자에 대하여 **신상정보를 공개**하도록 하는 「청소년성보호법」은 **인격권 및 개인정보자기결정권 침해 아님**(2013.10.24. 2011헌바106 등) 유사 【아동·청소년 대상 성폭력범죄자 신상정보 고지 (합헌)】 성범죄자가 거주하는 읍·면·동에 사는 지역주민 중 아동·청소년 자녀를 둔 가구 및 교육기관장 등 상대로 이루어지는 **아동·청소년대상 성폭력범죄**를 저지른 자에 대한 **신상정보 고지제도**는 **인격권, 개인정보자기결정권 침해 아님**(2016.5.26. 2015헌바21)

POINT 117 개인정보 보호법

1 개인정보 보호법

(1) 개인정보

개인정보	① 【살아있는 개인에 관한 정보】 개인정보란 **살아 있는 개인**(사자 ×)**에 관한 정보로 한정**
식별정보	① 【개인식별정보】 성명, 주민등록번호 및 영상 등을 통하여 **개인을 알아볼 수 있는 정보** ② 【결합식별정보】 해당 정보만으로는 특정 개인을 알아볼 수 없더라도 **다른 정보와 쉽게 결합하여 알아볼 수 있는 정보** ③ 【가명정보】 가명처리함으로써 원래의 상태로 복원하기 위한 **추가 정보의 사용·결합 없이는 특정 개인을 알아볼 수 없는 정보**

(2) 관련판례

1	① 【가명정보는 개인정보】 **가명정보**는 원래의 상태로 복원하기 위한 추가 정보의 사용·결합을 통해서 특정 개인을 알아볼 수 있는 정보이므로 개인정보자기결정권의 보호대상이 되는 **개인정보에 해당**(2023.10.26. 2020헌마1477 등) ② 【가명정보 재식별 금지 (기각)】 가명정보의 재식별을 예외 없이 금지하는 「개인정보 보호법」의 재식별금지조항은 **개인정보자기결정권 침해 아님**(2023.10.26. 2020헌마1477 등)

(3) 정보처리자·정보주체

개인정보 처리자	① 【공공기관 + 법인·단체 + 개인】 개인정보처리자란 업무를 목적으로 개인정보파일을 운용하기 위하여 스스로 또는 다른 사람을 통하여 **개인정보를 처리하는 공공기관, 법인, 단체 및 개인 등을 말함** (개인은 정보처리자가 될 수 없음 ×) ② 【범위 확대】 「개인정보 보호법」에서는 구「공공기관의 개인정보보호에 관한 법률」과 달리 **공공기관 뿐만 아니라 법인, 단체, 개인 등으로 개인정보처리자의 범위가 확대**
정보주체의 권리	① 【처리정지·정정·삭제·파기요구권】 개인정보의 **처리 정지, 정정·삭제 및 파기를 요구**할 권리 ② 【피해 구제받을 권리】 개인정보의 처리로 인하여 발생한 **피해를 신속하고 공정한 절차에 따라 구제**받을 권리
정보처리자 규제	① 【재화·서비스 제공 거부 금지】 정보처리자는 정보주체가 필요한 최소한의 정보 외의 개인정보 수집에 동의하지 아니한다는 이유로 **정보주체에게 재화 또는 서비스의 제공을 거부하면 안됨** ② 【민감정보 처리 제한】 정보처리자는 사상·신념, **노동조합·정당의 가입·탈퇴**, 정치적 견해, 건강, 성생활 등에 관한 정보, 그 밖에 정보주체의 **사생활을 현저히 침해할 우려가 있는 개인정보를 처리하여서는 안됨**

2 관련판례

(1) 민감정보 관련

1	【국회의원의 교원단체·교원노조 가입현황 실명자료 공개 (위법)】 국회의원이 '각급학교 교원의 교원단체 및 교원노조 가입현황 실명자료'를 인터넷을 통하여 공개하였다면, 이는 개인정보자기결정권의 보호대상이 되는 개인정보를 일반 대중에게 공개함으로써 해당 교원들의 **개인정보자기결정권을 침해**하므로 **정보공개행위는 위법**(대판 2014.7.24. 2012다49933)

(2) 개인정보 처리 관련

1	① 【별도 동의없이 공개된 개인정보의 영리목적 수집·제공】 이미 정보주체의 의사에 따라 공개된 개인정보를 그의 별도의 동의 없이 영리 목적으로 수집·제공한 경우, 그러한 정보처리 행위로 침해될 수 있는 정보주체의 인격적 법익과 그 행위로 보호받을 수 있는 정보처리자 등의 법적 이익 등을 고려하여 **그 최종적인 위법성 여부를 판단하여야 하고, 단지 정보처리자에게 영리 목적이 있었다는 사정만으로 곧바로 정보처리 행위를 위법하다고 할 수는 없음** (대판 2016.8.17. 2014다235080) ② 【별도 동의 불요】 정보주체가 직접 또는 제3자를 통하여 **이미 공개한 개인정보**는 공개 당시 정보주체가 자신의 개인정보에 대한 수집이나 제3자 제공 등의 처리에 대하여 **동의가 있었다고 객관적으로 인정되는 범위 내에서** 그 정보를 수집·이용·제공 등 처리하고자 하는 자는 **정보주체로부터 별도의 동의는 불필요함**(대판 2016.8.17. 2014다235080) ③ 【개인정보를 홈페이지를 통해 수집 후 유료로 제공】 법률정보 제공 사이트를 운영하는 회사가 **공립대학교 법과대학 법학과 교수**의 사진, 성명, 성별, 출생연도, 직업, 직장, 학력, 경력 등의 **개인정보를 위 법학과 홈페이지 등을 통해 수집**하여 위 사이트 내 '**법조인**' 항목에서 **유료로 제공한 행위는 개인정보자기결정권을 침해 아님**(대판 2016.8.17. 2014다235080)

POINT 118 통신의 비밀

제18조 【통신의 비밀】 모든 국민은 **통신의 비밀**(자유 ×)을 침해받지 아니한다.[1]

1 통신의 비밀과 자유

(1) 통신의 비밀과 자유

통신	① 【비공개 의사소통】 통신은 **비공개**를 전제로 하는 **쌍방향적인 의사소통** → '통신'의 일반적 속성은 ㉠ **당사자 간의 동의** ㉡ **비공개성** ㉢ **당사자의 특정성**[3]
사생활의 일부	① 【의사소통을 사생활로 보장】 **통신의 자유**를 기본권으로서 보장하는 것은 **사적 영역**에 속하는 **개인 간의 의사소통을 사생활의 일부로서 보장**하겠다는 취지[1] ② 【통신에 대한 국가의 침해가능성 큼】 사생활의 비밀과 자유에 포섭될 수 있는 사적 영역에 속하는 통신의 자유를 헌법이 **별개의 조항**을 통해 기본권으로 보장하는 이유는 우편이나 전기통신의 운영이 전통적으로 국가독점에서 출발하였기 때문에 **개인 간의 의사소통**을 전제로 하는 통신은 국가에 의한 침해 가능성이 여타의 사적 영역보다 **크기 때문**[2] ③ 【통신내용 + 통신이용 전반】 자유로운 의사소통은 **통신내용의 비밀**을 보장하는 것만으로는 충분하지 아니하고 구체적인 통신관계의 발생으로 야기된 모든 사실관계, 특히 통신관여자의 인적 동일성·통신장소·통신횟수·통신시간 등 **통신의 외형을 구성하는 통신이용의 전반적 상황의 비밀**까지 보장 (통신 이용의 전반적 상황의 비밀까지 보장 아님 ×)[8]

(2) 보호영역 및 제한

통신의 자유	① 【통신수단의 자유로운 이용】 통신의 자유란 **통신수단을 자유로이 이용** 의사소통할 권리[9] ② 【통신수단의 익명성 보장】 '통신수단의 자유로운 이용'에는 자신의 인적사항을 누구에게도 밝히지 않는 상태로 통신수단을 이용할 자유, 즉 **통신수단의 익명성 보장**도 포함 (통신수단의 익명성 보장은 불포함 ×)[9]
통신의 비밀	① 【통신내용·통신이용상황 비공개】 통신의 비밀이란 서신·우편·전신의 통신수단을 통하여 개인 간에 의사나 정보의 전달과 교환이 이루어지는 경우, **통신의 내용과 통신이용의 상황**이 개인의 의사에 반하여 **공개되지 아니할 자유**[1]
제한	① 【상대적 기본권】 통신의 자유는 국가안전보장·질서유지 또는 공공복리를 위하여 필요한 경우에는 **법률로 제한**될 수 있음[1] ② 【감청】 감청은 통신의 비밀에 대한 침해행위 중의 한 유형으로 이해하여야 할 것이며 **감청의 대상인 전기통신은 헌법상 '통신' 개념을 전제로 하고 있음**[1]

(3) 관련판례

1	【불법 인터넷 사이트 접속차단 시정요구 (기각)】 방송통신심의위원회가 9개 **정보통신서비스제공자** 등에 대하여 895개 웹사이트에 대한 접속차단의 시정을 요구한 행위는, 그 차단 과정에서 정보통신서비스이용자들이 접속하고자 하는 웹사이트를 알 수 있는 SNI 등의 접속정보가 정보통신서비스제공자에게 공개되어, **정보통신서비스이용자들의 통신의 비밀과 자유 제한**(2023.10.26. 2019헌마158 등)[1] → **통신의 비밀과 자유 침해 아님**[3]
2	【통신매체이용음란죄 (합헌)】 자기 또는 다른 사람의 성적 욕망을 유발하거나 만족시킬 목적으로 **통신매체를 통하여 성적 수치심이나 혐오감을 일으키는 말** 등을 상대방에게 도달하게 한 사람을 처벌하는 「성폭력처벌법」은 **통신의 자유 제한 아님**(2019.5.30. 2018헌바489)[1] → **표현의 자유 제한 but 침해 아님**

2 통신의 자유 관련판례

1	① 【이동통신서비스 가입시 본인확인 : 통신의 자유 ○, 통신의 비밀 × (기각)】 휴대전화 통신계약 체결 단계에서는 아직 **통신의 비밀에 대한 제한 아님**(2019.9.26. 2017헌마1209) → 익명으로 통신하고자 하는 청구인들의 **통신의 자유 제한** ② 【통신의 자유, 개인정보자기결정권 침해 아님 (기각)】 전기통신역무제공에 관한 계약을 체결하는 경우 전기통신사업자로 하여금 **가입자에게 본인임**을 확인할 수 있는 증서 등을 제시하도록 요구하고 부정가입방지시스템 등을 이용하여 **본인인지 여부를 확인**하도록 한 전기통신사업법령은 **개인정보자기결정권 및 통신의 자유 침해 아님**(2019.9.26. 2017헌마1209)
2	【훈련소 공중전화 사용금지 (기각)】 신병훈련소에서 교육훈련을 받는 동안 신병의 전화사용을 통제하는 것은 **통신의 자유 제한**(2010.10.28. 2007헌마890) → **통신의 자유 침해 아님**
3	【집필문 외부반출 불허·영치 : 통신의 자유 ○, 표현의 자유 × (합헌)】 수용자가 작성한 집필문의 외부반출을 불허하고 이를 영치할 수 있도록 규정한 「형집행법」 조항은 수용자의 **통신의 자유 제한이지 표현의 자유 제한 아님** (2016.5.26. 2013헌바98) → **통신의 자유 침해 아님**
4	① 【교도소장의 서신 개봉 (기각)】 교도소장이 수용자에게 온 서신을 개봉한 행위는 내용물을 확인한 행위로서 **수용자의 통신의 자유 침해 아님**(2021.9.30. 2019헌마919) ② 【교도소장의 문서 열람 (기각)】 교도소장이 법원, 검찰청 등이 수용자에게 보낸 문서를 열람한 행위는 다른 법령에 따라 열람이 금지된 문서는 열람할 수 없으므로 **수용자의 통신의 자유 침해 아님**(2021.9.30. 2019헌마919)
5	【금치처분을 받은 미결수용자 처우 제한 (기각)】 미결수용자가 교정시설 내에서 규율위반행위 등을 이유로 금치처분을 받은 경우 **금치기간 중 서신수수·접견·전화통화를 제한**하는 「형집행법」은 **통신의 자유 침해 아님**(2016.4.28. 2012헌마549 등) 유사 【금치처분을 받은 수형자 서신수수 제한 (기각)】 금치처분을 받은 수형자에 대하여 **서신수수를 제한**하는 것은 수형자의 **교통·통신의 권리 침해 아님**(2004.12.16. 2002헌마478)
6	【수용자에 대한 서신수수 금지 및 반송 (기각)】 구치소장이 구치소에 수용 중인 수형자에게 온 서신에 '허가 없이 수수되는 물품'인 녹취서와 사진이 동봉되어 있음을 확인하여 서신수수를 금지하고 발신인에게 물품을 반송한 것은 **통신의 자유 침해 아님**(2019.12.27. 2017헌마413 등)
7	【국가기관은 인가 없이 감청설비 보유·사용 (합헌)】 국가기관의 감청설비 보유·사용에 대한 관리와 통제를 위한 **법적, 제도적 장치가 마련되어 있으므로, 국가기관이 인가 없이 감청설비를 보유, 사용**할 수 있다는 사실만 가지고 **통신의 자유 침해 아님**(2001.3.21. 2000헌바25)

3 통신의 비밀 관련판례

(1) 위헌판례

1	【수용자 발송 서신 필요적 무봉함 제출 (위헌)】 수용자가 밖으로 내보내는 모든 서신을 봉함하지 않은 상태로 교정시설에 제출하도록 규정하고 있는 「형집행법 시행령」은 **통신비밀의 자유 침해**(2012.2.23. 2009헌마333) [5]

(2) 합헌판례

1	【수형자의 서신검열 (기각)】 수형자가 수발하는 서신에 대한 검열로 인하여 수형자의 통신의 비밀이 일부 제한되는 것은 국가안전보장·질서유지 또는 공공복리라는 정당한 목적을 위하여 부득이할 뿐만 아니라 유효적절한 방법에 의한 최소한의 제한이며 **통신의 자유의 본질적 내용 침해 아님**(1998.8.27. 96헌마398) [2]
	유사 【미결수용자의 서신검열 (기각)】 증거인멸이나 도망을 예방하고 교도소 내의 질서를 유지하여 미결구금제도를 실효성 있게 운영하고 일반사회의 불안을 방지하기 위하여 **미결수용자의 서신에 대한 검열**은 필요성이 인정되므로 **미결수용자의 서신에 대한 검열**은 통신의 비밀 침해 아님(1995.7.21. 92헌마144) [1]
2	【국가기관에 서신발송 시 교도소장 허가 (기각)】 수용자가 국가기관에 서신을 발송할 경우에 **교도소장의 허가**를 받도록 하는 것은 **통신비밀의 자유 본질적 내용 침해 아님**(2001.11.29. 99헌마713) [1]
3	【온라인서비스제공자의 아동음란물 발견·삭제·전송방지 등 조치의무 (합헌)】 온라인서비스제공자가 자신이 관리하는 정보통신망에서 **아동·청소년이용음란물**을 발견하기 위하여 대통령령으로 정하는 **조치**를 취하지 아니하거나 발견된 아동·청소년이용음란물을 즉시 **삭제**하고, 전송을 방지 또는 중단하는 기술적인 조치를 취하지 아니한 경우 처벌하는 「청소년성보호법」은 **서비스이용자의 통신의 비밀과 표현의 자유 침해 아님**(2018.6.28. 2016헌가15) [3]

POINT 119 통신비밀보호법 Ⓐ

1 통신비밀보호법

통신	①【통신 : 우편물 + 전기통신】「통신비밀보호법」상의 통신은 **우편물 및 전기통신** (대화 ×)
통신 보호	①【통신 및 대화비밀의 보호】누구든지 **우편물의 검열·전기통신의 감청** 또는 **통신사실확인자료의 제공**을 하거나 **공개되지 아니한 타인간의 대화를 녹음** 또는 **청취**하지 못함 ②【불법검열 증거사용 금지】불법검열에 의하여 취득한 **우편물이나 내용** 및 **불법감청**에 의하여 지득·채록된 **전기통신의 내용**은 재판·징계절차에서 **증거로 사용할 수 없음** (사용할 수 있음 ×)
대화 보호	①【타인간의 대화 녹음·청취 금지】누구든지 공개되지 아니한 **타인간의 대화를 녹음**하거나 전자장치 또는 기계적 수단을 이용하여 **청취**할 수 없음 ②【대화 미참여 제3자 녹음 불가】「통신비밀보호법」이 '공개되지 아니한 타인간의 대화를 녹음 또는 청취하지 못한다'라고 정한 것은, **대화에 원래부터 참여하지 않는 제3자**가 그 대화를 하는 타인들 간의 발언을 **녹음해서는 아니 된다**는 취지 ③【3인간 대화 중 한 사람 녹음 가】3인 간의 대화에 있어서 **그 중 한 사람이 대화를 녹음**하는 경우 다른 두 사람의 발언은 녹음자에 대한 관계에서 **'타인간의 대화'라고 볼 수 없어** 이런 녹음은 「**통신비밀보호법**」 **위배 아님** (타인간의 대화이므로 통신비밀보호법 위배 ×) ④【대화 미참여 제3자 녹음 불법】대화에 원래부터 참여하지 않는 제3자가 일반 공중이 알 수 있도록 공개되지 않은 타인 간의 발언을 녹음하는 것은 「**통신비밀보호법**」 **위반**

2 통신제한조치

(1) 법원허가

검열·감청	①【전기통신 감청 : 송·수신과 동시】「통신비밀보호법」상 '감청'은 대상이 되는 **전기통신의 송·수신과 동시에 이루어지는 경우만 의미**하고 이미 수신이 완료된 전기통신의 내용을 지득하는 행위는 **포함되지 아니함** (이미 수신이 완료된 전기통신의 내용을 지득하는 행위 포함 ×)
통신 제한조치	①【범죄수사 : 검사 → 법원 허가】검사는 **범죄수사**를 위한 통신제한조치를 경우에 **법원의 허가**를 받아야 함 ②【국가안보 : 정보수사기관장 → 고법 수석판사 허가】정보수사기관장은 **국가안전보장**을 위한 통신제한조치를 하는 경우에 **고등법원 수석판사**(고등법원장 ×)의 허가를 받아야 함
긴급통신 제한조치	①【법원의 허가 없이 통신제한조치 가】검사, 사법경찰관 또는 정보수사기관장은 중대한 범죄의 계획이나 실행 등 **긴박한 상황**에 있는 경우 절차를 거칠 수 없는 **긴급한 사유**가 있는 때에는 **법원의 허가없이 통신제한조치**를 할 수 있음 (반드시 법원의 사전허가를 받아야 함 ×) ②【36시간 내 법원 허가】검사, 사법경찰관 또는 정보수사기관의 장은 **긴급통신제한조치**의 집행착수 후 **지체없이 법원에 허가청구**를 하여야 하며, **36시간 이내에 법원의 허가를 받지 못한 때**에는 **즉시 이를 중지**하여야 함

(2) 통신제한조치 관련판례

1	【총연장기간·총연장횟수 제한 無 (헌불)】 통신제한조치기간의 연장을 허가함에 있어 총연장횟수나 기간제한을 두지 않은 「통신비밀보호법」은 통신의 비밀 침해(2010.12.28. 2009헌가30) [6]
2	① 【인터넷회선 감청 : 압수·수색과 구별】 인터넷회선 감청은 서버에 저장된 정보가 아니라, 인터넷상에서 발신되어 수신되기까지의 과정 중에 수집되는 정보, 즉 전송 중인 정보의 수집을 위한 수사이므로, 압수·수색과 구별(2018.8.30. 2016헌마263) [3] ② 【강제처분 아니므로 영장주의 미적용】 영장주의는 수사기관이 강제처분을 함에 있어 중립적 기관인 법원의 허가를 얻어야 함을 의미하는 것 외에 법원에 의한 사후 통제까지 마련되어야 함을 의미 아님(2018.8.30. 2016헌마263) [3] → 영장주의 판단 안 함 [1] ③ 【통신의 비밀과 자유 제한】 '패킷감청'의 방식으로 이루어지는 인터넷회선 감청은 현대사회에 가장 널리 이용되는 의사소통 수단인 인터넷 통신망을 통해 송·수신하는 전기통신에 대한 감청을 범죄수사를 위한 통신제한조치의 하나로 정하고 있으므로, 일차적으로 통신의 비밀과 자유 제한(2018.8.30. 2016헌마263) [6] ④ 【사생활의 비밀과 자유 제한】 인터넷회선 감청은 타인과의 관계를 전제로 하는 개인의 사적 영역을 보호하려는 통신의 비밀과 자유 외에 사생활의 비밀과 자유도 제한(2018.8.30. 2016헌마263) [4] ⑤ 【기본권 침해 (헌불)】 인터넷회선 감청의 특성을 고려하여 집행 단계나 집행 이후에 수사기관의 권한 남용을 통제하고 관련 기본권의 침해를 최소화하기 위한 제도적 조치가 마련되어 있지 않은 상태에서, 인터넷회선 감청을 통신제한조치 허가 대상 중 하나로 정하고 있으므로 기본권 침해(2018.8.30. 2016헌마263) [3]

3 통신사실 확인자료 제공요청

1	① 【위치정보 추적자료 제공요청 (헌불)】 검사 또는 사법경찰관이 수사를 위하여 필요한 경우 전기통신사업자에게 정보통신망에 접속된 정보통신기기의 위치를 확인할 수 있는 발신기지국의 위치추적자료 및 컴퓨터통신 또는 인터넷의 사용자가 정보통신망에 접속하기 위하여 사용하는 정보통신기기의 위치를 확인할 수 있는 접속지의 추적자료의 열람이나 제출을 요청할 수 있도록 규정하고 있는 「통신비밀보호법」은 정보주체의 개인정보자기결정권과 통신의 자유 침해(2018.6.28. 2012헌마191 등) [4] ② 【영장주의 적용 but 위반 아님】 통신사실 확인자료 제공요청은 가입자 등의 동의나 승낙을 얻지 않고도 공공기관이 아닌 전기통신사업자를 상대로 이루어지는 것으로 「통신비밀보호법」이 정한 수사기관의 강제처분이므로 영장주의 적용(2018.6.28. 2012헌마191 등) [3] → 「통신비밀보호법」은 관할 지방법원 또는 지원의 허가를 받도록 규정하고 있으므로 영장주의 위배 아님 [3]
2	① 【기지국 수사 (헌불)】 수사를 위하여 필요한 경우 수사기관으로 하여금 법원의 허가를 얻어 전기통신사업자에게 특정 시간대 특정 기지국에서 발신된 모든 전화번호의 제공을 요청할 수 있도록 하는 것은 서비스이용자의 개인정보자기결정권과 통신의 자유 침해(2018.6.28. 2012헌마538 등) [7] ② 【영장주의 적용 but 위반 아님】 기지국 수사를 허용하는 통신사실 확인자료 제공요청은 「통신비밀보호법」이 규정하는 강제처분에 해당하므로 영장주의가 적용되며, 관할 지방법원 또는 지원의 허가를 받도록 하고 있으므로 영장주의 위반 아님(2018.6.28. 2012헌마538 등) [4]

4 기타판례

1	【수사대상 가입자에게만 압수·수색사실 통지 (기각)】 송·수신이 완료된 전기통신에 대한 압수·수색 사실을 수사대상이 된 가입자에게만 통지하도록 하고, 그 상대방에 대하여는 통지하지 않도록 한 통신비밀보호법 조항은 청구인들의 개인정보자기결정권 침해 아님(2018.4.26. 2014헌마178) [1]

POINT 120 양심의 자유

제19조 【양심의 자유】 모든 국민은 **양심의 자유**를 가진다.

1 양심의 자유

(1) 양심의 자유

구체적 양심	① 【구체적 양심】 헌법이 보호하고자 하는 **양심**은 어떤 일의 **옳고 그름을 판단**에서 그렇게 행동하지 않고는 자신의 인격적 존재가치가 파멸되고 말 것이라는 **강력하고 진지한** 마음의 소리로서의 **절박하고 구체적인 양심**을 말하며, **막연하고 추상적 개념으로서 양심 아님**.⁹ ② 【개인의 윤리적 정체성 보장】 양심의 자유는 인간으로서의 **존엄성 유지**와 개인의 자유로운 **인격발현**을 위해 개인의 **윤리적 정체성**을 보장하는 기능을 담당¹
가치적·윤리적 판단	① 【세계관·인생관·주의·신조 + 가치적·윤리적 판단】 양심이란 **세계관·인생관·주의·신조** 등은 물론 이에 이르지 아니하여도 보다 널리 **개인의 인격형성**에 관계되는 **내심에 있어서의 가치적·윤리적 판단**도 포함⁵

(2) 헌법상 보호되는 양심

모든 양심상 결정	① 【주관적인 양심】 양심은 민주적 다수의 사고나 가치관과 일치하는 것이 아니라, 개인적 현상으로서 **지극히 주관적인 것임** (민주적 다수의 사고나 가치관과 일치 ×)⁹ ② 【양심 존재 판단 기준 불가】 양심은 **대상이나 내용 또는 동기**에 의하여 판단될 수 없으며, **양심상의 결정이 이성적·합리적인가, 타당한가 또는 법질서나 사회규범, 도덕률과 일치하는가** 하는 관점은 **양심의 존재를 판단하는 기준이 될 수 없음** (기준이 될 수 있음 ×)¹³
소수의 양심	① 【소수의 양심】 양심의 자유에서 현실적으로 문제가 되는 것은 **국가의 법질서나 사회의 도덕률**에서 벗어나려는 **소수의 양심** (법질서와 도덕에 부합하는 다수의 양심 ×)⁵ ② 【모든 내용의 양심상 결정】 양심상 결정이 **어떠한 종교관·세계관 또는 그 밖의 가치체계에 기초**하고 있는지와 관계없이, **모든 내용의 양심상 결정이 양심의 자유에 의하여 보장** (어떠한 종교관·세계관 또는 그 외의 가치체계에 기초하고 있어야 함 ×)⁵

(3) 보호영역이 아닌 것

가치·윤리 관련성 無	① 【단순한 사실관계의 확인】 단순한 사실관계의 확인과 같이 가치적·윤리적 판단이 개입될 여지가 없는 경우는 **양심의 자유의 보호대상 아님**⁴ ② 【법률해석, 사사로운 의견】 **법률해석**에 관하여 여러 견해가 갈리는 경우처럼 다소 가치관련성을 가지더라도 개인의 인격형성과 관계가 없는 **사사로운 사유나 의견** 등은 양심의 자유의 보호대상 아님²
객관적 사항	① 【사실·기술적 지식 진술거부】 침묵의 자유는 **사실에 관한 지식 또는 기술적 지식의 진술을 거부하는 자유**는 포함되지 아니함¹

2 양심의 형성·결정의 자유

(1) 내심의 양심과 양심의 실현

양심의 자유	① **【양심형성·결정의 자유 : 절대적 자유】** 내심적 자유, 즉 양심형성의 자유와 양심적 결정의 자유는 내심에 머무르는 한 **절대적 자유** (법률에 의하여 제한될 수 있는 상대적 자유 ×)¹¹ ② **【양심실현의 자유 : 상대적 자유】** 양심실현의 자유는 타인의 기본권이나 다른 헌법적 질서와 저촉되는 경우 헌법 제37조 제2항에 따라 국가안전보장, 질서유지 또는 공공복리를 위하여 **법률에 의하여 제한될 수 있는 상대적 자유** ⁸
내심 + 실현	① **【양심형성·결정의 자유 + 양심실현의 자유】** 양심의 자유는 양심형성의 자유와 양심적 결정의 자유를 포함하는 **내심적 자유** 뿐만 아니라 **양심적 결정을 외부로 표현하고 실현할 수 있는 양심실현의 자유**를 포함 (양심을 실현할 수 있는 자유는 포함되지 않음 ×)³
양심실현의 자유 (불고지죄)	① **【내심 + 실현(적극 + 소극)】** 양심의 자유는 내심의 자유와 양심실현의 자유로 나눠지고 양심실현의 자유에 **적극적 양심실현의 자유와 소극적 양심실현의 자유**가 포함¹ ② **【적극적 작위 + 소극적 부작위】** 양심실현은 **적극적인 작위의 방법**으로도 실현될 수 있지만 **소극적으로 부작위**에 의해서도 실현 가능¹ ③ **【작위·부작위에 의한 양심표명·실현자유】** 양심실현의 자유란 형성된 양심을 외부로 표명하고 양심에 따라 삶을 형성할 자유, 구체적으로는 **양심을 표명하거나 또는 양심을 표명하도록 강요받지 아니할 자유(양심표명의 자유), 양심에 반하는 행동을 강요받지 아니할 자유(부작위에 의한 양심실현의 자유), 양심에 따른 행동을 할 자유(작위에 의한 양심실현의 자유)**를 모두 포함 (자기의 양심에 따른 행동을 할 자유까지 포함하는 것은 아님 ×)¹
침묵의 자유 (사죄광고)	① **【윤리적 판단사항에 관한 침묵의 자유】** 양심의 자유에는 윤리적 판단에 국가가 개입해서는 안되는 **내심적 자유**는 물론, 윤리적 판단을 국가권력에 의하여 **외부에 표명하도록 강제받지 않는 자유** 즉 윤리적 판단사항에 관한 침묵의 자유까지 포괄 (윤리적 판단을 국가권력에 의하여 외부에 표명하도록 강제 받지 아니할 자유를 포함하지 않음 ×)⁴ ② **【양심에 반하는 행위 강제 금지】** 양심의 자유에 **내심의 자유와 침묵의 자유**가 포함되며, 침묵의 자유에서 **양심에 반하는 행위의 강제금지**가 파생³

(2) 관련판례

1	① **【불고지죄 (합헌)】** 「국가보안법」의 **불고지죄**는 국가의 존립과 안전에 저해가 되는 타인의 범행에 관한 **객관적 사실을 고지할 의무**를 부과할 뿐이고 개인의 세계관·인생관·주의·신조 등이나 내심에 있어서의 윤리적 판단을 고지의 대상으로 하는 것은 아니므로 양심의 자유 특히 **침묵의 자유를 직접적으로 침해 아님**(1998.7.16. 96헌바35)¹ ② **【부작위에 의한 양심실현의 자유 제한 가】** 부작위에 의한 양심실현은 내심의 의사를 외부에 표현하거나 실현하는 행위가 되는 것이고 순수한 내심의 영역을 벗어난 것이어서 필요한 경우 **법률에 의한 제한 가능**(1998.7.16. 96헌바35)¹
2	① **【법인에 대한 사죄광고 (한정위헌)】** 법원의 판결에 의한 사죄광고의 강제는 양심도 아닌 것이 양심인 것처럼 표현할 것의 강제로 **인간양심의 왜곡·굴절**이고 겉과 속이 다른 이중 인격형성의 강요인 것으로서 **침묵의 자유의 파생인 양심에 반하는 행위의 강제금지에 저촉**(1991.4.1. 89헌마160)² ② **【대표자의 양심 제약】** 「민법」상 '**명예회복에 적당한 처분**'으로 사죄광고를 할 것인지 여부에 대한 **법인(대표자)의 결정은 양심의 자유의 보호영역**에 속함(1991.4.1. 89헌마160)² ③ **【양심의 자유 침해】** 「민법」 제764조의 '**명예회복의 적당한 처분**'에 사죄광고를 포함시켜 **법원의 판결로 사죄광고를 명하는 것은 헌법에 위반**(1991.4.1. 89헌마160)³

(3) 보호영역 불포함 관련판례

1	【법위반사실 공표명령】 사업자단체의 「공정거래법」 위반행위가 있을 때 공정위가 당해 사업자단체에 대하여 '**법위반사실의 공표**'를 명한 경우, 위반 사실을 공표할 것인지 여부에 대한 사업자단체의 결정은 **양심의 영역에 포함 아님**(2002.1.31. 2001헌바43) → 양심의 자유 영역 아니므로 **양심의 자유 침해 아님**
2	① 【**준법서약제도 : 내용상 양심 아님**】 내용상 단순히 **국법질서나 헌법체제를 준수**하겠다는 취지의 서약을 할 것을 요구하는 **준법서약**은 어떤 구체적·적극적 내용을 담지 않은 채 **단순한 헌법적 의무의 확인·서약에 불과**하므로 **양심의 영역을 건드리는 것 아님**(2002.4.25. 98헌마425 등) ② 【**방법상 양심 침해 아님**】 양심의 자유는 내심에서 우러나오는 **윤리적 확신**과 이에 반하는 **외부적 법질서의 요구**가 서로 회피할 수 없는 상태로 충돌할 때에만 침해될 수 있음(2002.4.25. 98헌마425 등) → 수범자가 스스로 수혜를 포기하거나 권고를 거부함으로써 법질서와 충돌하지 아니한 채 **자신의 양심을 유지, 보존할 수 있는 경우**에는 **양심의 자유 침해 아님** ③ 【**내용·방법상 양심의 자유 침해 아님 (기각)**】 「가석방심사 등에 관한 규칙」 조항은 **내용**상 수형자에게 그 어떠한 법적 의무도 부과하는 것이 아니며 법적 불이익의 부과 등 **방법**에 의하여 준법서약을 강제하고 있는 것이 아니므로 수형자의 **양심의 자유 침해 아님**(2002.4.25. 98헌마425 등) → **평등원칙 위배 아님**
3	【**음주측정 불응시 형사처벌 (합헌)**】 음주측정요구에 응하여야 할 것인지에 대한 고민은 선과 악의 범주에 관한 진지한 윤리적 결정을 위한 고민이라 할 수 없으므로 음주측정요구와 그 거부는 양심의 자유의 보호영역에 포괄되지 아니하므로 **양심의 자유 침해 아님**(1997.3.27. 96헌가11)
4	① 【**지문날인제도 (기각)**】 「주민등록법」상 주민등록증 발급을 위해 **지문날인을 할 것인지 여부에 대한 개인의 결정**은 **양심의 자유의 보호영역 아님**(2005.5.26. 99헌마513 등) ② 【**양심의 자유 침해 가능성 없음 (기각)**】 열 손가락 지문날인의 의무를 부과하는 「주민등록법 시행령」은 국가가 개인의 윤리적 판단에 개입한다거나 윤리적 판단을 표명하도록 강제하는 것이라고 할 수 없으므로 **양심의 자유의 침해 가능성 없음**(2005.5.26. 99헌마513 등)
5	① 【**재산명시의무 위반자 감치제도 (기각)**】 「민사집행법」상 **재산명시의무를 위반한 채무자**에 대하여 법원의 결정으로 20일 이내의 감치에 처하도록 규정한 것은 **신체의 자유 침해 아님**(2014.9.25. 2013헌마11) ② 【**양심의 자유 보호대상 아님 (기각)**】 재산목록을 제출하고 그 진실함을 법관 앞에서 선서하는 것은 개인의 인격형성에 관계되는 내심의 가치적·윤리적 판단에 해당하지 않아 **양심의 자유의 보호대상이 아니므로 양심의 자유 침해 아님**(2014.9.25. 2013헌마11) → 형사상 불이익한 진술 강요 아니므로 **진술거부권 침해 아님**
6	【**세무사의 성실신고 확인 (합헌)**】 세무사가 행하는 성실신고확인은 확인대상사업자의 소득금액에 대하여 확인하는 것으로 **단순한 사실관계의 확인에 불과**한 것이어서 **양심의 영역에 포함되지 않음**(2019.7.25. 2016헌바392)

POINT 121 양심의 자유 관련판례

1 양심의 자유 관련판례

(1) 양심의 자유 침해 판례

1	【사죄·반성문 의미의 시말서 (무효)】 취업규칙에 정한 '시말서'가 사죄문 또는 반성문의 의미를 가지고 있고 이에 기하여 **근로자에게 시말서의 제출을 명한 경우**, 이는 헌법이 보장하는 내심의 윤리적 판단에 대한 강제로서 **양심의 자유 침해**(대판 2010.1.14. 2009두6605)

(2) 양심의 자유 침해 아닌 판례

1	① 【의사의 환자 의료비내역 국세청 제출의무】 의사가 환자의 신병(身病)에 관한 사실을 자신의 의사에 반하여 외부에 알려야 한다면, **의사로서의 윤리적·도덕적 가치에 반하는 것**으로서 심한 양심적 갈등을 겪을 수밖에 없을 것이므로, 연말정산 간소화를 위하여 **의료기관에게 환자들의 의료비 내역에 관한 정보를 국세청에 제출하도록 의무를 부과**하는 「소득세법」은 **의사의 양심의 자유 제한**(2008.10.30. 2006헌마1401 등) ② 【양심의 자유 침해 아님 (기각)】 의료기관에게 환자의 진료비 관련 **소득공제증빙서류 제출 의무를 부과**하는 것은 **양심의 자유 침해 아님**(2008.10.30. 2006헌마1401 등) → 개인정보자기결정권 침해 아님
2	【피해학생에 대한 서면사과 (합헌)】 학교폭력의 가해학생에 대한 조치로 피해학생에 대한 서면사과를 규정한 것은 **가해학생의 양심의 자유와 인격권 침해 아님**(2023.2.23. 2019헌바93 등)
3	【이적표현물의 소지·취득행위 처벌 (합헌)】 이적표현물의 소지·취득행위가 지니는 위험성이 이를 제작·반포하는 행위에 비해 결코 적다고 보기 어려우므로 이를 처벌하는 것은 **표현의 자유 및 양심의 자유 침해 아님**(2015.4.30. 2012헌바95 등)
4	① 【보안관찰처분 (합헌)】 「보안관찰법」상의 보안관찰처분은 보안관찰처분대상자의 내심의 작용을 문제 삼는 것이 아니라, 보안관찰처분대상자가 보안관찰해당범죄를 다시 저지를 위험성이 **내심의 영역을 벗어나 외부에 표출되는 경우**에 재범의 방지를 위하여 내려지는 특별예방적 목적의 처분이므로, 보안관찰처분이 **양심의 자유 침해 아님**(2015.11.26. 2014헌바475) ② 【피보안관찰자의 신고의무 (합헌)】 피보안관찰자에게 자신의 주거지 등 현황을 신고하게 하고, 정당한 이유 없이 신고하지 아니하면 처벌하는 것은 **사생활의 비밀과 자유 침해 아님**(2015.11.26. 2014헌바475)
5	【군인에서 전경으로 신분전환 (기각)】 「전투경찰대설치법」에 근거하여 **군인에서 경찰공무원으로 신분을 전환**할 수 있게 하고 전투경찰순경이 **경찰공무원으로서 시위진압업무를 수행**하는 것은 **양심의 자유 침해 아님**(1995.12.28. 91헌마80)

2 양심적 병역거부

(1) 양심의 자유와 병역거부

심사대상	① **【부진정입법부작위】** 입법자가 병역의 종류에 관하여 입법은 하였으나 그 내용이 양심적 병역거부자를 위한 **대체복무제를 포함하지 아니하여 불완전·불충분하다는 부진정입법부작위**(진정입법부작위 ×)를 다투는 것임 ¹
양심과 증명의무	① **【깊고, 확고하며 진실된 양심】** 특정한 내적인 확신 또는 신념이 양심으로 형성된 이상 그 **내용 여하**를 떠나 양심의 자유에 의해 보호되는 양심이 될 수 있으므로, 헌법상 양심의 자유에 의해 보호받는 **'양심'으로 인정할 것인지의 판단**은 그것이 **깊고, 확고하며, 진실된 것인지** 여부에 따르게 됨 (양심이 깊고, 확고하며, 진실된 것인지 여부와 관계없음 ×) ³ ② **【양심표명·증명 의무 有】** 양심적 병역거부를 주장하는 사람은 **자신의 '양심'을 외부로 표명하여 증명할 최소한의 의무를 짐** (증명할 의무를 지지 않음 ×) ³
양심적 병역거부	① **【병역거부가 도덕적·정당 의미 아님】** '양심적' 병역거부는 실상 당사자의 '양심에 따른' 혹은 '양심을 이유로 한' 병역거부를 가리키는 것일 뿐이지 **병역거부가 '도덕적이고 정당하다'는 의미는 아님** (병역거부가 '도덕적이고 정당하다'는 의미를 내포 ×) ⁴

(2) 헌재의 심사

제한되는 기본권	① **【양심에 반하는 행동을 강요당하지 않을 자유(부작위의 자유) 제한】** 양심적 병역거부자에 대한 **대체복무제를 규정하지 아니한 병역종류조항**과 양심상의 결정에 따라 입영을 거부하거나 소집에 불응하는 자에 대하여 형벌을 부과하는 처벌조항은 **'양심에 반하는 행동을 강요당하지 아니할 자유'**, 즉 **'부작위에 의한 양심실현의 자유'를 제한** ('양심에 따른 행동을 할 자유', 즉 '작위에 의한 양심실현의 자유'를 제한 ×) ⁵ ② **【양심의 자유와 종교의 자유 제한】** 양심적 병역거부는 **인류의 평화적 공존**에 대한 간절한 희망과 결단을 기반으로 하고 있으며, **종교적 신앙에 따라 병역을 거부**하는 자에게 적용되는 경우 종교인의 **종교의 자유 제한** (종교의 자유 제한 아님 ×) ¹ ③ **【양심의 자유를 중심으로 판단】** 양심적 병역거부의 바탕이 되는 양심상의 결정은 **종교적 동기**뿐만 아니라 윤리적·철학적 또는 이와 유사한 동기로부터라도 형성될 수 있는 것이므로 **양심적 병역거부자의 기본권 침해 여부는 양심의 자유를 중심으로 판단** (양심의 자유 침해와는 별도로 종교의 자유 침해 여부를 심사해야 함 ×) ³
비례심사	① **【비례원칙에 의한 심사】** 국가의 존립과 안전을 위한 불가결한 헌법적 가치를 담고 있는 **국방의 의무**와 개인의 인격과 존엄의 기초가 되는 **양심의 자유가 서로 충돌**하는 경우, 입법자는 두 가치를 양립시킬 수 있는 **조화점을 최대한 모색**해야 하고, 그것이 불가능해 부득이 **어느 하나의 헌법적 가치를 후퇴**시킬 수밖에 없는 경우에도 **목적에 비례하는 범위** 내에 그쳐야 함 ¹ ② **【비례심사】** 병역법이 헌법 제39조에 규정된 **국방의 의무를 형성하는 입법**이라 할지라도 그에 대한 심사는 헌법상 **비례원칙에 의하여야 함** (자의금지원칙에 따라 심사해야 함 ×) ²

(3) 병역종류조항에 대한 비례심사 : 양심의 자유 침해

목적·수단 (인정)	① 【목적의 정당성, 수단의 적합성 인정】 각종 병역의 종류를 규정하고 있는 **병역법상 병역종류조항**은, **병역부담의 형평**을 기하고 병역자원을 효과적으로 확보하여 효율적으로 배분함으로써 **국가안보를 실현**하고자 하는 것이므로 **입법목적은 정당하고 적합한 수단** (입법목적을 달성하기 위한 적합한 수단에 해당한다고 보기는 어려움 ×)
피해·법익 (부정)	① 【침해의 최소성 위반】 대체복무제라는 대안이 있음에도 불구하고 **군사훈련을 수반하는 병역의무만을 규정**한 **병역종류조항은 침해의 최소성 원칙에 어긋남** ② 【대체복무와 현역복무간 등가성】 양심적 병역거부자에 대한 관용은 병역의무의 면제와 특혜의 부여에 대한 관용이 아니며, **대체복무제는 병역의무의 일환**으로 도입되는 것이므로 **현역복무와의 형평을 고려하여 최대한 등가성을 가지도록 설계되어야 함** ③ 【법익의 균형성 위반】 병역종류조항에 대체복무제가 규정되지 않음으로 인하여 **양심적 병역거부자가 감수하여야 하는 불이익**은 심대하고, 이들에게 대체복무를 부과하는 것이 오히려 넓은 의미의 국가안보와 공익 실현에 더 도움이 된다는 점을 고려할 때, 병역종류조항은 기본권 제한의 한계를 초과하여 **법익의 균형성 요건을 충족하지 못함**

(4) 결론 및 대체복무제 관련판례

1	【병역종류조항 : 양심의 자유 침해 (헌불)】 양심적 병역거부자에 대한 대체복무제를 규정하지 아니한 병역종류조항은 **양심적 병역거부자의 양심의 자유 침해**(2018.6.28. 2011헌바379 등) 🔖 【형사처벌조항 : 양심의 자유 침해 아님 (합헌)】 현역입영 또는 소집통지서를 받은 사람이 정당한 사유 없이 입영일이나 소집일부터 3일이 지나도 입영하지 아니하거나 소집에 응하지 아니한 경우를 처벌하는 「병역법」 처벌조항은 양심적 병역거부자의 **양심의 자유 침해 아님**(2018.6.28. 2011헌바379 등)
2	① 【대체복무제 (기각)】 대체복무요원의 복무기간을 '**36개월**', 대체복무기관을 '**교정시설**'로 한정, 대체복무요원으로 하여금 '**합숙**'하여 복무하도록 한 것은 **양심의 자유 침해 아님**(2024.5.30. 2022헌마707 등) ② 【순수 민간단체 주관 사회봉사 불인정】 현 상황에서 **순수 민간단체가 주관하는 사회봉사**를 수행하고자 하는 자를 위한 적절한 대체복무제도를 통해 병역자원을 효율적으로 관리하고 병역의무의 형평성을 유지하는 것은 기대하기 어려우므로, 이러한 제도를 **대체복무의 형태로 인정하지 아니한 입법자의 판단은 수긍할 만함**(2024.5.30. 2022헌마707 등)

POINT 122 종교의 자유

> 제20조 ① 【종교의 자유】 모든 국민은 종교의 자유를 가진다.
> ② 【국교부인 + 정교분리】 국교는 인정되지 아니하며, 종교와 정치는 분리된다.

1 종교의 자유

종교의 자유		① 【신앙 + 종교행위 + 종교적 집회·결사】 종교의 자유의 구체적 내용은 일반적으로 '신앙의 자유', '종교적 행위의 자유' 및 '종교적 집회·결사의 자유'의 3요소 [3]
내용	내심 (절대)	① 【절대적 자유】 신앙의 자유는 신과 피안 또는 내세에 대한 인간의 내적 확신에 대한 자유를 말하는 것으로서, 신앙의 자유는 내심의 자유의 핵심이기 때문에 법률로써도 침해할 수 없음 [3]
	외부 (상대)	① 【상대적 자유】 종교적 행위의 자유와 종교적 집회·결사의 자유는 신앙의 자유와는 달리 절대적 자유가 아니므로 질서유지, 공공복리 등을 위하여 제한할 수 있음 [1] ② 【과잉금지원칙 준수】 종교적 행위의 자유와 종교적 집회·결사의 자유는 신앙의 자유와는 달리 절대적 자유는 아니지만, 제한할 경우에는 과잉금지원칙 준수해야 함 [1]

2 보호영역

(1) 종교의 자유 보호영역

종교적 행위의 자유	① 【신앙 + 종교행위】 종교의 자유에는 신앙의 자유, 종교적 행위의 자유가 포함되며, 종교적 행위의 자유에는 신앙고백의 자유, 종교적 의식 및 집회·결사의 자유, 종교전파·교육의 자유 등이 있음 [2] ② 【적극 + 소극 + 선교·교육】 종교적 행위의 자유는 종교상 의식·예배 등 종교적 행위를 임의로 할 수 있는 등 종교적 확신에 따라 행동하고 교리에 따라 생활할 수 있는 자유와 소극적으로 종교적 확신에 반하는 행위를 강요당하지 않을 자유, 선교의 자유, 종교교육의 자유 등 포함 [3]
종교교육의 자유	① 【종교교육의 자유】 종교의 자유에는 특정 종교단체가 종교의 지도자와 교리자를 자체적으로 교육시킬 수 있는 종교교육의 자유가 포함 [1] ② 【종교 교육기관 : 헌법·교육법상 규제】 종교교육 및 종교지도자의 양성은 종교의 자유의 한 내용으로 보장되지만, 그것이 학교라는 교육기관의 형태를 취할 때에는 헌법 제31조 제1항, 제6항의 규정 및 교육법상의 각 규정들에 의한 규제를 받음 [1]
선교의 자유	① 【타종교비판 + 개종권고】 종교의 자유에는 자기가 신봉하는 종교를 선전하고 새로운 신자를 규합하기 위한 선교의 자유가 포함되고 선교의 자유에는 다른 종교를 비판하거나 다른 종교의 신자에 대하여 개종을 권고하는 자유 포함 (타종교를 비판하는 자유 포함 안 됨 ×) [2] ② 【표현의 자유보다 고도로 보장】 종교의 자유에 관한 헌법 제20조 제1항은 표현의 자유에 관한 헌법 제21조 제1항에 대하여 특별규정의 성격을 갖는다 할 것이므로 종교적 목적을 위한 언론·출판의 경우에는 그 밖의 일반적인 언론·출판에 비하여 고도의 보장 [1] ③ 【종교전파의 자유 : 임의의 장소는 부정】 종교전파의 자유는 자신의 종교 또는 종교적 확신을 누구에게나 알리고 선전하는 자유를 말하며 포교행위 또는 선교행위가 이에 해당되나, 국민이 선택한 임의의 장소에서 이를 자유롭게 행사할 수 있는 권리까지 보장하는 것은 아님 (그가 선택한 임의의 장소에서 자유롭게 행사할 수 있는 권리까지 보장 ×) [12] → 임의의 장소가 대한민국의 주권이 미치지 아니하는 지역 나아가 해외 위난지역인 경우 더욱 보장 안됨 [1]

(2) 관련판례

1	**종교행사의 자유** ① **【종교시설 설치·운영】** 종교 의식 내지 종교적 행위와 밀접한 관련이 있는 시설의 설치와 운영은 종교의 자유를 보장하기 위한 전제에 해당되므로 **종교적 행위의 자유에 포함**(2009.7.30. 2008헌가2) ② **【학교정화구역 내 납골시설 금지】** 종교단체가 종교적 행사를 위하여 종교집회장 내에 납골시설을 설치하여 운영하는 것은 **종교행사의 자유와 관련**된 것이고, 납골시설의 설치를 금지하는 것은 **종교행사의 자유 제한**(2009.7.30. 2008헌가2) ③ **【종교의 자유, 행복추구권 및 직업의 자유 침해 아님 (합헌)】** 학교정화구역 내에 납골시설을 금지할 필요성은 납골시설의 운영주체가 국가·지방자치단체 등의 공공기관이거나 개인·문중·종교단체·재단법인이든 마찬가지임 (2009.7.30. 2008헌가2) → 종교단체의 **종교의 자유**, 개인, 문중의 **행복추구권** 및 납골시설의 설치·운영을 직업으로서 수행하고자 하는 자의 **직업의 자유 침해 아님**
2	**종교교육의 자유** ① **【종교단체 운영 교육기관 설립인가·설립등록 의무 (합헌)】** 종교단체가 운영하는 학교 형태 혹은 학원 형태의 교육기관도 예외 없이 **학교설립인가 혹은 학원설립등록을 받도록** 규정한 「교육법」은 **종교의 자유 침해 아님**(2000.3.30. 99헌바14) → **국교금지 또는 정교분리원칙 위반 아님** ② **【평등원칙 위배 아님】** 종교교육이라 하더라도 그것이 학교나 학원이라는 교육기관의 형태를 취할 경우에는 「교육법」이나 「학원법」상 규제를 받게 된다고 보아야 할 것이고, 종교교육이라고 해서 예외가 될 수 없으므로 **평등원칙 위배 아님**(2000.3.30. 99헌바14)
3	**선교의 자유** ① **【종교단체 양로시설 설치 시 신고의무: 종교의 자유 ○, 인간다운 생활을 할 권리 ×, 법인의 인격권 ×, 법인운영의 자유 ×】** 종교단체가 양로시설을 설치하고자 하는 경우 신고하도록 의무를 부담시키는 「노인복지법」은 종교단체의 자유로운 양로시설 운영을 통한 선교의 자유, 즉 **종교의 자유 제한**(2016.6.30. 2015헌바46) → **인간다운 생활을 할 권리나 법인의 인격권 및 법인운영의 자유 제한 아님** ② **【종교의 자유 침해 아님 (합헌)】** 국가 또는 지자체 외의 자가 양로시설을 설치하고자 하는 경우 신고의무를 부과하고 위반시 처벌하는 「노인복지법」을 종교단체에서 구호활동의 일환으로 운영하는 양로시설에도 예외없이 적용하는 것은 **종교의 자유 침해 아님**(2016.6.30. 2015헌바46)
4	**선교의 자유** **【타종교 비판 허용】** 종교적 목적을 위한 언론·출판의 자유를 행사하는 과정에서 타 종교의 신앙 대상을 우스꽝스럽게 묘사하거나 다소 모욕적이고 불쾌하게 느껴지는 표현을 사용하였더라도 그 종교를 신봉하는 신도들에 대한 증오의 감정을 드러내는 것이거나 그 자체로 폭행·협박 등을 유발할 우려가 있는 정도가 아닌 이상 **허용**(대판 2014.9.4. 2012도13718)

(3) 보호영역이 아닌 경우

1	**【전통사찰의 전법용 경내지 건조물 등에 대한 압류금지 (합헌)】** 전통사찰에 대하여 채무명의를 가진 **일반채권자**가 전통사찰 소유의 전법(傳法)용 경내지의 건조물 등에 대하여 **압류하는 것을 금지**하는 「전통사찰의 보존 및 지원에 관한 법률」 조항은 '전통사찰의 일반채권자'의 **재산권을 제한**하지만, **종교의 자유의 내용 중 어떠한 것도 제한되지 않음**(2012.6.27. 2011헌바34)
2	**【종교단체 내 직무상 지위 이용 선거운동 제한 (합헌)】** 종교적인 기관·단체 등의 조직 내에서의 직무상 행위를 이용하여 그 구성원에 대하여 선거운동을 하거나 하게 할 수 없도록 한 「공직선거법」은 종교적 신념 자체 또는 종교의식, 종교교육, 종교적 집회·결사의 자유 등을 제한하는 것이 아니므로 **종교의 자유 직접적 제한 아님**(2024.1.25. 2021헌바233 등) → **표현의 자유 제한 but 침해 아님**

3 종교의 자유 관련판례

(1) 종교의 자유 침해 판례

| 1 | ① 【미결수용자에 대한 종교집회 참석 제한】 종교집회 참석 기회는 형이 확정된 수형자뿐만 아니라 **미결수용자에게도 인정**(2014.6.26. 2012헌마782)
② 【종교 집회·결사의 자유 제한】 부산구치소장이 미결수용자 신분으로 구치소에 수용되었던 기간 중 교정시설 안에서 매주 실시하는 종교집회 참석을 제한한 종교집회 참석 제한 처우는 종교의 자유 중 **종교적 집회·결사의 자유 제한**(2014.6.26. 2012헌마782)
③ 【연간 1회 참석기회 부여 (인용)】 출력수(작업에 종사하는 수형자)를 대상으로 월 3~4회의 종교집회를 실시하는 반면, **미결수용자와 미지정 수형자에 대해서는 원칙적으로 매월 1회**, 그것도 공간의 협소함과 관리 인력의 부족을 이유로 수용동별로 돌아가며 종교집회를 실시하여 실제 **연간 1회 정도의 종교집회 참석기회를 부여한 구치소장의 종교집회 참석제한 처우는 종교의 자유 침해**(2014.6.26. 2012헌마782)
[유사] 【미결수용자 종교행사 참석 불허 (인용)】 구치소 내에서 실시하는 종교의식 또는 행사에 일률적으로 미결수용자의 참석을 금지한 구치소장의 종교행사 등 참석불허 처우는 **종교의 자유 침해**(2011.12.29. 2009헌마527) → 교정시설의 여건 및 수용관리의 적정성을 기하기 위한 것으로서 **목적과 수단은 정당**
[비교] 【종교행사를 4주에 1회 실시 (기각)】 구치소장이 구치소 내 미결수용자를 대상으로 한 **개신교 종교행사를 4주에 1회**, 일요일이 아닌 요일에 실시한 행위는 **미결수용자의 종교의 자유 침해 아님**(2015.4.30. 2013헌마190) |

(2) 종교의 자유 침해 아닌 판례

| 1 | 【금치처분시 공동행사 참가제한 (기각)】 금치처분을 받은 사람에게 최장 30일 이내의 기간 동안 **공동행사에 참가할 수 없게** 하였으나, 서신수수·접견을 통해 외부와 통신할 수 있게 하였고 **종교상담을 통해 종교활동을 할 수 있도록** 한 것은 **통신의 자유, 종교의 자유 침해 아님**(2016.5.26. 2014헌마45) |
| 2 | 【사법시험 일요일 실시 (기각)】 사법시험 제1차시험의 시행일자를 일요일로 정하여 공고한 「2000년도 공무원임용시험시행계획 공고」는 **종교의 자유 침해 아님**(2001.9.27. 2000헌마159)
[유사] 【법학적성시험 일요일 실시 (기각)】 '2010학년도 법학적성시험 시행계획 공고'가 시험의 시행일을 일요일로 정한 것은 **종교의 자유 침해 아님**(2010.4.29. 2009헌마399)
[유사] 【교원임용시험 일요일 실시 (기각)】 교원임용시험의 일자를 일요일로 정한 것은 수많은 수험생들의 응시상의 편의와 시험장소의 마련 및 시험관리상의 편의 도모와 같은 합리적인 이유가 있어 **종교의 자유나 평등권 침해 아님**(2010.11.25. 2010헌마199) |
| 3 | 【간호조무사시험 토요일 실시 (기각)】 대부분의 지방자치단체에서 시험장소 임차 및 인력동원 등의 이유로 일요일 시험실시가 불가하거나 현실적으로 어려우므로, **연 2회 실시하는 간호조무사 국가시험의 시행일시를 모두 토요일 일몰 전**으로 정한 '2021년도 간호조무사 국가시험 시행계획 공고'는 제칠일안식일예수재림교를 믿는 응시자의 **종교의 자유 침해 아님**(2023.6.29. 2021헌마171) |

(3) 종교의 자유와 법익 충돌

| 1 | ① 【사립대학의 종교교육 이수 졸업요건학칙】 사립대학은 종교교육 내지 종교선전을 위하여 학생들의 신앙을 가지지 않을 자유를 침해하지 않는 범위 내에서 학생들로 하여금 **일정한 내용의 종교교육을 받을 것을 졸업요건으로 하는 학칙을 제정**할 수 있음(대판 1998.11.10. 96다37268)
② 【종교의 자유 침해 아님】 기독교재단이 설립한 사립대학에서 6학기 동안 대학예배에 참석할 것을 졸업요건으로 하는 학칙은 비록 위 대학예배가 복음 전도나 종교인 양성에 직접적인 목표가 있는 것이 아니고 신앙을 가지지 않을 자유를 침해하지 않는 범위 내에서 학생들에게 종교교육을 함으로써 진리·사랑에 기초한 **보편적 교양인을 양성하는 데 목표**를 두고 있으므로 **종교의 자유 침해 아님**(대판 1998.11.10. 96다37268) |

4 국교부인과 정교분리

(1) 국교부인과 정교분리

① **【우대·차별대우 금지】** 국가가 특정 종교를 특별히 보호하기 위하여 **특혜**를 가하거나 억압하기 위하여 **부당한 대우**를 하는 것은 원칙적으로 금지

(2) 관련판례

1	① **【육군훈련소 내 종교행사 참석 강제 (위헌)】** 육군훈련소장이 훈련병들로 하여금 개신교, 천주교, 불교, 원불교 **4개 종교의 종교행사 중 하나에 참석하도록 한 것 자체로 종교적 행위의 외적 강제에 해당**(2022.11.24. 2019헌마941) ② **【정교분리원칙 위배 (위헌)】** 육군훈련소장이 훈련병에게 개신교, 불교, 천주교, 원불교 종교행사 중 하나에 참석하도록 한 것은 국가가 종교를 군사력 강화라는 목적을 달성하기 위한 수단으로 전락시키거나, 반대로 종교단체가 군대라는 국가권력에 개입하여 선교행위를 하는 등 영향력을 행사할 수 있는 기회를 제공하므로, **국가와 종교의 밀접한 결합을 초래**한다는 점에서 **정교분리원칙 위배**(2022.11.24. 2019헌마941)
2	① **【기반시설부담금 부과 종교의 자유 제한】** 종교시설의 건축행위에 금전적인 부담을 가하는 **기반시설부담금**은 종교시설의 건축행위에 부담을 주므로 **종교적 행위의 자유 제한**(2010.2.25. 2007헌바131 등) ② **【종교 이유로 조세·부담금 면제 권리·의무 無】** 종교의 자유로부터 종교를 이유로 **일반적으로 적용되는 조세나 부담금을 부과하는 법률적용의 면제 등 적극적인 우대 조치를 요구할 권리**가 직접 도출된다거나 **적극적인 우대조치를 할 국가의 의무**가 발생 안됨(2010.2.25. 2007헌바131 등) ③ **【종교시설 건축행위 기반시설부담금 면제 : 부정】** 종교시설의 건축행위에만 기반시설부담금을 면제한다면 국가가 종교를 지원하여 종교를 승인하거나 우대하는 것으로 **비칠 소지**가 있어 **국교금지·정교분리 위배될 수 있음** (2010.2.25. 2007헌바131 등) ④ **【종교의 자유 침해 아님 (합헌)】** 종교시설의 건축행위에 대하여 **기반시설부담금 부과를 제외·감경하지 아니하였더라도 종교의 자유 침해 아님**(2010.2.25. 2007헌바131 등)
3	① **【유서깊은 천주교 성당일대 문화관광지 조성】** 지방자치단체가 유서 깊은 천주교 성당 일대를 문화관광지로 조성하기 위하여 상급단체로부터 문화관광지 조성계획을 승인받은 후 사업부지 내 토지 등을 수용재결한 것은 **정교분리원칙이나 평등권 위배 아님**(대판 2009.5.28. 2008두16933) ② **【관습화된 문화요소】** 종교적인 의식, 행사에서 유래되었더라도 **공동체 구성원들 사이에 관습화된 문화요소**로 인식되고 받아들여지는 경우 국가가 지원하는 것은 **문화국가원리와 정교분리원칙 위배 아님**(대판 2009.5.28. 2008두16933)
4	**【군종장교의 소속종단 종교 선전 및 다른 종교 비판】** 군대 내에서 **군종장교가 성직자의 신분에서 종교활동**을 수행함에 있어 **소속종단의 종교를 선전하거나 다른 종교를 비판**하였다고 할지라도 **종교적 중립을 준수할 의무 위반 아님** (대판 2007.4.26. 2006다87903)
5	① **【법원의 종교단체 내부관계에 관해 실체적 심리 자제】** 종교활동은 종교의 자유와 정교분리원칙에 의하여 **국가의 간섭으로부터 그 자유가 보장**되어 있으므로, **국가기관인 법원**은 **종교단체 내부관계에 관한 사항**에 대하여는 일반 국민으로서의 권리의무나 법률관계를 규율하는 것이 아닌 이상 **실체적인 심리판단을 하지 아니함**으로써 당해 종교단체의 자율권을 최대한 보장하여야 함(대판 2011.10.27. 2009다32386) ② **【법원의 징계효력유무 판단 不可】** 종교단체가 교리를 확립하고 종교단체·신앙의 질서를 유지하기 위하여 교인으로서의 비위가 있는 사람을 **종교적인 방법으로 제재**하는 것은 종교단체 내부의 규제로서 헌법이 보장하는 **종교의 자유의 영역**에 속하는 것이므로 **법원이 징계의 효력 자체를 사법심사의 대상으로 삼아 효력 유무 판단할 수 없음**(대판 2011.10.27. 2009다32386)

POINT 123 학문과 예술의 자유

> 제22조 ① 【학문과 예술의 자유】 모든 국민은 **학문과 예술의 자유**를 가진다.
> ② 【저작자·발명가·예술가의 권리보호】 저작자·발명가·과학기술자와 예술가의 권리는 **법률로써 보호**한다.

1 학문의 자유

(1) 보호영역

① 【진리탐구 + 발표·교수】 학문의 자유는 **진리를 탐구하는 자유**를 의미하는데, 단순히 진리탐구의 자유에 그치지 않고 탐구한 결과에 대한 **발표의 자유** 내지 **가르치는 자유** 등을 포함

(2) 관련판례

1	【이적 논문 제작·반포·발표 형사처벌】 대학교수가 반국가단체로서의 북한의 활동을 찬양·고무·선전 또는 이에 동조할 목적 아래 '**한국전쟁과 민족통일**'이란 **논문을 제작·반포**하거나 **발표**한 것은 학문의 자유의 범위 안에 있지 **않음**(대판 2010.12.9. 2007도10121)
2	【국립대 교원 성과연봉제 (기각)】 국립대학 교원의 성과연봉 지급에 대하여 규정한 「공무원보수규정」은 **학문의 자유 침해 아님**(2013.11.28. 2011헌마282 등)
3	【사립대 교원 선거범죄시 당연퇴직 (기각)】 사립학교 교원이 선거범죄로 **100만 원 이상의 벌금형**을 선고받아 그 형이 확정되면 **당연퇴직**되도록 규정한 「공직선거법」은 **교수의 자유 침해 아님**(2008.4.24. 2005헌마857)

2 예술의 자유

(1) 보호영역

1	【공연윤리위원회의 음반 사전심의 (위헌)】 '**음반**'은 학문적 연구결과를 발표하는 수단이 되기도 하고, 예술표현의 수단이 되기도 하므로 그 제작 및 판매·배포는 **언론·출판의 자유**에 의하여 뿐만 아니라 **학문·예술의 자유**를 규정하고 있는 헌법 제22조 제1항에 의하여도 **보장**(1996.10.31. 94헌가6)
2	【문신시술】 자신의 미적 감상 등을 문신시술을 통하여 시각적으로 표현할 수 있다는 측면에서 **문신시술**은 **예술의 자유 또는 표현의 자유의 영역에 포함**(2022.7.21. 2022헌바3)

(2) 관련판례

1	① 【극장운영 제한 : 표현·예술 제한】 극장은 영상물·공연물 등 의사표현의 매개체를 **일반 공중에게 표현하는 장소**이므로 극장의 자유로운 운영에 대한 제한은 공연물, 영상물이 지니는 **표현물, 예술작품**으로서의 성격으로 **표현의 자유 및 예술의 자유의 제한**(2004.5.27. 2003헌가1 등) ② 【학교정화구역내 극장시설·영업금지 (헌불)】 학교정화구역 내에서의 극장시설 및 영업을 일반적으로 금지하는 「학교보건법」은 **표현·예술의 자유의 중요성**을 간과하고 학교교육의 보호만을 과도하게 강조(2004.5.27. 2003헌가1 등) → ① 극장업을 하고자 하는 자의 **표현의 자유 및 예술의 자유 침해** ② 초·중·고등학생의 자유로운 **문화향유에 관한 권리 등 행복추구권 침해**
2	【음반사업등록제 (합헌)】 「음반에 관한 법률」이 **비디오물을 포함하는 음반제작자**에 대하여 일정한 시설을 갖추어 **문화공보부에 등록**할 것을 명하는 것은 **예술의 자유나 언론·출판의 자유 침해 아님**(1993.5.13. 91헌바17)

3 지적재산권의 보호

(1) 보호영역

① 【학문·예술의 자유 제도적 뒷받침 + 문화국가실현】 헌법 제22조 제2항은 저작자·발명가·과학기술자와 예술가의 권리는 법률로써 보호한다고 하여 **학문과 예술의 자유를 제도적으로 뒷받침**해 주고 학문과 예술의 자유에 내포된 **문화국가실현의 실효성**을 높이기 위하여 **저작자 등의 권리보호를 국가의 과제**로 규정하고 있음

(2) 관련판례

1	【저작자 아닌 자를 저작자로 저작물 공표시 처벌 (합헌)】 저작자 아닌 자를 저작자로 하여 실명·이명을 표시하여 **저작물을 공표한 자를 처벌**하는 「저작권법」은 **표현의 자유 침해 아님**(2018.8.30. 2017헌바158)

POINT 124 언론·출판의 자유 ⓑ

> **제21조** ① 【언론·출판의 자유】 모든 국민은 **언론·출판의 자유**와 **집회·결사의 자유**를 가진다.

1 언론·출판의 자유

표현의 자유	① 【표명 + 전파】 표현의 자유는 전통적으로는 사상 또는 의견의 **자유로운 표명(발표의 자유)**과 그것을 **전파할 자유(전달의 자유)**를 의미 ② 【정신적 자유를 외부로 표현】 언론·출판의 자유는 종교의 자유, 양심의 자유, 학문과 예술의 자유와 **표리관계**에 있다고 할 수 있는데 **정신적 자유를 외부로 표현하는 자유**
중요한 기본권	① 【필수불가결한 자유】 표현의 자유는 국민 개인적인 차원에서는 **자유로운 인격발현의 수단**임과 동시에 합리적이고 건설적인 **의사형성 및 진리발견의 수단**이 되며, **국가와 사회적인 차원**에서는 민주주의 국가와 사회의 존립과 발전에 **필수불가결한 기본권** ② 【중요한 기본권】 표현의 자유는 개인이 **인간으로서의 존엄과 가치**를 유지하고 **행복을 추구**하며 **국민주권을 실현**하는 데 **필수불가결**한 것으로 민주국가에서 **국민이 갖는 가장 중요한 기본권** 중의 하나 ③ 【최대 보장】 언론·출판의 자유는 현대 자유민주주의의 존립과 발전에 **필수불가결한 기본권**이며 이를 **최대한도로 보장**하는 것은 **자유민주주의 헌법의 기본원리**의 하나

2 언론·출판의 자유의 보호영역

(1) 표현의 내용

선거운동의 자유	① 【선거운동의 자유】 선거운동의 자유는 널리 선거과정에서 자유로이 의사를 표현할 자유의 일환이므로 **표현의 자유의 한 태양** ② 【정치적 표현의 자유】 정치적 표현의 자유는 선거과정에서의 선거운동을 통하여 국민이 정치적 의견을 자유로이 발표·교환함으로써 비로소 그 기능을 다하게 된다 할 것이므로, **선거운동의 자유는 언론·출판·집회·결사의 자유 보장 규정에 의한 보호** (선거원칙과 일반적 행동자유권에 의해 우선적으로 보호 ×)
허위사실표현	① 【허위사실표현】 표현이 어떤 내용에 해당한다는 이유만으로 표현의 자유의 영역에서 애당초 배제된다고 볼 수 없으므로 **허위사실표현도 언론·출판의 자유의 보호영역에 해당**
음란표현	① 【음란표현】 '일단 표출되면 그 해악이 처음부터 해소될 수 없거나 너무나 심대한 해악을 지닌 **음란표현**'도 **언론·출판의 자유의 보호영역에 해당** (언론·출판의 자유의 보호영역 밖 ×) ② 【법률로 제한 가】 음란표현도 **언론·출판의 자유의 보호영역**에는 해당하나, **헌법 제37조 제2항**에 따라 국가안전보장·질서유지 또는 공공복리를 위하여 **제한할 수 있음**
저속표현	① 【저속표현】 '저속'한 표현은 **헌법적 보호영역 안에 있음**

(2) 상업광고

광고·광고물	① 【광고】 광고가 단순히 상업적인 상품이나 서비스에 관한 사실을 알리는 경우에도 그 내용이 **공익을 포함**하는 때에는 **표현의 자유에 의하여 보호** (표현의 자유에 의하여 보호 아님 ×)³ ② 【광고물】 광고물도 사상·지식·정보 등을 **불특정다수인에게 전파**하는 것으로서 **언론·출판의 자유에 의한 보호대상** (표현의 자유에 의하여 보호 아님 ×)⁵
완화된 비례심사	① 【비례원칙 준수】 상업광고에 대한 규제에 의한 **표현의 자유 내지 직업수행의 자유의 제한**은 헌법 제37조 제2항에서 도출되는 **비례원칙(과잉금지원칙)을 준수해야 함**² ② 【규제 효과가 중대하지 않음】 상업광고는 **표현의 자유의 보호영역**에 속하지만 사상이나 지식에 관한 **정치적, 시민적 표현행위와는 차이**가 있고, **직업수행의 자유의 보호영역**에 속하지만 인격발현과 개성신장에 미치는 **효과가 중대한 것은 아님**² ③ 【침해의 최소성 완화 : 필요한 범위 내】 상업광고 규제에 관한 비례원칙 심사에서 **침해의 최소성 원칙**은 같은 목적을 달성하기 위하여 달리 **덜 제약적인 수단**이 없을 것인지 혹은 입법목적을 달성하기 위하여 **필요한 최소한의 제한**인지를 심사하기 보다는 **입법목적을 달성하기 위하여 필요한 범위 내의 것인지를 심사**하는 정도로 **완화** (엄격한 비례원칙 ×, 자의금지원칙 ×)⁶

(3) 상업광고 관련판례

1	① 【의료광고 규제 완화된 비례심사】 의료에 관한 광고는 **표현의 자유의 보호영역**에 속하지만 사상이나 지식에 관한 **정치적·시민적 표현 행위와는 차이**가 있고, **직업수행의 자유의 보호영역**에도 속하지만 인격발현과 개성신장에 미치는 효과가 중대한 것은 아니므로, **의료에 관한 광고의 규제**에 대한 **과잉금지원칙 위배 여부**를 심사함에 있어 **기준을 완화하는 것이 타당**(2016.9.29. 2015헌바325)³ ② 【비의료인의 의료광고 금지 (합헌)】 비의료인의 의료에 관한 광고를 **금지**하고 **처벌**하는 「의료법」은 국민의 생명권과 건강권을 보호하고 국민의 보건에 관한 국가의 보호의무를 이행하기 위하여 **필요한 최소한도 내의 제한**이므로, 비의료인의 **표현의 자유 침해 아님**(2016.9.29. 2015헌바325)²
2	① 【세종시 옥외광고물 수량 제한 : 완화 비례심사】 세종시의 특정구역 내 건물에 입주한 업소에 대해 **업소별로 표시할 수 있는 광고물의 총 수량을 원칙적으로 1개로 제한**한 것이 업소 영업자의 **표현의 자유 및 직업수행의 자유** 침해 여부는 **비례원칙 심사**(2016.9.29. 2015헌바325)¹ ② 【표현의 자유 및 직업수행의 자유 침해 아님 (기각)】 특정구역 안에서 업소별로 표시할 수 있는 **광고물의 총 수량을 1개로 제한**하는 것은 **표현의 자유 및 직업수행의 자유 침해 아님**(2016.3.31. 2014헌마794)³

(4) 표현의 매개체 : 모든 수단

표현 매개체	① 【의사표현의 매개체】 의사표현의 매개체를 의사표현을 위한 수단이라고 전제할 때, 의사표현의 매개체는 언론·출판의 자유의 보호대상 / ② 【어떠한 형태이건 가능】 의사표현·전파의 자유에서 의사표현 또는 전파의 매개체는 어떠한 형태이건 가능하며 제한 없음 (언어 이외의 전달방식은 보호대상이 되지 않음 ×)³
익명표현	① 【익명표현의 자유】 자유로운 표명과 전파의 자유에는 자신의 신원을 누구에게도 밝히지 아니한 채 익명 또는 가명으로 자신의 사상이나 견해를 표명하고 전파할 익명표현의 자유도 포함 (익명표현의 자유는 보장되지 않음 ×)⁸
구체적 사례	① 【TV 방송】 의사표현의 수단인 TV 방송은 다른 의사표현 수단과 마찬가지로 헌법상 보장 / ② 【영화의 제작·상영】 영화도 의사표현의 수단이므로 영화의 제작 및 상영은 언론·출판의 자유에 의한 보장 ² ③ 【음반·비디오물】 음반·비디오물은 언론·출판의 자유에 의해 보호되는 의사표현 매개체 / ④ 【인터넷 게시판·대화방】 선거기간 중 인터넷 언론사의 선거와 관련한 게시판·대화방 등도 정치적 의사를 형성·전파하는 매체로서 역할을 담당하고 있으므로, 의사의 표현·전파의 형식의 하나로 인정되고 언론·출판의 자유에 의하여 보호 / ⑤ 【청소년이용음란물】 '청소년이용음란물' 역시 의사형성적 작용을 하는 의사의 표현·전파의 형식 중 하나이므로 언론·출판의 자유에 의하여 보호되는 의사표현의 매개체 / ⑥ 【집필행위】 구체적인 전달이나 전파의 상대방이 없는 집필의 단계를 표현의 자유의 보호영역에 포함시킬 것인지 의문이 있을 수 있으나 집필은 문자를 통한 모든 의사표현의 기본 전제가 되므로 표현의 자유의 보호영역에 속함 ³

(5) 보호영역이 아닌 것

1	① 【적극적 자유 아님】 국가에게 표현의 자유를 실현할 수 있는 방법을 적극적으로 마련해 줄 것을 요청할 수 있는 자유를 포함 안 됨(2007.8.30. 2005헌마975) / ② 【전부거부 의사표시 방법 보장 (각하)】 국가가 공직후보자들에 대한 유권자의 '전부 거부' 의사표시를 할 방법을 보장해 줄 것은 표현의 자유의 보호범위에 포함 안 됨(2007.8.30. 2005헌마975) /

POINT 125 사전검열금지

제21조 ② 【사전검열금지】 언론·출판에 대한 **허가나 검열**과 집회·결사에 대한 허가는 **인정되지 아니한다.**

1 사전검열금지

(1) 사전검열금지

허가받지 않은 것의 발표금지	① 【행정권 주체, 발표이전, 내용심사·선별, 사전억제】 사전검열은 명칭이나 형식과 관계없이 **실질적으로 행정권이 주체**가 되어 사상이나 의견 등이 **발표되기 이전**에 예방적 조치로서 **내용을 심사, 선별**하여 발표를 사전에 억제하는 것 ② 【정신생활에 미치는 위험↑, 관제의견만 허용될 결과 초래 염려】 국민의 예술 활동의 독창성·창의성을 침해하여 **정신생활에 미치는 위험** 크고 행정기관이 집권자에게 불리한 내용의 표현을 사전에 억제함으로써 **관제의견이나 지배자에게 무해한 여론만을 허용하는 결과** 초래 염려 ③ 【허가 = 검열】 검열은 언론의 내용에 대한 허용될 수 없는 **사전적 제한**이라는 점에서 헌법 제21조 제2항 전단의 "허가"와 "검열"은 **본질적으로 같은 것**
절대 금지	① 【법률로써도 금지】 헌법 제21조 제2항의 검열금지조항은 **절대적 금지**를 의미하므로 국가안전보장·질서유지·공공복리를 위하여 필요한 경우라도 언론·출판에 대한 허가나 검열은 **법률로써도 할 수 없음** (법률로는 제한 할 수 있음 ×) ② 【예외 없이 적용】 사전검열은 절대적으로 금지되는데, 절대적이라 함은 **언론·출판의 자유의 보호를 받는 표현**에 대해서는 **사전검열금지원칙이 예외 없이 적용** ③ 【예외없이 금지】 헌법이 특정한 표현에 대해 예외적으로 검열을 허용하는 **규정을 두지 않은 점**, 사전검열금지 원칙의 적용이 배제되는 영역을 따로 설정할 경우 그 **기준에 대한 객관성을 담보할 수 없다**는 점 등을 고려하면, **사전검열은 예외 없이 금지** (예외 없이 금지되는 것 아님 ×)

(2) 사건검열의 요건

한정적 적용	① 【검열범위 제한, 대상 한정】 검열금지원칙 적용에는 **사전검열행위 자체의 범위를 제한**하여야 하고, 검열금지원칙이 적용될 **대상도 사전검열을 금지하는 목적에 맞게 한정**하여 적용해야 함
검열의 요건	① 【행정권의 허가에 의한 사전심사】 검열금지의 원칙은 모든 형태의 사전적인 규제를 금지하는 것이 아니고, 의사표현의 발표여부가 **오로지 행정권의 허가**에 달려있는 사전심사만을 금지 (모든 형태의 사전적 규제를 금지 ×) ② 【사전심사절차】 사전검열은 ⊙ 허가를 받기 위한 **표현물 제출의무의 존재** ⓒ **행정권이 주체가 된 사전심사절차의 존재** ⓒ **허가를 받지 아니한 의사표현의 금지** 및 @ 심사절차를 관철할 수 있는 **강제수단의 존재**의 요건을 갖춘 사전심사절차를 의미
행정권 주체	① 【절차 형성·구성 영향】 검열을 행정기관 아닌 **독립적 위원회**에서 하더라도 **행정권이 주체가 되어 검열절차를 형성**하고 **검열기관 구성에 지속 영향**을 미칠 수 있는 경우 **실질적 행정기관**

2 사전검열에 해당하는 경우

(1) 행정권(위원회 등)의 사전심사

1	① **【건강기능식품 기능성 광고 : 검열금지 대상】** 건강기능식품의 기능성 광고는 상업광고이지만, **표현의 자유의 보호 대상**이 됨과 동시에 **사전검열 금지 대상**(2018.6.28. 2016헌가8 등) ② **【건강기능식품협회의 사전심의 (위헌)】** 건강기능식품법상 기능성 광고의 심의는 형식적으로 식약처장으로부터 위탁받은 한국건강기능식품협회에서 수행하고 있지만, 실질적으로 행정기관인 식약처장이 자의로 개입할 가능성이 있어, 건강기능식품 기능성 광고 사전심의는 행정권이 주체가 된 사전심사로서 헌법이 금지하는 **사전검열에 해당**(2018.6.28. 2016헌가8 등) ③ **【행정제재·형벌 : 강제수단 (위헌)】** 심의받은 내용과 다른 내용의 광고를 한 경우 **영업허가취소**와 같은 행정제재나 벌금형과 같은 형벌의 부과는 사전심의절차를 관철하기 위한 **강제수단에 해당**(2018.6.28. 2016헌가8 등)
2	① **【의료광고 : 검열금지 대상】** 의료광고는 상업광고의 성격을 가지고 있지만 **표현의 자유의 보호 대상**이 되고 **사전검열도 금지됨**(2015.12.23. 2015헌바75) ② **【행정권의 개입】** 의료광고의 심의기관이 행정기관인가 여부는 기관의 형식에 의하기보다는 **실질에 따라 판단**되어야 하며, 민간심의기구가 심의를 담당하는 경우에도 행정권의 개입 때문에 사전심의에 자율성이 보장되지 않는다면, **헌법이 금지하는 행정기관에 의한 사전검열에 해당**(2015.12.23. 2015헌바75) ③ **【의사협회의 의료광고 사전심의 (위헌)】** 보건복지부장관으로부터 **위탁**을 받은 각 **의사협회**의 사전심의를 받지 아니한 의료광고를 금지하고 위반한 경우 처벌하는 것은 **헌법이 금지하는 사전검열에 해당**하여 **헌법에 위반**(2015.12.23. 2015헌바75)
3	① **【의료기기 광고 : 검열금지 대상】** 의료기기에 대한 광고는 상업광고로서 **표현의 자유의 보호대상**이 됨과 동시에 **사전검열금지원칙의 적용대상**(2020.8.28. 2017헌가35) ② **【행정권의 개입】** 광고의 심의기관이 **행정기관인지 여부**는 기관의 형식에 의하기보다는 **실질에 따라 판단**되어야 하고, 행정기관의 자의로 민간심의기구의 심의업무에 개입할 가능성이 열려 있다면 **개입 가능성의 존재 자체로 사전검열에 해당**(2020.8.28. 2017헌가35) ③ **【의료기기산업협회의 의료기기 광고 사전심의 (위헌)】** 한국의료기기산업협회가 행하는 의료기기 광고 사전심의는 헌법이 금지하는 **사전검열에 해당**(2020.8.28. 2017헌가35)
4	**【광고자율심의기구의 텔레비전방송광고 사전심의 (위헌)】** 행정주체인 방송위원회로부터 위탁을 받은 한국광고자율심의기구로 하여금 텔레비전 방송광고의 사전심의를 담당하도록 한 것은 행정기관에 의한 사전검열로서 헌법이 금지하는 **사전검열에 해당**(2008.6.26. 2005헌마506)
5	**【공연윤리위원회의 음반 사전심의 (위헌)】** 공연윤리위원회의 심의는 검열에 해당하므로 음반을 제작하기에 앞서 공연윤리위원회의 심의를 받도록 하고 심의를 받지 아니한 음반의 판매를 금지하면서 위반한 자를 처벌하는 것은 헌법 제21조 제2항 위반(1996.10.31. 94헌가6)

(2) 추천제

1	**【외국음반 국내제작추천제도 (위헌)】** 외국음반을 국내에서 제작하고자 하는 경우 **영상물등급위원회**의 추천을 받도록 하는 것은 **사전검열에 해당하여 헌법 위반**(2006.10.26. 2005헌가14)
2	**【외국비디오물 수입추천제도 (위헌)】** 외국비디오물을 수입할 때 **영상물등급위원회**의 추천을 받도록 하는 것은 **사전검열에 해당하여 헌법 위반**(2005.2.3. 2004헌가8)

(3) 등급분류보류제

1	**【영화 등급분류보류제도 (위헌)】** 「영화진흥법」이 규정하고 있는 **영상물등급위원회에 의한 등급분류보류제도**는 등급분류보류의 횟수제한이 없어 실질적으로 영상물등급위원회의 허가를 받지 않는 한 **영화를 통한 의사표현이 무한정 금지**될 수 있으므로 **검열에 해당**(2001.8.30. 2000헌가9)
2	**【비디오물 등급분류보류제도 (위헌)】** 영상물등급위원회의 비디오물에 대한 **등급분류보류제는 검열에 해당**하므로 **헌법 위반**(2008.10.30. 2004헌가18)

3 사전검열이 아닌 경우

(1) 사전검열이 아닌 경우

'내용' 사전심사·발표금지 아닌 경우	① 【공개 후 국가기관의 간섭 可】 헌법이 금지하는 검열은 사전검열만을 의미하므로 개인이 정보와 사상을 **발표하기 이전**에 국가기관이 **미리 그 내용을 심사·선별**하여 일정한 범위 내에서 **발표를 저지**하는 것만을 의미하고, 헌법상 보호되지 않는 의사 표현에 대하여 **공개한 뒤에 국가기관이 간섭하는 것 금지 아님**
사후 규제	① 【사후적인 사법적 규제 허용】 검열금지의 원칙은 **모든 형태의 사전적인 규제를 금지**하는 것이 아니고 단지 의사표현의 발표여부가 **오로지 행정권의 허가**에 달려있는 사전심사만을 금지하는 것을 뜻하며 **사후적인 사법적 규제를 금지 아님** ② 【사법절차에 의한 음반판매금지, 형벌규정 위반시 압수】 사법절차에 의한 음반판매의 금지조치(명예훼손·저작권침해 이유 가처분 등)나 효과에 있어서는 실질적으로 동일한 **형벌규정**(음란·명예훼손 등)의 위반으로 인한 압수는 검열금지의 원칙 위반 아님

(2) 관련판례

1	**행정권 아님** 【법원의 방영금지 가처분 (합헌)】 방송프로그램에 대한 **법원의 방영금지 가처분** 결정을 허용하는 「민사소송법」은 사전에 내용을 심사하여 금지하는 것이기는 하나, 이는 **행정권에 의한 사전심사나 금지처분이 아니라** 개별 당사자 간의 분쟁에 관하여 **사법부가 사법절차에 의하여 심리·결정**하는 것이므로 **사전검열 아님**(2001.8.30. 2000헌바36)	
2	**내용규제 아님** 【옥외광고물 사전허가제도 (합헌)】 표현내용의 규제가 아닌 **광고물 등의 종류·모양·크기·색깔·표시 또는 설치의 방법과 기간 등을 규제**하는 「옥외광고물법」상 사전허가제도는 **사전검열·허가 아님**(1998.2.27. 96헌바2) → 과잉금지원칙에 위반되어 언론·출판의 자유 침해 아님	
3	**내용규제 아님** 【선거여론조사 실시 신고제도 (기각)】 여론조사 실시행위에 대한 신고의무를 부과하고 있는 「공직선거법」은 여론조사결과의 보도나 공표행위를 규제하는 것이 아니라 **여론조사의 실시행위에 대한 신고의무를 부과**하는 것으로, 허가받지 아니한 것의 발표를 금지하는 **사전검열 아님**(2015.4.30. 2014헌마360)	
4	**발표금지 아님** 【정기간행물 납본제 (합헌)】 정기간행물의 납본만 요구하는 납본제도는 **검열 아님**(1992.6.26. 90헌바26)	
5	**발표금지 아님** 【교과서 국정 또는 검·인정제 (기각)】 교과서의 국정 또는 검·인정제도는 **검열 아님**(1992.11.12. 89헌마88)	
6	**발표금지 아님** 【비디오물 등급분류제도 (합헌)】 영상물등급위원회의 등급분류 받지 아니한 비디오물의 유통을 금지한 비디오물 등급분류제도는 **사전검열 아님**(2007.10.4. 2004헌바36) → 과잉금지원칙 위배 아님 **유사** 【영화등급심사 (합헌)】 영화의 상영으로 인한 실정법 위반의 가능성을 사전에 막고, 청소년 등에 대한 상영이 부적절할 경우 이를 유통단계에서 효과적으로 관리할 수 있도록 미리 등급을 심사하는 **영화등급심사는 사전검열 아님**(1996.10.4. 93헌가13 등)	

POINT 126 표현의 자유의 제한

제21조 ④ 【표현의 자유 제한 요건】 언론·출판은 **타인의 명예나 권리** 또는 **공중도덕**이나 **사회윤리**를 침해하여서는 아니 된다. 【피해 배상 청구】 언론·출판이 **타인의 명예나 권리**를 침해한 때에는 **피해자**는 이에 대한 **피해의 배상**을 청구할 수 있다.³

1 표현의 자유 제한과 심사

제한 요건	① 【표현의 자유의 제한 요건】 헌법 제21조 제4항은 언론·출판의 자유에 따르는 책임과 의무를 강조하는 동시에 **언론·출판의 자유에 대한 제한의 요건**을 명시한 규정으로 볼 것이고, 헌법상 표현의 자유의 **보호영역 한계**를 설정한 것 아님 (표현의 자유의 보호영역 한계 설정 ×)⁵
명확성원칙	① 【위축 효과 방지】 민주사회에서 표현의 자유가 수행하는 역할과 기능에 비추어 볼 때, **불명확한 규범에 의한 표현의 자유의 규제**는 헌법상 보호받는 표현에 대한 위축적 효과를 수반하기 때문에 **표현의 자유를 규제하는 입법**에서 명확성의 원칙은 특별히 중요한 의미를 지님⁴ ② 【세밀·명확 규정 필요】 **표현의 자유를 규제하는 법률**은 규제되는 **표현의 개념을 세밀하고 명확하게 규정**할 것이 헌법적으로 요구³
과잉금지원칙	① 【방법(폭넓은 제한) → 내용(엄격 제한)】 국가가 개인의 표현행위를 규제하는 경우, **표현내용**에 대하여는 **중대한 공익의 실현**을 위하여 불가피한 경우에 한하여 **엄격한 요건하에 허용**되나, 표현의 **방법**을 규제하는 것은 **합리적인 공익상의 이유**로 **폭넓은 제한**이 가능²

2 관련판례

1	**내용 규제 【대북전단 등의 살포 금지·처벌 (위헌)】** 남북합의서 위반행위로서 **전단등 살포**를 하여 국민의 생명·신체에 위해를 끼치거나 심각한 위험을 발생시키는 것을 **금지**하고 **처벌**하는 「남북관계발전법」은 **표현의 자유 침해** (2023.9.26. 2020헌마1724 등)³ → 북한 주민을 상대로 한 북한 체제 비판 등의 내용을 담은 표현을 제한하므로 **표현의 내용과 무관한 내용중립적 규제 아닌 표현의 내용 규제**¹
2	**방법 규제 【국기모독 행위 처벌 (합헌)】** 대한민국을 모욕할 목적으로 **국기를 훼손하는 행위**를 처벌하도록 한 것은 **표현의 내용**이 아닌 **표현의 방법**에 대한 **규제**하는 것에 불과하므로 **표현의 자유 침해 아님** (2019.12.27. 2016헌바96)³

 **표현의 자유 관련판례**

1 정보통신망 관련판례

(1) 위헌판례

1	【인터넷게시판 본인확인제 (위헌)】 인터넷게시판을 설치·운영하는 정보통신서비스 제공자에게 본인확인조치의무를 부과하여 게시판 이용자로 하여금 본인확인절차를 거쳐야만 게시판을 이용할 수 있도록 하는 본인확인제를 규정한「정보통신망법」은 인터넷게시판 이용자의 표현의 자유, 개인정보자기결정권 및 인터넷게시판을 운영하는 정보통신서비스 제공자의 언론의 자유 침해(2012.8.23. 2010헌마47 등) [10]
2	① 【익명표현 : 부정적 효과 예상시 규제 필요】 '익명표현'은 표현의 자유를 행사하는 하나의 방법으로서 그 자체로 규제되어야 하는 것은 아니고, 부정적 효과가 발생하는 것이 예상되는 경우에 한하여 규제될 필요(2021.1.28. 2018헌마456 등) [3] ② 【익명표현의 사전적·포괄적 규율】 선거운동기간 중 모든 익명표현을 사전적·포괄적으로 규율하는 것은 표현의 자유보다 행정편의와 단속편의를 우선함으로써 익명표현의 자유와 개인정보자기결정권 등을 지나치게 제한(2021.1.28. 2018헌마456 등) [2] ③ 【선거운동기간 중 인터넷게시판 실명확인 (위헌)】 인터넷언론사는 선거운동기간 중 당해 홈페이지 게시판 등에 정당·후보자에 대한 지지·반대 등의 정보를 게시하는 경우 실명을 확인받는 기술적 조치를 하도록 정한 것은 게시판 등 이용자의 익명표현의 자유 및 개인정보자기결정권과 인터넷언론사의 언론의 자유 침해(2021.1.28. 2018헌마456 등) [5] ④ 【명확성원칙 위반 아님】 '인터넷언론사' 부분 및 정당 후보자에 대한 '지지·반대' 부분은 명확성원칙 위배 아님(2021.1.28. 2018헌마456 등) [5] **비교** 【공공기관게시판 본인확인제 (기각)】 공공기관 등이 설치·운영하는 모든 게시판에 본인확인조치한 경우만 정보를 게시하도록 하는 것은 게시판 이용자의 익명표현의 자유 침해 아님(2022.12.22. 2019헌마654) [2]

(2) 합헌판례

1	【정보통신망이용 사실적시 명예훼손죄 (합헌)】 비방 목적으로 정보통신망을 이용하여 공공연하게 사실을 드러내어 명예 훼손한 자를 처벌하는 「정보통신망법」은 표현의 자유 침해 아님(2016.2.25. 2013헌바105 등) [1] **유사** 【정보통신망이용 거짓사실적시 명예훼손죄 (합헌)】 사람을 비방할 목적으로 정보통신망을 통하여 공공연하게 거짓의 사실을 드러내어 명예를 훼손한 자를 형사처벌하도록 한「정보통신망법」은 표현의 자유 침해 아님(2021.3.25. 2015헌바438 등) [2]
2	【사이버스토킹 처벌 (합헌)】 정보통신망을 이용하여 공포심이나 불안감을 유발하는 문언을 반복적으로 상대방에게 도달하는 행위를 1년 이하의 징역 또는 1,000만원 이하의 벌금으로 처벌하는 「정보통신망법」은 표현의 자유 침해 아님(2016.12.29. 2014헌바434) [3] → 명확성원칙 위배 아님 [1]
3	【사생활침해·명예훼손 정보 임시차단 (기각)】 정보통신망을 통하여 일반에게 공개된 정보로 말미암아 사생활 침해나 명예훼손 등 타인의 권리가 침해된 경우, 그 침해를 받은 자가 삭제요청을 하면 정보통신서비스 제공자는 권리의 침해 여부 판단 어렵거나 이해당사자 간에 다툼 예상 경우 30일 이내에서 해당 정보에 대한 접근을 임시적 차단조치를 하도록 하는「정보통신망법」은 표현의 자유 침해 아님(2012.5.31. 2010헌마88) [2]
4	【불법정보 게시물 삭제 (합헌)】 인터넷에서「국가보안법」이 금지하는 행위를 수행하는 내용의 정보에 대하여 방통위가 정보통신서비스 제공자 또는 게시판 관리·운영자에게 해당 정보의 취급을 거부 정지 또는 제한하도록 명할 수 있도록 하는「정보통신망법」은 언론의 자유 침해 아님(2014.9.25. 2012헌바325) [1]

2 기타 표현의 자유 관련판례

(1) 위헌판례

1	**【긴급조치 제1호 (위헌)】** 긴급조치 제1호는 유신헌법을 부정·반대·폐지를 주장하는 행위 중 실제로 국가의 안전보장과 공공의 안녕질서에 대한 **심각하고 중대한 위협이 명백·현존하는 경우 이외에도**, 국가긴급권의 발동이 필요한 상황과 전혀 무관하게 **헌법과 관련한 자신의 견해를 단순하게 표명하는** 행위까지 모두 **처벌**하고 처벌 대상이 되는 행위를 구체적 특정할 수 없으므로 **표현의 자유 침해**(2013.3.21. 2010헌바70 등)
	유사 【대법 : 유신·현행헌법 위배 (무효)】 긴급조치 제1호가 해제 내지 실효되기 이전부터 **유신헌법에 위배되어 위헌**이고, 긴급조치 제1호에 의하여 침해된 각 기본권의 보장 규정을 두고 있는 **현행 헌법에 비추어 보더라도 위헌**이므로 긴급조치 제1호는 헌법에 위배되어 **무효**(대판 2010.12.16. 2010도5986)
2	**【국가모독죄 (위헌)】** 대한민국 또는 헌법상 국가기관에 대하여 모욕, 비방, 사실 왜곡, 허위사실 유포 또는 **기타 방법**으로 대한민국의 안전, **이익 또는 위신을 해하거나 해할 우려가 있는 표현에 대하여 형사처벌**하도록 하는 것은 **표현의 자유 침해**(2015.10.21. 2013헌가20)
3	**【금치처분을 받은 수형자 일체의 집필금지 (위헌)】** 금치처분을 받은 **수형자**에 대하여 집필의 목적과 내용 등을 묻지 아니하고 **일체의 집필행위를 금지**하는 것은 입법목적 달성을 위한 필요최소한의 제한이라는 한계를 벗어난 것으로서 **과잉금지원칙 위반**(2005.2.24. 2003헌마289)
	비교 【금치처분을 받은 미결수용자 집필 : 원칙금지, 예외허용 (기각)】 금치처분을 받은 미결수용자라 할지라도 금치처분 기간 중 집필을 금지하면서 예외적인 경우에만 교도소장이 집필을 허가할 수 있도록 한 「형집행법」은 미결수용자의 **표현의 자유 침해 아님**(2014.8.28. 2012헌마623)

(2) 합헌판례

1	**【모욕죄 (합헌)】** 모욕죄를 규정하고 있는 형법은 **표현의 자유 침해 아님**(2013.6.27. 2012헌바37)
	유사 【상관모욕죄 (합헌)】 「군형법」상 **상관모욕죄**는 군조직의 특수성과 강화된 군인의 정치적 중립의무 등에 비추어 **군인의 표현의 자유 침해 아님**(2016.2.25. 2013헌바111)
2	**【사실적시 명예훼손죄 (기각)】** 공연히 사실을 적시하여 다른 사람의 명예를 훼손하는 행위를 금지하고 위반시 형사처벌하도록 정하고 있다고 하여 바로 과도한 제한이라 단언하기 어려우므로 **표현의 자유 침해 아님**(2021.2.25. 2017헌마113 등)
3	**【방송편성에 간섭 금지 (합헌)】** 방송사 외부에 있는 자가 방송편성에 관계된 자에게 방송편성에 관해 특정한 요구를 하는 등의 방법으로, **방송편성에 관하여 간섭을 금지**하는 「방송법」 조항은 **시청자들의 표현의 자유 침해 아님**(2021.8.31. 2019헌바439) → '간섭'에 관한 부분은 **명확성원칙 위반 아님**
4	**【공개되지 아니한 정보·자료 누설금지 (합헌)】** 금융지주회사의 임·직원이 업무상 알게 된 공개되지 아니한 정보 또는 자료를 다른 사람에게 누설하는 것을 금지하는 「금융지주회사법」은 **표현의 자유 침해 아님**(2017.8.31. 2016헌가11)
5	**【학생인권조례 (합헌)】** 학교 구성원으로 하여금 성별 등의 사유를 이유로 차별적 언사나 행동, 혐오적 표현 등을 통해 다른 사람의 인권을 침해하지 못하도록 한 서울특별시 학생인권조례 규정은 학교 구성원들의 **표현의 자유 침해 아님**(2019.11.28. 2017헌마1356)

3 상업광고 관련판례

(1) 위헌판례

1	**【변호사 대가수수 광고금지 (위헌)】** 변호사 또는 소비자로부터 대가를 받고 법률상담 또는 사건들을 소개·알선·유인하기 위하여 변호사등을 광고·홍보·소개하는 행위를 금지하는 대한변협의 '**변호사광고에 관한 규정**' 중 **대가수수 광고금지규정**은 **표현의 자유 침해**(2022.5.26. 2021헌마619)³
2	**【변협의 유권해석위반 광고금지 (위헌)】** 대한변협의 유권해석에 반하는 내용의 광고를 금지하고, 대한변협의 유권해석에 위반되는 행위를 목적 또는 수단으로 하여 행하는 법률상담과 관련한 광고를 하거나 그러한 사업구조를 갖는 타인에게 하도록 하는 것을 금지하는 **변호사 광고에 관한 규정**은 **법률유보원칙을 위반**하여 **변호사들의 표현의 자유, 직업의 자유 침해**(2022.5.26. 2021헌마619)¹

(2) 합헌판례

1	**【변호사 무료·부당염가 광고금지 (기각)】** 변호사에 대하여 **공정한 수임질서를 저해할 우려**가 있는 **무료** 또는 **부당한 염가**의 수임료를 표방하거나 무료 또는 부당한 염가의 법률상담 방식을 내세운 **광고를 금지**하는 것은 **과잉금지원칙 위배 아님**(2022.5.26. 2021헌마619)¹
2	**【비변호사 광고금지 (기각)】** **변호사 등이 아님에도** 변호사 등의 직무와 관련한 **서비스의 취급·제공 등을 표시**하거나 **소비자들이 변호사 등으로 오인**하게 만들 수 있는 자에게 광고를 의뢰하거나 참여·협조하는 행위를 금지하는 변호사 광고에 관한 규정은 변호사 자격제도를 유지하고 소비자의 피해를 방지하기 위한 **적합한 수단**(2022.5.26. 2021헌마619)¹ → **과잉금지원칙 위배 아님**¹

4 공무원의 정치적 표현의 자유 관련판례

(1) 위헌판례

1	**【그 밖의 정치단체 가입 금지 (위헌)】** 국가공무원법 조항 중 '**그 밖의 정치단체**'에 관한 부분은 가입 등이 금지되는 '정치단체'가 무엇인지 그 규범 내용이 확정될 수 없을 정도로 **불분명**하므로 **명확성원칙에 위배**되어 **정치적 표현의 자유, 결사의 자유 침해**(2020.4.23. 2018헌마551)⁶
2	**【그 밖의 정치단체에 가입하는 등 정치적 목적을 지닌 행위 금지 (인용)】** 사회복무요원의 정치적 행위를 금지하는 「병역법」 중 '**그 밖의 정치단체에 가입하는 등 정치적 목적을 지닌 행위**'는 과잉금지원칙에 위배되어 **정치적 표현의 자유 및 결사의 자유 침해**(2021.11.25. 2019헌마534)² → **명확성원칙 위배**¹
	비교 【사회복무요원의 정당가입금지 (기각)】 사회복무요원이 정당 가입을 할 수 없도록 규정한 「병역법」은 정당에 관련된 표현행위는 직무 내외를 구분하기 어려우므로 '**직무와 관련된 표현행위만을 규제**'하는 등 기본권을 최소한도로 제한하는 대안을 상정하기 어려워 **정치적 표현의 자유 및 결사의 자유 침해 아님**(2021.11.25. 2019헌마534)³

(2) 합헌판례

1	① 【집단행위금지 (합헌)】 공무원의 집단 행위를 금지하고 있는 「국가공무원법」 제66조 제1항의 '그 밖에 공무 외의 일을 위한 집단 행위' 부분은 **과잉금지원칙 위반 아님**(2014.8.28. 2011헌바32 등) ② 【명확성원칙 위반 아님】 「국가공무원법」 제66조 제1항의 '그 밖에 공무 외의 일을 위한 집단행위'는 '공익에 반하는 목적을 위하여 **직무전념의무**를 해태하는 등의 영향을 가져오는 **집단적 행위**'라고 한정하여 해석하는 한 **명확성원칙 위반 아님**(2014.8.28. 2011헌바32 등)
2	【정책 반대·방해 금지 (기각)】 공무원은 **집단·연명**으로 또는 **단체의 명의**를 사용하여 국가 또는 지방자치단체의 **정책을 반대**하거나 국가 또는 지방자치단체의 **정책 수립·집행을 방해**해서는 아니 된다는 공무원 복무규정은 공무원의 **정치적 표현의 자유 침해 아님**(2012.5.31. 2009헌마705 등) → **명확성원칙 위배 아님**
3	① 【공무원의 직무수행 중 정치적 주장을 표시·상징하는 복장착용금지】 정치적 주장을 표시·상징하는 복장 등 관련 물품을 착용하는 행위는 **복장 등 비언어적인 방법**을 통해 **정치적 의사표현**을 행하는 것이므로 **정치적 표현의 자유 제한**(2012.5.31. 2009헌마705 등) ② 【명확성원칙, 과잉금지원칙 위반 아님 (기각)】 공무원에 대하여 직무수행 중 **정치적 주장을 표시·상징하는 복장** 등 착용행위를 금지한 「국가공무원 복무규정」은 공무원의 **정치적 표현의 자유 침해 아님**(2012.5.31. 2009헌마705 등) → **명확성원칙 위배 아님**
4	① 【선관위 공무원의 정치적 중립성】 선관위의 직무인 선거와 투표, 정당 사무 관리는 가장 정치성과 당파성이 강한 행위와 관련되므로 **선관위 공무원에게는 엄격한 정치적 중립성이 요청**(2012.3.29. 2010헌마97) ② 【선관위 공무원의 정치활동 금지 (기각)】 선관위 공무원에 대하여 특정 정당이나 후보자를 지지·반대하는 단체에의 가입·활동 등을 금지하는 것은 **정치적 표현의 자유 침해 아님**(2012.3.29. 2010헌마97)

POINT 128 언론기관의 자유와 정정보도청구제도

제21조 ③ **【통신·방송】** 통신·방송의 시설기준과 **【신문의 기능 보장】** 신문의 기능을 보장하기 위하여 필요한 사항은 법률로 정한다.
④ **【표현의 자유 제한 요건】** 언론·출판은 타인의 명예나 권리 또는 공중도덕이나 사회윤리를 침해하여서는 아니된다.
【피해 배상 청구】 언론·출판이 타인의 명예나 권리를 침해한 때에는 피해자는 이에 대한 피해의 배상을 청구할 수 있다.

1 신문의 자유

(1) 위헌판례

1	① **【허가금지 대상은 내용이지 시설·활동 아님】** 사전허가금지의 대상은 언론·출판 자유의 내재적 본질인 **표현의 내용**을 보장하는 것을 말하는 것이지, 언론·출판을 위해 필요한 **물적 시설이나 언론기업의 주체인 기업인으로서의 활동까지 포함 안됨**(2016.10.27. 2015헌마1206 등) ② **【인터넷신문 등록제 : 허가금지 위배 아님】** 「신문법」의 등록조항은 인터넷신문의 명칭, 발행인과 편집인의 인적사항 등 **인터넷신문의 외형적이고 객관적 사항**을 등록하도록 하고 있는 바, **인터넷신문의 내용을 심사·선별하여 사전에 통제 아니므로 사전허가금지원칙 위배 아님**(2016.10.27. 2015헌마1206 등) ③ **【인터넷 신문의 상시고용요건 : 언론의 자유 중심 판단】** 언론의 자유는 정보의 획득에서부터 뉴스와 의견의 전파에 이르기까지 **언론의 기능과 본질적 관련되는 모든 활동**이므로 인터넷신문을 발행하려는 사업자가 **취재 인력 3인 이상을 포함하여 취재 및 편집 인력 5인 이상을 상시 고용**하도록 하는 것은 직업수행의 자유보다는 언론의 자유가 직접적 제한되므로 **언론의 자유 중심 판단**(2016.10.27. 2015헌마1206 등) ④ **【과잉금지원칙 위배 → 언론의 자유 침해 (위헌)】** 인터넷신문사업자에게 취재 인력 3명 이상을 포함하여 취재 및 편집 인력 5명 이상을 상시적으로 고용할 것을 요구하는 것은 **과잉금지원칙에 위배되어 언론의 자유 침해**(2016.10.27. 2015헌마1206 등)
2	**【일간신문사 지배주주의 통신·신문 복수소유금지 (헌불)】** 일간신문사 지배주주의 뉴스통신사 또는 다른 일간신문사의 주식·지분의 소유·취득을 제한하는 「신문법」은 **신문의 자유 침해**(2006.6.29. 2005헌마165 등) **비교** **【일간신문사 지배주주의 1/2 이상 주식·지분의 소유·취득 제한 (기각)】** 일간신문의 지배주주가 뉴스통신법인의 주식·지분의 2분의1 이상을 취득·소유하지 못하도록 하는 것은 **신문의 자유 침해 아님**(2006.6.29. 2005헌마165 등)
3	**【신문사의 시장지배적 사업자 추정 (위헌)】** 1개 일간신문사의 시장점유율 30%, 3개 일간신문사의 시장점유율 60% 이상인 자를 '**시장지배적 사업자**'로 추정하는 「신문법」은 신문사업자들의 **평등권과 신문의 자유 침해**(2006.6.29. 2005헌마165 등)
4	**【신문발전기금 지원대상 배제 (위헌)】** 시장지배적 사업자를 **신문발전기금의 지원대상**에서 배제한 「신문법」은 **시장경제질서에 어긋나고 평등원칙 위배**(2006.6.29. 2005헌마165 등)

(2) 합헌판례

1	**【일간신문과 뉴스통신·방송사업의 겸영금지 (기각)】** 자유언론제도의 역기능을 방지하기 위하여 **일간신문과 뉴스통신·방송사업의 겸영을 금지**하는 「신문법」은 **신문의 자유 침해 아님**(2006.6.29. 2005헌마165 등)
2	**【신문기업 소유·경영자료 신고·공개 의무 (기각)】** 신문기업의 소유와 경영에 관한 자료를 신고·공개토록 하는 것은 **일반신문의 기업활동의 자유 침해 아님**(2006.6.29. 2005헌마165 등)

2 방송의 자유

(1) 방송의 자유

방송의 자유	① **【언론·출판의 자유에 포함】** 언론·출판의 자유에는 **방송의 자유** 포함 ② **【주관적 권리 + 제도적 보장】** 방송의 자유는 **주관적 권리**로서의 성격과 함께 신문의 자유와 마찬가지로 자유로운 의견형성이나 여론형성을 위해 필수적인 기능을 행하는 **객관적 규범질서로서 제도적 보장의 성격**
규율 필요성	① **【신문보다 규율의 필요성 큼】** 방송매체의 특수성을 고려하면 방송의 기능을 보장하기 위한 **규율의 필요성은 신문 등 인쇄매체보다 높음**

(2) 합헌판례

1	**【종합유선방송 방송사업허가제 (합헌)】** **방송사업허가제**는 방송의 공적 기능을 보장하기 위한 제도로서 **표현내용에 대한 가치판단**에 입각한 사전봉쇄 내지 그와 같은 실질을 가진다고 볼 수 없으므로, 헌법상 금지되는 **허가 아님** (2001.5.31. 2000헌바43 등)
2	**【중계유선방송사업자 보도·논평·광고 금지 (합헌)】** 중계유선방송사업자가 자체적인 프로그램 편성의 자유와 그에 따르는 책임을 부여받지 아니한 이상, **방송의 중계송신업무만 할 수 있고 보도, 논평, 광고는 할 수 없도록 하는 것은 방송의 자유 침해 아님**(2001.5.31. 2000헌바43 등)

3 언론중재법상 정정보도청구제도

(1) 청구권자와 종류

청구권자	① **【사망자의 인격권】** 「언론중재법」은 **언론이 사망한 사람의 인격권을 침해**한 경우에 그 **피해가 구제**될 수 있도록 명문의 규정을 두고 있음 ② **【사망 → 유족】** 「언론중재법」은 **사망한 사람의 인격권을 침해**하였거나 침해할 우려가 있는 경우의 구제절차는 **유족이 수행**하도록 하고 있음
종류	① **【언론중재법】** 「언론중재법」에 **정정보도**청구권, **반론보도**청구권, **추후보도**청구권 규정

(2) 정정·반론보도와 손해배상

정정보도청구	① **【진실하지 않은 언론보도】** 사실적 주장에 관한 **언론보도등이 진실하지 아니함**으로 인하여 피해를 입은 자는 해당 언론보도등이 **있음을 안 날부터 3개월 이내**에 언론사 등에게 그 언론보도등의 내용에 관한 **정정보도**를 청구할 수 있으나, **해당 언론보도등이 있은 후 6개월이 지났을 때에는 그러하지 아니함**
반론보도청구	① **【언론보도로 피해】** 사실적 주장에 관한 **언론보도**등으로 인하여 피해를 입은 자는 그 보도 내용에 관한 **반론보도를 언론사등에 청구**할 수 있음 ② **【고의·과실·위법성 불요 / 원보도 내용 진실 여부 무관】** 반론보도의 청구에는 **언론사등의 고의·과실이나 위법성**을 필요로 하지 아니하며, **보도 내용의 진실 여부**와 상관없이 청구를 할 수 있음 (보도 내용이 진실인 경우 청구할 수 없음 ×) ③ **【원보도 허위 요건 아님】** 반론보도청구권은 원보도를 진실에 부합되게 시정보도해 줄 것을 요구하는 권리가 아니라 **원보도에 대하여 피해자가 주장하는 반박내용**을 보도해 줄 것을 요구하는 권리이므로 **원보도의 내용이 허위임을 요건으로 하지 않음** (원보도 내용이 허위일 것을 조건으로 함 ×) ④ **【반론보도 내용 진실 여부 무관】** 언론의 자유와 반론보도청구권이 충돌하는 경우 반론보도청구권이 인정되기 위해서 **반론보도청구의 내용이 진실이어야 하는 것은 아님** (반론보도청구의 내용이 진실이어야 함 ×)
손해배상	① **【손해배상청구 가능】** 언론등의 **고의 또는 과실로 인한 위법행위**로 인하여 재산상 손해를 입거나 인격권 침해 또는 그 밖의 정신적 고통을 받은 자는 **손해에 대한 배상을 언론사등에 청구**할 수 있음 (민사상 손해배상청구는 할 수 없음 ×)

(3) 관련판례

1	① **【정정보도청구권】** 정정보도청구권은 **반론보도청구권**이나 민법상 **불법행위에 기한 청구권**과는 **전혀 다른 새로운 성격의 청구권**(2006.6.29. 2005헌마165 등) ② **【언론사의 고의·과실·위법성 불요 (기각)】** 정정보도청구의 요건으로 **언론사의 고의·과실이나 위법성을 요하지 않도록** 규정한 것은 신문사업자의 **언론의 자유 침해 아님**(2006.6.29. 2005헌마165 등)

(4) 제도정리

구분	정정보도청구	반론보도청구	추후보도청구
목적	• 허위보도를 진실에 부합하게 정정	• 반대당사자의 형평 유지	• 청구인의 명예나 권리 회복
요건	• 허위 보도 • 고의·과실, 위법성 불요	• **사실·허위여부 무관** • **고의·과실, 위법성 불요**	• 범죄혐의·형사조치 보도 • 무죄판결, 동등한 종결
요구	• 정정보도	• 반박문 게재	• 추후보도 게재
절차	• 민사소송 (가처분 → 위헌)	• 가처분	• 가처분

POINT 129 알 권리

1 알 권리

(1) 알 권리

표현의 자유에 포함	① 【표현의 자유에 포함】 자유로운 의사의 형성은 **충분한 정보에의 접근이 보장**됨으로써 가능하기 때문에 **알 권리는 표현의 자유에 당연히 포함** ② 【자유권 + 청구권】 정보에의 접근·수집·처리의 자유, 즉 '알 권리'는 표현의 자유와 표리일체의 관계에 있으며 **자유권적 성질**과 **청구권적 성질을 공유** ③ 【정보공개청구권 + 정보수집권】 공공기관의 정보에 대한 **공개청구**와 관련하여 알 권리는 **청구권 성격**을 가지고, **자유롭게 정보를 수집**할 수 있는 권리 의미하는 경우 **자유권적 성격**
법적성격	① 【자유권 : 정보 접근·수집·처리에 방해 금지】 '알 권리'의 **자유권적 성질**은 일반적으로 **정보에 접근하고 수집·처리함에 있어서 국가권력의 방해를 받지 아니한다는 것** ② 【청구권 : 정보수집권 or 정보공개청구권】 '알 권리'의 **청구권적 성질**은 의사형성이나 여론 형성에 필요한 **정보를 적극적으로 수집**하고 수집을 방해하는 **방해제거를 청구**할 수 있다는 것을 의미하는 바, 이는 **정보수집권 또는 정보공개청구권** ③ 【생활권】 현대 사회가 고도의 정보화사회로 이행해감에 따라 "알 권리"는 **생활권적 성질까지도 획득** (생활권 획득 아님 ×)
헌법이 직접 보장	① 【헌법 제21조에 의해 직접 보장】 알 권리의 실현은 법률의 제정이 뒤따라 이를 구체화시키는 것이 충실하고도 바람직하지만 법률이 제정되어 있지 않다고 하더라도 **헌법 제21조에 의해 직접 보장** (헌법 제21조에 의해 직접 보장될 수는 없음 ×)

(2) 자유권적 성격

1	① 【수용자관련 범죄기사 삭제 (기각)】 구치소의 미결수용자가 일반적으로 접근 가능한 **신문을 구독하는 것은 알 권리의 보호영역**(1998.10.29. 98헌마4) ② 【알 권리 침해 아님 (기각)】 교화상 또는 구금목적에 부적당한 기사, 조직범죄 등 **수용자관련 범죄기사에 대해 신문을 삭제한 후 수용자에게 구독케 한 행위는 알 권리 침해 아님**(1998.10.29. 98헌마4)

(3) 청구권적 성격

정보공개청구권	① 【정보공개청구권】 알 권리는 **표현의 자유와 표리일체**의 관계에 있고, **정보의 공개청구권**은 알 권리의 **당연한 내용** ② 【헌법 직접 보장】 정보공개청구권은 **정부나 공공기관이 보유하고 있는 정보**에 대하여 정당한 이해관계가 있는 자가 그 공개를 요구할 수 있는 권리로, **헌법 제21조에 의해 직접 보장** ③ 【공개요구 불응·거부시 알 권리 침해】 국가 또는 지방자치단체의 기관이 보관하고 있는 문서 등에 관하여 **이해관계 있는 국민이 공개를 요구**함에도 정당한 이유 없이 **이에 응하지 아니하거나 거부**하는 것은 국민의 **알 권리 침해**
일반적 정보공개청구권	① 【개별적 + 일반적 정보공개청구권】 국민의 알 권리의 내용에는 자신의 권익보호와 직접 관련이 있는 정보의 공개를 청구할 수 있는 **개별적 정보공개청구권**뿐만 아니라 **일반국민 누구나** 국가에 대하여 보유·관리하고 있는 **정보의 공개를 청구할 수 있는 일반적 정보공개청구권을 포함** (일반적 정보공개청구권은 포함되지 않음 ×) ② 【이해관계 유무 무관】 국민은 **국회에 대하여 입법과정의 공개를 요구할 권리**를 가지며, 국회의 의사에 대하여는 **직접적인 이해관계 유무와 상관없이 일반적 정보공개청구권을 가짐** (직접적인 이해관계가 있는 경우에만 개별적 정보공개청구권을 가질 수 있음 ×)
(사전) 정보공개의무 (부정)	① 【정보공개청구 無 → 공개의무 無】 알 권리에서 파생되는 **정부의 공개의무**는 특별한 사정이 없는 한 국민의 적극적인 정보수집행위, **특정의 정보에 대한 공개청구가 있는 경우에야 비로소 존재**하므로 정보공개청구가 없었던 경우 정보를 사전에 공개할 정부의 의무는 불인정

(4) 보호영역 불포함 관련판례

1	【공판조서의 절대적 증명력 (기각)】 공판조서의 절대적 증명력을 규정한 「형사소송법」은 공판조서의 증명력을 규정하고 있을 뿐 공판조서의 내용에 대한 접근·수집·처리 등에 관한 규정이 아니어서, **알 권리 제한 아님** (2013.8.29. 2011헌바253 등)

2 법익충돌

1	① 【교원단체·노동조합 가입정보 : 민감정보】 교원의 교원단체 및 노동조합 가입정보는 **사생활의 비밀과 자유** 및 이를 구체화한 **개인정보자기결정권에 의하여 보장** (2011.12.29. 2010헌마293) → 「개인정보 보호법」 제23조의 노동조합의 가입·탈퇴에 관한 정보로서 **민감정보** ② 【교원 가입정보 비공개 : 알 권리 제한】 개별 교원이 어떤 교원단체나 노동조합에 가입 정보 공개를 제한하는 것은 학부모의 **알 권리 제한** (2011.12.29. 2010헌마293) ③ 【교원의 개인정보공개금지 (기각)】 교원의 개인정보 공개를 금지하고 있는 「교육기관정보공개법」은 학부모들의 **알 권리 침해 아님** (2011.12.29. 2010헌마293) ④ 【교원의 교원단체 및 노동조합 가입현황(인원수)만 공시 (기각)】 공시대상정보로서 **교원의 교원단체 및 노동조합 가입현황(인원 수)만을 규정**할 뿐 개별 교원의 명단은 규정하고 있지 아니한 「교육기관정보공개법 시행령」은 학부모들의 **알 권리 침해 아님** (2011.12.29. 2010헌마293)
2	【군사기밀 : 비공지 + 기밀표지 + 실질가치 (합헌)】 군사기밀의 범위는 필요한 최소한도에 한정되어야 할 것인바, 「군사기밀보호법」은 '**군사상의 기밀**'이 비공지의 사실로서 적법절차에 따라 **군사기밀로서의 표지**를 갖추고 그 누설이 국가의 안전보장에 명백한 위험을 초래한다고 볼만큼의 **실질가치**를 지닌 것으로 인정되는 경우에 한하여 적용된다는 해석하에 **헌법 위반 아님** (2014.9.25. 2011헌바358)

3 알 권리 관련판례

(1) 위헌판례

1	① 【저속 : 명확성원칙 위배 (위헌)】 출판사 등록취소 사유로서 "저속"의 개념은 적용범위가 매우 광범위할 뿐만 아니라 법관의 보충적인 해석에 의하더라도 의미내용을 확정하기 어려울 정도로 매우 추상적이어서 **명확성원칙 위배**(1998.4.30. 95헌가16) ② 【저속한 간행물 출판금지 및 출판사 등록취소 : 알 권리 침해 (위헌)】 저속한 간행물의 출판을 전면 금지시키고 **출판사의 등록을 취소**시킬 수 있도록 하는 규정은, 청소년보호를 위해 지나치게 과도한 수단을 선택한 것이고 **성인의 알 권리까지 침해**(1998.4.30. 95헌가16) ③ 【음란 : 명확성원칙 위배 아님】 음란한 간행물 부분은 명확성원칙에 반하지 않고 **과잉금지원칙 위반 아님**(1998.4.30. 95헌가16)
2	【변호사시험 합격자 성적 비공개 : 수단 부정 (위헌)】 변호사시험 성적을 합격자에게 공개하지 않도록 규정한 「변호사시험법」은 수단의 적절성이 인정되지 않아 **알 권리 침해**(2015.6.25. 2011헌마769 등) → **직업의 자유 제한 아님** 🔵유사 【변호사시험 성적 공개 청구기간 6개월 제한 (위헌)】 변호사시험성적 공개청구기간을 「변호사시험법」 시행일부터 6개월 내로 제한하는 것은 **정보공개청구권 침해**(2019.7.25. 2017헌마1329)
3	【정치자금의 수입·지출내역 열람기간 3개월 제한 (위헌)】 정치자금의 수입·지출내역 및 첨부서류 등의 **열람기간**을 공고일로부터 3월간으로 제한하고 있는 법률조항은 **검증자료에 해당하는 영수증, 예금통장**을 직접 열람함으로써 **정치자금 수입·지출의 문제점**을 발견할 수 있다는 점에서 이에 대한 **접근이 보장되어야 하므로 알 권리 침해**(2021.5.27. 2018헌마1168)

(2) 합헌판례

1	【아동학대행위자의 식별정보 보도금지 (합헌)】 신문의 편집인 등으로 하여금 **아동보호사건에 관련된 아동학대행위자**를 특정하여 파악할 수 있는 **인적 사항 등을 신문 등 출판물**에 싣거나 **방송매체를 통하여 방송**할 수 없도록 하는 「아동학대처벌법」은 **언론·출판의 자유**와 국민의 **알 권리 침해 아님**(2022.10.27. 2021헌가4)
2	【주요 후보만 초청 방송토론회 개최 (기각)】 공직선거 후보자 중 **일부인 소위 주요 후보만**을 초청하여 3회에 걸쳐 **방송토론회**를 개최하겠다고 결정·공표한 것은 **알 권리와 후보자 선택의 자유 침해 아님**(1998.8.27. 97헌마372 등)
3	【한의사시험 문제·정답 비공개 (합헌)】 한의사 국가시험의 문제와 정답을 공개하지 아니할 수 있도록 한 「정보공개법」은 **알 권리 침해 아님**(2011.3.31. 2010헌바291)
4	【금치기간 중 신문·자비구매도서 열람금지 (기각)】 미결수용자의 규율위반행위 등에 대한 제재로서 금치처분과 함께 **금치기간 중 신문과 자비구매도서의 열람**을 제한하고 있는 형집행법은 **알 권리 침해 아님**(2016.4.28. 2012헌마549 등) 🔵유사 【금치기간 중 텔레비전 시청 제한 (기각)】 금치처분은 금치처분을 받은 사람을 징벌거실 속에 구금하여 반성에 전념하게 하려는 목적을 가지고 있으므로, **금치기간 중 텔레비전 시청을 제한**하는 것은 **수용자의 알 권리 침해 아님**(2016.5.26. 2014헌마45)
5	【불온도서의 소지·전파 등 금지 (기각)】 국군의 이념 및 사명을 해할 우려가 있는 도서로 인하여 군인들의 정신전력이 저해되는 것을 방지하기 위하여 **불온도서의 소지·전파 등을 금지**하는 「군인복무규율」은 군인의 **알 권리 침해 아님**(2010.10.28. 2008헌마638)
6	【재판 확정 후 속기록 등을 폐기 (기각)】 형사재판이 확정되면 **속기록, 녹음물 또는 영상녹화물을 폐기**하도록 규정한 「형사소송규칙」은 **알 권리 침해 아님**(2012.3.29. 2010헌마599)
7	【개정법 시행 후의 판결서만 전자적 열람·복사 (기각)】 인터넷 등 **전자적 방법에 의한 판결서 열람·복사**의 범위를 개정법 시행 이후 확정된 사건의 판결서로 한정하고 있는 「군사법원법」은 **정보공개청구권 침해 아님**(2015.12.23. 2014헌마185)

POINT 130 집회의 자유

제21조 ① 【집회·결사의 자유】 모든 국민은 언론·출판의 자유와 **집회·결사의 자유**를 가진다.¹

1 집회의 자유

(1) 집회와 시위

집회		① 【집시법상 옥외집회】「집시법」상 '**옥외집회**'란 **천장이 없거나 사방이 폐쇄되지 아니한 장소**에서 여는 집회³ ② 【옥외집회와 옥내집회의 구별】「집시법」이 **옥외집회와 옥내집회를 구분**하는 이유는, 옥외집회의 경우 외부세계, 즉 **다른 기본권의 주체와 직접적으로 접촉할 가능성**으로 인하여 옥내집회와 비교할 때 **법익충돌의 위험성**이 크다는 점에서 집회의 자유의 행사방법·절차에 관하여 보다 자세하게 규율할 필요가 있기 때문임¹
시위	정의	① 【시위 : 다수인 + 장소·행진 or 위력·기세】「집시법」상 '**시위**'란 여러 사람이 **공동의 목적**을 가지고 ㉠ 도로, 광장, 공원 등 **일반인이 자유로이 통행할 수 있는 장소**를 행진하거나 ㉡ **위력 또는 기세**를 보여 → 불특정 여러 사람의 의견에 영향을 주거나 **제압을 가하는 행위**
	다수인	① 【2인 이상】 다수인이 아니라도 **2인이 모인 집회**도 **집시법 규제대상** (규제대상 아님 ×)³ ② 【1인 시위 : 규제대상 아님】 '1인 시위'는「집시법」의 적용요건인 '**다수인**'에 해당하지 않으므로「**집시법**」의 **규제대상 아님**²
	장소	① 【장소 이동 동반 불요】 집시법상의 시위는 반드시 '**일반인이 자유로이 통행할 수 있는 장소**'에서 이루어져야 한다거나 '**행진**' 등 장소 이동을 동반해야만 성립하는 것은 아님 (반드시 일반인이 자유로이 통행할 수 있는 장소에서 이루어져야 하며, 행진 등 장소 이동을 동반 ×)⁴
	공동의 목적	① 【내적 유대 관계】 일반적으로 집회는 **일정한 장소를 전제**로 하여 특정 목적을 가진 **다수인**이 **일시적으로 회합**하는 것을 말하는 것으로 일컬어지고 있고, 그 **공동의 목적**은 내적인 유대 관계로 족함 (공통의 의사형성과 의사표현이라는 공동의 목적이 포함 ×, 공공의 이익 추구 ×)¹³
	평화적·비폭력적 집회	① 【평화적·비폭력적 집회】 헌법이 명시적으로 밝히고 있지는 않으나, 집회의 자유에 의하여 보호되는 것은 단지 '**평화적**' 또는 '**비폭력적**' 집회 (평화적·비폭력적 집회 보호 아님 ×)⁷ ② 【폭력을 사용한 의견의 강요 : 보호 안 됨】 **평화적 수단**을 이용한 의견 표명은 **헌법적으로 보호**되지만, **폭력을 사용한 의견의 강요**는 **보호되지 않음** (폭력을 사용한 의견 강요 헌법적으로 보호 ×)³ ③ 【폭력행위·불법행위 제재】 집회의 자유에 의하여 보호되는 것은 **오로지 '평화적' 또는 '비폭력적' 집회에 한정**되는 것이므로 집회의 자유를 빙자한 **폭력행위나 불법행위** 등은 제재³

(2) 관련판례

1	【집시법상 옥외집회 (기각)】 건전한 상식과 통상적인 법 감정을 가진 사람이면「**집시법**」상 '**집회**'가 무엇을 의미하는지를 추론할 수 있으므로 **집회의 개념이 불명확하다고 볼 수 없음** (2009.5.28. 2007헌바22)¹

2 집회의 자유의 법적 성격

(1) 집회의 자유의 법적 성격과 주체

이중적 성격	① 【주관적 권리 + 객관적 가치질서】 집회의 자유는 개인의 인격발현의 요소이자 민주주의를 구성하는 요소라는 이중적 헌법적 기능 [10] ② 【국가권력 간섭·방해 배제】 국가에 대한 방어권으로서 집회의 주최, 주관, 진행, 참가 등에 관하여 국가권력의 간섭이나 방해를 배제할 수 있는 주관적 권리 [1] ③ 【객관적 가치질서】 집회의 자유는 자유민주주의를 실현하려는 사회공동체에 있어서 불가결한 객관적 가치질서로서의 성격 [1]
불가결 근본요소	① 【여론형성에 영향 → 민주적 공동체 기능】 집회를 통하여 국민들이 자신의 의견과 주장을 집단적으로 표명함으로써 여론의 형성에 영향을 미친다는 점에서, 집회의 자유는 표현의 자유와 더불어 민주적 공동체가 기능하기 위하여 불가결한 근본요소 [2] ② 【정치적 의사형성 참여 기회 제공】 집회의 자유는 집단적 의견표명의 자유로서 민주국가에서 정치적 의사형성에 참여할 수 있는 기회를 제공 [1]

(2) 집회의 자유의 보장 필요성

소수의 기본권	① 【소수의 반대의사 표명 수단】 집회의 자유는 집권세력에 대한 정치적 반대의사를 공동으로 표명하는 효과적인 수단으로서 언론매체에 접근할 수 없는 소수집단의 권익과 주장을 옹호하기 위한 적절한 수단 제공 [1] ② 【소수를 위한 기본권】 집회의 자유는 소수의 의견(다수의 의견 ×)을 국정에 반영하는 창구로서 소수의 보호(다수의 보호 ×)를 위한 중요한 기본권 [2]
정치적 안정	① 【다원적인 열린사회】 헌법이 집회의 자유를 보장한 것은 관용과 다양한 견해가 공존하는 다원적인 '열린 사회'에 대한 헌법적 결단 [1] ② 【동화적 통합 촉진 + 정치적 안정 기여】 집회의 자유는 개성신장과 아울러 여론형성에 영향을 미칠 수 있게 하여 동화적 통합을 촉진하는 기능을 가지며, 정치·사회현상에 대한 불만과 비판을 공개적으로 표출케 함으로써 정치적 불만세력을 사회적으로 통합하여 정치적 안정에 기여하는 역할 [4]

3 보호영역

(1) 보호영역

집단적 표현의 자유	① **【집단적 표현 및 불특정 다수인의 의사에 영향을 줄 자유】** 집회를 통하여 형성된 의사를 **집단적으로 표현**하고 **불특정 다수인의 의사에 영향을 줄 자유**를 포함 (불특정 다수인의 의사에 영향을 줄 자유까지 포함하지 않음 ×)⁶ ② **【시위의 자유】** **시위의 자유**는 집회의 자유를 규정한 **헌법 제21조 제1항에 의하여 보호**⁴
시간·장소 및 방법·목적 선택권	① **【집회의 준비 및 조직, 지휘, 참가, 장소·시간의 선택】** 집회의 자유는 집회의 **시간, 장소, 방법과 목적**을 스스로 결정하는 것을 보장하는 것으로, 구체적으로 보호되는 주요 행위는 **집회의 준비 및 조직, 지휘, 참가, 집회장소·시간의 선택**³ ② **【장소·시간의 선택】** 집회의 시간, 장소, 방법과 목적을 스스로 결정할 권리, 즉 **집회를 하루 중 언제 개최할지** 등 시간 선택 자유와 **어느 장소에서 개최할지** 등 장소 선택 자유 포함³
시간 선택	① **【야간 옥외집회】** 옥외집회를 야간에 주최하는 것 역시 집회의 자유로 보호 (헌법은 야간집회를 원칙적으로 금지 ×)²
장소 선택	① **【장소 : 집회자유의 실질】** 집회는 **특별한 상징적 의미나 집회와 특별한 연관성을 갖는 장소**에서 이루어져야 의견표명이 효과적으로 이루어질 수 있으므로 **집회 장소를 선택할 자유**는 **집회의 자유의 실질적 부분을 형성** (장소선택의 자유는 집회의 자유의 내용에 포함되지 않음 ×)⁹ ② **【집회자유의 효과적 보장】** 집회장소가 바로 **집회의 목적과 효과**에 대하여 중요한 의미를 가지기 때문에, 누구나 '**어떤 장소에서**' 자신이 계획한 집회를 할 것인가를 **원칙적으로 자유롭게 결정**할 수 있어야만 **집회의 자유가 비로소 효과적으로 보장**되는 것임⁶ ③ **【장소와 항의대상 분리 금지】** 집회의 자유는 다른 법익의 보호를 위하여 정당화되지 않는 한 **집회장소를 항의의 대상으로부터 분리시키는 것을 금지**³

(2) 보호영역이 아닌 경우

집회 방해	① **【집회 방해 의도 집회 참가】** **집회를 방해할 의도**로 집회에 참가하는 것은 집회의 자유에 의해 **보호되지 않음** (집회를 방해할 의도로 집회에 참가할 자유도 포함 ×)³

POINT 131 집회의 허가금지와 집회의 제한

제21조 ② 【집회허가금지】 언론·출판에 대한 허가나 검열과 집회·결사에 대한 허가는 인정되지 아니한다.¹

1 집회허가금지

허가금지	① 【행정권의 일반적 금지·해제】 헌법이 금지하고 있는 집회에 대한 허가는 **행정권**(입법권 ×)이 주체가 되어 집회 이전에 집회의 내용·시간·장소 등을 사전심사하여 **일반적 집회금지를 특정한 경우에 해제**하는 제도² ② 【3차 최초 → 7차 삭제 → 현행 부활】 헌법 제21조 제2항의 집회에 대한 허가금지는 처음 **1960년 개정헌법**에서 규정되었으며, **1972년 개정헌법**에서 **삭제**되었다가 **현행헌법**에서 **다시 규정**¹
절대금지	① 【절대 금지】 집회에 대한 허가금지는 집회의 허용 여부를 행정권의 일방적·사전적 판단에 맡기는 집회에 대한 **허가제를 절대적으로 금지**하겠다는 헌법개정권력자인 **국민들의 헌법가치적 합의이며 헌법적 결단**³ ② 【허가방식의 제한 절대 금지】 헌법에서 **언론·출판에 대한 허가나 검열의 금지**와 더불어 **집회에 대한 허가금지**를 명시함으로써, 집회의 자유는 다른 기본권 조항들과는 달리, **허가의 방식에 의한 제한을 허용하지 않겠다**는 헌법적 결단을 분명히 하고 있음⁴
1차적 심사기준	① 【1차 : 허가제 여부 심사 → 2차 : 과잉금지심사】 헌법 제21조 제2항에서 규정한 집회의 허가제 금지는 헌법 자체에서 직접 집회의 자유에 대한 **제한의 한계를 명시**한 것이므로 기본권 제한에 관한 일반적 법률유보인 **헌법 제37조 제2항에 앞서서, 우선적 제1차적인 위헌심사의 기준**²
법률로 일반적 집회 제한	① 【법률로 일반적 집회 제한 可】 행정청에 의한 사전허가는 헌법상 금지되지만, **입법자가 법률로써 일반적으로 집회를 제한**하는 것은 **사전허가금지에 해당하지 않음** (사전허가에 해당 ×)⁵ ② 【허가제에 이르지 않은 제한 可】 법률적 제한이 실질적으로 행정청의 허가 없는 옥외집회를 불가능하게 하는 것이라면 **사전허가제에 해당**하지만, 그에 이르지 아니하는 한 **헌법 제21조 제2항 위반 아님**¹

2 집회의 자유 제한

제한 필요성과 한계	① **【불편함·위험 수인】** 개인이 집회의 자유를 집단적으로 행사함으로써 불가피하게 발생하는 **일반대중에 대한 불편함**이나 **법익에 대한 위험**은 국가와 제3자에 의하여 **수인되어야 함** ② **【집회 제한은 불가피】** 집회의 자유는 **다수인이 집단적 형태로 의사를 표현하는 것**이므로 **공공질서 내지 법적평화와 마찰**을 일으킬 가능성이 상당히 높으므로 **일정범위 내 제한은 불가피** ③ **【위법행위 개연성 예상만으로 제한 불가】** 집회의 자유는 개인의 사회생활과 여론형성 및 민주정치의 토대를 이루고 소수자의 집단적 의사표현을 가능하게 하는 중요한 기본권이기 때문에 **단순히 위법행위의 개연성이 있다는 예상만으로 집회의 자유 제한할 수 없음** (구체적 위법행위가 **현실적으로 발생**하면 위법행위 **제재 가능**)
제한 요건	① **【집회의 자유 제한】** 집회의 자유에 대한 제한은 다른 중요한 법익의 보호를 위하여 **반드시 필요한 경우**에 한하여 **정당화** ② **【집회의 금지와 해산】** 집회의 금지와 해산은 원칙적으로 **공공의 안녕질서에 대한 직접적인 위협이 명백하게 존재**(위협이 예상되는 경우 ×)하는 경우에 한하여 허용 ③ **【최종적 수단】** 집회의 금지와 해산은 집회의 자유를 보다 적게 제한하는 다른 수단, 즉 **조건을 붙여 집회를 허용**하는 가능성을 모두 소진한 후에 비로소 고려될 수 있는 **최종적인 수단**
금지되는 제한조치	① **【집회참가방해·강요 금지】** 집회의 자유는 개인이 **집회에 참가하는 것을 방해**하거나 또는 **집회에 참가할 것을 강요**하는 국가행위를 금지 ② **【여행·귀가·접근 방해 금지】** 집회장소로의 **여행을 방해**하거나, 집회장소로부터 **귀가하는 것을 방해**하거나, 집회참가자에 대한 검문의 방법으로 시간을 지연시킴으로써 **집회장소에 접근하는 것을 방해**하는 등 집회의 자유행사에 영향을 미치는 **모든 조치 금지** (허용 ×) ③ **【집회참가행위 감시·정보수집 금지】** 국가가 개인의 **집회참가행위를 감시**하고 **정보를 수집**함으로써 집회에 참가하고자 하는 자로 하여금 불이익을 두려워하여 **미리 집회참가를 포기하도록 집회참가의사를 약화**시키는 것 등 집회의 자유의 행사에 영향을 미치는 **모든 조치 금지**

3 관련판례

(1) 관련 위헌판례

1	① **【살수차 사용 : 법적근거 필요】** 집회·시위 해산 위한 **살수차 사용**은 집회·신체의 자유에 대한 중대한 제한을 초래하므로 살수차 사용요건·기준은 **법률에 근거**를 두어야 하고, 살수차와 같은 위해성 경찰장비는 본래의 사용방법에 따라 지정된 용도로 사용되어야 하며 **다른 용도·방법으로 사용**하기 위해서는 **반드시 법령에 근거가 있어야 함** (2018.5.31. 2015헌마476) ② **【최루액 혼합살수행위 (인용)】** 경찰서장이 **최루액을 물에 혼합**한 용액을 살수차를 이용하여 **살수한 행위**는 신체의 자유와 집회의 자유 침해(2018.5.31. 2015헌마476)
2	① **【집회·시위 위한 인천애뜰 잔디마당의 사용 제한 (위헌)】** 집회·시위를 하기 위하여 인천애(愛)뜰 중 잔디마당과 경계 내 부지에 대한 사용허가 신청을 한 경우 **인천광역시장이 허가할 수 없도록 제한**하는 「인천애(愛)뜰의 사용 및 관리에 관한 조례」는 **과잉금지원칙에 위배**되어 **집회의 자유 침해**(2023.9.26. 2019헌마1417) → **허가제 금지원칙 위반 아님** ② **【법률유보원칙 위반 아님】** 「인천애뜰의 사용 및 관리에 관한 조례」는 **「지방자치법」**에 근거하여 인천광역시가 인천애뜰의 사용 및 관리에 필요한 사항을 규율하기 위하여 제정되었으므로 **법률유보원칙 위배 아님**(2023.9.26. 2019헌마1417) ③ **【허가제 아님】** 잔디마당에서 집회 또는 시위를 하려고 하는 경우 시장이 그 사용허가를 할 수 없도록 **전면적·일률적으로 불허**하고, '예외적 허용'의 가능성을 열어 두고 있지 않아, 헌법 제21조 제2항에서 금지하는 **허가제 아님**(2023.9.26. 2019헌마1417)

(2) 관련 합헌판례

1	① **【경찰의 촬영행위 : 개인정보자기결정권 제한】** 경찰의 **촬영행위**는 개인정보를 **정보주체의 동의 없이 수집**하였다는 점에서 **개인정보자기결정권 제한**(2018.8.30. 2014헌마843) ② **【집회의 자유 제한】** 집회 현장에서 집회 참가자에 대한 **사진촬영행위**는 집회 참가자에게 심리적 부담으로 작용하여 **집회의 자유를 전체적으로 위축**시키는 결과를 가져올 수 있으므로 **집회의 자유 제한**(2018.8.30. 2014헌마843) ③ **【근접촬영 위헌 아님 (기각)】** 경찰이 집회·시위에 대해 조망촬영이 아닌 **근접촬영**을 하였다는 이유만으로 **헌법에 위반 아님**(2018.8.30. 2014헌마843) ④ **【수집자료 보관·사용 엄격제한】** 경찰이 옥외집회·시위 현장을 **촬영**하여 수집한 자료의 **보관·사용 등은 엄격하게 제한**하여, 옥외집회·시위 참가자 등의 **기본권 제한을 최소화** → 옥외집회·시위에 대한 **경찰의 촬영행위에 의해 취득한 자료**는 '개인정보'의 보호에 관한 일반법인 「**개인정보 보호법**」 적용(2018.8.30. 2014헌마843) ⑤ **【개인정보자기결정권 및 집회의 자유 침해 아님 (기각)】** 경찰이 신고범위를 벗어난 동안에만 집회참가자들을 촬영한 행위는 **개인정보자기결정권 및 집회의 자유 침해 아님**(2018.8.30. 2014헌마843)
2	**【삼보일배행진 제지행위 (기각)】** 대한민국을 방문하는 **외국의 국가 원수를 경호**하기 위하여 지정된 경호구역 안에서 서울종로경찰서장이 안전 활동의 일환으로 청구인들의 **삼보일배행진을 제지한 행위** 등은 **집회의 자유 침해 아님** (2021.10.28. 2019헌마1091)
3	**【감염병 예방 위한 집회 제한·금지 (합헌)】** 감염병을 예방하기 위하여 집회를 제한하거나 금지하는 구 「감염병예방법」은 일정한 내용과 형식을 갖춘 '**행사 자체**'가 아니라 '**여러 사람의 집합**'이므로 **집회의 내용 자체를 제한 아님** (2024.8.29. 2022헌바177 등) → 집회의 자유 침해 아님

POINT 132 집회신고제

1 집회신고제

(1) 집회신고제

신고	① 【48H 전 관할경찰서장에 제출】 옥외집회·시위를 주최하고자 하는 자는 신고서를 옥외집회·시위를 시작하기 720시간 전부터 48시간 전에 관할경찰서장에게 제출하여야 함 ② 【허가제 아님】 허가제는 집회의 자유에 대한 일반적 금지가 원칙이고 예외적으로 행정권의 허가가 있을 때에만 허용한다는 점에서 **집회의 자유가 원칙이고 금지가 예외인 집회에 대한 신고제**와는 이해와 접근방법의 출발점을 달리하고 있음 ③ 【사전적 협력의무】 옥외집회의 신고의무는 집회 자체를 보호하고, 타인이나 공동체와의 이익충돌을 피하기 위해 요구되는 **사전적 협력의무**
미신고	① 【학문·종교등 집회 신고 불요】 학문, 예술, 체육, 종교, 의식, 친목, 오락, 관혼상제 및 국경행사에 관한 집회는 시간·장소의 제한을 받지 않고, **신고대상이 아님** (사전신고를 해야 함 ×)
중복신고	① 【평화적 개최 노력 필요】 관할경찰관서장은 집회·시위의 **시간·장소가 중복되는 2개 이상의 신고**가 있는 경우 그 목적으로 보아 서로 상반·방해가 된다고 인정되면 각 옥외집회·시위 간에 **시간을 나누거나 장소를 분할하여 개최하도록 권유**하는 등 각 옥외집회·시위가 서로 방해되지 아니하고 평화적으로 개최·진행될 수 있도록 노력하여야 함 ② 【선신고가 가장집회신고 명백 시 후신고 집회에 금지통고 불가】 집회의 시간·장소가 중복되는 2개 이상의 신고가 있을 경우 관할경찰관서장은 먼저 신고된 집회가 다른 집회의 개최를 봉쇄하기 위한 가장집회신고에 해당함이 객관적으로 명백해 보이는 경우 뒤에 신고된 집회에 대하여 집회 자체를 **금지통고 해서는 안됨** (가장집회신고에 해당하는지 여부에 관하여 판단할 권한이 없으므로 뒤에 신고된 집회에 대하여 집회 자체를 금지하는 통고를 하여야 함 ×)

(2) 관련판례

1	【집회신고제 : 허가제 아님 (합헌)】 옥외집회나 시위를 주최하려는 자로 하여금 **사전에 관할경찰서장에 신고**하게 하는 규정은 일정한 신고절차만 밟으면 일반적·원칙적으로 옥외집회 및 시위를 할 수 있도록 보장하고 있으므로 헌법 제21조 제2항의 **사전허가금지 위반 아님** (2009.5.28. 2007헌바22) 유사 【과잉금지원칙 위반 아님 (합헌)】 옥외집회·시위에 대한 사전신고 이후 기재사항의 보완, 금지통고 및 이의절차 등을 원활하게 진행하기 위하여 **늦어도 집회가 개최되기 48시간 전까지 사전신고**를 하도록 한 것은 **과잉금지원칙에 위반하여 집회의 자유 침해 아님** (2014.1.28. 2011헌바174 등)
2	【동시에 접수된 옥외집회신고서 반려행위 (인용)】 동시에 접수된 두 개의 옥외집회 신고서에 대하여 관할경찰관서장이 적법한 절차에 따라 접수순위를 확정하려는 노력을 하지 않고, 폭력사태 발생이 우려되고 상호 충돌을 피한다는 이유로 **이미 접수된 옥외집회신고서를 법률상 근거 없이 반려한 행위**는 **집회의 자유 침해** (2008.5.29. 2007헌마712)

2 미신고 집회 (우발적 집회)

(1) 미신고 집회와 해산명령

미신고 집회	① **【미신고 집회가 헌법상 허용되지 않는 집회·시위라 단정 못함】** 옥외집회에 대한 사전신고는 집회의 허가를 구하는 신청으로 변질되어서는 아니 되므로, **신고를 하지 아니하였다는 이유**만으로 헌법의 보호범위를 벗어나 개최가 **허용되지 않는 집회 내지 시위**라고 단정할 수 없음 ② **【미신고 집회도 헌법상 허용】** 헌법은 미신고 집회를 원칙적으로 **금지하지 않음**
해산명령	① **【미신고 집회에 언제나 해산명령·불응시 처벌 : 不可】** 「집시법」상 미신고 옥외집회 또는 시위를 **해산명령 대상**으로 하면서 **별도의 해산 요건**을 정하고 있지 않더라도, 그 옥외집회 또는 시위로 인하여 타인의 법익이나 공공의 안녕질서에 대한 **직접적인 위험이 명백하게 초래된 경우**에 한하여 **해산을 명할 수 있음** (관할경찰관서장은 언제나 해산명령을 내릴 수 있으며, 이에 불응하는 경우에는 처벌할 수 있음 ×)

(2) 관련판례

1	**【위험 발생한 미신고 시위 해산명령 불응시 처벌 (합헌)】** 미신고 시위로 타인의 법익이나 공공의 안녕질서에 대한 **직접적이고 명백한 위험이 발생**한 경우에 **해산명령**을 발할 수 있도록 하고 이에 응하지 아니하는 행위에 대해 **처벌**하는 「집시법」은 집회의 자유 침해 아님(2016.9.29. 2014헌바492) → **죄형법정주의 법률주의 위반 아님** **유사 【미신고 집회 행정형벌 (기각)】** 미신고 옥외집회에 대해 **과태료가 아니라 행정형벌**을 과하도록 한 것은 **과잉형벌 아님**(2021.6.24. 2018헌마663)
2	**【신고범위를 뚜렷이 벗어난 집회·시위 해산명령 (합헌)】** 옥외집회나 시위가 **사전신고한 범위를 뚜렷이 벗어나** 신고제도의 목적달성을 심히 곤란하게 하고, 질서를 유지할 수 없게 된 경우에 공공의 안녕질서 유지 및 회복을 위해 **해산명령**을 할 수 있도록 하는 것은 **집회의 자유 침해 아님**(2016.9.29. 2015헌바309 등)

POINT 133 옥외집회 · 시위의 제한

1 집회 및 시위의 금지

(1) 집회 및 시위의 금지

강제해산정당	①【헌재결정에 따라 해산된 정당의 목적달성】 헌법재판소의 결정에 따라 해산된 정당의 목적을 달성하기 위한 **집회 또는 시위를 주최**하는 행위는 **금지**
공공안녕질서	①【공공의 안녕질서에 직접적 위협이 명백】 집단적인 폭력·협박·손괴·방화 등으로 **공공의 안녕질서에 직접적인 위협**을 가할 것이 **명백**한 집회 또는 시위는 금지

(2) 관련 위헌판례

1	【재판에 영향을 미칠 염려가 있거나 미치게 하는 집회·시위 금지 (위헌)】 재판에 영향을 미칠 염려가 있거나 미치게 하기 위한 집회·시위를 사전적·전면적으로 금지하고 형사처벌하는 것은 **집회의 자유 침해**(2016.9.29. 2014헌가3 등) → 법원의 재판도 비판 그 자체로부터 자유로울 수는 없으며 법관에게는 군중의 여론에 귀를 기울이면서도 헌법과 법률, 그리고 법관으로서의 양심에만 기초하여 공정한 재판을 할 수 있도록 **전문성 및 독립성을 갖추어야 할 책무**가 있음
2	【민주적 기본질서에 위배되는 집회·시위 금지 (위헌)】 민주적 기본질서에 위배되는 집회·시위를 금지하고 위반 시 형사처벌하는 것은 **집회의 자유 침해**(2016.9.29. 2014헌가3 등)

(3) 관련 합헌판례

1	【공공의 안녕질서에 직접 위협 명백 집회·시위 금지 (합헌)】 집단적인 폭행·협박·손괴·방화 등으로 **공공의 안녕질서에 직접적인 위협**을 가할 것이 명백한 집회 또는 시위의 주최를 금지하고, 이에 위반한 자를 처벌하는 규정은 **집회의 자유 침해 아님**(2010.4.29. 2008헌바118) → **죄형법정주의 명확성원칙 위반 아님**

2 집회 및 시위의 시간제한 : 24시 이후 일출시까지

1	【야간옥외집회 금지 (헌불)】 야간옥외집회가 공공질서나 타인의 법익을 해칠 위험성이 있다고 하나, 모든 야간 옥외집회가 항상 타인의 법익을 침해할 것이라고 볼 수 있는 것은 아니므로 **모든 야간옥외집회를 금지할 수 없음** (2009.9.24. 2008헌가25)
2	① 【야간시위금지 : 목적·수단 인정】 야간시위를 금지하는 것은 사회의 안녕질서를 유지하고 시위참가자 등의 안전과 제3자인 시민들의 **주거 및 사생활의 평온을 보호**하기 위한 것으로 **정당한 목적 달성을 위한 적합한 수단** (2014.3.27. 2010헌가2 등) ② 【피해·법익 위반】 '해가 뜨기 전이나 해가 진 후'라는 **광범위하고 가변적인 시간대의 시위를 금지**하는 것은 **목적 달성을 위해 필요한 정도를 넘는 지나친 제한**(2014.3.27. 2010헌가2 등) ③ 【일몰시간 후부터 24시까지 (위헌)】 일몰시간 후부터 같은 날 24시까지의 시위의 경우, 특별히 공공의 질서 내지 법적 평화를 침해할 위험성이 크다고 할 수 없으므로 그와 같은 시위를 일률적으로 금지하는 것은 **과잉금지원칙 위배하여 집회의 자유 침해**(2014.3.27. 2010헌가2 등)³ ④ 【한정위헌】 야간시위를 금지하는 내용의 「집시법」은 이미 보편화된 야간의 일상적인 생활의 범주에 속하는 '**해가 진 후부터 같은 날 24시까지의 시위**'에 적용하는 한 **헌법에 위반**(2014.3.27. 2010헌가2 등)³ ⑤ 【24시 이후 시위금지】 24시 이후의 시위를 금지할 것인지 여부는 **입법자가 결정할 여지를 남겨두는 것이 바람직**(2014.3.27. 2010헌가2 등)
3	① 【야간 옥외집회·시위금지】 '일출시간 전, 일몰시간 후'라는 광범위하고 가변적인 시간대의 **옥외집회 또는 시위를 금지**하는 것은 **목적 달성을 위해 필요한 정도를 넘는 지나친 제한**을 가하는 것이어서 **집회의 자유 침해** (2014.4.24. 2011헌가29) → **사전허가금지 위반 아님** ② 【일몰시간 후부터 24시까지 (위헌)】 일몰시간 후부터 같은 날 24시까지의 옥외집회 또는 시위의 경우, 특별히 공공의 질서 내지 법적 평화를 침해할 위험성이 크다고 할 수 없으므로 그와 같은 옥외집회 또는 시위를 원칙적으로 금지하는 것은 **과잉금지원칙 위반**(2014.4.24. 2011헌가29) ③ 【한정위헌】 야간에 옥외집회 및 시위를 금지하는 것은 해가 진 후부터 같은 날 24시까지의 옥외집회 또는 시위에 적용되는 한 **헌법 위반**(2014.4.24. 2011헌가29)²

3 집회 및 시위의 장소제한 : 주요청사 1백 미터 이내

(1) 주요 헌법기관 관련판례

1	【국회의사당 100미터 이내 장소 전면금지 (헌불)】 국회의사당의 경계지점으로부터 100미터 이내의 장소에서 옥외집회를 전면적으로 금지하는 것은 국회의원에 대한 물리적인 압력이나 위해를 가할 가능성이 없는 장소 및 국회의사당 등 국회시설에의 출입이나 안전에 지장이 없는 장소까지도 집회금지장소에 포함되게 하여 국회의 헌법적 기능에 대한 보호의 필요성을 고려하더라도 지나친 규제이므로 집회의 자유 침해(2018.5.31. 2013헌바322 등)
2	①【각급법원 100미터 이내 장소 전면금지 : 목적·수단 인정 but 피해·법익 부정 (헌불)】 각급법원의 경계지점으로부터 100미터 이내의 장소에서의 옥외집회나 시위를 예외없이 절대로 금지한 것은 집회의 자유 침해(2018.7.26. 2018헌바137) ②【입법재량 존중 → 헌법불합치 결정】 각급 법원 인근에서의 옥외집회·시위를 금지하고 있는 법률조항에는 위헌적인 부분과 합헌적인 부분이 공존하고 있는데, 입법자로 하여금 어떠한 경우 옥외집회·시위가 허용된다고 할 것인지를 정하도록 하는 것이 입법재량을 존중하는 것임(2018.7.26. 2018헌바137)
3	【대통령 관저 인근 집회금지 (헌불)】 막연히 폭력·불법적이거나 돌발적인 상황이 발생할 위험이 있다는 가정만을 근거로 하여 대통령 관저 인근이라는 특정한 장소에서 열리는 모든 집회를 금지하는 것은 헌법적으로 정당화 어려우므로 집회의 자유 침해(2022.12.22. 2018헌바48 등)
4	【국회의장 공관 인근 집회금지 (헌불)】 국회의장 공관의 경계지점으로부터 100미터 이내의 장소에서의 옥외집회 또는 시위를 일률적으로 금지하고, 이를 위반한 집회·시위의 참가자를 처벌하는 것은 해당 장소에서 옥외집회·시위가 개최되더라도 국회의장에게 물리적 위해를 가하거나 국회의장 공관으로의 출입 내지 안전에 위험을 가할 우려가 없는 장소까지 포함되어 있다는 점에서 입법목적 달성에 필요한 범위를 넘어 집회의 자유를 과도하게 제한하는 것으로 집회의 자유 침해(2023.3.23. 2021헌가1)
5	【국무총리 공관 100미터 이내 장소 전면금지 (헌불)】 국무총리 공관 경계지점으로부터 100미터 이내의 장소에서 옥외집회·시위를 전면적으로 금지하는 것은 국무총리 공관의 기능과 안녕을 직접 저해할 가능성이 거의 없는 '소규모 옥외집회·시위의 경우', '국무총리를 대상으로 하는 옥외집회·시위가 아닌 경우'까지도 예외 없이 옥외집회·시위를 금지하고 있는바, 입법목적 달성에 필요한 범위를 넘는 과도한 제한으로 집회의 자유 침해(2018.6.28. 2015헌가28 등)

(2) 외교기관 관련판례

1	【외교기관 100미터 이내 장소 전면금지 (위헌)】 국내주재 외교기관 청사의 경계지점으로부터 1백 미터 이내의 장소에서의 옥외집회를 전면적으로 금지하고 있는 것은 집회의 자유 침해(2003.10.30. 2000헌바67 등)
2	①【외교기관 100미터 이내 장소 원칙금지, 예외허용 (기각)】 외교기관을 대상으로 하는 외교기관 인근에서의 옥외집회나 시위는 당사자들 사이의 갈등이 극단으로 치닫거나, 물리적 충돌로 발전할 개연성이 높으므로 입법목적을 달성하기 위한 적절한 수단(2010.10.28. 2010헌마111) ②【외교기관 100미터 이내 장소 원칙금지, 예외허용 (기각)】 외교기관 인근의 옥외집회나 시위를 원칙적으로 금지하면서 외교기관의 기능이나 안녕을 침해할 우려가 없다고 인정되는 경우 예외적으로 옥외집회나 시위를 허용하는 것은 집회의 자유 침해 아님(2010.10.28. 2010헌마111) **유사** 【외교기관 인근 옥외·집회시위 예외 허용 (기각)】 국내 주재 외교기관 인근의 옥외집회 또는 시위를 예외적으로 허용하는 구「집시법」은 행정청이 주체가 되어 집회의 허용 여부를 사전에 결정하는 것이 아니므로 헌법 제21조 제2항의 허가제 금지 위배 아님(2023.7.20. 2020헌바131)

POINT 134 결사의 자유 Ⓑ

제21조 ① 【결사의 자유】 모든 국민은 언론·출판의 자유와 집회·**결사의 자유**를 가진다.
② 【허가제 금지】 언론·출판에 대한 허가나 검열과 집회·**결사에 대한 허가는 인정되지 아니한다.**

1 결사의 자유

(1) 결사의 자유

보호대상 결사	① 【단체결성의 자유】 결사의 자유는 다수의 자연인 또는 법인이 **공동의 목적**을 위하여 **단체를 결성**할 수 있는 자유 ② 【공법상 결사, 특수단체 불포함】 결사란 **자유의사**에 기하여 결합하고 조직화된 의사형성이 가능한 단체를 말하는 것으로, **공법상의 결사**나 법이 특별한 공공목적에 의하여 구성원의 자격을 정하고 있는 **특수단체의 조직 활동**은 포함 아님 (특수단체나 결사도 포함 ×) ③ 【비영리 + 영리단체】 결사의 목적은 반드시 **비영리적**인 것에 한하지 않으며 **영리단체**도 결사의 자유의 보호 대상
내용	① 【적극적 + 소극적 자유】 적극적으로는 ㉠ **단체결성**의 자유 ㉡ **단체존속**의 자유 ㉢ **단체활동**의 자유 ㉣ **결사에의 가입·잔류**의 자유를, 소극적으로는 기존의 단체로부터 **탈퇴할 자유**와 **결사에 가입하지 아니할 자유**를 내용으로 함 ② 【단체활동의 자유 : 외부 + 내부】 결사의 자유에 포함되는 **단체활동의 자유**는 단체 외부에 대한 활동뿐만 아니라 단체의 조직, 의사형성의 절차 등 **단체의 내부적 생활**을 스스로 **결정하고 형성**할 권리인 **단체 내부 활동의 자유** 포함 (단체내부 활동의 자유는 포함하지 않음 ×)
위헌심사기준	① 【공적인 역할 시 완화된 비례심사】 단체 또는 단체의 구성원들이 유리한 경우에는 설립의 근거법률에 따른 특혜를 누리거나 요구하다가, 제한에 대해서는 사적조직임을 강조하면서 결사의 자유의 침해를 주장하는 경우에 **과잉금지원칙 위배 여부**를 판단할 때에는, **순수한 사적인 임의결사의 기본권이 제한되는 경우**의 심사에 비해서는 **완화된 기준** 적용

(2) 관련판례

1	**보호대상 결사** ① 【중소기업중앙회】 중소기업중앙회는 공법인성을 가지고 있다고 하더라도 자조조직인 **사법인**에 해당하므로 결사의 자유를 누릴 수 있는 **단체에 해당**(2021.7.15. 2020헌가9) ② 【중소기업중앙회 회장선거 관련 선거운동 제한 (기각)】 선거운동 기간 외에는 중소기업중앙회 회장선거에 관한 선거운동을 제한하는 「중소기업협동조합법」은, 선거 후유증을 초래할 위험을 방지하기 위한 것으로 **조합원의 결사의 자유 침해 아님**(2021.7.15. 2020헌가9)
2	**보호대상 결사 아님** 【주택조합 (합헌)】 「주택건설촉진법」상 **주택조합**은 주택이 없는 국민의 주거생활의 안정을 도모하고 모든 국민의 주거수준 향상을 기한다는 공공목적을 위하여 법이 구성원의 자격을 제한적으로 정해 놓은 **특수조합**이어서, 헌법상 결사의 자유가 뜻하는 **단체 아님**(1997.5.29. 94헌바5)
3	**단체내부활동의 자유** 【새마을금고 임원선거에서 선거운동방법 제한 (합헌)】 새마을금고의 임원선거와 관련하여 **법률에서 정하고 있는 방법 외의 방법으로 선거운동을 할 수 없도록** 하고 이를 위반한 경우 형사처벌 하도록 정하고 있는 「새마을금고법」 규정은 **결사의 자유 및 표현의 자유 제한**(2018.2.22. 2016헌바364) → **결사의 자유 및 표현의 자유 침해 아님**
4	**단체내부활동의 자유** ① 【농협 조합장 선출행위 (기각)】 농협 조합장 선출행위는 결사 내 업무집행 및 의사결정기관의 구성에 관한 자율적인 활동이라 할 수 있으므로, 농협 조합장의 임기와 조합장선거의 시기에 관한 사항은 **결사의 자유의 보호범위**(2012.12.27. 2011헌마562 등) → 결사의 자유 침해 아님 **완화기준 적용** ② 【농협 : 사법인 + 공공성】 농협은 기본적으로 **사법인의 성격**을 지니지만, 농협법에서 정하는 특정한 국가적 목적을 위하여 설립되는 **공공성이 강한 법인**으로, 순수한 사적인 임의결사의 기본권이 제한되는 경우의 심사에 비해서는 **완화된 기준 적용**(2012.12.27. 2011헌마562 등)

2 관련판례

(1) 위헌판례

1	【복수조합의 설립금지 (위헌)】 기존조합이 설립되어 있는 곳에서의 **복수조합의 설립을 금지**하는 「축협법」은 과잉금지·자의금지의 원칙에 반하여 **결사의 자유, 직업의 자유, 평등권 침해**(1996.4.25. 92헌바47)
2	【전화·컴퓨터통신 이용 농협 이사 선거운동 금지 (위헌)】 지역농협 이사 선거의 경우 **문자메시지를 포함한 전화 및 전자우편을 포함한 컴퓨터통신을 이용한 지지 호소**의 선거운동방법을 금지하고 이를 위반한 자를 처벌하는 「농업협동조합법」은 선거 후보자의 **결사의 자유와 표현의 자유 침해**(2016.11.24. 2015헌바62)

(2) 합헌판례

1	【조합장선거에서 후보자 아닌자 선거운동 금지 (합헌)】 조합장선거에서 후보자가 아닌 사람의 선거운동을 금지하는 「위탁선거법」은 조합장선거의 과열과 혼탁을 방지함으로써 선거의 공정성을 담보하고자 하는 것으로서 조합장선거의 후보자 및 선거인인 조합원의 **결사의 자유 등 기본권 침해 아님**(2024.2.28. 2021헌가6)
2	【농협중앙회 회장선거 중선위 위탁 의무 (합헌)】 농협중앙회 회장선거의 관리를 농협중앙회의 자율에 맡기지 않고 「선거관리위원회법」에 따른 중앙선거관리위원회에 의무적으로 위탁하도록 한 「농협법」은 농협중앙회 및 회원조합의 **결사의 자유 침해 아님**(2023.5.25. 2021헌바136)
3	【월남전참전자회와 고엽제전우회 중복가입 금지 (합헌)】 '대한민국고엽제전우회'의 회원으로 가입한 사람은 '월남전참전자회'의 회원이 될 수 없도록 한 「참전유공자법」은 **결사의 자유 침해 아님**(2016.4.28. 2014헌바442)
4	① 【변리사회 의무가입 (기각)】 변리사의 변리사회 가입의무를 규정한 「변리사법」은 **소극적 결사의 자유와 직업수행의 자유 침해 아님**(2017.12.28. 2015헌마1000) ② 【변호사의 변리사 등록시 변리사회 의무가입 (기각)】 변호사가 변호사 업무수행을 하던 중 변리사 등록을 한 경우 대한변리사회에 의무적으로 가입하게 하는 조항은 **변호사의 소극적 결사의 자유 및 직업수행의 자유 침해 아님**(2017.12.28. 2015헌마1000)
5	【안마사 대한안마협회 가입강제 (합헌)】 안마사들로 하여금 **의무적으로 대한안마사협회의 회원**이 되어 정관을 준수하도록 하는 「의료법」은 안마사들의 **결사의 자유 침해 아님**(2008.10.30. 2006헌가15)
6	【화물연합회 가입강제 (합헌)】 운송사업자로 구성된 협회로 하여금 연합회에 강제 가입하게 하고 임의로 탈퇴할 수 없도록 하는 「화물자동차법」은 **결사의 자유 침해 아님**(2022.2.24. 2018헌가8)

CHAPTER 07 | 경제적 기본권

POINT 135 거주·이전의 자유

제14조【거주·이전의 자유】모든 국민은 거주·이전의 자유를 가진다.

1 거주·이전의 자유

(1) 거주·이전의 자유

거주·이전의 자유	①【거주지·체류지 결정】거주·이전의 자유는 **국가의 간섭 없이 자유롭게 거주와 체류지를 정할 수 있는 자유**로서 정치·경제·사회·문화 등 모든 생활영역에서 개성신장을 촉진함으로써 **다른 기본권들의 실효성을 증대**시켜 주는 기능 1
국내·국외	①【국내 + 국외 거주·이전의 자유】국내에서 체류지와 거주지를 자유롭게 정할 수 있는 자유영역뿐 아니라 나아가 국외에서 체류지와 거주지를 자유롭게 정할 수 있는 '**해외여행 및 해외이주의 자유**'를 포함 (국외 이주의 자유와 해외여행의 자유는 포함되지 않음 ×) 2 ②【국외이주 + 해외여행 + 귀국】거주·이전의 자유에는 **국내에서의 거주·이전의 자유**뿐 아니라 **국외 이주의 자유, 해외여행의 자유 및 귀국의 자유**가 포함 (귀국의 자유 불포함 ×) 2
국외거주·이전	①【해외여행의 자유 : 출국·입국의 자유】거주·이전의 자유에는 국외에서 체류지와 거주지를 자유롭게 정할 수 있는 '**해외여행 및 해외이주의 자유**'가 포함되고, 이는 필연적으로 외국에서 체류하거나 거주하기 위해서 대한민국을 떠날 수 있는 '**출국의 자유**'와 외국체류 또는 거주를 중단하고 다시 대한민국으로 돌아올 수 있는 '**입국의 자유**'를 포함 (입국의 자유 불포함 ×) 3 ②【국적이탈·변경의 자유】**국적을 이탈하거나 변경은 거주·이전의 자유에 포함** (국적을 버리거나 변경할 자유가 파생 안됨 ×) 7

(2) 국외 거주·이전의 자유 관련판례

1	①【해외 위난지역 여권사용 제한】아프가니스탄 북동부에 의료봉사활동을 하기 위해 여권을 신청했으나 **테러위험을 이유로 여권 발급을 거부**당한 경우, **거주·이전의 자유 제한**(2008.6.26. 2007헌마1366) 1 ②【거주·이전의 자유 침해 아님 (기각)】전쟁 또는 테러 위험이 있는 **해외 위난지역에서 여권사용을 제한**하는 「외교통상부고시」는 **거주·이전의 자유 침해 아님**(2008.6.26. 2007헌마1366) 2 **유사**【여행금지국가 방문시 형사처벌 (기각)】여행금지국가로 고시된 사정을 알면서도 외교부장관으로부터 예외적 여권사용 등의 허가를 받지 않고 **여행금지국가를 방문하는 등의 행위를 형사처벌**하는 「여권법」은 **거주·이전의 자유 침해 아님**(2020.2.27. 2016헌마945) 3
2	①【고액 추징금 미납자 출국금지 (합헌)】법무부령이 정하는 금액 이상의 추징금을 납부하지 아니한 자의 **출국을 금지**할 수 있도록 한 「출입국관리법」은 **거주·이전의 자유 중 출국의 자유 제한**(2004.10.28. 2003헌가18) 1 → **출국의 자유 침해 아님** 2 ②【이중처벌금지원칙 위배 아님】출국금지처분은 거주·이전의 자유를 제한하는 **행정조치 성격**을 갖기 때문에 일정 금액 이상의 추징금을 미납한 자에게 내리는 **출국금지처분은 이중처벌금지원칙 위배 아님**(2004.10.28. 2003헌가18) 1 **유사**【법무부장관의 출국금지 (합헌)】**형사재판에 계속 중인 사람에 대하여 출국을 금지**할 수 있다고 규정한 「출입국관리법」은 **출국의 자유 침해 아님**(2015.9.24. 2012헌바302) 2

(3) 법인의 거주·이전의 자유 제한 관련판례

1	【법인의 대도시내 부동산등기시 5배 높은 세율의 등록세 부과 (합헌)】 법인의 대도시내 부동산취득에 대하여 통상보다 높은 세율인 **5배의 등록세**를 부과함으로써 법인의 대도시내 활동을 간접적으로 억제하는 「지방세법」은 **직업수행의 자유와 거주·이전의 자유 제한**(1996.3.28. 94헌바42) → 직업수행의 자유와 거주·이전의 자유 침해 아님
2	【과밀억제권역 내 본점용 건물 신축 취득세 중과 (합헌)】 법인이 **과밀억제권역** 내에 본점의 사업용 부동산으로 건축물을 신축하여 이를 취득하는 경우, **취득세를 중과세**하는 「지방세법」은 **거주·이전의 자유와 영업의 자유 제한**(2014.7.24. 2012헌바408) → 거주·이전의 자유와 영업의 자유 침해 아님

2 보호영역이 아닌 경우

(1) 보호영역이 아닌 경우

일시적 이동 (통행)	① 【생활의 근거지 선택·변경 포함】 거주·이전의 자유는 거주지나 체류지라고 볼 만한 정도로 **생활과 밀접한 연관을 갖는 장소를 선택하고 변경하는 행위를 보호하는 기본권** ② 【일시적 이동을 위한 장소 선택·변경 불포함】 거주·이전의 자유는 생활의 근거지에 이르지 못하는 **일시적인 이동을 위한 장소의 선택과 변경까지 보호영역에 포함되는 것은 아님**
직업·공직 장소선택	① 【직업·공직을 임의장소에서 행사 불포함】 거주·이전의 자유가 국민에게 그가 선택할 **직업** 내지 그가 취임할 **공직**을 그가 선택하는 임의의 장소에서 자유롭게 행사할 수 있는 권리까지 **보장 아님** (보장 ×) ② 【주민등록 여부 불포함】 누구든지 주민등록 여부와 무관하게 거주지를 자유롭게 이전할 수 있어서, 주민등록 여부가 거주·이전의 자유와 직접적 관계가 있다고 보기 어려움

(2) 통행 및 주민등록

1	【서울광장 통행제지 행위 (인용) : 거주이전의 자유 X, 일반적 행동자유권 O】 서울광장이 생활형성의 중심지인 **거주지나 체류지라고 할 수 없고**, 서울광장에 출입하고 통행하는 행위가 그 장소를 중심으로 **생활을 형성해 나가는 행위**라고 볼 수도 없으므로 거주·이전의 자유 제한 아님(2011.6.30. 2009헌마406) → **일반적 행동자유권 침해**
2	【지자체장 피선거권 요건으로서 주민등록 (기각)】 지자체장 **피선거권의 자격요건으로 90일**(현재는 60일) 이상 관할 구역 내에 주민등록이 되어 있을 것을 요구하는 「공직선거법」은 직업의 자유 내지 공무담임권이 제한될 수는 있어도 거주·이전의 자유 제한 아님(1996.6.26. 96헌마200) → 거주·이전의 자유 침해 아님
3	【현역병의 주민등록 (기각)】 영내 기거하는 현역병은 「병역법」으로 말미암아 거주·이전의 자유를 제한받게 되므로 영내에 기거하는 군인은 그가 속한 세대의 거주지에서 등록하여야 한다고 규정하고 있는 「주민등록법」은 현역병의 **거주·이전의 자유 제한 아님**(2011.6.30. 2009헌마59) → 거주·이전의 자유 침해 아님
4	【거주지 기준 고교입시평준화제도 (기각)】 거주지를 기준으로 중·고등학교 입학을 제한하는 「교육법시행령」은 학부모가 원하는 경우 언제든지 자유로이 거주지를 이전할 수 있으므로 그와 같은 생활상의 불이익만으로는 거주·이전의 자유 제한 아님(1995.2.23. 91헌마204) → 거주·이전의 자유 침해 아님

(3) 토지·건물의 수용

1	【주택재개발사업에 반대하는 토지소유자의 토지강제수용 (합헌)】 주거로 사용하던 건물이 **수용**될 경우 그 효과로 거주지도 이전하여야 하는 것은 사실이나 이는 토지 및 건물 등의 수용에 따른 부수적 효과로서 **간접적·사실적 제약**에 해당하므로, 정비사업조합에 수용권한을 부여하여 **주택재개발 사업에 반대하는 청구인의 토지 등을 강제로 취득**할 수 있도록 한 도시정비법이 청구인의 **재산권**을 침해하였는지 여부를 판단하는 이상 거주·이전의 자유 침해 여부는 **별도로 판단 안함**(2019.11.28. 2017헌바241) → 재산권 침해 아님 〔유사〕【주택 등의 재산권에 대한 수용 (합헌)】 주택 등의 재산권에 대한 **수용**이 헌법 제23조 제3항이 정하고 있는 **정당보상의 원칙에 부합**하는 이상, 그러한 수용만으로 거주·이전의 자유 침해 아님(2011.11.24. 2010헌바231) → 재산권 침해 아님

3 관련판례

(1) 위헌판례

1	【고위직 탈북인사 여권발급거부 (위법)】 북한 고위직 출신 탈북인사인 여권발급 신청인의 신변에 대한 위해 우려가 있다는 이유로 **미국방문을 위한 여권발급을 거부**하는 것은 **거주·이전의 자유를 과도하게 제한**하는 것으로서 **위법** (대판 2008.1.24. 2007두10846) [3]

(2) 합헌판례

1	【수용개시일까지 토지 인도의무 (합헌)】 구「도시정비법」이 **수용개시일까지 토지 등의 인도의무**를 정한 것은 주거용 건축물 소유자들의 **거주·이전의 자유 침해 아님**(2020.5.27. 2017헌바464 등) [2]
2	【한약업사 지역제한 (합헌)】 한약업사의 허가 및 영업행위에 대하여 지역적 제한을 가한 내용의 「약사법」은 **평등원칙과 거주·이전의 자유 침해 아님**(1991.9.16. 89헌마231) [1]
3	【병역준비역 27세까지 단기 국외여행 허가 (합헌)】 병역준비역에 대하여 **27세를 초과하지 않는 범위에서만 단기 국외여행을 허가**하도록 규정하는 것은 단기 국외여행허가를 받고자 하는 27세가 넘은 병역준비역의 **거주·이전의 자유 침해 아님**(2023.2.23. 2019헌마1157) [3]

POINT 136 직업선택의 자유 Ⓢ

제15조 【직업선택의 자유】 모든 국민은 **직업선택의 자유**를 가진다.

1 직업선택의 자유

헌정사	① 【제5차 개정헌법】 1919년 바이마르 헌법이 최초로 직업의 자유를 명문화하였고 우리 헌법은 1962년 제5차 개정헌법(제헌헌법 ×, 제3차 개정헌법 ×)부터 **직업의 자유를 명문화**함
이중적 성격	① 【주관적 공권 + 사회적 시장경제질서】 직업선택의 자유는 각자의 **생활의 기본적 수요를 충족**시키는 방편이 되고 **개성신장의 바탕**이 된다는 점에서 **주관적 공권의 성격**을 가지면서도 국민 개개인이 선택한 직업의 수행에 의하여 국가의 사회질서와 경제질서가 형성된다는 점에서 **사회적 시장경제질서**라고 하는 **객관적 법질서의 구성요소** (사회적 시장경제질서라고 하는 객관적 법질서의 구성요소가 될 수는 없음 ×)

2 직업의 개념

(1) 직업의 개념

직업	① 【생활수단성 + 계속성 + 소득활동】 직업이란 **생활의 기본적 수요를 충족시키기 위한 계속적인 소득활동**을 의미하며 그러한 내용의 활동인 한 그 **종류나 성질을 묻지 않음** ② 【생활수단성 : 겸업·부업】 **생활수단성**과 관련하여서는 **단순한 여가활동이나 취미활동**은 직업의 개념에 **포함되지 않으나 겸업이나 부업**은 삶의 수요를 충족하기에 적합하므로 **직업에 해당** (겸업·부업은 직업 아님 ×) ③ 【계속성 : 휴가기간중에 하는 일, 수습직】 직업의 개념표지 가운데 '**계속성**'과 관련하여서는 주관적으로 활동의 주체가 어느 정도 계속적으로 해당 **소득활동을 영위할 의사**가 있고, 객관적으로도 **그러한 활동이 계속성**을 띨 수 있으면 족한 것으로 **휴가기간 중에 하는 일, 수습직으로서의 활동도 포함** (포함되지 않음 ×)
직업이 아닌 경우	① 【무보수 봉사직】 직업이란 **생활의 기본적 수요를 충족하기 위한 계속적인 소득활동**을 의미하는 바, **무보수의 봉사직**은 직업의 개념에 **포함될 수 없음**

(2) 직업으로 인정되는 경우

1	【대학생이 학원 강사로 일하는 행위 (기각)】 대학생이 방학기간 또는 휴학 중에 학비를 벌기 위하여 학원 강사로 일하는 행위는 어느 정도 계속성을 띤 소득활동으로서 **직업의 자유의 보호영역에 속함**(2003.9.25. 2002헌마519)
2	【게임결과물의 환전업 (합헌)】 인터넷 게임의 결과물의 환전, 즉 게임이용자로부터 게임결과물을 매수하여 다른 게임이용자에게 이윤을 붙여 되파는 것을 영업으로 하는 것은 **생활의 기본적 수요를 충족시키는 계속적인 소득활동**이 될 수 있으므로, **게임결과물의 환전업은 직업에 해당**(2010.2.25. 2009헌바38)
3	【성매매 처벌 (합헌)】 성매매는 사회적 유해성과는 별개로 성판매자의 입장에서 **생활의 기본적 수요를 충족하기 위한 소득활동**에 해당하므로, 성매매 행위를 처벌하는 것은 성판매자의 **직업선택의 자유 제한**(2016.3.31. 2013헌가2) → 성매매자 처벌은 **직업선택의 자유 침해 아님**
4	【판매목적 모의총포 소지행위 금지 (합헌)】 판매를 목적으로 모의총포를 소지하는 행위는 일률적으로 영업활동으로 볼 수는 없지만, 소지의 목적이나 정황에 따라 이를 영업을 위한 준비행위로 보아 **영업활동의 일환**으로 평가할 수 있으므로 **직업의 자유의 보호범위에 포함**(2011.11.24. 2011헌바18)

(3) 직업으로 인정되지 않는 경우

1	① 【학교운영위원회 위원 : 직업 아님】 학교운영위원은 무보수 봉사직이므로 운영위원으로서의 활동을 **직업의 개념에 포함시킬 수 없음**(2007.3.29. 2005헌마1144) ② 【행정직원의 학교운영위원 입후보 배제 (기각)】 공립학교 학교운영위원회를 당해 학교의 교원대표·학부모대표 및 지역사회 인사로 구성하도록 하여 일반 행정직원대표 입후보를 배제하고 있는 「초·중등교육법」은 행정직원의 **직업선택의 자유 제한 아님**(2007.3.29. 2005헌마1144)

3 보호영역 : 직업선택의 자유와 직업수행의 자유

(1) 직업선택의 자유와 직업수행의 자유

직업의 자유	① **【직업선택 + 직업수행】** 직업선택의 자유는 자신이 원하는 **직업 내지 직종을 자유롭게 선택**하는 **직업선택의 자유**와 그가 선택한 직업을 **자기가 결정한 방식으로 자유롭게 수행**할 수 있는 **직업수행의 자유**를 포함 ② **【직업결정·수행·전직】** 직업선택의 자유에는 **직업결정의 자유, 직업종사(수행)의 자유, 전직의 자유** 등이 모두 포함 ③ **【직업수행·전직·직장선택】** 직업선택의 자유에는 **직업수행의 자유, 전직의 자유, 직장선택의 자유** 등도 포함
(협의) 직업선택의 자유	① **【전직의 자유】** 누구든지 자기가 **선택한 직업에 종사하여 이를 영위**하고 언제든지 임의로 그것을 바꿀 수 있는 **자유**는 직업의 자유에 포함 ② **【겸직의 자유】** 개인이 다수의 직업을 선택하여 동시에 행사하는 **겸직의 자유** 포함 ③ **【직업교육장 선택의 자유】** 직업선택의 자유에는 자신이 원하는 직업 내지 직종에 종사하는 데 필요한 **전문지식을 습득하기 위한 직업교육장을 임의로 선택**할 수 있는 **직업교육장 선택의 자유도 포함** (직업교육장 선택의 자유 불포함 ×)
직업수행의 자유	① **【기업의 자유】** 직업의 자유에는 **기업의 설립과 경영의 자유**를 의미하는 **기업의 자유** 포함 ② **【영업·기업의 자유】** 직업의 자유는 **영업의 자유와 기업의 자유**를 포함하고, 이러한 영업 및 기업의 자유를 근거로 원칙적으로 누구나 **자유롭게 경쟁에 참여**할 수 있음 ③ **【경쟁의 자유】** 경쟁의 자유는 기본권의 주체가 직업의 자유를 실제로 행사하는 데에서 나오는 결과이므로 **당연히 직업의 자유에 의하여 보장**되고, 다른 기업과의 경쟁에서 **국가의 간섭이나 방해를 받지 않고 기업활동을 할 수 있는 자유** ④ **【상업광고 : 표현 + 직업】** 상업광고는 표현의 자유의 보호영역에 속하면서 동시에 **직업의 자유의 보호영역에도 속함**
직장선택의 자유	① **【직장선택의 자유】** 직장선택의 자유는 개인이 선택한 직업분야에서 **구체적인 취업의 기회**를 가지거나, **이미 형성된 근로관계를 계속 유지하거나 포기**하는 데에 있어 국가의 방해를 받지 않는 **자유로운 선택·결정을 보호하는 것** ② **【직장제공·존속보호·직장상실보호 부정】** 직장선택의 자유는 원하는 **직장을 제공**하여 줄 것을 청구하거나 한번 선택한 **직장의 존속보호**를 청구할 권리를 보장하지 않으며(보장함 ×), **사용자의 처분에 따른 직장 상실로부터 직접 보호**하여 줄 것을 청구할 수도 **없음** ③ **【국가의 근로자 보호의무 인정】** 국가는 직업선택의 자유로부터 나오는 객관적 보호의무, 즉 **사용자에 의한 해고로부터 근로자를 보호**할 의무를 짐

(2) 관련판례

1	**직업교육장 선택의 자유** **【로스쿨 입학정원 제한 (기각)】** 로스쿨에 입학하는 자들에 대하여 학사 전공별, 출신 대학별로 로스쿨 입학정원의 비율을 각각 규정한 법학전문대학원법은 변호사가 되기 위한 과정에 있어 필요한 **전문지식을 습득할 수 있는 로스쿨에 입학하는 것을 제한**하는 것이기 때문에 **직업교육장 선택의 자유 내지 직업선택의 자유 제한**(2009.2.26. 2007헌마1262) → **직업선택의 자유 침해 아님** **유사** **【이화여대 로스쿨 (기각)】** 교육부장관이 학교법인 ○○학당에게 한 법학전문대학원 설치인가 중 **여성만을 입학 자격요건으로 하는 입학전형계획을 인정한 부분은 남성의 직업선택의 자유 제한**(2013.5.30. 2009헌마514) → **직업선택의 자유 침해 아님**
2	**상업광고** ① **【간접적 직업행사 저해·불가능】** 법 규정이 직업의 자유를 직접 규율하고자 하는 것은 아니나 **간접적으로 직업의 행사를 저해·불가능**하게 하는 경우도 **직업의 자유 제한**(2002.12.18. 2000헌마764) ② **【교통수단을 이용한 타인의 광고금지 (기각)】** 교통수단을 이용하여 **타인의 광고를 할 수 없도록** 하고 있는 '옥외광고물등관리법시행령'은 **표현의 자유 및 직업의 자유 침해 아님**(2002.12.18. 2000헌마764)

4 보호영역이 아닌 경우

(1) 보호영역이 아닌 경우

합당한 보수	① **【합당한 보수를 받을 권리 포함 아님】** 직업의 자유에는 해당 직업에 **합당한 보수를 받을 권리**까지 포함되는 것은 **아님** ② **【직업선택 및 직업수행의 자유 침해 아님】** 직업의 자유에는 해당 직업에 **합당한 보수를 받을 권리**까지 포함되어 있다고 보기 어려우므로 **자신이 원하는 수준보다 적은 보수를 법령에서 규정**하고 있다고 하여 **직업선택이나 직업수행의 자유가 침해 아님**
독점권	① **【배타적·우월적 직업선택권, 독점적 직업활동의 자유 아님】** 특정인에게 배타적·우월적인 **직업선택권**이나 **독점적인 직업활동의 자유**까지도 보장 **아님**

(2) 보호영역 아닌 판례

1	**【중사보다 적은 경장의 봉급월액 (기각)】** 경장의 1호봉 봉급월액을 중사의 1호봉 봉급월액보다 적게 규정한 것은 **직업선택이나 직업수행의 자유 침해 아님**(2008.12.26. 2007헌마444)

5 외국인 주체성

(1) 외국인의 기본권 주체성 여부

근로관계 형성 전	① **【근로관계 형성 전단계인 직업선택의 자유 부정】** 외국인에게는 제한적으로 직업의 자유에 대한 기본권 주체성을 인정할 수 있는데, **근로관계가 형성되기 전단계인 특정한 직업을 선택할 수 있는 권리**는 국가정책에 따라 법률로써 외국인에게 제한적으로 허용되는 것이지 **헌법상 기본권에서 유래 아님** (근로관계 형성 전 단계인 특정한 직업을 선택할 수 있는 권리 인정 ×)
근로관계 형성 후	① **【직장선택의 자유】** 직장선택의 자유는 인간의 존엄과 가치 및 행복추구권과도 밀접한 관련을 가지는 만큼 단순히 **국민의 권리가 아닌 인간의 권리**이기 때문에, **외국인도 국내에서 제한적으로라도**(제한없이 ×) **직장선택의 자유를 향유** ② **【국민과 동일수준 아님】** 외국인에게 직장선택의 자유에 대한 기본권 주체성을 인정한다는 것이 곧바로 이들에게 **우리 국민과 동일한 수준의 직장선택의 자유 보장 아님** (동일수준 보장 ×)

(2) 외국인의 직장선택의 자유 관련 판례

1	**【외국인근로자의 사업장 변경횟수 제한 : 직장선택의 자유 O / 근로의 권리 X (기각)】** 외국인근로자의 사업장 이동을 3회로 제한하는 「외국인고용법」은 외국인 근로자에게 **일단 형성된 근로관계를 포기하는 것을 제한**하기 때문에 **근로의 권리 제한**이 아니라 **직업선택의 자유 제한**(2011.9.29. 2007헌마1083 등) → **직장선택의 자유 침해 아님**
2	① **【외국인근로자의 사업장 변경사유 제한 : 직장선택의 자유 O / 근로의 권리 X (기각)】** 외국인근로자의 사업장 변경 사유를 제한하는 「외국인고용법」은 외국인근로자가 **일단 형성된 근로관계를 포기하고 직장을 이탈하는 데 있어 제한**을 받게 되므로 **근로의 권리 제한**이 아니라 직업선택의 자유 중 **직장선택의 자유 제한**(2021.12.23. 2020헌마395) → 직장선택의 자유 침해 아님 ② **【신체의 자유 제한 아님】** 직장 변경을 제한하거나 특정한 직장에서 계속 근로를 강제하는 것이 **신체의 안전성**을 침해한다거나 **신체의 자유로운 이동과 활동을 제한**하는 것이라고 볼 수는 **없으므로 신체의 자유 제한 아님**(2021.12.23. 2020헌마395)
3	**【외국인 근로자의 사업장 변경허가기간 제한 (기각)】** 외국인 근로자의 사업장 변경허가 기간을 신청일로부터 2개월로 제한한 「외국인고용법」은 외국인 근로자의 **직장선택의 자유 침해 아님**(2011.9.29. 2009헌마351)

POINT 137 직업의 자유의 제한

1 직업의 자유의 단계적 제한

제한의 정당화	① 【제한의 정당화 수준 상이】 직업의 자유에 대한 제한이라도 제한사유가 직업의 자유의 내용을 이루는 **직업수행의 자유**와 **직업선택의 자유** 중 어느 쪽에 작용하느냐에 따라 제한에 대하여 요구되는 **정당화의 수준이 달라짐** ② 【직업수행 < 직업선택 (주관적 < 객관적)】 직업의 자유에 대한 법적 규율이 **직업수행에 대한 규율**로부터 **직업선택에 대한 규율**로 가면 갈수록 **자유제약의 정도가 상대적으로 강해져 입법재량의 폭이 좁아지게** 되고, **직업선택의 자유에 대한 제한도 일정한 주관적 사유를 직업의 개시·계속수행의 전제조건**으로 직업선택의 자유를 제한하는 경우보다 직업의 선택을 **객관적 허가조건에 걸리게 하는 방법**으로 제한하는 경우 **침해의 심각성이 더 크므로 보다 엄밀한 정당화가 요구**됨
단계적 제한	① 【직업수행 → 주관적 직업선택 → 객관적 직업선택】 단계이론에 의하면 **제1단계로 직업종사의 자유를 제한**하고, 목적달성할 수 없는 경우 **제2단계로 주관적 사유에 의하여 직업결정의 자유를 제한**하고, 목적달성할 수 없는 경우 **제3단계로 객관적 사유에 의하여 직업결정의 자유를 제한**

2 직업수행의 자유의 제한

(1) 직업수행의 자유의 제한

제한 가능성 (입법재량)	① 【직업수행 폭넓은 제한 가】 **직업선택의 자유**와 **직업수행의 자유**는 기본권 주체에 대한 **제한의 효과가 다르기 때문에** 제한에 있어서 적용되는 기준도 다르며, **직업수행의 자유에 대한 제한**은 인격발현에 대한 침해의 효과가 **직업선택 자체에 대한 제한에 비하여 작기 때문에** 그에 대한 **제한은 폭넓게 허용** ② 【직업수행 넓은 규제 가】 **직업수행의 자유**는 **직업결정의 자유에 비하여 상대적으로 침해의 정도가 작다**고 할 것이므로 **공공복리 등 공익상의 이유로 비교적 넓은 법률상 규제 가능**
비례원칙	① 【과잉금지원칙 준수 필요】 **직업행사의 자유**에 대한 제한은 **직업선택의 자유**에 비하여 **상대적으로 그 침해의 정도가 작다**고 할 것이며, 공공복리 등 공익상의 이유로 **비교적 넓은 법률상의 규제가 가능**하지만, 헌법 제37조 제2항에서 정한 한계인 **과잉금지원칙은 지켜져야 함** ② 【비례원칙 준수 필요】 **직업수행의 자유**에 대하여는 **직업선택의 자유**와는 달리 공익 목적을 위하여 **상대적으로 폭넓은 입법적 규제가 가능**하지만, **직업수행의 자유를 제한할 때에도 비례의 원칙에 위배되면 안됨** (자의금지원칙 적용 ×) ③ 【직업수행(완화 비례) → 직업선택(엄격 비례)】 직업의 자유를 제한함에 있어서 다른 기본권과 마찬가지로 헌법 제37조 제2항에서 정한 **과잉금지원칙은 준수**되어야 할 것이지만, **직업수행의 자유는 입법자의 재량이 많은 것**으로 그 제한을 규정하는 법령에 대한 위헌 여부를 심사함에 있어서 **좁은 의미의 직업선택의 자유에 비하여 상대적으로 폭넓은 법률상의 규제가 가능**한 것으로 보아 **다소 완화된 심사기준을 적용** (다소 완화된 심사기준을 적용할 수는 없음 ×)

(2) 관련판례

1	① 【소제기 전 소송사건의 대리인인 변호사와 수형자의 접견 제한 : 목적 인정, 수단 부정 (위헌)】 소송사건의 대리인 변호사가 수형자를 접견하고자 하는 경우 소송계속 사실을 소명할 수 있는 자료를 제출하도록 규정하고 있는 「형집행법 시행규칙」은 변호사의 **직업수행의 자유 침해**(2021.10.28. 2018헌마60) [6] ② 【일반적 직업수행 제한보다 엄격 심사】 수형자인 의뢰인을 접견하는 변호사의 직업수행의 자유 제한에 대한 심사는 변호사 자신의 직업 활동에 가해진 제한의 정도 뿐 아니라 접견의 상대방인 수형자의 재판청구권이 제한되는 효과도 고려되어야 하므로, **심사강도는 일반적 경우보다 엄격**(2021.10.28. 2018헌마60) [1] **비교** 【소송대리인이 되려는 변호사에 한해 변호사접견 허용 (기각)】 접촉차단시설이 설치되지 않은 장소에서의 수용자 접견 대상을 소송사건의 대리인 변호사로 한정한 「형집행법 시행령」은 변호사의 **직업수행의 자유 침해 아님** (2022.2.24. 2018헌마1010) [1]
2	【법무사보수기준제 (합헌)】 법무사보수기준제는 직업의 자유 중에서 '**직업행사의 자유**'를 제한하는 제도로 비례원칙으로 심사(2003.6.26. 2002헌바3) [1] → 직업행사의 자유 침해 아님
3	【소비자 현혹 우려 의료광고 금지 (합헌)】 의료인이 '치료효과를 보장하는 등 소비자를 현혹할 우려가 있는 내용의 광고'를 한 경우 형사처벌하도록 규정한 「의료법」은 의료인의 표현의 자유뿐만 아니라 직업수행의 자유도 제한 (2014.9.25. 2013헌바28) [1] → ① 표현의 자유나 **직업수행의 자유 침해 아님**, ② 죄형법정주의 명확성원칙 위배 아님 [1]
4	【둘 이상의 의료기관 개설 금지 (합헌)】 의료인으로 하여금 어떠한 명목으로도 둘 이상의 의료기관을 개설할 수 없도록 하고 **형사처벌**하는 것은 여러 개의 의료기관을 개설하고자 하는 **의료인의 직업수행 방법 제한**(2021.6.24. 2019헌바342) [1] → 직업수행의 자유 침해 아님 **유사** 【의료기관 중복운영 제한 (합헌)】 1인의 의료인에 대하여 운영할 수 있는 의료기관의 수를 제한하고 있는 입법자의 판단이 입법재량을 명백히 일탈하였다고 보기는 어려우므로 **직업수행의 자유 침해 아님**(2019.8.29. 2014헌바212 등) [1] → 신뢰보호원칙 위배 아님 [1]
5	【어린이통학버스 보호자 동승 의무 (기각)】 학원이나 체육시설에서 어린이통학버스를 운영하는 자로 하여금 어린이통학버스에 반드시 보호자를 동승하여 운행하도록 한 것은 학원 등의 영업방식에 제한을 가하고 있으므로 **직업수행의 자유 제한**(2020.4.23. 2017헌마479) [1] → 직업수행의 자유 침해 아님 [3]
6	【최저임금 적용을 위한 임금의 시간급 환산방법 (기각)】 최저임금의 적용을 위하여 주(週) 단위로 정해진 비교대상 임금을 시간에 대한 임금으로 환산할 때, 1주 동안의 소정 근로시간 수와 법정 주휴시간 수를 합산한 시간 수로 해당 임금을 나누도록 하는 규정은 근로자를 고용하여 재화나 용역을 제공하는 사용자의 활동을 제한하므로 **직업의 자유 제한**(2020.6.25. 2019헌마15) [1] → 계약의 자유 및 직업의 자유 침해 아님 [3]
7	【주 52시간 상한제 (기각)】 「근로기준법」상 근로시간에 대한 주 52시간 상한제 조항은 연장근로 시간에 관한 사용자와 근로자 간의 계약 내용을 제한하므로 **사용자와 근로자의 계약의 자유를 제한**하고, 근로자를 고용하여 재화나 용역을 제공하는 **사용자의 활동을 제한**하므로 **직업의 자유 제한**(2024.2.28. 2019헌마500) [1] → 계약의 자유 및 직업의 자유 침해 아님 [1]

3 주관적 사유에 의한 직업선택의 자유 제한

(1) 자격제도

입법재량	① 【자격제도】 국가는 **국민의 신체·재산의 보호**와 밀접한 관련이 있는 직업들에 대해서는 공공의 이익을 위하여 **직업의 수행에 필요한 자격제도를 둘 수 있음** [1] ② 【광범위한 입법재량】 입법자는 **일정한 전문분야에 관한 자격제도**를 마련함에 있어서 제도를 마련한 목적을 고려하여 **정책적인 판단에 따라 내용을 구성**할 수 있고, **자격제도의 내용**이 불합리하고 불공정하지 않은 한 **입법자의 정책판단은 존중되어야 함** [5]
심사기준	① 【탄력적인 심사】 어떠한 직업분야에 관하여 자격제도를 만들면서 그 **자격요건을 어떻게 설정할 것인가**에 관하여는 국가에게 **폭넓은 입법재량권**이 부여되어 있으므로, **다른 방법으로 직업의 자유를 제한하는 경우에 비하여 유연하고 탄력적인 심사**가 필요 (엄격한 심사 ×) [5] ② 【합리적 근거없이 현저히 자의적일 경우만 위헌】 구체적인 자격제도의 형성에 있어서는 입법자에게 **광범위한 입법형성권**이 인정되고, 입법자가 **합리적인 이유 없이 자의적으로 자격제도의 내용을 형성한 경우에만 자격제도가 헌법에 위반** [6]
입법재량의 한계	① 【주관적 요건이 제한목적과 합리적인 관계】 어떤 직업의 수행을 위한 전제요건으로서 **일정한 주관적 요건**을 갖춘 자에게만 직업에 종사할 수 있도록 직업선택의 자유를 제한하는 경우에는 **주관적 요건 자체가 제한목적과 합리적인 관계**가 있어야 함 [2] ② 【결격사유 발생시 당연히 자격박탈 不可】 입법자가 설정한 **자격요건을 구비하여 자격을 부여받은 자**에게 **사후적으로 결격사유가 발생**하더라도 **입법자는 당연히 그 자격을 박탈할 수 있는 것 아님** (사후적으로 결격사유가 발생하면, 입법자는 당연히 그 자격을 박탈할 수 있음 ×) [2]

(2) 자격요건 (직업개시)

1	【건설업 등록제 (기각)】 일정한 **등록기준**을 충족시켜야 등록을 허용하는 **건설업의 등록제**는 주관적 사유에 의한 **직업허가규정**에 속하는 것으로서 **직업선택의 자유 제한**(2004.7.15. 2003헌바35 등) [2] → 직업의 자유 침해 아님
2	【사법시험 정원제 (합헌)】 **정원제로 사법시험의 합격자를 결정하는 방법**은 개인이 주관적인 노력으로 획득할 수 있는 변호사로서의 자질과 능력을 검정하는 것이므로 **객관적 사유가 아닌 주관적 사유에 의한 직업선택의 자유 제한** (2010.5.27. 2008헌바110) [1] → 직업선택의 자유 침해 아님
3	【학원강사 대졸학력 요건 (기각)】 일반학원의 강사라는 직업의 자격기준으로서 대학졸업 이상의 학력을 갖추도록 요구하는 것은 **직업의 개시를 위한 주관적 전제조건**으로서 '대학 졸업 이상의 학력 소지'라는 자격기준을 갖추도록 요구함으로써 **직업선택의 자유 제한**하고 있으나 **직업선택의 자유 침해 아님**(2003.9.25. 2002헌마519) [2]

(3) 결격사유

1	【성범죄 의료인 10년간 취업제한 (위헌)】 성인 대상 성범죄로 형을 선고받아 확정된 자로 하여금 그 **형의 집행을 종료한 날부터 10년 동안 의료기관에 취업할 수 없도록 한 것**은, 일정한 직업을 선택함에 있어 기본권 주체의 능력과 자질에 따른 제한이므로 이른바 '**주관적 요건에 의한 좁은 의미의 직업선택의 자유**'에 대한 제한 (2016.3.31. 2013헌마585 등) → ① **직업선택의 자유 침해** [6] ② **명확성원칙 위배 아님** [1] 【유사】【아동학대관련범죄자 10년간 취업제한 (위헌)】 아동학대 관련 범죄전력자가 아동 관련 기관인 체육시설 등을 운영하거나 학교에 취업하는 것을 형이 확정된 때부터 형의 집행이 종료되거나 집행을 받지 아니하기로 확정된 후 **10년까지의 기간 동안 제한**하는 것은 '**주관적 요건에 의한 좁은 의미의 직업선택의 자유**'에 대한 제한 (2018.6.28. 2017헌마130 등) [1] → **직업선택의 자유 침해** [3]
2	【금고 이상의 집행유예자 변호사시험 응시제한 (합헌)】 변호사시험에 응시하여 합격하여야만 변호사의 자격을 취득할 수 있으므로, 금고 이상의 형의 **집행유예를 선고받고 그 유예기간이 지난 후 2년**이 지나지 아니한 자의 **변호사시험 응시자격을 제한**하는 것은 변호사 자격을 취득하고자 자의 **직업선택의 자유 제한** (2013.9.26. 2012헌마365) [1] → **직업선택의 자유 침해 아님**
3	【변호사시험 응시기회 5회 제한 (합헌)】 변호사 자격을 취득하기 위해서는 변호사시험에 합격하여야 하는데, **법학전문대학원 졸업 후 5년 내에 5회만 변호사시험에 응시할 수 있도록 하는 것**은 변호사 자격을 취득하고자 하는 자의 **직업선택의 자유 제한** (2016.9.29. 2016헌마47 등) [1] → **직업선택의 자유 침해 아님** [1]

(4) 박탈사유

1	【학원법 위반 벌금형 확정시 등록 실효 (위헌)】 학원설립·운영자가 「학원법」을 위반하여 **벌금형을 선고받은 경우 등록의 효력을 잃도록 규정**하고 있는 것은 일정한 직업을 선택함에 있어 기본권 주체의 능력과 자질에 따른 제한으로서 이른바 '**주관적 요건에 의한 좁은 의미의 직업선택의 자유의 제한**' (2014.1.28. 2011헌바252) [1] → **직업선택의 자유 침해** [1]

4 객관적 사유에 의한 직업선택의 자유 제한

(1) 자격제도

객관적 사유	① 【엄밀한 정당화 필요】 직업의 자유를 제한함에 있어, 당사자의 능력이나 자격과 상관없는 **객관적 사유**에 의한 **직업결정의 자유에 대한 제한**은 월등하게 중요한 공익을 위하여 **명백하고 확실한 위험을 방지**하기 위한 경우에만 정당화될 수 있음 [5] ② 【가장 강도 높은 제한】 직업의 자유의 제한 중 **가장 강도가 높은 것**은 **객관적 사유에 의한 직업선택의 자유의 제한** [2]
엄격비례	① 【주관적 사유(완화) → 객관적 사유(엄격)】 객관적 사유에 의하여 **직업선택의 자유**를 제한하는 경우에 직업의 자유의 제한 중 가장 강도가 높은 것으로 **엄격한 비례원칙 적용** [3]

(2) 관련판례

1	【경비업자의 겸영금지 : 목적 인정, 수단 부정 (위헌)】 경비업을 경영하고 있는 자들이나 다른 업종을 경영하면서 새로이 경비업에 진출하고자 하는 자들로 하여금 경비업을 전문으로 하는 별개의 법인을 설립하지 않는 한 **경비업과 그 밖의 업종을 겸영하지 못하도록 금지**하는 「경비업법」은 객관적 사유에 의한 직업의 자유 제한이며, **엄격한 비례원칙**이 심사척도 (2002.4.25. 2001헌마614) [1] → **직업의 자유 침해** [2]

5 직업의 자유의 제한이 아닌 경우

1	【**변호사시험 합격자 성적 비공개 : 알 권리 O / 직업선택의 자유 X (위헌)**】 변호사시험의 성적 공개를 금지하고 있는 「변호사시험법」은 변호사시험 합격자에 대하여 그 성적을 공개하지 않도록 규정하고 있을 뿐이고, 이러한 시험성적의 비공개가 청구인들의 법조인으로서의 직역 선택이나 직업수행에 있어서 어떠한 제한을 두고 있는 것은 아니므로 **직업선택의 자유 제한 아님**(2015.6.25. 2011헌마769 등) → **수단의 적절성이 인정되지 않아** 과잉금지원칙에 반하여 **알 권리(정보공개청구권) 침해**
2	【**법무사의 최초 전자등기신청 전 한 차례 사용자 등록 (각하)**】 출석주의를 완화하여 **최초의 전자등기신청 전에 한 차례 사용자등록**을 하도록 한 부동산등기규칙 조항은 법무사인 청구인들의 **직업선택의 자유를 침해할 가능성 없음** (2021.12.23. 2018헌마49)
3	【**이륜차 운전자 고속도로 통행금지 (합헌)**】 이륜자동차를 운전하여 고속도로 또는 자동차전용도로를 통행한 자를 처벌하는 것은 **이륜자동차 운전자가 고속도로 등을 통행하는 것을 금지**하고 있을 뿐, **퀵서비스 배달업의 직업수행의 직접적 제한 아님**(2011.11.24. 2011헌바51) → 직업수행의 자유 침해 아님

POINT 138 직업선택의 자유 관련판례

1 자격요건 (직업개시)

(1) 위헌판례

1	【코로나19 확진자 변호사시험 응시금지 (인용)】 감염병의 유행은 일률적이고 광범위한 기본권 제한을 허용하는 면죄부가 될 수 없고, 감염병의 확산으로 의료자원이 부족할 수도 있다는 막연한 우려를 이유로 **확진환자 등의 국가시험응시를 일률적 금지**하는 것은 **직업선택의 자유 침해**(2023.2.23. 2020헌마1736)
	유사 【코로나19 고위험자 의료기관 일률적 이송 (인용)】 시험장 출입 시 또는 시험 중에 37.5도 이상의 발열이나 기침 또는 호흡곤란 등의 호흡기 증상이 있는 응시자 중 국가시험 주관부서의 판단에 따른 **고위험자를 의료기관에 일률적으로 이송**하도록 하는 것은 **직업선택의 자유 침해**(2023.2.23. 2020헌마1736)
2	【세무사 자격 보유 변호사의 세무대리 금지 (헌불)】 세무사 자격 보유 변호사에 대하여 세무사로서 **세무대리를 일체 할 수 없도록 전면 금지**하는 것은 세무사 자격 보유 변호사의 **직업선택의 자유 침해**(2018.4.26. 2015헌가19)
	유사 【세무사 자격 보유 변호사의 세무조정업무 금지 (헌불)】 세무사 자격 보유 변호사가 세무사로서 **세무조정업무를 일체 수행할 수 없도록 한 규정**은 세무사 자격을 부여한 의미를 상실시키는 것일 뿐만 아니라 세무사 자격에 기한 **직업선택의 자유를 지나치게 제한**하는 것으로 **직업선택의 자유 침해**(2018.4.26. 2016헌마116) → 평등권 침해 여부 판단 안함
3	【복수면허 의료인에게 하나의 의료기관 개설만 허용 (헌불)】 복수면허 의료인이 하나의 면허에 따른 의료기관의 **개설만 허용**하고, 나머지 면허에 따른 의료기관의 개설을 금지하는 「의료법」은 복수면허 의료인들의 **직업의 자유 침해**(2007.12.27. 2004헌마1021) → 평등권 침해
4	【치과전문의 행정입법부작위 (인용)】 보건복지부장관이 **치과전문의자격시험제도**를 실시할 수 있도록 시행규칙을 마련하지 아니한 **행정입법부작위**는 전공의수련과정을 마친 자의 **직업의 자유 침해**(1998.7.16. 96헌마246)
	비교 【한약업사 시험 행정부작위 (각하)】 헌법은 직업의 자유를 보장하고 국민의 보건에 관한 국가의 의무를 인정하고 있으나, **시·도지사들이 한약업사 시험을 시행하여야 할 헌법상 작위의무가 규정되어 있다고 볼 수 없음**(2021.6.24. 2019헌마540)
5	【지적측량업무 비영리법인만 대행 (헌불)】 **지적측량업무를 비영리법인에게만 대행**할 수 있도록 하는 것은 **직업선택의 자유 침해**(2002.5.30. 2000헌마81)

(2) 합헌판례

1	【관세행정분야 근무자 관세사자격 부여 (기각)】 20년 이상 관세행정분야에서 근무한 자에게 일정한 절차를 거쳐 관세사자격을 부여한 구「관세사법」은 자격제도에 대한 입법형성권의 범위를 넘는 **명백히 불합리한 것 아님**(2001.1.18. 2000헌마364) **유사** 【경력공무원에 대한 법무사 자격부여제도 (기각)】 일정한 경력을 가진 공무원이 **법무사시험을 보지 않고도 법무사 자격을 취득할 수 있도록** 하는 **경력공무원에 대한 자격부여제도를** 규정하고 있는 법무사법은 법무사라는 **직업선택의 자유 침해 아님**(2001.11.29. 2000헌마84)
2	【변호사에 세무사 자동부여제 폐지 (기각)】 변호사의 자격이 있는 자에게 더 이상 세무사 자격을 자동으로 부여하지 않도록 한 것은 **직업선택의 자유 침해 아님**(2021.7.15. 2018헌마279 등)
3	【군법무관시보 10년 근무시 변호사자격 유지 (기각)】 군법무관 임용시험에 합격한 **군법무관들에게 군법무관시보로 임용된 때부터 10년간 근무하여야 변호사 자격을 유지**하게 한「군법무관법」은 **직업선택의 자유 침해 아님**(2007.5.31. 2006헌마767)
4	【외국 의대졸업생의 국가시험 응시전 예비시험 (기각)】 외국의 의사·치과의사·한의사 자격을 가진 자에게 예비시험을 치르도록 한 것은 외국 의과대학 졸업생에 대해 우리나라 의료계에서 활동할 수 있는 정도의 능력과 자질이 있음을 검증하려는 것으로 **직업선택의 자유 침해 아님**(2003.4.24. 2002헌마611)
5	【시각장애인만 안마사 자격인정 (기각)】 시각장애인들에게만 안마사 자격인정을 받을 수 있도록 하는 것은 비시각장애인의 **직업선택의 자유와 평등권 침해 아님**(2008.10.30. 2006헌마1098 등) **유사** 【시각장애인만 안마사 자격 & 안마시술소·안마원 개설 (합헌)】 시각장애인만이 안마사 자격인정을 받을 수 있도록 하고 시·도지사로부터 안마사 자격인정을 받지 아니한 자는 **안마시술소 또는 안마원을 개설할 수 없도록** 규정한「의료법」은 비시각장애인의 **직업선택의 자유 침해 아님**(2021.12.23. 2019헌마65)
6	【법무사만 법무행위 허용 (기각)】 법무사 아닌 자가 등기신청대행 등의 법무행위를 업으로 하는 것을 금지·처벌하는 법무사법은 **법무사 자격 없는 일반인의 직업선택의 자유 침해 아님**(2003.9.25. 2001헌마156) **유사** 【법무사만 고소고발장 작성 (기각)】 고소고발장을 법무사만이 작성사무를 업으로 할 수 있는 법원과 검찰청의 업무에 관련된 서류로 규정한 것은 **일반 행정사의 직업선택의 자유 침해 아님**(2000.7.20. 98헌마52)
7	【변리사 소송대리권 제한 (기각)】 특허, 실용신안, 디자인 또는 상표의 침해로 인한 손해배상, 침해금지 등 **특허침해 소송에서 변리사에게 소송대리를 허용하지 않는**「변리사법」이 변리사의 **직업의 자유 침해 아님**(2012.8.23. 2010헌마740)
8	【학원설립 등록제 (합헌)】 학원설립등록의무를 부과하고 이를 어긴 경우 처벌하도록 규정하는 것은 **행복추구권, 직업선택의 자유 침해 아님**(2001.2.22. 99헌바93)
9	【화장품책임판매업 등록제 (합헌)】 고체 형태의 세안용 비누를 수입·판매하려는 자에게 **화장품책임판매업 등록**을 하고, **책임판매관리자를 의무적으로 두도록** 요구하는「화장품법」은 **직업선택의 자유 침해 아님**(2024.5.30. 2021헌마291)
10	【근로자공급사업 허가제 (합헌)】 근로자공급사업을 노동부장관의 허가를 받은 자만이 행할 수 있도록 제한한「직업안정법」은 **직업선택의 자유 침해 아님**(1998.11.26. 97헌바31)
11	【성매매 영업알선 처벌 (합헌)】 영업으로 성매매를 알선하는 행위를 처벌하는「성매매처벌법」은 이를 업으로 하고자 하는 사람들의 **직업선택의 자유 침해 아님**(2016.9.29. 2015헌바65)

2 결격사유

(1) 위헌판례

1	**【마약류사범 20년간 택시운전 종사 제한 (헌불)】** 「마약류관리법」을 위반하여 금고 이상의 실형을 선고받고, 그 집행이 끝나거나 면제된 날부터 **20년이** 지나지 않은 것을 택시운송사업의 종사자격의 결격사유 및 취소사유로 정하는 「여객자동차법」은 **직업선택의 자유 침해**(2015.12.23. 2014헌바446 등)
2	**【성적목적공공장소침입죄 전과자 10년간 취업제한 (위헌)】** 성적목적공공장소침입죄로 형을 선고받아 확정된 자로 하여금 형의 집행을 종료한 날부터 **10년 동안** 의료기관을 제외한 아동·청소년 관련기관 등을 개설하거나 취업할 수 없도록 하는 「청소년성보호법」은 **직업선택의 자유 침해**(2016.10.27. 2014헌마709)
	유사 【성인 대상 성범죄자 10년간 취업제한 (위헌)】 성인 대상 성범죄로 형을 선고받아 확정된 자를 그 형의 집행이 종료한 날로부터 **10년 동안** 아동·청소년 관련 교육기관 등을 운영하거나 위 기관에 취업할 수 없도록 한 것은 **직업선택의 자유 침해**(2016.7.28. 2013헌마436)
	유사 【아동·청소년대상 성범죄자 10년간 취업제한 (위헌)】 아동·청소년 대상 성범죄 전과자라는 이유만으로 이들이 다시 성범죄를 저지를 것이라는 전제 하에 **취업제한의 제재를 예외 없이 관철**하는 것은 어떠한 예외도 없이 재범가능성을 당연시하는 것으로서 **침해의 최소성에 위배**되어 **직업선택의 자유 침해**(2016.4.28. 2015헌마98)

(2) 합헌판례

1	**【집행유예기간 특수경비원 결격 (합헌)】** 금고 이상의 형의 집행유예선고를 받고 그 유예기간 중에 있는 자에 대하여 **특수경비원이 될 수 없도록** 규정한 구 「경비업법」은 **직업의 자유 침해 아님**(2023.6.29. 2021헌마157)
2	**【학원법 위반시 1년 결격기간 (기각)】** 「학원법」을 위반하여 벌금형을 선고받은 후 1년이 지나지 아니한 자는 학원설립·운영의 등록을 할 수 없도록 규정한 「학원법」상 등록결격조항은 **직업선택의 자유 침해 아님**(2015.5.28. 2012헌마653)
3	**【집행유예 기간 지난 후 2년내 변호사 결격기간 (기각)】** 금고 이상의 형의 집행유예를 선고받고 유예기간이 지난 후 2년이 경과하지 아니한 자는 변호사가 될 수 없도록 규정한 것은 변호사의 **직업선택의 자유 침해 아님**(2009.10.29. 2008헌마432) → 변리사·공인중개사보다 더 가중된 요건 규정이 **평등권 침해 아님**
4	**【권익위 공무원 3년간 취업제한 (기각)】** 국민권익위원회 심사보호국 소속 5급 이하 7급이상의 일반직공무원으로 하여금 **퇴직일부터 3년간** 취업심사대상기관에 취업할 수 없도록 한 「공직자윤리법」은 **직업선택의 자유 침해 아님**(2024.3.28. 2020헌마1527)
5	**【뺑소니로 운전면허 취소시 4년 결격기간 (합헌)】** 사람을 사상한 후 필요한 조치 및 신고를 하지 아니하여 벌금 이상의 형을 선고 받고 운전면허가 취소된 사람은 운전면허가 취소된 날부터 **4년간** 운전면허를 받을 수 없도록 하는 「도로교통법」은 **직업의 자유 및 일반적 행동의 자유 침해 아님**(2017.12.28. 2016헌마254)
6	**【사회복무요원 겸직 제한 (기각)】** 사회복무요원이 '복무기관의 장의 허가 없이 다른 직무를 겸하는 행위'를 한 경우 **경고처분**하고, 경고처분 횟수가 더하여질 때마다 5일을 연장하여 복무하도록 하는 「병역법」은 사회복무요원의 **직업의 자유 및 일반적 행동의 자유 침해 아님**(2022.9.29. 2019헌마938)

3 자격박탈 (취소·철회사유)

(1) 위헌판례

1	【경비원의 비경비업무 수행 금지 및 위반시 경비업 허가 취소 (위헌)】 시설경비업을 허가받은 경비업자로 하여금 허가받은 경비업무 외의 업무에 경비원을 종사하게 하는 것을 **금지**하고 이를 위반한 경비업자에 대한 허가를 **취소**하도록 규정한 「경비업법」은 경비업자의 **직업의 자유 침해**(2023.3.23. 2020헌가19)
2	【자동차를 훔친 경우 필요적 운전면허취소 : 목적·수단 인정, 피해·법익 부정 (위헌)】 운전면허를 받은 사람이 다른 사람의 **자동차를 훔친 경우** 운전면허를 필요적으로 취소하게 하는 「도로교통법」은 **직업의 자유 내지 일반적 행동의 자유 침해**(2017.5.25. 2016헌가6)
3	【자동차 이용 범죄시 필요적 면허취소 (위헌)】 '운전면허를 받은 사람이 자동차 등을 이용하여 범죄행위를 한 때'를 필요적 운전면허 취소사유로 규정하고 있는 「도로교통법」은 **최소침해성의 원칙**에 위반되어 **직업의 자유 내지 일반적 행동의 자유 침해**(2005.11.24. 2004헌가28) → **명확성원칙 위반**
	유사 【자동차 이용 행안부령이 정하는 범죄시 필요적 면허취소 (위헌)】 운전면허를 받은 사람이 자동차 등을 이용하여 살인 또는 강간 등 행정안전부령이 정하는 범죄행위를 한 때 운전면허를 취소하도록 하는 「도로교통법」은 **직업의 자유 및 일반적 행동의 자유 침해**(2015.5.28. 2013헌가6) → ① **법률유보원칙 위배 아님** ② **포괄위임금지원칙 위배 아님**
4	【동력수상레저기구 이용 범죄시 필요적 조종면허 취소 (위헌)】 「수상레저안전법」상 조종면허를 받은 사람이 동력수상레저기구를 이용하여 범죄행위를 하는 경우 **조종면허를 필요적으로 취소**하도록 하는 「수상레저안전법」 규정은 **직업의 자유 및 일반적 행동의 자유를 침해**(2015.7.30. 2014헌가13)
5	【선고유예 청원경찰 당연퇴직 (위헌)】 청원경찰이 저지른 범죄의 종류나 내용을 불문하고 범죄행위로 **금고 이상의 형의 선고유예**를 받게 되면 당연히 **퇴직**되도록 규정한 것은 청원경찰의 **직업의 자유 침해**(2018.1.25. 2017헌가26)
	비교 【자격정지형 선고시 청원경찰 당연퇴직 (기각)】 청원경찰이 법원에서 **자격정지의 형**을 선고받은 경우 「국가공무원법」을 준용하여 **당연퇴직**하도록 한 「청원경찰법」은 청원경찰의 **직업의 자유 침해 아님**(2011.10.25. 2011헌마85)

(2) 합헌판례

1	【어린이집 원장 및 보육교사 자격 임의적 취소 (합헌)】 아동학대관련범죄로 처벌받은 어린이집 원장 또는 보육교사의 자격을 행정청으로 하여금 취소할 수 있도록 규정한 「영유아보육법」은 **직업의 자유 침해 아님**(2023.5.25. 2021헌바234)	
2	【음주운전 3회시 필요적 면허취소 (합헌)】 주취 중 운전금지규정을 3회 위반한 경우 운전면허를 필요적으로 취소하도록 한 「도로교통법」은 **직업의 자유 내지 일반적 행동의 자유 침해 아님**(2006.5.25. 2005헌바91)	
3	【사고후 미조치시 임의적 면허취소 (합헌)】 교통사고로 사람을 사상한 후 필요한 조치를 하지 않은 경우 행안부령으로 정하는 기준에 따라 운전면허를 취소하거나 1년 이내의 범위에서 운전면허의 효력을 정지시킬 수 있다고 규정한 「도로교통법」은 **일반적 행동의 자유 내지 직업의 자유 침해 아님**(2019.8.29. 2018헌바4)	
4	【음주측정 거부자 필요적 면허취소 (합헌)】 음주측정거부자에 대해 필요적 면허취소를 규정한 도로교통법은 **재산권, 직업선택의 자유, 행복추구권 또는 양심의 자유 침해 아님**(2004.12.16. 2003헌바87)	
5	【국가기술자격증 빌려 건설업 등록시 필요적 말소 (합헌)】 국가기술자격증을 다른 자로부터 빌려 건설업의 등록기준을 충족시킨 경우 건설업 등록을 필요적으로 말소하도록 한 것은 건설업자의 **직업의 자유 침해 아님**(2016.12.29. 2015헌바429)	
6	【등록기준 미달시 측량업등록 필요적 말소 (합헌)】 측량업의 등록을 한 측량업자가 등록기준에 미달하게 된 경우 **측량업의 등록을 필요적으로 취소**하도록 한 것은 **직업의 자유 침해 아님**(2020.12.23. 2018헌바458)	
7	【주류판매업면허업자 동업시 필요적 면허취소 (합헌)】 주류 판매업면허를 받은 자가 타인과 동업 경영을 하는 경우 관할 세무서장이 해당 주류 판매업자의 **면허를 필요적으로 취소**하도록 한 「주세법」은 주류 판매 면허업자의 **직업의 자유 침해 아님**(2021.4.29. 2020헌바328)	
8	【벌금형 선고시 세무사 등록 필요적 취소 (합헌)】 「세무사법」 위반으로 벌금형을 받은 세무사의 등록을 필요적 취소하도록 한 「세무사법」은 벌금형의 집행이 끝나거나 집행을 받지 아니하기로 확정된 후 3년이 지난 때에 다시 세무사로 등록하여 활동할 수 있으므로 **직업선택의 자유 침해 아님**(2021.10.28. 2020헌바221)	
9	【임원이 벌금형 선고시 중개법인 등록 필요적 취소 (합헌)】 중개법인의 임원이 「공인중개사법」을 위반하여 300만원 이상의 벌금형의 선고를 받고 3년이 지나지 아니한 자에 해당하는 경우 **중개법인의 등록을 필요적으로 취소**하도록 하는 것은 해당 중개법인의 **직업의 자유 침해 아님**(2024.2.28. 2022헌바109)	
	〈유사〉【금고이상 실형선고시 중개사무소 개설등록 취소 (합헌)】 개업공인중개사가 금고 이상의 실형을 선고받고 그 집행이 종료된 날부터 3년이 경과되지 않은 경우 중개사무소 개설등록을 취소하도록 한 공인중개사법은 **직업선택의 자유 침해 아님**(2019.2.28. 2016헌바467)	
10	【집행유예시 사립교원 당연퇴직 (기각)】 사립학교 교원이 금고 이상의 형의 집행유예를 받은 경우 **당연퇴직** 되도록 한 「사립학교법」은 **직업의 자유 침해 아님**(2010.10.28. 2009헌마442)	
11	【벌금형 선고시 새마을금고 임원 당연퇴임 필요적 취소 (합헌)】 새마을금고법위반죄로 벌금형을 선고받을 경우 그 선고받은 벌금액수에 상관없이 해당 임원이 당연퇴임되도록 규정한 새마을금고법은 **직업선택의 자유 침해 아님**(2010.10.28. 2008헌마612 등)	
12	【집행유예시 택시운전자격 필요적 취소 (합헌)】 택시운전자격을 취득한 사람이 강제추행 등 **성범죄를 범하여 금고 이상의 형의 집행유예**를 선고받은 경우 그 자격을 취소하도록 규정한 것은 **직업의 자유 침해 아님**(2018.5.31. 2016헌바14 등)	
	〈비교〉【금고이상 실형 선고시 택시운전자격 필요적 취소 (합헌)】 택시운송사업 운전업무 종사자격을 취득한 자가 **친족관계인 사람을 강제추행하여 금고 이상의 실형**을 선고받은 경우 그 택시운전자격을 취소하도록 한 것은 **직업선택의 자유 침해 아님**(2020.5.27. 2018헌바264)	
13	【금고이상 형 선고시 의사면허 필요적 취소 (합헌)】 허위로 진료비를 청구해서 환자나 진료비 지급기관 등을 속여 사기죄로 금고 이상 형을 선고받고 그 형의 집행이 종료되지 아니하였거나 집행을 받지 않기로 확정되지 않은 의료인에 대하여 필요적으로 면허를 취소하도록 하는 「의료법」은 의료인의 **직업의 자유 침해 아님**(2017.6.29. 2016헌바394)	

POINT 139 직업수행의 자유 관련판례

1 청소년 보호

(1) 위헌판례

1	① **【유치원, 대학교 정화구역 내 당구장 설치 금지 (위헌)】** 유치원, 대학교 학교환경위생정화구역 내에 **당구장 설치**를 금지한 「학교환경보건법」은 **직업행사의 자유 침해**(1997.3.27. 94헌마196 등)⁵ ② **【초·중·고 정화구역 내 당구장 설치 금지 (합헌)】** 초등학교, 중학교, 고등학교의 학교환경위생정화구역 내에서의 **당구장시설**을 제한하면서 예외적으로 학습과 학교보건위생에 나쁜 영향을 주지 않는다고 인정하는 경우에 한하여 **당구장 시설**을 허용하도록 하는 「학교환경보건법」은 **직업행사의 자유 침해 아님**(1997.3.27. 94헌마196 등)³
2	**【18세 미만자 당구장 출입금지 (위헌)】** 당구장 경영자에게 **당구장 출입문**에 18세 미만자에 대한 출입금지 표시를 하게 하는 「체육시설법 시행규칙」은 **직업수행의 자유 침해**(1993.5.13. 92헌마80)¹

(2) 합헌판례

1	**【학교정화구역 내 노래방 금지 (기각)】** 초·중·고등학교 등 학교환경위생정화구역 안에서 노래방의 설치를 제한하는 것은 **직업행사의 자유 침해 아님**(1999.7.22. 98헌마480 등)² **유사** **【학교정화구역 내 청소년유해업소 금지 (기각)】** 유치원 주변 학교환경위생정화구역에서 성관련 청소년유해물건을 제작·생산·유통하는 청소년유해업소를 예외 없이 금지하는 학교보건법은 **직업의 자유 침해 아님**(2013.6.27. 2011헌바8 등)⁴
2	**【교육환경보호구역 내 복합유통게임제공업 금지 (합헌)】** 「교육환경법」상 **상대보호구역**에서 「게임산업법」상 '**복합유통게임제공업**' 시설을 갖추고 영업을 하는 것을 원칙적으로 금지하는 것은 교육환경보호구역 안의 토지나 건물의 임차인 내지 복합유통게임제공업을 영위하고자 하는 자의 **직업수행의 자유 침해 아님**(2024.1.25. 2021헌바231)¹
3	**【담배자판기 설치 제한·철거 조례 (기각)】** 담배자동판매기의 설치제한 및 철거를 규정한 「부천시담배자동판매기설치금지조례」는 청소년의 보호를 위하여 자판기설치의 제한은 반드시 필요하다고 할 것이고, 담배소매인의 **직업수행의 자유 침해 아님**(1995.4.20. 92헌마264 등)²

2 의료 및 국민보건 관련

(1) 위헌판례

1	【전문과목을 표시한 치과의원의 진료범위 제한 (위헌)】 전문과목을 표시한 치과의원은 그 표시한 전문과목에 해당하는 환자만을 진료하여야 한다고 규정한 「의료법」은 치과전문의의 **직업수행의 자유 침해**(2015.5.28. 2013헌마799) → ① 평등권 침해 ② 명확성원칙 위배 아님 ③ 신뢰보호원칙 위배 아님	
2	【외국 의료기관 치과의사전문의 자격 불인정 (헌불)】 치과의사의 치과전문의 자격 인정 요건으로 '외국의 의료기관에서 치과의사전문의 과정을 이수한 사람'을 포함하지 아니한 「치과전문의규정」은 **직업수행의 자유 침해**(2015.9.24. 2013헌마197) → **평등권 침해**	
3	【약사들만으로 구성된 법인의 약국개설금지 (헌불)】 약사들만으로 구성된 법인의 약국개설을 금지하는 「약사법」은 법인을 구성하여 약국을 개설·운영하려고 하는 약사들 및 이들로 구성된 **법인의 직업선택(직업수행)의 자유와 결사의 자유 침해**(2002.9.19. 2000헌바84)	
	비교 【법인 안경업소 개설 불허 (합헌)】 안경사 면허를 가진 자연인에게만 안경업소의 개설 등을 할 수 있도록 한 것은 자연인 안경사와 법인의 **직업의 자유 침해 아님**(2021.6.24. 2017헌가31)	
	비교 【약사가 아닌 자의 약국개설금지 (합헌)】 약사 또는 한약사가 아닌 자연인의 약국 개설을 금지하고 위반 시 형사처벌하는 것은 **직업의 자유 침해 아님**(2020.10.29. 2019헌바249)	

(2) 합헌판례

1	【의약품 판매장소를 약국으로 제한 (합헌)】 코로나19 팬데믹 사태로 약사가 환자에게 의약품을 교부함에 있어 그 교부 방식을 환자와 약사가 협의하여 결정할 수 있도록 한시적 예외를 인정하였다고 해도 **의약품의 판매장소를 약국 내로 제한**하는 것은 약국개설자의 **직업수행의 자유 침해 아님**(2023.3.23. 2021헌바400)	
2	【입원환자에 대한 의사의 조제 허용 (합헌)】 입원환자에 대하여 의약분업의 예외를 인정하면서도 **의사로 하여금 조제를 직접 담당**하도록 한 「약사법」은 **직업수행의 자유 침해 아님**(2015.7.30. 2013헌바422)	
3	【수의사 등 처방 대상 동물용의약품 (기각)】 동물약국 개설자가 수의사 등의 처방전 없이 판매할 수 없는 동물용의 약품을 규정한 '처방대상 동물용의약품 지정에 관한 규정'은 동물약국 개설자의 **직업수행의 자유 침해 아님**(2023.6.29. 2021헌마199) → 평등권 침해 여부 판단 안함	
4	【안경사의 안경제조·도수측정 허용 (기각)】 안경사의 시력보정용 안경제조행위 및 전제가 되는 도수측정행위를 허용하는 「의료기사법 시행령」은 안과의사의 **직업선택(수행)의 자유 침해 아님**(1993.11.25. 92헌마87)	
5	【허가받지 않은 의료기기의 수입금지·처벌 (합헌)】 품목허가를 받지 아니한 의료기기를 수리·판매·임대·수여 또는 사용의 목적으로 **수입한 자를 처벌**하는 조항은 의료기기 수입업자의 **직업수행의 자유 침해 아님**(2015.7.30. 2014헌바6) → 명확성원칙 위배 아님	
6	【의료기기 리베이트 수수 처벌 (합헌)】 의료기기 수입업자가 의료기관 개설자에게 **리베이트를 제공하는 경우를 처벌**하는 것은 의료기기 수입업자의 **직업의 자유 침해 아님**(2015.11.26. 2014헌바299)	
7	【생녹용 식품사용기준 고시 (합헌)】 구 「식품위생법」에서 식품의약품안전처장이 **식품의 사용기준을 정하여 고시**하고, 고시된 **사용기준에 맞지 아니하는 식품을 판매하는 행위를 금지·처벌**하는 규정들은 생녹용의 사용 조건을 엄격하게 제한한 후 이 **기준에 따라서 생녹용을 판매**할 수 있도록 하므로 **직업수행의 자유 침해 아님**(2021.2.25. 2017헌바222)	

3 전문직 관련 : 합헌판례

1	【변호사 등록신청시 등록료 100만원 납부 (기각)】 변호사 등록을 신청하는 자에게 등록료 100만원을 납부하도록 정한 대한변호사협회의 「변호사 등록등에 관한 규칙」은 변호사 등록을 하고자 하는 자의 **직업의 자유 침해 아님** (2019.11.28. 2017헌마759)
2	【변호인선임서 등 지방변호사회 경유제도 (기각)】 변호사가 법률사건이나 법률사무에 관한 **변호인선임서 또는 위임장** 등을 공공기관에 제출할 때에는 **사전에 지방변호사회를 경유**하도록 한 「변호사법」은 **변호사의 직업수행의 자유 침해 아님**(2013.5.30. 2011헌마31) / → 다른 전문직과 비교하여 **차별취급의 합리적 이유**가 있으므로 **평등권 침해 아님**
3	【변호사의 계쟁권리 양수 금지 (기각)】 「변호사법」에서 변호사는 계쟁권리(係爭權利)를 양수할 수 없다고 규정하고 이를 위반시 형사처벌을 부과하도록 규정한 것은 **변호사의 직업수행의 자유 침해 아님**(2021.10.28. 2020헌바488)
4	【법무법인의 영리행위 겸업금지 (합헌)】 **자연인인 변호사**의 영리행위 겸직을 원칙적으로 금지하고 **지방변호사회의** 허가를 받아 예외적으로 겸직할 수 있도록 한 「변호사법」을 법무법인에 대하여 준용하지 않고 있는 것은 법무법인의 **영업의 자유 침해 아님**(2020.7.16. 2018헌바195)
5	【변리사 업무수행시 변리사 의무연수 (기각)】 변호사가 변리사 업무를 수행하는 경우 변리사 연수교육을 받을 의무를 부과하는 것은 변호사의 **직업수행의 자유 침해 아님**(2017.12.28. 2015헌마1000)
6	【법무사 사무원수 5인 초과 금지 (기각)】 법무사 1인이 채용할 수 있는 사무원의 수를 5인을 초과하지 못한다고 규정한 「법무사규칙」은 법무사의 **직업의 자유 침해 아님**(2023.2.23. 2019헌마1235)
7	【고용·산재보험 보험사무대행기관 자격제한 (기각)】 사업주로부터 위임을 받아 **고용보험 및 산재보험에 관한 보험사무를 대행**할 수 있는 **기관의 자격**을 일정한 기준을 충족하는 단체 또는 법인, 공인노무사, 세무사로 한정하고 있는 「고용산재보험료징수법」은 개인 공인회계사의 **직업의 자유 침해 아님**(2024.2.28. 2020헌마139)

4 기타 판례

(1) 위헌판례

1	【음주전후·숙취해소 표시 금지 (위헌)】 식품이나 식품의 용기·포장에 "음주전후" 또는 "숙취해소"라는 표시를 금지하고 있는 「식품 등의 표시기준」은 **영업의 자유** 및 **광고표현의 자유**, 재산권인 **특허권 침해**(2000.3.30. 99헌마143)
2	【임원이 학원법 위반 벌금형 확정시 등록 실효 (위헌)】 법인의 임원이 「학원법」을 위반하여 **벌금형을 선고받은 경우, 법인의 등록이 효력을 잃도록 규정**하는 것은 학원법인의 **직업수행의 자유 침해**(2015.5.28. 2012헌마653) **유사** 【임원의 금고이상 형 선고시 건설업 등록의 필요적 말소 (위헌)】 임원이 금고 이상의 형을 선고받은 경우 법인의 **건설업 등록을 필요적으로 말소**하도록 규정한 「건설산업기본법」은 **직업수행의 자유 침해**(2014.4.24. 2013헌바25)
3	【조합장 형 확정 전 이사의 직무대행 (위헌)】 농협·축협 조합장이 범죄의 종류와 관계없이 금고 이상의 형을 선고받고 그 형이 확정되지 아니한 경우에도 이사가 그 직무를 대행하도록 규정한 「농협법」은 **직업수행의 자유 침해**(2013.8.29. 2010헌마562 등)

(2) 합헌판례

1	**【건설업자 명의대여시 필요적 등록말소 (합헌)】** 건설업자가 명의대여를 한 경우 건설업의 등록을 **필요적으로 말소**하도록 규정하는 「건설산업기본법」은 **직업수행 및 재산권 침해 아님**(2001.3.21. 2000헌바27)	
2	**【유사군복 판매목적 소지 처벌 (합헌)】** 유사군복을 판매할 목적으로 소지하는 행위를 처벌하는 조항은 국가안전보장과 질서를 유지하려는 공익에 비추어 볼 때 **직업의 자유 내지 일반적 행동의 자유 침해 아님**(2019.4.11. 2018헌가14) → 명확성원칙에 위반되지 않음	
3	**【샘플 화장품 판매 금지 (합헌)】** 샘플 화장품을 판매 금지하고 그 위반자에 대해서 형사처벌을 규정한 것은 **직업수행의 자유 침해 아님**(2017.5.25. 2016헌바408)	
4	**【시내버스사업자 운행대수횟수 증감시 인가·신고 (합헌)】** 시내버스운송사업자가 사업계획 가운데 **운행대수 또는 운행횟수를 증감**하려는 때에는 국토교통부장관 또는 시·도지사의 **인가를 받거나 신고**하도록 하고 이를 위반한 경우 처벌하는 것은 시내버스운송사업자의 **직업수행의 자유 침해 아님**(2024.1.25. 2020헌마1144)	
5	**【감차 사업구역 내 일반택시 운송사업 양도금지 (합헌)】** 감차 사업구역 내에 있는 일반택시 운송 사업자에게 택시운송사업 양도를 금지하고 감차 계획에 따른 감차 보상만 신청할 수 있도록 하는 조항은 일반택시운송사업자의 **직업수행의 자유 침해 아님**(2019.9.26. 2017헌바467)	
6	**【현금영수증 발급의무 위반시 과태료 부과 (합헌)】** 현금영수증 의무발행업종 사업자에게 건당 10만 원 이상 현금을 거래할 때 **현금영수증을 의무 발급**하도록 하고, 위반 시 현금영수증 미발급 거래대금의 100분의 50에 상당하는 **과태료를 부과**하도록 한 규정은 **직업수행의 자유 침해 아님**(2019.8.29. 2018헌바265)	
7	**【제조업 직접생산공정업무에 관한 근로자 파견 금지 (합헌)】** 제조업의 직접생산공정업무를 근로자파견의 대상 업무에서 제외하는 법률조항은 제조업의 직접생산공정업무에 관하여 근로자파견의 역무를 제공받고자 하는 사업주의 **직업수행의 자유 침해 아님**(2017.12.28. 2016헌바346)	
8	**【장애인 고용 의무 및 고용부담금 납부의무 (합헌)】** 사업주로 하여금 일정 비율 이상의 장애인을 고용하도록 하고, 이를 위반한 경우 **장애인 고용부담금을 납부**하도록 한 것은 **사업주의 직업의 자유 및 재산권 침해 아님**(2012.3.29. 2010헌바432)	
9	**【자동조작 게임진행 금지 (기각)】** 일반게임제공업자 등이 **게임물의 버튼 등 입력장치를 자동으로 조작하여 게임을 진행하는 장치 또는 소프트웨어를 제공**하거나 게임물 이용자가 이를 이용하게 해서는 **안 된다**고 하는 것은 일반게임제공업자의 **직업의 자유 침해 아님**(2022.5.26. 2020헌마670 등)	
10	**【노래연습장 주류 판매·제공 금지 (합헌)】** 노래연습장에서 **주류를 판매·제공하는 행위를 금지**하고 이를 위반한 경우 형사처벌 하도록 하는 음악산업법은 노래연습장 운영자의 **직업수행의 자유 침해 아님**(2020.12.23. 2019헌바8)	
11	**【도서정가제 (기각)】** 간행물 판매자에게 정가 판매 의무를 부과하고, **가격할인의 범위를** 가격할인과 경제상의 이익을 합하여 **정가의 15퍼센트 이하로 제한**하는 **도서정가제**는 출판 유통질서의 확립 등을 위해 도입된 제도인 바, 판매자의 **직업의 자유 침해 아님**(2023.7.20. 2020헌마104)	
12	**【대형마트 영업시간 제한 (합헌)】** 대형마트에 대해 일정한 범위의 영업시간제한 등을 할 수 있도록 한 유통산업발전법은 해당 사업자들의 **직업수행의 자유 침해 아님**(2018.6.28. 2016헌바77 등) → 소비자의 자기결정권 제한 아님	
13	**【공조조업금지 (합헌)】** 허가된 어업의 어획효과를 높이기 위하여 **다른 어업의 도움을 받아 조업활동을 하는 행위를 금지**한 「수산자원관리법」은 **직업수행의 자유 침해 아님**(2023.5.25. 2020헌바604)	
14	**【가축사육 제한구역 지정 (합헌)】** 가축사육의 제한이 필요하다고 인정되는 지역에 대해 해당 지자체의 조례로 정하는 바에 따라 **가축사육제한구역을 지정·고시**할 수 있도록 규정하고 있는 「가축분뇨법」은 **직업수행의 자유 침해 아님**(2023.12.21. 2020헌바374)	

POINT 140 재산권

제23조 ① 【재산권】 모든 국민의 **재산권**은 보장된다. 【기본권 형성적 법률유보】 그 내용과 한계는 **법률**로 정한다.²
② 【공공복리 적합의무】 재산권의 행사는 **공공복리**에 **적합**하도록 하여야 한다.³
③ 【공용침해와 손실보상】 공공필요에 의한 재산권의 수용·사용 또는 제한 및 그에 대한 **보상**은 **법률**로써 하되, **정당한 보상**을 지급하여야 한다.⁶

1 재산권

이중적 의미	① 【재산권 + 사유재산제도】 재산권 보장은 개인이 현재 누리고 있는 **재산권을 개인의 기본권으로 보장**한다는 의미와 **법제도로서 사유재산제도를 보장**한다는 이중적 의미 ³
재산권	① 【재산가치 있는 구체적 권리】 재산권은 경제적 가치가 있는 **모든 공법·사법상의 권리**이고, 재산권 보장에 의하여 보호되는 재산권은 **사적 유용성** 및 그에 대한 **원칙적 처분권**을 내포하는 **재산가치**가 있는 **구체적 권리** ⁵
	② 【민법·특별법·공법상 권리】 재산권은 **민법**상 소유권·물권·채권은 물론 **특별법상 권리**인 광업권·어업권·수렵권 그리고 **공법상 권리**인 환매권·퇴직연금수급권·퇴직급여청구권 등도 포함²
	③ 【물권·채권·특별법·공법상 권리】 헌법이 보장하는 재산권에는 **동산·부동산에 대한 모든 종류의 물권**은 물론, 재산가치가 있는 모든 **사법상의 채권**과 **특별법상의 권리** 및 재산가치 있는 **공법상의 권리** 등이 포함 /

2 사법상 권리

1	【상속권】 상속권은 **재산권**의 일종(2004.4.29. 2003헌바5)²
	유사 【계모자 사이의 상속권】 민법상 법정혈족관계로 인정되던 **계모자 사이의 상속권**은 **재산권**(2011.2.24. 2009헌바89 등) /
2	【사유재산의 처분 + 상속 + 유언의 자유 + 생전증여에 의한 처분】 재산권 보장은 **사유재산의 처분**과 그 **상속**을 포함하는 것인바, 유언자가 생전에 최종적으로 자신의 재산권에 대하여 처분할 수 있는 법적 가능성을 의미하는 **유언의 자유**는 **생전증여에 의한 처분**과 마찬가지로 **재산권의 보호**(2008.3.27. 2006헌바82)⁶
3	【주주권】 주주권은 헌법상 **재산권** 보장의 대상(2008.12.26. 2005헌바34) /

3 공법상 권리

(1) 공법상 권리와 요건

재산권	① 【공법상 권리】 재산권은 「민법」상 소유권뿐만 아니라, **재산적 가치 있는 사법상의 물권·채권 등 모든 권리**를 포함하며, 국가로부터 **일방적 급부가 아닌** 자기 노력의 대가나 자본의 투자 등 **특별한 희생을 통하여 얻은 공법상의 권리도 포함** (포함하지 않음 ×)³
요건	① 【이용 가능 + 급부 등가물 + 생존확보 기여】 공법상의 권리가 재산권보장의 보호를 받기 위해서는 ㉠ **개인의 이익을 위하여 이용 가능**해야 하며 ㉡ **노동**이나 **투자, 특별한 희생**에 의하여 획득되어 **자신이 행한 급부의 등가물에 해당**하는 것이어야 하며 ㉢ **수급자의 생존의 확보에 기여**하여야 함 / ② 【노력·금전기여로 취득 + 경제적 가치】 공법상의 권리가 재산권보장의 보호를 받기 위해서는 '**개인의 노력과 금전적 기여를 통하여 취득**되고 자신과 그의 가족의 생활비를 충당하기 위한 **경제적 가치가 있는 권리**'여야 함 /

(2) 보수청구권

1	【공무원의 보수청구권】 공무원의 보수청구권은 법률 및 법률의 위임을 받은 하위법령에 의해 **구체적 내용이 형성되면** 재산적 가치가 있는 공법상의 권리가 되어 **재산권에 포함**(2008.12.26. 2007헌마444)²
	비교 【어느 수준의 보수를 청구할 권리】 공무원의 보수청구권이 **법령에 의하여 구체적 내용이 형성되기 전**이라면 공무원이 국가·지자체에 대하여 **어느 수준의 보수를 청구할 수 있는 권리**는 단순한 기대이익에 불과하여 **재산권에 포함 안되**므로 「공무원보수규정」은 **재산권 침해 아님**(2008.12.26. 2007헌마444)³

(3) 연금수급권 : 재산권 + 사회보장수급권

1	【법정요건 갖춘 후 발생하는 공무원 퇴직연금수급권】 공무원 퇴직연금수급권은 국가의 재정상황, 국민 전체의 소득 및 생활수준 기타 여러 가지 사회·경제적인 여건 등을 종합하여 합리적인 수준에서 결정할 수 있는 **광범위한 입법형성의 재량**이 인정되기 때문에 **법정요건을 갖춘 후 발생**하는 **공무원 퇴직연금수급권**은 경제적·재산적 가치가 있는 **공법상의 권리로서 재산권 포함**(2012.8.23. 2010헌바425) /
2	【군인연금법상 퇴역연금수급권】 「군인연금법」상 **퇴역연금수급권**과 같이 연금수급인 자신이 **기여금의 납부**를 통해 연금의 재원 형성에 일부 기여하는 경우 **연금수급권**은 사회적 기본권의 하나인 **사회보장수급권**의 성격을 지니면서도 **재산권**으로서 성격 지님(2007.10.25. 2005헌바68) /
3	【사학연금법상 퇴직급여·수당을 받을 권리】 「사학연금법」상 **퇴직급여 및 퇴직수당을 받을 권리**는 사회적 기본권의 하나인 **사회보장수급권**인 동시에 경제적 가치가 있는 권리로서 **재산권**(2010.7.29. 2008헌가15)² 유사 【사학연금법상 퇴직연금수급권】 「사학연금법」상 **퇴직연금수급권**은 사회보장적 급여인 동시에 경제적 가치가 있는 권리로서 **재산권**의 성격(2009.7.30. 2007헌바113)²
4	【연금수급기대권】 국민연금법상 연금납부자의 **연금수급기대권**은 **재산권**(2013.10.24. 2012헌마906) /

(4) 보험수급권 : 재산권 + 사회보장수급권

1	【건강보험수급권】 건강보험수급권은 가입자가 납부한 보험료에 대한 **반대급부** 성격을 가지며, 보험사고로 초래되는 재산상 부담을 전보해 주는 **경제적 유용성**을 가지므로 **재산권 보호범위**(2020.4.23. 2017헌바244)⁴
2	【산재보험수급권】 일정한 **법정요건**을 갖춰 발생한 **산재보험수급권**은 구체적인 법적 권리로 보장되고 성질상 경제적·재산적 가치가 있는 공법상의 권리로서 **재산권 보호대상**(2014.6.26. 2012헌바382 등) /

(5) 손해배상청구권

1	【위안부 피해자의 배상청구권】 일본국에 의하여 광범위하게 자행된 반인도적 범죄행위에 대하여 **일본군위안부 피해자들이 일본에 대하여 가지는 배상청구권**은 **재산권**(2011.8.30. 2006헌마788)
2	【우편물의 지연배달 손해배상청구권】 「우편법」에 의한 **우편물의 지연배달에 따른 손해배상청구권**은 **재산권**(2013.6.27. 2012헌마426)
3	【구상권】 **국가에 대한 구상권**은 **재산권**(1994.12.29. 93헌바21)

4 특별법상의 권리

1	① 【개인택시사업면허】 개인택시사업자는 장기간 모범적 택시운전에 대한 **보상의 차원**에서 개인택시면허를 취득하였거나, 고액의 프리미엄을 지급하고 개인택시면허를 양수한 사람들이므로 **개인택시면허는 자신의 노력으로 혹은 금전적 대가를 치르고 얻은 재산권**(2012.3.29. 2010헌마443) ② 【개인택시면허 양도제한 (기각)】 개인택시의 공급과잉을 억제하기 위해 **개인택시면허의 양도를 금지**하는 것은 개인택시사업자들의 **재산권 침해 아님**(2012.3.29. 2010헌마443 등)
2	① 【관행어업권】 **관행어업권**은 **재산권**(1999.7.22. 97헌바76 등) ② 【관행어업권자의 2년내 어업원부 등록의무 (합헌)】 종전의 관행어업권자들에게 「수산업법」 시행일부터 **2년 이내에 어업권원부에 등록**하도록 하고 등록하지 아니한 경우 **관행어업권을 소멸**하게 하는 것은 **재산권 침해 아님**(1999.7.22. 97헌바76 등)
3	① 【특허권】 **특허권**은 헌법상 보호받는 **재산권**(2000.3.30. 99헌마143) ② 【특허발명의 명칭·내용 표시 제한 → 특허권 제한 (위헌)】 헌법 제22조 제2항은 발명가의 권리를 법률로써 보호하도록 하고 있고, 「특허법」은 특허권자에게 업(業)으로서 특허발명을 실시할 권리를 독점적으로 부여하고 있으므로 **특허권자가 특허발명의 방법에 의하여 생산한 물건에 발명의 명칭·내용을 표시하는 것은 특허실시권에 내재된 요소**이며, **표시를 제한하는 것은 특허권에 대한 제한**(2000.3.30. 99헌마143)
4	① 【저작재산권자의 공연권 및 저작인접권자의 보상청구권】 상업용 음반 등에 관한 **저작재산권자의 공연권 및 저작인접권자의 보상청구권은 재산적 가치가 있는 권리**에 해당(2019.11.28. 2016헌마1115 등) ② 【저작재산권자 등의 공연권 제한 (기각)】 청중·관중으로부터 당해 공연에 대한 **반대급부를 받지 아니하는 경우**에는 상업용 목적으로 공표된 **음반** 또는 상업용 목적으로 공표된 **영상저작물을 재생하여 공중에게 공연**할 수 있도록 하더라도 **저작재산권자의 재산권 침해 아님**(2019.11.28. 2016헌마1115 등)
5	【정당한 지목을 등록할 권리】 **정당한 지목을 등록**함으로써 토지소유자가 누리게 될 이익은 국가가 보장하여 주어야 할 **재산권**(1999.6.24. 97헌마315)
6	① 【환매권】 수용된 토지가 당해 공익사업에 필요없게 되거나 이용되지 아니하였을 경우에 **피수용자가 그 토지소유권을 회복할 수 있는 권리**, 즉 환매권은 헌법이 보장하는 **재산권**(1994.2.24. 92헌가15 등) ② 【손실보상 받았어도 인정】 환매권은 헌법상의 재산권 보장규정으로부터 도출되는 것으로서, 피수용자가 **수용 당시 이미 정당한 손실보상을 받았다는 사실로 인해 부인 안됨**(1994.2.24. 92헌가15 등)
7	【사용토지 수용청구권】 '사업인정고시가 있은 후에 3년 이상 토지가 공익용도로 사용된 경우' 토지소유자에게 매수 혹은 수용청구권을 인정한 「토지보상법」을 통하여 인정되는 **'수용청구권'은 사적유용성**을 지닌 것으로서 **재산의 사용·수익·처분에 관계되는 법적 권리이므로 헌법상 재산권**(2005.7.21. 2004헌바57) **비교** 【불법사용시 수용청구권】 「토지보상법」 형성에 포함되어 있지 않은 것은 재산권의 범위에 속하지 않으므로 **'불법적 사용의 경우에 인정되는 수용청구권'이란 재산권은 존재 안함**(2005.7.21. 2004헌바57)

5 재산권으로 인정하지 않은 경우

(1) 재산권성 부정

사회부조	① 【사회부조】 사회부조와 같은 국가의 **일방적인 급부에 대한 권리**는 재산권의 보호대상에서 제외되고, 사회법상 지위가 **자신의 급부에 대한 등가물**에 해당하는 경우에 한하여 사법상의 재산권과 유사한 정도로 보호받아야 할 **공법상의 권리**가 인정 [5]
기대이익 · 반사적 이익	① 【단순한 이익 or 재화 획득 기회】 구체적인 권리가 아닌 **단순한 이익**이나 **재화의 획득**에 관한 기회 등은 **재산권보장 대상 아님** [1] ② 【기대이익 · 반사적 이익 or 경제적 기회】 구체적 권리가 아닌 **단순한 기대이익 · 반사적 이익 또는 경제적 기회** 등은 재산권 아님 [2] ③ 【영리획득 기회 or 기업활동의 사실적 · 법적 여건】 구체적 권리가 아닌 **영리획득의 단순한 기회** 또는 **기업활동의 사실적 · 법적 여건**은 재산권보장 대상 아님 [1]

(2) 재산권적 특성의 결여

1	【의료보험조합의 적립금】 「국민건강보험법」상 **의료보험조합의 적립금**은 재산권 **보호대상 아님**(2000.6.29. 99헌마289) [4]	
	유사 【학교안전공제 및 사고예방 기금】 학교안전공제회가 관리 · 운용하는 **학교안전공제 및 사고예방 기금**은 공제회의 재산권 아님(2015.7.30. 2014헌가7) [3]	
2	【상공회의소의 의결권 · 회원권】 **상공회의소의 의결권 또는 회원권**은 상공회의소라는 **법인의 의사형성에 관한 권리**일 뿐 **재산권 아님**(2006.5.25. 2004헌가1) [4]	
3	【강제집행권】 법원의 강제집행권은 국가가 보유하는 **통치권의 한 작용**으로서 민사사법권에 속하는 것이고 **재산권 아님**(1998.5.28. 96헌마44) [2]	
4	【이동전화번호】 **이동전화번호**는 유한한 국가자원으로서 **재산권 아님**(2013.7.25. 2011헌마63 등) [1]	

(3) 사회부조

1	【의료급여수급권】 의료급여법상 **의료급여수급권**은 **공공부조의 일종**으로 순수하게 사회정책적 목적에서 주어지는 권리이므로 개인의 노력과 금전적 기여로 취득되는 **재산권 아님**(2009.9.24. 2007헌마1092) [9]
2	【국민연금법상 사망일시금】 「국민연금법」상 **연금수급권 · 연금수급기대권**이 **재산권**의 보호대상인 사회보장적 급여이나, **사망일시금**은 장제부조적 · 보상적 성격의 급여로서 **재산권 아님**(2019.2.28. 2017헌마432) [4]

(4) 기대이익·반사적 이익 또는 경제적 기회

1	【**소멸시효의 기대이익**】 국가의 납입의 고지로 인하여 시효중단의 효력을 종국적으로 받지 않고 계속하여 **소멸시효를 누릴 기대이익은 단순한 기대이익에 불과**(2004.3.25. 2003헌바22)
2	【**문화재 소유권 취득 기회**】 선의취득의 인정 여부는 무권리자로부터의 동산의 양수인이 소유권을 취득하기 위한 요건문제에 불과하므로, **일정한 문화재에 대하여 선의취득을 배제**하는 법률에 의하여 **동산 문화재의 양수인이 문화재의 소유권을 취득할 기회를 제한**받더라도 제한된 기회가 **재산권 아님**(2009.7.30. 2007헌마870)
3	【**교원의 정년단축으로 발생하는 경제적 불이익 (각하)**】 교원의 정년을 단축하여 계속 재직하면서 **재화를 획득할 수 있는 기회를 박탈**함으로써 발생하는 **기존 교원의 경제적 불이익은 재산권보장 대상 아니므로 재산권 침해 아님**(2000.12.14. 99헌마112 등) → 공무담임권 제한
4	【**시혜적 입법의 시혜대상이 될 수 있는 기대**】 시혜적 입법의 시혜대상에서 제외되었다는 이유만으로 재산권의 침해가 발생하는 것은 아니고 시혜대상에 포함될 경우 얻을 수 있었던 **재산상 이익의 기대가 성취되지 않았다고 하여도 단순한 재산상 이익에 대한 기대는 재산권 아님**(2008.9.25. 2007헌가9)
5	【**미성년 자녀의 수급권 상실에 따라 퇴직유족연금 수급권 이전받을 권리 (합헌)**】「공무원연금법」에서 **19세 미만인 자녀**에 대하여 아무런 제한 없이 **퇴직유족연금일시금을 선택할 수 있게 하고 그 금액도 다른 유족과 동일한 계산식에 따라 산출하게 한 것은 다른 유족의 재산권 제한 아니므로 재산권 침해 아님**(2024.2.28. 2021헌바141)
6	【**잠수기어업허가 거부**】 잠수기어업허가를 받아 키조개 등을 채취하는 직업에 종사한다고 하더라도 이는 자신의 계획과 책임하에 행동하면서 **법제도에 의하여 반사적으로 부여되는 기회를 활용**하는 것에 불과하므로 **잠수기어업허가를 받지 못하여 상실된 이익 등은 재산권 아님**(2008.6.26. 2005헌마173)
7	【**시설이전명령으로 화약류저장소 영업 불가**】 보안거리에 저촉되는 **화약류저장소에 대한 시설이전명령** 때문에 화약류저장소를 이용한 **영업**을 하지 못하게 된다하더라도 그로 인해 상실되는 **영리획득의 기회는 재산권 아님**(2021.9.30. 2018헌바456)
8	①【**약사의 한약조제권**】 약사의 한약조제권은 법률에 의하여 약사의 지위에서 인정되는 하나의 권능에 불과하므로 **재산권 아님**(1997.11.27. 97헌바10) ②【**한약사 제도신설에 따라 약사의 한약조제 금지 2년 유예 (합헌)**】 한약사제도를 신설하면서 그 이전부터 한약을 조제하여 온 약사들에게 **향후 2년간만 한약을 조제할 수 있도록 하고 있는「약사법」은 신뢰보호원칙 위배 아님**(1997.11.27. 97헌바10)
9	①【**음식점 금연구역 지정 : 직업수행의 자유 ○, 재산권 ×**】 일반음식점 영업소에 음식점 시설 전체를 금연구역으로 **지정**하여 운영하여야 할 의무를 부담시키는 것은 음식점 운영자의 **직업수행의 자유 제한**(2016.6.30. 2015헌마813) → 음식점 시설 등에 대한 재산권 제한 아님 ②【**일반음식점 영업소 금연구역 지정(기각)**】 2015. 1. 1.부터 모든 일반음식점영업소를 금연구역으로 지정하여 운영하도록 한「국민건강증진법 시행규칙」은 **직업수행의 자유 침해 아님**(2016.6.30. 2015헌마813)
10	①【**집합제한 조치로 발생한 손실보상규정 부재**】「감염병예방법」에 근거한 **집합제한 조치**로 인하여 **일반음식점 영업이 제한되어 영업이익이 감소**되었다고 하더라도, 일반음식점 운영자가 소유하는 **영업시설·장비 등에 대한 구체적인 사용·수익 및 처분권한을 제한받는 것은 아니므로, 보상규정의 부재가 일반음식점 운영자의 재산권 제한 아님**(2023.6.29. 2020헌마1669) ②【**평등권 침해 아님 (기각)**】「감염병예방법」에 감염병환자가 방문한 **영업장의 폐쇄 등과 달리**, 감염병의 예방을 위하여 **집합제한 조치를 받은 영업장의 손실을 보상하는 규정을 두고 있지 않은 것은 평등권 침해 아님**(2023.6.29. 2020헌마1669)
11	【**단기민간임대주택과 아파트 장기일반민간임대주택 등록 말소**】 단기민간임대주택과 아파트 장기일반민간임대주택의 **임대의무기간이 종료한 날 그 등록이 말소**되도록 한「민간임대주택법」의 등록말소조항은 **재산권 제한 아님**(2024.2.28. 2020헌마1482) → 직업의 자유 제한

12	【최저임금 인상 고시】 최저임금을 인상하는 내용의 고시는 근로자에게 지급하여야 할 임금이 늘어나거나 생산성 저하, 이윤 감소 등 불이익을 겪을 우려가 있더라도 이는 **기업활동의 사실적·법적 여건**에 관한 것으로 **재산권 침해는 문제되지 않음**(2019.12.27. 2017헌마1366 등) / → 계약의 자유 및 기업의 자유 제한
13	【지방세수입의 감소분】 지방세수입의 감소분은 간접적이고 **사실적·경제적인 이해관계**에 불과(2009.11.26. 2007헌마1159) /
14	【장기미집행 도시계획시설결정실효】 장기미집행 도시계획시설결정의 실효제도는 입법자가 새로운 제도를 마련함에 따라 얻게 되는 **법률상의 권리**일 뿐 헌법상 **재산권으로부터 당연히 도출되는 권리 아님**(2005.9.29. 2002헌바84 등) /
15	【예비군 훈련비용 지출】 예비군대원이 훈련 과정에서 식비, 여비 등을 스스로 지출함으로써 생기는 경제적 부담은 **재산권의 범위에 포함된다고 할 수 없고**, 예비군 교육훈련 기간 동안 일실수익과 같은 기회비용 역시 경제적인 기회에 불과하여 **재산권의 범위에 포함 안됨**(2009.7.30. 2007헌마870) /

(5) 법률에 의한 형성 전 또는 법률상 요건 갖추기 전 권리

1	【요건미충족 퇴직 공무원의 퇴직연금수급권】「공무원연금법」이 개정·시행되기 전에 **이미 퇴직**하여 **퇴직연금을 수급할 수 있는 기초를 상실**한 경우 공무원퇴직연금의 수급요건을 재직기간 20년에서 10년으로 완화한 개정「공무원연금법」은 **재산권 제한 아님**(2017.5.25. 2015헌마933) /
2	【임용결격 공무원의 퇴직연금수급권】 임용결격사유가 존재함에도 불구하고 공무원으로 임용되어 20년 이상 근무한 자는 적법한 공무원이라 할 수 없으므로 **퇴직연금수급권을 부여하지 않은**「공무원연금법」에 의해 **재산권 침해 여지 없음**(2012.8.23. 2010헌바425) /
3	【고엽제후유증 환자·유족의 보상금수급권은 재산권 but 법정요건 충족 전 재산권 아님】「고엽제법」에 의한 **고엽제후유증환자 및 그 유족의 보상수급권**은 **법률에 의하여 비로소 인정되는 권리**로서 **재산권적 성질을 갖는 것이긴 하지만** 발생에 필요한 요건이 법정되어 있는 이상 **요건을 갖추기 전에는 재산권 아님**(2001.6.28. 99헌마516) /

POINT 141 재산권의 내용 형성과 제한

제23조 ① 【재산권】 모든 국민의 **재산권**은 보장된다. 【기본권 형성적 법률유보】 그 **내용과 한계**는 **법률**로 정한다.²
② 【공공복리 적합의무】 재산권의 행사는 **공공복리에 적합**하도록 하여야 한다.³

1 재산권 형성적 법률유보

기본권 형성적 법률유보	① 【기본권 형성적 법률유보】 재산권이 법질서 내에서 **인정**되고 **보호**받기 위해서는 **입법자의 형성 필요**¹ ② 【형식적 법률】 헌법상 재산권에 관한 규정은 그 내용과 한계가 법률에 의해 구체적으로 형성되는 **기본권 형성적 법률유보**의 형태를 띠고 있고, 헌법이 보장하는 **재산권의 내용과 한계**는 국회에 의하여 제정되는 **형식적 의미의 법률에 의하여 정해짐**¹ ③ 【광범위한 입법형성권】 재산권의 내용과 한계를 구체적으로 형성함에 있어서 **입법자는 일반적으로 광범위한 입법형성권**을 가진다고 할 것이고, **재산권의 본질적 내용을 침해**하여서는 아니 된다거나 **사회적 기속성**을 함께 고려하여 균형을 이루도록 하여야 한다는 등의 **입법형성권의 한계**를 일탈하지 않는 한 **재산권 형성적 법률규정은 헌법 위반 아님**¹
입법형성권의 한계	① 【구체적 권리의 지속 보장 아님】 재산권이 헌법에 의하여 보장된다고 하더라도 입법자에 의하여 일단 형성된 구체적인 권리가 그 형태로 영원히 지속될 것이 보장 의미 아님¹ ② 【장래 법률 : 헌법에 합치 & 과거 권리침해 정당화】 재산권의 내용을 새로이 형성하는 **법률**이 합헌이려면 **장래에 적용될 법률이 헌법에 합치**하여야 하고, **과거에 부여된 구체적 권리 침해를 정당화하는 이유** 존재 필요⁴ ③ 【사유재산제도·사유재산 부인 금지】 헌법이 보장하는 **재산권의 내용·한계를 정하는 법률**이 재산권을 형성한다는 의미를 갖더라도, 이런 법률이 **사유재산제도나 사유재산을 부인**하는 것은 재산권 보장규정의 침해를 의미하고 **재산권 형성적 법률유보라는 이유로 정당화될 수 없음**¹ ④ 【사유재산제도·사유재산권 부인 시 재산권 침해】 재산권 보장은 **주관적 공권의 보장인 동시에** 그 재산권이 존재하는 특정한 공동체의 **사유재산제도의 보장**인 점에서 **사유재산권이나 사유재산제도를 부인**하면 **재산권 침해**²

2 재산권 형성의 원리

(1) 입법재량의 정도 (재산권 제한에 대한 허용정도)

입법형성	① **【재산권 보장과 사회적 기속성의 조화·균형】** 입법자는 **재산권의 내용을 구체적으로 형성**함에 있어서 헌법상 **재산권보장**(제23조 제1항)과 재산권의 제한을 요청하는 공익 등 재산권의 **사회적 기속성**(제23조 제2항)을 함께 고려·조정하여 **양 법익이 조화와 균형**을 이루도록 하여야 함 ② **【비례원칙 적용】** 재산권의 내용을 **구체적 형성**함에 있어서 공익을 실현하기 위하여 적용되는 구체적 수단은 목적이 정당해야 하며 **비례원칙에 합치**해야 함 (과잉금지원칙 적용 안됨 ×)
입법재량	① **【사회적 기능에 따라 제한허용정도 상이】** 재산권에 대한 제한의 허용정도는 재산권 객체의 **사회적 기능**, 즉 재산권 행사가 **기본권의 주체와 사회전반**에 대하여 가지는 **의미에 달려 있음** ② **【사회적 연관성·기능↑ → 광범위한 제한 정당화】** 재산권 행사의 대상이 되는 **객체**가 지닌 **사회적인 연관성과 사회적 기능**이 크면 클수록 입법자에 의한 보다 더 **광범위한 제한 정당화** ③ **【자유보장적 기능↑ → 엄격심사】** 재산권 행사의 대상이 되는 객체가 지닌 **사회적인 연관성과 사회적 기능**이 크면 클수록 **입법자에 의한 보다 광범위한 제한**이 허용되고, **개별 재산권이 갖는 자유보장적 기능**이 **강할수록** 제한에 대해서는 **엄격한 심사**
위헌심사 (비례원칙)	① **【형성시 입법재량 → 완화 심사】** 입법자는 **재산권의 내용**을 형성함에 있어 **광범한 입법재량**을 가지고 있으므로 헌법재판소가 **재산권의 내용을 형성**하는 **사회적 제약이 비례원칙에 부합**하는지 여부 판단에는 **이미 형성된 기본권을 제한**하는 입법의 경우에 비하여 **보다 완화된 기준** 심사 ② **【사회적 제약 → 비례원칙으로 판단】** 재산권에 대한 **제약이 비례원칙에 합치**하는 것이면 재산권자가 수인하여야 하는 **사회적 제약의 범위 내**에 있는 것이고, 재산권에 대한 제약이 **비례원칙에 반하여 과잉**된 것이면 재산권자가 수인하여야 하는 **사회적 제약의 한계를 넘는 것** ③ **【사유재산권 유명무실 & 사유재산제도 형해화】** 재산권의 **본질적 내용**을 침해하는 경우란 **사유재산권이 유명무실**해지고 **사유재산제도가 형해화**되어 헌법이 재산권을 보장하는 궁극적인 목적을 달성할 수 없게 되는 경우

(2) 관련판례

1	**【토지재산권 〉일반재산권】** 토지는 생산이나 대체가 불가능하여 **공급이 제한**되어 있고 국민경제의 측면에서 다른 재산권과 같게 다룰 수 있는 성질의 것이 아니어서 **공동체의 이익이 더 강하게 관철될 것이 요구**되므로 헌법은 **토지재산권의 제한에 관한 광범위한 입법형성권 부여**(1999.10.21. 97헌바26)
2	**【농지재산권 〉토지재산권】** 농지의 **사회성과 공공성**은 일반적인 토지보다 더 강하다고 할 수 있으므로 **농지재산권을 제한하는 입법**에 대한 헌법심사의 강도는 **다른 토지재산권을 제한하는 입법보다 완화**(2020.5.27. 2018헌마362)
3	**【주택재산권 〉일반재산권】**「주택임대차보호법」상 임차인 보호 규정들이 임대인의 재산권을 침해하는지 여부 심사함에 있어서 **비례원칙을 기준**으로 심사하되, **보다 완화된 심사기준** 적용(2024. 2. 28. 2020헌마1343 등)
4	**【동물재산권 〉물건재산권】** 일반적인 물건에 대한 재산권 행사에 비하여 **동물에 대한 재산권 행사**는 **사회적 연관성과 사회적 기능**이 매우 **크므로** 이를 제한하는 경우 **입법재량을 폭넓게 인정**(2013.10.24. 2012헌바431)
5	① **【공무원연금법상 각종 급여】** 공무원연금법의 각종 급여는 기본적으로 모두 **사회보장적 급여로서의 성격**을 가짐과 동시에 **공로보상 내지 후불임금으로서의 성격**도 함께 가지며, **공무원연금법상 퇴직연금수급권**은 경제적 가치 있는 권리로서 **재산권으로서 성격**을 가짐(2005.6.30. 2004헌바42) ② **【퇴직연금수급권 〉일반재산권】** 공무원연금법상 퇴직연금수급권의 구체적인 급여의 내용, 기여금의 액수 등을 형성하는 데에 있어서는 **직업공무원제도나 사회보험원리에 입각한 사회보장적 급여로서의 성격**으로 인하여 **일반적 재산권**에 비하여 입법자에게 **보다 폭넓은 재량**이 허용(2005.6.30. 2004헌바42)

POINT 142 토지재산권

제122조 【토지재산권 : 더 강한 제한 可】 국가는 국민 모두의 생산 및 생활의 기반이 되는 **국토**의 효율적이고 균형있는 이용·개발과 보전을 위하여 **법률이 정하는 바에 의하여 그에 관한 필요한 제한과 의무를 과할 수 있다.**[3]

1 개발제한구역

(1) 토지재산권

사회적 의무성	① 【일정용도 사용권 제한·제외 可】 재산권은 토지소유자가 이용가능한 **모든 용도로 토지를 사용할 권리**나 **가장 경제적 또는 효율적으로 사용할 수 있는 권리**를 보장하는 것은 **아니므로** 입법자는 중요한 공익상 이유로 **토지를 일정용도로 사용하는 권리를 제한·제외할 수 있음**[2] ② 【강한 제한·의무 부과 可】 토지재산권은 **강한 사회성 내지는 공공성**으로 말미암아 **다른 재산권에 비하여 보다 강한 제한과 의무가 부과될 수 있음**[3]
제한의 한계	① 【비례원칙 준수 & 본질내용 침해 금지】 토지재산권은 다른 재산권보다 강한 제한과 의무를 부과할 수 있지만, **비례성 원칙을 준수**하여야 하고, **재산권의 본질적 내용인 사용·수익권과 처분권 부인 안됨** (비례원칙을 준수할 필요가 없음 ×, 과잉금지원칙 심사 부적절 ×)[3]

(2) 종래 목적 사용 가능

토지를 종전의 용도대로 사용	① 【개발가능성 소멸 & 지가 하락·지가상승률 감소】 개발제한구역 지정으로 인한 **개발가능성의 소멸**과 그에 따른 **지가의 하락**이나 **지가상승률의 상대적 감소**는 토지소유자가 감수해야 하는 **사회적 제약의 범주**[1] ② 【토지사용 기대가능성·신뢰 & 지가상승기회】 자신의 토지를 장래에 **건축·개발목적으로 사용**할 수 있으리라는 **기대가능성·신뢰 및 지가상승의 기회**는 **재산권 아님** (재산권 보호범위 ×)[2] ③ 【사회적 제약의 범주】 **구역 지정 당시의 상태대로 토지를 사용·수익·처분할 수 있는 이상**, 구역 지정에 따른 단순한 **토지이용의 제한**은 재산권에 내재하는 **사회적 제약의 범주를 넘지 않음**[1]

(3) 종래 목적 사용 불가능

미보상 특별희생	① 【토지의 사용·수익권 폐지 → 사회적 제약 초과】 개발제한구역 지정으로 토지를 종래의 목적으로도 사용할 수 없거나 더 이상 **법적으로 허용된 토지이용방법이 없기 때문에** 실질적으로 토지의 사용·수익의 길이 없는 경우에는 토지소유자가 수인해야 하는 **사회적 제약의 한계 넘는 것**[3] ② 【사용불가시 손실완화 보상조치】 재산권 제한으로 토지소유자가 **종래의 지목과 토지현황에 의한 이용방법에 따른 토지의 사용도 할 수 없거나 실질적으로 토지의 사용·수익을 전혀 할 수 없는 경우**에는, 그러한 재산권 제한은 토지소유자가 **수인해야 할 사회적 제약의 범주를 넘는 것**으로서 **손실을 완화하는 보상적 조치가 있어야 비례원칙에 부합**[1] ③ 【사회적 제약 초과 → 보상규정 없는 것은 위헌】 개발제한구역의 지정으로 일부 토지소유자에게 **사회적 제약의 범위를 넘는 가혹한 부담이 발생하는 예외적인 경우 보상규정을 두지 않은 것은 위헌**[1]
보상방법	① 【헌법 제23조 제1·2항】 보상규정은 입법자가 **헌법 제23조 제1항 및 제2항**에 의하여 재산권의 내용을 구체적으로 **형성**하고 공공의 이익을 위하여 재산권을 **제한**하는 과정에서 **합헌적으로 규율**하기 위하여 두어야 하는 규정[1] ② 【금전보상 외 지정해제, 매수청구권 可】 반드시 **금전보상만을 해야 하는 것은 아니며** 입법자는 **지정의 해제 또는 토지매수청구권제도**와 같이 금전보상에 갈음하거나 기타 손실을 완화할 수 있는 제도를 보완하는 등 **여러 가지 다른 방법을 사용할 수 있음** (금전보상만을 의미 ×)[4]

2 토지재산권 관련판례

(1) 도시계획 관련

1	【보상규정 없는 도시계획시설지정 (헌불)】 도시계획시설의 지정으로 당해 토지의 이용가능성이 배제되거나 또는 토지소유자가 토지를 종래 허용된 용도대로도 사용할 수 없기 때문에 현저한 재산적 손실이 발생하는 경우에는 **사회적 제약의 범위를 넘는 수용적 효과**를 인정하여 **국가·지자체는 보상해야 함**(1999.10.21. 97헌바26) → 보상없이 수인하도록 하는 것은 재산권보장에 위배
2	【임차권자 영업손실보상 無 (합헌)】 관리처분계획인가의 고시가 있으면 별도의 **영업손실보상 없이** 재건축사업구역 내 **임차권자의 사용·수익을 중지**시키는 것은 임차권자의 **재산권 침해 아님**(2020.4.23. 2018헌가17)
3	【토지구획정리사업상 학교교지 유상취득 (합헌)】 토지구획정리사업에 있어 **학교교지**를 환지처분의 공고가 있은 다음 날에 국가 등에 귀속되게 하되, 유상으로 귀속되도록 한 구「토지구획정리사업법」은 사업시행자의 **재산권 침해 아님**(2021.4.29. 2019헌바444 등)
4	【집합건물의 전유부분과 대지사용권의 일체불가분성 (합헌)】 대지사용권을 가지지 아니한 구분소유자가 있을 때 그 전유부분의 철거청구권자에게 **구분소유권의 매도청구권**을 부여한「집합건물법」은 구분소유자의 **재산권 침해 아님** (2024.6.27. 2023헌가23)

(2) 환매권 관련

1	【환매권 발생기간을 10년 이내로 제한 (헌불)】 토지보상법이 환매권의 발생기간을 '취득일로부터 10년 이내'로 제한한 것은 환매권의 구체적 행사를 위한 내용을 정한 것이라기보다는 환매권의 발생 여부 자체를 정하는 것이어서 **사실상 원소유자의 환매권을 배제**하는 결과를 초래할 수 있으므로 **재산권 침해**(2020.11.26. 2019헌바131)
2	【공익사업 변환시 환매권 행사 제한 (합헌)】 토지의 협의취득 또는 수용 후 **당해 공익사업이 다른 공익사업으로 변경**되는 경우에 당해 토지의 원소유자 또는 그 포괄승계인의 **환매권을 제한**하도록 한「토지보상법」은 **재산권 침해 아님**(2012.11.29. 2011헌바49)
3	【취득된 토지의 환매금액 증액청구 (합헌)】 토지의 가격이 취득일 당시에 비하여 현저히 상승한 경우 환매금액에 대한 협의가 성립하지 아니한 때에는 **사업시행자로 하여금 환매금액의 증액을 청구**할 수 있도록 한「토지보상법」은 환매권자의 **재산권 침해 아님**(2016.9.29. 2014헌바400)

(3) 주택·상가 관련

1	**【주택담보대출금지 (기각)】** 금융위원회위원장이 2019. 12. 16. 시중 은행을 상대로 투기지역·투기과열지구 내 초고가 아파트(시가 15억 원 초과)에 대한 **주택구입용 주택담보대출을 2019. 12. 17.부터 금지한 조치**는 주택담보대출을 받고자 하는 자의 **재산권 및 계약의 자유 침해 아님**(2023.3.23. 2019헌마1399)
2	① **【갱신거절금지 (기각)】** 임차인이 계약갱신을 요구할 경우 임대인이 정당한 사유 없이 이를 거절하지 못하도록 한 「주택임대차보호법」은 **재산권 침해 아님**(2024.2.28. 2020헌마1343 등) ② **【갱신거절 후 정당한 사유없이 제3자 임대시 손해배상 (기각)】** 임대인이 실제 거주를 이유로 갱신을 거절한 후 **정당한 사유 없이 제3자에게 임대한 경우의 손해배상책임 및 손해액을 규정한** 「주택임대차보호법」은 임대인의 **계약의 자유와 재산권 침해 아님**(2024.2.28. 2020헌마1343 등) → 임대인이 손해배상책임을 면할 수 있는 '**정당한 사유**'가 임대인이 갱신거절 당시에는 예측할 수 없었던 것으로서 제3자에게 목적 주택을 임대할 수밖에 없었던 불가피한 사정을 의미하므로 **명확성원칙 위반 아님** ② **【신뢰보호원칙 위반 아님 (기각)】** 주택 임대차와 관련한 임차인의 보호 및 주택의 이용에 관한 정책은 입법자가 정책적으로 결정하여야 할 사항으로 **원칙적으로 광범위한 입법형성의 자유가 인정**되므로 특단의 사정이 없는 한 **구법상의 기대이익을 존중하여야 할 입법자의 의무가 있는 것은 아니나**, **신뢰보호원칙에 위배되는지 여부 문제됨**(2024.2.28. 2020헌마1343 등) → 신뢰보호원칙 위반 아님
3	**【주민등록시만 보증금 우선변제 (합헌)】** 소액임차인이 보증금 중 일부를 우선하여 변제받으려면 **주택에 대한 경매신청의 등기 전에 대항력을 갖추어야 한다고 규정한** 「주택임대차보호법」은 주택에 대한 경매신청의 등기 전까지 **주민등록을 미처 갖추지 못한 소액임차인의 재산권 침해 아님**(2020.8.28. 2018헌바422)
4	**【임차주택 양수인의 임대인 지위 승계 (합헌)】** 임차주택의 양수인이 임대인의 지위를 승계하도록 규정한 「주택임대차보호법」은 임차인의 주거생활의 안정을 도모함과 동시에 주민등록이라는 공시기능을 통하여 주택 양수인의 불측의 손해를 예방할 수 있도록 하고 있으므로, **위헌 아님**(2017.8.31. 2016헌바146)
5	**【상가임차인의 권리금 회수기회 보호의 예외 (합헌)】** 임차인이 3기의 차임액에 해당하는 금액에 이르도록 **차임을 연체한 경우** 임대인의 **권리금 회수기회 보호의무가 발생하지 않도록 규정한** 「상가임대차법」은 **재산권 침해 아님**(2023.6.29. 2021헌바264)
6	**【재건축시 임대인의 갱신거절권 행사 (합헌)】** 재건축사업 진행단계에 상관없이 **임대인이 갱신거절권을 행사**할 수 있도록 한 「상가임대차법」은 **상가임차인의 재산권 침해 아님**(2014.8.28. 2013헌바76)

(4) 취득시효 관련

1	**【취득시효제도 (합헌)】** 취득시효제도는 **부동산에 대한 소유권자**이면서 오랫동안 권리행사를 태만히 한 자와, 원래 **무권리자**이지만 소유의 의사로서 평온, 공연하게 부동산을 거의 영구적으로 보이는 **20년 동안 점유한 자**와의 사이의 권리의 객체인 **부동산에 대한 실질적인 이해관계**를 취득시효제도의 필요성을 종합하고 상관적으로 비교형량한 것으로 **헌법에 합치**(1993.7.29. 92헌바20)
2	**【분묘기지권 시효취득 (합헌)】** 분묘기지권의 시효취득에 관한 관습법에 따라 **토지소유자**가 분묘의 수호·관리에 필요한 상당한 범위 내에서 분묘기지가 된 토지 부분에 대한 **소유권의 행사를 제한**받게 되었더라도 **토지소유자의 재산권 침해 아님**(2020.10.29. 2017헌바208)

POINT 143 부담금

1 부담금

(1) 조세와 구별 및 부담금의 종류

조세와 구별	① **【실질적 내용 기준】** 어떤 공과금이 **조세인지 아니면 부담금인지**는 단순히 법률에서 그것을 무엇으로 성격 규정하고 있느냐를 기준으로 할 것이 아니라, 그 **실질적인 내용을** 결정적인 기준
재정조달목적 vs 정책실현목적	① **【재정조달 vs 정책실현】** 부담금은 그 부과목적과 기능에 따라 ㉠ **순수하게 재정조달의 목적**만 가지는 **재정조달목적 부담금**과 ㉡ 재정조달 목적뿐만 아니라 부담금의 부과 자체로써 **국민의 행위를 특정한 방향으로 유도**하거나 특정한 공법적 의무의 이행 또는 공공출연으로부터의 **특별한 이익과 관련된 집단 간의 형평성 문제를 조정**하여 특정한 **사회·경제정책을 실현**하기 위한 **정책실현목적 부담금**으로 구분 ② **【지출단계 vs 부과단계】** 재정조달목적 부담금의 경우에는 공적 과제가 **부담금 수입의 지출 단계에서** 비로소 실현되나, 정책실현목적 부담금의 경우에는 공적 과제의 전부 혹은 일부가 **부담금의 부과 단계에서 이미 실현**

(2) 조세와 부담금 구별 관련판례

1	**【개발부담금 : 실질적 조세 (합헌)】** 개발부담금은 비록 그 **명칭이 '부담금'**이고 **국세나 지방세의 목록에 빠져 있다고** 하더라도, '국가 또는 지방자치단체가 **재정수요를 충족**시키기 위하여 반대급부 없이 법률에 규정된 요건에 해당하는 **모든 자에 대하여 일반적 기준에 의하여 부과**하는 금전급부'라는 **조세로서의 특징**을 지니고 있다는 점에서 **실질적인 조세**(2016.6.30. 2013헌바191 등)
2	**【텔레비전 수신료 : 부담금 (기각)】** 텔레비전방송수신료는 공영방송사업이라는 특정한 공익사업의 경비조달에 충당하기 위하여 **수상기를 소지한 특정집단에 대하여 부과**되는 **특별부담금에 해당**하여 조세나 수익자부담금과는 구분 (2024.5.30. 2023헌마820)

(3) 재정조달목적의 부담금과 정책실현목적의 부담금

1	재정조달	①【영화상영관 입장권 부과금 제도】영화관 관람객이 입장권 가액의 100분의 3을 부담하도록 하고 영화관 경영자는 징수하여 영화진흥위원회에 납부하도록 강제하는 내용의 **영화상영관 입장권 부과금 제도**는 **영화발전기금의 재원**을 마련하기 위한 것으로서 **순수한 재정목적 부담금**(2008.11.27. 2007헌마860) ②【재산권 및 직업의 자유 침해 아님 (기각)】영화상영관 입장권 부과금 제도는 재산권과 직업수행의 자유 침해 아님(2008.11.27. 2007헌마860)
2	재정조달	【물이용부담금 (합헌)】「한강수계법」이 규정한 '**물사용량에 비례한 부담금**'은 수도요금과 구별되는 별개의 금전으로서 한강수계로부터 취수된 원수를 정수하여 직접 공급받는 **최종 수요자라는 특정 부류의 집단**에만 강제적·일률적으로 부과되므로 **재정조달목적 부담금**(2020.8.28. 2018헌바425)
3	재정조달	①【대불비용부담금 (합헌)】「의료분쟁조정법」이 **보건의료기관개설자에게 부과**하도록 하는 **대불비용부담금**은 보건의료기관개설자라는 특정한 집단이 반대급부 없이 납부하는 공과금의 성격을 가지므로 **재정조달목적 부담금 해당**(2022.7.21. 2018헌바504) ②【'그 금액' 포괄위임금지위배 but '납부방법·관리' 포괄위임금지 위배 아님 (헌불)】한국의료분쟁조정중재원이 의료사고 피해자에게 대불한 **손해배상금 대불비용을 보건의료기관개설자 등이 부담**하도록 하면서 그 **금액과 납부방법 및 관리 등**에 관한 사항을 대통령령에 위임한 법률규정 중 '**그 금액**' 부분은 **포괄위임금지원칙 위배**(2022.7.21. 2018헌바504) → **납부방법 및 관리 등 포괄위임금지원칙 위배 아님**
4	정책실현	【환경개선부담금 (합헌)】경유차 소유자로부터 부과·징수하도록 한「환경개선비용 부담법」상 **환경개선부담금**은 '**경유차 소유자**'라는 특정 부류의 집단에만 특정한 반대급부 없이 강제적·일률적으로 부과되는 **정책실현목적의 유도적 부담금**(2022.6.30. 2019헌바440) → **재산권 침해 아님**
5	재정조달 & 정책실현	【국외여행자납부금 (합헌)】내국인 국외여행자에게 2만원의 범위 안에서 대통령령이 정하는 금액을 관광진흥개발기금에 납부하도록 한「관광진흥개발기금법」상 **국외여행자납부금**은 국외여행자라는 특정집단에 부과된 **재정충당 및 유도적 특별부담금**(2003.1.30. 2002헌바5) → 재산권 침해 아님

2 부담금의 정당화 요건 (재정조달목적의 부담금)

부담금 예외 (조세원칙)	①【부담금 예외, 조세 원칙】부담금은 **조세에 대한 관계**에서 **예외적으로만 인정**되어야 하며, 공적과제에 관한 재정조달을 조세로 할 것인지 아니면 부담금으로 할 것인지에 관하여 **입법자의 자유로운 선택권을 허용하여서는 안됨** (입법자의 자유로운 선택권이 허용됨 ×) ②【일반적 과제수행 금지】국가의 **일반적 과제**를 수행하는 데에 부담금 형식을 남용하여서는 아니 됨
한계	①【재정조달목적 부담금의 한계】재정조달목적 부담금은 특정한 반대급부 없이 부과될 수 있다는 점에서 **조세와 매우 유사**하므로 헌법 제38조가 정한 **조세법률주의**, 헌법 제11조 제1항이 정한 법 앞의 평등원칙에서 파생되는 **공과금 부담의 형평성**, 헌법 제54조 제1항이 정한 국회의 **예산심의·확정권에 의한 재정감독권과의 관계**에서 오는 한계를 고려하여야 함 ②【기본권제한입법의 한계 준수】부담금은 국민의 **재산권을 제한하는 성격**을 가지므로 부담금 부과에도 **평등원칙이나 비례성원칙과 같은 기본권제한입법의 한계는 준수**되어야 함
특정공적과제	①【특정과제 수행 위해 별도 지출·관리】부담금은 특정과제의 수행을 위하여 별도로 지출·관리되어야 하며 국가의 일반적 재정수입에 포함시켜 **일반적 국가과제 수행에 사용할 수 없음** ②【납부의무자의 공적과제와 특별한 밀접관련성】부담금 납부의무자는 일반 국민에 비해 부담금을 통해 추구하고자 하는 **공적 과제에 대하여 특별히 밀접한 관련성**을 가져야 함 ③【정책목적과 부담금 부과 사이 상관관계】정책실현목적 부담금은 부담금의 정당화 요건 중 '재정조달 대상인 공적 과제와 납부의무자 집단 사이에 존재하는 관련성' 자체보다 '재정조달 이전 단계에서 추구되는 특정 사회적·경제적 정책목적과 부담금의 부과 사이에 존재하는 **상관관계**'가 더 중요한 의미
일몰제	①【타당성·적정성 지속심사】부담금이 장기적으로 유지되는 경우 그 **징수의 타당성이나 적정성**이 입법자에 의해 지속적으로 심사되어야 함

POINT 144 재산권 관련판례

1 조세·공과금

(1) 위헌판례

1	【부동산실명법 위반시 부동산 가액의 30% 과징금 (인용)】「부동산실명법」을 위반한 명의신탁자에 대하여 일률적으로 부동산가액의 100분의 30에 해당하는 과징금을 부과할 수 있도록 규정한「부동산실명법」은 과잉금지원칙 및 평등원칙 위반(2001.5.31. 99헌가18 등)

(2) 합헌판례

1	【일감 몰아주기 수혜법인 지배주주에 증여세 부과 (합헌)】 이른바 일감 몰아주기로 수혜법인의 지배주주 등에게 발생한 이익에 대하여 증여세를 부과하는 「상속세 및 증여세법」은 적정한 소득의 재분배를 촉진하고, 시장의 지배와 경제력의 남용 우려가 있는 일감 몰아주기를 억제하려는 것으로 재산권 침해 아님(2018.6.28. 2016헌바347 등)
2	【무신고·납부불성실가산세 (합헌)】 명의신탁재산 증여의제로 인한 증여세 납세의무자에게 신고의무 및 납부의무 위반에 대한 제재인 가산세까지 부과하도록 한「상속세 및 증여세법」은 재산권 침해 아님(2022.11.24. 2019헌바167 등)
3	【공용수용에 의하여 양도된 단기보유자산 중과세 (기각)】 보유기간이 1년 이상 2년 미만인 자산이 공용수용으로 양도된 경우에도 중과세하는 「소득세법」은 재산권 침해 아님(2015.6.25. 2014헌바256)
4	【건물 신축·취득 후 5년 내 양도하며 환산가액을 취득가액으로 한 경우 가산세 부과 (기각)】 거주자가 건물을 신축하고 신축한 건물의 취득일부터 5년 이내에 해당 건물을 양도하는 경우로서 환산가액을 취득가액으로 하는 경우 양도소득 결정세액에 더하여 가산세를 부과하도록 하는 「소득세법」은 재산권 침해 아님(2024.2.28. 2020헌가15)
5	① 【골프장 입장행위에 개소세 부과 (합헌)】 골프장 입장행위에 대하여 1명 1회 입장마다 1만 2천 원의 개별소비세를 골프장 경영자에게 부과하는 「개별소비세법」은 재산권 침해 아님(2024.8.29. 2021헌바34) ② 【조세평등주의 위배 아님 (합헌)】 요트장, 스키장 등의 경우와 달리 골프장 입장행위에 개별소비세를 부과하는 것은 매출액, 이용료, 이용방법 등을 고려할 때 자의적인 조치라고 보기 어려우므로 조세평등주의 위배 아님(2024.8.29. 2021헌바34) 유사 【회원제 골프장 재산세 중과세 (합헌)】 회원제 골프장용 부동산의 재산세에 대하여 1천분의 40의 중과세율을 규정한 「지방세법」은 회원제 골프장 운영자 등의 재산권 침해 아님(2020.3.26. 2016헌가17)
6	【수협의 어업용 면세유류 구입카드등 교부·발급 관리 부실 가산세 (합헌)】 면세유류 관리기관인 수협이 관리 부실로 인하여 면세유류 구입카드 또는 출고지시서를 잘못 교부·발급한 경우 해당 석유류에 대한 부가가치세 등 감면세액의 100분의 20에 해당하는 금액을 가산세로 징수하도록 규정한 구「조세특례제한법」은 면세유류 관리기관인 수협의 재산권 침해 아님(2021.7.15. 2018헌바338 등)
7	【기타소득금액 과세최저한 (기각)】 기타소득금액이 5만 원 이하인 때 소득세를 과세하지 않도록 규정한「소득세법」은 과세최저한 제도에 당연히 수반하는 결과이므로 재산권 침해 아님(2011.6.30. 2009헌바199)
8	【건축법 위반자에 대한 이행강제금 반복부과 (합헌)】「건축법」을 위반한 건축주 등이 건축 허가권자로부터 위반건축물의 철거 등 시정명령을 받고도 이행을 하지 않는 경우 시정명령 이행시까지 반복적으로 이행강제금을 부과할 수 있도록 규정한 「건축법」은 재산권 침해 아님(2011.10.25. 2009헌바140)

2 공법상 권리

(1) 위헌판례

1	【공무원 재직 중 사유로 금고 이상의 형받은 때 퇴직급여·수당 일부감액지급 : 수단 부정 (헌불)】 공무원 또는 공무원이었던 자가 **재직 중의 사유로 금고 이상의 형을 받은 때 퇴직급여 및 퇴직수당의 일부를 감액**하여 지급하도록 한 「공무원연금법」 조항은 **공무원의 신분이나 직무상 의무와 관련 없는 범죄**인지 여부 등과 관계없이 **일률적·필요적으로 퇴직급여를 감액**하는 것으로서 **적합한 수단 아니므로 재산권 침해**(2007.3.29. 2005헌바33) → **평등원칙에 위배** 유사 【사립교원 재직 중 사유로 금고 이상의 형받은 때 퇴직급여·수당 일부감액지급 : 수단 부정 (헌불)】 사립학교 교원 또는 사립학교 교원이었던 자가 **재직 중의 사유로 금고 이상의 형을 받은 때에는 퇴직급여 및 퇴직수당의 일부를 감액**하여 지급하도록 한 것은 **재산권 침해**(2010.7.29. 2008헌가15) → **적합한 수단 아님** 비교 【공무원 직무와 관련 없는 고의범의 경우 퇴직급여 감액 (합헌)】 공무원의 **직무와 관련이 없는 범죄**라 할지라도 **고의범의 경우**에는 공무원의 법령준수의무, 청렴의무, 품위유지의무 등을 위반한 것으로 볼 수 있으므로 이를 **퇴직급여의 감액사유에서 제외하지 아니하더라도 재산권과 인간다운 생활을 할 권리 침해 아님**(2013.8.29. 2010헌바354 등)
2	【지방의원 취임시 퇴직연금 전부 지급정지 (헌불)】 공무원연금법상 **퇴직연금수급자가 지방의회의원으로 선출**되어 받게 되는 보수가 기존의 연금에 미치지 못하는 경우에도 **연금 전액의 지급을 정지**하도록 한 규정은 **퇴직연금수급자의 재산권 침해**(2022.1.27. 2019헌바161) 유사 【지방의원 취임시 퇴역연금 전부 지급정지 (헌불)】 퇴역연금 수급자가 **지방의회의원에 취임**한 경우, **퇴역연금 전부의 지급을 정지**하도록 규정한 구 「군인연금법」은 과잉금지원칙에 위배되어 **지방의회의원에 취임한 퇴역연금 수급자의 재산권 침해**(2024.4.25. 2022헌가33)
3	【법률혼 기간 기준 분할연금 수급권 (헌불)】 별거나 가출 등으로 실질적인 혼인관계가 존재하지 아니하여 **연금 형성에 기여가 없는 이혼배우자**에 대해서 **법률혼 기간을 기준으로 분할연금 수급권을 인정**하는 국민연금법은 **재산권 침해**(2016.12.29. 2015헌바182) 유사 【법률혼 기간 기준 분할연금 수급권 (헌불)】 헌불결정에 따라 **실질적인 혼인관계가 존재하지 아니한 기간을 제외하고 분할연금을 산정**하도록 개정된 「국민연금법」을 개정법 시행 후 **최초로 분할연금 지급사유가 발생한 경우부터 적용**하도록 하는 것은 분할연금 지급 사유 발생시점이 신법 조항 시행일 전·후인지와 같은 우연한 사정을 기준으로 달리 취급하는 것으로 **평등원칙 위반**(2024.5.30. 2019헌가29)
4	【군법무관 보수 행정입법부작위 (인용)】 군법무관법에서 군법무관의 봉급과 그 밖의 보수를 법관 및 검사의 예에 준하여 지급하도록 하는 **대통령령을 제정할 것을 규정**하였는데, 대통령이 지금까지 해당 **대통령령을 제정하지 않는 것**은 군법무관들의 **재산권 침해**(2004.2.26. 2001헌마718)
5	【수사기관의 수사결과 사무장병원으로 확인된 의료기관에 대한 의료급여비용 지급보류 (헌불)】 의료급여기관이 「의료법」을 위반하였다는 사실을 **수사기관의 수사 결과로 확인**한 경우 시장·군수·구청장으로 하여금 해당 **의료급여기관이 청구한 의료급여비용의 지급을 보류**할 수 있도록 규정한 「의료급여법」은 의료기관을 개설하여 의료급여기관으로 운영하는 **의료기관 개설자의 재산권 제한**(2024.6.27. 2021헌가19) → ① **재산권 침해** ② **재판청구권 제한 아님**

(2) 합헌판례

1	【공무원범죄로 퇴직연금 감액 시 특별사면·복권 미규정 (합헌)】 공무원이거나 공무원이었던 사람이 재직 중의 사유로 금고 이상의 형을 받거나 형이 확정된 경우 **퇴직급여 및 퇴직수당의 일부를 감액**하여 지급함에 있어 그 이후 형의 선고의 효력을 상실하게 하는 **특별사면 및 복권**을 받은 경우를 달리 취급하는 규정을 두지 아니한「공무원연금법」은 **재산권 및 인간다운 생활을 할 권리 침해 아님**(2020.4.23. 2018헌바402)
2	【공무원 형제자매들의 유족연금 제외 (기각)】 공무원이 유족 없이 사망하였을 경우, **연금수급자의 범위를 직계존비속으로만 한정**하고 있는「공무원연금법」은 공무원의 형제자매 등 다른 상속권자들의 **재산권 침해 아님**(2014.5.29. 2012헌마555) / → 국민연금법상의 수급권의 범위와 비교하여 **평등권 침해 아님**
3	【19세 이상 자녀 유족급여수급권 제외 (합헌)】 입법자가 **연령과 장애 상태**를 독자적 생계유지가능성의 판단기준으로 삼아 대통령령이 정하는 정도의 장애 상태에 있지 아니한 **19세 이상의 자녀를 유족의 범위에서 제외**한 것은 유족급여수급권의 본질적 내용 침해하였다거나 입법형성권의 범위 벗어난 것 아님(2019.11.28. 2018헌바335) / → **재산권과 평등권 침해 아님**
4	【재직 중 사유로 금고 이상 형받은 때 명예퇴직수당 필요적 환수 (합헌)】 명예퇴직공무원이 재직 중의 사유로 금고 이상의 형을 받은 때에는 명예퇴직수당을 필요적으로 환수하도록 한「국가공무원법」은 **재산권 침해 아님**(2010.11.25. 2010헌바93)
5	【조기노령연금 수급개시연령 인상 (기각)】 연금수급권의 내용은 사회·경제적 상황을 고려한 입법자의 정책적 판단에 의하여 변경될 수 있어 **조기노령연금의 수급개시연령에 대한 신뢰는 보호가치가 크지 않으**므로, 조기노령연금을 수급할 수 있는 연령의 59세에서 60세로 인상은 **재산권 침해 아님**(2013.10.24. 2012헌마906)
6	【양로시설 입소시 국가유공자 부가연금·생활조정수당 지급정지 (기각)】 국가 등의 **양로시설 등에 입소하는 국가유공자에게 부가연금, 생활조정수당 등의 지급을 정지**한다 하더라도 **국가유공자의 재산권 침해 아님**(2000.6.1. 98헌마216)

3 상속·증여 관련

(1) 위헌판례

1	【3개월내 한정승인·상속포기 못한 경우 단순승인 의제 (헌불)】 상속인이 귀책사유 없이 상속채무가 적극재산을 초과하는 사실을 알지 못하여 **상속개시 있음을 안 날로부터 3월내에 한정승인 또는 포기를 하지 못한 경우에도 단순승인을 한 것으로 보는** 「민법」은 **재산권, 사적자치권 위반**(1998.8.27. 96헌가22 등)
2	【상속분가액지급청구권에 대한 10년 제척기간 (위헌)】 상속개시 후 인지 또는 재판확정에 의하여 공동상속인이 된 자가 다른 공동상속인에 대해 그 상속분에 상당한 가액의 지급에 관한 **상속분가액지급청구권을 행사**하는 경우에도 「민법」의 '상속권의 침해행위가 있은 날부터 10년'의 상속회복청구권에 관한 제척기간을 적용하도록 한 것은 **재산권 및 재판청구권 침해**(2024.6.27. 2021헌마1588)
3	【유류분 (헌불)】「민법」에 따른 유류분제도는 피상속인의 증여나 유증에 의한 자유로운 재산처분을 제한하고, 피상속인으로부터 증여나 유증을 받았다는 이유로 **유류분반환청구의 상대방이 되는 자의 재산권 제한**(2024.4.25. 2020헌가4 등) / → 패륜적 상속인의 유류분 인정 및 피상속인의 형제자매까지 유류분 인정은 위헌
4	【배우자상속재산분할기한까지 미신고시 상속공제부인 (헌불)】 배우자의 상속공제를 인정받기 위한 요건으로 배우자상속재산분할기한까지 배우자의 상속재산을 분할하여 신고할 것을 요구하면서 위 기한이 경과하면 **일률적으로 배우자의 상속공제를 부인**하고 있는「상속세 및 증여세법」은 배우자인 상속인의 **재산권 침해**(2012.5.31. 2009헌바190)
5	【상속인에 재산 증여받고 상속포기자 불포함 (위헌)】「상속세법」중 '상속인'의 범위에 '상속개시 전에 피상속인으로부터 상속재산가액에 가산되는 재산을 증여받고 상속을 포기한 자'를 포함하지 않은 것은 상속을 승인한 자의 **재산권 침해**(2008.10.30. 2003헌바10)

(2) 합헌판례

1	【상속재산에 관한 포괄·당연승계주의 (합헌)】 상속재산에 관한 포괄·당연승계주의는 입법자가 입법형성권을 자의적으로 행사하였거나 **재산권 및 사적 자치권 침해 아님**(2004.10.28. 2003헌가1)
2	【상속회복청구권 단기 제척기간 (합헌)】 상속회복청구권의 행사기간을 상속권의 침해행위가 있은 날부터 10년 또는 **상속침해를 안 날로부터 3년**이라는 단기의 행사기간으로 규정하더라도 상속인의 **재산권, 사적자치권, 재판청구권 침해 아님**(2009.9.24. 2008헌바2) 유사 【참칭상속인의 범위에 공동상속인을 포함한 상속회복청구권 제척기간 (합헌)】 상속회복청구권에 대하여 단기의 제척기간을 규정하고 있는 「민법」을 적용함에 있어 **공동상속인을 참칭상속인의 범위에 포함**시키는 것은 **진정상속인의 재산권 및 재판청구권 침해 아님**(2006.2.23. 2003헌바38 등)
3	【피상속인 부양의무 불이행 직계존속의 상속권 인정 (합헌)】 피상속인에 대한 부양의무를 이행하지 않은 직계존속의 경우를 **상속결격사유로 규정하지 않은** 「민법」 조항은 상속관계에 관한 법적 안정성의 확보 등을 고려할 때 입법형성권의 한계를 일탈하여 다른 상속인의 **재산권 침해 아님**(2018.2.22. 2017헌바59)

4 사법상 행위 관련

(1) 위헌판례

1	【경과실에 의한 실화시 실화피해자의 손해배상청구권 부정 (헌불)】 일반 불법행위에 대한 과실책임주의의 예외로서 **경과실로 인한 실화**의 경우 실화피해자의 **손해배상청구권을 전면부정**하고 있는 「실화책임법」은 **재산권 침해**(2007.8.30. 2004헌가25)
2	【상호신용금고 예금자우선변제제도 (위헌)】 상호신용금고의 예금채권자에게 예탁금의 한도 안에서 상호신용금고의 총재산에 대하여 **다른 채권자에 우선하여 변제받을 권리**를 부여하고 있는 상호신용금고법상 **예금자우선변제제도**는 **일반채권자의 평등권과 재산권 침해**(2006.11.30. 2003헌가14 등)

(2) 합헌판례

1	① 【법정이율 5% (합헌)】 법정이율을 연 5분으로 정한 「민법」 조항은 법정이율은 다른 법률의 정함이나 당사자 사이의 약정이 없는 경우에만 적용되므로 **채무자의 재산권 침해 아님**(2017.5.25. 2015헌바421) ② 【계약 해제에 따른 금전 원상회복시 이자가산 (합헌)】 계약의 이행으로 받은 금전을 계약 해제에 따른 원상회복으로서 **반환**하는 경우 그 받은 날로부터 **이자를 지급**하도록 한 「민법」은 원상회복의무자의 **재산권 침해 아님**(2017.5.25. 2015헌바421)
2	【파산절차에서 면책예외 및 파산채권자의 악의 입증책임 (합헌)】 개인파산절차에서 면책을 받은 채무자가 **악의로 채권자목록에 기재하지 않은 청구권에 대해서만 면책의 예외를 인정**하고, 파산채권자에게 채무자의 악의를 입증하도록 규정한 「채무자회생법」은 파산채권자의 **재산권 침해 아님**(2014.6.26. 2012헌가22)

5 기타 재산권 제한

1	【직선제(경북대) 총장 후보자 기탁금 (기각)】 경북대 총장임용후보자선거의 후보자로 등록하려면 3,000만 원의 기탁금을 납부하고 제1차 투표에서 **유효투표수의 100분의 15 이상**을 득표한 경우에는 **기탁금 전액**을, 100분의 10 이상 100분의 15 미만을 득표한 경우에는 **기탁금 반액을 반환**하고, 반환되지 않은 기탁금은 **경북대학교발전 기금에 귀속**하도록 정한 것은 **재산권 침해 아님**(2022.5.26. 2020헌마219) → **기탁금귀속은 공무담임권보다 재산권 중심으로 심사.**	
2	【사업시행자에 문화재발굴비용 부담 (합헌)】 건설공사를 위하여 문화재발굴허가를 받아 **매장문화재를 발굴**하는 경우에 그 발굴비용을 사업시행자가 부담하도록 하는 「문화재보호법」은 **재산권 침해 아님**(2010.10.28. 2008헌바74)	
3	【1년내 공사 미착수시 필요적 건축허가취소 (합헌)】 건축허가를 받은 자가 **1년 이내에 공사에 착수하지 아니한 경우 건축허가를 필수적 취소**하도록 규정한 「건축법」은 **재산권 침해 아님**(2010.2.25. 2009헌바70)	
4	【성매매 건물제공행위 처벌 (합헌)】 성매매에 제공되는 사실을 알면서 건물을 제공하는 행위를 처벌하는 「성매매처벌법」은 집창촌에서 건물을 소유하거나 권리권한을 가지고 있는 자의 **재산권 침해 아님**(2012.12.27. 2011헌바235)	
5	【국회의원 보유 직무관련 주식의 매각·백지신탁 (합헌)】 국회의원이 보유한 직무관련성 있는 주식의 매각 또는 백지신탁을 명하고 있는 「공직자윤리법」은 국회의원의 **재산권 침해 아님**(2012.8.23. 2010헌가65)	
6	【친일재산 국고귀속 (합헌)】 소유권이 국가에 귀속되는 '친일재산'의 범위를 '친일반민족행위자가 국권침탈이 시작된 러·일전쟁 개전시부터 1945년 8월 15일까지 일본제국주의에 협력한 대가로 취득하거나 이를 상속받은 재산 또는 친일재산임을 알면서 유증·증여를 받은 재산'으로 규정하고 있는 **친일재산귀속법**은 **재산권 침해 아님**(2018.4.26. 2016헌바454)	
7	【사기이용계좌 지급정지·거래제한 (기각)】 전기통신금융사기의 피해자가 피해구제 신청을 하는 경우, 피해자의 자금이 송금·이체된 계좌 및 해당 계좌로부터 자금의 이전에 이용된 계좌를 지급정지하는 「통신사기피해환급법」은 **재산권 침해 아님**(2022.6.30. 2019헌마579)	
8	【총포 보관 (합헌)】 공기총의 소지허가를 받은 자로 하여금 공기총을 일률적으로 허가관청이 지정하는 곳에 보관하도록 하고 있는 「총포화약법」은 보관방법에 대한 제한일 뿐이므로 **과잉금지원칙 위배 아님**(2019.6.28. 2018헌바400)	

POINT 145 공용침해와 손실보상　Ⓑ

제23조 ③ **【공용침해와 손실보상】** 공공필요에 의한 재산권의 **수용·사용 또는 제한** 및 그에 대한 **보상은 법률**로써 하되, **정당한 보상**(완전한 보상 ×, 상당한 보상 ×)을 지급하여야 한다.[6]

1 사회적 제약과 공용침해

(1) 사회적 제약(§23①,②)과 공용침해(§23③)

① 【내용·한계 형성 vs 수용】 법률조항에 의한 재산권 제한이 **헌법 제23조 제1항, 제2항**에 근거한 **재산권의 내용과 한계**를 정한 것인지, 아니면 **헌법 제23조 제3항**에 근거한 **재산권의 수용**을 정한 것인지를 판단함에 있어서는 **전체적인 재산권 제한의 효과를 종합적이고 유기적으로 파악**하여 그 제한의 성격을 이해하여야 함 /

(2) 사회적 제약 관련판례 (공용침해가 아닌 경우)

1	① 【학교정화구역 내 여관금지 : 공용침해 아님 (합헌)】 학교환경위생정화구역 안에서 여관시설 및 영업행위를 금지하는 「학교보건법」은 공익목적을 위하여 개별적·구체적으로 이미 형성된 구체적 재산권을 박탈·제한하는 것이 아니므로, 보상을 요하는 **헌법 제23조 제3항 소정의 수용·사용 또는 제한 아님**(2006.3.30. 2005헌바110) ㄴ ② 【재산권 침해 아님 (합헌)】 재산권 제한의 범위나 정도는 초·중·고등학교 및 대학교의 건전한 교육환경의 조성과 교육의 능률화라는 공익과 비교형량 하여 볼 때 **재산권 침해 아님**(2006.3.30. 2005헌바110) ㄴ
2	【도축장 사용정지·제한명령 (합헌)】 가축전염병의 확산을 막기 위한 방역조치로서 도축장 사용정지·제한명령은 공익목적을 위하여 이미 형성된 구체적 재산권을 박탈하거나 제한하는 헌법 제23조 제3항의 수용·사용 또는 제한이 아니라, 도축장 소유자들이 수인하여야 할 사회적 제약으로서 **헌법 제23조 제1항의 재산권의 내용과 한계에 해당**(2015.10.21. 2012헌바367) /
3	【살처분 보상금 (합헌)】 「가축전염병 예방법」상 살처분은 가축의 전염병이 전파가능성과 위해성이 매우 커서 타인의 생명, 신체나 재산에 중대한 침해를 가할 우려가 있는 경우 이를 막기 위해 취해지는 조치로서 **가축 소유자가 수인해야 하는 사회적 제약의 범위**(2014.4.24. 2013헌바110) ㄴ
4	① 【수인한계 초과시 보상규정 : 입법재량】 「가축전염병 예방법」에 따른 가축의 살처분으로 인한 재산권의 제약은 가축의 소유자가 수인해야 하는 **사회적 제약의 범위**에 속하나, 권리자에게 수인의 한계를 넘어 가혹한 부담이 발생하는 예외적인 경우에는 이를 완화하는 보상규정을 두어야 하고, 그 **방법에 관하여는 입법자에게 광범위한 형성의 자유** 부여(2024.5.30. 2021헌가3) ㄴ ② 【축산계열화사업자 소유 가축 살처분 보상금을 계약사육농가에 지급 (헌불)】 살처분된 가축의 소유자가 축산계열화사업자인 경우에는 계약사육농가의 수급권 보호를 위하여 보상금을 계약사육농가에 지급한다고 규정한 「가축전염병 예방법」은 축산계열화사업자가 가축의 소유자라 하여 살처분 보상금을 오직 계약사육농가에게만 지급하는 방식으로 축산계열화사업자에 대한 재산권의 과도한 부담을 완화하기에 적절한 보상조치라고 할 수 없으므로 입법형성재량의 한계를 벗어나 **가축의 소유자인 축산계열화사업자의 재산권 침해**(2024.5.30. 2021헌가3) /
5	【고의로 문화재의 효용을 해하는 은닉 금지 (기각)】 문화재의 사용, 수익, 처분에 있어 **고의로 문화재의 효용을 해하는 은닉을 금지**하는 「문화재보호법」은 **문화재에 관한 재산권 행사의 사회적 제약을 구체화한 것**(2007.7.26. 2003헌마377) /

6	① 【댐사용권은 재산권】 댐사용권은 사적유용성 및 그에 대한 원칙적 처분권을 내포하는 재산가치 있는 구체적 권리로서 **재산권 보장 대상**(2022.10.27. 2019헌바44)
② 【댐사용권 취소·변경 : 내용·한계 & 사회적 제약 (합헌)】 댐사용권을 취소·변경할 수 있도록 한 「댐건설관리법」은 이미 형성된 구체적인 재산권을 공익을 위하여 개별적·구체적으로 박탈·제한하는 것으로서 보상을 요하는 **헌법 제23조 제3항의 수용·사용·제한**이라고 볼 수 없고, 적정한 수자원의 공급 및 수재방지 등 공익적 목적에서 건설되는 **다목적댐에 관한 독점적 사용권인 댐사용권의 내용과 한계를 정하는 규정**인 동시에 공익적 요청에 따른 **재산권의 사회적 제약을 구체화**하는 규정(2022.10.27. 2019헌바44)
③ 【댐사용권 취소·변경 시 부담금 일부 반환 (합헌)】 댐사용권의 취소·변경 처분을 할 경우 **국가는 댐사용권자가 납부한 부담금·납부금의 일부를 반환**하도록 하고, 반환할 금액은 대통령령에서 정하는 상각액을 뺀 금액을 초과하지 못하도록 규정한 것은 **신뢰보호원칙 위반 아님**(2022.10.27. 2019헌바44)
7	① 【역사문화미관지구 지정】 「국토계획법」상 문화재와 문화적으로 보존가치가 큰 건축물 등의 미관을 유지·관리하기 위해 필요한 지구를 지정하여 그 지정목적에 부합하지 않는 **토지이용을 제한**하는 조항들은, 입법자가 '**토지재산권에 관한 권리와 의무를 일반·추상적으로 확정**하는' 헌법 제23조 제1항 및 제2항의 재산권의 내용과 한계에 관한 규정이자 **재산권의 사회적 제약을 구체화**하는 규정(2012.7.26. 2009헌바328)
② 【비례원칙 위반 아님 (합헌)】 국토해양부장관, 시·도지사가 도시관리계획으로 '**역사문화미관지구**'를 지정하고 지구 내 토지소유자들에게 **지정 목적에 맞는 건축제한** 등 재산권 제한을 부과하면서 **아무런 보상조치를 규정하고 있지 않은** 「국토계획법」은 **비례원칙 위반 아님**(2012.7.26. 2009헌바328)
8	① 【국도 주변 광업권에 대한 채굴제한】 광업권자는 도로 등 일정한 장소에서는 **관할관청의 허가나 소유자 또는 이해관계인의 승낙**이 없으면 광물을 채굴할 수 없도록 규정한 구「광업법」은 입법자가 광업권에 관한 권리와 의무를 일반·추상적으로 확정하는, 재산권의 내용과 한계를 정하는 규정인 동시에 **재산권의 사회적 제약을 구체화하는 규정**(2014.2.27. 2010헌바483)
② 【비례원칙 위반 아님 (합헌)】 도로 등 영조물 주변 일정 범위에서 **광업권자의 채굴행위를 제한**하는 「광업법」은 **재산권에 대한 사회적 제약의 범위 내에서 광업권을 제한**한 것으로 광업권자의 **재산권 침해 아님**(2014.2.27. 2010헌바483)
9	【공공시설의 관리청 무상 귀속 (합헌)】 행정청이 아닌 사업주체가 새로이 설치한 **공공시설**이 그 시설을 관리할 **관리청에 무상으로 귀속**되도록 한 구「주택건설촉진법」은 헌법 제23조 제3항에 따른 정당한 보상의 원칙에 위배되었는지가 아니라 이러한 **공공시설의 설치와 관련한 부담의 부과와 그 소유권의 국가귀속이 재산권에 대한 사회적 제약의 범위 내의 제한인지 여부 심사**(2015.2.26. 2014헌바177)
10	【강제집행 불가능시 손실보상법률 입법부작위 (각하)】 외교관계에 관한 비엔나협약에 의하여 외국의 대사관저에 대해 **강제집행이 불가능**하게 된 경우 국가가 강제집행신청인의 손실을 보상하는 법률을 제정하여야 할 헌법상의 명시적인 입법위임은 인정되지 아니하고, 헌법의 해석으로도 기본권을 보호하여야 할 **입법자의 행위의무 내지 보호의무 발생 안함**(1998.5.28. 96헌마44)
11	① 【5.24 조치는 재산권의 사회적 제약】 통일부장관이 2010. 5. 24. 발표한 북한에 대한 신규투자 불허 및 진행 중인 사업의 투자확대 금지 등을 내용으로 하는 대북조치로 인해 개성공단에서 투자하던 사업자의 토지이용권을 사용·수익하지 못하게 되는 제한이 발생하였으나, 2010. 5. 24.자 대북조치로 인한 **토지이용권의 제한은 헌법 제23조 제1항, 제2항에 따라 재산권의 내용과 한계를 정한 것인 동시에 재산권의 사회적 제약을 구체화하는 것임**(2022.5.26. 2016헌마95)
② 【2010. 5. 24.자 대북조치로 인한 개성공단 보상입법요구 (각하)】 통일부장관이 2010. 5. 24. 발표한 북한에 대한 신규투자 불허 및 진행 중인 사업의 투자확대 금지 등을 내용으로 하는 **대북조치**로 인하여 재산상 손실을 입은 자에 대한 **보상입법의무 도출 안 됨**(2022.5.26. 2016헌마95) → 재산권 침해 아님

| 12 | ① 【개성공단 전면중단조치 : 통치행위 but 헌소대상】 개성공단 전면중단 조치는 고도의 정치적 결단을 요하는 문제이나, 조치 결과 개성공단 투자기업인에게 **기본권 제한이 발생**하였고, 국민의 기본권 제한과 직접 관련된 공권력의 행사는 고도의 정치적 고려가 필요한 행위라도 **헌소 대상**(2022.1.27. 2016헌마364)³
② 【헌법과 법률에 근거한 조치】 개성공단 전면중단 조치는 국제평화를 위협하는 북한의 핵무기 개발을 경제적 제재조치를 통해 저지하려는 국제적 합의에 이바지하기 위한 조치로서 **헌법과 법률에 근거한 조치**(2022.1.27. 2016헌마364)¹
③ 【국무회의 심의 안거쳐도 흠결 없음】 구체적으로 어떤 정책을 필수적으로 국무회의의 심의를 거쳐야 하는 중요한 정책으로 보아야 하는지는 **대통령이나 국무위원에게 일정 정도의 판단재량**이 인정되는 것으로 보아야 하고, **대통령이나 국무위원의 일차적 판단**이 명백히 비합리적이거나 자의적인 것이 아닌 한 **존중**(2022.1.27. 2016헌마364)¹ → 대통령이 개성공단의 운영중단 결정 과정에서 **국무회의 심의를 거치지 않았더라도** 그 결정에 헌법과 법률이 정한 절차를 위반한 하자가 있다거나, **적법절차원칙**에 따라 필수적으로 요구되는 절차를 거치지 않은 **흠결 없음**¹
④ 【적법절차원칙 위반 아님】 국무회의 심의, 이해관계자에 대한 의견청취절차 등을 거치지 않았더라도 개성공단 전면중단 조치는 **적법절차원칙**을 위반하여 개성공단 투자기업인의 **영업의 자유와 재산권 침해 아님**(2022.1.27. 2016헌마364)¹
⑤ 【개성공단 정상화 합의서 → 개성공단 전면중단조치】 '개성공단의 정상화를 위한 합의서'에는 국내법과 동일한 법적 구속력을 인정하기 어렵고, 과거 사례 등에 비추어 **개성공단의 중단 가능성은 충분히 예상**할 수 있었으므로, **개성공단 전면 중단 조치**는 **신뢰보호원칙**을 위반하여 개성공단 투자기업들의 **영업의 자유와 재산권 침해 아님**(2022.1.27. 2016헌마364)¹ → 공용제한이 아니므로 정당한 보상이 지급되지 않아도 **헌법 제23조 제3항 위반 아님**
⑥ 【영업손실·주가하락 재산권 아님】 개성공단 전면중단 조치에 의해 발생한 **영업상 손실이나 주식 등 권리의 가치하락**은 헌법 제23조의 **재산권 보장의 범위 아님**(2022.1.27. 2016헌마364)³
⑦ 【공용제한 아니므로 정당보상 불요】 개성공단 전면중단 조치는 공익 목적을 위하여 개별적, 구체적으로 형성된 구체적인 재산권의 이용을 제한하는 **공용제한이 아니므로**, 이에 대한 **정당한 보상이 지급되지 않았다고 하더라도** 그 조치가 **헌법 제23조 제3항**을 위반하여 개성공단 투자기업인의 **재산권 침해 아님**(2022.1.27. 2016헌마364)² |

2 공용침해

(1) 공공필요에 의한 공용침해

공용침해	① 【이미 형성된 권리 박탈·제한】 헌법 제23조 제3항에 따른 **재산권의 수용·사용 또는 제한**은 국가가 구체적인 공적 과제를 수행하기 위하여 **이미 형성된 구체적인 재산적 권리를 전면적 또는 부분적으로 박탈하거나 제한**하는 것을 의미¹ ② 【예외적 인정】 헌법은 국민의 구체적 재산권의 **자유로운 이용·수익·처분**을 보장하면서도 다른 한편 **공공필요에 의한 재산권의 수용**을 헌법이 규정하는 요건이 갖춰진 경우에 **예외적으로 인정**¹
공공필요	① 【공공필요】 재산권을 보장하면서 공용수용·사용·제한의 방식으로 재산권을 제한하는 경우에는 **공공필요라는 목적**이 있어야 함¹ ② 【공공필요의 공익성 < 공공복리】 헌법 제23조 제3항에서 규정된 '**공공필요**' 요건 중 '**공익성**'은 기본권 일반의 제한사유인 '**공공복리**'보다 **좁은 개념** (넓은 개념 ×)¹
민간기업에 의한 공용수용	① 【수용의 주체 : 공적기관 한정 아님】 헌법 제23조 제3항은 재산권 **수용의 주체를 한정하지 않고 있는바**, **수용의 주체를 국가 등 공적 기관에 한정하여 해석할 이유 없음** (공적기관에 한정하여 해석 ×)⁵ ② 【손실보상 요건 충족시 허용】 **민간기업에 의한 공용수용**은 헌법 제23조 제3항에 명시되어 있는 대로 국민의 재산권을 그 의사에 반하여 강제적으로라도 취득해야 할 **공익적 필요성**이 있을 것, **법률에 의거할 것**, **정당한 보상을 지급**할 것의 요건을 모두 갖추어야 함²

(2) 관련 판례

1	**공공필요** 【지역균형개발법상 민간개발자 고급골프장 수용 (헌불)】 행정기관이 개발촉진지구 지역개발사업으로 실시계획을 승인하고 이를 고시하기만 하면 **고급골프장 사업과 같이 공익성이 낮은 사업에 대해서까지도** 시행자인 민간개발자에게 수용권한을 부여하는 「지역균형개발법」은 **헌법 제23조 제3항 위반**(2014.10.30. 2011헌바172 등) ³	
2	**민간기업 주체** 【민간기업에게 토지수용권 부여 (합헌)】 민간기업을 수용의 주체로 규정하여 민간기업에게 **산업단지개발사업**에 필요한 토지 등을 수용할 수 있도록 하는 산업입지법은 **헌법 제23조 제3항 위반 아님**(2009.9.24. 2007헌바114) ¹	
3	【민간사업주체에게 매도청구권 부여 (합헌)】 **주택건설사업에서 사업계획승인을 받은 민간사업주체가 주택건설대지** 면적의 95퍼센트 이상의 사용권원을 확보한 경우 그 민간사업자로 하여금 **사용권원을 확보하지 못한 대지의 모든 소유자에게 시가(市價)로 매도청구**를 할 수 있도록 한 「주택법」은 **재산권 침해 아님**(2023.8.31. 2019헌바221 등) ²	

3 손실보상

(1) 정당한 보상 : 완전보상

정당한 보상	① 【객관적 가치의 완전한 보상】 헌법이 규정한 '**정당한 보상**'은 손실보상의 원인이 되는 재산권의 침해가 기존의 법질서 안에서 개인의 재산권에 대한 개별적인 침해인 경우 **피수용재산의 객관적인 재산가치를 완전하게 보상**하는 것이어야 한다는 **완전보상**을 의미 ⁶
개발이익	① 【객관적 가치 불포함】 **개발이익**은 공공사업의 시행에 의하여 비로소 발생하는 것이므로 피수용토지가 수용당시 갖는 **객관적 가치에 포함 안됨** (객관적 가치에 포함 ×) ¹ ② 【완전보상 불포함】 **개발이익**은 성질상 **완전보상**의 범위에 포함되지 **아니함** ¹

(2) 관련판례

1	**보상입법부작위** 【조선철도㈜ 주식의 보상금 입법부작위 (인용)】 **사설철도회사**의 재산 수용에 대한 보상절차규정을 두고 있던 군정법령이 폐지된 후, 30여년이 지나도록 보상을 위한 **아무런 입법조치를 취하지 않고 있는 것**은 손실보상청구권이 확정된 자의 **재산권 침해**(1994.12.29. 89헌마2) ¹	
2	**정당보상** 【개발이익 배제 손실보상액 산정 (합헌)】 공익사업의 시행으로 지가가 상승하여 발생하는 **개발이익을 배제하고 손실보상액을 산정**한다 하여 헌법이 규정한 **정당보상의 원리에 어긋나지 않음**(1990.6.25. 89헌마107) ³ 〔유사〕 【공시지가 기준 손실보상액 산정 (합헌)】 **공시지가**를 기준으로 토지수용으로 인한 손실보상액을 산정하되 개발이익을 배제하고 공시기준일부터 재결 시까지의 시점보정을 인근 토지의 가격변동률과 생산자물가상승률에 의하도록 한 것은 **정당보상원칙 위배 아님**(2013.12.26. 2011헌바162) ³	

POINT 146 국민투표권

제72조 【중요정책 국민투표권】 대통령은 필요하다고 인정할 때에는 외교·국방·통일 기타 국가안위에 관한 **중요정책**을 국민투표에 붙일 수 있다.⁴

제130조 ② 【헌법개정 국민투표권】 헌법개정안은 **국회가 의결한 후 30일 이내**에 국민투표에 붙여 **국회의원선거권자 과반수의 투표와 투표자 과반수의 찬성**을 얻어야 한다.²,³

1 국민투표제도

(1) 국민투표제도

국민투표제도	① 【헌법개정(필수) + 중요정책(재량)】 헌법상 직접민주주의에 따른 참정권으로 **헌법개정안에 대한 국민투표권**과, 외교·국방·통일 기타 국가안위에 관한 **중요정책에 대한 국민투표권**이 규정되어 있는데 **전자는 필수적이고 후자는 대통령의 재량임**³
국민의 승인절차	① 【정책에 대한 승인】 헌법 제72조에 의한 **중요정책에 관한 국민투표**는 국가안위에 관계되는 사항에 관하여 **대통령이 제시한 구체적인 정책에 대한 주권자인 국민의 승인절차**² ② 【헌법개정에 대한 승인】 헌법 제130조 제2항에 의한 **헌법개정에 관한 국민투표**는 대통령 또는 국회가 제안하고 국회의 의결을 거쳐 확정된 **헌법개정안에 대하여 주권자인 국민이 최종적으로 승인 여부를 결정하는 절차**³

(2) 국민투표권

헌법상 기본권	① 【참정권】 **국민투표권**은 국민이 국가의 특정 사안에 대해 **직접 결정권을 행사하는 권리**로서, 선거권·피선거권과 더불어 **국민의 참정권**의 한 내용으로 **헌법상 기본권** (기본권 아님 ×)⁴
주체 (국민)	① 【국민투표권자 = 선거권자】 대의기관 선출주체가 대의기관 의사결정에 대한 승인주체가 되므로, **국민투표권자의 범위는 대통령·국회의원선거권자와 일치** (일치될 필요없음 ×)⁶ ② 【국민】 국민투표는 선거와 달리 **국민이 직접 국가의 정치에 참여하는 절차**이므로, 국민투표권은 **대한민국 국민의 자격이 있는 사람에게 반드시 인정되어야 하는 권리**⁴ ③ 【재외선거인】 재외선거인은 대의기관을 **선출할 권리**가 있는 국민으로서 대의기관의 의사결정에 대해 **승인할 권리**가 있으므로, **국민투표권자에는 재외선거인 포함**¹ ④ 【재외선거인 배제 불가】 대한민국 국민인 재외선거인의 의사는 국민투표에 반영되어야 하고, **재외선거인의 국민투표권을 배제할 이유 없음**¹
국민투표운동	① 【당원의 자격이 없는 자】 「정당법」상 **당원의 자격이 없는 자는 국민투표에 관한 운동을 할 수 없음**³

(3) 관련 위헌판례

1	**헌법개정 국민투표 【신행정수도법 (위헌)】** 헌법의 개정은 반드시 **국민투표**를 거쳐야 하므로 국민은 헌법개정에 관하여 찬반투표로 그 의견을 표명할 권리를 가지는데, 우리나라의 수도가 서울인 점은 불문의 관습헌법에 속하는 것임에도 **헌법개정절차를 거치지 아니하고 하위 법률의 형식으로 수도이전을 확정한「신행정수도법」**은 헌법 제130조에 따라 헌법개정에 있어서 국민이 가지는 **국민투표권 침해**(2004.10.21. 2004헌마554 등)
2	① **【재외국민 국민투표권 박탈 불가】** 주민등록이 되어 있지 않고 국내거소신고도 하지 않은 **재외국민**이라도 추상적 위험이나 선거기술상 이유로 **국민투표권 박탈할 수 없음**(2014.7.24. 2009헌마256 등) ② **【재외선거인 국민투표권 제한 (헌불)】** 국회의원선거권자인 **재외선거인에게 국민투표권을 인정하지 않은 것**은 국회의원선거권자의 헌법개정안 국민투표 참여를 전제하고 있는 **헌법 제130조 제2항의 취지에 부합하지 않음**(2014.7.24. 2009헌마256 등) 유사 **【재외국민의 국민투표권 행사 전면배제 (헌불)】** 주권자인 국민의 지위에 아무런 영향을 미칠 수 없는 주민등록여부만을 기준으로 하여, **주민등록을 할 수 없는 재외국민의 국민투표권 행사를 전면적으로 배제**하고 있는「국민투표법」은 **국민투표권 침해**(2007.6.28. 2004헌마644 등)

(4) 국민투표권 침해 가능성 부정 판례

1	① **【한미 FTA로 성문헌법 개정 불가】** 한미무역협정은 국회의 동의를 필요로 하는 **우호통상항해조약**의 하나로서 법률적 효력이 인정되므로 그에 의하여 **성문헌법이 개정될 수 없음**(2013.11.28. 2012헌마166) ② **【국민투표권 침해 가능성 無 (각하)】** 한미무역협정은 우호통상항해조약의 하나로서 **성문헌법을 개정하는 효력이 없으므로** 한미무역협정의 체결로 헌법개정절차에서의 **국민투표권 침해의 가능성은 인정될 수 없음**(2013.11.28. 2012헌마166)

2 중요정책 국민투표 (§72)

(1) 대통령의 국민투표부의권

재량적 권한	① **【국민의 직접적 의사 확인 불요】** 헌법 제72조는 국민투표에 부쳐질 중요정책인지 여부를 **대통령이 재량에 의하여 결정**하도록 명문으로 규정하고 있는바, 중요 정책에 관한 사항이라 하더라도 **반드시 국민의 직접적인 의사를 확인하여 결정**해야 한다고 보는 것은 **전체적인 헌법체계와 조화를 이룰 수 없음** ② **【독자결정 可】** 대통령은 외교·국방·통일 기타 국가안위에 관한 중요정책이라도 국민투표에 부치지 않고 **독자적으로 결정할 수 있음** (중요정책국민투표 미실시 국민투표권 침해 ×) ③ **【재량적 권한】** 국가안위에 관한 중요정책으로서 **국민투표에 붙여질 사안인지 여부는 대통령의 재량**에 의해 결정
독점적 권한	① **【독점적 권한】** 헌법 제72조는 **대통령**에게 국민투표의 실시 여부, 시기, 구체적 부의사항, 설문내용 등을 결정할 수 있는 **임의적인 국민투표발의권을 독점적**으로 부여하고 있음

(2) 국민투표 부의대상

중요정책	① 【엄격·축소 해석】 대통령이 국민투표를 정치적 무기화하고 정치적으로 남용할 수 있는 위험성이 있다는 점을 고려하면, 대통령의 국민투표부의권을 부여하는 헌법 제72조는 대통령에 의한 국민투표의 정치적 남용을 방지할 수 있도록 엄격하고 축소적으로 해석
대통령에 대한 신임 불가	① 【대통령에 대한 신임】 헌법 제72조의 국민투표의 대상인 중요정책은 엄격하게 해석되어야 하므로 국민투표의 대상인 중요정책에는 대통령에 대한 신임이 포함되지 않음 ② 【헌법상 명문 규정 필요】 국민투표의 가능성은 국민주권주의나 민주주의원칙과 같은 일반적인 헌법원칙에 근거하여 인정될 수 없으며, 헌법에 명문으로 규정되지 않는 한 허용 안됨
대통령의 헌법상 의무 위반	① 【위헌적 국민투표부의권 행사】 대통령이 선거를 통하여 획득한 자신에 대한 신임을 국민투표의 형식으로 재확인하고자 하는 것은 국민투표부의권을 위헌적으로 행사하는 것 ② 【재신임투표 헌법상 의무위반】 대통령이 자신에 대한 재신임을 국민투표의 형태로 묻고자 하는 것은 국민투표제도를 자신의 정치적 입지를 강화하기 위한 정치적 도구로 남용해서는 안 된다는 헌법적 의무 위반 ③ 【제안 자체 : 대통령의 헌법상 의무 위반】 대통령이 위헌적인 재신임 국민투표를 단지 제안만 하였을 뿐 강행하지는 않았으나, 헌법상 허용되지 않는 재신임 국민투표를 국민에게 제안 자체로서 헌법 제72조에 반하는 것으로 헌법을 실현하고 수호해야 할 대통령의 의무 위반 (제안자체만으로는 헌법 제72조에 반하는 것은 아님 ×) ④ 【신임 결부 특정정책 국민투표 불허】 자신의 신임만을 묻는 국민투표가 아니라 특정 정책을 국민투표에 부치면서 이에 자신의 신임을 결부시키는 대통령의 행위도 허용될 수 없음 (신임을 결부시키는 행위는 허용 ×) ⑤ 【대통령 신임투표 부의권 無】 헌법은 대통령에게 국민투표를 통하여 직접적이든 간접적이든 자신의 신임여부를 확인할 수 있는 권한을 부여하지 않음

(3) 중요정책 국민투표권

국민투표 회부요구권 없음	① 【국민투표 불회부 : 위헌 아님】 특정의 국가정책에 대하여 다수의 국민들이 국민투표를 원하고 있음에도 불구하고 대통령이 이러한 희망과는 달리 국민투표에 회부하지 아니한다고 하여도 헌법 위반 아님 (헌법에 위반 ×) ② 【국민투표 회부요구권 없음】 국민은 특정의 국가정책을 국민투표에 회부할 것을 대통령에게 요구할 권리 없음 (요구할 권리가 있음 ×)
국민투표 부의시 행사 가능	① 【대통령의 국민투표부의시 행사 可】 대통령이 어떠한 정책을 국민투표에 부의한 경우에 비로소 행사가 가능한 기본권

(4) 관련판례 : 국민투표권 침해가능성 부정

1	**중요정책 국민투표 【행복도시법 (각하)】** 「신행정수도 후속대책을 위한 연기·공주지역 행정중심복합도시 건설을 위한 특별법」은 대통령이 이를 추진하고 집행하기 이전에 그에 관한 국민투표를 실시하지 아니하였다고 하더라도 국민투표권이 행사될 수 있는 계기인 대통령의 중요정책 국민투표 부의가 행해지지 않은 이상 청구인들의 국민투표권이 행사될 수 있을 정도로 구체화되었다고 할 수 없으므로 국민투표권 침해가능성 없음(2005.11.24. 2005헌마579 등)

POINT 147 사회적 기본권

CHAPTER 09 | 사회적 기본권

1 사회적 기본권

국가의 의무	① **【다른 국가적 과제와 조화】** **국가**는 사회적 기본권에 의하여 제시된 국가의 의무와 과제를 **국가의 현실적인 재정·경제능력의 범위 내**에서 **다른 국가 과제와의 조화**와 **우선순위결정**을 통하여 이행할 수밖에 없음 ²
최우선 배려 아님	① **【단지 적절한 고려】** 사회적 기본권은 **입법과정이나 정책결정과정**에서 사회적 기본권에 규정된 국가 목표의 무조건적인 최우선적 배려가 아니라 **단지 적절한 고려를 요청**하는 것 (무조건적인 최우선적 배려 요청 ×) ³

2 사회권과 자유권

구분	사회권	자유권
이념적 기초	• 현대사회복지국가헌법 • **사회국가원리**	• 근대입헌주의헌법 • **자유주의**
법적성격	• 실정법상의 권리 　(국가내적 권리)	• 자연법상의 권리 　(초국가적 권리)
	• 적극적 권리	• 소극적 권리
	• **추상적 권리**	• **구체적 권리**
주체	• **국민의 권리**	• **인간의 권리**

POINT 148 인간다운 생활을 할 권리

제34조 ① 【인간다운 생활을 할 권리】 모든 국민은 **인간다운 생활을 할 권리**를 가진다.

1 인간다운 생활을 할 권리

인간다운 생활을 할 권리	① 【최소한의 물질적 생활 유지 필요 급부요구권】 헌법 제34조 제1항이 보장하는 **인간다운 생활을 할 권리**는 사회권적 기본권의 일종으로서 인간의 존엄에 상응하는 **최소한의 물질적인 생활의 유지에 필요한 급부**를 요구할 수 있는 권리 ② 【법률로 구체화】 인간다운 생활을 할 권리는 국가가 **법률을 통하여 구체화**할 때에 비로소 인정되는 **법률적 권리** ③ 【여건에 따라 상이】 '인간다운 생활'은 그 자체가 **추상적이고 상대적인 개념**으로서 그 나라의 문화의 발달, 역사적·사회적·경제적 여건에 따라 **어느 정도는 달라짐**
최소한의 물질적 생활 이상	① 【최소한의 물질적 생활】 '인간다운 생활을 할 권리'로부터는 인간의 존엄에 상응하는 생활에 필요한 '**최소한의 물질적 생활**'의 유지에 필요한 급부를 요구할 수 있는 **구체적인 권리**가 상황에 따라서는 직접 도출될 수 있다고 할 수는 있어도, **직접 그 이상의 급부**를 내용으로 하는 **구체적인 권리를 발생케 한다고는 볼 수 없음** ② 【그 이상의 급부 요구는 법률상 권리】 인간다운 생활을 할 권리 중 최소한의 물질적 생활의 유지 이상의 급부를 요구할 수 있는 **구체적인 권리**는 **법률을 통하여 구체화**할 때에 비로소 인정되는 **법률적 차원의 권리**

2 기속력의 의미와 사법심사

(1) 기속력의 의미

기속력 상이	① 【국가기관에 따른 기속력 상이】 모든 국민은 **인간다운 생활을 할 권리**를 가지며 국가는 **생활능력 없는 국민을 보호할 의무**가 있다는 헌법의 규정은 **모든 국가기관을 기속**하지만, 기속의 의미는 **적극적·형성적 활동**을 하는 **입법부 또는 행정부**의 경우와 헌법재판에 의한 **사법적 통제기능**을 하는 **헌법재판소에 있어서 동일하지 않음** (기속력 의미 동일 ×)
행위규범 vs 통제규범	① 【행위규범(최대한) vs 통제규범(최소한)】 인간다운 생활을 할 권리는 **입법부와 행정부**에 대하여는 **행위규범**으로 작용하지만, **헌법재판소**에 있어서는 **통제규범**으로 작용 ② 【통제규범 : 객관적 최소 조치】 헌법재판에서는 **입법부나 행정부**가 국민으로 하여금 인간다운 생활을 영위하도록 하기 위하여 **객관적으로 필요한 최소한의 조치를 취할 의무**를 다하였는지를 기준으로 국가기관의 행위의 **합헌성을 심사**하여야 한다는 **통제규범**으로 작용

(2) 사법심사

객관적 최소한 보장 여부	① 【객관적 최소한의 보장 : 최저생활보장 입법부작위 or 명백히 재량일탈】 국가가 **인간다운 생활을 보장**하기 위한 헌법적 의무를 다하였는지의 여부가 사법적 심사의 대상이 된 경우에는, 국가가 **최저생활보장(생계보호)**에 관한 **입법을 전혀 하지 아니하였다든가** 그 내용이 현저히 불합리하여 헌법상 용인될 수 있는 재량의 범위를 명백히 일탈한 경우에 한하여 **헌법에 위반** (국가가 최저생활보장에 관한 입법을 전혀 하지 아니한 경우에만 위헌 ×) 11
총괄 판단	① 【특정한 법률 + 다른 법령 총괄 판단】 인간다운 생활을 보장하기 위한 **객관적인 내용의 최소한**을 보장하고 있는지 여부는 **특정한 법률에 의한 생계급여만을** 가지고 판단하여서는 안 되고, **다른 법령**에 의거하여 국가가 최저생활보장을 위하여 지급하는 **각종 급여나 각종 부담의 감면 등을 총괄한 수준으로 판단** (총괄한 수준으로 판단할 것을 요구하지는 않음 ×) 6

3 관련판례

(1) 사회부조 (국민기초생활 보장법)

1	【일반 최저생계비 미달 생계보호급여 수준 (기각)】 보건복지부장관이 고시한 **생활보호사업지침상 생계보호급여 수준**이 일반 최저생계비에 못 미치더라도 그 사실만으로 국민의 **인간다운 생활을 보장**하기 위하여 국가가 실현해야 할 **객관적 내용의 최소한도의 보장에 이르지 못하였다거나** 헌법상 용인될 수 있는 **재량의 범위 명백히 일탈 아님**(1997.5.29. 94헌마33) ↗ → 행복추구권이나 인간다운 생활을 할 권리 침해 아님 /
2	【'대학원 재학생'과 '고아'를 조건 부과 유예자에 미포함 (기각)】 「국민기초생활 보장법 시행령」상 '**대학원에 재학 중인 사람**'과 '**부모에게 버림받아 부모를 알 수 없는 사람**'을 조건 부과 유예의 대상자에 포함시키지 않은 것은 국가가 **인간다운 생활을 보장**하기 위한 조치를 취함에 있어서 실현해야 할 **객관적 내용의 최소한도 보장**에 이르지 못하였다거나 **헌법상 용인될 수 있는 재량의 범위 명백히 일탈 아님**(2017.11.30. 2016헌마448) ↗ → 인간다운 생활을 할 권리 침해 아님 ↗
3	【기초연금을 이전소득에 포함 기초생활보장급여액 감소 (기각)】 기초연금 수급액을 「국민기초생활 보장법」상 **이전소득에 포함시키도록** 하는 것은 기초연금을 함께 수급하고 있거나 장차 수급하려는 「국민기초생활 보장법」상 **수급자인 노인들의 인간다운 생활을 할 권리 침해 아님**(2019.12.27. 2017헌마1299) /
4	【수용자 개별가구 제외 (기각)】 **구치소·치료감호시설에 수용 중인 자**에 대하여 「국민기초생활 보장법」에 의한 중복적인 보장을 피하기 위하여 **개별가구에서 제외한 입법자의 판단**은 헌법상 용인될 수 있는 재량의 범위를 일탈하여 **인간다운 생활을 할 권리와 보건권 침해 아님**(2012.2.23. 2011헌마123) 5

(2) 연금·보험 등

1	【**퇴직연금 수급자 유족연금감액 지급 (기각)**】 퇴직연금 수급자가 유족연금을 함께 받게 된 경우에 **그 유족연금액의 2분의 1을 빼고 지급**하도록 하는 「공무원연금법」은 입법형성의 한계를 벗어나 **인간다운 생활을 할 권리 및 재산권 침해 아님**(2020.6.25. 2018헌마865)
2	【**재혼시 유족급여수급권 상실 (합헌)**】 재혼을 유족연금수급권 상실사유로 규정한 「공무원연금법」은 입법재량 한계를 벗어나 **재혼한 배우자의 인간다운 생활을 할 권리와 재산권 침해 아님**(2022.8.31. 2019헌가31)
3	【**유족연금수급권 소멸시효 5년 (합헌)**】 유족연금수급권은 급여의 사유가 발생한 날로부터 **5년간 이를 행사**하지 아니하면 **시효로 인하여 소멸**하도록 한 「군인연금법」은 유족연금수급권자의 **인간다운 생활을 할 권리나 재산권 침해 아님**(2021.4.29. 2019헌바412)
4	【**공무원의 휴업급여·상병보상연금 미도입 (기각)**】 공무원에게 재해보상을 위하여 실시되는 급여의 종류로 **휴업급여 또는 상병보상연금 규정을 두고 있지 않은** 「공무원재해보상법」는 **인간다운 생활을 할 권리 침해 아님**(2024.2.28. 2020헌마1587)
5	【**공무원퇴직연금일시금 수령시 기초연금 배제 (합헌)**】 「공무원연금법」에 따른 퇴직연금일시금을 지급받은 사람 및 배우자를 기초연금 수급권자의 범위에서 제외하는 것은 **인간다운 생활을 할 권리 침해 아님**(2020.5.27. 2018헌바398)
6	【**연금보험료 미납자 유족연금 지급 제한 (합헌)**】 연금보험료를 낸 기간이 연금보험료를 낸 기간과 연금보험료를 내지 아니한 기간을 합산한 기간의 3분의 2보다 짧은 경우 유족연금 지급을 제한한 「국민연금법」은 **인간다운 생활을 할 권리 및 재산권 침해 아님**(2020.5.27. 2018헌바129)
7	【**소득월액보험료 체납자 건강보험급여 제한 (합헌)**】 직장가입자가 **소득월액보험료를 일정 기간 이상 체납**한 경우 체납한 보험료를 완납할 때까지 국민건강보험공단이 가입자 및 피부양자에 대하여 **보험급여를 실시하지 아니할 수 있도록** 한 「국민건강보험법」은 해당 직장가입자의 **인간다운 생활을 할 권리나 재산권 침해 아님**(2020.4.23. 2017헌바244)
8	【**수용자 건강보험급여 정지 (기각)**】 교도소에 수용된 때에는 보험료 납입의무를 면제하고 국민건강보험급여를 정지하도록 한 「국민건강보험법」은 수용자의 **건강권, 인간의 존엄성, 행복추구권, 인간다운 생활을 할 권리 침해 아님**(2005.2.24. 2003헌마31 등) → 보험급여가 정지되는 경우 보험료 납부의무도 면제되므로 **재산권 침해로 다툴 수 없음**
9	【**직계혈족의 배우자 유족 범위 미포함 (합헌)**】 「산업재해보상보험법」상 **유족급여를 수령할 수 있는 소정의 유족의 범위에 '직계혈족의 배우자'를 포함시키고 있지 않은 것**은 입법형성의 한계를 일탈하여 **인간다운 생활을 할 권리 침해 아님**(2012.3.29. 2011헌바133)
10	【**재요양 당시 임금기준 휴업급여 산정 (합헌)**】 재요양을 받는 경우에 재요양 당시의 임금을 기준으로 휴업급여를 산정하도록 하고, 재요양 당시 임금이 없으면 **최저임금액을 기준으로 휴업급여를 지급**하도록 한 「산업재해보상보험법」은 근로자의 **인간다운 생활을 할 권리 침해 아님**(2024.4.25. 2021헌바316)

(3) 기타 급부

1	【**국가유공자의 보상금수급권 등록신청한 달 발생 (기각)**】 「국가유공자법」이 보상 받을 권리의 발생시기를 국가보훈처장에게 등록신청을 한 날이 속하는 달부터 발생하도록 한 것은 **행복추구권 및 인간다운 생활을 할 권리 침해 아님**(2011.7.28. 2009헌마27)
2	【**월평균임금 기준 지뢰피해자등 위로금 산정 (합헌)**】 지뢰피해자 및 그 유족에 대한 위로금 산정 시 사망 또는 상이를 입을 당시의 월평균임금을 기준으로 하고, 그 기준으로 산정한 위로금이 2천만 원에 이르지 아니할 경우 2천만 원을 초과하지 아니하는 범위에서 **조정·지급**할 수 있도록 한 「지뢰피해자법」은 **인간다운 생활을 할 권리 침해 아님**(2019.12.27. 2018헌바236 등)
3	【**미성년자에 대한 생활자금 대출상환의무 부과 (기각)**】 자동차사고 피해가족 중 유자녀에 대한 대출을 규정한 구 「자동차손배법 시행령」 중 '유자녀의 경우에는 생계유지 및 학업을 위한 자금의 대출' 부분은 유자녀가 자신에 대한 양육비용을 국가에게 상환할 채무를 부담하기로 약속하고 자금을 지원받는 것이므로 **유자녀의 아동으로서의 인간다운 생활을 할 권리를 침해 아님**(2024.4.25. 2021헌마473)

(4) 제한이 아닌 경우

1	【도시환경정비사업시 임시수용시설 설치 요구 (합헌)】 주거환경개선사업 및 주택재개발사업의 시행으로 철거되는 주택의 소유자에 대해서는 **임시수용시설의 설치** 등을 사업시행자의 의무로 규정한 반면, **도시환경정비사업**의 경우에는 이와 같은 **규정을 두지 아니한 것은 인간다운 생활을 할 권리 제한 아님**(2014.3.27. 2011헌바396)² → 평등원칙 위반 아님
2	【상가임대차법상 계약갱신요구권 or 보증금우선변제권 (합헌)】 사적자치에 의해 규율되는 **사인 사이의 법률관계**에서 계약갱신을 요구할 수 있는 권리나 보증금을 우선하여 변제받을 수 있는 권리 등은 인간다운 생활을 할 권리의 **보호대상 아님**(2014.3.27. 2013헌바198)² → 재산권 침해 아님

4 국가의 의무

(1) 사회보장·사회복지 증진 의무

제34조 ② 【사회보장·사회복지증진 의무】 국가는 사회보장·사회복지의 증진에 노력할 의무를 진다.¹

(2) 여자의 복지와 권익향상

제34조 ③ 【여자】 국가는 여자의 복지와 권익의 향상을 위하여 노력하여야 한다.¹

(3) 노인과 청소년의 복지향상

제34조 ④ 【노인과 청소년】 국가는 노인과 청소년의 복지향상을 위한 정책을 실시할 의무를 진다.¹

1	【참전명예수당 : 국가보훈 + 사회보장 (기각)】 참전유공자 중 70세 이상자에게 참전명예수당을 지급하도록 하는 「참전유공자법」상 참전명예수당은 국가를 위한 특별한 공헌과 희생에 대한 **국가보훈적 성격**과, 고령으로 사회활동 능력을 상실한 참전 유공자에게 경제적 지원을 함으로써 참전의 노고에 보답하고 아울러 자부심과 긍지를 고양하며 장기적인 측면에서 **수급권자의 생활보호를 위한 사회보장적 의미**를 동시에 가짐(2003.7.24. 2002헌마522 등)¹

(4) 신체장애자 등 생활능력 없는 국민의 보호

제34조 ⑤ 【생활능력 없는 국민】 신체장애자 및 질병·노령 기타의 사유로 생활능력이 없는 국민은 법률이 정하는 바에 의하여 국가의 보호를 받는다.

적절한 배려	① 【최우선적 배려 아님】 장애인의 복지를 향상해야 할 국가의 의무가 다른 다양한 국가과제에 대하여 **최우선적인 배려를 요청할 수 없음**¹
구체적 의무 아님	① 【저상버스 도입의무 도출 불가】 장애인을 위한 저상버스의 도입과 같은 **구체적인 국가의 행위의무**를 도출할 수 **없음** (저상버스를 도입해야 한다는 의무가 도출됨 ×)² ② 【일반적 의무】 국가에게 헌법 제34조에 의하여 장애인의 복지를 위하여 노력을 해야 할 의무가 있다는 것은, 장애인도 인간다운 생활을 누릴 수 있는 정의로운 사회질서를 형성해야 할 **국가의 일반적인 의무**를 뜻하는 것이지, 장애인을 위하여 저상버스를 도입해야 한다는 **구체적 내용의 의무**가 헌법으로부터 나오는 것은 아님⁴

(5) 재해예방과 위험으로부터 보호

제34조 ⑥ 【재해예방·위험 보호】 국가는 재해를 예방하고 그 위험으로부터 국민을 보호하기 위하여 노력하여야 한다.³

POINT 149 사회보장수급권

제34조 ① **【인간다운 생활을 할 권리】** 모든 국민은 **인간다운 생활을 할 권리**를 가진다.
② **【사회보장·사회복지증진 의무】** 국가는 **사회보장·사회복지의 증진**에 노력할 **의무**를 진다.

1 사회보장수급권

헌법상 추상적 권리	① **【§34①,②에 의하여 보장】** 사회보장수급권은 **사회적 기본권**으로서 국가에게 **적극적으로 급부를 요구할 수 있는 권리**를 내용으로 하며, **헌법 제34조 제1항, 제2항**에 의하여 **보장** ② **【§34①,② 직접 도출 아님】** 사회보장수급권은 헌법 제34조 제1항 및 제2항 등으로부터 **개인에게 직접 주어지는 헌법적 차원의 권리**라거나 **사회적 기본권**의 하나라고 볼 수 없음
법률상 구체적 권리	① **【법률에 의한 형성 필요】** 헌법상의 **사회보장권**은 그에 관한 수급요건, 수급자의 범위, 수급액 등 **구체적인 사항이 법률에 규정**됨으로써 비로소 구체적인 법적 권리로 형성 ② **【입법재량】** 사회보장수급권은 **입법자의 광범위한 형성의 자유**에 의해서 사회·경제적 여건 등을 종합하여 **합리적인 수준에서 결정**

2 연금제도

(1) 공무원연금제도

추상적 기본권	① **【사회보험제도】** 공무원연금제도는 공무원을 대상으로 퇴직 또는 사망과 공무로 인한 부상·질병 등에 대하여 **적절한 급여를 실시**함으로써 공무원 및 유족의 **생활안정과 복리향상**에 기여하는데 목적이 있으며, **사회적 위험이 발생**한 때에 국가의 책임 아래 보험기술을 통하여 **공무원의 구제를 도모**하는 **사회보험제도의 일종** ② **【법률에 의한 형성 필요】** 「공무원연금법」상 **연금수급권과 같은 사회보장수급권**은 헌법 제34조에서 도출되는 **사회적 기본권의 하나**이며 국가에 대하여 **적극적으로 급부를 요구**하는 것이므로 헌법규정만으로는 실현될 수 없고, **법률에 의한 형성을 필요로 함**
사회보장수급권과 재산권	① **【사회보장수급권 + 재산권】** 공무원연금은 **기여금 납부**를 통해 공무원 자신도 재원의 형성에 일부 기여하는 점에서 **후불임금**의 성격도 가지므로 「**공무원연금법**」상 연금수급권은 사회적 기본권인 **사회보장수급권의 성격과 재산권의 성격** (사회보장수급권의 성격 없음 x) ② **【어느 한쪽 요소에 중점둘 수 있음】** 사회보장수급권과 재산권의 요소가 **불가분적으로 혼재**되어 있다면 입법자는 **연금수급권의 구체적 내용**을 정함에 있어 **어느 한 쪽 요소에 중점을 둘 수 있음** (연금수급권은 사회보장수급권으로서의 성격에 더 비중 x) ③ **【일시금·수당 : 재산권 / 연금 : 사회보장급여】** 퇴직일시금·퇴직수당 수급권은 후불임금·**재산권적 성격**을 많이 띠는데 비하여, **퇴직연금 수급권은 사회보장적 급여의 성격** 강함
입법재량	① **【폭넓은 입법재량】** 연금급여의 성격상 **급여의 구체적인 내용**은 국회가 사회정책적 고려, 국가의 재정·연금기금의 상황 등 여러 가지 사정을 참작하여 **폭넓은 입법재량**으로 결정

(2) 공무원 연금제도 : 다른 제도와 상이

상속	① **[민법상 상속과 상이]** 연금수급권의 **구체적 내용**을 정하는 데 「민법」상 상속의 법리·순위에 따라야 하는 것이 아니라 **공무원연금제도의 목적달성에 맞도록 독자적 규율 가능**
다른 연금·보험제도	① **[국민연금과 상이]** 국민연금이 근로관계로부터 독립하여 제3자인 보험자로 하여금 피보험자의 생활위험을 보호하도록 함으로써 순수한 **사회정책적 차원에서 가입자의 노령보호를 주된 목적**으로 하는 데 비하여, **공무원연금**은 근무관계의 한 당사자인 국가가 다른 당사자인 공무원의 사회보장을 직접 담당함으로써 피보험자(공무원)에 대한 **사회정책적 보호** 외에 **공무원근무관계의 기능유지**도 함께 도모 ② **[산재보험과 상이]** 공무원연금과 산업재해보상보험은 사회보장 형태로서 사회보험이라는 점에 공통점이 있을 뿐, 보험가입자, 보험관계의 성립 및 소멸, 재정조성 주체 등에서 큰 차이가 있어, 「**공무원연금법**」상의 유족급여수급권자와 「**산업재해보상보험법**」상의 유족급여수급권자가 본질적으로 **동일한 비교집단 아님**

(3) 군인연금제도 및 국민연금제도

군인연금제도	① **[사회보험·사회보장·사회복지적 성질]** 「군인연금법」상 **퇴역연금**은 퇴직군인의 생활을 보장하기 위한 **사회보험 내지 사회보장·사회복지적 성질**도 함께 갖는 것이며, 이와 같은 법적 성질은 **퇴직일시금도 같음** ② **[사회보장수급권 + 재산권]** 「군인연금법」상 **퇴역연금수급권**은 **사회보장수급권과 재산권**이라는 두 가지 성격이 **불가분적으로 혼화**되어, 전체적으로 재산권의 보호 대상이 되면서도 **순수한 재산권만이 아닌 특성**을 지니므로, 퇴역연금수급권이 재산권의 성격을 일부 지닌다고 하더라도 **사회보장법리에 강하게 영향을 받음**
국민연금제도	① **[최저생활유지 필요금액 급여수준의 결정 및 중복지급 금지]** 국민연금의 급여수준은 수급권자가 **최저생활을 유지하는 데 필요한 금액**을 기준으로 결정해야 할 것이지 납입한 연금보험료의 금액을 기준으로 하거나 여러 종류의 수급권이 발생하였다고 하여 반드시 **중복하여 지급**해야 할 것은 **아님** (급여수준은 납입한 보험료 기준 ×, 중복지급해야 함 ×)

(4) 관련판례

1	**공무원연금 [보수 수령시 퇴직연금 지급정지 (합헌)]** 「공무원연금법」상 **퇴직연금의 수급자**가 「사학연금법」상 **학교기관으로부터 보수 기타 급여를 지급**받는 경우 **퇴직연금의 지급을 정지**하도록 한 「공무원연금법」은 **기본권 제한의 입법한계 일탈 아님**(2000.6.29. 98헌바106)
2	**공무원연금 [장해급여와 국가유공자 보훈급여의 이중지급 금지 (합헌)]** 「공무원연금법」에서 다른 법령에 따라 국가나 지방자치단체의 부담으로 **공무원연금법에 따른 급여와 같은 종류의 급여를 받는 자에게는 급여에 상당하는 금액을 공제하여 지급**하는 것은 **사회보장수급권 및 재산권 침해 아님**(2013.9.26. 2011헌바272)
3	**국민연금 [2 이상 급여수급권 발생시 이중지급 금지 (기각)]** 「국민연금법」이 수급권자에게 **2 이상의 급여의 수급권이 발생**한 때 그 자의 **선택에 의하여 그 중의 하나만을 지급**하고 **다른 급여의 지급을 정지**하도록 한 것은 기본권 제한의 **입법적 한계 일탈 아님**(2000.6.1. 97헌마190)

3 사회보험제도

(1) 사회보험제도

건강보험	① 【국가의 사회보장·사회복지 증진의무】 **건강보험**은 사적인 자율영역에 맡겨질 수 있는 성격의 문제가 아니라 경제적인 약자에게도 기본적인 의료서비스를 제공하기 위한 **국가의 사회보장·사회복지 증진의무의 일부**로서 공공복리를 위한 것임 ② 【가입강제 및 차등보험료부과】 국가가 **국민건강보험공단의 설립**을 통하여 달성하고자 하는 과제는 헌법상 정당하며, **소득재분배와 위험분산의 효과**를 거두려는 사회보험의 목표는 임의가입의 형식으로 달성하기 어렵고 법률로서 **가입을 강제**하고 **소득수준에 따라 차등을 둔 보험료를 부과**함으로써만 이루어질 수 있음
산업재해보상 보험제도	① 【헌법에서 직접 보장 아님】 산재피해 근로자에게 인정되는 **산재보험수급권**은 입법재량권의 행사에 의하여 제정된 「**산재보험법**」에 의하여 비로소 **구체화되는 '법률상의 권리'**이며, 개인에게 국가에 대한 **사회보장·사회복지 또는 재해예방 등**과 관련된 **적극적 급부청구권**이 **인정되는 것은 아님** ② 【산재보험 내용·범위·방법 : 입법재량】 헌법 제34조 제2항 및 제6항의 국가의 **사회보장·사회복지 증진의무**나 재해예방노력의무 등의 성질에 비추어 국가가 **어떠한 내용의 산재보험을 어떠한 범위와 방법**으로 시행할지 여부는 **입법자의 재량영역** ③ 【폭넓은 입법형성의 자유】 산재보험수급권은 **사회보장수급권**의 하나로서 국가에 대하여 **적극적으로 급부를 요구**하는 것이지만 국가가 재정부담능력과 전체적 사회보장 수준 등을 고려하여 **내용과 범위를** 정하는 것이므로 **입법부에 폭넓은 입법형성의 자유가 인정**

(2) 관련판례

1	**건강보험** 【경과실에 의한 보험사고 시 의료보험수급권 부정 (위헌)】 **경과실로 인한 범죄행위**에 기인하는 보험사고에 대하여 **의료보험급여를 부정**하는 「국민의료보험법」은 **재산권 침해**(2003.12.18. 2002헌바1) → 사회보장제도로서 의료보험의 본질 침해
2	**건강보험** 【건강보험 강제가입 및 차등보험료부과 (기각)】 국가가 국민을 강제로 **건강보험에 가입**시키고 **경제적 능력에 따라 보험료를 납부**하도록 하는 「국민건강보험법」은 **재산권에 대한 제한**이 되지만 **재산권 침해 아님**(2003.10.30. 2000헌마801)
3	**건강보험** ① 【저소득층 지역가입자 보험료 국고지원 (기각)】 국가가 **저소득층 지역가입자**를 대상으로 소득수준에 따라 「국민건강보험법」상의 **보험료를 차등 지원**하는 것은 **사회국가원리에 의하여 정당화**(2000.6.29. 99헌마289) ② 【평등원칙 위반 아님 (기각)】 국고지원에 있어서의 **지역가입자와 직장가입자의 차별취급**은 사회국가원리의 관점에서 합리적인 차별에 해당하여 **평등원칙 위반 아님**(2000.6.29. 99헌마289)
4	**산재보험** 【업무상 질병에서의 피해자 입증책임 (합헌)】 「산재보험법」에서 업무상 질병으로 인한 업무상 재해에 있어 업무와 재해 사이의 **상당인과관계에 대한 입증책임**을 이를 주장하는 **근로자나 그 유족에게 부담**시키는 것은 **사회보장수급권 침해 아님**(2015.6.25. 2014헌바269)
5	**고용보험** 【65세 이후 고용된 자 실업급여 배제 (기각)】 '**65세 이후 고용된 자**'에게 실업급여에 관한 「고용보험법」의 **적용을 배제**하는 것은 근로의 의사와 능력의 존부에 대한 합리적인 이유가 있다고 할 것이므로 **평등권 침해 아님**(2018.6.28. 2017헌마238)

4 사회부조

| 1 | **【의료급여수급권자 본인부담금제 및 선택병의원제 (기각)】** 의료급여수급자와 **건강보험가입자**는 본질적으로 동일한 비교집단이라 보기 어렵고 **의료급여수급자를 대상으로 선택병의원제 및 비급여항목 등을 달리 규정**하고 있는 것을 두고, 본질적으로 동일한 것을 다르게 취급하고 있다고 볼 수는 없으므로 **평등권 침해 아님**(2009.11.26. 2007헌마734) |

5 사회보장수급권이 아닌 경우

| 1 | **【명예퇴직수당 (기각)】** 사립학교 교원에 대한 **명예퇴직수당**은 장기근속자의 조기퇴직을 유도하기 위한 **특별장려금**이라고 할 것이고 **사회보장수급권에 해당하지 않음**(2007.4.26. 2003헌마533) |

POINT 150 교육을 받을 권리

제31조 ① 【균등하게 교육을 받을 권리】 모든 국민은 **능력에 따라 균등하게 교육을 받을 권리**를 가진다.

1 균등하게 교육을 받을 권리

(1) 교육을 받을 권리

교육을 받을 권리	① 【시설요구 + 입학·학습】 교육을 받을 권리는 국가로부터 **교육에 필요한 시설의 제공을 요구**할 수 있는 권리 및 각자의 능력에 따라 **교육시설에 입학하여 배울 수 있는 권리** ② 【교육조건 개선·정비 + 교육기회 균등보장 요구】 교육을 받을 권리는 **국가에 의한 교육조건의 개선·정비**와 **교육기회의 균등한 보장을 적극적으로 요구**할 수 있는 권리
중요성	① 【다른 기본권 행사의 기초】 교육을 받을 권리는 국민이 **인간으로서의 존엄과 가치**를 가지며 **행복을 추구**하고 **인간다운 생활을 영위**하는 데 필수적인 전제이자 **다른 기본권을 의미있게 행사하기 위한 기초** ② 【문화생활·직업생활의 기초】 교육을 받을 권리는 교육을 통해 개인의 잠재적인 능력을 계발시켜 줌으로써 **인간다운 문화생활과 직업생활을 할 수 있는 기초를 마련**해 줌
법적 성격	① 【사회권 + 자유권】 국가에 대해 교육을 받을 수 있도록 **적극적 배려해 줄 것을 요구할 권리**와 능력에 따라 균등하게 교육받는 것을 **공권력에 의하여 침해받지 않을 권리** ② 【평등권】 교육을 받을 권리를 규정한 헌법 제31조 제1항은 헌법 제11조의 일반적 평등조항에 대한 **특별규정**으로서 **교육의 영역에서 평등원칙을 실현**하고자 하는 것 (헌법 제10조의 행복추구권에 대한 특별규정 ×, 교육의 영역에서 능력주의를 실현 ×) ③ 【취학·진학의 기회균등(차별금지원칙)】 평등권으로서 교육을 받을 권리는 '취학·진학의 기회균등', 즉 각자의 능력에 상응하는 교육을 받을 수 있도록 **학교 입학에 있어서 자의적 차별이 금지**되어야 한다는 **차별금지원칙**을 의미

(2) 교육영역에서 기회균등

국민의 권리	① 【교육기회 차별금지】 교육의 기회균등권은 **정신적·육체적**(경제적 ×) **능력 이외**의 성별·종교·경제력·사회적 신분 등에 의하여 **교육을 받을 기회를 차별하지 아니함**을 의미
국가의 의무	① 【국가의 실질적 평등교육 정책 의무】 국가는 **모든 국민에게 균등한 교육을 받게 하고** 특히 **경제적 약자**가 **실질적인 평등교육** 받을 수 있도록 **적극적 정책을 실현**해야 함을 의미 ② 【국가의 과제·의무】 교육을 받을 권리란 모든 국민에게 저마다의 능력에 따른 교육이 가능하도록 필요한 **설비와 제도를 마련해야 할 국가의 과제**와 사회적·경제적 약자도 능력에 따른 **실질적 평등교육을 받을 수 있도록 적극적 정책을 실현해야 할 국가의 의무**를 뜻함

2 보호영역이 아닌 경우

(1) 보호영역이 아닌 경우

특정 요구권 부정	① 【특정 교육제도·교육과정·학교시설 제공요구권】 국가에 대하여 **특정한 교육제도·교육과정·학교시설의 제공을 요구할 수 있는 권리를 뜻하는 것은 아님** (국가에 대하여 특정한 교육제도나 시설의 제공을 요구할 수 있는 권리까지 내포 ×)[6]
교육비 청구권 부정	① 【교육비 청구권】 실질적인 평등교육을 실현해야 할 **국가의 적극적 의무**가 인정되지만, 이러한 의무조항으로부터 국민이 직접 실질적 평등교육을 위한 **교육비를 청구할 권리 도출 안됨**[6]

(2) 관련판례

1	【대학도서관의 일반인 이용 승인 거부 (각하)】 교육을 받을 권리가 국가에 대하여 특정한 교육제도나 시설의 제공을 요구할 수 있는 권리를 뜻하는 것은 아니므로, **대학구성원이 아닌 사람이 대학도서관**에서 **도서를 대출**할 수 없거나 **열람실을 이용**할 수 없더라도 **교육을 받을 권리 침해 아님**(2016.11.24. 2014헌마977)[3]
2	【충남삼성고등학교 입학전형 차등 (각하)】 종업원의 복리를 위하여 기업체가 출연하여 설립한 **자율형 사립고가 2014년 신입생 모집요강**을 작성하면서 임직원 자녀 전형 70%, 사회배려자 전형 20%, 일반전형 10%를 각각 배정한 것은 기업 임직원이 아닌 일반인의 2015년 졸업예정자인 중학생의 **교육 받을 권리의 제한 아님**(2015.11.26. 2014헌마145)[1]
3	① 【타인의 교육시설 참여기회 제한요구권 부정 (각하)】 교육을 받을 권리가 자신의 교육환경을 최상 혹은 최적으로 만들기 위해 **타인의 교육시설 참여 기회를 제한할 것을 청구**할 수 있는 **기본권 아님**(2003.9.25. 2001헌마814 등)[2] ② 【새로운 편입학 하지 말도록 요구 (각하)】 기존의 재학생들에 대한 교육환경이 상대적으로 열악해질 수 있음을 이유로 **새로운 편입학 자체를 하지 말도록 요구**하는 것은 **교육을 받을 권리의 내용 아님**(2003.9.25. 2001헌마814 등)[2]
4	【서울대를 공법상 영조물로 유지 요구 (각하)】 서울대학교 재학생이 재학 중인 학교의 법적 형태를 법인이 아닌 **공법상 영조물인 국립대학으로 유지하여 줄 것을 요구할 권리**는 학생의 **교육받을 권리에 포함 안됨**(2014.4.24. 2011헌마612)[1]
5	【법전원 졸업생 보수교육 시행 입법부작위 (각하)】 헌법 제31조 제1항과 제6항은 변호사시험을 준비하는 법학전문대학원 졸업생에 대해 **법학전문대학원에서의 보수교육을 시행하도록 하는 내용**의 **구체적이고 명시적인 입법의무를 입법자에게 부여한 것 아님**(2024.1.25. 2021헌마113 등)[1]
6	【유학비 청구권 (기각)】 헌법 제31조 제1항에 따라 국가에게 능력에 따라 균등한 교육기회를 보장할 의무가 부여되어 있다 하더라도, 군인이 자기계발을 위하여 **해외 유학하는 경우의 교육비를 청구할 수 있는 권리가 도출된다고 할 수는 없음**(2009.4.30. 2007헌마290)[1]

3 교육을 받을 권리 제한

(1) 검정고시 응시자격 제한 : 과잉금지원칙 심사

1	① **【검정고시 응시제한 : 과잉금지원칙 심사】** 검정고시응시자격을 **제한**하는 것은, 국민의 교육받을 권리 중 그 의사와 능력에 따라 균등하게 교육받을 것을 **국가로부터 방해받지 않을 권리**, 즉 **자유권적 기본권**을 제한하는 것이므로, **과잉금지원칙 심사**(2012.5.31. 2010헌마39 등) ② **【검정고시 합격자의 재응시 제한 (인용)】** 고졸검정고시 또는 고등학교 입학자격 **검정고시에 합격했던 자**는 해당 검정고시에 다시 응시할 수 없도록 응시자격을 제한한 「전라남도 교육청 공고」는 과잉금지원칙에 위반되어 **교육을 받을 권리 침해**(2012.5.31. 2010헌마39 등) → 자유로운 인격발현권 제한 아님
2	① **【검정고시 응시제한 : 과잉금지원칙 심사】** 고시 공고일을 기준으로 **고등학교에서 퇴학된 날로부터 6월이 지나지 아니한 자**를 고등학교 졸업학력 검정고시를 받을 수 있는 자의 범위에서 제외하는 것은, 국민의 교육을 받을 권리 중 그 의사와 능력에 따라 균등하게 교육받을 것을 국가로부터 방해받지 않을 권리, 즉 **자유권적 기본권**을 제한하는 것이므로, 그 제한에 대하여는 **과잉금지원칙 심사**(2008.4.24. 2007헌마1456) ② **【고교퇴학 6월 이내 검정고시 응시 제한 (기각)】** 고시 공고일을 기준으로 **고등학교에서 퇴학된 날로부터 6월이 지나지 아니한 자**를 고등학교 졸업학력 검정고시를 받을 수 있는 자의 범위에서 제외하는 것은 **교육을 받을 권리 침해 아님**(2008.4.24. 2007헌마1456)

(2) 위헌판례

1	① **【검정고시 출신자 수시모집 지원 제한 (인용)】** 검정고시로 고등학교 졸업학력을 취득한 사람들의 **수시모집 지원**을 제한하는 내용의 **국립교육대학 수시모집 입시요강**은 검정고시 출신자를 합리적인 이유 없이 차별함으로써 **균등하게 교육을 받을 권리 침해**(2017.12.28. 2016헌마649) ② **【교육을 받을 권리 위해 대학의 자율성 제한 可 (인용)】 학문의 자유와 대학의 자율성**에 따라 대학이 학생의 선발 및 전형 등 대학입시제도를 자율적으로 마련할 수 있다 하더라도, 대학의 자율적 학생 선발권을 내세워 국민의 '**균등하게 교육을 받을 권리**'를 침해할 수 없으며, **대학의 자율권은 일정부분 제약**을 받을 수 있음(2017.12.28. 2016헌마649)

(3) 합헌판례

1	**【서울대 정시모집 교과이수 가산점 (기각)】** 서울대학교 총장의 '2022학년도 대학 신입학생 정시모집('나'군)안내' 중 **수능 성적에 최대 2점의 교과이수 가산점**을 부여하고, 2020년 2월 이전 고등학교 졸업자에게 모집단위별 지원자의 가산점 분포를 고려하여 모집단위 내 **수능점수 순위에 상응하는 가산점**을 부여하도록 한 부분은 **균등하게 교육받을 권리 침해 아님**(2022.3.31. 2021헌마1230)
2	**【서울대 저소득학생 특별전형 수능위주 선발 (기각)】** '서울대학교 2023학년도 대학 신입학생 입학전형 시행계획' 중 저소득학생 특별전형의 모집인원을 모두 **수능위주전형으로 선발**하도록 정한 부분이 저소득학생 특별전형에 응시하고자 하는 수험생들의 기회를 불합리하게 박탈하는 것은 아니므로 **균등하게 교육을 받을 권리 침해 아님**(2022.9.29. 2021헌마929)
3	**【재외국민 특별전형 중 부모의 해외체류요건 (기각)】** 한국대학교육협의회가 공표한 '2021학년도 대학입학전형기본사항' 중 재외국민과 외국인 특별전형 가운데 '**해외근무자의 배우자의 체류**'에 관한 부분은 **균등하게 교육받을 권리 침해 아님**(2020.3.26. 2019헌마212) → 신뢰보호원칙 위반 아님
4	**【전문대학 미졸업자 편입불허 (기각)】** 2년제 전문대학의 졸업자에게만 대학·산업대학 또는 원격대학의 편입학 자격을 부여하고, **3년제 전문대학의 2년 이상 과정 이수자**에게는 편입학 자격을 부여하지 아니한 것은 **교육을 받을 권리나 평생교육을 받을 권리 침해 아님**(2010.11.25. 2010헌마144)
5	**【특목고 비교평가 내신특례 (기각)】** 특수목적고에 비교평가에 의한 **내신특례**를 인정하고 시행에 따른 **합리적 경과조치**를 정한 것은 **균등하게 교육을 받을 권리 침해 아님**(1996.4.25. 94헌마119)
6	**【의무교육 취학연령 만 6세 획일 규정 (기각)】** 아동들에 대하여 만 6세가 되기 전에 앞당겨서 입학을 허용하지 않는다고 해서 **능력에 따라 균등하게 교육을 받을 권리 침해 아님**(1994.2.24. 93헌마192)
7	**【학교폭력 가해학생에 출석정지기간 상한없는 징계조치 (합헌)】** 피해학생의 보호를 위하여 가해학생에 대하여 **출석정지기간의 상한을 두지 아니한** 「학교폭력예방법」은 침해의 최소성원칙에 위배되지 않고 **가해학생의 학습의 자유 침해 아님**(2019.4.11. 2017헌바140 등)

POINT 151 부모의 자녀교육권 B

1 부모의 자녀교육권 (§36①, §10, §37①)

(1) 자녀교육권

권리·의무	① 【부모의 권리이자 의무】 자녀의 양육과 교육은 **부모의 천부적인 권리**인 동시에 **부모에게 부과된 의무**
헌법상 기본권	① 【§36①, §10, §37①에서 도출 / §31① ×】 부모의 자녀에 대한 교육권은 헌법에 명문으로 규정되어 있지는 아니하지만, 모든 인간이 국적과 관계없이 누리는 양도할 수 없는 **불가침의 인권**으로서 **헌법 제36조 제1항, 헌법 제10조 및 헌법 제37조 제1항**에서 나오는 **중요한 기본권** (교육을 받을 권리를 규정한 헌법 제31조 제1항에서 직접 도출되는 권리 ×) ② 【부모의 기본권 인정 but 부모의 자기결정권 아님】 부모의 자녀교육권은 다른 기본권과는 달리, 기본권의 주체인 **부모의 자기결정권**이라는 의미에서 보장되는 것이 **아니라**, **자녀의 보호와 인격발현**을 위하여 부여되는 **기본권** (부모의 기본권이라고는 볼 수 없음 ×)
보호영역	① 【학교영역에서 교육진로결정권·학교선택권】 부모의 자녀교육권은 학교영역에서는 **자녀의 교육진로에 관한 결정권** 내지 **자녀가 다닐 학교를 선택하는 권리**로 구체화 ② 【부모의 미성년 자녀 교육권 → 학교선택권】 부모는 아직 성숙하지 못하고 인격을 닦고 있는 **초·중·고등학생인 자녀를 교육시킬 교육권**을 가지고 있으며, 그 교육권의 내용 중 하나로서 **자녀를 교육시킬 학교선택권 인정** (자녀를 교육시킬 학교선택권은 포함되지 않음 ×) ③ 【교육계획·형성권 → 종교학교선택권】 부모는 **자녀의 교육**에 관하여 전반적인 계획을 세우고 자신의 인생관·사회관·교육관에 따라 **자녀의 교육을 자유롭게 형성할 권리**를 가지므로 학부모의 학교선택권에는 **종교학교선택권**도 포함 ④ 【가해학생의 학부모가 의견을 제시할 권리】 학교폭력과 관련하여 학교가 가해학생에 대해 일정한 조치를 내렸을 경우, 그 조치가 적절하였는지 여부에 대해 가해학생의 **학부모가 의견을 제시할 권리**는 학부모의 **자녀교육권에 포함** (학부모의 자녀교육권에 포함되지 않음 ×)

(2) 보호영역이 아닌 경우

1	【성년자녀에 대한 자녀교육권 부정 (기각)】 '2018학년도 대학수학능력시험 시행기본계획'은 **성년의 자녀를 둔 부모의 자녀교육권을 제한 안함**(2018.2.22. 2017헌마691)
2	【공교육 급부의 형성과정에 균등하게 참여할 권리 (기각)】 학부모의 자녀교육권과 학생의 교육을 받을 권리에는 **학교교육이라는 국가의 공교육 급부의 형성과정에 균등하게 참여할 권리로서의 참여권**이 내포되어 있다고 할 수 **없음** (2019.11.28. 2018헌마1153)

2 국가의 교육권한

(1) 부모의 자녀교육권과 국가의 교육권한 (과외교습금지 (2000.4.27. 98헌가16 등))

부모의 자녀교육권	① **[원칙적 우위]** 부모는 **자녀의 교육에 관하여 전반적인 계획을 세우고** 자신의 인생관·사회관·교육관에 따라 **자녀의 교육을 자유롭게 형성할 권리**를 가지며, 부모의 교육권은 **다른 교육 주체와의 관계에서 원칙적인 우위** (학교 밖 다른 교육주체와의 관계에서 대등한 지위를 가짐 ×) ② **[부모의 권리이자 책임]** 자녀의 교육에 관한 부모의 권리와 의무는 서로 불가분의 관계에 있고 자녀교육권의 본질을 결정하는 구성요소이기 때문에, **부모의 자녀교육권은 '자녀교육에 대한 부모의 책임'**으로도 표현될 수 있음
국가의 교육권한	① **[학교교육에 광범위한 형성권]** 학교교육에 관한 한 **국가**는 헌법 제31조에 의하여 부모의 교육권에서 **독립된 교육권한**을 부여받았기 때문에 **학교교육에 관한 광범위한 형성권** 인정 ② **[충돌시 이익형량]** 학교제도에 관한 국가의 규율권한과 부모의 교육권이 서로 충돌하는 경우 어떠한 법익이 우선하는가의 문제는 구체적인 경우마다 **법익형량을 통하여 판단**해야 함
우열관계	① **[상호연관적 협력관계]** 자녀교육은 헌법상 부모와 국가에 공동으로 부과된 과제이므로 **상호연관적인 협력관계를 필요로 함** ② **[학교교육 : 함께 자녀교육 담당]** 학교교육의 범주내에서는 **국가의 교육권한이 헌법적으로 독자적인 지위를 부여받음으로써 부모의 교육권과 함께 자녀의 교육을 담당** (국가의 교육권한이 부모의 교육권보다 우위 ×) ③ **[학교 밖 교육 : 부모의 교육권이 우위]** 학교 밖의 교육영역에서는 원칙적으로 **부모의 교육권이 우위를 차지** (학교 밖 다른 교육주체와의 관계에서 대등한 지위 ×) ④ **[사적영역 교육금지·제한 수권규범 아님]** 헌법 제31조는 학교교육 밖에서의 사적인 교육영역에까지 균등한 교육이 이루어지도록 개인이 별도로 교육을 시키거나 받는 행위를 **국가가 금지하거나 제한할 수 있는 근거를 부여하는 수권규범 아님**
자녀 교육권의 제한	① **[국가가 제한 가능]** 부모는 자녀의 교육에 있어서 **자녀의 정신적, 신체적 건강을 고려**하여 교육의 목적과 그에 적합한 수단을 선택해야 할 것이고, **부모가 자녀의 건강에 반하는 방향으로 자녀교육권을 행사**할 경우에는 헌법 제31조는 부모 외에도 국가에게 자녀의 교육에 대한 과제와 의무가 있다는 것을 규정하고 있으므로 **국가는 부모의 자녀교육권을 제한할 수 있음** ② **[국가의 자녀교육권 제한]** 국가는 헌법이 지향하는 **문화국가이념**에 비추어, 학교교육과 같은 제도교육 외에 **사적인 교육의 영역에서도 사인의 교육을 지원하고 장려해야 할 의무**가 있으므로 사적인 교육영역에 대한 **국가의 규율권한에 한계**

(2) 관련판례

1	**[자녀에게 의무교육 강제 (합헌)]** 자녀가 **의무교육을 받아야 할지 여부와 취학연령을 부모가 자유롭게 결정할 수 없다는 것은 부모의 교육권에 대한 과도한 제한 아님**(2000.4.27. 98헌가16 등)
2	① **[고교평준화제도 (기각)]** 고교평준화지역에서 일반계 고등학교에 진학하는 학생을 교육감이 학교군별로 추첨으로 배정하도록 하는 것은 **학부모의 학교선택권 침해 아님**(2009.4.30. 2005헌마514) ② **[고교입학전형제도 교육감에 위임 (기각)]** '무시험 추첨배정에 의한 고등학교입학전형제도'를 포괄적으로 **교육감에 위임하고 있는 「초·중등교육법」은 의회유보의 원칙 위반 아님**(2009.4.30. 2005헌마514)
3	**[사립학교 임의적 학교운영위원회 설치 (기각)]** 국·공립 초·중등학교는 학교운영위원회의 설치를 의무화하면서 **사립학교는 그 설치를 임의적인 것으로 규정한 것은 사립학교의 특수성과 자주성을 존중하기 위한 것이므로 학부모의 교육참여권과 평등권 침해 아님**(1999.3.25. 97헌마130)
4	**[학원 교습시간 제한 조례 (기각)]** 학교교과교습학원 및 교습소의 교습시간을 05 : 00부터 22 : 00까지 규정하고 있는 서울시 조례는 **인격의 자유로운 발현권, 학부모의 자녀교육권, 학원운영자들의 직업수행의 자유 침해 아님** (2009.10.29. 2008헌마635)

3 학생의 자유로운 인격발현권 (§10)

인격발현권	① **[자유롭게 교육을 받을 권리]** 청소년은 인격의 발전을 위하여 어느 정도 부모와 학교의 교사 등 타인에 의한 결정을 필요로 하는 **아직 성숙하지 못한 인격체**이지만, 부모와 국가에 의한 교육의 단순한 대상이 아닌 **독자적인 인격체**이므로 청소년은 국가의 **교육권한과 부모의 교육권의 범주** 내에서 자신의 교육에 관하여 **스스로 결정할 권리**, 즉 **자유롭게 교육을 받을 권리**를 가짐 [1]
학교선택권	① **[자유로운 학교선택권]** 헌법은 국가의 교육권한과 부모의 교육권의 범주 내에서 학생에게도 **자신의 교육에 관하여 스스로 결정할 권리**를 부여하고 있으므로, **학생**은 국가의 간섭을 받지 아니하고 **자신의 능력과 개성, 적성에 맞는 학교를 자유롭게 선택할 권리**를 가짐 [2]

POINT 152 의무교육제도

제31조 ② 【초등교육 + 법률이 정하는 교육】 모든 국민은 그 보호하는 자녀에게 **적어도 초등교육**(고등교육 ×)**과 법률이 정하는 교육**(중등교육 ×)**을 받게 할 의무**를 진다.³
③ 【무상원칙】 **의무교육은 무상**으로 한다.

1 의무교육제도

(1) 제도적 보장

의무교육 주체	① 【친권자 or 후견인】 교육의 의무의 주체는 **학령아동의 친권자 또는 그 후견인**
의무교육제도	① 【교육기본권 부수 제도적 보장】 **의무교육제도**는 교육의 자주성·전문성·정치적 중립성 등을 지도원리로 하여 국민의 교육을 받을 권리를 뒷받침하기 위한 **교육기본권에 부수되는 제도보장** ② 【(국민) 취학시킬 의무 + (국가) 무상의무교육실시·시설확보 의무】 헌법은 **국민에게는** 그 보호하는 자녀를 초등교육과 법률이 정하는 교육에 **취학시킬 의무**를 부과하고 있으며 **국가에 대하여는 의무교육의 무상실시와 시설확보의무**를 부담시킴 ③ 【국가의 교육시설정비·교육환경개선의무 중요】 의무교육제도는 **국민**에 대하여 보호하는 자녀들을 **취학시키도록 한다**는 의무부과의 면보다는 **국가에 대하여 인적·물적 교육시설을 정비하고 교육환경을 개선**하여야 한다는 **의무부과의 측면이 보다 더 중요**한 의미

(2) 의무교육의 범위

초등교육	① 【초등교육은 헌법상 권리】 헌법 제31조 제3항은 **초등교육에 관하여는 직접적인 효력규정**으로서 개인이 국가에 대하여 **입학금·수업료 등을 면제**받을 수 있는 **헌법상 권리**를 가짐
법률이 정하는 교육	① 【초등교육 이외 법률에 위임】 헌법 제31조 제2항은 **초등교육과 법률이 정하는 교육**을 의무교육으로서 실시하도록 규정하였으므로 **초등교육 이외에 어느 범위의 교육**을 의무교육으로 할 것인가에 대한 결정은 **입법자에게 위임** ② 【입법형성의 자유】 초등교육 이외 의무교육은 구체적으로 **법률에서 이에 관한 규정**이 제정되어야 가능하고 초등교육 이외 의무교육의 실시 범위를 정하는 것은 **입법자의 형성의 자유**

(3) 관련판례

1	① **【무상 중등교육을 받을 권리】** 무상 중등교육을 받을 권리는 법률에서 중등교육을 의무교육으로 시행하도록 **규정 전에는 헌법상 권리 아님**(1991.2.11. 90헌가27) ② **【중등교육은 법률로 구체화】** 헌법상 초등교육에 대한 의무교육과는 달리 **중등교육의 단계**에 있어서는 **어느 범위**에서 **어떠한 절차**를 거쳐 **어느 시점**에서 의무교육으로 실시할 것인가는 **입법자의 형성의 자유**에 속하는 사항으로서 국회가 입법정책적으로 판단하여 **법률로 구체적으로 규정**할 때에 비로소 **헌법상의 권리로서 구체화**(1991.2.11. 90헌가27) ③ **【중학교 의무교육 단계적 실시】** 입법자가 중학교교육에 대한 의무교육을 단계적으로 실시하는 것으로 규정함에 따라 아직 중학교교육의 무상 실시라는 혜택을 받지 못하는 지역의 주민들에 대하여는 이러한 혜택이 현재로서는 **구체적인 헌법상의 권리로서 보장되지 않고 있는 것**이며, **헌법상 권리가 침해 아님**(1991.2.11. 90헌가27) ④ **【실질적 평등원칙에 부합 (합헌)】** 중학교 의무교육을 일시에 전면 실시하는 대신 **단계적으로 확대 실시**하도록 한 것은 **실질적 평등의 원칙에 부합**(1991.2.11. 90헌가27)
2	**【사립유치원 예산지원 입법부작위 (각하)】** 국민의 **교육을 받을 권리**로부터 국가 및 지방자치단체에게 **사립유치원**에 대한 교사 인건비, 운영비 및 영양사 인건비를 **예산으로 지원**하라는 **작위의무 도출 안됨**(2006.10.26. 2004헌마13)

2 의무교육 무상원칙

(1) 무상의 범위

학부모 부담 배제	① **【경제적 차별 없이 수학하는 데 반드시 필요한 비용】** 의무교육의 무상원칙에 있어서 **의무교육 무상의 범위**는 헌법상 교육의 기회균등을 실현하기 위해 **필수불가결한 비용**, 즉 모든 학생이 의무교육을 받음에 있어서 **경제적인 차별 없이 수학하는 데 반드시 필요한 비용**에 한함 ② **【수업료·입학금, 인건비·시설유지비·신규시설투자비】** 수업료나 입학금의 면제, 학교와 교사 등 인적·물적기반 및 기반을 유지하기 위한 **인건비와 시설유지비, 신규시설투자비** 포함 ③ **【입법정책적 결정】** 헌법 제31조 제3항의 **의무교육의 무상의 범위**는 국가의 재정상황과 국민의 소득수준, 학부모의 경제적 수준 및 사회적 합의 등을 고려하여 **입법정책적으로 결정**
부담주체	① **【모든 비용 국가·지자체 부담취지 아님】** 의무교육 무상의 원칙이 **의무교육을 위탁받은 사립학교**를 설치·운영하는 학교법인 등과의 관계에서 **이미 학교법인이 부담하도록 규정되어 있는 경비**까지 국가나 **지방자치단체의 부담**으로 한다는 취지 아님

(2) 관련판례

1	**무상비용** ① 【**학교운영지원비는 무상비용**】 학교운영지원비는 운영상 교원연구비와 같은 **교사의 인건비 일부**와 학교회계직원의 인건비 일부 등 **의무교육과정의 인적 기반을 유지하기 위한 비용**을 충당하는 데 사용되고 있으므로 **의무교육 무상의 범위에 포함**(2012.8.23. 2010헌바220) ② 【**의무교육 무상원칙 위반 (위헌)**】 학교운영지원비를 학교회계 세입항목에 포함시키도록 하는 것은 헌법 제31조 제3항에 규정되어 있는 **의무교육의 무상원칙 위반**(2012.8.23. 2010헌바220)
2	**무상비용** ① 【**국가의 학교교지 확보의무**】 학교는 헌법 제31조 제1항, 제2항에서 규정하고 있는 모든 국민의 교육을 받을 권리와 아동에게 의무교육을 받게 할 의무라는 중대한 가치를 실현하고 도시 및 주거환경의 수준 및 국민의 삶의 질을 향상시키기 위한 **필수적인 기반시설**로서, **국가는 국민의 교육을 받을 권리라는 기본권을 보호**하기 위하여 **학교교지를 적절하게 확보하여야 할 의무 있음**(2021.4.29. 2019헌바444 등) ② 【**학교교지 유상취득 (합헌)**】 국가는 국민의 교육을 받을 권리라는 기본권을 보장하고 의무교육을 시행하기 위하여 적기에 적절한 학교교지를 확보하여야 할 의무가 있다는 점 및 이를 고려하여 **학교교지에 대하여는 유상으로 취득**하도록 하는 점에 비추어 보면, 학교교지의 조성·개발에 소요된 비용 역시 국가등이 부담하는 것이 상당 (2021.4.29. 2019헌바444 등)
3	① 【**급식비는 무상비용 아님**】 학교급식은 기본적이고 필수적인 학교 교육 이외에 **부가적으로 이루어지는 식생활 및 인성교육으로서의 보충적 성격**을 가지므로 의무교육의 실질적인 균등보장을 위한 **본질이고 핵심적인 부분 아님** (2012.4.24. 2010헌바164) ② 【**의무교육 무상원칙 위반 아님 (합헌)**】 급식에 관한 경비를 전면무상으로 하지 않고 **일부를 학부모의 부담**으로 정하고 있는 법률조항들은 **의무교육의 무상원칙 위반 아님**(2012.4.24. 2010헌바164)

(3) 학교용지부담금(무상비용) 관련판례

1	① 【**'수분양자'에 의무교육 학교용지부담금 부과·징수 (위헌)**】 의무교육에 필요한 **학교용지 부담금**을 개발사업지역 내 주택의 **수분양자들에게 부과·징수**하는 것은 **의무교육 무상원칙 위배**(2005.3.31. 2003헌가20) ② 【**특정 집단에 부담금 징수 (위헌)**】 의무교육에 관한 한 **일반재정**이 아닌 **부담금과 같은 별도의 재정수단을 동원**하여 **특정한 집단으로부터 비용을 추가로 징수**하여 충당하는 것은 **의무교육의 무상성을 선언한 헌법에 반함** (2005.3.31. 2003헌가20) ③ 【**'수분양자'에 중등교육 학교용지부담금 부과 (위헌)**】 의무교육이 아닌 중등교육에 관한 교육재정과 관련하여 **재정조달목적의 부담금을 징수**할 수 있다고 하더라도, 수분양자들의 구체적 사정을 거의 고려하지 않은 채 **수분양자 모두를 일괄적으로 동일한 의무집단에 포함시켜 동일한 학교용지부담금을 부과**하는 것은 **합리적 근거가 없는 차별** (2005.3.31. 2003헌가20)
2	① 【**부담금 예외 可**】 의무교육의 무상성에 관한 헌법상 규정은 교육을 받을 권리를 보다 실효성 있게 보장하기 위해 **의무교육 비용을 학령아동 보호자의 부담으로부터 공동체 전체의 부담으로 이전**하라는 명령일 뿐 의무교육의 **모든 비용을 예산, 즉 조세로 해결해야 함을 의미하는 것은 아님**(2008.9.25. 2007헌가1) ② 【**'사업자'에 대해 학교용지부담금 부과 (합헌)**】 개발사업지역에서 100세대 규모 이상의 주택건설용 토지를 조성·개발하거나 공동주택을 건설하는 **사업자에 대하여 학교용지부담금을 부과**하는 것은 **의무교육의 무상원칙 위배 아님** (2008.9.25. 2007헌가1) ③ 【**평등권·재산권 침해 아님 (합헌)**】 개발사업자는 개발사업을 통해 이익을 얻었다는 점에서 개발사업 지역에서의 학교시설 확보라는 **특별한 공익사업에 대해 밀접한 관련성**을 가지고 있을 뿐만 아니라 이에 대해 일정한 부담을 져야 할 책임도 가지고 있는바, **개발사업자에 대한 학교용지부담금 부과를 규정한 「학교용지법」은 평등원칙 위배 아니고, 재산권 침해 아님**(2008.9.25. 2007헌가1)

POINT 153 교육의 자주성·전문성·정치적 중립성 및 대학의 자율성

제31조 ④ 【교육의 자주성·전문성·정치적 중립성】 교육의 자주성·전문성·정치적 중립성 및 【대학의 자율성】 대학의 자율성은 법률이 정하는 바에 의하여 보장된다.¹
⑤ 【평생교육진흥 의무】 국가는 평생교육을 진흥하여야 한다.

1 교육의 자주성과 전문성

(1) 교육기관의 자유와 교육의 자유

자주성·전문성	① 【교육기관의 자유 + 교육의 자유】 헌법 제31조 제4항에 의해 보장되는 **교육의 자주성과 전문성**은 '교육기관의 자유'와 '교육의 자유'를 보장함으로써 **비로소 달성**¹
내용	① 【교육운영】 '교육기관의 자유'는 교육을 담당하는 **교육기관의 교육운영**에 **자주적 결정권**¹ ② 【교육내용·방법】 '교육의 자유'는 **교육내용이나 교육방법** 등에 **자주적 결정권**¹

(2) 보호영역이 아닌 경우

1	【유아대상 교습학원을 학교교과교습학원으로 분류 (각하)】 학원의 종류 중 '유아를 대상으로 교습하는 학원'을 학교교과교습학원으로 분류한 것은 **교육을 받을 권리와 무관**(2013.5.30. 2011헌바227) → 교육기관의 교육운영에 관한 자주적인 결정권을 제한하거나 교육내용이나 교육방법을 제한하는 규정이 아니므로 교육의 권리 제한 아님

2 사립학교 운영의 자유

(1) 자유와 통제

사립학교 운영의 자유	① 【기본권】 설립자가 **사립학교나 학교법인을 자유롭게 운영할 자유**, 즉 **사학의 자유**는 비록 헌법에 명문규정은 없으나 **헌법 제10조**에서 보장되는 행복추구권의 한 내용인 **일반적 행동자유권**과 교육의 자주성·전문성·정치적 중립성 및 대학의 자율성을 규정하고 있는 **헌법 제31조 제4항** 등에 의하여 인정되는 **기본권** (기본권 아님 ×)³ ② 【설립·운영의 자유】 사립학교는 설립자의 특별한 설립이념을 구현하거나 독자적인 교육방침에 따라 **개성 있는 교육**을 실시할 수 있을 뿐만 아니라 공공의 이익을 위한 재산출연을 통하여 정부의 공교육 실시를 위한 **재정적 투자능력의 한계를 자발적으로 보완**해 주는 역할을 담당하므로, **사립학교 설립의 자유와 운영의 독자성 보장**할 필요 있음²
국가의 감독·통제	① 【관리·감독 권한·책임】 사립학교도 **공교육의 일익을 담당**한다는 점에서 국·공립학교와 본질적인 차이가 있을 수 없기 때문에 **공적인 학교 제도를 보장**하여야 할 책무를 진 **국가**가 일정한 범위 안에서 **사립학교의 운영을 관리·감독할 권한·책임을 짐**² ② 【입법자의 형성의 자유】 학교법인 운영의 투명성·효율성을 제고하기 위하여 사적자치를 넘어서는 **새로운 제도를 형성**하거나 학교법인의 자율적인 조직구성권·학교운영권에 **공법적 규제**를 가하는 것까지도 교육·사학의 자유의 본질적 내용 침해 않는 한 **입법자의 형성의 자유**¹

(2) 관련판례

1	【이사 선임에 사학분쟁조정 심의 의무 (기각)】 임시이사가 선임된 학교법인의 정상화를 위한 이사 선임에 관하여 사학분쟁조정위의 심의를 거치도록 하는 것은 학교법인과 종전이사의 사학의 자유 침해 아님(2013.11.28. 2007헌마1189)
2	【학교법인 해산명령 (합헌)】 사립학교도 공교육체계에 편입시켜 국가 등의 지도·감독을 받도록 함과 동시에 기능에 충실하도록 많은 재정적 지원과 각종 혜택을 부여하고 있는바, 목적의 달성이 불가능하여 존재 의의를 상실한 학교법인은 적법한 절차를 거쳐 해산시키는 것이 필요하므로「사립학교법」상의 해산명령조항은 과잉금지원칙 위반 아님(2018.12.27. 2016헌바217)
3	【사립학교 의무부담시 관할관청 허가 (합헌)】 사립학교 법인이 의무의 부담을 하고자 할 때에는 관할청의 허가를 받도록 하는 것은 사립학교 운영의 자유 침해 아님(2001.1.18. 99헌바63)
4	【사립학교 의무적 학교운영위원회 설치 (기각)】 사립학교에도 학교운영위원회를 의무적으로 설치하도록 한「초·중등교육법」은 사립학교의 자율성과 재산권 침해 아님(2001.11.29. 2000헌마278)
5	① 【사립유치원 엄격한 재무·회계관리 (기각)】 사립유치원에「사학기관 재무·회계 규칙」을 적용하여 수입 및 지출할 수 있는 비용의 항목이 한정되는 등 엄격한 재무·회계관리가 이루어진다고 하더라도, 사립유치원 운영의 자율성 완전 박탈 아님(2019.7.25. 2017헌마1038 등) ② 【사립유치원 에듀파인 시스템 적용 (기각)】 사립유치원의 회계를 국가가 관리하는 공통된 회계시스템을 이용하여 처리하도록 하는 것은 입법형성의 한계를 일탈하여 사립유치원 설립·경영자의 사립유치원 운영의 자유 침해 아님(2019.7.25. 2017헌마1038 등)

3 대학의 자율성

(1) 대학의 자율성의 주체

대학의 자율성		① 【자율적 결정권】 헌법 제31조 제4항이 보장하는 대학의 자율성이란 대학의 운영에 관한 모든 사항을 외부의 간섭 없이 자율적으로 결정할 수 있는 자유 ② 【인사·학사·시설·재정 등 자주적 결정·운영】 대학의 자율성 즉, 대학의 자치란 대학이 본연의 임무인 연구와 교수를 외부의 간섭 없이 수행하기 위하여 인사·학사·시설·재정 등의 사항을 자주적으로 결정하여 운영하는 것을 의미
주체	대학	① 【대학의 기본권】 교육의 자주성이나 대학의 자율성은 학문의 자유의 확실한 보장수단으로 꼭 필요한 것으로서 대학에게 부여된 기본권 (대학에게 부여된 헌법상의 기본권은 아님 ×) ② 【국립·사립대학】 국립대학은 사립대학과 마찬가지로 대학의 자율권이라는 기본권의 보호를 받으므로 국립대학도 국가의 간섭 없이 인사·학사·시설·재정 등 대학과 관련된 사항들을 자주적으로 결정·운영할 자유 가짐
	구성원	① 【대학의 장의 침해 → 교수·교수회】 대학의 자치의 주체를 기본적으로 대학으로 본다고 하더라도 교수·교수회의 기본권 주체성이 부정된다고 볼 수는 없고, 가령 학문의 자유를 침해하는 대학의 장에 대한 관계에서는 교수·교수회가 주체가 됨 (주체가 될 수 없음 ×) ② 【국가의 침해 → 대학·교수·교수회】 국가에 의한 침해에 있어서는 대학 자체 외에도 대학 전 구성원이 자율성을 갖는 경우도 있을 것이므로 대학·교수·교수회 모두가 단독 혹은 중첩적으로 주체 (주체가 될 수는 없음 ×) ③ 【교수·학생·직원】 연구·교수활동의 담당자인 교수가 핵심주체라 할 것이나, 연구·교수활동의 범위를 좁게 한정할 이유가 없으므로 학생, 직원 등도 포함

(2) 대학의 자율성의 보호영역

대학	① **【대학관련 전반사항】** 대학의 자율은 **대학시설의 관리·운영만이** 아니라 **전반적인 것**이라야 하므로, **연구와 교육의 내용, 그 방법과 대상, 교과과정의 편성, 학생의 선발과 전형**뿐만 아니라 **교원의 임면**에 관한 사항 포함 (대학시설의 관리·운영은 대학의 자율에 포함되지 않음 ×) ② **【대학의 계속적 존속 : 불포함】** 대학의 자유에는 **대학이 계속적으로 존속**하는 것은 **포함되지 않음** (대학의 자율성은 원칙적으로 대학 자체의 계속적 존립에까지 미침 ×)
구성원	① **【교무·학사영역 : 대학구성원의 결정 우선】** 대학 본연의 기능인 **학술의 연구나 교수, 학생선발·지도** 등과 관련된 **교무·학사행정 영역**에서는 **대학구성원 결정이 우선** ② **【재정·시설·인사영역 : 대학구성원 참여권】** 대학의 재정, 시설 및 인사 등의 영역에서는 **학교법인**이 기본적인 윤곽을 결정하되, **대학구성원에게 일정 정도 참여권을 인정**하는 것이 필요 (대학구성원에게는 참여권 인정 여지 없음 ×) ③ **【교육·연구 교원의 주도적 역할 but 전적 결정 아님】** 대학의 학문과 연구 활동에서 중요한 역할을 담당하는 **교원에게 그와 관련된 영역에서 주도적인 역할을 인정**하는 것은 **대학의 자율성의 본질에 부합하고 필요**하나, 이것이 **교육과 연구에 관한 사항은 모두 교원이 전적으로 결정할 수 있어야 한다는 의미는 아님**
총장후보자 선출참여권	① **【반드시 직선제 아님】** 헌법상 대학의 자율은 대학에게 **대학의 장 후보자 선정**과 관련하여 반드시 **직접선출 방식을 보장하여야 하는 것은 아님** ② **【직접선거시 관할 선관위 위탁실시 의무】** 국립대학의 장 후보자 선정을 위한 **직접선거과정**에서 선거관리를 대학소재지 관할 **선관위에 위탁하여야 함** (위탁할 수 있음 ×)

(3) 대학의 자율성의 제한과 완화심사

입법형성권	① **【제한 可 & 법률로 보장】** 대학의 자율도 기본권이므로 기본권제한의 일반적 법률유보의 원칙을 규정한 **헌법 제37조 제2항**에 따라 제한될 수 있고, 대학의 자율의 구체적인 내용은 **법률이 정하는 바에 의하여 보장** ② **【국가의 학교제도 형성·규율권】** **국가**는 헌법 제31조 제6항에 따라 **모든 학교제도**의 조직, 계획, 운영, 감독에 관한 **포괄적 권한** 즉, **학교제도에 관한 전반적 형성권·규율권** 부여받음 ③ **【입법형성의 자유】** 국가의 규율의 정도는 그 **시대의 사정과 각급 학교**에 따라 다를 수 밖에 없는 것이므로 교육의 본질을 침해하지 않는 한 궁극적으로 **입법권자의 형성의 자유**에 속함
완화심사	① **【본질적 내용침해 금지(완화심사)】** 대학의 자율에 대한 침해 여부를 심사는 입법자가 **입법형성의 한계를 넘는 자의적 입법**을 하였는지 여부 판단 (엄격한 과잉금지원칙을 적용 ×) ② **【형성법률 재량한계 심사】** 대상법률이 형성법률인 경우 위헌성 판단은 기본권 제한의 한계규정인 헌법 제37조 제2항에 따른 **과잉금지 내지 비례의 원칙의 적용을 받는 것이 아니라**, 그러한 형성법률이 그 **재량의 한계**인 자유민주주의 등 **헌법상의 기본원리**를 지키면서 **관련 기본권이나 객관적 가치질서의 보장**에 기여하는지 여부에 따라 판단

(4) 관련판례

1	【긴급조치 제9호 (위헌)】 '대통령긴급조치 제9호'는 학생의 모든 집회·시위와 정치관여행위를 금지하고, 위반자에 대해 주무부장관이 **학생의 제적**을 명하고 **소속 학교의 휴업, 휴교, 폐쇄조치**를 할 수 있도록 하여, **학생의 집회·시위의 자유, 학문의 자유와 대학의 자율성 내지 대학자치의 원칙을 본질적 침해**(2013.3.21. 2010헌바132 등)
2	【학칙 제·개정 대학평의원회 심의 (기각)】 학칙의 제정·개정에 관한 사항 등 대학평의원회의 심의사항을 규정한 「고등교육법」은 연구와 교육 등 대학의 중심적 기능에 관한 자율적 의사결정을 방해한다고 볼 수 없어, **국·공립대학 교수회·교수들의 대학의 자율권 침해 아님**(2023.10.26. 2018헌마872)
3	【직접선거시 관할 선관위 위탁실시 의무 (기각)】 **국립대학의 장 후보자 선정**을 위한 직접선거과정에서 선거관리를 그 대학소재지 **관할 선관위에 위탁**하게 정한 「교육공무원법」은 **합리적 입법한계**를 일탈하였거나 **대학의 자율의 본질적인 부분 침해 아님**(2006.4.27. 2005헌마1047 등)
4	【서울대 이사회·재경위 외부이사참여 (기각)】 이사회와 재경위원회에 일정 비율 이상의 **외부인사를 포함**하는 내용 등을 담고 있는 「서울대법」 규정의 이른바 '**외부인사 참여 조항**'이 **대학의 자율의 본질적 침해 아님**(2014.4.24. 2011헌마612)

POINT 154 교육제도·교원지위 법정주의

제31조 ⑥ 【**교육제도 법정주의**】 학교교육 및 평생교육을 포함한 **교육제도**와 그 운영, 【**교원지위 법정주의**】 교육재정 및 **교원**의 **지위**에 관한 기본적인 사항은 **법률**로 정한다.

1 교육제도 (물적기반) 법정주의

(1) 교육제도 법정주의

교육제도 법정주의	① 【**의회유보 + 학교제도 규율권한**】 헌법 제31조 제6항의 교육제도 법정주의는 교육의 영역에서 **의회유보의 원칙**을 규정과 동시에 **국가에 대해 학교제도에 관한 포괄적 규율권한**을 부여 (포괄적 규율권한 부여 아님 ×) ② 【**국민의 교육을 받을 권리 보장 + 교육의 자주성·중립성 유지**】 헌법 제31조 제6항의 취지는 교육에 관한 **기본정책·기본방침**을 최소한 **국회가 입법절차를 거쳐 제정한 법률**(형성적 의미의 법률)로 규정함으로써 **국민의 교육을 받을 권리**가 행정관계에 의하여 **자의적으로 무시되거나 침해당하지 않도록** 하고, 교육의 **자주성·중립성도 유지**하려는 것 ③ 【**기본방침(법률) + 세부사항(하위법령 위임 가)**】 교육제도 법정주의는 교육제도에 관한 **기본방침**을 제외한 나머지 **세부적인 사항**까지 반드시 형식적 의미의 법률만으로 정하여야 하는 것은 아니고, **기본방침을 구체화하거나 집행하기 위한 세부시행 사항은 하위법령에 위임 가능** (세부적인 사항까지 반드시 형식적 의미의 법률로 정하여야 함 ×)
국가의 제도형성권	① 【**포괄적 규율권한 + 폭넓은 입법형성권**】 **국가**는 학교에서의 교육목표, 학습계획, 학습방법, 학교조직 등 **교육제도**를 정하는 데 **포괄적 규율 권한과 폭넓은 입법형성권**을 가짐 ② 【**수학능력시험**】 대학 입학전형자료의 하나인 **수능시험**은 고등학교 교육과정에 대한 최종적이고 종합적인 평가로서 **학교교육 제도와 밀접한 관계**가 있기 때문에, **수능시험의 출제 방향이나 원칙**을 어떻게 정할 것인지에 대하여 **국가는 폭넓은 재량권**을 가짐 ③ 【**입학자격조건**】 국가의 교육시설은 물적·인적 한계 등으로 인하여 **입학자격조건**을 정하는 경우에 능력에 따른 차별이 가능한 영역으로서 **입법재량의 범위가 넓은 영역**

(2) 관련판례

1	【**초등학교 교육과정 교육부장관에 위임 (기각)**】 **초등학교 교육과정의 편제와 수업시간**은 교육현장을 가장 잘 파악하고 교육과정에 대해 적절한 수요 예측을 할 수 있는 **해당 부처**에서 정하도록 할 필요가 있으므로, 「초·중등교육법」이 교육과정의 기준과 내용에 관한 기본적인 사항을 교육부장관이 정하도록 위임한 것 자체가 **교육제도 법정주의 위반 아님**(2016.2.25. 2013헌마838)
2	【**자사고 동시선발, 중복지원금지 (기각)**】 자율형 사립고등학교를 후기학교로 정하여 신입생을 일반고와 동시에 선발하도록 하고(**동시선발 조항**), 자사고를 지원한 학생에게 평준화지역 후기학교에 중복지원하는 것을 금지(**중복지원금지 조항**)한 초·중등교육법 시행령은 **교육제도 법정주의 위반 아님**(2019.4.11. 2018헌마221)

2 교원지위 (인적기반) 법정주의

(1) 교원지위 법정주의

교원지위 법정주의	① 【형식적 법률】 헌법 제31조 제6항에서 말하는 '**법률**'이라 함은 국민의 대표자로서 민주적 정당성을 가진 **국회가 제정하는 형식적 의미의 법률**을 의미 [1] ② 【교원지위 중대의미】 헌법이 **교육의 물적 기반인 교육제도** 이외 **인적 기반인 교원의 지위**를 특별히 국회가 제정하는 법률로 정하도록 한 것은 그에 관한 사항을 **행정부의 결정에 맡겨두거나 전적으로 사적 자치의 영역에만 귀속시킬 수 없을 만큼**, 교육을 담당하는 교원들의 지위에 관한 문제가 교육본연의 사명을 완수함에 있어서 **중대한 의미**를 갖기 때문 [2]
권리보장 + 제한근거	① 【권리·지위보장 + 기본권 제한 근거】 헌법 제31조 제6항은 단순히 **교원의 권익을 보장하기 위한 규정**이라거나 **교원의 지위를 행정 권력에 의한 부당한 침해로부터 보호**하는 것만을 목적으로 한 규정이 아니고, **국민의 교육을 받을 기본권을 실효성있게 보장**하기 위한 것까지 포함하여 **교원의 지위를 법률로 정하도록 한 것**이므로, 교원의 지위를 포함한 교육제도 등의 법정주의를 규정하고 있는 **헌법 제31조 제6항**은 교원의 **기본권보장 내지 지위보장**뿐만 아니라 **교원의 기본권을 제한하는 근거** (교원의 기본권 제한 규정 불가 ×) [3]

(2) 교원재임용제 관련판례

1	① 【신분 부당 박탈 안되도록 최소한의 절차보장】 교원지위법정주의에 의하여 입법자가 법률로 정하여야 할 **교원지위의 기본적 사항**에는 대학교원의 신분이 부당하게 박탈되지 않도록 하는 **최소한의 절차적 보장**에 관한 사항이 포함 (2003.2.27. 2000헌바26) [1] ② 【재임용 거부사유·구제절차 미규정 (헌불)】 대학교원의 **재임용 거부사유 및 사후 구제절차** 등에 관하여 아무런 규정을 하지 않은 「사립학교법」은 **교원지위법정주의 위반** (2003.2.27. 2000헌바26) [2]
2	【재임용거부를 교원징계재심위 청구대상에 미규정 (헌불)】 임용기간이 만료한 교수에 대한 **재임용거부를 교원징계재심위원회의 재심청구대상으로 법률에 명시하지 않은** 「교원지위법」은 **교원지위법정주의 위반** (2003.12.18. 2002헌바14 등) [2]
3	【교원 재임용 심사요소 필수요소로 미강제 (합헌)】 교원 재임용의 심사요소로 학생교육·학문연구·학생지도를 언급하되 이를 모두 **필수요소로 강제하지 않는** 「사립학교법」은 교원의 신분에 대한 부당한 박탈을 방지함과 동시에 **대학의 자율성**을 도모한 것으로서 **교원지위법정주의 위반 아님** (2014.4.24. 2012헌바336) [2]

3 교사의 수업권

수업권의 한계	① 【자녀교육권 신탁 + 교육권한 위임】 학교교육에서 교사의 가르치는 권리인 **수업권**은 자연법적으로는 **학부모에게 속하는 자녀에 대한 교육권을 신탁**받은 것이고, 실정법상으로는 공교육에 책임이 있는 **국가의 위임에 의한 것**임 [2] ② 【연구결과 여과 없이 전파 금지】 국민의 **수학권**을 보장하기 위하여 **교사의 수업권**은 일정범위 내에서 제약을 받으므로 초·중·고등학교의 교사는 수업의 자유를 내세워 자신이 **연구한 결과를 학생들에게 여과 없이 전파할 수 없음** [1] ③ 【자유민주적 기본질서 침해 금지】 초·중·고교 교사는 수업의 자유를 내세워 헌법과 법률이 지향하는 **자유민주적 기본질서를 침해할 수 없음** [2]
기본권성 부정	① 【기본권성 부정】 초·중등학교 교사들이 **교육과정에 따라 학생들을 가르치고 평가하여야** 하는 **법적인 부담이나 제약을 받는다고 하더라도 기본권 제한 아님** [2]

POINT 155 근로의 권리

제32조 ① 【근로의 권리】 모든 국민은 **근로의 권리**를 가진다. 【고용증진·적정임금보장】 국가는 사회적·경제적 방법으로 근로자의 **고용의 증진**과 **적정임금의 보장**에 노력하여야 하며,³ 【최저임금제】 법률이 정하는 바에 의하여 **최저임금제**를 시행하여야 한다.³
② 【근로의 의무】 모든 국민은 **근로의 의무**를 진다. 국가는 근로의 의무의 내용과 조건을 민주주의원칙에 따라 **법률로 정한다.**¹
③ 【근로조건 기준 법정주의】 근로조건의 기준은 **인간의 존엄성**을 보장하도록 **법률로 정한다.**
④ 【여자】 여자의 근로는 **특별한 보호**를 받으며, 고용·임금 및 근로조건에 있어서 **부당한 차별**을 받지 아니한다.⁴
⑤ 【연소자】 연소자의 근로는 **특별한 보호**를 받는다.³
⑥ 【국가유공자 + 상이군경 + 전몰군경의 유가족】 **국가유공자·상이군경** 및 **전몰군경의 유가족**(국가유공자의 유가족, 상이군경의 유가족 ×)은 법률이 정하는 바에 의하여 **우선적으로 근로의 기회**를 **부여받는다.**³

1 근로기본권

근로	① 【소득대가 정신적·육체적 활동】 근로란 **소득을 대가**로 이루어지는 **정신적·육체적 활동**¹
근로기본권	① 【자유권보다 사회권】 헌법 제32조·제33조에 각 규정된 **근로기본권**은 근로자의 **근로조건을 개선함**으로써 **경제적·사회적 지위의 향상**을 위한 것으로서 **자유권적 기본권**으로서의 성격보다 **생존권 내지 사회적 기본권**으로서의 측면이 보다 강한 것으로서 권리의 실질적 보장을 위해서는 **국가의 적극적인 개입과 뒷받침**이 요구되는 기본권¹

2 근로의 권리

(1) 근로의 권리

근로의 권리	① 【근로관계 형성·유지 + 근로기회 제공요구】 근로의 권리란 **인간**이 자신의 의사와 능력에 따라 **근로관계를 형성**하고, 타인의 방해를 받음이 없이 **근로관계를 계속 유지**하며, 근로의 기회를 얻지 못한 경우 국가에 대하여 **근로의 기회를 제공하여 줄 것을 요구**할 수 있는 권리² ② 【사회적·경제적 정책요구권】 근로의 권리는 **사회적 기본권**으로서 국가에 대하여 **직접 일자리를 청구**하거나 일자리에 갈음하는 **생계비의 지급청구권**을 의미하는 것이 **아니라 고용증진을 위한 사회적·경제적 정책을 요구**할 수 있는 권리 (국가에 대하여 직접 일자리(직장)를 청구하거나 일자리에 갈음하는 생계비의 지급청구권을 의미 ×)⁷
근로조건 법정주의	① 【근로조건과 사용자 측면 조화】 **근로조건의 보장**은 근로자의 생활보장 및 인간의 존엄성을 보장해 주는 **기초적 근로의 권리**의 내용이지만, 일방적으로 근로자를 두텁게 보호하는 것만으로 달성되는 것이 아니라, **사용자의 효율적 기업경영** 및 기업의 생산성이라는 측면과 조화를 이룰 때 달성이 가능하고, 이것이 헌법이 **근로조건의 기준을 법률로 정하도록 한 취지**² ② 【근로제공·임금수령 조건의 최저한을 법률로 설정】 헌법 제32조 제3항의 **근로조건 법정주의**에서 근로조건이란 근로계약에 의하여 **근로자가 근로를 제공**하고 **임금을 수령**하는데에 관한 조건들로서, 근로조건에 관한 기준을 법률로써 정한다는 것은 **근로조건에 관하여 법률이 최저한의 제한**을 설정한다는 의미² ③ 【제헌 근로조건 법정주의 → 제8차 인간의 존엄】 **제헌헌법(1948년)**은 **근로조건 법정주의**만을 규정하였으나, **제8차 개정헌법(1980년)**에서 근로조건 법정주의에 **인간의 존엄성을 명시**¹

(2) 추상적 권리

1	【최저임금청구권 (각하)】 근로자가 **최저임금**을 청구할 수 있는 권리는 **헌법상 바로 도출되는 것이 아니라** 최저임금법 등 **법률이 구체적으로 정하는 바에 따라 비로소 인정**(2012.10.25. 2011헌마307)⁵
2	① 【퇴직급여청구권】 근로자가 **퇴직급여**를 청구할 수 있는 권리는 헌법상 바로 도출되는 것이 아니라 「근로자퇴직급여 보장법」 등 **법률이 구체적으로 정하는 바에 따라 비로소 인정**(2011.7.28. 2009헌마408)³ ② 【계속근로기간 1년 미만 근로자 퇴직급여 미지급 (기각)】 계속근로기간 1년 미만인 근로자가 **퇴직급여를 청구할 수 있는 권리**는 헌법 제32조 제1항에 의하여 **보장된다고 보기 어려움**(2011.7.28. 2009헌마408)³

3 보호영역

(1) 보호영역에 포함

사회권 + 자유권	① 【일할 자리(사회권) + 일할 환경(자유권)】 **근로의 권리**가 '**일할 자리에 관한 권리**'만이 아니라 '**일할 환경에 관한 권리**'도 내포하고 있는바, 후자는 **건강한 작업환경, 일에 대한 정당한 보수, 합리적인 근로조건의 보장을 요구할 수 있는 권리** (일할 환경에 관한 권리 불포함 ×)⁴
근로조건 관련	① 【근로기준법상 해고예고에 관한 권리】 근로관계 종료 전 사용자로 하여금 근로자에게 해고예고를 하도록 하는 것은 개별 근로자의 인간 존엄성을 보장하기 위한 **최소한 근로조건** 가운데 하나에 해당하므로, **해고예고에 관한 권리는 근로의 권리의 내용에 포함** (불포함 ×)⁶ ② 【근로기준법상 연차유급휴가에 관한 권리】 **연차유급휴가에 관한 권리**는 인간의 존엄성 보장받기 위한 **최소한 근로조건**을 요구할 수 있는 권리로서 **근로의 권리의 내용에 포함** (불포함 ×)⁵

(2) 관련판례

1	【6개월 미만 월급근로자 해고예고제도 적용 제외 (위헌)】 월급근로자로서 6개월이 되지 못한 자를 해고예고제도의 적용예외 사유로 규정하고 있는 「근로기준법」은 근무기간이 6개월 미만인 월급근로자의 **근로의 권리 침해하고 평등원칙 위배**(2015.12.23. 2014헌바3)⁷ ▣ 【3개월 미만 일용직 해고예고제도 적용 제외 (기각)】 일용근로자로서 3개월 계속 근무하지 아니한 자를 해고예고제도의 적용제외로 규정한 「근로기준법」은 **근로의 권리 침해 아님**(2017.5.25. 2016헌마640)³
2	【근로연도 중도퇴직자 연차유급휴가 불인정 (기각)】 계속근로기간 1년 이상인 근로자가 근로연도 중도에 퇴직한 경우 중도퇴직 전 1년 미만의 근로에 대하여 유급휴가를 보장하지 않는 것은 **근로의 권리 침해 아님**(2015.5.28. 2013헌마619)² → 헌법상 용인될 수 있는 **재량의 범위를 명백히 일탈**하고 있는지 여부로 심사²
3	【정직일수를 연차유급휴가일수에서 공제 (기각)】 정직기간을 연가일수에서 공제할 때 어떠한 비율에 따라 공제할 것인지에 관하여는 **입법자에게 재량이 부여**되어 있기 때문에, **정직처분을 받은 공무원**에 대하여 **정직일수를 연차유급휴가인 연가일수에서 공제**하도록 규정하는 「국가공무원복무규정」은 **근로의 권리 침해 아님**(2008.9.25. 2005헌마586)³
4	【상여금·복리후생비 최저임금에 산입 (기각)】 매월 1회 이상 정기적으로 지급하는 **상여금 등 및 복리후생비의 일부**를 새롭게 **최저임금에 산입**하도록 한 「최저임금법」은 헌법상 용인될 수 있는 **입법재량의 범위를 명백히 일탈**하였다고 볼 수 없으므로 **근로의 권리 침해 아님**(2021.12.23. 2018헌마629 등)³ → **단체교섭권 침해 아님**
5	【축산업 근로자 근로시간·휴일규정 적용 제외 (기각)】 동물의 사육 사업 근로자에 대하여 「근로기준법」에서 정한 **근로시간 및 휴일 규정의 적용을 제외**하도록 한 「근로기준법」은 축산업에 종사하는 근로자의 **근로의 권리 침해 아님**(2021.8.31. 2018헌마563)³
6	【4인 이하 사업장 부당해고제한 미적용 (기각)】 「근로기준법」상 부당해고제한조항과 노동위원회 구제절차를 4인 이하 사업장에 적용되는 조항으로 나열하지 않은 「근로기준법 시행령」은 헌법상 용인될 수 있는 **재량의 범위를 벗어난 것이 아니므로 근로의 권리 침해 아님**(2019.4.11. 2017헌마820)² → **평등권 침해 아님**
7	【초단기근로자 퇴직급여 적용 제외 (합헌)】 소정근로시간이 **1주간 15시간 미만**인 **초단시간근로자**에 대해 **퇴직급여제도 적용대상에서 제외**하는 것은 헌법상 용인될 수 있는 **입법재량의 범위를 현저히 일탈한 것이라고 볼 수 없으므로, 헌법 제32조 제3항 위배 아님**(2021.11.25. 2015헌바334 등)²

4 근로관계의 존속보호 의무

(1) 직장존속청구권 부정과 국가의 최소한 보호의무

직장존속청구권 부정	① 【직장존속청구권 부정】 헌법 제32조 제1항이 규정하는 **근로의 권리**는 **사회적 기본권**으로서 **국가에 대하여 직접 일자리를 청구**하거나 **일자리에 갈음하는 생계비의 지급청구권**을 의미하는 것이 **아니라** 고용증진을 위한 **사회적·경제적 정책을 요구할 수 있는 권리**에 그치며, 근로의 권리로부터 국가에 대한 **직접적인 직장존속청구권**이 도출되는 것도 아님 ② 【직장존속보장청구권 부정】 **직업의 자유** 또는 **근로의 권리, 사회국가원리** 등에 근거하여 **실업방지 및 부당한 해고로부터 근로자를 보호하여야 할 국가의 의무**를 도출할 수는 있을 것이나, 국가에 대한 **직접적 직장존속보장청구권**을 인정할 **헌법상 근거 없음** (헌법상 근거 있음 ×)
국가의 최소한 보호의무 인정	① 【국가의 최소한 보호의무 인정】 근로의 권리로부터 국가에 대한 **직접적인 직장존속청구권**을 도출할 수는 없지만, **사용자의 처분에 따른 직장상실**에 대하여 **최소한의 보호를 제공하여야 할 의무**를 국가에 지우는 것으로 볼 수는 있음 ② 【근로자의 보호청구권 부정】 근로의 권리는 국가에게 사용자의 처분에 따른 직장 상실에 대하여 **최소한의 보호를 제공해 줄 의무**를 지우는 것으로 여기에서 곧바로 **직장 상실로부터 근로자를 보호하여 줄 것을 청구할 수 있는 헌법상의 권리**가 나오지는 **않음**

(2) 직장존속청구권 관련판례

1	【기간제 근로자 사용기간 2년 제한 (기각)】 사용자로 하여금 **2년을 초과하여 기간제 근로자를 사용할 수 없도록** 한 「기간제법」에 대하여 해당 기간제 근로자들의 한 직장에서 계속해서 일할 권리를 보장하지 못한다 할지라도 **근로의 권리 문제 아니므로 침해 아님**(2013.10.24. 2010헌마219 등) → **계약의 자유 침해 아님**
2	① 【근로관계 당연승계 보장 입법의무 無】 헌법상 국가에 대한 직접적인 **직장존속보장청구권**을 인정할 근거는 없으므로 **근로관계의 당연승계를 보장하는 입법**을 반드시 하여야 할 **헌법상 의무 인정할 수 없음**(2002.11.28. 2001헌바50) ② 【국가보조연구기관 통폐합시 근로관계 당연승계 미규정 (합헌)】 국가보조 연구기관을 **통폐합**함에 있어 재산상의 권리·의무만을 승계시키고, **근로관계의 당연승계조항을 두지 아니한** 「한국보건산업진흥원법」은 **위헌 아님**(2002.11.28. 2001헌바50)

5 근로의 권리의 주체

(1) 주체

국민	① 【국민 인정, 외국인 부정】 근로의 권리는 **국민의 권리**이므로 외국인은 주체가 될 수 없는 것이 원칙.¹ ② 【근로기회 우선보장 : 국가유공자 + 상이군경 + 전몰군경의 유가족(열거조항)】 헌법 제32조 제6항의 우선적으로 근로의 기회가 부여되는 대상은 조문의 문리해석대로 '**국가유공자**', '**상이군경**', 그리고 '**전몰군경의 유가족**'으로 봄 (국가유공자의 유가족, 상이군경의 유가족 포함 ×)⁴
외국인 근로자 (제한적 인정)	① 【일할 환경에 관한 권리】 '**일할 환경에 관한 권리**'는 인간의 존엄성에 대한 침해를 방어하기 위한 권리로서 **외국인 근로자**에게도 인정되며, 건강한 **작업환경**, 일에 대한 **정당한 보수**, 합리적인 **근로조건**의 보장 등을 요구할 수 있는 권리.¹ ② 【우리 국민과 동일수준 보장 아님】 기본권 주체성의 인정 문제와 기본권 제한의 정도는 별개의 문제이므로 외국인에게 근로의 권리에 대한 기본권 주체성을 인정한다는 것이 곧바로 **우리 국민과 동일한 수준의 보장**을 한다는 것을 의미하는 것은 **아님** (동일수준 보장 의미 ×)³
노동조합 부정	① 【노동조합 부정】 근로의 권리는 국가의 개입·간섭을 받지 않고 **자유로이 근로를 할 자유**와, 국가에 대하여 **근로의 기회를 제공하는 정책**을 수립해 줄 것을 요구할 수 있는 권리 등을 기본적인 내용으로 하고 있고, **근로자를 개인의 차원**에서 보호하기 위한 권리로서 개인인 근로자가 근로의 권리의 주체가 되는 것이고, **노동조합은 주체가 될 수 없음** (주체 ×)¹⁶

(2) 외국인 근로자 관련판례

1	① 【출국만기보험금은 근로조건의 문제 : 외국인의 주체성 인정】 근로조건은 임금과 그 지불방법, 취업시간과 휴식시간 등 근로계약에 의하여 근로자가 근로를 제공하고 임금을 수령하는 데 관한 조건들이고, **출국만기보험금**은 **퇴직금의 성질**을 가지고 있어서 그 **지급시기**에 관한 것은 **근로조건의 문제**이므로 외국인들에게도 **기본권 주체성이 인정** (2016.3.31. 2014헌마367)⁴ ② 【외국인 근로자 출국만기보험금 출국 후 14일 이내로 지급시기 제한 (기각)】 고용허가를 받아 국내에 입국한 **외국인 근로자**의 **출국만기보험금**을 **출국 후 14일 이내**에 **지급**하도록 한 조항은 외국인 근로자의 불법체류를 방지할 필요성을 고려할 때 외국인 근로자의 **근로의 권리 침해 아님**(2016.3.31. 2014헌마367)⁷ → **평등권 침해 아님**¹

POINT 156 근로3권

제33조 ① 【단결권 + 단체교섭권 + 단체행동권】 근로자는 근로조건의 향상을 위하여 **자주적인 단결권·단체교섭권 및 단체행동권**을 가진다.

1 근로3권

(1) 근로3권

근로3권	① 【제헌헌법 : 법률의 범위】 제헌헌법(1948년)은 근로자의 단결, 단체교섭과 단체행동의 자유는 **법률의 범위 내에서 보장**된다고 규정
법적성격	① 【자유권 + 사회권】 근로3권은 **자유권적 기본권**으로서의 성격과 **사회권적 기본권**으로서의 성격을 모두 포함 ② 【자유권 : 단결권 침해금지】 근로3권의 자유권 성격은 **국가가 근로자의 단결권을 존중하고 부당하게 침해해서는 안 된다**는 것을 의미 ③ 【사회권 : 국가의 입법조치 의무】 근로3권의 사회권 성격은 **입법조치를 통하여 근로자의 헌법적 권리를 보장**하여야 할 **국가의 의무** ④ 【사회적 보호기능 담당 자유권】 근로3권은 '**사회적 보호기능을 담당하는 자유권**' 또는 '**사회권적 성격을 띤 자유권**'
보호영역 아닌 것	① 【노조의 비과세 혜택을 받을 권리】 **노동조합이 비과세 혜택을 받을 권리**는 헌법 제33조 제1항이 당연히 예상한 **권리에 포함**된다고 보기 **어렵고**, 위 헌법조항으로부터 **권리가 파생**된다거나 국가의 **조세법규범 정비의무가 발생**한다고 보기도 **어려움**

(2) 근로3권의 주체

근로자	① 【근로제공·임금수령】 근로자란 타인과의 **사용종속관계**하에서 **근로를 제공**하고 대가로 **임금 등을 받아 생활하는 사람**을 의미 ② 【취업자·실업자·구직자】 사용자에게 고용되어 **현실적으로 취업**하고 있는 사람뿐만 아니라 **일시적으로 실업 상태**에 있는 사람이나 **구직 중인 사람**을 포함하여 **노동3권을 보장할 필요성**이 있는 사람 포함 (해고의 효력을 다투고 있는 자나 실업 중에 있는 자는 제외 ×) ③ 【해고자】「노동조합법」과 대법원은 해고를 당하였다고 하더라도 **해고의 효력을 다투고 있다면 근로자의 지위**에 있다고 봄 ④ 【불법체류외국인】 노동조합법상의 근로자성이 인정되는 한, 출입국관리 법령에 따라 취업활동을 할 수 있는 **체류자격을 받지 아니한 외국인근로자도 노동조합을 설립·가입**할 수 있음 (취업자격 없는 외국인은 근로자의 범위에 미포함 ×)
사용자 아님	① 【사용자는 헌법상 규정 無】 헌법 제33조 제1항은 단결권·단체교섭권·단체행동권의 주체로서 **근로자만을 명시적으로 규정**하고 있을 뿐, **사용자에 대해서는 규정하고 있지 않음**

2 단결권

(1) 단결권

단결권	① 【사회적 보호기능 담당 자유권】 단결권은 '사회적 보호기능을 담당하는 자유권' 또는 '사회권적 성격을 띤 자유권'으로서의 성격
주체	① 【근로자 개인 + 근로자단체】 헌법 제33조 제1항에 의하면 단결권의 주체는 단지 개인인 것처럼 표현되어 있지만, 근로자 개인뿐만이 아니라 **단체 자체의 단결권도 보장** ② 【개별적 단결권 + 집단적 단결권】 단결권에는 개별 근로자가 노동조합 등 근로자단체를 조직하거나 가입하여 활동할 수 있는 **개별적 단결권**뿐만 아니라 **근로자단체가 존립하고 활동할 수 있는 집단적 단결권도 포함** (근로자단체 존립·활동은 단결 아닌 결사의 자유에서 보장 ×)
허가제 금지	① 【단결권은 결사의 자유에 포함】 단결권은 결사의 자유가 근로의 영역에서 구체화된 것으로서 **단결권도 결사의 자유에 포함** ② 【허가제금지 적용】 단결권이 근로자 단결체로서 사용자와의 관계에서 특별한 보호를 받아야 할 경우 헌법 제33조가 우선적으로 적용되지만, 통상의 결사 일반에 대한 문제일 경우 헌법 제21조 제2항이 적용되므로 **노동조합에도 결사에 대한 허가제금지원칙 적용** (허가제금지 미적용 ×)

(2) 소극적 단결권과 표현의 자유

소극적 단결권	① 【§33는 적극적 단결권만 포함】 단결권은 **단결할 자유만을 가리킬 뿐이고 단결하지 않을 자유** 이른바 소극적 단결권은 **헌법 제33조 제1항의 단결권에 포함 안됨** (소극적 단결권도 포함 ×) ② 【소극적 단결권은 §10, §21에서 보장】 근로자가 **노동조합을 결성하지 아니할 자유나 노동조합에 가입을 강제당하지 아니할 자유**는 단결권의 내용에 포섭되는 것이 아니라, **일반적 행동자유권 또는 결사의 자유가 근거** (헌법상 근거를 찾을 수 없음 ×, 헌법상 기본권이라고 볼 수 없음 ×)
노조의 표현의 자유	① 【노조의 의사표현의 자유 주체성】 노동조합이 단결권에 의하여 보호받는 고유한 활동영역을 떠나서 개인이나 다른 사회단체와 마찬가지로 **정치적 의사를 표명**하거나 **정치적으로 활동**하는 경우에는 일반적 기본권인 **의사표현의 자유 등의 보호를 받음**

(3) 관련판례

1	**개별적 단결권** 【노동조합설립신고제 (합헌)】 노동조합을 설립할 때 행정관청에 설립신고서를 제출하게 하고 **요건을 충족하지 못한 경우 설립신고서를 반려하도록 한** 「노동조합법」은 헌법이 금지하는 **결사에 대한 허가제 아님** (2012.3.29. 2011헌바53) → 과잉금지원칙에 위반되어 단결권 침해 아님	
2	**집단적 단결권** 【노조의 행정관청 보고의무 (합헌)】 노동조합의 규약 및 결의 처분에 대한 행정관청의 시정명령이나 회계감사원의 회계감사 등이 있음에도 불구하고 **노동조합이 결산결과와 운영상황에 대한 보고의무를 위반한 경우 과태료를 부과하는** 「노동조합법」은 **노동조합 단결권 침해 아님** (2013.7.25. 2012헌바116)	
3	**표현의 자유** 【노동단체의 정치자금 기부 금지 : 표현의 자유 ○ / 단결권 × (인용)】 노동단체의 정치자금 기부를 금지한 법률조항은 노동단체가 단지 단체교섭 및 단체협약 등의 방법으로 '**근로조건의 향상**'이라는 본연의 과제만을 수행해야 하고 그 외의 **모든 정치적 활동**을 해서는 안 된다는 사고에 바탕을 둔 것으로, 헌법상 보장된 **정치적 자유의 의미 및 그 행사 가능성을 공동화시키는 것임** (1999.11.25. 95헌마154) → 노동단체의 단결권이 아니라 표현의 자유 침해	

3 단체교섭권

(1) 단체교섭권

단체교섭권	① 【단체협약체결권】 헌법 제33조 제1항이 비록 단체협약체결권을 명시하고 있지 않지만, **단체교섭권에는 단체협약체결권이 포함** ② 【상대적 기본권】 단체교섭권은 **헌법 제37조 제2항**에 의하여 국가안전보장·질서유지 또는 공공복리 등의 공익상의 이유로 **제한이 가능**
사용자	① 【국가도 사용자】 국가의 행정관청이 **사법상 근로계약**을 체결한 경우 **국가**는 그러한 근로계약관계에 있어서 사업주로서 단체교섭의 당사자의 지위에 있는 **사용자에 해당**

(2) 관련판례

1	【노동조합 운영비 원조 금지 : 수단 부정(헌불)】 사용자가 노동조합의 운영비를 원조하는 행위를 부당노동행위로 **금지**하는 「노동조합법」은 노동조합의 자주성을 저해할 위험이 없는 경우까지 일체 운영비 원조 행위를 금지하고 있으므로, **입법목적 달성 위한 적합한 수단 아님**(2018.5.31. 2012헌바90) → 단체교섭권 침해 [비교] ① 【노조전임자 급여 지원 금지 (기각)】 노조전임자에 대한 급여 지원을 금지하는 것은 노조전임자나 노동조합의 **단체교섭권 및 단체행동권 침해 아님**(2014.5.29. 2010헌마606) ② 【국제법 존중주의 위배 아님 (기각)】 노조전임자에 대한 급여 지급 금지에 대한 절충안으로 **근로시간 면제 제도**가 도입된 이상 국제노동기구협약 제135호에 배치된다고 보기 어려우므로 **국제법 존중주의 원칙 위배 아님**(2014.5.29. 2010헌마606)
2	【교섭창구단일화제도 (기각)】 하나의 사업 또는 사업장에 **복수 노동조합이 존재**하는 경우 '교섭대표노동조합'을 정하여 교섭을 요구하도록 하고, 자율적으로 교섭창구를 단일화하지 못하거나 사용자가 단일화 절차를 거치지 아니하기로 동의하지 않은 경우 **과반수 노동조합이 교섭대표노동조합**이 되도록 하는 「노동조합법」은 **단체교섭권 침해 아님**(2024.6.27. 2020헌마237 등)
3	【수임자에 단체협약체결권 부여 (합헌)】 노동조합의 대표자 또는 노동조합으로부터 **위임 받은 자**에게 단체교섭권과 단체협약체결권을 부여한 「노동조합법」은 **위헌 아님**(1998.2.27. 94헌바13 등)

4 단체행동권

(1) 단체행동권

민·형사상 책임 면제	① 【목적, 방법 및 절차상의 한계 內 면제】 노동관계 당사자가 **쟁의행위**를 함에 있어서는 그 목적, 방법 및 절차상의 **한계를 벗어나지 아니한 범위 안에서** 관계자들의 **민사상 및 형사상 책임 면제** ② 【민·형사 책임 면제】 쟁의행위는 업무의 저해라는 속성상 **시민형법상의 여러 가지 범죄의 구성요건**에 해당될 수 있음에도 불구하고 정당성을 가지는 경우에는 형사책임이 면제되며, 민사상 손해배상책임도 발생하지 않음 (형사책임은 지지 않으나 손해배상책임은 인정 ×)
국가의 형벌권 행사	① 【노사관계에 국가개입(업무방해죄 처벌)】 사인간 기본권 충돌의 경우 **입법자에 의한 규제와 개입**은 개별 기본권 주체에 대한 **기본권 제한의 방식**으로 나타나며, 노사관계의 경우 **국가의 개입이 기본권 침해 여부가 문제될 수는 있으나, 사적 계약관계라는 이유로 국가가 개입할 수 없다고 볼 것은 아님** ② 【단체행동권의 제한】 근로자들의 **단체행동권**은 집단적 실력행사로서 **위력의 요소**를 가지고 있으므로, 사용자의 재산권이나 직업의 자유, 경제활동의 자유를 현저히 침해하고, 거래질서나 국가 경제에 중대한 영향을 미치는 일정한 단체행동권의 행사는 **제한 가능**

(2) 관련판례

1	【정당성 없는 쟁의행위에 대한 업무방해죄 적용 (합헌)】 「형법」상 업무방해죄는 모든 쟁의행위에 대하여 무조건 적용되는 것이 아니라, **단체행동권의 내재적 한계를 넘어 정당성이 없다고 판단되는 쟁의행위에 대하여만 적용되므로, 단체행동권 침해 아님**(2010.4.29. 2009헌바168)

POINT 157 공무원 등의 근로3권 B

제33조 ② 【공무원인 근로자】 **공무원**인 근로자는 **법률이 정하는 자**에 한하여 **단결권·단체교섭권 및 단체행동권**을 가진다.³
③ 【주요방위산업체 근로자】 법률이 정하는 주요방위산업체에 종사하는 근로자의 **단체행동권**(근로3권 ×, 단결권 ×, 단체교섭권 ×)은 법률이 정하는 바에 의하여 이를 **제한하거나 인정하지 아니할 수 있다**.⁹

1 공무원인 근로자 (개별적 법률유보)

(1) 법률이 정하는 공무원

근로자성 인정	① 【공무종사자】 공무원은 직접 또는 간접적으로 국민에 의하여 선출 또는 임용되어 **국가나 공공단체와 공법상의 근무관계**를 맺고 **공공적 업무를 담당**하고 있는 사람들을 가리킴ᄂ ② 【근로자성 인정】 공무원도 각종 노무의 대가로 얻는 수입에 의존하여 생활하는 사람이라는 점에서 **통상적인 의미의 근로자적인 성격**을 지니고 있으므로, 헌법 제33조 제2항 역시 **공무원의 근로자적 성격을 인정**하는 것을 전제로 규정 (공무원의 근로자적 성격 인정 아님 ×)ᄂ
법률이 정하는 공무원	① 【광범위한 입법형성의 자유】 헌법 제33조 제2항에 따라 **공무원인 근로자**에게 단결권·단체교섭권·단체행동권을 인정할 것인가의 여부, **어떤 형태의 행위를 어느 범위에서 인정**할 것인가 등에 대하여 **광범위한 입법형성의 자유** (광범위한 입법형성의 자유를 갖는 것은 아님 ×)ᄂ ② 【법률이 정하는 자 이외의 공무원 : 과잉금지원칙 적용 불가】 공무원인 근로자 중 **법률이 정하는 자 이외의 공무원**은 근로3권의 주체가 되지 못하므로 노동3권이 인정됨을 전제로 하여 **헌법 제37조 제2항의 과잉금지원칙을 적용할 수 없음** (과잉금지의 원칙에 따라서 심사 ×)³ → 입법형성권의 한계 일탈 여부 심사

(2) 국가공무원법 및 공무원노조법

국가공무원법	① 【노동운동 금지】 공무원은 **노동운동**이나 그 밖에 공무 외의 일을 위한 **집단행위 금지** ② 【사실상 노무에 종사하는 공무원 : 근로3권 보장】 **사실상 노무에 종사하는 공무원**은 **노동운동**을 할 수 있음 (모든 공무원은 단체행동권을 가질 수 없음 ×)ᄂ
공무원노조법	① 【근무조건과 직접 관련되지 않은 사항 교섭 대상 제외】 법령 등에 따라 국가나 지방자치단체가 그 권한으로 행하는 **정책결정에 관한 사항**, 임용권의 행사 등 그 **기관의 관리·운영에 관한 사항**으로서 **근무조건과 직접 관련되지 아니하는 사항은 교섭의 대상이 될 수 없음** ˡ ② 【법령·조례·예산에 규정된 사항은 무효】 공무원노동조합이 체결하는 단체협약의 내용 중 **법령·조례 또는 예산에 의해 규정되는 것은 단체협약으로서의 효력이 인정되지 않음** ˡ

(3) 단결권 관련판례

1	① 【사실상 노무 종사 공무원에 근로3권 인정 (합헌)】 「국가공무원법」이 근로3권이 보장되는 공무원의 범위를 사실상 노무에 종사하는 공무원에 한정하고 있는 것은 입법자에게 허용된 **입법재량권의 범위 벗어난 것 아님**(2007.8.30. 2003헌바51 등) ³ ② 【국제기구 권고】 국제노동기구의 '**결사의 자유위원회**'나 국제연합의 '**경제적·사회적 및 문화적 권리위원회**' 및 경제협력개발기구(OECD)의 '**노동조합자문위원회**' 등의 국제기구들이 모든 영역의 공무원들에게 노동3권을 보장할 것을 권고하고 있다고 하더라도 **위헌심사 척도로 삼을 수 없음**(2007.8.30. 2003헌바51 등)
2	【소방공무원 노조가입금지 (기각)】 소방공무원을 노동조합 가입대상에서 제외한 「공무원노조법」은 **입법형성권의 한계**를 일탈하여 **소방공무원의 단결권 침해 아님**(2008.12.26. 2006헌마462) 유사 【5급 이상 공무원 노조가입금지 (기각)】 5급 이상 공무원의 노동조합가입을 금지하고 6급 이하의 공무원 중에서도 인사·보수 등 **행정기관의 입장에 서는 자** 등의 노동조합가입을 금지하는 것은 **공무원들의 단결권 침해 아님**(2008.12.26. 2005헌마971)
3	【공무원 노조 설립 최소단위를 행정부로 규정 (기각)】 공무원노동의 설립 최소단위를 '행정부'로 규정하여 노동부만의 노동조합 결성을 제한한 「공무원노조법」은 **단결권·평등권 침해 아님**(2008.12.26. 2006헌마518)

(4) 단체교섭권 관련판례

1	【공무원노조의 교섭대상 제한 (합헌)】 국가·지자체의 **정책결정에 관한 사항**이나 기관의 관리·운영에 관한 사항으로서 근무조건과 **직접** 관련되지 아니하는 사항을 **공무원노조의 단체교섭대상에서 제외**하고 있는 「공무원노조법」은 **단체교섭권 침해 아님**(2013.6.27. 2012헌바169) → '**직접**' 부분이 **명확성원칙 위반 아님**

2 주요방위산업체 근로자 (개별적 법률유보) : 단체행동권

쟁위행위 금지	① 【쟁의행위 금지】 「방위사업법」에 의하여 지정된 주요방위산업체 종사 근로자 중 **전력, 용수 및 주로 방산물자를 생산하는 업무에 종사하는 자**는 **쟁의행위**(단체교섭 ×)**를 할 수 없음**

POINT 158 근로3권의 제한

1 민간근로자 (일반적 법률유보)

1	① 【근로3권 전면부정 → 본질적 내용 침해 (위헌)】 헌법 제37조 제2항에 의하여 근로자의 근로3권에 대해 일부 제한이 가능하다 하더라도, '공무원 또는 주요방위사업체 근로자'가 아닌 **근로자의 근로3권을 전면적으로 부정하는 것은 본질적 내용 침해금지에 위반**(2015.3.26. 2014헌가5) ② 【국가비상사태시 단체교섭권·단체행동권 포괄 제한 (위헌)】 국가비상사태 하에서라도 **단체교섭권·단체행동권이 제한되는 근로자의 범위를 구체적으로 제한함이 없이 그 허용 여부를 주무관청의 조정결정에 포괄적으로 위임**하고 위반할 경우 형사처벌하는 「국보위법」은 **근로3권의 본질적인 내용 침해**(2015.3.26. 2014헌가5)
2	① 【청원경찰 노동운동 금지 : 목적·수단 인정】 모든 청원경찰의 근로3권을 전면적으로 제한하는 것은 **목적의 정당성 및 수단의 적합성 인정**(2017.9.28. 2015헌마653) ② 【청원경찰 : 공무원 아님】 청원경찰은 청원주와의 고용계약에 의한 근로자일 뿐 **공무원이 아니므로**, 기본적으로 헌법 제33조 제1항에 따라 **근로3권을 보장받아야 함**(2017.9.28. 2015헌마653) ③ 【근로2권 인정 필요】 청원경찰에 대하여 직접행동을 수반하지 않는 **단결권과 단체교섭권을 인정**하더라도 **시설의 안전 유지에 지장이 된다고 단정할 수 없음**(2017.9.28. 2015헌마653) ④ 【근로3권 침해 : 피해·법익 부정 (헌불)】 청원경찰의 복무에 관하여 「국가공무원법」 제66조 제1항을 준용함으로써 노동운동을 금지하는 「청원경찰법」은 **국가기관이나 지방자치단체 이외의 곳에서 근무하는 청원경찰의 근로3권 침해**(2017.9.28. 2015헌마653) 비교 【청원경찰 집단행위시 형사처벌 (합헌)】 청원경찰로서 「국가공무원법」 제66조 제1항의 규정에 위반하여 **노동운동 기타 공무 이외의 일을 위한 집단적 행위를 한 자를 형사처벌**하도록 규정한 「청원경찰법」은 **근로3권 침해 아님**(2008.7.31. 2004헌바9)
3	【특수경비원에 대한 쟁의행위 금지 (기각)】 공항·항만 등 국가중요시설의 경비업무를 담당하는 **특수경비원에게 경비업무의 정상적인 운영을 저해하는 일체의 쟁의행위를 금지**하는 「경비업법」은 **단체행동권 침해 아님**(2009.10.29. 2007헌마1359) → **일반적 법률유보에 의한 제한**

2 교원노조

(1) 교원의 근로3권 제한

근로자	① **【교원도 근로자】** 교원은 학생들에 대한 지도·교육이라는 **노무에 종사**하고 그 대가로 받는 임금·급료 그 밖에 이에 준하는 **수입으로 생활**하는 사람이므로 **근로자에 해당**
근로3권 제한	① **【교원지위법정주의 조항 우선적용】** 교원의 노동권, 노동조합 등에 관하여는 **헌법 제31조 제6항의 교원지위법정주의 조항**이 헌법 제33조의 노동3권 조항보다 **우선 적용** ② **【교원노조법상 국·공립 & 사립교원 단체행동권 제한】**「교원노조법」에 의하면 **국·공립학교 교원과 사립학교 교원**은 단결권과 단체교섭권이 인정되고 **단체행동권(쟁의행위)이 부인** (국·공립학교 교원은 근로3권이 모두 부인 ×)

(2) 관련판례

1	① **【대학교원 전교조 가입 금지 심사 기준】** 교육공무원 아닌 대학교원에 대해서는 **과잉금지원칙 위배 여부** 기준, 교육공무원인 대학교원에 대해서는 **입법형성의 범위를 일탈하였는지 여부** 기준 심사(2018.8.30. 2015헌가38) ② **【교육공무원이 아닌 대학교원(사립) : 과잉금지원칙(목적 부정) (헌불)】** 교원노조를 설립하거나 가입하여 활동할 수 있는 자격을 초·중등 교원으로 한정함으로써 교육공무원이 아닌 대학 교원에 대해서 근로기본권의 핵심인 단결권조차 전면적으로 부정한「교원노조법」은 **입법목적의 정당성과 수단의 적합성** 인정할 수 없어 **과잉금지원칙 위배**(2018.8.30. 2015헌가38) ③ **【교육공무원인 대학교원(국·공립) : 입법형성권 일탈 (헌불)】** 교육공무원인 대학교원에게 근로3권을 일체 허용하지 않고 **전면적 부정은 입법형성권의 범위를 벗어나 헌법 위반**(2018.8.30. 2015헌가38) ④ **【평등심사 안함】** 평등원칙 위배 여부는 단결권 침해의 위헌성에 대한 주장과 실질적으로 같으므로 **별도로 살펴보지 아니함**(2018.8.30. 2015헌가38)
2	① **【해직교원의 전교조 가입 금지 : 교원·전교조의 단결권 제한】** 교원노조를 설립하거나 그에 가입하여 활동할 수 있는 자격을 **초·중등학교에 재직 중인 교원**으로 한정하는 것은, 해직교원이나 실업·구직 중에 있는 **교원** 및 이들을 조합원으로 하여 교원노조를 조직·구성하려고 하는 **교원노조의 단결권 제한**(2015.5.28. 2013헌마671 등) ② **【단결권 침해 아님 (기각)】**「교원노조법」의 적용을 받는 교원의 범위를 **초·중등학교에 재직 중인 교원**으로 한정하고 해직교원을 제외하는 것은 교원노조 및 해직교원들의 **단결권 침해 아님**(2015.5.28. 2013헌마671 등) ③ **【법외노조통보 (기각)】** 교원이 아닌 사람이 일부 포함되어 있다는 이유로 설립신고를 마치고 활동 중인 **노동조합을 법외노조**로 할 것인지 여부는 **법외노조통보조항**이 정하고 있고, 법원은 법외노조통보조항에 따른 행정당국의 판단이 적법한 재량의 범위 안에 있는 것인지 판단할 수 있으므로 **단결권 침해 아님**(2015.5.28. 2013헌마671 등)
3	**【교원의 노동조합 결성 금지 (합헌)】** 구「사립학교법」상 **교원은 노동조합 결성 등 집단행동이 금지**되었는데 사립학교 교원이 가지는 **근로기본권의 본질적 내용 침해 아님**(1991.7.22. 89헌가106)

POINT 159 환경권 Ⓑ

제35조 ① 【환경권】 모든 국민은 건강하고 쾌적한 환경에서 생활할 권리를 가지며, 【환경보전의무】 국가와 국민은 환경보전을 위하여 노력하여야 한다.³
② 【법률유보】 환경권의 내용과 행사에 관하여는 법률로 정한다.²
③ 【쾌적한 주거생활】 국가는 주택개발정책 등을 통하여 모든 국민이 쾌적한 주거생활을 할 수 있도록 노력하여야 한다.²

1 환경권과 환경보전의무

(1) 환경권

환경권	① 【생명·신체의 자유 보호 토대 + 삶의 질 확보】 환경권은 건강하고 쾌적한 생활을 유지하는 조건으로서 양호한 환경을 향유할 권리이고, 생명·신체의 자유를 보호하는 토대를 이루며, 궁극적으로 '삶의 질' 확보를 목표로 하는 권리³ ② 【침해배제권 + 요구권 = 종합적 기본권】 국민은 국가로부터 건강하고 쾌적한 환경을 향유할 수 있는 자유를 침해당하지 않을 권리를 행사할 수 있고, 일정한 경우 국가에 대하여 건강하고 쾌적한 환경에서 생활할 수 있도록 요구할 수 있는 권리가 인정되기도 하는바, 환경권은 그 자체 종합적인 기본권⁶
환경	① 【자연환경 + 생활환경】 건강하고 쾌적한 환경에서 생활할 권리를 보장하는 환경권의 보호대상이 되는 환경에는 자연환경뿐만 아니라 인공적 환경과 같은 생활환경도 포함⁴ ② 【정온한 환경에서 생활할 권리】 일상생활에서 소음을 제거·방지하여 정온한 환경에서 생활할 권리는 환경권의 내용² ③ 【악취, 오염된 공기 제거·방지】 일상생활에서 악취, 오염된 공기 등을 제거·방지하여 쾌적한 환경에서 생활할 권리도 환경권의 한 내용¹ ④ 【토양에서 화학물질 제거·방지】 일상생활에서 접하게 되는 토양에서 유해중금속 등의 화학물질을 제거·방지하여 건강한 환경에서 생활할 권리는 환경권의 한 내용¹
입법형성권	① 【광범위한 형성의 자유】 헌법 제35조 제2항에 따라 환경권의 내용과 행사는 법률에 의해 구체적으로 정해지는데, 입법자는 환경권의 구체적 실현에 있어 광범위한 형성의 자유 가짐¹ ② 【환경권 취지에 부합하도록 법률로써 내용 구체화】 환경권의 내용과 행사는 법률에 의해 구체적으로 정해지는 것이기는 하나, 헌법의 취지는 헌법에서 정한 환경권을 입법자가 그 취지에 부합하도록 법률로써 내용을 구체화하도록 한 것이지 환경권이 완전히 무의미하게 되는데도 입법을 전혀 하지 아니하거나, 어떠한 내용이든 법률로써 정하기만 하면 된다는 것 아님¹ ③ 【구체적 권리 아님】 환경권은 명문의 법률규정이나 관계 법령의 규정 취지 및 조리에 비추어 권리의 주체, 대상, 내용, 행사 방법 등이 구체적으로 정립될 수 있어야만 인정되는 것이므로, 사법상의 권리로서의 환경권을 인정하는 명문의 규정이 없는데도 환경권에 기하여 직접 방해배제청구권을 인정할 수 없음 (민사소송 제기 ×)³

(2) 관련판례

1	【교도소 내 화장실 창문 안전철망 설치 (기각)】 교도소 수용자들의 자살을 방지하기 위하여 교도소 독거실 내 화장실 창문에 안전철망을 설치한 행위는 수형자의 환경권 침해 아님(2014.6.26. 2011헌마150)⁴

2 환경보전의무

(1) 국가·국민의 환경보전의무

국가·국민의 의무	① 【국가·국민의 의무】 환경보전은 단순히 **국가의 노력**만으로 이루어지기는 어려우므로 헌법은 **국민의 환경보전 노력 의무**도 규정(국가만 규정 ×)³ ② 【국민의 의무】 헌법 제35조 제1항은 **국민의 환경권의 보장**, **국가와 국민의 환경보전의무**를 규정하고 있는데, **국가뿐만 아니라 국민도 오염방지와 오염된 환경의 개선에 관한 책임 부담**(국민은 책임부담 아님 ×)³
국가의 의무	① 【국가의 규제·조정권 근거 可】 헌법 제35조 제1항은 **환경정책에 관한 국가적 규제와 조정을 뒷받침하는 헌법적 근거**가 되며 국가는 환경정책 실현을 위한 재원마련과 환경침해적 행위를 억제하고 환경보전에 적합한 행위를 유도하기 위한 수단으로 **환경부담금을 부과·징수하는 방법**을 선택할 수 있음ⁿ ② 【보호의무 위반 → 생명·신체의 안전 침해】 헌법이 환경권에 대하여 **국가의 보호의무**를 인정한 것은 환경피해가 **생명·신체의 보호**와 같은 중요한 기본권적 법익 침해로 이어질 수 있다는 점 등을 고려한 것이므로, **환경권 침해 내지 환경권에 대한 국가의 보호의무위반도 궁극적으로 생명·신체의 안전에 대한 침해로 귀결**ⁿ

(2) 환경정책에 관한 국가의 규제와 조정 관련판례

1	【악취관리지역 지정 (기각)】 악취가 배출되는 사업장이 있는 지역을 악취관리지역으로 지정함으로써 악취방지를 위한 예방적·관리적 조치를 할 수 있도록 한 것은 헌법상 국가와 국민의 환경보전의무를 바탕으로 **주민의 건강과 생활환경의 보전**을 위하여 사업장에서 배출되는 악취를 규제·관리하기 위한 **적합한 수단**(2022.5.26. 2020헌마670 등)¹ → 직업수행의 자유 침해 아님
2	【비사업용자동차의 타인광고 제한 (기각)】 비사업용자동차의 타인광고를 제한하는 것은 자동차 이용 광고물의 난립을 방지하여 **도시미관과 도로안전 등을 확보**함으로써 국민이 안전하고 쾌적한 환경에서 생활할 수 있도록 하기 위한 것임(2022.1.27. 2019헌마327)ⁿ → 직업의 자유 침해 아님
3	【배출가스저감장치 반납 (합헌)】 보조금 지원을 받아 배출가스저감장치를 부착한 자동차소유자가 **자동차 등록을 말소**하려면 배출가스저감장치 등을 서울특별시장등에게 반납하여야 한다고 규정한 「수도권대기법」은 **지역주민의 건강을 보호하고 쾌적한 생활환경을 조성**하기 위한 것임(2019.12.27. 2015헌바45)¹ → **부진정소급입법에 해당**¹ → 재산권 침해 아님

(3) 국가의 환경권 보호의무 관련판례

1	【학교의 마사토 운동장에 대한 유해물질의 유지·관리 기준 부재 (기각)】 학교시설에서의 유해중금속 등 유해물질의 예방 및 관리 기준을 규정한 「학교보건법 시행규칙」에 마사토 운동장에 대한 규정을 두지 아니한 것이 국가의 의무가 과소하게 이행되었다고 평가할 수 없으므로 학생의 환경권 침해 아님(2024.4.25. 2020헌마107)ⁿ
2	【자동차교체명령 부작위 (각하)】 헌법 제35조 제1항은 **환경정책에 관한 국가적 규제·조정을 뒷받침하는 헌법적 근거**로서 대기오염으로 인한 국민건강·환경에 대한 위해 방지하여야 할 **국가의 추상적 의무**는 도출될 수 있으나, **구체적·특정한 작위의무 도출 안됨**(2017.12.28. 2016헌마45)ⁿ
3	【독서실 실내소음 규제기준 입법부작위 (각하)】 독서실과 같이 정온을 요하는 사업장의 **실내소음 규제기준**을 만들어야 할 **입법의무**가 헌법의 해석상 곧바로 도출 안됨(2017.12.28. 2016헌마45)³

POINT 160 혼인과 가족에 관한 권리

제36조 ① 【혼인과 가족생활】 혼인과 가족생활은 개인의 존엄과 양성의 평등을 기초로 성립되고 유지되어야 하며, **국가는 이를 보장**한다.

1 혼인과 가족생활

기본권 + 제도보장	① 【기본권 + 제도보장】 헌법 제36조 제1항은 혼인·가족생활을 스스로 결정하고 형성할 수 있는 자유를 **기본권으로 보장**하고, 혼인·가족에 대한 **제도 보장** (기본권으로 보장 아님 ×)
헌법 원리 · 원칙규범	① 【헌법원리】 헌법 제36조 제1항은 혼인·가족에 관련되는 **공·사법의 모든 영역에 영향을 미치는 헌법원리·원칙규범**의 성격 (사법의 영역에는 적용 안됨 ×) ② 【지원·보장(적극) + 차별금지(소극)】 **적극적**으로 적절한 조치를 통해서 혼인·가족을 지원하고 제삼자에 의한 침해에서 혼인·가족을 보호해야 할 **국가의 과제**를 포함하며, **소극적**으로 불이익을 야기하는 제한조치를 통해서 **혼인·가족 차별을 금지해야 할 국가의 의무** 포함 ③ 【평등원칙의 구체화】 헌법 제36조 제1항이 내포하고 있는 **차별금지명령**은, 헌법 제11조 제1항에서 보장되는 **평등원칙을 혼인과 가족생활 영역에서 더 구체화**함으로써 혼인과 가족을 부당한 **차별로부터 특별히 더 보호**하려는 목적을 지님
개인의 존엄과 양성평등	① 【인간의 존엄과 민주주의 원리】 헌법 제36조 제1항은 혼인·가족제도에 관한 헌법원리를 규정한 것으로서 혼인·가족제도는 **인간의 존엄성 존중과 민주주의의 원리에 따라 규정**되어야 함을 천명 ② 【혼인·가정보호 및 혼인·가족제도 실현】 입법자는 혼인·가족관계가 가지는 **고유한 특성**, 예컨대 계속적·포괄적 **생활공동체**, 당사자의 의사와 관계없는 친족 등 **신분관계의 형성과 확장가능성**, 구성원 상호간의 **이타적 유대관계**의 성격이나 **상호 신뢰·협력**의 중요성, 시대와 사회의 변화에 따른 **공동체의 다양성 증진 및 인식·기능의 변화** 등을 두루 고려하여, 사회의 기초단위이자 구성원을 보호·부양하는 **자율적 공동체로서의 가족의 순기능**이 더욱 고양될 수 있도록 **혼인·가정을 보호**하고, **개인의 존엄과 양성의 평등에 기초한 혼인·가족제도를 실현**해야 함
양성평등	① 【성차별 금지】 헌법 제36조 제1항은 혼인·가족생활에서 양성의 평등대우를 명하고 있으므로 **남녀의 성을 근거로 하여 차별하는 것은 원칙적으로 금지**되고, 성질상 오로지 남성·여성에게만 특유하게 나타나는 문제의 해결을 위하여 필요한 예외적 경우에만 성차별 규율 정당화 ② 【성역할 고정관념 기초 차별 불허】 과거 전통적으로 남녀의 생활관계가 일정한 형태로 형성되어 왔다는 사실·관념에 기인하는 차별, 즉 **성역할에 관한 고정관념에 기초한 차별 불허**

2 혼인의 자유와 혼인제도

(1) 혼인의 보호영역

법률혼	① 【사실혼 불포함】 혼인이란 양성이 평등하고 존엄한 개인으로서 자유로운 의사의 합치에 의하여 **생활공동체**를 이루는 것으로서 **법적으로 승인받은 것을 말하므로**, 법적으로 승인되지 아니한 **사실혼은 보호범위에 포함되지 않음** (사실혼 또한 혼인의 보호범위에 포함 ×)⁹

(2) 보호영역 아닌 판례

1	【사실혼 배우자 상속권 부정 (합헌)】 사실혼 배우자에게 상속권을 인정하지 않는 민법은 사실혼 배우자의 **상속권 침해 아님** (2014.8.28. 2013헌바119) → ① 평등권 침해 아님 · ② 혼인과 가족생활을 규정한 헌법 제36조 제1항의 보호범위 아님
2	【공동사업 합산과세제도 (위헌)】 거주자 1인과 특수관계에 있는 자가 사업소득이 발생하는 사업을 공동으로 경영하는 사업자 중에 포함되어 있는 경우에는 당해 특수관계자의 소득금액은 그 지분 또는 손익분배의 비율이 큰 **공동사업자의 소득금액으로 보는** 「소득세법」상 **공동사업 합산과세제도는 과잉금지원칙 위반**(2006.4.27. 2004헌가19) → 헌법 제36조 제1항 위반 아님

(3) 관련 위헌판례

1	【8촌 이내 혈족 사이 혼인시 '무효' (위헌)】 8촌 이내 혈족 사이의 혼인금지조항을 위반한 혼인을 전부 무효로 하는 「민법」은 **혼인의 자유 침해**(2022.10.27. 2018헌바115)⁶
	비교 【8촌 이내 혈족 사이 혼인 '금지' (합헌)】 8촌 이내의 혈족 사이에서는 혼인할 수 없도록 하는 민법상 **금혼조항**은 **혼인의 자유 침해 아님**(2022.10.27. 2018헌바115)⁸
2	① 【부부자산소득 합산과세 (위헌)】 누진과세제도 하에서 혼인한 부부에게 조세부담의 증가를 초래하는 부부자산소득합산과세를 규정하고 있는 소득세법은 혼인한 부부를 비례의 원칙에 반하여 사실혼관계의 부부나 독신자에 비하여 **차별**하는 것으로서 헌법 제36조 제1항 위반(2005.5.26. 2004헌가6)³
	② 【수단의 적합성 부정 (위헌)】 자산소득이 있는 모든 납세의무자 가운데 혼인한 부부에 대하여만 사실혼관계의 부부나 독신자에 비하여 더 많은 조세부담을 가하여 소득을 재분배하도록 강요하는 것은 입법목적달성을 위한 **적절한 방법 아님**(2005.5.26. 2004헌가6)
	유사 ① 【부부자산소득 합산과세 (위헌)】 부부의 자산소득을 합산하여 과세함으로써 누진율에 따른 추가적인 조세부담을 안기는 법률조항은 혼인한 자를 혼인하지 않은 자에 비해 불리하게 **차별취급**하는 조항으로서 **허용되지 아니함**(2002.8.29. 2001헌바82)
	② 【헌법 제36조 제1항 위반 (위헌)】 부부 자산소득 합산과세제도는 헌법 제11조 제1항에서 보장하는 평등원칙을 혼인과 가족생활에서 더 구체화함으로써 혼인한 자의 차별을 금지하고 있는 **헌법 제36조 제1항에 위반**(2002.8.29. 2001헌바82)⁸
3	【1세대 3주택 양도소득세 중과세 (헌불)】 1세대 3주택 이상에 해당하는 주택에 대하여 **양도소득세 중과세**를 규정하고 있는 「소득세법」은 비례의 원칙에 의한 심사에 의하여 정당화되지 않는 한 헌법 제36조 제1항에 위반되므로 **혼인에 따른 차별금지원칙에 위배**되고, **혼인의 자유 침해**(2011.11.24. 2009헌바146)

(4) 관련 합헌판례

1	【배우자 증여시 증여재산공제 (합헌)】 배우자로부터 증여를 받은 때에 '300만 원에 결혼년수를 곱하여 계산한 금액에 3천만 원을 합한 금액'을 증여세과세가액에서 공제하도록 규정한 「상속세법」은 **혼인과 가족생활 보장 및 양성의 평등원칙 위반 아님**(2012.12.27. 2011헌바132)
2	【상속에 관한 구 관습법 (합헌)】 「민법」 시행 이전의 "여호주가 사망하거나 출가하여 호주상속이 없이 절가된 경우, 유산은 절가된 가(家)의 가족이 승계하고 가족이 없을 때는 출가녀(出家女)가 승계한다"는 구 관습법이 절가된 가의 유산 귀속순위를 정함에 있어 합리적 이유 없이 출가한 여성을 그 가적에 남아 있는 가족과 차별하여 **평등원칙 위배 아님**(2016.4.28. 2013헌바396)

3 가족생활의 자유와 가족제도

(1) 자녀의 양육과 가족생활

출생등록될 권리	① **【출생등록될 권리】** 태어난 즉시 **출생등록될 권리**는 출생 후 아동이 보호를 받을 수 있을 **최대한 빠른 시점**에 아동의 출생 관련 기본적 정보를 국가가 관리할 수 있도록 **등록할 권리** [3] ② **【최소한의 보호장치】** 아동이 사람으로서 **인격을 자유로이 발현**하고, 부모와 가족 등의 보호하에 **건강한 성장과 발달**을 할 수 있도록 **최소한 보호장치 마련**하도록 요구할 수 있는 권리 [1] ③ **【헌법 제10조 + 제34조 제1·4항 + 제36조 제1항】** 헌법 제10조뿐만 아니라, 헌법 제34조 제1항의 인간다운 생활을 할 권리, 헌법 제36조 제1항의 가족생활의 보장, 헌법 제34조 제4항의 국가의 청소년복지향상을 위한 정책실시의무 등 근거 [1] ④ **【자유권 + 사회권】** 헌법에 명시되지 아니한 **독자적 기본권**으로서, 자유로운 인격실현을 보장하는 **자유권적 성격**과 아동의 건강한 성장과 발달을 보장하는 **사회적 기본권**의 성격 [2] ⑤ **【출생등록제도로 형성·구체화】** 입법자가 출생등록제도를 통하여 **형성**하고 **구체화**하여야 할 권리이며, 입법자는 출생등록제도를 형성함에 있어 단지 출생등록의 이론적 가능성을 허용하는 것에 그쳐서는 아니되며, **실효적으로 출생등록될 권리가 보장**되도록 하여야 함 [2] ⑥ **【법률로써도 제한·침해 불가】** 태어난 아동은 태어난 즉시 **출생등록될 권리**를 가지며, 법 앞에 국민으로 인정받을 권리로서 **법률로써도 제한하거나 침해할 수 없음** (제한할 수 있음 ×) [1]
이름을 지을 자유	① **【부모가 자녀의 이름을 지을 자유】** 부모가 자녀의 이름을 지어주는 것은 자녀의 양육과 가족생활을 위하여 필수적인 것이고, **가족생활의 핵심적 요소**라 할 수 있으므로, '부모가 자녀의 이름을 지을 자유'는 혼인과 가족생활을 보장하는 **헌법 제36조 제1항과 행복추구권을 보장하는 헌법 제10조**에 의하여 **보호** (헌법 제36조 제1항이 아니라 헌법 제10조에 의하여 보호 ×) [14] ② **【이름에 대한 규율 可】** 이름은 인간의 모든 사회적 생활관계 형성의 기초가 된다는 점에서 중요한 **사회질서**에 속한다. 이름의 특정은 사회 전체의 법적 안정성의 기초이므로 국가는 개인이 사용하는 **이름에 대해 일정한 규율**을 가할 수 있음 [2]
양육권	① **【부모의 양육권】** 부모의 자녀에 대한 **양육권**은 헌법에 명문으로 규정되어 있지는 아니하지만, 혼인과 가족생활을 보장하는 **헌법 제36조 제1항**, 행복추구권을 보장하는 **헌법 제10조** 및 **헌법 제37조 제1항**에서 나오는 **기본권** [2] ② **【자유권 + 사회권】** 공권력으로부터 자녀의 양육을 방해받지 않을 권리라는 **자유권** 성격과 국가의 지원을 요구할 수 있는 권리라는 **사회권** 성격을 가짐 [1] ③ **【육아휴직신청권 : 기본권 아님】** 육아휴직신청권은 헌법 제36조 제1항 등으로부터 개인에게 직접 주어지는 **헌법적 차원의 권리라고 볼 수는 없고**, 입법에 적용요건, 적용대상, 기간 등 구체적인 사항이 규정될 때 비로소 형성되는 **법률상의 권리** (헌법적 차원의 권리 ×) [10]
친양자 입양	① **【친양자가 될 자의 기본권】** 헌법 제36조 제1항은 **혼인과 가족생활을 스스로 결정하고 형성할 수 있는 자유**를 기본권으로서 보장하며, 친양자 입양의 경우에도 **친양자로 될 사람**이 그의 의사에 따라 **스스로 입양의 대상이 될 것인지 여부를 결정할 수 있는 자유 보장** [1] ② **【친생부모의 친족관계 유지 기본권】** 친양자로 될 자와 마찬가지로 **친생부모 역시** 그로부터 출생한 자와의 가족 및 친족관계의 유지에 관하여 헌법 제36조 제1항에 의하여 인정되는 **혼인과 가정생활의 자유로운 형성에 대한 기본권** 가짐 [1]

(2) 위헌판례

1	**【혼인 중 여자와 남편 아닌 남자 사이에서 출생한 자녀 출생신고 (헌불)】** '혼인 중 여자와 남편 아닌 남자 사이에서 출생한 자녀에 대한 **생부의 출생신고**를 허용하도록 규정하지 아니한 「가족관계등록법」은 혼인외 출생자들의 태어난 즉시 출생등록 될 권리 침해(2023.3.23. 2021헌마975) [3] → ① **생부의 평등권 침해 아님** [3] ② 혼인 외 출생자에 대한 **생부의 양육권 직접 제한 아님** [1] ③ **생부의 가족생활의 자유 제한 아님** [1]

(3) 합헌판례

1	【인명용 한자 (합헌)】 출생신고 시 자녀의 이름에 사용할 수 있는 한자의 범위를 대법원규칙이 정하는 '**인명용 한자**'로 한정하는 것은 헌법 제36조 제1항에 의하여 보호되는 '**부모의 자녀 이름을 지을 자유**' **침해 아님**(2016.7.28. 2015헌마964)
2	【대체복무요원 합숙복무예외 미규정 (각하)】 국가에게 혼인과 가족생활의 보호자로서 부모의 자녀양육을 지원할 헌법상 과제가 부여되어 있다 하더라도, 그로부터 곧바로 헌법이 국가에게 **자녀를 양육하는 모든 병역의무 이행자들의 출퇴근 복무를 보장**하여 자녀가 있는 대체복무요원들까지 합숙복무의 예외를 인정하여야 할 **명시적 입법의무 부여 아님**(2024.5.30. 2021헌마117 등)
3	【양육비 대지급제 입법의무 無 (각하)】 헌법 제36조 제1항은 혼인과 가족을 보호해야 한다는 **국가의 일반적 과제를 규정**하였을 뿐, 양육비 채권의 집행권원을 얻었음에도 **양육비 채무자가 이를 이행하지 아니하는 경우** 그 이행을 용이하게 확보하도록 하는 내용의 **구체적이고 명시적인 입법의무 부여 아님**(2021.12.23. 2019헌마168)
4	【단기복무군인 중 여성에게만 육아휴직 허용 (기각)】 남성 단기복무장교를 육아휴직 허용 대상에서 제외하고 있는 구 「군인사법」은 헌법상 용인될 수 있는 재량의 범위를 명백히 일탈함으로써 사회적 기본권으로서의 **양육권을 최소한 보장하여야 할 의무를 불이행 아님**(2008.10.30. 2005헌마1156) → **성별에 의한 차별이 아니며 평등권 침해 아님**
5	【친양자 입양의 친생부모 동의 요건 (합헌)】 **친양자 입양**을 청구하기 위해서는 친생부모의 친권상실, 사망 기타 동의할 수 없는 사유가 없는 한 **친생부모의 동의를 반드시 요하도록 하는 것은 친양자가 될 자의 가족생활에 관한 기본권 침해 아님**(2012.5.31. 2010헌바87)
6	【친양자 입양의 양친요건 (합헌)】 원칙적으로 3년 이상 혼인 중인 **부부만이 친양자 입양**을 할 수 있도록 규정하여 **독신자는 친양자 입양을 할 수 없도록** 한 「민법」은 독신자의 가족생활의 자유 **침해 아님**(2013.9.26. 2011헌가42)
7	① 【원치않는 가족관계 형성하지 않을 자유】 혼인과 가족생활을 스스로 결정하고 형성할 수 있는 자유는 입양당사자가 자신의 의사에 따라 입양을 하거나 입양될 자유뿐만 아니라, 입양의 의사가 없을 때에는 **강제로 입양을 하거나 입양되는 것을 방지**하여 원하지 않는 가족관계를 형성하지 아니할 자유도 포함(2022.11.24. 2019헌바108) ② 【입양신고 시 불출석 당사자의 신분증명서 제시 (합헌)】 입양신고 시 신고사건 본인이 시·읍·면에 출석하지 아니하는 경우에는 **신고사건 본인의 신분증명서를 제시**하도록 한 「가족관계등록법」은 입양당사자의 가족생활의 자유 **침해 아님**(2022.11.24. 2019헌바108)
8	【친생부인의 소 제척기간 2년 (합헌)】 친생부인의 소의 제척기간을 "**부(夫)가 그 사유가 있음을 안 날부터 2년내**"로 규정한 「민법」은 입법재량의 한계를 일탈하지 않은 것으로서 **인격권, 행복추구권 및 혼인과 가족생활에 관한 기본권 침해 아님**(2015.3.26. 2012헌바357)
9	【계모자 사이의 법정혈족관계소멸 (합헌)】 1991. 1. 1. 부터 그 이전에 성립된 **계모자 사이의 법정혈족관계를 소멸**시키도록 한 「민법은 계자의 친부와 계모의 혼인에 따라 **가족생활을 자유롭게 형성할 권리 침해 아님**(2011.2.24. 2009헌바89 등) → 헌법 제36조 제1항 위반 아님

POINT 161 보건에 관한 권리

제36조 ② 【모성보호 의무】 국가는 **모성의 보호**를 위하여 노력하여야 한다.
③ 【보건권】 모든 국민은 **보건**에 관하여 **국가의 보호**를 받는다.

1 보건에 관한 권리

자유권 + 사회권	① 【제헌(가족건강) → 제5차(국민보건)】 우리 헌법은 **1948년 제헌헌법**에서 "**가족의 건강은 국가의 특별한 보호를 받는다.**"라고 규정한 이래 **1962년 제3공화국 헌법**에서 "모든 국민은 보건에 관하여 국가의 보호를 받는다."라고 정하여 **현행 헌법**까지 이어져 오고 있음 ② 【건강 유지 위한 급부·배려 요구권】 국민의 보건에 관한 권리는 **국민이 자신의 건강을 유지**하는 데 필요한 **국가적 급부와 배려를 요구**할 수 있는 권리 (급부·배려 요구권 불포함 ×) ③ 【건강 침해 금지 + 보건 정책 수립·시행 의무】 국가는 **국민의 건강을 소극적으로 침해**하여서는 아니 될 의무를 부담하는 것에서 더 나아가 **적극적으로 국민의 보건을 위한 정책을 수립하고 시행하여야 할 의무** 부담
국가의 포괄적 의무	① 【국가의 국민보건증진 의료정책 수립·시행 의무】 헌법 제36조 제3항은 **국가의 국민보건에 관한 보호의무를 명시**하고 있으므로 국가는 국민보건의 양적, 질적 향상을 위하여 제반 인적·물적 의료시설을 확충하는 등 **높은 수준의 국민보건증진 의료정책을 수립·시행하여야 함** ② 【국가의 포괄적 의무】 국민의 생명·신체의 안전이 질병 등으로부터 위협받거나 받게 될 우려가 있는 경우, 국가는 **국민의 생명·신체의 안전을 보호**하기 위하여 필요한 적절하고 효율적인 **입법·행정상의 조치**를 취함으로써 침해의 위험을 방지하고 이를 유지할 포괄적인 의무를 짐 (구체적이고 직접적인 의무를 짐 ×) ③ 【국민 인정 vs 의사 부정】 국가의 국민보건에 관한 보호의무를 명시한 헌법 제36조 제3항에 의한 권리를 헌법소원을 통하여 주장할 수 있는 자는 직접 자신의 보건이나 의료문제가 국가에 의해 보호받지 못하고 있는 **의료 수혜자적 지위에 있는 국민**이라고 할 것이므로, **의료시술자적 지위에 있는 안과의사**가 자기 고유의 업무범위를 주장하여 다투는 경우 **헌법규정 원용 불가**

2 관련판례

1	【무면허의료행위 금지 (합헌)】 무면허 의료행위를 일률적, 전면적으로 금지하고 형사처벌 하는 「의료법」은 헌법 제10조가 규정하는 **인간으로서의 존엄과 가치를 보장**하고 헌법 제36조 제3항이 규정하는 **국민보건에 관한 국가의 보호의무를 다하고자 하는 것으로서, 국민의 생명권, 건강권, 보건권 및 신체활동의 자유 등을 보장**하는 규정이지, **제한하는 규정 아님** (1996.10.31. 94헌가7) 유사 【비의료인의 무면허의료행위 금지 (합헌)】 의료인이 아닌 자의 무면허의료행위를 일률적·전면적으로 금지한 「의료법」 조항은 **국민의 생명권과 건강권을 보호**하고 국민의 보건에 관한 국가의 보호의무를 이행하기 위한 조치로서 **비례원칙에 부합**(2005.5.26. 2003헌바86)

CHAPTER 10 | 청구권적 기본권

POINT 162 청원권

제26조 ① 【청원권】 모든 국민은 법률이 정하는 바에 의하여 **국가기관에 문서**(구두 ×)로 **청원**할 권리를 가진다.
② 【청원 심사 의무】 국가는 청원에 대하여 **심사할 의무**를 진다.
제89조 【국무회의 필수심의】 다음 사항은 **국무회의의 심의**를 거쳐야 한다. (거칠 수 있다 ×)
15. 【청원의 심사】 정부에 제출 또는 회부된 정부의 정책에 관계되는 **청원의 심사**

1 청원권

(1) 청원권

청원권	① 【제헌헌법】 제헌헌법에서 모든 국민은 국가 각기관에 대하여 **문서로써 청원을 할 권리**가 있으며, 청원에 대하여 **국가는 심사할 의무**를 진다고 규정 ② 【청원의 수리·심사·통지 요구권】 청원권은 공권력과의 관계에서 일어나는 여러가지 **이해관계, 의견, 희망** 등에 관하여 **적법한 청원을 한 모든 국민**에게 국가기관이 **청원을 수리**할 뿐만 아니라 **심사**하여 청원자에게 **처리결과를 통지할 것을 요구할 수 있는 권리** ③ 【국민 + 법인】 청원권의 주체는 **국민**이고, 국민에는 **법인**도 포함
청원권 행사	① 【자신 + 제3자】 청원권의 행사는 **자신이 직접** 하든 아니면 **제3자인 중개인이나 대리인**을 통해서 하든 **청원권으로 보호** ② 【직접 진술 + 제3자 통한 진술】 국민이 여러 가지 이해관계 또는 국정에 관해서 **자신의 의견이나 희망**을 해당 기관에 **직접 진술**하는 외에 본인을 대리하거나 중개하는 **제3자를 통해 진술**하더라도 **청원권으로 보호** (제3자를 통한 진술은 미보호 ×)
국가의 의무	① 【국가의 수리·심사·통지 의무】 청원서를 접수한 국가기관은 **수리·심사**하여 결과를 **통지할 헌법상 의무**를 지고, 청원인은 청원의 **적정한 처리**를 요구할 권리가 있음 (국가기관은 결과를 통지할 의무를 지지 않음 ×) ② 【결과통지로 충분】 국민이면 누구든지 널리 제기할 수 있는 민중적 청원제도는 재판청구권 및 기타 준사법적 구제청구와는 성질이 다르기 때문에 당해 국가기관이 「청원법」이 정하는 절차와 범위 내에서 **청원사항을 성실·공정·신속히 심사**하고 청원인에게 그 청원을 어떻게 처리하였거나 처리하려 하는지를 알 수 있을 정도로 **결과를 통지함으로써 충분** (내용에 따라 조치를 할 의무 ×) ③ 【심판서·재결서에 준하여 이유명시 불포함】 청원권의 보호범위에는 청원사항의 **처리결과에 심판서나 재결서에 준하여 이유를 명시할 것까지를 요구하는 것은 포함 안됨** (심판서나 재결서에 준하는 이유를 명시한 처리결과를 통지하여야 함 ×)
헌소 가능성	① 【공권력 아님】 청원결과 통보내용이 청원인이 기대하는 바에 미치지 못하더라도 헌법소원의 대상이 되는 **공권력의 행사 내지 불행사 아님** (헌법소원의 대상 ×)

(2) 관련판례

1	① **【로비스트 활동 금지 (합헌)】** 공무원이 취급하는 사건 또는 사무에 관하여 사건 해결의 청탁 등을 명목으로 **금품을 수수하는 행위를 규제**하는 변호사법은 **일반적 행동자유권 및 청원권 제한**(2012.4.24. 2011헌바40) ② **【입법재량 인정 (합헌)】** 청원권 행사를 위한 청원사항이나 청원방식, 청원절차 등에 관해서는 **입법자가 그 내용을 자유롭게 형성할 재량권**을 가지고 있으므로 **공무원이 취급하는 사건 또는 사무에 관한 사항의 청탁**에 관해 금품을 수수하는 등의 행위를 청원권의 내용으로서 보장할지 여부에 대해 **입법자에게 폭넓은 재량권** 인정(2012.4.24. 2011헌바40) → 일반적 행동자유권 및 청원권 침해 아님 **유사 【공무원 직무 사항 알선 금품·이익 수수·요구·약속 처벌 (합헌)】** 공무원의 직무에 속한 사항의 알선에 관하여 금품이나 이익을 수수·요구 또는 약속한 자를 형사처벌하는 「특정범죄가중법」은 국민의 **청원권 침해 아님** (2005.11.24. 2003헌바108)
2	**【수형자 서신검열 (기각)】** 서신을 통한 청원을 아무런 제한 없이 허용한다면 **수용자가 이를 악용하여 검열 없이 외부에 서신을 발송하는 탈법수단**으로 이용할 수 있게 되므로 **이에 대한 검열은 청원권의 본질적 내용 침해 아님** (2001.11.29. 99헌마713)
3	① **【구체적 권리행사 거부행위는 공권력 행사】** 청원이 단순한 호소나 요청이 아닌 **구체적인 권리행사로서의 성질**을 갖는 경우라면, 그에 대한 **국가기관의 거부행위**는 헌법소원의 대상이 되는 **공권력의 행사**라고 할 수 있음(2004.10.28. 2003헌마898) ② **【공무원 임용 청원 : 구체적 신청권 불인정 (각하)】** 국가유공자가 철도청장에게 자신을 **기능직공무원으로 임용**하여 줄 것을 청원하는 경우에 취업보호대상자의 기능직공무원 채용의무비율 규정만을 근거로 채용시험 없이 바로 자신을 임용해 줄 것을 요구할 수 있는 **구체적인 신청권**을 갖고 있는 것으로 **볼 수 없음**(2004.10.28. 2003헌마898)

2 청원법의 내용

(1) 청원기관 및 청원사항 등

청원기관	① 국회·법원·헌법재판소·중앙선거관리위원회, 중앙행정기관과 그 소속 기관 ② **지방자치단체와 그 소속 기관** ③ 법령에 따라 행정권한을 가지고 있거나 **행정권한을 위임 또는 위탁받은 법인·단체 또는 그 기관**이나 개인
청원사항 (제한없음)	① 피해의 구제 ② 공무원의 위법·부당한 행위에 대한 시정이나 징계의 요구 ③ 법률·명령·조례·규칙 등의 제정·개정 또는 폐지 ④ 공공의 제도 또는 시설의 운영 ⑤ **【국가기관권한】** 그 밖에 **청원기관의 권한**에 속하는 사항
청원 처리의 예외 (재량)	① **【수사·재판】** 감사·**수사·재판**·행정심판·조정·중재 등 다른 법령에 의한 조사·불복 또는 구제절차가 진행 중인 사항 ② **【허위사실】** 허위의 사실로 타인으로 하여금 **형사처분 또는 징계처분**을 받게 하는 사항 ③ 허위의 사실로 국가기관 등의 명예를 실추시키는 사항 ④ **【개인 사생활】** 사인간의 **권리관계 또는 개인의 사생활**에 관한 사항
모해의 금지	① **【모해청원】** 누구든지 타인을 **모해(謀害)할 목적**으로 허위의 사실을 적시한 **청원**을 하여서는 아니 됨

(2) 청원의 방법 및 처리

청원방법 및 청원서의 제출	① **【문서】** 청원은 청원서에 청원인의 성명과 주소 또는 거소를 적고 서명한 **문서(전자문서를 포함)**로 하여야 함 (전자문서로한 청원은 효력이 없음 ×)³ ② **【공동청원】** 다수 청원인이 공동으로 청원을 하는 경우에는 그 처리결과를 통지받을 3명 이하의 대표자를 선정하여 이를 청원서에 표시하여야 함¹
공개청원	① **【15일내 공개여부 결정】** 공개청원을 접수한 청원기관의 장은 접수일부터 **15일 이내**에 청원심의회의 심의를 거쳐 **공개 여부**를 결정하고 결과를 청원인에게 알려야 함² ② **【30일간 국민의견청취】** 청원기관장은 공개청원의 공개결정일부터 **30일간** (60일 ×) 청원사항에 관하여 **국민의 의견**을 들어야 함²
청원서의 이송 및 반복·이중청원	① **【다른 기관 소관 : 소관 기관 이송, 청원인에 통지】** 청원기관장은 청원사항이 **다른 기관 소관**인 경우 지체 없이 **소관 기관에 청원서를 이송**하고 **청원인에게 알려야 함** (반려 ×)¹ ② **【반복청원은 반려·종결처리 可】** 청원기관장은 동일인이 같은 내용의 청원서를 같은 청원기관에 2건 이상 제출한 반복청원의 경우에는 **나중에 제출된 청원서를 반려하거나 종결처리할 수 있음** (청원에 대한 심사의무가 발생하지 않음 ×)⁴ ③ **【이중청원 : 소관 기관 이송】** 동일인이 같은 내용의 청원서를 2개 이상의 청원기관에 제출한 경우 소관이 아닌 청원기관장은 청원서를 **소관 청원기관의 장에게 이송**하여야 함¹
결과통지	① **【90일내 처리결과 통지】** 청원기관장은 청원을 접수한 때에는 특별한 사유가 없으면 **90일 이내** (60일 이내 ×)에 처리결과를 **청원인에게 알려야 함**⁴ ② **【기간내 미처리시 이의신청】** 청원기관장이 처리기간 내에 청원을 처리하지 못한 경우 청원인은 **처리기간이 경과한 날부터 30일 이내**에 청원기관장에게 **문서로 이의신청**을 할 수 있음³

3 국회·지방의회에 대한 청원

(1) 국회에 대한 청원

청원방법	① **【의원소개청원 or 국민동의청원】** 국회에 청원을 하려는 자는 **의원의 소개**를 받거나 **국회규칙으로 정하는 기간** 동안 국회규칙으로 정하는 일정한 수 이상의 국민의 동의를 받아 청원서를 제출하여야 함² → 국회의원의 소개를 받지 않더라도 **청원할 수 있음** (반드시 의원소개를 받아야 함 ×)² ② **【국민동의청원】** 공개된 청원서는 공개된 날부터 **30일 이내에 5만 명 이상**의 동의를 받은 경우 **국민동의청원**으로 접수된 것으로 봄¹
청원심사	① **【소관 상임위 회부·심사】** 국회의장은 **청원을 접수**하였을 때에는 청원요지서를 작성하여 인쇄하거나 전산망에 입력하는 방법으로 **각 의원에게 배부**하는 동시에 **청원서를 소관 위원회에 회부하여 심사**하게 함 (일반의안과는 달리 소관위원회의 심사를 거칠 필요가 없으며 심사절차도 일반의안과 다른 절차를 밟음 ×)² ② **【청원소개의원의 취지설명】** 청원을 소개한 의원은 소관 위원회 또는 청원심사소위원회의 요구가 있을 때에는 **청원의 취지를 설명**하여야 함²
청원처리	① **【본회의 부의】** 위원회에서 **본회의에 부의하기로 결정**한 청원은 의견서를 첨부하여 **의장에게 보고** ② **【본회의 부의 않는 청원】** 위원회에서 **본회의에 부의할 필요가 없다고 결정**한 청원은 그 처리 결과를 의장에게 보고하고, 의장은 청원인에게 알려야 하며, 다만, 폐회 또는 휴회 기간을 제외한 **7일 이내** (10일 이내 ×)**에 의원 30명 이상의 요구**가 있을 때에는 이를 **본회의에 부의**¹

(2) 지방의회에 대한 청원

청원방법	① 【의원소개】 지방의회에 청원을 하려는 자는 **지방의회의원의 소개**를 받아 청원서를 제출하여야 함 (지방의회의원의 소개를 얻지 않고서 가능 ×)
청원처리	① 【소관 위원회 심사】 지방의회의 의장은 청원서를 접수하면 **소관 위원회나 본회의에 회부하여 심사를** 하게 함 ② 【의장이 청원인에 결과통지】 「지방자치법」에 따라 지방의회 위원회가 청원을 심사하여 본회의에 부칠 **필요가 없다고 결정**하면 그 처리결과를 의장에게 보고하고, **의장은 청원한 자에게 알려야 함** (지방의회 위원회가 알려야 함 ×)

(3) 관련판례

1	【국회의원 소개로 국회 청원 (기각)】 **국회에 청원**을 하려는 자는 **국회의원의 소개**를 얻어서 청원서를 제출하도록 하는 「국회법」은 **청원권 침해 아님**(2006.6.29. 2005헌마604) **유사** 【지방의원 소개로 지방의회 청원 (기각)】 **지방의회에 청원**을 하려는 자는 **지방의회의원의 소개**를 받아 청원서를 제출하도록 하는 「지방자치법」은 **청원권 침해 아님**(1999.11.25. 97헌마54)
2	① 【국민동의청원 국회규칙에 위임】 국회에 청원하는 방법을 '**국회규칙으로 정하는 기간 동안 국회규칙으로 정하는 일정한 수 이상의 국민의 동의를 받아**'라고 규정한 「국회법」은, 국회가 한정된 자원과 심의역량 등을 고려하여 국민 동의 요건을 탄력적으로 정하도록 **구체적 내용을 하위법령에 위임할 필요성 인정**(2023.3.23. 2018헌마460 등) ② 【포괄위임금지원칙 위반 아님 (기각)】 국회에 청원하는 방법으로 일정기간 동안 일정수 이상의 국민의 동의를 받도록 정한 「국회법」 중 '**국회규칙으로 정하는 기간 동안 국회규칙으로 정하는 일정한 수 이상의 국민의 동의를 받아**' 부분은 **포괄위임금지원칙 위반 아님**(2023.3.23. 2018헌마460 등) ③ 【청원권 침해 아님 (기각)】 청원서의 일반인에 대한 공개를 위해 **30일 이내에 100명 이상의 찬성**을 받도록 하고, 청원서가 일반인에게 공개되면 그로부터 **30일 이내에 10만 명 이상의 동의**를 받도록 한 「국회청원심사규칙」은 **청원권 침해 아님**(2023.3.23. 2018헌마460 등) → **입법형성의 한계 위반 아님**

POINT 163 재판청구권

제27조 ① 【재판을 받을 권리】 모든 국민은 **헌법과 법률이 정한 법관**(법률이 정한 법관 ×)에 의하여 **법률에 의한 재판을 받을 권리**(공개재판을 받을 권리 ×)를 가진다.³

1 재판청구권

재판청구권	① 【적극적 측면 + 소극적 측면】 재판청구권은 **재판이라는 국가적 행위를 청구할 수 있는 적극적 측면**과 **헌법과 법률이 정한 법관이 아닌 자에 의한 재판이나 법률에 의하지 아니한 재판을 받지 아니하는 소극적 측면**을 가짐³ ② 【다른 기본권 보장 위한 기본권】 재판청구권은 공권력이나 사인에 의해서 기본권이 침해당하거나 침해당할 위험에 처해있을 경우 이에 대한 **구제나 예방을 요청할 수 있는 권리**라는 점에서 **다른 기본권의 보장을 위한 기본권**이라는 성격⁴
절차적 권리	① 【절차법에 의해 형성·실현·제한】 재판청구권은 권리구제절차를 규정하는 **절차법**에 의해서 구체적으로 **형성·실현**되고 **제한됨**¹ ② 【적어도 한번의 권리구제절차 + 실효성 있는 권리보호 위한 절차요건】 헌법 제27조 제1항의 재판청구권은 법적 분쟁의 해결을 가능하게 하는 **적어도 한번의 권리구제절차가 개설될 것을 요청**할 뿐 아니라 그를 넘어서 소송절차의 형성에 있어서 **실효성 있는 권리보호를 제공**하기 위하여 그에 필요한 **절차적 요건**을 갖출 것을 요청¹
완화심사	① 【광범위한 입법형성권 → 합리성·자의금지원칙】 재판청구권과 같은 절차적 기본권은 **제도적 보장의 성격**이 강하기 때문에, 자유권적 기본권 등 다른 기본권의 경우와 비교하여 볼 때 상대적으로 **광범위한 입법형성권**(축소된 입법형성권 ×)이 인정되므로, 관련 법률에 대한 위헌심사기준은 **합리성원칙 내지 자의금지원칙이 적용** (과잉금지원칙 적용 ×)²

2 '법관'에 의한 재판을 받을 권리

(1) 법관

법관	① 【법관의 사실확정 + 법률의 해석·적용】 재판은 구체적 사건에 관하여 **사실의 확정**과 **법률의 해석적용**을 본질적 내용으로 하는 일련의 과정이므로, 법관에 의한 재판을 받을 권리 보장은 **법관이 사실을 확정하고 법률을 해석·적용하는 재판을 받을 권리**⁵
한계	① 【제약·장벽 불허】 법관에 의한 사실확정과 법률의 해석적용의 기회에 접근하기 어렵도록 **제약이나 장벽**을 쌓아서는 아니된다고 할 것이며, 만일 그러한 보장이 제대로 이루어지지 아니한다면 **헌법상 보장된 재판을 받을 권리의 본질적 내용 침해**⁴

(2) 위헌판례

1	【변협징계 → 법무부 이의절차 → 대법원 즉시항고 (위헌)】 대한변호사협회징계위원회에서 징계를 받은 변호사는 **법무부변호사징계위원회**에서의 이의절차를 밟은 후 곧바로 **대법원에 즉시항고** 하도록 한 「변호사법」은 법무부변호사징계위원회를 사실확정에 관한 한 사실상 최종심으로 기능하게 하므로 **법관에 의한 재판을 받을 권리 침해**(2002.2.28. 2001헌가18)
2	【특허청 심판·항고심판 → 대법원 재판 (헌불)】 특허쟁송에 있어서 특허청의 심판과 항고심판을 거쳐 곧바로 **법률심인 대법원**의 재판을 받게 하는 것은 **법관에 의한 재판을 받을 권리 침해**(1995.9.28. 92헌가11 등)

(3) 합헌판례

1	【법관징계처분 대법원 단심재판 (합헌)】 법관에 대한 대법원장의 징계처분 취소청구소송을 대법원에 의한 단심재판에 의하도록 규정하고 있는 「법관징계법」은 독립적으로 사법권을 행사하는 법관이라는 지위의 특수성과 법관에 대한 징계절차의 특수성을 감안하여 **재판의 신속을 도모**하기 위한 것으로 그 합리성을 인정할 수 있고, **사실확정도 대법원의 권한**에 속하여 법관에 의한 사실확정의 기회가 박탈되었다고 볼 수 없으므로 **재판청구권 침해 아님** (2012.2.23. 2009헌바34)
2	【관세법상 통고처분 (합헌)】 관세청의 통고처분을 행정소송의 대상에서 제외한 「관세법」은 **법관에 의한 재판을 받을 권리 침해 아님**(1998.5.28. 96헌바4) 유사 【조세범 처벌절차법상 통고처분 (기각)】 「조세범 처벌절차법」에 따른 통고처분을 행정쟁송의 대상에서 제외시킨 「국세기본법」은 **재판청구권 침해 아님**(2024.4.25. 2022헌마251)
3	【특가법 적용 피고인 합의부 재판 배제 (합헌)】 단독판사와 합의부의 심판권을 어떻게 분배할 것인지 등에 관한 문제는 기본적으로 **입법형성권을 가진 입법자가 사법정책을 고려하여 결정**할 사항으로, 입법자는 국민의 권리가 효율적으로 보호되고 재판제도가 적정하게 운용되도록 **법원조직에 따른 재판사무 범위를 배분·확정**하여야 함 (2019.7.25. 2018헌바209 등) → 입법형성의 재량 일탈아니므로 재판받을 권리 침해 아님
4	【사법보좌관의 소송비용확정 (합헌)】 법관이 아닌 **사법보좌관**이 소송비용액 확정결정절차 등 재판의 부수적 업무를 처리하게 하는 「법원조직법」은 **동일 심급 내에서 법관으로부터 다시 재판받을 수 있는 권리**가 보장되고 있으므로, **재판청구권 침해 아님**(2009.2.26. 2007헌바8 등) 유사 【사법보좌관 독촉절차 사무처리 (합헌)】 사법보좌관에게 민사소송법에 따른 **독촉절차**에서의 법원의 사무를 처리할 수 있도록 규정한 법원조직법은 **법관에 의한 재판을 받을 권리 침해 아님**(2020.12.23. 2019헌바353)
5	【청소년보호위의 청소년유해매체물 결정 (합헌)】 행정기관인 청소년보호위원회 등으로 하여금 청소년유해매체물을 **결정**하도록 하고, 결정된 매체물을 청소년에게 판매 등을 하는 경우 형사처벌하는 「청소년보호법」은 **법관에 의한 재판을 받을 권리 침해 아님**(2000.6.29. 99헌가16)

3 '법률'에 의한 재판을 받을 권리

법률	① 【(형사재판 제외) 불문법에 따라 심판 가능】 법관은 **민사재판, 행정재판** 등에서는 **형식적 의미의 법률** 뿐만 아니라 관습법 및 조리와 같은 불문법에 따라 심판할 수 있으나, **형사재판에서는 죄형법정주의가 적용되므로 불문법에 따라 심판할 수 없음** (모든 재판에 있어 관습법 및 조리와 같은 불문법에 따라 심판 가능 ×)
입법재량 (완화비례)	① 【완화된 비례원칙】 헌법 제27조 제1항이 규정하는 "**법률에 의한**" 재판청구권을 보장하기 위해서는 **입법자에 의한 재판청구권의 구체적 형성이 불가피**하므로 **입법자의 광범위한 입법재량**이 인정되기는 하나, 그러한 입법을 함에 있어서는 비록 **완화된 의미**에서일지언정 **비례의 원칙은 준수**되어야 함 (비례의 원칙은 적용되지 않음 ×)

POINT 164 '재판'을 받을 권리

제27조 ① 【재판을 받을 권리】 모든 국민은 **헌법과 법률이 정한 법관**에 의하여 **법률에 의한 재판**을 받을 권리를 가진다.

1 각종 재판을 청구할 권리

재판청구권과 심급제도	① 【**적어도 한번의 재판을 받을 권리**】 헌법 제27조의 '재판을 받을 권리'는 **적어도 한번의 재판을 받을 권리**, 적어도 **하나의 심급**을 요구할 권리 ② 【**몇 개의 심급인지는 입법재량**】 심급제도가 **몇 개의 심급**으로 형성되어야 하는지에 관하여 헌법이 전혀 규정하는 바가 없으므로 이는 **입법자의 광범위한 형성권**에 맡겨져 있음 ③ 【**반드시 보장 아님**】 심급제도가 모든 구제절차나 법적 분쟁에서 **반드시 보장 아님**
헌법재판을 받을 권리	① 【**공정한 헌법재판을 청구할 권리**】 공정한 재판을 받을 권리는 헌법 제27조의 재판청구권에 의하여 함께 보장되고, 재판청구권에는 **민사재판, 형사재판, 행정재판**뿐만 아니라 **헌법재판**을 받을 권리도 포함되므로, 헌법상 보장되는 기본권인 '공정한 재판을 받을 권리'에는 '**공정한 헌법재판을 받을 권리**'도 포함 (공정한 헌법재판을 받을 권리 미포함 ×)
기간제한	① 【**입법형성권 한계**】 재판청구기간에 관한 **입법자의 재량**과 관련하여 제소·불복기간을 **너무 짧게 정하여** 재판 제기·불복하는 것을 **사실상 불가능**하게 하거나 합리적인 이유로 정당화될 수 없는 방법으로 어렵게 한다면 **재판청구권이 형해화**될 수 있으므로, **입법형성권의 한계**

2 상소심 재판을 받을 권리

(1) 재판을 받을 권리에 불포함

상급심 재판을 받을 권리	① 【**상소심 재판을 받을 권리**】 재판을 받을 권리에 **모든 사건에 대해 상소법원의 구성** 법관에 의한, **상소심 절차에 의한 재판을 받을 권리**까지 당연히 포함된다고 단정할 수는 **없음** ② 【**상급심재판을 받을 권리**】 재판청구권에 **상급심재판을 받을 권리**나 사건의 경중을 가리지 않고 모든 사건에 대하여 **반드시 대법원 또는 상급법원을 구성하는 법관에 의한 균등한 재판을 받을 권리**가 포함되어 있다고 할 수 없음
대법원의 재판을 받을 권리	① 【**대법원 관할은 입법형성의 자유**】 "대법원과 각급 법원의 조직은 법률로 정한다."라고 규정한 헌법 제102조 제3항에 따라 법률로 정해지는 '**대법원과 각급 법원의 조직**'에는 그 관할에 관한 사항도 포함되므로 **대법원이 어떤 사건을 제1심으로서 또는 상고심으로서 관할할 것인지는 법률로 정할 수 있는 것**으로 보아야 함 ② 【**대법원의 재판을 받을 권리 or 상고심 재판을 받을 권리**】 재판청구권이 **사건의 경중**을 가리지 않고 **모든 사건**에 대하여 **대법원을 구성하는 법관에 의한 균등한 재판을 받을 권리**를 의미한다거나 또는 **상고심재판을 받을 권리**를 의미하는 것은 **아님** (대법원을 구성하는 법관에 의한 균등한 재판을 받을 권리를 의미 ×)

(2) 대법원 재판을 받을 권리 관련판례

1	① **【심리불속행제도 (기각)】** 「상고심법」상 **심리불속행제도**는 재판의 신속성 확보, 대법원의 심리부담 경감이라는 차원에서 **대법원의 재판을 받을 권리를 제한**하는 것으로 **입법재량의 범위 내에 속하는 사항**(1997.10.30. 97헌바37) ② **【상고이유 제한 (기각)】** 대법원의 최고법원성을 존중하면서 민사, 가사, 행정 등 소송사건에 있어서 **상고심재판을 받을 수 있는 객관적 기준**을 정함에 있어 **개별적 사건에서의 권리구제**보다 **법령해석의 통일**을 더 우위에 두는 것은 합리성이 있으므로 **헌법 위반 아님**(1998.2.27. 96헌바92) **유사** 【**법령위반 이유 상고 제한 (기각)**】 항소심에서 심판대상이 된 사항에 한하여 **법령위반의 상고이유로 삼을 수 있도록 상고를 제한**하는 「형사소송법」은 **재판청구권 침해 아님**(2015.9.24. 2012헌마798) **유사** 【**대법원판례 위반여부로 상고 제한 (기각)**】 **대법원판례 위반**을 대법원의 심리불속행의 예외사유로 규정하고 있는 법률조항은 **헌법 위반 아님**(2002.6.27. 2002헌마18) → 상고심 재판을 받을 수 있는 객관적인 기준으로서 **대법원 판례 위반여부**를 한 요소로 삼을 것인가의 여부는 원칙적으로 **입법자의 형성의 자유**
2	**【심리불속행 상고기각판결 시 판결이유 생략 (기각)】** 심리불속행 상고기각판결의 경우 **판결이유를 생략**할 수 있도록 규정한 「상고심법」은 **재판청구권 침해 아님**(2008.5.29. 2007헌마1408)
3	**【사실오인·양형부당 상고 제한 (합헌)】** '사형, 무기 또는 10년 이상의 징역이나 금고가 선고된 사건'에 한하여 중대한 사실오인 또는 양형부당을 이유로 한 **상고를 허용**한 형사소송법은 **재판청구권 침해 아님**(2020.7.16. 2020헌바14)
4	**【소액사건 상고·재항고 제한 (기각)】** 모든 사건에 대해 획일적으로 상고할 수 있게 할지 여부는 입법재량의 문제라고 할 것이므로 **소액사건**에 관하여 일반사건에 비해 **상고 및 재항고를 제한**하고 있는 「소액사건심판법」은 **재판청구권 침해 아님**(2012.12.27. 2011헌마161)

3 재심청구권

(1) 재판을 받을 권리에 불포함

재심청구권	① **【법률상 권리】 재심청구권**은 입법형성권 행사에 의하여 비로소 창설되는 **법률상의 권리**일 뿐, 헌법 제27조 제1항, 제37조 제1항에 의하여 **직접 발생되는 기본적 인권 아님** ② **【재판을 받을 권리에 불포함】** 재심은 상소와는 달리 **확정판결에 대한 불복방법**이고 확정판결에 대한 법적 안정성의 요청은 미확정판결 보다 훨씬 크므로 **재심청구권이 재판을 받을 권리에 당연히 포함된다고 할 수 없음** (재심청구권은 재판을 받을 권리에 포함 ×)
입법정책	① **【상소보다 예외적 인정】** **재심**은 판결에 대한 불복방법의 하나인 점에서는 상소와 마찬가지라고 할 수 있지만, **확정판결에 대한 불복방법**인 점에서 상소와 다르고, 확정판결에 대한 법적 안정성의 요청은 미확정판결에 대한 그것보다 훨씬 크기 때문에, **상소보다 더 예외적으로 인정**되어야 한다는 점에서 본질적인 차이 ② **【입법자의 형성적 자유 넓게 인정】** 재심제도는 **법적 안정성**과 **정의의 실현**이라는 법치주의의 상반된 요청을 어떻게 조화시키느냐의 문제이므로 **입법자의 형성적 자유가 넓게 인정되는 영역** (입법자의 형성적 자유가 축소 ×) ③ **【재심사유는 입법정책】** 어떤 사유를 재심사유로 정하여 재심을 허용할 것인가는 입법자가 확정판결에 대한 법적 안정성, 재판의 신속·적정성, 법원의 업무부담 등을 고려하여 결정하여야 할 **입법정책의 문제** ④ **【완화심사】 재심사유의 위헌성**은 입법자가 분쟁의 신속한 해결을 통한 **법적 안정성**의 확보에만 매몰되어 **재판의 적정성**이라는 법치주의의 또 다른 이념을 현저히 희생함으로써, 제반 기본권의 실현을 위한 기본권으로서의 **재판청구권의 본질**을 심각하게 훼손하는 등 **입법형성권의 한계를 일탈**하여 그 내용이 **현저히 자의적인 것이 아닌 한 인정되기 어려움**

(2) 재심청구권 관련판례

1	【재심사유인 판단누락 (합헌)】 판결주문에 영향이 없는 당사자의 공격방어방법에 대한 판단이 누락된 경우나, 판결주문과 간접적으로만 연관되는 판단이유가 누락된 경우에 재심의 소를 통하여 확정된 판결의 효력을 배제하는 것을 허용해야 할 만큼 정의의 요청이 절박하다고 할 수 없으며, 오히려 판결의 결론에 영향을 미칠 수 없는 불필요한 재심이 제기되어 **재심제도의 취지에 어긋날 수 있음**(2016.12.29. 2016헌바43)
2	【과학기술 발전으로 드러난 새로운 사실 재심사유 불인정 (합헌)】 과학기술의 발전으로 인해 기존의 확정판결에서 인정된 사실과는 다른 새로운 사실이 드러난 경우를 재심의 사유로 인정하고 있지 않는 「민사소송법」은 입법자의 합리적인 재량의 범위를 벗어나 **재판청구권 침해 아님**(2009.4.30. 2007헌바121)
3	【재심사유 알고도 주장하지 아니할 땐 재심 제기 제한 (합헌)】 재심사유를 알고도 주장하지 아니한 때에는 재심의 소를 제기할 수 없도록 규정한 「민사소송법」은 **재판청구권 침해 아님**(2013.6.27. 2012헌바414)

4 기타 재판을 받을 권리 : 불포함

1	① 【치료감호청구권 & 법원 직권 치료감호】 법원이 직권으로 치료감호를 선고할 수 있는지 여부는 재판청구권의 적극적 측면은 물론 소극적 측면에도 해당하지 않으므로 '피고인 스스로 치료감호를 청구할 수 있는 권리' 뿐만 아니라 '법원으로부터 직권으로 치료감호를 선고받을 수 있는 권리'는 재판청구권의 보호범위에 포함 안됨(2021.1.28. 2019헌가24 등) ② 【검사만 치료감호 청구권한 부여 : 적법절차원칙 위반 아님 (기각)】 검사에게만 치료감호 청구권한을 부여한 것은, 본질적으로 자유박탈적이고 침익적 처분인 치료감호와 관련하여 재판의 적정성 및 합리성을 기하기 위한 것이므로 **적법절차원칙 위반 아님**(2021.1.28. 2019헌가24 등) ③ 【국가의 보호의무 위반 아님 (기각)】 검사만 치료감호를 청구할 수 있고 법원은 검사에게 치료감호청구를 요구할 수 있다고만 정하여 치료감호대상자의 치료감호청구권이나 법원의 직권에 의한 치료감호를 인정하지 않은 것은 국민의 보건에 관한 국가의 보호의무 위반 아님(2021.1.28. 2019헌가24 등) **유사** ① 【치료감호청구권을 검사로 한정 (기각)】 '피고인 스스로 치료감호를 청구할 수 있는 권리'가 재판청구권의 보호범위에 포함된다고 보기는 어렵고, 검사뿐만 아니라 피고인에게까지 치료감호 청구권을 주어야만 절차의 적법성이 담보되는 것도 아니므로, **재판청구권 침해 아님**(2010.4.29. 2008헌마622) ② 【보건권 침해 아님 (기각)】 치료감호 청구권자를 검사로 한정하고, 피고인의 치료감호 청구권을 인정하지 않는 「치료감호법」은 국민의 보건에 관한 권리 침해 아님(2010.4.29. 2008헌마622)
2	【기소유예처분 불복재판 (기각)】 검사의 기소유예처분에 대하여 피의자가 불복하여 법원의 재판을 받을 수 있는 절차를 국가가 법률로 마련해야 할 헌법적 의무 존재 안함(2013.9.26. 2011헌마472)
3	【고소 안한 피해자 검찰항고권자 배제 (기각)】 검사의 불기소처분에 대한 항고권자를 고소인·고발인으로 한정한 「검찰청법」은 고소하지 않은 범죄피해자의 **재판청구권 제한 아님**(2024.7.18. 2021헌마248) → 평등권 침해 아님

POINT 165 신속·공개재판을 받을 권리

제27조 ③ 【**신속한 재판을 받을 권리**】 모든 국민은 **신속한 재판을 받을 권리**를 가진다.³ 【**공개재판**】 형사피고인은 **상당한 이유**(정당한 이유 ×)가 없는 한 지체없이 **공개재판**(공정한 재판 ×)을 받을 권리를 가진다.³

1 신속한 재판을 받을 권리

헌법상 기본권	① 【**헌법이 보장**】 우리 헌법은 공정하고 신속한 공개재판을 받을 권리를 보장
입법재량	① 【**폭넓은 입법재량**】 신속한 재판을 받을 권리의 실현을 위해서는 **구체적인 입법형성이 필요**하며, 다른 사법절차적 기본권에 비하여 **폭넓은 입법형성이 허용** ② 【**구체적 형성없이 청구권 미발생**】 법률에 의한 구체적인 형성없이는 신속한 재판을 위한 어떤 **직접적이고 구체적인 청구권이 발생 안함** (법률에 의한 구체적 형성이 없어도 직접 신속한 재판을 청구할 수 있는 권리를 가짐 ×, 법원은 신속한 재판을 하여야 할 헌법 및 법률상 작위의무가 존재 ×)
구속기간 제한	① 【**구속기간 제한**】 구속기간의 제한은 **수사를 촉진시켜 형사피의자의 신체구속이라는 고통을 감경시켜주고 신속한 공소제기 및 그에 따른 신속한 재판을 가능**하게 한다는 점에서 헌법에서 보장한 **신속한 재판을 받을 권리의 실현을 위하여서도 불가결한 조건**

2 관련판례

1	【**학교법인 기본재산 매도시 관할청 허가 (기각)**】 학교법인의 기본재산을 매도함에 있어 관할청의 허가를 받도록 하는 「사립학교법」은 강제경매절차를 통하여 사법적 청구권을 실현하려는 **채권자 내지 최고가매수신고인의 신속한 재판을 받을 권리 침해 아님**(2012.2.23. 2011헌바14)
2	【**재정신청시 항고전치주의 (합헌)**】 선거범죄에 대한 재정신청절차에서 사전에 「검찰청법」상의 항고를 거치도록 한 것은 **신속한 재판을 받을 권리 침해 아님**(2015.2.26. 2014헌바181)

POINT 166 재판청구권 관련판례

1 소송제한

(1) 위헌판례

1	【디엔에이감식시료채취영장 발부시 의견진술·불복절차 미규정 (헌불)】 디엔에이감식시료채취영장 발부 과정에서 채취대상자에게 자신의 의견을 밝히거나 영장 발부 후 불복할 수 있는 절차 등에 관하여 규정하지 아니한 「디엔에이법」은 과잉금지원칙을 위반하여 **재판청구권 침해**(2018.8.30. 2016헌마344 등)⁶
2	【교원징계재심위원회의 재심결정에 학교법인의 행정소송 제기 제한 (위헌)】 교원징계재심위원회의 재심결정에 대하여 **교원에게만 행정소송을 제기**할 수 있도록 하고 **학교법인을 제외**한 것은 **학교법인의 재판청구권 침해**(2006.2.23. 2005헌가7 등)²
3	【수형자의 행정소송 변론기일 출정제한 (인용)】 교도소장이 출정비용납부거부 또는 상계동의거부를 이유로 **수형자의 행정소송 변론기일**에 수형자의 출정을 제한한 행위는 **수형자의 재판청구권 침해**(2012.3.29. 2010헌마475)²

(2) 합헌판례

1	【법원 직권에 따른 소송비용 담보제공명령 (합헌)】 법원 직권으로 원고에게 소송비용에 대한 담보제공을 명할 수 있도록 하고, 원고가 담보를 제공하지 않을 경우 변론 없이 **판결로 소를 각하**할 수 있다고 규정한 「민사소송법」은 **재판청구권 침해 아님**(2016.2.25. 2014헌바366)¹
2	【과태료 자진납부시 절차종료 (합헌)】 의견제출 기한 내에 감경된 과태료를 자진납부한 경우 해당 질서위반행위에 대한 **과태료 부과 및 징수절차는 종료**한다고 규정하여 당사자가 질서위반행위에 대한 **의견제출이나 이의제기를 할 수 없도록** 한 「질서위반행위규제법」은 **재판청구권 침해 아님**(2019.12.27. 2017헌바413)¹

2 기간제한

(1) 위헌판례

1	【형사소송법상 즉시항고 제기기간 3일 제한 (헌불)】「형사소송법」상 즉시항고 제기기간을 3일로 제한하고 있는 것은 **입법재량의 한계를 일탈하여 재판청구권 침해**(2018.12.27. 2015헌바77)
2	【인신보호법상 즉시항고 제기기간 3일 제한 (위헌)】「**인신보호법**」상 피수용자인 구제청구자의 즉시항고 제기기간을 3일로 정한 것은 **피수용자의 재판청구권 침해**(2015.9.24. 2013헌가21)

(2) 기간제한합헌판례

1	【약식명령에 대한 정식재판 청구기간 7일 제한 (합헌)】 정식재판 청구기간을 '약식명령의 고지를 받은 날로부터 7일 이내'로 정하고 있는 「형사소송법」은 **재판청구권 침해 아님**(2013.10.24. 2012헌바428)
2	【사법보좌관의 지급명령에 이의신청 2주 기간 (합헌)】 사법보좌관의 지급명령에 대한 이의신청기간을 2주 이내로 규정한 「민사소송법」은 **재판청구권 침해 아님**(2020.12.23. 2019헌바353)
3	【특허무효심결에 대한 소 30일 이내 제기 (합헌)】 특허무효심결에 대한 소는 심결의 등본을 송달받은 날로부터 30일 이내에 제기하도록 규정한 「특허법」은 **재판청구권 침해 아님**(2018.8.30. 2017헌바258)
4	【공무원 면직처분 소청심사청구 30일 이내 (합헌)】 지방공무원의 면직처분에 대해 불복할 경우 소청심사청구기간을 처분사유 설명서 교부일로부터 30일 이내로 정한 것은 행정심판 청구기간 또는 행정소송 제기기간인 처분이 있음을 안 날부터 90일 보다 짧기는 하나 **재판청구권 침해 아님**(2015.3.26. 2013헌바186)
5	【헌재 위헌결정 이유 재심제기 기간 30일 이내 (합헌)】 국가배상사건인 당해사건 확정판결에 대해 **헌법재판소 위헌결정을 이유로 한 재심의 소를 제기할 경우 재심제기기간을 재심사유를 안 날부터 30일 이내로 한** 「헌법재판소법」은 **재판청구권 침해 아님**(2020.9.24. 2019헌바130)
6	【보상금증감청구소송 제소기간 60일 제한 (합헌)】 토지수용위원회의 수용재결서를 받은 날로부터 60일 이내에 보상금증감청구소송을 제기하도록 한 「토지보상법」은 보상금증감청구소송을 제기하려는 **토지소유자의 재판청구권 침해 아님**(2016.7.28. 2014헌바206)
7	【취소소송 제소기간 안 날 90일 제한 (합헌)】 취소소송의 제소기간을 처분 등이 있음을 안 때로부터 90일 이내로 규정한 것은 지나치게 짧은 기간이라고 보기 어렵고 행정법 관계의 조속한 안정을 위해 필요한 방법이므로 **재판청구권 침해 아님**(2018.6.28. 2017헌바66)

3 접견교통제한 관련 위헌판례

1	① 【변호사 접견교통권】 교정시설 내 **수용자와 변호사 사이의 접견교통권**의 보장은 재판청구권의 한 내용 또는 그로부터 파생되는 권리(2013.8.29. 2011헌마122) ② 【접촉차단시설 설치 장소에서 수용자가 변호사와 접견 (헌불)】 변호사와 접견하는 경우에도 수용자의 접견은 원칙적으로 접촉차단시설이 설치된 장소에서 하도록 규정하고 있는 「형집행법 시행령」은 수용자의 **재판청구권 침해**(2013.8.29. 2011헌마122) 유사 【수형자와 소송대리인인 변호사 간의 접견시간·횟수제한 (헌불)】 수형자와 소송대리인인 변호사와의 접견시간은 일반접견과 동일하게 회당 30분 이내로, 횟수는 다른 일반접견과 합하여 월 4회로 제한하고 있는 「형집행법」은 **재판청구권 침해**(2015.11.26. 2012헌마858)
2	【수형자와 변호사와의 접견내용 녹음·기록행위 (인용)】 수형자인 청구인이 헌법소원 사건의 국선대리인인 변호사를 접견함에 있어서 **교도소장이 접견내용을 녹음, 기록한 행위는 수형자의 재판을 받을 권리 침해**(2013.9.26. 2011헌마398)

4 재판상 화해

(1) 위헌판례

1	【국가배상법상 배상심의회 배상결정 (위헌)】「국가배상법」상 신청인이 동의한 때 배상심의회의 배상결정에「민사소송법」규정에 의한 **재판상의 화해 효력**을 부여한 것은 **재판청구권 침해**(1995.5.25. 91헌가7)

(2) 합헌판례

1	【세월호피해지원법상 심의위원회 배상금 지급결정 (기각)】 심의위원회의 배상금 등 지급결정에 신청인이 동의한 때에는 국가와 신청인 사이에「민사소송법」에 따른 **재판상 화해가 성립**된 것으로 보는「세월호피해지원법」은 **재판청구권 침해 아님**(2017.6.29. 2015헌마654)
2	【특수임무수행자 보상금 지급결정 (기각)】 보상금 등의 지급결정에 동의한 때에는 특수임무수행 등으로 인하여 입은 피해에 대하여 **재판상 화해가 성립**된 것으로 보는「특임자보상법」은 **재판청구권 침해 아님**(2009.4.30. 2006헌마1322)

5 소송비용 관련 합헌판례

1	【소송비용 면제이유로 '빈곤' (합헌)】 형의 선고와 함께 소송비용 부담의 재판을 받은 피고인이 **'빈곤'**을 이유로 해서만 집행면제를 신청할 수 있도록 한「형사소송법」규정에 따른 소송비용에 관한 부분 중 '빈곤'은 경제적 사정으로 소송비용을 납부할 수 없는 경우를 지칭하는 것으로 해석될 수 있으므로 **명확성원칙 위배 아님**(2021.2.25. 2019헌바64) → ① **재판청구권 침해 아님** / ② 변호인의 선임이나 변호 자체를 제한하는 것은 아니므로 변호인의 조력을 받을 권리의 제한 여부는 판단 안함
2	【국선변호인 보수에 준하는 비용보상 (합헌)】 무죄판결이 확정된 형사피고인에게 국선변호인의 보수에 준하여 변호사 보수를 보상해 주도록 한「형사소송법」은 **재판청구권 침해 아님**(2013.8.29. 2012헌바168)
3	【소취하간주시 소송비용 원고부담 (합헌)】 소취하간주의 경우 소송비용을 원칙적으로 원고가 부담하도록 한 민사소송법은 **재판청구권 침해 아님**(2017.7.27. 2015헌바1)
4	【피고인에 소송비용 부담 허용 (합헌)】 형의 선고를 하는 때에 피고인에게 소송비용의 부담을 명할 수 있도록 하는「형사소송법」은 피고인의 **재판청구권 침해 아님**(2021.2.25. 2018헌바224)
5	【항소장 인지액 = 항소심 확정판결 재심소장 인지액 (합헌)】 항소심 확정판결에 대한 재심소장에 붙일 인지액을 항소장에 붙일 인지액과 같게 정한 민사소송 등 인지법 조항은 항소심 확정판결에 대해서 재심을 청구하는 사람의 **재판청구권 침해 아님**(2017.8.31. 2016헌바447)

6 기타

1	【이유 없음이 명백한 소액사건 변론 없이 기각 (합헌)】 소송기록에 의하여 **청구가 이유 없음이 명백**한 때 법원이 변론 없이 청구를 기각할 수 있도록 규정한 소액사건심판법은 **재판청구권의 본질적 내용 침해 아님**(2021.6.24. 2019헌바133 등)
2	【공판조서의 절대적 증명력 (합헌)】 공판기일의 소송절차로서 공판조서에 기재된 것은 그 조서만으로써 증명한다고 하여 **공판조서의 절대적 증명력**을 규정한「형사소송법」은 **재판을 받을 권리 침해 아님**(2012.4.24. 2010헌바379)
3	【경매절차에서 집행기록에 표시된 주소에 발송 (합헌)】 이해관계인에 대한 매각기일 및 매각결정기일의 통지는 집행기록에 표시된 **이해관계인의 주소에 발송**하도록 한 민사집행법은 **재판청구권 침해 아님**(2021.4.29. 2017헌바390)
4	【민사소송 전자적 송달 간주 (합헌)】 전자문서 등재사실을 통지한 날부터 1주 이내에 확인하지 아니하는 때에는 통지한 날부터 1주가 지난 날에 송달된 것으로 보는「민소전자문서법」는 **재판청구권 침해 아님**(2024.7.18. 2022헌바4)

POINT 167 공정한 재판을 받을 권리　B

1 공정한 재판을 받을 권리

(1) 공정한 재판을 받을 권리

공정한 재판을 받을 권리	① 【명문규정 無 but 기본권】 헌법에 '**공정한 재판**'에 관한 **명문의 규정은 없지만**, 재판청구권이 국민에게 효율적인 권리보호를 제공하기 위해서는 법원에 의한 재판이 공정하여야 할 것임은 당연하므로 '**공정한 재판을 받을 권리**'는 헌법 제27조의 **재판청구권**에 의하여 함께 보장[3] ② 【법률(실체법 + 절차법)에 의한 재판 + 공정한 재판】 재판청구권은 **재판절차를 규율하는 법률**과 재판에서 적용될 **실체적 법률**이 모두 **합헌적**이어야 한다는 의미에서의 **법률에 의한 재판을 받을 권리**뿐만 아니라, 비밀재판을 배제하고 일반국민의 감시하에서 심리와 판결을 받음으로써 **공정한 재판을 받을 권리**를 포함하고 있음[1]
보호영역 (형사재판)	① 【법관의 면전에서 모든 증거자료가 조사·진술】 공정한 재판을 받을 권리 속에는 신속하고 공개된 법정의 **법관의 면전에서 모든 증거자료가 조사·진술**되고 이에 대하여 **피고인이 공격·방어할 수 있는 기회가 보장**되는 재판을 받을 권리가 포함[2] ② 【당사자주의와 구두변론주의】 공정한 재판을 받을 권리 속에는 **당사자주의와 구두변론주의**가 보장되어 당사자가 공소사실에 대한 답변과 입증 및 반증을 하는 등 **공격, 방어권이 충분히 보장**되는 재판을 받을 권리가 포함[2] ③ 【피고인의 반대신문권】 헌법은 피고인의 반대신문권을 기본권으로까지 규정하지는 않았으나, **형사소송법**은 피고인의 반대신문권을 포함한 **교호신문권**을 명문으로 규정하고 있는바, 이는 **공정한 재판을 받을 권리**를 구현한 것[2]

(2) 보호영역이 아닌 판례

1	【출국금지 : 외국에 나가 증거를 수집할 권리 부정 (합헌)】 법무부장관의 출국금지결정은 피고인의 공격·방어권 행사와 직접 관련되지 않고, 공정한 재판을 받을 권리에 **외국에 나가 증거를 수집할 권리가 포함된다고 보기도 어려워** **공정한 재판을 받을 권리 침해 아님**(2015.9.24. 2012헌바302)[3]

2 관련판례

(1) 위헌판례

1	【수사기록 열람·등사 거부행위 (인용)】 변호인이 구속기소된 청구인의 변론준비를 위하여 검사에게 그가 보관 중인 수사기록 일체에 대한 열람·등사신청을 하였으나, 국가기밀의 누설이나 증거인멸, 증인협박, 사생활침해의 우려 등 정당한 사유를 밝히지 아니한 채 **전부 거부한 행위는 신속·공정한 재판을 받을 권리와 변호인의 조력을 받을 권리 침해**(1997.11.27. 94헌마60)
2	【검사 경유하여 항소법원에 기록송부 (위헌)】 항소법원에 기록송부 시 **검사를 거치도록** 하는 「형사소송법」은 법관의 재판상 독립에 영향을 주는 것으로서 **신속·공정한 재판을 받을 권리 침해**(1995.11.30. 92헌마44)
3	【검사가 증인으로 수감된 자를 매일 소환 (인용)】 검사가 법원의 증인으로 채택된 수감자를 그 증언에 이르기까지 **거의 매일 검사실로 하루 종일 소환**하여 피고인 측 변호인이 접근하는 것을 차단하고, 검찰에서의 진술을 번복하는 증언을 하지 않도록 회유·압박하는 한편, 때로는 검사실에서 그에게 편의를 제공하기도 한 행위는 **피고인의 공정한 재판을 받을 권리 침해**(2001.8.30. 99헌마496) → 적법절차원칙 위배
4	【피고인 불출석 시 획일적 궐석재판 (위헌)】 피고인의 불출석 사유를 구체적으로 따지지 아니한 채 **획일적인 궐석재판은 공정한 재판을 받을 권리 침해**(1998.7.16. 97헌바22)
5	【영상물에 수록된 미성년 피해자 진술에 대한 반대신문권 배제 (위헌)】 영상물에 수록된 미성년 피해자 진술에 있어서 원진술자인 미성년 피해자에 대한 피고인의 반대신문권을 실질적으로 배제하여 피고인의 방어권을 과도하게 제한하는 「성폭력처벌법」은 피해의 최소성 요건을 갖추지 못하여 **공정한 재판을 받을 권리 침해**(2021.12.23. 2018헌바524)

(2) 합헌판례

1	【공판조서에 증인의 인적사항 미기재 & 피고인 퇴정 증인신문 (합헌)】 소환된 증인 또는 그 친족 등이 **보복을 당할 우려가 있는 경우 재판장은 당해 증인의 인적 사항의 전부 또는 일부를 공판조서에 기재하지 않게 할 수 있고**, 증인의 인적사항이 증인신문의 모든 과정에서 공개되지 아니하도록 하고 및 피고인을 퇴정시키고 증인신문을 행할 수 있도록 규정한 「범죄신고자법」은 피고인의 **공정한 재판을 받을 권리 침해 아님**(2010.11.25. 2009헌바57)
2	【특별검사 공소제기사건 재판기간·상소절차 진행기간 단축 (기각)】 특별검사가 공소제기한 사건의 재판기간과 상소절차 진행기간을 **일반사건보다 단축**한 「이명박특검법」은 **공정한 재판을 받을 권리 침해 아님**(2008.1.10. 2007헌마1468)
3	【정식재판에서 약식명령 보다 중한 종류형 선고 제한 (합헌)】 피고인이 정식재판을 청구한 사건에 대하여는 약식명령의 형보다 **중한 다른 종류의 형을 선고하지 못하도록** 하는 「형사소송법」은 **공정한 재판을 받을 권리 침해 아님**(2024.5.30. 2021헌바6 등)
4	【변호인이 있을 때 피고인에게 공판조서열람청구 부정 (합헌)】 「형사소송법」이 변호인이 있는 때에 피고인에게 따로 **공판조서 열람청구를 인정하지 않는다고** 하여 **공정한 재판을 받을 권리 침해 아님**(1994.12.29. 92헌바31)
5	【소송지연 목적 기피신청 기각 (합헌)】 소송의 지연을 목적으로 함이 명백한 경우에 기피신청을 받은 법원 또는 법관이 **기각할 수 있도록** 규정한 「형사소송법」은 **공정한 재판을 받을 권리 침해 아님**(2006.7.27. 2005헌바58)
6	【법관 기피신청에 대한 법원 합의부 관할 (합헌)】 기피신청에 대한 재판을 그 신청을 받은 법관의 소속 **법원 합의부**에서 하도록 한 「민사소송법」은 **공정한 재판을 받을 권리 침해 아님**(2013.3.21. 2011헌바219)
7	【기피신청 결정 전 종국판결 선고 허용 (합헌)】 기피신청에 대한 결정이 확정되기 전에 기피신청을 당한 법관으로 하여금 소송절차를 정지하지 않고 **종국판결을 선고할 수 있도록** 하는 「민사소송법」은 **공정한 재판을 받을 권리 침해 아님**(2024.8.29. 2021헌바146)
8	【공시송달 당사자 미출석 시 자백간주 규정 미준용 (합헌)】 공시송달의 방법으로 기일통지서를 송달받은 당사자가 **변론기일에 출석하지 아니한 경우 자백간주 규정을 준용하지 않는** 「민사소송법」은 **공정한 재판을 받을 권리 침해 아님**(2013.3.21. 2012헌바128)
9	① 【상속재산분할사건을 가사비송사건으로 분류 (합헌)】 상속재산분할에 관한 다툼이 발생한 경우 이를 가사소송 또는 민사소송 절차에 의하도록 할 것인지, 아니면 **가사비송 절차에 의하도록 할 것인지** 등은 **입법자가 형성할 정책적 문제**(2017.4.27. 2015헌바24) ② 【공정한 재판을 받을 권리 침해 아님 (합헌)】 상속재산분할에 관한 사건을 **가사비송사건으로 분류**하고 있는 「가사소송법」 조항은 입법재량의 한계를 일탈하여 상속재산분할에 관한 사건을 제기하고자 하는 자의 **공정한 재판을 받을 권리 침해 아님**(2017.4.27. 2015헌바24)

POINT 168 기타 형사재판 관련제도

1 재판절차진술권

제27조 ⑤ 【재판절차진술권】 형사피해자는 **법률이 정하는 바**에 의하여 당해 사건의 **재판절차에서 진술**할 수 있다.[3]

(1) 재판절차진술권

재판절차진술권	① 【피해자가 형사재판에 출석하여 의견진술할 권리】 형사피해자의 재판절차진술권은 **범죄피해자가 당해 사건의 재판절차에서 증인으로 출석**하여 자신이 입은 피해의 내용과 사건에 관하여 **의견을 진술할 수 있는 권리**[1] ② 【형사사법의 절차적 적정성 확보】 형사피해자로 하여금 **형사재판절차에 참여하여 증언**하는 이외에 형사사건에 관한 의견진술을 할 수 있는 **청문의 기회**를 부여하여 **형사사법의 절차적 적정성을 확보**하기 위한 것[1] ③ 【공정위의 고발권 불행사】 공정위는 「공정거래법」이 추구하는 법 목적에 비추어 **행위의 위법성과 가벌성이 중대**하고 피해의 정도가 **현저**하여 형벌을 적용하지 아니하면 법 목적의 실현이 불가능하다고 봄이 객관적으로 상당한 사안에 있어서 당연히 **고발을 하여야 할 의무**가 있고, 이러한 **작위의무에 위반한 고발권의 불행사**는 명백히 자의적인 것으로서 **피해자의 재판절차진술권 침해**[1]
기본권 형성적 법률유보	① 【기본권 형성적 법률유보】 재판절차진술권에 관한 헌법 제27조 제5항이 정한 **법률유보**는 법률에 의한 **기본권의 제한을 목적**으로 하는 **자유권적 기본권에 대한 법률유보**의 경우와는 달리 기본권으로서의 재판절차진술권을 보장하고 있는 헌법규범의 의미와 내용을 **법률로써 구체화**하기 위한 이른바 **기본권 형성적 법률유보**에 해당 (기본권 제한적 법률유보 ×, 자유권적 기본권에 대한 법률유보와 같이 보아야 함 ×)[4]

(2) 형사피해자

폭넓게 인정	① 【형사피해자】 청구인이 검사의 무혐의 **불기소처분으로 재판절차진술권을 침해**받았다고 주장하여 취소를 구하는 **헌법소원심판을 청구**할 수 있기 위하여는 헌법 제27조 제5항에 의하여 **재판절차진술권이 보장되는 형사피해자**이어야 함[2] ② 【직접적 보호법익의 주체 + 법률상 불이익 받은 자】 형사실체법상으로 **직접적인 보호법익의 주체**로 해석되지 않는 자라도 문제되는 **범죄 때문에 법률상 불이익을 받게 되는 자**라면 재판절차진술권의 **주체가 될 수 있음** (주체될 수 없음 ×)[3] ③ 【교통사고로 사망한 자의 부모】 교통사고로 사망한 사람의 부모는 헌법상 재판절차진술권이 보장되는 **형사피해자의 범주에 속함**[1]
범죄피해자구조 청구권보다 넓음	① 【재판절차진술권의 형사피해자 ⊃ 범죄피해자구조청구권의 범죄피해자】 재판절차진술권의 형사피해자는 범죄피해자구조청구권의 범죄피해자보다 넓은 개념임[1]

(3) 관련판례

1	【친족상도례(형 면제) (헌불)】 직계혈족, 배우자, 동거친족, 동거가족 또는 그 배우자간의 권리행사방해죄에 대해 법관으로 하여금 여러 사정을 전혀 고려할 수 없도록 하고 획일적으로 형면제 판결을 선고하도록 하는 「형법」은 형사피해자가 법관에게 적절한 형벌권을 행사하여 줄 것을 청구할 수 없도록 하는 것으로서 입법재량을 일탈하여 현저히 불합리하거나 불공정하므로 **형사피해자의 재판절차진술권 침해**(2024.6.27. 2020헌마468 등)
2	【형사피해자에게 약식명령 미고지 (기각)】 형사피해자에게 약식명령을 고지하지 않도록 규정한 것은 형사피해자의 **재판절차진술권 침해 아님**(2019.9.26. 2018헌마1015)
3	【재정신청절차 구두변론 실시 재량 (기각)】 재정신청절차의 신속하고 원활한 진행을 위하여 **구두변론의 실시여부를 법관의 재량**에 맡기는 것은 **재판절차진술권과 재판청구권 침해 아님**(2018.4.26. 2016헌마1043)

2 군사재판

제27조 ② 【군사재판을 받지 않을 권리】 군인 또는 군무원이 아닌 국민은 대한민국의 영역안에서는 중대한 군사상 기밀·초병·초소·유독음식물공급·포로·군용물에 관한 죄중 법률이 정한 경우와 비상계엄이 선포된 경우를 제외하고는 **군사법원의 재판을 받지 아니한다.**

제110조 ④ 【비상계엄 단심제 (사형 제외)】 비상계엄하의 군사재판은 군인·군무원의 범죄나 군사에 관한 간첩죄의 경우와 초병·초소·유독음식물공급·포로에 관한 죄중 법률이 정한 경우에 한하여 **단심**으로 할 수 있다. 다만, 사형을 선고한 경우에는 그러하지 아니한다.

(1) 군사재판 관할

구분		평시	비상계엄시
군인·군무원	군사재판	○	○
	심급	• 3심	• **단심** (사형 제외)
일반국민	군사재판	• 원칙 × • 예외 ○ – 군사상 **기밀·초병·초소·유독음식물공급·포로·군용물**에 관한 죄중 법률이 정한 경우	• **비상계엄**이 선포된 경우
	심급	• 3심	• 원칙 : 3심 • 예외 : **단심** (사형 제외) – 군사에 관한 **간첩**죄의 경우와 **초병·초소·유독음식물공급·포로**에 관한 죄중 법률이 정한 경우

(2) 관련판례

1	① 【군사시설 중 전투용에 공하는 시설을 손괴한 민간인 군사재판 (위헌)】 군사시설 중 전투용에 공하는 시설을 손괴한 일반 국민이 평시에 군사법원에서 재판을 받도록 하는 「군사법원법」은 헌법과 법률이 정한 **법관에 의한 재판을 받을 권리 침해**(2013.11.28. 2012헌가10) ② 【군용물에 군사시설 불포함】 일반국민에 대한 군사법원의 예외적인 재판권을 정한 **헌법 제27조 제2항에 규정된 '군용물'에는 '군사시설'이 포함되지 않음**(2013.11.28. 2012헌가10)
2	【현역병 입대 전 범죄 군사재판 (합헌)】 현역병의 군대 입대 전 범죄에 대한 군사법원의 재판권을 규정하고 있는 「군사법원법」은 **재판청구권 침해 아님**(2009.7.30. 2008헌바162)

3 국민참여재판

(1) 국민참여재판

국민참여재판	① **【국민주권주의에 근거】** 국민참여재판은 **사법권의 민주적 정당성**을 위한 것으로서 모든 국가권력이 국민의 의사에 기초해야 한다는 **국민주권주의에 근거**
기본권성 부정	① **【국민참여재판을 받을 권리 : 재판청구권 아님】** 헌법과 법률이 정한 법관에 의한 재판을 받을 권리는 직업법관에 의한 재판을 주된 내용으로 하는 것이므로 **국민참여재판을 받을 권리는 그 보호범위에 속하지 않음** (재판을 받을 권리의 보호범위에 속함 x) ²⁴ ② **【배심재판을 받을 권리 : 재판청구권 아님】** 우리 헌법상 재판을 받을 권리의 보호범위에는 **배심재판을 받을 권리가 포함되지 않음** ³

(2) 국민참여재판절차와 배심원의 역할

대상사건	① **【법률상 권리】** 국민참여재판법에서 정하는 대상 사건에 해당하는 한 피고인은 **국민참여재판으로 재판을 받을 법률상 권리**를 가짐 ¹ ② **【적법절차원칙 적용】** 형사소송절차상의 권리로서 **국민참여재판을 받을 권리를 배제**함에 있어서는 **헌법상 적법절차의 원칙**을 따라야 함 (적법절차의 원칙이 적용될 여지 없음 x) ¹
배심원의 역할	① **【권고적 효력】** 국민참여재판제도는 사법의 민주적 정당성과 신뢰를 높이기 위하여 배심원이 사실심 법관의 판단을 돕기 위한 **권고적 효력의 의견을 제시**하는 제한적 역할 수행 ¹ ② **【평결 : 전원의 의견일치 → if not 판사의 의견을 들어 다수결】** 심리에 관여한 **배심원 전원의 의견이 일치**하면 그에 따라 **평결**하나, 유·무죄에 관하여 전원의 의견이 일치하지 아니하는 때에는 평결을 하기 전에 **심리에 관여한 판사의 의견**을 들어야 하며, 이 경우 유·무죄의 평결은 **다수결**로 함 ²
법원 미기속	① **【평결·양형의견은 법원 미기속】** 국민의 형사재판참여제도에서 배심원의 **평결과 양형에 관한 의견**은 **법원을 기속하지 아니함** ¹

(3) 관련판례

1	**【국민참여재판의 대상사건을 합의부 관할사건으로 한정 (합헌)】** 법률이 국민참여재판 신청권을 부여하면서 단독판사 관할사건으로 재판받는 피고인과 **합의부 관할사건으로 재판받는 피고인을 다르게 취급**하는 것은 **합리적인 이유**가 있으므로 **평등권 침해 아님** (2015.7.30. 2014헌바447) ¹
2	**【국민참여재판 대상사건에 군사재판 제외 (합헌)】** 「군사법원법」에 의한 **군사재판을 국민참여재판 대상사건에서 제외**한 것은 **평등원칙 위배 아님** (2021.6.24. 2020헌바499) ²
3	**【국민참여재판 배심원 자격 20세 이상 (합헌)】** 국민참여재판 배심원의 자격을 만 20세 이상으로 규정한 것은 만 **20세 미만의 자를 자의적 차별**한 것 **아님** (2021.5.27. 2019헌가19) ⁶

POINT 169 행정심판

제107조 ③ 【재판의 전심절차】 재판의 전심절차로서 **행정심판**을 할 수 있다. 행정심판의 절차는 법률로 정하되, **사법절차가 준용**되어야 한다.⁵

1 행정심판의 합헌요건

입법재량 및 한계	① 【입법형성권】 입법자는 행정심판을 통한 권리구제의 실효성, 행정청에 의한 자기 시정의 개연성, 문제되는 행정처분의 특수성 등을 고려하여 행정심판을 **임의적 전치절차**로 할 것인지, **필요적 전치절차**로 할 것인지를 결정할 **입법형성권을 가짐** ¹ ② 【종심절차 or 사법절차 미준용】 입법자가 행정심판을 **전심절차가 아니라 종심절차로 규정**함으로써 정식재판의 기회를 배제하거나, 어떤 행정심판을 **필요적 전심절차로 규정**하면서도 절차에 **사법절차가 준용되지 않는다면** 헌법 제107조 제3항에 위반될 뿐 아니라 **재판청구권 침해** ³
사법절차 준용	① 【필요적 전치시 반드시 준용 vs 임의적 전치시 미준용 허용】 행정심판이 **필요적 전심절차**로 규정되어 있는 경우에는 반드시 **사법절차가 준용**되어야 하지만, **임의적 전심절차**로 규정되어 있는 경우에는 당사자의 선택권이 보장되어 있으므로 **그러하지 아니함** (임의적 전심절차로 규정되어 있는 경우에도 반드시 사법절차가 준용되어야 함 ×) ⁴ ② 【임의적 전치시 미준용 합헌】 어떤 행정심판절차에 **사법절차가 준용되지 않는다** 하더라도 **임의적 전치제도**로 그치고 있다면 당사자의 **재판청구권을 침해한다고 할 수 없음** ³

2 필요적 전치주의 관련판례

(1) 관련 위헌판례

1	**사법절차 준용** 【지방세 이의신청·심사청구 필요적 전치제도 (위헌)】 이의신청 및 심사청구를 거치지 아니하고서는 지방세 부과처분에 대하여 행정소송을 제기할 수 없도록 한 「지방세법」은 **재판청구권 침해**(2001.6.28. 2000헌바30) ¹

(2) 관련 합헌판례

1	【지방공무원의 면직처분에 대한 필요적 전치주의 (합헌)】 **직권면직처분**을 받은 **지방공무원**이 그에 대해 불복할 경우 행정소송의 제기에 앞서 **반드시 소청심사**를 거치도록 규정한 것은 **재판청구권 침해나 평등원칙 위반 아님**(2015.3.26. 2013헌바186) ³
2	【교원징계처분 필요적 전치 (합헌)】 교원의 신분과 관련되는 징계처분의 적법성 판단에 있어서는 교육의 자주성·전문성이 요구되는바, 교원에 대한 징계처분에 관하여 **재심청구를 거치지 아니하고서는 행정소송을 제기할 수 없도록** 한 것은 **재판청구권 침해 아님**(2007.1.17. 2005헌바86) ⁴
3	【의제주류판매업면허 취소처분 필요적 전치 (합헌)】 「국세기본법」 해당 조항 중 「주세법」 규정에 따른 **의제주류판매업면허의 취소처분**에 대하여 **필요적 행정심판전치주의**를 채택한 것이 **재판청구권 침해 아님**(2016.12.29. 2015헌바229)
4	【운전면허취소처분 필요적 전치 (합헌)】 주취운전을 이유로 한 운전면허 취소처분에 대하여 **행정심판의 재결**을 거치지 아니하면 행정소송을 제기할 수 없도록 한 「도로교통법」은 **재판청구권 침해 아님**(2002.10.31. 2001헌바40) ¹

POINT 170 형사보상청구권

제28조【형사보상청구권】형사피의자 또는 형사피고인으로서 **구금되었던** 자가 법률이 정하는 **불기소처분**을 받거나 **무죄판결**을 받은 때에는 【**정당한 보상**】 법률이 정하는 바에 의하여 국가에 **정당한 보상**을 청구할 수 있다.[9]

1 형사보상청구권

(1) 형사보상청구권

형사보상청구권	① 【**불가피한 위험에 대한 손실보상 & 신체의 자유 밀접 관련**】 형사보상청구권은 국가의 **형사사법절차**에 내재하는 불가피한 위험에 의하여 국민의 **신체의 자유**에 관하여 피해가 발생한 경우 **형사사법기관의 귀책사유를 따지지 않고** 국가에 대하여 **정당한 보상을 청구할 수 있는 권리**로서, 실질적으로 국민의 **신체의 자유**(재판청구권 ×)와 밀접하게 관련된 **중대한 기본권** (국가의 그릇된 형사사법작용에 대한 원인 책임 추궁 ×, 귀책사유로 인해 피해 발생 ×)[2] ② 【**물질적·정신적 보상 → 신체의 자유 침해 구제**】 형사피고인으로서 구금되었던 자가 법률이 정한 무죄판결을 받은 경우에 국가에 대하여 **물질적·정신적 피해에 대한 정당한 보상을 청구할 수 있는 권리**를 보장하여 **국가의 형사사법작용**에 의하여 **신체의 자유가 침해된 국민에게 그 구제**를 인정하여 **국민의 기본권 보호를 강화** 목적[1]
구별개념 (비용보상청구권)	① 【**비용보상청구권 : 법률상 권리**】 무죄판결이 확정된 피고인에게 국선변호인 보수를 기준으로 **소송비용의 보상을 청구할 수 있는 권리**는 구금되었음을 전제로 하는 헌법 제28조의 형사보상청구권과는 달리 **헌법적 차원의 권리라고 볼 수는 없고**, 입법자가 입법의 목적, 국가의 경제적·사회적·정책적 사정들을 참작하여 제정하는 법률에 적용요건, 적용대상, 범위 등 구체적인 사항이 규정될 때 비로소 형성되는 **법률상의 권리에 불과**[1]

(2) 비용보상청구권

1	【**군사법원법상 비용보상청구권 제척기간 6개월 (위헌)**】 비용보상청구권의 제척기간을 무죄판결이 확정된 날부터 6개월 이내로 규정한 구 **군사법원법**은 **헌법에 위반**(2023.3.31. 2020헌바252)[1]
2	【**형사소송법상 비용보상청구권 제척기간 6개월 : 재판청구권 O / 형사보상청구권 X (합헌)**】 비용보상청구권의 제척기간을 무죄판결이 확정된 날부터 **6개월**로 제한한 「형사소송법」은 **재판청구권 및 재산권 침해 아님**(2015.4.30. 2014헌바408 등)[1] → **형사보상청구권 제한 아님**[1]

2 피고인보상

(1) 피고인보상

보상 요건	① **【무죄확정판결의 구속피고인】**「형사소송법」에 의한 일반절차 또는 재심이나 비상상고절차에서 **무죄재판을 받아 확정**된 사건의 피고인이 **미결구금**을 당하였을 때에는 국가에 대하여 그 **구금에 관한 보상**을 청구할 수 있음 *¹* ② **【면소·공소기각재판 : 무죄재판을 받을 현저한 사유】** 면소나 공소기각의 재판을 받아 확정된 피고인이 면소 또는 공소기각의 재판을 할만한 사유가 없었더라면 **무죄재판을 받을 만한 현저한 사유**가 있었을 경우 청구 가능 (면소나 공소기각의 재판을 받은 경우 청구 불가 ×) *³* ③ **【판결주문 or 판결이유】** 판결주문에서 무죄가 선고된 경우뿐만 아니라 **판결이유에서 무죄로 판단**된 경우에도 미결구금 가운데 무죄로 판단된 부분의 수사와 심리에 필요하였다고 인정된 부분에 관하여는 **보상 청구 가능** *¹*
청구권자	① **【상속인 청구 可】** 형사보상을 청구할 수 있는 자가 청구를 하지 아니하고 사망하였을 때에는 **상속인이 청구**할 수 있음 (상속인은 청구할 수 없음 ×, 일신전속적 권리 ×) *³* ② **【면소판결 사망자의 처】** 피고인이 **대통령긴급조치 제9호 위반**으로 제1, 2심에서 유죄판결을 선고받고 상고하여 상고심에서 구속집행이 정지된 한편 **대통령긴급조치 제9호가 해제됨에 따라 면소판결**을 받아 확정된 다음 **사망한 경우 피고인의 처**는 형사보상 청구 **가능** *¹*
소극 요건 (전부 or 일부 기각)	① **【거짓 자백 or 유죄의 증거를 만듦】** 본인이 수사 또는 심판을 그르칠 목적으로 **거짓 자백**을 하거나 **다른 유죄의 증거를 만듦**으로써 기소, 미결구금 또는 유죄재판을 받게 된 것으로 인정된 경우에는 법원은 재량으로 **보상청구의 전부 또는 일부를 기각할 수 있음** *¹* ② **【일부무죄, 일부유죄시 보상청구 전부·일부 기각가능】** 1개의 재판으로 경합범의 **일부에 대하여 무죄재판**을 받고 다른 부분에 대하여 유죄재판을 받았을 경우 법원은 재량으로 보상청구의 **전부 또는 일부를 기각할 수 있음** (법원은 보상청구의 전부를 인용하여야 함 ×) *¹*
관할법원, 청구기간, 대리인	① **【무죄재판을 한 법원】** 보상청구는 **무죄재판을 한 법원** (상급법원 ×)에 대하여 함 *²* ② **【안 날 3년, 확정된 날 5년】** 보상청구는 무죄재판이 **확정된 사실을 안 날로부터 3년**, 무죄재판이 확정된 때부터 **5년** 이내에 함 (무죄재판이 확정된 때로부터 6개월 ×, 1년 ×, 3년 ×) *¹¹* ③ **【대리인】** 형사보상청구는 **대리인**을 통하여 할 수 있음 (할 수 없음 ×) *²*
불복신청	① **【보상결정】** 보상결정에 대하여는 1주일 이내에 **즉시항고**할 수 있음 *¹* ② **【청구기각 결정】** 청구기각 결정에 대하여는 **즉시항고**할 수 있음 (할 수 없음 ×) *¹*

(2) 관련판례

1	① 【무죄재판 없어도 가능한 경우 有】 외형상·형식상으로 무죄재판이 없다고 하더라도 형사사법절차에 내재하는 불가피한 위험으로 인하여 국민의 **신체의 자유**에 관하여 피해가 발생하였다면 **형사보상청구권을 인정하는 것이 타당**(2022.2.24. 2018헌마998 등) ② 【초과 구금에 대한 형사보상 미규정 (헌불)】 원판결의 근거가 된 가중처벌규정에 대하여 헌법재판소의 위헌결정이 있었음을 이유로 개시된 **재심절차**에서, 공소장의 교환적 변경을 통해 위헌결정된 가중처벌규정보다 법정형이 가벼운 처벌규정으로 적용 법조가 변경되어 피고인이 무죄판결을 받지는 않았으나 **원판결보다 가벼운 형으로 유죄판결이 확정됨에 따라 원판결에 따른 구금형 집행이 재심판결에서 선고된 형을 초과하게 된 경우**, 재심판결에서 선고된 형을 **초과하여 집행된 구금**에 대하여 보상요건을 규정하지 아니한 「형사보상법」은 **평등권 침해**(2022.2.24. 2018헌마998 등)
2	① 【형사보상청구기간 지나치게 단기간】 형사보상청구에 관하여 **어느 정도의 제척기간을 둘 것인가의 문제는 입법권자의 재량**이지만, 청구기간이 지나치게 단기간이거나 불합리하여 형사보상을 청구하는 것을 현저히 곤란하게 하거나 사실상 불가능하게 한다면 **입법재량의 한계를 넘어서는 것으로서 형사보상청구권 침해**(2010.7.29. 2008헌가4) ② 【신체의 자유와 밀접 관련있는 중대한 기본권】 형사보상청구권은 **국가의 공권력 작용**에 의하여 신체의 자유를 침해받은 국민에 대해 **금전적인 보상을 청구할 권리**를 인정하는 것이므로, 형사보상청구권이 제한됨으로 인하여 침해되는 국민의 기본권은 단순히 금전적인 권리에 불과한 것이라기보다는 실질적으로 국민의 **신체의 자유와 밀접하게 관련된 중대한 기본권**(2010.7.29. 2008헌가4) ③ 【무죄재판 확정된 때로부터 1년이내 형사보상청구 (헌불)】 형사보상청구는 무죄재판이 확정된 때로부터 1년 이내에 하도록 규정하고 있는 「형사보상법」은 청구기간이 **지나치게 단기간**이어서 입법재량의 한계를 일탈하여 **형사보상청구권 침해**(2010.7.29. 2008헌가4)
3	【형사보상결정 단심재판 (위헌)】 형사보상액의 산정에 기초되는 사실인정이나 보상액에 관한 판단에서 오류나 불합리성이 발견되는 경우에도 형사보상의 청구에 대하여 한 보상의 결정에 대하여는 **불복을 신청할 수 없도록** 하여 **형사보상의 결정을 단심재판으로 규정**한 「형사보상법」은 **형사보상청구권 및 재판청구권 침해**(2010.10.28. 2008헌마514 등)

3 정당한 보상

(1) 정당한 보상

손해배상과의 관계	① **【형사보상 받을 자 손해배상청구 가능】** 형사보상법은 **보상을 받을 자**가 다른 법률에 따라 **손해배상을 청구하는 것을 금지하지 아니함** (국가배상을 청구할 수 없음 ×)³ ② **【형사보상금 수령자 손해배상청구 가능】** 형사보상제도는 「국가배상법」상 손해배상과는 근거와 요건이 다르므로 **형사보상금을 수령한 피고인은 손해배상 청구 가능** (청구할 수 없음 ×)³
이중보상 부정	① **【손해배상 ≥ 형사보상 : 형사보상 부정】** 형사보상을 받을 자가 같은 원인에 대하여 다른 법률에 따라 **손해배상을 받은 경우**에 손해배상의 액수가 「형사보상법」에 따라 받을 **보상금 액수와 같거나 그보다 많을 때에는 보상하지 아니함**² ② **【형사보상 받은 경우 형사보상액 빼고 손해배상】** 다른 법률에 따라 **손해배상을 받을 자**가「형사보상법」에 따른 보상을 받았을 때에는 **보상금 액수를 빼고 손해배상 액수를 정해야 함**¹
형사 보상금	손실 보상	① **【손실보상】** 형사보상은 과실책임의 원리에 의하여 고의·과실로 인한 위법행위와 인과관계 있는 **모든 손해를 배상하는 손해배상**과는 달리 형사사법절차에 내재하는 **불가피한 위험**에 대해 형사사법기관의 귀책사유를 따지지 않고 **형사보상청구권자가 입은 손실을 보상하는 제도**¹ ② **【형사보상과 손해배상의 범위 상이】** 형사보상은 국가의 위법·부당한 행위를 전제로 하는 국가배상과는 취지 자체가 상이하고, **보상범위도 손해배상과 동일하여야 하는 것은 아님**¹ ③ **【모든 손해를 형사보상하지 않아도 부당하지 않음】** 국가의 형사사법행위가 **고의·과실**로 인한 것으로 인정되는 경우 **국가배상청구 등 별개의 절차**에 의하여 인과관계 있는 **모든 손해를 배상**받을 수 있으므로, **형사보상절차**로써 인과관계 있는 **모든 손해를 보상하지 않는다**고 하여 **반드시 부당하다고 할 수는 없음**³
	정당 보상	① **【보상은 입법재량으로 결정】** 형사보상은 형사피고인 등의 **신체의 자유를 제한**한 것에 대하여 사후적으로 **손해를 보상**하는 것인바, **구금으로 인하여 침해되는 가치**는 객관적으로 평가하기 어려운 것이므로, 보상을 어떻게 할 것인지는 국가의 경제적, 사회적, 정책적 사정들을 참작하여 **입법재량으로 결정**할 수 있는 사항¹ ② **【재산권의 정당한 보상과 상이】** 헌법 제28조의 정당한 보상은 헌법 제23조 제3항의 재산권의 침해에 대한 **정당한 보상과는 차이** (헌법 제23조 제3항과 동일한 의미 ×)²

(2) 관련판례

1	① **【형사보상금 일정 범위 한정 (기각)】** 형사보상의 구체적 내용과 금액 및 절차에 관한 사항은 입법자가 정하여야 할 사항으로 **형사보상금을 일정한 범위 내로 한정**하고 있는 형사보상법은 **형사보상청구권 침해 아님**(2010.10.28. 2008헌마514 등)¹ ② **【입법형성의 자유 → 완화된 비례심사】** 입법자는 형사보상청구권의 구체적인 내용과 절차를 정함에 있어 **광범위한 입법형성의 자유**를 가지나 입법을 함에 있어서는 비록 **완화된 의미일지언정** 헌법 제37조 제2항의 비례의 원칙이 준수되어야 함(2010.10.28. 2008헌마514 등)¹

4 피의자보상

보상 요건	① **【불기소처분을 받은 구속피의자】** 형사피의자로 **구금**되었다가 법률이 정하는 **불기소처분**(기소중지, 기소유예는 제외)을 받은 자는 **형사보상의 대상**이 됨 (무죄판결을 받아야 함 ×)⁵ ② **【보상청구 전부·일부 기각가능】** 형사피의자로서 구금되었던 자에게 보상을 하는 것이 **선량한 풍속 기타 사회질서에 반한다고 할 특별한 사정**이 있는 경우 **전부 또는 일부를 지급하지 아니할 수 있음** (보상의 전부를 지급해야 함 ×)²
청구기간	① **【고지·통지 받은 날 3년】** 피의자보상의 청구는 검사로부터 **공소를 제기하지 아니하는 처분의 고지 또는 통지**를 받은 날부터 **3년 이내**(6개월 이내 ×)에 하여야 함¹

POINT 171 국가배상청구권 ⓑ

제29조 ① **【국가배상청구권】** 공무원의 직무상 불법행위로 손해를 받은 국민은 법률이 정하는 바에 의하여 **국가 또는 공공단체**에 **정당한 배상**을 청구할 수 있다. 이 경우 **공무원 자신의 책임은 면제되지 아니**(면제됨 ×)한다.
② **【이중배상금지】** 군인·군무원·경찰공무원 기타 법률이 정하는 자가 전투·훈련등 **직무집행과 관련**하여 받은 손해에 대하여는 법률이 정하는 보상외에 국가 또는 공공단체에 공무원의 직무상 불법행위로 인한 **배상은 청구할 수 없다.**

1 국가배상청구권

청구권 + 재산권	① **【재산권 + 청구권】** 국가배상청구권에 관한 규정은 국가배상청구권을 **청구권**으로 보장하며, 요건에 해당하는 사유가 발생한 개별 국민에게는 **금전청구권으로서 재산권**으로서도 보장

2 성립요건 : 국가배상법 제2조

(1) 공무원의 직무집행행위

공무원	① **【공무위탁사인 포함】** 공무원에는 **국가공무원과 지방공무원**뿐만 아니라 **공무를 위탁받아 실질적으로 공무를 수행하는 자**를 포함 (공무를 위탁받은 사인은 해당하지 않음 ×)
직무집행행위	① **【사경제 작용 제외】** 공무원의 직무에는 국가나 지방자치단체의 **권력적 작용**뿐 아니라 **비권력적 작용**도 포함되지만 단순한 **사경제 작용은 포함되지 않음** (사경제주체의 활동도 포함 ×) ② **【사경제 주체시 민법 적용】** 국가 또는 지방자치단체라 할지라도 공권력의 행사가 아니고 **단순한 사경제의 주체로 활동**하였을 경우에는 손해배상책임에 국가배상법이 적용될 수 없고 **민법상의 사용자책임 등이 인정** ③ **【외형설·객관설】** 행위자의 행위가 **실질적 직무행위**가 아니거나 **주관적 공무집행의 의사**가 없었다 할지라도 **외관상 객관적으로 공무원의 직무행위로 보여지는 경우**라면 **직무상 불법행위**라고 보아야 함 (행위자의 주관적 의사 고려 실질적 직무집행 행위인지에 따라 판단 ×)

(2) 공무원의 고의·과실

1	① **【not 행사·존속 제한 but 내용 형성 → 형성 관점 심사(완화심사)】** 국가배상청구권의 성립요건으로서 공무원의 고의 또는 과실을 규정한 국가배상법 조항은, 법률로 이미 형성된 국가배상청구권의 **행사 및 존속을 '제한'**하는 것이라기보다는 국가배상청구권의 **내용을 '형성'**하는 것이므로, 헌법상 국가배상제도의 정신에 부합하게 **국가배상청구권을 형성하였는지의 관점에서 심사**(2020.3.26. 2016헌바55 등) ② **【국가배상법상 과실책임 (합헌)】** 국가배상청구권의 성립 요건으로서 **공무원의 고의 또는 과실**을 규정함으로써 무과실책임을 인정하지 않은 「국가배상법」은 입법자의 입법형성권의 자의적 행사로서 **국가배상청구권 침해 아님** (2020.3.26. 2016헌바55 등) ③ **【고의·과실 예외 부정】** 국가배상청구권의 성립요건으로서 공무원의 고의 또는 과실을 규정한 국가배상법 조항은 헌법에서 규정한 국가배상청구권을 침해한다고 보기 어려우며, **인권침해가 극심하게 이루어진 긴급조치 발령과 집행과 같이** 국가의 의도적·적극적 불법행위에 대하여도 국가배상청구의 요건을 완화하여 **공무원의 고의 또는 과실에 대한 예외**가 인정되어야 한다고 보기 **어려움**(2020.3.26. 2016헌바55 등)

(3) 관련판례

1	【행위의 근거가 된 법률에 대한 위헌결정】 법률이 헌법에 위반되는지 여부를 심사할 권한이 없는 공무원으로서는 행위 당시의 법률에 따를 수밖에 없으므로, **행위의 근거가 된 법률조항에 대하여 위헌결정이 선고**되더라도 위 법률조항에 따라 행위한 **당해 공무원에게는 고의 또는 과실**이 있다 할 수 없어 **국가배상책임 성립 안됨**(2014.4.24. 2011헌바56)	
2	【국회의원의 입법행위】 국회의원의 **입법행위**는 그 입법내용이 **헌법의 문언에 명백히 위반**됨에도 불구하고 굳이 당해 입법을 한 경우가 아닌 한 **위법행위 아님**(대판 1997.6.13. 96다56115)	
3	【법관도 공무원】「국가배상법」은 법치국가원리에 따라 국가의 공권력 행사는 적법해야 함을 전제로 **모든 공무원의 직무행위상 불법행위로 발생한 손해에 대해 국가가 책임지도록** 한 것이므로, **법관과 다른 공무원**은 본질적으로 다른 집단이라고 볼 수는 **없음**(2021.7.15. 2020헌바1)	
	유사 【법관의 재판행위】 법관이 행하는 **재판사무의 특수성**과 그 재판과정의 잘못에 대하여는 **따로 불복절차에 의하여 시정될 수 있는 제도적 장치**가 마련되어 있는 점 등에 비추어 보면, **법관의 재판에 법령의 규정을 따르지 아니한 잘못**이 있다 하더라도 바로 **재판상 직무행위**가 위법한 행위로 되어 **국가의 손해배상책임 발생 아님**(대판 2001.4.24. 2000다16114)	
4	【헌소 청구기간 오인 각하 국가배상책임인정】 청구기간 내에 제기된 **헌법소원심판청구** 사건에서 헌법재판소 재판관이 **청구기간을 오인하여 각하결정**을 한 경우, 이에 대한 **불복절차 내지 시정절차가 없는 때**에는 **국가배상책임 인정**(대판 2003.7.11. 99다24218)	

3 손해의 산정

1	① 【민주화보상법상 적극적·소극적 손해 배상 : 국가배상권 침해 아님】 보상금 등의 지급결정에 동의한 때 "민주화운동과 관련하여 입은 피해"에 대해 재판상 화해의 성립을 간주하는 「민주화보상법」상 **적극적·소극적 손해**는 **국가배상청구권 침해 아님**(2018.8.30. 2014헌바180 등)	
	② 【민주화보상법상 정신적 손해 미반영 : 국가배상청구권 침해 (위헌)】「민주화보상법」이 보상금 등 산정에 있어 **정신적 손해에 대한 배상**을 전혀 반영하지 않고 있으므로 정신적 손해에 관한 부분은 **국가배상청구권 침해**(2018.8.30. 2014헌바180 등)	
	③ 【재판청구권 침해 아님】'민주화운동 관련자 명예회복 및 보상 **심의위원회**'의 보상금 등 **지급결정에 동의**한 때 **재판상 화해의 성립**을 간주함으로써 법관에 의하여 법률에 의한 재판을 받을 권리를 제한하는 법규정은 **재판청구권 침해 아님**(2018.8.30. 2014헌바180 등)	
2	【5.18 보상금지급결정시 정신적 손해 미반영 (위헌)】 5.18 민주화운동 보상심의위원회의 보상금지급결정에 동의하면 **정신적 손해**에 관한 부분도 재판상 화해가 성립된 것으로 보는「5·18보상법」은 **국가배상청구권 침해**(2021.5.27. 2019헌가17)	
3	【특수임무수행자 재판상 화해 간주 (합헌)】「특임자보상법」이 정한 보상금을 지급받는 것이 국가배상을 받는 것에 비해 일률적으로 과소 보상된다고 할 수 없으므로 **국가배상청구권 또는 재판청구권 침해 아님**(2021.9.30. 2019헌가28)	

4 배상청구 및 배상실시

(1) 배상절차

양도 · 외국인	① 【양도 등 금지】 생명 · 신체(재산 ×)의 침해로 인한 국가배상을 받을 권리는 **양도하거나 압류하지 못함**³ ② 【상호 보증】 **외국인**이 피해자인 경우에는 해당 국가와 **상호 보증**이 있을 때에만 적용
임의적 전치주의	① 【임의적 전치주의】 당사자가 **배상심의회에 배상신청**을 하여 그 결과에 불복할 경우 **소송을 제기할 수**도 있고, 배상심의회를 거치지 아니하고 **바로 법원에 소송을 제기할 수도 있음** (손해배상의 소송은 배상심의회에 배상신청을 하여야만 제기할 수 있음 ×)⁵

(2) 배상심의회 관련판례

1	【배상결정전치주의 (합헌)】「국가배상법」상의 **배상결정전치주의**는 법관에 의한 재판을 받을 권리, 신속한 재판을 받을 권리를 제한하여 국민의 **재판청구권 침해 아님** (2000.2.24. 99헌바17 등)¹

(3) 소멸시효 관련판례

1	【과거사 사건에 객관적 소멸시효 적용 (위헌)】「과거사정리법」상 민간인 집단희생사건, 중대한 인권침해 · 조작의혹사건에 「민법」상 소멸시효 조항의 객관적 기산점이 적용되도록 하는 것은 **국가배상청구권 침해** (2018.8.30. 2014헌바148 등)¹
2	① 【소멸시효에 관한 민법 준용 (합헌)】「국가배상법」에 소멸시효 규정을 두지 않고 소멸시효에 관해 「민법」 규정을 준용하도록 한 것은 **헌법 위반 아님** (1997.2.20. 96헌바24) ② 【소멸시효 제도 적용 (합헌)】 국가배상청구에 있어서도 오랜 기간의 경과로 인한 과거 사실 증명의 곤란으로부터 채무자를 구제하고 또 권리행사를 게을리 한 자에 대한 제재 및 장기간 불안정한 상태에 놓이게 되는 가해자를 보호하기 위하여 **소멸시효제도의 적용은 필요**하므로 **헌법 위반 아님** (1997.2.20. 96헌바24)

5 공무원 책임

면책 부정	① 【공무원 면책 부정】 공무원의 직무상 불법행위로 손해를 받은 국민이 법률이 정하는 바에 의하여 **국가 또는 공공단체에 배상을 청구**하였을 때 **공무원 자신의 책임 면제 안됨** (면제 ×)¹
책임 전제	① 【공무원의 책임 전제】 헌법 제29조 제1항 제1문은 '공무원의 직무상 불법행위'로 인한 국가 또는 공공단체의 책임을 규정하고 제2문은 '이 경우 **공무원 자신의 책임은 면제되지 아니한다**'고 규정하고 있으므로 국가배상책임은 **공무원의 책임을 일정 부분 전제**하는 것으로 해석¹ ② 【고의 · 중과실 부담 vs 경과실 미부담】 공무원이 직무수행 중 불법행위로 타인에게 손해를 입힌 경우에 국가나 지방자치단체가 국가배상책임을 부담하는 외에 **공무원 개인도 고의 또는 중과실이 있는 경우에는 불법행위로 인한 손해배상책임**을 지지만, **공무원에게 경과실이 있을 뿐인 경우에는 공무원 개인은 불법행위로 인한 손해배상책임을 부담 안함**¹

POINT 172 범죄피해자구조청구권

제30조 【타인의 범죄행위 + 생명·신체 피해】 타인의 **범죄행위**로 인하여 **생명·신체에 대한 피해**를 받은 국민은 법률이 정하는 바에 의하여 **국가로부터 구조**를 받을 수 있다.³

1 범죄피해자구조청구권

(1) 범죄피해자구조청구권

범죄피해자 구조청구권	① **【타인의 범죄행위 + 생명·신체 피해】** 범죄피해자구조청구권은 **타인의 범죄행위**로 인하여 **생명·신체에 대한 피해**를 입은 국민이 가해자로부터 **충분한 배상을 받지 못한 경우**에 국가에 대하여 **경제적 구조**를 청구할 수 있는 권리² ② **【생존권 + 청구권】** 범죄피해자구조청구권은 **생존권적 기본권** 성격을 가지는 **청구권적 기본권**²
주체	① **【자연인】** 범죄피해자구조청구권의 주체는 **자연인**(법인 ×)¹ ② **【외국인: 상호보증 or 일정 체류자격 보유】** 외국인이 **구조피해자**이거나 **유족**⁴인 경우에는 **상호보증**이 있거나 피해 당시 **대한민국 국민의 배우자**이거나 **대한민국 국민과 혼인관계**(사실혼 포함)에서 출생한 자녀를 양육하고 있는 자로써 출입국관리법상 체류자격(제10조제2호의 영주자격, 제10조의2제1항제2호의 장기체류자격)을 가지고 있는 경우 인정 (외국인 인정 안됨 ×, 외국인 구조청구 불가 ×)² ③ **【구조 청구: 사망시 유족, 중상해시 본인】** 범죄피해자구조는 **피해자가 사망한 경우**에는 **유족**이, **중상해 등을 당한 경우**에는 **본인**이 청구¹
범죄피해자	① **【본인·가족】** 타인의 범죄행위로 **피해를 당한 사람**과 **배우자**(사실혼 포함), **직계친족 및 형제자매** (사실혼 제외 ×, 4촌 이내 직계혈족 ×)⁴ ② **【범죄피해방지·구조활동 피해자】** **범죄피해 방지** 및 **범죄피해자 구조 활동**으로 피해를 당한 사람도 범죄피해자²
구조대상 범죄피해	① **【대한민국 + 생명·신체 피해 + 사망·장해·중상해】** 구조대상 범죄피해란 **대한민국의 영역 안**에서 또는 대한민국의 영역 밖에 있는 대한민국의 선박이나 항공기 안에서 행하여진 사람의 **생명 또는 신체**를 해치는 죄에 해당하는 행위로 인하여 **사망하거나 장해 또는 중상해**를 입은 것을 말함 (대한민국 영역 밖에서 행하여진 범죄로 인한 피해 ×)⁴ ② **【대한민국 영역】** 범죄피해자구조청구권은 **대한민국의 주권이 미치는 영역**에서 발생한 범죄로 인한 **피해자만이 주체**가 될 수 있음¹ ③ **【생명·신체 피해】** 범죄피해자구조청구권은 **생명, 신체에 대한 피해**를 입은 경우에 적용 (재산상 피해 ×)² ④ **【정당방위·과실 제외】** 범죄피해자구조대상이 되는 범죄피해의 범위에는 **형법 제20조(정당행위)** 또는 **제21조(정당방위) 제1항**에 따라 처벌되지 아니하는 행위, **과실에 의한 행위**는 제외 (과실에 의한 행위 인정 ×)³

(2) 관련판례

1	① 【해외에서의 범죄피해 제외 : 국가의 범죄 방지책임 불인정 (기각)】 국가의 주권이 미치지 못하고 국가의 경찰력 등을 행사할 수 없거나 행사하기 어려운 **해외에서 발생한 범죄**에 대하여는 **국가에 방지책임이 있다고 보기 어려움** (2011.12.29. 2009헌마354)
	② 【입법형성 재량 (기각)】 국가의 재정에 기반을 두고 있는 구조금에 대한 청구권 행사대상을 **우선적으로 대한민국의 영역 안의 범죄피해**에 한정하고, 향후 해외에서 발생한 범죄피해의 경우에도 구조를 하는 방향으로 운영하는 것은 **입법형성의 재량의 범위 내임**(2011.12.29. 2009헌마354)
	③ 【평등원칙 위배 아님 (기각)】 범죄피해자구조청구권의 대상이 되는 범죄피해에 **해외에서 발생한 범죄피해의 경우를 포함하고 있지 아니한 것**이 현저하게 불합리한 자의적인 차별이라고 볼 수 없어 **평등원칙 위배 아님**(2011.12.29. 2009헌마354)

2 성립요건과 구조금의 지급

(1) 성립요건

구조금의 지급요건	① 【충분한 배상 못받음】 피해의 전부 또는 일부를 배상받지 못한 경우 ② 【수사단서제공 등】 자기 또는 타인의 형사사건의 수사 또는 재판에서 **고소·고발 등 수사단서를 제공**하거나 **진술, 증언 또는 자료제출**을 하다가 구조피해자가 된 경우
소극요건	① 【부부(기속)】 범죄행위 당시 구조피해자와 가해자 사이가 **부부(사실혼인관계 포함)**인 경우 구조피해자에게 **구조금 지급 안함** (사실상의 혼인관계가 있는 경우에도 구조금 지급 ×) ② 【사회통념위배(미지급 재량)】 구조대상 범죄피해를 받은 사람 또는 그 유족과 가해자 사이의 관계, 그 밖의 사정을 고려하여 구조금의 전부 또는 일부를 지급하는 것이 **사회통념에 위배된다고 인정될 때에는 구조금의 전부 또는 일부를 지급하지 아니할 수 있음** (아니함 ×)
보충성	① 【급여 받을 수 있는 경우 미지급】 구조대상 범죄피해를 받은 사람이나 유족이 해당 구조대상 범죄피해를 원인으로 하여 **국가배상법**이나 그 밖의 법령에 따른 **급여 등을 받을 수 있는 경우 구조금 지급 안함** ② 【손해배상 받았을 시 미지급】 국가는 구조피해자나 유족이 **해당 구조대상 범죄피해를 원인으로 하여 손해배상**을 받았으면 그 범위에서 **구조금 지급 안함**

(2) 구조금의 지급

지급신청과 소멸시효	① 【제척기간 : 안 날 3년, 발생한 날 10년】 범죄피해자구조금의 지급신청은 해당 구조대상 범죄피해의 발생을 **안 날부터 3년**이 지나거나 해당 구조대상 범죄피해가 **발생한 날부터 10년**(5년 ×)이 지나면 할 수 없음 ② 【소멸시효 : 송달된 날 2년】 범죄피해자구조금을 받을 권리는 그 구조결정이 해당 신청인에게 **송달된 날**(안 날 ×)**부터 2년간**(1년간 ×) 행사하지 아니하면 **시효로 인하여 소멸**
구조금 수급권의 보호	① 【양도·담보·압류금지】 범죄피해자구조금을 받을 권리(2분의 1 상당액 ×)는 **양도** 또는 **담보**로 제공하거나 **압류**할 수 없음
유족의 범위 및 순위	① 【유족 : 배우자(사실혼 포함) + 자녀 + 부모, 손자녀 등】 유족구조금등을 지급받을 수 있는 **유족**은 **배우자(사실혼 포함)** 및 구조피해자의 사망 당시 구조피해자의 수입으로 생계를 유지하고 있는 구조피해자의 **자녀, 부모, 손자·손녀, 조부모 및 형제자매** 등으로 함 ② 【태아 포함】 유족의 범위에서 **태아**는 구조피해자가 사망할 때 이미 출생한 것으로 봄 ③ 【양부모(선순위) → 친부모(후순위)】 유족의 순위는 각 호에 열거한 순서로 하고, **부모의 경우에는 양부모가 선순위, 친부모는 후순위** (친부모가 선순위 ×)

(3) 관련판례

1	【제척기간 종래 5년 (기각)】 「범죄피해자 보호법」에서 제척기간을 **범죄피해가 발생한 날부터 5년**으로 정하더라도, **5년이라는 기간**이 지나치게 단기라든지 불합리하여 범죄피해자의 구조청구권 행사를 현저히 곤란하게 하거나 사실상 불가능하게 하는 것으로는 **볼 수 없음**(2011.12.29. 2009헌마354)

CHAPTER 11 | 국민의 기본의무

POINT 173 국민의 기본의무

제38조 【납세의 의무】 모든 국민은 **법률이 정하는 바**에 의하여 **납세의 의무**를 진다.
제39조 ① 【국방의 의무】 모든 국민은 **법률이 정하는 바**에 의하여 **국방의 의무**를 진다.
② 【불이익 처우 금지】 누구든지 병역의무의 이행으로 인하여 **불이익한 처우**를 받지 아니한다.

1 국민의 기본의무

추상적 의무	① 【법률에 의해 구체화】 기본적 의무에 관한 헌법규정은 모든 국민과 국가기관을 구속할 수 있는 직접적 효력을 가지고 있는 것이 아니라 **법률에 의하여 구체화** (직접적 효력 ×)
근대입헌주의	① 납세의 의무 (제헌) ② 국방의 의무 (제헌)
현대사회 복지국가	① 교육을 받게 할 의무 (제5차) ② 근로의 의무 주체는 **국민** (제헌) (외국인도 그 주체가 됨 ×) ③ 재산권행사의 공공복리적합의무는 헌법상의 의무로서 **입법형성권의 행사에 의해 현실적인 의무로 구체화** ④ 환경보전의무

2 납세의 의무

조세	① 【강제징수 공과금】 조세는 국가 또는 지방자치단체가 **재정수요를 충족**시키거나 **경제적·사회적 특수정책의 실현**을 위하여 국민 또는 주민에 대하여 아무런 특별한 반대급부 없이 **강제적으로 부과징수**하는 과징금 ② 【세금사용감시·이의제기·사용중지 요구권 부정】 납세의무자인 **국민**에게 자신이 납부한 세금을 국가가 효율적으로 적재적소에 **사용**하고 있는가를 감시하고, **이의**를 제기하거나, 잘못 사용되고 있는 세금에 대하여 **사용을 중지할 것**을 요구할 수 있는 **헌법상 권리 불인정** (헌법상 권리를 가짐 ×) ③ 【납세자의 권리 부정 & 재산권 침해 가능성 부정】 헌법상 조세의 효율성과 타당한 사용에 대한 감시는 **국회의 주요책무이자 권한**이고 **국민은 선거를 통하여 간접적이고 보충적으로만 관여**할 수 있고, **납세자로서의 권리**라는 헌법상 기본권을 **인정하기 어려우며**, 세부담이 증가할 수 있다는 막연한 가능성만으로 **재산권 침해의 가능성 부정** (납세자의 권리 인정 ×, 재산권 침해 가능성 인정 ×)
조세부과의 한계	① 【법적 평등 + 사실적 평등】 조세를 비롯한 공과금 부과에서의 **평등원칙**은 공과금 납부의무자가 법률에 의하여 **법적인 평등 부담**뿐만 아니라 **사실적으로도 평등하게 부담**을 받을 것을 요청 ② 【이용·수익·처분권 중대제한 시 재산권 침해】 조세의 부과·징수로 인해 납세의무자의 사유재산에 관한 **이용·수익·처분권이 중대한 제한**을 받게 되는 경우에는 **재산권에 대한 침해**가 될 수 있음

3 국방의 의무

(1) 국방의 의무

국방의 의무	① 【국가독립유지·영토보전 의무】 국방의 의무는 **외부 적대세력의 직·간접적인 침략행위**로부터 **국가의 독립을 유지**하고 **영토를 보전**하기 위한 의무 ② 【국가공동체 내재】 민주국가에서 **병역의무**는 납세의무와 더불어 **국가라는 정치적 공동체의 존립·유지**를 위하여 **국가 구성원인 국민**에게 그 **부담**이 돌아갈 수밖에 없는 것으로서, 병역의무 부과를 통해서 **국가방위를 도모**하는 것은 **국가공동체에 필연적 내재**하는 **헌법적 가치** ③ 【헌법의 일반원칙, 기본권 보장정신 준수】 병역의무를 부과하게 되면 그 **의무자의 기본권**은 여러 가지 면에서 **제약**을 받으므로, 법률에 의한 병역의무 형성에도 헌법적 한계가 없다고 할 수 없고 **헌법의 일반원칙, 기본권 보장 정신에 의한 한계를 준수**
의무의 내용	① 【직접적 병력형성의무 + 간접적 병력형성의무 + 군 작전 명령복종·협력의무】 국방의 의무는 군복무에 임하는 등의 **직접적인 병력형성의무**만을 가리키는 것이 아니라 「향토예비군설치법」, 「민방위기본법」 등에 의한 **간접적인 병력형성의무**도 포함하며, 병력형성 이후 **군 작전 명령에 복종하고 협력하여야 할 의무도 포함** ② 【특별희생아니므로 보상 불요】「향토예비군설치법」에 따라 **예비군훈련소집에 응하여** 훈련을 받는 것은 국민이 마땅히 하여야 할 의무를 다하는 것일 뿐 국가나 공익목적을 위하여 **특별한 희생하는 것 아님** (특별희생으로 보상해야 함 ×)
불이익한 처우 금지	① 【법적 불이익】 병역의무 이행으로 인한 **불이익한 처우**는 단순한 사실상·경제상의 불이익을 모두 포함하는 것이 아니라 **법적인 불이익**을 의미 (사실상·경제상 불이익 포함 ×) ② 【병역의무 그 자체 이행 불이익 무관】 **병역의무 그 자체를 이행**하느라 받는 불이익은 **불이익 처우와는 무관**

(2) 관련판례

1	【국정원 채용시 군미필자 응시자격 제한 (기각)】 국가정보원이 주관하는 신규채용 경쟁시험에서 '남자는 **병역을 필한 자**'로 제한하여, **현역군인 신분자의 시험응시기회를 제한**하는 것은 **병역의무 그 자체를 이행**하느라 받는 불이익으로서 병역의무 중에 입는 불이익에 해당될 뿐 **병역의무의 이행을 이유로 한 불이익 아님** (2007.5.31. 2006헌마627)

PART III

정치제도

CHAPTER 01	대의제도와 권력분립
CHAPTER 02	국회의 구성
CHAPTER 03	국회의 운영과 의사원칙
CHAPTER 04	국회의 입법권
CHAPTER 05	국회의 재정권
CHAPTER 06	국회의 국정통제권
CHAPTER 07	국회의원의 지위와 권한
CHAPTER 08	국회의 자율권
CHAPTER 09	대통령의 지위
CHAPTER 10	국무총리와 국무위원
CHAPTER 11	감사원과 선거관리위원회
CHAPTER 12	법원과 사법권
CHAPTER 13	사법권의 독립
CHAPTER 14	각급법원과 재판제도

POINT 174 대의제도와 권력분립원칙

CHAPTER 01 | 대의제도와 권력분립

1 통치구조 구성원리 : 대의제도와 권력분립원칙

대의제	① **【대의제 원칙】** 우리 헌법은 국민에 의하여 직접 선출된 **국민의 대표자가 국민을 대신하여 국가의사를 결정**하는 대의민주주의를 **기본**으로 하고 있음 ② **【직접민주제 예외】** 직접민주제는 대의제의 문제점과 한계를 극복하기 위하여 **예외적으로 도입된 제도**라 할 것이므로 **법률에 의하여 직접민주제를 도입**하는 경우 **대의제와 조화**를 이루어야 하고, 대의제의 본질적 요소나 근본적 취지를 부정하여서는 **안됨**
권력분립원칙	① **【기능적 권력분립】** 현대사회에서 **고전적 3권분립은 그 의미가 약화**되고 통치권을 행사하는 여러 권한과 기능들의 **실질적 분산과 상호간 조화를 도모**하는 **기능적 권력분립이 중요 의미** ② **【견제·균형 → 국가권력 통제】** 권력분립원칙은 **국가권력의 기계적 분립과 엄격한 절연을 의미**(엄격한 절연을 의미 ×)하는 것이 아니라, **권력상호간의 견제와 균형을 통한 국가권력의 통제를 의미** ③ **【국가기관 상호 간 통제 및 협력·공조】** 권력분립원칙은 **권력의 분할**뿐만 아니라 **권력간의 상호작용과 통제**의 원리로 형성되어 있으므로 '**국가기관 상호 간의 통제 및 협력과 공조**'는 권력분립원칙에 대한 예외가 아니라 **권력분립원칙을 구성**하는 하나의 요소

2 현대적 의미의 기능적 권력분립

(1) 지방자치제도

중앙과 지방	① **【중앙정부와 지자체간 권력분립】** 지방자치제도는 **중앙정부와 지방자치단체 간**에 권력을 기능적으로 나누어 가짐으로써 **권력분립의 실현에도 기여**
의회와 장	① **【지방의회와 지자체장간 권력분립】** 헌법상 권력분립은 **지방의회와 지자체장** 사이에서도 **상호견제와 균형의 원리로서 실현** ② **【행정공무원의 지방의원 겸직금지】** 권력분립원칙은 **인적 측면**에서도 입법과 행정의 분리를 요청하므로, 행정공무원의 경우 **지방의회의원의 입후보 제한이나 겸직금지가 필요**

(2) 특별검사제도

기관구성권 분담	① **【국가기관 구성에 권한분담】** 특정한 국가기관을 구성함에 있어서 **입법부, 행정부, 사법부가 권한을 나누어 가지거나 기능적인 분담**은 권력분립원칙 위반 아님 (권력분립원칙 위반 ×) ② **【대통령 임명에 국회동의 or 공동관여】** 헌법은 **대통령이 국무총리, 대법원장, 헌법재판소장을 임명**할 때에 **국회의 동의**를 얻도록 하고 있고, **헌법재판소와 중앙선거관리위원회의 구성에 대통령, 국회 및 대법원장이 공동으로 관여** 규정 (권력분립원칙에 반함 ×)
국회의 재량	① **【폭넓은 입법재량】** 검찰의 기소독점주의 및 기소편의주의에 대한 예외로서 **특별검사제도**를 인정할지 여부의 판단에는 **국회의 폭넓은 재량이 인정**

(3) 고위공직자범죄수사처

구체적 헌법규범 토대 판단	① 【구체적 헌법규범 토대로 권력분립 판단】 권력분립원칙은 구체적 헌법질서와 분리하여 파악될 수 없는 것으로서 **권력분립원칙의 구체적 내용은 헌법으로부터 나오므로 어떠한 국가행위가 권력분립원칙에 위배되는지 여부는 구체적 헌법규범을 토대로 판단**되어야 함
행정부 소속 독립 중앙행정기관	① 【모든 행정기관 총리통할 아님】 대통령과 행정부, 국무총리에 관한 헌법 규정의 해석상 **국무총리의 통할을 받는 '행정각부'에 모든 행정기관 포함 아님** (모든 행정기관 포함 ×) ② 【행정각부에 속하지 않은 독립기관 설치 可】 정부의 구성단위로서 그 권한에 속하는 사항을 집행하는 중앙행정기관을 반드시 **국무총리의 통할을 받는 '행정각부'의 형태로 설치**하거나 '행정각부'에 속하는 기관으로 두어야 하는 것이 **헌법상 강제되는 것은 아니므로, 법률로써 '행정각부'에 속하지 않는 독립된 형태의 행정기관을 설치**하는 것이 **헌법상 금지 안됨**

(4) 관련판례

1	① 【특별검사제도 (기각)】 본질적으로 권력통제의 기능을 가진 특별검사제도의 취지와 기능에 비추어 볼 때, **특별검사제도의 도입 여부를 입법부가 독자적으로 결정하고 특별검사 임명에 관한 권한을 헌법기관 간에 분산시키는 것이 권력분립원칙에 위반 아님** (2008.1.10. 2007헌마1468) ② 【적법절차·권력분립 위반 아님 (기각)】 **대법원장**으로 하여금 **특별검사 후보자 2인을 추천**하고 대통령은 그 추천후보자 중에서 1인을 특별검사로 임명하도록 한 「이명박 특검법」에 대하여 특별검사제도의 도입 여부를 입법부가 독자적으로 결정하고, 특별검사 임명에 관한 권한을 헌법기관 간에 분산시키는 것은 **적법절차원칙·권력분립원칙 위반 아님** (2008.1.10. 2007헌마1468)
2	① 【공수처 (기각)】 **공수처를 독립 형태로 설치**하도록 한 것은 공수처가 **행정부 소속 중앙행정기관**으로서 여러 기관에 의한 통제가 충실히 이루어질 수 있으므로 **권력분립원칙 위배 아님** (2021.1.28. 2020헌마264) ② 【공수처와 다른 수사기관 사이의 권한 배분 문제】 전통적으로 권력분립원칙은 **입법권·행정권·사법권의 분할**과 이들 간의 견제와 균형의 원리이므로, 공수처의 설치로 **공수처와 기존의 다른 수사기관과의 관계가 문제된다 하더라도 동일하게 행정부 소속**인 공수처와 다른 수사기관 사이의 권한 배분의 문제는 **권력분립원칙 문제 아님** (2021.1.28. 2020헌마264)

3 권력분립 관련판례

(1) 사법권 침해로 위헌판례

1	【증거조사 없이 공소사실만 듣고 형선고 강제 (위헌)】 특정 사안에 있어 **법원은 최초의 공판기일에 공소사실의 요지와 검사의 의견만을 듣고 증거조사도 없이 결심하여 피고인에 대한 형을 선고**하도록 한 「반국가행위자의 처벌에 관한 특별조치법」은 **권력분립원칙 위반**(1996.1.25. 95헌가5) [6] → **사법작용 영역 침범** [1]
2	【검사의 10년 이상 구형시 무죄등 판결선고에도 구속 계속 (위헌)】 법원이 엄격한 증거조사와 사실심리를 거쳐 **무죄 등의 판결을 선고**하는 경우에도, **검사의 10년 이상 구형**이 있기만 하면 중대한 피고사건으로 간주되어 **구속이 계속**되는 것은 **권력분립원칙에 위배**(1992.12.24. 92헌가8) [1]
3	【회사정리절차의 개시·진행의 여부에 관한 법관의 판단을 금융기관 의사에 종속 (위헌)】 금융기관의 연체대출금에 대하여 「회사정리법」의 규정에도 불구하고 경매를 진행할 수 있게 한 「금융기관의 연체대출금에 관한 특별조치법」은 「회사정리법」상의 법원의 권한을 무력화시키고 금융기관의 의사에 따르지 않을 수 없게 하여 **사법권 독립에 위협의 소지**(1990.6.25. 89헌가98 등) [3]

(2) 합헌판례

1	【예금보험공사 파산관재인 선임시 법원 감독 배제 (합헌)】 부보금융기관 파산 시 **법원으로 하여금 예금보험공사나 그 임직원을 의무적으로 파산관재인으로 선임**하도록 하고, 예금보험공사가 파산관재인으로 선임된 경우 「파산법」상의 파산관재인에 대한 법원의 해임권과 허가권 등 법원의 감독을 배제하는 것은 법원의 사법권 내지 사법권 독립 **침해 아님**(2001.3.15. 2001헌가1) [1]
2	【불법정보 게시물 삭제 (합헌)】 방송통신위원회의 「정보통신망법」상 불법정보에 대한 취급거부·정지·제한명령은 행정처분으로서 행정소송을 통한 사법적 사후심사가 보장되어 있고, 그 자체가 법원의 재판이나 고유한 사법작용이 아니므로 **사법권을 법원에 둔 권력분립원칙 위반 아님**(2014.9.25. 2012헌바325) [2]
3	【보안관찰처분대상자 출소 후 신고의무 (합헌)】 보안관찰처분대상자에게 출소 후 신고의무를 법 집행기관의 구체적 처분이 아닌 **법률로 직접 부과**하고 있는 「보안관찰법」은 **처분적 법률 내지 개인대상법률에 해당한다고 볼 수 없으며 권력분립원칙 위반 아님**(2003.6.26. 2001헌가17 등) [3]

POINT 175 정부형태론

1 정부형태의 비교

구분	대통령제	이원정부제	의원내각제
구성 방식	• 대통령과 의회에 대한 **상호독립성**(경성형 권력분립) • 국민이 대통령과 의회의 의원을 각각 선출하므로, 국가권력에게 **민주적 정당성을 부여하는 방식이 이원화**	• 국민이 선출한 대통령과 의회에 책임을 지는 내각으로 구성(이원적 구성) • 대통령, 의회로 민주적 정당성 이원화	• 의회 다수당의 대표가 수상이 되어 내각을 구성(의회중심) • 의회로 민주적 정당성 일원화
주요 국가	• 미국 • 우리나라	• 프랑스 제5공화국 • 바이마르 공화국	• 영국(내각책임제) • 독일(건설적 불신임제)
특징	• 의회의 **정부불신임권**과 집행부의 **의회해산권**이 존재하지 않음 • **대통령이 의회에 대하여 정치적 책임을 지지 않음** • 국무회의에 **의결권한**이 부여되지 **않음**(집행부회의에 자문기관) • **의원은 집행부의 각료 겸직 불가**(국무위원이 의원을 겸직 ×) • 대통령의 법률안 거부권	• **의회의 정부불신임권** (의회의 정부불신임권은 인정되지 않음 ×) • **대통령의 의회해산권**, 수상임명권, 긴급권 • 의원은 행정부의 각료 겸직 불가	• 의회는 **행정부불신임권**으로 행정부를 견제하고 행정부는 **의회해산권**으로 이에 대응 • 내각은 의회에 대해 연대 책임 • 집행부회의는 의결기관 • 의원의 내각 각료 겸직 가능
장점	• **대통령의 임기를 보장**하기 때문에 **행정부의 안정성**을 유지 • 일관성 있는 정책 추진	• 평시 의원내각제와 유사하게 운영 • 비상시 대통령의 신속하고 안정적 국정운영 가능	• 민주주의 이념에 부합 • 의회와 내각의 상호 협조를 통한 능률적 정책 수행
단점	• **대통령과 국회가 충돌**할 때 이를 조정할 수 있는 **제도적 장치의 구비**가 상대적으로 **미흡**	• 대통령의 긴급권행사시 독재화 우려 • 대통령과 수상 대립시 국정운영 파국 가능성	• **군소 정당 난립 시 정국 불안정** • 강력한 정책추진에 한계 • 다수당의 횡포(의회와 내각 독점)

2 주요 국가의 정부형태의 특징

독일	① 【**건설적 불신임제**】 고전적 의원내각제의 병폐인 **정국 불안정을 해소**하고자 의원내각제 합리화의 방안으로 **독일**은 연방의회 재적의원 과반수의 찬성으로 **차기 수상을 선임하지 아니하고는 내각을 불신임할 수 없는 제도**를 도입하고 있음
프랑스	① 【**이원정부제**】 **프랑스**에서는 의원내각제 합리화의 방안으로 **이원정부제**를 운영하고 있는데, 대통령제의 요소로서 국민의 보통선거에 의한 **대통령 직선제**를 도입하고 있으나 **의회의 정부불신임권**은 인정됨 (의회의 정부불신임권은 인정되지 않음 ×)

CHAPTER 01 | 대의제도와 권력분립

CHAPTER 02 | 국회의 구성

POINT 176 국회의장·부의장

제48조 【의장 1인, 부의장 2인】 국회는 의장 1인과 부의장 2인을 선출한다.

1 국회의장·부의장

헌법사항	① 【헌법규정】 국회의장·부의장의 수는 헌법규정사항이므로 **법률로 변경할 수 없음** ② 【헌법개정필요】 국회의 기관인 의장·부의장 선거와 사임처리, 교섭단체와 위원회 구성 등은 모두 자율적인 **국회 내부의 조직구성행위**이지만, **국회 부의장을 3인으로** 하기 위해서는 **헌법을 개정하여야 함** (헌법을 개정하지 않고도 부의장을 3인으로 할 수 있음 ×)
선거	① 【무기명, 재적과반수】 의장과 부의장은 국회에서 **무기명투표**(기명 ×)으로 선거하고 **재적의원 과반수의 득표**(재적과반수 출석과 출석과반수 찬성 ×)로 당선
임기	① 【임기 2년】 의장과 부의장의 임기는 **2년** (4년 ×) ② 【처음 선출 ~ 임기개시 후 2년】 국회의원 총선거 후 **처음 선출**된 의장과 부의장의 임기는 **선출된 날부터 개시**하여 **의원의 임기 개시 후 2년**이 되는 날까지로 함 ③ 【전임자 남은 기간】 보궐선거로 당선된 의장과 부의장의 임기는 **전임자 임기의 남은 기간**으로 함 (선출된 날로부터 2년 ×)

2 국회의장의 직무·권한

(1) 의사권

의사정리권		① 【국회의 대표】 의장은 **국회를 대표**하고 **의사를 정리**하며, **질서를 유지**하고 **사무를 감독** ② 【위원 선임·개선】 위원회 위원 선임·개선은 의장의 직무 중 **의사정리권**한에 속함 ③ 【의석 배정】 국회의원의 의석은 국회의장이 각 교섭단체 대표의원과 협의하여 정하고, 협의가 이루어지지 아니할 때에는 **국회의장이 잠정적으로 정함**
국회의 의사	본회의	① 【의장의 토론참가】 의장이 **토론에 참가**할 때에는 **의장석에서 물러나야** 하며(의장석에서 토론·진행 ×), 그 안건에 대한 표결이 끝날 때까지 **의장석에 돌아갈 수 없음** (본인이 직접 토론에 참가할 수 없음 ×)
	위원회	① 【위원회 출석·발언권 인정, 표결권 부정】 의장은 위원회에 출석하여 **발언**할 수는 있으나 **표결에는 참가할 수 없음** (표결할 수 있음 ×)

(2) 조직·인사·재무 등 권한

조직관리	① 【소속 공무원 임용권】 국회 소속 공무원은 국회의장이 **임용**하되, 국회규칙으로 정하는 바에 따라 그 임용권의 일부를 **소속 기관의 장**에게 위임할 수 있음 ② 【사무총장 임면권】 사무총장은 의장이 각 교섭단체 대표의원과의 협의를 거쳐 **본회의의 승인**을 받아 **임면**
사무총장	① 【국회의 예산】 국회의 예비금은 사무총장이 관리하되, 운영위의 동의와 의장의 승인을 받아 **지출**하지만, 폐회 중일 때에는 의장의 승인을 받아 **지출**하고 다음 회기 초에 **운영위에 보고** ② 【의장의 처분은 총장이 피고】 의장이 한 처분에 대한 행정소송의 피고는 **사무총장** (행정소송을 제기할 수 없음 ×, 피고는 국회의장임 ×)
경호권	① 【경호권 행사】 **의장**(위원장 ×)은 회기 중 국회의 질서를 유지하기 위하여 국회 안에서 **경호권을 행사** ② 【경위 or 경찰공무원】 국회의 경호업무는 의장의 지휘를 받아 수행하되, **경위는 회의장 건물 안**에서, **경찰공무원은 회의장 건물 밖**에서 경호함

3 국회의장 직무대리·대행

(1) 사고

부의장 (직무대리)	① 【의장 지정 부의장】 의장이 **사고**가 있을 때에는 **의장이 지정하는 부의장**이 직무를 대리 (소속의원 수가 많은 교섭단체소속인 부의장 ×, 연장자인 국회부의장 ×) ② 【다수 교섭단체 소속 부의장】 의장이 심신상실 등 부득이한 사유로 의사표시를 할 수 없게 되어 직무대리자를 지정할 수 없는 때에는 소속 의원수가 많은 교섭단체소속인 부의장의 순으로 의장의 **직무대행** (나이가 많은 부의장 ×, 임시의장을 선출 ×)
임시의장 (직무대행)	① 【임시의장 선출】 의장과 부의장이 모두 사고가 있을 때에는 **임시의장**을 선출하여 의장의 직무를 대행 ② 【재적과반수 출석 출석다수표】 임시의장은 **무기명투표**로 선거하고 **재적의원 과반수의 출석**과 **출석의원 다수득표자**를 당선자로 함

(2) 의장단 선출을 위한 임시회

사무총장 (임시회집회 공고)	① 【최초 의장단 선출】 국회의원 **총선거 후 의장이나 부의장이 선출될 때까지**는 사무총장이 임시회 집회 공고에 관하여 의장의 직무를 대행 ② 【임기만료후 하반기 의장단 선출 or 폐회중 의장단 궐위】 국회의원 총선거 후 처음 선출된 의장과 부의장의 **임기만료일까지 부득이한 사유**로 의장이나 부의장을 선출하지 못한 경우와 **폐회 중에 의장·부의장이 모두 궐위**된 경우에도 **사무총장**이 임시회 집회 공고에 관하여 의장의 직무를 대행
최다선의원	① 【최다선의원 → 연장자】 국회의원 총선거 후 **최초로 의장과 부의장을 선거**할 때에는 출석의원 중 **최다선의원**이, 최다선의원이 2인 이상인 때에는 그 중 **연장자**가 의장의 직무를 대행 ② 【의사진행발언·산회선포권 등】 국회의장권한대행은 의장으로서 의사진행의 원활을 기하기 위하여 **의사진행발언 및 산회 선포 등**의 권한을 가짐

4 국회의장 · 부의장 비교

공통점	① **【국회동의로 사임】** 의장과 부의장은 **국회의 동의**를 얻어 **사임**할 수 있음 (부의장은 국회의 동의를 얻을 필요가 없음 ×)³ ② **【겸직금지】** 의장과 부의장은 특히 법률로 정한 경우를 제외하고는 **의원 외의 직을 겸할 수 없음** (부의장은 국무위원의 직을 겸할 수 있음 ×)⁵
차이점	① **【의장만 무소속】** 의원이 의장으로 당선된 때에는 **당선된 다음 날**(당선된 날 ×)부터 **의장으로 재직하는 동안은 당적을 가질 수 없으나**, 국회의원 총선거에서 **정당추천후보자로 추천**을 받으려는 경우에는 의원 임기만료일 90일 전부터 **당적을 가질 수 있음** → 의원이 **국회부의장**으로 당선되더라도 그 직에 있는 동안 **당적을 가질 수 있음** (부의장은 당적을 가질 수 없음 ×)⁶ ② **【비례의원 의장 당선으로 당적이탈시 의원직 유지】** 비례대표국회의원이 **국회의장**으로 당선되어 「국회법」 규정에 의하여 **당적을 이탈**한 경우에는 **퇴직되지 않음** ¹ ③ **【의장만 상임위원 불가】** 의장은 상임위원이 될 수 없지만 **부의장은 상임위원이 될 수 있음** (부의장은 상임위원이 될 수 없음 ×)⁵

POINT 177 위원회제도

1 위원회제도

위원회 중심주의	① **【국회의 내부기관·합의제기관】** 위원회는 국회의원 가운데서 **소수의 위원**을 선임하여 구성되는 **국회의 내부기관**인 동시에 본회의의 심의 전에 회부된 **안건을 심사**하거나 그 소관에 속하는 **의안을 입안**하는 국회의 **합의제기관**
	② **【예비적 심사기관 : 회부결정 + 판단자료제공】** 위원회의 역할은 **국회의 예비적 심사기관**으로서 회부된 **안건을 심사**하여 본회의에 **회부할 것인지 여부를 결정**하고, 심사결과 안건이 본회의에 부의될 경우 **심사결과를 본회의에 보고**하여 **본회의의 판단자료를 제공**
	③ **【위원회 중심주의 + 본회의 결정주의】** 국회의 의안 심의는 **본회의 중심이 아닌 소관 상임위 중심**으로 이루어지며, 이른바 '**위원회 중심주의**'를 채택 (본회의 중심주의 ×) → 우리 「국회법」은 **위원회 중심주의와 본회의 결정주의**를 채택
	④ **【법률안 심사권】** 국회는 의안 심의에 관한 국회운영의 원리로 '**위원회 중심주의**'를 채택하고 있으므로, **소관 위원회**는 「국회법」 제58조에 따라 **법률안에 대한 심사권**을 가짐
장·단점	① **【의사진행의 전문성·효율성】** 위원회제도는 본회의에서 복잡하고 기술적인 사항을 심의하기에 적합하지 않아 **의사진행의 전문성과 효율성**을 높이기 위한 제도
	② **【의사방해용이, 국정심의 기회 박탈】** 위원회제도는 당리당략적인 **의사방해를 용이**하게 하며, 국회의원들의 **폭넓은 국정심의 기회를 박탈**하는 등 국회의 기능을 약화시키는 **역기능 측면**
위원회의 종류	① **【상임위 + 특별위】** 국회의 위원회는 **상임위원회**와 **특별위원회** 두 종류로 함

2 위원회의 종류 : 상임위원회와 특별위원회 2종

구분	상임위원회			특별위원회		
	일반상임위	정보위	예결특위	일반특위	윤리특위	인사청문특위
상설여부	○			의결시 구성		동의안 제출시
임기	2년		1년	−		
위원정수	「국회규칙」	「국회법」 12인	50인	의결시 결정		13인
위원장	본회의 선거			호선		

POINT 178 상임위원회

1 상임위와 소관 : 17개

(1) 상임위의 소관

순번	상임위원회	소관	
1	국회운영위원회	① 국회운영 ③ **국회사무처** ⑤ 국회예산정책처 ⑦ **대통령비서실**(정무위 ×), **국가안보실**, **대통령경호처** ⑧ **국가인권위원회**(법사위 ×)	② 「**국회법**」과 **국회규칙**(법사위 ×) ④ 국회도서관 ⑥ 국회입법조사처
2	법제사법위원회	① 법무부 ③ **감사원** ⑤ **헌법재판소** ⑦ **탄핵소추** ⑧ **법률안·국회규칙안의 체계·형식과 자구의 심사**	② **법제처** ④ 고위공직자범죄수사처 ⑥ **법원·군사법원의 사법행정**
3	정무위원회	① 국무조정실, **국무총리비서실** ③ **공정거래위원회** ⑤ **국민권익위원회**(운영위 ×)	② 국가보훈부 ④ **금융위원회**(기재위 ×)
4	기획재정위원회	① **기획재정부**	② **한국은행**
5	교육위원회	① 교육부	② 국가교육위원회
6	**과학기술정보방송통신위원회**	① 과학기술정보통신부 ③ **원자력안전위원회**	② 방송통신위원회
7	외교통일위원회	① 외교부 ③ 민주평화통일자문회의	② 통일부
8	국방위원회	① 국방부	
9	**행정안전위원회**	① 행정안전부 ③ **중앙선거관리위원회**	② 인사혁신처 ④ 지방자치단체
10	문화체육관광위원회	① 문화체육관광부	
11	농림축산식품해양수산위원회	① 농림축산식품부	② 해양수산부
12	산업통상자원중소벤처기업위	① 산업통상자원부	② 중소벤처기업부
13	보건복지위원회	① 보건복지부	② 식품의약품안전처
14	환경노동위원회	① 환경부	② 고용노동부
15	국토교통위원회	① 국토교통부	
16	**정보위원회**	① **국가정보원**	
17	여성가족위원회	① 여성가족부	

(2) 상임위원회

① **【어느 상임위에도 속하지 않는 사항 운영위 협의】** 국회의장은 어느 상임위에도 속하지 아니하는 사항은 **국회운영위와 협의**(교섭단체 대표의원과 협의 ×)하여 소관 상임위를 정함 (국회운영위와 협의 없이 단독으로 소관 상임위를 정함 ×)

2 상임위의 구성

(1) 위원정수와 위원선임

위원정수 및 겸직	① **【국회규칙, 정보위만 국회법】** 상임위의 **위원정수는 국회규칙**(「국회법」 ×)으로 정함 ② **【둘 이상의 상임위원】** 국회의원은 둘 이상의 상임위의 위원이 될 수 있음 (없음 ×) ③ **【겸직시 상임위원 사임 재량】** 국무총리 또는 국무위원의 직을 겸한 의원은 **상임위원을 사임할 수 있음** (사임하여야 함 ×)
임기	① **【임기 2년】** 상임위원의 **임기는 2년**으로 하되, 국회의원총선거 후 처음 선임된 위원의 임기는 **선임된 날부터 개시**하여 의원의 임기 개시 후 2년이 되는 날까지로 함 ② **【전임자 남은 기간】** 보임되거나 개선된 **상임위원의 임기는 전임자 임기의 남은 기간**

(2) 위원과 위원장

위원	선임	① **【교섭대표요청 → 의장 선임·개선】** 상임위원은 **교섭단체 소속 의원 수의 비율**에 따라 각 **교섭단체 대표의원의 요청**(각 의원의 요청 ×)으로 **국회의장이 선임**하거나 개선함 ② **【비교섭단체의원은 의장이 선임】** 어느 교섭단체에도 속하지 아니하는 의원의 상임위원의 선임은 **의장이 함**
	개선	① **【교섭단체 의원 수 변동시】** 상임위 위원을 선임한 후 **교섭단체 소속 의원 수가 변동**되었을 때에는 국회의장은 **상임위의 교섭단체별 할당 수를 변경**하여 위원을 개선할 수 있음 ② **【회기 중 개선 제한】** 상임위의 위원을 개선할 때 임시회의 경우에는 회기 중에 개선될 수 없고, 정기회의 경우에는 **선임 또는 개선 후 30일 이내**(50일 ×)에는 **개선될 수 없음** ③ **【회기의 의미】** 상임위원을 개선함에 있어 '임시회'의 경우에는 회기 중에 개선할 수 없도록 하고 있는데, 여기에서의 '회기'는 '개선의 대상이 되는 해당 위원이 선임 또는 개선된 임시회의 회기'의 의미로 해석
상임위원장		① **【본회의 선거】** 상임위원장은 해당 상임위원 중에서 임시의장 선거의 예에 준하여 **본회의에서 선거** (상임위에서 선거 ×, 위원회에서 호선하고 본회의 보고 ×, 교섭단체 대표의원의 요청으로 국회본회의 의결을 거쳐 국회의장이 임명 ×) → **재적의원 과반수의 출석과 출석의원 다수득표자**를 당선자로 함 ② **【사임 : 본회의 동의 or 의장허가】** 상임위원장은 본회의의 동의를 받아 그 직을 **사임**할 수 있으며(의장의 허가로 사임 ×), **폐회 중에는 의장의 허가**를 받아 **사임**할 수 있음

3 정보위원회

(1) 위원정수와 위원선임

위원정수	① 【국회법상 12인】 정보위원회의 위원정수는 12인으로 법정
위원선임	① 【교섭대표가 소속의원 중 후보추천 → 부의장·교섭대표와 협의 → 의장 선임·개선】 정보위원회 위원은 **의장**(부의장 ×)이 각 교섭단체 대표의원으로부터 당해 교섭단체 소속의원 중에서 후보를 추천받아 부의장 및 각 교섭단체 대표의원과 협의하여 선임 또는 개선함 ② 【교섭대표는 당연위원】 각 교섭단체의 대표의원은 정보위원회의 위원이 됨

(2) 관련판례

1	① 【상임위 활동권리는 기본권 아님 (각하)】 국회 상임위에 소속하여 활동할 권리, 무소속 국회의원으로서 교섭단체 소속 국회의원과 동등하게 대우받을 권리는 입법권을 행사하는 국가기관인 국회를 구성하는 국회의원의 지위에서 주장하는 권리일지언정 헌법이 일반국민에게 보장하고 있는 기본권이라고 할 수는 없음(2000.8.31. 2000헌마156) → 무소속 의원의 헌소청구는 부적법 ② 【교섭단체 소속의원만 정보위원 허용 (각하)】 교섭단체소속 국회의원만 국회 정보위원회 위원이 될 수 있도록 한 「국회법」은 교섭단체소속이 아닌 국회의원들의 평등권 제한 아님(2000.8.31. 2000헌마156)

POINT 179 특별위원회

1 비상설 특별위원회

(1) 일반 특별위원회

설치(의결)	① 【본회의 의결로 설치】 국회는 둘 이상의 상임위와 관련된 안건이거나 특히 필요하다고 인정한 안건을 효율적으로 심사하기 위하여 본회의의 의결로 특별위원회를 둘 수 있음 ② 【활동기간 정함 → 의결로 연장 可】 특별위원회를 구성할 때에는 그 활동기간을 정하여야 하며, 본회의 의결로 그 기간을 연장할 수 있음
구성	① 【위원장은 위원회 호선 후 본회의 보고】 특별위원회에 위원장 1명을 두되, 예산결산특별위원회를 제외 (본회의에서 선거)하고 위원회에서 호선하고 본회의에 보고함 ② 【상임위원 선임·개선과 동일】 특별위원회 위원은 상임위원의 선임절차와 같이 교섭단체 소속 의원 수의 비율에 따라 각 교섭단체 대표의원의 요청으로 의장이 상임위원 중에서 선임 (교섭단체대표의원이 선임 ×)

(2) 윤리특별위원회

설치(의결)	① 【본회의 의결로 설치】 의원의 자격심사·징계에 관한 사항을 심사하기 위하여 본회의 의결로 윤리특별위원회를 구성하며, 일시적으로 설치하는 비상설위원회 (상설위원회 ×) ② 【윤리심사자문위 의견청취 의무】 윤리특별위원회는 의원의 징계에 관한 사항을 심사하기 전에 윤리심사자문위원회의 의견을 청취하여야 함
윤리심사 자문위원회	① 【교섭대표 추천에 따라 의장이 위촉】 윤리심사자문위원회는 위원장 1명을 포함한 8명의 자문위원으로 구성하며, 자문위원은 각 교섭단체 대표의원의 추천에 따라 의장이 위촉함 ② 【다수 교섭단체 추천자문위원 수 = 그 밖의 교섭단체 추천자문위원 수】 각 교섭단체 대표의원이 추천하는 윤리심사자문위원회의 자문위원 수는 교섭단체소속의원 수의 비율에 따르고 이 경우 소속의원 수가 가장 많은 교섭단체 대표의원이 추천하는 자문위원 수는 그 밖의 교섭단체 대표의원이 추천하는 자문위원 수와 같아야 함 ③ 【의원은 불허】 의원은 자문위원회의 자문위원이 될 수 없음 (의원 중에서 의장이 위촉 ×)

(3) 인사청문특별위원회

구성 간주	① 【임명동의안 등 국회제출시 구성 간주】 인사청문특별위원회는 임명동의안 등이 국회에 제출될 때 구성된 것으로 보는 비상설위원회 (본회의 의결로 청문사안이 있을 때 일시 설치 ×)
구성	① 【위원정수 13인】 인사청문특별위원회의 위원정수는 13인으로 함 ② 【상임위원 선임·개선과 동일】 위원은 교섭단체 등의 의원수의 비율에 의하여 각 교섭단체대표의원의 요청으로 의장이 선임 및 개선하고, 어느 교섭단체에도 속하지 않는 국회의원은 의장이 위원을 선임함 (교섭단체 대표들이 협의하여 선임 ×)

2 상설특별위원회 : 예산결산특별위원회

상설특위	① **【상설위원회】** 예산결산특별위원회는 국가의 예산·결산심사를 더욱 충실하게 하고 **정부예산에 대한 연중 통제를 위한 상설위원회** ② **【활동기간 미정】** 예산결산특별위원회는 활동기간을 정하여 구성되지 아니하므로 **상설로 운영** (활동기한을 정해서 그 기한의 종료 시까지만 존속 ×)
위원선임	① **【위원수 50인】** 예산결산특별위원회의 **위원수는 50인**으로 함 (위원수를 국회규칙으로 정하도록 하고 있음 ×) ② **【상임위원 선임·개선과 동일】** **의장**(부의장 ×, 위원장 ×)은 **교섭단체 소속 의원 수의 비율**과 **상임위원 수의 비율에 따라 각 교섭단체 대표의원의 요청으로 위원을 선임**함 ③ **【임기 1년】** 예산결산특별위원회의 위원의 **임기는 1년**(2년 ×)으로 함 ④ **【전임자의 남은 기간】** 보임되거나 개선된 위원의 임기는 **전임자 임기의 남은 기간**으로 함
위원장선거	① **【상임위원장 선거와 동일】** 예산결산특별위원회의 위원장은 위원 중에서 **임시의장 선거의 예에 준하여 본회의에서 선거** (위원회에서 호선 ×)

POINT 180 국회위원회 운영　Ⓐ

1 위원회 운영

(1) 개회·정족수·발언

개회·의사· 의결정족수	① **【본회의 의결 or 의장·위원장 필요 or 재적위원 1/4 요구】** 위원회는 ⊙ **본회의의 의결**이 있거나 ⓒ **의장 또는 위원장**이 필요하다고 인정할 때, ⓒ **재적위원 4분의 1 이상**(재적위원 5분의 1 ×)**의 요구**가 있을 때 개회함 ³ ② **【의사정족수 재적 1/5, 의결정족수 재과출과】** 위원회는 **재적 5분의 1 이상**(재적과반수 ×, 재적위원 4분의 1 ×)**의 출석**으로 개회하고, **재적위원 과반수의 출석과 출석위원 과반수의 찬성**(출석과반수 ×)으로 의결함 ⁶
본회의 중 위원회 개회	① **【운영위 제외 본회의 중 개회 금지】** 국회운영위를 제외하고 **위원회**는 본회의 의결이 있거나 의장이 필요하다고 인정하여 각 교섭단체 대표의원과 협의한 경우를 제외하고는 **본회의 중에는 개회할 수 없음** (국회운영위는 본회의 중 개회할 수 없음 ×) ²
소위원회	① **【상설소위 + 소위】** 위원회는 소관 사항을 분담·심사하기 위하여 **상설소위원회**를 둘 수 있고, 필요한 경우 특정한 안건의 심사를 위하여 **소위원회**를 둘 수 있음 ¹ ② **【폐회 중 활동 可, 법안소위 매월 3회 이상】** 소위원회는 **폐회 중에도 활동**할 수 있으며, **법률안을 심사하는 소위원회는 매월 3회**(2회 ×) **이상 개회함** ¹ ③ **【예결위의 분과위】** **예산결산특별위원회**는 **소위원회** 외에 심사를 위하여 필요한 경우에는 이를 여러 개의 **분과위원회**로 나눌 수 있음 ¹

(2) 위원의 발언

원칙 제한 無	① **【횟수·시간 제한없이 발언】** 위원은 위원회에서 같은 의제에 대하여 **횟수 및 시간 등에 제한 없이 발언**할 수 있음 ² ② **【2인상 위원인 경우 간사와 협의 15분 범위 결정】** 위원회에서 위원장은 발언을 원하는 **위원이 2인 이상**인 경우 **간사**(운영위 ×)와 협의하여 **15분의 범위** 안에서(10분의 범위 ×) 각 위원의 첫 번째 발언시간을 균등하게 정하여야 함 ¹
일문일답 원칙	① **【원칙 일문일답, 의결로 일괄질의 可】** 위원회에서의 질의는 **일문일답의 방식**으로 하지만, **위원회의 의결**(위원장의 허가 ×)이 있는 경우 **일괄질의 방식**으로 할 수 있음 ¹

2 연석회의

표결불가	① **【의견교환 가능, 표결 불가】** 소관위원회는 다른 위원회와 협의하여 **연석회의**를 열고 **의견을 교환**할 수 있으나 **표결은 할 수 없음** (의안의 의결 ×, 공통의 사안을 표결 ×) ⁹
예결위 연석회의	① **【예결위 + 위원회】** 세입예산안과 관련 있는 법안을 회부받은 위원회는 예산결산특별위원회 위원장의 **요청**이 있을 경우에는 **연석회의를 열어야 함** ¹

3 전원위원회

개회	① **【재적의원 1/4의 요구】** **정부조직**에 관한 법률안, **조세** 또는 **국민에게 부담**을 주는 법률안 등 주요의안의 본회의 상정 전·후 **재적의원 4분의 1 이상의 요구**가 있을 때 **의원 전원으로 구성되는 전원위원회를 개회**할 수 있음
운영	① **【전원위원장을 제안자로 수정안 제출 可】** 전원위원회는 본회의와 달리 의안을 최종 확정하지 못하고 다만 **수정안을 제출**할 수 있고, 해당 수정안은 **전원위원장이 제안자**가 됨 ② **【의사정족수 재적 1/5, 의결정족수 재적 1/4 + 출과찬】** 전원위원회는 **재적위원 5분의 1 이상의 출석**으로 개회하고, **재적위원 4분의 1 이상의 출석과 출석위원 과반수의 찬성**(과반수출석, 과반수찬성 ×)으로 의결함

4 공청회·청문회

공청회	① **【재적 1/3의 요구】** 위원회는 **중요한 안건** 또는 **전문지식이 필요한 안건**을 심사하기 위하여 그 의결 또는 **재적위원 3분의 1 이상**(4분의 1 이상 ×)의 요구로 공청회를 열고 **이해관계자 또는 학식·경험이 있는 사람** 등으로부터 의견을 들을 수 있음
청문회	① **【증인·감정인·참고인으로부터 증언·진술청취 및 증거채택】** 위원회는 **중요한 안건의 심사**(소관 현안 ×)와 **국정감사 및 국정조사**에 필요한 경우 증인·감정인·참고인으로부터 **증언·진술의 청취와 증거의 채택**을 위하여 **의결로 청문회를 열 수 있음**

POINT 181 국회 교섭단체

1 교섭단체

정당기속	① 【의원의 정당기속 강화】 교섭단체는 **의원의 정당기속을 강화**하여 **정당정책을 의안심의에 최대한 반영**하기 위한 기능을 함 [1]
구성요건 (20석)	① 【20인 이상 정당】 국회에 **20인 이상**(10인 이상 ×)의 소속의원을 가진 정당은 **하나의 교섭단체**가 됨 [6] ② 【20인 이상 의원】 같은 정당소속이 아니라도 다른 교섭단체에 속하지 아니하는 **20인 이상의 의원**은 따로 **교섭단체를 구성할 수 있음** (반드시 동일한 정당 ×, 무소속 의원 20인으로 하나의 교섭단체를 구성할 수 없음 ×) [9]
의장보고	① 【당적취득, 소속정당 변경시 의장보고】 어느 교섭단체에도 속하지 아니하는 의원이 **당적을 취득하거나 소속 정당을 변경**한 때에는 그 사실을 즉시 **의장에게 보고**하여야 함 (보고할 필요 없음 ×) [2]

2 교섭대표와 정책연구위원

교섭대표	① 【교섭대표 : 운영위원 + 정보위원】 교섭단체 대표의원은 **국회운영위의 위원**이며 동시에 **정보위원회의 위원**이 됨 [3]
정책연구위원	① 【교섭단체 정책연구위원】 교섭단체 소속 의원의 입법 활동을 보좌하기 위하여 **교섭단체에 정책연구위원**을 두며, 정책연구위원은 해당 교섭단체 대표의원의 제청에 따라 **의장이 임면**함 [1]

POINT 182 국회의 회기

CHAPTER 03 | 국회의 운영과 의사원칙

> 제47조 ① 【정기회 : 매년 1회】 국회의 정기회는 법률이 정하는 바에 의하여 **매년 1회** 집회되며,⁹ 【임시회 : 대통령 or 재적의원 1/4 요구】 국회의 임시회는 대통령 또는 국회재적의원 **4분의 1 이상**(3분의 1 ×, 5분의 1 ×)의 요구에 의하여 집회된다.¹⁷
> ② 【정기회 100일, 임시회 30일】 정기회의 회기는 **100일** (120일 초과 ×)을⁹, 임시회의 회기는 **30일**을 초과할 수 없다.¹¹
> ③ 【기간·이유 명시】 대통령이 임시회의 집회를 요구할 때에는 **기간과 집회요구의 이유를 명시**(명시할 필요 없음 ×)하여야 한다.⁹

1 입법기와 회기

(1) 입법기와 회기

입법기	① 【4년 임기(국회구성 ~ 임기만료)】 **입법기**(의회기)는 선거를 통해 **국회가 구성**된 때부터 의원의 **임기가 만료**될 때까지 존속하는 기간¹
회기	① 【집회 ~ 폐회】 **회기**는 국회가 의안을 처리하기 위해서 **집회한 날**로부터 **폐회하는 날**까지 활동할 수 있는 기간¹

(2) 회기 : 정기회와 임시회

정기회		① 【매년 9월 1일】 정기회는 **매년 9월 1일에 집회**하고 회기는 **100일**로 함¹
임시회	공고	① 【3일 전 공고 원칙】 **의장**은 임시회의 집회 요구가 있을 때에는 **집회기일 3일 전**(2일 ×, 5일 ×)**에 공고함**⁴ ② 【집회일 빠른 것 → 요구서 먼저 제출된 것】 둘 이상의 집회 요구가 있을 때에는 **집회일이 빠른 것을 공고하되**(요구서 먼저 제출된 것 ×), 집회일이 같은 때에는 그 요구서가 먼저 제출된 것을 공고함² ③ 【1일 전 공고 예외 : 국가긴급권 상황】 의장은 내우외환, 천재지변 또는 중대한 재정·경제상의 위기가 발생한 경우나 국가의 안위에 관계되는 중대한 교전 상태나 전시·사변 또는 이에 준하는 국가비상사태인 경우에는 **집회기일 1일 전에 공고**할 수 있음²
	의장단 선출	① 【의원임기개시 후 7일】 국회의원 총선거 후 첫 임시회는 **의원의 임기 개시 후 7일**에 집회² ② 【전반기 임기만료 5일 전까지】 처음 선출된 의장의 임기가 폐회 중에 만료되는 경우에는 늦어도 **임기 만료일 5일 전까지** 집회함²

2 회기제

(1) 연중 상시운영체제

국회의 상설화	① **【국회의 연중 상시 운영 가능】** 국회의 운영에 관하여 **회기제를 채택**하고 있더라도 총회기·연회기 제한이 없어 **연(年)중 상시 운영** 내지 **국회의 상설화 가능** (불가능 ×) ② **【총회기일수 제한 無】** 제4·5공화국 헌법은 국회의 연간 총회기일수를 150일로 제한하여 국회의 상설화를 차단한 바 있으나, 현행헌법은 **회기제한 규정이 없어** 국회의 상설화가 가능 (정기회·임시회를 합하여 연 150일을 초과하여 개최할 수 없음 ×)
연간 국회 운영 기본일정 등	① **【매년 12월 31일까지 국회 운영 기본일정 결정】** 의장은 국회의 연중 상시 운영을 위하여 각 교섭단체 대표의원과의 협의를 거쳐 **매년 12월 31일까지** 다음 연도의 **국회 운영 기본일정**을 정하여야 하며, **국회의원 총선거 후 처음 구성되는 국회**의 해당 연도 국회 운영 기본일정은 **6월 30일**까지 정하여야 함 ② **【연 6회 임시회】** 「국회법」상 **2월·3월·4월·5월 및 6월 1일과 8월 16일**(8월 1일 ×)에 임시회를 집회함 (연 3회 ×)

(2) 회기의 운영

회기	① **【의결로 결정】** 국회의 **회기**는 **의결**로 정하되, **의결로 연장**할 수 있음 ② **【집회후 즉시 결정】** 국회의 회기는 **집회 후 즉시** 정하여야 함
휴회와 회의재개	① **【의결로 휴회】** 국회는 **의결**로 기간을 정하여 **휴회**할 수 있음 ② **【대통령 or 의장 or 재적의원 1/4 → 회의 재개】** 국회는 휴회 중이라도 ㉠ **대통령의 요구**가 있을 때, ㉡ **의장이 긴급한 필요**가 있다고 인정할 때, 또는 ㉢ **재적의원 4분의 1 이상**(재적의원 3분의 1 이상 ×)의 요구가 있을 때에는 **회의를 재개**함 (대통령의 요구가 있더라도 본회의를 재개하지 않음 ×)

POINT 183 의사공개원칙과 예외

제50조 ① 【의사공개원칙】 국회의 회의는 공개한다. 【예외적 비공개】 다만, **출석의원 과반수의 찬성**(재적의원 ×, 출석의원 3분의 1, 출석의원 4분의 1 ×)이 있거나 **의장이 국가의 안전보장**(안녕질서 ×, 공공의 질서유지 ×, 선량한 풍속 ×)을 위하여 필요하다고 인정할 때에는 **공개하지 아니할 수 있다.**
② 【비공개 회의 공표 법률유보】 공개하지 아니한 회의내용의 공표에 관하여는 **법률이 정하는 바에** 의한다.

1 의사공개원칙

(1) 헌법상 원칙

헌법상 원칙	① 【헌법상 원칙】 우리 헌법은 제50조 제1항 본문에서 "국회의 회의는 공개한다."라고 하여 **국회 의사공개의 원칙을 천명**하고 있음
민주주의적 요청	① 【민의에 따른 국회운영】 의사공개의 원칙은 **의사진행의 내용과 의원의 활동을** 국민에게 공개함으로써 **민의에 따른 국회운영을 실천**한다는 민주주의적 요청에서 유래 ② 【국민의 감시와 비판】 의사공개는 **회의의 내용과 의원의 활동**을 공개함으로써 **국민의 비판과 감시를 받기 위함**

(2) 적용범위와 내용

본회의 + 위원회	① 【모든 회의 : 본회의 + 위원회】 단순한 행정적 회의를 제외하고 국회의 헌법적 기능과 관련된 **모든 회의는 본회의든 위원회 회의든 원칙적으로 국민에게 공개**되어야 함 (의사공개의 원칙은 위원회에 적용되지 않음 ×)
소위원회	① 【국회법상 공개】 **소위원회의 회의는 공개**하나 소위원회 의결로 공개하지 아니할 수 있음 ② 【당연 공개】 오늘날 국회기능의 중점이 본회의에서 위원회로 이동하여 **위원회 중심으로 운영**되고 있고, 법안 등의 의안에 대한 실질적인 심의가 위원회에서 이루어지고 있는 현실에서 **국회 의사공개의 원칙은 위원회의 회의에도 적용**되며 **소위원회의 회의에도 당연히 적용** (위원회나 소위원회의 회의는 적용되지 않음 ×, 소위원회의 경우 회의를 공개하지 않는 것이 원칙 ×) ③ 【국회법은 확인조항】 국회법에서 "소위원회의 회의는 공개한다"라고 규정한 것은 헌법에서 천명한 **국회 의사공개의 원칙을 확인**한 것에 불과
내용	① 【방청·보도·중계방송 + 회의록 공표·배포】 의사공개의 원칙은 **방청의 자유, 보도의 자유, 중계방송의 자유, 회의록 열람·공표의 자유** 등 포함 (회의록 공표까지 포함하는 것은 아님 ×) ② 【방청의 자유】 **본회의든 위원회**의 회의든 국회의 회의는 **원칙적으로 공개**되어야 하고, 원하는 국민은 **회의를 방청할 수 있음** ③ 【중계방송의 허용】 본회의 또는 위원회의 의결로 공개하지 아니하기로 한 경우를 제외하고는 **의장 또는 위원장**은 회의장 안에서의 **녹음·녹화·촬영 및 중계방송**을 「**국회규칙**」이 정하는 바에 따라 허용할 수 있음

2 의사공개원칙의 예외 : 회의의 비공개

예외적 비공개	① 【헌법 제21조 제4항 & 제37조 제2항】 의사공개원칙 및 알 권리는 절대적인 것이 아니므로 헌법유보조항인 헌법 제21조 제4항과 일반적 법률유보조항인 헌법 제37조 제2항에 의하여 제한될 수 있음 (국회의 회의는 알 권리를 위하여 언제나 국민에게 공개되어야 함 ×)² ② 【헌법 제50조 제1항 단서】 헌법 제50조 제1항 단서에 의해 국회의 회의는 출석의원 과반수의 찬성이 있거나 의장이 국가의 안전보장을 위하여 필요하다고 인정할 때에는 공개하지 아니할 수 있음 ⁸ ③ 【본회의, 위원회, 소위원회】 의사공개원칙과 마찬가지로 예외적인 회의 비공개에 관한 규정도 본회의 뿐만 아니라 위원회, 소위원회에도 적용됨¹ ④ 【의원 출과 찬성시 비공개 사유 제한 無】 우리 헌법은 출석의원 과반수의 찬성이 있을 경우 회의를 비공개할 수 있도록 규정하면서 그 비공개 사유에 대하여 제한을 두지 않아 의사의 공개 여부에 관한 국회의 재량을 인정하고 있음²
회의내용공표	① 【사후공개 정당화 사유 無】 헌법은 출석의원 과반수의 찬성으로 국회의 회의를 공개하지 않는 경우에 대해서는 사후공개를 정당화하는 사유를 명시적으로 언급하고 있지 않음¹ ② 【회의비공개 → 내용공표 불허】 공개되지 아니한 회의의 내용은 공표되어서는 아니 됨¹

3 국회 회의의 비공개

(1) 본회의의 비공개

의원	① 【의장의 제의 or 의원 10인 동의 → 본회의 의결(출과 찬성)】 본회의는 의장의 제의 또는 의원 10인 이상의 연서에 의한 동의로 본회의의 의결이 있을 때에는 공개하지 아니할 수 있음⁴ ② 【토론없이 표결】 본회의 비공개 제의나 동의에 대해서는 토론을 거치지 않고 표결 (토론을 거쳐 표결 ×)¹
의장	① 【의장이 교섭대표와 협의하여 국가안전보장 위해 필요】 본회의는 의장이 각 교섭단체대표의원과 협의(정당대표 ×)하여 국가의 안전보장을 위하여 필요하다고 인정할 때에는 공개하지 아니할 수 있음³

(2) 위원회의 비공개

정보위 비공개	① 【헌법상 요건 충족시 비공개】 모든 국회의 회의를 항상 공개하여야 하는 것은 아니나 이를 공개하지 아니할 경우에는 헌법에서 정하고 있는 일정한 요건을 갖추어야 함을 의미함² ② 【비공개 사유 엄격해석】 헌법 제50조 제1항 단서가 정하고 있는 회의의 비공개를 위한 절차나 사유는 그 문언이 매우 구체적이므로 예외적인 비공개 사유는 문언에 따라 엄격하게 해석² → 의사공개는 의회주의의 기본원칙으로서 책임정치 실현의 불가결의 전제조건이므로, 예외사유는 엄격하게 해석¹
방청 허가제	① 【방청허가제】 위원회에서는 의원이 아닌 자는 위원장의 허가를 받아 방청할 수 있음¹ ② 【위원회 공개원칙 전제】 방청허가에 관한 「국회법」 규정은 위원회의 공개원칙을 전제(비공개원칙 전제 ×)로 한 것이지, 비공개를 원칙으로 하여 위원장의 자의에 따라 공개여부를 결정케 한 것이 아님 (위원장 재량으로 방청불허 결정할 수 있음 ×)³ ③ 【회의 질서유지를 위해 필요한 경우】 위원장이라고 하여 아무런 제한없이 임의로 방청불허 결정을 할 수 있는 것이 아니라, 회의의 질서유지를 위하여 필요한 경우에 한하여 방청을 불허할 수 있는 것으로 제한적으로 풀이⁵ ④ 【방청불허 사유 구비여부 판단은 국회의 폭넓은 재량】 방청불허의 사유 자체는 제한적이지만 그러한 사유의 구비여부에 대한 판단은 국회의 자율성 존중의 차원에서 폭넓은 재량을 인정¹

(3) 소위원회의 비공개

비공개 요건	① **【의결로 비공개】** 소위원회의 회의는 공개하지만, **소위원회의 의결**로 공개하지 아니할 수 있음
비공개결정	① **【공개여부 합리적 결정】** 헌법은 국회 회의의 공개 여부에 관하여 **회의 구성원의 자율적 판단**을 허용하고 있으므로, **소위원회 회의의 공개여부** 또한 소위원회 또는 소위원회가 속한 위원회에서 여러 가지 사정을 종합하여 **합리적으로 결정**할 수 있음

(4) 관련판례

1	**위원회** ① **【정보위 비공개특례 (위헌)】** 특정한 내용의 국회 회의나 특정 위원회의 회의를 **일률적으로 비공개**한다고 정하여 공개의 여지를 차단하는 것은 **헌법에 부합하지 않음**(2022.1.27. 2018헌마1162 등) ② **【국회법 의결이 비공개 사유 충족 아님】** 국회 회의의 비공개 사유는 회의마다 충족되어야 하므로, **국회 정보위원회의 비공개특례를 규정한 「국회법」이 입법과정에서 재적의원 과반수의 출석과 출석의원 과반수의 찬성으로 의결되었다는 사실만으로 헌법 제50조 제1항 단서의 '출석의원 과반수의 찬성'이라는 요건을 충족하는 것으로 해석할 수 없음**(2022.1.27. 2018헌마1162 등) ③ **【의사공개원칙 위배 & 알 권리 침해】** 정보위원회의 회의 일체를 비공개하도록 정함으로써 정보위원회 활동에 대한 국민의 감시와 견제를 사실상 불가능하게 하고 있는 국회법 조항은 **헌법 제50조 제1항 의사공개원칙에 위배**되고, **알 권리를 침해**(2022.1.27. 2018헌마1162 등)
2	**위원회** **【시민단체 국정감사 방청불허 (기각)】** 국회의원들의 국정감사활동에 대한 평가 및 그 결과공표의 부적절함을 이유로 국정감사에 대한 시민단체의 방청을 불허한 것은 **국회방청권 내지 국민의 알 권리 침해 아님**(2000.6.29. 98헌마443 등)
3	**소위원회** ① **【소위원회 의결로 회의 비공개 (합헌)】** 출석의원 과반수의 찬성이 있거나 의장이 국가의 안정보장을 위하여 필요하다고 인정할 때에는 국회의 회의를 공개하지 아니할 수 있다고 규정한 **헌법 제50조 제1항 단서**가 국회 소위원회에도 적용되므로, **국회 소위원회의 의결로 회의를 비공개**할 수 있도록 규정한 **「국회법」은 위헌 아님**(2009.9.24. 2007헌바17) ② **【국회법과 헌법은 동등한 수준 (합헌)】** 국회법상 소위원회의 비공개 사유 및 절차 등 요건은 헌법이 규정한 비공개요건에 비하여 더 완화시키고 있는 것이 아니라 헌법의 **규정과 동등한 수준**으로 규정하고 있음(2009.9.24. 2007헌바17) → 위헌소지 없음
4	**소위원회 【예결위 계수조정소위 방청불허 (기각)】** 국회예산결위 계수조정소위의 성격, 국회관행 등을 이유로 시민단체의 방청을 불허한 행위는 **국회방청권 내지 알 권리 침해 아님**(2000.6.29. 98헌마443 등)

POINT 184 회기계속원칙 Ⓑ

제51조【회기계속원칙】 국회에 제출된 법률안 기타의 의안은 **회기중에 의결되지 못한 이유로 폐기되지 아니한다.**【임기 만료 시 회기불계속】다만, **국회의원의 임기가 만료된 때에는 그러하지 아니하다**(또한 같다 ×).¹⁵

1 회기계속원칙

헌법상 원칙	①【헌법에 명시 규정】회기계속의 원칙은 **헌법에 명시적으로 규정**되어 있음 ¹
헌정사	①【제5차 개정헌법】회기계속원칙은 **제5차 개정헌법**(1962년)에서 **최초 채택** (1948년 제헌헌법 ×) ¹

2 회기계속원칙의 예외

회기불계속	①【의회기 종료시 회기불계속】헌법은 **의회기 중에는 회기계속의 원칙**을 택하고 있으나 **의회기 종료 시에는 예외적으로 회기불계속의 원칙**을 택하고 있음 (국회의원의 임기가 만료된 때에도 회기계속의 원칙이 적용 ×) → **국회의원의 임기가 만료**되어 새로운 국회가 구성되는 경우에는 **예외적으로 회기불계속의 원칙을 적용** ⁵
임기만료시 자동폐기	①【의원임기 만료시 자동폐기】국회의원이 국회에 법률안을 제출한 이후 **국회의원의 임기가 만료된 경우에는** 제출된 당해 법률안은 **자동폐기**됨 (폐기되지 않음 ×) ⁴

POINT 185 다수결원칙

제49조 【일반정족수】 국회는 헌법 또는 법률에 특별한 규정이 없는 한 **재적의원 과반수의 출석과 출석의원 과반수의 찬성**으로 의결한다. 【가부동수는 부결】 가부동수인 때에는 **부결**(가결 ×)된 것으로 본다.[20]

1 다수결원칙

(1) 정족수

정족수	① 【최소 인원수】 회의체의 **회의진행과 의사결정**에 필요한 **최소한의 인원수**를 정족수라고 함[1]
의사 + 의결	① 【회의개의 or 의안결정】 회의를 개의할 때 필요한 **의사정족수**와 의안을 결정할 때 필요한 **의결정족수**가 있음[1] ② 【의사 내용 변동·조정 전제】 헌법상 다수결원칙은 **다수에 의한 의사결정 이전**에 합리적인 토론과 상호 설득의 과정에서 의사의 내용이 변동되거나 조정될 수 있음을 전제로 하며, 이를 위해 **의원들에게 실질적이고 자유로운 토론의 기회**가 부여되어 있을 것을 요구[1]

(2) 의사정족수

의사정족수	① 【헌법규정 無】 의사에 관한 일반정족수는 **헌법에 명시적 규정 없음** (헌법에 명시 규정 ×)[1] ② 【재적 1/5】 본회의는 재적의원 5분의 1 이상의 출석으로 개의하고, 위원회는 재적위원 5분의 1 이상의 출석으로 개회 (4분의 1 이상의 출석 ×)[7]
미달시 조치	① 【회의중지 or 산회】 회의 중 의사정족수에 달하지 못할 때에는 의장은 **회의를 중지 또는 산회**를 선포함[1] ② 【회의계속 가능】 의장은 교섭단체 대표의원이 의사정족수 충족을 요청하는 경우 외에는 **효율적인 의사진행을 위하여 회의를 계속할 수 있음** (반드시 산회해야 함 ×)[1]

(3) 의결정족수

일반정족수	① 【헌법명시규정】 의결에 관한 일반정족수는 **헌법에 명시적으로 규정**되어 있음[1] ② 【절대원칙 아님】 일반정족수는 다수결의 원리를 실현하는 **국회의 의결방식 중 하나**로서 국회의 의사결정 시 합의에 도달하기 위한 **최소한의 기준**일 뿐 이를 **헌법상 절대적 원칙**이라고 볼 수는 **없음** (헌법상의 원칙에 해당 ×)[3]
부결	① 【재적 과반수 출석미달시 부결 확정】 법률안에 대한 본회의 표결이 종료되어 **재적의원 과반수의 출석에 미달**되었음이 확인된 경우에는 출석의원 과반수의 찬성에 미달한 경우와 마찬가지로 **국회의 의사는 부결로 확정**[1] ② 【가부동수 부결】 가부동수인 때는 **부결**된 것으로 봄 (국회의장이 결정권을 가짐 ×)[3] ③ 【의장의 가부동수 결정권 無】 국회의장은 예외적으로 **확정법률의 공포권**을 가지나 **가부동수인 때에 결정권은 가지지 아니함** (결정권을 가짐 ×)[3]

2 정족수

(1) 절대

정족수	내용
10인 이상	① 회의의 비공개발의(국회법 제75조 제1항) ② **일반의안의 발의**(국회법 제79조 제1항)
20인 이상	① **교섭단체의 성립요건**(국회법 제33조) ② 의사일정변경발의(국회법 제77조) ③ 국무총리·국무위원·정부위원 출석요구발의(국회법 제121조 제1항) ④ 긴급현안질문(국회법 제122조의3) ⑤ 징계요구발의(국회법 제156조)
30인 이상	① 위원회에서 폐기한 의안의 본회의 부의요건(국회법 제87조 제1항) ② **일반의안의 수정동의**(국회법 제95조 제1항) ③ 의원의 자격심사청구(국회법 제138조)
50인 이상	① **예산안에 대한 수정동의**(국회법 제95조 제1항 단서)

(2) 상대

정족수	내용
재적 1/5 이상	① **본회의·상임위 의사정족수**(국회법 제54조, 제73조 제1항) ② 기명·무기명·호명 투표요구(국회법 제112조 제2항)
재적 1/4 이상	① **임시회소집 요구**(헌법 제47조 제1항) ② **휴회중 회의재개요구**(국회법 제8조 제2항) ③ **체포·구속의원 석방요구발의**(국회법 제28조) ④ 전원위원회 소집요구(국회법 제63조의2) ⑤ **국정조사요구**(국감법 제3조 제1항)
재적 1/3 이상	① 국무총리·국무위원 해임건의안발의(헌법 제63조 제2항) ② 대통령 이외의 자 탄핵소추안발의(헌법 제65조 제2항) ③ 무제한토론 실시·종결요구(국회법 제106조의2) ④ 위원회의 공청회 요구(국회법 제64조 제1항)
재적 1/4, 출석과반수	① 전원위원회에서 의안 의결(국회법 제63조의2 제4항)
출석과반수	① **국회회의의 비공개**(헌법 제50조)
재적과반수, 출석과반수	① **법률안의결, 예산안의결, 조약동의, 일반사면동의, 예비비승인 등** ② **국회의원 체포동의**(의결정족수에 대한 특별한 규정 ×)
재적과반수, 출석다수표	① **대통령선거시 최다득표자 2인 이상시 대통령 선출**(헌법 제67조 제2항) ② 임시의장·상임위원장 선출(국회법 제17조, 제41조 제2항) ③ 예결위원장 선출(국회법 제45조 제4항)

재적과반수	① **국무총리·국무위원 해임건의의결**(헌법 제63조 제2항) ② **대통령을 제외한 일반 탄핵소추의결**(헌법 제65조 제2항) ③ **대통령 탄핵소추안발의**(헌법 제65조 제2항 단서) ④ **계엄해제요구**(헌법 제77조 제5항) ⑤ **헌법개정안발의**(헌법 제128조 제1항) ⑥ **국회의장·부의장 선출**(국회법 제15조 제1항) ⑦ 신속처리안건 지정동의요구(국회법 제85조의2)
재적 3/5 찬성	① 신속처리안건 지정동의의결(국회법 제82조의2) ② 무제한토론 종결동의(국회법 제106조의2)
재적과반수, 출석 2/3 찬성	① **대통령 거부권행사 법률안 재의결**(헌법 제53조 제4항) ② 번안동의의 의결(국회법 제91조)
재적 2/3 찬성	① **국회의원 제명의결**(헌법 제64조 제3항) ② **대통령 탄핵소추의결**(헌법 제65조 제2항 단서) ③ **헌법개정안의결**(헌법 제130조 제1항) ④ **국회의원자격상실 결정**(국회법 제142조 제3항)

POINT 186 일사부재의

1 일사부재의

일사부재의	① **【부결된 안건 같은 회기중 발의·제출 금지】** 부결된 안건은 같은 회기 중에 다시 발의하거나 제출할 수 없음 (같은 회기 중에 다시 발의하거나 제출할 수 있음 ×, 같은 입법기에 다시 발의 또는 제출하지 못함 ×)⁵ ② **【국회법상 원칙】** 「국회법」은 **국회의 의사의 단일화, 회의의 능률적인 운영 및 소수파에 의한 의사방해 방지** 등을 위해 **일사부재의의 원칙을 명문화** (헌법 명시 ×, 헌법상 원칙 ×)⁵
국회법상 원칙	① **【헌법상 원칙 아님】** 의사공개의 원칙, 회기계속의 원칙은 헌법상의 원칙인 반면에 **일사부재의의 원칙**은 「**국회법**」상 **원칙**² ② **【국회법 개정으로 폐기 可】** 일사부재의원칙은 헌법상의 원칙은 아니므로 「국회법」 개정만으로 폐기될 수 있음 (「국회법」 개정만으로 폐기될 수 없음 ×)²

2 일사부재의의 적용

신중한 적용	① **【신중한 적용】** 일사부재의원칙을 **경직되게 적용**하는 경우에는 국정운영이 왜곡되고 다수에 의해 악용되어 **다수의 횡포를 합리화하는 수단**으로 전락할 수도 있으므로, **일사부재의원칙은 신중한 적용**이 요청¹
일사부재의 위반	① **【재적 과반수 출석미달 안건】** 법률안에 대한 본회의 표결이 종료되어 **재적의원 과반수 출석에 미달 → 출석의원 과반수의 찬성에 미달한 경우와 같이 부결로 확정 → 국회의장이 법안에 대한 재표결을 실시**하여 그 결과에 따라 법안의 가결을 선포한 것은 **일사부재의 원칙 위배**¹ ② **【가부동수 안건】** 가부동수가 된 안건(부결)을 회기중 다시 발의하는 것은 **일사부재의에 위배** (가부동수로 부결된 안건은 같은 회기 중에 다시 발의할 수 있음 ×)²
일사부재의 위반 아닌 것	① **【철회된 안건】** 이미 회의의 안건으로 논의된 의안을 **의결이 이루어지기 전에 철회**한 경우 같은 회기 중에 다시 발의 또는 제출할 수 있음² ② **【다른 회기에 발의·제출】** 본회의에서 부결된 안건은 같은 회기 중에 다시 발의하거나 제출할 수 없으나, **회기를 달리하여 이를 제출**하는 것은 허용⁴ ③ **【새로이 발생한 사유】** 동일 의안이더라도 **새로이 발생한 사유**로 재차 심의할 수 있음¹

CHAPTER 04 | 국회의 입법권

POINT 187 법률안 제출

제40조 【입법권】 입법권은 국회에 속한다.
제52조 【국회의원 or 정부】 국회의원과 정부는 법률안을 제출할 수 있다.

1 입법권

① 【의회유보】 헌법 제40조 "입법권은 국회에 속한다."의 의미는 적어도 **국민의 권리와 의무의 형성**에 관한 사항을 비롯하여 **국가의 통치조직과 작용**에 관한 **기본적이고 본질적인 사항**은 반드시 국회가 정하여야 한다는 것

2 법률안 발의·제출 : 국회의원·정부

(1) 국회의원

발의 또는 제출	① 【의원 10인】 국회법(헌법 ×)상 의원은 **10명**(20인 ×) 이상의 찬성으로 **의안(법률안)을 발의**할 수 있음 ② 【의장에게 제출】 의안을 발의하는 의원은 그 안을 갖추고 이유를 붙여 **찬성자와 연서**하여 이를 **의장에게 제출**하여야 함 ③ 【부제로 발의의원 성명 기재】 의원이 법률안을 발의할 때에는 **발의의원과 찬성의원을 구분**하되, **법률안 제명의 부제로 발의의원의 성명을 기재**함 ④ 【공표·홍보시 부제 표기 可】 의원이 발의한 법률안 중 국회에서 의결된 **제정법률안 또는 전부개정법률안**을 공표하거나 홍보하는 경우에는 해당 법률안의 **부제를 함께 표기**할 수 있음
위원회의 제안	① 【위원회의 법률안 제출권】 **위원회**는 그 소관에 속하는 사항에 관하여 **법률안과 그 밖의 의안을 제출**할 수 있음 (법률안을 심의할 뿐 제출권은 가지지 않음 ×) ② 【제출자는 위원장】 위원회의 경우 의안은 **위원장이 제안자**가 됨 (위원회 소속 발의의원 ×)

(2) 정부

정부의 법률안 제출권	① 【정부의 법률안 제출권】 정부가 법률안을 제출하는 경우 **국무회의의 심의**를 거쳐 **대통령이 서명**하고, **국무총리와 관계국무위원이 부서**하여 제출함 (정부는 법률안제출권을 갖지 않음 ×, 국회의원만 법률안 제출 ×) ② 【의원내각제 요소】 정부의 **법률안 제출권**은 **의원내각제**(대통령제 ×) 요소
법률안 제출계획의 통지	① 【정부입법계획 국회통지】 정부는 부득이한 경우를 제외하고는 **매년 1월 31일**(2월말 ×)까지 해당 연도에 제출할 **법률안에 관한 계획을 국회에 통지**하여야 함 ② 【변경통지】 법률안에 관한 계획을 변경하였을 때에는 **분기별로 주요 사항을 국회에 통지**하여야 함

3 예산 등 수반 법률안의 발의 (법률과 예산의 불일치 조정)

국회의원	① 【비용추계서 or 추계요구서】 의원이 **예산상 또는 기금상의 조치를 수반**하는 의안을 발의하는 경우에는 그 의안의 시행에 수반될 것으로 **예상되는 비용**에 관한 **국회예산정책처의 추계서 또는 국회예산정책처에 대한 추계요구서**를 함께 제출하여야 함 ② 【예산상 조치 수반 법률안 제출 가능】 국회의원은 예산상의 조치를 수반하는 경우에도 10인 이상의 찬성을 얻으면 법률안을 제출할 수 있음
정부	① 【비용추계서 & 재원조달방안】 정부가 **예산상 또는 기금상의 조치를 수반**하는 **의안을 제출**하는 경우에는 그 의안의 시행에 수반될 것으로 **예상되는 비용**에 관한 **추계서**와 이에 상응하는 **재원조달방안에 관한 자료를 의안에 첨부**하여야 함 (재원조달방안을 비용추계서로 갈음 ×)

POINT 188 위원회 심사

1 위원회 회부

(1) 위원회 회부

회부	상임위	① 【의원배부 → 본회의보고 → 소관상임위 회부】 의장은 **의안이 발의되거나 제출**되었을 때에는 이를 인쇄하거나 전산망에 입력하는 방법으로 **의원에게 배부**하고 **본회의에 보고**하며, **소관 상임위에 회부**하여 그 **심사가 끝난 후 본회의에 부의함** ② 【상임위 명백하지 않을 시 운영위 협의 → 의장이 결정】 의장은 안건이 어느 상임위의 **소관에 속하는지 명백하지 아니할 때**에는 **국회운영위와 협의**(교섭단체대표의원 ×, 법사위 ×, 협의없이 단독으로 ×)하여 **상임위에 회부**하되, 협의가 이루어지지 아니할 때에는 **의장이 소관 상임위를 결정함**
	특위	① 【국회의결 → 특별위원회 회부】 의장은 특히 필요하다고 인정하는 안건에 대해서는 **본회의의 의결**을 거쳐(국회운영위와 협의하여 ×) 이를 **특별위원회에 회부함**
위원회 제출 의안		① 【운영위 의결에 따라 다른 위원회 회부 可】 위원회에서 제출한 의안은 그 위원회에 회부하지 않지만 의장은 **국회운영위의 의결에 따라 이를 다른 위원회에 회부할 수 있음**

(2) 심사기간의 지정 (국회의장의 직권상정)

심사 기간	지정 사유	① 【교섭대표와 협의】 **천재지변**이나 **전시·사변 또는 이에 준하는 국가비상사태**의 경우에는 **국회의장**은 각 **교섭단체 대표의원과 협의**하여 위원회에 회부하는 안건 또는 회부된 안건에 대하여 **심사기간을 지정**할 수 있음 ② 【교섭대표와 합의】 **국회의장**은 각 **교섭단체 대표의원과 합의**하는 경우에는 위원회에 회부하는 안건 또는 회부된 안건에 대하여 **심사기간을 지정**할 수 있음
	엄격 제한	① 【지정사유 엄격 제한 → 의회정치 정상화】 국회법에서 **국회의장의 심사기간 지정사유를 엄격하게 제한**하고 있는 것은, 국회의장의 직권상정권한이 신속입법을 위한 **우회적 절차로 활용**되는 것을 방지하여 물리적 충돌을 막고, 수정안을 공동으로 만들어 **대화와 타협에 의한 의회정치의 정상화를 도모**하고자 함에 있음 ② 【의장의 직권상정권한 제한 / 의원의 심의·표결권과는 무관】 국회법상 **심사기간 지정사유**는 **국회의장의 직권상정권한을 제한**하는 역할을 할 뿐 국회의원의 국회 본회의에서의 법안에 대한 **심의·표결권을 제한하는 내용을 담고 있지는 않음**
중간보고		① 【중간보고 → 다른 위원회 회부 or 직권상정】 위원회가 이유 없이 **지정된 심사기간 내**에 심사를 마치지 아니하였을 때에는 의장은 **중간보고**를 들은 후 **다른 위원회에 회부**하거나 **바로 본회의에 부의할 수 있음** ② 【서면외 구두 可】 본회의 직권상정에 앞서 중간보고를 듣는 목적은 **위원회의 심사상황을 파악**하고 **심사전망 등을 판단**하기 위한 것으로 그 **형식은 서면 외에 구두**로 할 수 있음
직권상정권한		① 【의장의 의사정리권, 비상적·예외적 의사절차】 국회의장의 직권상정권한은 국회의 **비상적 헌법장애상태를 회복**하기 위하여 가지는 권한으로 **국회의장의 의사정리권**에 속하고, 의안 심사에 관하여 위원회 중심주의를 채택하고 있는 우리 국회에서는 **비상적·예외적 의사절차**

(3) 신속처리안건지정

도입취지	① **【위원회 장기계류 최소화】** 안건신속처리제도는 여야 간 쟁점안건이 심의대상도 되지 못하고 **위원회에 장기간 계류**되는 상황을 **최소화하기 위한 제도적 장치** ② **【자동진행】** 신속처리대상으로 지정된 안건에 대해서는 일정기간이 경과하면 **자동으로 다음 단계로 진행**하도록 하여 **위원회 중심주의를 존중**하면서도 **입법의 효율성을 제고**하고자 도입
지정절차	① **본회의 【재과 지정동의 → 무기명 재3/5 찬성】** 위원회에 회부된 안건을 신속처리대상안건으로 지정하려는 경우 의원은 **재적의원 과반수**가 서명한 신속처리대상안건 지정요구 동의(動議)를 **의장에게 제출** → 의장은 지체 없이 신속처리안건 지정동의를 **무기명투표**(기명투표 ×)로 표결하되, **재적의원 5분의 3 이상의 찬성으로 의결** ② **위원회 【재과 지정동의 → 무기명 재3/5 찬성】** 위원회에 회부된 안건을 신속처리대상안건으로 지정하려는 경우 안건의 소관 위원회 소속 위원은 **소관 위원회 재적위원 과반수**가 서명한 신속처리안건 지정동의를 **소관 위원회 위원장에게 제출** → 안건의 소관 위원회 위원장은 지체 없이 신속처리안건 지정동의를 **무기명투표로 표결**하되, 안건의 소관 위원회 재적위원 5분의 3 이상의 찬성으로 의결 ③ **【질의·토론 규정 無】** 신속처리안건 지정동의안의 표결 전에 국회법상 **질의나 토론**이 필요하다는 규정은 없으므로 **신속처리안건 지정동의에 대한 표결 전에 법안의 배포나 별도의 질의·토론 절차를 거치지 않았더라도 표결이 절차상 위법하지 않음** (절차상 위법 ×)
자동상정	① **【위원회 180일 → if not 법사위 회부 간주】** 위원회는 신속처리대상안건에 대한 심사를 **지정일부터 180일**(120일 ×, 90일 ×) 이내에 마쳐야 함 → 위원회가 신속처리대상안건에 대한 심사를 그 지정일부터 180일 이내에 마치지 아니하였을 때에는 그 기간이 끝난 다음 날에 소관 위원회에서 심사를 마치고 체계·자구 심사를 위하여 **법사위로 회부**된 것으로 봄 ② **【법사위 90일 → if not 본회의 부의 간주】** 법사위는 신속처리대상안건에 대한 체계·자구 심사를 **90일**(60일 ×) 이내에 마쳐야 함 → 90일 이내에 심사를 마치지 아니하였을 때에는 그 기간이 끝난 다음 날에 법사위에서 심사를 마치고 바로 본회의에 부의된 것으로 봄 ③ **【본회의 60일】** 신속처리대상안건이 **60일 이내에 본회의에 상정**되지 아니하였을 때에는 그 기간이 지난 후 **처음으로 개의되는 본회의에 상정됨**

2 위원회 심사 · 의결

(1) 입법예고와 의안상정시기

입법예고	① **【10일 이상 실시 원칙】** 위원장은 간사와 협의하여 **회부된 법률안**의 입법 취지와 주요 내용 등을 국회공보 또는 국회 인터넷 홈페이지 등에 게재하는 방법 등으로 **입법예고**하여야 함 → 입법예고는 **10일 이상으로 함** ② **【간사협의로 생략 可】** 위원장은 ⊙ **긴급히 입법**을 하여야 하는 경우나 ⓒ 입법 내용의 성질 또는 그 밖의 사유로 **입법예고가 필요 없거나 곤란**하다고 판단되는 경우에는 **간사와 협의**하여 **입법예고를 하지 아니할 수 있음** (간사와 협의 없이 직권으로 ×)
의안상정시기	① **【일부개정 15일, 제정·전부개정·폐지 20일】** 위원회는 긴급하고 불가피한 사유로 의원회의 의결이 있는 경우를 제외하고는 의안이 그 위원회에 회부된 날부터 ⊙ **일부개정법률안은 15일**(20일 ×), ⓒ **제정·전부개정·폐지법률안은 20일**, ⓒ **법사위 체계·자구심사는 5일**, ⓔ **법률안 외의 의안은 20일**의 기간이 경과하지 아니한 때에는 상정할 수 없음

(2) 위원회 심사

심사절차	① 【취지설명·검토보고 → 대체토론 → 소위회부 → 축조심사 → 찬반토론 → 표결】 위원회는 안건을 심사할 때 먼저 그 **취지의 설명**과 **전문위원의 검토보고**를 듣고 **대체토론**과 **축조심사** 및 **찬반토론**을 거쳐 **표결**함
축조심사 및 공청회·청문회	① 【축조심사 생략 可 / 제정·전부개정은 생략 不可】 축조심사는 위원회 의결로 **생략**할 수 있으나 **제정·전부개정법률안**에 대해서는 **생략할 수 없음** (축조심사를 위원회 의결로 생략 ×) ② 【제정·전부개정시 공청회·청문회 개최 but 생략 可】 위원회는 제정·전부개정법률안에 대하여는 **공청회 또는 청문회**를 개최하여야 하나 **위원회의 의결로 이를 생략할 수 있음** (생략할 수 없음 ×)

(3) 소위원회

회부	① 【소위 회부의무】 상임위는 안건을 심사할 때 **소위원회에 회부**하여 이를 심사·보고하도록 함 ② 【대체토론 종료 후 소위 회부】 위원회는 **대체토론이 끝난 후에만** 안건을 소위원회에 회부할 수 있음 ③ 【소위원회의 심의·수정방향 제시】 대체토론은 안건에 대한 전반적인 문제점과 당부에 관한 **일반적인 의견을 제시**하는 것으로, 그 목적은 소위원회 회부 전에 **소위원회에서 심의할 방향**이나 문제점의 시정을 위한 **여러 가지 수정 방향을 제시**해 주는 데 있음
심사	① 【위원회 규정 적용】 소위원회에 관하여는 「국회법」에서 다르게 정하거나 그 성질에 반하지 아니하는 한 **위원회에 관한 규정을 적용**함 ② 【축조심사 생략 不可】 소위원회는 **축조심사를 생략**해서는 **아니 됨**

(4) 안건조정위원회 : 소위원회의 일종

안건조정위	① 【이견있는 안건조정】 위원회는 **이견을 조정할 필요가 있는 안건**을 심사하기 위하여 **재적위원 3분의 1 이상**(재적의원 과반수 ×)의 요구로 **안건조정위원회를 구성**하고 해당 안건을 대체토론이 끝난 후 조정위원회에 회부함 ② 【의결정족수 재적 2/3】 조정위원회는 회부된 안건에 대한 조정안을 **재적 조정위원 3분의 2 이상의 찬성**으로 의결
활동기한	① 【활동기간 상한 90일】 조정위원회의 활동기한은 그 구성일부터 **90일**로 함 ② 【신속처리대상안건 심사기간 종료시 안건조정위 활동종료】 신속처리대상안건을 심사하는 안건조정위원회는 그 안건이 관련 규정에 따라 **법사위에 회부**되거나 **바로 본회의에 부의**된 것으로 보는 경우에는 **안건조정위원회의 활동기한이 남았더라도 그 활동을 종료**함 ③ 【활동기한 만료전 조정심사 종료시 조정안 의결 可】 국회법상 안건조정위원회의 활동기한은 그 **활동할 수 있는 기간의 상한**을 의미한다고 보는 것이 타당하고, 안건조정위원회의 **활동기한이 만료되기 전**이라고 하더라도 안건조정위원회가 안건에 대한 **조정 심사를 마치면 조정안을 의결**할 수 있으므로 **조정위원장이 그 조정안의 가결을 선포한 것은 국회법 위반 아님**

(5) 표결과 번안

표결과 위원회 해임	① 【위원회 부결시 본회의 부의 안함 → 부결보고】 위원회에서 본회의에 부의할 필요가 없다고 결정된 의안은 본회의에 부의하지 아니함 [5] ② 【본회의 부의】 위원회에서 본회의에 부의할 필요가 없다고 결정된 의안이라도 위원회의 결정이 본회의에 보고된 날부터 폐회 또는 휴회 중의 기간을 제외한 **7일 이내**에 의원 **30명 이상**의 요구가 있을 때에는 그 의안을 **본회의에 부의**하여야 함 (위원회에서 심사를 마치고 진행된 표결에서 본회의에 부의할 필요가 없다고 결정한 의안은 그대로 폐기됨 ×) [6] ③ 【위원회에서 부결된 안건의 본회의 심의】 위원회에서 본회의에 부의할 필요가 없다고 결정된 의안을 본회의에서 다시 심의하더라도 **동일 사안의 재의가 아님** [1]
번안	① 【재적과반출석 출석 2/3 찬성】 위원회에서의 **번안동의**는 위원의 동의로 그 안을 갖춘 서면으로 제출하되, **재적위원 과반수의 출석과 출석위원 3분의 2 이상의 찬성**으로 의결함 [1] ② 【본회의 의제시 번안 불가】 본회의에서 의제가 된 후에는 **번안할 수 없음** [1]

3 법사위 체계·자구심사

체계·자구심사	① 【법률안의 체계·자구심사】 위원회에서 **법률안**의 심사를 마치거나 입안을 하였을 때에는 **법사위**에 회부하여 체계와 자구에 대한 **심사**를 거쳐야 함 [1] ② 【취지설명·토론생략 可】 법사위원장은 **간사와 협의**하여 심사에서 **제안자의 취지 설명과 토론**을 생략할 수 있음 [1] ③ 【5일 경과후 상정】 체계·자구심사를 위하여 법사위에 회부된 법률안은 **5일이 경과한 후에 상정**하여야 함 [3]
예산안 미대상	① 【예산안은 미대상】 **법률안**은 상임위원회의 심사를 마친 때에는 **법제사법위원회에 회부하여 체계와 자구에 대한 심사**를 거쳐야 하나, **예산**안은 소관 상임위원회의 **예비심사**와 예결위의 **종합심사**를 거침 [1]

POINT 189 본회의 심의·의결

1 본회의 심의

(1) 본회의 부의

개의와 산회	① 【오후 2시 / 변경가능】 본회의는 오후 2시(토요일은 오전 10시)에 개의하지만, 의장은 각 교섭단체 대표의원(각 상임위원장 ×)과 협의하여 그 개의시를 변경할 수 있음 ② 【산회선포 당일 개의 불가 but 교섭대표 합의로 개의 可】 의장이 산회를 선포한 당일에는 다시 개의할 수 없으나, 내우외환, 천재지변 또는 중대한 재정·경제상의 위기, 국가의 안위에 관계되는 중대한 교전 상태나 전시·사변 또는 이에 준하는 국가비상사태의 경우로서 의장이 교섭단체 대표의원과 합의(합의 없이도 ×)한 경우 회의를 다시 개의할 수 있음
의사일정	① 【상임위 → 법사위 → 본회의】 제출된 법률안은 소관 상임위와 법사위의 심사·의결을 거쳐 본회의에 부의됨 ② 【의사일정 변경】 의원 20인 이상(10인 이상 ×)의 연서에 의한 동의로 본회의의 의결이 있거나 의장이 각 교섭단체 대표의원과 협의하여 필요하다고 인정할 때에는 의장은 회기 전체 의사일정의 일부를 변경하거나 당일 의사일정의 안건 추가 및 순서 변경을 할 수 있음
수정·철회	① 【의원이 철회 : 본회의 or 위원회 동의】 의원이 본회의 또는 위원회에서 의제가 된 의안 또는 동의를 철회할 때에는 본회의 또는 위원회의 동의(同意)를 받아야 함 ② 【접수 미완료 시 철회절차 불요】 팩스로 제출이 시도되었던 법률안의 접수가 완료되지 않아 동일한 법률안을 제출하기 전에 철회 절차가 필요 없다고 보는 것은 국회법 위반 아님 ③ 【정부가 철회 : 본회의 or 위원회 동의】 정부가 본회의 또는 위원회에서 의제가 된 정부제출의 의안을 수정 또는 철회할 때에는 본회의 또는 위원회의 동의를 받아야 함
상정시기	① 【1일 경과후 의사일정 상정 可】 본회의는 위원회가 법률안에 대한 심사를 마치고 의장에게 그 보고서를 제출한 후 1일을 경과하지 아니한 때에는 이를 의사일정으로 상정할 수 없음

(2) 안건심의

안건심의	① 【심사보고 → 질의·토론 → 표결】 본회의는 안건을 심의할 때 그 안건을 심사한 위원장의 심사보고를 듣고 질의·토론을 거쳐 표결함 ② 【위원회 미심사 안건 질의·토론 생략 불가】 위원회의 심사를 거치지 아니한 안건에 대해서는 제안자가 그 취지를 설명하여야 하고, 질의와 토론을 생략할 수 없음 (생략 ×) ③ 【위원회 심사 안건 질의·토론 생략 可】 위원회의 심사를 거친 안건에 대해서는 본회의의 의결로 질의와 토론 또는 그 중 하나를 생략할 수 있음
재회부	① 【같은 or 다른 위원회】 본회의는 위원장의 보고를 받은 후 필요하다고 인정할 때에는 그 의결로 다시 그 안건을 같은 위원회 또는 다른 위원회에 회부할 수 있음 (같은 위원회 회부 불가 ×)
발언 원칙	① 【발언시간 15분】 의원의 발언시간은 15분을 초과하지 아니하는 범위에서 의장이 정함 ② 【총발언시간 할당】 의장은 각 교섭단체 대표의원과 협의하여 같은 의제에 대한 총 발언시간을 정하여 교섭단체별로 소속 의원 수의 비율에 따라 할당함 ③ 【비교섭단체 소속의원도 교섭대표와 협의결정】 교섭단체에 속하지 아니하는 의원의 발언시간 및 발언자 수는 의장이 각 교섭단체 대표의원과 협의하여 정함 (각 교섭단체 대표의원과 협의하지 않음 ×)

(3) 무제한토론

실시·계속	① **【재적 1/3 요구 → 실시의무】** 의원이 본회의에 부의된 안건에 대하여 **시간의 제한을 받지 아니하는 토론**을 하려는 경우에는 **재적의원 3분의 1 이상**(4분의 1 이상 ×)이 서명한 요구서를 의장에게 제출하여야 하며, 이 경우 의장은 해당 안건에 대하여 **무제한 토론을 실시하여야 함** (교섭단체 대표의원과 협의를 거쳐 무제한토론 실시여부를 결정 ×) ② **【1명당 한 차례】** 의원 1명당 **한 차례만 토론**할 수 있음 ③ **【무제한토론 종결시까지 회의 계속】** 무제한토론을 실시하는 본회의는 **무제한토론 종결 선포 전까지 산회하지 않고 회의를 계속**하며, 회의 중 재적의원 5분의 1 이상이 출석하지 아니하였을 때에도 **회의를 계속함**
종결 — 종결동의	① **【재적 1/3 종결동의】** 의원은 무제한토론을 실시하는 안건에 대하여 **재적의원 3분의 1 이상의 서명**으로 **무제한토론의 종결동의**를 의장에게 제출할 수 있음 ② **【무기명, 재적 3/5 찬성】** 무제한토론의 종결동의는 동의가 제출된 때부터 **24시간이 지난 후**에 **무기명투표**로 표결하되 **재적의원 5분의 3 이상의 찬성**(재적의원 과반수 ×, 재적의원 2/3 ×)으로 의결하고, 이 경우 무제한토론의 종결동의에 대해서는 **토론을 하지않고 표결함**
종결 — 회기 종료	① **【회기종료시 종결간주 → 다음 회기 지체없이 표결】** 무제한토론을 실시하는 중에 해당 **회기가 종료**되는 때에는 **무제한토론은 종결 선포**된 것으로 보며, 이 경우 해당 안건은 **바로 다음 회기에서 지체 없이 표결**하여야 함
회기결정의 건	① **【무제한토론 대상 아님】** '회기결정의 건'에 대하여 무제한토론이 실시되면 무제한토론이 '회기결정의 건'의 처리 자체를 봉쇄하는 결과가 초래되므로, '회기결정의 건'은 **무제한토론의 대상이 되지 않음** (무제한토론의 대상 ×)

(4) 수정동의

수정동의	① **【법률안 30인 이상, 예산안 50인 이상】** 의안에 대한 수정동의는 그 안을 갖추고 이유를 붙여 **국회의원 30명 이상**(20명 ×)의 찬성 의원과 연서하여 미리 의장에게 제출하여야 하나, **예산안에 대한 수정동의는 의원 50명 이상**(30명 ×)의 찬성이 있어야 함 ② **【위원회 소관외 不可】** 위원회는 **소관사항 외의 안건**에 대해서는 **수정안 제출할 수 없음**
표결 순서	① **【의원 → 위원회 순】** 의원의 수정안은 **위원회의 수정안보다 먼저 표결함** ② **【전부 부결시 원안】** 수정안이 전부 부결되었을 때에는 **원안을 표결**
의장의 수정안 판단	① **【원안의 본래취지 상실, 다른 의미로 변경 아닌 한 수정안 인정】** 어떠한 의안으로 인하여 **원안이 본래의 취지를 잃고 전혀 다른 의미로 변경되는 정도**에까지 이르지 않는다면 이를 **국회법상의 수정안에 해당**하는 것으로 보아 의안을 처리할 수 있음 ② **【의장의 수정안 평가와 판단 존중】** 국회법이 회의절차 전반에 관하여 국회의장에게 폭넓은 권한을 부여하고 있으므로 헌법상 보장된 국회의 자율권을 근거로 **개별적인 수정안에 대한 평가와 그 처리에 대한 국회의장의 판단**은 명백히 법에 위반되지 않는 한 **존중되어야 함** ③ **【수정안 가결·선포 심의·표결권 침해 아님】** 국회의장이 원안과 별개의 의안을 수정안으로 보아 **가결을 선포**하였더라도 원안이 본래의 취지를 잃고 전혀 다른 의미로 변경되지 않았다면 **국회의원들의 심의·표결권 침해 아님**
수정안 판단의 한계	① **【위원회 중심주의 저해 우려】** 국회 본회의에서 **수정동의를 지나치게 넓은 범위에서 인정**할 경우, 국회가 의안 심의에 관한 국회운영의 원리로 채택하고 있는 **위원회 중심주의를 저해**할 우려가 있음 ② **【위원회에서 심사할 수 있었는지 여부】** 위원회의 심사를 거쳐 본회의에 부의된 **법률안의 취지 및 내용과 직접 관련**이 있는지 여부는 '원안에서 개정하고자 하는 조문에 관한 추가, 삭제 또는 변경으로서, 원안에 대한 위원회의 심사절차에서 **수정안의 내용까지 심사할 수 있었는지 여부**'를 기준으로 판단

2 본회의 의결

표결방법	① 【전자투표에 의한 기록표결】 표결할 때에는 **전자투표에 의한 기록표결**로 가부를 결정 ② 【재적 1/5 요구시 기명·호명·무기명】 **중요한 안건**으로서 의장의 제의 또는 의원의 동의로 **본회의의 의결**이 있거나 **재적 5분의 1 이상의 요구**가 있을 때에는 **기명투표·호명투표 또는 무기명투표로 표결**함 ③ 【환부된 법률안, 인사 안건은 무기명】 대통령으로부터 **환부된 법률안**과 기타 **인사에 관한 안건**은 **무기명투표**로 표결함 (기명투표 ×)
의안의 정리	① 【의장·위원회에 위임】 본회의는 의안이 의결된 후 서로 어긋나는 조항·자구·숫자나 그 밖의 사항에 대한 정리가 필요할 때에는 이를 **의장 또는 위원회에 위임**할 수 있음 ② 【의장은 위임없어도 의안정리 가능】 국회의장은 본회의 위임의결이 없더라도 본회의에서 의결된 법률안의 조문이나 자구·숫자, 법률안의 체제나 형식 등의 정비가 필요한 경우 **의결된 내용이나 취지를 변경하지 않는 범위에서는 이를 정리할 수 있음** ③ 【위임없는 의안정리 입법절차 위반 아님】 국회의장이 국회의 위임 없이 법률안을 정리하더라도 그러한 정리가 국회에서 의결된 법률안의 실질적 내용에 변경을 초래하는 것이 아닌 한 헌법이나 국회법상의 **입법절차에 위반 아님** (입법절차 위반 ×)
번안	① 【재적과반출석 출석 2/3 찬성】 **본회의에서의 번안동의**는 의안을 발의한 의원이 그 의안을 발의할 때의 발의의원 및 찬성의원 3분의 2 이상의 동의로, 정부 또는 위원회가 제출한 의안은 소관 위원회의 의결로 각각 그 안을 갖춘 서면으로 제출하되, **재적의원 과반수의 출석과 출석의원 3분의 2 이상의 찬성으로 의결**함 (의안이 정부에 이송된 후에는 번안할 수 없음)
회의록 자구의 정정	① 【회의록 자구의 정정】 발언한 의원은 회의록이 배부된 날의 다음 날 오후 5시까지 **회의록에 적힌 자구의 정정을 의장에게 요구**할 수 있으나, **발언의 취지를 변경할 수 없음**

POINT 190 정부이송

제53조 ① 【15일 이내 공포】 국회에서 의결된 법률안은 정부에 이송되어 **15일**(20일 ×) **이내**에 **대통령이 공포**한다.
② 【15일 이내 이의서 붙여 국회 환부 → 재의요구】 법률안에 이의가 있을 때에는 **대통령은 제1항의 기간내**(10일 이내 ×, 20일 이내 ×)에 이의서를 붙여 **국회로 환부**하고, 그 **재의를 요구**할 수 있다. 【폐회중 거부 可】 국회의 폐회중에도 또한 같다. (폐회중에는 거부할 수 없음 ×, 임시국회의 소집을 요구하여야 함 ×, 폐회 중이면 국회에 환부하는 기간인 15일은 차기 국회 개회일까지 정지됨 ×)
③ 【일부·수정재의 불가】 대통령은 법률안의 **일부**에 대하여 또는 법률안을 **수정**하여 재의를 요구할 수 **없다**. (법률안의 일부에 대하여 또는 법률안을 수정하여 재의를 요구할 수 있음 ×)
④ 【재적과반출석 + 2/3 찬성 → 법률로서 확정】 재의의 요구가 있을 때에는 국회는 재의에 붙이고, **재적의원과반수의 출석과 출석의원 3분의 2 이상의 찬성**(재적의원 3분의 2이상의 찬성 ×, 재적과반수의 찬성 ×)으로 **전과 같은 의결**을 하면 그 법률안은 **법률로서 확정**된다. (대통령이 공포함으로써 법률안은 법률로서 확정 ×)
⑤ 【15일 이내 공포·재의요구 미실시 → 법률로서 확정】 대통령이 제1항의 기간내에 **공포나 재의의 요구**를 하지 아니한 때에도 그 법률안은 **법률로서 확정**된다.
⑥ 【대통령 공포】 대통령은 제4항과 제5항의 규정에 의하여 **확정된 법률을 지체없이 공포**하여야 한다. 【법률 확정 or 정부이송 5일 내 대통령 미공포 → 국회의장 공포】 제5항에 의하여 **법률이 확정된 후** 또는 제4항에 의한 **확정법률이 정부에 이송된 후 5일 이내**에 대통령이 **공포하지 아니할 때**에는 **국회의장이 이를 공포**한다.
⑦ 【공포한 날부터 20일 경과 → 효력 발생】 법률은 특별한 규정이 없는 한 **공포한 날로부터 20일을 경과함**으로써 효력을 발생한다.

1 대통령의 공포

① 【15일 이내 대통령 공포】 국회에서 의결된 법률안은 정부에 이송되어 **15일 이내**에 **대통령이 공포함**

2 대통령의 거부권 행사

(1) 대통령의 거부권행사와 국회의 재의결

대통령제	① 【대통령제의 특징】 대통령의 법률안거부권은 국회의 고유한 권한인 **법률제정권 독점에 따른 전횡을 방지**하기 위해 대통령에 부여한 통제수단으로서 **대통령제의 특징** (의원내각제 ×)
우리 헌법	① 【제헌헌법 시부터 인정】 대통령의 법률안거부권은 **단원제**를 채택한 **제헌헌법**과 **양원제**를 채택한 **1952년 헌법**(제1차 개헌)에서도 **인정**되었음 ② 【헌법상 재의요구사유 규정 無】 현재 대통령의 법률안거부권 행사의 **실질적 요건**에 대하여 **명문의 규정이 없음** (헌법은 대통령의 재의요구 사유로 헌법위반, 기본권 침해의 법률안, 실현불가능한 법률안, 국익에 위배되는 법률안의 경우라고 명문 규정 ×)

(2) 확정법률의 공포

대통령	① 【대통령 공포】 대통령(국회의장 ×)은 국회의 재의에 의하여 확정된 법률을 **지체없이 공포**하여야 함
국회의장	① 【정부이송 5일 내 대통령 미공포 시 국회의장 공포】 국회의 재의결에 의한 확정법률이 **정부에 이송된 후 5일 이내**(10일 이내 ×, 15일 이내 ×)에 대통령이 공포하지 아니할 때에는 **국회의장**(국무총리 ×)이 이를 **공포**함 (국회의장이 당연히 공포권을 가짐 ×)
	② 【헌법상 국회의장 공포권 인정】 **국회의장의 법률안 공포권은 헌법**이 채택하고 있는 제도 (모든 법률안은 반드시 대통령이 공포하여야 법률로서 확정될 수 있음 ×)

3 대통령이 공포나 재의요구를 안한 경우

확정	① 【15일 이내 공포·재의요구 미실시 → 법률로서 확정】 국회에서 의결된 법률안이 정부에 이송되어 **15일 이내**에 대통령이 **공포나 재의의 요구**를 하지 아니한 때에도 그 **법률안은 법률로서 확정**됨 (국회는 법률안을 재의결할 수 있음 ×)
공포	① 【대통령 공포】 대통령이 15일 이내에 공포나 재의의 요구를 하지 아니하여 확정된 **법률을 대통령은 지체없이 공포**하여야 함 (법률이 확정된 후 5일 이내에 국회의장이 공포 ×)
	② 【법률이 확정된 후 5일 내 대통령 미공포 시 국회의장 공포】 대통령이 15일 이내에 공포나 재의의 요구를 하지 아니하여 법률이 확정된 후 **대통령이 공포하지 않은 경우 국회의장이 공포**함

4 법률의 효력발생

공포 필수	① 【공포해야 효력발생】 대통령이 정부에 이송되어 온 법률안을 15일 이내에 공포나 재의의 요구도 하지 **않음으로써 확정**된 법률이나 국회의 **재의결로 확정된 법률이 정부에 이송된 후 5일 이내에 공포되지 아니하면, 국회의장의 공포로서 효력이 발생**함 (공포 없이도 효력 발생 ×)
관보게재	① 【종이관보 = 전자관보】 관보의 내용 해석 및 적용 시기 등에 대하여 **종이관보와 전자관보는 동일한 효력**을 가짐
	② 【관보·신문 발행일】 법령 등의 **공포일** 또는 **공고일**은 해당 법령 등을 게재한 **관보 또는 신문이 발행된 날**로 함
효력발생시기	① 【공포한 날로부터 20일 경과】 법률은 특별한 규정이 없는 한 공포한 날로부터 **20일을 경과**함으로써 **효력을 발생**함 (법률은 공포일 다음날부터 곧바로 효력을 발생 ×)
	② 【권리제한·의무부과 법률 : 30일】 국민의 **권리제한** 또는 **의무부과**와 직접 관련되는 법률은 특별한 사유가 없는 한 그 법률을 **공포한 후 적어도 30일이 경과**한 날부터 **시행**되도록 하여야 함

POINT 191 조세법률주의

CHAPTER 05 | 국회의 재정권

제59조【조세법률주의】조세의 종목과 세율은 법률로 정한다.¹

1 조세법률주의

조세법률주의	①【조세법률주의】조세의 부과와 징수는 **국민의 재산권에 대한 중대한 제한**을 초래하므로, 헌법은 조세에 관한 사항을 국민의 대표기관인 **국회가 제정한 법률에 의하도록 하는 조세법률주의**를 취하고 있음² ②【헌법명문규정】조세법률주의는 **헌법**에서 **명문으로 규정**하고 있음² ③【법률에 근거한 과세】조세법률주의는 조세평등주의와 함께 **조세법의 기본원칙**으로서, **법률의 근거 없이 국가는 조세를 부과·징수할 수 없고, 국민은 조세의 납부를 요구**받지 않는다는 원칙²
법정 + 명확	①【과세요건 법정주의 + 명확주의】조세법률주의는 조세평등주의와 함께 조세법의 기본원칙으로 **과세요건 법정주의**와 **과세요건 명확주의**를 핵심적 내용으로 함³ ②【재산권 보장 + 법적 안정성·예측가능성 보장】조세법률주의의 이념은 **과세요건을 법률로 규정**하여 국민의 **재산권을 보장**하고, 과세요건을 명확하게 규정하여 국민생활의 **법적 안정성과 예측가능성을 보장**함에 있음²

2 과세요건 법정주의

(1) 과세요건 법정주의

법률주의	① **【과세요건 + 부과징수·절차】** 조세법률주의는 납세의무를 성립시키는 납세의무자, 과세물건, 과세표준, 과세기간, 세율 등의 **모든 과세요건과 조세의 부과·징수절차**는 모두 국민의 대표기관인 **국회가 제정한 법률**로 규정하여야 한다는 **과세요건 법정주의**를 내용으로 함 (조세의 부과나 징수절차까지 법률로 규정할 필요는 없음 ×)⁵ ② **【조세의 감면】** 특정인이나 특정계층에 대하여 **정당한 이유없이 조세감면의 우대조치**를 하는 것은 특정한 납세자군이 조세의 부담을 다른 납세자군의 부담으로 떠맡기는 것에 다름아니므로 **조세의 감면에 관한 규정**은 조세의 부과·징수의 요건이나 절차와 관련되는 것은 아니지만, **조세감면의 근거 역시 법률**로 정하여야 함 (법률로 규정하지 않더라도 가능 ×)³ ③ **【입법재량】** 조세감면의 혜택을 부여하는 입법에서 범위를 결정하는 것은 입법자의 광범위한 재량에 속하고 재량의 범위를 뚜렷하게 벗어난 것으로 볼 수 없는 한 **위헌이라고 단정할 수 없음**¹
위임입법	① **【행정입법에 위임 필요】** 조세법률주의를 견지하면서도 조세평등주의와의 조화를 위하여 경제현실에 응하여 공정한 과세를 할 수 있게 하고 탈법적인 조세회피행위에 대처하기 위해서는, **납세의무의 중요한 사항 내지 본질적인 내용에 관련된 것**이라 하더라도 **경제현실의 변화나 전문적 기술의 발달 등에 즉응하여야 하는 세부적인 사항**은 국회제정의 형식적 법률보다 더 탄력성이 있는 행정입법에 이를 위임할 필요가 있음³ ② **【행정입법에 위임 可】** 조세법률주의에서도 조세부과와 관련되는 **모든 법규를 예외 없이 형식적인 법률**에 의할 것을 요구하는 것은 아니며 경제현실의 변화나 전문기술의 발달에 즉시 대응하여야 할 필요 등 **부득이한 사정**이 있는 경우 **행정입법에 위임**하는 것도 가능³ ③ **【포괄위임입법금지원칙 적용】** 법률로 규정하여야 할 사항을 대통령령 등 하위법규에 위임하는 경우에 **일반적이고 포괄적인 위임**을 허용한다면 이는 사실상 입법권을 백지 위임하는 것이나 다름없어 의회입법의 원칙이나 법치주의를 부인하는 것이 되고 아무런 제한 없이 행하여지는 행정권의 자의로 말미암아 **기본권이 침해**될 위험이 있음¹

(2) 유추·확장해석 금지 및 소급과세금지

유추·확장 해석금지	① **【유추·확장해석 금지】** 조세법규의 해석에 있어 **유추해석**이나 **확장해석은 허용되지 아니하고 엄격히 해석**하여야 함 (유추해석은 금지되지만 확장해석은 허용 ×)³ ② **【법규 상호간 해석 필요】** 조세법규에 있어서도 **법규 상호간의 해석**을 통하여 **그 의미를 명백히 할 필요**가 있음¹ ③ **【상호간 해석 시 의미가 분명하면 명확주의 위반 아님】** 조세법규에 있어서도, **법규 상호간의 해석**을 통하여 그 의미를 명백히 할 필요성은 다른 법률과 다를 바 없으므로, **당해 조세법규의 체계 및 입법취지** 등에 비추어 그 의미가 분명하여질 수 있다면 그 규정이 **과세요건 명확주의에 위반 아님**¹
소급과세금지	① **【소급과세금지】** 조세법률주의는 납세의무가 존재하지 않았던 **과거에 소급하여 과세하는 입법을 금지하는 원칙**을 포함함¹ ② **【완성된 요건사실에 당해 법령 적용금지】** 소급과세금지의 원칙은 그 **조세법령의 효력발생 이전에 완성된 과세요건사실**에 대하여 **당해 법령을 적용할 수 없음**을 말함¹

3 과세요건 명확주의

(1) 과세요건 명확주의

명확주의	① **【명확·일의】** 조세행정에 있어서의 **법치주의 적용**은 조세징수로부터 국민의 재산권을 보호하고 법적 생활의 안전을 도모하려는 데 그 목적이 있는 것으로서, **과세요건이 법률로 규정**되어야 함은 물론 그 규정내용이 지나치게 추상적이고 불명확하면 과세관청의 자의적인 해석과 집행을 초래할 염려가 있으므로 그 **규정내용이 명확하고 일의적**이어야 함
판단	① **【종합적 판단】** **과세요건 명확주의**는 납세자의 입장에서 어떠한 행위가 당해 문구에 해당하여 **과세의 대상**이 되는지 **예견할 수 있는가**, 당해 문구의 불확정성이 행정관청의 입장에서 **자의적이고 차별적으로 법률을 적용할 가능성**을 부여하는가 등의 기준에 따른 **종합적 판단** ② **【법관의 보충적 가치판단】** 법 문언에 **어느 정도의 모호함이 내포**되어 있다 하더라도 **법관의 보충적인 가치판단**을 통해서 그 의미내용을 확인할 수 있고, 그러한 보충적 해석이 해석자의 개인적인 취향에 따라 좌우될 가능성이 없다면 **과세요건 명확주의 위반 아님**

(2) 관련판례

1	**[고급오락장용 건축물에 중과세 (위헌)]** 사치성재산에 대해 중과세를 하면서 '고급오락장용 건축물'을 과세대상으로 규정한 「지방세법」은 "고급오락장"의 개념이 지나치게 추상적이고 불명확하여 **조세법률주의 위배**(1999.3.25. 98헌가11 등)
2	**[근로소득의 정의 (합헌)]** 소득세의 과세대상이 되는 근로소득의 범위에 관하여 "근로의 제공으로 인하여 받는 봉급·급료·보수·세비·임금·상여·수당과 이와 유사한 성질의 급여"라고 규정하고 있는 (구)「소득세법」조항은 과세요건 명확주의 위반 아님(2002.9.19. 2001헌바74)

4 실질적 조세법률주의

실질적 조세법률주의	① **【실질적 조세법률주의】** 조세법률주의는 조세법의 목적과 내용이 기본권 보장의 헌법이념에 부합되어야 한다는 **실질적 적법절차가 지배하는 법치주의**를 뜻하므로, **과세요건이 법률로 명확히 정해지는 것만으로 충분한 것은 아니고** 조세법의 목적이나 내용이 기본권 보장의 헌법이념과 헌법상 요구되는 제 원칙에 합치되어야 함
국가사회 유도·형성 기능	① **【헌법 제34조 제1항】** 현대국가에서 **조세의 유도적·형성적 기능**은 국민이 공동의 목표로 삼고 있는 **일정한 방향으로 국가사회**를 유도하고 그러한 상태를 형성하기 위한 기능을 의미하고 이 같은 기능은 모든 국민으로 하여금 '**인간다운 생활을 할 권리**'를 보장한 **헌법 제34조 제1항에 의하여 그 헌법적 정당성**이 뒷받침 ② **【헌법상 경제질서 조항】** 헌법의 경제질서 조항은 보다 적극적인 목적을 가지고 조세를 부과하는 이른바 조세의 유도적·형성적 기능의 헌법적 정당성을 뒷받침함
심사기준	① **【종합적 정책판단 필요시 완화심사】** 오늘날 조세는 **국가의 재정수요를 충족**시킨다고 하는 본래의 기능 외에도 소득의 재분배, 자원의 적정배분, 경기의 조정 등 **여러 가지 기능**을 가지고 있어 국민의 조세부담을 정함에 있어서 **재정·경제·사회정책 등 국정전반에 걸친 종합적인 정책판단**을 필요로 하므로 그 비례심사의 강도는 다소 완화될 필요가 있음

5 관련판례

(1) 조세법률주의 위반 판례

1	【이혼사유 재산분할을 증여로 의제하여 증여세 부과 (위헌)】 28년 간의 혼인생활 끝에 **협의이혼하면서 재산분할을 청구**하여 받은 재산액 중 상속세의 배우자 인적공제액을 초과하는 부분에 대하여 **증여세를 부과**하는「상속세법」은 증여세제의 본질에 반하여 **증여라는 과세원인이 없음에도 불구**하고 증여세를 부과하는 것이어서 **실질적 조세법률주의 위배**(1997.10.30. 96헌바14) ³
2	【상속세 부과 당시 재산가액으로 상속세 부과 (위헌)】 미신고 또는 누락된 상속세에 대하여 상속세 부과요건이 성립된 시점인 **상속이 개시된 때**가 아니라 **상속세 부과 당시의 가액**을 과세대상인 상속재산의 가액으로 하는 것은「소득세법」은 **조세법률주의 위반**(1992.12.24. 90헌바21) ¹
3	① 【토지초과이득세 (헌불)】「토지초과이득세법」상의 토지초과이득세는 양도소득세와 같은 소득세의 일종으로서 **그 과세대상 또한 양도소득세 과세대상의 일부와 완전히 중복**되고 양세의 목적 또한 유사하여 어느 의미에서는 토초세가 양도소득세의 예납적 성격을 가지고 있는데도 **토초세액 전액을 양도소득세에서 공제하지 않도록 규정**한 것은 **조세법률주의의 실질과세 원칙 위반**(1994.7.29. 92헌바49 등) ¹ ② 【미실현 이득에 대한 과세여부는 입법정책】 과세대상인 **자본이득의 범위에 미실현 이득을 포함시킬 것인가의 여부는 입법정책의 문제**이며, 포함되더라도 헌법상의 조세개념에 저촉되거나 그와 양립할 수 없는 모순이 있는 것으로 볼 수 **없음**(1994.7.29. 92헌바49 등) ³

(2) 조세법률주의 위반 아닌 판례

1	【증여세 회피 목적 명의신탁시 증여간주 증여세부과 (합헌)】 명의신탁이 증여세 회피를 목적으로 이용되는 경우에 증여로 간주하여 증여세를 부과하는「상속 및 증여세법」은 **실질적 조세법률주의 위배 아님**(2004.11.25. 2002헌바66) ¹

POINT 192 조세평등주의

1 조세평등주의

응능부담	① 【수평적 + 수직적 조세정의】 조세평등주의가 요구하는 **담세능력에 따른 과세의 원칙**(응능부담의 원칙)은 한편으로 동일한 소득은 원칙적으로 동일하게 과세될 것을 요청하며(**수평적 조세정의**), 다른 한편으로 소득이 다른 사람들 간의 공평한 조세부담의 배분을 요청함(**수직적 조세정의**)
불포함	① 【누진세제 도입요구 아님】 담세능력에 따른 과세의 원칙은 담세능력이 큰 자는 **담세능력이 작은 자에 비하여 더 많은 세금을 낼 것**과, 최저생계를 위하여 필요한 경비는 과세로부터 제외되어야 한다는 **최저생계를 위한 공제**를 요청할 뿐, 입법자로 하여금 소득세법에 있어서 **반드시 누진세율을 도입할 것까지 요구하는 것은 아님**

2 합헌판례

1	① 【유사석유제품 제조자에 교통·에너지·환경세 부과 (합헌)】 유사석유제품 제조자와 석유제품 제조자 모두에게 교통·에너지·환경세를 부과하면서 동일하게 제조량을 과세표준으로 삼은 「교통·에너지·환경세법」은 **조세평등주의 위배 아님**(2014.7.24. 2013헌바177) ② 【교통·에너지·환경세의 과세물품·수량 신고 (합헌)】 교통·에너지·환경세의 과세물품 및 수량을 신고하도록 한 「교통·에너지·환경세법」은 **진술거부권 제한 아님**(2014.7.24. 2013헌바177)

POINT 193 예산과 법률

제54조 ① 【예산안 심의·확정권】 국회는 국가의 예산안을 심의·확정한다.¹
제40조 【입법권】 입법권은 국회에 속한다.

1 예산과 법률

예산 비법률주의	① 【예산 : 법규범】 예산도 일종의 **법규범**이며, 우리 헌법은 예산을 **특수한 존재형식**으로 규율하고 있음 (예산은 법규범이 아니라 행정부 내부의 훈령임 ×)¹ ② 【예산비법률주의】 예산에 관해서는 그것을 법률의 형식으로 의결하는 **예산법률주의**와 법률과는 다른 특수한 형식으로 의결하는 **예산특수의결주의(예산비법률주의)**가 있는데, **우리나라는 예산비법률주의를 채택**하고 있음 (예산법률주의를 채택 ×)¹ ③ 【예산법률주의 채택 시 헌법개정 필요】 우리 헌법은 **법률과 예산의 형식을 구별**하고 있기 때문에, 만일 **예산법률주의를 채택하고자 하는 경우에는 헌법을 개정**하여야 함²
예산주의	① 【예산주의】 예산은 법률과 달리 **일년예산주의, 예산총계주의, 예산단일주의** 등을 채택¹ ② 【예산총계주의】 예산총계주의는 **국가재정의 모든 수지를 예산에 반영**함으로써 그 **전체를 분명하게** 하고 국회와 국민에 의한 **재정상의 감독을 용이**하게 하려는 것임¹
예산과 법률	① 【예산과 법률 상호 변경 불가】 예산과 법률은 형식, 성립절차 및 규율대상이 다르기 때문에 **예산으로 법률을 변경하거나 법률로 예산을 변경할 수 없음**² ② 【법률근거 無 → 예산집행 불가】 예산과 법률은 별도의 형식으로 존재하므로, **세출예산은 예산으로 성립**하여 있다고 하더라도 그 경비의 지출을 인정하는 **법률이 없는 경우** 정부는 **지출행위를 할 수 없음** (법률에 예산 집행의 근거가 없어도 예산의 지출을 할 수 있음 ×)² ③ 【법률근거 + 예산계상】 공무원이 국가를 상대로 실질이 보수에 해당하는 금원의 지급을 구하려면 공무원의 '**근무조건 법정주의**'에 따라 국가공무원법령 등 **공무원의 보수에 관한 법률에 지급근거가 되는 명시적 규정**이 존재하여야 하고, 나아가 **해당 보수 항목이 국가예산에도 계상**되어 있어야 함²

2 예산과 법률 비교

구분	예산	법률
근거	헌법 제54조	헌법 제40조
제출권자	**정부만 예산편성제출권 가짐**	국회의원(10인이상), 정부, 위원회
효력발생요건	**국회의 의결** (관보의 공고 ×)³	공포³
대통령거부권	의결된 예산안에 대한 거부권 없음	의결된 법률안에 대한 거부권 있음
구속력	**국가기관만 구속**⁴	국가기관과 국민 모두를 구속²
시간적 범위	1회계연도¹	개정·폐지시까지 영구적¹

POINT 194 예산심의·확정권

제54조 ① 【국회 : 예산안 심의·확정권】 국회는 국가의 예산안을 심의·확정한다.¹
② 【정부 : 90일 전 편성·제출권】 정부는 회계연도마다 예산안을 편성하여 회계연도 개시 90일전(60일전 ×, 80일전 ×, 100일전 ×, 120일전 ×)까지 국회에 제출하고, 【국회 : 30일 전 의결권】 국회는 회계연도 개시 30일전(60일전 ×, 회계연도 개시일 ×)까지 이를 의결하여야 한다.¹⁶

제57조 【정부 동의없이 증액·새 비목 설치 금지】 국회는 정부의 동의없이 정부가 제출한 지출예산 각항의 **금액을 증가하거나 새 비목을 설치할 수 없다.** (지출예산 각 항의 금액을 증가하거나 새 비목을 설치할 수 있음 ×)¹⁸

제89조 【국무회의 심의】 다음 사항은 **국무회의의 심의**를 거쳐야 한다.
4. **예산안**¹·결산·국유재산처분의 기본계획·국가의 부담이 될 계약 기타 재정에 관한 중요사항

1 예산안 편성·제출 : 정부의 권한

편성·제출권	① 【정부만의 권한】 국가의 **예산안을 편성·제출**하는 권한은 **정부만 가짐** ② 【국회의 제출권 부정】 국회는 예산편성권을 가지지 못하며, 예산안을 **제출**할 수 없음 (국회의원이 국회에 예산안을 제출 ×) ③ 【법원예산은 정부편성】 법원의 예산은 법원행정처가 아닌 **정부가 편성**하여 **국회에 제출함**¹
독립기관	① 【독립기관 예산 존중】 정부는 **독립기관**(국회·대법원·헌재·중선위)의 예산을 편성함에 있어 **독립기관의 장의 의견을 최대한 존중**하여야 하며, 국가재정상황 등에 따라 조정이 필요한 때에는 **독립기관의 장과 미리 협의**하여야 함
제출·수정	① 【국가재정법상 120일 전】 헌법은 회계연도 개시 90일 전까지 국회에 제출하도록 규정하고 있지만 「국가재정법」은 회계연도 개시 120일 전까지 국회에 제출하도록 규정¹ ② 【국가재정운용계획】 정부는 재정운용의 효율화와 건전화를 위하여 매년 해당 회계연도부터 **5회계연도**(3회계연도 ×) 이상의 기간에 대한 재정운용계획을 수립하여 **회계연도 개시 120일 전**(150일 전 ×)까지 국회에 제출하여야 함¹ ③ 【수정예산(국회의결전)】 정부는 예산안을 **국회에 제출한 후** 부득이한 사유로 인하여 그 **내용의 일부를 수정**하고자 하는 때에는 **국무회의의 심의**를 거쳐 **대통령의 승인**을 얻은 **수정예산안을 국회에 제출할 수 있음** (국무총리의 승인 ×, 수정 또는 철회하기 위해서는 본회의 동의 ×)³

2 예산안 심의·확정 : 국회의 권한

(1) 예산안의 회부·심사

예비심사 (상임위)	① 【상임위 예비심사 → 본회의 시정연설】 예산안과 결산은 소관 상임위에 회부하고, 소관 상임위는 예비심사를 하여 결과를 의장에게 보고하며, 예산안에 대해서는 본회의에서 정부의 시정연설을 들음 / ② 【심사기간 지정】 의장은 예산안과 결산을 소관 상임위에 회부할 때에는 심사기간을 정할 수 있으며, 상임위가 이유 없이 그 기간 내에 심사를 마치지 아니한 때에는 이를 바로 예산결산특별위에 회부할 수 있음 /
예결위 (종합심사)	① 【소관상임위 동의로 예결위 증액 可】 예산결산특별위는 소관 상임위의 예비심사 내용을 존중하여야 하며, 소관 상임위에서 삭감한 세출예산 각 항의 금액을 증가하게 하거나 새 비목(費目)을 설치할 경우에는 소관 상임위의 동의를 받아야 함 / ② 【공청회】 예산결산특별위는 예산안, 기금운용계획안 및 결산에 대하여 공청회를 개최하여야 하나, 추가경정예산, 기금운용계획변경안 또는 결산의 경우 위원회 의결로 공청회 생략할 수 있음 / ③ 【위원회 11월 30일까지 심사 → if not 자동 본회의 부의】 위원회는 예산안, 기금운용계획안, 임대형 민자사업 한도액안과 세입예산 부수법률안의 심사를 매년 11월 30일(10월 30일 ×)까지 마쳐야 하며, 위원회가 이때까지 심사를 마치지 아니하였을 때에는 그 다음날에 위원회에서 심사를 마치고 바로 본회의에 부의된 것으로 봄 ⁵
소극심사	① 【정부동의로 증액, 새 비목 설치 가능】 국회는 정부의 동의를 얻어 정부가 제출한 지출예산 각항의 금액을 증가하거나 새로운 비목을 설치할 수 있음 ² ② 【정부동의로 기금운용계획안 증액, 새 비목 설치 가능】 국회는 정부가 제출한 기금운용계획안의 주요항목 지출금액을 미리 증액하거나 새로운 과목을 설치하고자 하는 때에는 미리 정부의 동의를 얻어야 함 /
세입예산 부수법안	① 【세입예산부수법안 지정】 의원이나 정부가 세입예산에 부수하는 법률안을 발의하거나 제출하는 경우 세입예산 부수 법률안 여부를 표시하여야 하고, 의장은 국회예산정책처의 의견을 들어 세입예산안 부수 법률안으로 지정함 ²

(2) 예산안 의결

의결 및 관보공고	① 【거부권 행사 不可】 국회는 예산심의를 전면 거부할 수 없으며, 대통령도 법률안거부권 행사와 같이 국회에서 통과된 예산안을 국회에 환송하여 재심의를 요구하는 거부권을 행사할 수 없음 (대통령은 예산안에 대하여 거부권을 행사할 수 있음 ×) ⁴ ② 【관보공고 (효력요건 아님)】 법률은 공포가 효력발생요건이나 예산은 관보로써 공고하도록 되어있을 뿐, 예산은 공고가 효력발생요건이 아님 (예산의 공고가 효력발생요건 ×) ³
예산의 효력	① 【국가기관만 구속】 예산도 일종의 법규범이고 법률과 마찬가지로 국회의 의결을 거쳐 제정되나, 법률과 달리 국가기관만을 구속할 뿐 일반국민을 구속하지 않음 (국민을 구속 ×) ⁴ ② 【헌소대상 아님】 국회가 의결한 예산 또는 국회의 예산안 의결은 헌법소원의 대상이 되지 아니함 (국회의 예산안 의결은 헌법소원의 대상 ×) ⁹

POINT 195 기타 예산·결산 등 A

1 준예산

제54조 ③ 【준예산 : 예산안 미의결 시】 새로운 회계연도가 개시될 때까지 예산안이 의결되지 못한 때에는 정부는 국회에서 예산안이 의결될 때까지 다음의 목적을 위한 경비는 **전년도 예산에 준하여** 집행할 수 있다. (아직 의결되지 못한 예산안에 따라 집행 ×)[10]
1. 【기관·시설 유지·운영】 헌법이나 법률에 의하여 설치된 기관 또는 시설의 유지·운영[5]
2. 【법률상 지출의무】 법률상 지출의무의 이행[9]
3. 【계속비】 이미 예산으로 승인된 사업의 계속[4]

2 계속비와 예비비

제55조 ① 【계속비 : 한 회계연도 넘어 지출】 한 회계연도를 넘어 계속하여 지출할 필요가 있을 때에는 **정부는 연한을 정하여 계속비로서 국회의 의결**(연한을 정함이 없이 ×, 연한을 정하여 예비비로서 국회의 의결 ×, 연한을 정하여 준예산으로서 국회의 의결 ×)을 얻어야 한다.[9]
② 【예비비 : 총액 의결】 예비비는 총액으로 국회의 의결을 얻어야 한다.[10] 【차기국회 승인】 예비비의 지출은 **차기국회의 승인**(차기국회의 승인을 얻을 필요 없음 ×, 사전에 국회의 동의 ×, 차년도 국회 승인 ×)을 얻어야 한다.[10]

계속비	① 【한 회계연도 넘어 지출】 헌법은 예산일년주의의 예외로 **계속비**를 규정하고 있으나, 정부가 계속비로서 국회의 의결을 얻기 위해서는 **연한을 정하여야** 함[1]
예비비	① 【예측지 못한 지출 충당】 정부는 예측할 수 없는 예산 외의 지출 또는 예산초과지출에 충당하기 위하여 **일반회계 예산총액의 100분의 1 이내의 금액**을 예비비로 세입세출예산에 계상할 수 있음[3] ② 【공무원 보수인상 인건비 충당 사용 금지】 공무원의 보수 인상을 위한 인건비 충당을 위하여는 예비비 사용목적을 지정할 수 **없음** (지정할 수 있음 ×)[2] ③ 【기재부장관 관리】 예비비의 관리는 **기획재정부장관**이 함[1]

3 추가경정예산

제56조 【추가경정예산 : 예산 변경 시】 정부는 예산에 변경을 가할 필요가 있을 때에는 **추가경정예산안**(수정예산안 ×, 예비비 ×)을 편성하여 국회에 제출할 수 있다.[3]

편성사유	① 【대내·외 여건에 중대한 변화】 정부는 대내·외 여건에 중대한 변화가 발생할 우려가 있는 긴급한 경우 이미 확정된 예산에 변경을 가할 필요가 있는 경우에는 **추가경정예산안**을 편성하여 국회에 제출할 수 있음[1] ② 【지출이 발생·증가】 정부는 법령에 따라 국가가 지급하여야 하는 지출이 **발생하거나 증가**하여 이미 확정된 예산에 변경을 가할 필요가 있는 경우에는 **추가경정예산안**을 편성하여 국회에 제출할 수 있음[3]
배정·집행	① 【확정전 배정·집행 금지】 정부는 국회에서 추가경정예산안이 확정되기 전에 이를 **미리 배정하거나 집행할 수 없음** (미리 배정할 수는 있으나 집행할 수는 없음 ×, 긴급한 경우에는 국회에서 추가경정예산안이 확정되기 전이라도 이를 배정하거나 집행할 수 있음 ×)[4]

4 기채 & 국고부담계약 사전동의권

제58조【국회 사전 의결】 국채를 모집하거나 예산외에 국가의 부담이 될 계약을 체결하려 할 때에는 정부는 미리 국회의 의결(국회에 보고하고 그 승인을 얻어야 함 ×)을 얻어야 한다. [9]

5 결산심사 및 사후조치

제99조【감사원 검사 → 대통령·차년도국회 보고】 감사원은 세입·세출의 결산을 매년 검사하여 대통령과 차년도 국회에 그 결과를 보고하여야 한다.

국회결산	①【정기회 전까지 완료】 국회는 결산에 대한 심의·의결을 **정기회 개회전까지 완료**하여야 함
시정요구	①【국회의 시정요구 → 처리결과 국회보고】 결산심사 결과 위법 또는 부당한 사항이 있는 때에 **국회는 본회의 의결 후 정부 또는 해당기관에 변상 및 징계조치 등 그 시정을 요구**하고 정부 또는 해당기관은 시정요구를 받은 사항을 지체없이 처리하여 **그 결과를 국회에 보고**하여야 함 [1]

POINT 196 국정감사 · 조사권

제61조 ① 【국정감사 · 조사권】 국회는 국정을 **감사**하거나 **특정한 국정사안**에 대하여 **조사**할 수 있으며, 【서류제출 · 증인출석 · 증언 · 의견진술 요구】 이에 필요한 **서류의 제출** 또는 **증인의 출석과 증언이나 의견의 진술**(압수 · 수색 ×)을 요구할 수 있다.⁵
② 【국정감사 · 조사 : 법률유보】 국정감사 및 조사에 관한 절차 기타 필요한 사항은 **법률**로 정한다.

1 국정감사 · 조사권

(1) 국회의 통제권

국회의 국정통제권	① 【입법, 예산심의, 국정통제 기능의 효율적 수행】 국회는 국정감사, 조사권의 행사를 통해서 **국정운영의 실태를 정확히 파악**하고 입법과 예산심의를 위한 **자료를 수집**하며 국정의 잘못된 부분을 적발, 시정함으로써 **입법, 예산심의, 국정통제 기능의 효율적인 수행**을 도모할 수 있음² ② 【국회가 주체】 국정감사 및 국정조사의 주체는 **국회**인데, 국회란 **국회본회의, 상임위, 특별위원회**를 말함 (국회 본회의를 포함하지 않음 ×)¹
도입경과 (헌정사)	① 【국정감사는 우리나라 특유제도】 **국정감사**(국정조사 ×)는 다른 나라에서 유례를 찾기 어려운 **우리나라에서 특유하게 발달한 제도**이며, 예산안 심사와 연계하여 국회의 기능을 실효성 있게 하고 **권력을 효율적으로 통제**할 수 있다는 제도적 의의¹ ② 【국정감사 : 제헌헌법 → 제7차 삭제 → 현행 부활】 우리나라에서는 **제헌헌법 및 1962년 헌법**에서 국정감사권을 도입하였으며, 국정감사제도는 **1972년 유신헌법**에서는 삭제되었다가 **제9차 개정헌법에 부활** (1980년 헌법 ×)되었음² ③ 【국정조사 : 제8차 개정헌법】 국정조사제도는 1689년 **영국의 의회**에서 고안된 것으로, 국회가 특정한 국정사안에 관한 조사를 하는 **국정조사제도가 최초로 헌법에 명시된 것은 제8차 개정헌법 때임**²
현행헌법	① 【국정감사 · 조사권 모두 규정】 현행 헌법(1987년)은 국회의 **국정조사권과 국정감사권을 모두 인정**하고 있음 (헌법은 국정조사권에 대하여 명문의 규정을 두고 있지 않음 ×)³ ② 【재판 · 수사 · 소추 간섭금지 삭제】 현행 헌법에서는 제5차 개정헌법(1962년)의 "다만 **재판과 진행 중인 범죄수사, 소추에 간섭할 수 없다**"라는 단서조항을 규정하고 있지 않음 (구 헌법에 규정되었던 단서조항을 그대로 유지 ×)¹

(2) 국정감사와 국정조사 비교

구분	국정감사	국정조사
대상	국정전반⁴	특정사안⁴
시기	정기(매년 정기회 집회일 이전)⁵	부정기(재적 1/4 요구)⁵
기관	소관 상임위²	상임위 또는 특위²
기간	30일 이내	본회의 의결로 결정

2 국정감사

(1) 국정감사

정기감사	① 【국정전반, 상임위별, 정기회 이전(or 중), 30일 이내】 국회는 **국정전반**에 관하여 **소관 상임위별**로 매년 정기회 집회일 이전에 국정감사 시작일부터 **30일 이내**(20일 ×)의 기간을 정하여 **감사를 실시**하나, **본회의 의결**로 정기회 기간 중에 감사를 실시할 수 있음 (정기회 기간 중에는 국정조사만 인정 ×)[11]
감사계획서	① 【운영위 협의 감사계획서】 국정감사는 **상임위원장이 국회운영위와 협의**(각 교섭단체 대표의원과 협의 ×)하여 작성한 **감사계획서**에 따라 함[3]

(2) 대상기관

국가기관	① 【국가기관】 국정감사는 「**정부조직법**」 기타 법률에 의하여 설치된 **국가기관** 등을 대상으로 **국정전반**에 걸쳐서 실시함[1]
지자체	① 【특별시·광역시·도】 국정감사의 대상기관 중 지방자치단체는 **본회의가 특히 필요하다고 의결**하지 않은 이상 **특별시·광역시·도**임[?] ② 【국가위임사무 + 예산지원사업】 지방자치단체 중 특별시·광역시·도의 감사범위는 **국가위임사무와 국가가 보조금 등 예산을 지원하는 사업**으로 함 (국가위임사무에 한정 ×, 관할 구역의 자치사무 ×)[6] ③ 【둘 이상 위원회 합동 반 구성 可】 지방자치단체에 대한 감사는 **둘 이상의 위원회가 합동으로 반을 구성**하여 할 수 있음[1]
감사원 감사대상기관	① 【감사원 감사대상기관】 국회 본회의가 특히 필요하다고 **의결**한 경우 「**감사원법**」에 따른 감사원의 **감사대상기관**에 대하여 국정감사를 실시할 수 있음 (감사원의 감사대상기관에 대하여 국정감사를 실시할 수는 없음 ×)[2]

3 국정조사

(1) 조사요구

조사요구서	① 【특정사안, 재적 1/4 요구, 특위(or 상임위)】 국회는 **재적의원 4분의 1 이상의 요구**(3분의 1이상 ×)가 있는 때에는 **특별위원회 또는 상임위**로 하여금 **국정의 특정사안**에 관하여 **국정조사**를 하게 함[14] ② 【조사요구서】 국정조사 요구는 조사의 목적, 조사할 사안의 범위와 조사를 할 위원회 등을 기재하여 **요구의원이 연서한 서면**(조사요구서)으로 함[1] ③ 【본회의 보고 → 조사위원회 확정】 의장은 **조사요구서가 제출**되면 지체 없이 **본회의에 보고**하고(본회의 보고 생략 ×) **각 교섭단체 대표의원과 협의**하여 조사를 할 **특별위원회를 구성**하거나 **해당 상임위에 회부**하여 **조사를 할 위원회를 확정**함[2]
조사계획서	① 【조사계획서 본회의 승인】 **조사위원회**는 조사의 목적, 조사할 사안의 범위와 조사방법, 조사에 필요한 기간 및 소요경비 등을 기재한 **조사계획서를 본회의에 제출하여 승인**받아 조사[2] ② 【본회의 승인 or 반려】 본회의는 조사계획서를 의결로써 **승인하거나 반려**함[1]

(2) 조사위원회 구성과 운영

구성·운영	① 【조사참여 거부 교섭단체의원 제외 可】 국정조사를 위한 **특별위원회**는 교섭단체의원수의 비율에 따라 구성하여야 하나 조사에 참여하기를 거부하는 교섭단체의 의원은 **제외할 수 있음** [3] ② 【위원장이 속하지 않은 다수 교섭단체 소속 간사 직무대행】 조사위원회의 위원장이 **사고**가 있거나 그 **직무**를 수행하기를 거부 또는 기피하여 조사위원회가 활동하기 어려운 때에는 **위원장이 소속하지 아니하는 교섭단체 소속의 간사**(위원장이 소속한 교섭단체 소속의 간사 ×, 의원수가 많은 간사순 ×) 중에서 **소속의원 수가 많은 교섭단체 소속인 간사의 순으로 위원장의 직무를 대행**함 [6]
활동기간	① 【의결로 연장】 조사위원회의 활동기간 **연장**은 본회의 **의결**로 할 수 있음 [4] ② 【의결로 단축】 본회의는 조사위원회의 중간보고를 받고 조사를 장기간 계속할 필요가 없다고 인정되는 경우 **의결로**(의결없이 ×) 조사위원회의 **활동기간을 단축**할 수 있음 (단축할 수 없음 ×) [4]
예비조사	① 【예비조사】 국정조사위원회는 조사를 하기 전에 **전문위원**이나 그 밖의 국회사무처 소속 **직원** 또는 조사대상기관의 소속이 아닌 **전문가** 등으로 하여금 **예비조사**를 하게 할 수 있음 [2]

4 국정감사·조사권의 행사와 사후조치

(1) 감사·조사의 한계 및 방법

한계	① 【사생활·재판·수사】 감사·조사는 **개인의 사생활**을 침해하거나 **계속 중인 재판 또는 수사 중인 사건의 소추**에 관여할 목적으로 행사되어서는 아니 됨 [10] ② 【사법부】 국정감사·조사권은 입법·행정·재정에 관한 사항과 **사법**에 관해서도 할 수 있음 (사법에 관한 사항에 대해서는 할 수 없음 ×, 사법부에는 행사할 수 없는 한계가 있음 ×) [3] ③ 【진행 중 재판】 현재 재판이 진행 중인 사건과 동일한 사실 조사의 경우도 조사 목적이 정치적 책임 추궁, 입법자료 수집 등 **법관의 재판에 직접적인 영향을 미치지 않는다면 국정조사 허용** [1]
감사·조사 방법	① 【소위·반 구성 可】 국정감사·조사를 행하는 위원회는 **위원회의 의결**로 필요한 경우 2인 이상의 위원으로 별도의 **소위원회나 반**을 구성하여 감사·조사를 시행하게 할 수 있음 [2] ② 【보고·서류 제출요구 + 증인·감정인·참고인 출석요구】 위원회는 감사·조사를 위하여 그 **의결**로 감사 또는 조사와 관련된 **보고 또는 서류등의 제출**을 관계인 또는 그 밖의 기관에 요구하고, **증인·감정인·참고인의 출석**을 요구하고 **검증**을 할 수 있음 [1] ③ 【재적 1/3 요구로 서류등 제출요구】 위원회가 감사·조사와 관련된 **서류 등의 제출**을 요구하는 경우에는 **재적위원 3분의 1 이상**(재적위원 4분의 1이상 ×)의 요구로 할 수 있음 [2]
공개원칙	① 【공개원칙, 의결로 비공개】 감사 및 조사는 **공개가 원칙**이나 위원회의 **의결**로써 달리 정할 수 있음 (비공개를 원칙 ×, 국가안보에 관한 사항을 제외하고 언제나 공개 ×) [8]

(2) 사후조치

결과의 보고	① 【감사·조사보고서 작성 → 의장제출】 위원회가 국정감사·조사를 마쳤을 때에는 지체 없이 그 **감사·조사보고서를 작성**하여 **의장에게 제출**(대통령에게 제출 ×)하여야 함 [2] ② 【본회의 보고】 보고서를 제출받은 의장은 이를 지체 없이 **본회의에 보고**하여야 함 [1]
결과에 대한 처리	① 【국회의 시정요구·이송】 국회는 감사·조사 결과 **위법하거나 부당한 사항**이 있을 때에는 그 정도에 따라 **정부 또는 해당 기관**에 변상, 징계조치, 제도개선, 예산조정 등 **시정을 요구**하고, 정부 또는 해당 기관에서 **처리함이 타당**하다고 인정되는 사항은 **정부 또는 해당 기관에 이송**함 [4] ② 【처리결과 국회보고】 국회의 국정감사·조사 후 국회로부터 정부 또는 해당 기관은 **시정요구를 받거나 이송받은 사항**을 지체 없이 처리하고 그 **결과를 국회**(대통령 ×)**에 보고**하여야 함 [1]

POINT 197 헌법기관 구성권 (인사권)

1 국회의 동의·선출권

(1) 동의·선출 대상

임명동의	• 대법원장, 대법관 • 헌법재판소장 (헌법재판소 재판관 ×) • 국무총리 • 감사원장 (감사위원 ×, 법사위 인사청문 ×)
국회선출	• 헌법재판소 재판관 (3인) • 중앙선거관리위원회 위원 (3인) • 【국회의 공석인 후임자 선출 의무】 국회가 선출하여 임명된 헌법재판관 중 공석이 발생한 경우, 국회는 공정한 헌법재판을 받을 권리 보장을 위하여 공석인 헌법재판관의 **후임자를 선출하여야 할 구체적 작위의무를 부담** (구체적 작위의무를 부담한다고 볼 수는 없음 ×)
대통령당선인의 지명·요청	• 국무총리후보자를 지명하여 인사청문실시를 요청

(2) 인사청문특별위원회 인사청문 및 국회의결 절차

인사청문특위	① 【법률상 인사청문회】 국회는 「국회법」, 「인사청문회법」(헌법에 근거 ×)에 따라 국무총리·국무위원 등의 임명을 위한 절차로서 **인사청문회를 실시**함 ② 【인사특위 : 임명동의안·선출안 심사】 국회는 **임명동의안** 또는 의장이 각 교섭단체 대표의원과 협의하여 제출한 **선출안** 등을 심사하기 위하여 **인사청문특별위원회를 둠** (소관상임위 임사청문 ×) ③ 【대통령당선인의 국무총리 후보자 인사청문요청】 대통령당선인이 **국무총리 후보자**에 대한 **인사청문의 실시를 요청**하는 경우(대통령 당선인은 청문요청 불가 ×)에 의장은 각 교섭단체 대표의원과 협의하여 그 인사청문을 실시하기 위한 **인사청문특별위원회를 둠**
청문기간 및 본회의 의결	① 【20일내 심사종료】 국회는 임명동의안 등이 제출된 날로부터 **20일 이내에 심사를** 마쳐야 함 ② 【심사경과보고서 → 본회의 보고 → 임명동의안 본회의 무기명 표결】 인사청문특위는 인사청문 후 3일 내에 **심사경과보고서를 의장에게 제출**(기간 내 정당한 사유 없이 임명동의안 등에 대한 심사를 마치지 아니한 때에는 의장은 바로 본회의 부의 가능) → 위원장은 심사 경과를 **본회의**에 보고 → 임명동의안 등을 본회의에서 무기명 표결 ③ 【인사청문 구속력 無】 인사청문회에서 부동의로 심사하여 보고하더라도 임명동의안이 부결되는 것이 아니라 **국회 본회의에서 표결을 통해 가결 또는 부결 여부가 결정** (인사청문회에서 부동의로 보고시 부결 ×)

2 국회의 인사청문권 (소관 상임위)

(1) 청문대상

대통령 임명	• 헌법재판소 재판관 (3인) (대통령이 임명하는 모든 헌재재판관이 인사청문특위 ×) • 중앙선거관리위원회 위원 (3인) • 국무위원 (인사특위 ×) • 방송통신위원회 위원장, 공정거래위원회 위원장, 금융위원회 위원장, **국가인권위원회 위원장** (국민권익위원장 ×) • **국가정보원장** (인사특위 ×), **국세청장**, **검찰총장** (인사특위 ×), **경찰청장** • **합동참모의장**, **한국은행 총재**, 특별감찰관, 한국방송공사 사장
대법원장 지명	• 헌법재판소 재판관 (3인) • 중앙선거관리위원회 위원 (3인)
대통령당선인의 지명·요청	• **국무위원후보자**를 지명하여 인사청문실시를 요청

(2) 인사청문

소관 상임위 인사청문	① 【**청문요청안 국회제출**】 인사청문요청안 국회 제출 ② 【**20일내 청문종료**】 국회는 임명동의안 등이 제출된 날로부터 **20일 이내에 인사청문**을 마쳐야 함 ③ 【**인사청문경과보고서 → 본회의 보고 → 대통령 송부**】 소관 상임위는 **인사청문경과보고서를 의장에게 제출 → 위원장은 인사청문경과를 본회의에 보고 → 인사청문경과보고서를 대통령 등에 송부**
경과 미송부	① 【**10일의 범위에서 인사청문경과보고서 송부요청 → 미송부시 임명가능**】 국회가 20일내 인사청문경과보고서를 송부하지 않을 경우 대통령 등은 **10일의 범위에서** 기간을 정하여 **인사청문경과보고서를 송부해 줄 것**을 요청할 수 있음 → 인사청문경과보고서를 국회가 송부하지 아니한 경우 **임명 또는 지명 가능** ② 【**송부요청에도 미송부 시 인권위원장 임명**】 국회가 국가인권위원회 위원장 후보자의 **인사청문경과보고서를 송부하지 아니하여 대통령이 인사청문경과보고서를 송부하여 줄 것을 국회에 요청하였음에도 불구하고 국회가 송부하지 아니한 경우에는 대통령은 국가인권위원회 위원장을 임명할 수 있음** (임명할 수 없음 ×)
구속력 無	① 【**인사청문경과보고서 구속력 無**】 국회에 선출권이나 동의권이 없는 공직후보자에 관한 **국회 인사청문경과보고서는 임명권자의 판단을 구속하지 아니하므로, 임명권자는 국회의 의견과 다르게 후보자를 임명하거나 임명하지 않을 수 있음** ② 【**부적격판정시에도 수용의무 無**】 국회 인사청문위원회가 **국가정보원장에 대하여 부적격판정을 하였더라도 대통령이 이를 수용해야 할 법적 의무는 없음** ③ 【**법적구속력 無**】 국회인사청문회의 결정은 **법적 구속력이 없는 정치적 요청**이기 때문에 **대통령이 이를 수용하지 않는다고 해서 헌법이나 법률에 위반된다고 할 수 없음** (결정에 구속 ×)

POINT 198 국회의 탄핵소추

제65조 ① 【고위공직자·법관 등의 직무집행이 위헌·위법】 대통령·국무총리·국무위원·행정각부의 장(검찰총장 ×, 검사 ×, 경찰청장 ×, 국회의원 ×)·헌법재판소 재판관·법관·중앙선거관리위원회 위원(각급 선관위원 ×)·감사원장·감사위원 기타 법률이 정한 공무원이 그 직무집행에 있어서 헌법이나 법률을 위배한 때에는 국회는 탄핵의 소추를 의결할 수 있다.[18]
② 【재적 1/3 이상 + 재적 과반수 찬성】 제1항의 탄핵소추는 국회재적의원 3분의 1 이상의 발의가 있어야 하며, 그 의결은 국회재적의원 과반수의 찬성(3분의 1 이상 ×)이 있어야 한다.[9] 【대통령 : 재적 과반수 + 재적 2/3 이상 찬성】 다만, 대통령에 대한 탄핵소추는 국회재적의원 과반수의 발의(3분의 1의 발의 ×)와 국회재적의원 3분의 2 이상(과반수 ×)의 찬성이 있어야 한다.[8]
③ 【권한행사 정지】 탄핵소추의 의결을 받은 자(탄핵소추가 발의된 자 ×)는 탄핵심판이 있을 때까지 그 권한행사가 정지된다. (권한행사 정지 여부에 대해 헌법상 명문으로 규정하고 있지 않음 ×)[8]

1 탄핵제도

(1) 탄핵제도

고위공직자 파면제도	① 【고위공직자·법관 파면제도】 탄핵심판은 일반적 사법절차·징계절차에 따라 소추·징계하기 곤란한 행정부의 고위공직자(일반적 공무원 ×)나 법관 등과 같이 신분이 보장된 공무원이 직무상 헌법·법률 위배행위를 한 경우 그에 대한 법적 책임을 추궁하여 파면함으로써 침해된 헌법질서를 회복하고 수호하기 위한 절차[1] ② 【헌법재판】 탄핵심판은 고위공직자가 권한을 남용하여 헌법이나 법률을 위반하는 경우 그 권한을 박탈함으로써 헌법질서를 지키는 헌법재판[3] ③ 【형사절차·징계절차와 상이】 탄핵결정은 대상자를 공직으로부터 파면함에 그치고 형사상 책임을 면제하지 아니한다는 점에서 탄핵심판절차는 형사절차나 일반 징계절차와는 성격을 달리함 (정치적 과오에 대한 형사법적 제재의 성격 ×)[4]
목적과 기능	① 【헌법위반 경고·예방 + 권한박탈】 헌법 제65조는 행정부·사법부의 고위공직자에 의한 헌법위반·법률위반에 대하여 탄핵소추의 가능성을 규정함으로써, 헌법위반을 경고하고 사전에 방지하는 기능을 하며, 국민에 의하여 국가권력을 위임받은 국가기관이 권한을 남용하여 헌법·법률에 위반하는 경우에는 다시 그 권한을 박탈하는 기능을 함[1] ② 【법적 책임 추궁 → 헌법의 규범력 확보】 공직자가 직무수행에 있어서 헌법에 위반한 경우 법적 책임을 추궁함으로써, 헌법의 규범력을 확보하는 것이 탄핵심판절차의 목적과 기능[1]
소추와 심판	① 【국회소추 → 헌재심판】 현행 헌법에 의하면 탄핵소추의 발의와 소추의 의결은 국회가 담당하지만, 심판은 헌법재판소가 담당함[1]

(2) 탄핵제도의 헌정사

제헌 ~ 현행	①【제헌헌법 ~ 현행헌법】탄핵제도는 **제헌헌법에서 처음 채택된 이래 현재까지 유지**되고 있음 (제5차 개정헌법에서 최초 도입된 이래로 존속되어 온 제도 ×) [2]
헌정사	①【제1공 : 탄핵재판소】탄핵사건을 심판하기 위하여 **탄핵재판소**를 설치하도록 규정했는데, 대통령과 부통령을 심판하는 경우 외에는 **부통령이 재판장**의 직무를 행한다고 정하였음 [1] ②【제2공 : 헌법재판소】**헌법재판소**에서 탄핵재판을 담당하도록 했는데, 탄핵판결은 **심판관 9인 중 6인 이상의 찬성**이 있어야 한다고 규정했음 [1] ③【제3공 : 탄핵심판위원회】**탄핵심판위원회**를 두었는데, 탄핵결정은 **공직으로부터 파면**함에 그치도록 규정했음 [1] ④【제4~5공 : 헌법위원회】**헌법위원회**에서 탄핵을 심판하도록 규정했는데, **헌법위원회의 위원장을 대통령이 임명**하도록 했음

2 탄핵소추대상

헌법 (예시규정)	①【고위공직자】대통령·국무총리·국무위원·행정각부의 장 [10] ②【법관 등】헌법재판소 재판관·법관·중앙선거관리위원회 위원·감사원장·감사위원 [10]
개별법	①【검사 or 검찰총장】국회의 탄핵소추 대상을 나열한 **헌법규정은 예시규정**이며, **검사**는 헌법에 명시되어 있지 않지만 **탄핵소추대상** (검사와 검찰총장은 헌법에 대상자로 명시 ×) [9] ②【공수처 검사】고위공직자범죄수사처의 검사에 대하여도 탄핵소추를 의결할 수 있음 [1] ③【경찰청장】**경찰청장**은 경찰법상 탄핵의 대상임 (경찰청장은 헌법에 대상자로 명시 ×) [1] ④【각급 선관위원】**각급 선관위원**은 선거관리위원회법상 탄핵의 대상임 (헌법은 각급선거관리위원회 위원을 탄핵소추의 대상으로 포함 ×, 구·시·군선거관리위원회 위원은 국회의 탄핵소추 대상이 되지 아니함 ×) [2] ⑤【원안위원장, 방통위원장】탄핵소추의 대상을 규정하고 있는 헌법 제65조 제1항의 '기타법률이 정한 공무원'에는 **원자력안전위원회 위원장, 방송통신위원회 위원장**이 포함 [1]
규정 無	①【각군 참모총장】각군 참모총장은 헌법과 법률에 탄핵대상으로 **규정되어 있지 않으나** 탄핵대상으로 보는 것이 일반적인 견해임 (각군 참모총장은 헌법에 대상자로 명시 ×) [1]

3 탄핵소추사유 : 직무집행에 있어서 헌법이나 법률을 위배한 때

(1) 직무집행

직무집행 + 위헌·위법		① **【헌법이나 법률 위배】** 헌법이 정하고 있는 **탄핵소추의 사유**는 해당 공무원이 **직무집행**에 있어서 **헌법이나 법률을 위배**한 경우³ ② **【직무관련성 필요】** 탄핵소추는 위헌·위법성을 요건으로 할 뿐만 아니라 **직무 관련성**도 필수 요건 (직무 관련성을 필수적 요건으로 하는 것은 아님 ×)¹
대통령	직무 행위	① **【법제상·통념상 업무】** 탄핵사유가 되는 직무집행에서 직무는 **법제상 소관 직무에 속하는 고유 업무 및 통념상 이와 관련된 업무**를 말함 ② **【성질상 필요·수반 모든 행위·활동】** 직무상의 행위란 **법령·조례 또는 행정관행·관례**에 의하여 그 지위의 성질상 필요로 하거나 수반되는 **모든 행위나 활동**을 의미¹ ③ **【국정수행 관련 모든 행위】** '직무'란 법제상 소관 직무에 속하는 고유 업무와 사회통념상 이와 관련된 업무를 말하고, 법령에 근거한 행위뿐만 아니라 **대통령의 지위에서 국정수행과 관련하여 행하는 모든 행위**를 포괄하는 개념² ④ **【공식기자회견】** 대통령의 공식기자회견은 탄핵요건인 **직무수행의 범주에 속함**¹
	직위 보유	① **【직위보유중 행위】** 헌법은 직무집행으로 한정하고 있으므로 **대통령의 직위를 보유**하고 있는 상태 (당선 후 취임 시까지의 기간 ×)에서의 **법위반행위만 소추사유**가 될 수 있음² ② **【당선인 직무수행은 탄핵사유 부정】** 대통령으로 당선된 후 취임 전에 대통령당선인의 직무수행으로 한 위헌·위법행위는 대통령 취임 후 **탄핵의 사유가 될 수 없음** (될 수 있음 ×)¹
행정각부장		① **【국정수행 관련 모든 행위】** '직무'란 법제상 소관 직무에 속하는 고유업무와 사회통념상 이와 관련된 업무를 말하고, 법령에 근거한 행위뿐만 아니라 **행정각부의 장의 지위에서 국정수행과 관련하여 행하는 모든 행위**를 포괄하는 개념¹

(2) 헌법과 법률을 위배

규범적 심판절차	① **【규범적 심판절차 + 법위반을 이유로 하는 파면】** 헌법은 **탄핵소추사유**를 '헌법이나 법률에 대한 위배'로 명시하고 **헌법재판소가 탄핵심판**을 관장하게 함으로써 탄핵절차를 정치적 심판절차가 아니라 **규범적 심판절차**로 규정하였고, 탄핵심판절차의 **목적**은 '정치적 이유가 아니라 **법위반을 이유로 하는**' 파면임을 밝히고 있음¹ ② **【명문헌법 + 불문헌법】** '**헌법**'은 **명문의 헌법 규정**뿐만 아니라 헌법재판소의 결정에 의하여 형성되어 확립된 **불문헌법도 포함** (명문의 헌법규정만 의미 ×, 불문헌법은 불포함 ×)⁶ ③ **【형식적 법률 + 조약·국제법규】** '**법률**'에는 **형식적 의미의 법률**과 이와 동등한 효력을 가지는 **국제조약 및 일반적으로 승인된 국제법규 등이 포함** (형식적 의미의 법률 ×, 형사법에 한정 ×)⁵
소추사유가 아닌 경우	① **【직책을 성실히 수행할 의무】** 대통령 취임선서에서 규정한 '직책을 성실히 수행할 의무'는 헌법적 의무에 해당하지만, '**헌법을 수호해야 할 의무**'와는 달리 규범적으로 이행이 관철될 수 있는 성격의 의무가 아니므로 **사법적 판단의 대상이 될 수 없음** (사법적 판단대상 ×)¹⁸ ② **【직책수행의 성실여부】** 탄핵사유는 헌법과 법률에 위배된 때로 제한되며, 탄핵심판은 법적인 관점에서 단지 탄핵사유의 존부만을 판단하는 것이므로 **정치적 무능력이나 정책결정상의 잘못 등 직책수행의 성실여부는 그 소추사유가 될 수 없음** (탄핵소추사유가 될 수 있음 ×)⁹

4 탄핵소추 (국회)

(1) 탄핵소추안 발의

발의·의결 재량	① **【국회의 발의·의결 재량】** 탄핵소추의 사유가 존재하는 경우에도 **탄핵소추의 발의 및 의결**을 할 것인가의 여부는 **전적으로 국회의 자율적 판단대상**¹ ② **【국회의 발의·의결 의무 無】** 대통령이 헌법 등 위배행위를 하더라도 국회가 탄핵소추 의결을 하여야 할 **헌법상 작위의무 없음** (국회는 탄핵소추를 발의하고 의결하여야 함 ×)²
소추안 재량	① **【소추사유별 나누어 발의 or 여러 소추사유 포함 하나의 안 발의 선택재량】** 탄핵소추안을 **각 소추사유별로 나누어 발의**할 것인지 아니면 **여러 소추사유를 포함하여 하나의 안으로 발의**할 것인지는 소추안을 발의하는 **의원들의 자유로운 의사**에 달린 것임³ ② **【한가지 사유만으로 소추안 발의 可】** 대통령이 **헌법이나 법률을 위배한 사실이 여러 가지**일 때 그 중 한 가지 사실만으로도 충분히 파면결정을 받을 수 있다고 판단되면 그 **한 가지 사유만으로 탄핵소추안을 발의할 수 있음**¹

(2) 탄핵소추안 의결

국회법상 조사·의결	① **【법사위 조사 가능(재량)】** 탄핵소추의 발의가 있은 때에는 의장은 발의된 후 처음 개의하는 **본회의에 보고**하고, 본회의는 의결로 **법사위에 회부하여 조사하게 할 수 있음**² ② **【24H ~ 72H 무기명표결 → if not 소추안 폐기】** 본회의가 탄핵소추안을 법사위에 회부하기로 의결하지 아니한 경우에는 본회의에 보고된 때부터 **24시간 이후 72시간 이내**에 탄핵소추 여부를 **무기명투표로 표결**하되, 이 기간 내에 **표결하지 아니한 탄핵소추안은 폐기**된 것으로 봄²
의결	① **【법사위 조사 생략, 국정조사·특별검사수사결과 전 탄핵소추안 의결】** 국회의 의사절차에 **헌법이나 법률을 명백히 위반한 흠이 있는 경우가 아니면** 국회 의사절차의 자율권은 권력분립의 원칙상 존중되어야 하고, 국회법은 탄핵소추의 발의가 있을 때 그 사유 등에 대한 **조사 여부를 국회의 재량으로 규정**하고 있으므로, 국회가 **탄핵소추사유에 대하여 별도의 조사를 하지 않았다거나 국정조사결과나 특별검사의 수사결과를 기다리지 않고 탄핵소추안을 의결**하였다고 하여 그 의결이 **헌법이나 법률 위반 아님** (법이나 법률을 위반한 것 ×)⁹ ② **【하나의 소추안 발의 본회의 상정시 전체를 표결】** 여러 개의 탄핵사유가 포함된 **하나의 탄핵소추안**을 발의하고 안건 수정 없이 그대로 **본회의에 상정**된 경우에, **국회의장**은 '표결할 안건의 제목을 선포'할 권한만 있는 것이지, 직권으로 탄핵소추안에 포함된 **개개 소추사유를 분리**하여 여러 개의 탄핵소추안으로 만든 다음 이를 **각각 표결에 부칠 수는 없음**² ③ **【표결 전 토론 의무 규정 無】** 국회법에 탄핵소추안에 대하여 표결 전에 반드시 토론을 거쳐야 한다는 **명문 규정이 없음** (명문 규정이 있음 ×)²

(3) 탄핵소추의결의 효과

의결서의 송달	① **【정본 → 법사위원장 / 등본 → 헌재·피소추인·소속기관장】** 탄핵소추의결이 있는 때에는 **의장**은 지체 없이 **소추의결서의 정본을 소추위원인 법사위원장**에게 송달(소추위원은 소추의결서 정본을 국회의장에게 송달 ×)하고 그 **등본을 헌법재판소·피소추자와 그 소속기관의 장**에게 송달함²
송달의 효과	① **【피소추인 권한행사정지 / 임명권자 사직원접수·해임금지】** 소추의결서가 **송달된 때**에는 피소추자의 **권한행사는 정지**되며, 임명권자는 피소추자의 **사직원을 접수하거나 해임할 수 없음** (사직원을 접수할 수 있음 ×, 해임할 수 있음 ×)⁹

POINT 199 헌법재판소의 탄핵심판

제111조 ① 【헌법재판소 관장】 **헌법재판소**는 다음 사항을 관장한다.
2. 【탄핵심판】 탄핵의 심판
제113조 ① 【6인 이상 찬성】 헌법재판소에서 법률의 위헌결정, **탄핵의 결정**, 정당해산의 결정 또는 헌법소원에 관한 인용결정을 할 때에는 **재판관 6인 이상의 찬성**이 있어야 한다.
제65조 ④ 【파면】 탄핵결정은 **공직으로부터 파면함**에 그친다. 【민·형사책임 면제 아님】 그러나, 이에 의하여 **민사상이나 형사상의 책임**이 면제되지는 아니한다. (민사상이나 형사상의 책임은 면제됨 ×)

1 탄핵심판

(1) 심판청구와 심판절차

소추위원	① 【소추위원 : 법사위원장】 탄핵심판에서는 **국회 법사위원장**(의장 ×)이 **소추위원**이 됨 ② 【탄핵심판청구 & 피청구인 신문】 소추위원은 헌법재판소에 **소추의결서의 정본을 제출**하여 **탄핵심판을 청구**하며 심판의 변론에서 **피청구인을 신문**할 수 있음
개시·정지·준비	① 【의결서 정본 헌재 제출로 개시】 탄핵심판절차는 국회 법사위원장인 **소추위원이 소추의결서 정본을 헌법재판소에 제출**하여 탄핵심판이 청구됨으로써 **개시** ② 【형사소송 진행시 심판절차정지 可】 피청구인에 대한 탄핵심판 청구와 동일한 사유로 **형사소송이 진행**되고 있는 경우에는 **심판절차를 정지할 수 있음** (정지하여야 함 ×, 각하하여야 함 ×) ③ 【심판준비절차】 헌법재판소는 **심판절차를 효율적이고 집중적으로 진행**하기 위하여 **당사자의 주장과 증거를 정리**할 필요가 있을 때에는 **심판준비절차를 실시**할 수 있음
구두변론	① 【구두변론】 헌법재판소의 탄핵심판은 **구두변론을 원칙**으로 함 (서면심리 ×) ② 【재차 불출석시 출석없이 심리 가능】 당사자가 변론기일에 출석하지 아니한 때에는 **다시 기일을 정하여야** 하고, 다시 정한 기일에도 당사자가 **출석하지 아니한 때에는 그 출석 없이 심리**할 수 있음 (당사자의 출석 없이는 변론을 진행할 수 없음 ×)

(2) 탄핵소추의결서

탄핵소추사유 구체적 기재	① 【탄핵소추사유 공소사실과 같이 특정 요구 불가】 헌법은 물론 형사법이 아닌 법률의 규정이 형사법과 같은 구체성과 명확성을 가지지 않은 경우가 많으므로 **탄핵소추사유**를 형사소송법상 **공소사실과 같이 특정하도록 요구**할 수는 **없음** ② 【방어권 행사 & 심판대상 확정】 소추의결서에는 피청구인이 **방어권을 행사**할 수 있고 **헌법재판소가 심판대상을 확정**할 수 있을 정도로 **사실관계를 구체적으로 기재**하면 됨 (피청구인이 방어권을 행사할 수 있을 정도로 사실관계가 구체적으로 기재될 필요 없음 ×) ③ 【다른 사실과 명백히 구분】 소추의결서에는 **탄핵소추사유의 대상 사실을 다른 사실과 명백하게 구분할 수 있을 정도**의 **구체적 사정**이 **기재**되면 **충분**
구속력 유무	① 【소추사유에 구속】 헌법재판소는 사법기관으로서 탄핵소추기관인 **국회의 소추의결서에 기재된 소추사유**에 의하여 **구속**되므로 **소추의결서에 기재되지 아니한 소추사유**를 판단의 대상으로 삼을 수 **없음** (소추의결서에 기재되지 아니한 소추사유 판단대상 ×) ② 【법규정의 판단 미구속】 소추의결서에서 그 위반을 주장하는 '**법규정의 판단**'에 관하여 헌법재판소는 원칙적으로 **구속을 받지 않으므로**, 청구인이 그 위반을 주장하는 법규정 외에 **다른 관련 법규정에 근거**하여 **탄핵의 원인이 된 사실관계를 판단**할 수 있음 ③ 【소추사유체계 미구속】 헌법재판소는 소추사유의 판단에 있어서 **국회의 탄핵소추의결서에서 분류된 소추사유의 체계에 의하여 구속을 받지 않으므로**, 소추사유를 어떠한 연관관계에서 법적으로 고려할 것인가의 문제는 전적으로 **헌법재판소의 판단**에 달려있음
소추사유 추가·변경	① 【소추사유 추가·변경 불허】 국회가 탄핵심판을 청구한 뒤 별도 의결절차 없이 **소추사유를 추가**하거나 **기존의 소추사유와 동일성이 인정되지 않는 정도로 소추사유 변경은 허용**되지 아니함

2 탄핵결정

(1) 정족수 등

재판부	① 【8인의 재판부 구성 가】 헌법재판은 9인의 **재판관으로 구성된 재판부**에 의하여 이루어지는 것이 원칙이나, **헌법재판관 1인이 결원**되어 8인의 재판관으로 재판부가 **구성**되더라도 탄핵심판을 심리·결정하는데 **헌법과 법률상 아무런 문제가 없음** (8인의 재판관으로 구성된 재판부는 탄핵심판을 심리하고 결정할 수 없음 ×) ② 【7명 이상 출석】 헌법과 헌법재판소법은 **재판관 중 결원이 발생**한 경우에도 헌법재판소의 헌법 수호 기능이 중단되지 않도록 **7명 이상**(8인 ×)의 **재판관이 출석**하면 **사건을 심리하고 결정**할 수 있음을 분명히 하고 있음
정족수 및 소수의견	① 【6인이상 찬성】 탄핵결정은 법률의 위헌결정, 정당해산의 결정 또는 헌법소원에 관한 인용결정과 마찬가지로 **재판관 6인**(과반수 ×)**의 찬성**이 있어야 함 ② 【소수의견 표시의무】 탄핵심판에 관여한 재판관은 **결정서에 의견을 표시하여야 함** (개별적 의견이나 소수의견은 결정문에 표시할 수 없음 ×)

(2) 인용결정 (파면결정)

청구이유 有	① **【청구이유 있는 경우 파면결정】** 탄핵심판청구가 이유 있는 경우에는 헌법재판소는 피청구인을 해당 **공직에서 파면하는 결정을 선고**[1] ② **【청구이유 있는 경우 = 중대한 법위반】** '탄핵심판청구가 이유가 있는 때'란 모든 법위반의 경우가 아니라, 공직자의 파면을 정당화할 정도의 **중대한 법위반**의 경우 (모든 법위반 ×)[2]
대통령 탄핵결정	① **【중대한 위헌·위법】** 대통령 탄핵은 대통령의 법 위배 행위가 헌법질서에 미치는 부정적 영향·해악이 중대하여 **대통령을 파면함으로써 얻는 헌법 수호의 이익이 대통령 파면에 따르는 국가적 손실을 압도할 정도로** 커야 하며, 즉, '탄핵심판청구가 이유 있는 경우'란 대통령의 파면을 정당화할 수 있을 정도로 중대한 헌법이나 법률 위배가 있는 때 (사소한 법위반 ×)[5] ② **【파면효과의 중대성에 상응하는 중대성 필요】** 대통령 탄핵심판에 있어서 대통령에 대한 파면의 효과는 대통령에게 부여한 '민주적 정당성'을 임기 중 다시 **박탈하는 효과**를 가지는 등 중대하기 때문에, **파면결정을 정당화하는 사유도 이에 상응하는 중대성을 가져야 함**[3] ③ **【중대한 법위반 존재】** 대통령을 제외한 다른 공직자의 경우에는 파면결정으로 인한 효과가 일반적으로 적기 때문에 상대적으로 **경미한 법위반행위**에 의해서도 파면이 정당화될 가능성이 큰 반면, **대통령**의 경우에는 파면결정의 효과가 지대하기 때문에 파면결정을 하기 위해서는 이를 압도할 수 있는 **중대한 법위반이 존재**해야 함[1] ④ **【국정담당자격 상실시 정당화】** 대통령에 대한 파면결정은 대통령의 직을 유지하는 것이 더 이상 **헌법 수호의 관점에서 용납**될 수 없거나 **대통령이 국민의 신임을 배신하여 국정을 담당할 자격을 상실**한 경우에 한하여 **정당화**[1]
행정각부장 탄핵결정	① **【대통령과 행정각부장 상이】** 국민의 선거에 의하여 선출되어 직접적인 민주적 정당성을 부여받은 대통령과 행정각부장은 정치적 기능이나 비중에서 **본질적 차이**가 있고, 양자 사이의 **직무계속성의 공익**이 다름에 따라 **파면의 효과 역시 근본적 차이**가 있으므로, '법 위반행위의 중대성'과 '파면 결정으로 인한 효과' 사이의 **법익형량**을 함에 있어 이와 같은 점이 **고려**[1] ② **【파면의 효과 경미하지 않음】** 행정각부장은 정부 권한에 속하는 중요정책을 심의하는 국무회의의 구성원이자 행정부의 소관 사무를 통할하고 소속공무원을 지휘·감독하는 기관으로서 **행정부 내에서 통치기구와 집행기구를 연결하는 가교 역할**을 하므로, 그에 대한 **파면 결정**이 가져올 수 있는 **국정공백과 정치적 혼란 등 국가적 손실이 경미하다고 평가하기 어려움**[3]
파면결정과 공무담임권	① **【파면결정은 공무담임권 제한】** 탄핵심판절차에 따른 **파면결정**으로 피청구인이 된 행정부나 사법부의 고위공직자는 공직을 박탈당하게 되는데, 이는 **공무담임권의 제한**에 해당[1] ② **【요건·절차 준수시 합헌】** 헌법재판소의 탄핵결정에 의한 파면은 그 요건과 절차가 준수될 경우 **공직의 부당한 박탈**이 되지 않으며, **권력분립원칙에 따른 균형을 훼손하지 않음**[1]

(3) 기각결정과 각하결정

기각결정	① **【결정선고 전 파면시 기각】** 피청구인이 **결정선고 전에 해당 공직에서 파면**되었을 때에는 헌법재판소는 **심판청구를 기각**(각하 ×)하여야 함 (인용할 수 있음 ×)[6]
각하결정	① **【결정 선고시까지 공직 보유 필요】** 탄핵심판의 이익을 인정하기 위해서는 **탄핵결정 선고 당시까지** 피청구인이 **해당 공직을 보유**하는 것이 필요[1] ② **【임기만료 퇴직시 각하】** 국회가 법관에 대한 탄핵소추를 의결한 후 해당 **법관이 임기만료로 법관의 직에서 퇴직**하였다면 **심판의 이익을 인정할 수 없어 부적법**하므로 **각하해야 함** (심판의 이익 있음 ×, 본안심사에 들어감 ×, 심판절차종료 ×)[4]

3 인용결정의 효과

민·형사책임 불면제	① 【일사부재리 미적용】 탄핵심판과 **민·형사재판 사이**에는 **일사부재리의 원칙 적용 안됨** ② 【이중처벌아님】 탄핵결정의 선고에 의하여 그 **공직에서 파면**된 공직자의 직무상 법률위반행위가 법률상 범죄를 구성하는 경우, **형사상의 책임을 부과**하는 것이 가능하며 **이중처벌에 해당되지 아니함** ③ 【법원 기속 無】 **탄핵심판절차와 형사소송절차**는 동일한 사안에서 같은 공직자를 대상으로 하더라도 서로 별개로 진행되고 각각 **독자적 결론에 도달**할 수 있으므로, **탄핵심판의 결정은 법원을 기속하지 않음**
불이익 효과	① 【5년간 공직취임금지】 탄핵결정에 의하여 파면된 사람은 결정 선고가 있는 날부터 **5년**이 지나지 아니하면 **공무원이 될 수 없음** ② 【사면가능여부 명문규정 無】 헌법 및 「사면법」은 탄핵결정으로 파면된 자가 **대통령의 사면대상이 되는지** 여부에 대하여 **규정하고 있지 않음** (헌법은 탄핵결정에 의하여 파면된 자에 대한 사면을 명문으로 금지 ×)

POINT 200 해임건의

> **제63조** ① 【국회의 해임건의】 국회는 **국무총리 또는 국무위원**(정부위원 ×, 행정각부의 장 ×)**의 해임을 대통령에게 건의**할 수 있다.⁶
> ② 【재적 1/3 발의 + 재적과반수 찬성】 제1항의 해임건의는 **국회재적의원 3분의 1 이상의 발의**(재적의원 과반수 발의 ×, 재적의원 4분의 1 ×)에 의하여 **국회재적의원 과반수의 찬성**(재적의원 3분의 1의 찬성 ×, 재적의원 3분의 2의 찬성 ×, 출석의원 과반수의 찬성 ×)이 있어야 한다.⁸

1 해임건의제도

의원내각제	① 【의원내각제】 해임건의의 본질이나 연원은 **의원내각제**에 그 뿌리를 두고 있음¹
헌정사	① 【제1공화국】 제1차 국무원 불신임제³ → 제2차 국무위원에 대한 개별적 불신임제² ② 【제3공화국】 국무총리·국무위원 해임건의제도³ → 대통령은 특별한 사유가 없는 한 이에 응하도록 규정² ③ 【제4~5공화국】 **제7차 개정헌법**(1972년)과 **제8차 개정헌법**(1980년)은 현행헌법에서의 해임건의권과는 달리 국무위원·국무총리에 대하여 **개별적 해임의결권**(해임건의권 ×)을 규정 (대통령에게는 국회해산권 부여)¹

2 내용

대상	① 【국무총리·국무위원】 해임건의는 **국무총리 또는 국무위원**에 대하여 **개별적 또는 일괄적**으로 할 수 있음¹
사유	① 【해임건의사유 〉 탄핵소추사유】 해임건의의 사유에 관해서는 명문의 규정이 없으나, **탄핵소추의 사유보다 넓게 해석되어야 함** (좁게 해석 ×)¹ ② 【정치적 책임 추궁 可】 해임건의는 **위헌이나 위법행위가 아닌 정치적 책임**을 묻기 위해서도 할 수 있음 (직무집행에 있어서 헌법이나 법률에 위배한 때에 한함 ×)²
표결방법	① 【24시간 이후 72시간 이내 무기명표결 → if not 소추안 폐기】 국무총리 또는 국무위원의 **해임건의안**이 발의된 때에는 **본회의에 보고된 때로부터 24시간 이후 72시간 이내**(48시간 이내 ×)에 **무기명투표**(기명투표 ×)로 표결하며, 이 기간 내에 표결하지 아니한 때에는 **해임건의안은 폐기**된 것으로 봄⁹
효과 (구속력 無)	① 【법적구속력 無 → 단순 해임건의권】 국회의 국무총리 해임건의는 대통령을 기속하는 해임결의권이 아니라, **아무런 법적 구속력이 없는 단순한 해임건의에 불과** (법적 구속력이 있음 ×, 대통령은 이를 따라야 함 ×, 요구를 받아들여야 함 ×, 응해야 함 ×)¹⁰ ② 【법적구속력 인정시 권력분립과 부조화】 헌법은 **대통령에게 국회해산권**을 부여하고 있지 않기 때문에 해임건의권에 법적구속력을 인정할 경우 **권력분립질서와 조화되기 어려움**¹

POINT 201 기타 국정통제권 C

제62조 ① 【국회 출석·발언권】 국무총리·국무위원 또는 정부위원은 국회나 그 위원회에 출석하여 국정처리상황을 보고하거나 의견을 진술하고 질문에 응답할 수 있다.
② 【국무총리·국무위원·정부위원 : 출석·답변 의무】 국회나 그 위원회의 요구가 있을 때에는 국무총리·국무위원 또는 정부위원(대통령 ×)은 출석·답변하여야 하며, 【국무총리 → 국무위원 대참 / 국무위원 → 정부위원 대참】 국무총리 또는 국무위원(정부위원 ×)이 출석요구를 받은 때에는 국무위원 또는 정부위원으로 하여금 출석·답변하게 할 수 있다.[10]

1 출석답변·요구권

요구주체		① 【국회 or 위원회】 국회나 위원회의 국무총리 등에 대한 출석·답변요구권은 헌법에서 명문으로 규정하고 있음 [1]
요구 대상	대상	① 【총리·국무위원·정부위원】 국무총리[11]·국무위원[8] 또는 정부위원[7] ② 【대통령 부정】 대통령은 출석·답변의무가 없음 (국회의 요구시 출석·답변하여야 함 ×)[2]
	대참	① 【총리 → 국무위원】 국무총리가 출석요구를 받은 때에는 국무위원으로 하여금 출석·답변하게 할 수 있음[2] ② 【국무위원 → 정부위원】 국무위원이 출석요구를 받은 때에는 정부위원으로 하여금 출석·답변하게 할 수 있음[3] ③ 【정부위원 ↛ 정부위원】 정부위원은 다른 정부위원으로 하여금 출석·답변하게 할 수 없음 (다른 정부위원으로 하여금 출석·답변하게 할 수 있음 ×)[1]
출석요구 절차		① 【20인 발의 → 본회의 의결】 본회의는 그 의결로 국무총리, 국무위원, 정부위원(대통령 ×)의 출석을 요구할 수 있으며, 그 발의는 의원 20명 이상(10명 이상 ×)이 이유를 명시한 서면으로 하여야 함[4]
국회법상 기타 출석요구		① 【주요 헌법기관장 출석요구 but 절차규정 無】 본회의나 위원회는 특정한 사안에 대하여 질문하기 위하여 대법원장, 헌법재판소장, 중앙선거관리위원회위원장, 감사원장 또는 그 대리인의 출석을 요구할 수 있음 (의원 20인 이상이 이유를 명시한 서면으로 하여야 함 ×)[3]

2 대정부질문·긴급현안질문

대정부질문	① 【정기】 본회의는 회기 중 기간을 정하여 국정 전반 또는 국정의 특정 분야를 대상으로 정부에 대하여 질문을 할 수 있음
긴급현안질문	① 【수시】 의원은 20명 이상(10명 이상 ×)의 찬성으로 회기 중 현안이 되고 있는 중요한 사항을 대상으로 정부에 대하여 질문을 할 것을 의장에게 요구할 수 있음[3]

3 외교·국방정책 사전동의권

제60조 ① 【조약 체결·비준 사전동의권】 국회는 **상호원조** 또는 **안전보장**에 관한 조약, 중요한 **국제조직**에 관한 조약, **우호통상항해조약**, **주권의 제약**에 관한 조약, **강화조약**, 국가나 국민에게 중대한 **재정적 부담**을 지우는 조약 또는 **입법사항**에 관한 **조약의 체결·비준**에 대한 **동의권**을 가진다.[8]
② 【선전포고, 국군의 외국에의 파견, 외국군대의 대한민국 영역안에서의 주류 동의권】 국회는 선전포고, 국군의 외국에의 파견 또는 외국군대의 대한민국 영역안에서의 주류에 대한 동의권을 가진다.[4]

① 【사전동의권】 헌법은 **대통령이 선전포고 및 국군의 외국에의 파견**의 경우 **국회의 동의**를 받도록 하여 **대통령의 국군통수권 행사에 신중**을 기하게 함으로써 **자의적인 전쟁수행이나 해외파병을 방지**하도록 하고 있음.

4 국가긴급권 사후통제권

제76조 ③ 【긴급명령 등 승인권】 대통령은 제1항과 제2항의 **처분 또는 명령**을 한 때에는 지체없이 **국회에 보고**하여 그 **승인**을 얻어야 한다.[6]
제77조 ④ 【계엄 지체없이 국회 통고】 계엄을 선포한 때에는 대통령은 **지체없이 국회에 통고**하여야 한다.[12]
⑤ 【계엄해제요구권】 국회가 재적의원 과반수의 찬성으로 계엄의 해제를 요구한 때에는 대통령은 이를 해제하여야 한다.[14]

5 국회의 국정통제권 정리

사전동의		① 국무총리·대법원장·대법관·헌법재판소장·감사원장 임명동의 ② **상**호원조 또는 **안**전보장에 관한 조약, 중요한 국제**조**직에 관한 조약, **우**호통상항해조약, **주**권의 제약에 관한 조약, **강**화조약, 국가나 국민에게 중대한 **재**정적 부담을 지우는 조약 또는 **입**법사항에 관한 조약의 체결·비준에 대한 동의[8] ③ 선전포고, 국군의 외국 파견, 외국군대의 대한민국 영역안에서의 주류에 대한 동의 ④ 일반사면 동의 ⑤ 국채모집·국가부담계약체결 동의
사후	통고	① 계엄선포 통고
	보고	① 긴급명령, 긴급재정경제명령·처분 발포 보고 ② 감사원 세입·세출 검사결과의 차년도 국회 보고
	승인	① 긴급명령, 긴급재정경제명령·처분 승인 ② 예비비 지출의 차기국회 승인
	요구	① 계엄해제 요구

POINT 202 국회의원의 지위

CHAPTER 07 | 국회의원의 지위와 권한

Ⓐ

제41조 ① 【보·평·직·비】 **국회**는 국민의 **보통·평등·직접·비밀선거**(공개선거 ×)에 의하여 선출된 **국회의원**으로 구성한다.
② 【200인 이상】 국회의원의 수는 **법률**로 정하되, **200인 이상**(300인 이하 ×, 300인 이상 ×)으로 한다.
③ 【비례대표제】 국회의원의 **선거구**와 **비례대표제** 기타 선거에 관한 사항은 법률로 정한다.
제42조 【국회의원 임기 4년】 국회의원의 **임기는 4년**으로 한다.

1 국회의원의 헌법상 지위

(1) 국민대표 (자유위임, 무기속위임)

자유위임	① 【자유위임】 헌법상 공무원책임(제7조 제1항), 면책특권(제45조), 국가이익우선의무(제46조 제2항) 등의 규정에 비추어 헌법은 **국회의원을 자유위임**하에 두었음 ② 【명령적 위임 아님】 국민에 의해서 선출된 국회의원은 특정한 지역민이나 계층을 대표하는 것이 아니라, **전체국민의 이익을 고려해야 하므로 명령적 위임에 따르지 아니함** (명령적 위임관계 ×) ③ 【국가전체이익 우선】 국회의원이 **지역구**에서 선출되더라도 지역구의 이익보다는 **국가 전체의 이익을 우선**하여야 한다는 원칙은 양원제가 아닌 단원제를 채택하고 있는 **현행 헌법 하에서도 동일하게 적용** (지역구의원은 해당 지역구 국민을 대표함 ×)
제한 가능	① 【국회의 기능 수행 위해 제한 可】 자유위임원칙은 헌법이 추구하는 가치를 보장하고 실현하기 위한 **통치구조의 구성원리** 중 하나이므로, 다른 헌법적 이익에 언제나 우선하는 것은 아니고, **국회의 기능 수행**을 위해서 **필요한 범위 내에서 제한**될 수 있음

(2) 정당대표 (정당기속)

정당기속	① 【전체국민대표】 현대의 민주주의가 **순수한 대의제 민주주의**에서 **정당국가적 민주주의**의 경향으로 변화하여 사실상 정당에 의하여 국회가 운영되고 있다고 하더라도 **국회의원의 전체국민대표성** 자체를 부정할 수는 없음 ② 【자유위임이 정당기속 배제근거 아님】 대의제 민주주의 원리에 기초한 **자유위임**은 의회내에서의 정치의 사형성에 정당의 협력을 배척하는 것이 아니며, **의원이 정당과 교섭단체의 지시에 기속되는 것을 배제하는 근거가 되는 것도 아님** (정당과 교섭단체의 지시에 국회의원이 기속되는 것을 배제하는 근거 ×)
정당소속 국회의원의 제명	① 【정당내부 강제·제명 可】 특정 정당에 소속된 국회의원이 **정당기속 내지는 교섭단체의 결정**(당론)에 위반하는 정치활동을 한 이유로 제재를 받는 경우, **국회의원 신분을 상실하게 할 수는 없으나** "**정당내부의 사실상의 강제**" 또는 소속 "**정당으로부터의 제명**"은 가능함 ('정당내부의 사실상의 강제' 또는 '소속 정당으로부터의 제명'은 불가능 ×) ② 【정당제명시 소속의원 1/2 찬성 필요】 정당이 소속 국회의원을 제명하기 위해서는 당헌이 정하는 절차 외에도 그 소속 **국회의원 전원의 2분의 1 이상의 찬성**(3분의 2 ×, 3분의 1 ×)이 있어야 하고, **서면·대리의결할 수 없음** (예외적인 경우에는 서면에 의하여 의결 ×)

2 국회의원의 신분 상실

사직	① **【회기 중 의결로 사직 허가】** 회기 중 국회는 **의결로 의원의 사직을 허가**할 수 있음 (의장 허가 x) ② **【폐회 중 의장이 사직 허가】** 폐회 중에는 **의장이 허가**할 수 있음 (폐회중 사직 불가 x)
신분상실	① **【비례의원 당적 이탈·변경시 퇴직】** 비례대표국회의원 또는 비례대표지방의회의원이 소속정당의 **합당·해산 또는 제명 외의 사유로 당적을 이탈·변경하거나 2 이상의 당적을 가지고 있을 때는 퇴직됨** (당선 당시의 당적을 이탈·변경하더라도 의원직을 상실하지 않음 x, 소속정당에서 제명되어 당적을 이탈한 경우에는 퇴직 x) → **정당기속 실현**을 위한 제도적 장치 ② **【자진해산시 의원직 유지 / 강제해산시 의원직 상실】** 「공직선거법」상 비례대표국회의원은 **소속 정당의 해산 시에 그 의원직을 유지**하는데, 여기서 말하는 해산에는 **헌법재판소의 해산결정에 따른 해산이 포함되지 않음** ③ **【비례의원인 의장은 의원직 보유】** 비례대표국회의원이 국회의장으로 당선되어 「국회법」 규정에 의하여 **당적을 이탈**한 경우에는 **퇴직되지 아니함**

POINT 203 국회의원의 권한　A

1 국가기관으로서 국회의원의 권한

(1) 심의·표결권

국가기관	① 【국가기관】 국회의원은 **헌법상 국가기관**으로서 그 개개인이 헌법과 법률에 의하여 법률안제출권, 법률안 심의·표결권 등 **독자적 권한**을 부여받고 있음 (국가기관으로서 지위 없음 ×)³
헌법상 권한	① 【국회의 의결형태 권한행사시 당연히 존재】 국회의원의 심의·표결권은 **국회가 의결의 형태로 권한을 행사**하는 경우에 **당연히 존재**¹ ② 【당연한 헌법상 권한】 국회의원의 법률안 심의·표결권은 비록 헌법에는 이에 관한 명문의 규정이 없지만 의회민주주의 원리, 헌법 제40조 및 제41조 제1항 등으로부터 **당연히 도출되는 헌법상 권한** (기본권 ×)⁴
법적성격	① 【국회의원 개개인 모두 보장】 법률안 심의·표결권은 국회의 다수파 의원에게만 보장되는 것이 **아니라 소수파 의원** 등 헌법기관으로서의 **국회의원 개개인에게 모두 보장**됨 (국회에 부여된 것이지 국회의원 각자에게 보장된 것은 아님 ×)¹³ ② 【포기 불가】 법률안 심의·표결권은 국민에 의하여 선출된 국가기관으로서 국회의원이 본질적 임무인 입법에 관한 **직무 수행**을 위해 보유하는 권한이므로 **국회의원의 개별적 의사에 따라 포기할 수 없음** (포기할 수 있음 ×)⁹

(2) 국회의원의 권한과 권한쟁의심판

당사자 능력	① 【국회 + 의장·의원·위원장·위원회 : 인정】 국가기관 상호간의 **권한쟁의심판**에서 **국회**뿐만 아니라 **국회의장, 국회의원, 국회위원회, 위원장** 등도 **당사자능력**을 가질 수 있음¹
의원 vs 의장	① 【국회의원 vs 국회의장】 국회의원과 국회의장은 헌법 제111조 제1항 제4호의 "**국가기관**"에 해당하므로 **권한쟁의심판의 당사자가 될 수 있음** (국회 구성원 내부의 분쟁이므로 권한쟁의심판청구를 할 수 없음 ×)⁴ ② 【헌재법 예시조항】 국가기관 상호간의 권한쟁의심판에 관하여 규정하고 있는 헌법재판소법 제62조 제1항 제1호의 "**국회, 정부, 법원 및 중앙선거관리위원회** 상호간의 권한쟁의심판"은 **예시적인 조항**으로 해석되므로, **국회의원이 국회의장을 상대로 제기한 권한쟁의심판은 적법** (한정적 열거조항으로 당사자가 될 수 없음 ×)⁴

2 상임위원 사·보임

권한쟁의	처분	① 【사·보임행위】 국회의장이 특정 국회의원을 그 의사에 반하여 **국회 보건복지위에서 사임**시키고 **환경노동위로 보임한 행위(사·보임행위)**는 **권한쟁의심판의 대상이 되는 처분** (국회의 자율권에 속하는 행위로서 사법심사의 대상에서 제외 ×)
	헌법상 허용	① 【상임위원 강제 사·보임 可】 의장은 교섭단체 대표의원의 요청이 있으면 법률에 위반되는 것이 아닌 한 **상임위원을 강제 사임시키고 다른 의원을 보임할 수 있음** (본인의 의사에 반하여 강제로 위원회에서 사임시킬 수는 없음 ×) ② 【국회운영의 본질】 국회의장이 국회의 의사를 원활히 운영하기 위하여 **상임위원회의 구성원인 위원의 선임 및 개선에 있어 교섭단체대표의원과 협의하고 그의 '요청'에 응하는 것은 국회운영에 있어 본질적인 요소**
	침해 부정	① 【달리 표결·발언 금지 아님】 위원의 의사에 반하는 개선을 허용하더라도, 직접 국회의원이 자유위임원칙에 따라 **정당이나 교섭단체의 의사와 달리 표결하거나 독자적으로 의안을 발의하거나 발언하는 것까지 금지하게 되는 것은 아님** ② 【심의·표결권 침해 아님】 교섭단체 대표의원의 요청에 따른 국회의장의 상임위원 개선행위는 그 요청이 위헌이나 위법이 아닌 한 **해당 국회의원의 법률안의 심의·표결권 침해로 볼 수 없음** (심의·표결권 침해 ×)
헌법소원 부정		① 【헌소대상 공권력 아님】 **국회의장이 국회의원을 특정 상임위원으로 선임한 행위**는 국회 내부의 조직을 구성하는 행위에 불과하므로 **헌소 대상이 아님** (헌법소원대상 공권력 행사 ×) ② 【의원의 상임위원 선임요청에 대한 의장의 거절 → 헌소 불가】 국회의원이 국회의장에게 상임위 위원으로 선임해 달라고 요청하였다가 거절된 경우, **국회의원은 기본권침해를 이유로 헌소 제기할 수 없음** (헌법소원을 제기할 수 있음 ×)

3 본회의에서 의사절차의 하자

(1) 입법절차의 하자 (날치기 통과)

권한쟁의심판		① 【국회의원 vs 국회의장】 입법절차의 하자를 둘러싼 분쟁은 국회의장이 국회의원의 권한을 침해한 것인가에 관한 다툼으로서 **법률에 대한 심의·표결권을 침해받은 국회의원이 국회의장을 상대로 권한쟁의심판을 청구**하여 해결할 사항 (청구권자 교섭단체의 대표의원 ×)
청구인 (국회의원)		① 【의사진행·투표방해 국회의원 : 청구인적격 인정】 청구인들 중 일부가 피청구인의 의사진행을 방해하거나 다른 국회의원들의 투표를 방해하였다 하더라도, 그러한 사정만으로 **권한쟁의심판청구 자체가 소권의 남용에 해당하여 부적법하다고 볼 수는 없음** (청구인적격이 인정되지 않음 ×)
피청구인	의장 적법	① 【부의장의 가결선포행위 → 피청구인 국회의장】 국회부의장이 국회의장의 직무를 대리하여 **법률안 가결선포행위를 하면서 질의·토론의 기회를 봉쇄하여 국회의원의 법률안 심의·표결권을 침해한 경우, 국회의원은 자신의 법률안 심의·표결권을 침해받았다는 이유로 국회의장을 상대로 하여 권한쟁의심판을 청구하여야 함**
	부의장 부적법	① 【부의장은 법적책임 주체 아님】 국회부의장이 법률안들에 대한 표결절차 등을 진행하였다 하더라도 국회부의장은 국회의장의 위임에 따라 그 **직무를 대리하여 법률안가결선포행위를 할 수 있을 뿐, 법률안 가결선포행위에 따른 법적 책임을 지는 주체가 될 수 없음** ② 【부의장 상대 청구 부적법】 국회부의장이 국회의장의 직무를 대리하여 법률안 가결선포 행위를 한 경우, 국회의원은 심의·표결권이 침해되었다는 이유로 **국회부의장에 대한 권한쟁의심판청구는 피청구인적격 인정되지 아니한 자를 상대로 제기된 것이어서 부적법** (적법 ×)
권한침해 or 무효여부		① 【권한침해 but 의장의 조치의무 無】 국회의장의 법률안 가결선포행위가 **법률안 심의·표결권을 침해한 것임을 확인한 권한쟁의침해확인결정의 기속력으로 국회의장이 특정한 조치를 취할 작위 의무를 부담하는 것 아님** (위헌·위법성을 제거할 적극적 조치 취할 법적 의무 ×) ② 【권한침해 but 가결선포행위 무효아님】 법률안 가결선포행위의 효력은 입법절차상 헌법규정을 명백히 위반한 하자가 있었는지에 따라 결정되어야 할 것이고, **입법절차에 관한 법률에 대한 경미한 위반이 있었다고 하여 무효라고 할 수는 없음**

(2) 관련판례

1	① 【반대토론 불허 → 표결절차진행(가결선포) (인용)】 국회의장이 **적법한 반대토론 신청**이 있었음에도 반대토론을 허가하지 않고 토론절차를 생략하기 위한 의결을 거치지도 않은 채 법률안들에 대한 표결절차를 진행한 것은 **국회의원의 법률안 심의·표결권 침해**(2011.8.30. 2009헌라7) → 가결 선포행위를 취소 또는 무효로 할 정도의 하자에 해당한다고 보기는 어려움 ② 【권한침해 but 가결선포행위 무효아님】 국회의 입법과 관련하여 일부 국회의원들의 권한이 침해되었다 하더라도 그것이 다수결의 원칙과 회의공개의 원칙과 같은 **입법절차에 관한 헌법의 규정을 명백히 위반한 흠에 해당하는 것이 아니라면 법률안 가결선포행위를 곧바로 무효로 볼 것은 아님**(2011.8.30. 2009헌라7) ③ 【반대토론 불허 : 판단대상 아님】 법률안 가결 선포는 국회 본회의에서 이루어지는 법률안 의결절차의 종결행위로서 이를 권한쟁의 심판대상으로 삼아 이에 이르기까지 일련의 심의·표결 절차상의 하자들을 다툴 수 있는 이상, **하나의 법률안 의결과정에서 국회의장이 행한 중간처분에 불과한 반대토론 불허행위를 별도의 판단대상으로 삼을 필요가 없음**(2011.8.30. 2009헌라7)
2	【본회의 개의 일시 미통지 (인용)】 국회의장이 야당 의원들에게 **본회의 개의 일시를 적법하게 통지하지 않고 법률안 가결선포한 행위는 심의·표결 권한 침해**(1997.7.16. 96헌라2) → 가결선포행위는 무효 아님
3	【장내소란 속 취지설명, 질의·토론절차 생략 표결절차 진행 (기각)】 의사진행 방해로 의안상정·제안설명 등 의사진행이 정상적으로 이루어지지 못하고 **질의신청을 하는 의원도 없는 상황에서 국회의장이 '질의신청 유무'에 대한 언급 없이 단지 '토론신청이 없으므로 바로 표결하겠다'고 한 행위가**, 위원회 심의를 거치지 않은 안건에 대하여 질의, 토론을 거치도록 정한 「국회법」제93조에 위반하여 **국회의원들의 심의·표결권 침해 아님**(2008.4.24. 2006헌라2)

4 위원회에서 의사절차의 하자

(1) 입법절차의 하자 (날치기 통과)

피청구인	의장 부적법	① **【상임위 심사권은 상임위 고유권한】** 국회의 의결을 요하는 안건에 대하여 의장이 본회의 의결에 앞서 소관위원회에 안건을 회부하는 것은 **국회의 심의권을 위원회에 위양하는 것이 아니고, 심사권 자체는 법률상 부여된 위원회의 고유한 권한임** [3] ② **【국회의장 상대 부적법】** 국회 상임위가 그 소관에 속하는 의안, 청원 등을 **심사하는 권한은 법률상 부여된 위원회의 고유권한**이므로 상임위원장이 위원회를 대표해서 의안을 심사하는 권한이 **국회의 장으로부터 위임된 것임을 전제로 한 국회의장에 대한 심판청구는 피청구인적격이 없는 자를 상대로 한 청구로서 부적법** (국회의장으로부터 위임 ×, 국회의 심의권 위임 ×) [4]
	위원장 적법	① **【상임위원장 : 피청구인적격 인정】** 상임위원장이 질서유지권을 발동하여 소수당 의원들의 회의장 출입을 봉쇄한 상태에서 **상임위원회 전체회의를 개의하여 의안을 상정하고 법안심사소위에 회부하**였다면, 상임위원회 의사절차의 주재자로서 질서유지권과 의사정리권의 귀속주체인 **상임위원장에게 권한쟁의심판청구의 피청구인적격이 인정** [3] ② **【상임위원장 : 상대 권한쟁의심판청구 적법】** 국회 외교통상통일위원장의 위법한 의사진행으로 인하여 **소속 일부 상임위원들의 심의표결권이 침해되었음을 이유로 상임위원인 국회의원**이 **상임위 위원장을 상대로 제기한 권한쟁의심판청구는 적법** [1]
청구인 (상임위원)		① **【회의개최 방해행위 종용·방조 : 소권 남용 아님】** 국가기관의 권한쟁의심판 청구를 **소권의 남용**이라고 평가하기 위해서는 권한쟁의심판 제도의 취지와 전혀 부합되지 않는다고 볼 **극히 예외적인 사정**이 인정되어야 할 것이므로, 국회의원들이 소속 정당 당직자 등의 **회의개최 방해행위를 종용하거나 방조**하였다 하더라도, **권한쟁의심판청구를 소권의 남용이라 볼 수 없음** [1]

(2) 관련판례

1	**【한미FTA 비준동의안 날치기 통과 (인용)】** 국회 상임위원장이 회의장 출입문을 폐쇄하여 소수당 소속 상임위 위원들의 출입을 봉쇄한 상태에서 상임위 전체회의를 개의하여 **안건을 상정한 행위 및 소위원회로 안건심사를 회부한 행위**는 그 회의에 참석하지 못한 소수당 소속 상임위 위원들의 **조약비준동의안에 대한 심의권 침해**(2010.12.28. 2008헌라7 등) [1] → 상정·회부행위에 대한 **무효확인청구는 이유 없음** [1]
2	**【환노위원장의 노란봉투법 본회의 부의 요구 (기각)】** 국회 환경노동위원장이 국회의장에게 「노동조합법」 일부개정법률안의 **본회의 부의를 요구한 행위**는 국회 법제사법위원회 소속 국회의원들의 법률안에 대한 **심의·표결권 침해 아님**(2023.10.26. 2023헌라3) [1]

5 국회 외부기관에 의한 침해

(1) 국회의 권한과 국회의원의 권한

국회의 권한과 국회의원의 권한	① 【국회 동의권 / 의원 심의·표결권】 조약의 체결·비준에 대한 동의권은 국회에 있으며, 조약의 체결·비준 동의안에 대한 **심의·표결권은 국회의원**에게 있음¹ ② 【국회의 동의권 행사 → 의원의 심의·표결권 행사】 국회가 조약의 체결·비준에 대한 동의권을 행사하는 경우, **국회의원**은 조약의 체결·비준 동의안에 대해 **심의·표결권을 가짐**¹
심의·표결권: 대내관계만 침해 가능	① 【대내적 관계에서 행사·침해 可】 국회의 동의권이 침해되었다고 하여 동시에 **국회의원의 심의·표결권이 침해**된다고 할 수 **없고**, 국회의원의 심의·표결권은 국회의 대내적인 관계에서 행사되고 침해될 수 있고 다른 국가기관과의 대외적인 관계에서는 **침해될 수 없음**⁷ ② 【대외적 관계에서 침해 가능성 無】 국회의원의 심의·표결 권한은 국회의장이나 다른 국회의원이 아닌 **국회 외부의 국가기관에 의하여는 침해될 수 없는 것임**¹ ③ 【국회 내부 ○ / 국회 외부 ×】 국회의원의 심의·표결권은 국회의원들 상호간 또는 국회의원과 국회의장 사이와 같이 **국회 내부적으로 직접적인 법적 연관성**을 발생시킬 수 있고, 대통령 등 **국회 이외의 국가기관 사이에서는 권한침해의 직접적인 법적 효과를 발생시키지 아니함** (국회 이외의 국가기관 사이에서도 권한침해의 직접적인 법적 효과를 발생시킴 ×)²
심의·표결권 침해가능성 無	① 【국회동의 결여 대통령의 조약 체결·비준】 대통령이 국회의 동의 없이 조약을 체결·비준하였다 하더라도 **국회의원의 심의·표결권이 침해될 가능성은 없음** (심의·표결권 침해 ×)⁵ → **권한쟁의심판 부적법** (권한쟁의심판 제기할 수 있음 ×)³ ② 【국회동의 결여 정부의 계약 체결】 정부가 국회의 동의 없이 예산 외에 국가의 부담이 될 계약을 체결한 경우에는 국회의 동의권이 침해될 수는 있어도 **국회의원 자신의 심의·표결권이 침해될 가능성 없음** (국회의원 자신의 심의·표결권도 침해 ×)² ③ 【행자부장관의 국민안전처 등 세종시 이전 처분】 국회의원들이 국민안전처 등을 이전대상 제외 기관으로 명시할 것인지에 관한 **법률안**에 대하여 **심의**를 하던 중, 행정자치부장관이 국민안전처 등을 세종시로 이전하는 내용의 처분을 할 경우 국회의원인 청구인들의 법률안에 대한 **심의, 표결권이 침해될 가능성 없음** (침해 가능성이 있음 ×, 침해됨 ×)²

(2) 제3자 소송담당 부정

제3자 소송담당 부정	① 【제3자 소송담당 명시적 허용 규정 無】 현행법에는 국가기관의 **부분기관이 자신의 이름으로 소속기관의 권한을 주장할 수 있는 제3자 소송담당을 명시적으로 허용하는 규정이 없음**¹⁰ ② 【의원이 국회의 권한침해 주장 不可】 제3자 소송담당을 명시적으로 허용하는 법률의 규정이 없는 현행법 체계하에서는 **국회의 구성원인 국회의원이 국회를 위하여 국회의 권한침해를 주장**하는 권한쟁의심판을 **청구할 수 없음** (청구할 수 있음 ×)⁷ ③ 【교섭단체가 국회의 권한침해 주장 不可】 **국회의 교섭단체**가 국회의 권한 침해를 주장하여 정부를 상대로 권한쟁의심판 **청구할 수 없음** (예외적 상황에서 교섭단체 허용 ×)²
부정사례	① 【국회의 조약체결·비준동의권】 국회의 구성원인 **국회의원**이 국회의 조약에 대한 체결·비준 동의권의 침해를 주장하는 권한쟁의심판을 **청구할 수 없음** (청구인적격이 있음 ×)¹⁷ ② 【국회의 국가부담계약 체결 동의권】 국회의 구성원인 **국회의원**들은 국회의 "예산 외에 국가의 부담이 될 계약"의 체결에 있어 대통령에 대하여 동의권의 침해를 주장하는 권한쟁의심판을 청구할 수 **없음** (청구인적격이 인정 ×)³ ③ 【국회의 국정감사·조사권】 국정감사권과 국정조사권은 국회의 권한이고, 국회의원의 권한이라 할 수 없으므로 **국회의원이 국정감사권 또는 국정조사권 자체에 대한 침해를 이유로 하는 권한쟁의심판 청구 부적법** (청구할 수 있음 ×)²

6 헌법소원심판 청구 부정

국회의원	① **[기본권 아님 : 헌소 불가]** 국회의원이 국회 내에서 행하는 **질의권·토론권 및 표결권 등**은 입법권 등 공권력을 행사하는 **국가기관인 국회의 구성원의 지위**에 있는 **국회의원에게 부여된 권한**이지 국회의원 개인에게 헌법이 보장하는 권리 즉 **기본권으로 인정된 것이라고 할 수는 없음** (국회의원은 질의권·토론권·표결권 등의 기본권 주체 ×)[3] ② **[권한 침해로 헌소 불가]** 질의권·토론권·표결권 등은 공권력을 행사하는 **국가기관인 국회의 구성원의 지위**에 있는 **국회의원에게 부여된 권한**으로 국회의원 개인에게 헌법이 보장하는 **권리가 아니므로** 질의권·토론권·표결권이 침해된 것을 이유로 하는 **헌법소원 청구할 수 없음** (헌소청구할 수 있음 ×)[5] ③ **[헌법 기본원리 훼손 : 헌소 불가]** 국회의장의 불법적인 의안처리행위로 헌법의 기본원리가 훼손되었다고 하더라도 구체적 기본권을 침해당한 바 없는 **국회의원들에게 헌법소원심판청구 허용 안됨** (헌소청구할 수 있음 ×)[5]
일반국민	① **[입법절차 하자 : 헌소청구 불가]** 법률의 입법절차가 헌법이나 「국회법」에 위반된다고 하더라도 그러한 사유만으로는 그 법률로 인하여 **국민의 기본권이 현재, 직접적으로 침해받는다고 볼 수 없으므로 헌법소원심판을 청구할 수 없음** (입법절차의 하자는 직접적으로 국민의 기본권 침해 ×)[4] ② **[국보위에서 제정된 국가보안법]** 국가보위입법회의에서 제정된 **법률**의 내용이 현행 헌법에 저촉된다고 하여 이를 다투는 것은 별론으로 하고 그 **제정절차에 하자**가 있음을 이유로 하여 이를 **다툴 수 없음**[1]

POINT 204 국회의원의 특권

제45조【면책특권】 국회의원은 국회에서 **직무상 행한 발언과 표결**에 관하여 **국회외**(국회 내 ×)에서 책임을 지지 아니한다.

제44조 ①【**불체포특권 (현행범인 제외)**】국회의원은 현행범인인 경우를 제외하고는 회기중 국회의 동의없이 체포 또는 구금되지 아니한다.

②【**회기중 석방 요구**】국회의원이 **회기전에** 체포 또는 구금된 때에는 **현행범인이 아닌 한 국회의 요구**가 있으면 회기중 석방된다.

1 면책특권

(1) 면책특권

면책특권	①【**국회의 적정 권한 행사 및 원활 기능 수행**】국회의원이 국민의 대표자로서 **국회 내에서 자유롭게 발언하고 표결할 수 있도록** 보장함으로써 국회가 입법 및 국정통제 등 헌법에 의하여 부여된 권한을 적정하게 행사하고 그 기능을 원활하게 수행할 수 있도록 보장하는 데에 있음
직무상 발언·표결 (의사표현행위)	①【**인식하지 못한 허위발언 : 면책 대상**】국회의원이 **직무상 국회 내에서 행한 발언내용이 허위라는 점을 인식하지 못했다면** 비록 발언내용에 다소 근거가 부족하거나 진위 여부를 확인하기 위한 조사를 제대로 하지 않았더라도 **직무수행의 일환**으로 이뤄진 것인 이상 **면책대상** (면책특권의 대상이 되지 아니함 ×) ②【**직무 무관련 or 명백히 허위임을 알면서 발언 : 면책 대상 아님**】발언 내용 자체에 의하더라도 **직무와는 아무런 관련이 없음이 분명**하거나, **명백히 허위임을 알면서도** 허위의 사실을 적시하여 타인의 명예를 훼손하는 경우 **면책특권의 대상이 될 수 없음**
직무부수행위	①【**의사표현행위에 부수되는 행위**】국회의원의 면책특권의 대상이 되는 행위는 직무상의 발언과 표결이라는 **의사표현행위** 자체에 국한되지 않고 이에 **통상적으로 부수하여 행하여지는 행위까지 포함** (직무상 발언과 표결이라는 의사표현행위에 국한 ×)

(2) 관련판례

1	**발언**【**예결위 대정부질의 발언**】국회의원이 **국회 예산결산위원회 회의장에서 법무부장관을 상대로 대정부질의**를 하던 중 대통령 측근에 대한 대선자금 제공 의혹과 관련하여 이에 대한 **수사를 촉구하는 과정에서 한 발언**은 국회의원의 **면책특권의 대상**(대판 2007.1.12. 2005다57752)
2	**부수**【**발언문건 사전배포행위**】국회의원이 **본회의장에서 발언할 내용**을 인쇄한 문건을 본회의장에 들어가기 직전에 의사당 내의 기자실에서 배포하고 본회의장에서 그대로 발언한 경우에 **발언문건의 사전배포행위**는 직무상 부수행위에 포함되므로 **면책됨**(대판 1992.9.22. 91도3317) **유사**【**원고 사전배포행위**】국회의원이 타인들 간의 사적대화를 불법 녹음한 자료를 입수한 후 녹음된 대화내용을 담은 **보도자료를 작성**하여, 국회상임위 개의 당일 **상임위에서 발언**하기 전에 **국회의원회관에서 사전에 기자들에게 배포한 행위**는 면책특권의 대상이 되는 **직무부수행위에 해당**(대판 2011.5.13. 2009도14442)
3	**부수**【**자료제출요구**】국회의원이 장관에게 대정부 질문이나 질의를 준비하기 위해 **자료제출을 요구하는 행위**는 헌법상 국회의원의 **면책특권의 대상**(대판 1996.11.8. 96도1742)

(3) 효과 : 국회 외에서 책임을 지지 아니함

민·형사책임 영구면제	① 【임기 종료 후에도 민·형사책임 영구면제】 면책특권은 국회의원의 자유롭고 원활한 의정활동을 보장하기 위한 것으로서 특별한 사정이 없는 한 **임기가 끝난 후에도 적용**되며, **영구적으로 행사책임이 면제**되는 특권 (임기 중에만 효력 ×, 상당한 기간 책임을 지지 않음 ×) ② 【공소제기가 위법하여 무효 → 공소기각판결】 국회의원의 발언이 **면책특권**에 해당된다는 전제 하에 국회의원의 발언에 대해 **공소가 제기되었다면**, 이는 **공소권이 없음에도 공소가 제기**된 것이므로 **공소제기의 절차가 법률의 규정에 위반하여 무효**인 때에 해당(재판권이 없는 때에 해당 ×)하는 사유로 **공소기각판결**(무죄판결 ×)을 하여야 함
징계·정치적 책임부담	① 【국회·정당 내 징계책임 부담】 면책특권은 **국회 외에서 민·형사책임이 면제**되는 것으로, **국회 내에서 또는 소속정당에서 징계책임은 면제 안됨** (국회 내에서 책임을 지지 아니함 ×) ② 【모욕·사생활 발언 시 국회 내 징계 가】 국회의원의 면책특권에도 불구하고 국회의원이 본회의 또는 위원회에서 **다른 사람을 모욕하거나 다른 사람의 사생활에 대한 발언**을 하였을 경우에는 **국회 내에서 징계**를 받을 수 있음 (국회의 징계대상이 될 수 없음 ×)

2 불체포특권

(1) 불체포특권

소추·집행 가능	① 【소추권 제한 아님】 범법행위를 한 국회의원에 대한 국가의 **소추권까지 제한하지는 않음** ② 【형 집행 가】 헌법상 국회의원의 불체포특권은 **불수사특권이나 불기소특권을 의미하는 것은 아니므로**, 회기 중에 **유죄 판결이 확정되면 그 형을 집행할 수 있음** (형을 집행할 수 없음 ×)
계엄 시 확대	① 【회기 무관 체포·구금 금지】 계엄 시행 중 국회의원은 현행범인 경우를 제외하고는 **체포 또는 구금되지 아니함**

(2) 불체포특권의 내용

회기중	정부 요청	① 【판사 요구서 정부 제출 → 정부는 국회에 요청】 국회의원을 체포하거나 구금하기 위하여 **국회의 동의**를 받으려고 할 때에는 **관할법원의 판사는 영장을 발부하기 전에 체포동의 요구서를 정부에 제출**하여야 하며, **정부는 이를 수리한 후 지체 없이 그 사본을 첨부하여 국회에 체포동의를 요청**하여야 함 (관할법원의 판사는 영장 발부 전에 체포동의 요구서를 국회에 제출 ×)
	국회 의결	① 【24시간 이후 72시간 이내 무기명표결】 의장은 **정부로부터 체포동의 요청 받은 후 처음 개의하는 본회의**에 이를 보고하고, 본회의에 보고된 때부터 **24시간 이후 72시간 이내에 표결**함 ② 【if not 최초 개의 본회의에 상정·표결】 체포동의안이 72시간 이내에 표결되지 아니하는 경우에는 **그 이후에 최초로 개의하는 본회의에 상정하여 표결**함 (체포동의안이 72시간 이내에 표결되지 아니한 경우에는 체포동의안은 폐기된 것으로 봄 ×) ③ 【일반정족수】 국회가 **재적의원 과반수의 출석과 출석의원 과반수의 찬성**(재적의원 과반수의 찬성 ×)으로 동의를 하면 회기 중에도 **국회의원을 체포 또는 구금할 수 있음**
폐회중	회기전 체포	① 【회기 전 체포·구금 가능 → 의장에 통지】 정부는 체포·구금된 국회의원이 있을 때에는 **지체 없이 국회의장에게 통지**하여야 하며, **구속기간의 연장이 있을 때에도 같음** (구속기간의 연장이 있을 때에는 그러하지 아니함 ×)
	석방 요구	① 【재적 1/4 연서로 요구서 제출】 국회의원이 체포·구금된 의원의 **석방요구를 발의**할 때에는 **재적의원 4분의 1이상**(20인 ×)의 연서로 이유를 첨부한 요구서를 의장에게 제출하여야 함 ② 【자동석방 아님】 국회의원이 회기 전에 구속된 경우 국회의 회기가 개시된다고 하더라도 **자동적으로 석방되는 것은 아님**

(3) 현행범인 : 불체포특권 불인정

현행범인	① 【국회의 동의없이 체포·구금 可】 국회의원이 **현행범인**인 경우에는 **회기 중 국회의 동의없이 체포 또는 구금될 수 있음** (체포·구금되지 아니함 ×)³ ② 【국회의 석방요구 不可】 국회의원이 회기 전에 체포·구금된 때에는 국회의 요구가 있으면 **회기 중 석방되나, 현행범인인 경우에는 그러하지 아니함** (현행범인 경우에도 석방됨 ×)⁶
국회 안 현행범인의 체포	① 【일반 현행범인 : 체포 후 의장지시】 경위나 경찰공무원은 **국회 안에 현행범인**이 있을 때에는 **체포한 후 의장의 지시를 받아야 함**⁵ ② 【의원인 현행범인 : 의장명령으로 체포】 국회의원이 **현행범인**이라고 하더라도 회의장 내에 있는 경우 **의장의 명령 없이는 의원을 체포할 수 없음** (경위나 경찰공무원은 체포한 후 의장의 지시를 받아야 함 ×, 의장의 명령 없이 체포할 수 있음 ×)⁹

3 면책특권과 불체포특권

구분	면책특권	불체포특권
목적	• 표현의 자유 보장	• 신체의 자유 보장
범위	• **법적 책임의 영구적 면제**	• **체포·구금의 일시적 유예**
요건	• **국회에서 직무상 행한 발언과 표결**	• 회기중 현행범인이 아닌 경우
효과	• **국회 외에서 민·형사상 책임 면제** (국회·정당에서의 징계는 가능) • 소제기시 공소기각판결	• 회기중 체포·구금불가 • **회기전 체포·구금시 회기중 석방요구** (재적 1/4 연서 → 일반정족수 석방요구)
직무관련성	• 직무상 발언과 표결	• 직무관련성 무관
국회의결로 제한여부	• 제한불가	• 제한가능(일반정족수로 체포동의)
성질	• 실체법상특권(인적처벌조각사유)	• 소송법상특권

POINT 205 국회의원의 의무

제43조 【겸직금지】 국회의원은 법률이 정하는 직을 겸할 수 없다.

제46조 ① 【청렴의무】 국회의원은 청렴의 의무가 있다.
② 【국가이익 우선의무 + 양심에 따른 직무수행의무】 국회의원은 국가이익을 우선하여 양심에 따라 직무를 행한다.
③ 【지위남용 금지의무】 국회의원은 그 지위를 남용하여 국가·공공단체 또는 기업체와의 계약이나 그 처분에 의하여 재산상의 권리·이익 또는 직위를 취득하거나 타인을 위하여 그 취득을 알선할 수 없다.

1 국회의원의 의무

헌법상 의무	「국회법」상의 의무
① 겸직금지의무 ② 청렴의무 ③ 국가이익 우선의무 ④ 양심에 따른 직무수행의무 (법률상의 의무 ×) ⑤ 지위남용 금지의무	① 품위유지의무 ② 영리업무 종사 금지의무

2 겸직금지의무

(1) 원칙금지

휴직 or 사직	① 【원칙 금지, 예외 허용】 국회법상 국회의원의 겸직은 일정한 예외를 제외하고 원칙적으로 금지 (원칙 허용 ×) ② 【겸직시 휴직 or 사직】 의원이 당선 전부터 겸직이 금지되는 직을 가진 경우에는 임기개시일 전까지 그 직을 휴직하거나 사직하여야 함
사직	① 【공기업 임직원】 「공공기관운영법」에 따른 공공기관의 임직원(한국은행 포함)을 겸직할 수 없음 ② 【대학교수】 정당의 당원이 될 수 있는 교직을 가진 경우 임기개시일 전까지 그 직을 사직하여야 함

(2) 예외허용

총리·국무위원	① 【국무총리, 국무위원】 국회의원은 국무총리 또는 국무위원의 직 이외의 다른 직을 겸할 수 없음 (국무총리 겸직금지 ×, 국무위원 겸직금지 ×, 지자체장 겸직할 수 있음 ×)
기타	① 【공익 목적 명예직】 공익 목적의 명예직은 겸직할 수 있음 ② 【의원 임명·위촉직】 다른 법률에서 의원이 임명·위촉되도록 정한 직은 겸직할 수 있음 ③ 【정당의 직】 「정당법」에 따른 정당의 직은 겸직할 수 있음

3 기타 법률상 주요 의무

영리업무 종사 금지	① 【영리업무 종사 금지】 의원은 그 직무 외에 영리를 목적으로 하는 업무에 종사할 수 없음 ② 【임대업 예외 可】 의원 본인 소유의 **토지·건물** 등의 재산을 활용한 임대업 등 영리업무를 하는 경우로서 **의원 직무수행에 지장이 없는 경우**에는 **영리업무에 종사할 수 있음** (예외 없이 영리업무에 종사할 수 없음 ×)³ → 임기 개시 1개월 이내 의장에 신고 ③ 【6월 내 휴업·폐업의무】 의원이 당선 전부터 영리업무에 종사하고 있는 경우에는 **임기 개시 후 6개월 이내**에 그 영리업무를 **휴업하거나 폐업**하여야 함 (영리업무를 휴업한 후 지체없이 의장에게 서면으로 신고 ×)¹
상임위원	① 【직무관련 영리행위 금지】 상임위원은 **소관 상임위원회의 직무**와 관련한 **영리행위를 하여서는 아니 됨** (위원장의 허가를 받은 경우 예외로 함 ×)¹
이해충돌회피 의무	① 【이해충돌회피의무·직무전념의무】 국회의원은 자신의 **사적인 이해관계**와 국민에 대한 **공적인 이해관계**가 충돌할 경우 당연히 후자를 우선하여야 할 **이해충돌회피의무 내지 직무전념의무**를 지게 되는 바, 이를 국회의원 개개인의 양심에만 맡겨둘 것이 아니라 **국가가 제도적으로 보장할 필요성** 인정¹

CHAPTER 08 | 국회의 자율권

POINT 206 국회자율권

> **제64조** ① 【국회규칙 제정권】 국회는 **법률에 저촉되지 아니하는 범위**(법률의 위임범위 ×)에서 **의사와 내부규율에 관한 규칙**을 제정할 수 있다.[5]
> ② 【자격심사·징계】 국회는 의원의 **자격**을 심사하며, 의원을 **징계**할 수 있다.[1]
> ③ 【제명 : 재적 2/3 이상 찬성】 의원을 제명하려면 **국회재적의원 3분의 2 이상의 찬성**(재적 과반수 ×, 국회재적의원 과반수 출석과 출석의원 3분의 2 이상의 찬성 ×)이 있어야 한다.[6]
> ④ 【법원 제소 불가】 제2항과 제3항의 처분에 대하여는 **법원**(헌법재판소 ×)에 제소할 수 없다.[8]

1 국회의 입법권과 의사자율권

입법형성의 자유	① 【입법형성의 자유 + 의사절차·규칙 결정 자율권】 국회는 어떠한 사항에 대하여 언제, 어떻게 입법할지 여부를 스스로 판단하여 결정할 **입법형성의 자유**를 가지며, 법안심의를 위한 **의사절차와 규칙을 스스로 결정할 수 있는 자율권**을 가짐[1] ② 【헌법 명문규정】 국회에 대해 현행헌법이 **명문으로 규칙제정권**을 부여하고 있음[1]
의사자율권	① 【헌법·법률을 위반하지 않는 범위 내 허용】 국회의 자율권도 **헌법이나 법률을 위반하지 않는 범위 내에서 허용**되어야 하고, 국회의 의사절차나 입법절차에 **헌법이나 법률의 규정을 명백히 위반**한 경우에는 **자율권을 가진다고 할 수 없음**[2] ② 【헌법·법률 명백 위반시 헌재 심사 可】 국회의 의사절차나 입법절차에 **헌법이나 법률의 규정을 명백히 위반한 흠**이 있는 경우에는 헌법재판소가 심사할 수 없는 **국회 내부의 자율에 관한 문제라고 할 수는 없음** (헌재가 해당 절차에 대해 위헌결정을 할 수 없음 ×)[3]

2 국회의원의 자격심사·징계·제명

(1) 제소금지

제소금지	① 【제소금지】 헌법은 국회의원 **자격심사·징계·제명은 법원에 제소할 수 없다**고 명문 규정[2] ② 【사법권의 실정법상 한계】 헌법에서 국회의원의 징계와 제명에 대해 법원에 제소할 수 없도록 한 것은 **사법권의 실정헌법상 한계로서 국회의 자율성 존중**이라는 권력분립 고려에 기초[1]
부적법 각하	① 【제명 제소금지】 국회의 **제명처분에 대하여는 법원에 제소할 수 없음** (제소할 수 있음 ×, 절차에 중대한 하자가 있으면 법원에 제소하여 구제받을 수 있음 ×)[7] → **제명에 불복하여 법원에 가처분을 신청한 경우 법원은 각하하여야 함**[1] ② 【징계 제소금지】 국회의 **징계처분에 대해서는 법원에 제소할 수 없음** (제명 이외의 징계에 대해서는 법원에 제소할 수 있음 ×)[7] → 징계의 효력을 다투는 **행정소송을 제기할 수 없음**[1]

(2) 자격심사절차

자격심사청구	① 【30명 이상 연서】 의원이 다른 의원의 자격에 대하여 이의가 있을 때에는 **30명 이상의 연서**로 의장에게 **자격심사를 청구**할 수 있음[2]
무자격결정	① 【재적 2/3】 국회가 **의원의 자격 유무를 심사**하여 그 **자격이 없는 것으로 의결**할 때에는 **재적의원 3분의 2 이상의 찬성**이 있어야 함[4]

(3) 징계와 제명 절차

징계절차	① **【의원 20명 징계요구】** 의원이 징계대상자에 대한 **징계를 요구**하려는 경우에는 **의원 20명 이상의 찬성**으로 그 사유를 적은 요구서를 **의장에게 제출**하여야 함 [3] ② **【윤리특위 심사 → 본회의 의결】** 국회는 의원이 의무위반 등에 해당하는 행위를 하였을 때에는 **윤리특별위원회의 심사**를 거쳐 그 **의결로써 징계**할 수 있음 ③ **【의장·위원장석 점거 및 조치불응 → 윤리특위 심사 생략 可】** 국회는 의원이 **의장석 또는 위원장석을 점거**하고 점거해제를 위한 의장 또는 위원장의 **조치에 불응**한 때(회의장 질서를 어지럽히는 행위 ×, 의원의 본회의장 또는 위원회 회의장 출입을 방해한 때 ×)에는 **윤리특별위원회의 심사를 거치지 아니**하고 **의결로써 징계**할 수 있음 [2]
징계의 종류	① **【경고·사과·출석정지 + 제명】**「국회법」상 징계에는 공개회의에서의 **경고**, 공개회의에서의 **사과**, 30일 이내의 **출석정지**, **제명**이 있음 [2] ② **【제명된 의원 보궐선거 입후보 금지】**「국회법」에 따라 **징계로 제명된 사람**은 그로 인하여 궐원된 국회의원의 보궐선거에서 후보자가 될 수 없음 [3]

(4) 자격심사와 징계 비교

구분	자격심사	징계
사유	• 의원신분의 적격성 상실	• 헌법·법률·강령 등 의무위반
청구권자	• **의원 30인** (20인 ×)	• 의장, 위원장, **의원 20인** 등
절차	• **윤리특위 → 본회의 의결**	• **윤리특위 → 본회의 의결**
정족수	• **재적 2/3**으로 무자격 결정	• **재적 2/3로 제명** / 일반정족수로 다른 징계 의결

CHAPTER 09 | 대통령의 지위

POINT 207 대통령의 지위

1 대통령의 지위

제66조 ① 【국가원수】 대통령은 **국가의 원수**이며, 외국에 대하여 **국가를 대표**한다.'
④ 【행정부 수반】 행정권은 대통령을 **수반**으로 하는 **정부**에 속한다.'

국가원수 + 행정부 수반	① 【국가원수 + 정부수반】 대통령은 국정의 최고책임자로서 **국가원수**이자 **행정부 수반**의 지위 ② 【행정최고책임자】 대통령은 **행정권이 속한 정부의 수반**으로서 정부를 조직하고 통할하는 **행정에 관한 최고책임자**로서 행정과 법집행에 관한 **최종적인 결정**을 하고 정부의 구성원에 대하여 **최고의 지휘·감독권**을 행사함'
헌정사	① 【제헌헌법 ~ 현행헌법】 우리 헌정사상 **대통령직이 폐지**된 예는 한 번도 **없음**'

2 대통령당선인

(1) 당선인의 지위 및 권한보장

법률상 근거	① 【대통령직인수법】 대통령 선거 결과 **대통령당선인이 확정된 후 대통령 취임 시까지** 대통령당선인의 법적 지위에 관하여 「**대통령직인수법**」이 정하고 있음 (법률상 규정이 없음 ×)'
지위와 권한	① 【결정 ~ 시작 전】 대통령당선인으로 **결정된 때부터** 대통령 **임기 시작일 전날까지** 지위' ② 【대통령직 인수에 필요한 권한】 대통령당선인은 「대통령직인수법」에서 정하는 바에 따라 **대통령직 인수**를 위하여 **필요한 권한**을 가짐'
지명권	① 【총리·국무위원 후보자 지명】 대통령당선인은 대통령 임기 시작 전에 **국회의 인사청문 절차**를 거치게 하기 위하여 **국무총리 및 국무위원 후보자를 지명**할 수 있음 (인사청문요청 못함 ×)⁵ ② 【국무위원 후보자 지명 시 총리 후보자 추천】 **국무위원 후보자를 지명**하는 경우 **국무총리 후보자의 추천**이 있어야 함²

(2) 대통령직인수위원회

설치	① 【대통령직 인수 관련 업무】 대통령당선인을 보좌하여 **대통령직 인수와 관련된 업무**를 담당하기 위하여 **대통령직인수위원회**를 설치³ ② 【임기 시작일 이후 30일 범위 존속】 위원회는 대통령 **임기 시작일 이후 30일의 범위**에서 존속 (대통령 임기 시작일 전날까지 존속 ×)²
업무	① 【조직·기능·예산】 정부의 **조직·기능** 및 **예산현황**의 파악' ② 【정책기조】 새 정부의 **정책기조**를 설정하기 위한 준비² ③ 【취임행사】 **대통령의 취임행사** 등 관련 업무의 준비' ④ 【후보자검증】 **대통령당선인의 요청에 따른 국무총리 및 국무위원 후보자에 대한 검증** ⑤ 【필요사항】 그 밖에 **대통령직 인수에 필요한 사항**'
구성	① 【위원장·부위원장 각 1명 + 위원 24명】 **위원장 1명, 부위원장 1명 및 24명 이내의 위원**으로 구성' ② 【위원장·부위원장 명예직】 위원장·부위원장·위원은 **명예직**으로 하고, **대통령당선인 임명**²

3 대통령권한대행

제71조 【대통령권한대행】 대통령이 **궐위**되거나 **사고**로 인하여 **직무를 수행할 수 없을 때**에는 (국회의장 ×) **국무총리, 법률이 정한 국무위원의 순서로 그 권한을 대행**(일정기간 이내에 후임자를 선거 ×)한다.⁵

궐위	① 【취임 후 사임·사망】 대통령 취임 후 **사망 또는 사임**하여 대통령직이 비어 있는 경우ˡ ② 【취임 후 자격상실】 대통령 취임 후 **피선자격의 상실 및 판결 기타 사유로 자격을 상실**ˡ ③ 【탄핵결정】 대통령이 헌법재판소의 **탄핵결정으로 파면**된 경우ˡ
사고	① 【해외 순방】 대통령이 **해외 순방** 중인 경우 ② 【탄핵소추의결로 권한행사정지】 대통령이 국회의 **탄핵소추의결로 권한행사정지**된 경우² ③ 【사고 판단기관 無】 대통령이 사고로 인하여 직무를 수행할 수 없을 때 **대통령 권한대행 개시 및 기간에 관한 결정권을 가진 기관은 없음** (헌법은 헌법재판소에 결정권을 부여 ×)²
권한범위 규정 無	① 【권한대행자 직무범위 규정 無】 대통령권한대행의 직무범위는 헌법 내지 「정부조직법」에 **명문규정을 두고 있지 않음** (「정부조직법」은 대통령권한대행의 직무범위를 '국가의 현상유지에 필요한 잠정적 조치에 한한다'라고 규정하고 있음 ×)ˡ

4 전직대통령 예우

제85조 【전직대통령】 전직대통령의 **신분과 예우**에 관하여는 **법률**로 정한다.

예우		① 【경호·경비】 필요한 기간의 **경호 및 경비** ② 【치료】 본인 및 그 가족에 대한 **치료**
예우 배제	사유	① 【탄핵 파면】 재직 중 탄핵결정을 받아 **퇴임한 경우** (사퇴한 경우 ×)³ ② 【금고 이상 형 확정】 금고 이상의 형이 확정된 경우ˡ
	내용	① 【경호·경비만 예우】 '**필요한 기간의 경호 및 경비**'(본인 및 그 가족에 대한 치료 ×)를 제외하고는 「전직대통령법」에 따른 **전직대통령으로서의 예우를 하지 아니함**³

POINT 208 대통령의 특권과 의무

1 불소추특권

> **제84조 【불소추특권】** 대통령은 **내란 또는 외환의 죄를 범한 경우를 제외하고는 재직중 형사상의 소추**(민사상·행정적 책임 ×)를 **받지 아니한다.**⁸

(1) 불체포특권

사법권 행사의 예외	① 【사법권이 미치지 않는 경우】 헌법 제84조의 대통령의 형사상 특권은 **사법권(재판권)이 미치지 아니하는 예외적인 경우**를 규정한 것임¹ ② 【형사재판권 행사 불가】 사법부는 내란 또는 외환의 죄를 범한 경우를 제외하고는 대통령에 대하여 그 **신분보유기간 중에는 형사재판권을 행사할 수 없음**¹ ③ 【재직 중 형사소추 가】 대통령이 **내란 또는 외환의 죄를 범한 경우에는 재직 중 형사상의 소추를 받을 수 있음** (재직 중에는 형사상 소추를 할 수 없음 ×)³
필요성	① 【대통령 개인의 특권 아님】 대통령의 불소추특권은 **대통령이라는 특수한 신분**에 따라 일반국민과는 달리 **대통령 개인에게 특권을 부여한 것 아님** (대통령 개인 특권 ×)² ② 【국가의 체면·권위 유지】 대통령이라는 **특수한 직책의 원활한 수행**을 보장하고, 그 **권위를 확보**하여 **국가의 체면과 권위를 유지**하여야 할 실제상의 필요 때문에 **대통령으로 재직 중인 동안만 형사상 특권을 부여**하고 있음²

(2) 불소추특권의 효과

재직중 형사상 소추금지	① 【형사책임 면제 아님】 불소추특권은 대통령이 내란 또는 외환의 죄에 해당하지 아니한 죄를 범한 경우 **재직 중 기소되어 법원의 재판을 받지 않는다**는 의미이므로 **형사상 책임 면제 아님**¹ ② 【퇴직 후 형사소추 가】 대통령에게 재직 중 내란 또는 외환의 죄를 제외하고는 형사소추되지 않는다는 형사상 특권이 인정된다고 하더라도 **퇴직 후에는 형사소추가 가능**¹ ③ 【탄핵소추 가】 대통령이 내란 또는 외환의 죄에 해당하지 않는 죄를 범한 때에는 재직 중 형사상의 소추를 받지 않지만 **국회에 의해 탄핵소추를 받을 수 있음**¹
공소시효 정지	① 【일반범죄: 소추장애사유로 당연정지】 헌법이나 법률에 대통령의 재직중 공소시효의 진행이 정지된다고 명백히 규정되어 있지는 않다고 하더라도, **대통령 재직 중에 형사소추가 불가능한 범죄**에 대해서는 **공소시효의 진행이 당연히 정지**³

(3) 공소시효 관련판례

1	【5.18 민주화특별법상 공소시효 정지 (기각)】 1979년 12월 12일과 1980년 5월 18일을 전후하여 발생한 「헌정질서파괴범죄의 공소시효 등에 관한 특례법」 제2조의 **헌정질서파괴행위에 의하여 국가의 소추권 행사에 장애사유가 존재한 기간은 공소시효의 진행이 정지**된 것으로 보고 있는 「5·18민주화운동법」는 **헌법 위반 아님**(1996.2.16. 96헌가2 등)¹

(4) 참고 : 대통령의 불소추특권과 국회의원의 면책특권

구분	불소추특권(대통령)	면책특권(국회의원)
목적	• **국가원수**로서의 대통령의 **권위 유지**	• 국회의 기능과 입법부의 **정상적 활동유지**
기간	• 재직 중 (일시적)	• 임기종료 후에도 계속 (영구적)
효과	• 형사소추 유예	• 민·형사책임 면제

2 대통령의 의무

제66조 ② 【**헌법 수호 의무**】 대통령은 **국가의 독립·영토의 보전·국가의 계속성과 헌법을 수호할 책무**를 진다.
③ 【**평화적 통일을 위한 성실한 의무**】 대통령은 **조국의 평화적 통일을 위한 성실한 의무**를 진다.

제69조 【**취임 선서 의무 : 헌법준수의무 + 직책을 성실히 수행할 의무**】 대통령은 **취임에 즈음하여 다음의 선서**를 한다.
"나는 **헌법을 준수**하고 국가를 보위하며 조국의 평화적 통일과 국민의 자유와 복리의 증진 및 민족문화의 창달에 노력하여 **대통령으로서의 직책을 성실히 수행**할 것을 국민 앞에 엄숙히 선서합니다."

제83조 【**겸직금지**】 대통령은 **국무총리·국무위원·행정각부의 장** 기타 법률이 정하는 **공사의 직을 겸할 수 없다.**

(1) 대통령의 의무

헌법준수·수호의무	① 【**헌법준수·수호의무**】 '**헌법을 준수하고 수호해야 할 의무**'가 이미 법치국가원리에서 파생되는 **지극히 당연**한 것임에도, 헌법은 국가의 원수이자 행정부의 수반이라는 대통령의 막중한 지위를 감안하여 **헌법에서 다시 한 번 강조** (명문규정 없음 ×)
취임선서상 의무	① 【**실체적 내용 규정**】 헌법 제69조는 **단순히 대통령의 취임선서의무만을 규정**한 것 아니라, 헌법 제66조 제2항 및 제3항에 규정된 **대통령의 헌법적 책무를 구체화·강조하는 실체적 규정**

(2) 관련판례

1	【**대통령 기자회견시 특정정당 지지발언 : 선거중립의무 위반 O / 선거운동금지 위반 × (기각)**】 대통령의 기자회견시 **특정 정당에 대한 지지 발언**은 「공직선거법」상 금지되는 선거의 결과에 영향을 미치는 행위를 한 것으로 **선거에서의 중립의무 위반**(2004.5.14. 2004헌나1) → **선거운동은 아니므로** 「공직선거법」상 **선거운동금지 규정 위반 아님**
2	① 【**법률 존중·집행의무**】 위헌적 법률을 법질서로부터 제거하는 권한은 헌법상 **헌법재판소에 부여**되어 있으므로, 설사 행정부가 특정 **법률에 대하여 위헌의 의심**이 있더라도 헌법재판소에 의하여 법률의 위헌성이 확인될 때까지는 **법을 존중하고 집행하기 위한 모든 노력**을 기울여야 함(2004.5.14. 2004헌나1) ② 【**대통령의 선거법 폄하 발언 (기각)**】 중앙선관위의 선거법 위반 결정에 대한 **대통령의 선거법 폄하 발언**은 대통령의 **헌법수호의무 위반**(2004.5.14. 2004헌나1)
3	① 【**공익실현의무**】 대통령은 '**국민 전체**'에 대한 **봉사자**이므로 특정 정당, 자신이 속한 계급·종교·지역·사회단체, 자신과 친분 있는 세력의 특수한 이익 등으로부터 독립하여 **국민 전체를 위하여 공정하고 균형있게 업무를 수행할 의무가 있음**(2017.3.10. 2016헌나1) ② 【**특정인 위해 대통령의 지위·권한 남용 (인용)**】 대통령이 **특정인의 국정개입을 허용**하고 특정인의 이익을 위해 **대통령으로서 지위·권한 남용 행위는 공익실현의무 위반**(2017.3.10. 2016헌나1)

POINT 209 사면권

제79조 ① 【사면권】 대통령은 **법률**이 정하는 바에 의하여 **사면·감형 또는 복권**을 명할 수 있다.
② 【일반사면 국회동의】 **일반사면**(특별사면 ×, 사면·감형 또는 복권 ×)을 명하려면 **국회의 동의**를 얻어야 한다.
③ 【법률유보】 사면·감형 및 복권에 관한 사항은 **법률**로 정한다.
제89조 【국무회의 심의】 다음 사항은 **국무회의 심의**를 거쳐야 한다.
9. 【사면·감형·복권】 사면·감형과 복권

1 사면권

사면	① 【권력분립예외】 사면은 **형의 선고의 효력 또는 공소권을 상실**시키거나, **형의 집행을 면제**시키는 **국가원수의 고유권한**을 의미하며, 사법부 판단을 변경하는 제도로서 **권력분립원칙의 예외** ② 【입법재량】 사면의 종류, 대상, 범위, 절차, 효과 등은 범죄의 죄질과 보호법익, 일반국민의 가치관 내지 법감정, 국가이익과 국민화합의 필요성, 권력분립의 원칙과의 관계 등 제반사항을 종합하여 **입법자가 결정할 사항으로서** 광범위한 **입법재량 내지 형성의 자유**가 부여
종류	① 【협의의 사면 = 일반사면 + 특별사면】 **협의의 사면**이라 함은 「형사소송법」이나 그 밖의 형사법규의 절차에 의하지 아니하고, **형의 선고의 효과 또는 공소권을 소멸**시키거나 **형집행을 면제**시키는 **국가원수의 특권**을 의미

2 사면권 행사와 효력

절차	국무회의	① 【사면·감형과 복권】 대통령의 **사면·감형과 복권은 국무회의의 필수적 심의사항** ② 【일반·특별사면】 사면에는 **일반사면과 특별사면**이 있으며 모두 **국무회의의 심의사항**
	국회동의	① 【일반사면만 국회동의】 **일반사면만 국회의 동의**가 필요하고 **특별사면이나 감형, 복권은 국회의 동의가 필요하지 않음** (특별사면 국회동의 ×, 사면·감형 또는 복권 국회동의 ×)
대상		① 【일반사면】 일반사면은 **죄를 범한 자** ② 【특별사면·감형】 특별사면 및 감형은 **형을 선고받은 자** ③ 【복권】 복권은 형의 선고로 인하여 법령에 따른 **자격이 상실되거나 정지된 자**
준용·효과		① 【행정·징계법규상 제재에 준용】 행정법규 위반에 대한 범칙 또는 과벌의 면제와 징계법규에 따른 징계 또는 징벌의 면제에 관하여 **사면에 관한 규정을 준용** (준용하지 않음 ×) ② 【기성의 효과 불변】 형의 선고에 따른 **기성의 효과는 사면, 감형과 복권으로 인하여 변경되지 아니함**
집행유예자		① 【사면 可】 형의 **집행유예를 선고받은 자**에 대하여는 **형 선고의 효력을 상실**하게 하는 **특별사면** 또는 **형을 변경하는 감형**을 하거나 그 유예기간을 단축할 수 있음 (없음 ×)
실시		① 【일반은 대통령령 형식】 **일반사면, 죄 또는 형의 종류**를 정하여 하는 **감형 및 일반에 대한 복권은 대통령령**으로 하며, 이 경우 **일반사면은 죄의 종류**를 정하여 함 ② 【특별은 대통령이 함】 **특별사면, 특정한 자에 대한 감형 및 복권은 대통령**이 함

3 헌법소원의 가능성 : 부정

1	【전두환, 노태우 전대통령에 대한 특별사면 (각하)】 타인에 대한 특별사면권 행사에 관하여 **일반국민**은 **기본권침해의 자기관련성·직접성**을 인정받기 어려우므로, **헌소청구는 부적법**(1998.9.30. 97헌마404) [5]
2	【특별사면·감형 의무 無 (각하)】 수형자 개인에게는 **특별사면**이나 **감형**을 요구할 수 있는 주관적 권리가 없으므로 대통령이나 법무부장관 등에게 수형자를 특별사면하거나 감형하여야 할 **헌법에서 유래하는 작위의무** 또는 **법률상의 의무 존재 안함**(2005.2.22. 2005헌마111) [1]

4 참고 : 사면권 종합

구분		대상자	절차		형식	효과
			국무회의	국회동의		
사면	일반사면	• 죄를 범한 자 (형을 선고받은 자, 형의 선고를 받지 아니한 자)	○	○	대통령령	• 형 선고의 효력 상실 • 형을 선고받지 아니한 자는 공소권 상실
	특별사면	• 형을 선고받은 자	○	×	–	• 형의 집행이 면제 • 특별한 사정이 있을 때에는 형 선고의 효력 상실
감형		• 형을 선고받은 자	○	×	일반감형만 대통령령	• 일반감형은 형을 변경 • 특별감형은 형의 집행을 경감
복권		• 형의 선고로 인하여 법령에 따른 자격이 상실되거나 정지된 자	○	×	일반복권만 대통령령	• 상실되거나 정지된 자의 자격 회복

POINT 210 사면, 감형 및 복권

1 일반사면

일반사면	① **【범죄지정 → 형선고효력소멸 or 공소권소멸】** 일반사면은 **일정한 종류의 죄를 범한 자**를 대상으로, **형의 선고의 효력을 상실**케 하거나 형의 선고를 받지 않은 자에 대하여 **공소권 소멸**[6] ② **【국무회의 심의 + 국회동의】** 일반사면은 **국무회의의 필수적 심의**를 거친 후에 **국회의 동의를 얻어**(국회의 동의 불필요 ×) **대통령령**(법률 ×)으로 함[11]
효과	① **【형선고효력상실 or 공소권상실】** 일반사면은 특별한 규정이 없는 한 **형 선고의 효력이 상실**되며 형을 **선고받지 아니한 자**에 대하여는 **공소권이 상실**[2] ② **【일사부재리 효력 존속】** 확정판결의 죄에 대하여 **일반사면**이 있었더라도 **일사부재리의 효력은 여전히 존속함**[1]

2 특별사면

(1) 특별사면

특별사면	① **【특정인 → 형 집행 면제】** 특별사면은 **이미 형의 선고를 받은 특정인**에 대하여 **형의 집행을 면제**하거나, **선고의 효력 상실**[5] ② **【국무회의 심의 but 국회동의 불요】** 국회의 동의 없이 국무회의의 심의를 거쳐 **대통령이 함**[4]
사면권자의 전권사항	① **【전부 or 일부 / 중한 형 or 가벼운 형】** 특별사면은 국가원수인 대통령이 형의 집행을 면제하거나 선고의 효력을 상실케 하는 시혜적 조치로서, **형의 전부 또는 일부**에 대하여 하거나, **중한 형 또는 가벼운 형**에 대하여만 할 수도 있음[1] ② **【중한 형만 사면 : 형평원칙 위반 아님】** 중한 형에 대하여 사면을 하면서 그보다 가벼운 형에 대하여 **사면을 하지 않는다**고 하여도 **형평의 원칙에 반하지 않음**[1]
	① **【전부 or 일부 : 사면권자의 전권사항】** 선고된 형의 전부를 사면할 것인지 또는 일부만을 사면할 것인지를 결정하는 것은 **사면권자의 전권사항**에 속하는 것이고, 징역형의 집행유예에 대한 사면이 **병과된 벌금형에도 미치는 것으로 볼 것인지 여부**는 **사면의 내용에 대한 해석문제에 불과** (사면권자의 전권사항 아님 ×)[3] ② **【병과형 일부사면】** 사면의 은사적 성격 및 특별사면의 입법취지 등을 종합하면 **병과된 형의 일부만을 사면**하는 것은 **헌법에 위반된다고 볼 수 없음** (헌법 위반 ×)[2]
효과	① **【형 집행 면제 + 형 선고 효력 상실도 可】** 특별사면의 효과로 **형의 집행이 면제**되나(형선고를 받지 않은 자 공소권 상실 ×), 특별한 사정이 있는 경우에는 이후 **형 선고의 효력을 상실**하게 할 수 있음 (형의 선고의 효력을 상실케 할 수 없음 ×)[5]

(2) 기성의 효과 불변

일부 효과상실	① 【병과형 중 일부 사면 시 일부만 효력상실】 여러 개의 형이 병과된 사람에 대하여 그 **병과형 중 일부**의 집행을 면제하거나 그에 대한 형의 선고의 효력을 상실케 하는 **특별사면이 있은 경우, 벌금형의 선고의 효력까지 상실케 하는 것은 아님**
재심 가능	① 【유죄판결 확정 후 특별사면 시 사실인정·유죄판단 존속】 유죄판결 확정 후에 **형 선고의 효력을 상실케 하는 대통령의 특별사면**이 있었더라도, 형 선고의 법률적 효과만 장래를 향하여 소멸될 뿐 확정된 유죄판결에서의 사실인정과 유죄판단까지 없어지는 것은 아님 ② 【특별사면으로 형선고의 효력이 상실된 유죄판결 : 재심 가능】 유죄의 확정판결 후 형 선고의 효력을 상실케 하는 특별사면이 있었더라도 **재심청구대상 될 수 있음** (재심청구 부적법 ×)

(3) 사면심사위원회

법무부장관의 상신	① 【사면심사위 사전심사 → 법무부장관 상신 → 국무회의 심의 → 대통령】 **법무부장관**(검찰총장의 상신 ×)은 대통령에게 특별사면, 특정한 자에 대한 감형 및 복권을 상신함 ② 【사면심사위 사전심사】 법무부장관은 대통령에게 **특별사면, 특정한 자에 대한 감형 및 복권을 상신할 때에는 사면심사위원회의 심사를 거쳐야 함** (스스로 심사하여 적정하다고 판단 ×)
설치·구성	① 【법무부장관 소속】 특별사면, 특정한 자에 대한 감형 및 복권 상신의 적정성을 심사하기 위하여 **법무부장관 소속으로 사면심사위원회를 둠** (일반사면, 죄 또는 형의 종류를 정하여 하는 감형 및 일반에 대한 복권 상신 ×) ② 【법무부장관 포함 9명】 사면심사위원회는 **위원장인 법무부장관을 포함 9명의 위원으로 구성** ③ 【공무원이 아닌 위원 4명 이상】 위원장은 법무부장관이 되고 위원은 **법무부장관**(대통령 ×)이 임명하거나 위촉하되, **공무원이 아닌 위원 4명**(3명 ×) **이상을 위촉하여야 함**
검찰총장의 상신신청	① 【검찰총장의 상신 신청】 **검찰총장**은 직권으로 또는 형의 집행을 지휘한 검찰청 검사의 보고 또는 수형자가 수감되어 있는 교정시설의 장의 보고에 의하여 **법무부장관에게 특별사면 또는 특정한 자에 대한 감형을 상신할 것을 신청할 수 있음**

3 감형 및 복권

감형	① 【일반감형 : 형 변경】 특별한 규정이 없는 경우 **형을 변경** ② 【특별감형 : 형 집행 경감】 **형의 집행을 경감**, 특별한 사정이 있을 때에는 **형을 변경**
복권	① 【자격회복】 복권은 형 선고로 법령에 따른 **자격이 상실**되거나 정지된 **자격을 회복시키는 것** ② 【복권의 제한】 복권은 **형의 집행이 끝나지 아니한 자** 또는 **집행이 면제되지 아니한 자**에 대하여는 하지 **아니함** (복권이 가능함 ×) ③ 【장래효】 복권의 효과는 **장래에 향하여 발생**할 뿐 형의 선고시로 소급하지 않음 ④ 【검찰총장 상신신청 → 법무부장관 상신】 **검찰총장**은 직권으로 또는 형의 집행을 지휘한 검찰청 검사의 보고 또는 사건 본인의 출원(出願)에 의하여 **법무부장관에게 특정한 자에 대한 복권을 상신할 것을 신청할 수 있음**

POINT 211 기타 대통령의 권한 및 통제

1 기타 대통령의 권한

(1) 행정권

제66조 ④ 【행정권】 행정권은 대통령을 수반으로 하는 정부에 속한다.¹

① 【행정감독권】 대통령은 **국무총리와 중앙행정기관의 장의 명령이나 처분**이 위법 또는 부당하다고 인정하면 이를 **취소 또는 중지할 수 있음** (국무회의의 심의를 거쳐 중지 또는 취소하여야 함 ×)¹

(2) 공무원임면권

제78조 【공무원임면권】 대통령은 헌법과 법률이 정하는 바에 의하여 **공무원을 임면**한다.

5급 이상 공무원	① 【5급이상 공무원 임명권】 행정기관 소속 **5급 이상 공무원**은 소속 장관의 제청으로 인사혁신처장과 협의를 거친 후에 국무총리를 거쳐 **대통령이 임용**하되, **국세청장**은 **국회의 인사청문**을 거쳐 **대통령이 임명**함¹
정무직 공무원	① 【정무직 공무원 법률로 규정 but BH 정무직 공무원은 대통령령으로 규정】 각 행정기관에 배치할 **공무원의 종류와 정원**, 고위공무원단에 속하는 공무원으로 보는 직위와 고위공무원단에 속하는 공무원의 정원, 공무원배치의 기준 및 절차 그 밖에 필요한 사항은 **대통령령**으로 정하나, 대통령비서실 및 국가안보실에 배치하는 정무직공무원은 제외한 **각 행정기관에 배치하는 정무직공무원의 경우에는 법률**로 정함 (대통령비서실 정무직공무원의 경우에는 법률로 정함 ×)¹

(3) 임시회 집회 요구권

제47조 ① 【임시회 : 대통령 or 재적 1/4 요구】 국회의 정기회는 법률이 정하는 바에 의하여 매년 1회 집회되며, 국회의 **임시회는 대통령 또는 국회재적의원 4분의 1 이상의 요구**에 의하여 집회된다.²
③ 【기간·이유 명시】 대통령이 임시회의 집회를 요구할 때에는 **기간과 집회요구의 이유를 명시**(명시할 필요 없음 ×)하여야 한다.²

(4) 국회출석·발언권

제81조 【국회출석·발언권】 대통령은 **국회에 출석하여 발언하거나 서한으로 의견을 표시할 수 있다**(서한으로 의견표시할 수 없음 ×).⁶

① 【출석·답변의무 無】 대통령은 국회에 출석하여 발언하거나 서한으로 의견을 표시할 수 있지만 **국회에 출석하거나 답변**해야 할 **의무는 없음** (만일 국회가 출석요구를 하는 경우 대통령은 그에 응할 법적 의무도 있음 ×)⁷

(5) 외교권 및 국군통수권

제73조 【조약】 대통령은 조약을 체결·비준하고, 【외교사절】 외교사절을 신임·접수 또는 파견하며, 【선전포고·강화】 선전포고와 강화를 한다.

제74조 ① 【국군 통수】 대통령은 헌법과 법률이 정하는 바에 의하여 **국군을 통수**한다.
② 【법률유보】 국군의 **조직과 편성은 법률**(대통령령 ×)로 정한다.

① 【군령＋군정】 국군통수권은 **군령(軍令)과 군정(軍政)**에 관한 권한을 포괄하고, 여기서 **군령**이란 국방목적을 위하여 군을 현실적으로 지휘·명령하고 통솔하는 **용병작용(用兵作用)**을, **군정**이란 군을 조직·유지·관리하는 **양병작용(養兵作用)**을 말함

(6) 영전수여권

제80조 【영전수여권】 대통령은 법률이 정하는 바에 의하여 훈장 기타의 **영전을 수여**한다.

2 문서주의와 부서

제82조 【문서주의】 대통령의 **국법상 행위는 문서로써** 하며, 【부서】 이 문서에는 **국무총리와 관계 국무위원이 부서**한다. **군사**에 관한 것도 또한 같다(군사에 대한 것은 예외 ×).

POINT 212 자문회의

1 필수적 자문회의 : 국가안전보장회의

제91조 ① 【국가안전보장회의 : 필수】 국가안전보장에 관련되는 **대외정책·군사정책과 국내정책의 수립**에 관하여 국무회의의 심의에 앞서 대통령의 자문에 응하기 위하여 **국가안전보장회의를 둔다**(둘 수 있음 ×).
② 【대통령 주재】 국가안전보장회의는 **대통령**(국무총리 ×)**이 주재한다.**
③ 【법률유보】 국가안전보장회의의 조직·직무범위 기타 필요한 사항은 법률로 정한다.

① 【필수적 자문기구】 국가안전보장회의는 **헌법**에서 정한 대통령의 **필수적 자문기구**임.

2 임의적 자문회의

(1) 국가원로자문회의

제90조 ① 【국가원로자문회의】 국정의 중요한 사항에 관한 대통령의 자문에 응하기 위하여 국가원로로 구성되는 **국가원로자문회의를 둘 수 있다**(둔다 ×).
② 【의장 : 직전대통령】 국가원로자문회의의 **의장은 직전대통령**(전직대통령 ×)**이 된다.** 다만, **직전대통령이 없을 때에는 대통령이 지명**(국무총리가 대행 ×, 전직대통령 ×)**한다.**
③ 【법률유보】 국가원로자문회의의 조직·직무범위 기타 필요한 사항은 법률로 정한다.

(2) 민주평화통일자문회의

제92조 ① 【민주평화통일자문회의】 평화통일정책의 수립에 관한 대통령의 자문에 응하기 위하여 **민주평화통일자문회의를 둘 수 있다**(두어야 한다 ×).
② 【법률유보】 민주평화통일자문회의의 조직·직무범위 기타 필요한 사항은 법률로 정한다.

(3) 국민경제자문회의

제93조 ① 【국민경제자문회의】 국민경제의 발전을 위한 중요정책의 수립에 관하여 대통령의 자문에 응하기 위하여 **국민경제자문회의를 둘 수 있다.**
② 【법률유보】 국민경제자문회의의 조직·직무범위 기타 필요한 사항은 법률로 정한다.

3 법률상 임의적 자문회의 : 국가과학기술자문회의

제127조 ① 【국가과학기술자문회의】 국가는 **과학기술의 혁신과 정보 및 인력의 개발**을 통하여 국민경제의 발전에 노력하여야 한다.
③ 【법률상 임의적 자문회의】 대통령은 제1항의 목적을 달성하기 위하여 **필요한 자문기구를 둘 수 있다.**

4 자문회의 비교

구분	헌법기관 여부	필수기관 여부	의장
국가원로자문회의	○	임의기관(설치 ×)	**직전대통령** **(없을 시 대통령 지명)**
국가안전보장회의	○	**헌법상 필수기관**	대통령
민주평화통일자문회의	○	임의기관	대통령
국민경제자문회의	○	임의기관	대통령
국가과학기술자문회의	**법률기관**(헌법명시 ×)	임의기관	대통령

CHAPTER 10 | 국무총리와 국무위원

POINT 213 국무총리

제71조【1순위 대통령 권한대행자】대통령이 궐위되거나 사고로 인하여 **직무를 수행할 수 없을 때에는 국무총리, 법률이 정한 국무위원의 순서**로 그 권한을 대행한다.⁴

제86조 ① 【**국무총리 임명 : 국회 동의 필요**】국무총리는 **국회의 동의**를 얻어 **대통령이 임명**한다.²
② 【**대통령 보좌, 행정각부 통할**】국무총리는 **대통령을 보좌**하며, 행정에 관하여 **대통령의 명을 받아 행정각부를 통할**한다.³
③ 【**문민주의**】군인은 **현역을 면한 후**가 아니면 **국무총리**로 임명될 수 없다.²

제95조 【**총리령**】국무총리 또는 행정각부의 장은 소관사무에 관하여 **법률이나 대통령령의 위임** 또는 **직권**(위임없이 불가 ×)으로 **총리령** 또는 부령을 발할 수 있다.⁷

제87조 ① 【**국무위원 : 국무총리 제청, 대통령 임명**】국무위원은 **국무총리의 제청**으로 **대통령이 임명**한다.³
③ 【**국무위원 해임건의권**】국무총리는 국무위원의 해임을 대통령에게 건의할 수 있다.⁶

제62조 ① 【**국회 출석·발언권**】국무총리·국무위원 또는 정부위원은 **국회나 그 위원회에 출석**하여 국정처리상황을 보고하거나 의견을 진술하고 질문에 응답할 수 있다(없음 ×).³
② 【**출석·답변 의무**】국회나 그 위원회의 요구가 있을 때에는 **국무총리·국무위원 또는 정부위원은 출석·답변**하여야 하며, 【**국무총리 → 국무위원 대참 / 국무위원 → 정부위원 대참**】국무총리 또는 국무위원이 출석요구를 받은 때에는 **국무위원 또는 정부위원으로 하여금 출석·답변**하게 할 수 있다.³

1 국무총리

권한대행 + 보좌기관	①【**대통령 권한대행자 + 보좌기관**】우리 헌법이 대통령중심제의 정부형태를 취하면서도 국무총리제도를 두게 된 주된 이유는 **부통령제를 두지 않기 때문**에 대통령 유고시에 **권한대행자가 필요**하고 또 대통령제의 기능과 능률을 높이기 위하여 대통령을 보좌하고 그 의견을 받들어 정부를 통할·조정하는 **보좌기관이 필요**하다는 데 있음 (대통령의 강력한 권력 견제 위함 ×)¹
국무총리 소재지	①【**관습헌법 사항 아님**】국무총리의 권한과 위상은 기본적으로 지리적인 소재지와는 직접적으로 관련이 있다고 할 수 없고, **국무총리의 소재지는 헌법적으로 중요한 기본적 사항이라 보기 어렵고** (헌법적으로 중요한 기본적 사항 ×) 이러한 규범이 존재한다는 국민적 의식이 형성되었는지조차 명확하지 않으므로 **관습헌법의 존재를 인정할 수 없음** (관습헌법 존재 인정 ×)³

2 국무총리의 지위

신분상 지위	임면	① 【국회의 동의로 대통령 임명】 대통령이 **국회의 동의**를 얻어 국무총리를 임명할 때, **국회 재적의원 과반수의 출석과 출석의원 과반수의 찬성**을 얻어야 함 [1]
		② 【문민주의】 헌법은 **군인은 현역을 면한 후**가 아니면 국무총리 또는 국무위원으로 임명될 수 없다고 **명문으로 규정**하고 있음 [3]
		③ 【해임시 국회 동의 불요】 국무총리의 해임은 **국회의 동의를 요하지 않음** [1]
	겸직	① 【국회법상 국회의원 겸직 可】 헌법은 국무총리가 국회의원을 겸할 수 있음을 규정하고 있지 않지만, 「국회법」은 국회의원의 겸직 허용 (국무총리는 국회의원을 겸할 수 없음 ×) [5]
국무총리 권한대행		① 【부총리(기재부 → 교육부)】 국무총리가 사고로 직무를 수행할 수 없는 경우에는 기획재정부장관이 겸임하는 부총리, 교육부장관이 겸임하는 부총리의 순으로 직무를 대행 (교육부장관, 기획재정부장관 순 ×, 대통령 지명 국무위원 ×, 「정부조직법」에 규정된 순서 ×) [10]
		② 【총리·부총리 모두 사고 : 대통령 지명 → if not 정부조직법 순서】 국무총리와 부총리가 모두 사고로 직무를 수행할 수 없는 경우에는 **대통령의 지명**이 있으면 그 **지명을 받은 국무위원**이, **지명이 없는 경우**에는 **정부조직법에 규정된 순서**에 따른 국무위원이 그 직무를 대행 [10]
헌법상 지위		① 【국무회의 부의장】 국무총리는 **국무회의 부의장**(의장 ×)이나 **국무위원 아님** (국무위원×) [8]

3 국무총리 권한

(1) 대통령과의 관계

권한대행	① 【대통령 1순위 권한대행자】 국무총리는 **대통령이 궐위되거나 사고로 인하여 직무를 수행할 수 없을 경우 제1순위의 권한대행권**을 가짐 [4]
대통령 보좌기관	① 【보좌기관】 국무총리는 국무위원 및 행정각부의 장 **임명제청권**, 대통령의 국법상 행위에 관한 **부서권** 등 대통령의 권한행사에 **견제 기능을 지닌 대통령의 보좌기관** (독자적 권한 행사 ×) [2]
	② 【국무위원 임명제청·해임건의권】 국무총리는 대통령에 대해 **국무위원의 임명에 대한 제청권**과 국무위원 해임에 대한 **건의권** 모두 행사 (해임을 제청 ×, 해임 건의시 국회의 동의 ×) [7]
	③ 【행정각부장관 임명제청권】 국무총리는 집행부 제2인자로서 **행정각부장관 임명제청권** 가짐 [1]
	④ 【모든 국법상 행위 부서권】 국무총리는 군사에 관한 것도 포함하여 **대통령의 모든 국법상 행위**에 대해 **부서할 수 있는 권한**을 가짐 [2]
독자적 행정권 無	① 【행정에 관한 독자적 권한 無 → 대통령의 명을 받아 행정각부 통할】 행정권은 헌법상 **대통령에게 귀속**되고, 국무총리는 단지 대통령의 첫째 가는 보좌기관으로서 행정에 관하여 **독자적인 권한을 가지지 못하고**(대통령의 관할사항과는 다른 독자적인 관할사항을 가짐 ×) 대통령의 명을 받아 **행정각부를 통할하는 기관**으로서의 지위만을 가짐 [7]
	② 【행정권 최후결정권자는 대통령】 행정권 행사에 대한 **최후의 결정권자는 대통령**이라고 해석 [1]

(2) 행정각부와의 관계

상급 행정관청	① 【대통령의 명을 받아 중앙행정기관 지휘·감독】 국무총리는 **대통령의 명을 받아** 각 중앙행정기관의 장을 **지휘·감독**함 [2]
	② 【행정감독권】 국무총리는 중앙행정기관의 장의 **명령이나 처분이 위법 또는 부당**하다고 인정될 경우에는 **대통령의 승인을 받아** (독자적 권한으로 ×, 직권으로 ×, 대통령의 승인을 받지 않고 ×) 이를 **중지 또는 취소**할 수 있음 [15]
독임제 행정관청	① 【행정각부와 동등한 지위】 국무총리는 대통령의 명을 받아 **상급행정관청**으로서 행정각부를 통할할 권한을 가질 뿐만 아니라 **행정각부와 동등한 지위**를 가지는 독임제행정관청으로서 그 소관사무를 처리함 (독임제행정관청으로서 그 소관사무를 처리하지는 않음 ×) [1]

POINT 214 국무위원과 국무회의

제87조 ① 【국무위원 : 국무총리 제청, 대통령 임명】 국무위원은 **국무총리의 제청**(국무총리 동의 ×, 국회의 동의 ×)으로 **대통령이 임명**한다(국무위원은 행정각부의 장 중에서 임명 ×).⁵
② 【대통령 보좌, 국무회의 구성원】 국무위원은 국정에 관하여 **대통령**(국무총리 ×)**을 보좌**하며, **국무회의의 구성원**으로서 **국정을 심의**한다.⁴
③ 【국무위원 해임건의권】 국무총리는 국무위원의 해임을 대통령에게 건의할 수 있다.²
④ 【문민주의】 군인은 **현역을 면한 후**가 아니면 **국무위원으로 임명될 수 없다**(임명될 수 있음 ×).⁶
제88조 ① 【중요 정책 심의】 국무회의는 정부의 권한에 속하는 **중요한 정책을 심의**한다.¹
② 【대통령·국무총리 + 국무위원(15~30)】 국무회의는 **대통령·국무총리와**(포함 ×) **15인 이상**(20인 이상 ×) **30인 이하**(25인 이하 ×)**의 국무위원**으로 구성한다.¹⁵
③ 【대통령 의장 / 총리 부의장】 **대통령은 국무회의의 의장**이 되고, **국무총리는 부의장**이 된다.⁵
제94조 【행정각부의 장 : 국무위원 中 국무총리 제청, 대통령 임명】 행정각부의 장은 국무위원 중에서 **국무총리의 제청**으로 **대통령이 임명**한다.³
제62조 ① 【국회 출석·발언권】 국무총리·국무위원 또는 정부위원은 **국회나 그 위원회에 출석**하여 국정처리상황을 보고하거나 의견을 진술하고 질문에 응답할 수 있다.³
② 【출석·답변 의무】 국회나 그 위원회의 요구가 있을 때에는 **국무총리·국무위원 또는 정부위원은 출석·답변**하여야 하며, 【국무총리 → 국무위원 대참 / 국무위원 → 정부위원 대참】 국무총리 또는 국무위원이 **출석요구**를 받은 때에는 국무위원 또는 정부위원으로 하여금 **출석·답변**하게 할 수 있다(정부위원은 다른 정부위원으로 하여금 출석·답변하게 할 수 있음 ×).³

1 국무위원 : 행정각부의 장 19인

(1) 국무회의 구성원

2중적 지위	① 【대통령보좌기관 + 행정각부의 장】 국무위원은 **대통령을 주로 정책적으로 보좌**하며, 특별한 경우를 제외하고 **행정각부의 장으로서 특별한 행정업무**를 담당하는 **2중적 지위**에 있음¹
부총리	① 【부총리 2명】 국무총리가 특별히 위임하는 사무를 수행하기 위하여 **부총리 2명**을 둠¹ ② 【국무위원】 부총리는 **국무위원**으로 보함 (국무위원 아님 ×)²

(2) 신분상 지위 및 권한

임명	① **【국무총리 제청 필수】** 행정각부의 장 또는 국무위원으로 임명되기 위해서는 **모두 국무총리의 제청이 필수적임** (국무총리의 제청이 필수적인 것은 아님 ×)⁵ ② **【문민주의】** 군인은 **현역을 면한 후에 국무위원으로 임명**될 수 있음 (군인은 현역을 면한 후가 아니더라도 국무위원으로 임명될 수 있음 ×)⁶ ③ **【행정각부 장 아닌 국무위원 임명 可】** 현행 헌법은 **행정각부의 장이 아닌 국무위원의 임명 가능성**을 열어두고 있음 / → 대통령은 **행정각부의 장이 아닌 국무위원을 임명**할 수 있음²
해임	① **【국회·국무총리의 해임건의】** 국무위원은 임명권자가 해임할 수 있으며, 국무위원에 대한 **해임건의권**은 **국회와 국무총리가 가짐** (해임건의권은 국회에 전속 ×, 국무총리만 건의 ×)⁴ ② **【국무회의 심의사항 아님】** 국무위원의 해임은 국무회의의 심의사항이 **아님** /
권한	① **【의안제출권, 부서권】** 국무위원은 **국무회의의 구성원**으로서 **국무회의 의안 제출권**, 대통령의 국법상 행위에 대한 **부서권**, 국회 출석·발언권 등을 가짐 / ② **【국무회의 소집요구권】** 국무위원은 정무직으로 하며 **의장에게 의안을 제출**하고 **국무회의 소집을 요구**할 수 있음 (국무회의의 소집을 요구할 수는 없음 ×)²

2 국무회의

(1) 국무회의 구성

지위 및 구성	① **【헌법상 필수기관】** 국무회의는 **헌법상 필수기관**임 / ② **【심의기관】** 국무회의는 **행정부 내 최고의 정책 심의기관**이지만 **의결기관은 아님** / ③ **【최소 17인 ~ 최대 32인】** 국무회의는 **최소 17인에서 최대 32인**(30인 ×)으로 구성²
의장	① **【대통령 소집·주재】** 대통령은 국무회의 의장으로서 **회의를 소집하고 이를 주재** / ② **【국무총리 → 부총리(기재부 → 교육부) → 정부조직법】** 의장이 사고로 직무를 수행할 수 없는 경우에는 **부의장인 국무총리가 직무를 대행**하고, 의장과 부의장이 모두 사고로 직무를 수행할 수 없는 경우에는 **기획재정부장관이 겸임하는 부총리, 교육부장관이 겸임하는 부총리** 및 「**정부조직법**」에 규정된 순서에 따라 국무위원이 그 직무를 대행³ ③ **【해외순방 : 사고】** 대통령은 국무회의 의장으로서 회의를 주재하지만, **대통령의 해외순방**은 일시적으로 직무를 수행할 수 없는 경우는 **사고에 해당**하며 **국무총리가 그 직무를 대행함** /
기타 기관 출석	① **【총리소속기관 출석·발언권】** 국무조정실장·인사혁신처장·법제처장·식품의약품안전처장 그 밖에 법률로 정하는 공무원은 필요한 경우 **국무회의에 출석하여 발언**할 수 있음 / ② **【의안제출건의권】** 국무조정실장·인사혁신처장·법제처장·식품의약품안전처장 그 밖에 법률로 정하는 공무원은 소관사무에 관하여 **국무총리에게 의안의 제출을 건의**할 수 있음 /

(2) 국무회의 운영

운영	① **【의사정족수 과반출석, 의결정족수 출석 2/3】** 국무회의는 구성원 **과반수의 출석**(3분의 2 이상으로 개의 ×)**으로 개의**하고, **출석구성원 3분의 2 이상의 찬성**(출석과반수 찬성 ×)**으로 의결**⁶ ② **【원격영상회의 방식】** 국무회의는 구성원이 동영상 및 음성이 송수신되는 장치가 갖추어진 서로 다른 장소에 출석하여 진행하는 **원격영상회의 방식**으로 진행할 수 있음 /
대리출석	① **【차관대참】** 국무위원이 국무회의에 출석하지 못할 때에는 각 부의 **차관이 대리하여 출석**² ② **【발언 可, 표결 不可】** 대리 출석한 차관은 관계 의안에 관하여 **발언할 수 있으나 표결에는 참가할 수 없음** (표결에도 참가할 수 있음 ×)²

3 심의사항 및 효력

(1) 심의사항

제89조 【국무회의 심의】 다음 사항은 국무회의의 심의를 거쳐야 한다.
1. 국정의 기본계획과 정부의 일반정책
2. 선전·강화 기타 중요한 대외정책
3. 헌법개정안·국민투표안·조약안·법률안 및 대통령령안 (총리령 ×, 부령 ×)
4. 예산안·결산·국유재산처분의 기본계획·국가의 부담이 될 계약 기타 재정에 관한 중요사항
5. 대통령의 긴급명령·긴급재정경제처분 및 명령 또는 계엄과 그 해제
6. 군사에 관한 중요사항
7. 국회의 임시회 집회의 요구
8. 영전수여 (외교사절의 신임·접수 ×)
9. 사면·감형과 복권
10. 행정각부간의 권한의 획정
11. 정부안의 권한의 위임 또는 배정에 관한 기본계획
12. 국정처리상황의 평가·분석
13. 행정각부의 중요한 정책의 수립과 조정
14. 정당해산의 제소
15. 정부에 제출 또는 회부된 정부의 정책에 관계되는 청원의 심사
16. 검찰총장·합동참모의장·각군참모총장·국립대학교총장·대사 기타 법률이 정한 공무원과 국영기업체관리자의 임명
17. 기타 대통령·국무총리 또는 국무위원이 제출한 사항

(2) 주요 심의사항 및 효력·사법심사

주요 심의사항	① 【대통령령안】 대통령령안은 국무회의의 심의사항이지만 총리령안은 국무회의 심의사항 아님 ② 【영전수여】 대통령의 영전수여권은 국무회의 심의대상이지만 외교사절의 신임·접수권은 국가원수에게 주어진 고유권한이므로 국무회의의 심의사항 아님 ③ 【대법관 임명 아님】 대통령의 대법관 임명은 국무회의의 심의사항이 아님
구속력 無 → 헌소 불가	① 【구속력 無】 국무회의는 심의기관이므로 대통령은 국무회의 심의에 구속 안됨 (구속 ×) ② 【헌소대상 부정】 국무회의의 의결은 국가기관의 내부적 의사결정행위에 불과하여 그 자체로 국민에 대하여 직접적인 법률효과를 발생시키는 행위가 아니므로 헌법소원이 대상이 되는 공권력 행사 아님 (헌법소원의 대상이 되는 공권력 행사 ×)

(3) 관련판례

1	【국군 해외파병 국무회의 의결 (각하)】 국군을 해외에 파병하기로 하는 정책에 관한 국무회의의 의결은 그 자체로 국민에 대하여 직접적인 법률효과를 발생시키는 행위가 아니므로 「헌법재판소법」 제68조 제1항에서 말하는 공권력 행사 아님(2003.12.18. 2003헌마225)

POINT 215 행정각부 C

제94조 【행정각부의 장 : 국무위원 中 국무총리 제청, 대통령 임명】 행정각부의 장은 국무위원 중에서 **국무총리의 제청**으로 **대통령이 임명**한다.³

제95조 【부령】 국무총리 또는 행정각부의 장은 소관사무에 관하여 **법률이나 대통령령의 위임**(총리령의 위임 ×) 또는 **직권**으로 총리령 또는 부령을 발할 수 있다.⁴

제96조 【법정주의】 행정각부의 설치·조직과 직무범위는 **법률**(법령 ×)로 정한다.²

1 행정각부

임명	① 【국무위원만 행정각부장관이 됨】 **국무위원이 아닌 자**는 행정각부의 **장관**이 될 수 **없음**¹ ② 【국무총리 제청 필수】 행정각부의 장에 대한 **임명**에는 국무위원의 경우와 같이 **국무총리의 제청이 필요** (행정각부의 장은 국무총리의 제청이 별도로 요구되지 않음 ×)² ③ 【최대 30개】 행정각부의 장은 국무위원 중에서 임명하고 **국무위원은 30인 이하**이므로 현행 헌법상 설치가능한 **행정각부의 최대 숫자는 30개**¹
권한	① 【지방행정장 지휘·감독권】 행정각부 장은 소관사무에 관해 **지방행정의 장을 지휘·감독함**² ② 【행안부장관】 「정부조직법」상 **국가의 행정사무**로서 다른 중앙행정기관의 소관에 속하지 아니하는 사무는 **행정안전부장관**이 처리¹
요건	① 【국무위원 & 부령발포권】 성질상 정부의 구성단위인 **중앙행정기관**이라 할지라도 법률상 그 기관의 장이 **국무위원**이 아니라든가 또는 국무위원이라 하더라도 그 소관사무에 관하여 **부령**을 발할 권한이 없다면, 헌법이 규정하는 실정법적 의미의 **행정각부 아님** (행정각부에 해당 ×)⁵ ② 【모든 중앙행정기관 아님】 행정각부는 중앙행정기관의 하나이지만, **모든 중앙행정기관**이 행정각부에 **속하는 것은 아님** (모든 중앙행정기관이 행정각부 ×)²

2 행정각부 아닌 행정기관의 설치

행정각부 외 중앙행정기관	① **【모든 행정기관 아님】** 대통령과 행정부, 국무총리에 관한 헌법 규정의 해석상 **국무총리의 통할을 받는 행정각부**에는 **모든 행정기관이 포함된다고 볼 수 없음** (모든 행정기관 포함 ×)[5] ② **【총리 통할받지 않는 행정기관 설치 可】** 국가의 공권력을 집행하는 **행정부의 조직**은 헌법상 예외적으로 열거되어 있거나 그 **성질상 대통령의 직속 기관**으로 설치할 수 있는 것을 제외하고는 모두 국무총리의 **통할**을 받아야 하며, 그 통할을 받지 않는 행정기관은 **법률**에 의하더라도 이를 설치할 수 없음을 의미한다고는 볼 수 **없음** (대통령 직접 통할기관 설치할 수 없음 ×)[3] ③ **【총리통할기관 or 대통령직속기관 설치 可】** 입법권자는 헌법 제96조에 의하여 **법률로써 행정**을 담당하는 행정기관을 설치함에 있어 기관이 관장하는 사무의 성질에 따라 **국무총리가 대통령의 명을 받아 통할하는** 기관으로 설치할 수도 있고 또는 **대통령이 직접 통할하는 기관**으로 설치할 수도 있음 (대통령 직접 통할하는 기관을 설치할 수 없음 ×)[1] ④ **【정부조직법상 행정각부만 의미】** 헌법에서 말하는 **국무총리의 통할을 받는 행정각부**는 헌법에서 위임받은 「**정부조직법**」에 의하여 설치하는 **행정각부만을 의미** (「정부조직법」에 의하여 설치하는 행정각부만을 의미 아님 ×)[2]
국정원 (대통령 직속기관)	① **【대통령직속기관설치 불가 or 반드시 총리 통할 아님】** 대통령직속의 헌법기관이 별도로 규정되어 있다는 이유만을 들어 **법률에 의하더라도** 헌법에 열거된 헌법기관 이외에는 **대통령직속의 행정기관을 설치할 수 없다**든가 모든 행정기관은 헌법상 예외적으로 열거된 경우 등 이외에는 **반드시 국무총리의 통할**을 받아야 한다고 **말할 수 없음**[1] ② **【국정원 행정각부 아님】** 「정부조직법」에 행정각부로 규정되지 아니한 **국가정보원은 행정각부 아님**[2]

POINT 216 감사원

제97조【감사원 : 결산, 회계검사, 직무감찰】 국가의 **세입·세출의 결산**, 국가 및 법률이 정한 단체의 회계검사와 행정기관 및 공무원의 직무에 관한 감찰을 하기 위하여 **【대통령 소속】** 대통령 소속하(대통령으로부터 독립 ×, 국무총리 소속 ×)에 감사원을 둔다.

제98조 ①【**헌법 : 원장 포함 5인~11인**】 감사원은 **원장을 포함한 5인 이상**(7인 이상 ×) **11인 이하의 감사위원으로 구성**한다(감사원장과 5인 이상 11인 이하의 감사위원 ×).

② **【원장 : 국회 동의, 대통령 임명, 4년 1차 중임】** 원장은 **국회의 동의를 얻어 대통령이 임명**하고, (국회의 동의없이 ×, 감사위원 중에서 ×) 그 **임기는 4년**(6년 ×)으로 하며, **1차에 한하여 중임**할 수 있다(중임할 수 없음 ×).

③ **【감사위원 : 원장 제청, 대통령 임명, 4년 1차 중임】** 감사위원은 **원장의 제청**으로(국회의 동의 ×, 제청 절차가 필요하지 않음 ×, 국무총리의 제청 ×) **대통령이 임명**하고, 그 **임기는 4년**으로 하며, **1차에 한하여 중임**할 수 있다(법률이 정하는 바에 따라 연임 ×).

제99조【결산 검사 → 대통령, 차년도국회 보고】 감사원은 세입·세출의 결산을 매년 검사하여 **대통령과 차년도국회**(차기국회 ×)에 그 **결과를 보고**하여야 한다.

제100조【법정주의】 감사원의 **조직·직무범위·감사위원의 자격·감사대상공무원의 범위** 기타 필요한 사항은 **법률로 정한다**.

1 감사원

	헌정사	① 【**제헌헌법 심계원**】 제헌헌법은 국가의 수입지출의 **결산을 검사**하는 기관인 **심계원**을 둠 ② 【**제5차 개정헌법 감사원**】 **제5차 개정헌법**(1962년)에서 국가의 세입·세출의 결산, 국가 및 법률에 정한 단체의 회계 검사와 행정기관 및 공무원의 **직무에 관한 감찰**을 하기 위하여 대통령소속하에 **감사원**을 둠
지위	대통령 소속	① 【**소속변경은 헌법개정사항**】 「감사원법」을 개정하여 감사원을 **국회의 소속하에 둘 수 없음** (둘 수 있음 ×) ② 【**국무총리 통할 아님**】 감사원은 **대통령에 소속된 기관**이므로 **국무총리의 통할을 받지 아니함** (국무총리 통할 ×)
	직무상 독립	① 【**직무상 독립**】 감사원은 **대통령에 소속**하되, **직무에 관하여는 독립의 지위**를 가짐 (조직적인 면에서 독립기관 ×) ② 【**감사원의 독립성 최대한 존중**】 감사원 소속 **공무원의 임면, 조직 및 예산의 편성**에 있어서는 **감사원의 독립성이 최대한 존중**되어야 함 ③ 【**대통령 업무지시 불가**】 감사원은 직무에 관하여 독립의 지위를 가지므로 **대통령의 지휘·감독도 받지 않음** (오직 대통령만이 구체적 지시 ×, 대통령의 지휘·감독을 받음 ×)
	합의제기관 (구성)	① 【**4인 축소, 12인 증원은 헌법개정사항**】 감사위원수를 4인으로 축소하거나 12인으로 증원하려면 **헌법을 개정하여야 함** (헌법개정 않고도 감사위원 수를 12인으로 할 수 있음 ×) ② 【**원장포함 7인 위원**】 「감사원법」상 감사원은 **감사원장을 포함한 7명의 감사위원으로 구성** (감사원장과 7인의 감사위원으로 구성 ×)

2 감사원장과 감사위원

(1) 감사원장과 감사위원

감사원장	① 【국회동의 → 대통령임명】 원장은 **국회의 동의**를 받아 **대통령이 임명**함 [9] ② 【최장재직 감사위원 → 연장자】 원장이 **궐위**되거나 **사고**로 인하여 **직무를 수행할 수 없을 때**에는 감사위원으로 **최장기간 재직한 감사위원**(연장자 순 ×, 원장이 지정하는 감사위원 ×)이 그 권한을 대행하고, 재직기간이 같은 감사위원이 2인 이상인 경우 **연장자가 그 권한을 대행** [14]
감사위원	① 【원장제청 (국회동의 불요) → 대통령임명】 감사위원은 국회의 동의 절차 없이 감사원장의 제청으로 **대통령이 임명**함 [17]

(2) 신분상 지위

임기제·정년제	① 【임기는 헌법사항】 임기는 헌법사항으로 임기연장은 헌법개정 필요 (임기연장은 헌법개정을 하지 않고서도 채택할 수 있음 ×) [1] ② 【정년: 원장 70세, 위원 65세】 감사원법상 감사원장의 정년은 **70세**, 감사위원의 정년은 **65세** (감사위원의 정년은 70세 ×) [2]
신분보장·정치적 중립	① 【탄핵결정, 금고이상 형의 선고 / 장기심신쇠약】 감사위원은 ⑦ **탄핵결정**이나 **금고 이상의 형의 선고**를 받거나 ⓒ **장기(長期)의 심신쇠약**으로 직무를 수행할 수 없게 된 때가 아니면 본인의 의사에 반하여 **면직되지 아니함** (탄핵결정이나 장기의 심신쇠약으로 직무를 수행할 수 없게 된 때가 아니면 면직되지 아니함 ×) [2] ② 【정당가입·정치운동금지】 감사위원은 **정당**에 가입하거나 **정치운동에 관여할 수는 없음** (정당에 가입할 수 있음 ×) [2] → 감사원법이 감사위원의 정치운동을 금지하는 취지는 **감사원의 독립성을 보장**하기 위한 것임 [1] ③ 【감사원 독립성 보장】 감사원법이 감사위원의 **정치운동을 금지**하는 취지는 **감사원의 독립성을 보장**하기 위한 것임 [1]
감사위원의 제척	① 【탄핵소추·형사재판 권한행사정지】 감사위원이 **탄핵소추의 의결**을 받았거나 **형사재판에 계속**되었을 때에는 그 탄핵의 결정 또는 재판이 확정될 때까지 그 **권한 행사가 정지** [2]

3 감사위원회의

구성	① 【전원으로 구성】 감사위원회의는 원장 포함 **감사위원 전원**으로 구성하며, **원장이 의장** [3]
의결	① 【재적 과반수 의결】 감사위원회의는 **재적 감사위원 과반수의 찬성**으로 의결 (재적 감사위원 과반수의 참석과 참석 감사위원 과반수의 찬성으로 의결 ×) [5]

POINT 217 감사원의 권한

1 세입·세출의 결산 및 회계검사

회계 검사	필수	①【국가·지자체】 감사원은 국가·지자체의 회계를 상시 검사·감독하여 적정을 기하는 기능
		②【국가기관 아닌 경우】 법률이 정하는 경우 국가기관이 아니라도 회계검사를 받아야 함
	선택	①【감사원 필요·국무총리 요구】 감사원은 필요하다고 인정하거나 국무총리의 요구가 있는 경우에는 검사할 수 있음
		②【자본금 일부 출자】 국가·지자체가 자본금의 일부를 출자한 자의 회계
		③【임원·대표자가 국가·지자체에 의해 임명되는 단체】「민법」·「상법」외 다른 법률에 따라 설립되고 그 임원의 전부·일부나 대표자가 국가·지자체에 의하여 임명·임명승인되는 단체 등의 회계
변상책임판정과 재심의		①【변상책임판정 → 재심의】 감사원은 감사 결과에 따라 변상책임의 유무를 심리하고 판정 → 변상 판정에 대하여는 감사원에 재심의를 청구할 수 있음
		②【청구 재심의 : 재심의 청구 불가】 청구에 따라 재심의한 사건은 재심의를 청구할 수 없음
		③【직권 재심의 : 재심의 청구 可】 감사원은 판정이 위법·부당함을 발견하였을 때에는 직권으로 재심의할 수 있으며, 직권 재심의한 것은 재심의를 청구할 수 있음 (청구할 수 없음 ×)
행정소송 (재결주의)		①【재심의 판결 → 행정소송】 감사원의 변상판정처분에 대하여서는 행정소송을 제기할 수 없고, 재결에 해당하는 재심의 판결에 대하여 감사원을 당사자로 하여 행정소송을 제기

2 직무감찰

(1) 감찰사항 (사무 + 직무)

직무감찰의 범위	①【국가기관】「정부조직법」 및 그 밖의 법률에 따라 설치된 행정기관의 사무와 그에 소속한 공무원의 직무
	②【국회·법원·헌재·중선위 감찰불가】 감사원은 국회·법원 및 헌법재판소 (선관위도 직무감찰 불가) 소속 공무원의 직무에 대하여 직무감찰할 수 없음 (국회소속 공무원은 포함 ×)
	③【지자체】 지자체의 사무와 그에 소속한 지방공무원의 직무
	④【국가·지자체가 위탁·대행하게 한 사무】 법령에 따라 국가·지자체가 위탁·대행하게 한 사무와 그 밖의 법령에 따라 공무원의 신분을 가지거나 공무원에 준하는 자의 직무
행정사무감찰 + 대인감찰	①【공무원 비위감찰 + 행정사무감찰】 감사원의 직무감찰기능에는 공무원의 비위감찰뿐만 아니라 법령·제도 또는 행정관리의 모순이나 문제점 개선 등에 관한 행정사무감찰도 포함
	②【비위감찰 + 행정감찰】 지자체의 사무와 그에 소속한 지방공무원의 직무는 감사원의 감찰사항에 포함되며, 공무원의 비위사실을 밝히기 위한 비위감찰권뿐만 아니라 공무원의 근무평정·행정관리의 적부심사분석과 그 개선 등에 관한 행정감찰권까지 포함
	③【위법·부당시 징계요구】 감사원의 직무감찰권의 범위에 인사권자에 대하여 징계 등을 요구할 권한이 포함되고, 위법성뿐 아니라 부당성도 감사 기준 (부당성은 기준 안됨 ×)
불포함	①【총리 소명】 국무총리로부터 국가기밀에 속한다는 소명 있는 사항
	②【국방장관 소명】 국방부장관으로부터 군기밀이거나 작전상 지장이 있다는 소명 있는 사항
사생활 보호	①【목적 외 용도 이용 금지】 감사원은 감사를 위하여 제출받은 개인의 신상이나 사생활에 관한 정보 또는 자료를 해당 감사 목적 외의 용도로 이용하여서는 아니되나, 본인 또는 자료를 제출한 기관의 장의 동의가 있는 경우에는 그러하지 아니함

(2) 시정요구 등

징계요구	① **【징계요구 可 but 직접 징계 不可】** 감사원은 「국가공무원법」과 그 밖의 법령에 규정된 **징계 사유에 해당**하거나 정당한 사유 없이 「감사원법」에 따른 **감사를 거부**하거나 **자료의 제출을 게을리한 공무원**에 대하여 **소속 장관 또는 임용권자에게 징계를 요구**할 수 있음 / → 직무감찰결과 비위사실이 밝혀지더라도 해당 공무원에 대하여 **직접 징계 할 수 없음** / ② **【적극행정에 대한 면책】** 감사원 감사를 받는 사람이 불합리한 규제의 개선 등 공공의 이익을 위하여 **업무를 적극적 처리한 결과**에 대하여 그의 행위에 **고의나 중대한 과실이 없는 경우**(중대한 과실이 있더라도 ×) 「감사원법」에 따른 **징계 요구 또는 문책 요구 등 책임 묻지 아니함** /
시정·개선요구	① **【시정 등의 요구】** 감사원은 감사 결과 **위법 또는 부당**하다고 인정되는 사실이 있을 때에는 소속장관, 감독기관의 장 또는 해당 기관의 장에게 **시정·주의 등**을 요구할 수 있음 / ② **【개선 등의 요구 : 법령 제·개정·폐지 및 제도·행정상 개선】** 감사원은 감사결과 **법령상·제도상 또는 행정상 모순**이 있거나 그 밖에 개선할 사항이 있다고 인정할 때에는 국무총리, 소속장관, 감독기관의 장 또는 해당 기관의 장에게 **법령 등의 제정·개정 또는 폐지를 위한 조치나 제도상 또는 행정상 개선을 요구**할 수 있음 (법령 등의 제정·개정 또는 폐지를 위한 조치나 제도상 또는 행정상의 개선을 요구할 수는 없음 ×) /
고발	① **【수사기관에 고발】** 감사원은 감사 결과 **범죄혐의**가 있다고 인정할 때에는 **수사기관에 고발**하여야 함 /

3 감사요구·청구

국회감사요구	① **【국회의 감사요구】 국회**는 그 의결로 감사원에 대하여 「감사원법」에 정한 감사원의 직무범위에 속하는 사항 중 사안을 특정하여 **감사요구**할 수 있음 (국회는 감사요구할 수 없음 ×) / ② **【3개월내 국회보고】** 감사원은 감사요구를 받은 날부터 **3월 이내**에 감사결과를 **국회에 보고**하여야 함 /
국민감사청구	① **【국민감사청구】 18세 이상의 국민**은 공공기관의 사무처리가 법령위반·부패행위로 인하여 **공익을 현저히 해하는 경우** 일정한 수 이상의 국민의 연서로 **감사원에 감사청구**할 수 있음 / ② **【사생활 제외】 사적인 권리관계 또는 개인의 사생활**에 관한 사항은 감사청구 대상 **제외** /

4 감사원규칙 제정권 (헌법상 권한 아님)

규칙제정권	① **【규칙제정권】** 감사원은 감사에 관한 절차, 감사원의 내부규율과 감사사무 처리에 관한 **규칙을 제정**할 수 있음 /
감사원법 규정	① **【법률상 권한】** 감사원의 규칙제정권은 헌법에 규정되어 있지 않고 「**감사원법**」에 **규정** (헌법상 감사원 규칙 제정권 ×) /

POINT 218 선거관리위원회

제114조 ① 【선거·국민투표·정당사무】 선거와 국민투표의 공정한 관리 및 정당에 관한 사무를 처리하기 위하여 선거관리위원회를 둔다.³
② 【대통령 임명 3, 국회 선출 3, 대법원장 지명 3】 중앙선거관리위원회는 대통령이 임명하는 3인, 국회에서 선출하는 3인과 대법원장이 지명하는 3인의 위원으로 구성한다(국무총리 제청에 따라 대통령이 임명 ×, 대통령이 임명하는 9인의 위원 ×).¹⁵ 【위원장 : 호선】 위원장은 위원중에서 호선한다(중선위원장은 대통령이 임명 ×, 국회의 동의를 얻어 대통령이 임명 ×, 위원중 대통령이 지명 ×, 대법원장이 지명 ×).¹³
③ 【임기 : 6년】 위원의 임기는 6년(4년 ×, 5년 ×)으로 한다.⁷
④ 【정당가입·정치관여 금지】 위원은 정당에 가입하거나 정치에 관여할 수 없다.⁵
⑤ 【탄핵 or 금고 이상의 형 선고 외 파면 제한】 위원은 탄핵 또는 금고 이상의 형의 선고에 의하지 아니하고는 파면되지 아니한다.⁸
⑥ 【중앙선관위규칙 제정권】 중앙선거관리위원회는 법령의 범위안(법률의 범위 ×)에서 선거관리·국민투표관리 또는 정당사무에 관한 규칙을 제정할 수 있으며, 법률에 저촉(법령에 저촉 ×)되지 아니하는 범위안에서 내부규율에 관한 규칙을 제정할 수 있다.¹¹
⑦ 【각급 선관위 법률유보】 각급 선거관리위원회의 조직·직무범위 기타 필요한 사항은 법률로 정한다.

제115조 ① 【선거·국민투표사무 지시권】 각급 선거관리위원회는 선거인명부의 작성등 선거사무와 국민투표사무에 관하여 관계 행정기관에 필요한 지시를 할 수 있다.⁹
② 【행정청 응할 의무 有】 제1항의 지시를 받은 당해 행정기관은 이에 응하여야 한다(응할의무 인정안됨 ×).⁵

제116조 ① 【균등한 기회】 선거운동은 각급 선거관리위원회의 관리하에 법률이 정하는 범위안에서 하되, 균등한 기회가 보장되어야 한다.
② 【선거공영제】 선거에 관한 경비는 법률이 정하는 경우를 제외하고는 정당 또는 후보자에게 부담시킬 수 없다.²

1 선거관리위원회

헌법기관	① 【헌법상 필수기관】 선관위는 헌법상 필수기관으로 헌법 개정 없이는 폐지할 수 없음¹
종류	① 【중앙 / 시·도 / 구·시·군 / 읍·면·동】 선관위의 종류에는 중앙선관위, 특별시·광역시·도선관위, 구·시·군선관위 및 읍·면·동선관위가 있음¹

2 중앙선거관리위원회

(1) 위원구성

위원 및 위원장	① 【국회선출 3인 인사특위 / 그 외 소관상임위】 국회 선출 3인은 인사청문특위의 인사청문을 거치고, 대통령 임명 3인과 대법원장 지명 3인은 소관 상임위(행안위)의 인사청문을 거침⁴ ② 【권한대행 : 상임위원 → 임시위원장 호선】 위원장이 사고가 있을 때에는 상임위원이 그 직무를 대행하며, 위원장·상임위원이 모두 사고가 있을 때에는 위원중에서 임시위원장을 호선함(최장기간 재직 ×)⁴
임기제	① 【헌법상 임기 6년】 중선위원은 헌법에 임기가 6년으로 명시되어 있음¹ ② 【연임규정 無】 연임·중임에 관하여 아무런 규정을 두고 있지 않음(법률이 정하는 바에 의하여 연임할 수 있음 ×)¹

(2) 선관위 회의

정족수	① 【의사정족수 과반출석, 의결정족수 출석과반】 선관위는 위원 과반수의 출석으로 개의하고, 출석위원 과반수의 찬성으로 의결함⁶ ② 【각급 선관위원장 가부동수결정권】 위원장은 표결권을 가지며 가부동수인 때에는 결정권을 가짐 (위원장은 가부동수인 경우 결정권을 행사하지 못함 ×)⁷
회의소집	① 【위원장 or 위원 1/3 회의소집요구】 선관위의 회의는 위원장이 소집하나, 위원 3분의 1 이상의 요구가 있을 때에는 위원장은 회의를 소집하여야 하며 위원장이 회의소집을 거부할 때에는 회의소집을 요구한 3분의 1 이상의 위원이 직접 회의를 소집할 수 있음²

3 각급 선관위

시·도선관위	① 【교섭단체 추천, 지방법원장 추천 3인, 교육자등 3인】 시·도선관위 위원은 국회의원의 선거권이 있고 정당원이 아닌 자 중에서 국회에 교섭단체를 구성한 정당이 추천한 사람과 당해 지역을 관할하는 지방법원장이 추천하는 법관 2인을 포함한 3인과 교육자 또는 학식과 덕망이 있는 자 중에서 3인을 중선위가 위촉함¹ ② 【법관, 법원·교육공무원 선관위원 겸직 可】 법관과 법원공무원 및 교육공무원 이외의 공무원은 선관위원이 될 수 없음 (다른 공직을 겸직할 수 없음 ×)⁴ ③ 【교섭단체 구성할 수 없을시 해임】 각급선관위원은 정당추천위원으로서 추천정당이 국회에 교섭단체를 구성할 수 없게 된 때에는 해임·해촉 또는 파면될 수 있음 (아니함 ×)¹
임기	① 【각급선관위 : 임기 6년】 각급선관위원의 임기는 6년으로 함 ② 【구·시·군선관위 : 임기 3년, 1회 연임】 구·시·군선관위 위원의 임기는 3년(6년 ×)으로 하되, 한 차례만 연임할 수 있음²

4 권한

선거·투표·정당사무	① 【선거사무등에 대한 지시·협조요구】 각급 선관위가 선거사무를 위하여 인원·장비의 지원 등이 필요한 경우, 지시 또는 협조요구를 받은 행정기관이나 협조요구를 받은 공공단체 및 개표 사무종사원을 위촉받은 「은행법」 제2조의 은행은 우선적으로 그에 응하여야 함¹ ② 【선거법위반행위에 대한 중지·경고등】 각급선관위의 위원·직원은 직무수행중에 선거법위반행위를 발견한 때에는 중지·경고 또는 시정명령을 하여야 하며, 그 위반행위가 선거의 공정을 현저하게 해치는 것으로 인정되거나 중지·경고 또는 시정명령을 불이행하는 때에는 관할수사기관에 수사의뢰 또는 고발할 수 있음¹ ③ 【관계법령 제·개정 시 중선위 의견청취】 행정기관이 선거·국민투표 및 정당관계법령을 제정·개정 또는 폐지하고자 할 때에는 미리 당해 법령안을 중앙선관위에 송부하여 그 의견을 구하여야 함² ④ 【관계법령 제·개정 필요 시 국회에 의견 서면 제출】 중앙선관위는 주민투표·주민소환관계법률의 제정·개정 등이 필요하다고 인정하는 경우에는 국회에 그 의견을 서면으로 제출(구두 또는 서면 ×)할 수 있음²
정당선거위탁	① 【당내경선사무 수탁관리비용 : 국가부담】 정당은 당내경선사무 중 경선운동, 투표 및 개표에 관한 사무의 관리를 당해 선거의 관할선관위에 위탁할 수 있고, 관할선관위가 당내경선의 투표·개표에 관한 사무를 수탁관리하는 경우 그 비용은 국가가 부담함 (모든 수탁관리비용은 당해 정당이 부담 ×)¹ ② 【당대표경선사무 수탁관리비용 : 정당부담】 정당의 중앙당은 그 대표자의 선출을 위한 선거사무 중 투표 및 개표에 관한 사무의 관리를 중선위에 위탁할 수 있고, 중선위가 당대표경선의 투표·개표에 관한 사무를 수탁관리하는 경우 그 비용은 해당 정당이 부담함 (당내경선의 투표 및 개표참관인의 수당에 관한 비용은 국가가 부담 ×)¹
규칙제정권	① 【헌법상 권한】 중선위에 대해 현행헌법이 명문으로 규칙제정권을 부여하고 있음¹

5 관련판례

1	**법규명령 【공직선거관리규칙】** 「공직선거관리규칙」은 중선위가 헌법 소정의 규칙 제정권에 의하여 「공직선거법」에서 위임된 사항과 대통령·국회의원·지방의회의원 및 지방자치단체의 장의 **선거의 관리에 필요한 세부사항을 규정**함을 목적으로 하여 제정된 **법규명령**(대판 1996.7.12. 96우16)
2	**행정규칙 【공직선거에 관한 사무처리예규 (각하)】** 「공직선거에 관한 사무처리예규」는 개표관리 및 투표용지의 유·무효를 가리는 업무에 종사하는 각급선관위 직원 등에 대한 **업무처리지침·사무처리준칙**에 불과할 뿐 국민이나 법원을 구속하는 효력이 없는 **행정규칙**이므로 **헌법소원 대상 아님**(2000.6.29. 2000헌마32)

POINT 219 사법권과 사법권의 한계

CHAPTER 12 | 법원과 사법권

제101조 ① 【사법권】 사법권은 법관으로 구성된 법원에 속한다.

1 사법권

사법작용	① 【사법작용】 사법은 법 또는 권리에 관한 다툼이 있거나 법이 침해된 경우에 **독립적인 법원**이 **직접 조사한 증거**를 통한 **객관적 사실인정**을 바탕으로 **법을 해석·적용**하여 **유권적 판단을 내리는 작용**
법원만 담당	① 【법원만 담당】 일체의 법률적 쟁송을 심리 재판하는 작용인 **사법작용**은 헌법 자체에 의한 유보가 없는 한 **오로지 대법원을 최고법원으로 하는 법원만이 담당**할 수 있음 ② 【행정심판에 대한 사실적·법률적 심사】 행정심판의 판단에 대하여는 **법원에 의한 사실적 측면과 법률적 측면의 심사**가 모두 가능하여야만 **사법권이 법원에 속한다**고 할 수 있음

2 사법권의 한계

헌법상 한계	① 【현행헌법상 의원의 자격심사·징계·제명】 국회의원의 자격심사·징계·제명은 법원에 제소금지 ② 【유신헌법상 긴급조치】 유신헌법(1972년 헌법)은 긴급조치가 사법적 심사의 대상이 되지 않는다고 **명문 규정**을 두고 있었음
통치행위	① 【고도의 정치적 행위 + 사법심사 부적절】 통치행위는 일반적으로 **고도의 정치적 결단에 의한 국가행위**로서 **사법적 심사의 대상이 되기에 적절하지 못한 행위**를 일컫는 개념임

3 통치행위 관련판례

(1) 헌법재판소 판례

이라크파병결정 (1차 파병)	① **【헌재 판단은 바람직하지 않음】** 이라크전쟁이 국제규범에 어긋나는 침략전쟁인지 여부 등에 대한 판단은 **대의기관인 대통령과 국회의 몫**이고, 성질상 한정된 자료만을 가지고 있는 **헌법재판소가 판단하는 것은 바람직하지 않음**[1] ② **【헌법·법률상 절차 준수】** 국군의 해외파병결정은 대통령이 **국가안전보장회의 자문**을 거쳐 결정한 것으로, 그 후 국무회의 심의·의결을 거쳐 **국회의 동의**를 얻음으로써 **헌법과 법률이 정한 절차**를 지켜 이루어진 것임이 명백함(헌법과 법률이 정한 절차를 준수했는지 사법적 심판 자제 ×)[3] ③ **【통치행위 → 사법심사 자제】** 국군의 해외파견 결정은 그 성격상 국방 및 외교에 관련된 **고도의 정치적 결단을 요하는 문제**로서 절차의 합법성이 준수된 경우 **대통령과 국회의 판단은 존중**되어야 하고 헌법재판소가 사법적 기준만으로 이를 심판하는 것은 **자제**되어야 함 (사법심사 자제 대상 아님 ×, 국민의 기본권침해와 직접 관련된 경우로 본안판단 ×)[1,2]
금융실명제 긴급재정경제명령	① **【통치행위】** 대통령의 긴급재정경제명령은 국가긴급권의 일종으로서 고도의 정치적 결단에 의하여 발동되는 행위이고, 그 결단을 존중하여야 할 필요성이 있는 행위라는 의미에서 이른바 **통치행위에 속함**[3] ② **【기본권 침해 관련시 헌재 심판대상】** 모든 국가작용은 국민의 기본권적 가치를 실현하기 위한 수단이라는 한계를 지켜야 하므로 **고도의 정치적 결단에 의하여 행해지는 국가작용**이라도 **국민의 기본권 침해와 관련되는 경우에는 헌법재판소의 심판대상**이 됨 (국민의 기본권 침해와 관련된다고 볼 수 있는 경우에도 헌법소원대상 될 수 없음 ×)[5]
한미연합 군사훈련의 결정 (통치행위 아님)	① **【대통령의 전시증원연습 실시 결정 : 통치행위 아님】** 한미연합사령부가 연례적으로 실시하고 있는 **전시증원연습**과 연합합동야외기동훈련인 독수리연습을 실시하기로 한 **대통령의 결정**은 사법심사를 자제해야 하는 **통치행위에 해당되지 않음** (통치행위에 해당하여 사법심사의 대상이 되지 않음 ×)[6]

(2) 대법원 판례

통치행위성 판단	① **【사법부만이 신중판단】** 통치행위의 개념을 인정하더라도 **과도한 사법심사의 자제**가 기본권을 보장하고 법치주의 이념을 구현하여야 할 법원의 책무를 태만히 하거나 포기하는 것이 되지 않도록 **인정을 지극히 신중하게 해야 하며**, 그 판단은 **오로지 사법부만에 의해 이루어져야 함**[1]
남북정상회담	① **【통치행위 : 남북정상회담 개최】** 남북정상회담의 개최는 **고도의 정치적 성격**을 지니고 있는 행위이므로 특별한 사정이 없는 한 그 당부를 심판하는 것은 **사법권의 내재적, 본질적 한계를 넘어서는 것**[2] ② **【부수행위 : 대북송금행위】** 남북정상회담의 개최과정에서 재정경제부장관에게 신고하지 아니하거나 통일부장관의 협력사업 승인을 얻지 아니한 채 북한 측에 사업권의 대가 명목으로 송금한 **행위자체는 사법심사의 대상** (사법심사의 대상이 아님 ×)[6]

POINT 220 대법원장·대법관 및 일반법관

제101조 ③ 【법정주의】 법관의 자격은 **법률**로 정한다.¹
제102조 ① 【대법원에 부】 대법원에 **부**를 둘 수 있다.
② 【대법관】 대법원에 **대법관**을 둔다. 【일반법관】 다만, 법률이 정하는 바에 의하여 **대법관이 아닌 법관**을 둘 수 있다.⁹
③ 【법정주의】 대법원과 각급법원의 조직은 **법률**로 정한다.
제104조 ① 【대법원장 : 국회 동의 → 대통령 임명】 대법원장은 **국회의 동의**를 얻어 **대통령이 임명**한다(대법관 중에서 ×, 대법원장추천회의의 추천을 거쳐 ×).⁷
② 【대법관 : 대법원장 제청 → 국회 동의 → 대통령 임명】 대법관은 **대법원장의 제청**(제청절차 필요 없음 ×, 국무총리 제청 ×)으로 **국회의 동의**(국무회의 심의 ×, 국회의 동의까지 요구되지는 않음 ×)를 얻어 **대통령이 임명**한다.¹²
③ 【일반법관 : 대법관회의 동의, 대법원장 임명】 대법원장과 대법관이 아닌 법관은 **대법관회의의 동의**(국회의 동의 ×, 인사위원회 동의 ×)를 얻어 **대법원장이 임명**(대통령이 임명 ×)한다.¹⁰
제105조 ① 【대법원장 : 임기 6년, 중임 제한】 대법원장의 **임기는 6년**¹¹으로 하며, **중임할 수 없다**(법률이 정하는 바에서 연임 ×, 연임은 불가능하나 중임은 가능 ×).¹⁰
② 【대법관 : 임기 6년, 연임 가능】 대법관의 **임기는 6년**¹⁰으로 하며, 법률이 정하는 바에 의하여 **연임할 수 있다**(연임할 수 없음 ×).⁹
③ 【일반법관 : 임기 10년, 연임 가능】 대법원장과 대법관이 아닌 법관의 **임기는 10년**(6년 ×)⁵으로 하며, 법률이 정하는 바에 의하여 **연임할 수 있다**.⁴
④ 【법관 정년 : 법률유보】 법관의 정년은 **법률**로 정한다.²

1 대법원장과 대법관

(1) 대법원의 구성

법원조직법	① 【대법원장 포함 14인】 대법관의 수는 **대법원장을 포함하여 14명**으로 함 (대법원장 제외 14인 ×, 대법원장 포함 13인 ×, 대법관 수를 12인으로 하려면 헌법을 개정 ×)¹¹

(2) 대법원장

자격	① 【20년 법조경력 + 45세 이상】 대법원장과 대법관은 **20년 이상** 판사·검사·변호사의 직에 있던 **45세 이상**(40세 ×)의 사람 중에서 임용¹
신분상 지위	① 【선임대법관 권한대행】 대법원장이 궐위되거나 사고로 인하여 직무를 수행할 수 없을 때에는 **선임대법관**(최연장자 ×, 법원행정처장 ×, 수석대법관 ×)이 그 권한을 대행함¹¹ ② 【법원행정처장 피고】 대법원장이 행한 처분에 대한 행정소송의 피고는 **법원행정처장**¹

(3) 대법관

대법관	① 【대법원장 제청 → 국회동의 → 대통령임명】 모든 대법관은 대통령이 임명함 ② 【모두 인사특위 인사청문】 대통령이 대법관을 임명하려면 국회 인사청문특위(법사위 ×)의 청문을 거쳐야 함
대법관후보 추천위원회	① 【대법관후보추천위 추천 존중】 대법원장이 대법관 후보자의 임명을 제청할 때에는 대법관후보추천위원회에서 추천한 후보자를 존중함 (대법관후보추천위 추천하는 후보자 중에서 제청 ×) ② 【행정부공무원, 민간인 포함】 대법관후보자추천위는 선임대법관, 법원행정처장, 법무부장관(행정부 공무원 배제 ×), 대한변호사협회회장 등 위원장 1명을 포함한 10명의 위원으로 구성

(4) 일반법관

법원조직법	① 【인사위원회 심의 → 대법관회의 동의 → 대법원장 임명】 일반법관(판사)은 인사위원회의 심의를 거치고 대법관회의의 동의를 받아 대법원장이 임명
법관 인사위원회	① 【대법원에 법관인사위원회】 법관의 인사에 관한 중요 사항을 심의하기 위하여 대법원에 법관인사위원회를 두며, 법관인사위원회의 위원장은 위원 중에서 대법원장이 임명하거나 위촉함 ② 【외부인 참여 可】 법관인사위는 법관 3명, 검사 2명, 변호사 2명, 법학교수 2명 등의 사람을 대법원장이 임명하거나 위촉함 (외부인을 참여케하는 것은 불가능 ×)
결격사유	① 【금고 이상 형선고】 금고 이상의 형을 선고받은 사람 ② 【탄핵파면 후 5년】 탄핵으로 파면된 후 5년이 지나지 아니한 사람 ③ 【BH 퇴직 후 3년】 대통령비서실 소속의 공무원으로서 퇴직 후 3년이 지나지 아니한 사람

2 임기제와 정년제 : 헌법상 제도

(1) 임기제와 정년제

헌법상 제도	① 【임기제·정년제 헌법상 제도】 헌법은 법관의 임기제도와 정년제도를 둘 다 두고 있음 ② 【헌법상 임기제, 중임제한 규정】 헌법은 사법권의 독립을 보장하기 위하여 대법원장의 임기, 중임제한 (대법관의 수 ×, 정년 ×)을 직접 규정하고 있음
임기 헌법, 정년 법률	① 【대법원규칙 제정 不可】 법관의 임기와 정년에 관한 규칙은 제정할 수 없음 (임기는 헌법, 정년은 법률로 정함)

(2) 임기제

일반법관	① 【헌법개정사항】 헌법은 일반 법관의 임기는 10년이라고 직접 규정하고 있음 (법관의 임기연장은 헌법개정을 하지 않고서도 채택할 수 있음 ×) ② 【연임가능】 대법원장을 제외한 대법관이나 일반법관은 연임할 수 있을 뿐만 아니라 법률이 연임횟수에 제한을 두고 있지 않아서 정년까지 연임할 수도 있음
연임발령	① 【인사위 심의 → 대법관회의 동의 → 대법원장 연임발령】 임기가 끝난 판사는 인사위원회의 심의를 거쳐 대법관회의의 동의를 거쳐(대법관회의의 동의없이 ×) 대법원장의 연임발령으로 연임

(3) 정년제

법률에 위임	① 【헌법상 정년제 / 정년연령은 법률이 규정】 헌법은 **법관의 정년은 법률로 정한다**고만 규정할 뿐 **대법원장, 대법관의 정년도 명시적으로 정하지 않고 있음** (정년연장하려면 헌법개정 ×)[5]
법원조직법	① 【대법원장·대법관 : 정년 70세】 **법원조직법**(헌법 ×)은 **대법원장과 대법관의 정년은 70세**(대법관 65세 ×)로 규정[6] ② 【판사 : 정년 65세】 법원조직법상 **판사의 정년은 65세**(판사 63세 ×)로 함[3]
사법심사	① 【정년제 자체는 헌법상 제도 → 위헌판단 대상 불가】 법관정년제 자체는 헌법에서 명시적으로 채택하고 있으므로 **법관정년제 자체는 헌법재판소의 위헌판단의 대상이 되지 아니함**[5] ② 【정년연령 규정 법률은 위헌판단 대상 可】 법관의 정년연령을 규정한 **법률의 구체적인 내용에 대하여는 헌법재판소의 위헌판단의 대상이 될 수 있음** (위헌판단대상 될 수 없음 ×)[2]

(4) 관련판례

1	**임기제** 【근무성적불량 판사의 연임결격 (합헌)】 근무성적이 현저히 불량하여 판사로서 정상적인 직무를 수행할 수 없는 경우에 연임발령을 하지 않도록 한 것은 직무를 제대로 수행하지 못하는 판사를 그 직에서 배제하여 **사법부 조직의 효율성을 유지**하기 위한 것으로 **사법의 독립 침해 아님**(2016.9.29. 2015헌바331)[6]
2	**정년연령** ① 【법관정년은 일반 행정공무원과 상이】 법관의 정년을 설정함에 있어서, 입법자는 헌법상 설정된 **법관의 성격과 그 업무의 특수성**에 합치되어야 하고, 관료제도를 근간으로 하는 계층구조적인 **일반 행정공무원과 달리 보아야 함**(2002.10.31. 2001헌마557)[2] ② 【직위에 따른 법관의 정년 차등 (기각)】 구「법원조직법」이 **법관의 정년을 직위에 따라** 대법원장 70세, 대법관 65세, 그 이외의 법관 63세로 정한 것은 법관 업무의 성격과 특수성, 평균수명, 조직체 내의 질서 등을 고려하여 정한 것으로 **차별에 합리적인 이유**가 있으므로 **평등권 침해 아님**(2002.10.31. 2001헌마557)[1] → ① **공무담임권 침해 아님**[1] ③ **신분보장규정 위배 아님**[1]

3 법관임기제와 정년제 정리

구분	임기제		정년제 (법원조직법)
	임기(헌법)	중임·연임(헌법)	
대법원장	6년[11]	**중임 금지**[10]	70세[6]
대법관	6년[10]	연임 가능[9]	70세(65세 ×)[6]
일반법관	10년[5]	연임 가능[4]	65세(63세 ×)[3]

POINT 221 대법원의 심판권과 사법행정권 Ⓑ

제102조 ① 【대법원에 부】 대법원에 부를 둘 수 있다.
제107조 ② 【명령·규칙 심사권】 명령·규칙 또는 처분이 헌법이나 법률에 위반되는 여부가 재판의 전제가 된 경우에는 【대법원 최종】 대법원은 이를 최종적으로 심사할 권한을 가진다.⁶

1 대법원의 심판권(재판)

(1) 심판권의 행사

합의체 원칙	① 【합의체 원칙】 대법원의 심판권은 **대법관 전원의 3분의 2 이상**(과반수 ×)으로 구성되고 **대법원장이 재판장**이 되는 **합의체에서 행사**하는 것이 원칙 ② 【과반수 찬성】 합의체는 **과반수 이상**(3분의 2 이상 ×)**의 찬성으로 결정**
대부분 부에서 재판	① 【의견일치시 부에서 재판】 대법관 3명 이상으로 구성된 부에서 먼저 사건을 심리하여 의견이 일치한 경우에 한정하여 부에서 재판할 수 있음 ② 【전담부】 대법원장은 필요하다고 인정하는 경우에 **특정한 부로 하여금 행정·조세·노동·군사·특허 등의 사건을 전담**하여 심판하게 할 수 있음 ③ 【대부분 사건 부에서 재판】 대법원의 업무 부담으로 인하여 **대부분 사건의 경우에는 대법관 3인 이상으로 구성된 부에서 재판함**
의사표시	① 【모든 대법관 의견표시】 대법원 재판서(裁判書)에는 합의에 관여한 모든 대법관의 의견을 표시하여야 함

(2) 합의체 필요적 재판

명령·규칙심사	① 【명령·규칙 위헌·위법 사건】 명령·규칙이 헌법에 위반된다고 인정하는 경우와 **명령·규칙이 법률에 위반**된다고 인정하는 경우 **대법관 전원의 3분의 2 이상의 합의체에서 행사** → 부(部)에서는 그 의견이 일치하더라도 명령 또는 규칙이 헌법 또는 법률에 위반된다고 인정하는 사건을 심리하여 **재판할 수 없음** ② 【명령·규칙: 법규명령】 명령 또는 규칙이 헌법이나 법률에 위반함을 인정하는 경우 **합의체에서 심판하여야 하는데, 여기서 명령 또는 규칙은 법규로서 성질을 가지는 명령 또는 규칙**을 의미하므로 **행정기관 내부의 행정사무처리기준을 정한 것에 불과한 훈령은 명령 또는 규칙이라 볼 수 없음**
판례변경	① 【판례변경】 종전에 대법원에서 판시한 헌법·법률·명령 또는 규칙의 해석적용에 관한 의견을 변경할 필요가 있음을 인정하는 경우에는 **대법관 전원의 3분의 2 이상의 합의체에서만 심판권**을 행함 (부에서 먼저 사건을 심리하여 의견이 일치할 때는 그 부에서 재판 ×)

2 대법원(장)의 사법행정권

(1) 사법행정권

헌법기관 구성권	① **【대법관 임명제청권, 법관 임명권】** 대법원장은 **대법관의 임명제청권**을 가지며, 대법관이 아닌 **법관**을 대법관회의의 동의를 얻어 임명함
	② **【중선위원·헌재재판관·인권위원 각 3인 지명권】** 대법원장은 중선위 위원 3인, 헌법재판관 3인, 국가인권위원 3인의 지명권을 보유
사법행정사무	① **【사법행정사무 총괄】** 대법원장(법원행정처장 ×)은 **사법행정사무를 총괄**하며, 사법행정사무에 관하여 관계공무원을 지휘·감독함
	② **【입법의견 제출권】** 대법원장은 법원의 조직, 인사, 운영, 재판절차, 등기, 가족관계등록, 그 밖의 법원업무와 관련된 **법률의 제정 또는 개정이 필요**하다고 인정하는 경우에는 **국회에 서면으로 그 의견을 제출할 수 있음**
인사·조직권	① **【대법원 일반사무 + 직원지휘·감독】** 대법원장(법원행정처장 ×)은 **대법원의 일반사무**를 관장하며, 대법원의 직원과 각급 법원 및 그 소속 기관의 **사법행정사무**에 관하여 직원을 지휘·감독함
	② **【법원공무원 임명권】** 법관 외 **법원공무원**은 대법원장(법원행정처장 ×)이 임명하며, 그 수는 **대법원규칙**으로 정함

(2) 대법관회의

구성과 의결방법	① **【대법관 전원】** 대법관회의는 **대법관으로 구성**되며, 대법원장이 그 의장이 됨
	② **【전원의 2/3 출석, 출석과반 의결】** 대법관회의는 **대법관 전원의 3분의 2 이상의 출석**(전원의 출석 ×, 과반수 출석 ×)과 **출석인원 과반수의 찬성**(3분의 2 ×, 전원 ×)으로 의결함
	③ **【의장 표결권 & 가부동수결정권】** 의장은 의결에서 **표결권**을 가지며, **가부동수일 때에는 결정권을 가짐**
의결사항	① **【인사】** 판사의 임명 및 연임에 대한 동의
	② **【규칙】** 대법원규칙의 제정과 개정 등에 관한 사항
	③ **【판례】** 판례의 수집·간행에 관한 사항
	④ **【재무】** 예산 요구, 예비금 지출과 결산에 관한 사항

3 합의체와 대법관회의

구분	합의체	대법관회의
성격	• 심판권 행사(재판) • 대법원장이 재판장이 됨	• 사법행정사무 • 대법원장이 대법관회의의 의장이 됨
구성	• 대법관 2/3 이상(법원행정처장 제외)	• 대법관 전원
의사결정	• 과반수로 결정	• 대법관회의는 대법관전원의 3분의 2 이상의 출석과 출석인원 과반수의 찬성으로 의결
가부동수결정권	×	○
담당	• 명령·규칙의 위헌·위법 심판 • 종전 대법원 결정의 변경	• 판사의 임명 및 연임 동의 등

POINT 222 법원의 독립

CHAPTER 13 | 사법권의 독립

제108조【대법원규칙】 대법원은 **법률에 저촉되지 아니하는 범위안**(법률에 근거 ×, 법령에 저촉 ×)에서 **소송에 관한 절차, 법원의 내부규율과 사무처리에 관한 규칙을 제정**할 수 있다.

1 대법원규칙 제정권

(1) 헌법상 권한

헌법상 권한	①【헌법상 권한】 대법원에 대해 **현행헌법이 명문**으로 **규칙제정권을 부여**하고 있음
규정내용	①【소송절차】 **소송**에 관한 절차 (법원의 내부규율과 사무처리에 관한 사항에 한하여 ×, 법관의 임기와 정년 ×) ②【내부규율·사무처리】 법원의 **내부규율과 사무처리** ③【수권 불요】 대법원규칙은 법률에 저촉되지 않는 한 법률에 의한 **명시적인 수권이 없어도 소송절차에 관한 행위나 권리를 제한**하는 규정을 둘 수 있음

(2) 관련판례

1	【변호사보수와 소송비용 대법원규칙에 위임 (각하)】「민사소송법」은 헌법 제108조에서 열거하고 있는 사항은 물론, 열거하고 있지 않은 사항에 대해서도 이를 **대법원규칙에서 정하도록 위임**할 수 있으므로, **소송비용에 관한 사항**이 소송절차에 관련된 사항인지와 관계없이 이를 대법원규칙에 위임하였다 하여 **헌법 제108조 위반 아님**(2016.6.30. 2013헌바370 등)

2 다른 기관으로부터의 독립

국회	①【법원조직·법관자격 법정주의】 법원의 조직과 법관의 자격을 법률로 정하는 것은 민주적 통제로서 법치주의의 당연한 결과이며 **사법부의 독립을 침해하는 것 아님** (사법부의 독립을 침해하는 것임 ×)
정부	①【예산편성시 독립성·자율성 존중】 **정부**는 법원의 **예산**을 편성함에 있어서 **사법부의 독립성과 자율성을 존중**하여야 함 (법원예산편성권은 법원이 가지고 있음 ×) ②【국무회의 의견청취후 세출예산요구액 감액】 정부가 대법원의 **세출예산요구액을 감액**하고자 할 때에는 **국무회의에서 대법원장의 의견**을 구하여야 함 (정부는 대법원의 세출예산요구액을 감액할 수 없음 ×)

POINT 223 법관의 재판상 독립 (물적독립)

제103조 【양심에 따른 독립 심판】 법관은 헌법과(또는 ×) 법률에 의하여 그 **양심에 따라** 독립하여 심판한다.²

1 재판상 독립

물적독립	① 【다른 국가기관 + 사법부 내부 간섭 + 사회세력】 법관의 독립은 **다른 국가기관**이나 **사법부 내부의 간섭**으로부터의 독립뿐만 아니라 **사회적 세력**으로부터의 독립도 포함¹
상급심 재판의 기속력	① 【해당사건에서 하급심 기속】 하급법원이 상급법원의 지시에 따라 재판을 해야 하는 것은 아니지만, **상급법원 재판에서의 판단**은 **해당** (동종 ×) **사건**에 관하여 **하급심을 기속** (하급심 기속 안함 ×)⁶ ② 【상고법원의 사실상·법률상 판단에 기속】 상고심으로부터 파기·환송받은 법원은 다시 변론을 거쳐 재판을 하여야 하는데 **상고법원이 파기의 이유로 삼은 사실상 및 법률상 판단에 기속** (기속되지 않음 ×, 법률상 판단에는 기속되지만 사실상 판단에는 기속되지 아니함 ×)⁵ ③ 【동종사건에 대한 선례구속 부정】 법원조직법상 상급심 재판의 기속력 규정은 **심급제도의 합리적 유지**를 위하여 **당해 사건에 한하여 구속력을 인정**한 것이고 그 후의 **동종의 사건에 대한 선례로서의 구속력**에 관한 것은 **아님** (동종사건에서 하급심을 기속함 ×, 선례를 존중할 법적 의무를 가짐 ×, 판례는 당해 사건 이외의 하급심을 구속하는 일반적 효력을 가짐 ×)¹⁰

2 형사재판과 양형결정권

(1) 법률에 기속

형사재판 사례	① 【심판기관, 소추기관 분리 / 검사·피고인으로부터 독립】 형사재판에 있어서 사법권의 독립은 **심판기관**인 법원과 **소추기관**인 검찰청의 분리를 요구함과 동시에 법관이 실제 재판에 있어서 **소송당사자인 검사와 피고인으로부터 부당한 간섭을 받지 않은 채 독립**하여야 할 것을 요구⁵
양형권한의 법률기속	① 【법률의 내용·방법 한도 내】 형벌에 대한 **입법자의 입법정책적 결단**은 기본적으로 존중되어야 하므로 형사재판상 **법관에게 주어진 양형권한도 입법자가 만든 법률에 규정되어 있는 내용과 방법에 따라 그 한도 내**에서 재판을 통해 형벌을 구체화하는 것으로 볼 수 있음¹ ② 【범죄와 형벌 간 비례원칙】 입법자가 법정형 책정에 관한 여러 가지 요소를 종합적으로 고려하여 **법률 자체로 법관에 의한 양형재량의 범위를 좁혀놓았다**고 하더라도, 당해 범죄의 보호법익과 죄질에 비추어 **범죄와 형벌 간의 비례의 원칙상 수긍할 수 있는 합리성**이 있다면 이러한 법률을 위헌이라고 할 수 없음¹
집행유예 선고제한	① 【법률로 집행유예 선고제한 가능】 법관이 형사재판의 양형에 있어 법률에 기속되는 것은 헌법이 요구하는 법치국가원리의 당연한 귀결이며, 법관의 양형판단재량권 특히 **집행유예 여부에 관한 재량권은 어떠한 경우에도 제한될 수 없다고 볼 성질의 것은 아님**² ② 【작량감경에도 집행유예 선고불가 법정형 규정】 작량감경을 하여도 집행유예를 선고할 수 없도록 법정형을 정한 것은 **법관의 양형결정권을 침해하였다거나 법관독립의 원칙에 위배 아님** (양형결정권을 침해하여 법관독립의 원칙에 위배 ×)²

(2) 양형재량권 관련판례

1	【정식재판시 약식명령보다 중한 형선고 不可 (합헌)】 약식절차에서 피고인이 **정식재판**을 청구한 경우 **약식명령보다 더 중한 형을 선고할 수 없도록** 한 「형사소송법」은 **공정한 재판을 받을 권리를 실질적으로 보장하는 기능**을 하므로 **법관의 양형결정권 침해 아님**(2005.3.31. 2004헌가27 등)
2	【3년 이하 징역·금고 선고 한정한 집행유예 요건 (합헌)】 집행유예의 요건을 '3년 이하의 징역 또는 금고의 형을 선고할 경우'로 한정하고 있는 「형법」은 **법관의 양형판단권을 근본적으로 제한**하거나 **사법권의 본질 침해 아님** (1997.8.21. 93헌바60)
3	【형집행·종료면제 5년 미경과자 집행유예 선고 제한 (합헌)】 금고 이상의 형의 선고를 받아 집행을 종료한 후 또는 집행이 면제된 후로부터 5년을 경과하지 아니한 자에 대해서는 집행유예를 못하도록 규정한 「형법」은 **법관의 양심에 따른 재판권 침해 아님**(2005.6.30. 2003헌바49 등)
4	【강도상해죄 집행유예 선고 불가 법정형 (합헌)】 강도상해죄를 범한 자에 대하여 무기 또는 7년 이상의 징역에 처하도록 규정하여 **법률상의 감경사유가 없는 한 집행유예의 선고가 불가능**하도록 한 것은 **사법권의 독립 및 법관의 양형판단재량권을 침해·박탈 아님**(1997.8.21. 93헌바60) **유사** 【뇌물죄 집행유예 선고 불가 법정형 (합헌)】 **수뢰액**이 5천만원 이상인 때에는 무기 또는 10년 이상의 징역에 처하도록 하여 살인죄의 법정형 중 유기징역형보다 무겁고, **작량감경을 하여도 집행유예를 선고할 수 없도록** 법정형을 정한 「특정범죄가중법」은 **법관의 양형결정권 침해**하였다거나 **법관독립의 원칙 위배 아님**(2006.12.28. 2005헌바35)

(3) 양형기준의 구속력 부정

양형위원회	① 【대법원 양형위원회】 형을 정할 때 국민의 건전한 상식을 반영하고 국민이 신뢰할 수 있는 **공정하고 객관적인 양형을 실현**하기 위하여 **대법원**(각급법원 ×)에 **양형위원회를 둠** ② 【13인 위원】 위원회는 **위원장 1명**을 포함한 **13명**(14명 ×)**의 위원**으로 구성하되, 위원장이 아닌 위원 중 **1명은 상임위원**으로 함
양형기준	① 【양형기준의 법적구속력 無】 대법원 양형위원회의 양형기준은 그 내용의 타당성에 의하여 일반적인 설득력을 가지는 것으로 예정되어 있으므로 **법관의 양형에 있어서 그 존중이 요구되는 것일 뿐 법적 구속력을 가지지 않음** (법적 구속력을 가짐 ×) ② 【정식재판에서 양형기준 벗어날시 판결서에 양형이유 기재】 법원이 양형기준을 벗어난 판결을 하는 경우에는 **판결서에 양형의 이유를 적어야** 하나, **약식절차 또는 즉결심판절차**에 의하여 심판하는 경우에는 **그러하지 아니함** (약식·즉결심판절차 이유 기재 ×)

POINT 224 법관의 신분보장 (인적독립)

제106조 ① 【탄핵 or 금고 이상의 형 선고 외 파면 제한】 법관은 탄핵 또는 금고(징역 ×, 벌금 ×) 이상의 형의 선고(징계처분 ×)에 의하지 아니하고는 **파면**되지 아니하며,¹﹐² 【정직·감봉·기타 불리한 처분】 징계처분(탄핵 또는 금고 이상의 형의 선고 ×)에 의하지 아니하고는 **정직·감봉 기타 불리한 처분**을 받지 아니한다.⁸
② 【심신장해 시 퇴직 可】 법관이 중대한 심신상의 장해로 직무를 수행할 수 없을 때에는 **법률이 정하는 바에 의하여 퇴직**하게 할 수 있다.³

1 신분보장

인적독립 (신분보장)	① 【신분보장】 사법권의 독립은 **재판상 독립**, 즉 법관이 재판을 함에 있어서 오직 헌법과 법률에 의하여 양심에 따라 할 뿐, 어떠한 **외부적 압력이나 간섭도 받지 않는다**는 것뿐만 아니라, 재판의 독립을 위해 **법관의 신분보장**도 차질 없이 이루어져야 함을 의미 (신분보장 의미 아님 ×)⁵
내용	① 【헌법은 신분보장 규정 有】 헌법은 법관의 독립을 보장하기 위하여 **법관의 신분보장**을 규정¹ ② 【법치주의·민주주의 실현의 전제】 헌법이 **사법의 독립을 보장**하는 것은 그것이 **법치주의와 민주주의의 실현을 위한 전제**가 되기 때문이지, 그 자체가 궁극적인 목적이 되는 것은 아님¹ ③ 【불이익처분 금지】 법관의 신분보장은 법관의 재판상의 독립을 보장하는데 있어서 필수적 전제로서 정당한 법절차에 따르지 않은 **법관의 파면이나 면직처분 내지 불이익처분 금지** 의미²

2 파면·징계제한과 장해퇴직

(1) 파면·징계와 장해퇴직

파면	① 【징계로 파면 不可】 징계처분에 의해서는 **법관을 파면할 수 없음** (징계처분 파면 ×)⁵
징계처분	① 【견책·감봉·정직】 일반공무원과 달리 법관징계법상 법관에 대한 징계처분은 **정직·감봉·견책**(파면 ×, 해임 ×, 면직 ×, 퇴직 ×)의 세 종류로 함³ ② 【대법원 단심재판】 법관이 법관징계위원회의 **징계등 처분에 대하여 불복**하려는 경우에는 징계등 처분이 있음을 안 날부터 **14일 이내**에 전심 절차를 거치지 아니하고 **대법원에 징계등 처분의 취소를 청구**하여야 함⁴
장해퇴직	① 【대법관은 대통령 퇴직명령 / 판사는 대법원장 퇴직명령】 법관이 중대한 심신장해로 직무를 수행할 수 없을 때에는, 대법관인 경우에는 대법원장의 제청으로 **대통령**(대법원장 ×, 대법원장의 허가를 얻어 퇴직 ×)이, 판사인 경우에는 인사위원회의 심의를 거쳐 **대법원장**(대통령 ×, 판사가 소속된 법원의 법원장 ×)이 퇴직을 명할 수 있음¹¹

(2) 관련판례

1	【해직공무원 보상에 법관 제외 (한정위헌)】 「1980년 해직공무원의 보상등에 관한 특별조치법」상 '**차관급 상당이상의 보수를 받는 자**'에 법관을 포함시켜 법관을 보상대상에서 제외한 것은 헌법상 법관의 신분보장규정에 위반 (1992.11.12. 91헌가2)¹

3 법관의 보직 및 신분상 지위

보직명령 및 구제방법	① **【대법원장 권한】** 판사의 보직은 **대법원장**이 행함 ② **【대법원장의 전보발령권한 제한규정 無】**「법원조직법」에는 **대법원장의 판사의 보직에 대한 권한을 제한**하는 **규정이 없음**¹ ③ **【법관이 원치 않는 전보발령 可】** 대법원장은 판사의 보직에 관하여 **아무런 제약 없이 전권을 행사**할 수 있고 **법관의 의사에 반하여 법관을 원치 않는 임지로 전보발령**할 수 있음 (징계처분에 의하지 아니하고는 법관을 원치 않는 임지(任地)로 전보발령할 수 없음 ×)¹ ④ **【보직에 관한 인사처분 : 행정처분】** 대법원장이 행한 법관의 보직에 관한 인사처분에 대해 **소청심사나 행정소송을 거치지 아니한 채 제기한 헌법소원심판청구는 부적법** (소청심사나 행정소송을 거칠 필요없이 헌법소원 가능 ×)²
금지사항	① **【정치운동 금지】** 법관은 재직 중 **정치운동에 관여**하는 행위를 할 수 없음 ② **【보수유무 무관 법인·단체 직위 취임 금지】** 법관은 재직 중 **대법원장의 허가**를 받지 아니하고 **보수의 유무에 상관없이 국가기관 외의 법인·단체 등의 고문, 임원, 직원 등의 직위에 취임할 수 없음** (대법원장의 허가가 없더라도 보수를 받지 않는다면 취임할 수 있음 ×)¹
파견근무	① **【파견타당인정 & 해당법관 동의시 법관파견 허가】** 대법원장은 다른 국가기관으로부터 법관의 파견근무 요청을 받은 경우에 **업무의 성질상 법관을 파견하는 것이 타당하다고 인정**되고 해당 법관이 파견근무에 동의하는 경우 **기간을 정하여 허가**할 수 있음 (해당 법관이 파견근무에 동의하지 않는 경우에도 허가할 수 있음 ×)² ② **【BH 파견·직위겸임 금지】** 법관은 **대통령비서실에 파견**되거나 **대통령비서실의 직위를 겸임할 수 없음** (있음 ×)¹ ③ **【법관 퇴직 후 2년 내 BH 직위 임용 금지】** 법관으로서 **퇴직 후 2년**(3년 ×)이 지나지 아니한 사람은 **대통령비서실의 직위에 임용될 수 없음**³
겸임 등	① **【사건심판 외의 직】** 대법원장은 법관을 **사건의 심판 외의 직**(재판연구관을 포함)에 보하거나 **그 직을 겸임**하게 할 수 있음¹

POINT 225 각급법원과 군사법원

CHAPTER 14 | 각급법원과 재판제도

제102조 ③ 【법정주의】 대법원과 각급법원의 조직은 **법률**로 정한다.
제110조 ① 【군사법원 : 특별법원】 군사재판을 관할하기 위하여 **특별법원**으로서 **군사법원을 둘 수 있다**(필수적으로 군사법원을 두도록 하고 있음 ×).²
② 【상고심 대법원】 군사법원의 **상고심**은 **대법원**(고등법원 ×)에서 관할한다.⁶
③ 【법정주의】 군사법원의 조직·권한 및 재판관의 자격은 법률로 정한다.
④ 【비상계엄 군사재판 : 간·초·초·독·포 단심】 비상계엄하의 군사재판은 군인·군무원의 범죄나 군사에 관한 간첩죄의 경우와 초병·초소·유독음식물공급·포로에 관한 죄중 **법률**이 정한 경우(군인·군무원의 범죄에 한하여 ×)에 한하여 **단심**으로 할 수 있다. 【사형 제외】 다만, 사형을 선고한 경우에는 그러하지 아니하다(사형을 선고한 경우에도 단심 ×).⁶
제27조 ② 【군사재판 : 기·초·초·독·포·군＋비상계엄】 군인 또는 군무원이 아닌 **국민**은 대한민국의 영역안에서는 중대한 군사상 기밀·초병·초소·유독음식물공급·포로·군용물에 관한 죄중 **법률**이 정한 경우와 비상계엄이 선포된 경우를 제외하고는 **군사법원의 재판을 받지 아니한다.**⁶

1 각급법원

(1) 일반법원과 특수법원

법원의 종류	① 【일반법원 3 + 특수법원 4】 「법원조직법」상 법원은 대법원, 고등법원, 특허법원, 지방법원, 가정법원, 행정법원, 회생법원(군사법원 ×)의 **7종류**로 함³
특수법원	① 【특수법원】 가정법원, 행정법원, 특허법원, 회생법원은 법률로써 설치된 **특수법원**(특별법원 ×)¹

(2) 심판권의 행사와 판사회의

심판권 행사	① 【합의부】 고등·특허·행정법원의 심판권은 **판사 3인으로 구성된 합의부**에서 행사함² ② 【행정법원 합의부 or 단독판사】 행정법원에서는 단독판사가 심판할 것으로 **합의부가 결정**한 사건은 **단독판사가 심판** (행정법원은 반드시 합의부 심판 ×)¹
판사회의	① 【각급법원에 설치】 고등법원·특허법원·지방법원·가정법원·행정법원 및 회생법원(군사법원 ×)과 대법원규칙으로 정하는 지원에 **사법행정에 관한 자문기관**으로 판사회의를 둠¹ ② 【판사로 구성 + 대법원규칙으로 정함】 판사회의는 **판사로 구성**하되, 그 조직과 운영에 필요한 사항은 **대법원규칙**(법원조직법 ×)으로 정함¹

2 군사법원

(1) 특별법원

특별법원	① 【헌법상 유일한 특별법원】 군사법원은 현행 헌법이 명문으로 인정하고 있는 유일한 **특별법원**으로서 이론상 **예외법원**임
일반법원과 상이	① 【특별법원으로 설치】 헌법 제110조 제1항에서 "특별법원으로서 군사법원을 둘 수 있다"는 의미를 군사법원을 **일반법원과 조직·권한 및 재판관의 자격을 달리**하여 **특별법원**으로 설치할 수 있다는 뜻으로 해석됨 (일반법원과 달리 정하는 것은 헌법상 허용되지 않음 ×) ② 【헌법근본원리 위반, 기본권의 본질적 내용 침해 금지 한계】 군사법원의 조직·권한 및 재판관의 자격을 일반법원과 달리 정할 수 있다고 하여도 그것은 **사법권의 독립** 등 헌법의 근본원리에 위반되거나 **기본권의 본질적 내용**을 침해하여서는 아니 되는 **헌법적 한계**가 있음

(2) 군사법원의 조직과 운영

1심 군사법원	① 【국방부장관 소속】 군사법원은 **국방부장관 소속**으로 함 (고등군사법원과 보통군사법원 ×) ② 【군사법원장 : 군법무관】 군사법원장은 **군법무관**으로서 15년 이상 복무한 영관급 이상의 장교 중에서 임명 ③ 【군사법원 → 고등법원 → 대법원】 군사법원의 **상고심에 대한 대법원의 관할**은 헌법에서 명문으로 규정하고 있음
재판관	① 【군판사 3인】 군사법원에서는 **군판사 3인**을 재판관으로 함 ② 【군판사 : 군법무관】 군판사는 **군법무관**으로서 10년 이상 복무한 영관급 이상 장교 중 임명
군사법원규칙과 군사법원운영	① 【군사법원규칙 (≒ 대법원규칙)】 대법원은 **군사법원운영위원회의 의결**을 거쳐 군사법원의 재판에 관한 **내부규율과 사무처리에 관한 사항**을 **군사법원규칙**으로 정함 ② 【군사법원운영위원회 (≒ 대법관회의)】 군사법원운영위원회는 **재적위원 3분의 2 이상의 출석**으로 개의하고, **출석위원 과반수의 찬성**으로 의결함

(3) 관련판례

1	【군사법원의 군인·군무원에 대한 재판권행사 (합헌)】 평시에 **군사법원을 설치**하여 군인 또는 군무원에 대한 재판권을 행사하는 것은 **필요하고 합리적 이유가 있음** (1996.10.31. 93헌바25)
2	【군사법원 심판관을 일반장교로 임명 (합헌)】 국방부장관, 각 군참모총장 및 관할관이 **군판사 및 심판관의 임명권과 재판관의 지정권**을 가지며, 심판관은 일반장교 중에서 임명할 수 있도록 규정한 구 「군사법원법」은 군사법원의 헌법적 한계를 일탈하여 **사법권의 독립과 재판의 독립을 침해하고 정당한 재판을 받을 권리를 본질적으로 침해 아님** (1996.10.31. 93헌바25)

POINT 226 법원의 권한과 기타 재판제도

제101조 ② 【대법원 + 각급법원】 법원은 최고법원인 대법원과 각급법원으로 조직된다.
제107조 ① 【위헌법률심판제청권】 법률(명령 ×)이 헌법에 위반되는 여부가 재판의 전제가 된 경우에는 법원은 헌법재판소에 제청하여 그 심판에 의하여 재판한다.
② 【명령·규칙 심사】 (법률 ×) 명령·규칙 또는 처분이 헌법이나 법률에 위반되는 여부가 재판의 전제가 된 경우에는 대법원(헌법재판소에 제청 ×)은 이를 최종적으로 심사할 권한을 가진다.
제109조 【심리·판결 공개 원칙】 재판의 심리와 판결은 공개한다. 【안·안·선 → 심리 비공개 可】 다만, 심리(판결 ×)는 국가의 안전보장 또는 안녕질서를 방해하거나 선량한 풍속(공공복리 ×)을 해할 염려가 있을 때에는 법원의 결정으로 공개하지 아니할 수 있다.

1 법원의 명령·규칙 심사권

구체적 규범통제	① 【구체적 규범통제(재판의 전제)】 헌법 제107조 제2항에 근거하여 법원이 갖는 **명령·규칙의 위헌·위법심사권**과 관련하여 이 제도는 **구체적 규범통제**로 볼 수 있음 (재판의 전제가 되지 않는 경우에도 법원이 담당 ×) ② 【각급법원 심사 可】 대법원을 비롯한 각급법원은 명령이나 규칙이 헌법에 위반되는 여부에 대해 **심사할 권한이 있음** (각급법원은 심사할 권한이 없음 ×)
심사대상	① 【법규명령】 명령·규칙심사의 대상이 되는 **명령·규칙**은 국가와 국민에 대하여 **일반적 구속력**을 가지는 **법규로서의 성질**을 가지는 명령·규칙을 의미 ② 【대통령령】 법원은 **대통령령**이 헌법이나 법률에 위반 여부 **재판의 전제**가 된 경우에 이를 심사함으로써 **대통령의 권한행사를 통제** (법원은 헌재에 제청하여 심판에 의하여 재판 ×)
효과	① 【개별적 효력부인 : 재판에서 적용 거부】 명령 또는 규칙이 헌법 또는 법률에 위배되는 경우 **법원은 재판에 있어 이의 적용을 거부**할 수 있음 ② 【행안부 통보】 행정소송에 대한 대법원판결에 의하여 **명령·규칙이 헌법 또는 법률에 위반된다는 것이 확정**된 경우에는 대법원은 지체없이 그 사유를 **행안부장관에게 통보**하여야 함

2 심급제도

심급제도	① 【헌법상 필수제도】 심급제도 자체는 헌법상 필수적인 것이지만 반드시 모든 재판이 3심제이어야 하는 것은 아님 ② 【입법형성권 → 반드시 보장 아님】 심급제도가 몇 개의 심급으로 형성되어야 하는가에 관하여 헌법이 전혀 규정하는 바가 없으므로, 이는 입법자의 광범위한 형성권에 맡겨져 있는 것이며, 모든 구제절차나 법적 분쟁에서 반드시 보장되는 것은 아님
입법재량	① 【재판청구권 보장수단】 심급제도는 하급심에서 잘못된 재판을 하였을 때 상소심으로 하여금 이를 바로잡게 하는 것이 재판청구권을 실질적으로 보장하는 방법이 된다는 의미에서 재판청구권을 보장하기 위한 하나의 수단임 ② 【입법형성의 자유】 심급제도는 한정된 법 발견 자원의 합리적 분배의 문제인 동시에 재판의 적정과 신속이라는 서로 상반되는 두 가지 요청을 어떻게 조화시키는지의 문제이므로, 원칙적으로 입법자의 형성의 자유에 속하는 사항임

3 재판공개제

재판의 판결	① 【판결 : 반드시 공개】 재판의 판결은 반드시 공개해야 함 (판결을 공개 아니할 수 있음 ×)
심리 비공개 가능	① 【비공개 사유 : 국가안전보장·안녕질서 방해 + 선량한 풍속 해할 염려】 심리는 국가의 안전보장, 안녕질서, 선량한 풍속을 해칠 우려가 있는 경우에는 결정으로 공개하지 아니할 수 있음 ② 【법원의 결정】 심리는 법원의 결정으로 공개하지 아니할 수 있음 (당사자의 청구가 있어야만 심리를 공개하지 않을 수 있음 ×, 대법원규칙으로 공개하지 않을 사항을 미리 정함 ×)

4 사법보좌관 제도

사법보좌관	① 【대법원과 각급법원】 대법원과 각급 법원에 사법보좌관을 둘 수 있음
이의신청	① 【사법보좌관의 처분 → 이의신청】 사법보좌관은 법관의 감독을 받아 업무를 수행하며, 사법보좌관의 처분에 대하여는 대법원규칙이 정하는 바에 따라 법관에게 이의신청을 할 수 있음

PART IV
헌법재판소

CHAPTER **01** 헌법재판소

CHAPTER **02** 위헌법률심판

CHAPTER **03** 위헌심사형 헌법소원

CHAPTER **04** 권리구제형 헌법소원

CHAPTER **05** 권한쟁의심판

CHAPTER **06** 국가기관 정리

POINT 227 헌법재판

제111조 ① 【헌재 관장】 헌법재판소는 다음 사항을 관장한다.
1. 【위헌법률심판】 법원의 제청에 의한 **법률의 위헌여부** 심판
2. 【탄핵】 탄핵의 심판
3. 【정당 해산】 정당의 해산 심판
4. 【권한쟁의】 국가기관 상호간, 국가기관과 지방자치단체간 및 지방자치단체 상호간의 권한쟁의에 관한 심판
5. 【헌법소원】 법률이 정하는 **헌법소원**에 관한 심판

1 헌법재판기관

제1공화국 (제헌~2차)	① 【헌법위원회 + 탄핵재판소】 제헌헌법(1948년)의 **헌법위원회**는 부통령을 위원장으로 하고 대법관 5인과 국회의원 5인의 위원으로 구성되었으며, 그 권한은 **법률의 위헌 여부에 대한 결정에 한정**되어 있었음
제2공화국 (3차~4차)	① 【헌법재판소】 제3차 개정헌법(1960년)에서는 **구체적 규범통제, 권한쟁의심판, 탄핵심판, 정당해산심판**(헌법소원심판 ×)에 대한 관할권을 가진 **헌법재판소**가 도입되었으나 실제로 설치되지는 못하였음
제3공화국 (5차~6차)	① 【대법원 + 탄핵심판위원회】 제5차 개정헌법(1962년)은 헌법재판소를 폐지하고 위헌법률심판과 정당해산심판을 **대법원**이 담당하도록 하였으며, **탄핵심판은 탄핵심판위원회**가 담당하였음
제4~5공화국 (7차~8차)	① 【헌법위원회】 제7차 개정헌법(1972년)에 규정된 **헌법위원회**는 **위헌법률심판권, 탄핵심판권, 정당해산심판권**을 가졌음

2 헌정사 종합

구분	위헌법률	탄핵심판	정당해산	권한쟁의	헌법소원
제헌헌법 (1948년)	헌법위원회	탄핵재판소	×	×	×
제2공화국 (1960년)	헌법재판소 최초규정 (설치 ×)				×
제3공화국 (1962년)	대법원	탄핵심판위원회	대법원	×	×
제4·5공화국 (1972년) (1980년)	헌법위원회			×	×
현행헌법 (1987년)	헌법재판소 부활 (최초 설치)				

POINT 228 헌법재판소의 구성과 운영

제111조 ② 【법관의 자격, 9인】 헌법재판소는 **법관의 자격**을 가진 **9인의 재판관**으로 구성하며, 재판관은 **대통령이 임명**한다(법관의 자격을 가지지 않은 자도 헌법재판관이 될 수 있음 ×).
③ 【국회선출 3인, 대법원장 지명 3인 → 9인 모두 대통령 임명】 제2항의 재판관중 3인은 **국회에서 선출**하는 자를, 3인은 **대법원장이 지명**하는 자를 임명한다.
④ 【헌법재판소장 : 국회 동의, 재판관 中 대통령 임명】 헌법재판소의 장은 **국회의 동의**를 얻어 재판관중에서 대통령이 임명한다.
제112조 ① 【임기 6년】 헌법재판소 재판관의 임기는 **6년**(7년 ×)으로 하며, 【연임 가능】 법률이 정하는 바에 의하여 **연임할 수 있다**.
② 【정당가입·정치관여 금지】 헌법재판소 재판관은 **정당에 가입하거나 정치에 관여할 수 없다**(국회에서 선출되는 3인은 정당에 가입을 할 수 있음 ×).
③ 【탄핵 or 금고 이상의 형 선고 외 파면 제한】 헌법재판소 재판관은 **탄핵 또는 금고 이상의 형의 선고**에 의하지 아니하고는 **파면되지 아니한다**(탄핵에 의해서만 파면될 수 있음 ×, 징계에 의해 파면될 수 있음 ×).
제113조 ② 【헌법재판소규칙 제정권】 헌법재판소는 **법률에 저촉되지 아니하는 범위안에서** 심판에 관한 절차, 내부규율과 사무처리에 관한 **규칙을 제정할 수 있다**.

1 헌법재판소의 구성

(1) 구성과 임명

구성		① 【재판관 수 : 헌법개정사항】 대법관의 수를 개정하기 위해서는 법률개정으로 가능하나, **헌법재판소 재판관의 수를 개정**하기 위해서는 **헌법을 개정**하여야 함 (헌법개정 없이 재판관 수를 12인으로 증원 가능 ×)
임명		① 【국회선출 3인, 대법원장 지명 3인 → 9인 모두 대통령 임명】 헌법재판관 9인 중 **3인은 국회에서 선출**하는 자를, **3인은 대법원장이 지명**하는 자를 포함하여 **모두 대통령이 임명** (대통령은 9인 중 3인에 대해서만 임명권을 행사 ×, 대통령, 국회, 대법원장이 각 3인씩 임명 ×, 헌재소장의 제청으로 대통령이 임명 ×)
		② 【모두 인사청문】 재판관은 **국회의 인사청문**을 거쳐 **임명·선출 또는 지명**하여야 함 → 재판관은 대통령의 임명 전에 9인 모두 국회의 인사청문절차를 거쳐야 함 (모두 인사청문회를 거쳐 임명되는 것은 아님 ×)
		③ 【국회선출 3인 인사특위, 그 외 소관 상임위】 국회 선출하는 3인은 **인사청문특위**, 나머지는 **소관 상임위**(법사위)에서 인사청문실시 (모든 재판관은 인사청문특위 인사청문을 거쳐 임명 ×)
자격	요건	① 【법조경력 15년, 40세 이상】 재판관은 **판사, 검사, 변호사 직(職)**에 **15년 이상** 있던 **40세 이상**인 사람 중에서 임명함
	결격	① 【금고 이상의 형선고】 **금고 이상의 형**을 선고받은 사람 (임명될 수 있음 ×)
		② 【탄핵결정 후 5년】 **탄핵**에 의하여 파면된 후 **5년**이 지나지 아니한 사람

(2) 헌법재판소장

국회동의로 대통령 임명	① 【헌재소장 겸하는 재판관 인사특위】 헌법재판소 재판관 후보자가 헌법재판소장 후보자를 겸하는 경우에는 **인사청문특별위원회**의 인사청문회를 엶
헌법재판소장 권한대행	① 【일시적 사고 : 임명일자 순】 헌법재판소장이 **일시적인 사고**로 인하여 직무를 수행할 수 없을 때에는 **헌법재판소 재판관 중 임명일자 순**(연장자 순 ×)으로 그 권한을 대행 【임명일자 같으면 연장자】 다만, 임명일자가 같을 때에는 **연장자 순**으로 대행 ② 【궐위·1개월 이상 사고 : 재판관회의 선출】 헌법재판소장이 **궐위**되거나 **1개월 이상 사고**로 인하여 직무를 수행할 수 없을 때에는 **헌법재판관 중 재판관회의에서 선출**된 사람이 그 권한을 대행 (임명일자 순으로 권한대행을 하며 임명일자가 같을 시에는 연장자 순 ×) 다만, 그 권한대행자가 선출될 때까지는 일시적 사고 시 권한대행자가 대행

2 헌법재판관과 헌재소장의 신분상 지위

임기제	① 【헌법상 임기 6년】 헌법재판소 재판관은 **헌법**에 임기가 **6년**으로 명시되어 있음 ② 【연임 可】 재판관의 임기는 6년으로 하며, **연임할 수 있음** (재판관은 연임할 수 없음 ×) ③ 【헌재소장 임기·연임 헌법상 규정 無】 재판관의 임기와 연임에 대해서는 헌법이 규정하고 있으나, **헌법재판소장의 임기와 연임에 대해서 헌법이 명시적으로 규정하고 있지 않음** (헌법재판소장은 헌법에 임기가 6년으로 명시되어 있음 ×)
정년제	① 【정년 70세】 재판관(헌재소장 포함)의 정년은 **70세**(65세 ×)로 함 ② 【정년은 법률에 규정】 헌법재판관 및 헌법재판소장의 **정년은 헌법재판소법**에 규정되어 있으므로 **헌법을 개정하지 않고도 변경이 가능**
신분보장	① 【해임 제한】 헌법재판소 재판관은 **탄핵결정**이 되거나 **금고 이상의 형을 선고**받은 경우가 아니면 그 의사에 반하여 **해임되지 아니함** ② 【장해퇴직 규정 無】 법관의 퇴직은 헌법에 규정되어 있으나, **헌법재판관의 퇴직에 대해서는 헌법과 헌법재판소법에 규정되어 있지 않음** (장해퇴직이 헌법에 규정 ×)
겸직 금지	① 【겸직금지 + 영리사업금지】 재판관은 **국회·지방의원** 또는 국회·정부·법원의 **공무원직**을 겸하거나 **영리**를 목적으로 하는 사업을 할 수 없음

3 헌법재판소의 운영

규칙제정권	① 【헌법상 권한】 헌법재판소에 대해 **현행헌법이 명문으로 규칙제정권을 부여**하고 있음
입법의견 제출권	① 【서면의견제출】 헌재소장은 헌법재판소의 조직, 인사, 운영, 심판절차와 그 밖에 헌법재판소의 업무와 관련된 **법률의 제정 또는 개정**이 필요하다고 인정하는 경우에는 **국회에 서면으로 그 의견을 제출**할 수 있음
재판관회의	① 【전원구성】 재판관회의는 **재판관 전원**으로 구성하며, **헌법재판소장이 의장**이 됨 ② 【2/3 초과 출석, 출석 과반 찬성】 재판관회의는 **재판관 전원의 3분의 2를 초과하는 인원의 출석**과 **출석인원 과반수의 찬성**으로 의결 (재판관 7명 이상의 출석 ×) ③ 【의장의 표결권 有】 의장은 의결에서 **표결권을 가짐** (표결권 없음 ×)

POINT 229 일반심판절차

제113조 ① 【헌법상 중요 사건 6인】 헌법재판소에서 **법률의 위헌결정**(법률의 합헌결정 ×), **탄핵의 결정, 정당해산의 결정** 또는 **헌법소원에 관한 인용결정**(권한쟁의심판에 관한 인용결정 ×)을 할 때에는 **재판관 6인**(5인 ×, 3분의 2 ×) **이상의 찬성**이 있어야 한다.[5]
③ 【법정주의】 헌법재판소의 조직과 운영 기타 필요한 사항은 법률로 정한다.

1 재판부와 심판정족수

재판부	① 【재판관 전원】 헌법재판소법에 특별한 규정이 있는 경우를 제외하고는 헌법재판소의 심판은 **재판관 전원으로 구성되는 재판부에서 관장**[3] ② 【7인 이상 출석】 재판부는 **재판관 7인**(6인 ×) **이상의 출석**으로 사건을 심리함[8]
일반심판	① 【과반수 결정】 재판부는 **종국심리에 관여한 재판관의 과반수의 찬성**으로 사건에 관한 결정을 함[4] ② 【권한쟁의심판】 권한쟁의심판에 있어서 재판부는 **재판관 7명 이상의 출석**으로 사건을 심리하고, 종국심리에 관여한 **재판관 과반수의 찬성**으로 사건에 관한 결정을 함 (권한쟁의심판에서 인용결정시 6인 이상의 찬성 ×)[8]
특별정족수	① 【헌법상 중요 사건 6인】 재판부는 ㉠ **법률의 위헌결정** ㉡ **탄핵의 결정** ㉢ **정당해산의 결정** 또는 ㉣ **헌법소원에 관한 인용결정**을 하는 경우 **재판관 6인 이상의 찬성**이 있어야 함[1,2] ② 【판례변경 6인】 종전에 헌법재판소가 판시한 헌법 또는 법률의 해석 적용에 관한 **의견을 변경하는 경우**에는 **재판관 6인 이상의 찬성**이 있어야 함[8]
기피	① 【본안진술시 기피신청 불가】 재판관에게 **공정한 심판을 기대하기 어려운 사정**이 있는 경우 당사자는 기피신청을 할 수 있으나, 변론기일에 **출석**하여 본안에 관한 **진술**을 한 때에는 **기피신청을 할 수 없음** (변론기일에 출석하여 본안에 관한 진술을 한 때에도 기피 가능 ×)[5] ② 【1명만 기피 가】 당사자는 동일한 사건에 대하여 **2명 이상**(2명 까지 ×)**의 재판관을 기피할 수 없음**[6] ③ 【부득이한 조치】 현행 헌법재판제도는 전원재판부의 재판관 결원을 보충할 수 있는 제도를 두고 있지 아니하여, 재판관의 결원은 곧 합헌 또는 기각의견이 확정되는 것과 같은 결과를 야기하게 되므로, **당사자가 1명의 재판관만 기피가 가능**하도록 규정하고 있는 것은 청구인의 신청에 의하여 그 자체로 기피신청 당사자에게 불리한 재판결과를 초래하는 것을 최소화하기 위한 **부득이한 조치**[1]

2 대표자·대리인

(1) 대표자와 대리인

대표자		① 【정부 대표 : 법무부장관】 헌법재판소의 각종 심판절차에서 **정부**가 당사자 또는 참고인인 때에는 **법무부장관이 대표**함 (소관부처의 장이 대표 ×)
대리인	국가·지자체	① 【변호사 or 변호사 자격있는 소속직원 선임】 각종 심판절차에서 **당사자인 국가기관 또는 지방자치단체**는 변호사 또는 변호사의 자격이 있는 소속 직원을 대리인으로 선임하여 심판을 수행하게 할 수 있음 (없음 ×)
	사인	① 【변호사강제주의】 헌법재판소의 각종 심판절차에서는 **변호사강제주의가 적용** → 위헌법률심판제청신청은 변호사강제주의가 적용되지 **않음** (적용됨 ×) ② 【자신이 변호사 아닌 한 변호사 선임 필요】 각종 심판절차에서 **당사자인 사인(私人)**은 변호사를 대리인으로 선임하지 아니하면 **심판청구**를 하거나 **심판 수행**을 하지 못하지만, 그가 변호사의 자격이 있는 경우에는 그러하지 아니함 (모든 청구인은 반드시 변호사를 대리인으로 선임하여야 함 ×) ③ 【당사자 스스로 주장·자료제출 可】 변호사가 선임되어 있는 경우도 **당사자 본인** 스스로의 주장과 자료를 헌법재판소에 제출하여 재판청구권을 행사하는 것은 **허용** (허용 안됨 ×)

(2) 변호사 강제주의 관련판례

1	【변호사강제주의 : 제한 but 침해 아님 (합헌)】 변호사강제주의는 무자력자의 헌법재판을 받을 권리를 크게 제한하는 것이라 하여도 **국선대리인 제도라는 대상조치**가 별도로 마련되어 있는 이상 **재판을 받을 권리의 본질적 내용 침해 아님** (2018.6.28. 2016헌마1151)

3 심판청구

심판청구 및 보정	① 【청구서 제출】 헌법재판소에의 심판청구는 심판절차별로 정하여진 **청구서를 헌법재판소에 제출**함으로써 함 ② 【제청서, 소추의결서정본】 위헌법률심판에서는 **법원의 제청서**, 탄핵심판에서는 **국회의 소추의결서의 정본**으로 청구서를 갈음함
청구기간	① 【권한쟁의·헌법소원 청구기간 제한 有】 **탄핵심판**, **정당해산심판**의 경우에는 청구기간의 제한이 없으나, **권한쟁의심판**, **헌법소원심판**의 경우에는 **청구기간의 제한**이 있음

4 심리·심판절차

심리방식	① 【구두변론 : 탄핵, 정당해산, 권한쟁의】 탄핵의 심판, 정당해산의 심판, 권한쟁의의 심판(위헌법률심판 ×, 헌법소원심판 ×)은 **구두변론**에 의함
	② 【서면심리 : 위헌법률, 헌법소원】 **위헌법률심판**과 **헌법소원심판**은 **서면심리**(구두변론 ×)에 의하되 재판부가 필요하다고 인정하는 경우에 변론을 열어 당사자, 이해관계인, 그 밖의 참고인의 **진술을 들을 수 있음**
증거조사 및 자료제출요구 등	① 【직권 or 신청에 의한 증거조사】 재판부는 사건의 심리를 위하여 필요하다고 인정하는 경우에는 **직권 또는 당사자의 신청**에 의하여 **증거조사를 할 수 있음** (직권으로 증거조사를 할 수는 없음 ×, 헌법소원은 증거조사가 필수적이지만, 위헌법률심판은 증거조사를 할 수 없음 ×)
	② 【자료제출요구 등】 재판부는 결정으로 다른 국가기관 또는 공공단체 기관에 심판에 필요한 사실을 조회하거나, 기록의 송부나 자료의 제출을 요구할 수 있으나, **재판·소추 또는 범죄수사가 진행 중인 사건의 기록에 대하여는 송부를 요구할 수 없음** (재판·소추 또는 범죄수사가 진행 중인 사건의 기록에 대하여 송부를 요구할 수 있음 ×)
심판장소	① 【원칙 : 심판정 / 예외 : 심판정 외의 장소】 심판의 변론과 종국결정의 선고는 심판정에서 하되, 헌법재판소장이 필요하다고 인정하는 경우에는 **심판정 외의 장소**에서 **변론 또는 종국결정의 선고**를 할 수 있음 (종국결정의 선고는 할 수 없음 ×)
심판공개	① 【원칙 : 변론·선고 공개 / 예외 : 변론 비공개 (안·안·선)】 **심판의 변론**(서면심리 ×)과 **결정의 선고**는 **공개**하나, 변론은 국가의 **안전보장, 안녕질서 또는 선량한 풍속**을 해칠 우려가 있는 경우에는 결정으로 공개하지 아니할 수 있음
	② 【서면심리·평의 : 비공개】 **서면심리**와 **평의**는 공개하지 아니함

5 심판비용과 심판기간

심판비용	① 【원칙 : 국가부담】 헌법재판소의 심판비용은 **국가부담**으로 함 (패소자가 심판비용을 부담하는 것이 원칙 ×)
	② 【증거조사 비용 신청인 부담 可】 당사자의 신청에 의한 증거조사의 비용은 헌법재판소규칙으로 정하는 바에 따라 그 **신청인에게 부담시킬 수 있음**
심판기간	① 【180일내 종국결정(훈시규정)】 헌법재판소는 심판사건을 접수한 날로부터 **180일 이내**(90일 이내 ×) **종국결정**을 선고하여야 하나 이는 **훈시규정**임
	② 【궐위기간 심판기간에 미산입】 재판관의 궐위로 **7명**(8명 ×)**의 출석이 불가능한 경우에는 그 궐위된 기간은 심판기간에 산입하지 아니함**

6 준용규정

민사소송법	① 【민사소송법 : 위헌법률·정당해산】 헌법재판의 성질에 반하지 아니하는 한도에서 **민사소송에 관한 법령**(행정소송에 관한 법률 ×)을 준용
형사소송법 or 행정소송법	① 【형사소송법 : 탄핵】 **탄핵심판**의 경우에는 **형사소송에 관한 법령**을 준용
	② 【행정소송법 : 권한쟁의·헌법소원】 **권한쟁의심판 및 헌법소원심판**의 경우에는 「**행정소송법**」(민사소송법 ×)을 함께 준용
	③ 【저촉시 민사소송법 배제】 형사소송에 관한 법령 또는 「행정소송법」이 민사소송에 관한 법령에 저촉될 때에는 **민사소송에 관한 법령은 준용 안함**

POINT 230 가처분

헌법재판소법 제57조(가처분) 【정당해산심판】 헌법재판소는 **정당해산심판**의 청구를 받은 때에는 직권 또는 청구인의 신청에 의하여 **종국결정의 선고 시까지 피청구인의 활동을 정지**하는 결정을 할 수 있다.[9]

헌법재판소법 제65조(가처분) 【권한쟁의심판】 헌법재판소가 권한쟁의심판의 청구를 받았을 때에는 직권 또는 청구인의 신청에 의하여 **종국결정의 선고 시까지 심판 대상이 된 피청구인의 처분의 효력을 정지**하는 결정을 할 수 있다.[9]

1 가처분

잠정적 조치		① 【잠정적 조치】 가처분이란 헌법재판에서 선고되는 종국결정의 실효성을 확보하고 잠정적인 권리보호를 위해서 **일정한 사전조치가 필요한 경우 재판부가 행하는 잠정적 조치**를 말함[1]
인정 범위	인정	① 【헌재법 인정 : 정당해산·권한쟁의】 헌법재판소법은 **정당해산심판**과 **권한쟁의심판**(헌법소원심판 ×)에만 **가처분에 관한 규정**이 있고, **다른 헌법재판절차**에서도 가처분이 허용되는가에 관하여는 **명문의 규정이 없음**[9] ② 【판례인정 : 헌법소원】 헌법재판소법 제68조 제1항에 의한 **헌법소원심판절차**에 있어서도 가처분의 필요성은 있을 수 있고, 달리 가처분을 허용하지 아니할 상당한 이유를 찾아볼 수 없으므로 **헌법소원심판청구사건에서도 가처분 허용**[2]
	부정	① 【탄핵 : 인정여지 無】 탄핵소추의결 받은 자의 **직무집행 정지 위한 가처분은 인정 여지 없음**[2]
결정절차		① 【직권 or 신청】 헌법재판소는 **직권 또는 청구인의 신청**에 의하여 **종국결정의 선고시까지** 심판대상이 된 피청구인의 **처분의 효력을 정지**(or 활동의 정지)하는 결정을 할 수 있음[5] ② 【7인 이상 출석, 과반수 찬성 결정】 가처분심판에는 **재판관 7인 이상이 출석**해야 하고 종국심리에 관여한 **재판관 과반수의 찬성**으로 결정함 (6명의 재판관이 출석하여 4명의 재판관이 인용의견시 가처분 인용 ×)[3]

2 권리구제형 헌법소원에서 가처분

준용규정	① 【민소법상 가처분, 행소법상 집행정지】 헌법소원심판의 가처분에 관하여는 헌법재판의 성질에 반하지 않는 한도 내에서 「민사소송법」의 가처분 규정과 「행정소송법」의 집행정지 규정 준용
가처분요건	① 【회복하기 어려운 손해예방 + 긴급성】 헌법소원심판절차에 있어 가처분결정은 헌법소원심판에서 다투어지는 '공권력 행사 또는 불행사'의 현상을 그대로 유지시킴으로 생길 회복하기 어려운 손해를 예방할 필요가 있어야 하고 효력을 정지시켜야 할 긴급한 필요가 있는 경우 인용 ② 【이익형량】 헌법소원심판의 가처분에서는 가처분을 인용한 뒤 본안심판이 기각되었을 때 발생하게 될 불이익과 가처분을 기각한 뒤 본안심판이 인용되었을 때 발생하게 될 불이익을 비교형량하여 후자의 불이익이 전자의 불이익보다 크면 가처분을 인용할 수 있음 ③ 【본안심판 적법 / 본안심판의 이유없음이 명백하지 않은 경우】 본안심판이 부적법하거나 이유 없음이 명백한 경우에는 가처분을 인용할 수 없음
법령헌소	① 【신중 판단】 사인간의 법률관계나 행정청의 구체적 처분의 효력을 정지시키는 것이 아니라 현재 시행되고 있는 법령의 효력을 정지시키는 것일 때에는 그 효력의 정지로 인하여 파급적으로 발생되는 효과가 클 수도 있기 때문에 이러한 점까지 고려하여 신중하게 판단 ② 【공공복리에 중대한 영향 : 인용 안 됨】 법령의 효력을 정지시키는 가처분은 비록 일반적인 보전의 필요성이 인정된다고 하더라도 행정소송법이 규정하는 바와 같이 공공복리에 중대한 영향을 미칠 우려가 있을 때에는 인용되어서는 안됨

3 가처분 인용사례

1	【변호인접견거부 효력정지 가처분 (인용)】 입국불허결정을 받은 외국인이 인천공항출입국관리사무소장을 상대로 난민인정심사불회부결정취소의 소를 제기한 후 그 소송수행을 위하여 변호인 접견신청을 하였으나 거부되자, 변호인 접견 거부의 효력정지를 구하는 가처분 신청을 한 사건에서, 헌법재판소는 변호인 접견을 허가하여야 한다는 가처분 인용결정을 하였음 (2014.6.5. 2014헌사592)
2	법령헌소 【사시 1차시험 4회 응시자 4년간 응시제한 「사법시행령」 효력정지 가처분 (인용)】 사법시험령이 효력을 유지하면, 신청인들은 곧 실시될 차회 사법시험에 응시할 수 없어 합격기회를 봉쇄당하는 돌이킬 수 없는 손해를 입게 되어 이를 정지시켜야 할 긴급한 필요가 인정되는 반면 효력정지로 인한 불이익은 별다른 것이 없으므로, 이 사건 가처분신청은 허용함이 상당함 (2000.12.8. 2000헌사471)
3	법령헌소 【미결수 면회횟수 주 2회 제한 「군행형법 시행령」 효력정지 가처분 (인용)】 「군사법원법」에 따라 재판을 받는 미결수용자의 면회 횟수를 주 2회로 정한 「군행형법 시행령」 조항의 효력을 정지시키는 가처분을 신청한 사건에서, 헌법재판소는 가처분을 인용한다 하여 공공복리에 중대한 영향을 미칠 우려는 없다고 하여 가처분 신청 인용 (2002.4.25. 2002헌사129)

POINT 231 종국결정과 결정의 효력

헌법재판소법 제47조(위헌결정의 효력) ① 【위헌법률심판의 위헌결정】 법률의 위헌결정은 법원과 그 밖의 국가기관 및 지방자치단체를 기속(羈束)한다.⁹
② 【일반적 효력 상실】 위헌으로 결정된 법률 또는 법률의 조항은 그 결정이 있는 날부터 효력을 상실한다.⁹
헌법재판소법 제67조(결정의 효력) ① 【권한쟁의심판의 결정】 헌법재판소의 권한쟁의심판의 결정은 모든 국가기관과 지방자치단체를 기속한다.⁴
헌법재판소법 제75조(인용결정) ① 【헌법소원의 인용결정】 헌법소원의 인용결정은 모든 국가기관과 지방자치단체를 기속한다.⁶

1 종국결정 : 주문별 합의제

종국결정	① 【결정서】 헌법재판소의 결정은 심판에 관여한 **재판관 전원이 서명·날인한 결정서**로 하며, 결정서에 **주문 및 결정 이유와 재판관의 의견 등이 표시**되어야 함¹ ② 【모든 심판절차 소수의견표시】 심판에 관여한 재판관은 **결정서에 의견을 표시**하여야 함 (탄핵심판과 정당해산심판은 개별의견을 표시하지 않는 것이 허용 ×)²
주문별 합의제	① 【주문별 합의제】 헌법재판소는 발족 이래 오늘에 이르기까지 **예외 없이 주문별 합의제**를 취해 왔음¹

2 확정력

일사부재리	① 【일사부재리】 헌법재판소는 **이미 심판을 거친 동일한 사건**에 대하여는 **다시 심판할 수 없음**¹ ② 【각하결정후 흠결 미보완 청구】 헌법소원심판청구가 **부적법하다고 하여 각하**된 후 그 결정에서 **판시한 요건의 흠결을 보완하지 않고 다시 청구**한 것은 **일사부재리 원칙 위배**¹ ③ 【동일사건 아닐시 일사부재리 미적용】 헌법재판소법 제68조 제2항에 의한 헌법소원에 있어서 **당사자와 심판대상이 동일하더라도 당해 사건이 다른 경우에는 동일한 사건이 아니므로 일사부재리원칙 적용 안됨** (동일한 사건에 해당하므로 일사부재리원칙 적용 ×)¹
확정력	① 【불가변력】 헌법재판소가 동일한 사건에서 한 번 결정을 선고하면 재판은 확정되고, 헌법재판소는 당해 절차에서 그 **결정을 취소하거나 철회할 수 없으며 변경할 수도 없음** (헌법재판소는 자신이 내린 결정을 철회·변경할 수 있음 ×)³ ② 【불가쟁력】 헌법재판은 단심이고 상급심이 없으므로 헌법재판소의 결정이 내려지면 **당사자는 더 이상 그 결정에 대하여 다툴 수 없음** ③ 【기판력】 결정에 **형식적 확정력이 발생**하면 **당사자는 후행 심판에서 동일한 사항에 대하여 다시 심판을 청구하지 못하고, 헌법재판소도 확정된 선행결정의 판단내용에 구속됨**

3 기속력

(1) 기속력 있는 결정

기속력 있는 결정	①【법률의 위헌결정, 권한쟁의 결정, 헌법소원 인용결정】헌법재판소법은 **법률의 위헌결정, 권한쟁의심판의 결정, 헌법소원의 인용결정**에 대한 기속력을 명문으로 규정하고 있음 [5]
위헌법률심판	①【위헌결정 : 기속력 인정】법률의 위헌결정(모든 결정 ×)은 **법원과 그 밖의 국가기관 및 지방자치단체를 기속** [9] ②【합헌결정 : 기속력 부정】헌법재판소는 **이미 합헌으로 선언된 법률조항**에 대한 위헌법률심판제청을 적법한 것으로 받아들임으로써 **합헌결정에 대한 기속력 인정 안함** (합헌결정된 법률에 대해 위헌제청 또는 헌소가 있는 경우 기속력에 반하므로 각하 ×, 법적안정성 해치므로 각하 ×) [5]
권한쟁의심판	①【인용·기각결정 : 기속력 인정】헌법재판소의 **권한쟁의심판의 결정**은 **모든 국가기관과 지방자치단체를 기속** [2] ②【기각결정도 기속력 인정】헌법소원심판은 인용결정이 있는 경우에만 기속력이 발생하지만, 권한쟁의심판의 경우 **기각결정도 기속력이 인정** (인용결정에 한하여 기속력 인정 ×) [2]
헌법소원	①【인용결정 : 기속력 인정】헌법소원의 인용결정은 **모든 국가기관과 지방자치단체를 기속** [1]

(2) 효력의 내용과 범위

효력의 내용	①【결정준수의무 + 반복금지의무】모든 국가기관은 헌법재판소의 결정에 따라야 하고, 헌법재판소의 결정에는 문제된 심판대상 뿐만 아니라 **동일한 사정에서 동일한 이유에 근거한 동일내용의 공권력행사가 금지** [1] ②【기속력 위반】법률조항에 대해 단순위헌결정이 내려진 경우 **입법자가 동일한 사정 하에서 동일한 이유에 근거한 동일한 내용의 법률을 다시 제정하는 것은 위헌결정의 기속력에 반함** (위헌결정의 기속력에 반하지 않음 ×) [1]
효력의 범위	①【국회 & 결정이유 : 신중】법률의 위헌결정 및 헌법소원 인용결정의 기속력과 관련하여, **입법자인 국회에게 기속력**이 미치는지 여부, 나아가 **결정주문뿐 아니라 결정이유에까지 기속력**을 인정할지 여부는 헌법재판소의 헌법재판권 내지 사법권의 범위와 한계, 국회의 입법권의 범위와 한계 등을 고려하여 **신중하게 접근**할 필요가 있음 [1] ②【5인 찬성시 기속력 부정】설령 헌법재판소 **위헌결정의 결정이유에까지 기속력을 인정**한다고 하더라도, 결정이유의 기속력을 인정하기 위해서는 결정주문을 뒷받침하는 **결정이유에 대하여 적어도 위헌결정의 정족수인 재판관 6인 이상의 찬성**이 있어야 할 것이고, 이에 **미달할 경우에는 결정이유에 대하여 기속력을 인정할 여지가 없음** [2]

4 일반적 구속력 : 법규적 효력 (대세효)

법규적 효력	①【일반적 구속성】**법규적 효력**은 법규범에 대한 헌법재판소의 위헌결정이 **일반국민에게도 효력**을 미치는 **일반적 구속성**을 의미함 [1]
일반적 효력 부인	①【일반적 효력 부인】위헌으로 결정된 **법률 또는 법률의 조항**은 그 결정이 있는 날부터 효력을 상실하므로 당해사건에서만이 아니라 **일반적으로 효력 부인** (당해사건에서만 적용 배제 ×) [1]

POINT 232 헌법재판의 재심

1 헌법재판의 재심

재심 허용 可	① **【명문규정 無】** 헌법재판에 대해서는 일사부재리 원칙이 적용되지만 **예외적으로 재심이 허용되는 경우**가 발생할 수 있음 / ② **【재심 可】** 헌법재판에 관한 일사부재리원칙으로 **재심의 가능성이 부정되는 것은 아님** /
인정여부	① **【개별적 판단】** 헌법재판은 **심판의 종류**에 따라 절차의 내용과 결정의 효과가 한결같지 아니하기 때문에 재심의 허용여부 내지 허용정도 등은 **심판절차의 종류에 따라서 개별적으로 판단** /

2 재심 허용여부

(1) 재심 허용

개별 공권력 작용에 대한 권리구제 헌소	① **【개별 공권력 작용 대상 권리구제형 헌소】** 개별 공권력의 작용에 대한 **권리구제형 헌법소원심판**의 경우 「민사소송법」을 준용하여 **재심을 허용** / ② **【판단유탈】** 공권력의 작용에 대한 권리구제형 헌법소원심판절차에 있어서 '헌법재판소의 결정에 영향을 미칠 중대한 사항에 관하여 판단을 유탈한 때'를 재심사유로 허용하는 것이 헌법재판의 성질에 반한다고 볼 수 없으므로「민사소송법」규정을 준용하여 '**판단유탈**'도 **재심사유로 허용** (판단유탈은 재심사유가 되지 아니함 ×) ⁴
정당해산심판	① **【정당해산】** 정당해산심판절차에서는 재심을 허용하지 아니함으로써 얻을 수 있는 법적 안정성의 이익보다 재심을 허용함으로써 얻을 수 있는 구체적 타당성의 이익이 더 크므로 **재심을 허용하여야 함** ¹⁰

(2) 재심 불허

위헌법률심판	① **【제청신청인은 위헌법률심판 당사자 아님】** 위헌법률심판의 제청은 법원이 헌법재판소에 대하여 하는 것이기 때문에 당해사건에서 법원으로 하여금 **위헌법률심판을 제청하도록 신청을 한 사람**은 위헌법률심판사건의 **당사자라고 할 수 없음** ² ② **【제청신청인은 재심청구인 적격 無】** 재심은 **재판을 받은 당사자**에게 이를 인정하는 특별한 불복절차이므로 청구인처럼 위헌법률심판이라는 **재판의 당사자가 아닌 사람**은 그 재판에 대하여 **재심을 청구할 수 있는 지위 내지 적격을 갖지 못함** (재심을 청구할 수 있음 ×) /
헌법소원	① **【위헌심사형 헌소】** 위헌법률심판을 구하는 **헌법소원**에 대한 헌법재판소의 결정에 대하여는 재심을 허용하지 아니함으로써 얻을 수 있는 **법적 안정성의 이익**이 재심을 허용함으로써 얻을 수 있는 **구체적 타당성의 이익**보다 훨씬 높을 것으로 예상할 수 있으므로 헌법재판소의 이러한 결정에는 **재심에 의한 불복방법이 그 성질상 허용될 수 없음** (재심을 청구할 수 있음 ×) ³ ② **【법령에 대한 권리구제형 헌소】** 헌법재판소법 제68조 제1항에 의한 헌법소원 중 **법령에 대한 헌법소원**은 **재심을 허용하지 아니함** /

POINT 233 위헌법률심판

CHAPTER 02 | 위헌법률심판

제107조 ① 【위헌법률심판】 법률이 헌법에 위반되는 여부가 **재판의 전제가 된 경우**에는 **법원은** 헌법재판소에 제청하여 그 심판에 의하여 재판한다.

1 위헌법률심판

(1) 구체적 규범통제

구체적 규범통제	① 【구체적 규범통제】 법률의 위헌심사에 있어서 **추상적 규범통제를 인정하는 것은 헌법개정 사항**임 (추상적 규범통제를 인정하는 것은 헌법개정을 하지 않고서도 채택할 수 있음 ×)
헌재에 제청	① 【헌법재판소에 제청】 **법률**(대통령령 ×)이 헌법에 위반되는지 여부가 재판의 전제가 된 때에는 **당해 사건을 담당하는 법원은 직권 또는 당사자의 신청에 의한 결정으로 헌법재판소에 위헌 여부 심판을 제청**하여 그 심판에 의하여 재판함 ② 【신청 or 직권】 법원(군사법원 포함)은 **당사자의 신청이 없이 직권으로도** 헌법재판소에 **위헌법률심판을 제청할 수 있음**

(2) 제청권자 : 법원

제청 가	① 【군사법원】 군사재판을 관할하는 **군사법원**은 헌법에 근거를 둔 특별법원으로 당연히 **위헌법률심판제청권**이 있음 (군사법원은 제청할 수 없음 ×) ② 【수소법원, 집행법원, 비송사건 담당법관】 **수소법원**은 물론 **집행법원**도 포함되며, **비송사건의 담당법관**도 소송사건의 법관과 마찬가지로 제청권이 있음
제청 불가	① 【행정부 불가】 법률의 위헌성을 발견한 경우에도 **행정부**는 위헌심판제청을 **할 수 없음** ② 【행정심판기관 불가】 헌법 제107조 제3항 및 「행정심판법」 등에 근거를 두고 설치되어 **행정심판을 담당하는 각종 행정심판기관**은 제청권을 갖는 법원이라고 볼 수 **없음** ③ 【당사자 불가】 **당사자**는 직접 헌법재판소에 위헌법률심판을 **제청할 수 없음** (있음 ×)

(3) 제청신청권자 : 재판의 당사자

제청신청	① 【서면 신청】 당사자의 위헌법률심판제청신청은 당해 사건을 담당하는 **법원에 서면**으로 함
신청당사자	① 【보조참가자】 **보조참가인**은 피참가인의 소송행위와 저촉되지 아니하는 한 일체의 소송행위를 할 수 있으므로, 위헌법률심판제청신청의 '**당사자**'에 해당 (당사자에는 해당하지 않음 ×) ② 【행정청】 행정처분의 주체인 **행정청**도 헌법의 최고규범력에 따른 구체적 규범통제를 위하여 근거법률의 위헌 여부에 대한 심판을 **제청신청할 수 있고**, **헌법재판소법 제68조 제2항의 헌법소원을 제기할 수 있음** (행정처분의 주체인 행정청은 헌법소원을 제기할 수 없음 ×)
항고금지	① 【제청에 관한 결정에 대한 항고금지】 위헌 여부 심판의 제청에 관한 결정에 대하여는 **항고할 수 없음** (항고할 수 있음 ×) ② 【제청신청 기각결정에 대한 항고금지】 위헌법률심판제청신청이 기각된 경우, 그 기각결정에 대하여 민사소송에 의한 **항고나 재항고를 할 수 없을 뿐만 아니라 특별항고도 할 수 없음** (항고할 수 있음 ×)

2 제청절차와 재판의 정지

대법원 경유	① 【하급법원 제청시 대법원 경유】 대법원 외의 **법원**이 헌법재판소에 위헌 여부 심판의 제청을 할 때에는 **대법원을 거쳐야 함** (대법원을 거칠 필요없이 직접 헌법재판소에 제청 ×) ② 【대법원 경유 / 대법원 위헌 판단 아님】 하급심법원이 위헌법률심판제청을 할 때에는 반드시 **대법원을 경유**해야 하지만, **대법원이 위헌 여부에 대한 판단을 하는 것은 아님** (대법원은 위헌여부에 대한 판단을 헌법재판소에 제시 ×, 대법원은 하급법원의 제청에 대한 심사권 가짐 ×)
재판의 정지	① 【원칙 : 헌재 결정시까지 정지】 법원이 **법률의 위헌여부 심판**을 헌법재판소에 제청한 때(헌법재판소법 제68조 제2항에 의한 헌법소원심판이 청구된 경우 ×)에는 **당해 소송사건의 재판**은 헌법재판소의 위헌 여부의 결정이 있을 때까지 정지됨 ② 【예외 : 종국재판 외 소송절차 진행 可】 법원이 긴급하다고 인정하는 경우에는 **종국재판 외의 소송절차를 진행**할 수 있음 (일체의 절차가 정지 ×, 종국재판도 할 수 있음 ×)

3 심판대상의 확정과 심사기준

제청서	① 【제청법원 + 당사자 + 위헌법률 + 위헌이유】 법원이 법률의 위헌 여부 심판을 헌법재판소에 제청할 때에는 **제청법원의 표시, 사건 및 당사자의 표시**(피청구인 ×), **위헌이라고 해석되는 법률 또는 법률조항, 위헌이라고 해석되는 이유**, 기타 필요한 사항을 적어야 함 ② 【법관의 합리적 위헌의심】 담당법관 스스로의 법적 견해에 의하여 **단순한 의심을 넘어선 합리적인 위헌의심**이 있으면 **위헌심판을 제청할 수 있음** (단순한 위헌의 의심 ×, 합리적으로 의심의 여지가 없을 만큼 명백 ×)
심사기준	① 【모든 헌법적 관점】 위헌법률심판절차에 있어서 규범의 위헌성은 **제청 법원이나 제청신청인이 주장하는 법적 관점**에서만이 아니라 심판대상규범의 법적 효과를 고려한 **모든 헌법적 관점에서 심사함** ② 【구속력 : 심판대상 有 but 위헌심사기준 無】 법원의 위헌제청을 통하여 제한되는 것은 오로지 **심판의 대상인 법률조항**이지 **위헌심사의 기준이 아님** (헌법재판소는 제청서에 기재된 위헌심사 기준에 구속 ×)

POINT 234 위헌제청의 대상

1 법률 : 유효한 법률

인정	① 【법률】 법률은 법원의 제청에 의한 **위헌법률심판의 대상**이 됨[1] ② 【폐지법률】 폐지된 법률에 대한 헌법소원은 **원칙적으로 부적법**하나, 폐지된 법률의 위헌 여부가 **관련 소송사건의 재판의 전제**가 되어 있다면 **위헌심판의 대상**이 됨 (폐지된 법률은 위헌심사의 대상이 되지 아니함 ×)[6] ③ 【폐지·개정법률】 폐지되거나 개정된 법률의 경우에도 **국민의 침해된 법익을 보호**하기 위하여 그 위헌 여부를 가려야 할 필요가 있는 때에는 **심판의 대상으로 인정** (폐지되거나 개정된 법률은 어떠한 경우에도 심판의 대상이 될 수 없음 ×)[6]
부정	① 【공포 but 미시행 → 폐지·효력상실 법률】 위헌법률심판 제청당시에 **공포는 되었으나 시행되지 않**았고, 결정 당시에는 이미 폐지되어 효력이 상실된 법률은 위헌여부 심판의 대상이 될 수 없음 (대상이 될 수 있음 ×)[5] ② 【헌재가 위헌결정 선고 법률】 헌법재판소가 위헌이라고 선고하여 효력을 상실한 법률, 즉 위헌결정이 있었던 법률은 위헌법률심판의 대상이 되지 **않음** (법원의 제청이 있는 한 심판대상으로 인정 ×)[2] → 이미 위헌결정이 선고된 법률에 대하여 법원의 위헌법률심판제청이 있는 경우 **위헌법률심판제청은 부적법하여 각하함** (동일한 취지의 위헌확인 결정 ×)[2]

2 법률효를 갖는 규범

(1) 조약·국제법규

조약·국제법규	① 【법률효 조약】 위헌심판의 대상에서 '**법률**'이라고 함은 국회의 의결을 거친 이른바 **형식적 의미의 법률**뿐만 아니라 **법률과 동일한 효력을 갖는 조약** 등도 포함 (형식적 의미의 법률이 아닌 이상 헌법재판소의 위헌법률심판대상이 될 수 없음 ×)[10] ② 【위헌법률심판 or 위헌심사형 헌법소원】 조약에 대한 위헌여부의 심사는 헌법재판소법 제41조 제1항에 따른 **위헌법률심판**과 헌법재판소법 제68조 제2항에 따른 **위헌심사형 헌법소원**의 형태로 가능함[2] ③ 【국제법규】 **일반적으로 승인된 국제법규**는 위헌법률심판의 대상이 됨 (형식적 의미의 법률이 아니므로 위헌법률심판의 대상이 되지 않음 ×)[2]
구체사례	① 【국제통화기금협정】 국제통화기금협정상 각 회원국의 재판권으로부터 국제통화기금 임직원의 공적인 행위를 면제하도록 하는 조항은 성질상 국내에 바로 적용될 수 있는 법규범으로서 **위헌법률심판의 대상** (위헌법률심판의 대상이 되지 않음 ×)[2] ② 【한미주둔군지위협정】 대한민국과 아메리카합중국 간의 상호방위조약 제4조에 의한 **시설과 구역 및 대한민국에서의 합중국군대의 지위에 관한 협정** 제2조 제1의 (나)항은 **위헌법률심판의 대상**[1]

(2) 국가긴급권

긴급명령	① 【규범 효력기준 판단】 위헌법률심판의 대상이 되는 '**법률**'인지 여부는 그 **제정 형식이나 명칭이 아니라 규범의 효력을 기준으로 판단** (형식적 의미의 법률에 한정 ×) ② 【긴급명령·긴급재정경제명령】 법률과 동일한 효력을 갖는 **긴급명령 및 긴급재정경제명령**의 위헌여부 심사권한은 **헌법재판소에 전속**
긴급조치	① 【헌재 인정】 유신헌법에 근거한 긴급조치들은 **최소한 법률과 동일한 효력**을 가지는 것으로 보아야 하므로 그 위헌 여부 심사권한은 **헌법재판소에 전속** (대법원에 속함 ×) ② 【대법원 부정】 대법원은 유신헌법에 근거한 긴급조치는 국회의 입법권 행사라는 실질을 전혀 가지지 못한 것으로서, 헌법재판소의 위헌심판대상이 되는 법률에 해당하지 않기 때문에 **긴급조치의 위헌 여부에 대한 심사권은 최종적으로 대법원에 속한다고 봄**

(3) 관습법

헌재 인정	인정	① 【법률적 효력의 관습법 : 위헌법률심판 대상】 법원의 판결에 의하여 **법률과 같이 재판규범으로 적용되어 온 법률적 효력이 있는 관습법도 위헌법률심판의 대상** (대상 아님 ×) ② 【위헌심사형 헌소 대상】 실질적으로 법률과 같은 효력을 가지는 **관습법도 헌법재판소법 제68조 제2항에 의한 헌법소원심판의 대상** (대상 아님 ×)
	구체 사례	① 【분재청구권에 관한 관습법】 호주가 사망한 경우 딸에게 **분재청구권을 인정하지 아니한 구 관습법**은 「민법」 시행 이전에 상속을 규율하는 법률이 없는 상황에서 재산상속에 관하여 적용된 규범으로서 형식적 의미의 법률은 아니지만 **실질적으로는 법률과 같은 효력을 가지므로 위헌법률심판(or 헌법재판소법 제68조 제2항에 의한 헌법소원심판)의 대상** (대상 아님 ×) ② 【상속 등에 관한 구 관습법】 여호주가 사망하거나 출가하여 호주상속 없이 절가된 경우 유산은 그 절가된 개(家)의 가족이 승계하고 가족이 없을 때에는 출가녀(出家女)가 승계한다'는 **구 관습법은 위헌법률심판의 대상** (대상 아님 ×)
대법원 부정		① 【대법원 부정】 대법원은 관습법이 헌법재판소의 **위헌법률심판 대상이 되지 않는다고 봄** (대법원도 관습법이 헌법재판소의 위헌법률심판 대상이 된다고 인정 ×)

3 한정위헌청구

(1) 원칙적 적법

원칙적 적법	① 【특정해석·적용부분의 위헌성 주장 可】 위헌법률심판 제청법원이나 헌법재판소법 제68조 제2항에 의한 헌법소원심판 청구인이 심판대상 법률조항의 **특정한 해석**이나 **적용부분의 위헌성**을 주장하는 **한정위헌청구는 원칙적으로 적법** (한정위헌청구는 원칙적으로 부적법 ×) ② 【한정위헌청구 원칙 적법】 헌법합치적 법률해석의 원칙상 **법률조항 중 위헌성이 있는 부분에 한정하여 위헌결정**을 하는 것은 입법권에 대한 자제와 존중으로서 당연하고 불가피한 결론이므로 이러한 **한정위헌결정을 구하는 한정위헌청구는 원칙적으로 적법**
허용되지 않는 경우	① 【사실관계 인정·평가, 단순 법률조항 포섭·적용문제, 재판결과 : 不可】 당해 사건 재판의 기초가 되는 **사실관계의 인정이나 평가** 또는 개별적·구체적 사건에서 **단순히 법률조항의 포섭이나 적용의 문제**를 다투거나, 의미 있는 헌법문제에 대한 주장 없이 단지 **재판결과를 다투는 헌법소원 심판청구는 허용되지 않음** (법률조항의 포섭이나 적용문제를 다투는 헌법소원 심판청구도 허용 ×)

(2) 관련판례 인정사례

1	【뇌물죄의 주체인 공무원의 해석·적용 (한정위헌)】「형법」상 뇌물죄의 주체가 되는 '공무원'에 「국가공무원법」·「지방공무원법」에 따른 공무원이 아니고 공무원으로 간주되는 사람도 아닌 (구)「제주특별법」상의 제주특별자치도 통합영향평가심의위원회 심의위원 중 위촉위원이 포함된다고 해석하는 것은 죄형법정주의 위배(2012.12.27. 2011헌바117)

4 입법부작위

(1) 진정부작위 : 부정 / 부진정부작위 : 제한적 인정

진정입법부작위	①【입법부작위 : 부정】헌법재판소법 제68조 제2항에 의한 헌법소원은 법률이나 법률조항이 헌법에 위반되는지 여부를 적극적으로 다투는 제도이므로 법률의 부존재, 즉 입법부작위를 심판의 대상으로 하는 것은 허용될 수 없음 (법률이 부존재하는 것을 다툴 수 있음 x) [10]
부진정입법부작위	①【불완전한 법률 자체 : 인정】법률이 불완전·불충분하게 규정되었음을 근거로 법률 자체의 위헌을 다투는 취지로 이해될 경우에는 그 법률이 당해사건의 재판의 전제가 된다는 것을 요건으로 허용될 수 있음 [3] ②【입법부작위 : 부정】국회의 부진정입법부작위에 대하여 입법자의 헌법 구체화의무 관점에서 입법부작위를 대상으로 한 위헌법률심판제청은 부적법함

(2) 진정부작위 제청 부적법 관련판례

1	【토지수용으로 가압류 소멸시 보상방법·절차 부작위 (각하)】제청법원이 법률에 대한 위헌법률심판을 구하면서 토지수용의 경우에 가압류가 소멸함에도 그에 대한 보상의 방법과 절차를 전혀 규정하지 않아 가압류 채권자의 재산권을 침해하고 있다는 입법부작위로 인한 위헌법률심판제청은 부적법(2007.12.27. 2005헌가7)
2	【캐디에 대하여 근로기준법 전면 적용 주장 (각하)】특수형태근로종사자인 캐디에 대하여「근로기준법」이 전면적으로 적용되어야 한다는 주장은, 근로기준법과 동일한 정도의 전면적 보호를 내용으로 하는 새로운 입법을 하여 달라는 것에 다름 아니므로, 실질적으로 진정입법부작위를 다투는 것에 해당하는 것이므로 헌법재판소법 제68조 제2항의 헌법소원심판을 청구하는 것은 부적법(2016.11.24. 2015헌바413 등)

(3) 부진정입법부작위 제청 적법 사례

1	【국내 강제동원자 위로금 지급 제외 (합헌)】「태평양전쟁 전후 국외 강제동원희생자 등 지원에 관한 법률」에 대한 심판청구는 평등원칙의 관점에서 입법자가 동법률의 위로금 적용대상에 '국내' 강제동원자도 '국외' 강제동원자와 같이 포함시켰어야 한다는 주장에 터 잡은 것이므로, 이는 위로금 지급대상인 일제하강제동원자의 범위를 불완전하게 규율하고 있는 부진정입법부작위를 다투는 헌법소원(2012.7.26. 2011헌바352)
2	【징계절차 진행하지 않음 미통보해도 징계시효 연장 (합헌)】수사기관에서 수사 중인 사건에 대하여 징계절차를 진행하지 아니함을 징계 혐의자인 지방공무원에게 통보하지 않아도 징계시효가 연장되는 것이 위헌이라는 주장은, 「지방공무원법」에서 징계시효 연장을 규정하면서 징계절차를 진행하지 아니함을 통보하지 아니한 경우에는 징계시효가 연장되지 않는다는 예외규정을 두지 아니한 부진정입법부작위의 위헌성을 다투는 것이므로 헌법재판소법 제68조 제2항의 헌법소원심판을 청구하는 것이 허용(2017.6.29. 2015헌바29)
3	【재외국민 선거권 규정 부작위 (기각)】국내에 주민등록이 되어 있는 국민에 대해서만 선거권을 인정하고 국내에 주민등록이 되어 있지 아니한 재외국민에 대해서 선거권을 인정하고 있지 않은「공직선거및부정방지법」은 부진정입법부작위(1999.1.28. 97헌마253)

5 명령·규칙 및 조례 : 부정

명령·규칙	① 【명령·규칙 부정】 규범통제형 헌법소원심판청구의 심판의 대상은 재판의 전제가 되는 법률이지 **대통령령이나 규칙은 대상이 될 수 없음** (명령이나 규칙도 심판의 대상이 됨 ×)³ ② 【대법원 규칙 부정】 대법원규칙은 「헌법재판소법」 제68조 제2항에 따른 **헌법소원심판의 대상이 될 수 없음** (대상이 됨 ×)³
조례	① 【조례 부정】 지방자치단체의 **조례**는 위헌법률심판이나 헌법재판소법 제68조 제2항에 의한 헌법소원심판의 **대상이 될 수 없음** ²

6 헌법개별규정 : 부정

헌법개별규정 : 부정	① 【위헌심사형 헌소 대상 부정】 위헌심사의 대상이 되는 규범으로서의 '법률'이라 함은 국회의 의결을 거쳐 제정된 이른바 형식적 의미의 법률을 의미하므로 **헌법의 개별규정 자체는 헌법소원에 의한 위헌심사의 대상 아님** ⁴ ② 【위헌심사 부정】 이념적·논리적으로는 헌법규범 상호 간의 우열을 인정할 수 있다 하더라도 그러한 규범 상호 간의 우열이 헌법의 어느 특정규정이 다른 규정의 효력을 전면적으로 부인할 수 있을 정도의 개별적 헌법규정 상호 간에 효력 상의 차등을 의미하는 것이라고 볼 수 없으므로, **헌법의 개별규정에 대한 위헌심사는 허용 안됨** (헌법규정도 위헌제청의 적법한 대상 ×)³ ③ 【위헌법률심판 대상 부정】 헌법개정을 통해 **실질적인 헌법의 침해가 발생**하더라도 당해 **헌법규정을 위헌법률심판의 대상으로 할 수는 없음** / ④ 【헌법조항의 위헌심사기준 : 부정】 특정한 헌법조항은 다른 헌법조항이 개정될 경우 그 **위헌 여부를 심사할 수 있는 기준이 될 수 없음** /
이중배상금지 헌법조항	① 【§29② 부정】 군인 등의 국가배상청구를 제한하고 있는 **헌법 제29조 제2항은 헌법소원심판의 대상에 해당하지 않음**

POINT 235 재판의 전제성

제107조 ① 【재판의 전제성】 법률이 헌법에 위반되는 여부가 **재판의 전제가 된 경우**에는 법원은 헌법재판소에 제청하여 그 심판에 의하여 재판한다.¹

1 재판의 전제성

전제성 요건	① 【법원에 계속 중 + 법률이 재판에 적용 + 법원이 다른 내용의 재판】 재판의 전제성이라 함은 ㉠ **구체적인 사건이 법원에 계속 중**이어야 하고, ㉡ **위헌 여부가 문제되는 법률이 당해 소송사건의 재판에 적용**되는 것이어야 하며, ㉢ 그 법률이 헌법에 위반되는지 여부에 따라 당해 소송사건을 담당하는 **법원이 다른 내용의 재판**을 하게 되는 경우를 말함⁴

2 구체적인 사건이 법원에 계속 중

법원에 계속 중	① 【구체적 사건이 법원에 계속 중】 위헌법률심판에서 재판의 전제성이 인정되기 위해서는 **구체적인 사건이 법원에 계속 중**이어야 함 (현재 계속 중은 아니더라도 계속될 것이 확실 ×)¹
전제성 부정	① 【당해 사건 부적법 → 전제성 부정】 당해 사건이 **부적법**한 것이어서 법률의 위헌 여부를 따져 볼 필요조차 없이 **각하를 면할 수 없는 것**일 때에는 재판의 전제성이 인정되지 않음²

3 법률이 당해 소송사건의 재판에 적용

(1) 직접적용조항과 간접적용조항

직접적용조항	① 【재판에 적용】 재판의 전제성에서 위헌 여부가 문제되는 **법률이 당해 소송사건의 재판과 관련하여 적용**되어야 함¹
간접적용조항	① 【직접 적용되는 법률의 위헌여부 결정 or 당해 재판의 결과가 좌우】 법률조항이 **당해 사건의 재판에 간접 적용**되더라도, 그 위헌여부에 따라 당해 사건의 재판에 **직접 적용되는 법률조항의 위헌여부가 결정**되거나, **당해 재판의 결과가 좌우**되는 경우 등 양 규범 사이에 내적 관련이 인정된다면 재판의 전제성을 인정 (반드시 당해 사건 재판에 직접 적용 ×, 인정할 수 없음 ×)⁵ ② 【재판의 효력·내용의 법률적 의미가 달라지는 경우】 심판대상조항이 당해 사건의 재판에 직접 적용되지는 않더라도 그 위헌 여부에 따라 **당해 사건의 재판의 효력과 내용에 관한 법률적 의미가 달라지는 경우** 재판의 전제성이 인정됨¹

(2) 재판의 전제성이 인정된 사례

1	**형사** 【적용여부 불확실 but 법원이 적용가능성 전제로 위헌제청 (인정)】 아직 법원에 의하여 그 해석이 확립된 바 없어 제청대상 법률조항이 **당해 사건재판에 적용 여부가 불확실**한 상태에서 **법원이 적용가능성을 전제로 위헌제청**을 하였더라도 **재판의 전제성 인정**(2002.4.25. 2001헌가27)	
2	**행정** 【토지수용재결처분 무효등소송에서 수용재결처분 근거조항 (인정)】 조합이 주택재개발사업을 시행하기 위하여 필요한 경우 **토지·물건 또는 그 밖의 권리를 취득하거나 사용**할 수 있도록 한 구「도시정비법」조항은 **수용재결처분의 근거조항**으로 그 위헌 여부에 따라 재판의 결론이나 내용과 효력에 관한 법률적 의미가 달라질 가능성이 있으므로 **재판의 전제성 인정**(2019.11.28. 2017헌바241)	

(3) 재판의 전제성이 부정된 사례

1	**형사** 【공소제기되지 않은 법률조항 (부정)】 형사사건에 있어서는 원칙적으로 **공소가 제기되지 아니한 법률조항**의 위헌 여부는 당해 형사사건의 **재판의 전제가 될 수 없으나**, 공소장에 적용법조로 기재되었다는 이유만으로 **재판의 전제성 인정 아님**(2002.4.25. 2001헌가27)	
	유사 【공소장 적시 but 법원이 미적용 (부정)】 공소장에 적시된 법률조항이라 하더라도 구체적 소송사건에서 **법원이 적용하지 아니한 법률조항**은 **재판의 전제성 부정**(2002.4.25. 2001헌가27)	
	비교 【공소장 미적시 but 법원이 실제 적용 법률 (인정)】 **공소장에 적시되지 아니한 법률조항**이라 하더라도 법원이 공소장 변경 없이 **실제 적용한 법률조항**은 **재판의 전제성 인정**(2002.4.25. 2001헌가27)	
2	**형사** 【공소 미제기 사실에 적용 법률 (부정)】 **공소가 제기되지 아니한 사실에 적용되는 법률조항**의 위헌 여부는 당해사건에서 **재판의 전제가 될 수 없음**(2006.2.23. 2003헌바84)	
3	**형사** 【유리한 법개정시, 신법 적용 당해사건에서 구법조항 (부정)】 범죄 후 형벌 법규가 개정되어 행위가 범죄를 구성하지 아니하거나 형이 구법보다 경하게 된 때에는 **구법상 법률규정은 위헌법률심판의 대상 안됨**(2015.6.25. 2014헌가17)	
	유사 【면책조항 추가 법개정시, 신법 적용 당해사건에서 구법조항 (부정)】 범죄 후 양벌규정에 면책조항이 추가되는 형식으로 피고인에게 유리하게 법률이 개정된 경우, 당해사건에는 신법이 적용되고 당해사건에 적용되지 않는 **구법은 재판의 전제성 상실**(2010.9.2. 2009헌가15 등)	
4	**행정** 【법원이 미적용 → 다른 법리로 재판 (부정)】 법원이 심판대상조항을 적용함이 없이 다른 법리를 통하여 재판을 한 경우 심판대상조항의 위헌여부는 당해 사건의 재판에 적용되거나 관련되는 것이 아니어서 **재판의 전제성 인정 안됨**(2001.11.29. 2000헌바49)	
5	**행정** 【헌불결정받은 법률을 적용한 당해사건에서, 헌불결정으로 개정된 법률조항 (부정)】 헌법불합치결정에서 정한 잠정적용기간 동안 **헌법불합치결정을 받은 법률조항**에 따라 **퇴직연금환수처분**이 이루어졌고 환수처분의 후행처분으로 **압류처분**이 내려진 경우, **압류처분의 무효확인을 구하는 당해 소송**에서 헌법불합치결정에 따라 개정된 법률조항은 당해 사건의 재판에 적용되지 않으므로 **재판의 전제성 인정 안됨**(2013.8.29. 2010헌바241)	

4 당해 소송사건을 담당하는 법원이 다른 내용의 재판

(1) 다른 내용의 재판

다른 내용의 재판	① 【다른 내용의 재판】 문제되는 법률이 헌법에 위반되는지의 여부에 따라 **당해 사건을 담당한 법원이 다른 내용의 재판**을 하게 되는 경우이어야 함
주문 or 법률적 의미	① 【주문 or 결론도출이유 or 내용·효력에 관한 법률적 의미 달리하는 경우】 ㉠ 당해 사건 **재판 주문**이나 주문에 영향을 주는 것 뿐만 아니라 ㉡ **재판의 결론을 이끌어 내는 이유**를 달리하게 되거나 ㉢ 재판의 주문에 영향을 미치지 않아도 **재판의 내용이나 효력에 관한 법률적 의미**를 달리하는 경우에도 전제성 인정 (주문의 변동이 있을 때에만 전제성을 인정할 수 있음 ×)⁸

(2) 재판의 전제성이 인정된 사례

| 1 | **형사** 【양심적 병역거부자 형사재판에서 대체복무제를 규정하지 않은 병역법 조항 (인정)】 **병역의 종류를 규정한 「병역법」 조항**이 대체복무제를 포함하고 있지 않다는 이유로 위헌으로 결정된다면, 양심적 병역 거부자가 현역입영 또는 소집 통지서를 받은 후 3일 내에 입영하지 아니하거나 소집에 불응하더라도 대체복무의 기회를 부여받지 않는 한 **당해 사건인 형사재판을 담당하는 법원이 무죄를 선고할 가능성**이 있으므로 **재판의 전제성 인정**(2018.6.28. 2011헌바379 등) |

(3) 재판의 전제성이 부정된 사례

| 1 | 【각하사건 (부정)】 당해 사건을 담당하는 법원이 당해 법률의 위헌 여부와 관계없이 **각하하여야 할 사건**이라면 당해 법률이 헌법에 위반되는지 여부에 따라 **법원이 다른 내용의 재판을 하게 되는 경우라고 할 수 없으므로 재판의 전제성 부정**(2003.10.30. 2002헌가24) |

5 재판의 의미와 전제성 판단

(1) 재판의 의미

모든 재판	① 【형식불문 / 본안·소송절차 불문 / 종국·중간재판】 재판이란 판결·결정·명령 등 형식 여하와 본안에 관한 재판이거나 소송절차에 관한 재판이거나를 불문하며, 심급을 종국적으로 종결시키는 종국재판뿐만 아니라 **중간재판도 포함** (중간재판은 포함되지 않음 ×)¹⁰
중간재판 사례	① 【구속영장발부재판】 재판에는 종국판결 뿐만 아니라 **지방법원판사의 영장발부에 관한 재판**도 포함된다고 해석되므로 **지방법원판사가 구속영장발부단계에서 한 위헌여부심판제청**은 적법 (위헌법률심판 제청을 할 수 없음 ×)² ② 【구속기간갱신결정】 법원이 행하는 **구속기간갱신결정**도 당해 소송사건을 종국적으로 종결시키는 재판은 아니라고 하더라도, 그 자체가 **소송절차에 관한 재판**에 해당하는 법원의 의사결정으로서 **재판에 해당** (재판에 해당되지 않음 ×)³ ③ 【증거채부결정】 법원이 행하는 **증거채부결정**은 당해 소송사건을 종국적으로 종결시키는 재판이 아니라 하더라도 위헌법률심판의 전제성 개념에서 말하는 **재판이라고 할 수 있음**²

(2) 재판의 전제성 판단

직권조사 可	① 【법원의 견해 존중 but 법원 견해 명백히 유지될 수 없는 경우 직권조사 可】 재판의 전제성은 헌법재판소가 독자적인 심사를 하기보다는 **법원의 법률적 견해를 존중**하여야 할 것이나, **법원의 견해가 명백히 유지될 수 없을 때** 헌법재판소는 **직권으로 조사할 수 있음** (재판의 전제와 관련된 사항에 대하여는 헌법재판소가 직권으로 조사할 수 없음 ×)⁷
전제성 부인 可	① 【전제성 부인 可】 법원이 재판의 전제성을 인정하여 위헌법률심판을 제청한 경우 **헌법재판소가 직권으로 조사하여 재판의 전제성을 부인할 수 있음** (부정할 수 없음 ×, 법원의 판단은 헌법재판소를 기속 ×, 법원의 법률적 견해에 따라야 함 ×, 법원과 달리 판단할 수 없음 ×)⁷ ② 【부적법 각하 可】 재판의 전제성에 관한 **제청법원의 법률적 견해가 명백하게 유지될 수 없을 때**에는 헌법재판소가 그 **제청을 부적법하다고 하여 각하할 수 있음**
충족시점	① 【위헌제청시 ~ 심판시】 재판의 전제성은 **법원에 의한 법률의 위헌제청 시**만이 아니라 헌법재판소의 **위헌법률심판의 시점**에도 충족되어야 함이 원칙 (헌재의 위헌법률심판의 시점까지 계속 충족되어야 하는 것은 아님 ×)⁴ ② 【심리기간 중 전제성 소멸 → 위헌 여부 해명 중요시 예외적 위헌판단 可】 위헌법률심판제청 당시 재판의 전제성이 있었다가 **심리기간 중 재판의 전제성이 소멸**되었더라도 위헌법률심판제청된 법률조항에 의하여 **침해된다는 기본권이 중요**하여 해당 **법률조항의 위헌 여부의 해명이 헌법적으로 중요성**이 있음에도 해명이 없다면, **예외적으로 그 위헌 여부를 판단할 수 있음**

POINT 236 위헌법률심판의 종국결정

1 종국결정

위헌결정	① **【위헌 여부 결정】** 헌법재판소는 제청된 법률 또는 법률 조항의 **위헌 여부만을** 결정함 [5] ② **【전부 시행 불가 시 전부 위헌결정】** 법률조항의 위헌결정으로 인하여 **해당 법률 전부를 시행할 수 없다고 인정될 때에는 그 전부에 대하여 위헌결정을 할 수 있음** (해당 법률 전부에 대하여 위헌결정을 할 수 없음 ×) [6]
결정의 종류	① **【각하, 합헌·위헌, 한정합헌·한정위헌, 헌법불합치】** 헌법재판소의 위헌법률심판에서 결정유형으로 **각하결정, 합헌결정 및 단순위헌결정 그리고 한정합헌·한정위헌결정, 헌법불합치결정**이 있음 (기각결정 ×) [1]
결정서 송달	① **【대법원 경유 제청법원 송달】** 헌법재판소는 결정일부터 **14일 이내**에 **결정서 정본**을 제청한 법원에 송달하고 제청한 법원이 대법원이 아닌 경우에는 **대법원을 거쳐야 함** [2]

2 주문별 합의제

(1) 위헌결정이 6인 이상인 경우

1	재판관 5인이 위헌, 2인이 헌법불합치, 2인이 합헌의견을 제시한 경우 [4] **유사** 5인은 단순위헌결정, 1인은 헌법불합치결정, 3인은 합헌결정의견일 때 [1] **유사** 5명의 재판관이 위헌의견이고 4명의 재판관이 헌법불합치의견 [1]	헌법불합치
2	위헌 3인, 헌법불합치 4인, 합헌 2인으로 나뉘는 경우 [1]	헌법불합치
3	전부위헌의견이 1인, 한정합헌의견이 5인, 단순합헌의견이 3인인 경우 [1] **유사** 각하의견 3인, 한정합헌의견 5인, 위헌의견 1인인 위헌법률심판에서 주문 [1]	한정합헌
4	한정위헌의견 5명, 헌법불합치의견 1명, 단순위헌의견 3명으로 나눠진 경우 [1]	한정위헌
5	단순위헌의견 1인, 일부위헌의견 1인, 적용중지 헌법불합치의견 2인, 잠정적용 헌법불합치의견 5인인 때 [1]	잠정적용 헌법불합치

(2) 과반수로 결정하는 경우

1	각하의견 2인, **합헌의견 5인**, 위헌의견 2인인 위헌법률심판의 주문 [1]	합헌

(3) 과반수가 없는 경우

1	재판관 5인이 위헌의견을 제시하고 **4인이 합헌의견**을 제시한 경우, 심판대상법률은 "**헌법에 위반되지 아니한다.**"라는 주문의 결정을 함 [1]	합헌
2	각하의견 4인, 헌법불합치의견 4인, 위헌의견 1인인 위헌법률심판의 주문은 **합헌**임 [1]	합헌

POINT 237 위헌결정의 효력 발생시기

1 일반법규

(1) 원칙적 장래효

장래효	① 【원칙적 장래효】 위헌으로 결정된 법률 또는 법률의 조항은 **그 결정이 있는 날부터 효력을 상실** (결정이 있는 다음 날 ×, 소급하여 효력을 상실 ×)
입법정책	① 【비교형량】 헌법재판소에 의하여 위헌으로 선고된 법률 또는 법률의 조항이 **제정 당시로 소급하여 효력을 상실**하는가 아니면 **장래에 향하여 효력을 상실**하는가의 문제는 특단의 사정이 없는 한 헌법적합성의 문제라기보다는 입법자가 **법적 안정성과 개인의 권리구제 등 제반이익을 비교형량**하여 결정할 **입법정책의 문제** ② 【장래효 : 법적 안정성 〉 정의의 요청(권리구제)】 형벌법규에 대한 위헌결정의 경우를 제외하고 **법적 안정성**을 더 높이 평가한 입법자의 판단은 헌법상 법치주의원칙에서 파생된 **법적 안정성 내지 신뢰보호의 원칙**에 의하여 **정당화** (원칙적으로 소급효를 인정 ×)

(2) 예외적 소급효

예외적 소급효 인정	① 【예외적 소급효 인정 가】 형벌법규 이외의 일반법규에 관하여 위헌결정에 불소급의 원칙을 채택한 헌법재판소법 자체는 합헌이라도 **예외적 소급효 인정을 부인하는 것은 아님**
당해·동종·병행사건	① 【구체적 규범통제의 실효성 보장】 구체적 규범통제의 실효성 보장의 견지에서 **당해사건, 동종사건, 병행사건은 위헌결정의 소급효가 인정** ② 【당해사건】 법원의 제청·헌법소원의 청구 등을 통하여 헌법재판소에 **법률의 위헌결정을 위한 계기를 부여한 당해사건** (세법조항이 단순위헌으로 결정되면 위헌결정의 소급효가 인정되지 않아 당해사건의 당사자는 구제를 받지 못함 ×) ③ 【동종사건】 위헌결정이 있기 전에 이와 같은 조항의 위헌여부에 관하여 **헌법재판소에 위헌제청을 하였거나 법원에 위헌제청신청을 한 경우**의 당해사건 ④ 【병행사건】 따로 위헌제청을 하지 아니하였지만 **당해 법률 또는 법률의 조항이 재판의 전제가 되어 법원에 계속 중인 사건**
일반사건	① 【구체적 타당성 요청 현저, 소급효 인정해도 법적 안정성 침해우려 無 → 소급효 인정 가】 당사자의 권리구제를 위한 **구체적 타당성의 요청이 현저**한 반면 소급효를 인정하여도 법적 안정성을 침해할 우려가 없고 소급효의 부인이 정의와 형평 등에 배치되는 때에는 **소급효 인정** ② 【불가쟁력이 발생한 처분 : 소급효 부정】 행정처분의 근거가 된 법률이 위헌으로 결정되어도 이미 취소소송의 제기기간을 경과하여 **확정력이 발생한 행정처분에는 위헌결정의 소급효가 미치지 않음** ③ 【근거법률 위헌 시 처분효력은 법원판단 사항】 위헌인 법률 조항에 근거한 행정처분이 항상 무효인 것은 아니고 무효 여부는 **당해사건을 재판하는 법원이 판단할 사항**이므로 법률조항이 위헌으로 결정되었더라도 그 조항에 근거하였던 **처분이 무효인지 여부는 법원 판단 사항**

2 형벌법규

(1) 원칙적 부분 소급효

원칙 : 소급효		① 【원칙적 소급효】 위헌으로 결정된 **형벌에 관한 법률 또는 법률의 조항은 소급하여 그 효력을 상실** (그 결정이 있는 날부터 효력을 상실 ×) ② 【부분 소급효】 형벌에 관한 **법률조항에 대한 위헌결정은 소급효를 가지지만** 해당 법률 또는 법률의 조항에 대하여 **종전에 합헌으로 결정**한 사건이 있는 경우에는 **그 결정이 있는 날의 다음 날**(그 결정이 있는 날 ×)로 **소급하여 효력을 상실함**
권리 구제	확정 판결	① 【재심청구 可】 위헌으로 결정된 형벌에 관한 법률 또는 법률의 조항에 근거한 **유죄의 확정판결**에 대하여는 **재심의 청구**를 통하여 **유죄의 확정판결을 다툴 수 있음** (이미 확정판결을 받은 자는 재심을 청구할 수 없음 ×) ② 【당연 구제 아님】 형사재판 유죄확정판결이 있은 후 **당해 처벌 근거조항에 대해 위헌결정**이 내려진 경우 유죄판결을 받은 자는 **재심청구를 통하여 유죄의 확정판결을 다툴 수 있음** ③ 【합헌결정 이전 범죄행위 → 합헌결정 이후 유죄확정판결 → 재심청구 可】 위헌으로 결정된 법률 또는 법률의 조항이 종전의 합헌결정이 있는 날의 다음 날로 소급하여 효력을 상실하는 경우, 그 **합헌결정이 있는 날의 다음 날 이후에 유죄 판결이 선고되어 확정되었다면**, 비록 **범죄행위가 그 이전에 행하여졌다 하더라도 재심을 청구할 수 있음** (재심을 청구할 수 없음 ×)
	기소 사건	① 【범죄가 아니므로 무죄선고】 위헌결정으로 형벌법규가 소급하여 효력을 상실한 경우, **그 법조를 적용하여 기소한 사건**은 「형사소송법」상 **범죄로 되지 않은 때**에 해당(「형사소송법」상 범죄 후의 법령개폐로 형이 폐지되었을 때에 해당 ×)하여 **무죄를 선고하여야 함**
소급효 부정 형벌법규		① 【실체적 형벌법규에 한정 → 절차법 : 소급효 부정】 소급효가 인정되는 형벌에 관한 법률 또는 법률의 조항의 범위는 **실체적인 형벌법규에 한정**하여야 하고 「형사소송법」이나 「법원조직법」 등 절차법에는 **적용되지 않음** (형사절차법 규정에 대한 위헌선언의 경우에도 소급효가 인정 ×) ② 【불처벌 특례 소급효 부정】 불처벌의 특례를 규정한 법률조항은 형벌에 관한 것이기는 하지만 위헌결정의 소급효를 인정할 경우 **형사처벌을 받지 않았던 자들에게 형사상의 불이익**이 미치게 되므로 **위헌결정의 소급효가 인정되지 않음** (당연히 소급효가 인정 ×, 소급적으로 공소가 이뤄지게 됨 ×, 형사처벌할 수 있음 ×)

(2) 관련판례

1	① 【부분 소급효 : 법적 안정성 > 정의】 입법자는 형벌조항에 대한 위헌결정의 효력과 관련하여 **과거의 완전 소급효 입장을 버리고** 종전에 합헌결정이 있었던 시점까지 그 소급효를 제한하는 **부분 소급효로 입장을 변경**하였는데, 이는 **정의보다는 법적 안정성에 더 중점을 둔 것**(2016.4.28. 2015헌바216) ② 【합헌결정 이전 시점까지 소급효 인정 근거 無】 헌법재판소가 특정 형벌법규에 대하여 **과거에 합헌결정**을 하였다는 것은, 적어도 그 당시에는 **당해 행위를 처벌할 필요성**에 대한 **사회구성원의 합의가 유효**하였다는 것을 확인한 것이므로, **합헌결정이 있었던 시점 이전까지로 위헌결정의 소급효를 인정 근거 없음**(2016.4.28. 2015헌바216) ③ 【평등원칙 위반 아님 (합헌)】 종전에 합헌으로 결정한 사건이 있는 형벌조항에 대하여 위헌결정이 선고된 경우, 그 **합헌결정이 있는 날의 다음 날로 소급하여 효력을 상실**하도록 한 헌법재판소법은 **평등원칙 위반 아님**(2016.4.28. 2015헌바216)

POINT 238 변형결정   Ⓑ

1 변형결정

명문규정 無	① 【헌재법상 명문규정 無】 한정합헌, 한정위헌, 헌법불합치결정은 모두 **명문의 규정이 없음** (한정합헌과 한정위헌은 헌법재판소법에 명문의 규정을 두고 있음 ×)
기속력 有	① 【변형결정은 위헌결정의 일종】 헌법재판소가 선고하는 **위헌결정에는 단순위헌결정은 물론, 한정합헌, 한정위헌결정과 헌법불합치결정도 포함**되고, 이들은 **모두 기속력을 가짐** ② 【타 국가기관에 대하여 기속력】 변형결정은 위헌결정의 일종이며, 타 국가기관에 대하여 **기속력을 가짐**

2 한정위헌·한정합헌결정의 기속력

헌법재판소 (인정)	① 【헌재 : 기속력 인정】 위헌법률심사에서 **한정위헌결정**이 내려지면 **한정위헌결정도 위헌결정에 속하므로 일반적 기속력을 가짐** ② 【법원 구속】 **한정합헌결정**에 대하여 제청법원은 적어도 이 사건 제청당사자로서 위 심판의 기판력을 받을 것임은 물론 직접 제청법원은 이에 의하여 재판하지 않으면 안 될 **구속을 받는다** 할 것임 (한정합헌결정은 합헌결정에 해당하므로 제청법원은 이에 구속되지 아니함 ×)
대법원 (부정)	① 【대법원 : 기속력 부정】 **한정위헌결정**에 의하여 법률이나 법률조항이 폐지되는 것이 아니라 그 문언이 전혀 달라지지 않은 채 그대로 존속하고 있는 것이므로 이는 법률 또는 법률조항의 의미, 내용과 그 적용범위를 정하는 법률해석이라 할 수 있으며, **헌법재판소의 견해를 일응 표명한 것에 불과**하여 법원에 전속되어 있는 법령의 해석·적용 권한에 대하여 어떠한 영향을 미치거나 **기속력을 가질 수 없음** (대법원은 한정위헌결정에 관하여 일반적 기속력을 인정 ×, 대법원은 헌법재판소의 한정위헌결정에 대하여 위헌결정으로서 효력을 인정 ×) ② 【실지거래가액에 의한 양도세 산정 규정 소득세법 한정위헌 → 기속력 부정】 대법원은 실지거래가액에 의한 양도소득세 산정을 규정한 (구)「소득세법」 조항에 대한 **헌법재판소의 한정위헌결정에 대하여 그 기속력을 부인**한 바 있음

3 헌법불합치결정

(1) 적용중지와 잠정적용

적용중지	① 【법률의 위헌성 인정】 헌법불합치결정은 **법률의 위헌성을 인정**하면서도 법적 공백상태 내지 혼란상태를 피하기 위하여 **당해 법률의 잠정적인 계속효를 인정하는 결정형식** ② 【형식적 존속】 법률의 적용이 중지되고 입법자가 개선할 때까지 **형식적으로만 존속**
잠정적용	① 【잠정적용】 **법률이 헌법에 위반**되는 경우, 헌법의 규범성을 보장하기 위하여 원칙적으로 그 법률에 대하여 **위헌결정**을 하여야 하지만, 위헌결정을 통하여 법률조항을 법질서에서 제거하는 것이 **법적공백이나 혼란을 초래할 우려**가 있는 경우에는 위헌조항의 잠정적 적용을 명하는 **헌법불합치결정**을 할 수 있음
입법개선촉구	① 【입법개선의무】 헌법재판소가 법률에 대하여 헌법불합치결정을 하는 때에는 **입법개선촉구의 결정**을 함께 하기도 함

(2) 헌법불합치결정의 사유

평등권 침해	① 【차별조항이 위헌 → 입법자의 형성권】 차별조항의 위헌성이 그 차별의 효과가 지나치다는 것에 기인할 때에는, 그 위헌성의 제거는 입법부가 행하여야 할 것이므로 헌법재판소는 그 조항에 대하여 헌법불합치 결정을 하여야 함 ② 【평등원칙 위반】 법률이 평등원칙에 위반되는 경우가 헌법재판소의 불합치결정을 정당화하는 대표적인 사유임 (평등권을 침해하는 법률의 경우 헌법불합치결정을 할 필요가 없음 ×)
자유권 침해	① 【위헌결정(입법자의 형성권 無)】 자유권(평등권 ×)을 침해하는 법률이 위헌이라고 생각되면 무효선언을 통하여 자유권에 대한 침해를 제거함으로써 합헌성이 회복될 수 있고, 이 경우에는 평등원칙 위반의 경우와는 달리 헌법재판소가 결정을 내리는 과정에서 고려해야 할 입법자의 형성권은 존재하지 않음이 원칙임 ② 【합헌·위헌부분 불분명시 헌불결정 可】 법률규정에 있어서 합헌부분과 위헌부분의 경계가 불분명하여 헌법재판소의 단순위헌결정으로는 적절하게 구분하여 대처하기 어렵고, 입법자에게는 민주주의 원칙의 관점에서 위헌적인 상태를 제거할 수 있는 여러 가지의 가능성이 인정된다면, 입법자로 하여금 문제점을 해결하도록 하기 위해 헌법불합치결정을 하는 것이 타당

(3) 헌법불합치결정의 효력

소급효	① 【위헌결정의 효력과 동일】 헌법재판소와 대법원은 변형결정의 하나인 헌법불합치결정의 경우에도 위헌결정과 동일하게 소급효를 인정하고 있음 ② 【당해·동종·병행 소급적용 인정】 헌법불합치결정에 따른 개선입법의 소급적용 여부와 소급적용의 범위는 원칙적으로 입법자의 재량에 달린 것이지만, 적어도 헌법불합치결정을 하게 된 당해 사건 및 그 결정 당시에 법률조항의 위헌 여부가 쟁점이 되어 법원에 계속 중인 사건에 대하여는 헌법불합치결정의 소급효가 미침
소급입법	① 【소급입법여부 입법재량】 개정법률의 소급적용 여부는 입법형성의 범위에 속하는 것이기 때문에 헌법불합치결정에 따른 개선입법이 제한없이 소급적용되어야 하는 것은 아님

(4) 헌법불합치결정 주요사례

1	잠정적용 【순경·소방사 응시연령 상한 30세 (헌불)】 순경 공채시험, 소방사 등 채용시험, 그리고 소방간부 선발시험의 응시연령의 상한을 '30세 이하'로 규정한 「경찰공무원임용령」·「소방공무원임용령」은 공무담임권 침해 (2012.5.31. 2010헌마278) → 응시연령은 국민의 생명과 재산을 보호하기 위하여 필요한 최소한도의 제한은 허용되어야 하며, 입법기관이 결정할 사항이므로 헌법불합치결정을 하는 것이 타당
2	잠정적용 【주민등록변경규정 없는 주민등록법 (헌불)】 주민등록번호 변경에 관한 규정을 두고 있지 않은 주민등록법의 위헌성은 주민등록번호 변경에 관하여 규정하지 아니한 부작위에 있으므로, 「주민등록법」에 대하여 단순위헌결정을 할 경우 주민등록번호제도 자체에 관한 근거규정이 사라지게 되어 법적공백이 생기게 된다는 점 등을 고려하면, 헌법불합치결정을 선고하면서 입법자가 개선입법을 할 때까지 계속 적용을 명할 수 있음(2015.12.23. 2013헌바68 등)
3	【형벌법규인 집시법 헌불 잠정적용시 소급 효력 상실 (무죄)】 형벌에 관한 법률조항을 이루게 되는 「집시법」 조항에 대하여 헌법불합치결정이 선고된 경우 헌법재판소가 위 조항에 대하여 잠정적용을 명한 경우라 하더라도 형벌에 관한 법률조항에 대하여 위헌결정이 선고된 경우 그 조항이 소급하여 효력을 상실한다고 규정한 헌법재판소법 조항에 따라 소급하여 효력을 상실(대판 2011.6.23. 2008도7562)

POINT 239 위헌심사형 헌법소원

헌법재판소법 제68조(청구 사유) ② 【위헌심사형 헌법소원】 제41조제1항에 따른 **법률의 위헌 여부 심판의 제청신청이 기각**된 때에는 그 **신청을 한 당사자**는 헌법재판소에 헌법소원심판을 청구할 수 있다.7 이 경우 그 당사자는 **당해 사건의 소송절차**에서 동일한 사유를 이유로 **다시 위헌 여부 심판의 제청을 신청할 수 없다.**3

1 위헌심사형 헌법소원

(1) 위헌심사형 헌법소원

규범통제제도	① **【규범통제제도】** 규범통제형 헌법소원심판청구는 **법률**이 헌법에 위반되는지 여부가 재판의 전제가 된 때에 소송사건의 당사자가 헌법재판소법 제41조 제1항에 의한 위헌여부심판의 제청신청을 하였음에도 불구하고 법원이 이를 배척한 경우, 법원의 제청에 갈음하여 **당사자가 직접 헌법재판소에 헌법소원의 형태로 그 법률의 위헌 여부의 심판을 구하는 것임**1 ② **【제청신청을 한 당사자】** 위헌법률심판의 제청신청이 기각된 경우에 **제청신청을 한 당사자**는 헌법재판소에 헌법재판소법 제68조 제2항에 의한 **헌법소원을 청구할 수 있음** (헌법재판소에 일반 국민이 직접 청구하는 것은 허용되지 않음 ×)6
반복 제청신청 금지	① **【같은 심급 + 상소심 소송절차】** 위헌법률심판의 제청신청이 기각된 때에 그 신청을 한 당사자는 **당해 사건의 같은 심급뿐만 아니라 상소심의 소송절차에서도 동일한 사유로 다시 위헌법률심판의 제청신청을 할 수 없음** (당해 사건의 상소심 소송절차는 포함하는 것이 아님 ×)4 ② **【파기환송 전후 소송절차】** 당해 사건의 소송절차란 당해 사건의 **상소심 소송절차**는 물론 **대법원에 의해 파기환송되기 전후의 소송절차**를 모두 포함1
제청신청배척	① **【법원의 제청신청 기각 or 각하】** 법원이 재판의 전제성이 없다는 이유로 **위헌법률심판제청신청을 부적법하다고 각하한 경우**도 제청신청 당사자는 헌법재판소법 제68조 제2항에 의한 **헌법소원을 청구할 수 있음** (헌법소원을 청구할 수 없음 ×)2 → 헌법재판소는 **재판의 전제성 유무에 대한 법원의 판단을 번복할 수 있음** (번복할 수 없음 ×)1
대상법률	① **【제청신청 無 → 각하·기각결정 無 : 부적법】** 헌법재판소법 제68조 제2항의 헌법소원에서 청구인이 당해 소송법원에 위헌여부심판의 제청을 하지 않아서 법원의 각하 또는 기각결정도 없었던 부분에 대한 **심판청구는 부적법**5 ② **【제청신청 無 but 예외적 실질판단 / 제청신청 한 조항과 연관관계 有 → 묵시적으로 인정】** 제청신청·기각결정이 없었던 **법률조항**이라도 예외적으로 위헌제청신청을 기각 또는 각하한 법원이 그 법률조항을 **실질적으로 판단**하였거나 그 법률조항이 **명시적으로 위헌제청신청을 한 조항과 필연적 연관관계**를 맺고 있어서 법원이 그 법률조항을 **묵시적으로나마 위헌제청신청으로 판단**을 하였을 경우에는 헌법재판소법 제68조 제2항의 헌법소원으로서 **적법** (위헌제청신청으로 판단할 것으로 볼 여지 없음 ×)1
청구기간	① **【기각결정 통지 30일 이내】** 헌법재판소법 제68조 제2항에 따른 헌법소원심판은 위헌 여부 심판의 제청신청을 **기각하는 결정을 통지받은 날**(결정을 한 날 ×)부터 **30일 이내**(14일 이내 ×, 60일 이내 ×, 90일 이내 ×)에 **청구하여야 함**8

(2) 청구기간 관련판례

1	**【공판정에서 제청신청 기각취지 주문 낭독 = 통지 (각하)】** 공판정에서 청구인이 출석한 가운데 재판서에 의하여 **위헌법률심판제청신청을 기각하는 취지의 주문을 낭독**하는 방법으로 재판의 선고를 한 경우, 청구인은 이를 통하여 위헌법률심판제청신청에 대한 기각결정을 통지받았다고 보아야 하므로 그로부터 **30일이 경과한 후 제기된 헌법소원 심판청구는 청구기간을 경과한 것으로서 부적법**(2018.8.30. 2016헌바316)1

2 재판의 진행과 재판확정에 따른 재심의 청구

재판의 진행	① 【재판의 진행】 헌법소원이 제기되어 헌법재판소로부터 그 통지를 받은 법원은 헌법재판소의 결정이 있을 때까지 **재판의 진행을 정지하여야 하는 것은 아님** (결정이 있을 때까지 재판을 정지하여야 함 ×)⁵
헌소인용시 법원재판 재심청구 可	① 【헌소 인용시 재심청구 可】 헌법재판소법 제68조 제2항에 따른 **헌법소원이 인용**된 경우에 해당 헌법소원과 관련된 **소송사건이 이미 확정된 때**에는 당사자는 재심을 청구할 수 있음³ ② 【판결 확정되었어도 재심청구 可 : 전제성 인정】 소송 계속 중에 적용 법률에 대하여 **위헌법률심판제청신청**을 하여 헌법소원심판까지 이르게 된 경우 헌법재판소의 위헌결정이 있게 되면 당해 소송사건이 이미 확정된 때라도 당사자는 재심을 청구할 수 있으므로 **재판의 전제성은 인정** (헌법재판소의 종국결정 이전에 당해 사건 재판이 확정되어 종료되었다면 재판의 전제성은 부정됨 ×)³

3 재판의 전제성 관련판례

(1) 구체적 사건이 법원에 계속 중

1	【소각하 판결 확정 or 소각하될 수밖에 없는 경우 (부정)】 법원에서 당해 소송사건에 적용되는 재판규범 중 위헌제청신청대상이 아닌 관련 법률에서 규정한 소송요건을 구비하지 못하였기 때문에 부적법하다는 이유로 **소각하 판결을 선고하고 그 판결이 확정**되거나, 소각하 판결이 확정되지 않았더라도 **당해 소송사건이 부적법하여 각하될 수밖에 없는 경우**에는 당해 소송사건에 관한 **재판의 전제성 요건이 흠결**되어 **부적법**(2005.3.31. 2003헌바113)² 비교 【각하판결 유지 불분명 (인정)】 당해 소송사건이 **각하될 것이 불분명**한 경우에는 재판의 전제성이 흠결되었다고 단정할 수 없음(2013.11.28. 2011헌바36 등)¹ 비교 【제1심·항소심 소송요건 결여로 각하 but 상고심에서 각하판결 유지 불분명 (인정)】 당해소송이 **제1심과 항소심**에서 심판대상법률이 아닌 다른 법률에서 규정한 **소송요건이 결여되었다는 이유로 각하**되었지만, **상고심에서 그 각하판결이 유지될지 불분명**한 경우 **재판의 전제성 인정**(2004.10.28. 99헌바91)¹
2	【소송대리권 미수여 소각하 판결 (부정)】 소송대리권을 수여한 사실이 인정되지 않아 당해사건이 부적법하다는 이유로 소 각하 판결이 확정된 일부 청구인들의 심판청구는 법률의 위헌 여부를 따져 볼 필요 없이 **각하를 면할 수 없으므로, 재판의 전제성이 인정되지 않아 부적법**(2020.3.26. 2016헌바55 등)¹
3	【당해사건의 항소심에서 임의조정성립 소송종결 (부정)】 제1심인 당해사건에서 헌법소원심판을 청구하였는데, **당해사건의 항소심에서 당사자들 간에 임의조정이 성립되어 소송이 종결**되었다면 심판대상조항이 당해사건인 제1심 판결에 적용되었더라도 **전제성 부정**(2010.2.25. 2007헌바34)²
4	【당해사건의 항소심에서 '소'취하 (부정)】 제1심인 당해사건에서 헌법소원심판을 청구하였는데, **당해사건의 항소심에서 소를 취하**하는 경우 당해사건이 종결되어 심판대상조항이 당해사건에 적용될 여지가 없으므로 **재판의 전제성이 인정되지 않음**(2011.11.24. 2010헌바412)¹ 비교 【당해사건의 항소심에서 '항소'취하 (인정)】 제1심인 당해사건에서 헌법소원심판을 청구하였는데, **당해사건의 항소심에서 항소를 취하**하는 경우 원고 패소의 원심판결이 확정되었더라도 **법률이 위헌으로 결정되면 재심청구가 가능**하므로 **재판의 전제성 인정**(2015.10.21. 2014헌바170)²

(2) 법률이 당해 소송사건의 재판에 적용

1	**【처벌의 근거 법률조항 : 재심청구에 대한 심판에서 전제성 부정 / 본안사건에 대한 심판에서 전제성 인정】** 확정된 유죄판결에서 **처벌의 근거가 된 법률조항**은 재심의 청구에 대한 심판, 즉 재심의 개시 여부를 결정하는 재판에서는 **재판의 전제성이 인정되지 않고**, 재심의 개시 결정 이후의 **본안사건에 대한 심판**에 있어서만 **재판의 전제성 인정** (2013.3.21. 2010헌바132 등)
	유사 **【재심청구 적법, 재심사유 인정시 본안 사건 재판에 적용될 법률조항 (인정)】** 당해사건이 재심사건인 경우 심판대상조항이 **재심청구 자체의 적법 여부에 대한 재판**에 적용되는 법률조항이 아니라 **본안 사건에 대한 재판**에 적용될 법률조항이라면 **재심청구가 적법**하고, 재심의 사유가 인정되는 경우에 한하여 **재판의 전제성 인정** (2007.12.27. 2006헌바73)

(3) 당해 소송사건을 담당하는 법원이 다른 내용의 재판

1	**형사** **【형사사건에서 무죄의 확정판결시 처벌조항 (부정)】** 형사사건에서 **무죄의 확정판결**을 받은 때에는 처벌조항의 위헌확인을 구하는 헌법소원이 인용되더라도 재심을 청구할 수 없고, 무죄판결은 종국적으로 다툴 수 없게 되므로 **재판의 전제성 부정** (2009.5.28. 2006헌바109 등)
	비교 **【형사'재심'사건에서 무죄의 확정판결시 예외적 전제성 인정 사례 有 (인정)】** 청구인이 당해사건인 형사사건에서 무죄의 확정판결을 받은 때에는 원칙적으로 재판의 전제성이 인정되지 아니하나, **예외적으로 객관적인 헌법질서의 수호ㆍ유지** 및 관련 당사자의 권리구제를 위하여 **심판의 필요성을 인정**하여 **재판의 전제성 인정 사례 있음** (2013.3.21. 2010헌바132 등)
2	**형사** **【공소취소로 공소기각결정 확정시 공소의 근거법률 (부정)】** 당해 사건 계속 중 공소가 취소되어 공소기각 결정이 확정된 경우 공소의 근거 법률에 관하여 **재판의 전제성 부정** (2014.9.25. 2013헌바28)
3	**행정** **【확정 승소판결 (부정)】** 당해 사건 재판에서 청구인이 **승소판결을 받아 그 판결이 확정**된 경우 청구인은 재심을 청구할 법률상 이익이 없고, 심판대상조항에 대하여 위헌결정이 선고되더라도 당해사건재판의 결론이나 주문에 영향을 미칠 수 없으므로 그 심판청구는 **재판의 전제성 부정** (2001.6.28. 2000헌바61)
	비교 **【미확정 승소판결 (인정)】** 당해 사건 재판에서 **승소판결을 받았다고 하더라도 그 판결이 확정되지 아니한 이상** 상소절차에서 그 주문이 달라질 수 있다면, 당해 사건에 적용되는 법률조항은 **재판의 전제성 인정** (2013.6.27. 2011헌바247)
4	**행정** **【제소기간 도과 처분의 근거법률 (부정)】** 제소기간이 경과한 뒤에는 **행정처분의 근거 법률이 위헌임을 이유로 무효확인소송 등을 제기**하더라도 행정처분의 효력에는 영향이 없음이 원칙이므로 **행정처분의 근거가 된 법률조항**은 당해 행정처분의 무효확인을 구하는 **당해 사건에서 재판의 전제 안됨** (2014.1.28. 2010헌바251)
5	**행정** **【집행이 종료된 처분의 근거법률 (부정)】** 행정처분의 근거가 된 법률이 헌법재판소에서 위헌으로 선고된다고 하더라도 그 전에 **이미 집행이 종료된 행정처분은 당연히 무효가 되지 않으므로** 쟁송기간이 경과한 후에는 행정처분의 근거법률이 위헌임을 이유로 **무효확인소송 등을 제기하더라도 행정처분의 효력에는 영향이 없음** (1999.9.16. 92헌바9)
6	**과태료** **【과태료 부과ㆍ징수절차 종료시 과태료 처분의 근거조항 (부정)】** 과태료를 자진납부함으로써 해당 질서위반행위에 대한 **과태료 부과 및 징수절차가 종료**하였고 행정소송 그 밖에 권리구제 절차를 통하여 과태료 부과처분을 다툴 수 없게 되었다면, **과태료 부과처분의 근거법률인 심판대상조항**이 위헌이라 하더라도 과태료 부과처분의 효력에 영향이 없어 **재판의 전제성 부정** (2015.7.30. 2014헌바420 등)
7	**민사** **【유죄확정판결로 몰수된 재산 반환을 구하는 민사재판에서 유죄확정판결 근거 형벌조항 (부정)】** 유죄확정판결에 의하여 몰수된 재산의 반환을 구하는 민사재판에서 **유죄확정판결의 근거가 된 형벌조항**의 위헌성을 다툴 수 없어, 그 **형벌조항은 재판의 전제성 부정** (1993.7.29. 92헌바34)

CHAPTER 04 | 권리구제형 헌법소원

POINT 240 권리구제형 헌법소원

헌법재판소법 제68조(청구 사유) ① 【공권력 → 기본권 침해】 공권력의 행사 또는 불행사(不行使)로 인하여 헌법상 보장된 **기본권을 침해받은 자는** 법원의 재판을 제외하고는 헌법재판소에 헌법소원심판을 청구할 수 있다. 다만, 다른 법률에 구제절차가 있는 경우에는 그 절차를 모두 거친 후에 청구할 수 있다.

1 권리구제형 헌법소원의 청구

헌소청구	① 【주관적 권리구제절차】 헌법소원제도는 공권력작용으로 인하여 헌법상 권리를 침해받은 자가 **권리를 구제받기** 위하여 심판을 구하는 **주관적 권리구제절차** (추상적 절차 ×) ② 【주관적 권리보호 + 객관적 헌법질서의 수호·유지】 권리구제형 헌법소원은 개인의 **주관적 권리보호** 뿐 아니라 **객관적 헌법질서의 수호·유지**를 목적으로 함 ③ 【재판의 전제성 불요】 권리구제형 헌법소원을 청구하기 위해서는 **재판의 전제성**이라는 요건이 **필요없음** (재판의 전제성 요건 필요 ×)
병합제기	① 【병합제기 可】 하나의 심판청구로서 **헌법재판소법 제68조 제1항**에 의한 헌법소원심판청구와 **헌법재판소법 제68조 제2항**에 의한 헌법소원심판청구를 함께 **병합하여 제기할 수 있음** (하나의 심판청구에 양자를 병합하여 제기하는 것은 허용되지 아니함 ×)
심판대상 확정	① 【청구취지 불기속 → 기본권·침해원인 직권조사】 헌법재판소는 **심판청구서에 기재된 피청구인이나 청구취지에 구애됨이 없이** 청구인의 주장요지를 종합적으로 판단하여야 하며 **청구인이 주장하는 침해된 기본권과 침해의 원인이 되는 공권력을 직권으로 조사하여 피청구인과 심판대상을 확정**하여 판단 (심판청구서에 기재된 청구취지에 기속되어 심판대상을 확정 ×)

2 헌법소원의 국선대리인제도 (권리구제형 & 위헌심사형)

(1) 국선대리인제도

국선대리인제도	① 【헌법소원만 인정】 헌법재판소법은 **헌법소원심판에 대해서만** 국선대리인제도를 직접 규정하고 있음
신청선임	① 【무자력시 선임신청 可】 헌법소원심판을 청구하려는 자가 변호사를 대리인으로 선임할 **자력이 없는 경우에는** 헌법재판소에 **국선대리인을 선임하여 줄 것을 신청할 수 있음** (자력이 없는 경우에는 헌법재판소가 국선대리인을 직권으로 선임하여야 함 ×) ② 【선정 거부 可】 헌법재판소는 그 심판청구가 **명백히 부적법**하거나 **이유 없는 경우** 또는 **권리의 남용**이라고 인정되는 경우에는 **국선대리인을 선정하지 아니할 수 있음**
직권선임	① 【공익상 필요시 직권 선임 可】 헌법재판소가 **공익상 필요**하다고 인정할 때에는 **국선대리인을 선임할 수 있음** → **자력이 충분한 청구인**에게도 선임해 줄 수 있음

(2) 국선대리인 선임신청과 청구기간

청구기간	① **【선임신청이 있는 날】** 국선대리인을 선임하여 줄 것을 신청하는 경우에는 **청구기간은 국선대리인의 선임신청이 있는 날**(국선대리인이 심판청구서를 제출한 날 ×)을 기준으로 정함 [3] ② **【청구기간내 국선변호인 선임신청 : 적법】** 헌법소원심판의 청구가 청구기간 내에 청구되지 않았더라도 그 청구기간 내에 국선변호인 선임신청이 있었다면 **청구기간을 도과한 것이 아님** (도과한 것임 ×) [1] ③ **【60일 이내 청구서 제출】** 국선대리인은 **선정된 날부터 60일 이내**에 **심판청구서를 헌법재판소에 제출**하여야 함
선임거부결정	① **【선임신청일 ~ 통지받은날 기간은 청구기간에 불산입】** 헌법재판소가 **국선대리인을 선정하지 아니한다**는 결정을 한 때에는 지체 없이 그 사실을 신청인에게 **통지**하여야 하며, 이 경우 신청인이 **국선대리인 선임신청을 한 날부터 그 통지를 받은 날까지의 기간**은 **청구기간에 산입하지 아니함** [3]

3 지정재판부의 사전심사 (권리구제형 & 위헌심사형)

지정재판부	① **【헌법소원만 대상】** 헌법재판소장은 헌법재판소에 **재판관 3명**으로 구성되는 **지정재판부**를 두어 **헌법소원심판**(위헌법률심판 ×)**의 사전심사를 담당**하게 할 수 있음 (제68조 제2항에 의한 헌법소원에서는 지정재판부가 사전심사를 하지 아니함 ×, 담당하게 하여야 함 ×) [9]
사전심사	① **【보충성 위반 + 재판 대상 + 청구기간 도과 + 청구 부적법】** 지정재판부는 ㉠ **다른 법률에 따른 구제절차**가 있는 경우 그 절차를 모두 거치지 아니하거나 또는 **법원의 재판**에 대하여 헌법소원의 심판이 청구된 경우 [1] ㉡ **청구기간**이 지난 후 헌법소원심판이 청구된 경우 ㉢ **대리인의 선임 없이 청구**된 경우 [1] ㉣ 헌법소원심판의 청구가 **부적법**하고 그 흠결을 보정할 수 없는 경우(명백히 부적법하거나 이유 없는 경우 ×) [2] **재판관 전원의 일치된 의견에 의한 결정**(재판관의 과반수 이상의 결정 ×)으로 헌법소원의 심판청구를 **각하** [6] ② **【각하결정 없이 30일 도과 시 심판회부결정 간주】** 헌법소원심판의 청구 후 **30일**이 지날 때까지 각하결정이 없는 때에는 **심판에 회부하는 결정이 있는 것으로 봄** (청구된 헌법소원은 재판부의 심판에 회부되지 않음 ×) [7]
각하·심판회부 결정 통지	① **【14일내 통지】** 지정재판부는 헌법소원을 각하하거나 심판회부결정을 한 때에는 **결정일부터 14일 이내** (30일 이내×)에 청구인 또는 대리인 및 피청구인에게 **사실을 통지**하여야 함 [1]

POINT 241 헌법소원심판의 대상 Ⓑ

헌법재판소법 제68조(청구 사유) ① 【공권력 → 기본권 침해】 공권력의 행사 또는 불행사(不行使)로 인하여 헌법상 보장된 **기본권을 침해받은 자는 법원의 재판을 제외**하고는 헌법재판소에 헌법소원심판을 청구할 수 있다. 다만, 다른 법률에 구제절차가 있는 경우에는 그 절차를 모두 거친 후에 청구할 수 있다.

1 국가기관의 공권력 작용

공권력	① 【고권적 작용】 공권력이란 입법권·행정권·사법권을 행사하는 **모든 국가기관·공공단체 등의 고권적 작용** ② 【모든 기관 + 공법인 + 영조물】 헌법소원심판의 대상이 되는 행위는 **국가기관의 공권력 작용**에 속하여야 하고, 국가기관은 입법·행정·사법 등의 **모든 기관**을 포함하며, 공법상의 사단, 재단 등의 **공법인**, 국립대학교와 같은 **영조물** 등의 작용도 헌법소원의 대상 ③ 【외국·국제기관 부정】 헌법소원의 본질상 **대한민국 국가기관의 공권력 작용**을 의미하고 **외국이나 국제기관의 공권력 작용은 포함 안됨**
직접적인 법률효과	① 【직접적 법률효과 발생】 헌법소원의 대상이 되는 공권력의 행사는 **국민의 권리·의무에 대해 직접적인 법률효과를 발생**시키는 행위

2 관련판례

(1) 공권력성 인정

1	① 【대한변협은 공권력 주체】 변호사 등록제도는 원래 **국가의 공행정의 일부**라 할 수 있으나, 국가가 행정상 필요로 인해 **대한변호사협회에 관련 권한을 이관**한 것이므로 **대한변호사협회는 변호사 등록에 관한 한 공법인으로서 공권력 행사의 주체**(2019.11.28. 2017헌마759) ② 【변호사 등록 규정은 공권력 행사】 대한변호사협회가 변호사등록사무의 수행과 관련하여 **정립한 규범**은 대외적 구속력을 가지는 **공권력 행사에 해당**(2019.11.28. 2017헌마759) 유사 【변호사 광고에 관한 규정 (위헌)】 변호사 또는 소비자로부터 금전·기타 경제적 대가를 받고 법률상담 또는 사건 등을 소개·알선·유인하기 위하여 변호사 등을 광고·홍보·소개하는 행위를 금지하는 **대한변호사협회의 변호사 광고에 관한 규정은 헌법소원의 대상이 되는 공권력 행사**(2022.5.26. 2021헌마619)
2	【법학전문대학원협의회의 법학적성시험 시행계획 공고】 법학전문대학원협의회의 법학적성시험 시행계획 공고는 헌법소원심판의 대상이 되는 **공권력의 행사**(2010.4.29. 2009헌마399)
3	【국회의원선거구 획정 → 선거권자 (헌불)】 국회의원선거구 획정의 위헌 여부는 국민의 선거권 및 평등권 침해와 **직접적 관련**이 있기 때문에 **헌법재판소의 심판대상**(2014.10.30. 2012헌마192 등)

(2) 공권력성 부정

1	**【정당의 경선 (각하)】** 정당의 대통령선거 후보선출은 자발적 조직 내부의 의사결정에 지나지 아니하므로, 정당이 **대통령선거 후보경선과정에서 여론조사 결과를 반영**한 것은 헌법소원심판의 대상이 되는 **공권력의 행사 아님** (2007.10.30. 2007헌마1128)
2	**【사립학교 법인의 로스쿨 모집요강 (각하)】** 이화여자대학교는 사립대학으로서 국가기관이나 공법인, 국립대학교와 같은 공법상의 영조물에 해당하지 아니하고, 일반적으로 사립대학과 그 학생과의 관계는 사법상의 계약관계이므로 **학교법인 이화학당을 공권력의 주체라거나 그 모집요강을 공권력의 행사라고 볼 수 없음**(2013.5.30. 2009헌마514)
3	**【변호인이 스스로 피의자와 접견을 하지 않은 행위 (각하)】** 변호인이 피의자 신문 종료후 검찰수사관에게 피의자와 이야기해도 되는지를 문의하였는데 변호인 접견신청서를 제출하여야 한다는 말을 듣고 피의자와 접견을 하지 않은 경우, **변호인이 피의자와 접견을 하지 않은 행위**는 스스로 접견을 하지 않기로 결정한 것으로 **검찰수사관의 접견불허행위가 없음**(2017.11.30. 2016헌마503)
4	**【헌법소원 결정서 정본 송달 부작위 (각하)】** 헌법소원사건의 결정서 정본을 국선대리인에게만 송달하고 청구인에게 송달하지 않은 부작위의 위헌확인을 구하는 헌법소원심판청구는 **공권력 불행사가 존재하지 않는 경우**에 해당하여 **부적법**(2012.11.29. 2011헌마693)
5	① **【헌법규정 : 부정】** 국민투표에 의하여 확정된 현행 헌법의 성립과정과 헌법 제130조 제2항이 헌법의 개정을 국민투표에 의하여 확정하도록 하고 있으므로, **헌법**은 그 전체로서 **주권자인 국민의 결단 내지 국민적 합의의 결과**라고 보아야 할 것으로, **헌법의 규정은 공권력 행사의 결과 아님**(1996.6.13. 94헌마118 등) ② **【§29② : 부정】** 군인 등의 국가배상청구를 제한하고 있는 **헌법 제29조 제2항**은 헌법소원심판의 대상이 되는 **공권력 행사 아님**(1996.6.13. 94헌마118 등)

POINT 242 헌법소원심판의 대상 (국회)

1 법률

인정	① **【청구당시 공포전 법률(이후 공포) : 인정】** 법률안이 거부권 행사에 의하여 최종적으로 폐기되었다면 모르되, 그렇지 아니하고 **공포되었다면** 법률안은 그 동일성을 유지하여 **법률로 확정**되는 것이므로 **청구 당시의 공포 여부**를 문제삼아 **헌법소원의 대상성을 부인할 수는 없음** ② **【폐지·개정 법률 : 인정】** 폐지되거나 개정된 **법률**이라 하더라도 이로 인해 **국민의 권리침해**가 있을 경우에는 **심판의 대상** (권리침해가 있는 경우에도 대상 아님 ×)
부정	① **【위헌결정이 선고된 법률 : 부정】** 위헌결정이 선고된 법률에 대한 헌법소원심판청구는, 비록 **위헌결정이 선고되기 이전에 심판청구**된 것일지라도 더 이상 심판의 대상이 될 수 없으므로 **부적법** (위헌결정이 선고되기 이전에 심판청구된 법률조항의 경우 대상이 됨 ×) ② **【법률의 개폐 요구 : 부정】** 법률의 개폐는 입법기관의 소관사항이므로 **법률을 개정 및 폐지를 요구**하는 것은 헌법소원심판청구의 대상이 될 수 없음 (헌법소원심판의 대상 ×)

2 입법부작위

(1) 입법부작위

진정입법 부작위	① **【헌법의 명시적 입법위임 or 헌법 해석상 국가의 입법의무】** 진정입법부작위에 대한 헌법소원심판청구는 헌법에서 기본권보장을 위하여 **법률에 명시적으로 입법위임**을 하였음에도 **입법자가 이를 이행하지 아니한 경우**이거나, **헌법해석상** 특정인에게 구체적인 기본권이 생겨 이를 보장하기 위한 **국가의 행위의무 내지 보호의무가 발생**하였음이 명백함에도 불구하고 **입법자가 아무런 입법조치를 취하지 아니한 경우**에 한하여 **허용** → **입법자에게 입법의무 인정**
부진정입법 부작위	① **【결함있는 입법규정 자체가 대상】** 부진정입법부작위를 대상으로 하여 헌법소원을 제기하려면 **결함이 있는 당해 입법규정 그 자체**를 대상으로 하여 **헌법위반**을 내세워 **적극적인 헌법소원을 제기하여야 함** (부진정입법부작위도 부작위로서 헌법소원 대상 ×) ② **【입법부작위 대상 불가】** 기본권보장을 위한 법규정이 불완전하여 보충을 요하는 경우 **불완전한 법규 자체를 대상**으로 헌법위반이라는 **적극적 헌법소원 청구**는 별론하고, **입법부작위를 헌법소원의 대상**으로 삼을 수 없음

(2) 작위의무 없는 입법부작위 사례

1	【지자체장의 퇴직급여제 입법부작위 (각하)】 선출직 **지방자치단체의 장**을 위한 별도의 **퇴직급여제도를 마련하지 않**은 「공무원연금법」은 **진정입법부작위**에 해당하지만 입법적 의무가 도출되지 않아 **헌법소원의 대상이 될 수 없음** (2014.6.26. 2012헌마459) → ① **헌법 제7조의 해석상** 지자체장을 위한 퇴직급여제도를 마련하여야 할 **입법적 의무 없음** / ② **헌법 제25조의 공무담임권**은 공무원의 재임 기간 동안 충실한 공직 수행을 담보하기 위하여 공무원의 퇴직급여 및 공무상 재해보상 보장까지 그 보호영역으로 한다고 볼 수 없으므로 **헌법해석상 입법의무 도출 안 됨**
2	【형사피의자에 국선변호인제도 입법부작위 (각하)】 국가가 형사피의자를 위한 국선변호인 제도를 입법해야 할 **헌법적 의무가 없으므로** 형사피고인과 달리 **형사피의자에 대해서는 국선변호인제도를 규정하고 있지 않은 입법부작위**는 **헌법소원의 대상 아님** (2008.7.1. 2008헌마428)
3	【영장실질심사 전 법원이 피의사실 요지를 미리 고지하도록 규정하지 않은 입법부작위 (각하)】 법원이 구속영장이 청구된 피의자의 사선변호인에게 구속 전 피의자심문(영장실질심사) 기일 이전에 **피의사실의 요지를 미리 고지하도록 규정하지 아니한 입법부작위**에 대한 **헌법소원청구 부적법** (2015.12.23. 2013헌마182)
4	【비의료인 문신시술금지 (각하)】 의료인이 아닌 사람도 문신시술을 업으로 행할 수 있도록 그 자격 및 요건을 법률로 제정하도록 하는 내용의 **명시적인 입법위임**은 헌법에 존재하지 않으며, 문신시술을 위한 별도의 자격제도를 마련할지 여부는 여러 가지 사회적·경제적 사정을 참작하여 **입법부가 결정할 사항**으로, 그에 관한 **입법의무가 헌법해석상 도출된다고 보기는 어려움** (2022.3.31. 2017헌마1343 등) 유사 【비의료인 문신시술 자격·요건을 규정하지 않은 입법부작위 (각하)】 의료인이 아닌 자도 문신시술을 업으로 행할 수 있도록 자격 및 요건을 법률로 정하지 않은 것은 **진정입법부작위**에 해당하나, 헌법이 명시적으로 그러한 법률을 만들어야 할 입법의무를 부여하였다고 볼 수 없고, 그러한 **입법의무가 헌법해석상 도출된다고 볼 수 없음** (2007.11.29. 2006헌마876)
5	【6·25 전쟁당시 처형된 자 구제하는 법률을 제정하지 않은 입법부작위 (각하)】 전직 경찰관이라는 신분으로 인하여 6·25전쟁 당시 인민군에 의해 처형된 자를 **국가유공자에 준하여 구제하는 법률을 제정하지 않은 국회의 입법부작위**에 대한 **헌법소원 심판청구는 부적법** (2003.6.26. 2002헌마624)

(3) 부진정입법부작위 관련판례

1	【주민등록법상 주민등록변경규정 부진정입법부작위 (헌불)】 주민등록번호의 잘못된 이용에 대비한 '주민등록번호 변경'에 대하여 아무런 규정을 두고 있지 않은 것이 헌법에 위반된다는 주장은 주민등록번호 부여제도에 대하여 입법을 하였으나 주민등록번호 변경에 대하여는 아무런 규정을 두지 아니한 **부진정입법부작위**가 위헌이라는 것이어서, 「주민등록법」 제7조의 기본권 침해 여부가 **심판대상** (2015.12.23. 2013헌바68 등)

POINT 243 헌법소원심판의 대상 (행정부)

1 조약

(1) 헌법소원 대상성

위헌법률심판	①【위헌법률심판 or 위헌헌소】 법률적 효력을 가지는 조약에 대한 위헌여부의 심사는 헌법재판소법 제41조 제1항에 따른 위헌법률심판과 헌법재판소법 제68조 제2항에 따른 위헌심사형 헌법소원의 형태로 가능
권리구제형 헌소	①【권리구제형 헌법소원 : 인정】 조약을 집행하는 행위가 존재하지 아니하고 바로 조약으로 직접 기본권이 침해된 경우 헌법재판소법 제68조 제1항에 따른 권리구제형 헌법소원 가능 (불가능 ×)

(2) 관련판례

1	조약【한일어업협정 체결행위 : 인정 (기각)】 대한민국과 일본국 간의 어업에 관한 협정은 우리나라 정부가 일본 정부와의 사이에서 어업에 관해 체결·공포한 조약으로서 국내법과 같은 효력을 가지므로, 그 협정의 체결행위는 고권적 행위로서 공권력 행사(2001.3.21. 99헌마139 등)
2	비구속적 합의【일본군 위안부 피해자 합의 : 부정 (각하)】 대한민국 외교부장관과 일본국 외무부대신이 공동발표한 일본군 위안부 피해자 문제 관련 합의는 헌법소원심판 청구 대상 아님(2019.12.27. 2016헌마253)

2 법규명령

(1) 헌법소원 대상성

직접성 충족시 인정	①【명령·규칙】 행정부에서 제정한 명령·규칙도 그것이 별도의 집행을 기다리지 않고 직접 기본권을 침해하는 것일 때에는 헌법소원의 대상 (대상이 될 수 없음 ×) ②【명령·규칙 그 자체에 의해 기본권 침해시 가】 헌법 제107조 제2항이 규정한 명령·규칙에 대한 대법원의 최종심사권이란 구체적인 소송사건에서 명령·규칙의 위헌여부가 재판의 전제가 되었을 경우 법률의 경우와는 달리 헌법재판소에 제청할 것 없이 대법원이 최종적으로 심사할 수 있다는 의미이며, 명령·규칙 그 자체에 의하여 직접 기본권이 침해되었음을 이유로 하여 헌법소원심판을 청구하는 것은 위 헌법규정과는 아무런 상관이 없는 문제 (대법원이 최종적 심사권을 가지므로 헌법소원의 대상이 될 수 없음 ×)
인정사례	①【대통령령】 대통령이 제정한 행정입법은 법원의 위헌·위법심사나 헌법재판소의 헌법소원심판에 의하여 통제할 수 있음 (심판대상이 되지 않음 ×) ②【대법원규칙】 대법원규칙도 그 자체에 의하여 직접 기본권이 침해되었음을 이유로 하는 때에는 헌법소원심판의 대상이 됨 (심판대상이 될 수 없음 ×)
부정사례	①【조직규범 불가】 어떤 국가기관이나 기구의 기본조직 및 직무범위 등을 규정한 조직규범은 조직의 구성원이나 구성원이 되려는 자 등 외에 일반국민을 수범자로 하지 아니하고, 일반국민은 그러한 조직규범의 공포로써 자기의 기본권이 직접적으로 침해되었다고 할 수 없음

(2) 관련판례

1	대법원규칙【변호사보수의 소송비용 산입에 관한 대법원규칙 (기각)】 변호사보수를 일정액까지만 소송비용에 산입하여 패소한 당사자로부터 상환받을 수 있도록 규정한 변호사보수의 소송비용 산입에 관한 대법원규칙은 그 조항 자체에 의해 직접 기본권이 침해되었음을 이유로 헌법소원심판의 대상임(2008.12.26. 2006헌마384)

3 행정규칙

(1) 헌법소원 대상성

원칙 부정	①【원칙 불가】 행정규칙은 일반적으로 행정조직 내부에서만 효력을 가질 뿐 대외적인 구속력을 가지지 않으므로 원칙적으로 **헌법소원의 대상 아님**³
예외 허용	①【법령보충규칙 가】 법령의 직접적인 위임에 따라 수임행정기관이 그 법령을 시행하는데 필요한 구체적 사항을 정한 것이면, 그 제정형식이 **고시, 훈령, 예규** 등과 같은 행정규칙이더라도 그것이 상위법령의 위임한계를 벗어나지 아니하는 한, **상위법령과 결합하여 대외적인 구속력을 갖는 법규명령**으로서 기능하고 있는 것으로 볼 수 있으므로 **헌법소원의 대상이 되는 공권력 행사**⁴ ②【재량준칙 가】 재량권 행사의 준칙인 행정규칙이 그 정한 바에 따라 되풀이 시행되어 **행정관행**이 생기면 행정기관은 그 상대방에 대한 관계에서 그 규칙에 따라야 할 **자기구속**을 당하게 되어 **대외적 구속력**을 가지게 되므로 **헌법소원심판의 대상**⁴

(2) 관련판례

1	【변호인의 피의자신문 참여 운영 지침 (각하)】 '변호인의 피의자신문 참여 운영 지침'은 검찰청 내부의 업무처리지침으로 헌법소원심판의 **대상이 될 수 없음**(2017.11.30. 2016헌마503)¹

4 조례

직접성 충족시 인정	①【직접성 충족시 가】 조례는 지방자치단체가 그 자치입법권에 근거하여 자주적으로 **지방의회의 의결**을 거쳐 제정한 법규이기 때문에 **조례 자체**로 인하여 직접 그리고 현재 자기의 기본권을 침해받은 자는 그 권리구제의 수단으로서 **조례에 대한 헌법소원 제기 가능**¹
부정사례	①【권리·의무 관계없을 시 불가】 국민의 권리의무에 직접 관계되지 않는 조례는 헌법소원의 대상이 되지 **않음**¹

5 행정계획

(1) 헌법소원 대상성

①【기본권에 직접적 영향 + 법령의 뒷받침으로 그대로 실시】 비구속적 행정계획안이나 행정지침이라도 국민의 기본권에 직접적으로 영향을 끼치고, 앞으로 법령의 뒷받침에 의하여 그대로 실시될 것이 틀림없을 것으로 예상될 수 있을 때에는, 공권력행사로서 **예외적으로 헌법소원의 대상**³

(2) 대상성이 부정된 사례 (원칙 부정)

1	【서울시민 인권헌장 초안 (각하)】 서울시민 인권헌장 초안의 발표계획에 대한 서울시장의 **무산 선언**은 헌법소원의 대상이 되는 **공권력 행사 아님**(2015.3.31. 2015헌마213)¹
2	【공공기관 선진화 추진계획 (각하)】 기획재정부장관이 6차에 걸쳐 **공공기관 선진화 추진계획**을 확정, 공표한 행위는 헌법소원의 대상이 되는 **공권력 행사 아님**(2011.12.29. 2009헌마330 등)¹

(3) 대상성이 인정된 사례 (예외 허용)

1	【서울대학교 입시요강 (기각)】 국립대학인 서울대학교의 "94학년도 **대학입학고사주요요강**"은 사실상의 준비행위 내지 사전안내로서 행정쟁송의 대상이 될 수 있는 행정처분이나 공권력의 행사는 될 수 없지만 헌법재판소법 제68조 제1항의 **공권력의 행사**(1992.10.1. 92헌마68 등)¹

6 행정지도

(1) 헌법소원 대상성

① 【규제적·구속적 행정지도】 행정지도가 이를 따르지 않을 경우 일정한 불이익조치를 예정하고 있어 사실상 상대방에게 그에 따를 의무를 부과하는 것과 다를 바 없어 **단순한 행정지도로서의 한계를 넘어 규제적·구속적 성격을 상당히 강하게 갖게 되는 경우 헌법소원의 대상**

(2) 대상성이 부정된 사례 (원칙 부정)

1	【감사원장의 개선방향 제시 (각하)】 감사원장이 60개 공공기관에 대하여 **공공기관 선진화 계획의 이행실태**, 노사관계 선진화 추진실태 등을 점검하고 공공기관 감사책임자회의에서 **자율시정하도록 개선방향을 제시한 행위**는 행정지도로서의 한계를 넘어 **규제적·구속적 성격을 강하게 가진다고 볼 수 없으므로 헌법소원의 대상이 되는 공권력의 행사 아님**(2011.12.29. 2009헌마330)
2	【금융위의 가상계좌 신규제공 중단조치 (각하)】 '**금융위원회**가 시중 은행들을 상대로 가상통화 거래를 위한 **가상계좌의 신규 제공을 중단**하도록 한 조치'는 당국의 우월적인 지위에 따라 일방적으로 강제된 것으로 볼 수 없으므로 **헌법소원의 대상이 되는 공권력의 행사 아님**(2021.11.25. 2017헌마1384 등)
3	【선거법위반행위에 대한 중지촉구 (각하)】 인터넷 언론사가 대선예비주자 초청 대담·토론회를 개최하고자 한데 대하여 서울시선관위 위원장이 '**선거법위반행위에 대한 중지촉구**' 공문을 보낸 경우 '중지촉구' 공문은 국민에 대하여 직접적인 법률효과를 발생시키지 않는 **단순한 권고적, 비권력적 행위로서 공권력의 행사 아님**(2003.2.27. 2002헌마106)
4	【방송통신심의위원회의 방송사업자에 대한 의견제시 (각하)】 방송통신심의위원회가 방송사업자에 대하여 **청구인의 보도가 심의규정을 위반한 것으로 판단**되며, 향후 관련 규정을 준수할 것을 내용으로 하는 **의견제시를 한 행위**는 **공권력의 행사 아님**(2018.4.26. 2016헌마46) → 의견제시의 근거인 방송법 조항은 기본권 침해의 **직접성이 인정되지 않음**

(3) 대상성이 인정된 사례 (예외 허용)

1	【교육부장관의 대학총장들에 대한 학칙시정요구 (기각)】 **교육부장관의 대학총장들에 대한 학칙시정요구**는 단순한 행정지도로서의 한계를 넘어 **규제적·구속적 성격을 상당히 강하게 갖는 것으로서 헌법소원의 대상이 되는 공권력의 행사**(2003.6.26. 2002헌마337 등)
2	【방통위의 시정요구 (기각)】 방송통신심의위원회가 2019년 2월 11일 주식회사 ○○ 외 9개 정보통신서비스제공자 등에 대하여 895개 웹사이트에 대한 **접속차단의 시정을 요구한 행위**는 단순한 행정지도로서의 한계를 넘어 **규제적·구속적 성격을 갖는 것으로서 헌법소원심판의 대상이 되는 공권력의 행사**(2023.10.26. 2019헌마158 등)
3	【중선위의 대통령의 선거중립의무 준수 요청조치 (기각)】 중앙선관위원장이 중앙선관위 전체회의의 심의를 거쳐 **대통령의 위법사실을 확인**한 후 그 재발방지를 촉구하는 내용으로 **대통령에게 선거중립의무 준수요청 조치**를 한 것은 **단순한 권고적 행위가 아니라 헌법소원의 대상이 되는 공권력 행사에 해당**(2008.1.17. 2007헌마700)

7 행정입법부작위

(1) 작위의무 있는 입법부작위

헌법소원 인정	① 【헌법 유래 작위의무 + 상당기간경과 + 행정입법제정권 불행사】 행정입법의 진정입법부작위에 대한 헌법소원은 행정청에게 **헌법에서 유래하는** 행정입법의 **작위의무**가 있고 **상당한 기간이 경과**하였음에도 불구하고 **행정입법의 제정권이 행사되지 않은 경우**에 인정 / ② 【제·개정의무 + 상당기간 경과 + 제·개정권 불행사】 행정명령의 제정·개정 지체가 위법으로 되어 법적통제가 가능하기 위해서는 첫째, 행정청에게 **시행명령을 제정(개정)할 법적 의무**가 있어야 하고 둘째, **상당한 기간**이 지났음에도 셋째, **명령제정(개정)권이 행사되지 않아야** 함 / ③ 【법률의 위임에도 행정입법부작위】 법률이 행정청에 일정한 사항을 위임하였는데, 행정청이 그 위임에 따른 **행정입법을 하지 아니하는 경우** 그 부작위도 헌법소원의 대상 /
헌법상 작위의무	① 【행정입법 등 법집행 의무는 헌법상 의무】 삼권분립의 원칙, 법치행정의 원칙을 당연한 전제로 하고 있는 우리 헌법 하에서 행정입법의 제정이 법률의 집행에 필수불가결한 경우로서 행정입법을 제정하지 아니하는 것이 곧 행정권에 의한 입법권 침해의 결과를 초래하는 경우 **행정권의 행정입법 등 법집행의 무는 헌법적 의무** / ② 【상위법령만으로 집행가능시 하위법령 작위의무 부정】 하위 행정입법의 제정 없이 **상위 법령의 규정만으로 집행**이 이루어질 수 있는 경우라면 하위 행정입법을 하여야 할 **헌법적 작위의무는 인정되지 아니**하므로 입법부작위로 인한 **헌법소원은 부적법** (헌법상 작위의무가 인정 ×) ⁸
위헌·위법	① 【권력분립·법치국가원칙 위배】 헌법은 자유민주적 헌법의 원리에 따라 국가의 기능을 입법·행정·사법으로 분립하여 견제와 균형을 이루게 하는 **권력분립제도를 채택**하고 있어 **행정과 사법은 법률에 기속**되므로, **국회가 특정한 사항에 대하여 행정부에 위임하였음에도 불구하고 행정부가 정당한 이유 없이 이행하지 않는다면** 권력분립의 원칙과 법치국가의 원칙에 위배 / ② 【정당한 이유 : 위임입법 위헌 or 의무이행이 헌법질서 파괴 명백】 행정부가 위임입법에 따른 시행명령을 제정·개정하지 않은 것에 **정당한 이유**가 있다고 하려면 그 **위임입법 자체가 헌법에 위반**된다는 것이 누가 보아도 **명백**하거나, 위임입법에 따른 행정입법의 제정·개정이 당시 실시되고 있는 전체적인 법질서 체계와 조화되지 아니하여 그 위임입법에 따른 **행정입법 의무의 이행이 오히려 헌법질서를 파괴**하는 결과를 가져옴이 **명백할 정도**는 되어야 함 /

(2) 작위의무 인정 관련판례

1	① 【평균임금결정고시 행정입법부작위 (인용)】 「산재보험법」 및 「근로기준법 시행령」은 근로자의 평균임금을 산정할 수 없는 경우 **노동부장관으로 하여금 평균임금을 정하여 고시**하도록 하고 있는데, 노동부장관은 그 취지에 따라 평균임금을 정하여 고시할 **행정입법을 하여야 할 의무**가 있으며, 이는 **헌법적 의무**(2002.7.18. 2000헌마707) / ② 【헌법상 의무】 근로자의 평균임금을 산정할 수 없는 경우에 노동부장관이 평균임금을 정하여 고시하여야 하는 작위의무는 **직접 헌법에 의하여 부여된 것은 아니나**, 법률이 행정입법을 당연한 전제로 규정하고 있고 그 법률의 시행을 위하여 그러한 **행정입법이 필요**함에도 불구하고 행정권이 그 취지에 따라 행정입법을 하지 아니함으로써 **법령의 공백상태를 방치**하고 있는 경우에는 **행정권에 의하여 입법권이 침해**되는 결과가 되므로 노동부장관의 **행정입법 작위의무는 헌법적 의무**(2002.7.18. 2000헌마707) ²

(3) 부진정입법부작위 관련판례

1	【헌법 과목을 의무교육과정의 필수 과목으로 지정하도록 하지 아니한 입법부작위 (각하)】 「초·중등교육법」의 위임에 따른 **시행령**이 초·중등학교의 교육과목을 규정함에 있어 **헌법 과목을 의무교육과정의 필수과목으로 규정**하고 있지 않다 하더라도, 이는 입법행위에 결함이 있는 **'부진정 입법부작위'**에 해당하여 **헌법소원심판청구는 부적법** (2011.9.29. 2010헌바66) /

8 행정부작위

(1) 작위의무 있는 행정부작위

헌법소원 인정	① 【헌법 유래 작위의무 + 의무해태】 행정권력의 부작위에 대한 헌법소원은 공권력 주체에게 **헌법에서 유래하는 작위의무가 특별히 구체적으로 규정**되어 이에 의거하여 **기본권 주체가 행정행위 내지 공권력 행사를 청구**할 수 있음에도 **공권력의 주체가 의무를 해태**하는 경우 허용 ② 【헌법명문규정 or 헌법해석 or 법령에 규정】 헌법에서 유래하는 작위의무가 특별히 구체적으로 규정되어 있는 경우는 ㉠ **헌법상 명문으로 공권력 주체의 작위의무가 규정**되어 있는 경우, ㉡ **헌법의 해석상 공권력 주체의 작위의무가 도출**되는 경우, ㉢ **공권력 주체의 작위의무가 법령에 구체적으로 규정**되어 있는 경우 등에 포괄
부정	① 【의무이행 상태 : 부적법】 피청구인의 작위의무 이행은 **이행행위 그 자체만**을 가리키는 것이지 이를 통해 청구인들이 **원하는 결과**까지 보장해 주는 이행을 의미하지는 않으므로, 피청구인에게 헌법에서 유래하는 작위의무가 있더라도 피청구인이 이를 **이행하고 있는 상태**라면 **부작위에 대한 헌법소원심판 청구는 부적법**

(2) 대상성 인정 관련판례

1	【일본군위안부 배상청구권 행정부작위 (인용)】 일본국에 대한 **일본군위안부의 배상청구권이 한일청구권협정에 의하여 소멸되었는지 여부**에 관한 **한·일 양국 간 해석상 분쟁을 위 협정이 정한 절차에 따라 해결**하지 아니하고 있는 행정권력의 부작위가 위헌인지 여부와 관련하여, 협정 제3조에 따라 분쟁해결의 절차로 나아갈 의무는 **헌법에서 유래하는 작위의무로서 그것이 법령에 구체적으로 규정되어 있는 경우**(2011.8.30. 2006헌마788) → 부작위는 기본권 침해로 위헌

(3) 대상성 부정 관련판례

1	【형사입건사실 불고지 (각하)】 검찰청으로부터 갑작스럽게 출석요구를 받고 충분한 시간을 확보하지 못한 채 피의자 신문을 받아 피의자로서의 방어권을 제대로 행사하지 못한 경우는 **작위의무가 인정되지 않는 공권력의 불행사**에 대한 **심판청구로서 부적법**(2014.10.14. 2014헌마701)
2	【법률구조제도 안내 조치 부작위 (각하)】 헌법 해석상 변호인의 조력을 받을 권리로부터 70세 이상인 불구속 피의자에 대하여 **피의자신문을 할 때 법률구조제도에 대한 안내** 등을 통해 피의자가 변호인의 조력을 받을 권리를 행사하도록 조치할 법무부장관의 작위의무가 **곧바로 도출 안됨**(2023.2.23. 2020헌마1030)
3	【교도소장의 일회용 마스크 미지급 (각하)】 코로나의 예방 및 확산 방지를 위해 **교도소장이 수용자에게 일회용 마스크를 정기적으로 지급할 의무**는 헌법에서 유래하는 작위의무로서 특별히 구체적으로 규정되어 있다거나 헌법 해석상 도출된다고 볼 수 없으므로, 일회용 마스크를 미지급하는 교도소장의 부작위는 헌법소원의 대상인 **공권력 불행사 아님**(2020.11.17. 2020헌마1505)

POINT 244 헌법소원심판의 대상 (행정기관의 행위)

1 사실행위

(1) 헌법소원 대상성
① 【권력적 사실행위 : 인정】 행정청이 우월적 지위에서 일방적으로 강제하는 '**권력적 사실행위**'는 헌법소원의 대상이 될 수 있음 (사실행위이기 때문에 헌법소원의 대상 안됨 ×)

(2) 대상성이 인정된 사례 : 권력적 사실행위

1	【**피의자 조사과정 촬영허용행위 (인용)**】 경찰관이 **기자들의 취재 요청**에 응하여 구속된 피의자가 경찰서 조사실에서 양손에 수갑을 찬 채 조사받는 모습을 **촬영할 수 있도록 허용한 행위는 공권력의 행사에 해당**(2014.3.27. 2012헌마652)
2	【**유치장 수용자에 대한 신체수색 (인용)**】 유치장 수용자에 대한 **신체수색**은 우월적 지위에서 피의자 등에게 일방적으로 강제하는 성격이므로 **권력적 사실행위로서 공권력 행사**(2002.7.18. 2000헌마327)
3	【**수갑 및 포승 사용(施用) 행위 (인용)**】 검사조사실에서 수용자가 조사를 받는 동안 **계구를 사용하는 행위는 공권력의 행사에 해당**(2005.5.26. 2001헌마728)
4	【**소변채취행위 (기각)**】 교도소 수형자에게 소변을 받아 제출하게 한 것은 형을 집행하는 우월적인 지위에서 외부와 격리된 채 형의 집행에 관한 지시, 명령에 복종하여야 할 관계에 있는 자에게 행한 **권력적 사실행위로 공권력의 행사에 해당**(2006.7.27. 2005헌마277)
5	【**후방착석요구행위 (인용)**】 변호인이 피의자신문에 참여하면서 피의자 옆에 앉으려고 하자 **검찰수사관이 변호인에게 피의자 뒤에 앉으라고 요구한 후방착석요구행위는 권력적 사실행위로서 공권력의 행사에 해당**(2017.11.30. 2016헌마503)

(3) 대상성이 부정된 사례 : 비권력적 사실행위

1	【**검찰수사관이 변호인 참여신청서 작성 요구한 행위 (각하)**】 변호인이 피의자신문에 참여하려고 하자 **검찰수사관이 변호인 참여신청서의 작성을 요구한 행위는 비권력적 사실행위에 불과하여 헌법소원의 대상이 되는 공권력의 행사 아님**(2017.11.30. 2016헌마503)
2	【**강제력이 개입되지 아니한 임의수사 (각하)**】 수사기관의 장이 전기통신사업자에게 통신자료의 제공을 요청하여 취득한 행위는 **강제력이 개입되지 아니한 임의수사에 해당하는 것이어서 공권력의 행사 아님**(2012.8.23. 2010헌마439) 유사 【**용산서장이 건강보험공단에 요양급여내역 제공 요청 (각하)**】 용산경찰서장이 건강보험공단에게 요양급여내역의 제공을 요청한 행위는 헌법소원의 대상이 되는 **공권력의 행사 아님**(2018.8.30. 2014헌마368) 유사 【**경찰서장의 사실조회 요청 (각하)**】 경찰서장이 시장에게 활동보조인과 수급자의 **인적사항, 휴대전화번호** 등을 확인할 수 있는 **자료를 요청**한 것에 대하여 시장은 협조할 의무를 부담하지 않으므로 **경찰서장의 요청행위는 공권력 행사성 인정 안됨**(2018.8.30. 2016헌마483)
3	【**교도소 내 이발지도행위 (각하)**】 **교도소장**이 수용자에 대하여 지속적이고 조직적으로 실시한 생활지도 명목의 **이발지도행위**는 일방적으로 청구인에게 이발을 강제한 것이 아니므로 헌법소원심판의 대상이 되는 **공권력행사 아님**(2012.4.24. 2010헌마751) 유사 【**교도소 내 인사지도행위 (각하)**】 교도소장이 교도소 사동 순시 중 수형자들을 정렬시킨 후 거실 내 봉사원의 구호에 따라 "안녕하십니까"라고 하도록 하는 행위는 **공권력의 행사 아님**(2012.7.26. 2011헌마332)
4	① 【**코로나 19 검사 확인 (각하)**】 서울특별시립 지원센터에서 감염병 확산을 방지하고 시설을 차질 없이 운영하기 위하여 보건복지부 및 서울특별시의 협조 요청에 따라 **시설 이용자들을 대상으로 코로나19 검사 결과를 확인**하는 것은 **행정상 사실행위에 불과**(2021.5.18. 2021헌마468) ② 【**체온측정행위 (각하)**】 서울특별시립 지원센터에서 **시설 출입자의 체온을 측정**하기 위해 안면인식 열화상 카메라를 응시하도록 하는 것은 **공권력의 행사 아님**(2021.5.18. 2021헌마468)

2 거부행위

(1) 대상성이 인정된 사례

1	【피의자접견불허행위 (인용)】 검사가 변호인에 대하여 한 피의자접견불허행위는 헌법소원의 대상이 되는 **공권력의 행사에 해당**(2019.2.28. 2015헌마1204)
2	【관할경찰서장의 옥외집회신고서 반려행위 (인용)】 관할경찰서장이 옥외집회신고서를 법률상 근거 없이 반려한 행위는 주무 행정기관에 의한 행위로서 기본권침해 가능성이 있는 **공권력의 행사에 해당**(2008.5.29. 2007헌마712)
3	【공정위의 심사불개시결정·심의절차종료결정 (기각)】 공정거래위원회의 심사불개시결정 및 심의절차종료결정은 공권력의 행사에 해당되고 **헌법소원의 대상**(2004.3.25. 2003헌마404)
4	【국민감사청구에 대한 감사원장의 기각결정 (기각)】 「부패방지법」상 국민감사청구에 대한 감사원장의 기각결정은 공권력주체의 고권적 처분이라는 점에서 헌법소원의 대상이 될 수 있는 **공권력 행사**(2006.2.23. 2004헌마414)

(2) 대상성이 부정된 사례

1	【독거수용 신청에 대한 교도소장의 거부 (각하)】 수용거실의 지정은 **교도소장의 재량적 판단사항**이며 수용자에게 수용거실의 변경을 신청할 권리 내지 특정 수용 거실에 대한 신청권이 있다고 볼 수 없으므로 **교도소장의 독거수용 거부는 공권력의 행사 아님**(2013.8.29. 2012헌마886)
2	【동장의 사진이 첨부된 주민등록표 등본 발급 거부 (각하)】 동장이 사진에 첨부된 주민등록표 등본의 발급근거가 없어 **발급해 줄 수 없다고 통지**하는 행위는 법적지위에 영향을 미치지 않으므로 헌법소원의 대상이 되는 **공권력의 행사 아님**(2003.7.24. 2002헌마508)
3	【공과금 미납 시 졸업증·증명서 발급 거부 통고 (각하)】 학교당국이 미납공납금을 완납하지 아니할 경우에 졸업증의 교부와 증명서를 발급하지 않겠다고 통고한 것은 일종의 비권력적 사실행위로서 **공권력 해당 안됨**(2001.10.25. 2001헌마13)

3 단순한 사실의 고지

1	【중선위의 국회의원 선거 투표일 공고 (각하)】 중선위가 홈페이지 사이트에 제19대 국회의원 선거 투표일을 공고한 것은 선출직 공직자의 지위 발생이라는 청구인들의 권리·의무에 영향을 미치거나 법적 지위의 변동과 관련된 것이 아니어서 **공권력행사 아님**(2016.4.28. 2015헌마1177 등)
2	【중선위의 정당명칭 사용금지 결정·공표 (각하)】 중선위가 '비례○○당'의 명칭이 정당법에서 금지하는 유사명칭에 해당하여 **정당의 명칭으로 사용할 수 없다고 결정·공표한 행위**는 정당의 법적 지위에 영향을 미친다고 보기 어려우므로 **공권력의 행사 아님**(2021.3.25. 2020헌마94)
3	【법원행정처장의 민원인에 대한 법령질의회신 (각하)】 법원행정처장의 민원인에 대한 법령질의회신은 법규나 행정처분과 같은 법적 구속력을 갖는 것이 아니므로 **헌법소원심판청구는 부적법**(1989.7.28. 89헌마)

4 행정기관 내부의 의사결정과 감독작용 : 부정

1	【대통령의 법률안제출행위 (각하)】 대통령의 법률안제출행위는 국가기관간의 **내부적 행위에 불과**하고 국민에 대하여 직접적 법률효과를 발생시키는 행위가 아니므로 헌법소원의 대상으로서의 **공권력 행사에 해당안됨**(1994.8.31. 92헌마174) [9] 〔유사〕【법률안 제출하지 않은 행위 (각하)】 정부가 법률안을 제출하지 아니하는 것은 헌법소원의 대상이 되는 **공권력의 불행사에 해당 안됨**(2009.2.10. 2009헌마65) [1]
2	【국가기관의 예산편성 행위 (각하)】 국가기관의 예산편성 행위는 국민에 대하여 직접적인 법률효과를 발생시키는 행위라고 볼 수 없으므로, **공권력의 행사에 해당 안됨**(2017.5.25. 2016헌마383) [1] 〔유사〕【국가기관의 예산편성 부작위 (각하)】 2016년도 정부 예산안 편성행위 중 4·16세월호참사 특별조사위원회에 대해 2016. 7. 1. 이후 예산을 편성하지 아니한 부작위는 국가기관 간의 **내부적 행위에 불과**하므로 **헌법소원의 대상에 해당 안됨**(2017.5.25. 2016헌마383) [2]
3	【대통령의 국회 본회의에서 행한 시정연설 (각하)】 대통령이 국회 본회의에서 행한 시정연설에서 정책과 결부되지 않고 단순히 **대통령의 신임 여부만을 묻는 국민투표를 실시하고자 한다고 밝힌 행위**는 헌법소원의 대상이 되는 **공권력의 행사 아님**(2003.11.27. 2003헌마694 등) [4]
4	【대통령지정기록물의 보호기간 지정 행위 (각하)】 대통령권한대행이 대통령지정기록물의 보호기간을 지정하는 행위 자체는 **국가기관 사이의 행위**로서 국민을 상대로 행하는 직접적 **공권력작용에 해당한다고 보기는 어려움**(2019.12.27. 2017헌마359 등) [1] 〔유사〕【대통령지정기록물 이관 행위 (각하)】 대통령기록물 소관 기록관이 **대통령기록물을 중앙기록물관리기관으로 이관하는 행위**는 법률이 정하는 권한분장에 따라 업무수행을 하기 위한 **국가기관 사이의 내부적·절차적 행위**에 불과하므로 **공권력 행사에 해당 안됨**(2019.12.27. 2017헌마359 등) [2]
5	【수사기관에 의한 비공개 지명수배조치 (각하)】 수사과정에서 비공개 지명수배처분은 수사기관 내부의 단순한 공조 내지 의사연락에 불과하므로 헌법소원의 대상이 되는 **공권력행사 아님**(2002.9.19. 99헌마181) [3]
6	【변호사시험 관리위원회의 의결 (각하)】 법무부에 설치된 변호사시험 관리위원회의 의결은 헌법소원의 대상이 되는 **공권력의 행사로 볼 수 없음**(2012.3.29. 2009헌마754) [1]

5 사법상(私法上) 행위

(1) 헌법소원 대상성

① 【부정】 행정기관의 행위라도 **사법(私法)상의 행위는 헌법소원의 대상이 되지 않음** (행정청의 사법상 행위는 헌법소원의 대상 ×) [2]

(2) 대상성이 부정된 사례

1	【한국증권거래소의 상장폐지확정결정 (각하)】 한국증권거래소의 상장폐지확정결정은 사법상의 계약관계를 해소하려는 한국증권거래소의 일방적 의사표시이므로 **헌법소원의 대상이 되는 공권력에 해당 안됨**(2005.2.24. 2004헌마442) [5]
2	【한국방송공사의 예비사원 채용공고 (각하)】 한국방송공사의 예비사원 채용공고는 헌법소원심판의 대상이 되는 **공권력의 행사에 해당 안됨**(2006.11.30. 2005헌마855) [1]
3	【정부투자기관 출자 회사가 내부인사규정에 의한 인사상 차별·해고 (각하)】 정부투자기관이 출자한 회사가 내부 인사규정에 의하여 한 **인사상의 차별 및 해고**는 이를 규율하는 특별한 공법적 규정이 존재하지 않는 한 원칙적으로 사법관계로서 **헌법소원의 대상이 되는 공권력작용 아님**(2002.3.28. 2001헌마464) [1]

POINT 245. 헌법소원심판의 대상 (사법작용과 원행정처분) Ⓑ

헌법재판소법 제68조(청구 사유) ① 【법원의 재판 제외】 공권력의 행사 또는 불행사(不行使)로 인하여 헌법상 보장된 기본권을 침해받은 자는 법원의 재판을 제외하고는 헌법재판소에 헌법소원심판을 청구할 수 있다. 다만, 다른 법률에 구제절차가 있는 경우에는 그 절차를 모두 거친 후에 청구할 수 있다.

1 재판소원 원칙 금지

(1) 원칙 : 금지

법률상 금지	① 【헌재법상 재판소원 금지】 헌법재판소법(헌법 ×)은 헌법소원의 대상에서 **법원의 재판을 제외** → 법원의 재판을 헌법소원의 대상으로 하는 것은 **헌법개정을 하지 않고서도 채택할 수 있음**
법원의 재판 (헌소 대상 부정)	① 【종국판결 + 소송·중간판결】 법원의 재판은 사건을 종국적으로 해결하기 위한 **종국판결** 외에 **본안전 소송판결 및 중간판결이 모두 포함** ② 【군사재판】 법원의 재판에는 **군사법원의 재판도 포함** ③ 【재판자체 + 재판절차판단(ex : 재판지연)】 법원의 재판에는 **재판 자체** 뿐만 아니라 **재판절차에 관한 법원의 판단도 포함**되며, **재판지연**은 법원의 재판절차에 관한 것이므로 **헌법소원의 대상이 될 수 없음** (재판의 지연은 법원의 재판절차에 관한 것으로 볼 수 없으므로 대상 ×)

(2) 부정된 사례

1	【디엔에이감식시료채취영장 발부 (각하)】 판사의 디엔에이감식시료채취영장 발부는 헌법소원의 대상이 되는 **공권력의 행사에 해당 안됨**(2018.8.30. 2016헌마344 등)
2	【통신제한조치에 대한 법원의 허가 (각하)】 **통신제한조치에 대한 법원의 허가**는 통신비밀보호법에 근거한 소송절차 이외의 파생적 사항에 관한 **법원의 공권적 법률판단으로 법원의 재판에 해당하므로, 헌법소원심판청구는 부적법** (2018.8.30. 2016헌마263)
3	【임원취임승인 취소처분에 대한 행정소송의 각하판결 (각하)】 임원취임승인 취소처분에 대한 행정소송에서 소의 이익이 없다는 이유로 **각하**하여 법원에서는 더 이상 권리구제수단이 없는 **대법원 판결은 재판소원이므로 헌법소원 대상 아님**(2010.4.29. 2003헌마283)
4	【소액사건 담당판사가 판결이유 요지 구술 설명 부작위 (각하)】 소액사건 담당판사가 판결을 선고하면서 판결이유의 **요지를 구술로 설명하지 아니한 부작위**는 판결의 선고행위를 구성하는 행위로서 결국 **법원의 재판에 해당**하는 것이어서 **헌법소원심판청구는 부적법**(2004.9.23. 2003헌마9)
5	【국민참여재판 대상사건 피고인에게 안내서 송달 부작위 (각하)】 형사재판에서 **법원이 국민참여재판에 대한 안내서를 송달하지 않은 부작위**에 대한 심판청구는 법원의 소송행위를 문제 삼는 것으로서 법원의 재판절차를 통해 시정되어야 하므로 **법원의 재판을 대상으로 한 심판청구이므로 부적법**(2012.11.29. 2012헌마53)

2 재판소원의 예외적 허용

(1) 예외적 허용

헌재법 한정위헌	① 【'법원의 재판을 제외하고는' 부분 : 한정위헌】 헌법재판소법 제68조 제1항 본문 중 '법원의 재판을 제외하고는' 부분에 대하여 '법원의 재판'에 헌법재판소가 위헌으로 결정한 법령을 적용함으로써 국민의 기본권을 침해한 재판이 포함되는 것으로 해석하는 한도 내에서 **헌법 위반** ²
기속력 위반 재판	① 【헌재가 위헌결정한 법령 적용 → 기본권 침해한 재판 : 헌소 可】 법원의 재판은 헌법소원심판의 대상이 되지 아니함이 원칙이지만, **헌법재판소가 위헌으로 결정한 법령을 적용함으로써 국민의 기본권을 침해한 재판**에 대하여는 헌법재판소법 제68조 제1항에 의한 **헌법소원심판을 청구할 수 있음** (헌법소원이 허용되지 않음 ×) ⁵

(2) 허용 사례

1	【한정위헌결정 기속력 미준수 대법원 판결 (인용)】 법령에 대한 헌법재판소의 한정위헌결정의 기속력을 준수하지 않은 대법원 판결은 헌법소원의 **대상**(1997.12.24. 96헌마172 등) ¹
2	【한정위헌결정 기속력 부인 재심청구 기각 재판 (인용)】 한정위헌결정의 기속력을 부인하여 청구인들의 재심청구를 기각한 법원의 재판은 '법률에 대한 위헌결정의 기속력에 반하는 재판'으로 이에 대한 **헌법소원이 허용**될 뿐 아니라 헌법상 보장된 **재판청구권을 침해**하였으므로 「헌법재판소법」 제75조제3항에 따라 **취소되어야 함**(2022.6.30. 2014헌마760 등) ¹ **비교** 【한정위헌결정 전 확정재판 (각하)】 법률에 대한 헌법재판소의 한정위헌결정 이전에 그 법률을 적용하여 확정된 **유죄판결**은 '헌법재판소가 위헌으로 결정한 법령을 적용하여 국민의 기본권을 침해한 재판'에는 해당하지 않아, '위헌결정의 기속력에 반하는 재판'이라고 볼 수 없으므로 그 판결을 대상으로 한 **헌법소원 심판청구는 부적법** (2022.6.30. 2014헌마760 등) ¹

3 법원의 재판을 거쳐 확정된 행정처분 (원행정처분)

부정 원칙	① 【헌소허용시 헌법·헌재법 위반】 원행정처분에 대한 헌법소원은 명령, 규칙, 처분의 위헌·위법 여부가 재판의 전제가 된 경우 **대법원이 최종적인 심사권을 갖는다는 헌법 규정**과 헌법소원심판의 대상에서 법원의 재판을 제외하고 있는 **헌법재판소법 규정 취지에 어긋남** ¹ ② 【법원의 재판시 법원의 판단은 헌소대상 아님】 공권력행사인 **행정처분**에 대하여 구제절차로서 **법원의 재판을 거친 경우**, 그 처분의 기초가 된 사실관계의 인정과 평가, 단순한 일반법규의 해석·적용의 문제는 **원칙적으로 헌법재판소의 심판사항 아님** (헌법소원 적법함 ×) ²
부정사례	① 【행정소송을 제기하여 패소판결확정】 원행정처분에 대하여 법원에 행정소송을 제기하여 **패소판결**을 받고 확정된 경우 확정판결의 기판력으로 원행정처분은 헌법소원 **대상 아님** ¹ ② 【행정소송이 소각하 판결확정】 원행정처분을 대상으로 한 행정소송에서 소의 이익이 없다는 이유로 소각하 판결을 받아 확정된 경우에도 원행정처분에 대한 헌법소원은 **허용 안 됨** ²
재판 취소시 가능	① 【재판 취소시 可】 헌법소원은 행정처분에 대하여도 청구할 수 있는 것이나, **법원의 재판을 거쳐 확정된 행정처분**인 경우에는 당해 행정처분을 심판의 대상으로 삼았던 **법원의 재판이 예외적으로 헌법소원의 대상**이 되어 그 **재판 자체가 취소되는 경우**에 한하여 가능한 것이고, **법원의 재판이 취소될 수 없는 경우**에는 **당해 행정처분 역시 헌법소원의 대상 아님** (행정처분을 심판대상으로 삼았던 법원의 그 재판 자체가 취소되지 않더라도 당해 행정처분은 헌법소원의 대상 ×) ² ② 【법원의 재판 취소시 원행정처분에 대한 헌소 인용】 행정소송으로 행정처분의 취소를 구한 청구인의 청구를 받아들이지 아니한 **법원의 판결**에 대해 헌법소원의 청구가 예외적으로 허용되어 그 재판이 취소되는 경우 **원래 행정처분에 대한 헌법소원 심판의 청구도 인용**하는 것이 상당 ¹

POINT 246 헌법소원심판의 청구권자 ⓑ

헌법재판소법 제68조(청구 사유) ① 【공권력 → 기본권 침해】 공권력의 행사 또는 불행사(不行使)로 인하여 헌법상 보장된 **기본권을 침해받은 자**는 법원의 재판을 제외하고는 헌법재판소에 헌법소원심판을 청구할 수 있다. 다만, 다른 법률에 구제절차가 있는 경우에는 그 절차를 모두 거친 후에 청구할 수 있다.

1 청구인 능력과 적격 : 기본권을 침해받은 자

(1) 청구인 능력 부정사례

1	【중학교·고등학교 (각하)】 중학교나 고등학교는 교육을 위한 시설에 불과하여 민법상 권리능력이나 민사소송법상 당사자 능력이 없으므로 **학교법인 외에 별도로 헌법소원의 청구인이 될 수 없음**(1993.7.29. 89헌마123)
2	【사이버대학 (각하)】 사이버대학은 「사립학교법」및 「고등교육법」을 근거로 설립된 **교육시설에 불과**하여 헌법소원을 제기할 **청구인 능력 없음**(2016.10.27. 2014헌마1037)

2 헌법상 기본권의 침해 또는 침해의 가능성

(1) 침해 가능성 인정사례

1	【경찰의 차벽 설치 (인용)】 대한민국 국적의 성인 남자가 서울시청 앞 광장(서울광장)을 가로질러 통행하려고 했으나, 경찰이 때마침 서울광장에서 이루어진 대규모 집회를 통제하기 위하여 경찰버스 수십대로 **서울광장을 둘러싸는 차벽을 설치**하여 통행을 하지 못하게 하였는데 **경찰의 차벽 설치 행위**로 인한 청구인의 **기본권 침해가능성 인정** (2011.6.30. 2009헌마406)

(2) 침해 가능성 부정사례

1	【경호안전구역의 공고 → 관할경찰서장의 집회·시위 제한조치 (각하)】 「G20 정상회의 경호안전을 위한 특별법」에 의한 **경호안전구역의 공고 자체**에 의하여 **기본권 침해 가능성 없음**(2012.2.23. 2010헌마660 등)
2	【확진자 수 방역단계 설정 : 구체적 기본권 침해 주장 無 (각하)】 '국무총리가 확진자 중 증세가 있는 확진자의 비율을 파악하지 않고 확진자의 수를 기준으로 방역단계를 설정하는 등 **직무유기하여 헌법에 위반하였다**'는 취지의 헌법소원은 기본권 침해의 가능성을 확인할 수 있을 정도로 **어떠한 기본권이 구체적으로 어떻게 침해받았는지에 대한 명확한 주장이 없으므로 부적법**(2009.3.24. 2009헌마18) 유사 【코로나 백신 접종 행위 : 구체적 기본권 침해 주장 無 (각하)】 '코로나 백신을 맞지 않아도 며칠 만에 인간의 면역력에 의해 자연 치유되는 것을 알면서도 인간을 사망에 이르게 하는 등 **위험한 코로나 백신을 전 국민에게 접종하려는 행위**가 헌법에 위반된다'는 취지의 **헌법소원은 부적법**(2021.3.9. 2021헌마242)

POINT 247 자기관련성

1 자기관련성

기본권을 침해받은 자	① 【기본권 직접·현재 침해 받은 자 : 인정 / 제3자 : 부정】 "기본권을 침해 받은 자"라 함은 공권력의 행사 또는 불행사로 인하여 **자기의 기본권이 현재 그리고 직접적으로 침해받은 자**를 의미하며 **단순히 간접적, 사실적 또는 경제적인 이해관계가 있을 뿐인 제3자는 해당하지 않음** (간접적으로 불이익을 받은 자를 포함 ×)³ ② 【법적 지위 영향 無 or 사실·경제적 이해관계인 : 부정】 공권력의 행사로 인하여 헌법소원을 청구하고자 하는 자가 **법적 지위에 아무런 영향을 받지 않거나 단순히 사실적 또는 경제적인 이해관계로만 관련**되어 있는 경우 **헌법소원을 청구하는 것은 허용되지 아니함**
자기관련성	① 【기본권 침해 가능성 → 권리귀속에 대한 소명으로 판단】 기본권침해의 자기관련성이란 심판대상규정에 의하여 청구인의 **기본권이 침해될 가능성**이 있는가에 관한 것이고, 헌법소원은 주관적 기본권보장과 객관적 헌법보장 기능을 함께 가지고 있으므로 **권리귀속에 대한 소명만으로써 자기관련성 구비 여부를 판단할 수 있음**¹ ② 【간접적·반사적 불이익 받은 자 : 부정】 원칙적으로 공권력의 행사 또는 불행사의 **직접적인 상대방만이 자기관련성이 인정**되고, 공권력의 작용에 단지 **간접적이나 사실적 또는 경제적인 이해관계가 있을 뿐인 제3자의 경우에는 자기관련성이 인정되지 않음** (공권력 작용에 대해 간접적, 사실적 또는 경제적인 이해관계가 있는 제3자는 자기관련성이 인정 ×)⁵
예외적 제3자	① 【예외적 제3자 可】 공권력 작용의 직접적인 상대방이 아닌 제3자라고 하더라도 공권력 작용이 그 제3자의 기본권을 **직접적이고 법적으로 침해**하고 있는 경우에는 **예외적으로 그 제3자에게 기본권 침해의 자기관련성이 인정될 수 있음** (제3자에게 자기관련성이 인정되지 않음 ×)³ ② 【제3자의 자기관련성은 종합적 고려·판단】 제3자의 자기관련성은 입법의 목적 및 실질적인 규율대상, 법규정에서의 제한이나 금지가 제3자에게 미치는 효과나 진지성의 정도 및 규범의 직접적인 수규자에 의한 헌법소원 제기의 기대가능성 등을 **종합적으로 고려하여 판단**¹ ③ 【수혜범위 제외된 자의 평등권 침해 주장】 수혜적 법령의 경우 **수혜범위에서 제외된 자**가 자신이 **평등원칙에 반하여 수혜대상에서 제외**되었다는 주장을 하거나, 비교집단에게 혜택을 부여하는 법령이 위헌이라고 선고되어 혜택이 제거된다면 **비교집단과의 관계에서 자신의 법적 지위가 상대적으로 향상**된다고 볼 여지가 있을 때에는 그 **법령의 직접적인 적용을 받는 자가 아니라고 할지라도 자기관련성을 인정** (평등권이 침해되었다고 주장하는 당사자가 될 수 없음 ×)⁵

2 자기관련성 인정사례

(1) 직접 상대방

1	**【한국광고방송자율심의기구의 방송광고 사전심의 → 광고주 (위헌)】** 방송위원회로부터 위탁을 받은 **한국광고자율심의기구**로 하여금 텔레비전 방송광고의 사전심의를 담당하도록 하고 **사전심의를 받은 방송광고에 한하여 방송할 수 있도록 규정한**「방송법」은 방송광고를 할 수 없게 된 **광고주의 자기관련성 인정**(2008.6.26. 2005헌마506) / → **사전검열로서 표현의 자유 침해**
2	**【신행정수도법 → 대한민국 국민 (위헌)】** 우리나라의 수도가 서울인 점은 불문의 관습헌법에 속하는 것임에도 **헌법개정절차를 거치지 아니하고 하위 법률의 형식으로 수도이전을 확정한**「신행정수도법」은 헌법개정에 있어 **대한민국 국민**의 국민투표권 침해의 개연성이 있으므로 **자기관련성 인정**(2004.10.21. 2004헌마554 등) / → **국민투표권 침해**
3	**【공정위의 고발권 불행사 → 불공정거래행위의 상대방 (기각)】**「공정거래법」위반행위에 대하여 **공정거래위원회가 고발권을 불행사한 경우** 불공정거래행위 상대방의 **자기관련성 인정**(1995.7.21. 94헌마136)

(2) 제3자

1	**【미국산 쇠고기 수입위생조건 고시 → 소비자 (기각)】** 미국산 쇠고기를 수입하는 자에게 적용할 수입위생조건을 정하고 있는 **농림수산식품부 고시인**「미국산 쇠고기 수입위생조건」의 경우 **일반소비자**는 고시가 생명·신체의 안전에 대한 보호의무를 위반함으로 인하여 초래되는 **기본권 침해와 자기관련성 인정**(2008.12.26. 2008헌마419 등) /
2	**【단말기 구매 지원금 상한제 → 구입하고자 하는 이용자 (기각)】** 이동통신단말장치 구매 지원금 상한제에 관한 조항은 이동통신사업자, 대리점·판매점뿐만 아니라 **이동통신단말장치를 구입하고자 하는 이용자**도 실질적 규율대상으로 삼고 있으므로, **이용자도 자기관련성 인정**(2017.5.25. 2014헌마844) /
3	**【사생활침해·명예훼손 정보 임시차단 → 정보게재자 (기각)】** 정보통신망을 통하여 공개된 정보로 말미암아 **사생활 등을 침해받은 자가 삭제요청을 하면 정보통신서비스 제공자는 임시조치를 하여야 한다고 정한 조항은 직접적 수범자를 정보통신서비스 제공자로 하나, 임시조치로 정보게재자가 게재한 정보는 접근이 차단되므로, 정보게재자도 자기관련성 인정**(2012.5.31. 2010헌마88)
4	**【변호사 광고에 대한 규정 → 업체 (위헌)】**「변호사법」규정의 위임을 받아 변호사 광고에 관한 구체적인 규제사항 등을 정한 대한변호사협회의 **「변호사 광고에 관한 규정」**에 대하여, 그 규정의 **수범자인 변호사**를 상대로 **법률서비스 온라인 플랫폼을 운영**하며 변호사 등의 광고·홍보·소개 등에 관한 **영업행위를 하고 있는 업체**가 영업의 자유가 침해된다고 주장하는 경우 **자기관련성 인정**(2022.5.26. 2021헌마619) / → **영업의 자유 침해**
5	**【요양급여비용 액수 인하 → 요양기관·피고용자인 의사 (기각)】** 요양급여비용의 액수를 인하하는 조치를 내용으로 하는 조항의 **직접적인 수범자는 요양기관**이나, **요양기관의 피고용자인 의사**도 유사한 정도의 직업적 불이익을 받으므로 **자기관련성 인정**(2003.12.18. 2001헌마543) /
6	**【검사가 증인으로 수감된 자를 매일 소환 → 피고인 (인용)】** 자신의 형사재판의 증인으로 채택된 수감자를 매일 소환한 검사의 행위에 대하여 **피고인의 자기관련성 인정**(2001.8.30. 99헌마496) / → **피고인의 공정한 재판을 받을 권리 침해**
7	**【문화계 블랙리스트 사건 → 배제된 문화예술인 (인용)】** 대통령의 지시로 대통령 비서실장 등이, 야당 소속 후보를 지지하였거나 정부에 비판적 활동을 한 문화예술인이나 단체를 **정부의 문화예술 지원사업에서 배제할 목적으로 한 국문화예술위원회 등의 공공기관 소속 직원들로 하여금 특정 개인이나 단체를 문화예술인 지원사업에서 배제하도록 한 일련의 지시 행위**에 대하여, 그 배제 대상이 된 문화예술인들이 표현의 자유가 침해된다고 주장하는 경우 **자기관련성 인정**(2020.12.23. 2017헌마416) / → **개인정보자기결정권, 표현의 자유, 평등권 침해**
8	**【특기자들에게 병역혜택 → 수혜범위에서 제외된 자 (기각)】** 일반적으로 침해적 법령에 있어서는 법령의 수규자가 당사자로서 기본권침해를 주장하게 되지만, **예술·체육 분야 특기자들에게 병역 혜택을 주는 수혜적 법령의 경우**에는, **수혜범위에서 제외된 자**가 자신이 **평등원칙에 반하여 수혜대상에서 제외되었다는 주장**을 하는 경우 등에는 그 법령의 직접적인 적용을 받는 자가 아니라고 할지라도 **자기관련성 인정**(2010.4.29. 2009헌마340)
9	**【국립대학에 대한 재정지원행위 → 사립대학 (각하)】** 국가의 국립대학에 대한 **재정지원행위**에 대하여 그 공권력 행사의 상대방이 아닌 **사립대학측에서 평등권위반**을 이유로 헌법소원심판을 청구한 경우 **자기관련성 인정**(2003.6.26. 2002헌마312) /

10	【교육감의 신입생 모집요강 승인처분 → 졸업예정인 중학생 (기각)】 종업원의 복리를 위하여 기업체가 출연하여 설립한 자율형 사립고가 2014년 신입생 모집요강을 작성하면서 임직원 자녀 전형 70%, 사회배려자 전형 20%, 일반전형 10%를 각각 배정하고 관할 교육감으로부터 신입생모집요강을 승인받았는데 기업 임직원이 아닌 일반인의 2015년 **졸업예정자**인 중학생은 **교육감의 신입생 모집요강 승인처분의 직접 상대방이 아니나 자기관련성 인정**(2015.11.26. 2014헌마145)
11	【교육부장관의 여대 로스쿨 설치인가 → 로스쿨 입학 준비중인 남성 (기각)】 법학전문대학원의 총 입학정원이 한정되어 있는 상태에서 **여성만이 진학할 수 있는 법학전문대학원의 설치를 인가**한 것은 남성들이 진학할 수 있는 법학전문대학원의 정원에 영향을 미치므로, **법학전문대학원 입학을 준비 중인 남성들은**, 교육부장관이 여성만이 진학할 수 있는 대학에 법학전문대학원 설치를 인가한 처분의 직접적인 상대방이 아니더라도 **기본권침해의 자기관련성 인정**(2013.5.30. 2009헌마514)

3 자기관련성 부정사례

1	【연명치료중단에 관한 법률 입법부작위 → 환자의 자녀 × / 환자 ○ (각하)】 죽음에 임박한 환자로서 무의미한 연명치료에서 벗어나 자연스럽게 죽음을 맞이할 **연명치료의 중단 등에 관한 법률을 제정하지 아니한 국회의 입법부작위**의 위헌성을 다투는 헌법소원에서 **환자의 자녀들은** 정신적 고통을 감수하고 경제적 부담을 진다는 점에서 이해관계를 가지고 있으나, 이러한 이해관계는 **간접적, 사실적 이해관계에 불과하여 자기관련성 인정 안됨**(2009.11.26. 2008헌마385)
2	【보존기간 경과 잔여배아 연구목적 이용 → 직업인 × / 배아생성자 ○ (각하)】 법학자, 윤리학자, 철학자, 의사 등의 직업인들이 보존기간이 경과한 잔여배아를 각종 연구에 사용할 수 있도록 허용하고 있는 생명윤리법에 의해 불편을 겪는다고 하더라도, 이는 **사실적·간접적 불이익에 불과하여 기본권침해의 가능성 및 자기관련성 인정 안됨**(2010.5.27. 2005헌마346)
3	【국군파병결정(1차 파병) → 일반국민 × / 파병당사자 ○ (각하)】 이라크전쟁에 **국군을 파병**하기로 한 국무회의 결정은 **이라크 파병당사자가 아닌 일반국민의 자기관련성 없음**(2003.12.18. 2003헌마225)
4	【담배의 제조·판매 관련 담배사업법 → 비흡연자 × / 담배사업자 ○ (각하)】 「담배사업법」에 따른 **담배의 제조 및 판매**는 비흡연자들이 간접흡연을 하게 되는 데 있어 간접적이고 2차적인 원인이 된 것에 불과하여, **담배의 제조 및 판매에 관하여 규율하는** 「담배사업법」에 대해 간접흡연의 피해를 주장하는 **비흡연자**인 임신 중인 자의 **자기관련성 인정 안됨**(2015.4.30. 2012헌마38)
5	【소비자에 경제적 이익제공 금지 → 출판업자 × / 간행물판매자 ○ (각하)】 간행물을 판매하는 자로 하여금 실제로 판매한 간행물 가격의 10퍼센트까지 소비자에게 경제상 이익을 제공할 수 있도록 규정한 「출판법 시행규칙」에 대하여 **출판업자들의 자기관련성 없음**(2011.4.28. 2010헌마602)
6	【언론분쟁조정 제도 → 언론사 소속기자 × / 언론사 ○ (각하)】 언론사와 언론보도로 인한 피해자 사이의 분쟁해결에 관한 조항, 편집권보호에 관한 조항은 그 규율의 대상이 되는 주체는 **언론사에 소속되어 있는 기자가 아니라 언론사 자체**이므로 **신문사의 기자들의 자기관련성 인정 안됨**(2006.6.29. 2005헌마165 등)
7	【공무원의 선거운동 금지 → 후보자 × / 공무원 ○ (각하)】 후보자가 자신이 선거운동원으로 활용하고자 하는 자의 **선거운동을 금지**하고 있는 「공직선거법」에 대해 **후보자의 자기관련성 부정**(1997.9.25. 96헌마133)
8	【무면허의료행위 금지·처벌 → 의료소비자 × / 무면허 의료행위자 ○ (각하)】 **무면허 의료행위를 금지하고 처벌**하는 의료법의 직접적인 수범자는 **무면허 의료행위자**이므로 제3자에 불과한 **의료소비자는 자기관련성이 부정**(2014.8.28. 2013헌마359)
9	【식품접객업소 합성수지 도시락 용기 사용 금지 → 도시락 용기 생산업자 × / 식품접객업주 ○ (각하)】 식품접객업소에서 배달 등의 경우에 합성수지 재질의 도시락 용기의 사용을 금지하는 조항의 직접적인 수범자는 **식품접객업주**이므로 합성수지 도시락 용기의 **생산업자들은 제3자에 불과하여 자기관련성 인정 안됨**(2007.2.22. 2003헌마428 등)
10	【세무대학교 폐지 → 고등학생 × / 재학생·졸업생 ○ (각하)】 세무대학교 폐지를 규정하고 있는 「세무대학교폐지법률」에 대하여 이 대학에 입학을 목표로 공부하는 **고등학생은 자기관련성 부정**(2001.2.22. 99헌마613)
11	【학교법인에 대한 과세처분 → 재학생 × / 학교법인 ○ (각하)】 학교법인에 대해 과세처분을 규정하고 있는 「법인세법」에 대해 **재학생들의 자기관련성 부정**(1993.7.29. 89헌마123) **유사** 【대학교육역량강화사업 기본계획 → 교수·교수회 × / 국공립대학 ○ (각하)】 국공립대학을 수범자로 하고 총장직선제 개선을 국공립대 선진화 지표로 규정한 2012년도 대학교육역량강화사업 기본계획에 대해 대학에 소속된 **교수나 교수회의 자기관련성은 인정 안됨**(2016.10.27. 2013헌마576)

12	【**재외국민특별전형** ↛ **학부모** × / **학생** ○ **(각하)**】 2021학년도 대학입학전형기본사항 중 **재외국민특별전형 지원자격** 가운데 **학생 부모의 해외체류 요건** 부분으로 학부모의 부담은 간접적인 사실상의 불이익에 해당하므로, **기본권침해의 자기관련성 인정 안됨**(2020.3.26. 2019헌마212)³
13	【**피고인 도망우려시 필요적 보석 예외** ↛ **변호사** × / **구속피고인** ○ **(각하)**】 "피고인이 도망할 염려가 있다고 믿을 만한 충분한 이유가 있을 때"를 필요적 보석의 예외사유로 정하고 있는 「형사소송법」에 대해 **구속된 피고인의 변호인은 자기관련성 없음**(2004.4.29. 2002헌마756)³
14	【**검사의 불기소처분** ↛ **형사피해자 아닌 자** × / **형사피해자** ○ **(각하)**】 검사의 불기소처분에 대하여 기소처분을 구하는 취지에서 헌법소원을 제기할 수 있는 자는 **재판절차진술권의 주체인 형사피해자**이어야 하고, **형사피해자에 해당하지 아니하는 자**는 **자기관련성 요건 결여**(2004.12.21. 2004헌마907)¹ **유사** 【**학교법인 재산횡령행위** ↛ **교수·교수협의회** × / **학교법인** ○ **(각하)**】 학교법인 이사의 **학교법인 재산 횡령행위**에 대한 불기소처분에 대해 **대학교수·교수협의회의 자기관련성 부정**(1997.2.20. 95헌마295)¹ **유사** 【**피해자가 사망하지 않은 의료사고** ↛ **아버지·남편** × / **피해자** ○ **(각하)**】 피해자가 사망하지 않은 의료사고에 대한 불기소처분에 대해 **피해자의 아버지나 남편의 자기관련성 부인**(1993.11.25. 93헌마81)¹

4 법인·단체의 자기관련성

(1) 자신의 기본권 침해

① 【**자신의 기본권 직접 침해시만 可**】 법인이나 단체는 **자신의 기본권을 직접 침해**당한 경우에만 헌법소원을 청구할 수 있으며, **구성원을 위하여 또는 구성원을 대신하여 청구할 수 없음** (구성원을 위하여 또는 구성원을 대신하여서도 헌법소원을 청구할 수 있음 ×)³

(2) 자기관련성 인정사례

1	【**중개보조원·의뢰인 직접 거래 금지** → **부동산중개법인 (기각)**】 중개보조원이 중개의뢰인과 직접 거래하는 것을 금지하는 「공인중개사법」에 대하여, **부동산중개법인**이 소속 중개보조원과 중개의뢰인 사이의 거래를 중개할 수 없어 **직업수행의 자유** 침해를 주장하는 경우 **자기관련성 인정**(2019.11.28. 2016헌마188)¹

(3) 자기관련성 부정사례

1	【**언론인 수범자 청탁금지법** ↛ **한국기자협회** × **(각하)**】 언론인을 공직자 등에 포함시켜 부정청탁을 금지한 「청탁금지법」은 언론인 등 **자연인을 수범자**로 하고 있을 뿐이어서 **사단법인 한국기자협회**는 기본권을 직접 침해 당할 **가능성 없으므로** 기자들을 대신하여 헌법소원 청구할 수 없음(2016.7.28. 2015헌마236 등)⁵
2	【**수렵기간 제외 엽총을 관할경찰서에 보관** ↛ **전국수렵인총연합회** × **(각하)**】 **전국수렵인총연합회**는 엽총을 소지하는 자로 하여금 수렵기간을 제외하고 이를 관할경찰서에 보관하도록 한 관련법령에 대하여 헌법소원을 제기할 **기본권침해의 자기관련성 없음**(2010.9.30. 2008헌마586)²
3	【**불법게임물 등의 유통금지** ↛ **사단법인** × **(각하)**】 일반게임제공업자가 게임물의 버튼 등 입력장치를 자동으로 조작하여 게임을 진행하는 장치 또는 소프트웨어를 제공하거나 게임물 이용자로 하여금 이를 이용하게 하는 행위를 금지하는 「게임산업법 시행령」 조항에 대하여, 일반게임제공업자를 회원으로 하는 단체인 **사단법인은 자기관련성 부정**(2022.5.26. 2020헌마670 등)¹
4	【**서울·경기 임용시험 지역가산점** ↛ **부산교육대학교** × **(각하)**】 서울특별시 및 경기도의 초등교사 임용시험에서 **지역가산점**을 부여하는 「교육공무원법」에 대해 간접적·사실적 및 경제적 이해관계를 갖는 데 불과한 **부산교육대학교는 자기관련성 부정**(2014.4.24. 2010헌마747)¹

POINT 248 헌법소원의 현재성과 청구기간

1 기본권 침해의 현재성

(1) 기본권 침해의 현재성

원칙 : 현재 침해	① 【현재 관련】 헌법소원의 청구인은 **공권력의 작용과 현재 관련**이 있어야 하며, 장래 어느 때인가 관련될 수 있을 것이라는 것만으로는 **헌법소원을 제기하기에 족하지 않음**
예외 : 장래 침해	① 【장래 기본권 침해 확실 예측시 현재성 인정】 기본권의 침해가 장래에 발생하더라도 그 침해가 틀림없을 것으로 현재 확실히 예측된다면, 기본권구제의 실효성을 위하여 **침해의 현재성 인정** (현재성 부정 X)

(2) 현재성 부정 관련판례

1	【개인택시 면허 양도·상속 제한 (각하)】 개인택시면허의 양도 및 상속을 금지하는 「여객자동차」 규정에 대하여 **장래 개인택시면허를 취득하려는 자**가 헌법소원을 청구한 경우 **기본권 침해의 현재성 인정 안됨**(2012.3.29. 2010헌마443)
2	【사업장 변경 시도 안한 경우 횟수제한 규정 (각하)】 외국인근로자의 사업장 변경 횟수를 3회로 제한한 「외국인고용법」에 대한 심판청구에서 **외국인근로자가 아직 3회 이상 사업장 변경을 시도하지 않은 경우**, 위 횟수제한조항으로 인한 **기본권 침해가 현재 확실히 예측된다고 볼 수 없음**(2021.12.23. 2020헌마395)

(3) 현재성 인정 관련판례

1	【자율형 사립고 신입생 모집요강 (기각)】 종업원의 복리를 위하여 기업체가 출연하여 설립한 **자율형 사립고가 2014년 신입생 모집요강**을 작성하면서 임직원 자녀 전형 70%, 사회배려자 전형 20%, 일반전형 10%를 각각 배정한 것에 대해 기업 임직원이 아닌 일반인의 **2015년 졸업예정자인 중학생**은 기본권 침해의 **현재성 인정**(2015.11.26. 2014헌마145)
2	【국가유공자 가산점 (기각)】 심판청구 당시 **7급 국가공무원 공채시험에 응시하기 위하여 준비중에 있던 자**는 국가공무원 공채시험에 응시할 경우 합격 여부를 가리는 데 **국가유공자 10% 가산점 제도가 적용될 것이 확실히 예측**되므로 **기본권 침해의 현재성 인정**(2001.2.22. 2000헌마25)
3	【각종 위원회 위원자격에서 군법무관 배제 (기각)】 중앙인사위원회, 소청심사위원회 등 **각종 위원회 위원 자격**에서 판사·검사·변호사와 달리 **군법무관을 배제**하고 있는 「국가공무원법」은 장래 권리침해 가능성이 현재로서 확실히 예상되므로 **현재성 인정**(2007.5.31. 2003헌마422)
4	【선거권연령 20세 (기각)】 선거권연령을 20세로 한 「공직선거법」에 대하여 **18세인 자가 국회의원선거 2개월 전에 헌법소원을 청구한 경우 기본권 침해의 현재성 인정**(2001.6.28. 2000헌마111)
5	【부재자투표소 투표 기간 (기각)】 장래의 선거에서 부재자투표 여부가 확정되는 선거인명부작성 기간이 아직 도래하지 않아 **부재자투표를 할 것인지 여부가 확정되지 않았다**하더라도 주기적으로 반복되는 선거의 특성과 기본권구제의 실효성 측면을 고려할 때, **부재자투표소 투표의 기간을 제한**하고 있는 법률조항은 **기본권침해의 현재성 인정**(2010.4.29. 2008헌마438)
6	【혼인을 앞둔 예비신랑 하객접대행위 금지 (인용)】 혼인을 앞둔 **예비신랑**은 「가정의례법」의 관련규정으로 인하여 결혼식 때에는 하객들에게 주류 및 음식물을 접대할 수 없는 불이익을 받게 될 것이므로 **현재성 인정**(1998.10.15. 98헌마168) → **일반적 행동의 자유권 침해**

2 청구기간

(1) 공권력의 행사

청구기간	① 【안 날 90일, 있는 날 1년】 헌법재판소법 제68조 제1항에 따른 헌법소원의 심판은 그 **사유가 있음을 안 날부터 90일 이내**(60일 이내 ×)에, 그 **사유가 있는 날부터 1년 이내**(180일 이내 ×)에 청구하여야 함 ② 【구제절차 거친 경우 30일】 다른 법률에 따른 **구제절차**를 거친 헌법소원의 심판은 그 최종결정을 통지받은 날부터 **30일 이내**(14일 이내 ×)에 청구하여야 함
예외	① 【청구기간 경과】 헌법소원심판청구가 비록 **청구기간을 경과**하여서 한 것이라 하더라도, **일반적 주의를 다하여도 그 기간을 준수할 수 없는 사유**가 있는 경우에는 이를 **허용**하는 것이 헌법소원제도 취지와 헌법재판소법 제40조에서 준용되는 「행정소송법」 제20조제2항 단서에 부합 ② 【정당사유시 청구기간 도과해도 적법】 헌법재판소법 제40조 제1항에 따라 「행정소송법」이 헌법소원심판에 준용되므로 **정당한 사유**가 있는 경우에는 청구기간의 도과에도 불구하고 **적법**

(2) 청구기간 미적용

공권력의 불행사	① 【공권력의 불행사 청구기간 無】 공권력의 불행사는 그 불행사가 계속되는 한 기본권침해의 부작위가 계속된다 할 것이므로, 공권력의 불행사에 대한 **헌법소원은 불행사가 계속되는 한 청구기간의 제약없이 적법하게 청구할 수 있음** (청구기간의 제한을 받음 ×) ② 【진정입법부작위 청구기간 無】 **진정입법부작위**에 대한 헌법소원은 그 공권력의 불행사가 계속되는 한 **청구기간이 제한없이 적법하게 청구할 수 있음** ③ 【부진정입법부작위 : 청구기간 有】 입법자가 불충분하게 규율한 **부진정입법부작위**에 대하여 헌법소원을 제기하려면 그 **입법규정자체를 대상**으로 하여 헌법위반이라는 적극적인 헌법소원을 제기하여야 하며, 헌법재판소법이 정한 **청구기간을 준수하여야 함** (청구기간의 적용을 받지 않음 ×)
장래처분	① 【장래 기본권 침해 확실 예측시 청구기간 도과문제 미발생】 아직 기본권의 침해는 없으나 **장래에 확실히 기본권침해가 예측**되는 경우에는 미리 헌법소원심판청구가 가능하고, 이때 **청구기간 도과에 관한 문제는 발생하지 않음**

(3) 진정입법부작위 관련판례

1	【치과전문의 행정입법부작위 : 제소기간 제한 無 (인용)】 「의료법」에서 치과의사로서 전문의의 자격인정 및 전문과목에 관하여 필요한 사항은 **대통령령으로 위임**하고 있고, 대통령령은 전문의자격시험의 방법 등 필요한 사항을 보건복지부령으로 정하도록 위임하고 있음에도 **대통령령에 따른 시행규칙의 입법**을 하지 않고 있는 것은 진정입법부작위에 해당하므로 **헌법소원심판청구는 청구기간의 제한을 받지 않음**(1998.7.16. 96헌마246) → **직업의 자유·평등권 침해**

3 법령헌법소원의 청구기간

(1) 법령헌법소원

행위자체 한번에 종료	① 【입법행위】 법규정립행위(입법행위)는 그것이 국회입법이든 행정입법이든 막론하고 일종의 **법률행위**이므로, 그 행위의 속성상 **행위자체는 한번에 끝나는 것**이고, 그러한 입법행위의 결과인 **권리침해 상태가 계속**될 수 있을 뿐임
시행일 or 사유 발생일	① 【시행과 동시에 기본권 침해】 법령의 시행과 동시에 기본권의 침해를 받게 되는 경우에는 그 **법령이 시행된 사실을 안 날로부터 90일 이내**에, 법령이 **시행된 날로부터 1년 이내**에 청구 ② 【법령에 해당하는 사유 발생】 법령이 시행된 후에 비로소 그 법령에 해당하는 사유가 발생하여 기본권의 침해를 받게 된 경우에는 **그 사유가 발생**하였음을 **안 날부터 90일 이내**에, 그 사유가 발생한 **날부터 1년 이내**에 청구
유예기간 경과일	① 【유예기간을 경과한 때】 법령이 어떠한 규제를 시행하면서 그 유예기간을 둔 경우에는 그 유예기간이 경과함으로써 비로소 구체적인 기본권침해의 결과가 발생하므로 헌법소원 청구기간의 기산점은 그 **법령의 시행일이 아니라 유예기간 경과일** (법령의 시행일 ×)
시행 전 법률	① 【공포 후 시행 전 법률】 법령이 헌법소원의 대상이 되려면 현재 **시행 중인 유효한 법령이어야 함이 원칙**이지만, 법령이 일반적 효력을 발생하기 전이라도 **공포**되어 있고 그로 인하여 **사실상의 위험성이 이미 발생**한 경우에는 **예외적으로 침해의 현재성을 인정**하여 헌법소원을 청구할 수 있음 (현재성 요건으로 인하여 헌법소원심판을 청구할 수 없음 ×) ② 【청구기간 미개시 → 도과 문제 無】 아직 그 법령에 의해 기본권 침해가 발생하지 않았으나 장래 그 침해가 확실히 예상되어 기본권침해의 현재성 요건을 예외적으로 충족한 경우 **청구기간은 아직 그 진행이 개시조차 되지 않은 것이므로 청구기간의 도과 여부는 문제되지 않음** (청구기간이 개시된 것임 ×, 청구기간의 도과문제가 발생 ×)

(2) 관련판례

1	【교육공무원 정년 단축법률 (각하)】 교육공무원의 정년을 65세에서 62세로 단축하는 개정법률이 공포되어 같은 날 시행된 경우, 개정법 시행 당시 60세인 중등교원에게 위 개정법으로 인한 **기본권 침해가 발생한 시점**은 그가 62세에 달하여 실제 정년퇴직에 이르렀을 때가 아니라 위 **개정법이 공포되고 시행된 날**임 (2002.1.31. 2000헌마274)

POINT 249 직접성

1 직접성

(1) 직접성

직접성	① 【구체적 집행행위 無, 직접·현재·자기 기본권 침해】 법률 또는 법률조항 자체가 헌법소원의 대상이 될 수 있으려면 그 법률 또는 법률조항에 의하여 **구체적인 집행행위를 기다리지 아니하고 직접, 현재, 자기의 기본권을 침해**받아야 하는 것을 요건으로 함 ② 【법률 그 자체】 기본권침해의 **직접성**이란 집행행위에 의하지 아니하고 **법률 그 자체**에 의하여 **자유의 제한, 의무의 부과, 권리 또는 법적 지위의 박탈**이 생긴 경우
집행행위 매개 (직접성 부정)	① 【집행행위 있을 시 직접성 부정】 법률 또는 법률조항 자체를 대상으로 한 헌법소원에서 **당해 법률에 근거한 구체적인 집행행위를 통하여 비로소 기본권침해의 법률효과가 발생**하는 경우 **직접성의 요건 부정** (직접성 요건 인정 ×) ② 【구체적 집행행위가 있다면 일반 쟁송】 법령은 일반적으로 **구체적인 집행행위를 매개**로 하여 비로소 **기본권을 침해**하게 되므로 기본권의 침해를 받은 개인은 **집행행위를 대상**으로 하여 **일반 쟁송의 방법**으로 기본권 침해에 대한 구제절차를 밟는 것이 **헌법소원의 성격상 요청**
직접성이 요구되는 법규범	① 【법률, 조약, 명령·규칙, 행정규칙, 조례 등】 직접성이 요구되는 법규범은 **형식적 의미의 법률**뿐 아니라 **조약, 명령·규칙, 헌법소원의 대상성이 인정되는 행정규칙, 조례 등 포함** ② 【부진정 입법부작위】 **부진정 입법부작위**를 다투는 형태의 헌법소원의 경우에도 **해당 법률 또는 법령 조항 자체를 심판의 대상**으로 삼는 것이므로 원칙적으로 법령소원에 있어서 요구되는 **기본권침해의 직접성 요건을 갖추어야 함** (직접성 요건을 요구하지 않음 ×)
사후치유 불가	① 【요건불비 치유 불가】 헌법소원에 있어서 **직접성 요건의 불비는 사후에 치유될 수 없음**

(2) 집행행위 인정 여부

직접성 부정 (집행행위 인정)	① 【입법행위】 집행행위에는 **입법행위도 포함**되므로 법률 규정이 그 규정의 구체화를 위하여 **하위규범의 시행을 예정**하고 있는 경우에는 당해 법률 규정의 **직접성은 부인** (집행행위에는 입법행위는 포함되지 않음 ×) ② 【재량행위】 법령에 근거한 **구체적인 집행행위가 재량행위**인 경우에 법령은 집행기관에게 기본권침해의 가능성만을 부여할 뿐 법령 스스로가 기본권의 침해행위를 규정하고 행정청이 이에 따르도록 구속하는 것이 아니고, 이때의 기본권의 침해는 집행기관의 의사에 따른 집행행위, 즉 재량권의 행사에 의하여 비로소 이루어지고 현실화되므로 이러한 경우에는 **법령에 의한 기본권침해의 직접성이 인정될 여지가 없음**
직접성 인정 (집행행위 부정)	① 【형벌·행정벌】 국민에게 일정한 **행위의무 또는 행위금지의무를 부과**하는 법규정을 정한 후 이를 위반할 경우 **제재수단으로서 형벌 또는 행정벌 등을 부과**할 것을 정한 경우 **형벌이나 행정벌의 부과를 직접성에서 말하는 집행행위라고는 할 수 없음** ② 【사인의 행위】 집행행위란 **공권력행사로서 집행행위를 의미**하는 것이므로 규범이 정하고 있는 법률효과가 구체적으로 발생함에 있어 **사인의 행위를 요건**으로 하고 있다고 하더라도 **법규범의 직접성을 부인할 수 없음** (직접성이 인정되지 아니함 ×)

(3) 직접성의 예외적 인정

법규범에 의한 확정	① **【법규범의 내용이 국민의 권리관계 직접 변동 or 확정】** 법규범이 집행행위를 예정하고 있더라도 법규범의 내용이 집행행위 이전에 이미 국민의 권리관계를 직접 변동시키거나 국민의 법적 지위를 결정적으로 정하는 것이어서 국민의 권리관계가 집행행위의 유무나 내용에 의하여 좌우될 수 없을 정도로 확정된 상태라면 그 법규범의 권리침해의 직접성이 인정 ② **【집행기관의 심사·재량여지 없이 집행행위】** 법령이 집행행위를 예정하고 있더라도, 법령이 일의적이고 명백한 것이어서 집행기관이 심사와 재량의 여지없이 그 법령에 따라 일정한 집행행위를 하여야 하는 경우에는 예외적으로 당해 법령의 직접성을 인정할 수 있음
구제절차 무의미	① **【구제절차 無 or 구제가능성 無】** 집행행위를 대상으로 하는 **구제절차가 없거나**, 구제절차가 있다고 하더라도 **권리구제의 기대가능성이 없고** 기본권 침해를 당한 청구인에게 불필요한 우회절차를 강요하는 것밖에 되지 않는 경우에는 예외적으로 당해 법령의 직접성 인정

(4) 관련판례

1	**사인의 행위(집행행위 아님)** 【법무사 사무원 수 제한 → 해고행위 (기각)】 법무사의 사무원 총수는 5인을 초과하지 못한다고 규정한 「법무사법 시행규칙」은 **기본권 침해의 직접성 인정**(2014.9.25. 2013헌마411 등)
2	**법적지위 결정** 【복수면허 의료인 하나의 의료기관 개설만 허용 → 허가신청 반려·거부 (헌불)】 의료인에게 하나의 의료기관만을 개설할 수 있도록 한 「의료법」에 대하여 의사 및 한의사의 복수면허를 가진 의료인은 **기본권 침해의 직접성 인정**(2007.12.27. 2004헌마1021) → 직업의 자유·평등권 침해
3	**권리구제 가능성 無** 【가석방심사 등에 관한 규칙 → 준법서약서 제출 요구 (기각)】 「가석방심사 등에 관한 규칙」 조항은 가석방심사위원회의 준법서약서 제출요구를 규정하고 있지만, 수형자가 준법서약서 제출요구 행위를 대상으로 한 행정소송 등을 통하여 **권리구제를 받을 것을 기대할 수는 없으므로 기본권침해의 직접성 인정**(2002.4.25. 98헌마425 등)

2 법령의 유형에 따른 직접성 인정여부

(1) 행정처분의 근거법률과 직접성

1	【국·공립대학교 도서관규정 → 도서관장 승인·허가 (각하)】 대학구성원이 아닌 사람의 도서관 이용에 관하여 대학도서관의 관장이 승인 또는 허가할 수 있도록 규정한 「국·공립대학교의 도서관규정」은 도서관 도서 대출이나 열람실 이용이 확정적으로 제한하는 것이 아니므로 **직접성 없음**(2016.11.24. 2014헌마977)
2	【필요적 면허취소사유, 면허취소 후 재교부금지기간 조항 → 면허취소·면허재교부거부 (각하)】 의료인 면허의 필요적 취소사유와 면허취소 후 재교부금지기간을 정하고 있는 「의료법」은 면허취소 또는 면허재교부 거부라는 구체적인 집행행위가 있을 때 기본권 침해가 발생하므로 **직접성 요건을 갖추지 못하여 부적법**(2013.7.25. 2012헌마934)
3	【검사징계위 구성 조항 → 징계처분 (각하)】 검사 징계위원회의 위원 구성을 정한 「검사징계법」은 별도의 징계처분을 예정하고 있기 때문에 **기본권 침해의 직접성 인정 안됨**(2021.6.24. 2020헌마1614)

(2) 권력적 사실행위의 근거법률과 직접성

1	【금지물품 확인 규정 → 교도소장의 금지물품 확인 (각하)】 교도소장의 서신개봉 재량을 부여하고 있는「형집행 시행령」은 교도소장의 금지물품 확인 행위와 같은 구체적인 집행행위를 예정하고 있으므로 수용자의 기본권 침해의 직접성 인정 안됨(2012.2.23. 2009헌마333)
2	【경찰관 직무집행법 → 살수행위 (각하)】 살수차의 사용요건 등을 정한「경찰관 직무집행법」은 집회·시위 현장에서 경찰의 살수행위라는 구체적 집행행위를 예정하고 있으므로 기본권 침해의 직접성 인정 안됨(2020.4.23. 2015헌마1149)
3	【채증활동규칙 → 촬영행위 (각하)】「채증활동규칙」은 경찰청 내부의 행정규칙에 불과하고, 구체적인 촬영행위에 의해 비로소 기본권을 제한받게 되므로 직접 기본권 침해 아님(2018.8.30. 2014헌마843)
4	【군내 불온도서 차단대책 강구지시 → 하급 부대장의 구체적 집행행위 (각하)】 국방부장관이 각 군에 내린 군내의 불온도서 차단대책 강구지시는 하급 부대장이 일반 장병을 대상으로 하여 구체적인 집행행위를 함으로써 비로소 기본권 제한의 효과가 발생, 기본권 침해의 직접성 인정 안됨(2010.10.28. 2008헌마638)

(3) 위임규정과 직접성

1	【금연구역 지정 조례 → 금연구역 지정 (각하)】 지방자치단체가 조례로 관할 구역 안의 일정한 장소를 금연구역으로 지정할 수 있게 하는「국민건강증진법」은 지방자치단체의 조례에 따른 금연구역 지정을 통하여 비로소 기본권 침해의 효과가 발생, 직접성 요건을 갖추지 못하여 부적법(2014.9.25. 2013헌마411 등)

(4) 형벌조항 및 행정제재 규정과 직접성

형벌조항	기소 전 (인정)	①【위반 전 : 위반 요구 불가】 형벌조항의 경우 국민이 그 형벌조항을 위반하기 전이라면 그 위헌성을 다투기 위해 그 형벌조항을 실제로 위반하여 재판을 통한 형벌의 부과를 받게 되는 위험을 감수할 것을 국민에게 요구할 수 없음
	기소 후 (부정)	①【기소 후 : 구제절차 有(위헌법률심판제청신청) → 직접성 부정】 형벌조항을 위반하여 기소되었다면 재판과정에서 그 형벌조항이 법률인 경우에는 위헌법률심판제청신청을 통하여 그 위헌여부를 판단할 수 있다는 점에서 그 집행행위인 형벌부과를 대상으로 한 구제절차가 없거나 있다고 하더라도 권리구제의 기대가능성이 없는 경우에 해당한다고 볼 수 없음 (기소 후 형벌조항에 대하여 예외적으로 직접성을 인정할 수 있음 ×)
벌칙·과태료 조항 (부정)		①【벌칙·과태료 조항 : 직접성 부정】 벌칙·과태료 조항의 전제가 되는 구성요건 조항이 벌칙·과태료 조항과 별도로 규정되어 있는 경우, 벌칙·과태료 조항에 대하여 그 법정형 또는 행정질서벌이 체계정당성에 어긋난다거나 과다하다는 등 그 자체가 위헌임을 주장하지 않는 한 직접성을 인정할 수 없음 (벌칙·과태료 조항에 대하여 그 법정형이나 액수가 과다하여 그 자체가 위헌임을 주장하였더라도 기본권 침해의 직접성을 인정할 수 없음 ×)

POINT 250 헌법소원심판의 보충성

헌법재판소법 제68조(청구 사유) ① 【권리구제형 헌소】 공권력의 행사 또는 불행사(不行使)로 인하여 헌법상 보장된 기본권을 침해받은 자는 법원의 재판을 제외하고는 헌법재판소에 헌법소원심판을 청구할 수 있다. 【다른 법률의 구제절차】 다만, 다른 법률에 구제절차가 있는 경우에는 그 절차를 모두 거친 후에 청구할 수 있다.

1 보충성

헌재법상 보충성	① 【보충성 원칙】 권리구제형 헌법소원은 다른 법률에 의한 구제절차가 있는 경우에는, 그 절차를 모두 거친 후에 적법하게 청구할 수 있는데 이를 보충성의 원칙이라고 함 ② 【헌법재판소법에 규정】 「헌법재판소법」은 공권력의 행사 또는 불행사로 인하여 헌법상 보장된 기본권을 침해받은 자는 법원의 재판을 제외하고는 헌법재판소에 헌법소원심판을 청구할 수 있지만, 다른 법률에 구제절차가 있는 경우에는 그 절차를 모두 거친 후에 청구할 수 있다고 하여 보충성의 요건을 명시 (헌법은 보충성원칙을 인정 ×)
권리구제형 헌소	① 【권리구제형 헌소만】 헌법재판소법 제68조 제2항 소정의 헌법소원은 그 본질이 헌법소원이라기보다는 위헌법률심판이므로 헌법재판소법 제68조 제1항 소정의 헌법소원에서 요구되는 보충성의 원칙은 적용되지 아니함

2 다른 법률의 구제절차

(1) 적법한 다른 구제절차

직접 효력 다투는 구제절차	① 【공권력 효력 직접 다툴 수 있는 권리구제절차】 보충성 요건에서 사전 다른 권리구제절차는 공권력의 행사 또는 불행사를 직접 대상으로 하여 그 효력을 다툴 수 있는 권리구제절차 ② 【손해배상, 손실보상, 진정, 청원 : 사후적·보충적 수단 아님】 손해배상청구나 손실보상청구, 진정, 형의 집행 및 수용자의 처우에 관한 법률상 청원제도는 다른 법률에서 정한 구제절차에 해당하지 아니함 (손해배상청구나 손실보상청구와 같은 우회적인 구제수단도 포함 ×)
적법한 구제절차	① 【부적법한 구제절차시 보충성 요건 결여】 헌법소원심판청구에 앞서 거쳐야 하는 다른 법률에 의한 구제절차가 부적법한 경우는 보충성 요건을 갖추었다고 볼 수 없음 ② 【심리종결시까지 구제절차 완료시 하자치유】 다른 법률이 정한 절차에 따라 침해된 기본권의 구제를 받기 위한 모든 수단을 다하지 아니한 채 헌법소원을 제기하였더라도 종국결정 전에 권리구제절차를 거쳤다면 사전에 구제절차를 거치지 않은 하자 치유 (헌법소원 각하 ×)

(2) 하자치유 사례

1	【불기소처분 전치요건 불비 사후 치유 (기각)】 동일한 피의사실에 대하여 2회 고소하고 그에 대한 검사의 각 불기소처분에 대하여 항고, 재항고를 하여, 한 사건에 대하여는 대검찰청의 재항고기각이 있었고 다른 한 사건을 대검찰청에 계류 중인 상태에서 대검찰청에 계류 중인 사건에 대한 헌법소원심판청구가 있는 경우, 헌법재판계류 중에 대검찰청의 재항고기각결정이 있으면 동 심판청구는 전치요건흠결의 하자가 치유되어 적법(1991.4.1. 90헌마194)

3 보충성 원칙에 위반한 판례

(1) 행정처분 : 행정소송

1	【국가인권위 진정에 대한 각하·기각결정은 행정처분 → 헌소 보충성 위반 (각하)】 국가인권위원회의 진정에 대한 각하 및 기각결정은 법률상 신청권이 있는 진정인의 권리행사에 중대한 지장을 초래하는 것으로 항고소송의 대상이 되는 행정처분에 해당하므로 **헌법소원의 보충성 요건을 충족하지 못함**(2015.3.26. 2013헌마214 등) → 보충성요건을 충족한다고 하였다가 충족하지 않는다고 **판례변경**
2	【고노부장관의 전교조에 대한 시정요구 (각하)】 고용부장관의 전교조에 대한 **시정요구**는 권리·의무에 변동을 일으키는 **행정행위에 해당**하나 다른 불복절차를 거치지 않고 헌법소원을 청구하였으므로 **헌법소원은 보충성 요건을 결함**(2015.5.28. 2013헌마671 등)
3	① 【방송통신심의위원회의 시정요구 : 공권력 행사】 방송통신심의위원회의 시정요구는 단순한 행정지도로서의 한계를 넘어 규제적·구속적 성격을 갖는 것으로서 **헌법소원 또는 항고소송의 대상이 되는 공권력 행사**(2012.2.23. 2008헌마500) ② 【행정처분 → 보충성 위반】 방송통신심의위원회의 시정요구는 항고소송의 대상에 해당하는 행정처분이라 할 것이고 이에 대하여 **행정소송**을 제기하였어야 할 것임에도 이를 거치지 아니하였으므로 심판청구는 **보충성을 결여하여 부적법**(2012.2.23. 2008헌마500)

(2) 재판 등 다른 구제절차

1	【체포 → 체포적부심사 (각하)】 체포에 대하여는 헌법과 「형사소송법」이 정한 체포적부심사라는 구제절차가 존재함에도 불구하고, **체포적부심사절차를 거치지 않고 제기된 헌법소원심판청구는 보충성의 원칙에 반하여 부적법**(2011.6.30. 2009헌바199) (유사) 【현행범인 체포 → 체포적부심사 (각하)】 현행범인으로 체포되어 경찰서 유치장에 48시간 가까이 구금되었으나 **체포적부심사를 청구하지 않고** 있다가 구속영장이 청구되지 않고 석방된 자가 제기한 헌법소원심판청구는 **보충성의 원칙에 위배되어 부적법**(2010.9.30. 2008헌마628)
2	【보도자료 배포행위 → 고소 (각하)】 사법경찰관인 피청구인이 청구인에 관한 **보도자료를 기자들에게 배포한 행위**가 형법 제126조의 **피의사실공표죄에 해당하는 범죄행위**라면 청구인은 이를 **수사기관에 고소**하고 그 처리결과에 따라 검찰청법에 따른 항고를 거쳐 **재정신청**을 할 수 있으므로 **보충성 요건을 갖추지 못하여 부적법**(2014.3.27. 2012헌마652)

POINT 251 보충성의 예외

1 보충성의 예외

보충성의 예외	① **【법률 자체】** 법률에 의하여 직접 기본권이 침해당한 경우 **다른 법적 구제 절차가 없으므로** 바로 헌법소원을 제기할 수 있음³ ② **【일반적·추상적 성격의 고시】** 고시가 일반적·추상적 성격을 가질 때에는 **법규명령 또는 행정규칙**에 해당하지만, **구체적인 규율의 성격을 갖는다면 행정처분**에 해당하는데(행정관청의 고시는 일반적·추상적 성격을 가짐 ×), **고시가 일반적·추상적 성격을 지닌 경우**에는 다른 구제절차를 거칠 것 없이 **바로 헌법소원을 제기할 수 있음**¹ ③ **【행정입법부작위】** 법률이 세부적인 사항을 대통령령으로 정하도록 위임하였으나 대통령령이 제정되지 않은 경우 **행정입법부작위**는 행정소송의 대상이 되지 않으므로 **헌법소원의 대상** (다른 권리구제절차를 거치지 아니하고는 헌법소원심판을 청구하는 것이 불가능함 ×)³ ④ **【권력적 사실행위】** 당사자가 권리구제절차를 밟을 것이라 기대하기 어려운 **권력적 사실행위**인 경우 **보충성의 예외가 인정**¹
전심절차 무의미	① **【정당한 이유 있는 착오로 전심절차 결여】** 청구인이 그의 불이익으로 돌릴 수 없는 **정당한 이유 있는 착오**로 전심절차를 밟지 않은 경우 **보충성의 예외로 헌법소원 제기 가능**¹ ② **【전심절차이행의 기대가능성 無】** 전심절차로 권리가 구제될 가능성이 거의 없거나 권리구제절차가 허용되는지 여부가 객관적으로 불확실하여 **전심절차이행의 기대가능성이 없을 경우 보충성의 예외로 헌법소원 제기 가능**

2 보충성의 예외에 해당하는 경우

(1) 법령헌법소원

1	**【형집행법 시행령 조항 (위헌)】** 금치처분을 받은 자에 대하여 **금치기간 중에는 집필을 금지하고 있는 형집행법 시행령 조항**에 대해서는 **다른 구제절차 없이 바로 헌법소원을 청구할 수 있음**(2005.2.24. 2003헌마289)¹ → **과잉금지원칙 위반**
2	**【사법시행령 자체 (각하)】** 「사법시험령」 자체의 효력을 직접 다투는 것을 소송물로 하여 일반법원에 소를 제기하는 길이 없어 구제절차가 있는 경우가 아니므로, **다른 구제절차를 거치지 않고 바로 헌법소원심판을 청구할 수 있음** (2001.4.26. 2000헌마262)¹

(2) 권력적 사실행위 (이미 종료)

1	【경찰의 차벽 설치 행위 (인용)】 경찰의 차벽 설치 행위는 이른바 **권력적 사실행위**에 해당하여 행정소송의 대상이 되나 **이미 경찰의 차벽설치행위가 종료**되고 서울광장 통행이 재개되어 행정소송을 제기해도 소의 이익이 부정될 가능성이 높아서 **보충성의 예외로 허용**(2011.6.30. 2009헌마406) → **일반적 행동자유권 침해**
2	【수갑 및 포승 사용 행위 (인용)】 구속된 피의자가 검사조사실에서 수갑 및 포승을 사용(施用)한 상태로 피의자신문을 받도록 한 행위는 이미 종료된 **권력적 사실행위**로서 행정심판이나 행정소송의 대상으로 인정되기 어려워 헌법소원심판을 청구하는 외에 달리 효과적인 구제방법이 없으므로 **보충성 원칙에 대한 예외**(2005.5.26. 2001헌마728) → **신체의 자유 침해**
3	【서신검열행위 (기각)】 수형자의 서신을 교도소장이 검열하는 행위는 권력적 사실행위로서 행정심판이나 행정소송의 대상이 되는 행정처분으로 볼 수 있으나, 검열행위가 **이미 완료**되어 행정심판이나 행정소송을 제기하더라도 소의 이익이 부정될 수밖에 없으므로 헌법소원 청구 외에 다른 효과적인 구제방법이 있다고 보기 어렵기 때문에 **보충성의 예외에 해당**(1998.8.27. 96헌마398)
4	【화상접견시간 단축행위 (기각)】 교도소장의 미결수용자에 대한 화상접견시간 단축행위는 이미 **종료된 권력적 사실행위**로서 달리 효과적인 구제방법이 있다고 보기 어려워 이에 대한 헌법소원은 **보충성원칙의 예외에 해당**(2009.9.24. 2007헌마738)
5	【외부 재판 출정시 운동화 착용 불허행위 (기각)】 교도소장의 미결수용자에 대한 외부 재판 출정 시 운동화 착용 불허행위는 **이미 종료된 행위**로서 헌법소원심판을 청구하는 외에 달리 효과적인 구제방법이 있다고 보기 어려우므로 **보충성의 원칙에 예외에 해당**(2011.2.24. 2009헌마209)
6	【출정제한행위 (인용)】 교도소장의 수형자에 대한 출정제한행위는 권력적 사실행위로서 행정소송의 대상이 된다고 단정하기 어렵고, 행정소송의 대상이 된다고 하더라도 **이미 종료된 행위**로서 소의 이익이 부정되어 각하될 가능성이 높으므로, 수형자에게 그에 의한 권리구제절차를 밟을 것을 기대하기는 곤란하므로 헌법소원은 **보충성원칙의 예외에 해당**(2012.3.29. 2010헌마475) → **재판청구권 침해**

(3) 기타

1	【중선위의 대통령에 대한 선거중립의무 준수요청 조치 (기각)】 중선위의 대통령의 선거중립의무 준수요청 조치에 대하여 항고소송에 의한 권리구제절차를 거치도록 요구하거나 기대할 수 없으므로 **보충성의 예외를 인정하여 헌법소원 허용**(2008.1.17. 2007헌마700)

3 검사의 처분

(1) 검사의 불기소처분

피해자	고소인	① 【재정신청 可 → 보충성 위반】 형사피해자인 고소인은 검사의 불기소처분에 대하여 관할 고등법원에 재정신청을 하여 다툴 수 있으므로 재정신청절차를 거치지 않은 심판절차는 법률이 정한 구제절차를 모두 거치지 않고 제기된 것이어서 부적법 (고소권자는 검사의 불기소처분에 대하여 재정신청을 경유하지 않더라도 헌법소원심판을 청구할 수 있음 ×)[3]
	고소 안한 경우	① 【재정신청 不可 → 보충성 예외】 피해자의 고소가 아닌 수사기관의 인지등에 의하여 수사가 개시된 피의사건에서 검사의 불기소처분이 이루어진 경우 불기소처분의 취소를 구하기 위해 별도의 고소 없이 곧바로 제기된 피해자의 헌법소원은 보충성 원칙의 예외로서 적법 (보충성을 결여하여 부적법 ×)[4]
피의자	기소 유예	① 【검찰항고·재정신청 不可】 검사로부터 기소유예처분을 받은 피의자는 「검찰청법」 소정의 항고를 거쳐 그 검사 소속의 지방검찰청 소재지를 관할하는 고등법원에 그 당부에 관한 재정을 신청할 수 없음 (기소유예처분을 받은 피의자는 항고·재정신청 가능 ×)[2] ② 【다른 구제절차 無 → 보충성 예외】 기소유예처분을 받은 피의자가 범죄혐의를 부인하면서 무고함을 주장하는 경우에는 다른 구제절차가 없으므로, 검사의 기소유예처분의 취소를 구하는 헌법소원심판을 청구하는 경우에는 보충성의 예외에 해당하므로 헌법소원을 제기할 수 있음 (피의자는 수사기관에 진정이 가능하므로 보충성 요건을 갖추지 못하여 부적법 ×)[4]
	혐의 없음	① 【혐의없음·공소권없음 불기소처분시 : 헌소 부적법】 검사가 형사피의자에 대해서 혐의없음 처분을 하지 않고 공소권없음의 불기소처분을 하였다 해도, 공권력의 행사라고 볼 수 없음[1]

(2) 기소처분 등

부정	① 【현재 수사 중인 사건】 현재 수사 중인 사건은 검사의 공소권이 행사되고 있지 아니하므로 헌법소원의 대상이 될 수 없음[2] ② 【검사의 기소처분】 검사의 기소처분에 대한 헌법소원심판청구는 부적법[2]
내사종결	① 【진정사건의 내사종결처리 : 헌소 대상 ×】 진정사건의 내사종결처리는 구속력이 없는 진정사건에 대한 수사기관의 내부적 사건처리방식에 지나지 아니하고 진정인의 권리행사에 아무런 영향을 미치는 것이 아니므로 헌법소원의 대상이 될 수 없음 (헌법소원의 대상성을 인정 ×)[3] ② 【고소사건을 진정사건으로 내사종결처분 : 헌소 대상 ○】 검사가 고소사건을 진정사건으로 수리하여 내사종결 처분한 것은 단순한 각하사항이 아니라 헌법소원의 대상[1]

POINT 252 헌법소원심판의 권리보호이익

1 권리보호이익

(1) 권리보호이익

권리보호이익	① **【권리보호이익 필요】** 권리보호이익은 소송제도에 필연적으로 내재하는 요청으로 **헌법소원제도의 목적상 필수적인 요건**이라고 할 것이어서, 헌법소원심판청구의 적법요건 중의 하나로 **권리보호이익을 요구**하는 것이 청구인의 **재판을 받을 권리를 침해한다고 볼 수는 없음**
예외적 심판청구 이익 인정	① **【반복 위험 + 해명이 중대한 의미】** 헌법소원제도는 개인의 **주관적인 권리구제**뿐만 아니라 **헌법질서를 보장**하는 기능도 있으므로 **주관적 권리보호이익은 소멸**하였다고 하더라도, 그러한 침해행위가 앞으로도 **반복될 위험**이 있거나 당해 분쟁의 해결이 헌법질서의 수호·유지를 위하여 긴요한 사항이어서 **헌법적으로 그 해명이 중대한 의미**를 지니는 경우에는 **심판청구의 이익을 인정** ② **【종료된 권력적 사실행위】** 이미 종료된 권력적 사실행위에 대한 헌법소원심판청구의 경우에 침해행위가 앞으로도 **반복될 위험**이 있거나 당해 분쟁의 해결이 헌법질서의 수호·유지를 위하여 긴요한 사항이어서 그 **해명이 중대한 의미**를 지니는 경우 **심판청구의 이익 인정**

(2) 권리보호이익 인정 관련판례

1	**【기소유예처분 범죄의 공소시효 완성 (기각)】** 기소유예처분을 받은 피의자가 불복하여 헌법소원을 청구하였으나 그 후 범죄의 **공소시효가 완성**되었다고 하더라도 그 사실만으로 피의자가 제기한 헌법소원의 **권리보호의 이익이 없다고 할 수 없음**(2012.7.26. 2011헌마214)
2	**【기소유예처분에 일반사면 (기각)】** 기소유예처분의 대상인 피의사실에 대하여 **일반사면**이 있은 경우 그 처분의 취소를 구하는 헌법소원은 **권리보호의 이익이 있음**(1996.10.4. 95헌마318)
3	**【공소시효 완성을 이유로 한 내사종결처분 (기각)】** 경찰서장이 **공소시효의 완성**을 이유로 **내사종결처분**을 한 사건에서 청구인은 **공소시효가 완성되지 않았다고 주장**하면서 범죄의 성립여부를 판단하지 아니한 채 공소시효가 완성되었다고 판단한 경찰서장의 처분을 다투고 있으므로 **권리보호이익 인정**(2014.9.25. 2012헌마175)

(3) 권리보호이익 부정 관련판례

1	【심판 도중 개정으로 적용 여부 無 (각하)】 헌법소원청구 후 **심판대상이 되었던 법령조항이 개정**되어 더 이상 청구인에게 적용될 여지가 없게 된 경우에는 심판대상인 구법 조항에 대하여 위헌결정을 받을 **주관적 권리보호이익 소멸**(2009.4.30. 2007헌마103) **유사** 【사법시행령 → 심판 도중 개정·폐지 (각하)】 헌법소원청구 당시 권리보호이익이 인정되더라도 **심판 계속 중에「사법시험령」제4조가 폐지**되어 더 이상 응시횟수의 제한이 없게 되는 등 사실관계 또는 법률관계의 변동으로 말미암아 **기본권침해가 종료된 경우 권리보호이익 없음**(2001.4.26. 2000헌마262)
2	【국회의원 선거구 입법부작위 → 심판청구 후 선거구획정 (각하)】 국회의원의 선거구에 관한 법률을 제정하지 아니한 **입법부작위의 위헌확인을 구하는 심판청구 이후 국회의원의 선거구 획정**함으로써 청구인들의 주관적 목적 달성으로 **권리보호이익 소멸**(2016.4.28. 2015헌마1177 등)
3	【북한인권법 입법부작위 → 심판청구 후 제정 (각하)】 가족이 북한 내 정치범수용소에 억류되어 있는 북한이탈주민 등이 이른바 '**북한인권법**'을 제정하지 아니한 입법부작위가 기본권을 침해한다고 주장하며 제기한 헌법소원심판 계속 중에 국회가 북한인권법을 제정하였다면, 더 이상 **권리보호이익이 존재한다고 보기 어렵고**, 헌법적 해명의 필요성도 찾아보기 어려우므로 **헌법소원심판청구는 부적법**(2016.4.28. 2013헌마266)
4	【서신익일발송행위 (각하)】 미결수용자 지위에 있는 수형자가 발송하려고 제출한 서신을 교도소장이 **서신 제출일 16:00시에 일괄 수리하여 그 다음 날에 발송한 행위**에 관한 심판청구는 **기본권 침해가 이미 종료**되었으므로, **주관적 권리보호이익을 인정할 수 없음**(2021.10.28. 2019헌마973)
5	【부산 기장군의회 운영위 방청불허행위 (각하)】 부산 기장군의회 운영행정위원장이 청구인들에게 한 **부산 기장군의회 운영행정위원회 임시회의 방청불허행위**는 헌법적으로 해명이 중대한 의미를 지니는 경우로 보기 어려우므로 헌법소원심판청구의 **권리보호이익이 인정되지 않음**(2017.7.27. 2016헌마53)
6	【법률의 해석·적용·포섭 (각하)】 단순히 '**행정청의 행위가 법률이 정한 바에 부합하는가**'라는 점을 문제 삼는 경우와 같이 **법률의 해석·적용 또는 포섭**을 다투는 경우에는 헌법적 해명의 필요성이 인정되지 아니하고, 설사 유사한 침해행위가 앞으로도 반복될 위험이 있다 하더라도 공권력 행사의 위헌 여부를 확인할 실익이 없어 **심판청구의 이익이 부인**(2022.1.27. 2020헌마497)

2 예외적 심판의 이익 인정 판례

(1) 권력적 사실행위 (이미 종료)

1	【경찰의 차벽설치행위 (인용)】 서울광장에서 집회·시위를 막기 위하여 일반 시민의 출입을 통제하고, 경찰청장이 경찰버스들로 서울광장을 둘러싸 통행을 제지한 행위는 **경찰의 차벽설치행위가 종료되었다고 하여도 헌법질서의 수호·유지를 위하여 헌법적 해명이 긴요한 사항**에 해당하므로 **심판의 이익 인정**(2011.6.30. 2009헌마406) → 일반적 행동자유권 침해
2	【후방착석요구행위 (인용)】 변호인이 피의자신문에 참여하면서 피의자 옆에 앉으려고 하자 검찰수사관이 변호인에게 피의자 뒤에 앉으라고 요구한 **후방착석요구행위**는 권리보호이익은 소멸하였으나 **심판의 이익은 인정**(2017.11.30. 2016헌마503) → 변호인의 변호권 침해

(2) 기타 종료된 행위

1	【교정시설 내 과밀수용행위 → 형기만료로 석방 (인용)】 교정시설 내 과밀수용행위를 다투고 있는 **수형자가 형기만료로 이미 석방되었더라도** 교정시설 내 과밀수용행위는 **계속 반복될 우려**가 있고, 수형자들에 대한 기본적 처우에 관한 중요한 문제로서 **헌법적 해명의 필요성**이 있으므로 예외적으로 **심판의 이익 인정**(2016.12.29. 2013헌마142) → 인간의 존엄과 가치 침해
2	【가석방심사 등에 관한 규칙 → 석방 (기각)】 가석방심사 시 준법서약서 제출을 요구하는 「가석방심사 등에 관한 규칙」은 수형자가 이미 석방된 경우라 할지라도, 같은 유형의 침해행위가 앞으로도 **반복될 위험**이 있고 그에 대한 **헌법적 해명이 긴요한 사항**인 경우에는 **심판청구의 이익 인정**(2002.4.25. 98헌마425 등)

POINT 253 종국결정

1 종국결정

인용결정 (6인)	① 【기속력】 헌법소원의 **인용결정**은 모든 **국가기관과 지방자치단체를 기속** ② 【결정서 주문에 기본권·공권력 특정】 헌법재판소는 헌법재판소법 제68조 제1항에 따른 **헌법소원을 인용**할 때에는 **인용결정서의 주문**에 **침해된 기본권**과 **침해의 원인이 된 공권력의 행사 또는 불행사를 특정**하여야 함 / ③ 【부수적 규범통제】 헌법재판소는 **공권력**의 행사 또는 불행사가 **위헌인 법률 또는 법률의 조항**에 기인한 것이라고 인정될 때에는 **인용결정에서 해당 법률 또는 법률의 조항이 위헌임을 선고할 수 있음** (인용결정에서 해당 법률 또는 법률의 조항에 대해 위헌임을 선고 못함 ×) ⁷
심판절차종료	① 【청구취하】 헌법소원심판청구를 **취하**하면 헌법소원심판절차는 **종료** (헌법적 해명이 긴요한 때에는 종국결정을 선고할 수 있음 ×) /

2 주문별 합의제

1	각하의견이 4인, 인용의견이 5인인 경우 주문은 기각임 (각하 ×) ²	기각

CHAPTER 05 | 권한쟁의심판

POINT 254 권한쟁의심판

제111조 ① 헌법재판소는 다음 사항을 관장한다.
4. 【권한쟁의심판】 국가기관 상호간, 국가기관과 지방자치단체간 및 지방자치단체 상호간의 권한쟁의에 관한 심판

헌법재판소법 제61조(청구 사유) ① 【권한의 유무·범위 다툼】 국가기관 상호간, 국가기관과 지방자치단체 간 및 지방자치단체 상호간에 권한의 유무 또는 범위에 관하여 다툼이 있을 때에는 해당 국가기관 또는 지방자치단체는 헌법재판소에 권한쟁의심판을 청구할 수 있다.
② 【헌법 or 법률에 의한 권한】 제1항의 심판청구는 피청구인의 처분 또는 부작위(不作爲)가 헌법 또는 법률에 의하여 부여받은 청구인의 권한을 【권한 침해 or 침해 현저 위험】 침해하였거나 침해할 현저한 위험이 있는 경우에만 할 수 있다.

1 권한쟁의심판

유형	① 【국가기관 상호간】 국가기관 상호간 (국가기관 상호간 권한 분쟁은 심판대상 아님 ×) ② 【국가기관과 지방자치단체 간】 국가기관과 지방자치단체 간 ③ 【지방자치단체 상호간】 지방자치단체 상호간 (지자체 상호간 권한 다툼은 법원 권한 ×)
청구요건	① 【권한의 존부·범위 다툼 + 권한 침해 or 침해 현저 위험】 권한쟁의심판을 청구하려면 청구인과 피청구인 상호간에 헌법 또는 법률에 의하여 부여받은 권한의 존부 또는 범위에 관하여 다툼이 있어야 하고, 피청구인의 처분 또는 부작위가 헌법 또는 법률에 의하여 부여받은 청구인의 권한을 침해하였거나 침해할 현저한 위험이 있는 경우이어야 함
제도적 의의	① 【국가기능수행 원활 + 권력 상호간 견제·균형 유지】 권한쟁의심판제도는 국가기관 사이, 국가기관과 지방자치단체 사이 또는 지방자치단체 사이에 권한의 존부 또는 범위에 관하여 다툼이 발생한 경우에, 헌법재판소가 이를 유권적으로 심판함으로써 각 기관에게 주어진 권한을 보호함과 동시에 객관적 권한질서의 유지를 통해서 국가기능의 수행을 원활히 하고, 수평적·수직적 권력 상호간의 견제와 균형을 유지하려는데 제도적 의의 ② 【소수파의 다수파 통제】 오늘날 의회와 정부가 다수당을 중심으로 통합되어 가는 정당국가적 경향에 따라서 권한쟁의심판제도는 정치과정에서 소수파가 다수파의 월권적 행위를 헌법을 통해 통제할 수 있는 수단으로서의 기능도 가지게 되었음

2 권한쟁의심판의 특징 (행정소송과의 관계)

헌재의 관할권 (vs 기관소송)	① 【권한쟁의 사항은 기관소송 대상 제외】 국가 또는 공공단체의 기관 상호간에 있어서의 권한의 존부 또는 그 행사에 관한 다툼이 있을 때에는 기관소송을 제기할 수 있으나, 헌법재판소법 제2조의 규정에 의하여 헌법재판소의 관장사항으로 되는 소송은 기관소송 대상에서 제외
법률상 분쟁 포함 (vs 항고소송)	① 【헌법상 + 법률상 분쟁】 권한쟁의는 헌법상의 분쟁만이 아니라 법률상의 분쟁을 포함 (법률상의 권한 분쟁은 대상이 되지 않음 ×) ② 【권한쟁의에 법률상 분쟁도 포함 → 항고소송과 관할 중복 가능성】 권한쟁의대상이 되는 법적 분쟁은 헌법상의 분쟁뿐만 아니라 법률상의 분쟁도 포함되므로 헌법재판소의 권한쟁의심판권은 일반법원의 행정소송관할권과 중복될 가능성이 있음 (중복될 가능성 없음 ×)

POINT 255 권한쟁의심판의 당사자

헌법재판소법 제62조(권한쟁의심판의 종류) ① 권한쟁의심판의 종류는 다음 각 호와 같다.
1. 【국가기관 상호간】 국가기관 상호간의 권한쟁의심판
   【예시조항】 국회, 정부, 법원 및 중앙선거관리위원회 상호간의 권한쟁의심판
2. 【국가기관과 지방자치단체 간】 국가기관과 지방자치단체 간의 권한쟁의심판
   가. 【정부 예시조항】 정부와 특별시·광역시·특별자치시·도 또는 특별자치도 간의 권한쟁의심판
   나. 【정부 예시조항】 정부와 시·군 또는 지방자치단체인 구(이하 "자치구"라 한다) 간의 권한쟁의심판
3. 【지방자치단체 상호간 : 열거조항】 지방자치단체 상호간의 권한쟁의심판
   가. 특별시·광역시·특별자치시·도 또는 특별자치도 상호간의 권한쟁의심판
   나. 시·군 또는 자치구 상호간의 권한쟁의심판
   다. 특별시·광역시·특별자치시·도 또는 특별자치도와 시·군 또는 자치구 간의 권한쟁의심판

1 국가기관 상호간의 권한쟁의심판

(1) 국가기관의 범위

국가기관 (예시조항)	① 【예시적 조항】 헌법재판소법이 국가기관 상호간의 권한쟁의심판을 '**국회, 정부, 법원 및 중앙선거관리위원회 상호간의 권한쟁의심판**'이라고 규정하고 있더라도 **한정적·열거적인 조항이 아니라 예시적인 조항으로 해석**하는 것이 헌법에 합치됨 (열거하고 있음 ×, 이들 기관 외에는 권한쟁의심판의 당사자가 될 수 없음 ×)
국가기관의 범위 판단	① 【입법형성의 자유 無 → 헌법해석을 통해 확정】 입법자인 국회는 **권한쟁의심판의 종류나 당사자를 제한할 입법형성의 자유가 있다고 할 수 없고**, 권한쟁의심판의 당사자가 될 수 있는 **국가기관의 범위**는 결국 **헌법해석을 통해 확정**하여야 함 ② 【헌법 설치 + 헌법·법률 독자적 권한 부여 + 권한쟁의 해결 기관·방법 유무】 국가기관인지 여부는 ⓐ **헌법에 의하여 설치**되고 ⓑ **헌법과 법률에 의하여 독자적인 권한**을 부여받고 있는지 여부 ⓒ 헌법에 의하여 설치된 국가기관 상호 간의 **권한쟁의를 해결할 수 있는 적당한 기관이나 방법이 있는지 여부** 등을 종합적으로 고려하여 판단

(2) 국가기관 부정 사례

법률상 국회 내부기관	① **【소위원장】** 국회 **소위원회 위원장**은 국가기관에 해당한다고 볼 수 없으므로 권한쟁의심판의 **당사자능력이 인정되지 않음** (당사자능력 인정 ×) ② **【행안위 소위원장】** 국회 행안위 제천화재관련평가소위 위원장이 국회행안위 위원장을 상대로 제기한 권한쟁의심판에서 **국회 소위원회 위원장은 청구인능력 인정 안됨** ③ **【안건조정 위원장】** 「국회법」상 **안건조정위원회 위원장**은 권한쟁의심판을 청구할 수 있는 **국가기관에 해당하지 않으므로, 당사자능력 인정 안됨** (당사자능력 인정 ×) ④ **【교섭단체】** 교섭단체와 국회의장 사이에 분쟁이 발생하더라도 **교섭단체가 그 권한 침해를 이유로 권한쟁의심판을 청구할 수 없음** (있음 ×) ⑤ **【교섭단체 대표의원】** 국회 **교섭단체 대표의원**은 국가기관에 해당한다고 볼 수 없으므로, 권한쟁의심판의 **당사자능력 인정 안됨**
법률기관	① **【헌법기관 인정, 법률기관 부정】** 권한쟁의심판의 당사자능력은 **헌법에 의하여 설치된 국가기관**에 한정하여 인정되고, **법률에 의하여 설치된 국가기관**에게는 권한쟁의심판의 **당사자능력이 인정 안됨** (권한쟁의심판의 당사자능력 인정 ×) ② **【국가인권위】** 국가인권위원회는 **법률에 설치근거를 둔 국가기관**이고, 헌법에 의하여 설치되고 헌법과 법률에 의하여 독자적인 권한을 부여받은 국가기관이라고 할 수는 없으므로, 독립성이 보장된 기관이기는 하더라도 그 기관이 갖는 권한의 침해 여부에 대해 국가를 상대로 **권한쟁의심판을 청구할 당사자능력은 없음** (권한쟁의심판의 당사자능력 인정 ×) ③ **【원안위】** 헌법이 아닌 '원안위법'에 설치 근거를 두고 있는 국가기관인 **원자력안전위원회**는 '헌법에 의하여 설치된 국가기관'에 해당하지 아니하여 **당사자능력 인정 안됨** (당사자능력 인정 ×) ④ **【문화재청】** 법률에 의하여 설치된 **문화재청 및 문화재청장**에게는 **당사자능력이 인정 안됨** (당사자능력 인정 ×)
정부의 부분기관 사이	① **【정부 부분기관 사이는 상하 위계질서로 해결】** 일반적으로 「정부조직법」상 합의제 행정기관을 포함한 **정부의 부분기관 사이의 권한에 관한 다툼은 「정부조직법」상의 상하 위계질서 등을 통하여 해결**될 수 있으므로 **권한쟁의심판이 허용 안됨** ② **【국가경찰위원회】** 국회가 제정한 「경찰법」에 의하여 설립된 **국가경찰위원회는 권한쟁의심판을 청구할 당사자능력이 없음** (권한쟁의심판의 당사자능력 인정 ×)
정당·국민	① **【정당(교섭단체 구성여부 불문)】** 정당은 **국민의 자발적 조직으로 사적·정치적 결사 내지는 법인격 없는 사단**이기에 공권력의 행사 주체로서 **국가기관의 지위를 갖는다고 볼 수 없으므로**, 정당이 **국회 내에서 교섭단체를 구성하고 있다고 하더라도 권한쟁의심판의 당사자능력이 부정** (권한쟁의심판의 당사자 ×, 교섭단체를 구성한 경우 당사자 ×) ② **【국민(사인)】** 국민 개인이 대법원장을 상대로 제기한 국가기관 간의 권한쟁의심판에서 '국민'인 청구인은 그 자체로는 헌법에 의하여 설치되고 헌법과 법률에 의하여 독자적인 권한을 부여받은 기관이라고 할 수 없으므로, '국민'인 청구인은 권한쟁의심판의 당사자가 되는 **'국가기관'이 아님** (권한쟁의심판의 당사자가 되는 국가기관 ×)

2 국가기관과 지방자치단체간의 권한쟁의심판

정부 (예시조항)	① 【정부·부분기관 + 국회 + 법원 등】 국가기관과 지방자치단체 간 권한쟁의심판의 당사자에 관한 헌법재판소법 제62조 제1항 제2호의 '**정부**'는 **예시규정**이므로, **정부** 뿐 아니라 **정부의 부분기관, 국회, 법원도 당사자가 될 수 있음**
당사자능력 인정	① 【중선위 + 각급 선관위】 중선위 외에 **각급 구·시·군 선관위**도 헌법에 의하여 설치된 기관으로서 **헌법과 법률에 의하여 독자적인 권한을 부여받은 기관**에 해당하므로 권한쟁의심판의 **당사자능력이 있음** (각급 구·시·군 선관위는 권한쟁의심판의 당사자능력이 없음 ×) ② 【국가위임사무 수행 지자체장】 지방자치단체의 장이 **국가위임사무**에 대해 **국가기관의 지위**에서 처분을 행한 경우(국가기관인 재결청 지위)에는 **권한쟁의심판의 당사자가 될 수 있음**

3 지방자치단체 상호간의 권한쟁의

지자체	① 【열거 조항】 지방자치단체 상호 간의 권한쟁의심판을 규정하고 있는 헌법재판소법 제62조 제1항 제3호를 **예시적으로 해석할 필요성 및 법적 근거 없음** (예시적으로 해석 ×) ② 【교육감은 당사자 아닌 대표자】 권한쟁의가 「교육자치법」 제2조에 따른 **교육·학예에 관한 지방자치단체의 사무에 관한 것인 경우**에는 **교육감**이 국가기관과 지방자치단체 간의 권한쟁의심판 및 지방자치단체 상호 간의 권한쟁의심판의 **당사자**가 됨 (교육감이 당사자가 된다는 의미는 교육감이 지방자치단체를 대표한다는 취지이며, 헌법재판소도 '청구인 또는 피청구인을 지방자체단체, 대표자 교육감'으로 표시) ③ 【지자체】 공유수면에 인접한 두 지방자치단체의 **어업면허처분과 관련된** 권한쟁의심판에서 권한쟁의심판의 **당사자**는 **지방자치단체**가 됨 (지방자치단체장에게 당사자 적격이 인정 ×, 지방자치단체의 장인 군수도 당사자가 될 수 있음 ×)
당사자능력 부정 (내부적 분쟁)	① 【교육감 vs 지자체】 교육감은 시·도의 교육·학예에 관한 사무의 집행기관이므로 **교육감**과 해당 **지방자치단체** 상호 간의 **내부적 분쟁**과 관련된 심판청구는 '서로 상이한 권리주체간'의 권한쟁의심판 청구로 볼 수 없으므로 헌법재판소가 관장하는 **권한쟁의심판에 속한다고 볼 수 없음** (권한쟁의심판에 해당 ×) ② 【지방의원 vs 지방의회 의장】 지방자치단체의 **의결기관인 지방의회를 구성하는 지방의회의원**과 그 **지방의회의 대표자인 지방의회 의장** 간의 권한쟁의심판은 헌법재판소가 관장하는 **지방자치단체 상호 간의 권한쟁의심판**의 범위에 속한다고 볼 수 없으므로 **부적법** (지방자치단체 상호 간의 권한쟁의심판의 범위 ×) ③ 【지자체장 vs 지방의회】 지방자치단체의 의결기관인 **지방의회**와 지방자치단체의 집행기관인 **지방자치단체장** 간의 권한분쟁은 헌법재판소 **권한쟁의심판의 대상이 아님** (지방자치단체 상호간의 권한쟁의심판의 범위에 속함 ×) ④ 【교육감 vs 지방의회】 시·도의 교육·학예에 관한 집행기관인 **교육감**과 해당 지방자치단체의 의결기관인 **지방의회** 사이의 내부적 분쟁과 관련된 심판청구는 지방자치단체 상호간의 권한쟁의심판에 **포함되지 않음** (지방자치단체 상호간의 권한쟁의심판에 포함 ×)

POINT 256 처분 또는 부작위

헌법재판소법 제61조(청구 사유) ② 【처분 or 부작위 → 헌법 or 법률에 의한 권한 → 침해 or 침해 현저 위험】 제1항의 심판청구는 피청구인의 **처분 또는 부작위**(不作爲)가 **헌법 또는 법률**에 의하여 부여받은 청구인의 권한을 침해하였거나 **침해할 현저한 위험**이 있는 경우에만 할 수 있다.⁴

1 처분 또는 부작위

(1) 처분 또는 부작위

처분	넓은 의미	① 【법적 중요성】 권한쟁의심판의 대상으로서의 '**처분**'이란 **법적 중요성을 지닌 것**에 한하는 것으로 청구인의 **법적 지위에 구체적으로 영향**을 미칠 가능성이 있는 행위여야 함² ② 【입법행위 + 모든 행정작용(행정처분·행정입법) + 재판·사법행정작용】 처분은 **입법행위**와 같은 **법률의 제정 또는 개정**과 관련된 권한의 존부 및 행사상의 다툼, **행정처분**은 물론 **행정입법**과 같은 **모든 행정작용** 그리고 **법원의 재판 및 사법행정작용**을 포함하는 넓은 의미의 공권력처분을 의미² ③ 【개별적 행위 + 규범제정행위】 피청구인의 '처분'에는 **개별적 행위**뿐만 아니라 **규범을 제정하는 행위**가 포함되며, 입법영역에서는 **법률의 제정행위 및 법률 자체**를, 행정영역에서는 **법규명령 및 모든 개별적인 행정적 행위**를 포함¹
	부정	① 【법적지위 영향 無】 '처분'이란 법적 중요성을 지닌 것에 한하므로, 청구인의 **법적 지위에 구체적으로 영향을 미칠 가능성이 없는 행위**는 '처분'이라 할 수 없어 이를 대상으로 하는 권한쟁의심판청구는 **허용되지 않음**¹
부작위		① 【헌법·법률상 작위의무 불이행】 권한쟁의심판청구의 적법요건으로서의 '**부작위**'는 단순한 사실상의 부작위가 아니고 **헌법상 또는 법률상의 작위의무**가 있는데도 불구하고 이를 **이행하지 아니하는 것**을 말함¹ ② 【헌법·법률상 유래하는 작위에도 의무불이행】 피청구인의 부작위에 의하여 권한이 침해당하였다고 주장하는 권한쟁의심판은 피청구인에게 **헌법상 또는 법률상 유래하는 작위의무**가 있음에도 **의무를 다하지 않은 경우**에 허용³

(2) 처분 부정 사례

1	【정부의 법률안 제출 행위 (각하)】 정부가 법률안을 제출하는 행위는 입법을 위한 하나의 사전 준비행위에 불과하고, 권한쟁의심판의 독자적 대상이 되기 위한 **법적 중요성을 지닌 행위로 볼 수 없으므로 권한쟁의심판 청구 부적법**(2005.12.22. 2004헌라3)
2	【행안부장관의 단순한 견해표명·업무연락 (각하)】 행정자치부장관이 울산광역시 동구 등에 대하여 한 통보행위 등의 조치가 **업무연락 또는 단순한 견해의 표명** 등에 해당하여 권한쟁의심판의 대상이 되는 **처분 아님**(2006.3.30. 2005헌라1)
3	【사회보장위원회의 사회보장사업 정비 추진방안 의결 행위 (각하)】 국무총리 소속 기관인 **사회보장위원회가 '지방자치단체 유사·중복 사회보장사업 정비 추진방안'을 의결한 행위**는 청구인들의 법적 지위에 직접 영향을 미친다고 보기 어려우므로 권한쟁의심판의 대상이 되는 **처분이라고 볼 수 없어 권한쟁의심판청구 부적법**(2018.7.26. 2015헌라4) 유사 【복지부장관의 정비계획 제출 취지 통보 행위 (각하)】 보건복지부장관이 광역지자체장에게 「지방자치단체 유사·중복 사회보장사업 정비지침」에 따라 **정비를 추진하고 정비계획(실적) 등을 제출해주기 바란다는 취지의 통보를 한 행위**는 권한쟁의심판의 대상이 되는 **처분 아님**(2018.7.26. 2015헌라4)

(3) 부작위 부정 사례

1	① 【재적과반 요구시 직권상정의무 미규정 진정입법부작위 (각하)】 「국회법」 제85조 제1항에 **국회 재적의원 과반수**가 의안에 대하여 **심사기간 지정을 요청**하는 경우 **국회의장이 그 의안에 대하여 의무적으로 심사기간을 지정**하도록 **규정하지 아니한 부작위는 진정입법부작위**(2016.5.26. 2015헌라1) ② 【재적과반 요구시 직권상정의무 無】 헌법의 명문규정이나 해석상 국회 재적의원 과반수의 요구가 있는 경우 국회의장이 심사기간을 지정하고 본회의에 부의해야 한다는 **의무 도출 안됨**(2016.5.26. 2015헌라1)

2 피청구인적격

(1) 피청구인적격

법적 책임자	① 【법적 책임을 지는 기관】 권한쟁의심판에 있어서는 **처분 또는 부작위를 야기한 기관으로서 법적 책임을 지는 기관**만이 피청구인적격을 가지므로 권한쟁의심판청구는 이들 기관을 상대로 제기하여야 함
국회의 법률제·개정행위	① 【피청구인 : 국회】 법률의 제·개정 행위를 다투는 권한쟁의심판의 경우에는 **국회**(국회의장 ×)가 피청구인적격을 가짐 ② 【국회의원 vs 국회】 국회의원은 국회를 피청구인으로 하여 **법률의 제·개정 행위를 다툴 수 있음**

(2) 피청구인적격 부정판례

1	【항만구역 명칭결정 관련 부산지방해양수산청장 : 부정 (기각)】 항만구역의 명칭결정에 관한 권한쟁의심판에서 **해양수산부장관의 명을 받아** 소관 사무를 통할하고 소속공무원을 **지휘·감독하는 부산지방해양수산청장은 당사자가 될 수 없음**(2008.3.27. 2006헌라1)

POINT 257 헌법 또는 법률상 부여받은 권한

헌법재판소법 제61조(청구 사유) ② 【처분 or 부작위 → 권한침해 or 침해 현저 위험】 제1항의 심판청구는 피청구인의 **처분 또는 부작위**(不作爲)가 **헌법 또는 법률**(헌법만 ×)에 의하여 부여받은 청구인의 **권한을 침해**하였거나 **침해할 현저한 위험**(침해할 현저한 위험만 ×)이 있는 경우에만 할 수 있다.

1 헌법 또는 법률에 의하여 부여받은 권한

(1) 권한침해

독자적 권능	① 【국가기관의 독자적 권능】 국가기관의 행위라 할지라도 **헌법과 법률에 의해 그 국가기관에게 부여된 독자적인 권능을 행사**하는 경우가 **아닌 때**에는 비록 국가기관의 행위가 제한을 받더라도 **권한쟁의심판에서 말하는 권한이 침해될 가능성은 없음** (권한이 침해될 가능성 인정 ×)
침해 or 침해위험	① 【침해 or 침해 현저 위험】 헌법이나 법률에 의하여 부여받은 청구인의 **권한이 현재 침해**되지 않더라도 앞으로 **침해될 현저한 위험**이 있는 경우에는 **권한쟁의심판청구를 할 수 있음** ② 【권한을 침해할 현저한 위험】 권한쟁의심판을 청구하기 위한 요건으로서 '권한을 침해할 현저한 위험'이란 아직 침해라고는 할 수 없으나 **조만간 권한침해에 이르게 될 개연성이 상당히 높은 상황**을 말함

(2) 관련판례

1	① 【국회의원의 인터넷 홈페이지 게시권한 : 독자적 권능 아님 (각하)】 교원들의 교원단체가입현황과 같은 **특정 정보를 인터넷 홈페이지에 게시하거나 언론에 알리는 것**과 같은 행위는 헌법과 법률이 특별히 **국회의원에게 부여한 국회의원의 독자적인 권능**이라고 할 수 없고 국회의원 이외의 다른 국가기관은 물론 일반 개인들도 누구든지 할 수 있는 행위로서, 그러한 행위는 **국회의원의 권한이 아님**(2010.7.29. 2010헌라1) ② 【공개금지 가처분·간접강제결정 : 권한쟁의 부적법 (각하)】 **국회의원이** 교원들의 교원단체 가입현황을 자신의 **인터넷 홈페이지에 게시**하여 **공개**하려 하였으나, 법원이 그 공개로 인한 기본권침해를 주장하는 교원들의 신청을 받아들여 그 **공개의 금지를 명하는 가처분 및 그 가처분에 따른 의무이행을 위한 간접강제 결정**을 한 것에 대해, 국회의원이 법원을 상대로 제기한 **권한쟁의심판청구는 청구인의 권한을 침해할 가능성이 없어 부적법**(2010.7.29. 2010헌라1)
2	① 【검찰청법·형사소송법 개정행위에 대한 법무부장관 : 부정 (각하)】 **법무부장관**은 헌법상 소관 사무에 관하여 부령을 발할 수 있고 「정부조직법」상 법무에 관한 사무를 관장하지만, 「**검찰청법**」과 「**형사소송법**」 개정행위에 대해 권한쟁의심판을 청구할 **청구인 적격이 인정되지는 않음**(2023.3.23. 2022헌라4) ② 【법률상 권한이 입법행위로 침해 불가】 국가기관의 '**헌법상 권한**'은 국회의 입법행위를 비롯한 다양한 국가기관의 행위로 침해될 수 있으나, 국가기관의 '**법률상 권한**'은 다른 국가기관의 행위로 침해될 수 있음은 별론으로 하고 **국회의 입법행위로는 침해될 수 없음**(2023.3.23. 2022헌라4) ③ 【입법행위에 의한 법률상 권한침해 부정】 국가기관의 법률상 권한은 국회의 입법행위에 의하여 형성·부여된 권한일 뿐, 역으로 국회의 입법행위를 구속하는 기준이 될 수 없으므로 침해의 원인이 '**국회의 입법행위**'인 경우에 '**법률상 권한**'을 침해의 대상으로 삼는 심판청구는 그 **권한침해가능성을 인정할 수 없음**(2023.3.23. 2022헌라4)
3	【전자정보시스템으로 제출된 법률안 접수하는 수리행위 (각하)】 법률안 수리행위에 대한 권한쟁의심판청구가 법률안에 대한 위원회 회부나 안건 상정, 본회의 부의 등과는 별도로 오로지 **전자정보시스템으로 제출된 법률안을 접수하는 수리행위만을 대상으로 하는 한**, 사법개혁특별위 및 정치개혁특별위 위원들의 법률안 심의·표결권이 침해될 가능성이나 위험성이 없으므로 **권한쟁의심판청구는 부적법**(2020.5.27. 2019헌라3 등)
4	【상임위원장의 재적과반수 미달 신속처리안건지정동의 표결실시 거부 (각하)】 **국회 기획재정위원회 위원장**이 서비스산업발전 기본법안에 대한 신속처리대상안건 지정 요청에 대해 **기재위 재적위원 과반수가 서명한 신속처리안건지정동의가 아니라는 이유로 표결실시를 거부한 행위**에 대한 **권한쟁의심판청구는 부적법**(2016.5.26. 2015헌라1)

2 지자체의 권한

(1) 권한쟁의 대상성

지자체 사무	① **【지자체사무 권한 침해】** 지방자치단체가 권한쟁의심판을 청구하기 위해서는 **헌법 또는 법률에 의하여 부여받은 지방자치단체의 사무에 관한 권한**이 침해되거나 침해 우려가 있어야 함 [1] ② **【지자체 vs 국회】** 지방자치단체는 국회의 **법률제정행위**가 자신의 **자치권한을 침해**했다고 주장하면서 권한쟁의심판을 **청구할 수 있음** [2]
기관위임사무	① **【기관위임사무 권한쟁의 불가】** 지방자치단체는 기관위임사무의 집행에 관한 권한의 존부 및 범위에 관한 권한분쟁을 이유로 기관위임사무를 집행하는 국가기관 또는 다른 지방자치단체의 장을 상대로 **권한쟁의심판청구를 할 수 없음** (권한쟁의심판을 청구할 수 있음 ×) [3] ② **【지자체 사무 아님】** 국가사무로서의 성격을 가지고 있는 기관위임사무의 집행권한의 존부 및 범위에 관하여 지방자치단체가 청구한 권한쟁의심판청구는 **지방자치단체의 권한에 속하지 아니하는 사무**에 관한 **심판청구로서 그 청구가 부적법** [4]

(2) 부적법한 청구 관련판례

1	**【행자부장관의 법적 구속력 없는 과세권 귀속 결정 (각하)】** 지방세 과세권의 귀속 여부 등에 대하여 관계 지자체장의 의견이 서로 다른 경우 **행자부장관이 행한 과세권 귀속 결정에 법적 구속력이 없다면** 지방자치단체의 자치재정권 등 **자치권한 침해 가능성 없음**(2014.3.27. 2012헌라4) [1]
2	**【기재부장관의 예산배정요청 거부 (각하)】** 지방자치단체인 청구인이 **기관위임사무**를 수행하면서 지출한 경비에 대하여 기획재정부장관인 피청구인에게 예산배정요청을 하였으나 피청구인이 이를 거부한 경우 거부처분에 대한 **권한쟁의심판청구는 부적법**(2010.12.28. 2009헌라2) [2]
3	**기관위임사무 【수도권 사립대학 정원규제 (각하)】** 사립대학의 신설이나 학생정원 증원은 국가사무이므로, 교육부장관의 '수도권 사립대학 정원규제'는 경기도의 권한을 침해하거나 침해할 현저한 위험이 없으므로 교육부장관을 상대로 제기한 **경기도의 권한쟁의심판청구는 부적법**(2012.7.26. 2010헌라3) [3]
4	**기관위임사무 【군 공항 이전 사업 (각하)】** 군 공항 이전 사업은 국가사무이므로 관할 지방자치단체의 의사를 고려하지 않고 진행된다고 하더라도 해당 **지방자치단체의 자치권한을 침해하였다거나 침해할 현저한 위험이 있다고 볼 수 없음**(2017.12.28. 2017헌라2) [2]

POINT 258 권한쟁의심판의 청구·결정 등

1 청구기간

(1) 청구기간과 장래처분

청구기간	① **【안 날 60일, 있은 날 180일, 불변기간】** 권한쟁의심판은 사유가 있음을 **안 날부터 60일**(90일 ×, 30일 ×) 이내에, 그 사유가 **있은 날부터 180일**(1년 ×, 90일 ×) 이내에 청구하여야 하며, 그 기간은 **불변기간**임 ② **【법률제정은 공포시】** 법률의 제정에 대한 권한쟁의심판의 경우 청구기간은 **법률이 공포**되거나 이와 유사한 방법으로 일반에게 알려진 것으로 간주된 때부터 기산되는 것이 일반적
장래처분	① **【원칙 : 심판청구 불허, 예외 : 허용】** 피청구인의 **장래처분**을 대상으로 하는 심판청구는 **원칙적으로 허용되지 아니하나**, 피청구인의 **장래처분이 확실하게 예정**되어 있고, 피청구인의 장래처분에 의해서 청구인의 권한이 침해될 위험성이 있어서 **청구인의 권한을 사전에 보호해 주어야 할 필요성이 매우 큰 예외적인 경우**에는 피청구인의 **장래처분에 대해서도 권한쟁의심판을 청구**할 수 있음 (장래처분은 '처분'으로 인정되지 않음 ×) ② **【청구기간 미제한】** 장래처분에 의한 권한침해 위험성이 있음을 이유로 예외적으로 허용되는 장래처분에 대한 권한쟁의심판청구는 아직 장래처분이 내려지지 않은 상태이므로 위와 같은 **청구기간의 제한이 적용되지 않음**

(2) 가처분

가처분	① **【가처분 可】** 헌법재판소가 **권한쟁의심판의 청구**를 받았을 때에는 **직권 또는 청구인의 신청**에 의하여 종국결정의 선고 시까지 심판 대상이 된 **피청구인의 처분의 효력을 정지하는 결정**을 할 수 있음 (할 수 없음 ×) ② **【행소법·민소법 준용】** 헌법재판소가 가처분결정을 함에 있어서는 **행정소송법**과 **민사소송법 소정의 가처분 관련 규정**이 준용
요건	① **【본안심판 부적법, 이유없음 명백 아님 + 손해예방 + 긴급 + 이익형량】** 본안심판이 부적법하거나 이유 없음이 명백하지 않고, 처분 등이나 그 집행 또는 절차의 속행으로 인하여 생길 **회복하기 어려운 손해를 예방할 필요**와 그 효력을 정지시켜야 할 **긴급한 필요**가 있으며, 가처분을 인용한 뒤 종국결정에서 청구가 기각되었을 때 발생하게 될 **불이익**과 가처분을 기각한 뒤 청구가 인용되었을 때 발생하게 될 불이익을 **비교형량**하여 후자의 불이익이 전자의 불이익보다 클 경우 **가처분을 인용**할 수 있음

2 심판청구의 이익

(1) 심판청구의 이익

① **【반복 위험 + 헌법적 해명 긴요】** 청구인에 대한 권한침해 상태가 **이미 종료**하여 이를 취소할 여지가 없어졌다 하더라도 같은 유형의 **침해행위가 앞으로도 반복될 위험**이 있고, 헌법질서의 수호·유지를 위하여 그에 대한 **헌법적 해명이 긴요한 사항**에 대하여는 **심판청구의 이익을 인정할 수 있음**

(2) 관련판례

1	**【사·보임행위 → 후반기 원래 상임위 배정 (기각)】** 자신의 의사에 반하여 A위원회에 사임하고 B위원회로 보임하도록 한 국회의장의 행위를 권한쟁의심판으로 다투고 있는 **국회의원이 다시 A위원회로 배정되어 활동**하고 있어도 **권한쟁의심판 청구 이익 있음**(2003.10.30. 2002헌라1)

3 종국결정

(1) 심판정족수

정족수	①【7인 이상 출석, 과반수 찬성】권한쟁의심판은 **재판관 7인 이상의 출석**으로 사건을 심리하고, 종국심리에 관여한 **재판관 과반수**(재판관 6인 ×)**의 찬성으로 결정함**
주문별합의제	①【과반 없을 시 기각】각하의견 3인, 인용의견 3인, 기각의견 3인의 주문은 **기각** (인용 ×)

(2) 결정의 내용과 효력

결정의 내용	권한 판단	①【권한 유무·범위 판단(필수)】헌법재판소는 권한쟁의심판의 대상이 된 국가기관 또는 지방자치단체의 **권한의 유무 또는 범위에 관하여 판단**
	취소 or 무효	①【처분취소·무효확인 可(재량)】헌법재판소는 권한침해의 원인이 된 피청구인의 **처분을 취소하거나 무효를 확인할 수 있음** ②【취소결정의 소급효 부정】국가기관 또는 지방자치단체의 **처분을 취소하는 결정**은 그 처분의 상대방에 대하여 **이미 생긴 효력에 영향을 미치지 아니함** (처분을 취소하는 결정은 그 처분의 상대방에 대해 이미 발생한 효력에도 영향을 미침 ×)
	사례	①【관할권한 확인 → 어업면허처분 무효확인】공유수면에 인접한 두 지방자치단체의 어업면허처분과 관련된 권한쟁의심판에서 헌법재판소는 위 어업면허처분의 대상해역에 대한 **관할권한이 특정 지방자치단체에게 속함을 확인**하고 **어업면허처분의 무효확인을 할 수 있음** (어업면허처분의 무효확인은 법원의 관할이므로 헌법재판소가 할 수 없음 ×)
결정의 효력		①【결정의 기속력】헌법재판소의 **권한쟁의심판의 결정**(인용결정에 한하여 기속 ×)은 **모든 국가기관과 지방자치단체를 기속함** ②【부작위 청구 인용시 처분의무】헌법재판소가 **부작위**에 대한 **심판청구를 인용하는 결정**을 한 때에는 **피청구인은 결정 취지에 따른 처분**을 하여야 함 (위헌을 확인하는데 그치고 구체적 처분을 해야할 의무는 발생하지 않음 ×)

(3) 청구의 취하와 심판절차 종료

심판청구의 취하	①【심판청구 취하 可】권한쟁의심판이 공익적 성격을 갖고 있다고 하더라도 **심판청구의 취하**는 청구인의 의사에 의하여 **자유롭게 할 수 있음** (심판청구의 취하는 허용되지 않음 ×) ②【민소법상 소취하 규정 준용】권한쟁의심판은 **주관적 권리구제**뿐만 아니라 **객관적인 헌법질서 보장**의 기능도 겸하고 있으나, 소의 취하에 관한 「민사소송법」제239조는 **권한쟁의심판절차에 준용** (소의 취하에 관한 「민사소송법」제239조는 권한쟁의심판절차에 준용되지 않음 ×)
심판절차의 종료	①【국회의원 사망시 심판절차 종료】국회의원의 법률안 심의·표결권은 성질상 **일신전속적**인 것으로 당사자가 사망한 경우 **승계되거나 상속될 수 없어** 그에 관련된 권한쟁의심판절차 또한 수계될 수 없으므로, 권한쟁의심판청구는 **청구인의 사망과 동시에 당연히 그 심판절차가 종료됨** (국회의원 개인의 사망으로 그 심판절차는 종료되지 않음 ×) ②【국회의원 의원직 상실시 심판절차 종료】권한쟁의심판을 청구한 국회의원이 심판절차 계속 중 **의원직을 상실**한 경우 **심판절차가 종료** (당연히 그 심판절차가 종료되는 것은 아님 ×)

POINT 259 국가기관 정리

1 국가기관 구성과 내용

구분	감사원	중앙선거관리위원회	대법원	헌법재판소
구성	• 원장 포함 5인 이상 11인 이하 (헌법) • 원장 포함 7인 (감사원법) • 감사원장은 국회 동의로 대통령이 임명 • 감사위원은 감사원장 제청으로 대통령이 임명 (국회동의 ×)	• 국회선출 3인, 대법원장 지명 3인, 대통령 임명 3인 등 9인 (헌법) • 중선위원장은 위원회에서 호선 (대통령 임명 ×)	• 대법원장 포함 14인 (법원조직법) • 대법원장은 국회동의로 대통령이 임명 • 대법관은 대법원장의 제청 국회동의로 대통령이 임명	• 재판관 9인을 대통령이 임명 (국회선출 3명, 대법원장 지명 3명) • 헌법재판소장은 헌법재판관 중 국회의 동의로 대통령이 임명
임기 (헌법)	• 4년	• 6년	• 대법원장·대법관 6년 • 일반법관 10년	• 6년 • 헌재소장에 대한 별도 규정 없음
연임	• 1차 중임 가능	• 규정 없음	• 대법원장은 중임금지 • 대법관·일반법관은 연임가능	• 연임가능
정년 (개별법률)	• 감사원장 70세 • 감사위원 65세	• 규정 없음	• 대법원장·대법관은 70세 • 일반법관은 65세	• 헌재소장·헌법재판관 70세
규칙제정권	• 감사원법상 인정	• 헌법상 인정	• 헌법상 인정	• 헌법상 인정
신분보장	• 감사원법상 인정	• 헌법상 인정	• 헌법상 인정	• 헌법상 인정
정치적중립	• 감사원법상 인정	• 헌법상 인정	• 법원조직법상 인정	• 헌법상 인정

2 국가기관 인원수

구분	헌법	개별법률
국회	• 200인 이상	• 300인 (지역구 254명+비례대표 46명)
국무회의	• 대통령·국무총리 + 15인 이상 30인 이하 국무위원	• 대통령·국무총리 + 행정각부의 장 (19명)
감사원	• 감사원장 포함 5인이상 11인 이하 감사위원	• 감사원장 포함 7인
중앙선관위	• 9인	• 시·도선관위 9인 • 시·군·구선관위 9인 • 읍·면·동선관위 7인
대법원	–	• 대법원장 포함 14인
헌법재판소	• 9인	–

3 국가기관 직무대행

구분	직무대행 순서
국회의장	• **의장이 지정하는 부의장** → 지정이 없는 경우 다수교섭단체소속 부의장 • 의장·부의장 모두 사고시 → 임시의장 선출
대통령	• **국무총리** → 법률이 정하는 국무위원 (부총리(기재부 → 교육부) → 과기부 → …)
국무회의 의장	• **부의장**(국무총리) → 법률이 정하는 국무위원 (부총리(기재부 → 교육부) → 과기부 → …)
국무총리	• 국무총리 사고시 **부총리**(기재부 → 교육부)가 권한대행 • 국무총리·부총리가 모두 사고시 **대통령이 지명하는 국무위원**, 지명이 없는 경우 법률이 정하는 국무위원 (과기부 → 외교부 → …)
감사원장	• **최장기간 재직한 감사위원** → 2인 이상시 연장자
중선위원장	• 상임위원 → 임시의장 호선
헌법재판소장	• 궐위되거나 1개월 이상 사고시 재판관회의 선출 • 일시적 사고시 재판관 중 임명일자 순
대법원장	• **선임대법관**

4 국가기관 회의체

구분	의결정족수	가부동수결정권
국무회의	• 과반수출석, 출석 2/3 이상 찬성	×
감사위원회	• 재적과반수 찬성	×
선거관리위원회	• 과반수출석, 출석과반수 찬성	있음
대법관회의	• 재적 2/3 출석, 출석과반수 찬성	있음
헌법재판관회의	• 전원 2/3 초과 출석, 출석과반수 찬성	×

판례색인

1989

1989.1.25. 88헌가7	225
1989.7.14. 88헌가5 등	21, 258
1989.7.28. 89헌마1	633
1989.12.18. 89헌마32 등	149
1989.12.22. 88헌가13	87

1990

1990.1.15. 89헌가103	235
1990.6.25. 89헌가98 등	472
1990.6.25. 89헌마107	392
1990.6.25. 89헌마220	155
1990.10.15. 89헌마178	59
1990.10.8. 89헌마89	227
1990.11.19. 90헌가48	283

1991

1991.2.11. 90헌가27	412
1991.3.11. 90헌마28	126
1991.4.1. 89헌마160	308
1991.4.1. 90헌마194	648
1991.7.22. 89헌가106	96, 430
1991.9.16. 89헌마165	191
1991.9.16. 89헌마231	352

1992

1992.3.13. 92헌마37 등	133
1992.4.28. 90헌바24	254
1992.6.26. 90헌바26	324
1992.10.1. 92헌마68 등	628
1992.11.12. 89헌마88	190, 324
1992.11.12. 91헌가2	584
1992.12.24. 90헌바21	510
1992.12.24. 92헌가8	268, 472

1993

1993.5.13. 91헌바17	318
1993.5.13. 92헌마80	367
1993.7.29. 89헌마123	637, 640
1993.7.29. 92헌바20	381
1993.7.29. 92헌바34	620
1993.11.25. 92헌마87	368
1993.11.25. 93헌마81	641

1994

1994.2.24. 92헌가15 등	373
1994.2.24. 93헌마192	407
1994.4.28. 91헌바15 등	149
1994.6.30. 91헌마161	234
1994.6.30. 92헌바38	257
1994.7.29. 92헌바49 등	66, 510
1994.7.29. 93헌가3 등	283
1994.8.31. 92헌마174	634
1994.12.29. 89헌마2	392
1994.12.29. 92헌바31	452
1994.12.29. 93헌바21	373

1995

1995.2.23. 91헌마204	351
1995.2.23. 93헌바43	219, 257
1995.3.23. 93헌바59	257
1995.4.20. 92헌마264 등	367
1995.4.20. 93헌바40	254
1995.5.25. 91헌가7	450
1995.5.25. 95헌마105	137
1995.7.21. 92헌마144	304
1995.7.21. 94헌마136	639
1995.9.28. 92헌가11 등	443
1995.11.30. 92헌마44	452
1995.11.30. 93헌바32	66
1995.12.28. 91헌마114	290
1995.12.28. 91헌마80	310

1996

1996.1.25. 95헌가5	472
1996.12.26. 96헌가18	87, 215
1996.2.16. 96헌가2 등	244, 550
1996.2.29. 94헌마13	207
1996.3.28. 94헌바42	351
1996.4.25. 92헌바47	349
1996.4.25. 94헌마119	407
1996.6.13. 94헌마118 등	624
1996.6.26. 96헌마200	351
1996.8.29. 96헌마99	125
1996.10.4. 93헌가13	324, 327
1996.10.4. 95헌마318	653
1996.10.31. 93헌바25	587
1996.10.31. 94헌가6	317, 323
1996.10.31. 94헌가7	437

1997

1997.2.20. 95헌마295	641
1997.2.20. 95헌바27	67
1997.2.20. 96헌바24	463
1997.3.27. 94헌마196 등	367
1997.3.27. 96헌가11	270, 274, 309
1997.3.27. 96헌바28 등	269
1997.3.27. 96헌바86	149
1997.5.29. 94헌마33	398
1997.5.29. 94헌바5	234, 348
1997.5.29. 96헌가17	266
1997.6.26. 94헌마52	234
1997.6.26. 96헌마89	120
1997.7.16. 96헌라2	537
1997.7.16. 97헌마26	106
1997.7.16. 97헌마38	76
1997.8.21. 93헌바60	583
1997.9.25. 96헌마133	640
1997.9.25. 97헌가4	37
1997.10.30. 96헌바14	510
1997.10.30. 97헌바37	445
1997.11.27. 94헌마60	279, 452
1997.11.27. 95헌바14 등	156
1997.11.27. 97헌바10	375
1997.12.24. 96헌마172 등	636

1998

1998.2.27. 94헌바13 등	426
1998.2.27. 96헌바2	324
1998.2.27. 96헌바92	445
1998.3.26. 96헌가20	242
1998.4.30. 95헌가16	335
1998.4.30. 96헌마7	154
1998.5.28. 96헌가12	283
1998.5.28. 96헌가4	86
1998.5.28. 96헌가5	210
1998.5.28. 96헌마44	374, 390
1998.5.28. 96헌바4	443
1998.7.16. 96헌마246	362, 643
1998.7.16. 96헌바35	308
1998.7.16. 97헌바22	452
1998.7.16. 97헌바23	96
1998.8.27. 96헌가22 등	386
1998.8.27. 96헌마398	276, 304, 651
1998.8.27. 97헌마372 등	335
1998.9.30. 97헌마404	553
1998.10.15. 98헌마168	209, 245, 642
1998.10.29. 97헌마345	90
1998.10.29. 98헌마4	333
1998.11.26. 97헌바31	363
1998.11.26. 97헌바65	95
1998.12.24. 98헌가1	233

1999

1999.1.28. 97헌마253	607
1999.3.25. 97헌마130	409
1999.3.25. 98헌가11 등	509
1999.4.29. 94헌바37 등	74
1999.4.29. 97헌가14	95
1999.5.27. 97헌마137 등	204
1999.5.27. 98헌마214	126
1999.5.27. 98헌바70	62
1999.6.24. 97헌마315	373
1999.7.22. 96헌바19	236
1999.7.22. 97헌바76 등	373
1999.7.22. 98헌가5	87
1999.7.22. 98헌마480 등	75, 367
1999.9.16. 92헌바9	620

1999.10.21. 97헌바26	378, 380
1999.11.25. 95헌마154	425
1999.11.25. 97헌마54	441
1999.12.23. 98헌마363	222
1999.12.23. 99헌마35	106

2000

2000.1.27. 99헌마123	74
2000.2.24. 99헌바17 등	463
2000.3.30. 99헌마143	369, 373
2000.3.30. 99헌바14	314
2000.4.27. 98헌가16 등	92, 209, 409
2000.6.1. 97헌마190	402
2000.6.1. 98헌마216	386
2000.6.1. 99헌가11 등	186
2000.6.29. 2000헌마32	573
2000.6.29. 98헌마443 등	490
2000.6.29. 98헌바106	402
2000.6.29. 99헌가16	443
2000.6.29. 99헌가9	229
2000.6.29. 99헌마289	374, 403
2000.7.20. 98헌마52	363
2000.7.20. 98헌바63	99
2000.7.20. 99헌마452	75
2000.8.31. 2000헌마156	480
2000.8.31. 97헌가12	40, 221
2000.12.8. 2000헌사471	599
2000.12.14. 99헌마112	375
2000.12.14. 99헌마112 등	187

2001

2001.1.18. 2000헌마364	363
2001.1.18. 99헌바12	242
2001.1.18. 99헌바63	415
2001.2.22. 2000헌마25	187, 222, 642
2001.2.22. 98헌바19	80
2001.2.22. 99헌마365	87
2001.2.22. 99헌마613	226, 265, 640
2001.2.22. 99헌바93	363
2001.3.15. 2001헌가1	472
2001.3.21. 2000헌바25	303

2001.3.21. 2000헌바27	370
2001.3.21. 99헌마139 등	95, 627
2001.4.26. 2000헌마262	650, 654
2001.4.26. 99헌가13	95
2001.5.31. 2000헌바43 등	331
2001.5.31. 98헌바9	205
2001.5.31. 99헌가18 등	384
2001.6.28. 2000헌마111	642
2001.6.28. 2000헌마735	167
2001.6.28. 2000헌바30	456
2001.6.28. 2000헌바61	620
2001.6.28. 99헌마516	376
2001.7.19. 2000헌마546	204
2001.7.19. 2000헌마91 등	131
2001.8.30. 2000헌가9	323
2001.8.30. 2000헌마121 등	132
2001.8.30. 2000헌바36	324
2001.8.30. 99헌마496	452, 639
2001.8.30. 99헌바92 등	289
2001.9.27. 2000헌마152	74
2001.9.27. 2000헌마159	315
2001.9.27. 2000헌마208	74
2001.9.27. 2000헌바20	95
2001.10.25. 2001헌마113	633
2001.11.29. 2000헌마278	415
2001.11.29. 2000헌마84	363
2001.11.29. 2000헌바37	202
2001.11.29. 2000헌바49	610
2001.11.29. 99헌마494	48
2001.11.29. 99헌마713	304, 439

2002

2002.1.31. 2000헌마274	644
2002.1.31. 2001헌바43	210, 273, 283, 309
2002.2.28. 2001헌가18	443
2002.2.28. 99헌가8	249
2002.3.28. 2000헌바53	255, 289
2002.3.28. 2001헌마464	634
2002.3.28. 2001헌바24 등	67
2002.3.28. 2001헌바32	67
2002.4.25. 2001헌가27	250, 610
2002.4.25. 2001헌마614	360

2002.4.25. 2002헌사129	599
2002.4.25. 98헌마425 등	309, 646, 654
2002.5.30. 2000헌마81	362
2002.5.30. 2001헌바5	249
2002.6.27. 2001헌가30	66
2002.6.27. 2002헌마18	445
2002.6.27. 99헌마480	249
2002.7.18. 2000헌마327	204, 632
2002.7.18. 2000헌마707	630
2002.7.18. 2000헌바57	258
2002.7.18. 2001헌마605	68
2002.8.29. 2000헌가5 등	21
2002.8.29. 2001헌마788 등	154
2002.8.29. 2001헌바82	434
2002.9.19. 2000헌바84	368
2002.9.19. 2001헌바74	509
2002.9.19. 99헌마181	634
2002.10.31. 2000헌가12	270
2002.10.31. 2001헌마557	578
2002.10.31. 2001헌바40	456
2002.11.28. 2000헌바75	231
2002.11.28. 2001헌바50	422
2002.11.28. 2002헌바45	76
2002.11.28. 98헌바101 등	149
2002.12.18. 2000헌마764	355
2002.12.18. 2001헌마370	208
2002.12.18. 2001헌바52	68
2002.12.18. 2002헌바12	217

2003

2003.1.30. 2001헌가4	227
2003.1.30. 2001헌바95	267
2003.1.30. 2002헌바5	383
2003.2.27. 2000헌바26	419
2003.2.27. 2002헌마106	629
2003.2.27. 2002헌바4	87
2003.3.27. 2000헌마474	280
2003.3.27. 2002헌바350	237
2003.4.24. 2002헌마611	363
2003.6.26. 2001헌가17 등	472
2003.6.26. 2001헌마699	84
2003.6.26. 2002헌가14	290
2003.6.26. 2002헌가16	62
2003.6.26. 2002헌마312	639
2003.6.26. 2002헌마337 등	629
2003.6.26. 2002헌마624	626
2003.6.26. 2002헌마677	207, 211
2003.6.26. 2002헌바3	358
2003.7.24. 2001헌가25	258, 267
2003.7.24. 2001헌바96	232
2003.7.24. 2002헌마508	633
2003.7.24. 2002헌마522 등	400
2003.9.25. 2001헌마156	363
2003.9.25. 2001헌마194	75
2003.9.25. 2001헌마447 등	76
2003.9.25. 2001헌마814 등	406
2003.9.25. 2002헌마519	354, 359
2003.9.25. 2002헌바69	248
2003.9.25. 2003헌마106	126
2003.9.25. 2003헌마30	222
2003.10.30. 2000헌마801	403
2003.10.30. 2000헌바67 등	346
2003.10.30. 2001헌마700 등	80
2003.10.30. 2002헌가24	611
2003.10.30. 2002헌라1	664
2003.10.30. 2002헌마518	208, 289
2003.10.30. 2002헌마684 등	154
2003.11.27. 2002헌마193	209, 283
2003.11.27. 2002헌바24	253
2003.11.27. 2003헌마694 등	634
2003.11.27. 2003헌바2	88
2003.12.18. 2001헌마543	639
2003.12.18. 2002헌가2	92
2003.12.18. 2002헌바1	403
2003.12.18. 2002헌바14 등	419
2003.12.18. 2003헌마225	564, 640

2004

2004.1.29. 2002헌가20 등	247
2004.1.29. 2002헌마293	181
2004.1.29. 2002헌마788	153
2004.2.26. 2001헌마718	385
2004.2.26. 2001헌바80 등	257
2004.3.25. 2001헌마710	106

2004.3.25. 2002헌바104	281
2004.3.25. 2003헌마404	633
2004.3.25. 2003헌바22	375
2004.4.29. 2002헌마467	137, 187
2004.4.29. 2002헌마756	641
2004.4.29. 2003헌바5	371
2004.5.14. 2004헌나1	551
2004.5.27. 2003헌가1 등	203, 318
2004.6.24. 2002헌가27	260
2004.7.15. 2002헌바42	233
2004.7.15. 2003헌가2	66
2004.7.15. 2003헌바35 등	250, 359
2004.8.26. 2003헌마457	190, 207, 288
2004.8.26. 2004헌바14	67
2004.9.23. 2002헌가17 등	270
2004.9.23. 2003헌마19	635
2004.9.23. 2004헌가12	154
2004.10.21. 2004헌마554 등	394, 639
2004.10.28. 2002헌마328	224
2004.10.28. 2003헌가1	387
2004.10.28. 2003헌가18	350
2004.10.28. 2003헌마898	439
2004.10.28. 99헌바91	619
2004.11.25. 2002헌바66	510
2004.11.25. 2002헌바8	149, 187
2004.12.16. 2002헌마333 등	164
2004.12.16. 2002헌마478	262, 303
2004.12.16. 2002헌마579	96
2004.12.16. 2003헌바87	366
2004.12.16. 2004헌마456	104
2004.12.21. 2004헌마907	641

2005

2005.2.22. 2005헌마111	553
2005.2.24. 2003헌마289	327, 650
2005.2.24. 2003헌마31 등	284, 399
2005.2.24. 2004헌마442	634
2005.2.3. 2001헌가9 등	93
2005.2.3. 2003헌바1	263, 267
2005.2.3. 2004헌가8	323
2005.2.3. 2004헌마216	135
2005.2.3. 2004헌바10	209

2005.3.31. 2003헌가20	413
2005.3.31. 2003헌바113	619
2005.3.31. 2003헌바12	249
2005.3.31. 2004헌가27 등	583
2005.3.31. 2004헌바29	247
2005.5.26. 2001헌마728	263, 632, 651
2005.5.26. 2003헌바86	437
2005.5.26. 2004헌가6	434
2005.5.26. 99헌마513 등	294, 309
2005.6.30. 2003헌마841	226
2005.6.30. 2003헌바49 등	583
2005.6.30. 2004헌바33	134
2005.6.30. 2004헌바4 등	231
2005.6.30. 2004헌바42	80, 378
2005.6.30. 2005헌가1	66
2005.7.21. 2003헌마282 등	295
2005.7.21. 2004헌가30	260
2005.7.21. 2004헌바57	373
2005.9.29. 2002헌바84 등	376
2005.9.29. 2004헌바53	234
2005.10.27. 2003헌가3	87
2005.10.27. 2003헌바50 등	96, 242
2005.11.24. 2002헌바95	190
2005.11.24. 2002헌바95 등	190
2005.11.24. 2004헌가28	365
2005.11.24. 2005헌마112	294
2005.11.24. 2005헌마579 등	395
2005.11.24. 2005헌바46	208
2005.12.22. 2003헌가5 등	203
2005.12.22. 2004헌라3	661
2005.12.22. 2004헌마947	154
2005.12.22. 2004헌바25	273
2005.12.22. 2005헌마19	259

2006

2006.2.23. 2003헌바38 등	387
2006.2.23. 2003헌바84	610
2006.2.23. 2004헌마414	633
2006.2.23. 2004헌마675 등	222
2006.2.23. 2005헌가7 등	448
2006.2.23. 2005헌마268	215
2006.2.23. 2005헌마403	165

2006.3.30. 2003헌마837	166
2006.3.30. 2004헌마246	104
2006.3.30. 2005헌라1	661
2006.3.30. 2005헌마598	187, 227
2006.3.30. 2005헌바110	389
2006.3.30. 2005헌바31	65
2006.4.27. 2004헌가19	434
2006.4.27. 2005헌마1047 등	417
2006.4.27. 2005헌마406	76
2006.5.25. 2004헌가1	374
2006.5.25. 2004헌바12	283
2006.5.25. 2005헌바91	366
2006.6.29. 2005헌가13	222
2006.6.29. 2005헌마165 등	330, 332, 640
2006.6.29. 2005헌마44	155
2006.6.29. 2005헌마604	441
2006.7.27. 2003헌마758 등	126
2006.7.27. 2004헌마655	109
2006.7.27. 2005헌마277	270, 632
2006.7.27. 2005헌바58	452
2006.10.26. 2004헌마13	412
2006.10.26. 2005헌가14	323
2006.11.30. 2003헌가14 등	387
2006.11.30. 2004헌바86 등	67, 250
2006.11.30. 2005헌마855	634
2006.11.30. 2006헌마679	50
2006.12.28. 2005헌바35	583

2007

2007.1.17. 2005헌마1111 등	210
2007.1.17. 2005헌바86	456
2007.2.22. 2003헌마428 등	640
2007.3.29. 2005헌마1144	354
2007.3.29. 2005헌마985 등	129
2007.3.29. 2005헌바33	385
2007.4.26. 2003헌마533	235, 404
2007.4.26. 2003헌바71	248
2007.4.26. 2004헌바60	234
2007.4.26. 2006헌바71	223
2007.5.31. 2003헌마422	642
2007.5.31. 2005헌마1139	290
2007.5.31. 2006헌마627	467

2007.5.31. 2006헌마767	363
2007.5.31. 2007헌바3	187
2007.6.28. 2004헌마643	47
2007.6.28. 2004헌마644 등	120, 122, 124, 394
2007.6.28. 2005헌마1179	152
2007.6.28. 2005헌마772	143
2007.6.28. 2007헌가3	154
2007.7.26. 2003헌마377	253, 389
2007.8.30. 2003헌바51 등	428
2007.8.30. 2004헌가25	387
2007.8.30. 2004헌마670	229
2007.8.30. 2005헌마975	321
2007.10.4. 2004헌바36	324
2007.10.25. 2005헌바68	75, 372
2007.10.25. 2005헌바96	191
2007.10.30. 2007헌마1128	624
2007.11.29. 2004헌마290	181
2007.11.29. 2005헌가10	261
2007.11.29. 2006헌가13	253
2007.11.29. 2006헌마876	626
2007.12.27. 2004헌마1021	362, 646
2007.12.27. 2005헌가11	230
2007.12.27. 2005헌가9	607
2007.12.27. 2005헌바95	231
2007.12.27. 2006헌바73	620

2008

2008.1.10. 2007헌마1468	226, 271, 452, 471
2008.1.17. 2007헌마700	134, 266, 629, 651
2008.2.28. 2005헌마872 등	80
2008.3.27. 2004헌마654	178
2008.3.27. 2006헌라1	661
2008.3.27. 2006헌라4	96
2008.3.27. 2006헌바32	371
2008.4.24. 2005헌마857	317
2008.4.24. 2004헌바48	68
2008.4.24. 2004헌바92	248
2008.4.24. 2006헌라2	537
2008.4.24. 2006헌마402 등	292
2008.4.24. 2007헌마1456	407
2008.5.29. 2005헌마137 등	262, 291
2008.5.29. 2006헌마1096	134, 188

2008.5.29. 2006헌바5	229
2008.5.29. 2007헌마1408	445
2008.5.29. 2007헌마712	342, 633
2008.6.26. 2005헌마275	152
2008.6.26. 2005헌마173	375
2008.6.26. 2005헌마506	323, 639
2008.6.26. 2007헌마1366	350
2008.7.1. 2008헌마428	626
2008.7.31. 2004헌마1010	203
2008.7.31. 2004헌바81	238
2008.7.31. 2004헌바9	429
2008.7.31. 2007헌가4	249
2008.9.25. 2005헌마586	421
2008.9.25. 2007헌가1	413
2008.9.25. 2007헌가9	375
2008.10.30. 2003헌바10	386
2008.10.30. 2004헌가18	323
2008.10.30. 2005헌마1156	436
2008.10.30. 2005헌마222	233
2008.10.30. 2006헌가15	349
2008.10.30. 2006헌마1098 등	363
2008.10.30. 2006헌마1401 등	310
2008.11.13. 2006헌바112 등	87, 221
2008.11.27. 2007헌가24	247
2008.11.27. 2007헌마1024	127
2008.11.27. 2007헌마860	383
2008.12.26. 2005헌마971	428
2008.12.26. 2005헌바34	371
2008.12.26. 2006헌마384	627
2008.12.26. 2006헌마462	428
2008.12.26. 2006헌마518	428
2008.12.26. 2007헌마444	187, 223, 356, 372
2008.12.26. 2008헌마419 등	178, 196, 639

2009

2009.2.10. 2009헌마65	634
2009.2.26. 2005헌마764 등	194, 222
2009.2.26. 2007헌마1262	355
2009.2.26. 2007헌바35	49
2009.2.26. 2007헌바41	226
2009.2.26. 2007헌바8 등	443
2009.3.24. 2009헌마118	637
2009.3.26. 2006헌마99	167
2009.3.26. 2007헌가22	138
2009.3.26. 2007헌마1327 등	133
2009.3.26. 2007헌마843	154
2009.3.26. 2007헌바50	263, 267
2009.3.26. 2008헌바52 등	257
2009.4.30. 2005헌마514	409
2009.4.30. 2006헌마1322	450
2009.4.30. 2007헌가8	229
2009.4.30. 2007헌마103	654
2009.4.30. 2007헌마290	406
2009.4.30. 2007헌바121	446
2009.4.30. 2007헌바29 등	138
2009.5.28. 2005헌마20 등	74
2009.5.28. 2006헌라6	170
2009.5.28. 2006헌마285	138
2009.5.28. 2006헌마618	209
2009.5.28. 2006헌바109 등	620
2009.5.28. 2007헌마369	201
2009.5.28. 2007헌바22	336, 342
2009.6.25. 2007헌마40	142
2009.6.25. 2007헌바25	283
2009.6.25. 2008헌마413	142
2009.7.30. 2007헌마870	375, 376
2009.7.30. 2007헌마991	155
2009.7.30. 2007헌바113	372
2009.7.30. 2008헌가2	314
2009.7.30. 2008헌바162	454
2009.9.24. 2007헌마1092	297, 374
2009.9.24. 2007헌마738	209, 651
2009.9.24. 2007헌마872	207
2009.9.24. 2007헌바114	392
2009.9.24. 2007헌바17	490
2009.9.24. 2008헌가25	345
2009.9.24. 2008헌바2	387
2009.9.24. 2009헌바28	75
2009.10.29. 2007헌마3	429
2009.10.29. 2007헌마667	289, 290
2009.10.29. 2007헌마992	278
2009.10.29. 2008헌마257	295
2009.10.29. 2008헌마432	364
2009.10.29. 2008헌마635	232, 409
2009.10.29. 2008헌바77 등	75
2009.10.29. 2009헌마350 등	142

2009.11.26. 2007헌마1159	376	2010.7.29. 2010헌라1	662
2009.11.26. 2007헌마734	404	2010.9.2. 2009헌가15 등	610
2009.11.26. 2008헌마385	215, 640	2010.9.2. 2010헌마418	154
2009.11.26. 2008헌바58 등	214	2010.9.30. 2008헌마586	641
2009.12.29. 2007헌마412	108	2010.9.30. 2008헌마628	649
2009.12.29. 2008헌가13	283	2010.9.30. 2010헌가19 등	261
2009.12.29. 2008헌바171	67	2010.10.28. 2007헌가23	203
		2010.10.28. 2007헌마890	303

2010

2010.2.25. 2007헌바31 등	316	2010.10.28. 2008헌마514 등	459, 460
2010.2.25. 2007헌바34	619	2010.10.28. 2008헌마612 등	366
2010.2.25. 2008헌가23	239, 255	2010.10.28. 2008헌마638	68, 335, 647
2010.2.25. 2008헌마324 등	289	2010.10.28. 2008헌바74	388
2010.2.25. 2009헌바38	354	2010.10.28. 2009헌마272	234
2010.2.25. 2009헌바70	388	2010.10.28. 2009헌마442	366
2010.2.25. 2010헌바39 등	88	2010.10.28. 2009헌마544	288
2010.3.25. 2009헌가2	247	2010.10.28. 2010헌마111	346
2010.3.25. 2009헌마170	259	2010.11.25. 2009헌마147	203
2010.3.25. 2009헌마538	152	2010.11.25. 2009헌바57	452
2010.3.25. 2009헌바83	258	2010.11.25. 2010헌마144	407
2010.4.29. 2003헌마283	635	2010.11.25. 2010헌마199	315
2010.4.29. 2008헌마438	642	2010.11.25. 2010헌바93	386
2010.4.29. 2008헌마622	446	2010.12.28. 2008헌라7 등	538
2010.4.29. 2008헌바118	344	2010.12.28. 2008헌마527	209
2010.4.29. 2009헌마340	639	2010.12.28. 2008헌바157 등	249
2010.4.29. 2009헌마399	315, 623	2010.12.28. 2008헌바89	108
2010.4.29. 2009헌바120 등	236	2010.12.28. 2009헌가30	187, 306
2010.4.29. 2009헌바168	426	2010.12.28. 2009헌라2	663
2010.5.27. 2005헌마346	203, 640	2010.12.28. 2009헌바258	191
2010.5.27. 2008헌마491	226		
2010.5.27. 2008헌바110	359		

2011

2010.5.27. 2009헌가28	255	2011.2.24. 2008헌바40	236
2010.6.24. 2009헌마257	280	2011.2.24. 2008헌바56	225
2010.6.24. 2010헌마167	165	2011.2.24. 2009헌마209	204, 651
2010.7.29. 2008헌가15	372, 385	2011.2.24. 2009헌마94	196
2010.7.29. 2008헌가28	229	2011.2.24. 2009헌바89 등	371, 436
2010.7.29. 2008헌가4	459	2011.3.31. 2008헌마355	156
2010.7.29. 2008헌바106	242	2011.3.31. 2008헌바141	226
2010.7.29. 2008헌바88	253	2011.3.31. 2008헌바141 등	78, 250
2010.7.29. 2009헌가13	237	2011.3.31. 2009헌가12	251
2010.7.29. 2009헌가8	225	2011.3.31. 2010헌바291	335
2010.7.29. 2009헌바40	235	2011.3.31. 2010헌바86	249
		2011.4.28. 2010헌마474	154

2011.4.28. 2010헌마602	640
2011.4.28. 2010헌바232	144
2011.5.26. 2009헌마341	278
2011.5.26. 2010헌마775	205
2011.6.30. 2009헌마406	210, 351, 637, 651, 654
2011.6.30. 2009헌마59	351
2011.6.30. 2009헌바199	384, 649
2011.6.30. 2010헌마460	226
2011.6.30. 2010헌마542	127
2011.6.30. 2010헌바375	260
2011.7.28. 2009헌마27	399
2011.7.28. 2009헌마408	421
2011.7.28. 2009헌바267	231
2011.8.30. 2006헌마788	373, 631
2011.8.30. 2007헌가12	257
2011.8.30. 2007헌가12 등	96
2011.8.30. 2009헌라7	537
2011.8.30. 2009헌바42	191
2011.8.30. 2010헌마259 등	128
2011.9.29. 2007헌마1083 등	356
2011.9.29. 2009헌마351	356
2011.9.29. 2010헌가93	66
2011.9.29. 2010헌마413	291
2011.9.29. 2010헌바66	630
2011.10.25. 2009헌마691	288
2011.10.25. 2009헌바140	384
2011.10.25. 2011헌마85	365
2011.11.24. 2009헌바146	434
2011.11.24. 2010헌마746	229
2011.11.24. 2010헌바231	351
2011.11.24. 2010헌바373	232
2011.11.24. 2010헌바412	619
2011.11.24. 2011헌바18	354
2011.11.24. 2011헌바51	361
2011.12.29. 2007헌마1001 등	135
2011.12.29. 2009헌마330	629
2011.12.29. 2009헌마330 등	628
2011.12.29. 2009헌마354	465
2011.12.29. 2009헌마527	315
2011.12.29. 2009헌바282	156, 251
2011.12.29. 2010헌마293	334
2011.12.29. 2010헌바11	261
2011.12.29. 2011헌바57	97

2012

2012.2.23. 2008헌마500	250, 649
2012.2.23. 2009헌마333	304, 647
2012.2.23. 2009헌마34	251, 443
2012.2.23. 2010헌마601	143
2012.2.23. 2010헌마660 등	637
2012.2.23. 2011헌가13	250
2012.2.23. 2011헌마23	398
2012.2.23. 2011헌바14	447
2012.2.23. 2011헌바154	117
2012.3.29. 2009헌마754	634
2012.3.29. 2010헌마443	373, 642
2012.3.29. 2010헌마443 등	373
2012.3.29. 2010헌마475	448, 651
2012.3.29. 2010헌마599	335
2012.3.29. 2010헌마97	329
2012.3.29. 2010헌바100	240
2012.3.29. 2010헌바432	370
2012.3.29. 2010헌바83	248
2012.3.29. 2011헌바133	399
2012.3.29. 2011헌바53	425
2012.4.24. 2010헌마605	164
2012.4.24. 2010헌마751	632
2012.4.24. 2010헌바164	413
2012.4.24. 2010헌바379	450
2012.4.24. 2011헌바40	439
2012.4.24. 2011헌바62	258
2012.5.31. 2009헌마705 등	329
2012.5.31. 2009헌바190	386
2012.5.31. 2010헌마139 등	407
2012.5.31. 2010헌마278	153, 617
2012.5.31. 2010헌마672	272
2012.5.31. 2010헌마88	326, 639
2012.5.31. 2010헌마87	191, 436
2012.6.27. 2011헌가36	268
2012.6.27. 2011헌바226	231
2012.6.27. 2011헌바34	314
2012.7.26. 2009헌바298	137
2012.7.26. 2009헌바328	390
2012.7.26. 2010헌라3	663
2012.7.26. 2010헌마446	295
2012.7.26. 2010헌마642	236
2012.7.26. 2011헌마214	653

2012.7.26. 2011헌마232	236
2012.7.26. 2011헌마332	205, 632
2012.7.26. 2011헌마426	262
2012.7.26. 2011헌바352	234, 607
2012.8.23. 2008헌마430	201, 285
2012.8.23. 2009헌가27	204
2012.8.23. 2010헌가65	259, 388
2012.8.23. 2010헌마328	224
2012.8.23. 2010헌마439	632
2012.8.23. 2010헌마47 등	326
2012.8.23. 2010헌마740	363
2012.8.23. 2010헌바220	413
2012.8.23. 2010헌바28	74
2012.8.23. 2010헌바425	372, 376
2012.8.23. 2011헌바169	81
2012.10.25. 2011헌마307	421
2012.10.25. 2011헌마598	212
2012.11.29. 2011헌마318	263
2012.11.29. 2011헌마693	624
2012.11.29. 2011헌마786	74
2012.11.29. 2011헌마801	232
2012.11.29. 2011헌마827	76
2012.11.29. 2011헌바49	380
2012.11.29. 2012헌마53	635
2012.12.27. 2010헌가82 등	244, 288
2012.12.27. 2010헌마153	291, 297
2012.12.27. 2011헌가5	268
2012.12.27. 2011헌마161	445
2012.12.27. 2011헌마285	209
2012.12.27. 2011헌마351	266
2012.12.27. 2011헌마562 등	348
2012.12.27. 2011헌바117	607
2012.12.27. 2011헌바132	434
2012.12.27. 2011헌바225	266
2012.12.27. 2011헌바235	388
2012.12.27. 2011헌바89	288

2013

2013.2.28. 2012헌마131	230
2013.2.28. 2012헌바62	248
2013.3.21. 2010헌바132 등	417, 620
2013.3.21. 2010헌바70 등	327
2013.3.21. 2011헌바219	452
2013.3.21. 2012헌바128	452
2013.5.30. 2009헌마514	355, 624, 640
2013.5.30. 2011헌마131	369
2013.5.30. 2011헌바227	414
2013.6.27. 2011헌마315 등	75
2013.6.27. 2011헌마475	237
2013.6.27. 2011헌바247	620
2013.6.27. 2011헌바8 등	367
2013.6.27. 2012헌마426	373
2013.6.27. 2012헌바169	428
2013.6.27. 2012헌바345 등	257
2013.6.27. 2012헌바37	327
2013.6.27. 2012헌바414	446
2013.6.27. 2013헌가10	261
2013.7.25. 2010헌바51	67, 224
2013.7.25. 2011헌가26 등	247
2013.7.25. 2011헌가32	229
2013.7.25. 2011헌마364	296
2013.7.25. 2011헌마63 등	204, 374
2013.7.25. 2011헌마781	291
2013.7.25. 2011헌바267	255
2013.7.25. 2011헌바39	245
2013.7.25. 2012헌가1	78
2013.7.25. 2012헌마174	120
2013.7.25. 2012헌마815 등	143
2013.7.25. 2012헌마934	646
2013.7.25. 2012헌바116	425
2013.7.25. 2012헌바320	253
2013.7.25. 2012헌바409	154
2013.7.25. 2012헌바63	68
2013.7.25. 2012헌바67	250
2013.8.29. 2010헌마562 등	369
2013.8.29. 2010헌바241	610
2013.8.29. 2010헌바354 등	78, 385
2013.8.29. 2011헌마122	276, 449
2013.8.29. 2011헌마408	76
2013.8.29. 2011헌바176	288
2013.8.29. 2011헌바253 등	334
2013.8.29. 2011헌바390	66
2013.8.29. 2012헌바886	633
2013.8.29. 2012헌바168	450
2013.9.26. 2011헌가42	436
2013.9.26. 2011헌마398	449

2013.9.26. 2011헌마472	446
2013.9.26. 2011헌바272	402
2013.9.26. 2012헌마365	360
2013.9.26. 2013헌가15	261
2013.10.24. 2010헌마219 등	422
2013.10.24. 2011헌마724	228
2013.10.24. 2011헌바106 등	299
2013.10.24. 2012헌마311	133
2013.10.24. 2012헌마832	212, 236
2013.10.24. 2012헌마906	372, 386
2013.10.24. 2012헌바428	449
2013.10.24. 2012헌바431	378
2013.11.28. 2007헌마1189	415
2013.11.28. 2007헌마1189 등	235, 259
2013.11.28. 2011헌마267	128
2013.11.28. 2011헌마282 등	317
2013.11.28. 2011헌마565	152
2013.11.28. 2011헌바136 등	619
2013.11.28. 2012헌가10	454
2013.11.28. 2012헌마166	394
2013.11.28. 2012헌마770	80
2013.12.26. 2009헌마747	290
2013.12.26. 2010헌가90	188
2013.12.26. 2011헌바108	284
2013.12.26. 2011헌바234	217

2014

2014.1.28. 2010헌바251	620
2014.1.28. 2011헌바174 등	342
2014.1.28. 2011헌바252	248, 360
2014.1.28. 2012헌마409 등	121
2014.1.28. 2012헌마431 등	105
2014.1.28. 2012헌바216	165
2014.2.27. 2010헌바483	390
2014.2.27. 2013헌바106	210
2014.2.7. 2014헌마7	113
2014.3.27. 2010헌가2 등	345
2014.3.27. 2011헌바396	400
2014.3.27. 2011헌바43	106
2014.3.27. 2012헌라4	663
2014.3.27. 2012헌마652	204, 632, 649
2014.3.27. 2012헌바192	50
2014.3.27. 2012헌바55	250
2014.3.27. 2013헌바198	400
2014.4.24. 2010헌마747	230, 641
2014.4.24. 2011헌가29	345
2014.4.24. 2011헌마474 등	226
2014.4.24. 2011헌마612	406, 417
2014.4.24. 2011헌마659 등	232
2014.4.24. 2011헌바56	462
2014.4.24. 2012헌마811	89
2014.4.24. 2012헌바336	419
2014.4.24. 2012헌바45	283
2014.4.24. 2013헌가12	260
2014.4.24. 2013헌바110	389
2014.4.24. 2013헌바25	369
2014.5.29. 2010헌마606	426
2014.5.29. 2011헌마363	223
2014.5.29. 2011헌마552	232
2014.5.29. 2012헌마104	263
2014.5.29. 2012헌마555	386
2014.5.29. 2012헌마913	138
2014.5.29. 2012헌바390 등	244
2014.5.29. 2013헌마127 등	74
2014.5.29. 2013헌마280	205
2014.5.29. 2013헌바171	258
2014.6.26. 2011헌마150	431
2014.6.26. 2011헌마502	45
2014.6.26. 2012헌가22	387
2014.6.26. 2012헌마331	292
2014.6.26. 2012헌마459	234, 626
2014.6.26. 2012헌마757	203
2014.6.26. 2012헌마782	315
2014.6.26. 2012헌바382 등	372
2014.6.5. 2014헌사592	599
2014.7.24. 2009헌마256 등	122, 123, 394
2014.7.24. 2011헌바275	205
2014.7.24. 2012헌마662	285
2014.7.24. 2012헌바105	78
2014.7.24. 2012헌바188	231
2014.7.24. 2012헌바408	351
2014.7.24. 2013헌바423 등	231
2014.7.24. 2013헌바177	511
2014.8.28. 2011헌마28 등	240, 244, 258, 295
2014.8.28. 2011헌마32 등	329
2014.8.28. 2012헌마623	327

2014.8.28. 2012헌마686	266
2014.8.28. 2012헌바433	267
2014.8.28. 2013헌마359	640
2014.8.28. 2013헌마553	219
2014.8.28. 2013헌바119	434
2014.8.28. 2013헌바76	381
2014.9.25. 2011헌마414	155
2014.9.25. 2011헌바358	334
2014.9.25. 2012헌마175	653
2014.9.25. 2012헌마523	267, 291
2014.9.25. 2012헌바325	326, 472
2014.9.25. 2013헌마11	309
2014.9.25. 2013헌마411 등	646, 647
2014.9.25. 2013헌마424	232
2014.9.25. 2013헌바28	358, 620
2014.10.14. 2014헌마701	631
2014.10.30. 2011헌바172 등	392
2014.10.30. 2012헌마192 등	129, 623
2014.11.27. 2013헌마814	152
2014.11.27. 2014헌바224 등	254

2015

2015.1.29. 2013헌바173	67
2015.2.26. 2009헌바17 등	214
2015.2.26. 2012헌마400	155
2015.2.26. 2012헌마581	258
2015.2.26. 2012헌바268	225
2015.2.26. 2012헌바435	258
2015.2.26. 2013헌바374	67
2015.2.26. 2014헌가16 등	254
2015.2.26. 2014헌바177	390
2015.2.26. 2014헌바181	447
2015.3.26. 2012헌바357	436
2015.3.26. 2013헌마214 등	649
2015.3.26. 2013헌마354	294
2015.3.26. 2013헌마517	294
2015.3.26. 2013헌바140	255
2015.3.26. 2013헌바186	449, 456
2015.3.26. 2014헌가5	429
2015.3.31. 2015헌마213	628
2015.4.30. 2012헌마38	196, 640
2015.4.30. 2012헌바95 등	310
2015.4.30. 2013헌마190	315
2015.4.30. 2013헌마623	205
2015.4.30. 2013헌바81	294
2015.4.30. 2013헌바55	68
2015.4.30. 2014헌마360	324
2015.4.30. 2014헌마621	187
2015.4.30. 2014헌바408 등	457
2015.5.28. 2011헌마731	294
2015.5.28. 2012헌마653	364, 369
2015.5.28. 2013헌가6	365
2015.5.28. 2013헌마619	421
2015.5.28. 2013헌마671 등	430, 649
2015.5.28. 2013헌마799	368
2015.5.28. 2013헌바129	263
2015.5.28. 2013헌바385	248
2015.6.25. 2011헌마769 등	335, 361
2015.6.25. 2013헌바93	95
2015.6.25. 2014헌가17	610
2015.6.25. 2014헌바256	384
2015.6.25. 2014헌바269	403
2015.7.30. 2012헌마402	128
2015.7.30. 2012헌마957	209
2015.7.30. 2013헌가8	204
2015.7.30. 2013헌바204	67
2015.7.30. 2013헌바422	368
2015.7.30. 2014헌가13	365
2015.7.30. 2014헌가7	374
2015.7.30. 2014헌마340 등	299
2015.7.30. 2014헌바257	212
2015.7.30. 2014헌바420 등	620
2015.7.30. 2014헌바447	455
2015.7.30. 2014헌바6	368
2015.9.24. 2012헌마798	445
2015.9.24. 2012헌바302	270, 284, 350, 451
2015.9.24. 2012헌바410	255
2015.9.24. 2013헌가21	449
2015.9.24. 2013헌마197	368
2015.9.24. 2013헌바384	192
2015.9.24. 2015헌가17	254
2015.9.24. 2015헌바26	46
2015.9.24. 2015헌바35	258
2015.10.21. 2012헌바367	389
2015.10.21. 2013헌가20	327
2015.10.21. 2013헌바248	76

2015.10.21. 2014헌마637 등	299
2015.10.21. 2014헌바170	619
2015.10.21. 2015헌바215	156
2015.11.26. 2012헌마858	449
2015.11.26. 2012헌마940	214
2015.11.26. 2014헌마145	235, 406, 640, 642
2015.11.26. 2014헌바211	40
2015.11.26. 2014헌마299	368
2015.11.26. 2014헌바475	310
2015.11.26. 2015헌마756	235
2015.12.23. 2011헌바139	48
2015.12.23. 2013헌가9	263
2015.12.23. 2013헌마182	626
2015.12.23. 2013헌마712	204
2015.12.23. 2013헌바11	53
2015.12.23. 2013헌바117	217
2015.12.23. 2013헌바168	108
2015.12.23. 2013헌바259	75
2015.12.23. 2013헌바68 등	295, 617, 626
2015.12.23. 2014헌마185	335
2015.12.23. 2014헌마768	283
2015.12.23. 2014헌바3	421
2015.12.23. 2014헌바446 등	364
2015.12.23. 2015헌바75	323

2016

2016.2.25. 2013헌마626 등	232
2016.2.25. 2013헌마830	299
2016.2.25. 2013헌마838	213, 418
2016.2.25. 2013헌바105 등	326
2016.2.25. 2013헌바111	327
2016.2.25. 2013헌바435	251
2016.2.25. 2014헌바366	448
2016.2.25. 2015헌가11	208
2016.2.25. 2015헌가15	229
2016.3.31. 2013헌가2	214, 231, 274, 354
2016.3.31. 2013헌가22	104
2016.3.31. 2013헌마585 등	244, 360
2016.3.31. 2014헌마367	423
2016.3.31. 2014헌마457	299
2016.3.31. 2014헌마785	299
2016.3.31. 2014헌마794	320
2016.3.31. 2015헌마688	299
2016.3.31. 2015헌바197 등	211
2016.4.28. 2012헌마549 등	303, 335
2016.4.28. 2012헌마630	295
2016.4.28. 2013헌마266	654
2016.4.28. 2013헌바396	434
2016.4.28. 2014헌바442	349
2016.4.28. 2015헌마1177 등	633, 654
2016.4.28. 2015헌마243	278
2016.4.28. 2015헌마98	364
2016.4.28. 2015헌바216	615
2016.5.26. 2012헌마374	141
2016.5.26. 2013헌바98	303
2016.5.26. 2014헌마45	211, 262, 315, 335
2016.5.26. 2015헌라1	661, 662
2016.5.26. 2015헌바21	299
2016.5.26. 2015헌바212	258
2016.5.26. 2015헌바378	263
2016.6.30. 2013헌가1	137
2016.6.30. 2013헌바191 등	382
2016.6.30. 2013헌바370 등	581
2016.6.30. 2014헌마192	237
2016.6.30. 2014헌바365	78
2016.6.30. 2015헌마813	375
2016.6.30. 2015헌마828	295
2016.6.30. 2015헌마894	212
2016.6.30. 2015헌마924	296
2016.6.30. 2015헌바125 등	260
2016.6.30. 2015헌바46	314
2016.7.28. 2013헌마436	364
2016.7.28. 2014헌바158 등	62
2016.7.28. 2014헌바206	449
2016.7.28. 2014헌바421	42
2016.7.28. 2014헌바437	156
2016.7.28. 2015헌마236 등	211, 641
2016.7.28. 2015헌마964	436
2016.7.28. 2015헌바20	227
2016.9.29. 2014헌가3 등	344
2016.9.29. 2014헌가9	263
2016.9.29. 2014헌마541	230
2016.9.29. 2014헌바183 등	255
2016.9.29. 2014헌바254	228
2016.9.29. 2014헌바400	380
2016.9.29. 2014헌바492	343

2016.9.29. 2015헌바309 등	343
2016.9.29. 2015헌바325	320
2016.9.29. 2015헌바331	68, 578
2016.9.29. 2015헌바65	363
2016.9.29. 2016헌마287	133
2016.9.29. 2016헌마47 등	360
2016.12.29. 2016헌바43	446
2016.10.27. 2012헌마121	55
2016.10.27. 2013헌마450	211
2016.10.27. 2013헌마576	640
2016.10.27. 2014헌마1037	637
2016.10.27. 2014헌마709	299, 364
2016.10.27. 2014헌마797	141
2016.10.27. 2015헌마1206 등	330
2016.10.27. 2015헌마734	155
2016.10.27. 2015헌바203 등	76
2016.10.27. 2015헌바358	196
2016.10.27. 2016헌가10	261
2016.10.27. 2016헌바31	247
2016.11.24. 2012헌마854	209, 213, 215
2016.11.24. 2014헌가6 등	66
2016.11.24. 2014헌마977	406, 646
2016.11.24. 2014헌바203 등	259
2016.11.24. 2014헌바401	291
2016.11.24. 2015헌가29	242
2016.11.24. 2015헌바136	254
2016.11.24. 2015헌바218	248
2016.11.24. 2015헌바413 등	607
2016.11.24. 2015헌바62	349
2016.11.24. 2016헌가3	247
2016.12.29. 2013헌마142	202, 654
2016.12.29. 2014헌바434	326
2016.12.29. 2015헌마1160 등	127
2016.12.29. 2015헌바182	385
2016.12.29. 2015헌바208 등	228
2016.12.29. 2015헌바221	278
2016.12.29. 2015헌바229	456
2016.12.29. 2015헌바280	195
2016.12.29. 2015헌바429	366
2016.12.29. 2016헌바153	258

2017

2017.3.10. 2016헌나1	192, 551
2017.4.27. 2015헌바24	452
2017.4.27. 2016헌바452	263
2017.5.25. 2014헌마844	217, 639
2017.5.25. 2014헌바459	248
2017.5.25. 2015헌마933	376
2017.5.25. 2015헌바421	387
2017.5.25. 2016헌가6	365
2017.5.25. 2016헌마292 등	121
2017.5.25. 2016헌마383	634
2017.5.25. 2016헌마640	421
2017.5.25. 2016헌마408	370
2017.6.29. 2015헌마654	210, 450
2017.6.29. 2015헌바243	211
2017.6.29. 2015헌바29	266, 607
2017.6.29. 2016헌마394	366
2017.7.27. 2012헌바323	257, 274
2017.7.27. 2015헌마1094	294
2017.7.27. 2015헌바1	450
2017.7.27. 2015헌바240	80
2017.7.27. 2015헌바450	254
2017.7.27. 2016헌마53	654
2017.7.27. 2016헌바42	254
2017.8.31. 2016헌가11	327
2017.8.31. 2016헌마404	235
2017.8.31. 2016헌바146	381
2017.8.31. 2016헌바447	450
2017.9.28. 2015헌마653	429
2017.10.26. 2015헌바239 등	243
2017.10.26. 2016헌마623	128
2017.11.30. 2015헌바336	247
2017.11.30. 2016헌마448	398
2017.11.30. 2016헌마503	280, 624, 628, 632, 654
2017.12.28. 2015헌마1000	349, 369
2017.12.28. 2015헌마632	280
2017.12.28. 2015헌마994	288
2017.12.28. 2015헌마997	211
2017.12.28. 2015헌바232	230
2017.12.28. 2016헌마45	432
2017.12.28. 2016헌마649	407
2017.12.28. 2016헌바249	250
2017.12.28. 2016헌바254	364

2017.12.28. 2016헌바346	370
2017.12.28. 2017헌가15	254
2017.12.28. 2017헌라2	663

2018

2018.1.25. 2015헌마1047	47
2018.1.25. 2015헌마821 등	121
2018.1.25. 2015헌바367	249
2018.1.25. 2016헌마319	234
2018.1.25. 2016헌마541	128
2018.1.25. 2016헌바208	250
2018.1.25. 2017헌가26	365
2018.1.25. 2017헌가7 등	227
2018.2.22. 2015헌바124	137
2018.2.22. 2016헌마780	206
2018.2.22. 2016헌마100	87
2018.2.22. 2016헌바364	348
2018.2.22. 2016헌바470	236
2018.2.22. 2017헌마691	213, 408
2018.2.22. 2017헌바59	387
2018.3.29. 2016헌바270	236
2018.3.29. 2016헌바361	257
2018.3.29. 2017헌가10	260
2018.4.26. 2014헌마1178	306
2018.4.26. 2014헌마274	153
2018.4.26. 2015헌가13	62
2018.4.26. 2015헌가19	362
2018.4.26. 2015헌바370 등	286
2018.4.26. 2016헌마1043	454
2018.4.26. 2016헌마116	362
2018.4.26. 2016헌마46	629
2018.4.26. 2016헌바454	267, 388
2018.4.26. 2017헌바341	73
2018.5.31. 2013헌바322 등	346
2018.5.31. 2014헌마346	276
2018.5.31. 2015헌마476	340
2018.5.31. 2015헌마853	62
2018.5.31. 2016헌마191 등	267
2018.5.31. 2016헌마626	205
2018.5.31. 2016헌바14 등	366
2018.5.31. 2016헌바250	247
2018.5.31. 2017헌마167	248
2018.6.28. 2011헌바379 등	312, 611
2018.6.28. 2012헌마191 등	306
2018.6.28. 2012헌마538 등	306
2018.6.28. 2015헌가28 등	346
2018.6.28. 2015헌마304	228
2018.6.28. 2016헌가14	228
2018.6.28. 2016헌가15	304
2018.6.28. 2016헌가8	323
2018.6.28. 2016헌마1151	194, 209, 596
2018.6.28. 2016헌마1153	232
2018.6.28. 2016헌마473	289
2018.6.28. 2016헌바347 등	384
2018.6.28. 2016헌바77 등	370
2018.6.28. 2017헌마130 등	360
2018.6.28. 2017헌마181	205
2018.6.28. 2017헌마238	403
2018.6.28. 2017헌바66	449
2018.7.26. 2011헌마306	96
2018.7.26. 2015헌라4	661
2018.7.26. 2016헌마1029	206
2018.7.26. 2016헌마524 등	128
2018.7.26. 2016헌바139	149
2018.7.26. 2017헌마1238	205
2018.7.26. 2018헌바137	346
2018.8.30. 2014헌마368	298, 632
2018.8.30. 2014헌마843	341, 647
2018.8.30. 2014헌바148 등	463
2018.8.30. 2014헌바180 등	462
2018.8.30. 2015헌가38	430
2018.8.30. 2016헌마263	306, 635
2018.8.30. 2016헌마344 등	448, 635
2018.8.30. 2016헌마483	298, 632
2018.8.30. 2016헌바316	618
2018.8.30. 2017헌마440	202
2018.8.30. 2017헌바158	318
2018.8.30. 2017헌바258	449
2018.8.30. 2018헌마46	155
2018.11.29. 2017헌바465	211
2018.12.27. 2015헌바77	449
2018.12.27. 2016헌바217	415
2018.12.27. 2017헌바195 등	255

2019

2019.2.28. 2015헌마1204	633
2019.2.28. 2016헌가13	253
2019.2.28. 2016헌바467	366
2019.2.28. 2017헌가33	255
2019.2.28. 2017헌마374 등	237
2019.2.28. 2017헌마432	224, 374
2019.4.11. 2013헌바112	68
2019.4.11. 2015헌바443	261
2019.4.11. 2016헌마418	234
2019.4.11. 2017헌가28	212
2019.4.11. 2017헌가30	261
2019.4.11. 2017헌마602 등	235
2019.4.11. 2017헌마820	421
2019.4.11. 2017헌바127	216
2019.4.11. 2017헌바140 등	407
2019.4.11. 2018헌가14	370
2019.4.11. 2018헌마221	221, 418
2019.5.30. 2017헌바458	138
2019.5.30. 2018헌마208 등	68
2019.5.30. 2018헌바489	302
2019.6.28. 2017헌바135	267
2019.6.28. 2018헌바128	209
2019.6.28. 2018헌바400	388
2019.7.25. 2016헌바392	309
2019.7.25. 2016헌마754	153
2019.7.25. 2017헌마1038 등	415
2019.7.25. 2017헌마1329	335
2019.7.25. 2018헌바209 등	443
2019.8.29. 2014헌바212 등	358
2019.8.29. 2018헌바265	370
2019.8.29. 2018헌바4	366
2019.8.29. 2019헌마616	155
2019.9.26. 2016헌바381	270
2019.9.26. 2017헌마1209	303
2019.9.26. 2017헌바467	370
2019.9.26. 2018헌마1015	454
2019.9.26. 2018헌마128 등	133
2019.9.26. 2018헌바218 등	228
2019.11.28. 2016헌마1115 등	373
2019.11.28. 2016헌마188	641
2019.11.28. 2016헌마90	135
2019.11.28. 2017헌마1356	327
2019.11.28. 2017헌마399	299
2019.11.28. 2017헌마759	369, 623
2019.11.28. 2017헌바241	351, 610
2019.11.28. 2018헌마1153	408
2019.11.28. 2018헌마222	126
2019.11.28. 2018헌마579	211
2019.11.28. 2018헌바335	386, 399
2019.12.27. 2015헌바45	432
2019.12.27. 2016헌마253	627
2019.12.27. 2016헌바96	325
2019.12.27. 2017헌가21	226
2019.12.27. 2017헌마1299	398
2019.12.27. 2017헌마1366 등	376
2019.12.27. 2017헌마359 등	634
2019.12.27. 2017헌마413 등	303
2019.12.27. 2017헌바169	224
2019.12.27. 2017헌바413	448
2019.12.27. 2018헌마301 등	108
2019.12.27. 2018헌마730	195
2019.12.27. 2018헌바236 등	399
2019.12.27. 2018헌바46	250

2020

2020.2.27. 2016헌마945	350
2020.2.27. 2017헌마1339	215
2020.2.27. 2017헌바434	46
2020.3.26. 2016헌가17	384
2020.3.26. 2016헌바55 등	461, 619
2020.3.26. 2017헌마1281	195
2020.3.26. 2017헌바129 등	254
2020.3.26. 2018헌마77 등	297
2020.3.26. 2019헌마212	407, 641
2020.4.23. 2015헌마1149	647
2020.4.23. 2017헌마103	215
2020.4.23. 2017헌마321	234
2020.4.23. 2017헌마479	358
2020.4.23. 2017헌바244	372, 399
2020.4.23. 2018헌가17	380
2020.4.23. 2018헌마551	328
2020.4.23. 2018헌바402	386
2020.4.23. 2019헌가25	261
2020.5.27. 2017헌마867	131

2020.5.27. 2017헌바464 등	352
2020.5.27. 2018헌마362	378
2020.5.27. 2018헌바129	399
2020.5.27. 2018헌바264	366
2020.5.27. 2018헌바398	399
2020.5.27. 2019헌라3 등	662
2020.6.25. 2017헌마1178	155
2020.6.25. 2018헌마865	399
2020.6.25. 2018헌바278	231
2020.6.25. 2019헌가9 등	210
2020.6.25. 2019헌마15	358
2020.6.25. 2019헌마699	299
2020.7.16. 2018헌바195	369
2020.7.16. 2020헌바14	445
2020.8.28. 2017헌가35	323
2020.8.28. 2017헌마813	138
2020.8.28. 2018헌마927	296
2020.8.28. 2018헌바422	381
2020.8.28. 2018헌바425	383
2020.9.24. 2016헌마889	44
2020.9.24. 2017헌마643	237
2020.9.24. 2017헌바157 등	271
2020.9.24. 2018헌가15 등	128
2020.9.24. 2018헌마444	155
2020.9.24. 2018헌바383	247
2020.9.24. 2019헌마472 등	237
2020.9.24. 2019헌바130	449
2020.10.29. 2017헌마1128	155
2020.10.29. 2017헌바208	381
2020.10.29. 2019헌바249	368
2020.11.17. 2020헌마1505	631
2020.11.26. 2018헌마260	128
2020.11.26. 2019헌바31	380
2020.12.23. 2017헌가22 등	228
2020.12.23. 2017헌마416	92, 293, 639
2020.12.23. 2017헌바463 등	249
2020.12.23. 2018헌바458	366
2020.12.23. 2019헌마502	153
2020.12.23. 2019헌바353	443, 449
2020.12.23. 2019헌바8	370

2021

2021.1.28. 2018헌마456 등	326
2021.1.28. 2018헌바88	78
2021.1.28. 2019헌가24	446
2021.1.28. 2020헌마264	471
2021.1.28. 2020헌마264 등	259
2021.2.25. 2016헌마757	212
2021.2.25. 2017헌마1113 등	191, 327
2021.2.25. 2017헌바222	368
2021.2.25. 2018헌마174	152
2021.2.25. 2018헌바223	152
2021.2.25. 2018헌바224	450
2021.2.25. 2019헌바128 등	254
2021.2.25. 2019헌바64	450
2021.3.25. 2015헌바438 등	326
2021.3.25. 2018헌가6	228
2021.3.25. 2018헌바212	272
2021.3.25. 2018헌바388	254
2021.3.25. 2019헌바413	247
2021.3.25. 2020헌마94	633
2021.4.29. 2017헌바390	450
2021.4.29. 2018헌바113	255
2021.4.29. 2019헌가11	125
2021.4.29. 2019헌마202	224
2021.4.29. 2019헌바412	399
2021.4.29. 2019헌바444 등	380, 413
2021.4.29. 2020헌바328	366
2021.4.29. 2020헌마999	155
2021.5.18. 2021헌마468	632
2021.5.27. 2018헌마1168	335
2021.5.27. 2018헌바127	237
2021.5.27. 2019헌가17	462
2021.5.27. 2019헌가19	455
2021.5.27. 2019헌마177 등	237
2021.5.27. 2019헌마321	212
2021.6.24. 2017헌가31	368
2021.6.24. 2017헌마408	292
2021.6.24. 2017헌바479	293
2021.6.24. 2018헌가2	295
2021.6.24. 2018헌마663	343
2021.6.24. 2018헌바457	76
2021.6.24. 2019헌마540	362
2021.6.24. 2019헌바133 등	450

2021.6.24. 2019헌바342		358
2021.6.24. 2019헌바5		208
2021.6.24. 2020헌마1614		646
2021.6.24. 2020헌바499		455
2021.7.15. 2018헌마279 등		363
2021.7.15. 2018헌바338 등		384
2021.7.15. 2020헌가9		348
2021.7.15. 2020헌바1		462
2021.7.15. 2020헌바201		255
2021.8.31. 2018헌마563		421
2021.8.31. 2018헌바149		137
2021.8.31. 2019헌바439		327
2021.8.31. 2019헌바453		73
2021.8.31. 2019헌바73		62
2021.8.31. 2020헌마12 등		210
2021.8.31. 2020헌바100		245
2021.9.30. 2016헌마1034		206
2021.9.30. 2018헌바456		375
2021.9.30. 2019헌가28		462
2021.9.30. 2019헌가3		221
2021.9.30. 2019헌마919		303
2021.10.28. 2018헌마60		358
2021.10.28. 2019헌마106 등		80
2021.10.28. 2019헌마1091		341
2021.10.28. 2019헌마973		278, 654
2021.10.28. 2020헌바221		366
2021.10.28. 2020헌바488		369
2021.11.25. 2015헌바334 등		421
2021.11.25. 2017헌마1384 등		629
2021.11.25. 2018헌마598		224
2021.11.25. 2019헌마534		328
2021.11.25. 2019헌바446 등		253
2021.12.23. 2018헌마49		361
2021.12.23. 2018헌마629 등		421
2021.12.23. 2018헌바152		135
2021.12.23. 2018헌바524		452
2021.12.23. 2019헌마168		436
2021.12.23. 2019헌마65		363
2021.12.23. 2020헌마395		356, 642

2022

2022.1.27. 2016헌마364		391
2022.1.27. 2018헌마1162 등		490
2022.1.27. 2019헌마327		432
2022.1.27. 2019헌마583		206
2022.1.27. 2019헌바161		385
2022.1.27. 2020헌마497		654
2022.1.27. 2020헌마594		224
2022.1.27. 2020헌마895		123
2022.2.24. 2018헌가8		349
2022.2.24. 2018헌마1010		358
2022.2.24. 2018헌마998 등		459
2022.2.24. 2018헌바146		135
2022.2.24. 2019헌마883		234
2022.2.24. 2019헌바225 등		212
2022.2.24. 2020헌가12		225
2022.2.24. 2020헌가5		210
2022.2.24. 2020헌마177		235
2022.3.31. 2017헌마1343 등		188, 626
2022.3.31. 2019헌마986		144
2022.3.31. 2019헌바520		297
2022.3.31. 2020헌마1729		106
2022.3.31. 2020헌마211		156
2022.3.31. 2021헌마1230		407
2022.5.26. 2016헌마95		390
2022.5.26. 2019헌가12		253
2022.5.26. 2019헌바530		251
2022.5.26. 2020헌마1219		388
2022.5.26. 2020헌마670 등		370, 432, 641
2022.5.26. 2021헌가30		253
2022.5.26. 2021헌마619		328, 623, 639
2022.6.30. 2014헌마760 등		636
2022.6.30. 2019헌가14		210
2022.6.30. 2019헌마150		237
2022.6.30. 2019헌마356		280
2022.6.30. 2019헌마579		388
2022.6.30. 2019헌바440		383
2022.6.30. 2021헌가24		125
2022.7.21. 2016헌마388 등		298
2022.7.21. 2017헌가1 등		135
2022.7.21. 2017헌바100 등		135, 138
2022.7.21. 2018헌바64		138
2022.7.21. 2018헌바504		383

2022.7.21. 2022헌바3	317
2022.8.31. 2018헌바440	236
2022.8.31. 2022헌가10	253
2022.9.29. 2019헌마1352	75
2022.9.29. 2019헌마938	364
2022.9.29. 2021헌마929	407
2022.10.27. 2018헌바115	434
2022.10.27. 2019헌바19	230
2022.10.27. 2019헌바44	390
2022.10.27. 2019헌바454	235
2022.10.27. 2021헌가4	335
2022.11.24. 2019헌마528 등	108
2022.11.24. 2019헌마941	316
2022.11.24. 2019헌바108	436
2022.11.24. 2019헌바167 등	384
2022.11.24. 2020헌마417	137
2022.11.24. 2020헌바463	234
2022.11.24. 2020헌마1181	153
2022.11.24. 2021헌마130	296
2022.12.22. 2018헌바48 등	346
2022.12.22. 2019헌마654	326
2022.12.22. 2020헌가8	154
2022.12.22. 2020헌바39	233
2022.12.22. 2021헌가36	125

2023

2023.2.23. 2017헌마604	155
2023.2.23. 2019헌마1157	352
2023.2.23. 2019헌마1235	369
2023.2.23. 2019헌마401	155
2023.2.23. 2019헌바462	44
2023.2.23. 2019헌바550	250
2023.2.23. 2019헌바93 등	68, 211, 310
2023.2.23. 2020헌마1030	631
2023.2.23. 2020헌마1736	362
2023.2.23. 2020헌마460 등	212
2023.2.23. 2020헌바314	249
2023.2.23. 2020헌바603	44
2023.2.23. 2021헌가9 등	253
2023.2.23. 2022헌바273 등	255
2023.3.23. 2018헌마460 등	441
2023.3.23. 2019헌마1399	381
2023.3.23. 2020헌가1 등	266
2023.3.23. 2020헌가19	365
2023.3.23. 2020헌바471	228
2023.3.23. 2021헌가1	346
2023.3.23. 2021헌마975	435
2023.3.23. 2021헌바400	368
2023.3.23. 2022헌라4	662
2023.3.31. 2020헌바252	457
2023.5.25. 2019헌가13	138
2023.5.25. 2019헌마1234	229
2023.5.25. 2020헌바45	76
2023.5.25. 2020헌바604	370
2023.5.25. 2021헌바136	349
2023.5.25. 2021헌바234	366
2023.6.29. 2018헌마1215	262
2023.6.29. 2020헌마1605 등	153
2023.6.29. 2020헌마1669	375
2023.6.29. 2020헌바109	67
2023.6.29. 2020헌바177 등	208
2023.6.29. 2020헌바63	267
2023.6.29. 2021헌마157	364
2023.6.29. 2021헌마171	315
2023.6.29. 2021헌마199	368
2023.6.29. 2021헌바264	381
2023.6.29. 2023헌가2	135
2023.7.20. 2019헌바223	76
2023.7.20. 2020헌마104	370
2023.7.20. 2020헌바131	346
2023.8.31. 2019헌바221 등	392
2023.8.31. 2020헌바498	248
2023.8.31. 2021헌바180	68
2023.9.26. 2019헌마1165	228
2023.9.26. 2019헌마1417	340
2023.9.26. 2020헌마1724 등	325
2023.9.26. 2020헌바258	236
2023.9.26. 2022헌마926	297
2023.10.26. 2018헌마357	237
2023.10.26. 2018헌마872	417
2023.10.26. 2019헌가30	292
2023.10.26. 2019헌마158 등	302, 629
2023.10.26. 2019헌바91	208
2023.10.26. 2020헌마1477 등	300
2023.10.26. 2021헌마839	267
2023.10.26. 2022헌마231 등	143

판례	쪽
2023.10.26. 2022헌마232 등	143
2023.10.26. 2023헌가1	248
2023.10.26. 2023헌라3	538
2023.12.21. 2020헌바374	370

2024

판례	쪽
2024.1.25. 2020헌마1144	370
2024.1.25. 2020헌마1725	291
2024.1.25. 2020헌마65	296
2024.1.25. 2021헌가14	137
2024.1.25. 2021헌마113 등	406
2024.1.25. 2021헌바231	367
2024.1.25. 2021헌바233 등	314
2024.2.28. 2019헌마500	358
2024.2.28. 2020헌가15	384
2024.2.28. 2020헌마1343 등	378, 381
2024.2.28. 2020헌마1377	152
2024.2.28. 2020헌마139	369
2024.2.28. 2020헌마1482	375
2024.2.28. 2020헌마1587	399
2024.2.28. 2021헌가16	349
2024.2.28. 2021헌바141	375
2024.2.28. 2022헌마356 등	203
2024.2.28. 2022헌바109	366
2024.2.28. 2023헌바381	96
2024.3.28. 2020헌마1079	228
2024.3.28. 2020헌마1527	364
2024.3.28. 2020헌바586	245
2024.4.25. 2020헌가4 등	386
2024.4.25. 2020헌마1028	294
2024.4.25. 2020헌마107	432
2024.4.25. 2020헌마542	294
2024.4.25. 2020헌바600	248
2024.4.25. 2021헌마473	399
2024.4.25. 2021헌바21 등	248
2024.4.25. 2021헌바316	399
2024.4.25. 2022헌가33	385
2024.4.25. 2022헌바204	248
2024.4.25. 2022헌바65	232
2024.5.30. 2019헌가29	385
2024.5.30. 2020헌바179	233
2024.5.30. 2020헌바234	249
2024.5.30. 2021헌가3	389
2024.5.30. 2021헌마117 등	436
2024.5.30. 2021헌마291	363
2024.5.30. 2021헌바6 등	452
2024.5.30. 2022헌마707 등	291, 312
2024.5.30. 2023헌마820	382
2024.5.30. 2023헌마820 등	62
2024.6.27. 2020헌마237 등	426
2024.6.27. 2020헌마468 등	454
2024.6.27. 2021헌가19	385
2024.6.27. 2021헌마588	386
2024.6.27. 2022헌바106 등	288
2024.6.27. 2023헌가23	380
2024.6.27. 2023헌바449	236
2024.6.27. 2023헌바78	138
2024.7.18. 2021헌마248	446
2024.7.18. 2021헌마460	153
2024.7.18. 2022헌가6	253
2024.7.18. 2022헌바4	450
2024.8.29. 2020헌마389 등	195
2024.8.29. 2020헌바602 등	233
2024.8.29. 2021헌바146	452
2024.8.29. 2021헌바34	384
2024.8.29. 2021헌바74	217
2024.8.29. 2022헌가7 등	255
2024.8.29. 2022헌바170	231
2024.8.29. 2023헌바73	232

대결

판례	쪽
대결 2006.6.22. 2004스42	202
대결 2008.7.24. 2008어4	243

대판

판례	쪽
대판 1990.9.28. 89누2493	62
대판 1992.9.22. 91도3317	541
대판 1995.6.30. 93추83	271
대판 1996.11.8. 96도1742	541
대판 1996.7.12. 96우16	573
대판 1997.6.13. 96다56115	462
대판 1998.11.10. 96다3726	315
대판 2001.11.12. 2003다52227	37

대판 2001.4.24. 2000다16114	462
대판 2002.4.26. 2002추23	165
대판 2003.7.11. 99다24218	462
대판 2004.8.20. 2004다22377	21
대판 2005.2.17. 2003두14765	181
대판 2006.10.12. 2006추38	163
대판 2006.11.16. 2003두12899	74
대판 2007.1.11. 2004두10432	59
대판 2007.1.12. 2005다57752	541
대판 2007.4.26. 2006다87903	316
대판 2007.9.20. 2005다25298	190
대판 2008.1.24. 2007두10846	352
대판 2009.5.28. 2008두16933	316
대판 2009.9.10. 2007다71	206
대판 2010.1.14. 2009두6605	310
대판 2010.12.9. 2007도10121	317
대판 2010.4.22. 2008다38288	198
대판 2011.1.27. 2009다19864	198
대판 2011.10.27. 2009다32386	316
대판 2011.5.13. 2009도14442	541
대판 2011.6.23. 2008도7562	617
대판 2011.9.2. 2008다42430	205
대판 2014.7.24. 2012다49933	301
대판 2014.9.4. 2012도13718	314
대판 2016.8.17. 2014다235080	301
대판 2018.8.30. 2016두60591	182, 290
대판 2018.9.13. 2017두38560	198
대판 2021.4.29. 2020다227455	290
대판 2021.8.26. 2020도12017	242

헌재

헌재 2021.3.9. 2021헌마242	637